제8판

Mishkin의 금융시장과 금융기관

Financial Markets and Institutions

제8판

Mishkin의 금융시장과 금융기관

Financial Markets and Institutions

Frederic S. Mishkin, Stanley G. Eakins 지음
정지만, 이상규, 길재욱 옮김

역자 소개

정지만_상명대학교 금융경제학과 교수, jmjung@smu.ac.kr

이상규_경희대학교 경영학과 교수, sklee@khu.ac.kr

길재욱_한양대학교 경영학부 교수, jkhil@hanyang.ac.kr

Mishkin의 금융시장과 금융기관 제8판

Financial Markets and Institutions 8th Edition

저　자 | Frederic S. Mishkin; Stanley G. Eakins
역　자 | 정지만, 이상규, 길재욱
발행인 | 채희선
발행처 | 성진미디어
발행일 | 2015년 7월 13일
등　록 | 제311-2010-23호
전　화 | 02)374-4363(대표)
팩　스 | 02)375-4362
주　소 | 서울시 은평구 증산동 248 중앙하이츠상가 B101호

ISBN 978-89-98308-13-1

값 35,000원

차 례

PART 1 서론

저자 서문

Mishkin의 편지

나는 연방준비제도 이사회의 이사가 되기 위해 2006년 9월에 콜럼비아대학을 휴직했을 때, 연방준비제도 이사회의 이사가 하는 일이 얼마나 흥분되고 동시에 힘들 것인지를 결코 상상하지 못했다. 앨런 그린스펀이 "1세기에 한 번 발생하는 신용 쓰나미"라고 말한 2007~2009년의 글로벌 금융위기가 세계 경제를 강타할 것이라고 내가 어떻게 알 수 있었겠는가? 2008년 9월에 콜럼비아대학으로 돌아왔을 때, 금융위기는 매우 유독한 단계에 이르렀고 이에 따라 신용시장은 완전히 얼어붙었으며 일부 대형 금융기관들은 매우 심각한 어려움에 처했다. 대공황 이후 세계가 경험했던 최악의 금융위기가 된 글로벌 금융위기는 금융시장과 금융기관의 성격을 완전히 변화시켰다.

최근에 발생한 일들을 고려해보면, 금융시장과 금융기관에 대한 연구는 매우 흥미로운 일이 되었다. 나는 이 책을 읽는 독자들이 우리가 이 책을 집필할 때처럼 이 책으로부터 배우면서 많은 즐거움을 누리길 기대한다.

2013년 8월

제8판에서 무엇이 새로워졌는가?

가능한 한 모든 데이터는 2013년까지 새롭게 정리되었을 뿐만 아니라, 다음과 같이 금융시장과 금융기관의 각 부분에 새로운 자료가 추가되었다.

금융시장과 금융기관에 관한 새로운 자료

금융시장과 금융기관에 관한 최신 연구와 금융시장과 금융기관의 변화를 고려하여, 본문의 내용이 현재 상황을 반영하도록 다음과 같은 자료가 추가되었다.

- 라지 라자라트남과 갤리온 그룹의 내부자 거래 스캔들에 관한 새로운 [미니사례] (제6장)
- 금융시장의 효율성에 관한 새로운 절 (제6장)
- 채무담보부 구조화증권(collateralized debt obligation, CDO)에 관한 새로운 [미니사례] (제8장)
- 유럽국가채무위기(European Sovereign Debt Crisis)에 관한 새로운 [글로벌] (제8장)
- 거시건전성 감독과 미시건전성 감독에 관한 새로운 절 (제15장)
- 대마불사(too-big-to-fail)와 미래 규제에 관한 새로운 절 (제15장)

웹 부록

이 책의 웹사이트인 www.pearsonhighered.com/mishkin_eakins에 이 책의 내용을 보충하기 위한 기존 자료들과 새롭게 추가된 자료들이 정리되어 있다. 웹 부록에는 다음과 같은 자료들이 있다.

Chapter 4: Models of Asset Pricing
Chapter 4: Applying the Asset Market Approach to a Commodity Market: The Case of Gold
Chapter 4: Loanable Funds Framework
Chapter 4: Supply and Demand in the Market for Money: The Liquidity Preference Framework
Chapter 15: Evaluating FDICIA and Other Proposed Reforms of the Bank Regulatory System
Chapter 15: Banking Crises Throughout the World
Chapter 21: More on Hedging with Financial Derivatives

강의담당 교수는 교재의 내용을 보충하기 위해 웹 부록들을 사용하거나 금융시장과 금융기관 분야에 관한 지식을 넓히길 원하는 학생들에게 웹 부록들을 추천할 수 있다.

이 책의 특징

이 책은 상당한 수정이 이루어졌지만, 이 책을 금융시장과 금융기관에 관한 베스트셀러가 되게 만든 기본적인 특징은 유지되고 있다. *금융시장과 금융기관* 제8판은 오늘날의 금융시장과 금융기관의 작동에 관한 실용적인 소개서이다. 이 분야의 다른 책들이 제시하는 단순한 기술과 정의를 넘어서서, 독자들이 이론적 개념과 현실 적용 간의 연결관계를 이해하도록 하고 있다. 이 책은 독자들의 분석 능력과 구체적인 문제해결 능력을 함양시킴으로써, 금융서비스 산업에서 성공적인 직장 생활을 영위하게 해주거나 혹은 직업이 무엇이든지 간에 금융기관과 성공적인 거래를 수행할 수 있도록 독자들을 준비시켜 준다.

미래를 준비하는 독자들을 위해, *금융시장과 금융기관* 제8판은 다음과 같은 특징을 가지고 있다.

- 독자들의 사고를 조직화하기 위해 몇 가지 기본 원리들을 사용하는 통일된 분석모형이 제시된다. 그 기본 원리들은 다음과 같다.
  - 정보의 비대칭성(주인-대리인) 문제
  - 이해상충
  - 거래비용
  - 수요와 공급
  - 자산시장균형
  - 효율시장
  - 위험의 측정과 관리
- [금융실무]는 금융시장과 금융기관에 대한 금융실무자의 접근방식을 강조하는 거의 20개에 이르는 실제 응용을 포함하고 있다.
- 세심한 단계적 모형 개발 방식은 독자들이 더 쉽게 그 내용을 완전히 이해할 수 있도록 해준다.
- 높은 수준의 융통성은 교수가 원하는 방식으로 강의를 진행할 수 있게 해준다.
- 국제적 관점이 이 책 전체에 완전히 통합되어 있다.
- [금융뉴스 따라잡기]는 금융신문 읽는 것을 장려하기 위해 마련된 것이다.
- 수많은 [사례분석]은 이론을 현실 데이터와 예들에 적용함으로써 독자들의 관심을 증가시킨다.
- 이 책은 전자(컴퓨터와 통신)기술이 금융시스템에 미친 영향에 초점을 맞추고 있다. 이 책은 웹 연습문제, 그림과 표의 웹 자료, 여백에 있는 웹 참고자료에서 인터넷을 광범위하게 사용하고 있다. 또한 [E-Finance]는 기술의 변화가 어떻게 금융시장과 금융기관에 영향을 미치는지를 설명한다.

융통성

금융시장과 금융기관을 가르치는 방법은 교수들의 수만큼이나 많다. 따라서 교수들의 다양한 니즈를 충족시키기 위해 교과서가 융통성을 가지도록 만들어져야할 필요가 있다. 이것이 이 책을 집필하는 주요 목적이었다. 이 책은 다음과 같은 측면에서 융통성을 담아내고 있다.

- 핵심 장들은 이 책의 도처에서 사용되는 기본 분석을 제공하고 기타 장들이나 절들은 교수의 선호에 따라 채택되거나 생략될 수 있다. 예를 들어 제2장은 금융시스템과 거래비용, 역선택, 도덕적 위험과 같은 기본개념들을 소개한다. 제2장을 공부한 후에, 교수는 이 책

의 제3부에 있는 금융구조와 금융위기에 대해 상세하게 논의하는 장들을 가르치거나 제4부의 금융시장과 금융기관에 관해 논의하는 장들을 가르칠 수 있다. 또는 교수는 이러한 장들을 건너 뛰어 수많은 다른 경로 중 하나를 선택할 수도 있다.

- 이 책이 장 안에서 독립적으로 국제적 측면을 논의하는 절이나 외환시장에 관한 독립적인 장을 사용하면서, 국제적 측면을 담아내는 접근법은 포괄적이긴 하지만 융통성을 가지게 한다. 많은 교수들은 국제적인 내용들을 가르칠 것이지만, 어떤 교수들은 국제적인 내용들을 선택하지 않을 수 있다. 국제적 주제를 덜 강조하기 원하는 교수들은 제13장(외환시장)을 생략할 수 있다.
- 제6부 금융기관 경영과 [금융실무]의 내용은 독립적이기 때문에 연속성의 결여 없이 생략될 수 있다. 따라서 경영적 측면을 가르치길 원치 않고 공공정책 쟁점에 초점을 맞추길 원하는 교수는 어려움이 없을 것이다. 이와는 달리, 은행경영에 관한 제14장 직후에, 제6부를 가르칠 수도 있다.

1학기 강의 일정을 위해 열거된 다음의 강의 개요들은 이 책이 어떻게 강조점이 서로 다른 강의 과목들을 위해 사용될 수 있는지를 보여준다. 강의 과목에 어떻게 융통성을 부여할 수 있는지에 관한 더 상세한 정보는 Instructor's Manual에서 찾아볼 수 있다.

금융시장과 금융기관 강조: 제1장~제5장, 제7장~제8장, 제9장~제11장, 제14장~제16장, 기타 5장 선택

금융시장과 금융기관 국제적 측면 강조: 제1장~제5장, 제7장~제8장, 제9장~제11장, 제13장, 제14장~제16장, 기타 3장 선택

경영측면 강조: 제1장~제5장, 제14장~제16장, 제20장~제21장, 기타 8장 선택

공공정책 강조: 제1장~제5장, 제7장~제8장, 제14장~제15장, 기타 7장 선택

교육목적을 달성하기 위한 보조도구

교과서는 확고한 동기를 부여하는 도구가 되어야 한다. 이러한 목적을 달성하기 위해, 이 책은 매우 다양한 교육목적을 달성하기 위한 보조도구들을 포함시켰다.

1. **[PREVIEW]:** 각 장의 처음에 나오는 PREVIEW는 이 장에서 어떤 순서로 논의가 이루어지는지, 왜 특정 주제들이 중요한지, 이러한 주제들이 어떻게 이 책의 다른 주제들과 관련되어 있는지 설명한다.
2. **[사례분석]:** 이 책의 분석이 여러 중요한 현실 상황을 설명하기 위해 어떻게 사용될 수 있는지 설명한다.
3. **[금융실무]:** 금융기관 경영자가 해결해야 하는 현실 문제를 소개하는 특별한 사례들이다.

4. **[예제]:** 공식, 시간 선, 계산기를 사용하면서 금융문제의 해답을 구하도록 안내한다.
5. **[금융뉴스 따라잡기]:** 금융뉴스 따라잡기의 자료를 사용하여 관련 뉴스기사와 데이터를 소개하고 이러한 뉴스기사와 데이터를 읽는 방법을 설명한다.
6. **[Fed 심층분석]:** 연방준비제도의 운영과 구조에서 무엇이 중요한지 알게 해준다.
7. **[글로벌]:** 국제적 측면에 초점을 맞추는 흥미로운 내용을 담고 있다.
8. **[E-Finance]:** 기술의 변화가 어떻게 금융시장과 금융기관에 영향을 미쳤는지를 설명한다.
9. **[이해상충]:** 금융서비스 산업들에서 발생하는 이해상충 문제를 개략적으로 설명한다.
10. **[미니사례]:** 극적인 역사적 사건을 강조해 설명하거나 이론을 데이터에 적용한다.
11. **요약표:** 본문의 내용을 복습하기 위한 유용한 학습보조 자료이다.
12. **핵심 문구:** 나중에 쉽게 찾아볼 수 있도록 진한 글자로 나타낸 중요한 요점이다.
13. **그래프:** 표시된 변수들의 상호관계와 분석의 원리를 이해하는 데 도움을 준다.
14. **요약:** 각 장의 끝부분에 중요한 요점들을 정리한다.
15. **주요용어:** 중요한 단어나 문구로 처음 정의되는 경우에 본문에서 진한 글자로 표시되고 각 장의 끝부분에 수록되어 있다.
16. **연습문제:** 경제학 개념을 적용해 특정 문제를 배우고 특히 '미래예측'과 관련된 질문들이 포함되어 있다.
17. **계산문제:** 계량적 능력의 함양을 돕는다.
18. **웹 연습문제:** 온라인에서 정보를 수집하거나 학습경험을 쌓게 하기 위해 온라인 자료를 이용할 것을 권장한다.
19. **웹 자료:** 표와 그림을 생성하기 위해 사용되는 데이터의 URL 출처이다.
20. **온라인 정보:** 본문의 내용을 보충해주는 정보나 데이터를 제공하는 웹사이트에 관한 정보이다.

감사의 글

대형 프로젝트에는 언제나 그러하듯이 감사해야 할 사람들이 많다. 우리는 HarperCollins의 전 경제학 편집인인 Bruce Kaplan, 전 재무학 편집인인 Battista, Pearson의 현 재무학 편집인인 Adrienne D'Ambrosio와 전 기획 편집인인 Jane Tufts와 Amy Fleischer에게 특별히 감사한다. 또한 우리는 콜럼비아대학의 동료교수들과 학생들로부터 받은 코멘트에서 도움을 받았다.

이에 더하여, 우리는 외부 검토자들과 서신을 보내준 사람들의 사려 깊은 논평을 통해 제8판과 그 이전 판들을 개선하는 데 도움을 받았다. 그들의 논평은 이 책이 더 좋은 책이 되도록 만들어 주었다. 특히 우리는 다음의 검토자들에게 감사한다.

Ibrahim J. Affanen, Indiana University of Pennsylvania
Vikas Agarwal, Georgia State University
Senay Agca, George Washington University
Aigbe Akhigbe, University of Akron
Ronald Anderson, University of Nevada–Las Vegas
Bala G. Arshanapalli, Indiana University Northwest
Christopher Bain, Ohio State University
James C. Baker, Kent State University
John Banko, University of Central Florida
Mounther H. Barakat, University of Houston–Clear Lake
Joel Barber, Florida International University
Thomas M. Barnes, Alfred University
Marco Bassetto, Northwestern University
Dallas R. Blevins, University of Montevallo
Matej Blusko, University of Georgia
Paul J. Bolster, Northeastern University
Lowell Boudreaux, Texas A&M University–Galveston
Deanne Butchey, Florida International University
Mitch Charklewicz, Central Connecticut State University
Yea-Mow Chen, San Francisco State University
N. K. Chidambaran, Tulane University
Wan-Jiun Paul Chiou, Shippensburg University
Jeffrey A. Clark, Florida State University
Robert Bruce Cochran, San Jose State University
William Colclough, University of Wisconsin–La Crosse
Elizabeth Cooperman, University of Baltimore
Brian Davis, Pennsylvania State University
Carl Davison, Mississippi State University
Cris de la Torre, University of Northern Colorado
Erik Devos, Ohio University at SUNY Binghamton
Alan Durell, Dartmouth College
Franklin R. Edwards, Columbia University
Marty Eichenbaum, Northwestern University
Elyas Elyasiani, Temple University
Edward C. Erickson, California State University–Stanislaus
Kenneth Fah, Ohio Dominican College
J. Howard Finch, Florida Gulf Coast University
E. Bruce Fredrikson, Syracuse University
Cheryl Frohlich, University of North Florida
James Gatti, University of Vermont
Paul Girma, State University of New York–New Paltz
Susan Glanz, St. John's University
Gary Gray, Pennsylvania State University
Wei Guan, University of South Florida–St. Petersburg
Charles Guez, University of Houston
Beverly L. Hadaway, University of Texas
John A. Halloran, University of Notre Dame
Billie J. Hamilton, East Carolina University
John H. Hand, Auburn University
Jeffery Heinfeldt, Ohio Northern University
Don P. Holdren, Marshall University
Adora Holstein, Robert Morris College
Sylvia C. Hudgins, Old Dominion University
Jerry G. Hunt, East Carolina University
Boulis Ibrahim, Heroit-Watt University
William E. Jackson, University of North Carolina–Chapel Hill
Joe James, Sam Houston State University
Melvin H. Jameson, University of Nevada–Las Vegas
Kurt Jessewein, Texas A&M International University
Jack Jordan, Seton Hall University
Tejendra Kalia, Worcester State College
Taeho Kim, Thunderbird: The American Graduate School of International Management
Taewon Kim, California State University–Los Angeles
Elinda Kiss, University of Maryland
Glen A. Larsen, Jr., University of Tulsa
James E. Larsen, Wright State University
Rick LeCompte, Wichita State University
Baeyong Lee, Fayetteville State University
Boyden E. Lee, New Mexico State University
Adam Lei, Midwestern State University
Kartono Liano, Mississippi State University
John Litvan, Southwest Missouri State
Richard A. Lord, Georgia College
Robert L. Losey, American University
Anthony Loviscek, Seton Hall University
James Lynch, Robert Morris College
Judy E. Maese, New Mexico State University
William Mahnic, Case Western Reserve University
Inayat Mangla, Western Michigan University
William Marcum, Wake Forest University
David A. Martin, Albright College
Lanny Martindale, Texas A&M University
Joseph S. Mascia, Adelphi University
Khalid Metabdin, College of St. Rose
Robert McLeod, University of Alabama
David Milton, Bentley College
A. H. Moini, University of Wisconsin–Whitewater
Russell Morris, Johns Hopkins University
Chee Ng, Fairleigh Dickinson University

Srinivas Nippani, Texas A&M Commerce
Terry Nixon, Indiana University
William E. O'Connell, Jr., The College of William and Mary
Masao Ogaki, Ohio State University
Sam Olesky, University of California–Berkeley
Evren Ors, Southern Illinois University
Coleen C. Pantalone, Northeastern University
Scott Pardee, University of Chicago
James Peters, Fairleigh Dickinson University
Fred Puritz, State University of New York–Oneonta
Mahmud Rahman, Eastern Michigan University
Anoop Rai, Hofstra University
Mitchell Ratner, Rider University
David Reps, Pace University–Westchester
Terry Richardson, Bowling Green State University
Jack Rubens, Bryant College
Charles B. Ruscher, James Madison University
William Sackley, University of Southern Mississippi
Kevin Salyer, University of California–Davis
Siamack Shojai, Manhattan College
Javadi Siamak, Oklahoma University
Donald Smith, Boston University
Kenneth Smith, University of Texas–Dallas
Sonya Williams Stanton, Ohio State University
Michael Sullivan, Florida International University
Rick Swasey, Northeastern University
Anjan Thackor, University of Michigan
Janet M. Todd, University of Delaware
James Tripp, Western Illinois University
Carlos Ulibarri, Washington State University
Emre Unlu, University of Nebraska–Lincoln
John Wagster, Wayne State University
Bruce Watson, Wellesley College
David A. Whidbee, California State University–Sacramento
Arthur J. Wilson, George Washington University
Shee Q. Wong, University of Minnesota–Duluth
Criss G. Woodruff, Radford University
Tong Yu, University of Rhode Island
Dave Zalewski, Providence College

마지막으로, 나는 작업을 할 수 있는 따뜻하고 행복한 환경을 마련해준 아내 Sally, 아들 Matthew, 딸 Laura와 오래 전에 내가 이 책을 집필하는 길로 들어서게 해주었던 이제 고인이 된 아버지 Sydney에게 감사한다.

Frederic S. Mishkin

나의 원고에 대해 훌륭한 논평을 해준 Rick Mishkin에게 감사한다. 이 책을 위해 Rick과 함께 일하면서 나는 집필자로서 더 큰 능력을 얻었을 뿐만 아니라 친구 한 사람을 얻었다. 또한 원고의 초안을 인내심을 가지고 읽어 주고 이 일이 나의 최선의 작업이 되도록 도와준 아내 Laurie에게 감사한다. 오랜 동안, 그녀의 도움과 지원이 있었기 때문에 이러한 나의 경력이 가능했다.

Stanley G. Eakins

저자 소개

Frederic S. Mishkin은 콜럼비아대학 경영대학원의 석좌교수(Alfred Lerner Professor of Banking and Financial Institutions)이다. 2006년 9월부터 2008년 8월까지 그는 연방준비제도 이사회의 이사였다.

그는 또한 National Bureau of Economic Research의 연구위원이자 Eastern Economics Association의 전임 회장이다. 1976년 MIT 대학에서 박사학위를 취득한 이후, 그는 시카고대학, 노스웨스턴대학, 프린스턴대학, 콜럼비아대학에서 가르쳤다. 또한 그는 중국의 인민대학으로부터 명예교수직을 받았다. 그는 1994년부터 1997년까지 뉴욕연방준비은행의 집행 부총재와 연구이사이자 연방준비제도 연방공개시장위원회의 이코노미스트였다.

Mishkin 교수의 연구는 통화정책과 통화정책이 금융시장과 경제 전체에 미치는 영향에 초점을 맞추고 있다. 그는 *Macroeconomics: Policy and Practice, Second Edition*(Pearson, 2015); *The Economics of Money, Banking and Financial Markets, Tenth Edition*(Pearson, 2013); *Monetary Policy Strategy*(MIT Press, 2007); *The Next Great Globalization: How Disadvantaged Nations Can Harness Their Financial Systems to Get Rich*(Prinston University Press, 2006); *Inflation Targeting: Lessons from the International Experience*(Princeton University Press, 1999); *Money, Interest Rates, and Inflation*(Edwrad Elgar, 1993); *A Rational Expectations Approach to Microeconometrics: Testing Policy Ineffectiveness and Efficient Markets Models*(University of Chicago Press, 1983)을 포함하여 20권 이상의 책을 저술했다. 이에 더하여, 그는 *American Economic Review, Jouranl of Political Economy, Econometrica, Quarterly Journal of Economics, Journal of Finance, Journal of Applied Econometrics, Journal of Economic Perspectives, Journal of Money, Credit and Banking*과 같은 학술저널에 200편 이상의 논문을 출간했다.

Mishkin 교수는 *American Economic Review*의 편집위원회 위원으로 봉사했으며 *Journal of Business and Economic Statistics, Journal of Applied Econometrics, Journal of Economic Perspectives, Journal of Money, Credit and Banking, Journal of International Money and Finance*의 부편집위원장을 역임했다. 또한 그는 뉴욕연방준비은행의 *Economic Policy Review*의 편집위원으로 봉사했다. 그는 현재 5개 학술저널인 *International Finance; Finance India; Emerging Markets, Finance and Trade; Review of Development Finance; Borsa Economic Review*의 부편집위원장(편집위원회 위원)이다. 그는 전 세계의 많은 중앙은행들의 자문위원이자 연방준비제도

이사회, 세계은행(World Bank), 국제통화기금(IMF)의 자문위원으로 활동하고 있다. 그는 또한 한국 금융감독위원회 국제자문위원회의 자문위원이자 한국은행 경제연구원의 자문위원을 역임했다. Mishkin 교수는 또한 연방예금보험공사 은행연구소의 수석연구위원, 뉴욕연방준비은행 경제자문단의 학술자문위원으로 봉사하고 있다.

Stanley G. Eakins는 First National Bank of Fairbanks의 부사장, 감사, 기업대출과 부동산대출 담당자로 일하면서 금융실무자로서 상당한 경험을 했다. 또한 알래스카에 있는 Fairbanks의 권리보험회사인 Denali Title and Escrow Agency의 창립자였던 그는 은행의 운영부서를 관리했고 대형 건설개발회사의 최고재무이사로 일했다.

Eakins 교수는 애리조나주립대학(Arizona State University)에서 박사학위를 취득했다. 그는 현재 East Carolina University의 경영대학 학장이다. 그의 연구는 주로 기업 통제에서 금융기관의 역할과 금융기관이 투자 관행에 미치는 영향에 초점을 맞추고 있다. 또한 그는 멀티미디어를 학습 환경에 통합하는 데 관심을 가지고 있으며 East Carolina University로부터 이 작업을 지원하기 위한 연구비를 받았다.

Eakins 교수는 *Quarterly Journal of Business and Economics, Journal of Fiancial Research, International Review of Financial Analysis*와 같은 학술저널에 논문을 출간했으며 멀티미디어 온라인 교재인 *Corporate Finance Online(CFO)*(Pearson, 2014)의 저자이다.

역자 서문

금융은 우리의 일상생활에 널리 이용되고 있으면서도 여타 산업에 비해 전문적인 지식과 분석 능력이 필요하기 때문에 일반인의 접근이 쉽지 않은 것이 사실이다. 이에 따라 최근 우리 사회에서는 금융에 대한 올바른 이해의 중요성을 크게 강조하고 있다. 누구든지 금융을 효과적으로 활용하면 미래의 풍요로운 생활을 누릴 수 있겠으나, 이와는 반대로 금융에 대한 이해가 부족한 상태에서 경제활동을 하는 경우 커다란 낭패를 볼 수 있기 때문이다. 그만큼 금융을 올바로 이해하는 것은 개인과 기업의 경제적 성과를 크게 좌우한다. 실로 금융은 우리가 미래의 높은 수익률을 기대하면서 여유 자금을 저축하고 증권에 투자하는 데 있어서 뿐만 아니라, 집을 사거나 사업에 필요한 자금을 조달하는 데 있어 중요한 역할을 한다. 특히 최근 금융은 전 세계의 경제를 통합하는 중요한 기능을 담당하고 있으며, 따라서 글로벌한 관점에서 금융을 이해하고 이를 분석하는 능력을 배양하는 것이 미래의 경제를 살아가는 데 있어 더욱 중요해지고 있다.

역자들은 대학에서 금융 교과목을 가르치면서 젊은이들이 금융의 기본적인 작동원리를 정확히 이해하고 이를 통해 장차 성공적인 금융 활동을 수행할 수 있도록 도와주기 위해 고심해왔다. 그럼에도 불구하고 그동안 금융의 기본적 원리와 함께 글로벌 관점에서 금융을 이해하고 분석하는 데 적합한 길잡이가 국내에 부족함을 아쉬워했다. 이에 세계적으로 유명한 학자인 F. Mishkin과 S. Eakins가 공동으로 저술한『Financial Markets and Institutions』을 번역해 이를 국내에 소개하는 것이 금융을 보다 깊이 있게 이해하고자 하는 여러분들에게 커다란 도움이 될 것으로 판단하였다.

이 책은 금융을 이해하는 데 있어 기본적인 이자율 개념부터 듀레이션 및 자산가격에 대한 기초 이론을 알기 쉽게 설명하고 있으며, 나아가 단기금융시장, 채권시장, 주식시장, 모기지 시장 등 현실의 다양한 금융시장이 작동하는 원리와 함께 은행, 뮤추얼펀드, 증권회사, 보험회사 등 금융기관의 핵심 기능, 금융파생상품 등을 활용한 위험관리, 나아가 글로벌 금융위기에 관한 심층적인 분석을 흥미롭게 다루고 있다. 다만 이 책에서 미국의 중앙은행제도, 통화정책의 수행, 국제금융제도에 관한 세 개의 장은 금융과 관련된 학습에 집중하기 위해 이 번역서에서는 제외하였다.

무엇보다도 이 책의 독보적인 특징은 금융의 이론이나 현황을 단순히 나열하는 데 그치는 것이 아니라 금융시장과 금융기관의 작동원리에 대한 실용적인 측면을 중시함으로써 금융이론을 현실에 적용하여 미래의 금융문제를 해결하는 분석능력을 강조하고 있다는 것이다. 이를 위해 일관된 금융원리를 적용하여 현실 경제에서 발생한 주요 금융 관련 사례들의 핵심을 간파하고 이를 체계적으로 설명하고 있다. 이런 이유로 이 책은 금융학습서로서 세계적인 베스트셀러로 자리매김하고 있으며, 역자들은 이 책이 우리나라에서도 금융을 배우는 학생들뿐만 아니라 금융시장 및 금융기관에서 종사하고 있는 금융인들에게 금융의 원리를 이해하는 유익한 지침서가 되리라고 기대한다.

역자들은 이 번역서의 기획에서 출판에 이르기까지 널리 지원해주신 성진미디어의 채희선 사장님과 디자인팀에게 깊은 감사의 뜻을 표하면서, 독자들의 아낌없는 지적과 격려를 부탁드린다.

역자 일동

PART 1 _ 서론

CHAPTER

1

금융시장과 금융기관을 왜 공부하는가?

> PREVIEW

저녁 뉴스에서 채권시장이 활황이라는 얘기를 들었다고 하자. 그러면 이 얘기가 곧 금리 하락을 의미하고 소규모 유통업을 영위하는 여러분이 신형 컴퓨터 시스템을 구축하기 위한 자금을 보다 손쉽게 융통할 수 있음을 의미하는가? 당면한 경제는 곧 좋아질 것이고 따라서 지금이 건물 신축 또는 추가 건물 증축을 하기에 좋은 시점인가? 자금 조달을 위해 주식 또는 채권을 발행할 것인가, 아니면 은행 대출을 사용할 것인가? 여러분이 수입업자라면 지금이 수입물가의 상승을 걱정해야 하는 시점인가?

이 책은 금융시장(채권, 주식, 외환시장)과 금융기관(은행, 보험회사, 뮤추얼펀드, 기타 금융기관들)이 어떻게 작동하는지 살펴봄으로써 이런 문제들에 대한 답을 제공하고자 한다. 금융시장과 금융기관은 여러분의 일상생활은 물론 우리 경제를 관통하는 거대한 수조 달러에 달하는 자금 흐름을 통해 기업의 이익과 재화 및 용역의 생산, 그리고 미국뿐 아니라 전 세계 국가들의 경제적 복지에까지 영향을 미치고 있다. 금융시장과 금융기관에서 발생하는 모든 일은 정치가들에게도 지대한 관심사일 뿐 아니라 종종 선거에 중대한 영향을 미치기도 한다. 금융시장과 금융기관을 공부함으로써 여러분은 이런 여러 가지 흥미로운 이슈들에 대한 이해력을 갖추게 될 것이다. 이 장에서는 이런 흥미로운 이슈들의 개관과 이 공부가 왜 가치가 있는지 밝힘으로써 이 책의 전체 노정표를 제공하고자 한다.

금융시장을 왜 공부하는가?

이 책의 제2부와 제4부에서는 **금융시장**(financial markets)에 초점을 맞추고 있는데, 이 시장에서는 초과 여유자금을 보유하고 있는 자들로부터 자금부족을 겪고 있는 자들에게로 자금 이전이 이루어진다. 채권시장과 주식시장 같은 금융시장은 자금의 생산적 사용이 가능한 자들에게 그렇지 못한 자들로부터 자금 이전이 이루어지게 함으로써 경제적 효용을 진작시키는 매우 중요한 역할을 수행한다. 실제로 금융시장이 원활하게 작동하게 되면 경제성장에 핵심적 역할을 수행하게 되고, 반대로 금융시장이 제대로 작동하지 않는 것이 많은 저성장 국가들이 여전히 그 상태에 머무르는 한 원인이 되기도 한다. 그리고 금융시장에서의 활동은 개인의 재산 축적, 기업과 소비자의 행태, 그리고 경제의 주기적 변동 등에 직접적인 영향을 미치기도 한다.

채권시장과 이자율

금융수단(financial instrument)이라고도 불리는 **증권**(security)은 발행자의 미래 소득 또는 **자산**(asset)(어떤 형태의 금융 청구권이나 소유권이 부여된 재산 또는 그 일부)에 대한 청구권이다. **채권**(bond)이란 일정 기간 동안 주기적으로 자금 지급을 약속하는 채무증서이다.[1] 채무시장, 또는 통상적으로 채권시장은 특히 경제활동에 매우 중요한데 그 이유는 기업 또는 정부가 그들의 경제활동을 수행하는 데 있어 자금조달 창구로서 차입을 가능하게 하기 때문이다; 그리고 그 채권시장에서 이자율은 결정된다. **이자율**(interest rate)은 차입비용 또는 자금의 사용 대가로 지불되는 가격(보통 퍼센트로 표시되는 100달러에 대한 연간 사용료)이다. 경제활동에서 관찰되는 수많은 이자율이 있는데, 예를 들면 모기지 이자율, 자동차 대출 이자율, 여러 종류의 채권에 대한 이자율 등이 그것이다.

이자율은 여러 차원에서 중요하다. 개인적 차원에서 높은 이자율은 조달비용의 상승으로 주택이나 자동차 구입을 망설이게 하는 요인이 된다. 그러나 반대로 높은 이자율은 저축을 장려하는 요인이 되기도 하는데, 이로 인해 수입의 일정 부분 저축을 통해 보다 많은 이자수입을 예상할 수 있기 때문이다. 좀더 고차원적으로는 이자율은 경제의 전반적인 건강상태에 영향을 미친다. 왜냐하면 이자율이 소비자의 소비 또는 저축 욕구뿐 아니라 기업의 투자결정에도 큰 영향을 미치기 때문이다. 예를 들어 높은 이자율로 인해 기업의 고용을 증대시킬 수도 있는 공장 신축이 지연되기도 한다.

http://research.stlouisfed.org/fred2/ 세인트루이스 연방준비은행의 FRED 데이터베이스는 주요 이자율, 환율 등에 대해 일일, 주간, 월간, 분기, 연간 자료를 과거 자료와 함께 최신 자료로 제공하고 있다.

이자율 변동은 개인, 금융기관, 기업, 그리고 경제 전반에 걸쳐 심대한 영향을 미치기 때문에 지난 20년간의 주요 이자율 변동에 관해 설명하는 것은 매우 중요하다. 예를 들어 1981년 3개월 재무부 증권(Treasury bill)의 이자율은 최고 16%에 달하기도 했다. 그 후 1992년 말과 1993년에

---

1) 이 책에서 사용되는 *채권*의 정의는 학계에서 통상적으로 사용되는 광의의 용어로 단기 채무와 장기 채무를 다 포함하는 것이다. 그러나 일부 실무자들은 *채권*은 오로지 장기 채무, 즉 회사채 또는 미국 재무부 채권(Treasury bond)만을 의미하는 용어로 사용하기도 한다.

는 3%까지 떨어졌다가 다시 1990년대 중반에는 5%를 상회했다. 그후 2004년에는 1% 아래로까지 떨어졌다가, 2007년에 이르러 다시 5%로 상승, 2008년부터 2013년 동안에는 거의 0% 가까이로 떨어졌다.

여러 가지 이자율은 함께 유사하게 움직이는 성향이 있기 때문에 경제전문가들은 종종 서로 다른 이자율들을 하나의 대표 이자율로 묶어 얘기하기도 한다. 그러나 [그림 1.1]에 볼 수 있듯이 여러 이자율이 때론 서로 다르게 움직일 수도 있다. 예를 들어 3개월 재무부 증권 이자율이 다른 이자율에 비해 좀더 변동폭이 클 뿐 아니라 평균적으로 더 낮다. Baa 등급 회사채(중간 신용등급) 이자율은 평균적으로 여타 이자율보다 높고, 그 이자율 차이, 즉 스프레드는 1970년대에는 커졌다가 1990년대와 특히 2000년대 중반에는 줄어들었다가, 글로벌 금융위기 기간인 2007~2009년에 급격히 치솟아 올랐다가 다시 줄어들고 있음을 볼 수 있다.

이 책의 제2, 9, 10, 12장에서는 경제에 있어 채무시장의 역할을 공부하게 될 것이다. 그리고 제3장에서 제5장에 걸쳐 이자율의 정의와 이자율의 공통적 움직임과 서로 다른 채권들의 이자율이 왜 서로 다르게 나타나는지 등에 관해 살펴보게 될 것이다.

주식시장

흔히 **주식**(stock)이라 불리는 **보통주**(common stock)는 기업 소유권의 지분을 말한다. 즉, 기업의 수익과 자산에 대한 청구권(claim)을 나타내는 증권이다. 기업은 주식을 발행, 일반에게 매도

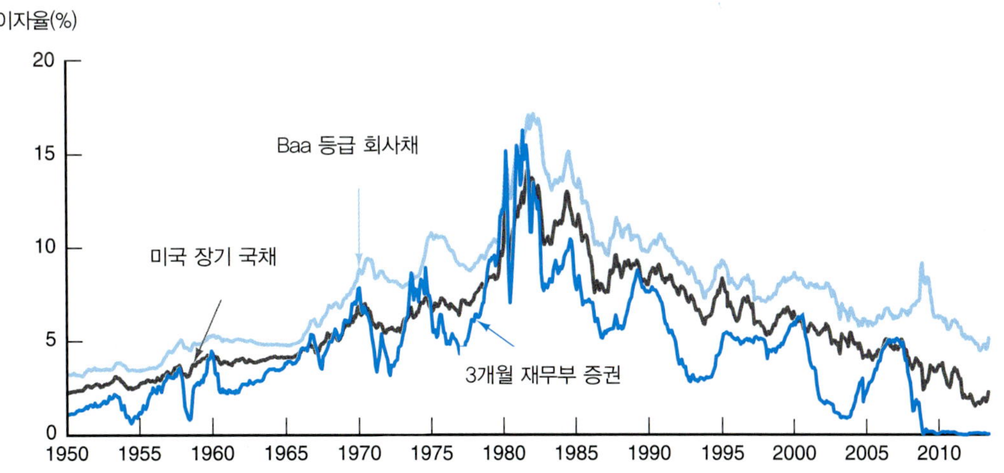

[그림 1.1] 주요 채권의 이자율, 1950~2013

서로 다른 이자율이 얼핏 보기에는 같이 움직이고 있지만, 종종 서로 많이 차이가 나기도 하고, 이자율 간의 차이인 스프레드는 변동성이 크다.

자료: 세인트루이스연방준비은행, FRED 데이터베이스: http://research.stlouisfed.org/fred2/.

함으로써 기업 활동에 필요한 자금을 충당한다. 주식시장은 기업의 수익에 대한 청구권(개별 주식)이 거래되는 시장으로 거의 모든 나라에 금융시장으로서 반드시 하나씩은 존재하는 시장이 바로 이 주식시장이다: 그런 의미에서 종종 단순히 '시장(market)'이라 함은 주식시장을 의미한다. 주식시장에서 주가의 큰 움직임은 항상 저녁 뉴스의 단골 화제가 된다. 사람들은 종종 시장의 향방에 대해 투기적으로 대응하고 그들의 가장 최근 '대성공'에 대해 떠벌릴 때에는 흥분의 도가니에 사로잡혀 있다가, 크게 실패할 때에는 또 깊은 실망에 빠지기도 한다. 시장에서의 사람들의 관심은 아마도 다음 한마디 말로 가장 잘 설명될 수 있을 것이다: 시장은 사람을 순식간에 부자로 만들기도 하지만 또한 반대로 순식간에 가난하게 만들 수도 있는 그런 곳이다.

[그림 1.2]에 나타나듯이, 주가는 매우 극심한 변동을 보인다. 1980년대 주가상승이 시작된 이후, 1987년 10월 19일 '검은 월요일' 당일, 주식시장 전체 역사상 최악의 1일 하락폭을 기록했는데, 다우지수(Dow Jones Industrial Average, DJIA)가 무려 22%나 빠졌다. 그후 2000년까지 주

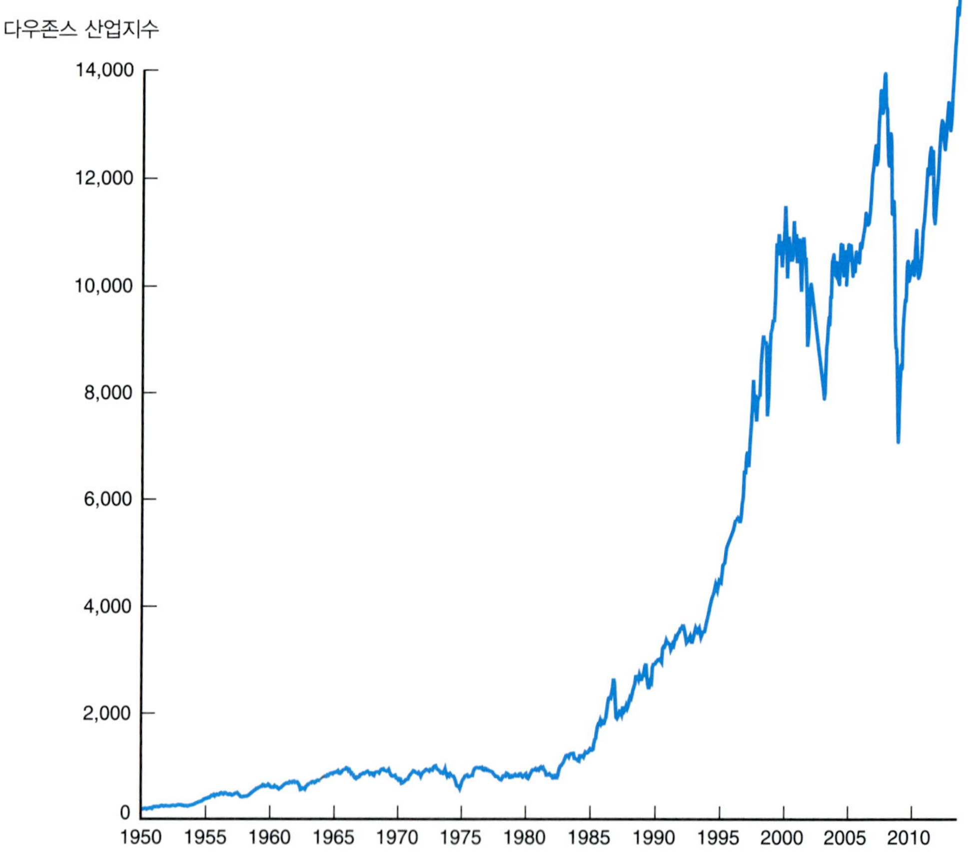

[그림 1.2] 다우존스 산업지수로 보는 주가, 1950~2013

주가의 변동성이 극심한 것을 볼 수 있다.

자료: 세인트루이스연방준비은행, FRED 데이터베이스: http://research.stlouisfed.org/fred2/.

식시장은 역사상 최대 호황을 누리는데, 다우지수가 11,000 포인트 정점에 달한 것이다. 2000년 하이테크 거품 붕괴로 주식시장은 다시 급격히 하락, 2002년까지 30% 이상 하락했다. 그후 다시 상승세로 2007년에 이르러 사상 최고인 14,000 수준에 이르게 되지만, 다시 2009년에는 7,000 포인트 아래로 떨어져 50% 이상 하락폭을 기록했다. 그 후 다시 호황 장세로 돌아, 2013년에는 다우지수가 15,000 수준의 신고가를 기록하기에 이르렀다. 이와 같은 주가의 상당폭 부침은 사람들의 재산 가치는 물론 그 결과 그들의 소비성향에까지 큰 영향이 미치는 결과를 가져온다.

주식시장은 또한 기업의 투자 의사결정에도 중요한 요소로 작용하는데, 그 이유는 주가 수준이 그 기업의 투자활동에 필요한 자금을 충당하기 위한 신주 발행의 필요 규모에 직접적인 영향을 미치기 때문이다. 즉, 해당 기업의 주가가 높을수록 생산시설이나 장비 구입에 소요되는 자금 규모를 보다 큰 규모로 확보할 수 있기 때문이다.

제2장에서 바로 이런 주식시장이 금융시스템에서 수행하는 역할에 대해 살펴보고, 다시 제6장과 제11장에서 주가가 어떻게 움직이며 시장정보에 어떻게 반응하는가에 대해 살펴볼 것이다.

외환시장

자금이 한 나라에서 다른 나라로 이동하기 위해서는, 원래의 해당 국가 통화(예를 들어 달러)에서 이동하려고 하는 다른 국가 통화(예를 들어 유로)로 환전되어야 한다. **외환시장**(foreign exchange market)은 바로 이런 환전이 일어나는 곳으로 국가간 자금이동을 원할히게 해주는 곳이라고 할 수 있다. 외환시상도 매우 중요한 곳으로 바로 이곳에서 **환율**(foreign exchange rate), 즉 한 국가의 통화가 다른 국가의 통화 비율로 표시되는 가격이 결정된다고 할 수 있다.

[그림 1.3]은 1970년부터 2013년까지 미국 달러의 환율(주요 외국 통화 바스켓으로 표시된 미국 달러의 가치)의 움직임을 보여주고 있다. 이 시장에서도 환율변동성이 상당한 수준으로 나타나고 있다: 1978~1980년 시기에 달러 가치는 저점에 이르렀다가 1985년 초 극적으로 상승하기에 이른다. 이후 다시 하락, 1995년 다시 저점에 도달하고 곧 1995년에서 2000년까지 상승세를 보였다. 2000년에서 2013년까지 달러는 심각하게 가치가 하락했는데 일시적으로 2008, 2009년에 잠깐의 상승기를 갖기도 했다.

이와 같은 환율의 움직임은 미국 시민들과 미국 기업들에게 어떤 의미를 갖는가? 환율변동은 미국 소비자들에게 직접적인 영향을 미치는데 그 이유는 환율변동이 수입 물가에 바로 영향을 미치기 때문이다. 2001년, 1유로가 85센트 정도일 때에, 100유로 상당의 유럽 상품(예를 들어 프랑스 와인)의 가격은 약 85달러였다. 만일 달러가 이후 약세를 보여, 1유로가 1.50달러가 되었다고 하면, 100유로 상당의 와인은 이제 150달러가 된다. 달러 약세는 수입 물가의 상승을 가져오고, 이는 해외여행 비용도 증가시킬 뿐 아니라, 결국 미국 시민들의 수입물품 선호에 따른 비용도 증대되는 결과를 가져온다. 즉 달러 약세 시기에는 미국 시민들의 해외 수입품 구매가 줄어들고 국산품 소비(미국 국내여행이나 미국산 와인)가 증대되는 것이다.

반대로, 달러 강세는 외국에서 미국산 수출품의 가격을 상승시키므로 외국인들이 미국산 물

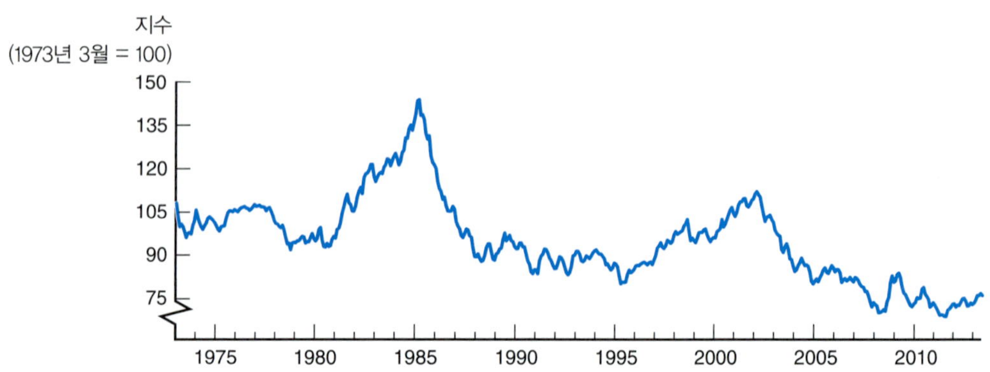

[그림 1.3] 미국 달러 환율, 1970~2013

외국 통화에 대한 미국 달러의 가치는 과거 상당 수준의 변동성이 있었음을 볼 수 있다.

자료: 세인트루이스 연방준비은행, FRED 데이터베이스: http://research.stlouisfed.org/fred2/.

품을 덜 쓰게 될 것이다. 예를 들어 철강 수출은 1980~1985년이나 1995~2001년과 같이 달러 강세기에 급속히 감소했다. 달러 강세는 수입품 물가를 낮추어 미국 소비자들에게는 유리하지만, 미국 기업에는 때로 독이 되며 미국산 물품의 해외 매출과 국내 매출이 줄어 피해를 본 미국 기업의 고용을 감소시킨다. 1985~1995년과 2001~2013년의 달러 약세는 그 반대 효과를 가져왔다: 이 기간 동안 수입품 가격은 상승했지만 이로 인해 미국 기업은 보다 경쟁력을 갖추게 되었다. 외환시장에서의 환율 변동은 이와 같이 미국 경제에 중요한 영향을 미친다.

제13장에서 우리는 달러가 외국 통화와 매매가 이루어지는 외환시장에서 환율이 어떻게 결정되는지 공부할 것이다.

금융기관을 왜 공부하는가?

이 책의 두 번째 주요 초점은 금융기관이다. 금융기관은 금융시장을 작동하게 하는 기구이다. 금융기관이 없다면 금융시장에서 저축을 하는 사람들로부터 생산적인 투자기회를 갖고 있는 자들에게 자금이 이전되는 것이 불가능하다. 금융기관이야말로 경제의 효율성을 증대시키는데 핵심적인 역할을 한다.

금융시스템의 구조

금융시스템은 복잡한데, 여러 형태의 사적 금융기관들, 은행, 보험사, 뮤추얼펀드, 파이낸스회사, 투자은행을 포함하고 이들은 모두 정부로부터 심한 규제를 받고 있다. 예를 들어 여러분이 IBM 또는 GM에 대출을 해주고자 한다면, 바로 그 회사의 사장에게 직접 찾아가 대출을 제의하지는 않을 것이다. 대신, 여러분은 **금융중개기관**(financial intermediary)을 통해 간접적으로 대출을 하게 된다. 금융중개기관은 상업은행, 저축대부조합, 상호저축은행, 신용조합, 보험회사, 뮤추얼펀드, 연기금, 그리고 파이낸스회사들을 포함하는데, 이들은 저축을 통해 자금을 모집하고 이를 다른 사람들에게 대출로 제공한다.

금융시장이 잘 작동되기 위해서 왜 금융중개기관들이 핵심적일까? 그들은 왜 어떤 사람에겐 대출을 제공하고 어떤 사람에겐 대출을 허용하지 않을까? 왜 그들은 대출을 제공할 때 복잡한 법적 서류들을 갖추곤 할까? 왜 그들은 경제 체제에서 가장 극심한 규제를 받고 있을까?

우리는 이런 질문들에 답하기 위해 제7장에서 미국뿐 아니라 전 세계에 걸쳐 통용될 수 있는 금융구조의 분석틀을 전개하기로 한다.

금융위기

때로 금융시스템은 제대로 작동하지 못하고 **금융위기**(financial crisis)에 봉착하기도 하는데, 금융시장에서 주요 붕괴기에는 자산가격의 급격한 하락과 함께 많은 금융회사와 비금융회사들의 몰락으로 점철되기도 한다. 금융위기는 수백 년에 걸친 자본주의 경제의 특징이라고 할 수 있고 최악의 경기하강기에 전형적으로 나타나곤 한다. 2007~2009년 미국 경제는 대공황 이후 최악의 금융위기에 직면했다. 서브프라임 주거용 부동산 모기지의 부도사태는 금융기관들의 대형 손실로 이어져, 여러 은행들의 파산과 베어스턴스, 리먼브라더스라는 미국의 대형 투자은행 두 곳의 몰락을 가져왔다. 이번 위기의 결과는 제2차 세계대전 이후 최악의 불황을 가져왔고 이는 이제 '대불황(Great Recession)'이라고 불리기에 이르렀다.

제8장에서 이런 위기는 왜 일어났고, 왜 경제에 이런 심대한 피해를 끼쳤는가 등에 대해 논의하기로 한다.

은행 및 여타 금융기관들

은행(bank)은 예금을 받아 대출을 실행하는 전통적인 금융기관이다. 은행이라는 용어는 상업은행, 저축대부조합, 상호저축은행, 신용조합 등을 포함한다. 은행은 보통 사람들이 가장 일상적으로 접하는 금융중개기관이다. 주택 또는 차를 구입할 때 사람들은 흔히 지역 은행에서 대출을 받는다. 대부분의 미국인들은 자신의 금융자산의 상당 부분을 은행에 당좌계좌, 저축계좌, 또는 여타 은행 계좌로 갖고 있다. 은행은 우리 경제의 가장 큰 금융중개기관이기 때문에 은행에 대해서는 깊은 논의를 필요로 한다. 물론 은행이 유일한 금융중개기관은 아니다. 실제로, 최근 많은 여타 금융중개기관들, 즉 보험회사, 파이낸스회사, 연기금, 뮤추얼펀드, 투자은행들이 은행을 대신해서 많은 업무를 수행하며 성장해왔고, 이들에 대한 논의 역시 필요하다. 은행과 이들 금융기관들에 대해서는 제5부와 제6부에서 차례로 논의하기로 한다.

금융혁신

옛날 좋은 시절에는 은행에서 현금을 찾을 때 또는 은행 예금 잔고를 체크하고자 할 때 우리는 친절한 은행 직원에게서 그 서비스를 받을 수 있었다. 요즘은 대부분의 경우 자동입출금기(ATM)를 사용해 현금을 찾고, 집의 컴퓨터를 이용해 잔고를 확인한다. **금융혁신**(financial innovation), 즉 신종 금융상품과 서비스의 발전을 통해 장기적으로 금융시스템을 보다 효율적으로 만들 수 있는 것은 사실이다. 그러나 제16장에서 논의하겠지만 금융혁신 역시 어두운 면을 갖고 있다: 우리가 최근 경험했던 금융위기가 금융혁신을 통해 더욱 악화될 수 있는 측면이 있다. 제16장에서 금융혁신은 왜 일어나며 어떻게 일어나는지, 특히 정보기술의 극적인 발전에 힘입어 **전자금융**(e-finance)이라는 분야에서 어떻게 새로운 금융상품과 전자금융 서비스의 발전으로 전개되는지에 대해 논의한다. 그리고 금융혁신이 때로는 금융기관의 창조적 사고에 힘을 더해 어떻게 수익 창출에 기여하는지, 동시에 때로는 금융 재해에 이르게 하는지를 논의하기로 한다. 금융기관들이 과거에 왜 그리고 어떻게 창조적이었는지를 살펴봄으로써 우리는 미래에 그들이 어떻게 창조적으로 나갈 수 있을까 하는 그림에 보다 다가갈 수 있을 것이다. 이런 지식을 통해 금융시스템이 향후 어떻게 변화해나갈 수 있는지 그 실마리를 찾아 전통적인 은행과 금융기관들이 쓸모없는 산업으로 전락하지 않도록 하기 위한 논의를 전개하고자 한다.

금융기관의 위험관리

최근 경제환경은 나날이 위험이 증대되고 있다. 이자율은 사납게 날뛰고 있고, 주식시장은 국내는 물론 해외에서도 붕괴되기도 하고, 외환시장에서는 투기에 따른 위기가 늘상 발생하고 있으며, 금융기관들의 파산은 대공황 이래 초유의 기록적인 수준에 이르고 있다. 이런 환경변화에 따른 수익성의 급격한 변동(또는 잠재적 파산) 위기를 피하기 위해 금융기관들은 위험관리에 보다 심혈을 기울여야만 한다. 금융기관들이 위험관리를 제대로 하기 위해서는 어떤 기법들이 필요한지 제20장에서 살펴보게 될 것이다. 그리고 제21장에서 금융기관들이 사용하는 신종 금융상품들, 즉 금융선물, 옵션, 스왑을 위험관리에 활용하는 방법들을 살펴보기로 한다.

금융 실무자의 관점에서

금융기관을 공부하는 또 다른 이유로 이들 금융기관이 젊은이들에게 가장 큰 고용주이며 동시에 가장 고액 연봉을 제공하는 직장 중 하나라는 사실을 들 수 있다. 따라서 여러분 중 일부는 금융기관 취업을 위해 금융기관을 공부해야 하는 매우 실무적 이유가 있는 것이다: 즉 금융 분야에서 좋은 직장을 갖기 위해 이 공부가 필요할 수 있다. 설사 여러분이 금융이 아닌 다른 분야에 흥미가 있더라도 금융기관에 대한 공부는 여전히 필요하다고 할 수 있는데, 여러분의 남은 인생에서 개인으로든, 기업의 임직원으로든, 자영업자로든 어떤 형태로든지 금융기관과의 거래를 하기 마련이기 때문이다. 금융기관의 경영에 대해 공부하게 되면 여러분이 장차 예금을 하든지, 대출을 하든지 간에 보다 좋은 거래 조건을 만들어내는 데 유리한 위치에 설 수 있을 것이다.

이 책은 금융시장과 금융기관을 공부하는 데 있어 이런 실무 경영자의 관점을 강조하기 위해 '금융실무'라는 제목의 특별 응용 사례가 첨부되어 있다. 이 사례들을 통해 금융기관의 경영자들이 부닥치는 실전 문제들을 소개하고 이들의 일상 문제들에 대한 해결책에 대해 고민해보기로 한다. 예를 들어 금융기관 경영자로서 새로운 수익성 좋은 금융상품을 어떻게 도입할 것인가? 금융기관 경영자로서 이자율, 주가, 환율 변동에 따른 위험관리를 위해 어떤 방법을 쓸 것인가? 금융기관 경영자로서 향후 통화정책의 향방에 대비하기 위해 연방준비제도 정책 전문가, 통상 'Fed 감시자(Fed watcher)'라 칭하는 직책을 별도로 만들고 채용해야 할 것인가?

이런 질문들에 대한 답을 위해 '금융실무'는 여러분이 금융기관에서의 직무개발을 위해 필요한 여러 분석적 기법들을 제공할 뿐 아니라 동시에 금융기관의 경영자라는 직업에 대한 감을 제공할 것이다.

금융시장과 금융기관을 어떻게 공부할 것인가?

이 책에서는 곧 소용없게 될 엄청난 양의 죽어있는 단순한 사실 나열식의 공부에 초점을 맞추지 않고 금융시장과 금융기관을 관통하는 하나의 통일된, 분석적인 틀에 대해 강조할 것이다. 이 분석 틀은 몇 가지 기본 개념을 사용해 자산의 시장가격 결정, 금융시장의 구조, 은행 경영 등에 대해 여러분이 조직적인 사고를 하는데 도움을 줄 것이다. 그 기본 개념은 균형이론, 금융시장의 행태 설명에 기본적인 수요-공급 분석, 이윤기회 추구, 그리고 거래비용과 정보의 비대칭성에 기반을 둔 금융구조 접근방법들이다.

이 책을 관통하는 통일된 분석틀은 여러분의 지식이 죽은 지식이 아니라 살아있는 보다 흥미로운 지식이 되게끔 해줄 것이다. 이 분석틀을 통해 여러분은 기말시험 후에 바로 잊어버리는 암기를 요하는 그런 지식이 아니라 실제로 중요한 것을 배우는 기회를 갖게 될 것이다. 이 분석틀을 통해 또한 여러분은 금융시장에서 일어나는 여러 현상들과 이자율이나 환율과 같은 변수들에 대해 이해하게 될 것이다.

여러분의 이해와 분석에 도움이 되는 하나의 통일된 분석틀을 갖게 하기 위해, 이 책에서 전체적으로 사용될 간단한 모형을 설정하고, 일단 그 변수들을 일정한 상수로 설정하여 설계한 후, 각 단계별로 모형 전개에 따라 그 변화 과정을 명확하게 그리고 주의 깊게 설명할 것이다. 그 전개마다 그때그때 모형에서 다른 여타 변수들은 상수로 남고 한 변수만의 변화에 따른 현상을 모형으로 설명함으로써 여러분들의 이해를 도울 것이다.

모형의 유용성을 더하기 위해, 이 책에서는 이론적 분석과 함께 여러분들의 실제 실무 및 관련 실증 데이터들의 적절한 혼용을 강조할 것이다. 금융시장과 금융기관의 학습을 보다 다채롭게 하기 위해 이 책은 '금융실무' 외에도 다수의 사례와 미니사례를 통해 여러분이 배우는 분석기법을 실무에 적용할 것이다.

강의실 밖에서의 실무에 보다 잘 적용하기 위해 여러분은 또한 여러 금융 관련 유명 저널과 웹에 나타나는 금융뉴스들을 따라잡기 위한 도구가 필요하다. 신문지상의 금융 지면을 보다 잘 이해하기 위해 이 책에서는 두 가지 특별도구를 제시한다. 첫째 '금융뉴스 따라잡기'라는 박스 처리된 부분으로 언론에서 자주 등장하는 데이터들을 해석하기 위한 정보와 정의 등에 관한 상세한 정보를 제공한다. 또한 이 책은 여러분이 습득한 분석기법을 실무에 적용할 것을 요구하는 연습문제와 계산문제들을 400개 가깝게 제공한다. 특히 '미래 예측하기'라는 제목의 실전 문제들은 매우 유용할 것이다. 이 연습문제들을 통해 여러분은 이 책에서 배우는 중요한 금융 개념들과 도구들을 갖추고 실무에서 복습, 응용할 수 있는 기회를 갖게 될 것이다.

웹 탐색

웹은 이미 금융분야 연구에서 편리하고 매우 귀중한 보고가 된지 오래이다. 이 책에서 우리는 여러 방법으로 이 도구의 중요성을 강조하고자 한다. 첫째, 이 책에 사용된 모든 그림과 표를 만드는데 사용된 정보들이 웹에서 입수 가능할 때에는 그 URL 사이트 주소를 표기했다. 이 사이트들은 여러 추가 정보들을 포함하고 있을 뿐 아니라 종종 최근 데이터로 업데이트도 된다. 둘째, 각 장 말미에 연습문제로 웹 연습문제를 추가했다. 이 웹 연습문제는 각 장의 관련 사이트의 방문과 실무 데이터와 정보제공의 장으로서의 역할을 할 것이다. 또한 각 장 말미에 그 장에서 사용된 자료들과 그 관련 웹 참조 URL 사이트 주소들을 병기했다. 이 사이트들을 방문하여 여러분 각자의 관심 주제와 관련 자료들을 살펴보기 바란다. 웹사이트 URL은 자주 바뀐다. 제대로 된 웹사이트 주소를 수록하기 위해 최선을 다했지만, 때로는 정부 URL도 바뀌는 경우가 있다. 출판사 웹사이트(www.pearsonhighered.com/mishkin_eakin)에 오면 가장 최근에 업데이트된 웹사이트 URL을 볼 수 있다.

자료 수집과 그래프

뒤따르는 웹 연습문제는 특히 중요한데 웹사이트에서 실제 자료를 여러분 각자의 분석을 위해 어떻게 엑셀로 보낼 수 있는가를 설명해주기 때문이다. 이 문제를 여러분 스스로 수행함으로써 향후 특정 과제를 수행할 때 관련 웹사이트에서 자료를 수집 분석하기 위한 절차를 각자 터득할 수 있기를 바란다.

웹 연습문제

여러분이 리스키벤처(Risky Venture)사에 2012년 초부터 현재까지의 이자율 추이에 관한 분석을 위해 컨설턴트로 채용되었다고 하자. 회사는 일단 해당 기간의 장기이자율과 단기이자율의 관계에 대해 관심을 갖고 있다. 당장 여러분이 해야 할 가장 중요한 일은 실제 시장이자율 자료를 수집하는 일이다. 이 자료의 가장 좋은 원천은 웹에서 구할 수 있다.

1. 장기이자율의 최적 이자율로 10년 만기 미국 국채 이자율을 사용하기로 했다고 하자. 먼저 과거 자료들을 구해야 한다. 세인트루이스 연방준비은행, FRED database(http://research.stlouisfed.org/fred2/)에 가면 환상적인 데이터의 보고가 있다. 우측 상단의 검색창에서 '10-year'를 치고 아래 박스에서 '10-Year Treasury Constant Maturity Rate'를 클릭한 후 '10-Year Treasury Constant Maturity Rate' 아래의 daily, monthly 박스를 체크한다. [그림 1.4]에 이 사이트가 나와 있다.
2. 이제 과거 이자율 자료의 정확한 원천을 찾았으니, 다음 단계는 표본기간을 선택해 스프레드시트로 그 자료를 옮기는 일이다. 관측기간 시작을 Jan 2012로 바꾸자. 그리고 'Add Data Series'를 클릭하고 하단부의 검색창에 '1-year'를 클릭한 후, '1-Year Treasury Constant Maturity Rate'를 클릭한다. 그리고 관측기간 시작을 2012-01-01로 바꾸고 'Redraw Graph'를 클릭한다. 그림 바로 위에 있는 'Download Data in Graph'를 클릭하면 [그림 1.5]를 보게 된다.
3. 이제 이자율 분석을 위해 먼저 그래프를 그리기로 하자. 자료의 행 맨 위의 '10-Year Interest Rate'와 '1-Year Interest Rate'를 자료들의 머리말로 바꿔 표기하자. 이제 엑셀의 자료 2줄과 머리말을 포함해 찍은 다음, 도구모음의 '삽입'을 클릭한다. 좌측 상단에서

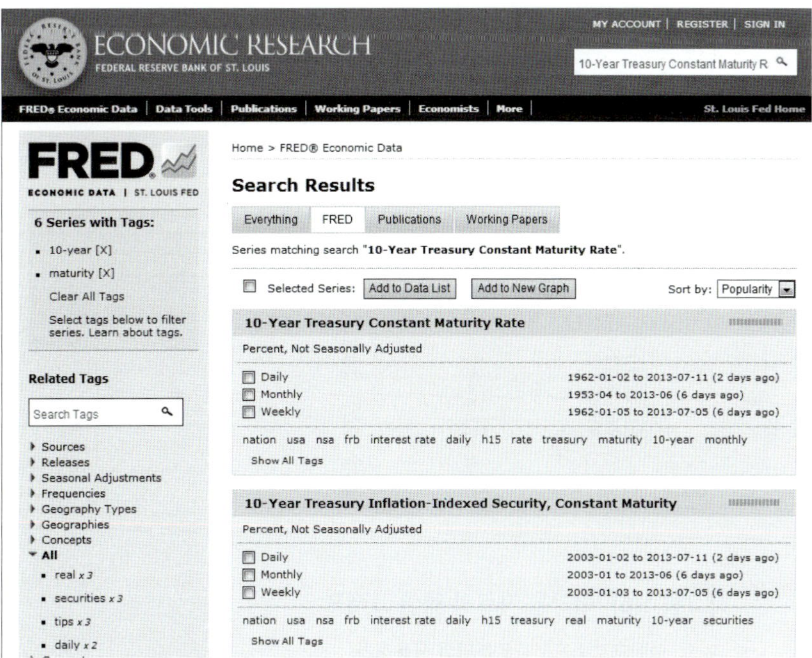

[그림 1.4] 세인트루이스 연방준비은행, FRED 데이터베이스

자료: http://research.stlouisfed.org/fred2/.

A	B	C	D	E
FRED Graph Observations				
Federal Reserve Economic Data				
Link: http://research.stlouisfed.org/fred2				
Help: http://research.stlouisfed.org/fred2/help-faq				
Economic Research Division				
Federal Reserve Bank of St. Louis				
GS10	10-Year Treasury Constant Maturity Rate (GS10), Percent, Monthly, Not Seasonally Adjusted			
DGS1	1-Year Treasury Constant Maturity Rate (DGS1), Percent, Monthly, Not Seasonally Adjusted			
Frequency: Monthly				
observation_date	GS10	DGS1		
2012-01-01	1.97	0.12		
2012-02-01	1.97	0.16		
2012-03-01	2.17	0.19		
2012-04-01	2.05	0.18		
2012-05-01	1.80	0.19		
2012-06-01	1.62	0.19		
2012-07-01	1.53	0.19		
2012-08-01	1.68	0.18		
2012-09-01	1.72	0.18		
2012-10-01	1.75	0.18		
2012-11-01	1.65	0.18		
2012-12-01	1.72	0.16		
2013-01-01	1.91	0.15		
2013-02-01	1.98	0.16		
2013-03-01	1.96	0.15		
2013-04-01	1.76	0.12		
2013-05-01	1.93	0.12		
2013-06-01	2.30	0.14		

[그림 1.5] 이자율 자료의 엑셀 스프레드시트

자료: 마이크로소프트사로부터의 사용허가

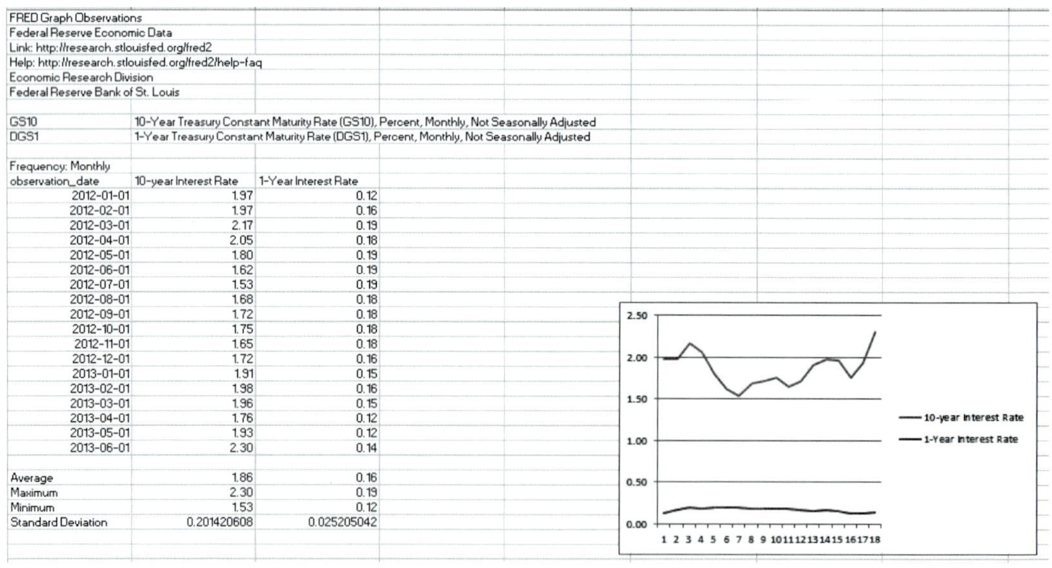

FRED Graph Observations		
Federal Reserve Economic Data		
Link: http://research.stlouisfed.org/fred2		
Help: http://research.stlouisfed.org/fred2/help-faq		
Economic Research Division		
Federal Reserve Bank of St. Louis		
GS10	10-Year Treasury Constant Maturity Rate (GS10), Percent, Monthly, Not Seasonally Adjusted	
DGS1	1-Year Treasury Constant Maturity Rate (DGS1), Percent, Monthly, Not Seasonally Adjusted	
Frequency: Monthly		
observation_date	10-year Interest Rate	1-Year Interest Rate
2012-01-01	1.97	0.12
2012-02-01	1.97	0.16
2012-03-01	2.17	0.19
2012-04-01	2.05	0.18
2012-05-01	1.80	0.19
2012-06-01	1.62	0.19
2012-07-01	1.53	0.19
2012-08-01	1.68	0.18
2012-09-01	1.72	0.18
2012-10-01	1.75	0.18
2012-11-01	1.65	0.18
2012-12-01	1.72	0.16
2013-01-01	1.91	0.15
2013-02-01	1.98	0.16
2013-03-01	1.96	0.15
2013-04-01	1.76	0.12
2013-05-01	1.93	0.12
2013-06-01	2.30	0.14
Average	1.86	0.16
Maximum	2.30	0.19
Minimum	1.53	0.12
Standard Deviation	0.201420608	0.025205042

[그림 1.6] 이자율 자료의 엑셀 그래프

자료: 마이크로소프트사로부터의 사용허가

Line Chart를 선택한다. 차트가 완성되고 나면 이자율 자료의 각 하단에 기술 통계량을 구해보기로 한다. 엑셀 도구모음에서 함수를 선택한 후 'Average'를 고르고 '예'를 클릭한다. 자료를 January 2012부터 현재까지 선택한 후 '예'를 클릭한다. 최대값과 최소값, 그리고 표준편차에 대해서도 유사한 과정을 거쳐 완성하면 [그림 1.6]과 같은 완성물을 작성할 수 있다.

결론

금융시장과 금융기관 분야는 매우 흥미로운 분야이다. 여러분의 경력개발에 매우 가치있는 역량을 키울 수 있을 뿐 아니라 종종 뉴스 미디어에서 접할 수 있는 금융시장과 금융기관 관련 사안에 대한 보다 명확한 이해를 습득하는 좋은 기회이기도 하다. 이 책에서는 현재 정치권에서 뜨겁게 논의되고 있는 여러 논란거리들에 대한 소개도 이루어질 것이다.

요약

1. 금융시장에서의 여러 활동은 개인의 부, 기업의 행태, 우리 경제의 효율성에 직접적인 영향을 미친다. 세 가지 금융시장이 특히 중요하다: 채권시장(이자율이 결정되는 곳), 주식시장(개인의 부와 기업의 투자결정에 중요한 영향을 미치는 곳), 그리고 외환시장(환율변동은 미국 경제에 중대한 결과를 초래함)이 그것이다.

2. 통화정책은 이자율, 인플레이션, 경기변동에 영향을 미치는데 이들은 금융시장과 금융기관에 중요하기 때문에 미국과 여러 해외 중앙은행들에서 통화정책이 어떻게 행해지는지 이해할 필요가 있다.

3. 은행과 여타 금융기관들은 자금을 생산적으로 사용하지 못하는 사람들에게서 생산적으로 사용할 수 있는 사람들에게로 이전시켜 경제의 효율성을 증대시키는 데 결정적 역할을 한다. 금융시스템이 막혀 금융위기를 초래하면 금융회사들이 파산하고 경제 전체에 심각한 폐해를 가져온다.

4. 금융기관이 어떻게 경영되는가를 이해하는 것은 매우 중요한데 그 이유는 누구든 일생동안 개인으로든, 기업의 임직원으로든, 자영업자로든 어떤 형태로든지 금융기관과 거래하게 되어 있기 때문이다. '금융실무'는 특정 분석기법을 이해하여 금융기관의 경력개발에 도움이 될 뿐 아니라 금융기관 경영자의 직무에 대한 감도 제공할 것이다.

5. 이 책은 금융시장과 금융기관을 학습하는 데 필요한 통일된 하나의 틀을 개발해나가기 위한 분석적 사고의 틀을 강조하는데, 이 분석틀에서는 몇 가지 기본 원리를 사용하게 된다. 또한 이 책은 이론적 분석은 물론 실증자료들과의 적절한 혼용을 통해 학습자의 이해를 도울 것이다.

주요용어

금융시장(financial markets)
금융위기(financial crises)
금융중개기관(financial intermediaries)
금융혁신(financial innovation)
보통주(주식)(common stock(stock))
외환시장(foreign exchange market)
은행(bank)
이자율(interest rate)
자산(asset)
전자금융(e-finance)
증권(security)
채권(bond)
환율(foreign exchange rate)

연습문제

1. 금융시장은 경제의 건전성을 유지하는데 왜 중요한가?
2. 이자율이 상승할 때 기업과 소비자들의 경제적 행태는 어떻게 변하는가?
3. 이자율 변화가 금융기관의 수익성에 어떻게 영향을 미치는가?
4. 이자율이 상승하면 모든 사람의 형편이 나빠지는가?
5. 주가의 하락은 기업투자에 어떤 영향을 미치는가?
6. 주가의 상승은 소비자의 지출 결정에 어떤 영향을 미치는가?
7. 영국 파운드화 가치의 하락은 영국 소비자에 어떤 영향을 미치는가?
8. 영국 파운드화 가치 상승은 미국 기업에 어떤 영향을 미치는가?
9. 환율변화는 금융기관의 수익성에 어떻게 영향을 미치는가?
10. [그림 1.3]을 보고 여러분이 어떤 시기에 런던 타워 대신 애리조나의 그랜드캐년을 방문하는 것이 좋은가?
11. 은행의 기본 업무는 무엇인가?
12. 은행 이외에 경제에 중요한 기타 금융기관에는 어떤 것이 있는가?
13. 지난 10년간 여러분에게 개인적으로 영향을 미친 금융혁신을 생각해볼 수 있는가? 그 금융혁신은 여러분의 형편을 더 좋게 만들었는가, 아니면 나쁘게 만들었는가? 어떤 면에서 그러한가?
14. 금융기관이 직면하는 위험의 유형은 무엇인가?
15. 금융기관의 경영자들은 왜 연방준비제도의 업무에 관해 관심을 기울이는가?

> 계산문제

1. 다음 표는 미국 달러와 영국 파운드(GBP)의 4월 한달 동안의 환율을 표시한 것이다.

날짜	GBP당 달러
4/1	1.9564
4/4	1.9293
4/5	1.914
4/6	1.9374
4/7	1.961
4/8	1.8925
4/11	1.8822
4/12	1.8558
4/13	1.796
4/14	1.7902
4/15	1.7785
4/18	1.7504
4/19	1.7255
4/20	1.6914
4/21	1.672
4/22	1.6684
4/25	1.6674
4/26	1.6857
4/27	1.6925
4/28	1.7201
4/29	1.7512

200달러를 영국 파운드로 환전한다고 할 때 언제가 가장 유리한 날이었을까? 언제가 가장 불리한 날이었을까? 파운드의 차이는 얼마인가?

> 웹 연습문제

금융시장 데이터 연습

1. 이 연습문제에서 우리는 웹에서 자료를 수집하고 이를 엑셀로 그래프를 그리는 연습을 할 것이다. p.10~12의 연습문제를 가이드로 이용하라. www.forecasts.org/data/index.htm으로 가서 상단에 'Data'를 클릭하고, 'Stock Index Data'를 클릭한후 'U.S. Stock Indices—Monthly' 항목을 선택하라. 마지막으로 'Dow Jones Industrial Average' 항목을 선택하라.

   a. 이 장에서 제시된 방법을 이용해 자료를 엑셀 스프레드시트로 옮겨라.

   b. 위 문항 (a)의 자료를 이용해 그래프를 그려라. 그래프의 축에 제대로 된 이름을 붙이기 위해 차트 마법사를 이용하라.

2. 웹 연습문제 1번에서 여러분은 다우존스 산업평균지수(DJIA) 자료를 수집했고 그래프를 그렸다. 같은 사이트에서 DJIA의 예측치를 얻을 수 있다. www.forecasts.org/data/index.htm에 들어가자. 맨 왼쪽 열에 있는 '6Month Forecasts' 하의 Dow Jones Industrials 링크를 클릭하라.

   a. 6개월 후 다우지수의 예측치는 얼마인가?

   b. 다음 6개월간 예측치는 몇 % 증가했는가?

CHAPTER

2

금융시스템의 개관

> PREVIEW

여러분이 만일 최근 발명된 집안 청소와 유리창까지 세척하며, 잔디를 깎고, 세차까지 가능한 저비용 로봇을 제작하기 위한 사업을 개시하려고 하는데, 이 훌륭한 발명품을 사업화할 자금이 없다고 하자. 이때 월터(Walter)라는 상속재산을 물려받아 자금이 풍부한 이가 있다고 하자. 만일 이들이 서로 만나 월터가 자금을 제공하게 되면 여러분 회사의 로봇은 세상에 빛을 보게 되고 여러분과 월터, 그리고 경제는 보다 나아질 것이다. 즉, 월터는 그의 투자수익이 보다 커질 것이고, 여러분은 로봇생산으로 인해 부자가 될 것이고, 우리 모두 보다 깨끗한 집과 보다 광택나는 차, 그리고 보다 멋있는 잔디를 갖게 될 것이다.

채권시장, 주식시장과 같은 금융시장과 은행, 보험회사, 연기금과 같은 금융중개기관은 바로 이렇게 여러분과 월터를 연계시키는 기본 기능을 수행한다. 즉, 여유자금을 가진 월터로부터 자금을 필요로 하는 여러분에게 자금을 이전시키는 것이다. 보다 현실적인 예로, 애플이 보다 성능이 우수한 아이팟(iPod)을 발명하고 이를 시장에 내놓을 때 자금을 필요로 한다. 마찬가지로 지방정부가 도로 또는 학교를 건설할 때, 지방세 수입 이상의 자금을 필요로 할 수도 있다. 잘 작동하는 금융시장과 금융기관은 우리 경제의 건강에 필수 불가결하다.

금융시장과 금융기관이 경제에 미치는 영향을 공부하기 위해서는 이들의 일반적 구조와 작동에 대한 이해를 갖추어야 한다. 이 장에서 우리는 주요 금융중개기관들과 금융시장에서 거래되는 금융상품들에 대해 배우게 된다.

이 장에서는 금융시장과 금융기관이라는 매혹적인 학습에 대해 개략적인 개관을 하기로 한다. 보다 상세한 금융시장과 금융기관에 대한 규제, 구조, 발전에 관해서는 이어지는 제3~6부에 수록되어 있다.

금융시장의 기능

금융시장은 소득보다 지출을 적게 함으로써 여유자금을 갖고 있는 가계, 기업, 정부로부터 소득보다 더 많은 지출을 하고자 하는 자금이 부족한 사람들에게 자금을 전달하는 중추적인 경제적 기능을 수행한다. 이 기능은 [그림 2.1]에 도표로 표시되어 있다. 저축을 하고 자금을 대출하는 대부자/저축자는 왼쪽에 표시되어 있고 지출 자금을 조달하기 위해 차입해야 하는 차입자/지출자는 오른쪽에 표시되어 있다. 주요 대부자/저축자는 가계이지만, 기업과 정부(특히 주정부와 지방정부), 외국인과 외국정부도 종종 초과 자금을 대출해주고 있다. 가장 중요한 차입자/지출자는 기업과 정부(특히 연방정부)이지만, 가계나 외국인도 자동차, 가구, 주택의 구입자금을 조달하기 위해 차입하기도 한다. 그림의 화살표는 대부자/저축자에서 차입자/지출자로 전달되는 자금의 순환을 두 가지 경로로 나타내고 있다.

직접금융(direct finance)([그림 2.1]의 아래쪽 경로)에서는 차입자가 금융시장에서 *증권*(security, *금융수단*(financial instrument)이라고도 함)을 판매함으로써 직접 대부자의 자금을 차입한다. 이때 증권은 차입자의 미래소득이나 자산에 대한 청구권이다. 증권은 매입한 사람에게는 자산(asset)이 되나, 그것을 판매(발행)한 사람에게는 **부채**(liability, IOU 또는 채무(debt))가 된

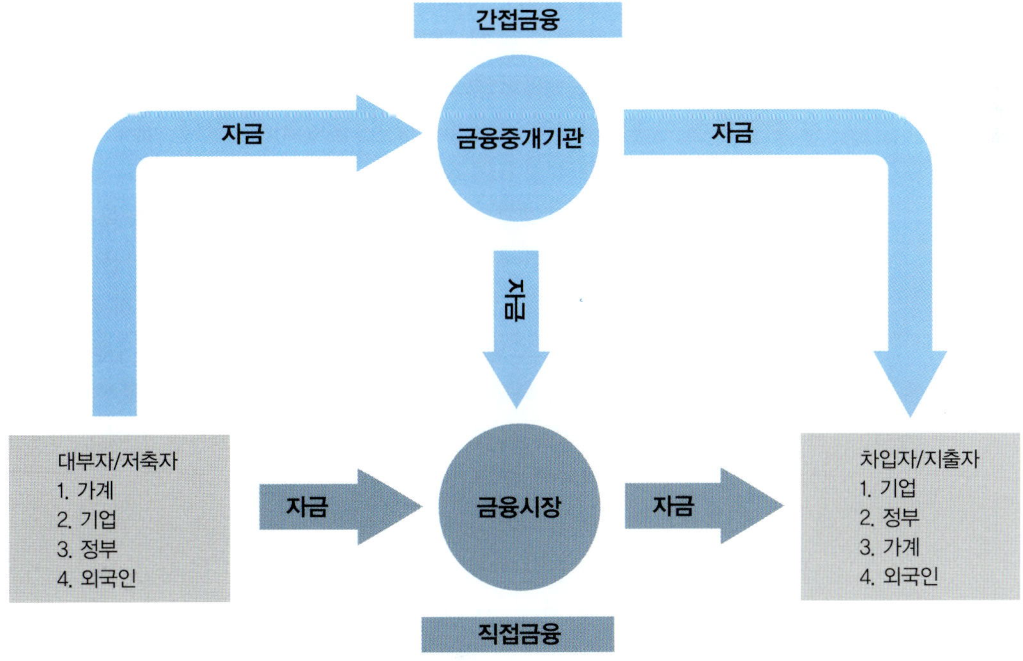

[그림 2.1] 금융시스템을 통한 자금 순환

화살표는 자금이 대부자/저축자에서 차입자/지출자로 전달되는 두 가지 경로를 보여주고 있다. 직접금융에서는 차입자가 증권을 판매함으로써 금융시장에서 직전 자금은 차입한다. 간접금융에서는 금융중개기관이 대부자/저축자로부터 자금을 차입해 차입자/지출자에게 대출해준다.

다. 예를 들어 제네럴모터스(General Motors)가 전기자동차를 만드는 공장 신축을 위해 자금을 차입할 필요가 있다면 *채권*(bond)이나 *주식*(stock)을 판매해 저축자로부터 자금을 차입할 것이다. 채권이란 특정 기간 동안 주기적으로 이자지급을 약속한 채무증서이고, 주식이란 기업의 이윤과 자산의 지분에 대한 소유 권리를 부여한 증서이다.

저축자로부터 지출자로 자금을 전달하는 것이 경제에 왜 그렇게 중요할까? 이에 대한 대답은 자금을 저축하는 저축자들이 종종 수익성 있는 투자기회를 갖고 있는 기업가들과 동일인이 아니라는 데 있다. 우선 개인적인 수준에서 생각해보자. 여러분이 올해 1,000달러 저축이 있으나 금융시장이 없기 때문에 차입이나 대출이 불가능하다고 하자. 저축자금으로 소득을 올릴 수 있는 투자기회가 없다면 여러분은 그저 1,000달러를 계속 보유하고 그에 따른 이자소득은 전혀 없을 것이다. 그런데 목수인 칼(Carl)이 여러분의 1,000달러를 생산적으로 사용할 수 있다고 하자: 칼은 주택 건설에 필요한 기간을 단축하는 데 사용될 수 있는 신형 공구를 이 자금으로 구입함으로써 매년 200달러의 추가 수익을 올릴 수 있다. 여러분이 칼과 연결될 수만 있다면, 바로 여러분의 1,000달러를 연 100달러의 대여 수수료(이자)에 제공함으로써 두 사람 다 이득을 볼 수 있을 것이다. 여러분은 1,000달러를 대출함으로써 그렇지 않으면 벌 수 없었던 100달러를 벌게 되고, 동시에 칼은 매년 100달러의 추가 소득(연 200달러의 추가 수입 – 100달러의 자금 사용에 대한 대여 수수료)을 올리게 될 것이다.

금융시장이 없다면 여러분이나 칼과 같은 목수는 서로 접촉할 수 있는 기회조차 갖지 못할 것이다. 이 경우 두 사람 모두 현 상태를 유지함으로써 형편이 나빠지게 될 것이다. 금융시장이 없다면 투자기회가 없는 사람들로부터 그 기회를 가진 사람들에게 자금을 전달한다는 것은 매우 어려운 일이 된다. 그래서 금융시장은 경제적 효율성을 진작시키는 데 핵심적이라고 할 수 있다.

금융시장의 존재는 기업의 생산성을 증가시키는 것 이외의 목적으로 자금을 차입할 경우에도 이로움을 준다. 여러분이 최근 결혼을 하고 좋은 직장에 취직을 해서 주택을 구입하려고 한다고 하자. 충분한 월급을 받고 있지만 취직한지 얼마 되지 않았기 때문에 저축은 많이 하지 못했다고 하자. 물론 시간이 흐르면 여러분이 꿈꾸는 주택 구입에 충분한 저축을 하는 데 아무 문제도 없을 것이지만, 그때가 되면 여러분은 너무 늙어서 그 집으로부터 충분한 즐거움을 누리지는 못할 것이다. 금융시장이 없다면 여러분은 현 상태를 타개할 길이 없어 주택을 구입하지 못할 것이고 결국 조그마한 아파트 생활을 유지할 수밖에 없을 것이다.

만약 금융시장이 개설되어 저축을 많이 한 사람들로부터 여러분에게 주택을 구입할 자금을 대출해줄 수 있는 길이 열린다면, 여러분은 그들에게 이에 따른 이자를 당연히 지급하려 할 것이고 이를 통해 여러분은 젊은 나이에 충분히 누릴만한 좋은 주택을 구입할 수 있다. 그리고 시간이 지나면서 여러분은 이 주택대출을 상환해 나갈 것이다. 이런 대출이 가능하다면 여러분에게도 이득이 되고 동시에 대출을 해준 사람들에게도 이득이 된다. 대부자는 금융시장이 없었다면 발생할 수 없었던 이자 수입을 얻을 수 있게 된다.

이제 금융시장이 경제에서 매우 중요한 기능을 수행한다는 것을 알게 되었다. 금융시장은 생산적 투자기회가 없는 사람들로부터 그러한 기회를 갖고 있는 사람들에게 자금이 이전될 수 있도록 해준다. 금융시장은 **자본**(capital, 금융자산 또는 실물자산 형태의 재산(wealth))의 효율적 배분에 결정적인 역할을 하며, 경제 전반에 걸쳐 생산성과 효율성을 높이는 데 기여한다. 실제로 제8장에서 논의하듯이 최근의 글로벌 금융위기 때 그런 것처럼 금융위기시 금융시장이 붕괴되면 극심한 경제적 곤경이 발생되고 이로 인해 위험한 정치적 불안정까지 초래될 수 있다.

금융시장이 잘 작동하면 소비자들은 그들의 구매를 보다 적시에 수행할 수 있어 후생이 증대되는 직접적 효과를 가져온다. 금융시장은 젊은이들에게 필요한 것을 그 전체 금액을 충당할 수 있을 만한 충분한 저축이 가능한 미래 시점까지 기다리지 않아도 지금 바로 구입할 수 있게 자금을 제공하는 기능을 수행한다. 효율적으로 작동하는 금융시장은 모든 사람의 경제적 후생을 증대시키는 것이다.

금융시장의 구조

이제 금융시장의 기본 기능을 이해하였으니 그 구조를 살펴보기로 하자. 다음에 제시한 몇 가지 금융시장의 범주에 관한 설명을 통해 금융시장의 핵심적 특징을 살펴보자.

채무시장과 지분시장

기업이나 개인은 두 가지 방법으로 금융시장에서 자금을 조달할 수 있다. 가장 일반적인 방법은 채권이나 모기지 같은 채무증서(debt)를 발행하는 것이다. 채무증서는 채무자가 채무증서의 보유자에게 최종 지급이 일어나는 특정 기일(만기)까지 정기적으로 일정 시점에 일정 금액(이자와 원금)을 지급하기로 동의한 계약이다. 채무증서의 **만기**(maturity)는 그 증서의 만료일까지의 햇수(기간)이다. 채무증서의 만기가 1년 이하이면 **단기**(short-term)라 하고, 10년 이상이면 **장기**(long-term)라 한다. 1~10년 만기의 채무증서는 **중기**(intermediate-term)라 한다.

자금을 조달하는 다른 방법은 주식(common stock) 같은 **지분**(equity)증권을 발행하는 것이다. 주식은 기업의 순이익(비용과 세금을 차감한 이익)과 자산에 대한 지분의 청구권이다. 100만주를 발행한 기업의 주식을 1주 갖고 있다면 그 기업의 순이익과 자산에 대해 100만분의 1에 해당하는 권리를 갖는다. 주식은 주식보유자에게 종종 주기적인 지급, 즉, **배당**(dividends)을 행하는데 만기일이 없기 때문에 장기증권으로 간주된다. 더구나 주식을 보유한다는 것은 기업의 일부를 소유하는 것이므로 기업의 가장 중요한 사안들에 대해 투표권을 가지며 이사 선출에 관한 권리를 갖는다는 것을 의미한다.

기업의 채무증서 대신 주식을 보유하는 것의 주요 단점은 주식보유자가 *잔여청구권자*(residual claimant)라는 것이다. 즉, 기업은 주식보유자에게 지급을 하기 전에 반드시 먼저 채권자에게 지급을 해야 한다. 주식 보유의 장점은 주식보유자가 기업의 소유권을 갖고 있기 때문에 기업의 수익성이나 자산 가치의 증대로 인한 이득을 직접 얻는다는 것이다. 채권자는 이들 이익 분배에는 참여하지 않는데 그 이유는 그들은 고정된 금액을 지급받기 때문이다. 금융구조에 대한 경제적 분석을 제공하는 제7장에서 채무증서와 주식의 장단점에 대해 보다 상세히 살펴보게 될 것이다.

미국의 경우 주식의 총가치는 1990년대 초 이래 주가에 따라 보통 4~20조 달러 사이에서 변동했다. 사람들은 그 어떤 금융시장보다 주식시장에 더 많은 관심을 갖고 있지만 사실은 채무시장의 규모가 종종 주식시장보다 상당히 더 크다. 2012년말 채무증서의 가치는 38.2조 달러인 반면, 주식의 가치는 18.7조 달러였다.

발행시장과 유통시장

www.nyse.com
뉴욕증권거래소를 방문해보자. 상장 기업들과, 주문 현황, 회사 자료, 실시간 시장 지수 외에도 많은 자료들을 찾아볼 수 있다.

발행시장(primary market)은 자금을 차입하는 기업이나 정부기관에 의해 신규 발행된 채권이나 주식 등의 증권이 최초로 매수자에게 판매되는 금융시장이다. **유통시장**(secondary market)은 이전에 기 발행된 증권이 다시 판매되는 금융시장이다.

증권의 발행시장은 일반인에게 잘 알려져 있지 않은데 그 이유는 증권의 최초 판매는 종종 비공개로 진행되기 때문이다. 발행시장에서 증권의 최초 판매를 도와주는 중요한 금융기관이 **투자은행**(investment bank)이다. 투자은행은 증권을 **인수**(underwriting)함으로써 이런 기능을 수행한다. 즉, 투자은행은 기업의 증권에 대해 가격을 보증하고 그 증권을 공개적으로 일반에게 판매한다.

기 발행된 주식이 거래되는 뉴욕증권거래소(New York Stock Exchange)와 나스닥(NASDAQ, National Association of Securities Dealers Automated Quotation System)이 가장 잘 알려진 유통시장의 예이다. 그러나 실제로는 주요 기업과 미국 정부가 발행한 채권이 매매되는 채권시장이 더 많은 거래량을 기록하고 있다. 유통시장의 다른 예로는 외환시장, 선물시장, 옵션시장 등을 들 수 있다. 증권 브로커와 딜러는 유통시장이 잘 기능하는 데 중요한 역할을 한다. **브로커**(broker)는 증권의 매수자와 매도자를 연결해주는 투자자의 대리인이다. **딜러**(dealer)는 호가로 증권을 매매함으로써 매수자와 매도자를 연결해준다.

개인이 유통시장에서 증권을 살 때 증권을 파는 사람은 증권에 대한 교환으로 대금을 받지만 그 증권을 발행한 기업이 새로운 자금을 받는 것은 아니다. 기업은 증권이 발행시장에서 처음 판매될 때에만 새로운 자금을 얻는다. 그럼에도 불구하고 유통시장은 두 가지 중요한 기능을 수행한다. 첫째, 유통시장은 현금을 조달하기 위해 이런 금융수단을 판매하는 것을 보다 쉽고 빠르게 해준다. 즉, 유통시장은 금융수단을 보다 **유동적**(liquid)으로 만들어준다. 이런 유동성의 증가로 인해 금융수단은 보다 매력적인 수단이 되고 발행기업이 발행시장에서 보다 용이하게 판매할 수 있게 된다. 둘째, 유통시장은 발행기업이 발행시장에서 판매하는 증권의 가격을 결정한다. 발행시장에서 증권을 매입하는 투자자는 발행기업에게 유통시장에서 설정된 가격 이상을 지불하지 않으려 할 것이다. 유통시장에서의 가격이 높을수록 발행시장에서의 신규 증권의 가격도 높을 것이고 이에 따라 발행기업이 조달할 수 있는 금융자본의 규모도 더 크게 될 것이다. 따라서 유통시장의 상태는 증권을 발행하는 기업들에게 매우 중요하다. 이런 이유로 금융시장을 다루는 많은 교과서에서는 발행시장보다 유통시장의 행태에 초점을 맞추고 있다.

거래소와 장외시장

www.nasdaq.com
NASDAQ OTC 증권거래소를 방문해 시장과 증권에 관한 상세한 정보를 찾아보자.

유통시장은 두 가지 형태의 조직이 있을 수 있다. 하나는 **거래소**(exchange) 형태로 조직하는 것으로 증권의 매수자와 매도자(또는 그들의 대리인이나 브로커)가 거래를 수행하기 위해 중앙집중된 한 장소에서 만난다. 뉴욕증권거래소와 미국증권거래소(American Stock Exchange)에서의 증권거래와 시카고 상품거래소(Chicago Board of Trade)에서의 상품(밀, 옥수수, 은, 기타 원자재) 거래가 조직화된 거래소의 예이다.

다른 형태의 유통시장은 **장외시장**(over-the-counter(OTC) market)인데, 증권을 보유하고 있는 서로 다른 장소의 딜러들이 그들의 가격을 받아들이고자 하는 그 누구에게나 '장외에서' 증권을 매매할 수 있는 시장이다. 장외시장 딜러는 컴퓨터로 접속되어 있고 서로 설정된 가격을 알기 때문에 OTC시장 자체가 매우 경쟁적이고 조직화된 거래소 시장과 크게 다르지 않다.

다수의 대기업 주식들이 조직화된 증권거래소에서 거래되고 있지만, 여전히 많은 주식들이 장외시장에서 거래된다. 또한 미국 국채 시장의 경우 이와는 대조적으로 장외시장으로 설립되어 있는데 그 거래 규모는 뉴욕증권거래소의 규모를 능가한다. 40여명의 딜러가 미국 국채를 매매할 수 있도록 '시장(market)'을 형성해 놓은 것이다. 그 외 장외시장에서 거래되는 금융상품의 예로 양도성 정기예금, 페더럴펀드, 은행인수어음(banker's acceptance), 외환 등을 들 수 있다.

단기금융시장과 자본시장

시장을 구분하는 또 하나의 방법은 각각의 시장에서 거래되는 증권의 만기에 근거해 구분하는 것이다. **단기금융시장**(money market, 자금시장이라고도 함)은 단기 채무증서(일반적으로 만기가 1년 이하인 채무증서)만 거래되는 금융시장이다. **자본시장**(capital market)은 장기 채무증서(일반적으로 만기가 1년 이상인 채무증서)와 주식이 거래되는 시장이다. 단기금융시장 증권은 장기증권보다 보통 널리 유통되고 있어 유동성 또한 풍부한 경향이 있다. 나아가 제3장에서도 살펴보겠지만, 단기증권은 장기증권보다 가격변동이 적어 보다 안전한 투자수단이 된다. 그 결과 기업과 은행은 일시적으로 보유하는 여유 자금에 대한 이자수익을 올리기 위해 단기 시장을 적극적으로 활용한다. 주식이나 장기채 같은 자본시장 증권은 보험회사나 연기금 같은 금융중개기관이 통상적으로 보유하는데, 이들은 장래 이용가능한 자금 규모에 대한 불확실성이 거의 없다.

금융시장의 국제화

금융시장이 점차 국제화되는 것은 중요한 요즘의 추세이다. 1980년대 이전 미국 금융시장은 미국 이외의 금융시장보다 훨씬 컸었지만 최근 미국 금융시장의 지배력은 사라져가고 있다([글로벌], '미국 자본시장은 그 우위를 잃어가고 있는가?' 참조). 외국 금융시장의 괄목할만한 성장은 일본과 같은 외국에서의 저축자금의 대규모 증가와 외국 금융시장의 규제완화에 의한 것인데,

이를 통해 외국 시장에서 금융 활동이 확대되었다. 미국의 기업과 은행들은 이제 필요 자금을 조달하기 위해 국제 자본시장에 더욱 의존하는 경향이 커지고 있고, 동시에 미국 투자자들은 종종 해외에서 투자기회를 찾고 있다. 마찬가지로, 외국 기업과 은행들은 미국에서 자금을 조달하고, 외국인들은 미국 시장에서 중요한 투자자가 되고 있다. 국제 채권시장과 세계 주식시장을 살펴보면 이런 국제 금융시장의 세계화가 어떻게 일어나고 있는지 알 수 있다.

국제 채권시장, 유로본드 및 유로커런시

국제 채권시장에서 전통적인 수단은 외국채로 알려져 있다. **외국채**(foreign bond)는 외국에서 팔리며 해당 외국 통화로 표시된다. 예를 들어 독일 자동차회사인 포르쉐(Porsche)가 미국에서 미국 달러 표시 채권을 판다면 이것이 외국채로 분류된다. 외국채는 수세기 동안 국제자본시장에서 중요한 수단으로 자리잡아 왔다. 사실 19세기에 건설된 미국의 철도 대부분은 영국에서 외국채를 팔아 자금을 조달했다.

최근 국제 채권시장의 혁신은 **유로본드**(Eurobond)이다. 이는 채권이 판매되는 국가의 통화가 아닌 다른 국가의 통화로 표시된 채권인데, 런던에서 팔리는 미국 달러 표시 채권이 그 예이다.

> 글로벌

Global 

글로벌 미국 자본시장은 그 우위를 잃어가고 있는가?

과거 몇십 년간 글로벌시장에서 다른 국가들이 경쟁력이 높아지면서 미국은 자동차, 전자제품 등 여러 제조업 분야에서 국제적 우위를 잃었다. 최근 증거에 의하면 금융시장도 비슷한 추세를 보이고 있다. 포드와 제너럴모터스가 세계시장 점유율에서 도요타와 혼다에게 밀렸듯이 미국의 주식과 채권시장에서 신규 발행증권의 판매량이 급감했다. 2000년 이전까지 기업공개(initial public offering, IPO)에서 부동의 선두였던 뉴욕증권거래소가 그 수량에 있어 런던과 홍콩의 증권거래소에 밀려나고 있다. 게다가 미국 거래소에 상장된 주식 수는 감소하고 있는 데 비해 외국의 상장 주식 수는 급속히 증가하고 있다. 미국 이외 외국의 상장 주식 수는 이제 미국보다 10배나 커진 형편이다. 마찬가지로, 전 세계에서 발행되어 미국 자본시장에서 판매된 신규 회사채 규모도 유럽 채권시장에서 판매된 규모 아래로 떨어진지 오래다.

자금조달을 위해 신규증권을 발행하는 기업이 미국보다 유럽과 아시아의 금융시장을 통하는 이유는 무엇일까? 이런 추세를 설명하는 요인들 중에는 외국 금융시장에서 기술혁신의 신속한 도입, 2001년 테러 공격 이후 한층 강화된 미국의 입국심사, 미국 거래소 상장 시 소송에 노출될 위험이 커진다는 외국 증권 발행자들의 인식 등을 들 수 있다. 그러나 많은 사람들은 부담스런 금융규제를 가장 주된 원인으로 보고 있으며, 특히 사베인스-옥슬리법(Sarbanes-Oxley Act of 2002)을 지적한다. 미국 의회는 기업과 감사를 맡은 회계법인이 연루된 여러 회계부정 스캔들이 터진 후 이 법안을 통과시켰다. 사베인스-옥슬리법은 감사 절차의 완결성과 기업 재무제표에 담겨있는 정보의 질적 수준을 강화하는데 그 목적이 있다. 이 새 규칙과 절차에 따르는 기업들의 비용은 매우 컸으며, 특히 중소기업에게는 더욱 그랬는데, 이를 회피하기 위해서는 외국 금융시장에서 증권을 발행하는 방법을 택할 수 밖에 없었다. 이런 이유로 부작용을 줄이고 미국 금융시장에서의 증권 발행을 다시 유치하기 위해 사베인스-옥슬리법의 개정에 대한 지지가 많아졌다. 그러나 사베인스-옥슬리 법안이 미국 금융시장의 상대적 쇠락의 주요 원인이고 따라서 개정 필요성이 있다는 견해를 지지하는 결정적인 증거는 없다.

미국 금융시장의 상대적 쇠락에 대한 논의와 그 원인에 대한 논쟁은 계속될 것이다. 제7장에서 사베인스-옥슬리법과 이 법이 미국 금융시스템에 미치는 영향에 대해 보다 자세히 살펴보기로 하자.

현재 국제 채권시장에서 신규 발행되는 채권의 80% 이상이 유로본드이고 그 시장은 매우 빠르게 성장하고 있다. 그 결과 유로본드 시장은 미국 채권시장의 규모보다도 크다.

유로본드의 변형된 형태가 **유로커런시**(Eurocurrency)인데, 이는 자국 이외 지역의 은행에 예금된 외국 통화이다. 가장 중요한 유로커런시는 **유로달러**(Eurodollar)인데, 유로달러는 미국 이외 지역의 은행이나 미국 은행의 해외지점에 예치된 미국 달러이다. 이런 단기 예금에는 이자가 발생하기 때문에 단기 유로본드와 매우 흡사하다. 미국 은행은 다른 은행이나 그 은행의 해외지점으로부터 유로달러 예금을 차입하는데, 이 유로달러는 이제 미국 은행의 중요한 자금조달원이 되었다. 유럽통화시스템(European Monetary System)의 화폐단위인 유로가 *유로본드, 유로커런시, 유로달러* 등의 용어에 약간의 혼란을 초래할 수 있음에 유의하자. 유로(euro)로 표시된 채권은 그 채권이 *유로를 채택한 국가 이외의 지역에서 판매되는 경우에만* 유로채권으로 불린다. 사실상 대부분의 유로본드는 유로가 아니라 미국 달러로 표시되어 있다. 마찬가지로, 유로달러는 유로와는 아무 상관이 없고 미국 이외 지역의 은행에 예금된 미국 달러이다.

세계 주식시장

온라인 정보

www.stockcharts.com
이 사이트에서는 전 세계 여러 국가들의 과거 주가지수 차트들을 볼 수 있다.

최근까지 미국 주식시장이 세계에서 가장 규모가 컸으나, 미국이 항상 최고가 아닌 것처럼 외국시장의 중요성이 점차 증대되고 있다. 외국 주식에 대한 관심이 증대됨에 따라 외국 주식시장에서의 거래에 특화된 미국의 뮤추얼펀드가 성장하게 되었다. 이제 미국 투자자들은 다우존스 산업평균지수(Dow Jones Industrial Average)뿐 아니라 니케이 300 평균지수(Nikkei 300 Average(도쿄))나 FTSE 100(Financial Time Stock Exchange 100 Share Index(런던))과 같은 외국 주식시장의 주가지수에도 관심을 기울이고 있다.

온라인 정보

http://quote.yahoo.com/m2?u
주요 세계 주가지수들의 차트, 뉴스, 그 구성 요소들을 찾아보자.

금융시장의 국제화는 미국에 커다란 영향을 미치고 있다. 특히 일본 투자자 등 외국인들이 미국의 기업은 물론 연방정부의 자금조달에도 도움을 주고 있다. 이런 외국 자금이 없었다면 과거 20년간 미국 경제의 급속한 성장은 어려웠을 것이다. 금융시장의 국제화는 또한 좀더 통합된 세계 경제의 길로 선도하는 역할을 수행하는데, 여기에서는 국가 간 재화나 기술의 흐름이 보다 일상적으로 나타나게 된다. 이후 장에서 국제적 요인이 우리 경제에 중요한 역할을 하는 여러 예를 볼 수 있을 것이다([금융뉴스 따라잡기] 참조).

금융중개기관의 기능: 간접금융

[그림 2.1]과 같이 자금은 *간접금융*(indirect finance)이라 부르는 두 번째 경로로 대부자로부터 차입자에게 전달될 수 있는데, 이 경로에는 대부자/저축자와 차입자/지출자 사이에서 자금을 전달해주는 것을 돕기 위해 존재하는 금융중개기관이 있다. 금융중개기관은 대부자/저축자로부터 자금을 차입해 차입자/지출자에게 대출함으로써 이러한 기능을 수행하고 있다. 예를 들어 은행은 저축예금의 형태로 부채(일반인에게는 자산임)를 일반인에게 발행해 자금을 획득할 수 있다.

> **금융뉴스 따라잡기** *Following the Financial News*

외국 시장의 주가지수

외국 시장의 주가지수는 신문이나 www.finance.yahoo.com과 같은 인터넷 사이트에 매일 보도되고 있다.

가장 중요한 주가지수는 다음과 같다.

다우존스 산업평균지수(Dow Jones Industrial Average, DJIA) 다우존스사에서 관리하는 미국에서 공개되어 거래되는 30대 대기업 주식의 주가지수

S&P 500 스탠다드앤드푸어스(S&P)에서 관리하는 미국에서 거래되는 500대 대기업 주식의 주가지수

나스닥 종합지수(Nasdaq Composite) 미국의 대부분의 기술주가 거래되는 나스닥 증권시장에서 거래되는 모든 주식의 주가지수

FTSE 100 런던 증권거래소에서 거래되는 자기자본 규모가 큰 영국의 100대 기업 주식의 주가지수

DAX 프랑크푸르트 증권거래소에서 거래되는 독일의 30대 대기업 주식의 주가지수

CAC 40 유로넥스트 파리(Euronext Paris)에서 거래되는 프랑스의 40대 대기업 주식의 주가지수

Hang Seng 홍콩 증권시장에서 거래되는 대기업 주식의 주가지수

Strait Times 싱가폴 증권거래소에서 거래되는 30대 대기업 주식의 주가지수

그리고 은행은 이 자금으로 제네럴모터스(GM)에 대출을 행하거나 금융시장에서 미국 재무부 채권을 매입해 자산을 획득한다. 그 결과 궁극적으로 금융중개기관(은행)의 도움을 통해 자금은 일반인(대부자/저축자)으로부터 GM이나 미국 재무부(차입자/지출자)로 전달된 것이다.

금융중개기관을 통한 간접금융의 과정인 **금융중개**(financial intermediation)는 자금을 대부자로부터 차입자에게 전달하는 주된 경로이다. 언론은 특히 주식시장과 같은 증권시장에 많은 관심을 기울이지만 사실 기업에 있어서 증권시장보다 훨씬 중요한 자금조달원의 역할은 금융중개기관이 수행한다. 이는 미국뿐만 아니라 다른 산업화 국가들에게도 해당되는 사실이다([글로벌] 참조). 금융시장에서 금융중개기관과 간접금융이 왜 그렇게 중요한가? 이 질문에 답하기 위해 금융시장에서 거래비용, 위험분담, 정보비용의 역할을 이해할 필요가 있다.

거래비용

금융거래를 수행하는 데 소요되는 시간과 돈으로 정의되는 **거래비용**(transaction cost)은 대출할 여유자금이 있는 사람에게 매우 중요한 문제이다. 앞서 살펴본 것처럼 목수인 칼이 그의 새로운 도구를 구입하기 위해 1,000달러가 필요하고 여러분은 이것이 훌륭한 투자기회임을 알고 있다. 여러분은 현금을 갖고 있고 그에게 이 돈을 대출해주고자 하지만 여러분의 투자를 보호하기 위해 대출계약서를 작성해줄 변호사를 고용해야 한다고 하자. 이 계약서에는 칼이 당신에게 지불해야 할 이자 금액과 주기적 이자지급 시기, 원금 1,000달러 상환시기 등의 내용을 담고 있다. 이 대출계약서를 작성하는데 500달러가 든다고 하자. 여러분은 이 대출을 제공할 경우 그 거래비용을 감

> 글로벌

Global

증권시장 대비 금융중개기관의 상대적 중요성: 국제 간 비교

기업의 자금조달 형태는 국가마다 다른데 하나의 중요한 사실이 드러났다. 미국, 캐나다, 영국, 일본, 이탈리아, 독일, 프랑스 등의 주요 선진국에 대한 연구에 의하면 기업이 사업에 필요 자금을 찾아 나설 때 보통 증권시장에서 직접 조달하는 것보다는 금융중개기관을 통해 간접적으로 조달한다.* 세계에서 가장 발달된 증권시장을 갖고 있는 미국이나 캐나다에서조차 기업의 자금조달에 있어 금융중개기관의 대출은 증권시장보다 훨씬 더 중요하다. 증권시장에의 의존도가 가장 낮은 국가인 독일과 일본에서는 금융중개기관을 통한 자금조달이 증권시장에서의 그것보다 거의 10배 이상에 달한다. 그러나 최근 일본 증권시장의 규제완화로 인해 기업의 자금조달에 있어 증권시장에 비해 금융중개기관을 통한 비중이 점차 줄어들고 있다.

모든 국가에서 증권시장 대비 금융중개기관이 압도적인 것은 분명한 사실이지만, 채권시장과 주식시장의 상대적 중요성은 국가마다 서로 다르다. 미국의 경우 기업의 자금조달원으로서 채권시장의 역할은 매우 중요한데, 평균적으로 채권을 통해 조달되는 신규 자금 규모는 주식을 통한 신규 자금 규모의 10배에 달한다. 반면 이와 대조적으로 프랑스나 이탈리아 같은 국가는 자금조달을 위해 채권시장보다는 주식시장을 더 많이 이용하고 있다.

* 예를 들어 Colin Mayer, "Financial Systems, Corporate Finance, and Economic Development," in *Aymmetric Information, Corporate Finance, and Investment,* ed. R. Glenn Hubbard (Chicago: University of Chicago Press, 1990), pp 307~332 참조

안하면 그 거래로부터 충분한 수익을 올릴 수 없음을 깨닫게 되고(아마 100달러 정도를 벌기 위해 500달러를 들여야 한다) 어쩔 수 없이 칼에게 다른 데를 찾아보라고 말할 수밖에 없을 것이다.

이 예는 여러분과 같은 소액 저축자나 칼과 같은 잠재적인 차입자는 금융시장에서 밀려날 것이고 따라서 금융시장으로부터 이득을 볼 수 없음을 보여준다. 누가 과연 이들을 도와줄 수는 없을까? 바로 금융중개기관이다.

금융중개기관은 거래비용을 상당 수준 낮출 수 있는데, 이들은 거래비용을 낮추는 데 전문성을 키워왔고 **규모의 경제**(economies of scale)의 이점을 충분히 활용해 거래비용을 낮출 수 있기 때문이다. 여기서 규모의 경제는 거래 규모가 커질수록 거래 1달러당 거래비용이 낮아짐을 의미한다. 예를 들어 은행은 빈틈없는 대출계약서를 작성할 훌륭한 변호사를 손쉽게 구할 수 있고, 이 계약서는 은행의 대출 거래에 계속해서 반복적으로 사용될 수 있기 때문에 거래당 법적 비용은 충분히 낮춰질 수 있다. 이 500달러의 비용이 드는 대출 계약은 그다지 완벽하지 않을 수 있기 때문에, 은행은 그 대신 최고 일류 변호사를 고용해 5,000달러를 주고 완벽하고 빈틈없는 대출계약서를 작성해 이를 2,000건의 대출계약을 실행하는 데 사용하면 대출 건당 비용은 2.50달러로 낮춰진다. 대출계약 건당 2.50달러의 비용이라면 이제 금융중개기관은 칼에게 1,000달러를 빌려주는 데서도 수익을 올릴 수 있게 된다.

금융중개기관은 거래비용을 상당폭 낮출 수 있기 때문에 여러분이 칼과 같이 생산적 투자기회를 갖고 있는 사람들에게 자금을 간접적으로 제공하는 것을 가능케 한다. 더구나 금융중개기관의 낮은 거래비용은 고객들에게 유동성 서비스를 제공할 수 있게 하는데, **유동성 서비스**(liquidity services)란 고객이 거래를 수행하는 데 훨씬 용이하게 해주는 것을 의미한다. 예를 들어 은행은 예금자에게 당좌계정을 제공해 대금지급을 보다 용이하게 한다. 나아가 예금자는 당

좌예금 계정과 저축예금 계정에서 이자수익을 얻을 수 있고 언제든지 필요 시 이들을 재화나 서비스로 변환시킬 수 있다.

위험분담

금융기관의 낮은 거래비용으로 인한 또 다른 장점은 투자자가 위험에 노출되는 것을 줄여준다는 것이다. 여기서 **위험**(risk)이란 투자자가 자산으로부터 얻을 수 있는 수익에 대한 불확실성을 의미한다. 금융중개기관은 **위험분담**(risk sharing)이라고 알려진 과정을 통해 이런 기능을 수행한다. 즉, 금융중개기관은 투자자들이 감내할 만한 정도의 위험을 지닌 자산을 만들어 판매하고, 이 자산의 판매 대금으로 획득된 자금을 좀 더 위험이 높은 자산을 구입하는 데 사용한다. 금융중개기관은 낮은 거래비용으로 인해 낮은 비용에 위험을 분담할 수 있으며, 이 과정을 통해 금융중개기관은 좀 더 위험한 자산에 투자해 얻는 수익금과 그들이 판매한 덜 위험한 자산에 대해 지급하는 금액과의 차이인 스프레드로부터 수익을 올릴 수 있다. 이런 위험분담의 과정은 때로는 **자산변환**(asset transformation)이라 불리는데 그 이유는 위험자산이 투자자에게는 안전한 자산으로 변환되었음을 의미하기 때문이다.

또한 금융중개기관은 분산투자를 통해 개인에게 노출된 위험을 줄임으로써 위험분담을 촉진한다. **분산투자**(diversification)란 자산의 집합, 즉, **포트폴리오**(portfolio)에 대한 투자를 의미하는데, 그 안의 개별 수익률들은 서로 같은 방향으로 몰리지 않기 때문에 결과적으로 전체의 위험은 그 개별 각각의 위험보다 낮아지게 된다(분산투자는 "달걀을 한 바구니에 담지 말라"는 속담을 달리 표현한 말이다). 금융중개기관의 낮은 거래비용은 이들로 하여금 분산투자 기능을 적절히 수행할 수 있게 하고, 여러 자산들을 엮어 새로운 자산으로 만든 다음 이들을 개인에게 판매할 수 있는 것이다.

정보의 비대칭성: 역선택과 도덕적 위험

금융시장에는 거래비용이 존재하기 때문에 금융중개기관과 간접금융이 금융시장에서 왜 그렇게 중요한 역할을 하는지를 일부 설명할 수 있었다. 추가적으로 고려해야 할 부분은 금융시장에서 한쪽 당사자는 종종 다른 당사자에 대해 정확한 의사결정을 내릴만한 충분한 정보를 갖고 있지 않다는 것이다. 이런 불균형을 **정보의 비대칭성**(asymmetric information)이라 한다. 예를 들어 대출을 받는 차입자는 일반적으로 그 자금이 투입될 투자프로젝트의 잠재적 수익률과 위험에 대해 당연히 대출자보다 더 많은 정보를 갖고 있다. 정보의 부족은 금융시스템에서 거래의 발생 이전과 이후에 공히 문제를 유발한다.[1)]

---

1) 정보의 비대칭성, 역선택과 도덕적 위험(또는 도덕적 해이)의 개념은 보험산업에서도 중요한 문제들이다. 역자주: 도덕적 위험이란 용어는 정보의 비대칭성과 함께 논의되어야 하는 경제적 개념임에도 불구하고, 도덕적 해이는 아무런 정보의 비대칭성과 관련이 없는 상황에서도 잘못 쓰이는 경우가 많다. 따라서 이 책에서는

역선택(adverse selection)은 거래가 발생하기 *이전*의 정보의 비대칭성으로 인해 일어나는 문제이다. 금융시장에서 역선택은 바람직하지 않은 역(adverse)의 결과를 초래할 가능성이 높은 잠재적 차입자인 불량한 신용위험자가 가장 적극적으로 대출받기를 원하기 때문에 정작 이들에게 대출이 제공될 가능성이 높아질 때 발생한다. 이런 역선택으로 인해 신용위험이 불량한 자들에게 대출될 가능성이 높아짐에 따라 대출자는 시장에 신용위험이 우량한 자들이 존재함에도 불구하고 그 어떤 대출도 실행하지 않기로 결정할 수 있다.

역선택이 일어나는 원인을 이해하기 위해 여러분이 대출을 제공하려고 하는 루이스(Louis) 이모와 쉴라(Sheila) 이모가 있다고 하자. 루이스 이모는 수익이 확실한 경우의 투자안에 대해서만 차입을 결정하는 보수적인 유형이고, 쉴라 이모는 대조적으로 1,000달러만 생기면 바로 백만장자가 되기 위해 일확천금의 기회를 노리는 상습적인 도박꾼이다. 불행히도 모든 일확천금의 기회가 그렇듯 쉴라 이모의 투자결과는 거의 분명하게 실패할 것이고 이로 인해 1,000달러를 날리게 될 가능성이 높다.

이 둘 중 어느 이모가 여러분에게 대출을 요청할 것으로 보이는가? 물론 쉴라 이모이다. 그 이유는 그녀는 투자가 성공하면 큰 돈을 벌 수 있기 때문이다. 그러나 여러분은 쉴라 이모의 투자가 실패할 것이 뻔하고 결국 자금을 상환하지 못할 가능성이 높기 때문에 대출을 제공하지 않을 것이다.

만일 여러분이 두 이모를 잘 알고 있다면, 즉 여러분의 정보가 비대칭이 아닌 경우 아무런 문제가 없다. 쉴라 이모는 신용이 나쁘고, 여러분은 그녀에게 대출을 제공하지 않을 것이기 때문이다. 그러나 여러분이 두 이모에 대해 잘 모른다고 하자. 쉴라 이모는 대출을 받기 위해 여러분을 부추길 것이고 그에 따라 루이스 이모보다는 쉴라 이모에게 대출을 해줄 가능성이 높다. 결국 역선택 가능성 때문에 여러분은 어느 이모에게도 대출을 제공하지 않을 것이다. 비록 루이스 이모의 경우에는 훌륭한 신용상태를 유지하고 있어 매우 가치 있는 투자기회를 위한 대출이 필요했음에도 불구하고 말이다.

도덕적 위험(moral hazard)은 거래가 발생한 *이후* 정보의 비대칭성으로 인해 일어나는 문제이다. 금융시장에서 도덕적 위험은 대부자의 관점에서 차입자가 바람직하지 않은 *비도덕적*(immoral) 행위를 해 대출의 상환 가능성이 낮아지는 *위험*(hazard)이다. 도덕적 위험으로 인해 대출 상환 가능성이 낮아지기 때문에 대출자들은 아예 대출하지 않기로 결정할 수 있다.

도덕적 위험의 예로 여러분이 또 다른 삼촌 멜빈(Melvin)에게 1,000달러를 대출해주기로 한다고 하자. 멜빈 삼촌은 학생들의 보고서를 타이핑해주는 사업을 위해 컴퓨터를 구입할 자금이 필요하다. 그런데 멜빈 삼촌은 그 자금을 대출받는 즉시 경마장으로 달려가 도박에 빠질 가능성이 높다. 멜빈 삼촌이 여러분의 돈으로 20배 배당이 걸린 경마에 내기를 걸어 이긴다면 다행이 1,000달러를 상환하고 나머지 19,000달러로 나름 호사를 부릴 수 있을 것이다. 그러나 경마에서 돈을 잃는다면, 사실 이렇게 될 가능성이 큰데, 여러분의 돈은 상환되지 못할 것이고, 삼촌이 잃는 것은 오로지 신뢰와 정직이라는 삼촌의 평판뿐이다. 따라서 내기에 이겨 얻을 수 있는 이득

도덕적 위험이란 용어를 사용하기로 한다.

(19,000달러)이 내기에 져서 잃을 수 있는 비용(자신에 대한 평판)보다 매우 크기 때문에 멜빈 삼촌은 경마장으로 달려갈 유인(incentive)이 있다. 멜빈 삼촌이 무엇을 할지 여러분이 안다면 여러분은 그가 경마장으로 달려가는 것을 막을 것이고, 그는 도덕적 위험을 증대시키지 못할 것이다. 그러나 그의 소재에 대해 정보를 얻는다는 것은 매우 어려워서, 즉 정보의 비대칭성으로 인해 그는 결국 경마장으로 가게 될 확률이 높고 여러분의 자금은 상환되지 못할 가능성이 높다. 그러므로 멜빈 삼촌이 확실하게 사업에 그 자금을 사용하면 여러분에게 자금을 상환할 것이 확실하다 할지라도 도덕적 위험의 가능성으로 인해 여러분은 멜빈 삼촌에게 1,000달러 대출 제공을 망설이게 될 것이다.

역선택과 도덕적 위험으로 발생하는 문제들은 금융시장이 제 기능을 하는 데 심각한 장애가 된다. 금융중개기관은 이때 이런 문제들을 역시 완화시킬 수 있다.

금융중개기관의 존재로 인해 소액저축자들은 믿을 만한 중개기관, 예를 들어 어니스트존 은행(Honest Jone Bank)에 자금을 대여해줌으로써 금융시장에 자금을 제공할 수 있다. 그리고 그 중개기관은 이를 다시 대출해주거나 주식이나 채권과 같은 증권을 매입함으로써 자금을 제공한다. 성공적인 금융중개기관은 신용위험이 우량한 자와 불량한 자를 판별해 역선택으로 인한 손실을 줄이는 데 있어 개인보다 잘 조직화되어 있기 때문에 소액저축자보다 더 높은 투자수익을 올릴 수 있다. 또한 금융중개기관은 대출자들을 잘 감시해 도덕적 위험으로 인한 손실을 줄이는 데 그 전문성을 발휘해 높은 수익을 얻을 수 있다. 그 결과 금융중개기관은 대부자/저축자에게 이자를 지급하고 충분한 서비스를 제공하고도 여전히 수익을 올릴 수 있다.

앞서 살펴본 것처럼 금융중개기관은 유동성 서비스를 제공하고 위험분담을 촉진하고 정보 문제를 해결함으로써 소액저축자나 차입자들이 금융시장의 존재 덕분에 좋은 혜택을 입고 이를 통해 경제에 중요한 역할을 하고 있다. 대부분의 미국인들이 금융중개기관에 저축하고 대출을 받는다는 사실만 보더라도 금융중개기관은 이런 역할을 수행하는 데 성공적이라고 할 수 있다. 금융중개기관은 금융시장이 대부자/저축자로부터 생산적 투자기회를 가진 사람들에게 자금을 전달하는 것을 도와주기 때문에 경제의 효율성을 높이는 데 매우 중요한 역할을 한다. 이런 금융중개기관이 제대로 작동하지 않는다면 경제가 잠재력을 완전히 발휘한다는 것은 매우 어려운 일일 것이다. 제4부와 제5부에서 금융중개기관의 경제에서의 역할에 대해 보다 자세히 살펴보기로 하자.

범위의 경제와 이해상충

금융중개기관이 경제에서 중요한 역할을 하는 또 다른 이유는 고객에게 대출이나 채권 판매와 같은 복수의 금융서비스를 제공함으로써 **범위의 경제**(economy of scope)를 달성할 수 있기 때문이다. 즉 금융중개기관은 하나의 정보자원을 다양한 서비스에 적용함으로써 각각의 서비스에 필요한 정보생산 비용을 낮출 수 있다. 예를 들어 투자은행은 기업에 대출을 할 때 그 기업의 신용위험을 평가하기 때문에 이 정보는 그대로 해당 기업의 회사채를 일반에 판매할 수 있을지를 판단하는 데에도 유용하게 쓰일 수 있다.

범위의 경제는 금융중개기관에 대단히 유익한 것이지만 동시에 **이해상충**(conflict of interest)이라는 잠재적 비용을 발생시키기도 한다. 이해상충이란 한 개인 또는 기관이 복수의 목표(이해관계(interest))를 가지는 경우, 그 결과 목표 간 상충관계가 발생하는 일종의 도덕적 위험의 문제이다. 이해상충은 특히 금융중개기관이 다양한 서비스를 제공할 때 발생할 가능성이 높다. 이러한 서비스 사이에 상충되는 이해관계는 때로 개인이나 기업이 정보를 감추거나 잘못된 정보를 제공하게 하기도 한다. 이해상충 문제에 관심을 갖는 이유는 금융시장에서 정보의 심각한 질적 저하가 정보의 비대칭성 문제를 증가시키고 이로 인해 금융시장에서 자금이 가장 생산적 투자 기회를 갖는 곳으로 배분되는 것을 방해하기 때문이다. 그 결과 금융시장과 경제는 효율성이 떨어지게 된다. 금융시장에서의 이해상충 문제에 관해서는 제3부와 제5부에서 보다 상세히 다루기로 한다.

금융중개기관의 형태

앞에서 금융중개기관이 왜 경제에서 매우 중요한 기능을 수행하고 있는지에 대해 살펴보았다. 이제 주요 금융중개기관들 자체와 그들이 어떻게 중개기능을 수행하는지에 대해 살펴보기로 하자. 금융중개기관은 세 가지 범주로 분류되는데 예금취급기관(은행), 계약형 저축기관, 그리고 투자중개기관이 그것이다. [표 2.1]은 금융중개기관의 부채(자금의 원천)와 자산(자금의 운용)을 설명함으로써 이 세 가지 범주에 속한 금융중개기관에 대한 논의의 기초를 제공하고 있다. 미국 금융중개기관들의 상대적인 크기가 [표 2.2]에 나타나 있는데 여기에는 1980년, 1990년, 2000년, 2010년 말의 자산규모가 표시되어 있다.

[표 2.1] 금융중개기관의 주요 자산과 부채

금융중개기관 형태	주요 부채(자금의 원천)	주요 자산(자금의 운용)
예금취급기관(은행)		
상업은행	예금	기업대출 및 소비자대출, 모기지, 국고채, 지방채
저축대부조합	예금	모기지
상호저축은행	예금	모기지
신용조합	예금	소비자대출
계약형 저축기관		
생명보험회사	보험증권 보험료	회사채 및 모기지
손해보험회사	보험증권 보험료	지방채, 회사채, 주식, 국고채
연기금, 정부은퇴기금	고용주 및 고용인 기여금	회사채 및 주식
투자중개기관		
파이낸스회사	기업어음, 주식, 채권	소비자대출 및 기업대출
뮤추얼펀드	지분	주식 및 채권
MMF	지분	단기금융상품

[표 2.2] 주요 금융중개기관과 자산규모

금융중개기관 형태	자산규모(10억 달러, 연말)			
	1980년	1990년	2000년	2012년
예금취급기관(은행)				
상업은행	1,481	3,334	6,469	11,343
저축대부조합, 상호저축은행	792	1,365	1,218	918
신용조합	67	215	441	905
계약형 저축기관				
생명보험회사	464	1,367	3,136	5,999
손해보험회사	182	533	862	1,443
연기금(사적)	504	1,629	4,355	6,584
정부은퇴기금	197	737	2,293	3,047
투자중개기관				
파이낸스회사	205	610	1,140	1,533
뮤추얼펀드	70	654	4,435	9,284
MMF	76	498	1,812	2,650

자료: Federal Reserve Flow of Funds Accounts: www.ederalreserve.gov/releases/Z1/

예금취급기관

예금취급기관(이후 이 책에서는 간단하게 *은행*이라 칭함)은 개인 또는 기관으로부터 예금을 받아 대출을 실행하는 금융중개기관이다. 이 기관에는 상업은행과 소위 **저축기관**(thrift institution(thrift))이 포함되는데, 저축기관에는 저축대부조합, 상호저축은행, 신용조합 등이 있다.

상업은행 상업은행(commercial bank)은 주로 당좌예금(수표발행이 가능한 예금), 저축예금(수표발행은 허용되지 않지만 요구에 의해 언제든지 인출가능한 예금)과 정기예금(고정된 만기가 있는 예금)을 발행해 자금을 조달한다. 상업은행은 이 자금을 사용해 상업대출, 소비자대출, 모기지대출을 하거나 국고채, 지방채 등을 매입한다. 미국에는 6,000개를 약간 상회하는 상업은행이 있고, 이들이 전체적으로 가장 비중이 큰 금융중개기관이며 가장 잘 분산된 포트폴리오(자산집합)를 갖고 있다.

저축대부조합과 상호저축은행 약 600개의 저축대부조합(savings and loan association, S&L)과 상호저축은행(mutual savings bank)은 주로 저축예금(종종 *지분*(share)으로 불림)과 정기예금, 당좌예금을 통해 자금을 조달한다. 과거 이들 기관은 영업에 제약을 받고 있었는데 주로 주거용 주택에 대한 모기지대출을 제공하고 있었다. 그후 시간이 지나면서 이 제약은 완화되었고 이 저축기관과 상업은행의 차이는 불분명해졌다. 이들 중개기관은 이제 서로 엇비슷해졌으며 상호간 경쟁도 더욱 심화되었다.

신용조합 신용조합(credit union)은 약 7,000개에 달하며 전형적인 아주 소형의 특정 그룹, 예를 들어 노동조합원, 특정 회사의 종업원 등을 중심으로 조직된 조합형 대출기관이다. 신용조합은 *지분*(share)이라고 불리는 예금으로 자금을 조달하고 주로 소비자대출을 실행한다.

계약형 저축기관

보험회사나 연기금 같은 계약형 저축기관(contractual savings institution)은 계약에 근거해 주기적으로 자금을 획득하는 금융중개기관이다. 이들 기관은 장차 얼마나 급부(benefits)로 지출해야 하는지 비교적 정확하게 예측할 수 있기 때문에, 예금취급기관처럼 일시에 자금이 인출될 걱정은 하지 않아도 된다. 그 결과 자산의 유동성은 예금취급기관만큼 중요한 고려요인은 되지 않고, 주로 회사채, 주식, 모기지 같은 장기증권에 자금을 투자하는 경향이 있다.

생명보험회사 생명보험회사(life insurance company)는 사망 후 금전적 위험에 대비해 사람들에게 보험을 들어주고 연금(annuity, 은퇴 후 매년 지불되는 소득)을 판매한다. 이들 회사는 보험증권의 효력을 유지하기 위해 사람들이 내는 보험료(premium)로 자금을 획득하고, 그 자금으로 주로 회사채나 모기지를 매입한다. 이들도 주식에 투자하지만, 보유주식 금액에 대한 제약이 있다. 현재 자산규모는 5.6조 달러로 계약형 저축기관 중에서는 가장 크다.

손해보험회사 손해보험회사(fire and casualty insurance company)는 도난, 화재, 사고로 인한 손실에 대비해 계약자에게 보험을 들어준다. 이들은 생명보험회사와 매우 유사하게 보험계약에 대한 보험료 형태로 자금을 수수하지만 커다란 재해가 발생할 경우 자금 손실의 가능성이 매우 크다. 이런 이유로 손해보험회사는 생명보험회사보다 유동성이 높은 자산을 매입하는 데 자금을 사용한다. 이들의 가장 큰 자산은 지방채이며 또한 회사채, 주식, 국고채 등을 보유하고 있다.

연기금과 정부은퇴기금 사적 연기금(private pension funds)과 정부은퇴기금(state and local retirement funds)은 연금계획에 의해 보장받는 종업원들에게 연금의 형태로 은퇴소득을 제공한다. 기금은 고용주 및 종업원들로부터의 기여금(contribution)에 의해 조성되며 이 기여금은 급여로부터 자동적으로 공제되거나 자발적으로 기여되기도 한다. 연기금이 보유하는 가장 큰 자산은 회사채와 주식이다. 연기금 설립은 정부로부터 적극적으로 권장되었는데 이를 위해 연금계획을 의무화하는 법률과 기여금 장려를 위한 세제 유인책 등이 실시되었다.

투자중개기관

투자중개기관에는 파이낸스회사, 뮤추얼펀드, MMF, 그리고 투자은행이 포함된다.

파이낸스회사 파이낸스회사(finance company)는 기업어음(단기 사채)을 판매하고 주식, 회사채를 발행해 자금을 조달한다. 이들 기관은 이 자금을 가구, 자동차, 주택 개량 등의 구매를 원하는 소비자들과 소규모 기업들에 대출해준다. 일부 파이낸스회사는 그 기업의 제품판매를 촉진하려는 모기업에 의해 조직되기도 한다. 예를 들어 포드자동차 신용회사(Ford Motor Credit Company)는 포드자동차를 구매하는 소비자들에게 대출을 실행한다.

뮤추얼펀드 뮤추얼펀드(mutual fund)는 여러 개인에게 지분을 판매해 자금을 획득하고 주식과 채권으로 구성된 분산 투자포트폴리오를 매입하는 데 그 자금을 사용한다. 뮤추얼펀드는 지분소유자의 자금을 한데 모아 대규모 주식이나 채권을 구입함으로써 거래비용을 절감하는 이점을 누린다. 나아가 뮤추얼펀드는 지분소유자가 자신이 하는 것보다 보다 잘 분산된 포트폴리오를 보유할 수 있게 해준다. 지분소유자는 언제라도 자신의 지분을 판매(환매)할 수 있는데 그때 지분의 가치는 뮤추얼펀드가 보유하고 있는 증권의 가치에 의해 결정된다. 그런데 이들 보유 증권의 가치가 크게 변동하기 때문에 뮤추얼펀드의 가치 또한 크게 변동하게 되므로 뮤추얼펀드 투자에는 위험이 있을 수 있다.

MMF MMF(money market mutual fund)는 뮤추얼펀드의 특징과 동시에 예금 계정을 제공하기 때문에 어느 정도 예금취급기관의 특징도 또한 갖고 있다. MMF는 대부분의 뮤추얼펀드와 마찬가지로 지분을 판매해 자금을 획득하고 이 자금은 안전성과 유동성이 높은 단기 금융상품을 구입하는 데 사용된다. 이들 자산으로부터 얻는 이자수익은 지분소유자들에게 지급된다.

MMF의 주요 특징은 지분소유자가 그들 지분 가치에 근거해 수표를 발행할 수 있다는 것이다. 사실 MMF의 지분은 이자를 지급하는 당좌예금과 똑같은 기능을 수행한다. MMF는 1971년 출현한 이래 폭발적인 성장을 기록해왔다. 2012년 말까지 이들 자산규모는 거의 2.7조 달러에 육박하고 있다.

투자은행 투자은행(investment bank)은 그 명칭에도 불구하고 일반적인 은행이나 금융중개기관과는 다르다. 즉 이들은 우선 예금을 수취하거나 대출을 제공하지 않는다. 대신 투자은행은 기업의 증권 발행을 도와주는 다른 형태의 중개기관이다. 투자은행은 먼저 기업이 어떤 유형의 증권(주식 또는 채권)을 발행해야 하는지에 대해 조언하며, 기업으로부터 발행된 증권을 정해진 가격에 구입하고 이를 다시 시장에 재판매함으로써 증권 매각(인수, underwrite)을 도와준다. 투자은행은 또한 거래주선 전문가(deal maker)로 활동하며 기업들의 타 회사 인수 시 M&A를 도와주고 엄청난 수수료를 벌기도 한다.

금융시스템의 규제

금융시스템은 미국 경제에서 가장 규제가 심한 부문에 속한다. 정부는 금융시장을 다음 두 가지 이유로 규제한다. 즉 투자자에게 이용가능한 정보의 공개를 확산시키고, 금융시스템의 건전

www.sec.gov
미국 증권거래위원회 홈페이지를 방문해보자. 여기에서는 방대한 SEC 자료, 법안과 규제, 투자자 정보, 소송관련 정보 등을 볼 수 있다.

성을 확보하는 것이 그것이다. 이런 두 가지 이유가 어떻게 현재의 규제 환경으로까지 왔는지를 살펴보기로 하자. 학습의 편의를 위해 미국 금융시스템의 주요 규제 기관이 [표 2.3]에 수록되어 있다.

투자자에게 이용가능한 정보의 확산

정보의 비대칭성으로 인해 투자자들은 금융시장의 효율적 작동을 방해하는 역선택과 도덕적 위험 문제에 직면한다. 위험한 기업이나 전문 사기꾼은 조심성이 부족한 투자자들에게 증권을 판매하려 안달일 것이고, 그 결과 역선택 문제로 인해 투자자들은 금융시장을 떠나려 할 것이다. 더구나 투자자는 한번 증권을 매수해 기업에 자금을 대출해주고 나면 그 차입자인 기업은 위험한 사업에 과감한 투자를 하거나 노골적으로 사기를 칠 유인에 빠질 수도 있다. 이러한 도덕적 위험의 문제도 투자자들로 하여금 금융시장으로부터 멀어지게 만들 수 있다. 정부 규제는 금융시장에서 역선택과 도덕적 위험의 문제를 경감시킬 수 있고 이를 통해 투자자에게 이용가능한 정보를 확산시킴으로써 금융시장의 효율성을 높인다.

1929년의 주식시장 붕괴의 여파로 만연된 광범위한 부정행위들이 밝혀진 결과 규제에 대한 정치적 요구가 절정에 달해 1993년 증권법(Securities Act of 1933)이 제정되고 증권거래위원회(Securities and Exchange Commission, SEC)가 설립되었다. SEC는 증권을 발행하는 기업이 그들의 매출, 자산, 수익에 관한 특정 정보를 일반에 공시할 것을 요구했고 기업의 대주주(또는 *내부거래자*, insider)의 거래를 제한했다. 이와 같은 정보 공개와 증권가격 조작에 이용될 수 있는 내

[표 2.3] 미국 금융시스템의 주요 규제 기관

규제 기관	규제 대상	규제 내용
증권거래위원회(SEC)	거래소와 금융시장	정보공시 요구, 내부자거래 제한
상품선물거래위원회(CFTC)	선물거래소	선물시장 거래 절차 규제
통화감독청	연방정부 인가 상업은행 및 저축기관	연방정부 인가 상업은행 및 저축기관의 인가 및 장부 검사, 보유자산 규제
전국신용조합관리청(NCUA)	연방정부 인가 신용조합	연방정부 인가 신용조합의 인가 및 장부 검사, 보유자산 규제
주정부 은행 및 보험위원회	주정부 인가 예금취급기관	주정부 인가 은행 및 보험회사의 인가 및 장부 검사, 보유자산 규제, 지점 설치 규제
연방예금보험공사(FDIC)	상업은행, 상호저축은행, 저축대부조합	은행 예금자당 25만 달러까지 예금보험 제공, 예금보험 가입 은행의 장부 검사, 보유자산 규제
연방준비제도	모든 예금취급기관	연방준비제도 회원 은행의 장부검사, 모든 은행의 지급준비율 제정

부자 거래의 제한을 통해 SEC는 투자자가 정보를 보다 잘 얻고 이로 인해 1933년 이전에 발생했던 금융시장의 부정행위로부터 보호받을 수 있기를 기대했다. 실제로 최근 SEC는 내부자거래 관련자들에 대한 처벌에 특히 적극적이다.

금융중개기관의 건전성 확보

정보의 비대칭성은 **금융 패닉**(financial panic)이라는 금융중개기관의 전면적 붕괴를 가져올 수 있다. 금융중개기관에 자금을 맡긴 사람은 자신의 자금을 보유한 금융중개 기관이 건전한지 여부를 평가할 수 없기 때문에 만약 금융중개기관의 전반적인 건전성에 대해 회의적이라면 그 건전성 여부에 상관없이 모든 금융중개 기관으로부터 자금을 인출하려 할 것이다. 그 결과는 금융패닉으로 나타나 일반 대중에게 커다란 손실을 입히고 경제에 심각한 피해를 끼치게 된다. 일반 대중과 경제를 금융 패닉으로부터 보호하기 위해 정부는 여섯 가지 형태의 중요한 규제를 시행하고 있다.

진입 규제 주정부의 은행 및 보험위원회는 연방정부기관인 통화감독청(Office of the Comptroller of the Currency)과 함께 금융중개기관을 설립할 수 있는 자격을 허용하는 데 매우 까다로운 규정을 제정했다. 은행 또는 보험회사 같은 금융중개기관을 설립하려는 개인 또는 그룹은 주정부 또는 연방정부로부터 인가(charter)를 받아야만 한다. 그 인가는 양호한 신용상태는 물론 대규모 초기 자금을 가진 선량한 시민에게만 부여된다.

공시 금융중개기관의 공시 요건은 매우 엄격하다. 금융중개기관의 장부 기재는 정해진 엄격한 원칙을 따라야 하고, 그 장부는 정기적인 검사를 받아야 하며, 금융중개기관들은 일반에 이용가능한 정보를 생성해야 한다.

자산과 업무에 대한 규제 금융중개기관은 허용되는 업무와 보유 가능한 자산에 대한 제약을 받는다. 여러분은 은행 또는 기타 금융기관에 자금을 맡기기 전에 그 자금이 안전할지, 그리고 그 금융기관이 과연 여러분에 대한 의무를 제대로 이행할지 등에 대해 알고 싶을 것이다. 이를 담보하는 한 가지 방법이 금융중개기관으로 하여금 특정 위험 업무에 관련되지 않도록 규제를 가하는 것이다. 1933년에 통과된(1999년에 폐지되었음) 법안에서는 상업은행과 증권업을 분리해 은행이 증권업과 관련된 위험한 모험적 업무에는 간여할 수 없게 했다. 금융중개기관의 위험한 행동을 방지하는 또 다른 방법은 특정 위험 자산의 보유를 제한하거나 적어도 이런 위험이 큰 자산의 최대 보유 한도를 적정 수준 이하로 제한하는 것이다. 예를 들어 상업은행과 여타 예금취급기관은 주식보유가 허용되어 있지 않은데, 그 이유는 주식의 가격변동이 심하기 때문이다. 보험회사는 주식보유가 허용되어 있는데 이때에도 허용한도는 총자산의 일정 비율을 넘지 못하도록 되어 있다.

예금보험 정부는 예금을 보유한 금융중개기관이 파산할 경우 예금자들이 커다란 금전적 손실로 고통 받지 않도록 예금에 대해 보험을 들어줄 수 있다. 이러한 보험을 제공하는 가장 중요한 정부기관이 연방예금보험공사(Federal Deposit Insurance Corporation, FDIC)인데, 상업은행, 저축대부조합, 상호저축은행에 대해 계좌당 25만 달러까지의 손실에 대해 보증한다. 금융중개기관이 납부한 보험료는 FDIC의 예금보험기금(Deposit Insurance Fund)에 적립되고 이들 금융중개기관이 파산할 경우 예금자에게 대지급하는 데 사용된다. FDIC는 상업은행에 예치한 많은 예금자들의 저축이 사라진 1930~1933년의 대규모 은행 파산 사태 이후인 1934년에 설립되었다. 전국신용조합지분보험기금(National Credit Union Share Insurance Fund, NCUSIF)도 신용조합의 예금(지분)에 대해 유사한 보험을 통한 보호를 제공한다.

경쟁 제한 정치인들은 종종 금융중개기관 간의 무한경쟁이 일반 대중에 피해를 끼칠 수 있는 파산으로 이어진다고 주장한다. 경쟁이 실제 이런 결과를 초래하는지에 대한 증거는 매우 희박하지만, 주정부와 연방정부는 때로 추가적인 지점(branch) 개설에 규제를 가하기도 한다. 과거에 은행은 다른 주에 지점을 개설하는 것이 허용되지 않았고, 몇몇 주에서는 은행들이 추가적으로 여러 지역에 지점을 개설하는 것도 규제 대상이었다.

이자율 제한 예금자에게 지급될 수 있는 이자율에 대한 제한을 가하는 규제에 의해서도 경쟁은 제한되었다. 1933년 이후 수십 년간 은행은 당좌계좌에 대해 이자지급이 금지되었다. 더구나 1986년까지 연방준비제도는 *레귤레이션* Q(Regulation Q)하에서 은행이 저축예금에 대해 지급할 수 있는 이자율에 대한 상한선을 설정할 권한을 갖고 있었다. 이런 규제가 시행된 이유는 대공황 기간 동안 규제되지 않은 이자율 경쟁이 은행 파산에 기여했다는 광범위한 믿음 때문이었다. 추후에 나타난 여러 증거들은 이런 견해를 더 이상 지지하지 않았고 결국 레귤레이션 Q는 폐지되었다. 다만 기업들의 당좌예금에 대한 이자지급은 여전히 규제되고 있다.

이후 장에서 금융시장에 대한 정부 규제에 대해 보다 상세히 살펴보고, 이 규제가 금융시장의 기능을 향상시키는지에 대해 알아보기로 하자.

외국의 금융규제

미국과 일본, 캐나다, 서유럽 국가들의 경제시스템이 유사하기 때문에 이들 국가들의 금융규제도 미국의 제도와 유사하다는 것은 놀랄만한 일이 아니다. 증권을 발행하는 기업에 대해 자산과 부채, 이익, 주식 매각에 관한 세부사항을 공시하도록 요구하고 내부거래를 금지시킴으로써 정보 제공이 현격히 개선되고 있다. 금융중개기관의 건전성은 인가, 금융중개기관의 장부에 대한 정기적 검사, 예금보험의 제공(비록 그 보장 한도가 미국보다 작고 의도적으로 홍보되지 않고는 있지만) 등에 의해 뒷받침되고 있다.

미국과 외국의 금융규제 사이의 중요한 차이는 은행 규제에 있다. 과거 미국은 은행 지점 개설에 대해 규제하는 유일한 선진국이었는데, 이로 인해 은행 규모는 제한되었고 특정 지역에 국한되어 영업이 허용되었다(이 규제는 1994년 법안에 의해 폐지되었다). 미국 은행은 보유 가능 자산의 범위에 있어 규제를 가장 심하게 받는 편이다. 외국 은행은 종종 기업의 주식을 보유하기도 한다. 일본이나 독일의 경우 이런 주식보유는 상당 수준에 이르고 있다.

요약

1. 금융시장의 기본적 기능은 여유자금을 갖고 있는 저축자로부터 자금이 부족한 지출자에게 자금을 전달하는 것이다. 금융시장은 차입자가 증권을 판매함으로써 직접 대부자로부터 자금을 차입하는 직접금융이나, 대부자/저축자와 차입자/지출자 사이에서 자금 전달을 도와주는 금융중개기관이 관련되어 있는 간접금융을 통해 이런 기능을 수행한다. 이런 자금 전달을 통해 이 사회의 모든 사람들의 경제적 후생을 증대시키는 것이다. 금융시장은 생산적 투자기회가 없는 사람들로부터 그런 기회를 갖고 있는 사람들에게 자금이 이전될 수 있도록 해주기 때문에 경제의 효율성을 증대시키는 데 기여한다. 더구나 이런 자금 전달은 소비자가 가장 필요할 때 구매를 가능케 함으로써 소비자들에게 직접적인 혜택을 주기도 한다.

2. 금융시장은 채무시장과 지분시장, 발생시장과 유통시장, 거래소와 장외시장, 단기금융시장과 자본시장으로 분류된다.

3. 최근 중요한 추세는 금융시장의 국제화 진전이다. 채권이 판매되는 국가 이외의 다른 나라의 통화로 표시되는 유로본드는 현재 국제 채권시장에서 압도적 비중을 차지하는 증권이고 신규 자금 조달원으로 미국 회사채를 능가하고 있다. 외국 은행에 예치된 미국 달러인 유로달러는 미국 은행들의 중요한 자금원이다.

4. 금융중개기관은 부채 발행으로 자금을 조달하는 한편, 이 자금으로 증권 구입이나 대출 실행을 통해 자산을 획득하는 금융기관이다. 금융중개기관은 금융시스템에서 중요한 역할을 하고 있다. 왜냐하면 이들 금융중개기관이 거래비용을 낮추고, 위험분담을 가능하게 하며, 역선택과 도덕적 위험으로 야기된 문제들을 해결해주기 때문이다. 그 결과 금융중개기관은 소액 저축자와 차입자가 금융시장으로부터 이득을 누릴 수 있게 해주며 이를 통해 경제의 효율성을 높이게 된다. 그러나 금융중개기관의 성공에 기여하는 범위의 경제는 다른 한편으론 이해상충 문제를 야기시켜 금융시스템의 효율성을 떨어뜨리기도 한다.

5. 주요 금융중개기관은 세 가지 범주로 구분된다. 즉 (a) 은행–상업은행, 저축대부조합, 상호저축은행, 신용조합, (b) 계약형 저축기관–생명보험회사, 손해보험회사, 연기금, 그리고 (c) 투자중개기관–파이낸스회사, 뮤추얼펀드, MMF, 투자은행이다.

6. 정부는 금융시장과 금융중개기관을 두 가지 중요한 이유로 규제하고 있다. 즉 투자자에게 이용가능한 정보를 확산시키고 금융시스템의 건전성을 확보하기 위함이다. 규제에는 일반 대중에 대한 정보공시 요구, 금융중개기관을 설립할 수 있는 자격요건 규제, 금융중개기관의 보유자산 규제, 예금보험 제공, 경쟁 제한, 이자율 제한 등이 포함된다.

주요용어

거래비용(transaction cost)
거래소(exchange)
규모의 경제(economies of scale)
금융중개(financial intermediation)
금융패닉(financial panic)
단기(short-term)
단기금융시장(money market)
도덕적 위험(moral hazard)
딜러(dealer)
만기(maturity)
발행시장(primary market)
배당(dividends)

범위의 경제(economie of scope)
부채(liability)
분산 투자(diversification)
브로커(broker)
역선택(adverse selection)
외국채(foreign bond)
위험(risk)
위험분담(risk sharing)
유동적(liquid)
유동성 서비스(liquidity service)
유로달러(Eurodollar)
유로본드(Eurobond)
유로커런시(Eurocurrency)
유통시장(secondary market)
이해상충(conflict of interest)
인수(underwriting)
자본(capital)
자본시장(capital market)
자산변환(asset transformation)
장기(long-term)
장외시장(over-the-counter(OTC) market)
저축기관(thrift institutions (thrift))
정보의 비대칭성(asymmetric information)
중기(intermediate-term)
지분(equity)
투자은행(investment bank)
포트폴리오(portfolio)

연습문제

1. 마이크로소프트의 보통주 1주는 그 보유자에게는 자산이고 마이크로소프트에게는 부채인데 왜 그런가?

2. 5,000달러로 자동차를 구입해 방문판매자로 근무할 경우 내년에 1만 달러의 추가소득을 얻을 수 있다면, 아무 누구도 대출을 해주지 않을 때 고리대금업자 래리로부터 90% 이자율로 대출을 받아야 하는가? 이 대출을 받는 경우 내 형편은 더 좋아지겠는가? 혹은 나빠지겠는가? 고리대금업을 합법화하는 것에 대해 찬성할 수 있겠는가?

3. 일부 경제학자는 개발도상국의 경제가 더디게 성장하는 이유 중 하나로 그들 국가에는 잘 발달된 금융시장이 없기 때문이라고 생각한다. 이런 주장은 타당한가?

4. 미국 경제는 19세기에 철도시스템을 건설하면서 영국으로부터 대규모로 차입했다. 이때 사용된 주 채무 상품은 무엇인가? 이로 인해 양국 형편은 왜 좋아졌는가?

5. "기업은 사실 유통시장에서는 그 어떤 자금도 조달하지 않기 때문에, 경제에 있어 유통시장은 발행시장보다 덜 중요하다." 이에 대한 의견을 제시하라.

6. 내년에 한 기업이 파산할 것으로 의심된다면 그 기업이 발행한 채권과 주식 중 어떤 것을 보유할 것인가? 그 이유는?

7. 여러분이 낯선 사람보다 가족구성원에게 대출을 할 가능성이 높은 이유를 통해 어떻게 역선택 문제를 설명할 수 있겠는가?

8. 여러분이 마주칠 수 있는 역선택 문제의 사례를 한 가지 생각해보라.

9. 왜 고리대금업자는 여타 대부업자에 비해 차입자의 도덕적 위험에 대해 덜 우려하는가?

10. 여러분이 고용주라면 고용인과 관련해 어떤 종류의 도덕적 위험 문제를 우려하는가?

11. 차입자와 대부자 사이에 정보 비대칭이 전혀 없다면 도덕적 위험 문제는 여전히 존재하는가?

12. "정보비용과 거래비용이 없는 세상에는 금융중개기관은 존재하지 않을 것이다." 이 진술은 참인가, 거짓인가, 불확실한가? 설명하라.

13. 여러분은 이웃에게 직접 자금을 대출하는 대신 5% 이자율을 주는 은행의 저축예금에 자금을 예치하고 은행이 이웃에게 10% 이자율로 대출하는 식으로 이웃에 자금을 대출하려 한다. 그 이유는 무엇인가?

14. 금융중개기관과 사적 투자자들 사이에 위험분담은 어떻게 서로 편익이 될 수 있는가?

15. 세계 자본시장의 국제화와 관련된 몇몇 현상들에 대해 논하라.

웹 연습문제

금융시스템

1. 금융기관의 가장 좋은 정보원 중 하나는 연방준비은행에서 생성되는 미국 자금순환표(US Flow of Funds)이다. 이 표는 대부분의 금융중개기관의 자료를 포함하고 있다. www.federalreserve.gov/release/Z1/로 가서 가장 최신 자료를 검색하라. 여러분의 컴퓨터에 애크로벳 리더(Acrobat Reader)가 없으면 설치를 해야 한다. 이 사이트에서 무료로 다운받을 수 있다. Level Table로 가서 다음 질문에 답하라.

   a. 상업은행의 자산 가운데 대출이 차지하는 비중은 몇 퍼센트인가? 모기지대출의 자산 비중은 몇 퍼센트인가?

   b. 저축대부조합의 자산 가운데 모기지대출이 차지하는 비중은 몇 퍼센트인가?

   c. 신용조합의 자산 가운데 모기지대출과 소비자대출이 차지하는 비중은 몇 퍼센트인가?

2. 세계에서 가장 유명한 금융시장은 뉴욕증권거래소(NYSE)이다. www.nyse.com으로 가보자.

   a. NYSE의 사명(mission)은 무엇인가?

   b. NYSE에 지분을 상장하기 위해서 기업들은 수수료를 지불해야 한다. 5백만 주의 보통주를 상장하려는 기업은 얼마의 수수료를 지불해야 하는가?

PART 2 _ 금융시장의 기본적 이해

CHAPTER 3

이자율의 개념과 가치평가

> PREVIEW

이자율은 경제에서 가장 주목받는 변수 가운데 하나다. 이자율의 움직임은 직접적으로 우리의 일상생활에 영향을 미치고 경제의 건실함을 유지하는 데 중대한 결과를 가져오기 때문에 거의 매일 언론매체를 통해 보도된다. 이자율은 개인들이 소비할 것인가, 저축할 것인가, 집을 살 것인가, 채권을 살 것인가, 아니면 예금할 것인가 등의 결정을 내리는 데 영향을 미친다. 또한 이자율은 공장의 새로운 장비에 투자할 것인가, 돈을 은행에 묻어둘 것인가 등 기업의 경제적 의사결정에도 영향을 미친다.

금융시장을 공부하기에 앞서, *이자율*(interest rate)이라는 용어의 의미를 정확히 이해하는 것이 중요하다. 이 장에서는 *만기수익률*(yield to maturity)이 이자율을 측정하는 가장 정확한 개념임을 배운다. 금융학자들이 *이자율*이라는 용어를 사용하는 경우 이는 바로 만기수익률을 의미한다. 여기서는 신용시장의 금융상품에서 만기수익률이 어떻게 측정되며 또한 금융상품의 가치를 평가하는 데 어떻게 이용되는지에 대해 논의한다. 채권투자를 통해 얻은 수익률은 이자율과 반드시 일치하는 것이 아니기 때문에, 채권의 이자율이 반드시 그 채권에 대한 투자 성과를 나타내는 지표가 아님을 배운다. 또한 우리는 물가상승률로 조정한 실질이자율과 그렇지 않은 명목이자율을 구분한다.

비록 용어의 정의를 배우는 것이 항상 즐거운 과정은 아닐지라도 이 장에 제시된 개념들을 주의 깊게 읽고 이해하는 것이 무척 중요하다. 이들 개념은 이 책의 나머지 부분에서도 계속 사용될 뿐만 아니라, 이들 개념을 확실히 알면 이자율이 우리의 실생활과 경제 전반에서 어떤 역할을 하는지를 보다 분명히 이해할 수 있다.

이자율의 측정

각각의 금융상품은 저마다 서로 다른 시기에 서로 다른 금액의 **현금흐름**(cash flow)을 그 보유자에게 지급한다. 따라서 이자율을 측정하는 방식을 배우기 전에 어떤 금융상품의 가치를 다른 금융상품과 어떻게 비교할 것인지를 살펴보아야 한다. 이를 위해 우리는 *현재가치*라는 개념을 이용한다.

www.bloomberg.com/markets/
'Rates & Bonds' 항목에서 미국 국채와 지방채의 주요 이자율 정보를 알 수 있다.

현재가치

현재가치(present value) 혹은 **현재할인가치**(present discounted value) 개념은 1년 후에 받을 1달러가 오늘 받는 1달러보다 그 가치가 작다는 일반 상식적인 인식에 기초한다. 이는 지금 1달러를 은행에 저축하면 1년 후에는 이자를 합쳐 1달러 이상을 받게 되기 때문에 당연하다고 할 수 있다. 경제학자들은 이 절에서 설명하듯이 좀 더 논리 정연한 정의를 사용한다.

단순대출(simple loan)이라 불리는 가장 단순한 형태의 금융상품을 살펴보자. 이런 대출은 대출자가 차입자에게 *원금*(principal)에 해당되는 돈을 빌려주고 *만기일*(maturity date)에 이자를 더해 상환 받는 형태이다. 예를 들어보자. 제인이라는 친구에게 100달러를 1년간 단순대출의 형태로 빌려주면서, 1년 후에는 원금 100달러에 이자 10달러를 더해 상환 받는다고 하자. 이런 단순대출의 경우, 이자를 대출원금으로 나누는 것이 이자율을 측정하는 자연스럽고 적절한 방식이다. *단순이자율*(simple interest rate)이라 불리는 방식의 이자율 i는 다음과 같이 계산된다.

$$i = \frac{\$10}{\$100} = 0.10 = 10\%$$

이런 식으로 100달러를 대출해주면 1년 후 110달러를 받게 되는데, 이는 다음과 같이 계산할 수 있다.

$$\$100 \times (1 + 0.10) = \$110$$

그리고 다시 110달러를 빌려준다면 그 이듬해에 받게 되는 금액은 121달러가 된다.

$$\$110 \times (1 + 0.10) = \$121$$

즉

$$\$100 \times (1 + 0.10) \times (1 + 0.10) = \$100 \times (1 + 0.10)^2 = \$121$$

이런 식으로 계속하면 3년째 되는 해에는 133달러가 된다.

$$\$121 \times (1 + 0.10) = \$100 \times (1 + 0.10)^3 = \$133$$

이를 일반화하면, n년 후에 처음의 100달러는 다음과 같이 된다.

$$\$100 \times (1+i)^n$$

지금 100달러를 빌려주고 받게 되는 금액은 다음과 같다.

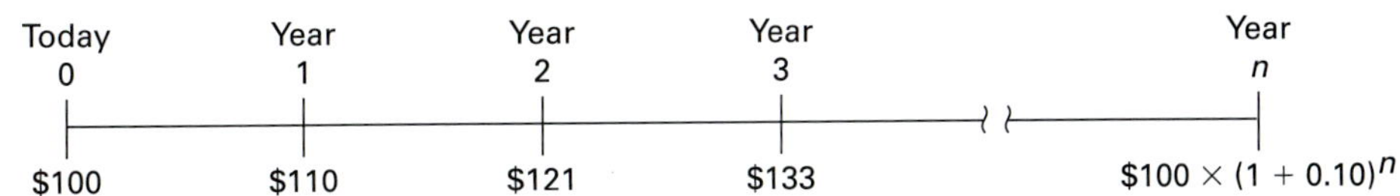

제인이 1년 후 확실히 돈을 갚을 것이란 전제 하에서, 이 일정표에 의하면 현재의 100달러는 1년 후의 110달러만큼 가치가 있음을 의미한다. 마찬가지로 현재의 100달러는 2년 후의 121달러, 3년 후의 133달러, 혹은 n년 후의 $100 \times (1+0.10)^n$ 달러만큼 가치를 지닌다. 위의 일정표를 역이용하면 미래에 받을 금액을 현재의 가치로 환산할 수 있다. 예를 들면, 3년 후의 133달러는 $\$133 = \$100 \times (1+0.10)^3$이므로, 현재의 100달러만큼 가치를 지닌다고 할 수 있다. 따라서

직관적으로 말하면, 식(1)은 여러분이 만약 10년 후에 1달러를 약속 받았다면 그 돈의 가치는 지금의 1달러보다 작음을 의미한다. 왜냐하면 지금 1달러를 받아 이를 저축하면 10년 후에는 1달러보다 더 큰 금액이 되기 때문이다.

$$\$100 = \frac{\$133}{(1+0.10)^3}$$

이와 같이 미래에 받을 현금흐름을 현재의 가치로 환산하는 과정을 '*미래를 할인한다.*' (discounting the future)라고 한다. 이 과정을 일반화해 현재의 100달러를 PV, 미래의 현금흐름 133달러를 CF, 10%의 이자율을 i로 대체하면 다음 공식을 도출할 수 있다.

$$PV = \frac{CF}{(1+i)^n} \qquad \textbf{(1)}$$

예제 3.1 단순한 현재가치

만약 이자율이 15%라면, 2년 후에 받을 250달러의 현재가치는 얼마인가?

> 해답

현재가치는 189.04달러가 된다. 식(1)을 이용하면

$$PV = \frac{CF}{(1+i)^n}$$

여기서 CF = 2년 후의 현금흐름 = \$250

i = 연 이자율 = 0.15

n = 만기까지 기간(년) = 2

따라서

$$PV = \frac{\$250}{(1+0.15)^2} = \frac{\$250}{1.3225} = \$189.04$$

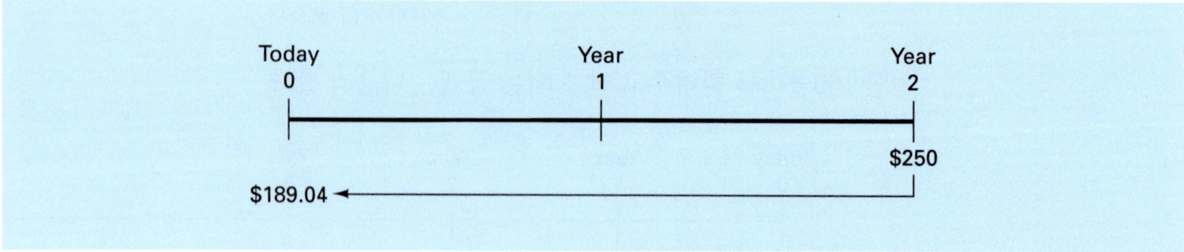

현재가치의 개념은 매우 유용하다. 어떤 금융상품을 보유하면서 미래에 받을 각각의 현금흐름에 대한 개별적인 현재가치를 모두 합하면 그 이자율 수준에서 금융상품의 지금 현재의 가치, 즉 현재의 가격을 계산할 수 있기 때문이다. 현재가치 개념을 이용하면 미래의 서로 다른 시점에 현금흐름을 지급하는 두 금융상품의 가치를 비교할 수 있다.

신용시장 금융상품의 네 가지 유형

신용시장에서의 금융상품은 현금흐름의 지급 시점에 따라 크게 네 가지 유형으로 분류된다.

1. 단순대출은 앞에서 논의한 것처럼 대부자가 차입자에게 일정 금액을 대출하면 차입자는 만기일에 이자를 덧붙여 원리금을 지급한다. 예를 들어 기업에 대한 상업대출 등 단기금융시장의 여러 금융상품은 단순대출의 형태를 띤다.
2. **균등상환대출**(fixed-payment loan, 또는 fully amortized loan)은 대출금을 받은 차입자가 매월 또는 매 기간 일정한 상환액을 대부자에게 지급하는 방식으로, 그 상환액은 이자와 원금의 일부분으로 구성된다. 예를 들어 균등상환대출로 1,000달러를 빌리면 25년간 매년 85.81달러씩 내는 방식이다. 자동차 대출과 같은 할부금융이나 모기지(mortgage, 주택저당대출)가 균등상환대출 방식을 취하곤 한다.
3. **이표채**(coupon bond)는 채권 소유자에게 만기까지 매년 정해진 금액의 이자(이표)를 지급하고 만기일에 **액면가**(face value 또는 par value)에 해당하는 약정금액을 최종적으로 지급한다. 이표채라는 명칭은 과거 채권 소유자가 채권에서 이표(coupon)를 떼어내어 채권 발행자에게 제시하고 이자를 받았던 데서 유래한다. 그러나 매우 오래된 채권을 제외하고는 거의 모든 경우 현재는 이자를 받으려고 채권 발행자에게 이표를 제시할 필요는 없다. 이표채의 예를 들면 액면가 1,000달러의 어떤 이표채는 매년 100달러씩 10년간 이표를 지급하고 만기일에 액면가 1,000달러를 지급한다(미국에서 채권의 액면가는 대개 1,000달러 단위로 증가한다).

   각각의 이표채는 다음 세 가지 정보에 의해 식별된다—① 채권을 발행하는 기업 혹은 정부기관, ② 채권의 만기일, ③ 채권의 액면가 대비 연간 이표지급액의 비율로 측정되는 **이표율**(coupon rate). 앞의 예에서 이표채는 액면가가 1,000달러이고 매년 100달러의 이표를 지급하고 있다. 따라서 이표율은 $100/$1,000 = 0.10, 즉 10%가 된다. 이표채의 예는 중·장기 재무부 채권, 회사채와 같은 자본시장의 금융상품 등이다.

4. **할인채**(discount bond)는 **무이표채**(zero-coupon bond)라고도 하는데, 액면가 이하의 할인된 가격으로 판매하고 나서 만기일이 되면 액면가를 지급하는 채권이다. 이표채와 달리 할인채는 이자 없이 액면가만을 지급한다. 예를 들면 액면가 1,000달러의 어떤 할인채는 지금 900달러에 팔리며, 1년 후 채권 소유자에게 액면가 1,000달러를 지급한다. 할인채의 예로는 단기 재무부 증권, 저축채권, 장기 무이표채를 들 수 있다.

이들 네 가지 유형의 금융상품은 현금흐름의 지급 시점이 서로 다르다. 단순대출과 할인채는 만기일에 단 한 번 지급하며, 균등상환대출과 이표채는 만기일까지 주기적으로 지급한다. 그렇다면 더 많은 소득을 가져다주는 금융상품을 어떻게 식별할 것인가? 이 문제를 풀기 위해서는 앞에서 설명한 현재가치의 개념을 이용해 서로 다른 유형의 금융상품에 대한 이자율을 측정해야 한다.

만기수익률

이자율을 계산하는 여러 방식 가운데 가장 중요한 것은 **만기수익률**(yield to maturity)이다. 만기수익률이란 금융상품이 미래에 지급하는 현금흐름의 현재가치를 지금 현재의 가격과 일치시키는 이자율이다. 만기수익률 계산의 기초가 되는 개념은 경제학적으로 타당하기 때문에 금융학자들은 만기수익률이 이자율을 측정하는 가장 정확한 방식이라 인정한다.

만기수익률을 이해하기 위해 신용시장 금융상품의 네 가지 유형에 대해 각각 만기수익률이 어떻게 계산되는지 살펴보기로 한다. 이들 각 예에서 만기수익률의 계산과정을 이해하기 위한 핵심은 어떤 금융상품이 미래에 지급하는 모든 현금흐름의 현재가치를 그 금융상품의 지금 현재의 가격과 일치시킨다는 것이다.

단순대출 현재가치의 개념을 이용해 단순대출에 대한 만기수익률을 구하는 것은 어렵지 않다. 앞서 논의한 1년 만기 대출에서 지금 현재의 가격은 100달러이며, 1년 후 현금흐름은 원금 100달러와 이자 10달러를 합해 110달러이다. 이들 정보를 이용해 지금 현재의 가격과 미래 지급액의 현재가치를 일치시키는 만기수익률 i를 구할 수 있다.

예제 3.2 단순대출

만약 피트가 그의 누이로부터 지금 100달러를 빌리고 1년 후에 110달러를 갚기로 한다면, 이 경우 만기수익률은 얼마인가?

> **해답**

이 대출의 만기수익률은 10%이다.

$$PV = \frac{CF}{(1+i)^n}$$

여기서 PV = 빌린 금액 = \$100

CF = 1년 후의 현금흐름 = \$110

n = 만기까지 기간(년) = 1

따라서

$$\$100 = \frac{\$110}{(1+i)}$$

$$(1+i)\$100 = \$110$$

$$(1+i) = \frac{\$110}{\$100}$$

$$i = 1.10 - 1 = 0.10 = 10\%$$

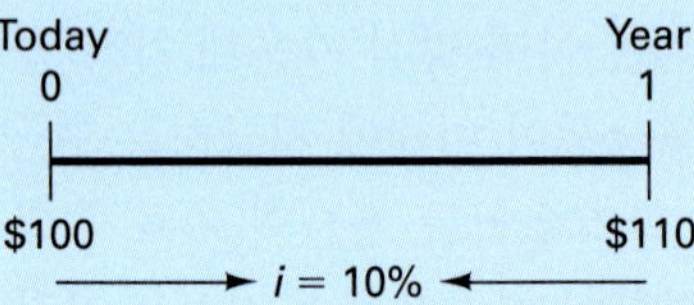

만기수익률의 이런 계산 방식은 낯익은 것이다. 이는 이자지급액 10달러를 원금 100달러로 나눈 것과 같으며, 따라서 대출에 대한 단순이자율과 같기 때문이다. 여기서 알아둘 중요한 점은, ***단순대출의 경우 단순이자율과 만기수익률이 서로 같다***는 것이다. 따라서 i라는 동일한 기호가 만기수익률과 단순이자율을 표시하는 데 모두 사용된다.

균등상환대출 균등상환대출이란 만기까지 매 기간 일정액의 현금흐름을 지급하는 대출 유형임을 기억할 것이다. 예컨대 고정이자율 모기지에서 차입자는 그 대출금을 완전히 상환하는 만기일까지 은행에 매달 일정 금액을 지급한다. 균등상환대출에 대한 만기수익률을 계산할 때도 단순대출에서 사용한 원리가 똑같이 적용된다. 즉 현재의 가격을 미래 현금흐름의 현재가치와 일치시키는 것이다. 그런데 균등상환대출은 한 번 이상의 현금흐름이 지급되기 때문에 균등상환대출의 현재가치는 각 현금흐름 지급액의 현재가치들을 모두 합산해 계산한다.

1,000달러의 대출에 대해 25년간 매년 85.81달러씩 지급한다고 하자. 이 경우 현재가치는 다음과 같이 계산된다. 1년 후 지급하는 85.81달러의 현재가치는 $\$85.81/(1+i)$이며, 2년 후 지급하는 85.81달러의 현재가치는 $\$85.81/(1+i)^2$이고, 이런 방식으로 만기까지 계속하면 25년 후 마지

막 지급액 85.81달러의 현재가치는 $85.81/(1 + i)^25가 된다. 미래에 매년 지급되는 현금흐름에 대한 현재가치의 합계를 현재의 대출금액 1,000달러와 같다고 놓으면,

$$\$1{,}000 = \frac{\$85.81}{1+i} + \frac{\$85.81}{(1+i)^2} + \frac{\$85.81}{(1+i)^3} + \cdots + \frac{\$85.81}{(1+i)^{25}}$$

일반적으로 어떤 균등상환대출에 대해서도 다음과 같이 계산할 수 있다.

$$LV = \frac{FP}{1+i} + \frac{FP}{(1+i)^2} + \frac{FP}{(1+i)^3} + \cdots + \frac{FP}{(1+i)^n} \qquad (2)$$

여기서 LV = 대출금액
FP = 고정된 연간 현금흐름 지급액
n = 만기까지 기간(년)

균등상환대출에서 연간 고정지급액과 만기까지 기간(잔여만기)은 알고 있는 수치이고 만기수익률만 미지수이다. 따라서 위 식에서 만기수익률을 구할 수 있다. 그런데 이 계산은 쉽지 않기 때문에, LV, FP, n의 값을 대입해 만기수익률을 계산해주는 프로그램이 내장된 휴대용 계산기를 이용한다. 예를 들면 매년 85.81달러씩 25년간 지급하는 대출의 경우 식(2)를 풀면 만기수익률은 7%가 된다. 부동산 중개업자는 항상 이런 휴대용 계산기를 갖고 있으며, 이를 이용해 모기지를 받아 집을 사려는 사람에게 연간(혹은 월별) 지급액을 정확히 알려준다.

예제 3.3 균등상환대출

집을 사기로 결정했는데 10만 달러의 모기지가 필요하다. 은행대출의 이자율은 7%이다. 20년 균등상환대출을 받으면 연간 지급액은 얼마나 되는가?

> 해답

은행에 내야 할 연간 지급액은 9,439.29달러이다.

$$LV = \frac{FP}{1+i} + \frac{FP}{(1+i)^2} + \frac{FP}{(1+i)^3} + \cdots + \frac{FP}{(1+i)^n}$$

여기서 LV = 대출금액 = \$100,000
i = 연 이자율 = 0.07
n = 만기까지 기간(년) = 20

따라서

$$\$100{,}000 = + \frac{FP}{1+0.07} + \frac{FP}{(1+0.07)^2} + \frac{FP}{(1+0.07)^3} + \cdots + \frac{FP}{(1+0.07)^{20}}$$

금융계산기를 이용해 대출에 따른 연간 지급액을 구하려면

n = 만기까지 기간(년) = 20
PV = 대출금액(LV) = −100,000
FV = 20년 후 대출금 잔액 = 0
i = 연 이자율 = 0.07

위의 내용을 입력하고 *PMT* 버튼을 누르면, 연간 고정지급액(FP) = \$9,439.29임을 알 수 있다.

이표채 이표채의 만기수익률을 계산할 때도 균등상환대출과 동일한 방법을 사용하면 된다. 즉 채권의 지금 현재의 가격을 현재가치와 일치시키는 것이다. 이표채도 한 번 이상의 현금흐름을 지급하기 때문에, 이표채의 현재가치는 각 이표지급액의 현재가치와 최종적으로 지급되는 액면가의 현재가치를 모두 합해 계산된다.

만기 10년, 연간 이표지급액 100달러, 액면가 1,000달러짜리 채권의 현재가치는 다음과 같이 계산된다. 즉, 1년 후 지급되는 100달러 이표지급액의 현재가치는 $\$100/(1 + i)$, 2년 후 지급되는 100달러 이표지급액의 현재가치는 $\$100/(1 + i)^2$의 방식으로 계속 계산된다. 그리고 만기일에 지급되는 100달러 이표의 현재가치는 $\$100/(1 + i)^{10}$이고, 그와 동시에 지급되는 액면가 1,000달러의 현재가치는 $\$1,000/(1 + i)^{10}$이 된다. 이들 각 현금흐름 지급액의 현재가치 합계는 이 채권의 지금 현재의 가치, 즉 현재의 가격 P와 같아야 한다.

$$P = \frac{\$100}{(1+i)} + \frac{\$100}{(1+i)^2} + \frac{\$100}{(1+i)^2} + \cdots + \frac{\$100}{(1+i)^{10}} + \frac{\$1,000}{(1+i)^{10}}$$

일반적으로, 어떤 이표채에 대해서도 다음과 같이 계산할 수 있다.[1)]

$$P = \frac{C}{(1+i)} + \frac{C}{(1+i)^2} + \frac{C}{(1+i)^3} + \cdots + \frac{C}{(1+i)^n} + \frac{F}{(1+i)^n} \tag{3}$$

여기서 P = 이표채의 가격
C = 연간 이표지급액
F = 이표채의 액면가
n = 만기까지 기간(년)

식(3)에서 이표지급액, 액면가, 만기까지 기간, 채권가격은 알고 있는 값이고 만기수익률만

1) 대부분의 이표채는 여기서 가정하듯이 1년에 한 번이 아니라 실제로는 6개월에 한 번씩 이표를 지급한다. 다만 이런 차이가 계산 결과에 미치는 영향은 미미하므로 여기서는 무시한다.

미지수이다. 따라서 이 식에서 만기수익률을 계산해낼 수 있다.[2)] 그런데 균등상환대출의 경우와 마찬가지로 이 계산도 쉽지 않기 때문에, 이 식을 풀어주는 프로그램이 업무용 소프트웨어와 계산기에 내장되어 있다.

예제 3.4 이표채

이표율이 10%, 액면가가 1,000달러, 만기수익률이 12.25%, 만기까지 남은 기간이 8년인 채권의 가격을 구하라.

> 해답

이 채권의 가격은 889.20달러이다. 금융계산기를 이용하면,

n = 만기까지 기간(년) = 8
FV = 채권의 액면가(F) = 1,000
i = 연 이자율 = 12.25%
PMT = 연간 이표지급액(C) = 100

위의 내용을 입력하고 *PV* 버튼을 누르면 채권의 가격 = $889.20임을 알 수 있다.

[표 3.1]은 몇몇 채권가격에 대해 계산한 만기수익률을 제시하고 있는데, 여기서 세 가지 흥미로운 사실이 드러난다.

1. 이표채의 가격이 액면가와 같으면, 만기수익률과 이표율은 서로 같다.
2. 이표채의 가격과 만기수익률은 서로 음(−)의 관계에 있다. 즉 만기수익률이 상승하면 채권가격은 하락한다. 반대로 만기수익률이 하락하면 채권가격은 상승한다.
3. 채권가격이 액면가보다 낮으면 만기수익률은 이표율보다 더 높다.

[표 3.1] 잔여만기 10년, 이표율 10%, 액면가 1,000달러인 채권의 만기수익률

채권가격($)	만기수익률(%)
1,200	7.13
1,100	8.48
1,000	10.00
900	11.75
800	13.81

2) 문맥에 따라서는 이를 *내부수익률*(internal rate of return)이라 부르기도 한다.

이들 세 가지 사실은 어떤 이표채의 경우에도 항상 성립하는데, 만기수익률의 계산 과정을 생각해보면 그리 놀랄 만한 일이 아니다. 만약 1,000달러를 10% 이자율의 은행예금에 넣어둔다면 매년 100달러의 이자를 꺼내 쓸 수 있으며, 10년 후에 1,000달러는 그대로 남아 있다. 이는 [표 3.1]에서 이표율 10%의 1,000달러짜리 채권을 매입해 매년 이표 100달러와 10년 후 1,000달러를 지급받는 것과 동일하다. 만약 그 채권을 액면가 1,000달러에 매입했다면 만기수익률은 10%의 이자율과 같게 되며, 또한 이표율 10%와도 같게 된다. 이런 논리를 응용하면, 어떤 이표채를 액면가로 매입할 경우 만기수익률은 이표율과 동일함이 증명될 수 있다.

채권가격이 만기수익률과 음의 관계를 갖는다는 사실을 확인하는 것도 그리 어렵지 않다. 만기수익률 i가 상승하면 채권가격을 계산하는 공식에서 모든 분모가 커진다. 따라서 만기수익률로 측정되는 이자율의 상승은 채권의 가치, 즉 채권가격의 하락을 의미한다. 이자율이 상승할 때 채권가격이 하락한다는 사실을 달리 설명하면, 이자율이 상승하면 현재가치로 환산한 미래의 이표지급액과 최종 지급액의 가치가 하락해 채권가격이 하락한다는 것이다.

온라인 정보

www.teachmefinance.com

화폐의 시간적 가치, 연금, 영구채 등의 주요 금융 개념을 알아보자.

채권가격이 액면가보다 낮을 때는 만기수익률이 이표율보다 더 높다는 [사실 3]은 [사실 1]과 [사실 2]로부터 곧바로 설명된다. 만기수익률이 이표율과 같으면 채권가격은 액면가와 같게 되는데, 여기서 만기수익률이 상승해 이표율보다 높아지면 채권가격은 하락해 액면가보다 낮아질 것이기 때문이다.

만기수익률을 쉽게 계산할 수 있는 특별한 형태의 이표채가 있다. **영구채**(perpetuity) 혹은 **콘솔**(consol)이라는 채권이다. 이는 만기일이 없고 따라서 원금을 상환하지 않으며, 이표지급액으로 매년 C달러만큼을 계속 지급하는 영구적인 채권이다. 식(3)의 공식으로 영구채의 가격 P_c를 구하면 다음과 같다.[3)]

$$P_c = \frac{C}{i_c} \tag{4}$$

---

3) 영구채에 대한 채권가격을 구하는 공식은 다음과 같다.

$$P_c = \frac{C}{1+i_c} + \frac{C}{(1+i_c)^2} + \frac{C}{(1+i_c)^3} + \cdots$$

이는 다음과 같이 나타낼 수 있다.

$$P_c = C(x + x^2 + x^3 + \cdots)$$

여기서 $x = 1/(1+i)$이다. 고등학교에서 배운 무한등비수열의 합을 계산하는 공식은 다음과 같다.

$$1 + x + x^2 + x^3 + \cdots = \frac{1}{1-x}, \text{ 단 } -1 < x < 1$$

따라서

$$P_c = C\left(\frac{1}{1-x} - 1\right) = C\left[\frac{1}{1-1/(1+i_c)} - 1\right]$$

이를 정리하면, 다음의 결과를 얻는다.

$$P_c = C\left(\frac{1+i_c}{i_c} - \frac{i_c}{i_c}\right) = \frac{C}{i_c}$$

여기서 P_c = 영구채(콘솔)의 가격
C = 연간 지급액
i_c = 영구채(콘솔)의 만기수익률

영구채의 특징은 만기수익률이 오르면 채권가격이 하락한다는 사실을 곧바로 확인할 수 있다는 것이다. 예를 들어 이자율이 10%라면 매년 100달러씩 영구적으로 지급하는 영구채의 가격은 \$1,000 = \$100/0.10가 된다. 만약 이자율이 20%로 상승하면, 이 영구채의 가격은 \$500 = \$100/0.20로 하락한다. 식(4)의 공식을 다음과 같이 쓸 수도 있다.

$$i_c = \frac{C}{P_c} \tag{5}$$

예제 3.5 영구채

매년 100달러씩의 이자를 영구적으로 지급하는 채권의 가격이 2,000달러라면, 만기수익률은 얼마인가?

> 해답

만기수익률은 5%이다.

$$i_c = \frac{C}{P_c}$$

여기서 C = 연간 지급액 = \$100
P_c = 영구채(콘솔)의 가격 = \$2,000

따라서

$$i_c = \frac{\$100}{\$2{,}000}$$

$$i_c = 0.05 = 5\%$$

영구채의 만기수익률을 계산하는 공식인 식(5)는 이표채의 만기수익률에 대한 근사치를 계산하는 데도 유용하다. 예를 들어 이표채의 만기가 20년 혹은 그 이상의 장기라면 이 이표채는 영구적으로 이표를 지급하는 영구채와 매우 유사하다. 왜냐하면 20년이 넘는 미래에 지급되는 현금흐름의 현재가치는 매우 작으며, 이로 인해 장기 이표채의 채권가격은 동일 금액의 이표를 지급하는 영구채의 가격과 매우 비슷해지기 때문이다. 따라서 식(5)의 i_c는 장기 이표채의 만기수익률과 매우 비슷하게 된다. 이러한 이유로 연간 이표지급액을 채권가격으로 나눈 것을 **경상수익률**(current yield)이라 부르면서 종종 장기채권에 대한 만기수익률의 근사치로 이용한다.

할인채 할인채에 대한 만기수익률의 계산은 단순대출과 비슷하다. 1년 후 액면가 1,000달러를 지급하는 재무부 단기증권과 같은 할인채를 생각해보자. 만약 이 채권의 현재 매입가가 900달러라면, 식(1)을 이용해 이를 1년 후 1,000달러의 현재가치와 같도록 놓고,

$$\$900 = \frac{\$1{,}000}{1 + i}$$

i에 관해 풀면,

$$\begin{aligned}(1 + i) \times \$900 &= \$1{,}000 \\ \$900 + \$900i &= \$1{,}000 \\ \$900i &= \$1{,}000 - \$900 \\ i &= \frac{\$1{,}000 - \$900}{\$900} = 0.111 = 11.1\%\end{aligned}$$

일반적으로 1년 만기 할인채에 대한 만기수익률은 다음과 같이 나타낼 수 있다.

$$i = \frac{F - P}{P} \tag{6}$$

여기서 F = 할인채의 액면가
P = 할인채의 현재 가격

다시 말하면, 만기수익률은 1년간 가격 상승분 $F - P$를 초기의 가격 P로 나눈 것과 같다. 투자자는 할인채를 보유함으로써 양(+)의 수익률을 얻는 것이 일반적이므로 현재의 채권가격은 액면가보다 낮은 수준으로 할인되어 판매된다. 그 결과 $F - P$가 양의 값이 되어 만기수익률도 양의 값이 된다. 그러나 최근 일본의 경우에서 볼 수 있었듯이, 항상 그런 것만은 아니다(다음의 [글로벌] 참조).

앞의 식을 통해 할인채의 경우 만기수익률은 현재의 채권가격과 음의 관계에 있다는 특성을 확인할 수 있다. 이는 이표채의 경우와 동일한 결과이다. 식(6)에서 채권가격이 900달러에서 950달러로 상승하면, 채권 만기까지의 가격 상승분이 작아져 만기수익률은 11.1%에서 5.3%로 하락한다. 역으로, 만기수익률의 하락은 할인채 가격의 상승을 의미한다.

요약 현재가치의 개념은 미래의 1달러가 현재의 1달러보다 그 가치가 작음을 나타낸다. 왜냐하면 지금 1달러를 빌려주면 이자를 받을 수 있기 때문이다. 구체적으로 말하면, 지금부터 n년 후에 받는 1달러는 $1/(1 + i)^n$달러만큼의 현재가치를 지닌다. 금융자산 보유에 따른 미래 현금흐름의 현재가치는 각 미래 지급액의 현재가치들을 모두 합한 것과 같다. 만기수익률은 그 계산 과정이 견실한 경제학 원리에 근거하고 있기 때문에 금융학자들은 만기수익률이 이자율을 측정하는 가장 정확한 지표라고 생각한다. 여러 유형의 채권에 대한 만기수익률 계산을 통해 ***현재의 채권가격과 이자율은 서로 음의 관계를 갖고 있어, 이자율이 오르면 채권가격은 하락하고 그 역도 성립한다***는 중요한 사실을 알 수 있다.

> 글로벌

음의 단기 국채 이자율? 가능하다

흔히 이자율은 항상 양의 값을 갖는다고 말한다. 음의 이자율이란 할인채의 만기수익률 공식이 제시하듯이 미래에 채권에서 받을 금액이 지금 채권을 사는 가격보다 더 낮음을 의미한다. 차라리 현금을 보유하면 미래에도 현재와 동일한 가격을 유지할 수 있기 때문에 음의 이자율이란 불가능한 것처럼 보인다.

1990년대 후반의 일본과 2008년 글로벌 금융위기 때 미국의 사례에서 이런 식의 추론이 그리 정확한 것이 아님이 증명되었다. 1998년 11월에 일본의 6개월 만기 국채의 이자율이 −0.004%가 되어 투자자들이 그 채권을 사는 데 액면가 이상을 지불하는 일이 발생했다. 2008년 9월에는 미국의 3개월 만기 재무부 증권(단기 국채)의 이자율이 일시적으로 음이 되었다. 음의 이자율은 극히 이례적인 사건이다. 어떻게 이런 일이 발생할 수 있었을까?

제4장에서 살펴보겠지만, 취약한 경제상황과 금융위기로 인한 안전자산 선호(flight to quality) 현상 때문에 이자율이 낮은 수준이 되었다. 하지만 이들 두 요인으로는 음의 이자율을 설명할 수 없다. 이에 대한 답은, 단기 국채는 거액 단위로 표시되고 전자적으로 보관될 수 있기 때문에 거액 투자자들의 입장에서는 가치의 저장수단으로서 이들 국채를 보유하는 것이 현금을 보관하는 것보다 더 편리하다는 데 있다. 현금을 보유하는 것이 금전적으로는 더 이익이지만 바로 이런 이유로 일부 투자자들은 음의 이자율에도 불구하고 단기 국채를 보유하려 했다. 분명히 이러한 단기 국채의 편리함은 그리 대단한 것이 아니기 때문에 그 이자율도 0보다 약간만 낮은 음의 값이 될 수 있다.

실질이자율과 명목이자율

앞에서 이자율에 대해 논의할 때는 인플레이션이 자금조달 비용에 미치는 효과를 감안하지 않았다. 지금까지 이자율이라 할 때는 인플레이션을 감안하지 않은 것이며, 보다 엄밀히 말하면 이는 **명목이자율**(nominal interest rate)이다. 이와 구분해 **실질이자율**(real interest rate)이란 예상되는 물가상승률(기대 인플레이션)을 차감해 조정한 이자율로, 실질적인 자금조달 비용을 보다 정확히 나타내는 지표이다. 이러한 이자율은 *예상되는*(expected) 물가상승률을 감안한 것이므로 엄밀히 말하면 *사전적 실질이자율*(ex ante real interest rate)이다. *사전적* 실질이자율은 경제관련 의사결정에 있어 가장 중요한 이자율 개념이며, 흔히 금융학자들이 '실질'이자율이라 부르는 것이다. 한편, 사후적으로 발생한 *실제의*(actual) 물가상승률로 조정한 이자율은 *사후적 실질이자율*(ex post real interest rate)이다. 이는 자금의 대부자가 실질기준으로 얼마나 이득을 얻었는지를 *사후적으로* 평가하는 개념이다.

실질이자율은 20세기의 위대한 화폐금융 경제학자인 피셔(Irving Fisher)의 이름을 딴 *피셔 방정식*(Fisher equation)에서 보다 명확히 정의된다. 피셔 방정식에 따르면 명목이자율 i는 실질이자율 i_r에 기대 인플레이션 π^e를 더한 것과 같다.[4)]

---

4) 피셔 방정식의 보다 정확한 공식은 다음과 같다.

$$i = i_r + \pi^e + (i_r \times \pi^e)$$

왜냐하면

$$1 + i = (1 + i^r)(1 + \pi^e) = 1 + i_r + \pi^e + (i_r \times \pi^e)$$

위 식의 양변에서 1을 빼면 첫 번째 식이 된다. i_r과 π^e의 값이 작기 때문에 $i_r \times \pi^e$의 값이 매우 작아져 이를 무시할 수 있다.

$$i = i_r + \pi^e \tag{7}$$

다시 정리하면, 실질이자율은 명목이자율에서 기대 인플레이션을 뺀 것이다.

$$i_r = i - \pi^e \tag{8}$$

왜 이러한 정의가 타당한지 알아보기 위해, 먼저 이자율 5%로 1년간 단순대출(i = 5%)을 했는데 그 1년 동안 물가가 3% 상승할 것으로 예상(π^e = 3%)되는 상황을 고려해보자. 대출한 결과를 **실질기준**(real term)으로, 즉 미래에 살 수 있는 재화와 서비스의 단위로 계산하면 1년 후에 2%만큼 더 얻을 것이 예상된다.

이 경우 실질적인 재화와 서비스 단위로 계산한 이자율은 2%이다. 즉

$$i_r = 5\% - 3\% = 2\%$$

예제 3.6 실질이자율과 명목이자율

명목이자율이 8%이고 향후 1년간 기대 인플레이션이 10%이면 실질이자율은 얼마인가?

> 해답

실질이자율은 −2%이다. 1년 후 8%만큼의 돈을 더 받겠지만, 그때 재화를 사려면 지금보다 10%의 돈을 더 지불해야 한다. 그 결과 1년 후 살 수 있는 재화의 양은 오히려 2%만큼 감소해, 실질기준으로는 2%만큼의 손해를 보는 셈이다.

$$i_r = i - \pi^e$$

여기서 i = 명목이자율 = 0.08

π^e = 기대 인플레이션 = 0.10

따라서

$$i_r = 0.08 - 0.10 = -0.02 = -2\%$$

[예제 3.6]의 경우 재화와 서비스의 단위로 측정하면 실질적으로 −2%라는 음의 이자율을 받는 것이기 때문에 자금의 대부자는 굳이 돈을 빌려주려 하지 않을 것이다. 반대로 자금의 차입자는 1년 후 상환해야 할 금액이 재화와 서비스의 단위로는 2% 감소하기 때문에 상당히 좋아할 것이다. 자금의 차입자는 실질기준으로 2%만큼 버는 셈이다. 따라서 ***실질이자율이 낮을 때, 자금을 차입하려는 인센티브는 크고 자금을 빌려주려는 인센티브는 작다.***

실질이자율과 명목이자율의 구분은 매우 중요하다. 왜냐하면 실질적인 자금조달 비용을 나타내는 실질이자율이야말로 사람들이 자금을 차입하고 대출하려는 인센티브에 대한 보다 정확

한 지표이기 때문이다. 실질이자율은 신용시장에서 벌어지는 일로 인해 사람들이 어떻게 영향받는지를 보다 잘 설명한다. [그림 3.1]은 1953~2013년까지 3개월 만기 재무부 증권에 대한 명목이자율과 실질이자율의 추정치를 나타낸 도표이다. 여기서 종종 명목이자율과 실질이자율이 함께 움직이지 않음을 볼 수 있다. 이는 다른 나라에서도 마찬가지다. 특히 미국에서 명목이자율이 높았던 1970년대에 실질이자율은 실제로 매우 낮은 수준이었으며 음의 값이 되기도 했다. 명목이자율 기준으로 보면, 이 기간 중 자금조달 비용이 높았으므로 신용시장의 상태가 경색되었으리라 생각할 수도 있다. 하지만 실질이자율의 추정치를 보면 잘못 생각한 것임을 알게 된다. 실질기준의 자금조달 비용은 실제로 상당히 낮았다.[5)]

최근까지 미국에서 실질이자율은 관측되지 못했고 명목이자율만 발표되었다. 그런데 1997년 1월에 미국 재무부가 이자와 원금의 지급이 물가의 변화에 따라 조정되는 **물가연동채권**(indexed bond)을 발행하기 시작하면서 이 모든 것이 변했다(다음의 [미니사례] 참조).

이자율과 수익률

많은 사람들은 채권의 이자율만 알면 그 채권을 보유할 때 얼마나 돈을 벌게 될지 알 수 있을 것으로 생각한다. 투자자 어빙이 10% 이자율의 장기채권을 보유하고 있는데 그 이자율이 20%로 상승하는 경우 더 많은 돈을 벌 것이라고 생각한다면, 이는 커다란 착각이다. 곧 알게 되겠지만, 어빙은 손해를 볼 수도 있다. 채권을 일정 기간 보유했을 때 얼마나 돈을 벌게 되는지는 **수익률**(return, 보다 엄밀한 용어로는 rate of return)이라는 지표로 정확히 측정할 수 있다. 이 책 전반에

---

5) 미국에서 이자소득에 대해서는 대부분 연방소득세를 납부하기 때문에 실질기준으로 금융상품을 보유함으로써 얻는 진정한 소득은 피셔 방정식으로 정의된 실질이자율이 아니라 명목이자율에서 소득*세를 공제한 후* 기대 인플레이션을 차감한 *세후 실질이자율*(after-tax real interest rate)이다. 30%의 소득세율이 적용되는 사람이 10%의 이자를 받는 채권을 보유하고 있다면 이자소득의 30%를 국세청에 납부하기 때문에 세후 이자율은 7%이다. 따라서 기대 인플레이션이 20%일 때 이 채권의 세후 실질이자율은 −13%(= 7% − 20%)이다. 일반적으로 세후 실질이자율은 다음과 같이 표현될 수 있다.

$$i(1-\tau)-\pi^e$$

여기서 τ = 소득세율.

미국에서는 소득세를 계산할 때 대출에 따른 이자지급액을 소득에서 공제받을 수 있기 때문에 이러한 세후 실질이자율 공식은 기업이나 주택보유자의 진정한 자금조달 비용을 계산하는 데 있어 보다 나은 척도가 된다. 만약 30%의 소득세율에 직면한 사람이 10%의 이자율을 내는 모기지 대출을 받았다면, 이자지급액은 소득공제가 가능하므로 이자지급액의 30%만큼 세금을 줄일 수 있다. 그러면 세후 명목 자금조달 비용은 이자율 10%에서 이자율 10%의 30%를 뺀 7%가 되며, 인플레이션이 20%라면 실제 자금조달 비용은 실질기준으로 −13%(= 7% − 20%)가 된다.

위의 예와 그 공식이 제시하듯이, 항상 세후 실질이자율은 피셔 방정식에 의해 정의된 실질이자율보다 낮다. 세후 실질이자율의 측정에 관한 더 자세한 논의는 다음 논문을 참조하라. Frederic S. Mishkin, "The Real Interest Rate: An Empirical Investigation," *Carnegie-Rochester Conference Series on Public Policy 15* (1981): pp. 151~200.

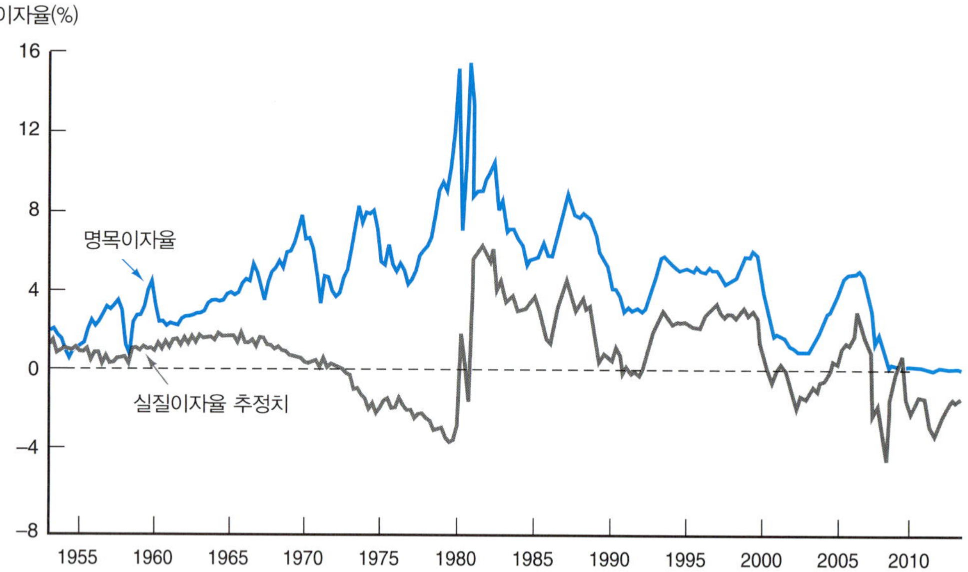

[그림 3.1] 실질이자율과 명목이자율(3개월 만기 재무부 증권), 1953~2013년

명목이자율과 실질이자율은 종종 같은 방향으로 움직이지 않는다. 1970년대 미국의 명목이자율이 높았을 당시 실질이자율은 실제로 매우 낮은 수준이었으며 음의 값이 되기도 했다.

자료: 명목이자율은 www.federalreserve.gov/releases/H15에서 구했다. 실질이자율은 다음 논문의 분석방법으로 계산했다. Frederic S. Mishkin, "The Real Interest Rate: An Empirical Investigation," *Carnegie-Rochester Conference Series on Public Policy 15* (1981): pp. 151~200. 이 방법은 기대 인플레이션을 과거의 이자율, 인플레이션, 시간적 추세의 함수로 추정한 후 이를 명목이자율에서 차감한다.

> 미니사례

TIPS를 통한 미국의 실질이자율 측정

미국 재무부는 다른 나라보다 다소 늦게 일종의 지수화된 이표채인 TIPS(Treasury Inflation Protection Security)를 발행하기로 했다. 미국에 앞서 영국, 캐나다, 호주, 스웨덴 등에서는 이미 시행하고 있는 제도이다(1998년 9월에 미국 재무부는 소액 투자자에 대해 제1호 물가지수연동 저축채권도 발행하기 시작했다).

이들 물가연동채권은 채권시장의 틈새를 성공적으로 파고들어 정부가 더 많은 자금을 조달할 수 있게 했다. 더구나 물가의 변화에 따라 이자와 원금이 조정되기 때문에 물가연동채권의 이자율은 실질이자율을 곧바로 측정하게 해준다. 일반 채권의 명목이자율에서 물가연동채권의 이자율을 빼면 기대 인플레이션에 대한 귀중한 정보를 얻을 수 있기 때문에 물가연동채권은 정책당국, 특히 통화정책당국에게 매우 유용하다. 예를 들어 2013년 6월 28일 현재, 10년 만기 재무부 채권(Treasury bond)의 이자율은 2.52%인데, 10년 만기 TIPS의 이자율은 0.53%였다. 따라서 이들 두 이자율의 차이로부터 도출된 향후 10년간의 기대 인플레이션은 연 1.99%이다. TIPS에서 얻는 정보는 민간부문에서도 매우 유용한 것이어서, 여러 상업은행과 투자은행들은 일상적으로 이들 채권에서 도출된 미국의 기대 인플레이션을 발표한다.

걸쳐 수익률이라는 용어가 계속 사용될 것이기 때문에 여기서 논의할 수익률이라는 개념을 잘 이해하는 것이 특히 중요하다. 수익률이 어떻게 계산되고 왜 수익률이 이자율과 다를 수 있는지를 확실히 이해해야 앞으로 이 책의 내용을 쉽게 따라갈 수 있다.

채권의 수익률은 채권에서의 이표지급액과 가격 변화분의 합을 채권의 매입가격으로 나눈 값이다. 이를 좀 더 분명히 설명하기 위해, 이표율이 10%, 액면가가 1,000달러인 이표채를 1,000달러에 샀는데, 이 채권을 1년간 보유한 후에 1,200달러에 팔았다고 해보자. 이 채권을 보유함으로써 지난 1년간 받은 이자는 100달러이고, 채권가격의 변화분은 200달러(= \$1,200 − \$1,000)이다. 이들 금액을 합한 후 매입가격 1,000달러로 나누면 이 채권을 1년간 보유한 데 따른 수익률을 구할 수 있다.

$$\frac{\$100 + \$200}{\$1{,}000} = \frac{\$300}{\$1{,}000} = 0.30 = 30\%$$

이렇게 계산한 수익률을 보고 깜짝 놀랄 수도 있다. [표 3.1]에서 보았듯이 당초의 만기수익률은 10%에 불과했는데, 수익률은 30%나 되었으니 말이다. 여기서 알 수 있듯이 ***채권의 수익률은 반드시 그 채권의 만기수익률과 일치하는 것이 아니다.*** 많은 경우 이자율과 수익률은 서로 밀접히 연결된 개념이지만, 이자율과 수익률을 분간하는 것이 매우 중요하다.

일반적으로 말하면, t 시점에서 $t+1$ 시점까지 보유한 채권의 수익률은 다음과 같이 계산된다.

$$R = \frac{C + P_{t+1} - P_t}{P_t} \tag{9}$$

여기서 R = t 시점에서 $t+1$ 시점까지 보유한 채권의 수익률
P_t = t 시점에서의 채권가격
P_{t+1} = $t+1$ 시점에서의 채권가격
C = 이표지급액

예제 3.7 **수익률**

이표율이 8%이고 액면가가 1,000달러인 채권을 1,000달러에 사서 1년 후에 800달러에 팔았다면 수익률은 얼마인가?

> 해답

이 채권을 1년간 보유한 데 따른 수익률은 −12%이다.

$$R = \frac{C + P_{t+1} - P_t}{P_t}$$

여기서 C = 이표지급액 = \$1,000 × 0.08 = \$80

P_{t+1} = 1년 후의 채권가격 = \$800

P_t = 현재의 채권가격 = \$1,000

따라서

$$R = \frac{\$80 + (\$800 - \$1,000)}{\$1,000} = \frac{-120}{1,000} = -0.12 = -12\%$$

이해를 돕기 위해 식(9)의 수익률 공식을 분할해서 다시 쓰면,

$$R = \frac{C}{P_t} + \frac{P_{t+1} - P_t}{P_t}$$

위 식의 첫째 항은 이표지급액을 채권 매입가격으로 나눈 것으로, 경상수익률 i_c이다.

$$\frac{C}{P_t} = i_c$$

둘째 항은 **자본이득률**(rate of capital gain), 즉 채권의 초기 매입가격 대비 가격 변화분을 나타낸다.

$$\frac{P_{t+1} - P_t}{P_t} = g$$

여기서 g는 자본이득률이다. 따라서 식(9)는 다음과 같이 다시 쓸 수 있다.

$$R = i_c + g \tag{10}$$

즉, 채권의 수익률은 경상수익률 i_c에 자본이득률 g를 더한 것이다. 이 공식을 보면 경상수익률 i_c가 만기수익률을 정확히 측정하는 지표가 되는 경우라도 수익률은 이자율과 상당히 다를 수 있음을 알 수 있다. 특히 채권가격이 크게 변화해 상당한 자본이득 혹은 자본손실이 발생한 경우라면 수익률은 이자율과 크게 달라진다.

이를 좀 더 깊이 이해하기 위해, 이자율이 상승할 때 만기가 서로 다른 채권의 수익률에 어떤 일이 일어나는지 살펴보자. [표 3.2]는 이표율이 10%이고 액면가로 매입한 다양한 만기의 채권들에 대해 이자율이 모두 10%에서 20%로 상승한 경우를 가정하고 식(10)을 이용해 1년간 보유 시의 수익률을 계산했다. 이 표에서 발견된 주요 사실은 대체로 모든 유형의 채권에 적용될 수 있다.

- 채권의 잔여만기와 보유기간이 동일한 경우 수익률과 만기수익률은 서로 일치한다([표 3.2]의 마지막 행 참조).

[표 3.2] 이자율이 10%에서 20%로 상승했을 때 만기가 서로 다른 10% 이표율 채권들의 1년 보유 수익률

(1) 채권 구입시 잔여만기(년)	(2) 초기의 경상수익률(%)	(3) 초기의 가격($)	(4) 1년 후 가격*($)	(5) 자본이득률 (%)	(6) 수익률 (2 + 5)(%)
30	10	1,000	503	-49.7	-39.7
20	10	1,000	516	-48.4	-38.4
10	10	1,000	597	-40.3	-30.3
5	10	1,000	741	-25.9	-15.9
2	10	1,000	917	-8.3	+ 1.7
1	10	1,000	1,000	0.0	+10.0

* 식(3)을 이용해 금융계산기로 계산한 결과임.

- 이자율이 상승하면 채권가격이 하락해, 채권 구입시의 잔여만기가 보유기간보다 더 긴 채권에서 자본손실이 발생한다.
- 채권의 잔여만기가 길수록 이자율 변화에 따른 채권가격의 변화율이 더 커진다.
- 채권의 잔여만기가 길수록 이자율의 상승으로 인해 수익률이 더 크게 하락한다.
- 초기에 채권의 이자율이 상당히 높다고 해도 이자율이 상승하면 수익률은 음이 될 수도 있다.

불쌍한 투자자 어빙이 당황했듯이, 처음에는 여러분도 이자율이 상승하면 채권투자로 손해를 입을 수 있다는 사실에 당황했을 수도 있다. 이 사실을 이해하는 핵심은 이자율의 상승이 채권가격의 하락을 의미한다는 점이다. 이자율의 상승은 자본손실을 초래하고, 그 손실이 크다면 채권투자에서 실로 손해를 입을 수 있다. 예를 들어 [표 3.2]에서 이자율이 10%에서 20%로 상승하면 30년 만기 채권은 49.7%의 자본손실을 입는다. 이런 자본손실은 경상수익률 10%를 상회해 결국 −39.7%의 수익률로 귀결된다. 만약 어빙이 채권을 팔지 않는다면, 그의 자본손실은 종종 '서류상의 손실'로 간주된다. 그럼에도 이는 여전히 손실이다. 왜냐하면 어빙이 그때 채권을 사는 대신 은행에 돈을 맡겨뒀더라면 지금 그 채권을 그때보다 더 싼 값에 살 수 있기 때문이다.

만기와 채권수익률의 변동성: 이자율위험

만기가 길수록 채권가격이 이자율의 변화에 더 크게 반응한다는 사실의 발견으로부터 채권시장의 행태에 관한 중요한 사실을 설명할 수 있다. 즉 ***장기채권의 가격과 수익률은 단기채권에 비해 그 변동성이 더 크다***는 사실이다. 만기가 20년 이상 남은 채권의 경우 1년에 +20% 혹은 −20%의 가격 변화, 그리고 이에 따른 수익률의 변화는 흔한 일이다.

이제 이자율의 변화가 장기채권에 대한 투자를 상당히 위험하게 만든다는 사실을 알게 되었다. 실로 이자율의 변화에 따라 발생하는 자산 수익률의 위험은 매우 중요하기 때문에 **이자율위험**(interest-rate risk)이라는 특별한 명칭이 붙어 있다. 뒤에 나오는 장에서 보겠지만 이자율위험을 다루는 것은 금융기관 경영자와 투자자들의 주요 관심사이다(다음의 [미니사례] 참조).

그런데 장기금융상품은 상당한 이자율위험을 안고 있지만 단기금융상품은 그렇지 않다. 실제로 보유기간(holding period, 투자기간)과 일치하는 잔여만기를 지닌 채권에는 이자율위험이 없다.[6] [표 3.2]의 마지막 행에서 이런 사실을 확인할 수 있다. 이 경우 수익률은 채권을 살 때 제시된 만기수익률과 일치하기 때문에 수익률에 관한 불확실성이 전혀 존재하지 않는다. 잔여만기와 보유기간이 일치하는 채권에 이자율위험이 없는 근본적인 이유는 보유기간 말의 채권가격이 액면가로 확정되기 때문이다. 이런 채권에 대해서는 이자율의 변동이 보유기간 말의 채권가격에 아무런 영향을 미치지 못하며, 따라서 수익률은 채권을 매입할 당시 정해진 만기수익률과 일치한다.

재투자 위험

지금까지는 채권의 보유기간이 단기이며 단기채권의 만기와 같다고 가정하면서 이자율위험이 없다고 설명했다. 그러나 만약 투자자의 보유기간(투자기간)이 채권의 만기보다 길면 투자자는 **재투자 위험**(reinvestment risk)이라 불리는 이자율위험에 직면하게 된다. 재투자 위험은 단기채권의 원리금을 받아 불확실한 미래의 이자율로 재투자할 때 발생한다.

재투자 위험을 이해하기 위해, 투자자 어빙이 보유기간 2년을 목표로 이표율이 10%인 1년 만기 채권을 1,000달러의 액면가 가격으로 매입하고 1년 후에 그 원리금을 받아서 다른 채권을 매입한다고 하자. 초기 이자율이 10%라는 이 가정 하에 1년 후 어빙은 1,100달러를 얻는다. [표 3.2]에서와 같이 만약 1년 후에 1년 만기 이자율이 20%로 상승한다면, 어빙은 1,100달러로 다시 1년 만기 채권을 매입해 2년째 말에는 $1,100 × (1 + 0.20) = $1,320를 얻게 된다. 따라서 어빙의 2년간 수익률은 ($1,320 − $1,000)/ $1,000 = 0.32 = 32%가 되며, 이는 연 이자율로 14.9%이다. 이 경우 어빙은 처음에 이자율 10%의 2년 만기 채권을 매입한 것에 비해 1년 만기 채권을 매입함으로써 보다 높은 수익을 얻었다. 그러므로 어빙의 보유기간이 그가 매입한 채권의 만기보다 긴 경우에는 이자율이 상승할 때 이득을 얻는다. 반대로 1년 후에 이자율이 5%로 하락하면, 어빙은 2년 후에 $1,100 × (1 + 0.05) = 1,155달러만을 받게 된다. 따라서 2년간 어빙의 수익률은 ($1,155 − $1,000) / $1,000 = 0.155 = 15.5%가 되며, 이를 연 이자율로 환산하면 7.2%이다. 보유기간이

---

6) 엄밀히 말하면, 잔여만기와 보유기간이 일치하는 채권에 이자율위험이 없다는 명제는 보유기간 중에 이자지급이 없는 할인채의 경우에만 정확히 성립한다. 보유기간 중에 이자가 지급되는 이표채의 경우에는 이들 이표지급액을 나중에 재투자할 때 적용되는 이자율이 불확실하기 때문에, 잔여만기와 보유기간이 일치한다고 하더라도 이표채의 수익률은 불확실해진다. 그러나 잔여만기와 보유기간이 서로 같은 이표채에 대한 수익률의 위험은 일반적으로 매우 작기 때문에, 잔여만기와 보유기간이 같은 이표채의 이자율위험이 매우 작다는 명제는 여전히 타당하다.

채권의 만기보다 길기 때문에 어빙은 이자율이 하락하면 손해를 본다.

따라서 보유기간이 채권의 만기보다 긴 경우에는 재투자할 때의 미래 이자율이 불확실하기 때문에 수익률도 불확실해짐을 알 수 있다. 즉, 재투자 위험이 있는 것이다. 보유기간이 채권의 만기보다 긴 경우, 투자자는 이자율이 상승할 때 이득을 보고 이자율이 하락할 때 손해를 본다는 사실도 확인할 수 있다.

요약

보유기간 동안 투자 성과가 얼마나 좋았는지를 나타내는 수익률은 채권의 만기와 보유기간이 일치하는 특수한 경우에만 만기수익률과 같아진다. 채권의 잔여만기가 보유기간보다 길면 이자율위험이 발생한다. 즉 이자율의 변화가 자본이득이나 손실을 가져와 수익률은 채권 매입 당시 알려진 만기수익률과 상당한 차이가 난다. 이자율위험은 특히 자본이득이나 손실이 매우 클 수 있는 장기채권의 경우에 더 중요하다. 이 때문에 장기채권은 단기간 보유 시 확실한 수익을 가져다주는 안전한 자산이 아니다. 반면에 채권의 잔여만기가 보유기간보다 짧은 경우에는 재투자 위험에 직면한다. 이는 단기채권에서의 원리금을 미래의 불확실한 이자율로 재투자해야 하기 때문이다.

> 미니사례

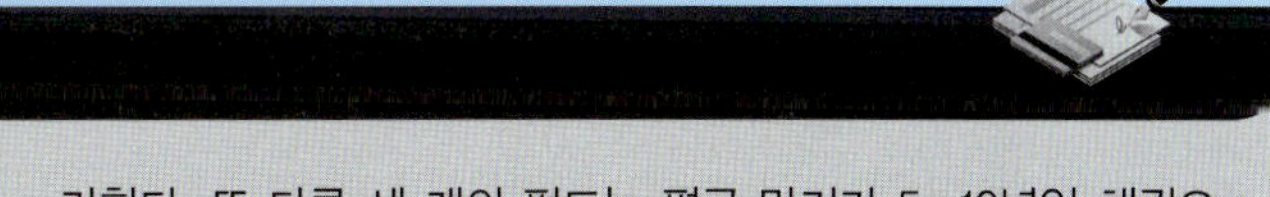

투자자들이 원하는 이자율위험의 선택

투자자들은 자신이 얼마나 이자율위험에 노출되어 있는지를 알고 싶어하기 때문에, 일부 뮤추얼펀드 회사는 투자자의 성향에 맞는 투자 대안을 제시할 뿐만 아니라 이자율위험에 대해 투자자들을 교육하고 있다.

예를 들어 뱅가드그룹(Vanguard Group)은 우량 등급의 채권에 투자하는 여덟 개의 뮤추얼펀드를 판매한다. 뱅가드그룹은 투자설명서에 채권의 평균 만기로 펀드를 구분한 후 이자율의 상하 1% 포인트 변동이 채권가격에 미치는 효과를 계산해 보여준다. 이들 펀드 가운데 세 개는 평균 만기가 1~3년인 채권에 투자하고 있는데, 뱅가드그룹은 그 이자율위험이 가장 작은 것으로 평가한다. 또 다른 세 개의 펀드는 평균 만기가 5~10년인 채권으로 구성되는데, 뱅가드그룹은 그 이자율위험이 중간 정도인 것으로 평가한다. 나머지 두 개의 펀드는 만기가 15~30년인 장기채권을 보유하는데, 이에 대해 뱅가드그룹은 이자율위험이 가장 큰 것으로 평가한다.

뱅가드그룹은 이런 정보를 제공함으로써 채권형 펀드 판매의 시장점유율을 높이려 하는 것이다. 따라서 뱅가드그룹이 뮤추얼펀드 업계에서 가장 성공적인 기업의 하나라는 사실은 그리 놀랄 일이 아니다.

금융실무 이자율위험을 측정하기 위한 듀레이션 계산

이자율위험에 관한 앞서의 논의에서, 이자율이 변화할 때는 잔여만기가 짧은 채권에 비해 잔여만기가 긴 채권의 가격 변화가 더 크고 따라서 이자율위험이 더 크다는 사실을 알았다. 이는 유용한 일반적 사실이지만, 이자율위험을 측정하기 위해서 금융기관 경영자는 이자율이 일정 수준만큼 변화할 때 발생하는 실제 자본이득 혹은 자본손실에 관한 보다 정확한 정보를 필요로 한다. 이를 위해 경영자는 증권에서 발생하는 현금흐름의 평균적인 수명을 나타내는 **듀레이션**(duration) 개념을 이용한다.

두 개의 채권이 동일한 만기를 지니고 있다고 해도 이자율위험이 동일한 것은 아니다. 10년 만기의 장기 할인채(무이표채)는 10년 후에 모든 현금흐름을 지급하는 반면, 10년 만기의 이표율이 10%인 이표채는 만기 이전에 상당액의 현금흐름을 지급한다. 이표채는 무이표채에 비해 보다 더 일찍 현금흐름을 지급하기 때문에 이표채의 경우 이자율위험을 정확히 나타내는 만기를 의미하는 *실효 만기*(effective maturity)가 무이표채의 경우에 비해 더 짧다고 직관적으로 추론할 수 있다.

이 사실은 바로 [예제 3.8]을 통해 정확히 알 수 있다.

예제 3.8 자본이득률

이자율이 10%에서 20%로 상승할 때 액면가가 1,000달러인 10년 만기 무이표채의 자본이득 혹은 자본손실을 구하라.

> 해답

이 채권의 자본이득률은 −49.7%이다.

$$g = \frac{P_{t+1} - P_t}{P_t}$$

여기서 P_{t+1} = 1년 후의 채권가격 $= \frac{\$1,000}{(1+0.20)^9} = \$193.81$

P_t = 현재의 채권가격 $= \frac{\$1,000}{(1+0.10)^{10}} = \$385.54$

따라서

$$g = \frac{\$193.81 - \$385.54}{\$385.54}$$

$$g = -0.497 = -49.7\%$$

그런데 이미 [표 3.2]에서 계산했듯이 동일한 상황에서 10년 만기의 이표율이 10%인 이표채의 자본이득률은 −40.3%이다. 따라서 10년 만기 이표채의 이자율위험이 10년 만기 무이표채의 이자율위험보다 작으며, 예상한 바와 같이 이표채의 이자율위험을 측정하는 실효 만기가 무이표채의 실효 만기보다 짧음을 알 수 있다.

듀레이션의 계산

증권의 실효 만기, 즉 듀레이션을 계산하기 위해 반세기 이전에 NBER(National Bureau of Economic Research)의 연구위원인 매컬리(Frederick Macaulay)가 듀레이션이라는 개념을 개발했다. 무이표채는 만기 이전에 현금을 지급하지 않으므로 실효 만기가 실제 만기와 동일하다고 정의하는 것이 타당할 것이다. 그런 다음에 매컬리는 이표채가 여러 무이표채들로 구성된 조합과 동일하다는 사실을 인식함으로써 이표채의 실효 만기를 측정할 수 있음을 알았다. 이표율이 10%이고 액면가가 1,000달러인 10년 만기의 이표채는 다음과 같은 무이표채들의 조합과 동일한 현금흐름을 지급한다. 즉, 액면가가 100달러인 1년 만기의 무이표채(이는 이표율 10%, 액면가 1,000달러인 10년 만기의 이표채가 1년 후 지급하는 이표에 해당), 액면가가 100달러인 2년 만기의 무이표채(이는 이 이표채가 2년 후 지급하는 이표에 해당), …, 액면가가 100달러인 10년 만기의 무이표채(이는 이 이표채가 10년 후 지급하는 이표에 해당), 그리고 액면가가 1,000달러인 10년 만기의 무이표채(이는 이 이표채가 10년 후 지급하는 액면가에 해당). 이들 무이표채의 조합을 다음의 시간선 좌표에 표시했다.

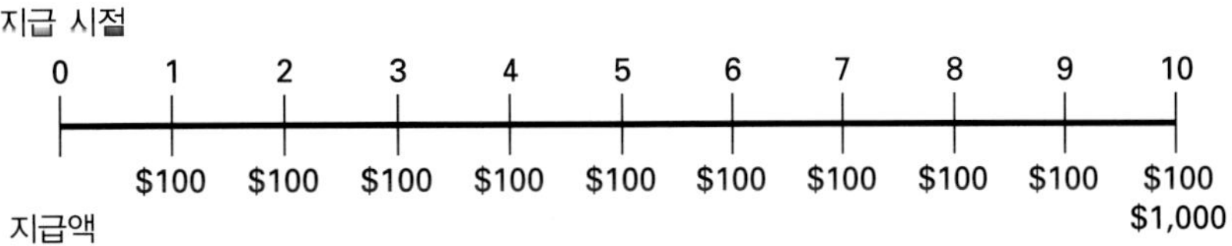

[표 3.3]은 이자율이 10%일 때 10년 만기 이표채의 듀레이션을 계산하고 있는데, 이 이표채와 동일한 무이표채들 조합을 표에서 (2)열에 표시했다.

무이표채들로 구성된 조합의 실효 만기를 구하기 위해서는, 무이표채들 조합의 총가치에서 각각의 무이표채가 차지하는 비중을 가중치로 해서 각 무이표채의 실효 만기를 합산해야 할 것이다. 즉, 이 무이표채들 조합의 듀레이션은 각 무이표채의 실효 만기를 가중평균한 값이며, 이때의 가중치는 각 무이표채가 총가치에서 차지하는 비중으로 계산된다. [표 3.3]에서는 이런 계산 과정을 몇 단계로 구분하고 있다. 먼저 (3)열에서는 이자율이 10%일 때 각 무이표채의 현재가치를 계산한다. 그 다음 (4)열에서는 이들 각각의 현재가치를 무이표채들 조합의 총가치인 1,000달러로 나눠, 각 무이표채가 채권의 총가치에서 차지하는 비중을 구한다. 여기서 (4)열의 맨 하단에 제시된 바와 같이 각 가중치의 합은 100%임을 확인할 수 있다.

무이표채들 조합의 실효 만기를 구하기 위해 (5)열에서 가중 만기를 합산함으로써, 6.76년이

[표 3.3] 이자율이 10%일 때 만기 10년, 이표율 10%, 액면가 1,000달러 이표채의 듀레이션 계산

(1) 시점 (년)	(2) 현금지급액 (무이표채)($)	(3) 현금지급액의 현재가치(*PV*) (*i*=10%)($)	(4) 가중치 (총가치 대비 비중 = *PV*/$1,000)(%)	(5) 가중 만기 = (1)×(4)/100 (년)
1	100	90.91	9.091	0.09091
2	100	82.64	8.264	0.16528
3	100	75.13	7.513	0.22539
4	100	68.30	6.830	0.27320
5	100	62.09	6.209	0.31045
6	100	56.44	5.644	0.33864
7	100	51.32	5.132	0.35924
8	100	46.65	4.665	0.37320
9	100	42.41	4.241	0.38169
10	100	38.55	3.855	0.38550
10	1,000	385.54	38.554	3.85500
합계		1,000.00	100.000	6.75850

라는 수치를 얻는다. 그런데 이 무이표채들 조합은 이표율이 10%인 10년 만기의 이표채와 동일하기 때문에, 무이표채들 조합의 실효 만기인 6.76년은 바로 이표율이 10%인 10년 만기 이표채의 듀레이션이다. 이를 요약하면, ***듀레이션은 각 현금지급액의 만기를 가중평균한 값이다.***

[표 3.3]에서의 듀레이션 계산은 다음과 같이 쓸 수 있다.

$$DUR = \sum_{t=1}^{n} t \frac{CP_t}{(1+i)^t} \Big/ \sum_{t=1}^{n} \frac{CP_t}{(1+i)^t} \quad (11)$$

여기서 DUR = 듀레이션
t = 현금이 지급되는 시점(년)
CP_t = t 시점에서의 현금지급액(이자와 원금)
i = 이자율
n = 증권의 잔여만기(년)

이 공식은 [표 3.3]에서의 계산만큼 직관적이지는 못하지만 듀레이션을 쉽게 계산하기 위해 컴퓨터나 계산기에 매우 간단히 프로그램으로 입력할 수 있다는 장점이 있다.

이자율이 역시 10%일 때 이표율이 10%인 11년 만기 이표채의 듀레이션을 계산하면 이는 10년 만기 이표채의 듀레이션인 6.76년보다 더 긴 7.14년이 된다. 따라서 다음과 같은 예상된 결론이 도출된다. ***다른 모든 조건이 같을 때, 채권의 만기가 길수록 듀레이션이 증가한다.***

이표채의 만기를 아는 것만으로 듀레이션을 알 수 있다고 생각할 지도 모르겠다. 그러나 사실은 그렇지 않다. 이를 확인하고 또한 듀레이션 계산을 더 연습하기 위해, [표 3.4]에서는 이표율이 10%인 10년 만기 이표채에 대해 [표 3.3]에서와 같이 현재의 이자율이 10%가 아니라 이자

[표 3.4] 이자율이 20%일 때 만기 10년, 이표율 10%, 액면가 1,000달러 이표채의 듀레이션 계산

(1) 시점 (년)	(2) 현금지급액 (무이표채)($)	(3) 현금지급액의 현재가치(*PV*) (*i*=20%)($)	(4) 가중치 (총가치 대비 비중 = *PV*/$580.76)(%)	(5) 가중 만기 (1×4)/100 (년)
1	100	83.33	14.348	0.14348
2	100	69.44	11.957	0.23914
3	100	57.87	9.965	0.29895
4	100	48.23	8.305	0.33220
5	100	40.19	6.920	0.34600
6	100	33.49	5.767	0.34602
7	100	27.91	4.806	0.33642
8	100	23.26	4.005	0.32040
9	100	19.38	3.337	0.30033
10	100	16.15	2.781	0.27810
10	1,000	161.51	27.808	2.78100
합계		580.76	100.000	5.72204

율이 20%일 때의 듀레이션을 다시 계산하고 있다. [표 3.4]에서의 계산을 통해, 이자율이 20%로 상승하면 이표채의 듀레이션이 6.76년에서 5.72년으로 감소함을 볼 수 있다. 이자율이 상승하면 미래로 갈수록 현금지급액이 보다 더 큰 비율로 할인되어 이들 현금흐름의 현재가치가 모든 현금지급액의 총 현재가치에서 차지하는 비중이 상대적으로 감소한다. [표 3.4]에서 볼 수 있듯이 미래로 갈수록 현금지급액의 가중치가 상대적으로 하락해 채권의 실효 만기가 줄어든다. 따라서 다음과 같은 중요한 결론에 도달한다. ***다른 모든 조건이 같을 때, 이자율이 상승하면 이표채의 듀레이션이 감소한다.***

또한 이표채의 듀레이션은 이표율에 의해서도 영향을 받는다. 예를 들어 이자율이 10%일 때 이표율이 20%인 10년 만기의 이표채를 고려해보자. 동일한 과정을 통해 이 이표율이 20%인 채권의 듀레이션은 5.98년으로 계산되며, 이는 이표율이 10%인 채권의 듀레이션인 6.76년과 대비된다. 즉 이표율이 높아지면 채권의 존속기간 동안 상대적으로 더 큰 금액의 현금이 보다 더 일찍 지급되며, 이에 따라 채권의 실효 만기가 감소할 수밖에 없다. 따라서 다음과 같이 듀레이션에 관한 세 번째 사실을 정리할 수 있다. ***다른 모든 조건이 같을 때, 채권의 이표율이 높을수록 채권의 듀레이션이 감소한다.***

듀레이션에 관한 다음의 추가적인 사실을 이해하면 여러 증권들로 구성된 포트폴리오의 듀레이션을 계산할 때 유용하다. 앞에서 듀레이션은 각 현금지급액의 듀레이션(무이표채의 실효 만기)을 가중평균한 것과 같음을 배웠다. 따라서 두 개의 서로 다른 증권의 듀레이션을 각각 계산하고 나면, 이들 두 증권으로 구성된 포트폴리오의 듀레이션은 두 증권의 듀레이션의 가중평균임을 쉽게 도출할 수 있다. 이때의 가중치는 포트폴리오에서 두 증권에 각각 투자된 비중에 의해 정해진다.

예제 3.9 듀레이션

금융기관의 경영자가 포트폴리오의 25%를 듀레이션이 5년인 채권으로, 나머지 75%를 듀레이션이 10년인 채권으로 보유하고 있다. 이 포트폴리오의 듀레이션은 얼마인가?

> 해답

이 포트폴리오의 듀레이션은 8.75년이다.

$$(0.25 \times 5) + (0.75 \times 10) = 1.25 + 7.5 = 8.75\text{년}$$

이제 증권 포트폴리오의 듀레이션은 각 개별 증권의 듀레이션을 가중평균한 값이며, 이때의 가중치는 포트폴리오에서 각 증권의 투자 비중이라는 사실을 알았다. 듀레이션에 관한 이 사실은 종종 *듀레이션의 가법성*(additive property of duration)이라 불리는데, 이는 증권들로 구성된 포트폴리오의 듀레이션이 개별 증권의 듀레이션으로부터 쉽게 계산됨을 의미하는 매우 중요한 개념이다.

요약하면, 이표채의 듀레이션 계산에 있어 다음 네 가지 사실이 밝혀졌다.

1. 다른 모든 조건이 동일할 때, 채권의 만기가 길수록 듀레이션이 증가한다.
2. 다른 모든 조건이 동일할 때, 이자율이 상승하면 이표채의 듀레이션이 감소한다.
3. 다른 모든 조건이 동일할 때, 채권의 이표율이 높을수록 채권의 듀레이션이 감소한다.
4. 듀레이션은 가법성을 갖는다. 증권 포트폴리오의 듀레이션은 각 개별 증권의 듀레이션을 가중평균한 값이며, 이때의 가중치는 포트폴리오에서 각 증권의 투자 비중이다.

듀레이션과 이자율위험

이제 듀레이션 계산법을 배웠으므로 이자율위험을 측정하려는 금융기관 경영 실무자가 듀레이션을 어떻게 이용하는지 알아보자. 다음 공식이 제시하듯이, 듀레이션은 특히 이자율 변화가 작을 때 이자율 변화에 따라 증권의 가격이 얼마나 변화할지에 대한 적절한 근사치를 제공하므로 매우 유용한 개념이다.

$$\%\Delta P \approx -DUR \times \frac{\Delta i}{1+i} \tag{12}$$

여기서 $\%\Delta P = (P_{t+1} - P_t)/P_t = t$ 시점부터 $t+1$ 시점까지 증권가격의 변화율 = 자본이득률

DUR = 듀레이션

i = 이자율

예제 3.10 듀레이션과 이자율위험

연기금 관리자가 기금의 포트폴리오에 이표율이 10%인 10년 만기의 이표채를 보유하고 있는데, 현재 이자율은 10%이다. 만약 내일 이자율이 11%로 상승하면 기금은 얼마만큼의 손실을 입을까?

> 해답

채권의 가격변화율은 약 −6.15%이다.

[표 3.3]에서의 계산에 의해 이표율 10%인 10년 만기 이표채의 듀레이션은 6.76년이다.

$$\%\Delta P \approx -DUR \times \frac{\Delta i}{1+i}$$

여기서 DUR = 듀레이션 = 6.76

Δi = 이자율의 변화폭 = 0.11 − 0.10 = 0.01

i = 현재 이자율 = 0.10

따라서

$$\%\Delta P \approx -6.76 \times \frac{0.01}{1+0.10}$$

$$\%\Delta P \approx -0.0615 = -6.15\%$$

예제 3.11 듀레이션과 이자율위험

이번에는 연기금 관리자가 이표율이 10%가 아니라 20%인 10년 만기 이표채를 보유하고 있다고 하자. 앞에서 살펴보았듯이 이자율이 10%일 때 이표율이 20%인 이 이표채의 듀레이션은 5.98년이다. 이자율이 10%에서 11%로 상승하면 이 채권의 대략적인 가격변화율은 얼마인가?

> 해답

채권의 가격변화율은 약 −5.4%이다. 듀레이션이 긴 채권에 비해 이 채권의 가격변화율은 더 작다.

$$\%\Delta P \approx -DUR \times \frac{\Delta i}{1+i}$$

여기서 DUR = 듀레이션 = 5.98

Δi = 이자율의 변화폭 = 0.11 − 0.10 = 0.01

i = 현재 이자율 = 0.10

따라서

$$\%\Delta P \approx -5.98 \times \frac{0.01}{1+0.10}$$

$$\%\Delta P \approx -0.054 = -5.4\%$$

이 연기금 관리자는 이표율이 10%인 채권에 비해 이표율이 20%인 채권의 이자율위험이 더 작음을 알고 있기에 이표율이 10%인 이표채 대신 이표율이 20%인 이표채로 대체하길 원한다.

[예제 3.10]과 [예제 3.11]을 통해 연기금 관리자는 듀레이션과 이자율위험 간의 관계에 있어 중요한 결론을 얻었다. ***증권의 듀레이션이 커질수록 주어진 이자율 변화에 따른 증권의 시장가치 변화율이 더 크다. 따라서 증권의 듀레이션이 클수록 이자율위험이 더 크다.***

이와 같은 논리는 증권의 포트폴리오에도 동일하게 적용된다. 따라서 여기서 설명한 방식을 이용해 기금이 보유한 증권 포트폴리오의 듀레이션을 계산함으로써 연기금 관리자는 기금 전체의 이자율위험 노출액을 쉽게 확인할 수 있다. 제20장에서 살펴보겠지만 듀레이션은 이자율위험의 관리를 위한 매우 유용한 개념이며 은행 및 여타 금융기관 경영자들에 의해 널리 활용된다.

> 요약

1. 이자율을 가장 정확히 반영하는 지표인 만기수익률은 금융상품이 지급하는 미래 현금흐름의 현재가치를 현재의 가격에 일치시키는 이자율이다. 이 원리를 적용하면 채권가격과 이자율은 음의 관계에 있음을 알 수 있다. 이자율이 상승하면 채권가격은 반드시 떨어지며, 그 역도 성립한다.

2. 실질이자율은 명목이자율에서 기대 인플레이션을 뺀 값으로 정의된다. 명목이자율에 비해 실질이자율은 자금을 차입하고 대부하려는 인센티브를 나타내는 보다 적절한 지표이며, 신용시장의 경색 정도를 설명하는 보다 정확한 지표이다.

3. 일정 기간 동안 증권을 보유하면서 얼마나 높은 성과를 거두었는지를 나타내는 수익률 지표는 만기수익률로 측정되는 이자율과 상당히 다를 수 있다. 장기채권의 가격은 이자율이 변함에 따라 크게 변동할 수 있으며, 이자율위험을 내포한다. 그 결과 자본이득이나 자본손실이 상당히 클 수 있기 때문에 장기채권은 확실한 수익을 가져다주는 안전한 자산이 아니다. 보유기간보다 짧은 만기의 채권의 경우는 단기채권에서의 원리금을 미래의 불확실한 이자율로 재투자해야 하기 때문에 재투자 위험을 내포한다.

4. 증권에서 현금흐름 지급액의 평균 수명인 듀레이션은 이자율위험을 정확히 측정하는 실효 만기의 척도이다. 다른 모든 조건이 같을 때 채권의 만기가 길수록, 이자율이 낮을수록, 이표채의 이표율이 낮을수록 채권의 듀레이션은 길어진다. 듀레이션은 가법성을 갖기 때문에 증권 포트폴리오의 듀레이션은 개별 증권의 듀레이션을 가중평균한 값이 된다. 이때 가중치는 포트폴리오에서 각 증권의 투자 비중이다. 증권의 듀레이션이 길수록 주어진 이자율 변화에 따른 증권의 시장가치 변화율이 더 크다. 따라서 증권의 듀레이션이 길수록 이자율위험이 더 크다.

> 주요용어

경상수익률(current yield)
균등상환대출(fixed-payment loan 또는 fully amortized loan)
단순대출(simple loan)
듀레이션(duration)
만기수익률(yield to maturity)

명목이자율(nominal interest rate)
물가연동채권(indexed bond)
수익률(return 또는 rate of return)
실질기준(real term)
실질이자율(real interest rate)
액면가(face value 또는 par value)
영구채(perpetuity) 또는 콘솔(consol)
이자율위험(interest-rate risk)
이표율(coupon rate)
이표채(coupon bond)
자본이득률(rate of capital gain)
재투자 위험(reinvestment risk)
할인채(discount bond) 또는 무이표채 (zero-coupon bond)
현금흐름(cash flow)
현재가치(present value) 또는 현재할인가치(present discounted value)

연습문제

1. 현재 2,000달러에 거래되는 잔여만기 20년, 이표율 10%, 액면가 1,000달러짜리 이표채의 만기수익률을 계산하는 공식을 제시하라.
2. 이자율이 하락한다면 장기채권과 단기채권 중 더 보유하고 싶은 채권은 어느 쪽인가? 그 이유는 무엇인가? 어떤 유형의 채권에서 이자율위험이 더 큰가?
3. 어떤 금융상담사가 "장기채권의 이자율이 20%를 상회하기 때문에 장기채권은 좋은 투자대상이다."라는 조언을 했다. 이 말은 반드시 참인가?
4. 모기지 이자율이 5%에서 10%로 오른 반면, 주택가격의 예상 상승률은 2%에서 9%로 높아진다면, 사람들은 주택을 구입하길 더 원하겠는가?

계산문제

1. 만기수익률이 6%일 때 만기가 5년이고 액면가가 1,000달러인 무이표채의 현재가치는 얼마인가?
2. 1,000만 달러의 당첨금이 걸린 복권이 있는데, 당첨되면 즉시 50만 달러를 지급하고 이후 매년 50만 달러씩 총 20차례에 걸쳐 당첨금을 나누어준다고 하자. 이자율이 6%이면 이 당첨금의 실제 가치는 얼마인가?
3. 이표율이 7%이고 액면가가 1,000달러인 채권에 대해 아래 표의 각 조건하에서 현재 가격을 구하라. 이 채권의 현재 가격, 잔여만기, 만기수익률 간에는 어떤 관계가 있는가?

잔여만기	만기수익률	현재 가격
3년	5%	
3년	7%	
6년	7%	
9년	7%	
9년	9%	

4. 만기가 8년이고 이표율이 10%이며 액면가가 1,000달러인 이표채가 현재 1,150달러에 팔리고 있다. 이 채권의 만기수익률은 얼마인가?
5. 금년 말부터 매년 1,250달러를 영구적으로 지급하는 영구채를 지금 매입하는 데 15,625달러를 지불할 용의가 있다고 하자. 요구수익률이 변하지 않는다면 이 영구채 대신 매년 1,250달러를 20년간 지급하는 연금에 대해서는 얼마를 지불할 용의가 있겠는가?
6. 만기수익률이 2.5%일 때 매년 50달러의 이표를 지급하는 영구채의 가격은 얼마인가? 만약 만기수익률이 2배로 상승한다면 이 채권의 가격은 어떻게 변하는가?
7. 드칼브 지역에서는 매년 구입가격의 2.66%씩 재산세가 부과된다. 만약 10만 달러짜리 집을 샀다면 미래 모든 재산세의 현재가치는 얼마인가? 단, 집값은 10만 달러로 유지되며 재산세율은 변화하지 않고 이자율은 9%라 가정한다.

8. 은행에 1,000달러를 1년간 예금하려 한다. 현재 실질 이자율은 2%이고 향후 1년간 인플레이션이 6%로 예상될 때, 명목이자율은 얼마가 되어야 하는가? 이때 1년 후에는 얼마를 받게 될 것인가? 그 돈으로 지금 현재 1,050달러에 팔리는 오디오를 살 수 있을까?

9. 만기 10년, 이표율 7%, 액면가 1,000달러인 이표채가 현재 871.65달러에 거래되고 있다. 만약 당신이 이 채권을 내년에 880.10달러에 매각한다면, 수익률은 얼마인가?

10. 만기 5년, 이표율 8%, 액면가 1,000달러인 이표채를 980.30달러에 매입했는데, 이 채권을 1년간 보유할 계획이다. 이와 같은 투자로부터 9%의 수익률을 얻고 싶다면 이 채권을 얼마의 가격에 매각해야 하는가? 이 계획은 현실적인가?

11. 시장이자율이 7%일 때, 만기 3년, 이표율 6%, 액면가 1,000달러인 이표채의 듀레이션을 계산하라.

12. 위 문제의 이표채에 대해, 이자율이 6.75%로 하락할 경우 듀레이션 근사법을 이용해 예상되는 가격 변화를 계산하라. 또한 현금흐름 할인 방식을 이용해 실제의 가격 변화를 계산하라.

13. 1억 달러 규모 포트폴리오의 듀레이션이 10년이었다. 여기에 4,000만 달러의 신규 증권을 이 포트폴리오에 추가했더니 포트폴리오의 듀레이션이 12.5년이 되었다. 이 4,000만 달러 신규 증권의 듀레이션은 얼마인가?

14. 은행이 7,000만 달러의 현재가치를 지닌 3년 만기 상업대출 포트폴리오를 보유하고 있다. 그 가운데 하나는 중간에 이자지급 없이 3년 후 3,780만 달러를 상환 받는 3,000만 달러 대출이다. 다른 하나는 4,000만 달러 대출로서 매년 360만 달러의 이자를 받으며 3년 후에 4,000만 달러의 원금을 상환 받는다.

  a. 이 상업대출 포트폴리오의 듀레이션을 계산하라.

  b. 만약 전반적인 이자율이 8%에서 8.5%로 상승한다면, 이 상업대출 포트폴리오의 가치는 어떻게 변하겠는가?

15. 다음과 같은 현금흐름을 약정한 채권이 있다. 만기수익률은 12%이다. 이 채권을 매입해 2.5년간 보유한 후에 매각할 계획이라고 하자.

연도	1	2	3	4
약정 지급액	160	170	180	230

  a. 2.5년 후 채권에서 얻은 총 현금흐름은 얼마인가? 중도에 받는 현금흐름은 12%의 이자율로 재투자된다고 가정한다.

  b. 이 채권을 매입한 직후 재투자 이자율을 포함해 시장이자율이 11%로 하락한다면 2.5년 후 얻게 될 총 현금흐름은 얼마나 영향을 받는가? 위 문항 (a)의 경우와 비교하라.

  c. 모든 시장이자율이 12%라 가정할 때, 이 채권의 듀레이션을 계산하라.

> 웹 연습문제

이자율의 이해

1. 웹사이트 http://research.stlouisfed.org/fred2/에 들어가 Federal Reserve Bank of St. Louis FRED database에서 입수 가능한 자료들을 조사하고, 다음 질문에 답하라.

  a. 금융회사와 비금융회사 간의 기업어음(commercial paper) 이자율의 차이는 얼마인가?

  b. 1971년 말의 1개월 만기 유로달러(Eurodollar)의 이자율은 얼마인가?

  c. 가장 최근의 10년 만기 재무부 채권(Treasury note)의 이자율은 얼마인가?

CHAPTER

4

이자율의 변화 요인

> PREVIEW

1950년대 초에 3개월 만기 재무부 증권의 명목이자율은 대략 연 1% 정도였다. 그런데 그 이자율이 1981년에 이르러 15% 이상이 되었고, 2003년에는 1%로 하락했으며, 뒤이어 2007년에 5% 이상으로 상승했다가, 2008~2013년에는 거의 0%로 하락했다. 이처럼 이자율이 크게 변화하는 이유는 무엇일까? 우리가 금융시장과 금융기관을 학습하는 이유 중 하나는 바로 이러한 질문에 대한 답을 구하기 위해서이다.

이 장에서는 흔히 '이자율'이라고 부르는 *명목*이자율의 수준이 왜 변화하며 어떤 요인들이 이자율의 움직임에 영향을 미치는지를 분석한다. 이미 제3장에서 이자율이 채권가격과 음의 관계에 있음을 배웠으므로, 채권가격이 왜 변화하는지를 설명할 수 있다면 이자율이 변화하는 이유도 설명할 수 있다. 여기서는 수요-공급 분석을 이용해 채권가격과 이자율이 어떻게 변화하는지를 분석한다.

자산수요의 결정 요인

자산(asset)이란 가치를 저장하는 재산이다. 화폐, 채권, 주식, 예술품, 토지, 주택, 농기구, 공장의 기계 등이 모두 자산이다. 이때 어떤 자산을 매입해 보유할 것인가의 문제에 당면하면 다음의 요인들을 고려해야 한다.

1. **재산**(wealth): 각종 자산을 포함해 개인이 소유한 총자원
2. **기대수익률**(expected return): 보유기간 동안 예상되는 수익률로서, 다른 자산에 대비한 그 자산의 상대적인 기대수익률
3. **위험**(risk): 수익률과 관련된 불확실성의 정도로서, 다른 자산에 대비한 그 자산의 상대적인 위험
4. **유동성**(liquidity): 자산을 얼마나 쉽게 그리고 얼마나 빠르게 현금으로 전환할 수 있는가를 나타내는 속성으로서, 다른 자산에 대비한 그 자산의 상대적인 유동성

재산

재산이 증가하면 사람들은 이를 이용해 각종 자산을 구입할 수 있는 더 많은 자원을 갖게 되며, 따라서 각종 자산에 대한 수요가 증가한다.[1] 그러므로 재산의 변화가 어떤 자산의 수요량에 미치는 효과를 다음과 같이 요약할 수 있다. ***다른 조건이 일정할 때, 재산의 증가는 자산에 대한 수요량을 증가시킨다.***

기대수익률

제3장에서 채권 등과 같은 자산의 수익률은 그 자산을 보유함으로써 얼마나 이득을 얻었는지를 알려주는 지표임을 배웠다. 어떤 자산을 매입해 보유할 것인가는 그 자산의 수익률이 얼마나 될 것인가에 의해 영향을 받는다. 예를 들어 엑슨모빌(Exxon-Mobil)이 발행한 채권을 보유하면 1/2의 확률로 15%의 수익률이, 나머지 1/2의 확률로 5%의 수익률이 발생한다면, 평균적인 수익률이라 간주할 수 있는 기대수익률은 10%(= 0.5 × 15% + 0.5 × 5%)이다. 좀 더 엄밀히 말하면, 어떤 자산의 기대수익률은 모든 발생 가능한 수익률의 가중평균으로 계산되며, 이때의 가중치는 각 수익률이 발생할 확률이다. 즉,

$$R^e = p_1R_1 + p_2R_2 + \cdots + p_nR_n \quad (1)$$

여기서 R^e = 기대수익률

1) 열등재(inferior good)라 불리는 일부 자산의 경우는 재산이 증가할 때 그 수요량이 증가하지 않는 특성을 지닐 수도 있으나, 그런 자산은 매우 드물다. 따라서 재산이 증가하면 자산에 대한 수요는 언제나 증가한다고 가정한다.

n = 발생 가능한 결과(상태)의 수
R_i = i번째 상태에서의 수익률
p_i = 수익률 R_i가 발생할 확률

예제 4.1 기대수익률

만약 엑슨모빌 채권에서 2/3의 확률로 12%의 수익률이, 1/3의 확률로 8%의 수익률이 발생한다면, 이 채권의 기대수익률은 얼마인가?

> 해답

기대수익률은 10.68%이다.

$$R^e = p_1R_1 + p_2R_2$$

여기서 p_1 = 상태 1의 수익률이 발생할 확률 = 2/3 = 0.67
R_1 = 상태 1에서의 수익률 = 12% = 0.12
p_2 = 상태 2의 수익률이 발생할 확률 = 1/3 = 0.33
R_2 = 상태 2에서의 수익률 = 8% = 0.08

따라서

$$R^e = (.67)(0.12) + (.33)(0.08) = 0.1068 = 10.68\%$$

만약 엑슨모빌 채권에 대한 기대수익률이 다른 자산에 대한 기대수익률에 비해 상대적으로 더 크게 상승한다면, 다른 조건이 일정하다고 할 때 엑슨모빌 채권을 구입하는 것이 보다 유리해지며 이에 따라 그 수요가 증가한다. 이는 두 가지 형태로 나타난다. 즉 (1) IBM 주식 등 다른 자산의 수익률은 변하지 않았는데 엑슨모빌 채권의 수익률이 상승한 경우, 혹은 (2) IBM 주식 등 다른 자산의 수익률은 하락했는데 엑슨모빌 채권의 수익률이 변하지 않은 경우다. 요약하면, ***어떤 자산의 기대수익률이 다른 자산에 비해 상대적으로 높아지면, 다른 조건이 일정할 때 그 자산에 대한 수요량은 증가한다.***

위험

어떤 자산의 수익률의 불확실성, 즉 위험의 크기도 자산의 수요에 영향을 준다. 다음 두 개의 자산을 고려해보자. 하나는 플라이바이나이트(Fly-by-Night) 항공사의 주식이고, 다른 하나는 피트온더그라운드(Feet-on-the-Ground) 버스회사의 주식이다. 플라이바이나이트 주식은 1/2의 확률로 15%의 수익률을, 그리고 1/2의 확률로 5%의 수익률을 준다. 반면 피트온더그라운드 주식은 10%의 확정된 수익률을 준다고 가정해보자. 플라이바이나이트 주식은 수익률이 불확실하며 확실한 수익률을 주는 피트온더그라운드 주식에 비해 위험이 더 크다.

이를 좀 더 엄밀히 이해하기 위해 **표준편차**(standard deviation)라는 위험의 척도를 이용할 수 있다. 어떤 자산에 있어 수익률의 표준편차는 다음과 같이 계산된다. 먼저 기대수익률 R^e를 계산한다. 그 다음에 이 기대수익률을 각 수익률에서 차감해 편차를 구한다. 그러고 나서 각 편차를 제곱한 값에 해당 결과가 발생할 확률을 곱한다. 마지막으로 이들 가중된 편차의 제곱을 모두 더한 후 그 제곱근을 구한다. 즉 표준편차 σ를 구하는 공식은 다음과 같다.

$$\sigma = \sqrt{p_1(R_1 - R^e)^2 + p_2(R_2 - R^e)^2 + \cdots + p_n(R_n - R^e)^2} \quad (2)$$

표준편차 σ가 클수록 자산의 위험이 크다.

예제 4.2 표준편차

앞에서와 동일한 수익률 및 확률을 가정할 때 플라이바이나이트 주식과 피트온더그라운드 주식에 있어 수익률의 표준편차는 각각 얼마인가? 두 주식 가운데 어느 쪽이 더 위험한가?

> 해답

플라이바이나이트 주식의 경우 수익률의 표준편차는 5%이다.

$$\sigma = \sqrt{p_1(R_1 - R^e)^2 + p_2(R_2 - R^e)^2}$$
$$R^e = p_1R_1 + p_2R_2$$

여기서
p_1 = 상태 1의 수익률이 발생할 확률 = 1/2 = 0.50
R_1 = 상태 1에서의 수익률 = 15% = 0.15
p_2 = 상태 2의 수익률이 발생할 확률 = 1/2 = 0.50
R_2 = 상태 2에서의 수익률 = 5% = 0.05
R^e = 기대수익률 = (.50)(0.15) + (.50)(0.05) = 0.10

따라서

$$\sigma = \sqrt{(.50)(0.15 - 0.10)^2 + (.50)(0.05 - 0.10)^2}$$
$$\sigma = \sqrt{(.50)(0.0025) + (.50)(0.0025)} = \sqrt{0.0025} = 0.05 = 5\%$$

피트온더그라운드 주식의 경우 수익률의 표준편차는 0%이다.

$$\sigma = \sqrt{p_1(R_1 - R^e)^2}$$
$$R^e = p_1 R_1$$

여기서
p_1 = 상태 1의 수익률이 발생할 확률 = 1.0
R_1 = 상태 1에서의 수익률 = 10% = 0.10

R^e = 기대수익률 $= 1.0 \times 0.10 = 0.10$

따라서

$$\sigma = \sqrt{(1.0)(0.10 - 0.10)^2}$$
$$= \sqrt{0} = 0 = 0\%$$

확실한 수익률을 주는 피트온더그라운드 주식의 수익률의 표준편차는 0%인 데 비해 플라이바이나이트 주식의 수익률의 표준편차는 이보다 더 큰 5%이므로 플라이바이나이트 주식이 더 위험하다.

위험회피적(risk-averse) 투자자는 두 주식의 기대수익률이 10%로 동일함에도 불구하고 위험이 큰 플라이바이나이트 주식보다 확실한 수익을 주는 피트온더그라운드 주식을 더 선호한다. 반대로 *위험선호자*(risk preferrer 또는 risk lover)란 위험을 좋아하는 투자자이다. 사람들은 대부분, 특히 금융 문제에 관한 한 위험회피적 행태를 보인다. 다른 조건이 같다면 덜 위험한 자산을 선호한다. 따라서 ***어떤 자산의 위험이 다른 자산에 비해 상대적으로 높아지면, 다른 조건이 일정할 때 그 자산에 대한 수요는 감소한다.***[2)]

유동성

자산수요에 영향을 주는 또 하나의 요인은 자산을 얼마나 신속히고 적은 비용으로 현금으로 전환할 수 있는가이다. 어떤 자산이 거래되는 시장이 큰 경우, 즉 시장에 많은 구매자와 판매자가 있는 경우 그 자산의 유동성은 높아진다. 주택은 구매자를 곧바로 찾기가 쉽지 않기 때문에 유동성이 높은 자산이 아니다. 주택은 급하게 팔아야 할 경우 상당히 낮은 가격에 팔아야 한다. 그리고 주택을 파는 데 드는 중개수수료, 법무비용 등의 거래비용도 상당하다. 반면에 미국의 재무부 증권은 유동성이 매우 높은 자산이다. 미국의 재무부 증권에 대해서는 수많은 구매자가 존재하고 잘 조직화된 시장에서 낮은 거래비용으로 즉시 팔 수 있다. ***어떤 자산이 다른 자산에 비해 상대적으로 유동성이 높으면, 다른 조건이 일정할 때 그 자산은 더 선호되고 수요량도 더 크다.***

포트폴리오 선택이론

지금까지 살펴본 결정 요인들을 한데 모으면 사람들이 각종 자산을 각각 얼마나 보유하려 할 것

---

2) 여러 종류의 위험한 자산을 포트폴리오에 보유하는 분산투자(diversification)는 투자자가 직면하는 총체적 위험을 감소시킨다. 분산투자가 어떻게 위험을 낮추는지 그리고 분산투자가 자산의 가격에 어떤 영향을 미치는지에 대해 관심이 있다면, 이 책의 웹사이트인 www.pearsonhighered.com/mishkin_eakins에서 자산가격결정모형들에 대해 설명한 제3장의 부록을 참조하라.

인지를 설명하는 **포트폴리오 선택이론**(theory of portfolio choice)으로 구성할 수 있다. 다른 요인들이 일정하다고 가정할 때, 이는 다음과 같이 정리된다.

1. 자산의 수요량은 재산과 대체로 양의 관계에 있다. 이때 필수재(necessity)에 비해 사치재(luxury)가 재산의 변화에 대해 더 크게 반응한다.
2. 자산의 수요량은 다른 자산에 대비한 상대적인 기대수익률과 양의 관계에 있다.
3. 자산의 수요량은 다른 자산에 대비한 상대적인 위험과 음의 관계에 있다.
4. 자산의 수요량은 다른 자산에 대비한 상대적인 유동성과 양의 관계에 있다.

이들 결과가 [표 4.1]에 요약되어 있다.

채권시장의 수요와 공급

이자율의 결정 과정을 이해하기 위해 채권시장에서의 수요와 공급을 분석하기로 한다. 이 장에서는 여러 증권의 이자율이 서로 같은 방향으로 함께 움직이는 경향이 있기 때문에 경제 전체에 단 한 가지 종류의 증권과 이에 적용되는 단 하나의 이자율만이 존재하는 것처럼 가정하고 논의를 진행한다. 제5장에서는 여기서의 분석을 확장해 서로 다른 종류의 증권 간에 이자율의 차이가 발생하는 이유를 설명한다.

분석의 첫 단계로 다른 모든 경제변수가 일정할 때, 즉 다른 변수의 값들이 주어져 있을 때, 채권의 가격과 수요량 간의 관계를 나타내는 채권의 **수요곡선**(demand curve)을 도출한다. 여기서 다른 경제변수가 일정하다는 가정은 라틴어로 '다른 것들이 같다'는 의미인 *ceteris paribus*라 일컬어진다.

[표 4.1 요약] 재산, 기대수익률, 위험, 유동성의 변화에 따른 자산 수요량의 반응

변수	변수의 변화	수요량의 변화
재산	↑	↑
다른 자산에 대비한 상대적인 기대수익률	↑	↑
다른 자산에 대비한 상대적인 위험	↑	↓
다른 자산에 대비한 상대적인 유동성	↑	↑

주: 변수의 크기가 증가한 경우만 표시했다. 변수의 크기가 감소한 경우 마지막 열에 제시한 수요량의 변화는 표의 화살표 방향과 반대로 된다.

수요곡선

명료한 분석을 위해, 중도에 이표지급이 없으며 1년 후 1,000달러의 액면가를 지급하는 1년 만기 할인채에 대한 수요를 살펴보자. 보유기간이 1년이라면 제3장에서 본 것처럼 이 채권에 대한 수익률은 만기수익률로 측정한 이자율과 항상 같다. 이는 이 채권에 대한 기대수익률이 제3장의 식(6)을 이용해 구한 이자율 i와 동일함을 의미한다. 즉

$$i = R^e = \frac{F - P}{P}$$

여기서 i = 이자율 = 만기수익률
R^e = 기대수익률
F = 할인채의 액면가
P = 할인채의 초기 구입가격

이 공식에서 이자율과 채권의 가격이 서로 대응되고 있음을 볼 수 있다. 만약 채권의 가격이 950달러라면, 이자율과 기대수익률은 다음과 같다.

$$\frac{\$1{,}000 - \$950}{\$950} = 0.053 = 5.3\%$$

950달러의 채권가격에 상응하는 5.3%의 이자율과 기대수익률 수준에서 채권의 수요량이 100억 달러라고 가정하자. 이는 [그림 4.1]의 점A로 표시된다.

채권가격이 900달러일 때의 이자율과 기대수익률은 다음과 같다.

$$\frac{\$1{,}000 - \$900}{\$900} = 0.111 = 11.1\%$$

소득, 다른 채권의 기대수익률, 위험, 유동성 등 다른 모든 경제변수가 일정하다면, 포트폴리오 선택이론이 예측한 대로 채권에 대한 기대수익률이 더 높아졌기 때문에 그 수요량이 더 커질 것이다. [그림 4.1]의 점B는 채권가격이 900달러일 때 채권에 대한 수요량이 200억 달러로 증가함을 표시한다. 이런 식으로 계속해 채권가격이 850달러일 때, 즉 이자율과 기대수익률이 17.6%일 때는 점C에서 볼 수 있듯이 채권에 대한 수요량이 점B에서보다 더 커진다. 비슷한 방식으로 채권가격이 800달러(이자율 = 25%), 750달러(이자율 = 33.3%)로 낮아지면, 각각 점D와 점E에서와 같이 채권에 대한 수요량은 더욱 커진다. 이들 점을 연결한 B^d곡선이 채권에 대한 수요곡선이다. 채권에 대한 수요곡선은 우하향하는 형태인데, 이는 다른 조건이 일정할 때 채권가격이 낮아질수록 채권에 대한 수요량이 증가함을 의미한다.[3)]

3) 수요곡선이 우하향한다고 해서 반드시 직선임을 의미하는 것은 아니다. 여기서는 단지 설명의 편의를 위해 수요곡선과 공급곡선을 직선으로 그렸다.

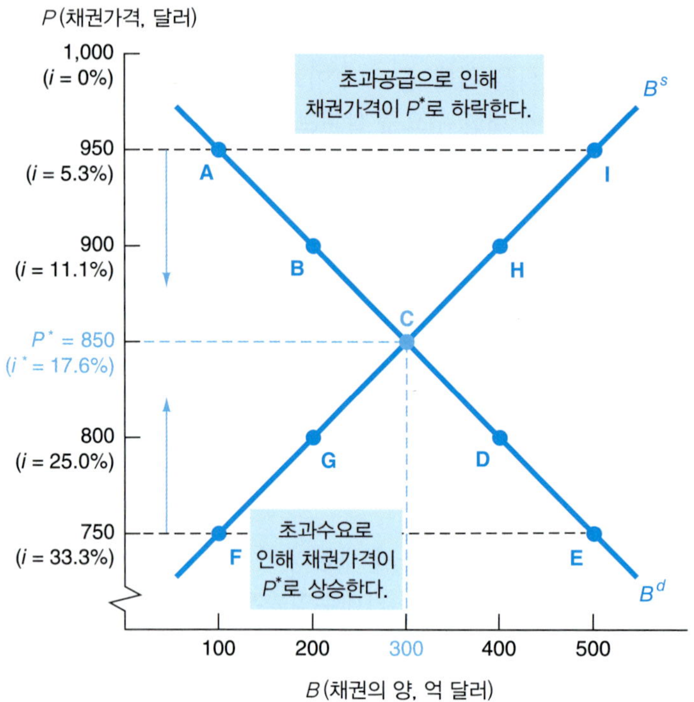

[그림 4.1] 채권의 수요와 공급

채권시장의 균형은 수요곡선 B^d와 공급곡선 B^s가 교차하는 점C에서 발생한다. 이때 균형가격 $P^* = \$850$이며, 균형이자율 $i^* = 17.6\%$이다.

공급곡선

[그림 4.1]의 채권 수요곡선에서 중요한 가정은 채권의 가격과 이자율을 제외한 다른 모든 경제변수가 고정되어 있다는 것이다. **공급곡선**(supply curve)을 도출하는 데 있어서도 마찬가지로 다른 모든 경제변수가 고정되어 있다는 가정 하에 가격과 공급량 간의 관계를 살펴본다.

점F는 채권가격이 750달러이면, 즉 이자율이 33.3%이면 이때 채권의 공급량이 100억 달러임을 나타낸다. 만약 채권가격이 800달러이면 이자율은 25%로 낮아진다. 이제 기업은 이 이자율 수준에서 채권을 발행해 자금을 조달하는 데 전보다 비용이 덜 들기 때문에 더 많은 자금을 빌리려 할 것이며, 채권의 공급량은 점G에서와 같이 200억 달러로 증가한다. 채권가격이 850달러로 상승하면 이에 상응하는 이자율은 17.6%이며, 채권의 공급량은 점C에서와 같이 300억 달러로 증가한다. 채권가격이 900달러, 950달러로 더 상승하면, 점H와 점I에서와 같이 채권의 공급량은 점점 더 증가한다. 이들 점을 연결한 B^s곡선이 채권의 공급곡선이다. 채권의 공급곡선은 대체로 우상향하는 형태인데, 이는 다른 조건이 일정하다고 할 때 채권의 가격이 상승하면 공급량이 증가함을 나타낸다.

시장균형

경제학에서 **시장균형**(market equilibrium)이란 어떤 가격 수준에서 사람들이 사려고 하는 수량, 즉 *수요량*이 사람들이 팔려고 하는 수량, 즉 *공급량*과 일치할 때 나타난다. 채권시장에서 시장균형은 채권에 대한 수요량이 공급량과 일치할 때 달성된다. 즉

$$B^d = B^s \tag{3}$$

[그림 4.1]에서 균형은 수요곡선과 공급곡선이 교차하는 점C에서 발생한다. 점C에서 채권가격은 850달러, 이자율은 17.6%이며, 채권의 수량은 300억 달러가 된다. 수요량과 공급량이 일치하는 가격인 $P^* = \$850$를 *균형가격*(equilibrium price) 혹은 *시장청산가격*(market-clearing price)이라 부른다. 마찬가지로 이 균형가격에 해당하는 이자율 $i^* = 17.6\%$를 균형이자율 혹은 시장청산이자율이라 한다.

시장균형, 균형가격, 균형이자율은 시장이 균형을 향해 움직이는 경향이 있기 때문에 유용한 개념들이다. [그림 4.1]에서 먼저 채권가격이 균형가격보다 더 높은 경우에 어떤 일이 일어나는가를 살펴보자. 채권가격이 예를 들어 950달러로 너무 높게 형성되면, 채권의 공급량(점I)은 채권의 수요량(점A)보다 더 크다. 채권의 공급량이 수요량을 초과하는 이런 상태를 **초과공급**(excess supply)이라고 한다. 이때 사람들이 사려는 채권보다 팔려는 채권의 양이 더 많기 때문에 채권가격은 하락할 것이다. 이것이 [그림 4.1]에 950달러의 채권가격에서 아래 방향으로 화살표를 그린 이유이다. 채권가격이 균형가격보다 위에 있는 한, 채권의 초과공급이 지속되고 가격은 계속 하락한다. 가격의 하락은 채권가격이 균형가격인 850달러에 이르러 초과공급이 사라질 때에야 비로소 멈춘다.

이제 채권가격이 균형가격보다 낮을 때는 어떤 일이 발생하는지 살펴보자. 만약 채권가격이 예를 들어 750달러로 너무 낮은 수준이라면, 채권의 수요량(점E)이 채권의 공급량(점F)보다 더 크다. 이를 **초과수요**(excess demand)라고 한다. 이때는 사람들이 팔려는 채권보다 사려는 채권이 더 많은 상태가 되어 채권의 가격이 오를 것이다. [그림 4.1]에서 이를 750달러의 가격에서 위로 향하는 화살표로 표시했다. 채권가격이 850달러로 상승해 채권에 대한 초과수요가 사라지는 경우에만 가격의 상승이 멈춘다.

균형가격의 개념은 시장이 청산되는 가격을 알려주기 때문에 중요하다. [그림 4.1]의 수직축에 표시한 가격은 각각 이자율의 특정 수준에 대응하므로, 이자율도 마찬가지로 17.6%의 균형이자율 수준을 향해 움직인다는 사실을 알 수 있다. 이자율이 5.3%인 경우와 같이 균형이자율보다 낮을 때에는, 채권가격이 균형가격보다 높은 상태여서 채권의 초과공급이 발생한다. 그러면 채권의 가격이 하락하면서 이자율은 균형 수준을 향해 상승한다. 마찬가지로 이자율이 33.3%인 경우와 같이 균형 수준보다 높을 때에는, 채권에 대한 초과수요가 발생해 채권가격이 상승하고, 이자율은 17.6%의 균형 수준을 향해 하락한다.

수요-공급 분석

[그림 4.1]은 수직축에 가격을 표시하고 수평축에 수량을 표시한 전통적인 수요-공급 도표이다. 각각의 채권가격에 상응하는 이자율이 수직축에 함께 표시되어 있기 때문에, 이 도표는 이자율의 결정을 설명하는 모형을 제시하면서 균형이자율을 알려준다. 할인채이든 이표채이든 관계없이 어떤 유형의 채권에서도 이자율과 채권가격은 *언제나* 서로 음의 관계를 갖기 때문에, *모든* 유형의 채권에 대해 [그림 4.1]과 같은 수요-공급 도표를 그릴 수 있다.

위 분석에서 주목할 점은 자산의 수요와 공급은 *유량*(flow) 기준이 아니라 언제나 *저량*(stock) 기준, 즉 일정 시점에서의 수량을 기준으로 측정된다는 것이다. **자산시장 접근법**(asset market approach)은 자산가격 결정에 있어 유량이 아닌 자산의 저량을 강조하는데, 이는 경제학자들이 금융시장의 움직임을 이해하기 위해 사용하는 유력한 방법론이다. 사실 유량 기준을 이용하면 특히 인플레이션이 있는 경우 정확한 분석을 수행하기가 매우 힘들다.[4)]

균형이자율의 변화

이제 채권의 수요-공급 모형을 이용해서 왜 이자율이 변화하는지를 분석해보자. 혼동을 피하기 위해 수요(공급)*곡선상에서의 운동*(movement along a curve)과 수요(공급)*곡선의 이동*(shift in a curve)을 구분하는 것이 중요하다. 채권가격의 변화, 즉 이자율의 변화로 인해 수요(공급)량이 변할 때는 수요(공급)*곡선상에서의 운동*이 된다. 예를 들어 [그림 4.1]의 점A에서 점B로, 그리고 점C로 움직일 때의 수요량의 변화는 수요곡선상에서의 운동이다. 이와는 대조적으로 수요(공급) *곡선의 이동*은 *각각의 채권가격, 즉 이자율 수준에서* 채권가격이나 이자율을 제외한 다른 요인의 변화로 인해 수요(공급)량이 변할 때 발생한다. 이들 다른 요인이 변화할 때는 수요곡선 혹은 공급곡선이 옆으로 이동하면서 새로운 균형이자율이 형성된다.

이제 기대 인플레이션과 재산 등의 변화에 따라 수요곡선과 공급곡선이 어떻게 이동하는지, 그리고 이들 변화는 균형이자율 수준에 어떤 영향을 미치는지 알아보자.

채권 수요의 이동

이 장의 앞부분에 설명한 포트폴리오 선택이론은 어떤 요인들이 채권의 수요곡선을 이동시키는

---

4) 본문에서 설명한 자산시장 접근법은 이자율이 어떻게 움직이는가의 문제뿐만 아니라 자산의 가격이 어떻게 결정되는가를 이해하는 데도 유용하다. 이 책의 웹사이트 www.pearsonhighered.com/mishkin_eakins에 제시된 제4장의 두 번째 부록을 보면 자산시장 접근법이 상품시장, 특히 금(gold) 시장의 행태를 이해하는 데 응용될 수 있음을 알 수 있다. 한편 본문에서 다룬 채권시장에 대한 분석은 대부자금에 대한 수요와 공급이라는 개념을 사용한 대부자금 모형(loanable funds framework)으로도 설명할 수 있는데, 이에 관한 내용은 위 웹사이트에 제시된 제4장의 세 번째 부록에 나와 있다.

지를 결정하는 모형을 제시한다. 다음 네 가지 변수의 변화는 채권 수요곡선의 이동 요인이 된다.

1. 재산
2. 다른 자산에 대비한 채권의 상대적인 기대수익률
3. 다른 자산에 대비한 채권의 상대적인 위험
4. 다른 자산에 대비한 채권의 상대적인 유동성

다른 요인들은 모두 일정할 때 이들 각 요인의 변화가 어떻게 수요곡선을 이동시키는가를 이해하기 위해 몇 가지 예를 들기로 한다(학습보조 자료로서 [표 4.2]는 각 요인의 변화가 채권 수요에 미치는 영향을 요약한다).

재산 경기의 확장기에 경제가 빠르게 성장하고 재산이 증가할 때에는 [그림 4.2]에서와 같이 각 채권가격(이자율)에서 채권의 수요량이 증가한다. 그 과정을 알아보기 위해 초기의 채권 수요곡선 B_1^d상의 점B를 보자. 이 상태에서 재산이 증가하면 동일한 채권가격에서 채권의 수요량은 점 B′로 증가한다. 마찬가지로 점D에서 재산의 증가는 동일한 채권가격에서의 수요량을 점D′로 증가시킨다. 초기의 수요곡선 B_1^d상의 각 점마다 이런 논리를 계속 적용하면, 화살표가 지시하는 방향대로 수요곡선이 B_1^d에서 오른쪽으로 이동해 B_2^d가 됨을 알 수 있다.

여기서 얻은 결론은, ***재산이 증가하는 경기확장기에는 채권에 대한 수요가 증가하고 채권의 수요곡선이 오른쪽으로 이동한다는 것이다.*** 같은 논리로, ***소득과 재산이 감소하는 불황기에는 채권의 수요가 감소하고 수요곡선은 왼쪽으로 이동한다.***

재산에 영향을 미치는 또 하나의 요인은 사람들의 저축 성향이다. 만약 가계가 더 많이 저축한다면 재산이 증가해, 우리가 이미 살펴본 것처럼 채권에 대한 수요가 증가하고 채권의 수요곡선이 오른쪽으로 이동한다. 반대로 사람들이 덜 저축한다면 재산과 채권에 대한 수요가 감소하고 채권 수요곡선은 왼쪽으로 이동한다.

기대수익률 1년 만기 할인채를 1년간 보유하는 경우에는 기대수익률과 이자율이 서로 같으므로, 현재의 이자율을 제외한 다른 요인은 기대수익률에 영향을 미치지 못한다.

그러나 만기가 1년보다 긴 채권을 1년간 보유하는 경우에는 기대수익률이 이자율과 다를 수 있다. 예를 들면 제3장의 [표 3.2]에서 보았듯이 장기채권의 이자율이 10%에서 20%로 상승하면 가격이 크게 하락하고 수익률은 음이 된다. 따라서 만약 사람들이 다음 해의 이자율이 처음 예상했던 것보다 높아질 것이라 생각한다면 장기채권에 대한 현재의 기대수익률이 하락하고 각 이자율 수준에서 수요량이 감소한다. ***미래에 예상되는 이자율이 높아지면, 장기채권의 기대수익률은 낮아지고 수요가 감소하며 수요곡선은 왼쪽으로 이동한다.***

이와는 대조적으로, 미래의 이자율이 하락할 것으로 예상이 수정된다면 장기채권의 가격이 처음에 예측했던 것보다 더 오를 것으로 기대되며, 그 결과 기대수익률이 높아져 각 채권가격(이자율)에서 수요량이 증가할 것이다. [그림 4.2]에서와 같이 ***미래에 예상되는 이자율이 낮아지면,***

장기채권에 대한 수요가 증가하며 수요곡선은 오른쪽으로 이동한다.

다른 자산에 대한 기대수익률의 변화도 채권의 수요곡선을 이동시킬 수 있다. 만약 사람들이 갑자기 주식시장을 낙관하면서 미래에 주가가 더 오를 것이라고 예상하기 시작한다면, 주식투

[표 4.2 요약] 채권의 수요곡선을 이동시키는 요인

변수	변수의 변화	각 채권가격에서 수요량의 변화	수요곡선의 이동
재산	↑	↑	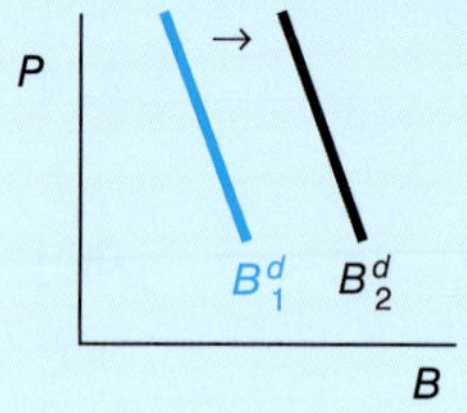 P, B_1^d → B_2^d, B
예상 이자율	↑	↓	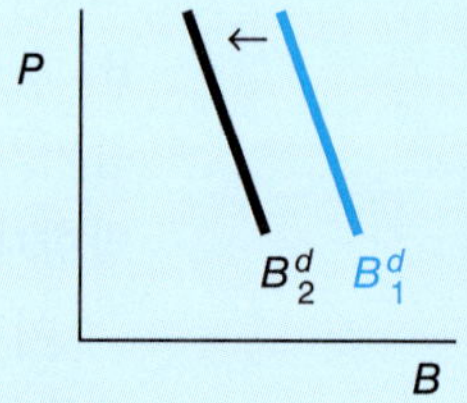 P, B_2^d ← B_1^d, B
기대 인플레이션	↑	↓	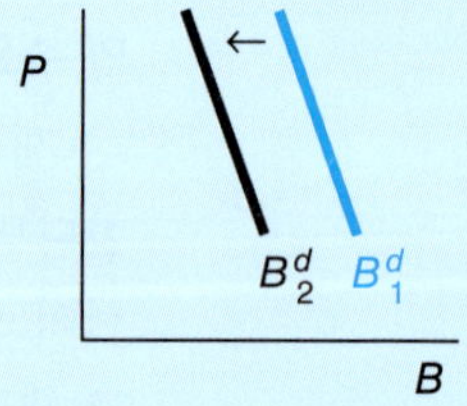 P, B_2^d ← B_1^d, B
다른 자산에 대비한 채권의 위험	↑	↓	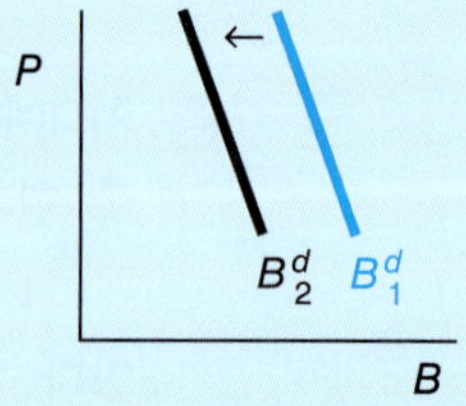 P, B_2^d ← B_1^d, B
다른 자산에 대비한 채권의 유동성	↑	↑	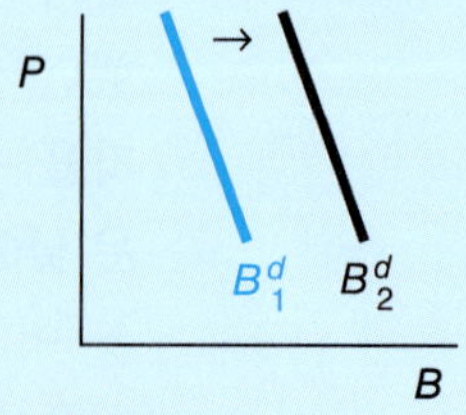 P, B_1^d → B_2^d, B

주: 변수의 크기가 증가한 경우만 표시했다. 변수의 크기가 감소한 경우 수요에 미치는 효과는 표의 화살표 방향과 반대로 된다.

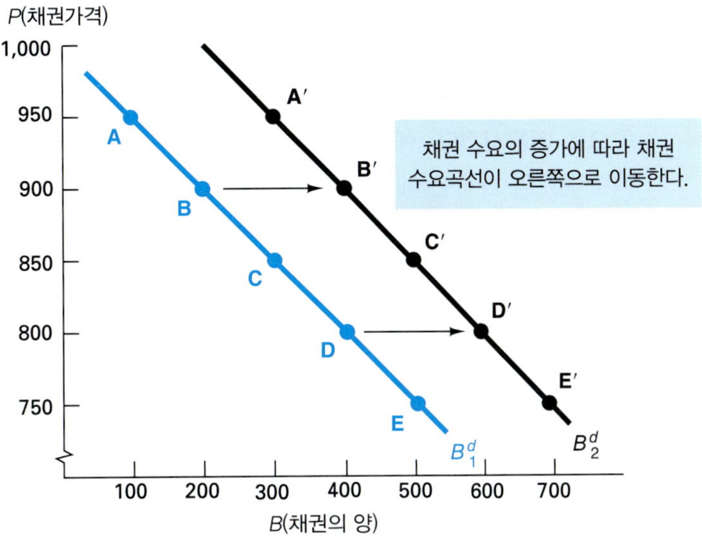

[그림 4.2] 채권 수요곡선의 이동

채권에 대한 수요가 증가할 때 수요곡선은 오른쪽으로 이동한다.

자로 예상되는 자본이득과 기대수익률이 상승할 것이다. 채권에 대한 기대수익률이 일정하다고 하면, 주식에 대비한 채권의 상대적인 기대수익률이 지금 하락한 셈이다. 이로 인해 채권에 대한 수요가 감소해 수요곡선이 왼쪽으로 이동한다.

예상 물가상승률의 변화는 자동차, 주택 등의 *실물자산*에 대한 기대수익률을 변화시킴으로써 채권의 수요에 영향을 준다. 예를 들어 기대 인플레이션이 5%에서 10%로 상승하면, 미래에 자동차와 주택의 가격이 더 높아질 것이고 따라서 더 큰 자본이득이 발생할 것이다. 이들 실물자산에 대한 기대수익률이 지금 상승하면 실물자산에 대비한 채권의 상대적인 기대수익률이 지금 하락하게 되며, 따라서 채권에 대한 수요가 감소한다. 또는 기대 인플레이션의 상승이 채권의 실질이자율을 낮추고, 그 결과 채권의 상대적인 기대수익률이 낮아져 채권에 대한 수요가 감소하는 것으로 해석할 수도 있다. ***기대 인플레이션 상승은 채권의 기대수익률을 낮춰 채권에 대한 수요를 감소시키고 수요곡선을 왼쪽으로 이동시킨다.***

위험 만약 채권시장에서 가격의 변동성이 커지면, 채권의 위험이 증가해 채권의 매력이 떨어진다. ***채권의 위험이 증가하면 채권에 대한 수요가 감소하고 수요곡선은 왼쪽으로 이동한다.***

역으로, 주식시장 등 다른 자산시장에서 가격의 변동성이 커지면 채권은 보다 매력적인 자산이 된다. [그림 4.2]에서와 같이 ***다른 자산의 위험이 증가하면 채권에 대한 수요가 증가하고 수요곡선은 오른쪽으로 이동한다.***

유동성 만일 더 많은 사람들이 채권시장에서 거래를 하게 되어 채권을 신속하게 팔기가 쉬워진다면, 이런 유동성의 증가로 인해 각 이자율 수준에서 채권에 대한 수요량이 증가한다. [그림 4.2]에서와 같이 ***채권의 유동성 증가는 채권에 대한 수요를 증가시키고 수요곡선을 오른쪽으로 이동시킨다. 마찬가지로 다른 자산의 유동성 증가는 채권에 대한 수요를 감소시키고 수요곡선을 왼쪽으로 이동시킨다.*** 예를 들어 1975년에 고정 수수료율 제도가 폐지되면서 일어난 주식거래 중개수수료의 하락은 채권에 비해 상대적으로 주식의 유동성을 증가시켰고, 그 결과 채권에 대한 수요가 감소해 수요곡선이 왼쪽으로 이동했다.

채권 공급의 이동

채권의 공급곡선을 이동시키는 요인 가운데 몇 가지를 들면 다음과 같다.

1. 투자기회의 예상 수익성
2. 기대 인플레이션
3. 정부 재정적자

다른 조건은 모두 일정하다고 할 때 이들 각 요인이 변함에 따라 공급곡선이 어떻게 이동하는지 살펴보기로 하자(학습보조 자료로서 [표 4.3]은 각 요인의 변화가 채권의 공급에 미치는 영향을 요약한다).

투자기회의 예상 수익성 기업의 공장 및 설비투자로 인해 예상되는 수익성이 높을수록 기업은 이들 투자에 필요한 자금을 조달하려고 더욱 노력할 것이다. 경기확장기와 같이 경제가 빠르게 성장할 때는 수익성이 높을 것으로 예상되는 투자기회가 많아지며, [그림 4.3]에서와 같이 각 채권가격에서 채권의 공급량이 증가한다. 그러므로 ***경기확장기에는 채권의 공급이 증가하고 공급곡선이 오른쪽으로 이동한다. 반대로 불황기에는 수익성이 높을 것으로 예상되는 투자기회가 줄어, 채권의 공급이 감소하고 공급곡선이 왼쪽으로 이동한다.***

기대 인플레이션 제3장에서 배웠듯이, 실질적인 차입비용은 (명목)이자율에서 기대 인플레이션을 차감한 실질이자율에 의해 보다 정확히 측정된다. 기대 인플레이션이 높아지면 주어진 이자율과 채권가격에서 실질 차입비용이 하락한다. 따라서 각 채권가격에서 채권의 공급량이 증가한다. [그림 4.3]에서와 같이 ***기대 인플레이션의 상승은 채권의 공급을 증가시키고 공급곡선을 오른쪽으로 이동시킨다.***

정부 재정적자 정부의 활동은 여러 경로로 채권의 공급에 영향을 줄 수 있다. 미국의 재무부는 정부지출과 정부수입의 차이로 인한 재정적자 자금을 조달하기 위해 채권을 발행한다. 재정적자가 클수록 재무부는 더 많은 채권을 발행하게 되며, 각 채권가격에서 채권의 공급량이 증가한다. [그림 4.3]에서와 같이 ***재정적자가 커지면 채권의 공급이 증가하고 공급곡선이 오른쪽으로 이***

[표 4.3 요약] 채권의 공급곡선을 이동시키는 요인

변수	변수의 변화	각 채권가격에서 공급량의 변화	공급곡선의 이동
투자의 수익성	↑	↑	P, B: B^s_1 → B^s_2
기대 인플레이션	↑	↑	P, B: B^s_1 → B^s_2
정부 재정적자	↑	↑	P, B: B^s_1 → B^s_2

주: 변수의 크기가 증가한 경우만 표시했다. 변수의 크기가 감소한 경우 공급에 미치는 효과는 표의 화살표 방향과 반대로 된다.

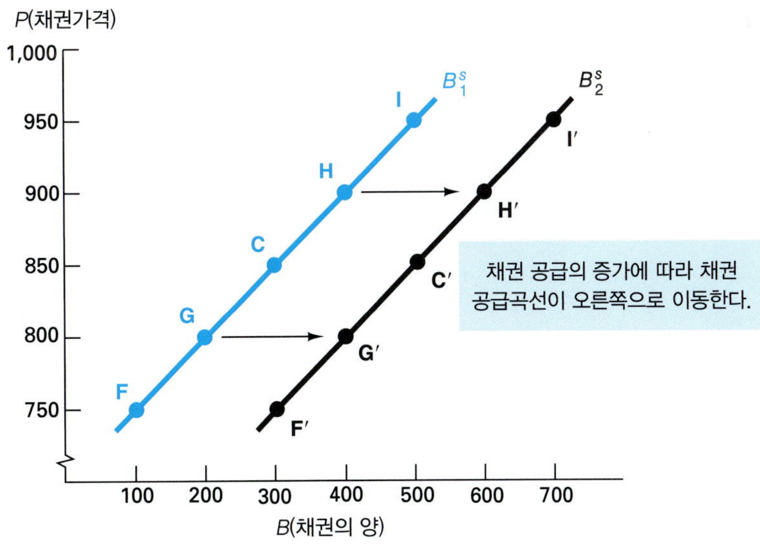

[그림 4.3] 채권 공급곡선의 이동

채권의 공급이 증가할 때 공급곡선은 오른쪽으로 이동한다.

동한다. 반대로 1990년대 후반에 나타났듯이 재정흑자는 채권의 공급을 감소시키고 공급곡선을 왼쪽으로 이동시킨다.

미국에서는 주정부와 지방정부, 정부기관도 자신의 지출 자금을 조달하기 위해 채권을 발행하며, 이는 채권의 공급에 영향을 준다. 이제 우리가 배운 수요곡선과 공급곡선의 이동에 관한 지식을 이용해 균형이자율이 어떻게 움직이는지를 분석할 수 있다. 이를 위한 가장 좋은 방법은 몇 가지 응용을 시도해보는 것이다. 이때 두 가지 사항을 항상 염두에 두어야 한다.

1. 어떤 변수의 변화로 인한 효과를 분석할 때, 다른 모든 변수는 일정하다고 가정한다. 즉 *ceteris paribus* 가정을 한다.
2. 이자율은 채권가격과 음의 관계에 있다. 따라서 채권의 균형가격이 상승하면 균형이자율은 하락한다. 역으로, 채권의 균형가격이 하락하면 균형이자율은 상승한다.

사례분석 기대 인플레이션에 의한 이자율 변화: 피셔 효과

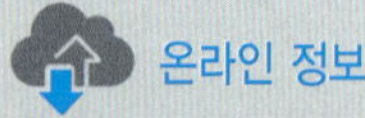

온라인 정보

ftp://ftp.bls.gov/pub/special.requests/cpi/cpiai.txt

인플레이션에 관한 과거 정보를 알아보자.

앞에서 기대 인플레이션의 변화가 수요곡선과 공급곡선을 각각 어떻게 이동시키는지를 분석했기 때문에 기대 인플레이션의 변화가 이자율에 어떤 영향을 주는지를 평가하기 위한 대부분의 준비를 이미 마친 셈이다. [그림 4.4]는 기대 인플레이션의 상승이 균형이자율에 미치는 효과를 보여준다.

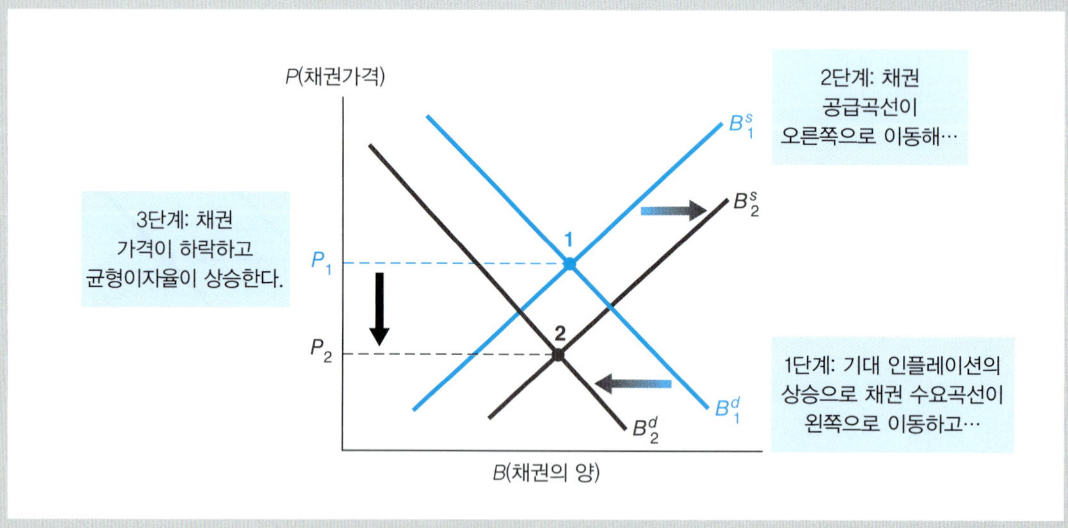

[그림 4.4] 기대 인플레이션의 변화에 대한 반응

기대 인플레이션율이 상승하면, 공급곡선은 B^s_1에서 B^s_2로 이동하며 수요곡선은 B^d_1에서 B^d_2로 이동한다. 점1에서 점2로 균형이 움직임에 따라 채권의 균형가격이 P_1에서 P_2로 하락하고 균형이자율이 상승한다.

초기에 기대 인플레이션이 5%이고 원래의 수요곡선 B_1^d과 공급곡선 B_1^s이 점1에서 만나고 있다고 하자. 여기서 채권의 균형가격은 P_1이다. 만약 기대 인플레이션이 10%로 상승한다면, 각각의 채권가격 및 이자율 수준에서 실물자산에 대비한 채권의 상대적인 수익률이 하락한다. 그 결과 채권에 대한 수요가 감소하고 수요곡선은 B_1^d에서 B_2^d로 왼쪽으로 이동한다. 기대 인플레이션의 상승은 공급곡선도 이동시킨다. 각각의 채권가격 및 이자율 수준에서 실질 차입비용이 하락해 채권에 대한 공급량이 증가하고 공급곡선은 B_1^s에서 B_2^s로 오른쪽으로 이동한다.

기대 인플레이션의 변화에 반응해서 수요곡선과 공급곡선이 이동하면, 균형은 점1에서 B_2^d와 B_2^s가 교차하는 점2로 움직인다. 채권의 균형가격은 P_1에서 P_2로 하락하며, 채권의 가격은 이자율과 음의 관계에 있기 때문에 균형이자율은 상승한다. [그림 4.4]에서는 채권의 균형거래량이 점1과 점2에서 모두 동일하도록 그렸다. 그러나 기대 인플레이션이 상승할 때 수요곡선과 공급곡선의 이동 크기에 따라 채권의 균형거래량은 증가할 수도 하락할 수도 있다.

여기서 수요–공급 분석을 통해 ***기대 인플레이션이 높아지면 이자율이 상승한다***는 중요한 사실을 관찰할 수 있다. 이를 기대 인플레이션과 이자율 간의 관계를 처음 밝힌 경제학자인 피셔(Irving Fisher)의 이름을 따서 **피셔 효과**(Fisher effect)라 일컫는다. [그림 4.5]에서는 그 예측의 정확성을 살펴볼 수 있다. 3개월 만기 재무부 증권의 이자율은 대개 기대 인플레이션과 같은 방향으로 움직여왔다. 그래서 많은 경제학자들은 이자율을 낮은 수준으로 유지하려면 인플레이션을 낮게 유지해야 한다고 조언한다.

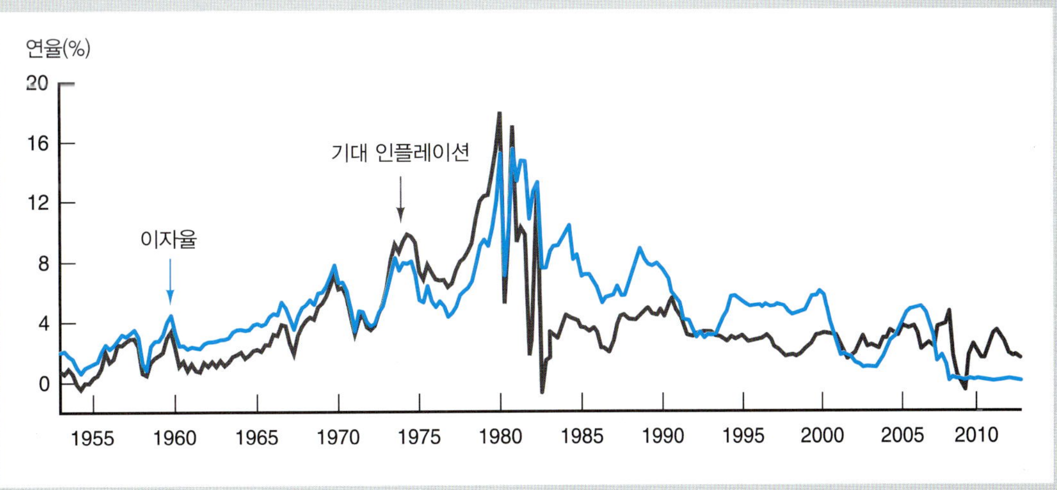

[그림 4.5] 기대 인플레이션과 이자율(3개월 만기 재무부 증권), 1953~2013년

피셔 효과가 예측하듯이 3개월 만기 재무부 증권의 이자율과 기대 인플레이션은 대체로 같은 방향으로 움직인다.

자료: 기대 인플레이션은 다음 논문의 분석방법으로 계산했다. Frederic S. Mishkin, "The Real Interest Rate: An Empirical Investigation," *Carnegie-Rochester Conference Series on Public Policy* 15 (1981): pp.151~200. 이 방법은 기대 인플레이션을 과거의 이자율, 인플레이션, 시간적 추세를 이용해 추정한다. 3개월 만기 재무부 증권의 명목이자율은 http://research.stlouisfed.org/fred2/에서 구했다.

사례분석 경기확장에 의한 이자율 변화

[그림 4.6]은 경기확장이 이자율에 미치는 효과를 분석한다. 경기확장기에는 경제 내에서 생산된 재화와 서비스의 양이 증가하며 국민소득이 증가한다. 이 경우 기업들은 수익성이 높은 투자 기회를 많이 발견하고 이들 투자를 위해 더 많은 자금을 차입하려 한다. 따라서 각 채권가격과 이자율 수준에서 기업이 팔기를 원하는 채권의 양, 즉 채권의 공급이 증가한다. 이는 [그림 4.6]에서와 같이 경기확장기에 채권의 공급곡선이 B_1^s에서 B_2^s로 오른쪽으로 이동함을 의미한다.

경기확장은 또한 채권의 수요에도 영향을 미친다. 경기가 확장함에 따라 사람들의 재산이 증가할 것이며, 포트폴리오 선택이론에 의하면 채권에 대한 수요도 증가할 것이다. 이는 [그림 4.6]에서 수요곡선이 B_1^d에서 B_2^d로 오른쪽으로 이동하는 것으로 나타난다.

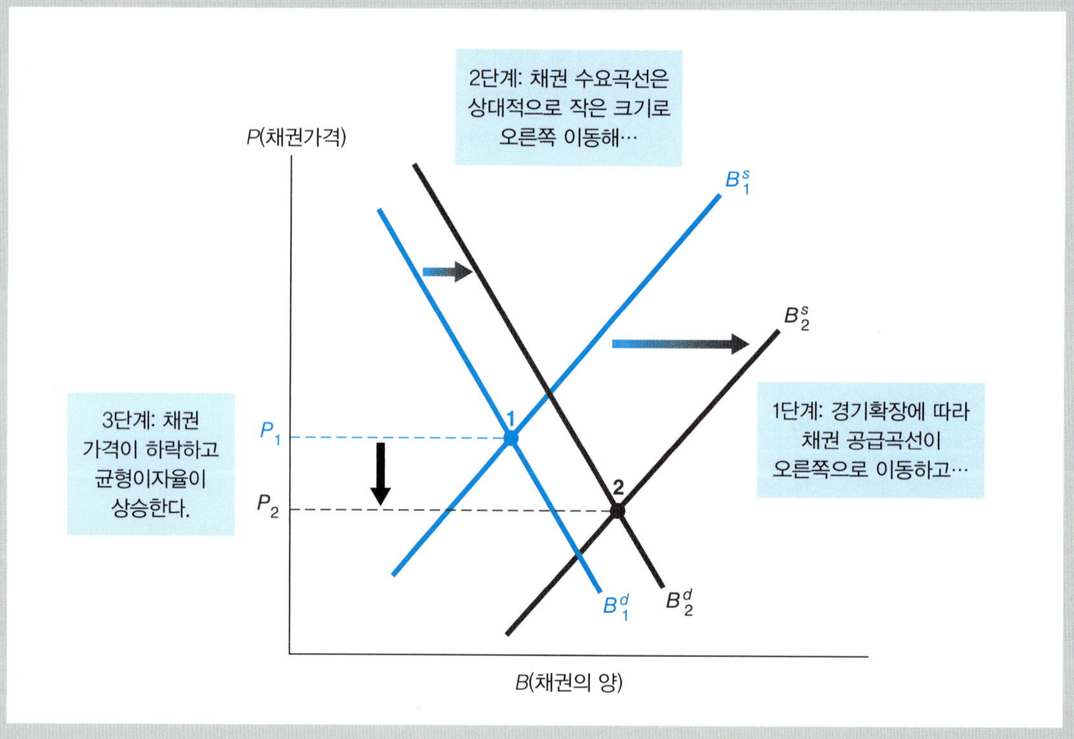

[그림 4.6] 경기확장에 대한 반응

경기확장기에는 소득과 재산이 증가해 수요곡선은 B_1^d에서 B_2^d로 오른쪽으로 이동하며 공급곡선도 B_1^s에서 B_2^s로 오른쪽으로 이동한다. 공급곡선이 수요곡선보다 오른쪽으로 더 많이 이동하면, 그림에서와 같이 채권의 균형가격이 P_1에서 P_2로 하락하고 균형이자율이 상승한다.

수요곡선과 공급곡선이 모두 오른쪽으로 이동했기 때문에, B_2^d와 B_2^s의 교차점으로 나타나는 새로운 균형도 오른쪽으로 움직여갔다. 이때 공급곡선이 수요곡선에 비해 더 많이 이동했는지 아니면 그 반대인지 여부에 따라 새로운 균형이자율은 오를 수도 내릴 수도 있다.

여기서 사용한 수요-공급 분석은 경기확장기에 이자율이 어떻게 될 것인가라는 질문에 불분명한 답을 준다. [그림 4.6]에서는 공급곡선의 이동이 수요곡선의 이동에 비해 더 큰 것으로 그렸으며, 그 결과 채권의 균형가격이 P_2로 하락하고 따라서 균형이자율이 상승했다. 경기확장과 소득의 증가가 이자율을 상승시키는 것으로 나타낸 이유는 실제 데이터에서 이를 확인할 수 있기 때문이다. [그림 4.7]은 1951~2013년 기간 중 미국의 3개월 만기 재무부 증권 이자율의 움직임을 보여준다. 여기서 음영으로 처리한 영역은 불황기를 나타낸다. [그림 4.6]에서의 수요-공급 분석대로, 이자율이 경기확장기에는 상승하고 불황기에는 하락하는 경향을 볼 수 있다.

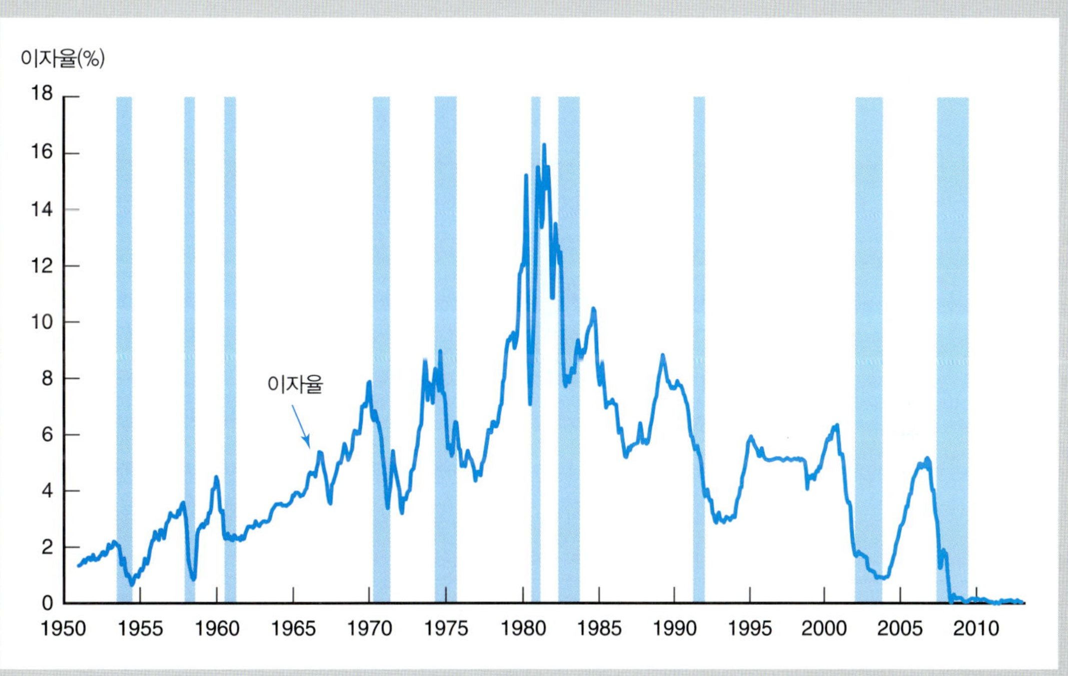

[그림 4.7] 경기순환과 이자율(3개월 만기 재무부 증권), 1951~2013년

음영 부분은 불황기를 나타낸다. 이자율은 경기확장기에 상승하고 불황기에 하락하는 경향이 있다.

자료: Federal Reserve Bank of St. Louis FRED database: http://research.stlouisfed.org/fred2/.

사례분석 일본의 이자율이 낮은 이유

1990년대와 2000년대 초반에 일본의 이자율은 세계에서 가장 낮은 수준이었다. 실로 1998년 11월에는 특이한 현상이 발생했다. 6개월 만기 일본 국채의 이자율이 약간이나마 음(−)의 값이 된 것이다(제3장 참조). 왜 일본의 이자율이 이렇게 낮은 수준으로 하락했을까?

1990년대 후반과 2000년대 초반 일본은 디플레이션, 즉 음의 인플레이션을 동반하면서 불황이 오랜 기간 지속되었다. 앞의 [사례분석]에서와 유사한 방식으로 이런 현상을 분석하면 일본의 낮은 이자율을 설명할 수 있다.

음의 인플레이션은 실물자산의 기대수익률을 하락시킴으로써 상대적으로 채권의 기대수익률을 상승시켰고 그 결과 채권에 대한 수요가 증가해 수요곡선이 오른쪽으로 이동했다. 또한 음의 인플레이션은 주어진 명목이자율 수준에서 실질이자율, 즉 자금 차입의 실질비용을 상승시켰고 그 결과 채권의 공급이 위축되어 공급곡선이 왼쪽으로 이동했다. 이는 [그림 4.4]에 나타낸 것과 정확히 반대되는 결과이다. 수요곡선이 오른쪽으로 이동하고 공급곡선이 왼쪽으로 이동함에 따라 채권의 가격이 상승하고 이자율이 하락했다.

또한 일본에서의 경기수축과 이로 인한 수익성 있는 투자기회의 부족도 채권의 공급을 감소시키고 공급곡선을 왼쪽으로 이동시킴으로써 이자율을 하락시키는 요인이었다. 비록 경기수축기에 재산이 감소했기에 수요곡선이 왼쪽으로 이동했겠지만 앞의 [사례분석]에서 보았듯이 수요곡선은 공급곡선에 비해 작게 이동했을 것이다. 따라서 채권가격이 상승하고 이자율이 하락했다([그림 4.6]과는 반대의 결과).

흔히 사람들은 이자율이 낮으면 돈을 싸게 빌릴 수 있으므로 좋다고 생각한다. 그러나 일본의 사례를 보면 "너무 부자거나 너무 날씬해서 나쁠 것 없다"라는 속담에 오류가 있음을 보여준다. 부유하면 분명히 좋겠지만, 너무 마르면 건강을 해칠 수 있다. 이자율이 낮을수록 좋다는 생각은 오류이다. 일본에서 낮은 이자율, 심지어 음의 이자율은 물가하락 및 경제위축과 함께 일본 경제가 실로 어려움에 처해 있다는 신호였다. 일본 경제가 회복되어야 비로소 이자율도 보다 정상적인 수준으로 복귀할 것이다.

금융실무 이자율 전망을 통한 수익 창출

이자율이 중요하기에, 다음 [금융뉴스 따라잡기]가 제시하듯이 언론매체들은 이자율 전망치를 자주 보도한다. 이자율의 변화는 금융기관의 수익성에 커다란 영향을 미치기 때문에 금융기관 경영자들은 이자율의 미래 경로에 대해 크게 주목한다. 금융기관 경영자는 전망을 전문적으로 담당하는 경제학자들을 고용하거나 여타 금융기관 혹은 경제전망 전문기업의 전망치를 구입함으로써 이자율 전망치를 입수한다.

> 금융뉴스 따라잡기

Following the Financial News

이자율 전망

이자율 전망은 예로부터 선망되는 전문 직종이다. 기업은 자신의 미래 지출을 계획하기 위해 이자율이 어떻게 될지를 알아야 하며 은행과 투자자들은 어떤 자산을 매입해야 할지를 결정하기 위해 이자율 전망이 필요하기 때문에 이들은 종종 매우 높은 보수를 지급하면서 이자율을 전망하는 금융학자를 고용한다. 이자율 전망 전문가는 경제의 활력, 투자기회의 수익성, 기대 인플레이션, 정부의 재정적자와 차입 등과 같이 채권 및 화폐의 수요와 공급에 영향을 미치는 요인들에 어떤 일이 발생할지를 예측한다. 그런 다음에 이 장에서 논의한 수요-공급 분석을 이용해 이자율 전망치를 도출한다.

월스트리트저널(Wall Street Journal) 신문은 대표적 예언자들에 의한 이자율 전망치를 1년에 두 번(1월과 7월초) 자신의 웹사이트에 보도한다.

이 책의 웹사이트 www.pearsonhighered.com/mishkin_eakins에 이자율 전망치를 제공하는 현재의 웹페이지 주소가 나와 있다. 여기서 이자율 전망치뿐만 아니라 GDP, 인플레이션, 실업, 주택에 관한 주요 경제학자들의 전망치도 볼 수 있다.

이자율 전망치를 산출하는 데는 몇 가지 방법이 있다. 가장 널리 이용되는 방법 가운데 하나는 앞서 설명한 채권의 수요-공급 모형에 기반한 것으로, 살로몬스미스바니(Salomon Smith Barney), 모건개런티 신탁회사(Morgan Guaranty Trust Company), 프루덴셜 보험회사(Prudential Insurance Company) 등의 금융기관이 사용하는 방식이다.[5] 채권의 수요-공급 모형을 이용해 애널리스트들은 경제의 활력, 투자기회의 수익성, 기대 인플레이션, 정부의 재정적자와 차입 등과 같이 채권의 수요와 공급에 영향을 미치는 요인들에 어떤 일이 발생할지를 예측한다. 그런 다음에 이 장에서 논의한 수요-공급 분석을 이용해 이자율 전망치를 도출한다. 이런 접근방식을 변형해 중앙은행이 작성하는 *자금순환계정*(Flow of Funds Accounts)을 이용하기도 하는데, 이 데이터는 경제의 각 부문이 집행한 자금의 원천(source)과 운용(use)을 보여준다. 각 부문 간 신용의 수요와 공급이 얼마나 잘 연결되는지를 살펴봄으로써 전망 전문가들은 미래 이자율의 변화를 예측하려 한다.

채권의 수요-공급 모형에서 도출하는 전망치는 종종 체계적인 경제모형을 이용하지 않고 전망 전문가의 판단이나 '감(feel)'에 의존한다. 이와는 달리 이자율 전망의 대안으로서, 과거의 데이터를 이용해 통계적 과정을 거쳐 방정식들을 추정하는 **계량경제모형**(econometric model)을 사용하기도 한다. 계량경제모형은 상호 연관된 방정식들을 포함하는데, 모형에 정부지출이나 통화정책의 행태 등을 투입 변수로 넣으면 이자율을 포함한 많은 변수들의 전망치들이 동시에 나온다. 이들 전망 모형의 기본 가정은 변수들 간의 추정된 관계가 미래에도 계속 성립한다는 것이

---

5) 이자율 전망에 이용되는 또 다른 모형으로서 케인즈(John Maynard Keynes)에 의해 개발된 *유동성선호 모형*(liquidity preference framework)을 들 수 있다. 이 모형은 화폐에 대한 수요과 공급을 분석하는데, 그 내용은 이 책의 웹사이트 www.pearsonhighered.com/mishkin_eakins에 있는 제4장의 네 번째 부록에 제시되어 있다.

다. 이 가정 하에 전망 전문가는 투입 변수의 예상 경로를 예측하고 그런 다음에 모형을 통해 이자율 등의 변수에 대한 전망치를 도출한다.

이런 계량경제모형의 상당수는 수백 개, 때로는 천 개 이상의 방정식을 포함할 정도로 상당히 규모가 크며, 따라서 전망치를 산출하기 위해 컴퓨터를 필요로 한다. 민간부문이 이용하는 이런 대형 계량경제모형의 대표적인 예로 와튼이코노메트릭포캐스팅어소시에이츠(Wharton Econometric Forecasting Associates)와 매크로이코노믹어드바이져스(Macroeconomic Advisors)에 의해 개발된 모형을 들 수 있다. 연준 이사회(Board of Governors of the Federal Reserve System)는 이자율 전망치를 도출하기 위해 주관적 판단에 기초한 전망도 하지만 자신의 대형 계량경제모형을 이용한다.

금융기관의 경영자들은 어떤 자산을 보유할지를 결정하기 위해 이들 전망치를 이용한다. 미래에 장기 이자율이 하락할 것이라는 전망치를 믿는 경영자는 자산으로 장기채권을 구입하려 할 것이다. 왜냐하면 제3장에서 살펴보았듯이 이자율이 하락하면 커다란 자본이득을 얻을 수 있기 때문이다. 반대로 미래에 이자율이 상승하리라는 전망이 있으면, 경영자는 장기채권에서의 자본손실을 피하기 위해 포트폴리오에 단기채권이나 대출을 보유할 것이다.

또한 이자율 전망은 경영자들이 단기로 차입할지 장기로 차입할지를 결정하는 데 도움이 된다. 만약 이자율이 미래에 상승할 것으로 전망된다면, 금융기관 경영자는 장기로 차입함으로써 낮은 이자율로 묶어두고 싶을 것이다. 반면 이자율 하락이 전망된다면 금융기관 경영자는 미래의 낮은 이자율 비용이라는 이득을 얻으려고 단기로 차입하려 할 것이다.

두말할 여지없이 미래 이자율에 대한 우수한 전망은 금융기관 경영자들에게 극히 중요한 것이며, 따라서 당연히 이들은 정확한 전망치를 얻기 위해 많은 돈을 지불하려 한다. 그러나 불행하게도 이자율 전망은 위험한 사업이며, 심지어 최고의 전망 전문가도 종종 자신의 전망치가 크게 벗어나 당황하고 만다.

요약

1. 포트폴리오 선택이론에 따르면, 어떤 자산에 대한 수요량은 (a) 재산과 양의 관계에 있으며, (b) 다른 자산에 대비한 상대적인 수익률과 양의 관계에 있고, (c) 다른 자산에 대비한 상대적인 위험과 음의 관계에 있으며, (d) 다른 자산에 대비한 상대적인 유동성과 양의 관계에 있다.

2. 한 개 이상의 자산을 보유하는 분산투자는 위험을 감소시키기 때문에 투자자에게 이득이며, 이들 자산의 수익률이 함께 움직이는 경향이 작을수록 이득이 커진다.

3. 채권의 수요-공급 분석은 이자율이 어떻게 결정되는지에 대한 이론을 제공한다. 이에 따르면 소득 혹은 재산, 기대수익률, 위험, 유동성의 변화로 인해 수요의 변화가 있거나, 투자 수익성, 실질 조달비용, 정부 활동의 변화로 인해 공급의 변화가 있을 때 이자율이 변화한다.

주요용어

계량경제모형(econometric model)
공급곡선(supply curve)
기대수익률(expected return)
수요곡선(demand curve)
시장균형(market equilibrium)
위험(risk)
유동성(liquidity)
자산(asset)
자산시장 접근법(asset market approach)
재산(wealth)
초과공급(excess supply)
초과수요(excess demand)
포트폴리오 선택이론(theory of portfolio choice)
표준편차(standard deviation)
피셔 효과(Fisher effect)

연습문제

1. 다음의 상황에서 폴라로이드(Polaroid) 주식을 사길 더 원할지 아닐지를 판단하고, 그 이유를 설명하라.

   a. 재산이 감소한 경우
   b. 폴라로이드 주가의 상승을 예상하는 경우
   c. 채권시장의 유동성이 높아진 경우
   d. 금값의 상승을 예상하는 경우
   c. 채권시장의 가격 변동성이 높아진 경우

2. 다음 상황에서 주택을 사길 더 원할지 아닐지를 판단하고, 그 이유를 설명하라.

   a. 이제 막 10만 달러를 상속받은 경우
   b. 부동산 중개수수료가 주택가격의 6%에서 4%로 하락한 경우
   c. 폴라로이드 주가가 내년에 2배 상승할 것으로 예상하는 경우
   d. 주가의 변동성이 높아진 경우
   e. 주택가격의 하락을 예상하는 경우

3. "위험회피적인 사람일수록 더 분산투자할 것이다"라는 명제는 참인가, 거짓인가, 또는 불확실한가? 설명하라.

4. 여러분이 프로축구팀을 소유하고 있는데, 프로농구팀을 소유한 회사와 제약회사 가운데 하나에 투자할 계획이라고 하자. 둘 중 어느 쪽의 투자가 여러분이 직면한 총체적인 위험을 더 낮춰줄 것 같은가? 그 이유를 설명하라.

5. "위험회피적인 사람은 다른 증권에 비해 기대수익률이 낮으면서 위험은 높고 유동성이 떨어지는 증권을 절대 사지 않을 것이다"라는 명제는 참인가, 거짓인가, 또는 불확실한가? 설명하라.

6~13번 문제에 대해서는 수요-공급 도표를 그려 답하라.

6. 중앙은행이 화폐공급을 감소시키는 주요 방법은 채권을 민간에 매도하는 것이다. 채권에 대한 수요-공급 분석을 이용해 이런 조치가 이자율에 어떤 영향을 미칠지 설명하라.

7. 채권에 대한 수요-공급 분석을 이용해 이자율이 왜 경기확장기에 상승하고 불황기에 하락하는 경기순응적(procyclical) 행태를 보이는지 설명하라.

8. 금 가격의 변동성이 급작스레 증가하면 이자율에 어떤 효과가 나타나겠는가?

9. 미래에 부동산 가격이 상승할 것이라 예상할 때 이자율에 어떤 효과가 나타나겠는가?

10. 정부의 재정적자가 커지면 이자율에 어떤 효과가 나타나겠는가?

11. 글로벌 경제위기의 여파로 미국 정부의 재정적자가 급속히 증가했는데, 미국 국채의 이자율은 크게 떨어져 여러 해 동안 낮은 수준에 머무르고 있다. 이런 현상이 이해되는가? 설명하라.

12. 채권의 수요-공급 분석을 이용해 채권의 위험이 커질 때 이자율에 어떤 효과가 나타나는지 설명하라.

13. 주식중개 수수료가 하락하면 이자율이 영향을 받을 것

인가? 설명하라.

미래를 예측하기

14. 미국 대통령이 기자회견에서 인플레이션 억제정책을 새로 도입해 높은 인플레이션을 막겠다고 발표했다. 만약 사람들이 그의 말을 믿는다면 이자율에 어떤 일이 일어날지 예측하라.

15. 중앙은행 총재가 내년에 이자율이 급격히 상승할 것이라고 발표했는데, 시장이 그의 말을 믿는다고 하자. 이표율이 8.125%이고 만기가 2022년인 AT&T 채권의 이자율에 그날 어떤 일이 일어나겠는가?

16. 만약 사람들이 갑자기 주가가 크게 오를 것이라 예상한다면 이자율에 어떤 변화가 일어날지 예측하라.

17. 만약 채권시장에서 채권가격의 변동성이 커지면 이자율에 어떤 변화가 일어날지 예측하라.

계산문제

1. 액면가 1,000달러, 잔여만기 5년인 무이표채를 소유하고 있다. 1년 후에 이 채권을 매도할 계획인데, 수익률은 내년에 다음과 같은 확률분포를 갖는다.

확률	수익률(%)
0.1	6.60
0.2	6.75
0.4	7.00
0.2	7.20
0.1	7.45

a. 이 채권을 매도할 때 예상되는 가격은 얼마인가?
b. 채권가격의 표준편차를 계산하라.

2. 액면가 1,000달러, 잔여만기 2년인 어떤 투기등급 채권이 매년 12%의 이표를 지급한다. 발행회사가 금년에 파산할 확률은 20%이며, 파산하게 되면 채권 보유자는 아무런 돈을 지급받지 못한다. 첫 해에 이 회사가 살아남아 12%의 이표를 지급한다면 두 번째 해에 파산할 확률은 25%이다. 두 번째 해에 파산하면 최종 이표와 액면가를 모두 지급받지 못한다.

a. 투자자가 10%의 이자율을 기대한다면 이 채권의 가격은 얼마가 되겠는가?
b. 위 문항 (a)의 가격 하에서 보유기간 기대수익률과 수익률의 표준편차를 구하라. 중도에 받은 현금흐름은 10%의 이자율로 재투자된다고 가정한다.

3. 지난 달에 기업들이 2,500억 달러 규모의 1년 만기 할인채를 평균 11.8%의 시장이자율로 공급했다. 이번 달에 추가적으로 250억 달러 규모의 1년 만기 할인채가 공급되었는데 시장이자율이 12.2%로 상승했다. 수요곡선에는 변화가 없다고 가정하고, 이자율 대신 채권가격을 사용해 직선 형태의 채권 수요곡선을 도출하라.

4. 어떤 경제학자가 균형점 부근에서 1년 만기 할인채에 대한 수요곡선과 공급곡선이 다음의 식으로 추정될 수 있음을 알아냈다. 여기서 P는 채권의 가격, Q는 채권의 수량이다.

$$B^d: P = -0.4Q + 940$$
$$B^s: P = Q + 500$$

a. 시장에서 예상되는 채권의 균형가격과 균형거래량을 각각 구하라.
b. 위 문항 (a)의 결과로부터 이 시장에서 예상되는 이자율을 구하라.

5. 1년 만기 할인채에 대한 수요곡선과 공급곡선이 다음의 식으로 추정되었다. 여기서 P는 채권의 가격, Q는 채권의 수량이다.

$$B^d: P = -0.4Q + 940$$
$$B^s: P = Q + 500$$

주식시장이 급격히 상승한 뒤 많은 은퇴자들이 주식시장에서 돈을 빼내 채권으로 이동하기 시작했다. 그 결과 채권에 대한 수요가 평행이동해 각 주어진 채권 수량에서 채권가격이 50달러만큼씩 상승했다. 채권의 공급곡선에는 변화가 없다고 가정할 때, 새로운 균형가격과 균형거래량을 각각 구하라. 새로운 시장이자율은 얼마인가?

6. 1년 만기 할인채에 대한 수요곡선과 공급곡선이 다음의 식으로 추정되었다. 여기서 P는 채권의 가격, Q는 채권의 수량이다.

$$B^d: P = -0.4Q + 990$$
$$B^s: P = Q + 500$$

주식시장이 계속 상승하자 중앙은행은 이자율 인상의 필요성을 느꼈다. 그 결과 시장이자율이 19.65%로 상승했는데, 균형거래량은 변하지 않았다. 새로운 수요곡선과 공급곡선을 각각 구하라. 단, 곡선의 평행이동을 가정한다.

웹 연습문제

이자율과 인플레이션

1. 이자율에 가장 강력한 영향을 미치는 요인 가운데 하나는 인플레이션이다. 인플레이션 자료를 발표하는 많은 웹사이트가 있는데, ftp://ftp.bls.gov/pub/special.requests/cpi/cpiai.txt에 들어가 입수 가능한 자료를 살펴보라. 마지막 열은 평균을 제시한다. 1950년, 1960년, 1970년, 1980년, 1990년 이후의 평균 인플레이션은 각각 얼마인가? 어느 해에 인플레이션이 가장 낮았는가? 어느 해에 인플레이션이 가장 높았는가?

2. 물가가 상승하면 화폐의 구매력이 감소한다. 인플레이션을 조정한 후 과거 일정 시점에서의 재화 가격을 계산해보면 흥미로울 것이다. http://minneapolisted.org/Research/data/us/calc/에 들어가보라. 지금 현재 22,000달러인 자동차가 당신이 태어난 해에는 얼마였는가?

3. 이 장의 요점 중 하나는 인플레이션이 투자수익률을 갉아먹는다는 것이다. www.moneychimp.com/articles/econ/inflation_calculator.htm에 들어가 인플레이션의 변화가 실질수익률을 어떻게 변화시키는지 살펴보라. 다음 각각의 상황에서, 인플레이션으로 조정한 가치와 비교해 투자의 조정된 가치는 어떻게 변하는가?

   a. 인플레이션율이 상승하는 경우
   b. 투자기간이 길어지는 경우
   c. 기대수익률이 상승하는 경우

웹 부록

웹사이트 www.pearsonhighered.com/mishkin_eakins에 제시된 다음의 제4장 웹 부록들을 읽어라.

- Appendix 1: Models of Asset Pricing
- Appendix 2: Applying the Asset Market Approach to a Commodity Market: The Case of Gold
- Appendix 3: Loanable Funds Framework
- Appendix 4: Supply and Demand in the Market for Money: The Liquidity Preference Framework

CHAPTER

5

이자율의 위험구조와 기간구조

> PREVIEW

제4장에서는 이자율의 행태에 관한 수요와 공급 분석에서 하나의 대표적인 이자율이 어떻게 결정되는지를 살펴보았다. 그러나 이미 이자율들이 서로 다를 수 있고 이자율이 실제로 서로 다른 수많은 채권들이 존재한다는 것을 살펴보았다. 이 장에서는 다양한 이자율들 간의 관계를 검토하면서 이자율에 관한 논의를 마무리한다. 이자율이 채권마다 다른 이유를 이해하는 것은 기업, 은행, 보험회사, 개인 투자자가 투자대상으로 어떤 채권을 매입하고 매도해야 하는지를 결정하는 데 도움을 줄 수 있다.

먼저 동일한 만기를 가진 채권들의 이자율들이 왜 서로 다른지를 살펴본다. 이러한 이자율들 간 관계를 **이자율의 위험구조**(risk structure of interest rates)라고 부른다. 위험, 유동성, 소득세가 이자율의 위험구조를 결정한다. 채권의 만기도 채권의 이자율에 영향을 미친다. 만기가 서로 다른 채권들의 이자율들 간 관계를 **이자율의 기간구조**(term structure of interest rates)라고 부른다. 이 장에서는 이자율의 상대적인 변동을 발생시키는 요인들을 검토하고 이러한 이자율의 변동을 설명하는 이론들을 살펴본다.

이자율의 위험구조

[그림 5.1]은 1919년부터 2013년까지 주요 장기채권들의 만기수익률을 보여준다. 이 그림은 동일한 만기를 가진 채권들의 이자율 행태에 대해 두 가지 중요한 특성을 보여준다. 동일 연도에서 채권 종류별 이자율은 서로 다르고, 이자율 간 스프레드(차이)는 시간이 흐름에 따라 변화한다는 것이다. 예를 들어 지방채(municipal bond)의 이자율은 1930년대 후반에 미국 국채(재무부 채권)의 이자율보다 더 높았으나 그 이후에는 더 낮았다. 이에 더하여, (Aaa등급 회사채보다 더 위험한) Baa등급 회사채(corporate bond)의 이자율과 미국 국채 간 스프레드는 1930~1933년 대공황기 동안 매우 컸고, 1940~1960년대 동안 작았으며 그 이후 다시 확대되었다. 어떤 요인들이 이러한 현상을 결정하는가?

채무불이행 위험

채권의 이자율에 영향을 주는 채권의 한 가지 특성은 **채무불이행 위험**(default risk)이다. 채권의 발행자가 약속된 이자지급이나 채권의 만기시점에 액면가 상환을 할 수 없거나 그렇게 할 의사가 없을 때 채무불이행이 발생한다. 2000년대 중반에 큰 손실로 어려움을 겪었던 유나이티드(United), 델타(Delta), 유에스에어웨이스(US Airways), 노스웨스트(Northwest)와 같은 주요 항

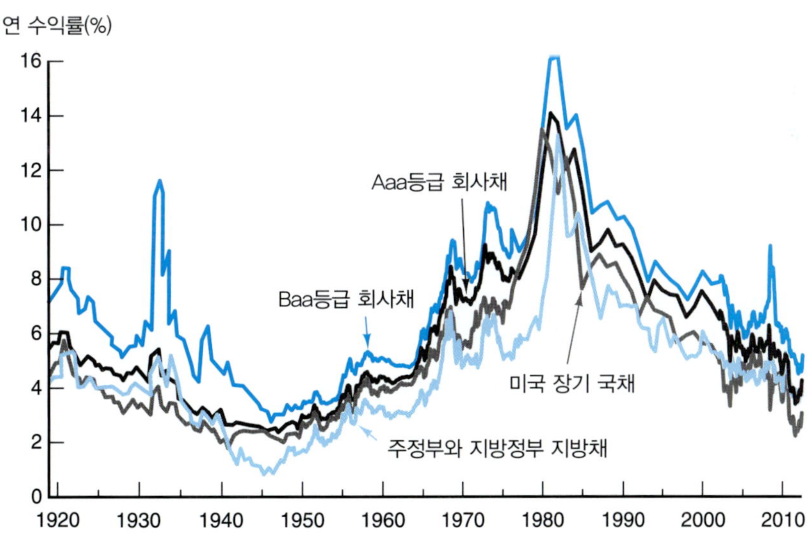

[그림 5.1] 장기채권의 수익률 변화추이, 1919~2013년

동일 연도에서 서로 다른 종류의 채권 이자율들이 서로 다르고, 이자율 간 스프레드는 시간이 흐름에 따라 변화한다.

자료: Board of Governors of the Federal Reserve System, *Banking and Monetary Statistics, 1941–1970*; Federal Reserve Bank of St. Louis FRED database, http://research.stlouisfed.org/fred2/.

공사들은 그들이 발행한 회사채에 대한 이자지급을 중단할 가능성이 컸었다. 따라서 이러한 회사채의 채무불이행 위험은 매우 높았다. 이와는 대조적으로, 연방정부는 항상 채무를 상환하기 위해 세금을 증가시킬 수 있기 때문에 재무부 채권(Treasury bond)은 일반적으로 채무불이행 위험이 없는 것으로 여겨진다. 이러한 채권을 **채무불이행 위험이 없는 채권**(default-free bond)이라고 부른다(그러나 1995~1996년과 2011~2013년에 미국 의회의 예산협상이 진행되는 동안, 공화당은 재무부 채권을 채무불이행시켜야 한다고 위협했고 이것이 채권시장에 영향을 미쳤다). 동일한 만기를 가지는 채무불이행 위험이 있는 채권 이자율과 채무불이행 위험이 없는 채권 이자율 간 스프레드를 **위험 프리미엄**(risk premium)이라고 부르는데 이는 사람들이 위험한 채권을 기꺼이 보유하기 위해 얼마만큼의 추가적인 이자율을 보상받아야 하는지를 나타낸다. 제4장에서 논의한 채권시장의 수요-공급 분석을 이용해, 왜 채무불이행 위험이 있는 채권이 항상 양의 위험 프리미엄을 가지며 왜 채무불이행 위험이 클수록 위험 프리미엄은 더 커지는지를 설명할 수 있다.

채무불이행 위험이 이자율에 미치는 효과를 검토하기 위해 [그림 5.2]에서 채무불이행 위험이 없는 장기채권(재무부 채권) 시장과 장기 회사채 시장의 수요와 공급곡선을 살펴보자. 이 그래프를 보다 더 쉽게 이해하기 위해, 처음에 장기 회사채는 재무부 채권과 동일한 채무불이행 위험을 가지고 있다고 가정하자. 이 경우 두 채권은 동일한 특성(동일한 위험과 동일한 만기)을 가진다. 처음에 두 채권의 균형가격과 이자율은 서로 같을 것이고($P_1^c = P_1^T, i_1^c = i_1^T$) 회사채에 대한 위험 프리미엄($i_1^c - i_1^T$)은 0일 것이다.

만약 기업이 대규모 손실을 입기 시작함에 따라 채무불이행의 가능성이 증가하면, 회사채의 채무불이행 위험은 증가할 것이고 회사채의 기대수익률은 감소할 것이다. 이에 더하여, 회사채의 수익률은 더욱 불확실해질 것이다. 포트폴리오 선택이론은 회사채의 기대수익률은 채무불이행 위험이 없는 재무부 채권의 기대수익률에 비해 상대적으로 하락하는 반면 회사채의 상대적 위험은 증가하기 때문에, 다른 모든 것이 일정한 경우 회사채의 매력은 감소할 것이고 이에 따라 회사채에 대한 수요는 감소할 것이라고 예측한다. 여러분이 투자자라면, 여러분은 회사채를 더 적게 보유하기 원할 것이라는 것이다. [그림 5.2]의 (a)에서 회사채에 대한 수요곡선은 D_1^c에서 D_2^c로 왼쪽으로 이동한다.

이와 동시에 채무불이행 위험이 없는 재무부 채권의 기대수익률은 회사채의 기대수익률에 비해 상대적으로 증가하는 반면 재무부 장기채권의 상대적 위험은 감소한다. 재무부 채권은 보다 더 매력적이 되고, 재무부 채권에 대한 수요는 증가한다. [그림 5.2]의 (b)에서 보는 것처럼, 재무부 채권에 대한 수요곡선은 D_1^T에서 D_2^T로 오른쪽으로 이동한다.

[그림 5.2]에서 보는 것처럼, 회사채의 균형가격은 P_1^c에서 P_2^c로 하락하고 채권가격은 채권이자율과 역의 관계이기 때문에 회사채의 균형이자율은 i_2^c로 상승한다. 그러나 이와 동시에 재무부 채권의 균형가격은 P_1^T에서 P_2^T로 상승하고 재무부 채권의 균형이자율은 i_2^T로 하락한다. 회사채와 채무불이행 위험이 없는 재무부 채권 간 이자율 스프레드, 즉 회사채의 위험 프리미엄은 0에서 $i_2^c - i_2^T$로 증가한다. 이제 다음과 같은 결론이 얻어진다. ***채무불이행 위험이 있는 채권은 항상 양의 위험 프리미엄을 가지며, 채무불이행 위험의 증가는 위험 프리미엄을 증가시킨다.***

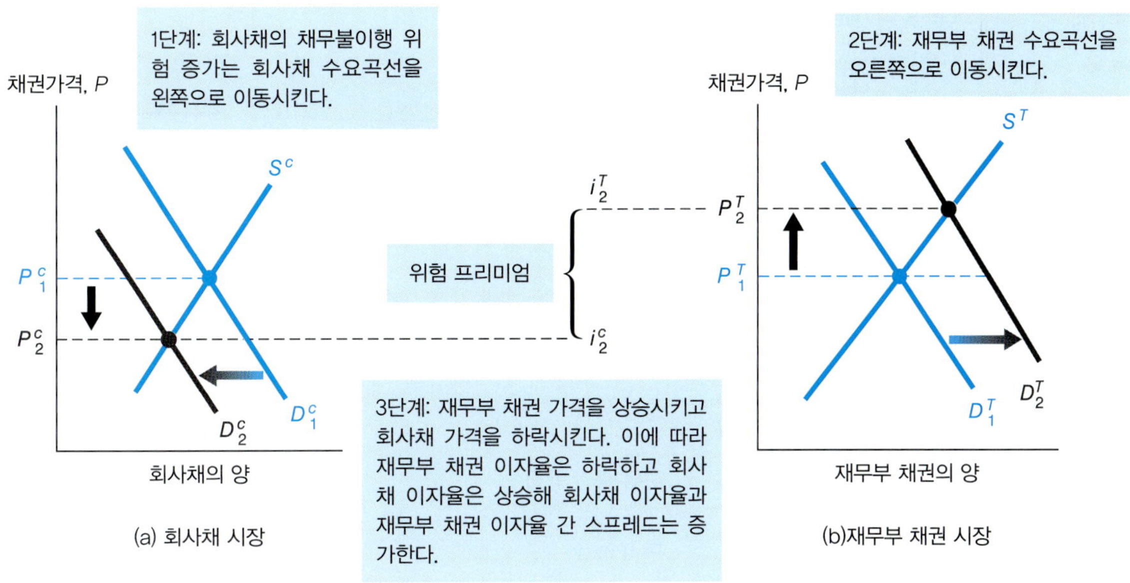

[그림 5.2] 회사채의 채무불이행 위험 증가에 대한 반응

처음에 $P^c_1 = P^T_1$이고 위험 프리미엄은 0이다. 회사채의 채무불이행 위험 증가는 회사채에 대한 수요곡선을 D^c_1에서 D^c_2로 이동시키는 동시에 재무부 채권에 대한 수요곡선을 D^T_1에서 D^T_2로 이동시킨다. 회사채의 균형가격은 P^c_1에서 P^c_2로 하락하고 회사채의 균형이자율은 i^c_2로 상승한다. 재무부 채권의 균형가격은 P^T_1에서 P^T_2로 상승하고 재무부 채권의 균형이자율은 i^T_2로 하락한다. 중괄호는 i^c_2와 i^T_2의 차이, 즉 회사채에 대한 위험 프리미엄을 나타낸다(P^c_2는 P^T_2보다 더 낮기 때문에, i^c_2는 i^T_2보다 더 높다는 점에 주목하라).

온라인 정보

www.federalreserve.gov/Releases/h15/update

연방준비제도가 신용등급이 다른 채권들에 대한 수익률들을 어떻게 보고하고 있는지를 살펴보라. AAA등급 채권과 BBB등급 채권의 이자율을 제시한 곳의 아래 부분을 살펴보라.

채무불이행 위험은 위험 프리미엄의 크기를 결정하는 데 매우 중요하기 때문에 채권 매입자는 기업이 회사채에 대해 채무불이행할 가능성이 있는지를 알 필요가 있다. 이러한 정보는 채무불이행 확률을 기준으로 회사채와 지방채에 대한 질적 등급을 부여하는 투자자문사인 **신용평가기관**(credit-rating agency)에 의해 제공된다. [표 5.1]은 2대 신용평가기관인 무디스(Moody's Investor Services)와 S&P(Standard and Poor's Corporation)가 부여하는 신용등급과 등급에 대한 설명을 정리한 것이다. 상대적으로 채무불이행 위험이 낮은 채권을 *투자등급*(investment-grade) 채권이라고 부르는데, Baa(또는 BBB) 이상의 등급을 지닌다. Baa(또는 BBB)보다 아래의 등급인 채권은 채무불이행 위험이 더 높은데, 투기등급(speculative-grade) 채권 또는 **정크본드**(junk bond)라고 부른다. 이러한 채권은 항상 투자등급 증권보다 더 높은 이자율을 제시하기 때문에 고수익 채권(high-yield bond)이라고도 부른다.

이제 이 장의 시작부분에 있는 [그림 5.1]을 보고 회사채 이자율과 재무부 채권 이자율 간 관계를 설명해보자. 회사채는 어느 정도 채무불이행 위험이 있는 반면 재무부 채권은 채무불이행 위험이 없기 때문에, 회사채는 항상 재무부 채권보다 더 높은 이자율을 제시한다. Baa등급 회사채는 신용등급이 더 높은 Aaa등급 회사채보다 채무불이행 위험이 더 크기 때문에, Baa등급 회사채의 위험 프리미엄이 더 크고 이에 따라 Baa등급 회사채 이자율은 항상 Aaa등급 회사채 이자율보다 더 높다. Baa등급 회사채의 위험 프리미엄이 1930~1933년 대공황기 동안에 크게 증

[표 5.1] Moody's와 S&P's의 채권 등급

신용등급		등급 설명	2013년 기업의 예
Moody's	S&P's		
Aaa	AAA	최고 등급(최저 채무불이행 위험)	Microsoft, Johnson & Johnson, Mobil Corp.
Aa	AA	높은 등급	Shell Oil, Sanofi, General Electric
A	A	상위 중간 등급	Bank of America, Intel Corp., McDonald's, Inc.
Baa	BBB	중간 등급	Hewlett-Packard, FedEx, Harley Davidson
Ba	BB	하위 중간 등급	Charter Communications, Netflix, Best Buy
B	B	투기 등급	Rite Aid, United Airlines, Delta Airlines
Caa	CCC, CC	불량 등급(높은 채무불이행 위험)	Western Express, RadioShack, J.C. Penney
C	D	높은 투기 등급	American Airlines

가하고 1970년 이후 증가한 것을 설명하기 위해 동일한 분석이 사용될 수 있다([그림 5.1] 참조). 대공황기 동안 기업의 도산과 채무불이행이 매우 많이 발생했다. 예상할 수 있듯이 이러한 요인들은 재무적으로 취약한 기업이 발행한 회사채의 채무불이행을 크게 발생시켰고 Baa등급 회사채의 위험 프리미엄은 전례 없이 높은 수준으로 상승했다. 1970년 이후 대공황기보다는 크게 낮았지만 기업 도산과 채무불이행이 많이 발생했다. 예상할 수 있듯이 또 다시 회사채의 채무불이행 위험과 위험 프리미엄이 증가했고 회사채 이자율과 재무부 채권 이자율 간 스프레드가 확대되었다.

사례분석 글로벌 금융위기와 Baa등급 채권-재무부 채권 간 스프레드

2007년 8월에 시작된 서브프라임 모기지 시장의 붕괴는 금융기관들의 대규모 손실을 발생시켰다(이에 대해서는 제8장에서 보다 더 상세하게 논의됨). 서브프라임 모기지 시장의 붕괴로 많은 투자자들은 Baa와 같이 낮은 신용등급을 가진 기업들의 재무건전성과 신용등급 자체의 신뢰성에 대해 의구심을 갖기 시작했다. Baa등급 회사채의 채무불이행 위험이 증가하고 있다는 인식이 이들 채권의 매력을 감소시켜 수요를 감소시켰으며 Baa등급 회사채의 수요곡선을 왼쪽으로 이동시켰다. [그림 5.2]의 (a)에서 보는 것처럼, Baa등급 회사채의 이자율은 실제로 상승했다.

Baa등급 회사채의 이자율은 2007년 7월말 6.63%에서 2008년 10월 중순 글로벌 금융위기가 최악의 단계에 이르면서 9.43%로 280 베이시스 포인트나 상승했다. 그러나 2008년 10월에 Baa등급 회사채의 채무불이행 위험이 증가했다는 인식은 채무불이행 위험이 없는 미국 재무부 채권(US Treasury bond)을 상대적으로 더 매력적으로 만들었고 재무부 채권의 수요곡선을 오른쪽으로 이동시켰다. 일부 애널리스트들은 이러한 현상을 '안전자산 선호현상(flight to quality)'이라고 불렀다. [그림 5.2]에서 우리의 분석이 예측하는 것처럼, 재무부 채권의 이자율은 2007년 7월 말 4.78%에서 2008년 중순 3.98%로 80 베이시스 포인트 하락했다. Baa등급 회사채 이자율과 재무부 채권 이자율 간 스프레드는 서브프라임 금융위기 이전 1.85%에서 그 이후 5.45%로 360 베이시스 포인트나 증가했다.

유동성

채권의 이자율에 영향을 주는 또 다른 특성은 채권의 유동성이다. 제4장에서 배운 것처럼, 유동성이 높은 자산은 필요하면 신속하고 값싸게 현금으로 전환될 수 있다. 다른 모든 조건이 일정할 경우, 자산의 유동성이 높을수록 자산은 더 매력적이게 된다. 재무부 채권은 매우 광범위하게 거래되기 때문에 신속하게 매도되기도 하거니와 채권의 매도 비용도 낮기 때문에, 모든 장기채권 중 가장 유동성이 높은 채권이다. 그러나 한 기업이 발행한 회사채는 적게 거래되기 때문에 유동성이 낮다. 따라서 신속하게 매입자를 찾는 것이 어려울 수 있기 때문에 긴급한 상황에서 회사채를 매도하는 데 드는 비용은 클 수 있다.

회사채의 유동성이 낮다는 사실이 재무부 채권의 이자율과 비교해 상대적으로 회사채의 이자율에 어떻게 영향을 줄까? 재무부 채권에 비해 상대적으로 회사채의 유동성이 낮다는 것이 두 채권 간 이자율 스프레드를 증가시킨다는 것을 살펴보기 위해, 채무불이행 위험의 효과를 분석하기 위해 사용했던 [그림 5.2]와 동일한 그림으로 채권의 수요와 공급 분석을 적용할 수 있다. 처음에 회사채와 재무부 채권은 동일한 정도의 유동성을 가지고 있고 다른 특성들도 동일하다고 가정하고 우리의 분석을 시작하도록 하자. [그림 5.2]에서 보는 것처럼, 처음에 두 채권의 균형가격과 이자율은 같을 것이다. 즉 $P_1^c = P_1^T$이고 $i_1^c = i_1^T$일 것이다. 회사채는 광범위하게 거래되지 않기 때문에 재무부 채권보다 회사채의 유동성이 감소하면, (포트폴리오 선택이론이 제시하는 것처럼) 회사채에 대한 수요는 감소하고 [그림 5.2]의 (a)에서 보는 것처럼 회사채의 수요곡선은 D_1^c에서 D_2^c로 왼쪽으로 이동한다. 재무부 채권의 유동성은 회사채에 비해 상대적으로 더 높아지고, 이에 따라 재무부 채권의 수요곡선은 [그림 5.2]의 (b)에서 보는 것처럼 D_1^T에서 D_2^T로 오른쪽으로 이동한다. [그림 5.2]에서 이러한 수요곡선들의 이동은 유동성이 낮은 회사채의 가격을 하락시키고 회사채의 이자율을 상승시키는 반면, 재무부 채권의 가격을 상승시키고 재무부 채권의 이자율을 하락시킨다.

결과적으로 두 채권 간 이자율 스프레드는 증가한다. 따라서 회사채와 재무부 채권의 이자율 차이(즉, 위험 프리미엄)는 회사채의 채무불이행 위험뿐만 아니라 유동성도 반영한다. 이는 위험 프리미엄을 더 정확하게 말하면 '위험과 유동성 프리미엄(risk and liquidity premium)'인 이유이다. 그러나 관습적으로 위험과 유동성 프리미엄을 *위험 프리미엄*이라고 부른다.

소득세 부과 여부

[그림 5.1]로 돌아가보면, 여전히 한 가지 수수께끼, 즉 지방채 이자율의 행태에 직면한다. 지방채는 분명히 채무불이행 위험이 없는 채권이 아니다. 미국의 주정부와 지방정부는 과거에, 특히 대공황기 동안과 최근 캘리포니아 주의 샌 베르나르디노(San Bernardino), 맘모스 레이크스(Mammoth Lakes), 스탁톤(Stockton), 알라바마 주의 제퍼슨 카운티(Jefferson County), 펜실베이니아 주의 해리스버그(Harrisburg), 로드 아일랜드 주의 센트럴 폴스(Central Falls), 아이다오 주의 보이즈 카운티(Boise County)에서 자신이 발행한 지방채에 대해 채무불이행한 적이 있다. 또한 지방채는 재무부 채권보다 유동성도 낮다.

그런데 [그림 5.1]에서 보는 것처럼, 왜 적어도 과거 40년 동안 지방채의 이자율이 재무부 채권의 이자율보다 낮았던 것일까? 그 이유는 지방채의 이자지급에 대해 연방소득세가 부과되지 않기 때문이다. 이것이 지방채의 기대수익률을 상승시켜 지방채에 대한 수요를 증가시키는 요인이다.

여러분이 모든 추가 소득 1달러 중 35센트를 정부에 세금으로 납부해야 하는 35% 소득세 구간에 속할 정도로 충분히 높은 소득을 벌고 있다고 가정하자. 만약 여러분이 액면가가 1,000달러이고 100달러의 이표를 지급하면서 현재 1,000달러에 매도되고 있는 재무부 채권을 소유하고 있다면, 여러분은 세후에 100달러의 이표지급 중에서 65달러만을 받게 된다. 이 채권의 이자율은 10%이지만, 여러분은 실제로 세후 6.5%만을 벌게 된다.

그러나 여러분이 저축한 돈을 액면가가 1,000달러이고 80달러의 이표를 지급하면서 현재 1,000달러에 매도되고 있는 지방채를 매입하는 데 사용한다고 하자. 지방채의 이자율은 단지 8%이지만 지방채는 연방소득세 면제 증권이기 때문에 여러분은 80달러의 이자지급에 대해 세금을 납부하지 않고 이에 따라 세후에도 8%를 벌게 된다. 명백히 여러분은 세후에 지방채로부터 더 많은 수익을 얻기 때문에 지방채의 이자율이 재무부 채권의 이자율보다 낮더라도 더 위험하고 유동성이 낮은 지방채를 기꺼이 보유하고자 할 것이다(제2차 세계대전 이전에는 소득세가 매우 낮았기 때문에 지방채에 대한 세금면제가 큰 장점이 아니어서 이러한 일이 발생하지 않았다).

예제 5.1 **소득세 부과 여부**

여러분이 지방채나 회사채를 매입할 기회를 가지고 있다고 하자. 두 채권 모두의 액면가와 매입가는 1,000달러이다. 지방채는 60달러의 이표를 지급하고 이표율은 6%이다. 회사채는 80달러의 이표를 지급하고 이표율은 8%이다. 소득세율이 40%라면, 여러분은 어느 채권을 매입하겠는가?

> 해답

여러분은 지방채를 매입할 것이다. 지방채로부터 60달러의 이표지급과 6%의 세후 이자율을 벌기 때문이다. 지방채에는 소득세가 부과되지 않기 때문에, 60달러의 이표지급에 대해 세금을 납부하지 않고 세후 6%를 벌게 된다. 그러나 회사채에 대해서는 세금을 납부해야 한다. 80달러의 이표 지급액 중 40%를 세금으로 납부하고 나머지 60%만을 받게 된다. 이에 따라 80달러의 이표 지급액 중 48달러만을 받게 되고 4.8%의 세후 이자율을 벌게 된다. 따라서 지방채 매입으로부터 더 높은 수익을 얻는다.

왜 지방채가 재무부 채권보다 더 낮은 이자율을 보이는지를 이해하기 위한 다른 방법은 [그림 5.3]에 그려져 있는 채권의 수요-공급 분석을 사용하는 것이다. 처음에 지방채와 재무부 채권은 같은 특성을 지니고 있어서 [그림 5.3]에서 그려진 대로 동일한 채권가격, 즉 $P^m_1 = P^T_1$와 동일한 이자율을 가진다고 하자. 지방채가 재무부 채권에 비해 상대적으로 지방채의 세후 기대수익률을 증가시켜 지방채를 보다 더 매력적으로 만드는 세금 이점을 가지면, 지방채에 대한 수요는 증가하고 지방채의 수요곡선은 D^m_1에서 D^m_2으로 오른쪽으로 이동한다. 그 결과 지방채의 균형가격은 P^m_1에서 P^m_2으로 상승하고 지방채의 균형이자율은 하락한다. 이와 대조적으로, 재무부 채

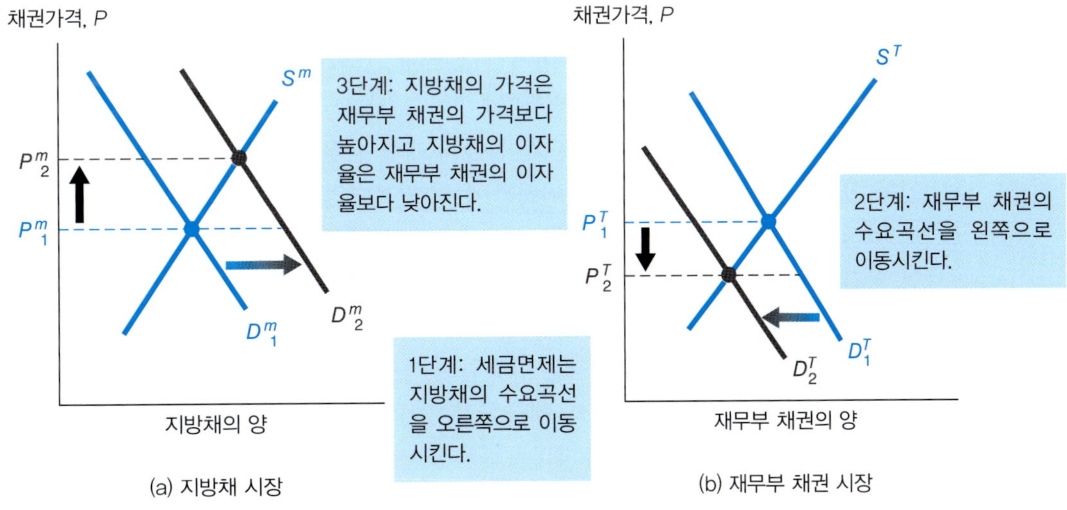

[그림 5.3] 지방채의 이자율과 재무부 채권의 이자율

지방채가 세금면제를 받을 때, 지방채의 수요곡선은 D^m_1에서 D^m_2으로 오른쪽으로 이동하고, 재무부 채권의 수요곡선은 D^T_1에서 D^T_2로 왼쪽으로 이동한다. 지방채의 균형가격은 P^m_1에서 P^m_2으로 상승하고, 이에 따라 지방채의 이자율은 하락한다. 한편 재무부 채권의 균형가격은 P^T_1에서 P^T_2로 하락하고 재무부 채권의 이자율은 상승한다. 그 결과 지방채의 이자율이 재무부 채권의 이자율보다 낮아진다.

권은 지방채에 비해 상대적으로 덜 매력적이게 된다. 재무부 채권에 대한 수요는 감소하고 재무부 채권의 수요곡선은 D_1^T에서 D_2^T로 왼쪽으로 이동한다. 재무부 채권의 가격은 P_1^T에서 P_2^T로 하락하고 재무부 채권의 균형이자율은 상승한다. 이에 따라 발생되는 지방채의 이자율 하락과 재무부 채권의 이자율 상승을 보면 왜 지방채가 재무부 채권보다 낮은 이자율을 가질 수 있는지가 설명된다.[1)]

요약

이자율의 위험구조(동일한 만기를 지닌 채권들의 이자율 간 관계)는 세 가지 요인, 즉 채무불이행 위험, 유동성, 채권의 이자지급에 대한 소득세 부과 여부에 의해 설명된다. 채권의 채무불이행 위험이 증가함에 따라 채권의 위험 프리미엄(채무불이행 위험이 있는 채권의 이자율과 채무불이행 위험이 없는 채권의 이자율 간 스프레드)은 증가한다. 또한 재무부 채권의 유동성이 더 높다는 것이 재무부 채권의 이자율이 상대적으로 유동성이 낮은 채권의 이자율보다 낮은 이유를 설명해준다. 만약 이자지급에 대한 연방소득세가 면제되는 지방채처럼 채권이 유리한 세금 혜택을 받는다면 이 채권의 이자율은 낮아질 것이다.

사례분석 부시 행정부의 세금삭감과 오바마 행정부의 세금인상이 채권 이자율에 미친 효과

2001년에 통과된 부시 행정부의 세금삭감법은 10년에 걸쳐 최고 소득세 구간의 세율을 39%에서 35%로 인하하는 내용이었다. 이러한 소득세 인하가 재무부 채권 이자율에 비해 상대적으로 지방채 이자율에 어떤 영향을 미쳤을까?

채권시장에 대한 수요-공급 분석이 이에 대한 답을 제공해준다. 부유한 사람의 소득세율을 인하한다는 것은 재무부 채권의 이자율에 대해 보다 낮은 세금이 부과되기 때문에 재무부 채권에 비해 지방채의 세후 기대수익률이 상대적으로 낮아짐을 의미한다. 이제 지방채는 덜 매력적이 되기 때문에, 지방채에 대한 수요는 감소하고 지방채의 이자율은 상승한다. 이와 반대로, 소득세의 인하는 재무부 채권을 보다 더 매력적이게 만든다. 재무부 채권의 수요곡선은 오른쪽으로 이동하고, 재무부 채권의 가격은 상승하며 이자율은 하락한다.

이러한 분석은 부시 행정부의 세금삭감이 재무부 채권의 이자율을 하락시키고 지방채의 이자율을 상승시킬 것임을 보여준다.

2013년에 부시 행정부의 세금삭감법을 폐지시킨 오바마 행정부의 세금인상법의 경우, 이러

1) 회사채와 달리 재무부 채권은 주정부와 지방정부가 부과하는 소득세를 면제받는다. 여러분은 본문의 분석방법을 활용해서 이러한 재무부 채권의 특성으로 인해 회사채의 이자율이 재무부 채권의 이자율보다 더 높은 이유를 설명할 수 있어야 한다.

한 분석은 세금삭감법 적용의 경우와 반대가 될 것이다. 오바마 행정부의 세금인상은 재무부 채권의 기대수익률에 비해 연방소득세가 부과되지 않는 지방채의 세후 기대수익률을 상대적으로 증가시킨다. 지방채에 대한 수요가 증가하고 지방채의 수요곡선은 오른쪽으로 이동한다. 이에 따라 지방채의 가격은 상승하고 이자율은 하락한다. 이와 반대로, 소득세율의 인상은 재무부 채권을 덜 매력적으로 만들고 재무부 채권의 수요곡선을 왼쪽으로 이동시킨다. 이에 따라 재무부 채권의 가격은 하락하고 이자율은 상승한다. 결국 고소득 가계에 대한 소득세율의 인상은 재무부 채권의 이자율에 비해 지방채의 이자율을 상대적으로 하락시킨다.

이자율의 기간구조

http://stockcharts.com/charts/YieldCurve.html
1995년 이후 시간의 흐름에 따라 변화하는 수익률곡선을 살펴보라.

지금까지(모두 이자율의 위험구조에 종합적으로 체화되어 있는) 채무불이행 위험, 유동성, 세금 부과 여부가 어떻게 이자율에 영향을 줄 수 있는지 살펴보았다. 채권의 이자율에 영향을 주는 또 다른 요인은 채권의 만기이다. 채무불이행 위험, 유동성, 세금 특성이 동일한 채권이더라도 채권의 이자율은 채권의 잔여만기가 다르면 서로 다를 수 있다. 채무불이행 위험, 유동성, 세금 특성이 동일한 채권들의 만기수익률을 그린 그래프를 **수익률곡선**(yield curve)이라고 부른다. 수익률곡선은 국채와 같은 특정한 종류의 채권들에 대한 이자율 기간구조를 나타낸다. [금융뉴스 따라잡기] '수익률곡선'은 *월스트리트저널* 신문에 게재되었던 미국 재무부 증권들의 수익률곡선을 보여준다. 수익률곡선은 우상향의 수익률곡선, 수평의 수익률곡선, 우하향의 수익률곡선(**역전된 수익률곡선**(inverted yield curve)이라고도 부름)으로 분류된다. [금융뉴스 따라잡기] '수익률곡선'에서 보는 것처럼, 수익률곡선이 우상향할 때 장기이자율은 단기이자율보다 높다. 수익률곡선이 우하향할 때 장기이자율은 단기이자율보다 낮다. 또한 수익률곡선은 우상향하다가 우하향하고 다시 우상향하는 복잡한 모습을 가질 수도 있다. 왜 수익률곡선은 통상적으로 우상향하지만 종종 다른 모습을 띠기도 하는가?

이자율의 기간구조에 대한 좋은 이론은 왜 수익률곡선이 서로 다른 시점에 서로 다른 모습을 보이는지와 다음의 세 가지 중요한 실증적 사실을 설명해야 한다.

사실 1. [그림 5.4]에서 보는 것처럼, 만기가 다른 채권들의 이자율은 시간이 흐름에 따라 함께 움직인다.

사실 2. 단기이자율이 낮을 때 수익률곡선은 우상향할 가능성이 크다. 단기이자율이 높을 때 수익률곡선은 우하향할 가능성이 크다.

사실 3. [금융뉴스 따라잡기] '수익률곡선'에서처럼, 수익률곡선은 거의 언제나 우상향한다.

수익률곡선의 모습으로 나타나는 만기가 서로 다른 채권들의 이자율 간 관계인 이자율의 기

[그림 5.4] 만기별 미국 국채의 이자율 변화추이

다른 만기를 가진 채권들의 이자율들은 시간이 흐름에 따라 함께 움직인다.

자료: Federal Reserve Bank of St. Louis FRED database, http://research.stlouisfed.org/fred2/.

간구조를 설명하기 위해 세 가지 이론이 제시되었다. 이는 (1) 기대이론, (2) 분할시장이론, (3) 유동성 프리미엄이론으로 다음 각 소절에서 설명하기로 한다. 기대이론은 세 가지 실증적 사실 중에서 [사실 1]과 [사실 2]를 잘 설명하지만 [사실 3]을 설명하지 못한다. 분할시장이론은 [사실 3]을 설명할 수 있으나, 기대이론에서 잘 설명되는 [사실 1]과 [사실 2]를 설명할 수 없다. 두 이론은 각각 서로 다른 이론이 설명할 수 없는 사실들을 설명할 수 있기 때문에, 이자율의 기간구조

> 금융뉴스 따라잡기 *Following the Financial News*

수익률곡선

많은 신문들과 www.finance.yahoo.com과 같은 인터넷 사이트들은 미국 재무부 증권들의 수익률곡선을 매일 게재한다. 2013년 6월 20일의 수익률곡선이 여기에 제시되어 있다. 수직축 상의 수치는 만기별 재무부 증권의 이자율이고 수평축에는 월을 의미하는 'm'과 연을 의미하는 'y'로 나타낸 만기가 표시되어 있다.

이자율(%)

4
3
2
1
0

3m 6m 1y 2y 3y 5y 10y 20y 30y

만기

를 보다 잘 이해하기 위한 자연스러운 방법은 기대이론과 분할시장이론의 특성을 결합하는 것이다. 이에 따라 세 가지 사실 모두를 설명할 수 있는 유동성 프리미엄 이론이 제시되었다.

유동성 프리미엄 이론이 세 가지 사실을 잘 설명하고 이에 따라 가장 널리 수용되는 이론이라면, 왜 다른 두 이론을 논의해야 하는가? 여기에는 두 가지 이유가 있다. 첫째, 두 이론에 포함되어 있는 개념이 유동성 프리미엄 이론의 기초를 제공해준다. 둘째, 이론으로부터 예측되는 결과가 실증적 증거와 일치하지 않을 때 경제학자들이 어떻게 이론을 발전시키는가를 살펴보는 것이 중요하다.

기대이론

이자율의 기간구조에 관한 **기대이론**(expectations theory)은 다음과 같은 상식적인 명제를 제시한다. 이 명제는 장기채권의 이자율은 사람들이 장기채권의 수명 동안에 발생할 것이라고 예상하는 단기이자율들의 평균과 일치한다는 것이다. 예를 들어 만약 사람들이 앞으로 5년 동안 단기이자율들의 평균이 10%라고 예상하면, 기대이론은 5년 만기 채권의 이자율도 역시 10%라고 예측한다. 만약 단기이자율들이 5년 이후에 더 높게 상승할 것으로 예상되고 앞으로 20년 동안 단기이자율들의 평균이 11%라면, 20년 만기 채권의 이자율은 11%가 될 것이고 5년 만기 채권의 이자율보다 높을 것이다. 왜 만기가 다른 채권의 이자율이 다른지에 대해 기대이론은 미래의 시점에 따라 단기이자율이 다를 것이라고 예상되기 때문이라고 설명한다.

이 이론의 핵심 가정은 채권 매입자는 다른 만기의 채권보다 특정 만기의 채권을 선호하지 않기 때문에, 특정 만기를 가진 채권의 기대수익률이 다른 만기를 가진 채권의 기대수익률보다 낮으면 이 채권을 보유하지 않는다는 것이다. 이러한 특성을 지닌 채권들을 *완전대체재*(perfect substitutes)라고 말한다. 현실에서 만기가 다른 채권들이 완전대체재라면, 이들 채권의 기대수익률은 동일해야 함을 의미한다. 만기가 다른 채권들이 완전대체재라는 가정이 어떻게 기대이론이 되는가를 살펴보기 위해 다음과 같은 두 가지 투자전략을 고려해보자.

1. 1년 만기 채권을 매입하고 1년 후 만기가 되었을 때 다시 1년 만기 채권을 매입한다.
2. 2년 만기 채권을 매입해 만기까지 보유한다.

만약 사람들이 1년 만기 채권과 2년 만기 채권을 모두 보유하고 있다면, 두 가지 전략은 동일한 기대수익률을 나타내야 하기 때문에 2년 만기 채권의 이자율은 두 개의 1년 만기 채권 이자율들의 평균과 같아야 한다.

예제 5.2 기대이론

1년 만기 채권의 현재 이자율은 9%이고 여러분은 내년에 1년 만기 채권의 이자율이 11%가 될 것이라고 예상한다. 2년 동안 기대수익률은 얼마인가? 두 개의 1년 만기 채권을 매입하는 경우의 기대수익률과 같기 위해 2년 만기 채권의 이자율은 얼마여야 하는가?

> 해답

두 개의 1년 만기 채권을 매입하는 경우의 기대수익률은 평균 연 10%((9% + 11%)/2 = 10%)가 된다. 만약 2년 만기 채권의 기대수익률이 연 10%라면, 채권보유자들은 1년 만기 채권과 2년 만기 채권을 모두 기꺼이 보유하고자 할 것이다. 따라서 2년 만기 채권의 이자율은 두 개의 1년 만기 채권들의 평균 이자율인 10%와 같아야 한다. 다음의 그림이 이러한 상황을 보여준다.

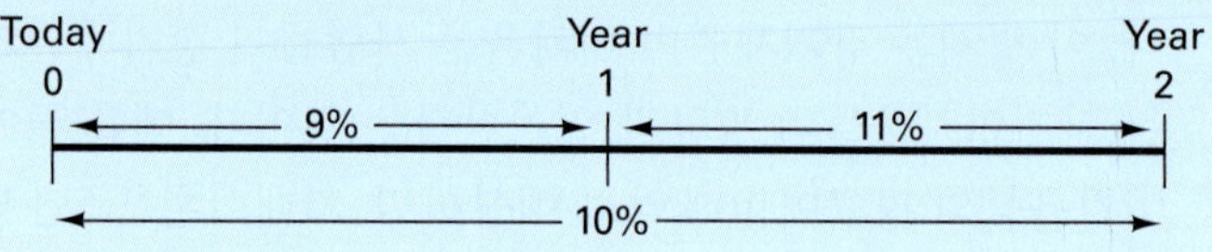

이러한 주장은 일반화될 수 있다. 1달러를 두 기간 동안 투자하는 경우, 한 개의 2기간 만기 채권을 보유할 것인지, 두 개의 1기간 만기 채권을 보유할 것인지를 선택하는 문제를 고려해보자. 다음과 같은 정의를 사용하자.

i_t = 1기 만기 채권의 현재(t) 이자율
i^e_{t+1} = 다음 기($t+1$)에 예상되는 1기 만기 채권의 이자율
i_{2t} = 2기 만기 채권의 현재(t) 이자율

2기 만기 채권에 1달러를 투자해 2기 동안 보유하는 데 따른 2기 동안의 기대수익률은 다음과 같이 계산할 수 있다.

$$(1 + i_{2t})(1 + i_{2t}) - 1 = 1 + 2i_{2t} + (i_{2t})^2 - 1 = 2i_{2t} + (i_{2t})^2$$

2기 후에 1달러 투자의 가치는 $(1 + i_{2t})(1 + i_{2t})$가 된다. 이 금액으로부터 처음 투자한 금액인 1달러를 빼고, 처음 투자한 금액인 1달러로 나누면 바로 위에 있는 식에서 계산된 수익률이 얻어진다. $(i_{2t})^2$은 매우 작은 값이기 때문에(만약 i_{2t} = 10% = 0.10이면, $(i_{2t})^2$ = 0.01), 이 항을 무시하면 2기 동안 2기 만기 채권을 보유하는 데 따른 기대수익률은 $2i_{2t}$로 단순화될 수 있다.

한편 1기 만기 채권들을 매입하는 다른 전략의 경우, 1달러 투자에 따른 2기 동안의 기대수익률은 다음과 같이 계산된다.

$$(1 + i_t)(1 + i^e_{t+1}) - 1 = 1 + i_t + i^e_{t+1} + i_t(i^e_t + 1) - 1 = i_t + i^e_{t+1} + i_t(i^e_{t+1})$$

1달러의 투자는 1기 후에 $1 + i_t$가 되고, 이 금액이 2기 동안에 1기 만기 채권에 재투자되어 2기 후에 $(1 + i_t)(1 + i^e_{t+1})$가 된다. 이 금액으로부터 처음 투자한 1달러를 빼고 처음 투자한 1달러로 나누면, 2기 동안 1기 만기 채권들을 보유하는 전략의 기대수익률이 계산된다. $i_t(i^e_{t+1})$도 매우 작은 값이기 때문에(만약 $i_t = i^e_{t+1} = 0.10$이면, $i_t(i^e_{t+1}) = 0.01$), 이 항을 무시하면 2기 동안 1기 만기 채권들을 보유하는 전략의 기대수익률은 $i_t + i^e_{t+1}$로 단순화될 수 있다. 두 가지 채권 투자 전략의 기대수익률이 같을 때, 즉 $2i_{2t} = i_t + i^e_{t+1}$일 때에만 사람들은 두 가지 채권을 모두 보유할 것이다. 1기 이자율로 표시되는 i_{2t}의 해를 구하면 다음과 같다.

$$i_{2t} = \frac{i_t + i^e_{t+1}}{2} \tag{1}$$

이 식은 2기 만기 채권의 이자율은 두 개의 1기 만기 채권 이자율들의 평균과 같아야 한다는 것을 말해준다. 이것을 그래프로 나타내면 다음과 같다.

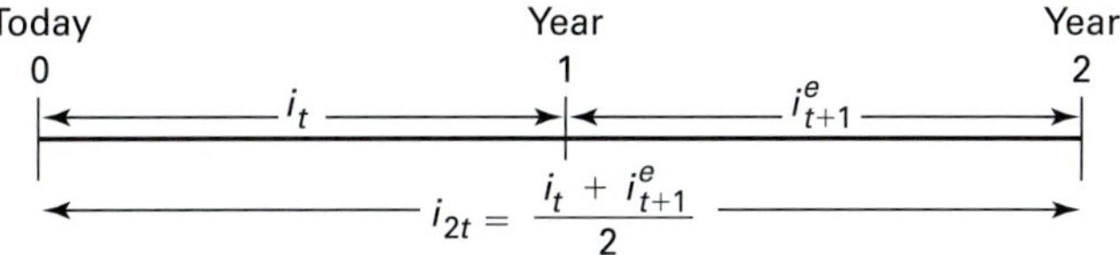

이자율의 기간구조 전체를 검토할 수 있도록 장기의 만기를 가진 채권들에 대해 동일한 도출과정이 적용될 수 있다. 이와 같이 하면, n기 만기 채권의 이자율 i_{nt}는 다음과 같이 나타낼 수 있다.

$$i_{nt} = \frac{i_t + i^e_{t+1} + i^e_{t+2} + \cdots + i^e_{t+(n-1)}}{n} \tag{2}$$

식(2)는 n기 만기 채권의 이자율은 채권의 n기 수명 동안 발생할 것으로 예상되는 1기 이자율들의 평균과 일치함을 나타낸다. 이는 기대이론을 보다 정확하게 다시 기술한 것이다.[2)]

예제 5.3

기대이론

앞으로 5년 동안 1년 이자율들이 각각 5%, 6%, 7%, 8%, 9%로 예상된다. 이러한 정보가 주어지면, 2년 만기 채권과 5년 만기 채권의 이자율은 각각 얼마인가? 수익률곡선이 어떤 모습인지를 설명하라.

---

2) 본문의 분석은 할인채를 대상으로 한 것이다. 이표채의 이자율에 대한 공식은 여기서 사용되는 공식과 약간 다르나 동일한 원리를 제시한다.

> 해답

2년 만기 채권의 이자율은 5.5%가 될 것이다.

$$i_{nt} = \frac{i_t + i^e_{t+1} + i^e_{t+2} + \cdots + i^e_{t+(n-1)}}{n}$$

여기서 i_t = 연도 1의 이자율 = 5%

i^e_{t+1} = 연도 2의 이자율 = 6%

n = 연 수 = 2

따라서

$$i_{2t} = \frac{5\% + 6\%}{2} = 5.5\%$$

5년 만기 채권의 이자율은 7%가 될 것이다.

$$i_{nt} = \frac{i_t + i^e_{t+1} + i^e_{t+2} + \cdots + i^e_{t+(n-1)}}{n}$$

여기서 i_t = 연도 1의 이자율 = 5%

i^e_{t+1} = 연도 2의 이자율 = 6%

i^e_{t+2} = 연도 3의 이자율 = 7%

i^e_{t+3} = 연도 4의 이자율 = 8%

i^e_{t+4} = 연도 5의 이자율 = 9%

n = 연 수 = 5

따라서

$$i_{5t} = \frac{5\% + 6\% + 7\% + 8\% + 9\%}{5} = 7.0\%$$

1년 만기, 3년 만기, 4년 만기 채권의 이자율들을 같은 방법으로 계산하면, 여러분은 1년 만기, 2년 만기, 3년 만기, 4년 만기, 5년 만기 채권의 이자율이 각각 5.0%, 5.5%, 6.0%, 6.5%, 7.0%라는 것을 확인할 수 있을 것이다. 단기이자율들이 상승하는 추세를 보이면, 만기가 증가함에 따라 이자율이 상승하는 우상향의 수익률곡선이 도출된다.

기대이론은 수익률곡선으로 나타나는 이자율의 기간구조가 시점에 따라 변화하는 이유를 설명해주는 훌륭한 이론이다. 수익률곡선이 우상향할 때, 기대이론은 수치로 나타낸 앞의 예에서 살펴본 것처럼 단기이자율이 미래에 상승할 것으로 예상된다는 점을 제시한다. 현재 장기이자율이 단기이자율보다 높으면, 미래 단기이자율들의 평균은 현재 단기이자율보다 높을 것으로 예상된다. 이러한 상황은 단기이자율이 상승할 것으로 예상될 때만 발생할 수 있다. 이것이 수치로 나타낸 앞의 예에서 살펴본 것이다. 수익률곡선이 우하향할 때, 미래 단기이자율들은 평균적으로 미래에 하락할 것으로 예상된다. 수익률곡선이 수평일 때에만, 기대이론은 단기이자율들이 평균적으로 미래에 변화하지 않을 것으로 예상된다고 제시한다.

또한 기대이론은 만기가 다른 채권들의 이자율들은 시간이 흐름에 따라 함께 움직인다는 [사실 1]을 설명해준다. 역사적으로 보면, 단기이자율은 오늘 상승하면 미래에 더 상승하는 경향을 보였다. 따라서 단기이자율의 상승은 사람들이 예상하는 미래 단기이자율을 상승시킬 것이다. 장기이자율은 예상되는 단기이자율들의 평균이기 때문에 단기이자율의 상승은 또한 장기이자율을 상승시킬 것이고 단기이자율과 장기이자율이 함께 움직이게 만들 것이다.

기대이론은 또한 수익률곡선은 단기이자율이 낮을 때는 우상향하는 경향이 있고, 단기이자율이 높을 때는 우하향하는 경향이 있다는 [사실 2]를 설명해준다. 단기이자율이 낮을 때, 사람들은 일반적으로 단기이자율이 미래에 정상 수준으로 상승할 것이라고 예상하기 때문에 미래에 예상되는 단기이자율들의 평균은 현재의 단기이자율에 비해 상대적으로 높게 된다. 따라서 장기이자율은 현재 단기이자율보다 상당히 높게 될 것이고 수익률곡선은 우상향할 것이다. 이와 반대로, 만약 단기이자율이 높으면, 사람들은 일반적으로 단기이자율이 정상 수준으로 하락할 것이라고 예상한다. 따라서 예상되는 미래 단기이자율들의 평균은 현재의 단기이자율보다 낮을 것이기 때문에 장기이자율이 단기이자율들보다 낮아질 것이고 수익률곡선은 우하향하는 역전된 모습을 보일 것이다.[3)]

기대이론은 이자율의 기간구조를 간단하게 설명하기 때문에 매력적인 이론이다. 그러나 불행하게도 기대이론은 중요한 난점을 가지고 있다. 기대이론은 수익률곡선이 일반적으로 우상향한다는 [사실 3]을 설명할 수 없다. 수익률곡선이 전형적으로 우상향한다는 것은 단기이자율이 일반적으로 미래에 상승할 것으로 예상된다는 것을 의미한다. 단기이자율은 상승할 가능성만큼이나 하락할 가능성도 있기 때문에 기대이론은 전형적인 수익률곡선이 우상향하기보다는 수평이어야 한다고 제시한다.

분할시장이론

이자율의 기간구조에 관한 **분할시장이론**(segmented markets theory)은 그 이름이 제시하는 것처럼 서로 다른 만기를 가진 채권시장들은 완전히 분리되어 있고 분할되어 있다고 간주한다. 따라서 특정 만기 채권의 이자율은 다른 만기 채권들의 기대수익률들로부터 영향을 받지 않으며 특

3) 기대이론은 단기이자율과 장기이자율 간 관계에 대한 중요한 사실을 설명한다. [그림 5.4]에서 보는 것처럼, 단기이자율은 장기이자율보다 심하게 변동한다. 만약 이자율이 평균 회귀의 특성을 보인다면, 다시 말해, 이자율이 예외적으로 높은 수준에 이르렀을 때는 다시 하락하는 경향이 있고 예외적으로 낮은 수준에 이르렀을 때는 다시 상승하는 경향이 있다면, 단기이자율들의 평균은 반드시 단기이자율보다 적게 변동해야 한다. 기대이론은 장기이자율이 미래 단기이자율들의 평균이라고 제시하기 때문에, 장기이자율은 단기이자율보다 더 적게 변동할 것이라는 점을 시사한다.

정 만기 채권의 수요와 공급에 의해 결정된다.

분할시장이론의 핵심 가정은 서로 다른 만기를 가진 채권들은 전혀 대체재가 아니기 때문에 특정 만기 채권을 보유하는 데 따른 기대수익률은 다른 만기의 채권에 대한 수요에 아무런 영향을 주지 않는다는 것이다. 이자율의 기간구조에 관한 분할시장이론은 서로 다른 만기를 가진 채권들이 완전대체재라고 가정하는 기대이론과는 극단적으로 반대 입장에 있는 이론이다.

분할시장이론에서 서로 다른 만기를 가진 채권들이 서로 대체재가 아닌 이유는 투자자들이 특정 만기의 채권에 대해서만 강한 선호를 가지는 반면 다른 만기의 채권은 선호하기 않기 때문에 선호하는 특정 만기 채권의 기대수익률에만 관심을 두기 때문이다. 이러한 일은 투자자들이 특정 보유기간을 마음속으로 고려하고 있기 때문에 발생할 수 있다. 만약 투자자들이 채권 보유기간과 채권 만기를 일치시키면, 투자자들은 이자율위험 없이 일정한 기대수익률을 달성할 수 있다.[4] (제3장에서 살펴본 것처럼, 채권의 만기와 보유기간이 일치하면, 채권의 기대수익률은 이자율위험이 존재하기 않기 때문에 채권의 만기수익률로 확정된다.) 예를 들어 여러분이 어린 자녀의 대학 학비를 위해 자금을 따로 떼어내 투자하고자 하면, 여러분이 보유하기 원하는 기간은 장기가 될 것이고 여러분은 장기채권을 보유하길 원할 것이다.

분할시장이론에서, 다양한 모습의 수익률곡선은 서로 다른 만기를 가진 채권들에 관련된 수요와 공급의 차이에 의해 설명된다. 만약 투자자들이 단기의 보유기간을 원해 이자율위험이 작은 단기채권을 선호한다면, 분할시장이론은 수익률곡선이 전형적으로 우상향한다는 [사실 3]을 설명할 수 있다. 전형적인 상황에서 장기채권에 대한 수요는 단기채권에 대한 수요보다 상대적으로 작기 때문에, 장기채권은 보다 낮은 가격과 보다 높은 이자율을 나타내며, 이에 따라 수익률곡선은 전형적으로 우상향할 것이다.

분할시장이론은 수익률곡선이 왜 일반적으로 우상향하는 경향이 있는지를 설명할 수 있지만, [사실 1]과 [사실 2]를 설명할 수 없는 중대한 단점이 있다. 첫째, 분할시장이론에서 서로 다른 만기를 가진 채권시장은 완전히 분할되어 있다고 간주하기 때문에, 특정 만기 채권의 이자율 상승이 다른 만기 채권의 이자율에 영향을 주지 못한다. 따라서 분할시장이론은 왜 서로 다른 만기를 가진 채권들의 이자율이 함께 움직이는 경향이 있는지([사실 1])를 설명할 수 없다. 둘째, 단기채권과 장기채권의 수요와 공급이 단기이자율 수준의 변화에 따라 어떻게 변화하는지 분명하기 않기 때문에, 분할시장이론은 수익률곡선이 왜 단기이자율이 낮을 때 우상향하는 경향이 있고, 단기이자율이 높을 때 우하향하는 경향이 있는지([사실 2])를 설명할 수 없다.

지금까지 논의한 두 이론 중 각 이론은 서로 다른 이론이 설명할 수 없는 실증적 사실을 설명하기 때문에, 논리적인 다음 단계는 두 이론을 결합하는 것이다. 이제 이러한 결과로부터 도출되

---

4) 채권 만기와 채권 보유기간이 일치하면, 수익률에 대한 불확실성이 존재하지 않는다는 명제는 할인채에 대해서만 문자 그대로 성립한다. 장기 만기를 가지는 이표채의 경우, 이표지급액이 채권의 만기가 종료되기 전에 재투자되어야 하기 때문에, 약간의 불확실성이 존재한다. 따라서 여기서 논의되고 있는 분석은 할인채를 대상으로 한 것이다. 그러나 이표채의 만기와 보유기간이 일치할 때, 이표지급액의 재투자로부터 발생되는 위험은 작기 때문에 분석의 핵심 내용은 이표채의 경우에도 동일하게 성립한다.

는 유동성 프리미엄 이론을 살펴보기로 하자.

유동성 프리미엄 이론

이자율의 기간구조에 관한 **유동성 프리미엄 이론**(liquidity premium theory)은 장기채권의 이자율은 장기채권의 수명 동안 예상되는 단기이자율들의 평균과 장기채권의 수요와 공급 상황에 반응하는 유동성 프리미엄(기간 프리미엄(term premium)이라고도 함)의 합과 같다고 제시한다.

유동성 프리미엄 이론의 핵심 가정은 만기가 다른 채권들은 대체재이기 때문에 특정 만기 채권의 기대수익률은 다른 만기 채권의 기대수익률에 영향을 주지만 투자자들이 다른 만기 채권보다 특정 만기 채권을 더 선호할 수 있다는 것이다. 달리 말하면, 서로 다른 만기를 가진 채권들은 대체재이지만 완전대체재는 아니라고 가정한다. 투자자들은 이자율위험이 작은 채권을 선호하기 때문에 단기채권을 선호하는 경향이 있다. 이러한 이유 때문에 투자자들이 장기채권을 보유하도록 하기 위해서는 양(+)의 유동성 프리미엄이 제공되어야 한다. 장기이자율과 단기이자율 간의 관계를 나타내는 식에 유동성 프리미엄을 추가하는 방식으로 기대이론이 수정된다. 유동성 프리미엄 이론은 다음과 같이 나타낼 수 있다.

$$i_{nt} = \frac{i_t + i^e_{t+1} + i^e_{t+2} + \cdots + i^e_{t+(n-1)}}{n} + l_{nt} \tag{3}$$

여기서 l_{nt}는 t 시점에 제공되는 n기 만기 채권의 유동성 프리미엄이다. l_{nt}는 항상 양의 값을 가지며 채권의 만기 n이 증가함에 따라 커진다.[5)]

기대이론과 유동성 프리미엄 이론의 관계가 [그림 5.5]에 제시되어 있다. 이 그림에서 보면 유동성 프리미엄은 항상 양의 값이고 일반적으로 만기가 증가함에 따라 커지기 때문에, 유동성 프리미엄 이론이 제시하는 수익률곡선은 항상 기대이론이 제시하는 수익률곡선보다 위에 있고 더 가파른 기울기를 가진다(논의를 단순하게 하기 위해 기대이론이 제시하는 수익률곡선이 수평이라고 가정하고 있는 점에 주목하라).

---

5) **특정 만기 선호이론**(preferred habitat theory)은 유동성 프리미엄 이론과 밀접히 관련되어 있다. 특정 만기 선호이론은 기대이론을 수정하는 데 덜 직접적인 방법을 사용하지만 유사한 결론을 제시한다. 이 이론은 투자자들이 다른 만기보다 특정 만기의 채권에 대한 선호, 즉 투자자들이 투자하기를 선호하는 특정 만기(선호처(preferred habitat))가 있다고 가정한다. 투자자들은 다른 만기보다 특정 만기 채권을 선호하기 때문에, 어느 정도 높은 기대수익률이 보장될 때에만 다른 만기 채권을 기꺼이 매입할 것이다. 투자자들은 장기채권보다 단기채권을 선호할 가능성이 있기 때문에, 장기채권이 더 높은 기대수익률을 제공할 때에만 장기채권을 기꺼이 보유하고자 할 것이다. 이와 같이 생각해보면 일반적으로 만기가 증가함에 따라 기간 프리미엄이 증가하는 유동성 프리미엄 이론을 나타내는 식(3)과 같은 결과가 얻어진다.

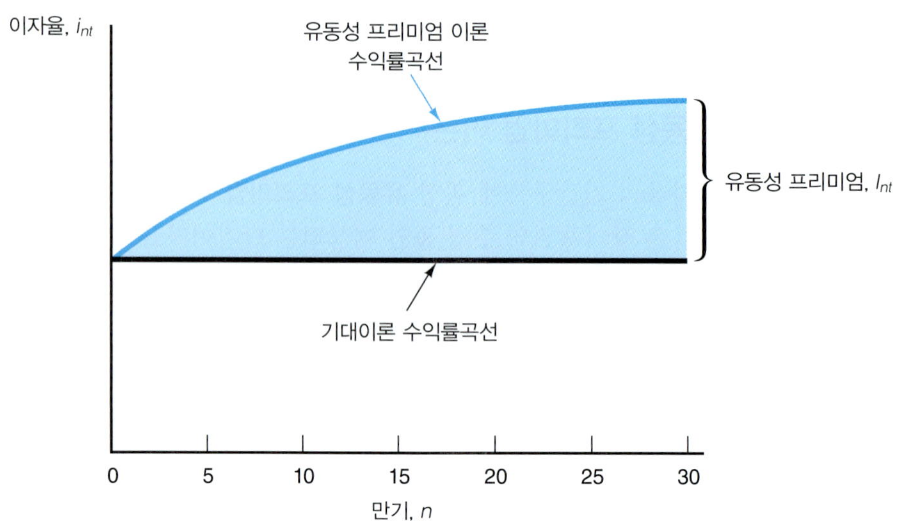

[그림 5.5] 유동성 프리미엄 이론과 기대이론의 관계

유동성 프리미엄은 항상 양이고 만기가 증가함에 따라 커지기 때문에, 유동성 프리미엄에 의해 제시되는 수익률곡선은 항상 기대이론에 의해 제시되는 수익률곡선보다 위에 있고, 더 가파른 기울기를 가진다. 단순화를 위해, 기대이론에 의해 제시된 수익률곡선은 예상되는 미래의 1년 이자율들이 변하지 않는다는 시나리오 하에서 그려졌다.

예제 5.4 유동성 프리미엄 이론

[예제 5.3]에서처럼, 앞으로 5년 동안 1년 이자율이 각각 5%, 6%, 7%, 8%, 9%가 될 것으로 예상된다고 하자. 단기채권 보유에 대한 투자자들의 선호 때문에 1년 만기에서 5년 만기까지 채권의 유동성 프리미엄이 각각 0%, 0.25%, 0.5%, 0.75%, 1.0%라고 하자. 유동성 프리미엄 이론을 적용하는 경우, 2년 만기 채권과 5년 만기 채권의 이자율은 각각 얼마인가? 이 결과를 [예제 5.3]에서 얻은 기대이론을 적용하는 경우의 결과와 비교하라.

> 해답

2년 만기 채권의 이자율은 5.75%가 될 것이다.

$$i_{nt} = \frac{i_t + i^e_{t+1} + i^e_{t+2} + \cdots + i^e_{t+(n-1)}}{n} + l_{nt}$$

여기서 i_t = 연도 1의 이자율 = 5%

i^e_{t+1} = 연도 2의 이자율 = 6%

l_{2t} = 유동성 프리미엄 = 0.25%

n = 연 수 = 2

따라서

$$i_{2t} = \frac{5\% + 6\%}{2} + 0.25\% = 5.75\%$$

5년 만기 채권의 이자율은 8%가 될 것이다.

$$i_{nt} = \frac{i_t + i^e_{t+1} + i^e_{t+2} + \cdots + i^e_{t+(n-1)}}{n} + l_{nt}$$

여기서 i_t = 연도 1의 이자율 $= 5\%$

i^e_{t+1} = 연도 2의 이자율 $= 6\%$

i^e_{t+2} = 연도 3의 이자율 $= 7\%$

i^e_{t+3} = 연도 4의 이자율 $= 8\%$

i^e_{t+4} = 연도 5의 이자율 $= 9\%$

l_{5t} = 유동성 프리미엄 $= 1\%$

n = 연 수 $= 5$

따라서

$$i_{5t} = \frac{5\% + 6\% + 7\% + 8\% + 9\%}{5} + 1\% = 8.0\%$$

만약 여러분이 유사한 방식으로 1년 만기 채권, 3년 만기 채권, 4년 만기 채권의 이자율을 계산하면, 1년 만기 채권에서 5년 만기 채권까지 이자율은 각각 5.0%, 5.75%, 6.5%, 7.25%, 8.0%일 것이다. 이 결과를 기대이론을 적용하는 경우의 결과와 비교하면, 단기채권에 대한 투자자들의 선호 때문에, 유동성 프리미엄 이론에 의해 제시되는 수익률곡선은 기대이론에 의해 제시되는 수익률곡선보다 더 가파르게 우상향함을 알 수 있다.

이제 유동성 프리미엄 이론이 앞에서 논의한 세 가지의 실증적 사실들을 잘 설명하는지 살펴보자. 이 이론은 서로 다른 만기 채권들의 이자율이 시간이 흐름에 따라 함께 움직인다는 [사실 1]을 설명한다. 단기이자율의 상승은 단기이자율들이 평균적으로 미래에 더 높아질 것이라는 것을 의미하고, 식(3)의 첫 번째 항은 단기이자율의 상승에 따라 장기이자율이 상승할 것임을 시사한다.

또한 이 이론은 수익률곡선이 단기이자율이 낮을 때 기울기가 가파르게 우상향하고 단기이자율이 높을 때 우하향한다는 [사실 2]를 설명한다. 투자자들은 일반적으로 단기이자율이 낮을 때 정상 수준으로 상승할 것이라고 예상하기 때문에, 미래에 예상되는 단기이자율들의 평균은 현재의 단기이자율에 비해 상대적으로 높을 것이다. 여기에 양의 유동성 프리미엄이 추가됨에 따라 장기이자율은 현재의 단기이자율보다 상당히 높을 것이고 이에 따라 수익률곡선은 가파르게 우상향할 것이다. 이와 반대로, 만약 단기이자율이 높으면 사람들은 일반적으로 단기이자율이 하락할 것이라고 예상한다. 예상되는 단기이자율들의 평균은 현재의 단기이자율보다 크게 낮을 것이기 때문에 장기이자율은 단기이자율보다 낮게 하락할 것이고 이에 따라 양의 유동성 프리미엄에도 불구하고 수익률곡선은 우하향할 것이다.

유동성 프리미엄 이론은 단기채권에 대한 투자자들의 선호 때문에 채권의 만기가 증가함에 따라 유동성 프리미엄이 커진다는 사실을 인지하면서 수익률곡선이 전형적으로 우상향한다는 [사실 3]을 설명한다. 단기이자율이 미래에 평균적으로 같은 수준에 머무를 것으로 예상되더라도, 장기이자율은 단기이자율보다 높을 것이고 이에 따라 수익률곡선은 전형적으로 우상향하게 될 것이다.

유동성 프리미엄 이론은 유동성 프리미엄이 양의 값을 가짐에도 불구하고 종종 역전된 수익률곡선이 나타나는 것을 어떻게 설명하는가? 단기이자율이 미래에 크게 하락할 것이라고 예상되면, 미래 단기이자율들의 평균은 현재의 단기이자율보다 크게 낮아질 수밖에 없다. 이 경우, 양의 유동성 프리미엄이 미래 단기이자율들의 평균에 더해지더라도 장기이자율은 현재 단기이자율보다 낮아지게 될 것이다.

앞의 논의가 제시하는 것처럼, 유동성 프리미엄 이론이 특별히 매력적인 이유는 이 이론이 수익률곡선의 기울기를 통해 시장이 미래의 단기이자율을 어떻게 예상하고 있는지를 제시해주기 때문이다. [그림 5.6]의 (a)에서처럼, 가파르게 우상향하는 수익률곡선은 단기이자율이 미래에 상승할 것으로 예상된다는 것을 제시한다. (b)에서처럼, 완만하게 우상향하는 수익률곡선은 단기이자율이 미래에 크게 상승하거나 하락하지 않을 것으로 예상된다는 것을 제시한다. (c)에서처럼, 수평인 수익률곡선은 단기이자율이 미래에 완만하게 하락할 것으로 예상된다는 것을 제시한다. 마지막으로 (d)에서처럼, 역전된 수익률곡선은 단기이자율이 미래에 급하게 하락할 것으로 예상된다는 것을 제시한다.

이자율의 기간구조에 대한 증거

1980년대에 이자율의 기간구조를 검토한 연구자들은 수익률곡선의 기울기가 미래의 단기이자율에 관한 정보를 제공하는지에 대해 의문을 제기했다.[6] 그들은 장기이자율과 단기이자율 간 스프레드는 항상 미래의 단기이자율을 예측하는 데 도움을 주는 것은 아니며 장기채권에 대한 유동성 프리미엄의 큰 변동에 의해 결정된다는 것을 발견했다. 보다 더 명확한 검정방법을 사용한 최근 연구들은 이와는 다른 견해를 제시한다. 이 연구들은 이자율의 기간구조는 초단기(앞으로 수개월 동안)와 장기(앞으로 수년 동안) 이자율들에 관한 꽤 많은 정보를 포함하고 있으나, 중간기(초단기와 장기 사이의 기간)의 이자율 움직임을 예측하는 데는 믿을 만한 정보를 제공하지 못

---

6) Robert J. Shiller, John Y. Campbell, and Kermit L. Schoenholtz, "Forward Rates and Future Policy: Interpreting the Term Structure of Interest Rates," *Brookings Papers on Economic Activity* 1 (1983): 173–217; N. Gregory Mankiw and Lawrence H. Summers, "Do Long-Term Interest Rates Overreact to Short-Term Interest Rates?" *Brookings Papers on Economic Activity* 1 (1984): 223–242.

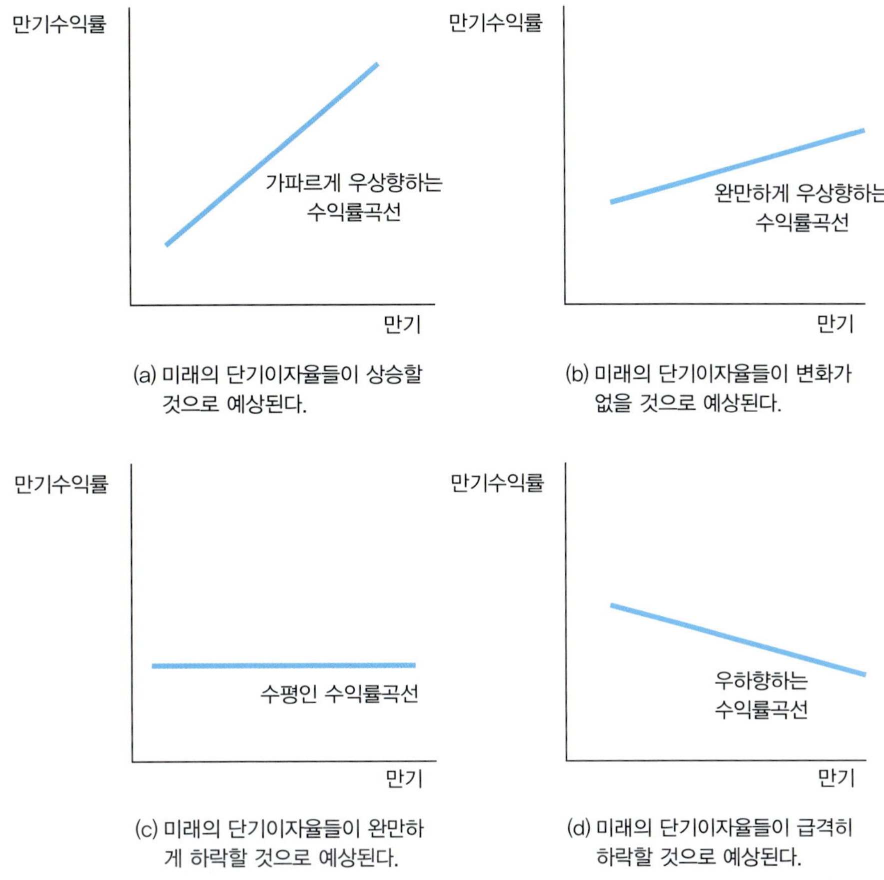

[그림 5.6] 수익률곡선과 유동성 프리미엄 이론에 의한 미래 단기이자율들에 대한 시장의 예측

(a)에서처럼, 가파르게 우상향하는 수익률곡선은 단기이자율들이 미래에 상승할 것으로 예상된다는 것을 제시한다. (b)에서처럼, 완만하게 우상향하는 수익률곡선은 단기이자율들이 미래에 크게 상승하거나 하락하지 않을 것으로 예상된다는 것을 제시한다. (c)에서처럼, 수평인 수익률곡선은 단기이자율들이 미래에 완만하게 하락할 것으로 예상된다는 것을 제시한다. (d)에서처럼, 우하향하는 수익률곡선은 단기이자율들이 미래에 급하게 하락할 것으로 예상된다는 것을 제시한다.

한다는 분석결과를 제시한다.[7] 또한 최근 연구는 수익률곡선이 미래의 인플레이션과 경기변동을 예측하는 데 도움을 준다는 사실을 발견했다([미니사례] '인플레이션과 경기변동 예측수단으로서 수익률곡선' 참조).

7) Eugene Fama, "The Information in the Term Structure," *Journal of Financial Economics* 13 (1984): 509–528; Eugene Fama and Robert Bliss, "The Information in Long-Maturity Forward Rates," *American Economic Review* 77 (1987): 680–692; John Y. Campbell and Robert J. Shiller, "Cointegration and Tests of the Present Value Models," *Journal of Political Economy* 95 (1987): 1062–1088; John Y. Campbell and Robert J. Shiller, "Yield Spreads and Interest Rate Movements: A Bird's Eye View," *Review of Economic Studies* 58 (1991): 495–514.

요약

유동성 프리미엄 이론은 이자율의 기간구조에 관한 중요한 실증적 사실들을 매우 잘 설명하기 때문에 이자율의 기간구조에 관한 이론들 중에서 가장 널리 받아들여지고 있다. 이 이론은 장기이자율이 채권의 수명 동안 예상되는 단기이자율들의 평균과 유동성 프리미엄의 합과 같다고 주장하면서 기대이론과 분할시장이론의 특성을 결합한다.

유동성 프리미엄 이론은 다음의 사실들을 설명한다.

1. 만기가 서로 다른 채권들의 이자율은 시간이 흐름에 따라 함께 움직이는 경향이 있다.
2. 단기이자율이 낮을 때, 수익률곡선은 가파르게 우상향할 가능성이 크다.
3. 수익률곡선은 일반적으로 우상향하나 단기이자율이 높을 때는 우하향할 가능성이 있다.

유동성 프리미엄 이론은 미래 단기이자율들의 움직임을 예측하는 데 도움을 준다. 수익률곡선이 가파르게 우상향하면 단기이자율이 상승할 것으로 예상되고, 수익률곡선이 완만하게 우상향하면 단기이자율이 크게 변동하지 않을 것으로 예상되며, 수익률곡선이 수평이면 단기이자율이 완만하게 하락할 것으로 예상되고, 우하향하는 수익률곡선은 단기이자율이 급하게 하락할 것으로 예상됨을 제시한다.

> 미니사례 *Mini-Case*

인플레이션과 경기변동 예측수단으로서 수익률곡선

수익률곡선은 미래에 예상되는 단기이자율들에 관한 정보를 포함하고 있기 때문에 인플레이션과 경기변동을 예측하는 능력도 가지고 있어야 한다. 그 이유를 살펴보기 위해, 제4장으로부터 이자율의 상승은 경기확장과 관련되어 있고 이자율의 하락은 경기수축과 관련되어 있다는 사실을 상기하자. 수익률곡선이 수평이거나 우하향할 때 미래의 단기이자율은 하락할 것으로 예상되고 이에 따라 경기가 수축 국면으로 진입할 가능성이 크다는 것을 제시한다. 실제로 수익률곡선은 경기변동의 정확한 예측변수라는 것이 발견되었다.[a]

또한 제3장에서 명목이자율은 실질이자율과 기대 인플레이션으로 구성되어 있음을 배웠다. 이것은 수익률곡선이 명목이자율의 미래 경로와 미래 인플레이션 모두에 관한 정보를 포함하고 있음을 의미한다. 가파르게 우상향하는 수익률곡선은 미래 인플레이션의 상승을 예측하는 반면, 수평이거나 우하향하는 수익률곡선은 미래 인플레이션의 하락을 예측한다.[b]

수익률곡선이 경기변동과 인플레이션을 예측하는 능력을 가지고 있기 때문에 수익률곡선의 기울기는 많은 경제예측가들의 분석도구로 사용된다. 가파르게 우상향하는 수익률곡선은 확장적 통화정책을 시사하고 수평이거나 우하향하는 수익률곡선은 긴축적 통화정책을 시사한다는 방식으로 수익률곡선은 통화정책의 입장에 대한 유용한 지표로 여겨진다.

---

a. Arturo Estrella and Frederic S. Mishkin, "Predicting U.S. Recessions: Financial Variables as Leading Indicators," *Review of Economics and Statistics* 80 (February 1998): 45–61을 참조하라.

b. Frederic S. Mishkin, "What Does the Term Structure Tell Us About Future Inflation?" *Journal of Monetary Economics* 25 (January 1990): 77–95; Frederic S. Mishkin, "The Information in the Longer-Maturity Term Structure About Future Inflation," *Quarterly Journal of Economics* 55 (August 1990): 815–828.

사례분석 수익률곡선의 해석, 1980~2013년

[그림 5.7]은 최근에 나타난 미국 국채의 수익률곡선들을 보여준다. 이러한 수익률곡선들은 미래 단기이자율의 움직임에 대한 사람들의 예상에 관해 무엇을 제시하는가?

1981년 1월 15일에 나타난 가파르게 우하향하는 수익률곡선은 단기이자율이 미래에 급격히 하락할 것으로 예상된다는 것을 제시했다. 양의 유동성 프리미엄을 가진 장기이자율이 단기이자율보다 크게 낮기 위해서는 미래 단기이자율들의 평균이 현재의 단기이자율보다 크게 낮도록 미래 단기이자율들이 급격히 하락할 것으로 예상되어야 한다. 실제로 수익률곡선에 분명하게 제시된 것과 같이 미래 단기이자율들이 급격히 하락할 것이라는 사람들의 예상은 1981년 1월 15일 이후에 곧바로 실현되었다. 1981년 3월까지, 3개월 만기 재무부 증권의 이자율은 16%에서 13%로 하락했다.

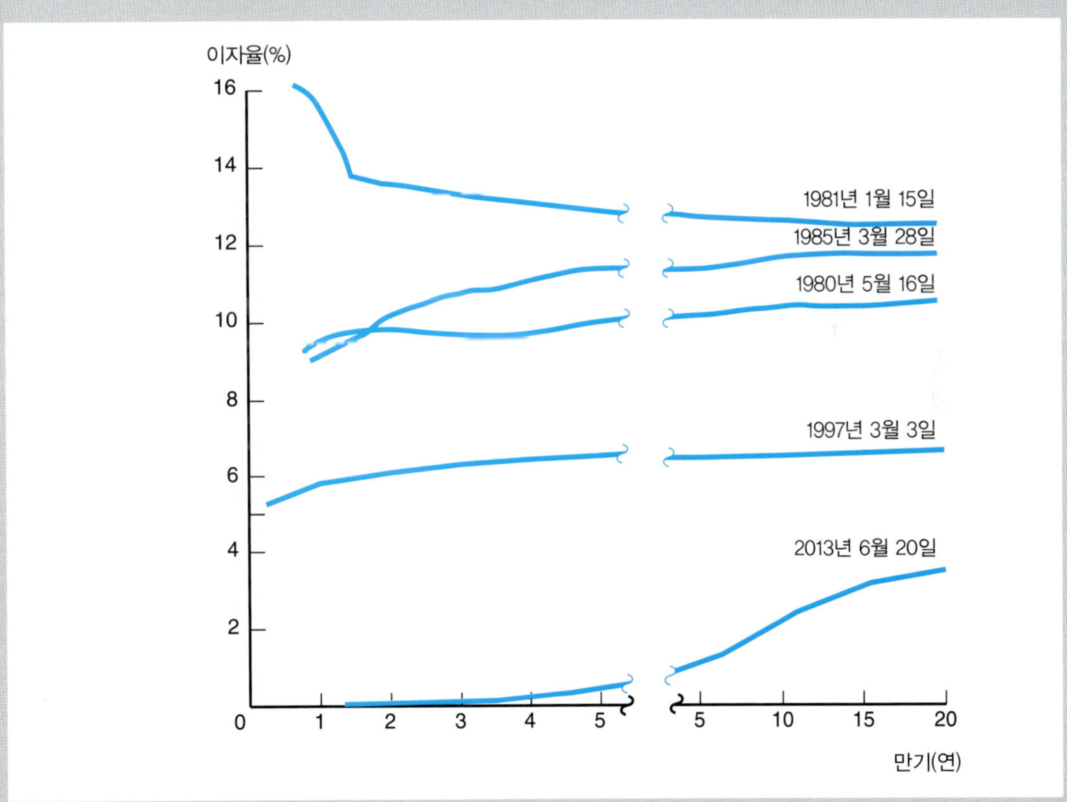

[그림 5.7] 미국 국채의 수익률곡선

1981년부터 2013년까지 여러 시점의 미국 국채 수익률곡선

자료: Federal Reserve Bank of St. Louis; FRED database, http://research.stlouisfed.org/fred2/; *Wall Street Journal*, various dates.

1985년 3월 28일과 2013년 6월 20일에 나타난 가파르게 우상향하는 수익률곡선은 단기이자율이 미래에 상승할 것임을 제시했다. 미래 단기이자율들의 평균과 유동성 프리미엄의 합이 현재 단기이자율보다 높기 때문에 미래에 단기이자율들이 상승할 것이라고 예상되고 장기이자율은 단기이자율보다 높게 나타났다. 1980년 5월 16일과 1997년 3월 3일에 나타난 완만하게 우상향하는 수익률곡선은 단기이자율이 가까운 미래에 상승하거나 하락하지 않을 것으로 예상됨을 제시했다. 이 경우, 미래 단기이자율들의 평균이 현재의 단기이자율과 같게 유지되고, 장기채권에 대한 양의 유동성 프리미엄으로 인해 수익률곡선은 완만하게 우상향하는 것으로 나타났다.

이자율 예측을 위해 이자율의 기간구조 활용하기

제4장에서 논의한 것처럼, 미래의 이자율 변화는 금융기관의 수익성에 심대한 영향을 미치기 때문에 이자율 예측은 금융기관 경영자에게 매우 중요하다. 이에 더하여, 금융기관 경영자가 미래에 고객들에게 약속하는 대출 이자율을 결정해야 하기 때문에 이자율 예측이 필요하다. 이자율의 기간구조에 관한 논의에서 수익률곡선의 기울기는 이자율의 미래 경로에 대한 시장의 예상에 관한 일반적인 정보를 제공한다는 것을 살펴보았다. 예를 들어 가파르게 우상향하는 수익률곡선은 단기이자율이 미래에 상승할 것으로 예상된다는 것을 제시하고 우하향하는 수익률곡선은 단기이자율이 미래에 하락할 것으로 예상된다는 것을 제시한다. 그러나 금융기관 경영자는 이보다 훨씬 더 구체적인 이자율 예측에 관한 정보가 필요하다. 여기서 금융기관 경영자가 이자율의 기간구조를 사용하면서 구체적인 이자율 예측치를 어떻게 구할 수 있는지 살펴보자.

이러한 일이 어떻게 이루어지는지를 살펴보기 위해 기대이론의 논의에서 채택되었던 방법을 사용하면서 분석을 시작하자. 서로 다른 만기의 채권들은 완전대체재이기 때문에, 2기 만기 채권에 1달러를 투자하는 경우 두 기간 동안의 기대수익률인 $(1 + i_{2t})(1 + i_{2t}) - 1$은 1기 만기 채권들에 1달러를 투자하는 경우 두 기간 동안의 기대수익률인 $(1 + i_t)(1 + i^e_{t+1}) - 1$과 일치해야 한다. 이것을 그림으로 나타내면 다음과 같다.

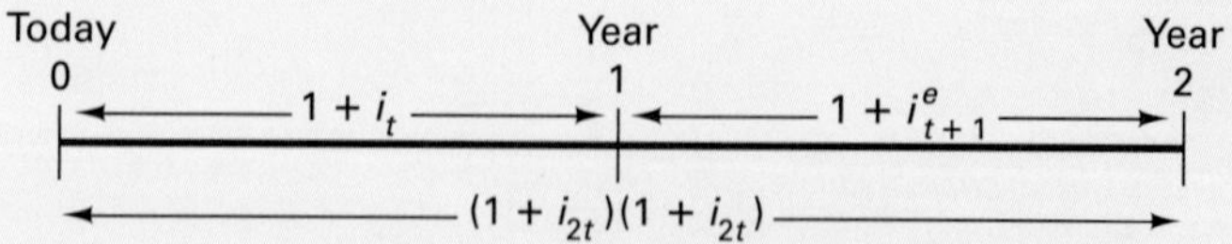

달리 말하면,

$$(1+i_t)(1+i^e_{t+1})-1=(1+i_{2t})(1+i_{2t})-1$$

약간의 단순한 계산을 통해 i^e_{t+1}의 해는 다음과 같이 구할 수 있다.

$$i^e_{t+1}=\frac{(1+i_{2t})^2}{1+i_t}-1 \qquad (4)$$

i^e_{t+1}는 이자율의 기간구조에 관한 기대이론이 제시하는 미래 $t+1$기에 예상되는 1기 만기 이자율이기 때문에 i^e_{t+1}를 **선도이자율**(forward rate)이라고 부른다. 이자율의 기간구조로부터 도출되는 선도이자율과 t기에 관측되는 실제이자율을 구별하기 위해서 t기에 관측되는 이자율을 **현물이자율**(spot rate)이라고 부른다.

이 장의 앞에서 기대이론을 논의하기 위해 사용한 [예제 5.3]으로 돌아가면, t기에서 1년 이자율은 5%이고 2년 이자율은 5.5%이다. 이 수치들을 식(4)에 대입하면, 다음과 같은 미래 $t+1$기의 선도이자율 추정치가 구해진다.

$$i^e_{t+1}=\frac{(1+0.055)^2}{1+0.05}-1=0.06=6\%$$

이러한 6%의 선도이자율이 [예제 5.3]에서 사용한 미래의 연도 2에 예상되는 1년 이자율과 일치한다는 것은 놀라운 일이 아니다. 여기에서 사용된 계산과정은 바로 기대이론을 살펴보는 또 다른 방법이기 때문에 이것이 정확히 구하고자 했던 것이다.

또한 3년 만기 채권을 보유하는 것과 1년 만기 채권들을 연속적으로 3년간 보유하는 것을 비교할 수도 있다. 기대이론을 적용하면, 다음과 같은 관계가 성립한다.

$$(1+i_t)(1+i^e_{t+1})(1+i^e_{t+2})-1=(1+i_{3t})(1+i_{3t})(1+i_{3t})-1$$

식(4)에서 도출된 i^e_{t+1}의 추정치를 대입하면, i^e_{t+2}의 해는 다음과 같다.

$$i^e_{t+2}=\frac{(1+i_{3t})^3}{(1+i_{2t})^2}-1$$

이러한 계산들을 계속하면, 미래 $t+n$기 선도이자율의 일반적인 해는 다음과 같이 구해진다.

$$i^e_{t+n}=\frac{(1+i_{n+1t})^{n+1}}{(1+i_{nt})^n}-1 \qquad (5)$$

투자자들이 장기채권을 보유하도록 하기 위해서는 유동성 프리미엄으로 보상되어야 하기 때문에 이러한 논의는 기대이론이 전적으로 만족스러운 것은 아님을 제시한다. 따라서 유동성 프리미엄 이론을 논의할 때 했던 것처럼, 미래 이자율의 예측치를 추정하는 데 유동성 프리미엄이 포함되도록 이러한 논의를 수정할 필요가 있다.

유동성 프리미엄 이론에 대한 논의로부터 투자자들은 장기채권보다 단기채권 보유를 선호하기 때문에 $t+n$기 이자율은 기대이론에 의해 제시되는 이자율과 유동성 프리미엄 l_{nt}만큼 차이가 있음을 상기하자. 따라서 유동성 프리미엄을 포함시키기 위해, 기대이론을 적용해 구한 i^e_{t+n}을 도출하는 공식에서 i_{nt}로부터 l_{nt}를 뺄 필요가 있다. 유동성 프리미엄 이론을 적용하여 도출된 i^e_{n+1}은 다음과 같이 나타낼 수 있다.

$$i^e_{t+n} = \frac{(1 + i_{n+1t} - l_{n+1t})^{n+1}}{(1 + i_{nt} - l_{nt})^n} - 1 \tag{6}$$

이와 같이 도출된 i^e_{t+n}을 *조정된 선도이자율 예측치*(adjusted forward-rate forecast)라고 부른다.

식(6)으로부터 i^e_{t+1}의 추정치는 다음과 같이 구해진다.

$$i^e_{t+1} = \frac{(1 + i_{2t} - l_{2t})^2}{1 + i_t} - 1$$

유동성 프리미엄 이론을 논의할 때 사용한 [예제 5.4]에서 t기에 l_{2t}는 0.25%이고 $l_{1t} = 0$이며 1년 이자율은 5%이고 2년 이자율은 5.75%이다. 이러한 수치들을 앞에서 제시된 식에 대입하면, 미래 $t+1$기의 조정된 선도이자율 예측치가 다음과 같이 구해진다.

$$i^e_{t+1} = \frac{(1 + 0.0575 - 0.0025)^2}{1 + 0.05} - 1 = 0.06 = 6\%$$

이 예측치는 당연히 [예제 5.3]에서 사용된 미래 $t+1$기에 예상되는 이자율과 같다.

이러한 이자율의 기간구조에 관한 분석은 금융기관 경영자에게 이자율 예측치를 추정하기 위한 매우 간단한 방법을 제공해준다. 먼저, 금융기관 경영자는 다양한 n에 해당되는 유동성 프리미엄 값, 즉 l_{nt}를 추정할 필요가 있다. 이어서 미래 이자율에 대한 시장의 예측치를 구하기 위해 식(6)의 공식을 적용하기만 하면 된다.

예제 5.5 선도이자율

한 고객이 지금부터 1년 후에 8%의 이자율로 1년 만기 대출을 해주겠다고 약속을 기꺼이 약속할 수 있는지를 은행에게 질의한다. 은행은 대출 비용을 보상받고 이익을 얻으려면 동일한 만기를 가진 재무부 채권의 예상 이자율보다 1%포인트 더 높은 이자율을 부과할 필요가 있다. 만약 은행 경영자가 유동성 프리미엄이 0.4%라고 추정하고 있는데 현재 1년 만기 재무부 채권의 이자율이 6%이며 2년 만기 재무부 채권의 이자율이 7%이면, 은행 경영자는 고객이 요청한 대출을 해주겠다고 기꺼이 약속할 수 있을까?

> **해답**

은행 경영자는 이자율이 8%인 대출은 은행에게 이익이 되지 않기 때문에 고객이 요청한 대출을 약속해주지 않을 것이다.

$$i^e_{t+n} = \frac{(1 + i_{n+1t} - l_{n+1t})^{n+1}}{(1 + i_{nt} - l_{nt})^n} - 1$$

여기서 i_{n+1t} = 2년 만기 재무부 채권의 이자율 = 0.07
l_{n+1t} = 유동성 프리미엄 = 0.004
i_{nt} = 1년 만기 재무부 채권의 이자율 = 0.06
l_{1t} = 유동성 프리미엄 = 0
n = 연 수 = 1

따라서

$$i^e_{t+1} = \frac{(1 + 0.07 - 0.004)^2}{1 + 0.06} - 1 = 0.072 = 7.2\%$$

1년 후 미래에 1년 만기 재무부 채권의 시장 예측치는 7.2%이다. 여기에 1년 만기 대출로부터 이익을 얻기 위해서 필요한 최소 1%를 더해야 하므로 대출이자율은 8.2% 이상이 되어야 한다.

제6장에서 살펴보겠지만, 채권시장의 이자율 예측치는 가장 정확한 것일 수 있다. 만약 그렇다면, 여기서 설명한 간단한 방법을 사용해 구해지는 미래 이자율에 대한 시장의 예측치는 금융기관 경영자가 얻을 수 있는 최선의 이자율 예측치일 수 있다.

> 요약

1. 동일한 만기의 채권들은 세 가지 요인, 즉 채무불이행 위험, 유동성, 세금부과 여부 때문에 서로 다른 이자율을 나타낸다. 채권의 채무불이행 위험이 클수록, 다른 채권들에 비해 상대적으로 채권의 이자율은 더 높다. 채권의 유동성이 클수록, 채권의 이자율은 더 낮다. 세금이 부과되지 않는 채권은 세금이 부과되는 채권보다 더 낮은 이자율을 가진다. 이러한 세 가지 요인 때문에 발생되는 동일한 만기 채권들의 이자율 간 관계를 *이자율의 위험구조*라고 부른다.

2. 이자율의 기간구조에 관한 세 가지 이론은 서로 다른 만기를 가진 채권들의 이자율이 어떻게 연관되어 있는가를 설명한다. 기대이론에 의하면 장기이자율은 채권의 수명 동안 발생할 것으로 예상되는 미래 단기이자율들의 평균과 같다고 설명한다. 이와 대조적으로, 분할시장이론은 각 만기의 채권 이자율은 해당 만기 채권시

장의 수요와 공급에 의해서 결정된다고 설명한다. 기대이론과 분할시장이론은 각각 수익률곡선이 일반적으로 우상향한다는 사실과 서로 다른 만기를 가진 채권들의 이자율이 시간이 흐름에 따라 함께 움직인다는 사실을 설명할 수 없다.

3. 유동성 프리미엄 이론은 기대이론과 분할시장이론의 특성을 결합함으로써 수익률곡선과 관련된 사실들을 모두 설명할 수 있다. 이 이론은 장기이자율은 채권의 수명 동안 발생할 것으로 예상되는 미래 단기이자율들의 평균과 유동성 프리미엄의 합과 같다고 설명한다. 이 이론은 수익률곡선으로부터 미래 단기이자율의 움직임에 대한 시장의 예상을 추론할 수 있게 해준다. 가파르게 우상향하는 수익률곡선은 미래 단기이자율이 상승할 것으로 예상된다는 점을 제시하고 완만하게 우상향하는 수익률곡선은 미래 단기이자율이 현재와 같은 수준에서 유지될 것으로 예상된다는 점을 제시한다. 수평인 수익률곡선은 미래 단기이자율이 약간 하락할 것으로 예상된다는 점을 제시하고 우하향하는 수익률곡선은 미래 단기이자율이 크게 하락할 것으로 예상된다는 점을 제시한다.

> 주요용어

기대이론(expectations theory)
선도이자율(forward rate)
수익률곡선(yield curve)
시장분할이론(market segmentation theory)
신용평가기관(credit-rating agency)
역전된 수익률곡선(inverted yield curve)
위험 프리미엄(risk premium)
유동성 프리미엄 이론(liquidity premium theory)
이자율의 기간구조(term structure of interest rates)
이자율의 위험구조(risk structure of interest rates)
정크본드(junk bond)
채무불이행(default)
채무불이행 위험이 없는 채권(default-free bond)
특정 만기 선호이론(preferred habitat theory)
현물이자율(spot rate)

> 연습문제

1. 무디스의 Baa등급 회사채와 C등급 회사채 중 어떤 것이 더 높은 위험 프리미엄을 가지는가? 왜 그런가?

2. 왜 재무부 단기증권은 거액 양도성예금증서(CD)보다 더 낮은 이자율을 가지는가?

3. 회사채의 위험 프리미엄은 일반적으로 경기역행적(anticyclical)이다. 즉, 회사채의 위험 프리미엄은 경기확장기에 감소하고 경기수축기에 증가한다. 그 이유는 무엇인가?

4. "만약 서로 다른 만기의 채권들이 밀접한 대체재라면, 이 채권들의 이자율은 함께 움직일 가능성이 크다." 이 진술은 참인가, 거짓인가, 또는 불확실한가? 설명하라.

5. 만약 수익률곡선이 평균적으로 수평이면, 이는 이자율 기간구조의 유동성 프리미엄에 대해 무엇을 제시하는가? 여러분은 기대이론을 기꺼이 수용할 것인가?

6. 만약 수익률곡선이 아래의 그림과 같다면, 시장은 미래 단기이자율의 움직임에 대해 어떻게 예측하는가? 수익률곡선은 미래 인플레이션에 대한 시장의 예측에 관해 무엇을 제시하는가?

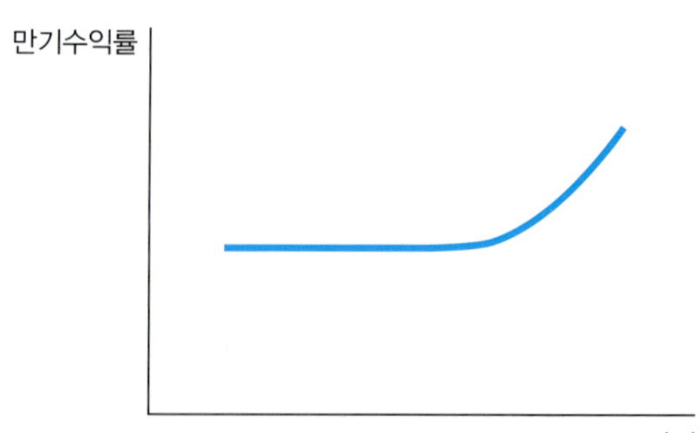

7. 만약 수익률곡선이 아래의 그림과 같다면, 시장은 미래 단기이자율의 움직임에 대해 어떻게 예측하는가? 수익률곡선은 미래 인플레이션에 대한 시장의 예측에 관해 무엇을 제시하는가?

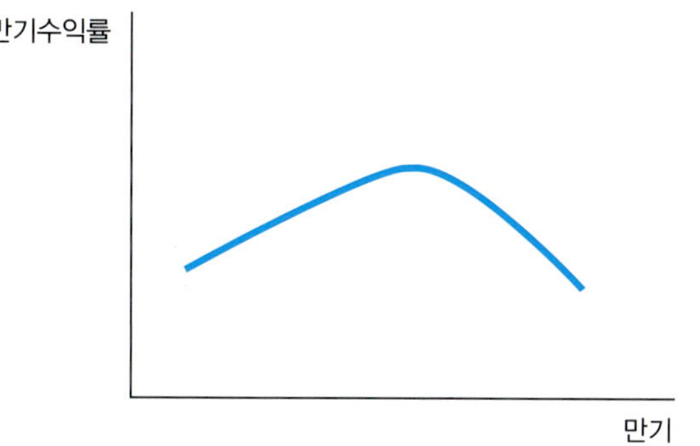

8. 소득세 인하는 지방채의 이자율에 어떤 영향을 미치는가? 재무부 채권의 이자율은 영향을 받는가? 만약 그렇다면, 어떻게 영향을 받는가?

미래 예측하기

9. 만약 오늘 연방정부가 기업이 미래에 파산하는 경우 채권자들에게 대신 지불할 것을 보장한다면, 회사채의 이자율에 어떤 일이 발생할 것인지 예측하라. 재무부 채권의 이자율에는 어떤 일이 발생할 것인가?

10. 만약 회사채 시장에서 브로커 수수료가 인하되면, 회사채의 위험 프리미엄에 어떤 일이 발생할 것인지 예측하라.

11. 만약 지방채에 대한 소득세 면제가 폐지되면, 지방채의 이자율에 어떤 일이 발생할 것인가? 이것이 미국 재무부 채권의 이자율에 어떤 영향을 미칠 것인가?

> 계산문제

1. 이자율의 기간구조에 관한 기대이론이 옳다고 가정하면서, 다음과 같이 제시되는 앞으로 5년간의 1년 이자율들을 이용하여 1년에서 5년 만기 채권들의 이자율을 계산하고 수익률곡선을 그려라.

   a. 5%, 7%, 7%, 7%, 7%
   b. 5%, 4%, 4%, 4%, 4%

   만약 사람들이 장기채권보다 단기채권을 선호한다면, 여러분의 수익률곡선은 어떻게 변화하는가?

2. 정부에서 일하는 이코노미스트들이 앞으로 5년 동안 1년 만기 재무부 채권의 이자율을 다음과 같이 예측했다.

연도	1년 이자율(%)
1	4.25
2	5.15
3	5.50
4	6.25
5	7.10

앞으로 2년 동안은 0.25%의 유동성 프리미엄, 그 이후에는 0.50%의 유동성 프리미엄을 가정한다. 여러분은 4년 만기 재무부 채권을 5.75%의 이자율에 기꺼이 매입하겠는가?

3. 연 8%의 이표를 지급하고 액면가가 1,000,000달러인 지방채의 세후 수익률과 연 10%의 이표를 지급하고 액면가가 1,000,000달러인 회사채의 세후 수익률을 비교하라. 25%의 소득세율 구간에 속한다고 가정하라.

4. 5년 만기 회사채를 구매할 것인지, 5년 만기 지방채를 구매할 것인지를 결정하는 문제를 고려해보라. 회사채는 액면가가 1,000달러이고 이표율이 연 12%인 채권이다. 지방채는 액면가가 1,000달러이고 연 이표율이 8.5%인 채권이다. 지방채의 현재 수익률은 7%이다. 두 채권 중 어떤 것이 여러분에게 더 이익이 되는가? 한계세율은 35%라고 가정하라.

5. 사우스이스턴코퍼레이션(Southeastern Corporation)사가 발행한 채권의 수익률은 12%이다. 이것과 동일한 위험을 갖는 지방채의 수익률은 현재 8%이다. 투자자가 이 두 채권에 대해 무차별한 한계세율은 얼마인가?

6. 1년 만기 재무부 채권의 이자율은 앞으로 6년 동안 매년 150 베이시스 포인트씩 지속적으로 상승할 것으로 예상된다. 만약 현재 1년 이자율이 7.5%이면, 3년 만기 재무부 채권과 6년 만기 재무부 채권의 요구 이자율을 결정하라. 기대이론이 성립한다고 가정하라.

7. 앞으로 10년 동안 1년 이자율이 각각 3%, 4.5%, 6%, 7.5%, 9%, 10.5%, 13%, 14.5%, 16%, 17.5%가 될 것이다. 기대이론을 사용하면, 3년 만기 채권, 6년 만기 채권, 9년 만기 채권의 이자율은 각각 얼마가 되는가?

8. 문제 7의 정보를 사용하면서, 투자자들은 단기채권 보유를 선호한다고 가정하라. 각 채권 만기에 대해 10 베이시스 포인트의 유동성 프리미엄이 요구된다. 3년 만기 채권, 6년 만기 채권, 9년 만기 채권의 이자율은 각각 얼마가 되는가?

9. 기대이론이 옳다면, 2년 동안 연 이자율이 15%인 2년 만기 채권과 연차적으로 연 이자율이 13%와 17%인 두 개의 1년 만기 채권 중 어느 채권이 더 높은 수익률을 가지는가?

10. 리틀몬스터스(Little Monsters, Inc.)사는 노던뱅크(NorthernBank)로부터 2년 동안 1,000,000달러를 11.5%의 이자율에 차입했다. 현재 무위험 이자율은 2%이고, 리틀몬스터스사의 재무 상황을 보면 3%의 채무불이행 위험 프리미엄과 2%의 유동성 위험 프리미엄이 합당하다. 2년 만기 대출의 만기 위험 프리미엄은 1%이고 인플레이션율은 내년에 3%가 될 것으로 예상된다. 이러한 정보는 2년차 연도의 인플레이션율에 관해 무엇을 제시하는가?

11. 1년 만기 재무부 채권의 이자율은 현재 2%이다. 만약 이자율이 3년 이후에 매년 2%씩 상승할 것으로 예상된다면, 오늘 발행되는 10년 만기 채권의 요구 이자율은 얼마이어야 하는가? 기대이론이 옳다고 가정하라.

12. 앞으로 4년 동안 1년 만기 재무부 채권의 이자율은 각각 3%, 4%, 5%, 5.5%가 될 것으로 예상된다. 만약 4년 만기 재무부 채권의 수익률이 4.5%이면, 이 채권의 유동성 프리미엄은 얼마인가?

13. 여러분이 좋아하는 채권 스토어인 본드알어스(Bonds-R-Us)에서 여러분은 다음과 같은 채권가격들을 보고 있다.

매도가격이 90.19달러인 1년 만기, 액면가 100달러 무이표채

매도가격이 1,000달러인 3년 만기, 이표율 10%, 액면가 1,000달러 이표채

매도가격이 1,000달러인 2년 만기, 이표율 10%, 액면가 1,000달러 이표채

이자율의 기간구조에 관한 기대이론이 옳고, 유동성 프리미엄은 존재하지 않으며 채권들의 위험은 동일하다고 가정하라. 지금부터 2년 후에 예상되는 1년 만기 이자율은 얼마인가?

14. 여러분은 다음과 같은 차입과 대출을 위한 시장이자율을 관측하고 있다.

1년 이자율 = 5%

2년 이자율 = 6%

1년 후 1년 이자율 = 7.25%

무위험 이익을 얻기 위해서 이들 이자율을 어떻게 이용할 수 있는가? 이자율의 기간구조에 관한 기대이론이 옳다고 가정하라.

15. 1년 만기에서 5년 만기까지 채권들의 이자율이 현재 각각 4%, 5%, 6%, 7%, 8%이고 1년 만기에서 5년 만기까지 유동성 프리미엄들이 각각 0%, 0.25%, 0.35%, 0.40%, 0.50%이면, 지금부터 2년 후 1년 이자율은 얼마가 될 것인지를 예측하라.

웹 연습문제

이자율의 위험구조와 기간구조

1. 투자자들이 위험 프리미엄 변화 때문에 받는 추가적인 이자는 시간이 흐름에 따라 변화한다. 어떤 시점의 위험 프리미엄은 다른 시점의 위험 프리미엄보다 훨씬 크다. 예를 들어 경제가 아주 좋아서 기업 도산이 거의 없었던 1990년대 후반에 채무불이행 위험 프리미엄은 매우 작았다. 이러한 위험 프리미엄은 경기후퇴기에 증가한다.

   http://research.stlouisfed.org/fred2/에 있는 세인트루이스 연방준비은행 FRED 데이터베이스로 가서 3개 시점, 즉 가장 최근 시점, 1995년 6월 1일, 1992년 6월 1일에 AAA등급 채권과 Baa등급 채권의 이자율들을 찾아보라. 이러한 3개 시점의 이자율들을 보여주는 그림을 그려라([그림 5.1] 참조]). 위험 프리미엄은 안정적인가, 시간이 흐름에 따라 변화하는가?

2. [그림 5.7]은 여러 시점들의 수익률곡선들을 보여준다. www.bloomberg.com에 가서 그 페이지의 상단에 있는 'Market Data'를 클릭하라. 미국 재무부 채권 수익률곡선을 찾아보라. 현재 수익률곡선은 [그림 5.7]에서 그려져 있는 가장 최근 수익률곡선의 위에 있는가, 아래에 있는가? 현재 수익률곡선은 [그림 5.7]에서 그려져 있는 가장 최근 수익률곡선보다 더 평평한가, 더 가파른가?

3. 투자회사들은 뮤추얼펀드를 매입하는 투자자들에게 발생되는 위험의 특성에 대해 설명한다. 예를 들어 http://personal.vanguard.com/us/funds/vangurad/all?sort = name&sortorder=asc에 가보라.

   a. 매우 작은 위험을 감내하는 투자자에게 추천할 채권펀드를 선택하라. 여러분의 답을 정당화해보라.

   b. 매우 큰 위험을 감내하는 투자자에게 추천할 채권펀드를 선택하라. 여러분의 답을 정당화해보라.

CHAPTER

6

금융시장의 효율성

PREVIEW

금융시장이 어떻게 작동하는지에 관한 논의 내내, 여러분은 예상(expectation)이란 주제가 계속해서 나타나는 것을 발견했을 수 있다. 수익률, 위험, 유동성에 대한 예상은 자산에 대한 수요에서 핵심적인 요인이다. 인플레이션에 대한 예상은 채권가격과 이자율에 중요한 영향을 미친다. 채무불이행 가능성에 대한 예상은 이자율의 위험구조를 결정하는 가장 중요한 요인이다. 미래 단기이자율에 대한 예상은 이자율의 기간구조를 결정하는 중요한 역할을 한다. 예상은 금융시장의 행태를 이해하는 데 중요할 뿐만 아니라 이 책의 나중 부분에서 살펴보는 것처럼 금융기관이 어떻게 운영되는지를 이해하는 데도 중요하다.

예상이 어떻게 형성되는지를 이해함으로써 증권가격이 시간이 흐름에 따라 어떻게 변화하는지 알기 위해, 효율시장가설을 살펴본다. 이 장에서는 금융시장의 작동과 행태에 관한 일부의 이해하기 어려운 특성들을 설명하기 위해 효율시장가설의 배후에 있는 기본 논리를 검토한다. 예를 들어 왜 주가의 변화를 예측할 수 없는지, 왜 주식브로커의 실용적 지침에 귀를 기울이는 것이 좋은 생각이 아닐 수 있는지 알게 될 것이다.

이론적으로 효율시장가설은 금융시장의 행태를 분석하기 위한 강력한 도구이다. 그러나 효율시장가설이 현실에서 유용한 도구가 되기 위해서는 데이터에 기초하여 이 이론을 검토해보아야 한다. 실증적 증거가 이 이론을 지지할까? 실증적 증거는 상반되기도 하지만, 이들 증거는 다목적으로 이 이론이 예상을 분석하기 위한 좋은 출발점임을 시사한다.

효율시장가설

예상이 증권가격에 어떻게 영향을 주는지를 이해하기 위해서는 시장 정보가 증권가격에 어떻게 영향을 주는지 살펴볼 필요가 있다. 이를 위해 금융시장에서 증권가격은 모든 이용가능한 정보를 완전히 반영한다고 설명하는 **효율시장가설**(efficient market hypothesis 혹은 **효율자본시장이론**(theory of efficient capital market)이라고도 지칭되는 이론을 살펴보도록 하자. 이 이론은 무엇을 의미하는가?

제3장으로부터 증권 보유의 수익률은 자본이득(증권가격의 변화)과 현금 지급액의 합을 증권의 처음 매입가격으로 나눈 것임을 상기해보라. 이를 식으로 나타내면 다음과 같다.

$$R = \frac{P_{t+1} - P_t + C}{P_t} \qquad (1)$$

여기서 $R = t$ 시점부터 $t + 1$ 시점까지(이를테면, 2014년 말부터 2015년 말까지) 증권을 보유할 때 얻는 수익률

$P_{t+1} = t + 1$ 시점, 즉 증권 보유기간 종료 시점의 증권가격

$P_t = t$ 시점, 즉 증권 보유기간 시작 시점의 증권가격

$C = t$ 시점부터 $t + 1$ 시점까지의 기간 동안의 현금 지급액(이표 또는 배당지급액)

증권 보유기간 시작 시점인 t 시점에서 예상되는 수익률에 대해 살펴보자. t 시점에서 증권의 현재가격 P_t와 현금 지급액 C는 알려져 있기 때문에, 수익률의 정의에서 불확실한 유일한 변수는 $t + 1$ 시점의 증권가격 P_{t+1}이다.[1] 증권 보유기간 종료 시점에 예상되는 증권가격을 P^e_{t+1}로 나타내면, 증권의 예상 수익률 R^e는 다음과 같이 나타낼 수 있다.

$$R^e = \frac{P^e_{t+1} - P_t + C}{P_t}$$

효율시장가설은 변수에 대한 예상은 모든 이용가능한 정보를 사용해 얻어지는 최적 예측치(optimal forecast)와 일치한다고 간주한다. 이는 정확히 무엇을 의미하는가? 최적 예측치는 모든 이용가능한 정보를 사용해 얻어지는 미래에 대한 최선의 추측치(best guess)라는 것이다. 이것은 예측이 완벽하게 정확함을 의미하는 것이 아니고 모든 이용가능한 정보 하에서 얻을 수 있는 최선의 예측임을 의미한다. 이것을 보다 공식적으로 다음과 같이 나타낼 수 있다.

$$P^e_{t+1} = P^{of}_{t+1}$$

이는 증권의 기대수익률이 수익률의 최적 예측치와 일치함을 의미한다. 식으로 나타내면 다음

---

1) 증권 보유기간의 시작 시점에 C가 알려져 있지 않은 경우가 있다. 그러나 그것이 분석 상 상당한 차이를 만들지는 않는다. 이 경우에 예상되는 가격뿐만 아니라 예상되는 C도 모든 이용가능한 정보를 사용해 얻어지는 최적 예측치라고 가정한다.

과 같다.

$$R^e = R^{of} \tag{2}$$

불행하게도, R^e나 P^e_{t+1}를 관측할 수 없기 때문에, 이들 식 자체는 금융시장이 어떻게 움직이는지에 관해 아무 것도 말해주지 않는다. 그러나 만약 R^e의 값을 측정하는 방법이 고안될 수 있다면, 이들 식은 증권가격이 금융시장에서 어떻게 변화하는지에 대해 중요한 시사점을 제시할 것이다.

제4장에서 논의된 채권시장의 수요-공급 분석은 증권의 기대수익률(검토한 채권의 경우 이자율)이 증권의 수요량과 증권의 공급량이 일치하는 균형수익률을 향해 가는 경향이 있음을 보여준다. 증권에 대한 수요-공급 분석은 다음과 같은 균형조건 하에서 증권의 기대수익률을 결정한다. 증권의 기대수익률 R^e는 증권의 수요량과 증권의 공급량을 일치시키는 균형수익률 R^*와 같다. 즉,

$$R^e = R^* \tag{3}$$

금융 학계는 증권의 균형수익률에 영향을 미치는 요인들(예를 들어 위험과 유동성)을 연구한다. 여기서는 논의의 목적상, 균형조건 하에서 균형수익률이 결정될 수 있고 이에 따라 기대수익률이 결정될 수 있음을 아는 것으로 충분하다.

식(2)에서 R^e를 R^*로 대체하기 위해 균형조건을 사용하면 효율시장의 가격 행태를 나타내는 다음 식이 도출될 수 있다.

$$R^{of} = R^* \tag{4}$$

이 식은 ***증권시장에서 모든 이용가능한 정보를 사용해 얻어지는 증권 수익률의 최적 예측치가 증권의 균형수익률과 같아지도록 증권의 현재 가격이 결정된다***는 것을 의미한다. 금융경제학자들은 이것을 보다 더 간단하게 효율시장에서 증권가격은 모든 이용가능한 정보를 완전히 반영해 결정된다고 설명한다.

예제 6.1 효율시장가설

어제 마이크로소프트 주식의 종가가 90달러였으나 시장이 종료된 후에 내년의 주가가 120달러가 될 것이라는 새로운 정보가 발표되었다고 하자. 만약 마이크로소프트 주식의 균형수익률이 연 15%라면, 효율시장가설은 오늘 시장이 열릴 때 주가가 얼마가 될 것이라고 제시하는가? 마이크로소프트는 배당을 지급하지 않는다고 가정하라.

> 해답

마이크로소프트 주가는 주식시장 개장 후 104.35달러로 상승할 것이다.

$$R^{of} = \frac{P^{of}_{t+1} - P_t + C}{P_t} = R^*$$

여기서 R^{of} = 수익률의 최적 예측치 = 15% = 0.15

R^* = 균형수익률 = 15% = 0.15

P^{of}_{t+1} = 내년 주가의 최적 예측치 = \$120

P_t = 주식시장 개장 후 오늘 주가

C = 현금(배당) 지급액 = 0

따라서

$$0.15 = \frac{\$120 - P_t}{P_t}$$

$$P_t \times 0.15 = \$120 - P_t$$

$$P_t(1.15) = \$120$$

$$P_t = \$104.35$$

효율시장가설의 논거

효율시장이 왜 이치에 맞는지를 살펴보기 위해 **차익거래**(arbitrage) 개념을 사용하도록 하자. 시장참여자(*차익거래자*(arbitrageur))들은 **남아있는 이윤기회**(unexploited profit opportunities), 즉 증권의 특성에 의해 정당화되는 것보다 더 높은 증권의 수익률을 제거한다. 두 가지 유형의 차익거래가 존재한다. *순수차익거래*(pure arbitrage)는 남아있는 이윤기회를 제거하는 데 위험이 수반되지 않는 차익거래이다. 여기서 논의하는 차익거래는 시장 참여자들이 남아있는 이윤기회를 제거할 때 위험이 수반되는 차익거래이다. 차익거래가 어떻게 효율시장가설을 유도하는지 살펴보기 위해, 예를 들어 주어진 위험특성들을 감안하면, 엑슨모빌(Exxon-Mobil) 보통주의 정상수익률은 연 10%이고 현재 주가 P_t는 미래 주가에 대한 최적 예측치 P^e_{t+1}보다 낮다고 하자. 이에 따라 엑슨모빌 주식수익률의 최적 예측치는 균형수익률인 연 10%보다 높은 연 50%라고 하자. 이제 평균적으로 엑슨모빌 주식의 수익률은 남아있는 이윤기회가 존재할 정도로 비정상적으로 높다고 예측할 수 있다. 여러분은 $R^{of} > R^*$이기 때문에 엑슨모빌 주식의 수익률이 비정상적으로 높다는 것을 알고 이 주식을 더 많이 매입하게 되며, 이에 따라 엑슨모빌의 현재 주가 P_t는 예상되는 미래 주가 P^e_{t+1}에 비해 상대적으로 상승하게 되고 R^{of}는 하락한다. R^{of}와 R^*가 일치하도록 엑슨모빌의 현재 주가가 충분히 상승하고 효율시장조건(식(4))이 충족되면, 엑슨모빌 주식의 매입은 중지될 것이고 남아있는 이윤기회는 사라질 것이다.

이와 유사하게, 수익률의 최적 예측치가 −5%이고 균형수익률이 10%, 즉 $R^{of} < R^*$인 증권은 평균적으로 균형수익률보다 더 낮은 수익률을 벌게 될 것이기 때문에 불량한 투자대상일 것이

다. 이 경우 여러분은 이 증권을 매도할 것이고 이에 따라 R^{of}가 R^*를 향해 상승해 효율시장조건이 다시 충족될 때까지 이 증권의 현재 가격은 예상되는 미래가격에 비해 상대적으로 하락할 것이다. 지금까지의 논의를 요약하면 다음과 같다.

$$\left.\begin{array}{l} R^{of} > R^* \rightarrow P_t\uparrow \ \rightarrow R^{of}\downarrow \\ R^{of} < R^* \rightarrow P_t\downarrow \ \rightarrow R^{of}\uparrow \end{array}\right\} R^{of} = R^*\text{가 성립할 때까지}$$

다른 방식으로 효율시장가설 조건을 다음과 같이 나타낼 수 있다. ***효율시장에서 모든 남아있는 이윤기회는 제거된다.***

이러한 논의를 하는 데 있어 매우 중요한 요소는 ***증권가격이 효율시장조건이 성립하는 수준으로 움직이기 위해 금융시장에 참여하는 모든 사람들이 증권에 대한 정보를 잘 알고 있어야 하는 것은 아니라는 것***이다. 금융시장은 많은 참여자들이 역할을 할 수 있도록 조직되어 있다. (종종 '스마트 머니(smart money)'라고 불리는) 소수의 시장 참여자들이 눈을 크게 뜨고 남아있는 이윤기회를 계속해서 찾기 때문에 남아있는 이윤기회는 제거될 것이다. 효율시장가설은 시장에 참여하는 모든 사람들이 모든 증권에 어떤 일이 발생하고 있는지를 알아야 함을 요구하지 않기 때문에 이치에 맞는다.

효율시장가설의 증거

초기에 제시된 증거는 효율시장가설을 상당히 지지했으나 최근에 이루어진 보다 심도 있는 분석은 효율시장가설이 항상 성립하지는 않을 수 있음을 시사한다. 먼저 효율시장가설을 지지하는 초기에 제시된 증거를 살펴보고 이어서 효율시장가설에 의문을 제기하는 최근 증거를 살펴보도록 하자.

효율시장을 지지하는 증거

효율시장을 지지하는 증거로서 투자자문사와 뮤추얼펀드의 성과, 주가가 공시된 이용가능한 정보를 반영하는지 여부, 주가의 랜덤워크 행태, 기술적 분석의 유용성이 검토되었다.

투자자문사와 뮤추얼펀드의 성과 여러분이 증권을 매입할 때 균형수익률보다 비정상적으로 높은 수익률을 버는 것을 예상할 수 없다는 것이 효율시장가설이 제시하는 시사점임을 살펴보았다. 이것은 증권을 매입해서 시장수익률보다 높은 수익률을 내는 것이 불가능함을 의미한다. 많은 연구들은 투자자문사들과 뮤추얼펀드들(이 중 일부는 뮤추얼펀드 매입자들에게 매우 높은 판매수수료를 부과한다)이 시장수익률을 초과하는 수익률을 달성하는가를 검토했다. 일반적인 검정방법은 투자자문사나 뮤추얼펀드가 추천하는 주식들의 성과를 시장 전체의 성과와 비교하는 것이다. 종종 투자자문사가 선정한 주식들의 성과가 다트보드에 신문의 금융 면을 붙여놓고 화살을 던져서 선정된 주식들의 성과와 비교되기도 했다. 예를 들어 *월스트리트저널* 신문은 투자자문사가 선정한 주식들의 성과와 화살을 던져서 선정된 주식들의 성과를 비교하는 소위 '인베스트먼트 다트보드(Investment Dartboard)'라고 부르는 특집기사를 정기적으로 게재했다. 투자자문사가 이겼을까? 당혹스럽게도, 투자자문사가 선정한 주식들과 다트보드의 화살로 선정된 주식들의 수익률은 별 차이가 없었다. 더욱이, 이러한 비교를 하는 데 있어 과거에 주식시장을 예측하는 데 성공적이었던 투자자문사만 포함시켰을 때도 투자자문사가 선정한 주식들의 성과가 여전히 다트보드의 화살로 선정된 주식들의 성과보다 항상 좋은 것은 아니었다.

효율시장가설이 제시하는 것처럼, 뮤추얼펀드도 시장수익률보다 높은 수익률을 달성하지 못하는 것으로 나타났다. 뮤추얼펀드는 평균적으로 시장수익률보다 높은 수익률을 달성하지 못할 뿐만 아니라, 선정된 기간 동안 가장 높은 수익률을 달성한 뮤추얼펀드들과 가장 낮은 수익률을 달성한 뮤추얼펀드들을 그룹으로 분류해 분석해보면, 첫 번째 기간에 성과가 좋았던 뮤추얼펀드들이 두 번째 기간에는 시장수익률보다 높은 수익률을 달성하지 못했다.[2)]

투자자문사와 뮤추얼펀드의 성과에 관한 연구로부터 다음과 같은 결론이 얻어진다. ***투자자문사나 뮤추얼펀드의 성과가 과거에 좋았다 해서 미래에도 좋다는 보장이 없다.*** 이는 투자자문사에게 유쾌한 소식은 아니지만 효율시장가설이 정확히 예측하는 것이다. 효율시장가설에 의하면, 어떤 투자자문사는 운이 좋고 어떤 투자자문사는 운이 좋지 않을 것이다. 운이 좋다는 것이 투자자문사가 실제로 시장수익률보다 높은 성과를 달성할 능력을 가지고 있음을 의미하지 않는다(효율시장가설의 원칙을 증명하는 예외적 사건이 다음의 [미니사례]에서 논의된다).

http://stocks.tradingcharts.com
상세한 주가 차트들과 과거의 주가 데이터를 살펴보라.

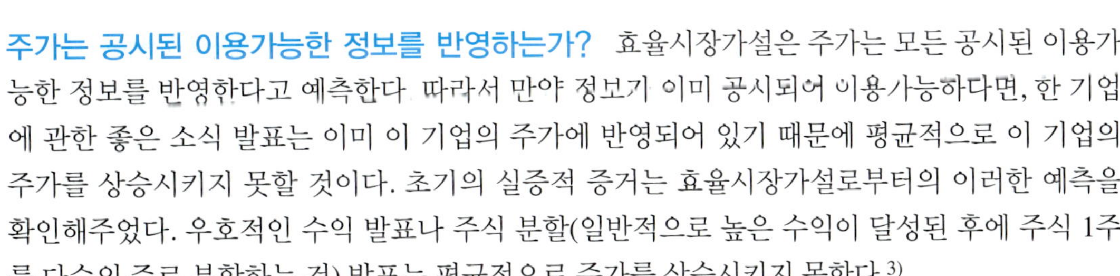
주가는 공시된 이용가능한 정보를 반영하는가? 효율시장가설은 주가는 모든 공시된 이용가능한 정보를 반영한다고 예측한다. 따라서 만약 정보가 이미 공시되어 이용가능하다면, 한 기업에 관한 좋은 소식 발표는 이미 이 기업의 주가에 반영되어 있기 때문에 평균적으로 이 기업의 주가를 상승시키지 못할 것이다. 초기의 실증적 증거는 효율시장가설로부터의 이러한 예측을 확인해주었다. 우호적인 수익 발표나 주식 분할(일반적으로 높은 수익이 달성된 후에 주식 1주를 다수의 주로 분할하는 것) 발표는 평균적으로 주가를 상승시키지 못한다.[3)]

---

2) 뮤추얼펀드가 시장수익률보다 높은 수익률을 달성하지 못한다는 것을 발견한 초기의 한 연구는 Michael C. Jensen, "The Performance of Mutual Funds in the Period 1945-64," *Journal of Finance* 23 (1968): 338-416이다. 뮤추얼펀드의 성과에 관한 최근 연구들에는 Mark Grimblatt and Sheridan Titman, "Mutual Fund Performance: An Analysis of Quarterly Portfolo Holdings," *Journal of Business* 62 (1989): 393-416; R. A. Ippolito, "Efficiency with Costly Information: A Study of Mutual Fund Performance, 1965-84," *Quarterly Journal of Economics* 104 (1989): 1-23; J. Lakonishok, A. Shleifer, and R. Vishny, "The Structure and Performance of the Money Management Industry," *Brookings Papers on Economic Activity, Microeconomics* (1992); B. Malkiel, "Returns from Investing in Equity Mutual Funds, 19771-1991," *Journal of Finance* 50 (1995): 549-572가 있다.

3) Ray Ball and Philip Brown, "An Empirical Evaluation of Accounting Income Numbers," *Journal of Accounting Research* 6 (1968): 159-178; Eugene F. Fama, Lawrence Fisher, Michael C. Jensen, and Richard Roll, "The Adjustment of Stock Prices to New Information," *International Economic Review* 10 (1969): 1-21.

> 미니사례 *Mini-Case*

효율시장가설의 원칙을 증명하는 예외적 사건: 라자라트남과 갤리온 그룹

효율시장가설은 투자자문사가 시장수익률보다 높은 수익률을 달성할 능력을 가지고 있지 않다고 제시한다. 그러나 이는 정확히 라자라트남(Raj Rajaratnam)과 그의 갤리온 그룹(Galleon Group)이 내부 정보에 기초해 거래함으로써 불공정한 이윤(약 6,000만 달러로 추정됨)을 얻은 혐의로 증권거래위원회(SEC)에 의해 고발당했던 2009년까지 가능했던 일이었다. 라자라트남은 내부자 거래 때문에 2011년 5월에 유죄 판결을 받고 11년 감옥형과 1억 5,000만 달러 벌금형을 선고받았다. 만약 주식시장이 효율적이라면, 증권거래위원회는 라자라트남이 시장수익률보다 높은 수익률을 달성할 수 있었다고 법적으로 주장할 수 있을까? 이에 대답은 예이다.

라자라트남과 그의 갤리온 그룹은 맥킨지(McKinsey and Company)의 굽타(Rajat Gupta)와 쿠마르(Anil Kumar), IBM의 모파트(Robert Moffat), 인텔캐피탈(Intel Capital)의 고엘(Rajiv Goel)과 칸(Roomy Khan)으로부터 외부 투자활동과 기타 활동에 관한 내부 정보를 받았던 것으로 추정되는 기업들의 주식에 투자함으로써 그 자신과 그의 고객들을 위해 수백만 달러의 이윤을 벌었다. 2000년대에 매년 수백만 달러의 이윤을 벌었던 라자라트남과 갤리온 그룹의 능력은 금융 애널리스트들이 계속적으로 시장수익률보다 높은 수익률을 벌 수 없다는 원칙의 예외이다. 그러나 이것은 시장이 이용할 수 없는 정보만이 투자자에게 이러한 일을 가능하게 해준다는 효율시장가설을 지지한다. 라자라트남은 시장의 나머지 참여자들이 알기 전에 내부 정보를 알아내 이윤을 벌었다. 이 정보는 그에게는 알려졌으나 시장의 나머지 참여자들에게는 이용될 수 없었다.

주가의 랜덤워크 행태 **랜덤워크**(random walk)는 미래 변화가 예측될 수 없는 변수의 움직임을 말한다. 현재의 값이 주어져 있는 변수가 미래에 상승할 가능성이 있는 만큼 하락할 가능성도 있기 때문에 이 변수의 미래 변화는 예측될 수 없다. 효율시장가설이 제시하는 중요한 시사점은 주가는 근사적으로 랜덤워크를 따른다는 것이다. 즉, ***어떤 실용적인 목적에서도 미래의 주가 변화는 예측될 수 없다.*** 주가가 랜덤워크를 따른다는 의미는 사람들이 매우 쉽게 이해할 수 있기 때문에 언론에서 가장 많이 언급되고 있다. 실제로 사람들이 말하는 '주가의 랜덤워크 이론'은 바로 효율시장가설을 말하는 것이다.

랜덤워크 주가의 예를 제시해보자. 사람들이 해피피트코퍼레이션(Happy Feet Corporation, HFC)사의 주가가 다음 주에 1% 상승할 것이라고 예측할 수 있다고 하자. 예측된 자본이득률과 수익률은 연 50% 이상이 될 것이다. 이러한 수익률은 HFC 주식의 균형수익률보다 매우 높을 가능성이 크기 때문에($R^{of} > R^*$), 효율가설시장가설은 사람들이 즉각 이 주식을 매입할 것이고 이에 따라 이 주식의 현재 가격은 상승할 것이라고 제시한다. 이러한 사람들의 행동은 사람들이 예측하는 HFC 주가의 변화가 0에 가깝게 하락해 $R^{of} = R^*$가 될 때 멈출 것이다.

이와 유사하게, 만약 사람들이 HFC 주가가 다음 주에 1% 하락할 것이라고 예측할 수 있으면, 예측되는 수익률은 음이 되고 균형수익률보다 적을 것이다($R^{of} < R^*$). 사람들은 즉각 HFC 주식을 매도할 것이다. HFC의 현재 주가는 예측되는 주가의 변화가 거의 0에 가깝게 하락해 효율시장가설이 다시 성립할 때, 즉 $R^{of} = R^*$가 될 때 멈출 것이다. 효율시장가설은 예측되는 주가 변화가 거의 0에 가깝게 될 것이고 이에 따라 주가는 일반적으로 랜덤워크를 따른다는 결론이 얻어

진다고 제시한다.[4)]

금융경제학자들은 주가가 랜덤워크를 따른다는 가설을 검토하기 위해 두 가지 형태의 검정방법을 사용했다. 첫 번째 검정방법으로, 그들은 주가 변화가 과거의 주가 변화와 체계적으로 관련되어 있는지와 이에 기초해 주가 변화가 예측될 수 있는지를 살펴보기 위해 주가 데이터를 검토했다. 두 번째 검정방법으로, 그들은 과거의 주가가 아닌 공시된 이용가능한 정보가 주가 변화를 예측하는 데 사용될 수 있는지를 살펴보기 위해 데이터를 검토했다. 이러한 검정방법들은 추가적인 정보(통화공급 증가율, 정부지출, 이자율, 기업이윤)가 주식수익률을 예측하는 데 사용될 수 있기 때문에 그럴듯해 보인다. 그러나 두 가지 검정방법으로 얻은 초기의 연구결과들은 일반적으로 주가는 예측될 수 없고 랜덤워크를 따른다는 효율시장가설의 견해를 지지했다.[5)]

기술적 분석 주가를 예측하기 위해 사용되는 인기 있는 기법인 소위 기술적 분석(technical analysis)은 과거 주가 데이터를 연구하면서 추세와 순환과 같은 주가 변화의 패턴을 탐색한다. 주식을 언제 매입하고 매도할 것인지에 대한 일정한 규칙이 주가 패턴에 기초해서 만들어진다. 효율시장가설은 기술적 분석이 시간 낭비라고 제시한다. 그 이유를 이해하기 위한 가장 간단한 방법은 과거 주가 데이터는 주가 변화를 예측하는 데 도움을 줄 수 없다고 주장하는 효율시장가설로부터 도출되는 랜덤워크 결과이다. 따라서 주가 예측을 위해 과거 주가 데이터에 의존하는 기술적 분석은 주기 변화를 성공적으로 예측할 수 없다는 것이다.

기술적 분석의 가치를 직접적으로 평가하기 위해 두 가지 형태의 검정이 이루어진다. 첫 번째 검정은 금융 애널리스트의 성과를 평가하기 위해 앞에서 설명한 실증분석을 수행한다. 그 결과는 효율시장가설이 예측하는 것과 정확히 같다. 기술적 분석가는 시장수익률보다 높은 수익률을 달성하지 못한다. 그들이 과거에 주가를 성공적으로 예측했다는 것이 그들의 예측이 미래에도 성공적일 것임을 보장하지는 않는다. 두 번째 형태의 검정은 언제 주식을 매입하고 매도할

---

4) 주가의 랜덤워크 행태는 효율시장가설로부터 도출되는 하나의 *근사*(approximation)일 뿐이라는 점에 주목하라. 주가의 랜덤워크는 주가의 변화가 없을 때 주식의 수익률이 균형수익률이 되는 주식에 대해서만 정확히 성립할 것이다. 따라서 예측되는 주가의 변화가 정확히 0일 때, $R^{of} = R^*$이 성립한다.

5) 첫 번째 형태의 검정방법은 주가를 예측하기 위한 정보를 과거 주가 데이터로 한정하기 때문에 *약형 효율성*(weak-form efficiency) 검정이라고 부른다. 두 번째 형태의 검정방법은 과거 주가뿐만 아니라 공시된 이용가능한 정보를 사용하기 때문에 *준강형 효율성*(semistrong-form efficiency) 검정이라고 부른다. 세 번째 형태의 검정방법은 기업이 고배당을 할 것인지와 같은 기업의 소유주들에게만 알려져 있는 내부자 정보도 사용되기 때문에 *강형 효율성*(strong-form efficiency) 검정이라고 부른다. 강형 효율성 검정은 종종 내부자 정보가 주가 변화를 예측하기 위해 사용될 수 있다고 제시한다. 이러한 정보는 시장에서 이용가능하지 않고 이에 따라 주가에 반영될 수 없기 때문에, 이것은 효율시장가설과 모순되지 않는다. 사실 금융시장에서 내부자 정보의 사용을 엄격히 금지하는 법이 존재한다. 세 가지 형태의 검정에 대한 초기의 서베이를 위해, Eugene F. Fama, "Efficient Capital Markets: A Review of Theory and Empirical Work," *Journal of Finance* 25 (1970): 383-416을 참조하라.

것인지에 관해 기술적 분석에서 제시된 규칙을 새로운 데이터에 적용하는 것이다.[6] 이러한 규칙의 성과는 이러한 규칙을 사용해 실현되었을 이윤에 의해 평가된다. 이러한 검정들도 기술적 분석을 불신한다. 기술적 분석은 시장수익률보다 높은 수익률을 달성하지 못한다.

환율은 랜덤워크를 따르는가?

효율시장가설은 일반적으로 주식시장에 적용되지만, 주가와 마찬가지로 환율도 일반적으로 랜덤워크를 따른다는 것을 보이기 위해 사용될 수 있다. 왜 환율이 랜덤워크를 따르는가를 살펴보기 위해, 만약 사람들이 달러가 다음 주에 1% 절상될 것이라고 예상할 수 있으면 어떤 일이 발생할 것인지를 고려해보자. 사람들은 달러를 매입함으로써 달러 보유의 균형수익률보다 훨씬 높을 수 있는 연 50%보다 높은 수익률을 벌 수 있다. 그 결과, 사람들은 달러를 즉각적으로 매입해 달러의 가격을 상승시킬 것이고 이에 따라 달러의 기대수익률을 하락시킬 것이다. 예측되는 환율 변화가 거의 0이 되어 수익률의 최적 예측치가 균형수익률과 일치할 때에만 이러한 과정은 멈출 것이다. 이와 반대로, 만약 사람들이 달러가 다음 주에 1% 절하할 것이라고 예측할 수 있으면, 예측되는 환율 변화가 거의 0이 될 때까지 사람들은 달러를 매도할 것이다. 따라서 효율시장가설은 어떤 실용적인 목적을 위해서도 미래의 환율 변화는 예측될 수 없다고 제시한다. 달리 말하면, 환율은 랜덤워크를 따른다. 이는 정확히 실증적 증거로 확인된 것이다.*

* Richard A. Meese and Kenneth Rogoff, "Empirical Exchange Rate Models of the Seventies: Do They Fit Out of Sample?" *Journal of International Economics* 14 (1983): 3–24를 참조하라.

효율시장을 부인하는 증거

유명한 경제학자인 파마(Eugene Fama)가 효율시장가설의 실증적 증거에 관한 서베이 논문에서 "효율시장모형을 지지하는 증거는 대단히 많고 (경제학에서 다소 독특한 현상이지만) 효율시장모형과 모순되는 증거는 드물다."라고 언급할 만큼, 효율시장가설을 지지하는 모든 초기 증거는

6) Sidney Alexander, "Price Movements in Speculative Markets: Trends or Random Walks?" *Industrial Management Review*, May 1961, pp. 7–26; Sidney Alexander, "Price Movements in Speculative Markets: Trends or Random Walks? No.2", in *The Random Character of Stock Prices*, ed. Paul Gootner (Cambridge, MA: MIT Press, 1964), pp. 338–372. 보다 최근의 증거도 기술적 분석을 불신하는 것으로 보인다. 예를 들어 F. Allen and R. Karjalainen, "Using Genetic Algorithms to Find Technical Trading Rules," *Journal of Financial Economics* 51 (1999): 245–271. 그러나 일부 연구들은 기술적 분석에 대하여 우호적이다. 예를 들어 P. Sullivan, A. Timmerman, and H. White, "Data-Snooping Technical Trading Rule Performance and the Bootstrap," Centre for Economic Policy Research Discussion Paper No. 1976, 1998.

압도적인 것처럼 보였다.[7] 그러나 최근에 효율시장가설은 이상현상(anomaly)이라고 부르는 결함을 보이기 시작했고 실증적 증거는 효율시장가설이 항상 일반적으로 성립되지 않을 수 있음을 제시한다.

소기업 효과 주식시장이 효율적이지 않음을 보여주는 최초로 보고된 이상현상 중 하나가 소위 *소기업 효과*(small-firm effect)이다. 많은 실증 연구들은 소기업의 위험이 매우 크다는 점을 고려하더라도 소기업 주식들이 장기간 비정상적으로 높은 수익률을 낸다는 것을 발견했다.[8] 소기업 효과는 최근에 감소한 것으로 보이나 여전히 효율시장가설을 위협한다. 다양한 이론들이 소기업 효과를 설명하기 위해 개발되었다. 이 이론들은 소기업 효과가 기관투자자들에 의한 포트폴리오 재조정, 세금 문제, 소기업 주식의 낮은 유동성, 소기업을 평가하는 데 드는 높은 정보비용, 소기업 주식의 위험에 대한 부적정한 측정 등의 요인들 때문에 발생할 수 있다고 설명한다.

1월 효과 오랜 기간 동안, 주가는 12월부터 다음 해 1월 사이에 비정상적인 상승을 경험하는 경향을 보였다. 이러한 현상은 예측가능하기 때문에 랜덤워크 행태와 배치된다. 이러한 소위 **1월 효과**(January effect)는 최근에 대기업 주식에서는 감소하고 있으나 소기업 주식에서는 여전히 발생하고 있다.[9] 일부 금융경제학자들은 1월 효과는 세금 문제 때문에 발생한다고 주장한다. 투자자들은 세금 환급과 관련해 자본손실과 세금부담을 줄이기 위해 연말 전인 12월에 주식을 매도할 인센티브를 가진다. 이어 1월에 새해가 시작되면, 그들은 매도한 주식을 재매입하여 주가를 상승시키고 비정상적으로 높은 수익률을 발생시킨다. 이러한 설명은 일리가 있는 것처럼 보이지만, 소득세를 적용받지 않는 민간 연기금과 같은 기관투자자들이 왜 1월에 발생하는 비정상적인 수익을 얻으려고 12월에 주식을 매입해 주가를 상승시킴으로써 비정상적인 수익을 제거하지 못하는지를 설명하지 못한다.[10]

---

7) Eugene F. Fama, "Efficient Capital Markets: A Review of Theory and Empirical Work," *Journal of Finance* 25 (1970): 383–416.

8) 예를 들어 Marc R. Reinganum, "The Anomalous Stock Market Behavior of Small Firms in January: Empirical Tests of Tax Loss Selling Effects," *Journal of Financial Economics* 2 (1983): 89–104; Jay R. Ritter, "The Buying and Selling Behavior of Individual Investors at the Turn of the Year," *Journal of Finance* 43 (1988): 701–717; Richard Roll, "Vas Ist Das? The Turn-of-the Year Effect: Anomaly or Risk Mismeasurement?" *Journal of Portfolio Management* 9 (1988): 18–28을 참조하라.

9) 예를 들어 Donald B. Keim, "The CAPM and Equity Return Regularities," *Financial Analysts Journal* 42 (May–June 1986): 19–34를 참조하라.

10) 주식시장이 효율적이지 않다는 것을 보여주는 다른 이상현상은 가장 유명한 투자자문 뉴스레터 중 하나인 *밸류라인서베이*(Value Line Survey)가 평균적으로 비정상적으로 높은 수익률을 내는 주식들을 추천했다는 점이다. Fischer Black, "Yes, Virginia, There is Hope: Tests of the Value Line Ranking System," *Financial Analysts Journal* 29 (September–October 1973): 10–14; Gur Huberman and Shmuel Kandel, "Market Efficiency and Value Line's Record," *Journal of Business* 63 (1990): 187–216을 참조하라. 물론 *밸류라인서베이*가 추천한 주식들의 성과가 미래에도 계속될 것인지는 의문이다.

시장의 과민반응 최근 연구들은 주가가 뉴스 발표에 과민반응할 수 있고 가격 오차는 완만하게 교정된다고 제시한다.[11] 기업이 상당한 수익 변화, 말하자면 대폭적인 수익 감소를 발표할 때, 주가는 과도하게 변화할 수 있다. 이 경우 주가는 처음에 크게 하락한 후에 수 주 동안에 걸쳐 정상 수준으로 돌아가기 위해 상승할 수 있다. 이것은 효율시장가설에 위배된다. 그 이유는 투자자가 대폭적인 수익 감소가 발표된 직후에 주식을 매입하고 주가가 정상 수준으로 상승할 때 매도함으로써 평균적으로 비정상적인 수익률을 벌 수 있기 때문이다.

과도한 변동성 시장의 과민반응과 매우 밀접히 연관된 현상은 주식시장이 과도한 변동성을 보이는 현상이다. 즉 주가 변동이 주식의 본질적 가치(fundamental values)(내재가치(intrinsic value)라고도 함)의 변화에 의해 정당화되는 것보다 훨씬 더 클 수 있다. 예일대학의 실러(Robert Shiller)는 S&P 500 주가지수의 변동성 이 지수를 구성하는 주식들의 배당 변화에 의해 정당화될 수 없다는 사실을 발견했다. 이러한 분석결과를 비판하는 많은 후속 연구들이 이루어졌으나 주식시장이 열리지 않을 때 주가 변동이 더 작다는 연구와 함께 실러의 연구는 주가가 주가를 결정하는 펀더멘털(fundamentals) 이외의 요인들에 의해 영향을 받는다는 점에 대한 의견 일치를 형성했다.[12]

평균회귀 현상 일부 연구자들은 주식수익률이 **평균회귀**(mean reversion) 현상을 보인다는 사실을 발견했다. 주식수익률의 평균회귀 현상은 현재 수익률이 낮은 주식은 미래에 높은 수익률을 내는 경향이 있고, 현재 수익률이 높은 주식은 미래에 낮은 수익률을 내는 경향이 있다는 것을 말한다. 따라서 평균회귀 현상은 미래 주가의 변동이 예측됨을 시사하기 때문에, 과거에 수익률이 낮은 주식은 미래에 높은 수익률을 달성할 가능성이 크게 된다. 이것은 주가가 랜덤워크를 따르지 않음을 의미한다. 일부 연구자들은 평균회귀 현상이 제2차 세계대전 이후의 데이터에서 강하게 나타나지 않음을 발견했고, 이에 따라 평균회귀 현상이 현재 중요한 현상인지에 대해 의문을 제기했다. 평균회귀 현상에 대한 증거는 여전히 논란이 되고 있다.[13]

---

11) Werner F. M. De Bondt and Richard Thaler, "Further Evidence on Investor Overreaction and Stock Market Seasonality," *Journal of Finance* 62 (1987): 557–580.

12) Robert Shiller, "Do Stock Prices Move Too Much to Be Justified by Subsequent Changes in Dividends?" *American Economic Review* 71 (1981): 421–436; Kenneth R. French and Richard Roll, "Stock Return Variances: The Arrival of Information and the Reaction of Traders," *Journal of Financial Economics* 17 (1986): 5–26.

13) James M. Poterba and Lawrence H. Summers, "Mean Reversion in Stock Prices: Evidence and Implications," *Journal of Financial Economics* 22 (1988): 27–59; Eugene F. Fama and Kenneth R. French, "Permanent and Temporary Components of Stock Prices," *Journal of Political Economy* 96 (1988): 246–273; Andrew W. Lo and A. Craig MacKinlay, "Stock Market Prices Do Not Follow Random Walks: Evidence from a Simple Specification Test," *Review of Financial Studies* 1 (1988): 41–66은 평균회귀 현상의 증거를 발견했다. 그러나 Myung Jig Kim, Charles R. Nelson, and Richard Startz, "Mean Reversion in Stock Prices? A Reappraisal of the Evidence," *Review of Economic Studies* 58 (1991): 515–528은 이러한 발견들 중 일부가 타당한지에 대해

새로운 정보가 항상 주가에 즉각 반영되는 것은 아니다 효율시장가설이 제시하는 것처럼, 일반적으로 주가는 새로운 정보에 따라 신속하게 조정되지만, 최근 주가가 수익 발표에 즉각적으로 조정되지 않는다는 증거가 제시되었다. 그 대신, 평균적으로 주가는 예상치 못한 높은 수익의 발표 이후 일정한 시간 동안 계속해서 상승하고 놀라울 정도로 낮은 수익의 발표 이후 일정한 시간 동안 계속해서 하락한다.[14)]

효율시장가설의 증거에 대한 결론

여러분이 알 수 있는 것처럼, 효율시장가설에 대한 논란은 아직 끝나지 않았다. 실증적 증거들은 효율시장가설이 금융시장의 행태를 평가하기 위한 적정한 출발점이 될 수 있음을 제시하는 것처럼 보인다. 그러나 효율시장가설과 배치되는 현상들이 존재하는 한, 효율시장가설은 금융시장의 행태를 설명하는 완벽한 이론이 될 수 없고 이에 따라 금융시장의 모든 행태에 일반적으로 적용될 수 없다.

주식 투자에 관한 실용적 지침

효율시장가설은 현실 세계의 수많은 문제들에 적용될 수 있다. 효율시장가설은 특히 금융기관 경영자(그리고 일반 사람)가 우려하는 문제, 즉 주식시장에서 수익을 얻는 문제에 직접 적용될 수 있기 때문에 가치가 있다. 여기서 제시되는 주식 투자에 관한 실용적 지침은 효율시장가설의 용도와 시사점을 보다 잘 이해할 수 있게 해준다.

투자자문사가 발표하는 보고서는 얼마나 가치가 있는가?

여러분이 방금 *월스트리트저널* 신문의 '허드 온 더 스트리트(Heard on the Street)' 란에서 석유 부족 현상이 진행되고 있기 때문에 석유 주식이 상승할 것이라고 투자 자문사들이 예측하는 기사를 읽었다고 하자. 여러분은 열심히 일해 저축한 돈을 은행에서 인출해 석유 주식에 투자해

의문을 제기한다. 평균회귀 현상의 증거에 대한 훌륭한 서베이를 위해 Charles Engel and Charles S. Morris, "Challenges to Stock Market Efficiency: Evidence from Mean Reversion Studies," Federal Reserve Bank of Kansas City *Economic Review*, September-October 1991, pp.21-35를 참조하라. 또한 평균회귀 현상은 개별 주식에도 발생한다는 것을 보인 N. Jegadeesh and Sheridan Titman, "Returns to Buying Winners and Selling Losers: Implications for Stock Market Efficiency," *Journal of Finance* 48 (1993): 65-92를 참조하라.

14) 예를 들어 R. Ball and P. Brown, "An Empirical Evaluation of Accounting Income Numbers," *Journal of Accounting Research* 6 (1968): 159-178; L. Chan, N. Jegadeesh, and J. Lakonishok, "Momentum Strategies," *Journal of Finance* 51 (1996): 1681-1713; Eugene Fama, "Market Efficiency, Long-Term Returns and Behavioral Finance," *Journal of Financial Economics* 49 (1998): 283-306을 참조하라.

야 할까?

효율시장가설은 증권을 매입할 때, 비정상적으로 높은 수익률, 즉 균형수익률보다 높은 수익률을 기대할 수 없다고 말한다. 신문과 투자자문사의 공표된 보고서에 있는 정보는 많은 시장참여자들이 이용할 수 있으며 시장가격에 이미 반영되어 있다. 따라서 이러한 정보에 기초해 행동함으로써 비정상적으로 높은 수익률을 벌 수 없다. 이미 살펴본 것처럼, 대부분의 실증적 증거는 투자자문사의 추천 주식이 시장수익률보다 높은 수익률을 달성하는 데 도움을 줄 수 없다는 것을 확인해준다. 바로 아래에 있는 [미니사례]가 제시하는 것처럼, 샌프란시스코에 있는 투자자문사는 평균적으로 오랑우탄보다 더 나을 것이 없다!

여러분이 처음 이 말을 들으면 아마도 수긍하기 힘들 것이다. 우리 모두는 주식시장에서 여러 해 동안 성공을 거둔 사람을 알고 있거나 들어서 알고 있다. 만약 그 사람이 정말로 수익률이 비정상적으로 높은 때를 예측하는 방법을 몰랐다면, 어떻게 그가 일관되게 성공할 수 있었겠는가? 신문에 보도된 다음 이야기는 이러한 사례가 왜 믿을 수 없는 것인지 보여준다.

일확천금을 꿈꾸는 예술가가 교묘한 사기 사건을 고안했다. 매주 그는 두 장의 편지를 썼다. 그는 편지 A에서 풋볼 게임에서 이길 팀으로 팀 A를 선택하고, 편지 B에서는 상대 팀인 팀 B를 선택했다. 그는 우편으로 편지를 보낼 대상자 명단을 두 그룹으로 나누고, 한 그룹의 사람들에게는 편지 A를 보내고 다른 그룹의 사람들에게는 편지 B를 보냈다. 다음 주에 그는 풋볼 게임의 승자를 정확히 예측한 첫 번째 편지를 받았던 사람들에게만 편지를 보냈다. 열 개의 게임에 대해 이렇게 한 후, 그는 모든 게임에서 이긴 팀을 정확하게 예측한 편지를 받았던 소수의 사람들을 확보하게 되었다. 그는 그들에게 마지막 편지를 보내면서, 그가 풋볼 게임의 승자를 정확하게 예측하는 전문가이고(10주 연속해서 승자를 정확하게 예측했다) 그의 예측은 게임에 돈을 거는 사람들에게 이익을 만들어주기 때문에 상당한 돈을 받을 때에만 그의 예측을 계속해서 보낼 것이라고 선언했다. 다행히 그의 고객 중 한 사람이 간교한 술책을 알아냈기 때문에 그 사기꾼은 고소당해 감옥에 보내졌다!

> **미니사례**

여러분은 오랑우탄을 투자자문사로 고용하겠는가?

샌프란시스코크로니클(San Francisco Chronicle) 신문은 투자자문사들이 주식을 고르는데 얼마나 성공적인지 평가하는 재미있는 방법을 제안했다. 이 신문사는 8명의 애널리스트에게 연초에 다섯 개의 주식을 고르도록 요청했고 이어서 캘리포니아주 발레조(Vallejo)의 마린 월드/아프리카 USA(Marine World/Africa USA)에 살고 있는 졸린(Jolyn)이라는 오랑우탄이 선택한 주식들의 성과와 비교했다. *월스트리트저널* 신문의 '인베스트먼트 다트 보드'란에서 보여주는 결과와 마찬가지로, 투자자문사들이 졸린을 이긴 만큼 졸린이 투자자문사들을 이겼다. 이러한 결과를 보면, 투자자문사가 사람을 고용하는 것만큼이나 오랑우탄을 고용하는 것이 좋을 수도 있다!

이 이야기의 교훈은 무엇인가? 어느 예측자도 시장을 정확하게 예측하지 못하지만, 항상 승자 그룹이 존재한다는 것이다. 과거에 잘했던 사람이 미래에도 잘한다는 보장은 없다. 또한 항상 패자 그룹은 존재하지만, 어느 누구도 잘못된 예측 기록을 자랑하지 않기 때문에 여러분은 그들에 대해 거의 아무런 이야기도 듣지 못한다는 사실에 주목하라.

최신 정보도 의심해야 하는가?

주식 브로커가 여러분에게 HFC사가 방금 무좀을 치료하는 데 완벽한 효과가 있는 제품을 개발했으니 HFC 주식을 매입하는 것이 좋겠다는 정보를 전화로 알려주었다고 하자. 이 회사의 주가는 분명히 상승할 것이다. 여러분이 주식 브로커의 권고에 따라 HFC 주식을 매입해야 할까?

효율시장가설은 이러한 소식을 의심해야 한다고 지적한다. 만약 주식시장이 효율적이면, HFC 주가는 기대수익률이 균형수익률과 일치하도록 이미 결정되어 있다. 최신의 정보는 특별히 가치가 있지도 않을 뿐만 아니라 비정상적으로 높은 수익률을 벌게 할 수 없다.

그렇지만 여러분은 최신의 유용한 정보가 새로운 정보이고 시장의 나머지 참여자들에 비해 우위를 점할 수 있을지도 모른다고 생각할 수 있다. 만약 다른 시장 참여자들이 여러분보다 먼저 이 정보를 알았다면, 그 대답은 '아니오'이다. 이 정보가 거리에 나오자마자 이 정보가 창출하는 이윤기회는 급속히 사라질 것이다. 주가는 이미 이러한 정보를 반영해 결정된 것이고 여러분은 균형수익률만을 실현할 수 있을 것으로 예상된다. 그러나 만약 여러분이 새로운 정보를 얻은 라지 라자라트남처럼 첫 번째 사람이라면([미니사례] '효율시장가설의 원칙을 증명하는 예외적 사건: 라자라트남과 갤리온 그룹' 참조), 이 정보는 여러분에게 약간의 이윤을 줄 수도 있다. 이런 경우에만 여러분은 HFC 주식을 매입해 남아있는 이윤기회를 제거하는 데 참여함으로써 비정상적으로 높은 수익률을 달성한 운 좋은 사람이 될 수 있다.

좋은 소식이 있을 때 주가는 항상 상승하는가?

주식시장을 주의 깊게 관찰해보면, 여러분은 수수께끼 같은 현상을 볼 수 있을 것이다. 매우 높은 수익 달성 리포트와 같은 좋은 소식이 발표되어도, 주가는 종종 상승하지 않는다. 효율시장가설과 주가의 랜덤워크 행태가 이러한 현상을 설명해준다.

주가 변화는 예측할 수 없기 때문에, 시장이 이미 예상하고 있는 정보가 발표될 때 주가는 변화하지 않을 것이다. 이러한 발표는 주가를 변화시키는 새로운 정보를 포함하고 있지 않다. 만약 그렇지 않고 그 발표가 주가를 변화시켰다면, 이는 이러한 주가 변화가 예측될 수 있었음을 의미한다. 이러한 일은 효율시장에서 배제되지 않기 때문에, ***발표되는 정보가 새롭고 예상치 않은 것일 때에만 주가는 반응한다.*** 만약 뉴스가 예상된 것이라면, 주가 반응은 없을 것이다. 이는 정확히 주가가 공시된 이용가능한 정보를 반영함을 의미한다.

종종 좋은 소식이 발표될 때 주가는 하락한다. 이것은 좀 이상한 일이지만 효율시장이 완전히 작동한다는 것을 보여준다고 말할 수 있다. 발표된 소식이 좋지만, 예상보다 좋지 않다고 하자. 시장이 HFC의 수익이 20% 증가할 것으로 예상되었으나 실제로 15% 증가했다면, 이러한 새로운 정보는 실제로 좋은 소식이 아니기 때문에 주가는 하락한다.

투자자를 위한 효율시장의 처방

효율시장가설은 주식 투자에 대해 어떤 권고를 할까? 효율시장가설은 시장에서 이용가능한 정보에 해당되는 최신의 정보, 투자자문사의 추천, 기술적 분석은 모두 투자자가 시장보다 좋은 성과를 달성하는 데 도움을 줄 수 없다고 말해 준다. 실제로 효율시장가설은 다른 시장 참여자들보다 더 좋은 정보가 없다면 어느 누구도 시장보다 더 좋은 성과를 달성할 수 없다고 제시한다. 그럼 투자자는 어떻게 해야 하는가?

효율시장가설은 투자자(거의 모든 사람들이 이 부류에 속한다)는 계속 주식을 매입하고 매도하면서 시장을 앞질러 가서는 안 된다고 결론 내린다. 이런 행동은 아무것도 이루지 못하고 주식 거래 시마다 수수료를 버는 주식 브로커의 소득만 증가시킬 뿐이다.* 그 대신, 투자자는 주식을 매입해 장기간 보유하는 '매입해서 보유하는(buy and hold)'을 구사해야 한다. 이 전략은 평균적으로 동일한 총 수익률을 발생시키나 주식 브로커 수수료를 더 적게 지불하기 때문에 투자자의 순수익을 증가시킨다.**

포트폴리오를 관리하기 위한 비용이 포트폴리오의 규모에 비해 상대적으로 클 수 있는 소액 투자자는 개별 주식을 매입하는 것보다 뮤추얼펀드를 매입하는 것이 현명한 전략이다. 효율시장가설은 어느 뮤추얼펀드도 지속적으로 시장수익률보다 높은 수익률을 달성할 수 없다고 제시하기 때문에, 주식 투자자는 관리수수료가 높거나 브로커에게 매도수수료를 지불하는 뮤추얼펀드 대신 관리수수료가 낮은 뮤추얼펀드를 매입해야 한다.

효율시장가설과 배치되는 이상현상들은 극히 현명한 투자자(대부분의 투자자들은 이 부류에 속하지 않는다)가 매입해서 보유하는 전략보다 높은 수익률을 달성할 수 있다고 제시하지만, 이미 살펴본 것처럼 실증적 증거들은 여기서 제시하는 주식투자 처방보다 높은 수익률을 달성하는 일이 결코 쉽지 않음을 보여준다.

---

* 또한 이러한 주식 투자자는 주식이 매도될 때마다 실현되는 이익에 대한 자본이득세를 미국 정부(Uncle Sam)에 납부해야 한다([역자 주] 현재 한국의 경우 주식 매도에 의해 실현되는 이익에 대한 자본이득세는 부과되지 않는다). 이것이 계속해서 주식을 매입하고 매도하는 것이 현명한 일이 아닌 또 다른 이유이다.

** 또한 주식 투자자는 분산된 포트폴리오를 보유함으로써 위험을 최소화시킬 수 있다. 주식 투자자는 분산된 포트폴리오를 매입해서 보유하는 전략을 구사하거나 분산된 포트폴리오를 가지고 있는 뮤추얼펀드를 매입해서 보유하는 전략을 구사함으로써 더 좋은 성과를 얻을 수 있다.

왜 효율시장가설은 금융시장이 효율적임을 의미하지 않는가?

많은 금융경제학자들은 금융시장을 분석하는 데 있어서 효율시장가설을 한 단계 더 강화시키고 있다. 그들은 금융시장에서 예상은 합리적이다, 즉 금융시장에서 예상은 모든 이용가능한 정보를 사용해 추정되는 최적 예측치와 일치한다고 믿을 뿐만 아니라 금융시장에서 가격은 증권의 진정한 내재가치를 반영한다는 조건을 추가한다. 달리 말하면, 금융시장에서 모든 가격은 항상 정확하게 결정되고 **시장 펀더멘털**(market fundamentals), 즉 증권의 미래 소득흐름에 직접적인 영향을 미치는 요인들을 반영하기 때문에 금융시장은 효율적이라는 것이다.

이러한 강형 시장효율성의 견해는 금융이론 분야에서 몇 가지 중요한 시사점을 제시한다. 첫째, 증권가격은 정확하게 결정되기 때문에, 효율자본시장에서(초과수익률을 발생시킬 수 없다는 점에서) 모든 증권은 투자대상으로서 동일하다. 둘째, 증권가격은 증권의 내재가치에 관한 모든 이용가능한 정보를 반영한다. 셋째, 증권가격은 금융 및 비금융 기업의 경영자가 자본비용(투자자금을 조달하기 위한 비용)을 정확하게 평가하기 위해 사용될 수 있고 이에 따라 증권가격은 그의 특정한 투자가 실행할 만한 가치가 있는지에 대한 정확한 의사결정을 하는 데 도움을 줄 수 있다. 이러한 강형 시장효율성은 금융 분야의 많은 분석에서 적용되는 기본적인 원리이다.

그러나 효율시장가설이라는 이름은 잘못 지어진 것일 수 있다. 효율시장가설은 강형 시장효율성을 의미하지 않고 단지 주식시장과 같은 금융시장에서 가격을 예측할 수 없음을 의미한다. 실제로 아래의 [사례분석] '주식시장 붕괴는 효율시장가설에 대해 무엇을 의미하는가?'에서 제시하는 것처럼, 주식시장의 붕괴와 자산가격이 자산의 내재가치보다 훨씬 높게 상승하는 **버블**(bubble)의 존재는 금융시장이 효율적이라는 강형 시장효율성에 심각한 의문을 제기하지만 그렇다고 효율시장가설이 제시하는 기본적인 교훈들을 부정하는 논거는 되지 못한다.

주식시장 붕괴는 효율시장가설에 대해 무엇을 의미하는가?

'블랙 먼데이(Black Monday)'라고 이름 붙여진 1987년 10월 19일에 다우존스산업평균지수는 20% 이상 하락해 미국 역사상 최대의 1일 하락률을 기록했다. 기술주 주가의 폭락으로 기술주에 크게 의존하고 있는 나스닥 지수는 정점에 이르렀던 2000년 3월의 약 5,000에서 2001년과 2002년에 1,500까지 60% 이상 하락했다. 이러한 주식시장의 붕괴는 많은 경제학자들로 하여금 효율시장가설의 타당성에 대해 의문을 갖게 했다. 그들은 효율시장에서 이러한 대규모 주가 변동이 발생할 수 있다고 믿지 않는다. 그렇다면 이러한 주식시장의 붕괴는 효율시장가설을 얼마만큼 의심하게 하는가?

효율시장가설은 주가의 대폭적인 변화를 배제하지 않는다. 주가의 대폭적인 변화는 기업의 미래가치에 대한 최적 예측치를 극적으로 감소시키는 새로운 정보로부터 발생할 수 있다. 그러나 경제학자들은 블랙 먼데이와 기술주 주가 붕괴를 설명할 수 있는 경제의 근본적인 변화가 무엇이었는지를 제시해야 하는 상황에 직면하게 되었다. 주식시장의 붕괴로부터 얻을 수 있는 한 가지 교훈은 시장 펀더멘털 이외의 요인들이 자산가격에 영향을 미칠 수 있다는 것이다. 실제로 제8장에서 살펴보는 것처럼, 금융시장이 잘 작동하는 것을 방해하는 요소들이 존재한다고 믿을 수 있는 그럴듯한 이유들이 있다. 따라서 주식시장의 붕괴는 경제학자들에게 자산가격이 증권의 진정한 내재가치를 반영한다고 제시하는 강형 효율시장가설이 옳지 않음을 확신시켰다. 그들은 주가 결정에서 시장 심리와 시장의 제도적 구조가 큰 역할을 한다는 점을 지적했다. 그러나 시장참여자들이 남아있는 이윤기회를 제거한다고 제시하는 약형 효율시장가설의 기본적인 사고와는 배치되지 않는다. 주가가 항상 시장 펀더멘털을 반영하지 않을 수 있다 하더라도, 주식시장의 붕괴가 예측될 수 없는 한 효율시장가설의 기본적인 원리는 성립한다.

그러나 일부 경제학자들은 주식시장의 붕괴와 버블의 존재는 남아있는 이윤기회가 존재할 수 있고 효율시장가설에 근본적인 결함이 있을 수 있음을 제시한다고 믿는다. 효율시장가설에 관한 논쟁은 여전히 계속되고 있다.

행태금융론

특히 1987년의 주식시장 붕괴 이후 금융시장의 효율성에 대한 의문이 제기되면서 새로운 학문 분야인 **행태금융론**(behavioral finance)이 등장했다. 행태금융론은 증권가격의 움직임을 이해하기 위해 인류학, 사회학, 특히 심리학과 같은 다른 사회과학 분야에서 사용되는 개념들을 적용한다.[15)]

이미 살펴본 것처럼, 효율시장가설은 남아있는 이윤기회가 '스마트 머니'에 의해서 제거된다고 가정한다. 그러나 금융시장이 효율적이 되도록 스마트 머니가 일반 투자자들을 압도할 수 있을까? 특히, 효율시장가설은 주가가 비합리적으로 상승할 때 스마트 머니는 주식을 매도하고 그 결과로 주가는 시장 펀더멘털에 의해 정당화되는 수준으로 다시 하락한다고 제시한다. 그러나 이러한 일이 발생하려면, 스마트 머니가 **공매도**(short sales)에 참여할 수 있어야 한다. 즉 스마트 머니가 주식 브로커로부터 주식을 빌려서 매도하고 주가가 하락한 후에 주식을 재매입함으로써('covering the short') 수익을 얻을 수 있어야 한다. 그러나 심리학자들의 연구는 사람들은 손실을 회피하고자 하는 성향이 있다고 제시한다. 즉 사람들은 이익을 얻을 때 행복해하는 것보다 손실을 입을 때 더 불행해한다. 주가가 공매도가 이루어진 가격보다 더 높게 급격히 상승하면, 투자

15) 행태금융론에 관한 서베이는 다음과 같은 문헌들에서 이루어져 있다. Hersh Shefrin, *Beyond Greed and Fear: Understanding of Behavioral Finance and the Psychology of Investing* (Boston: Harvard Business School Press, 2000); Andrei Shleifer, *Inefficiency Markets* (Oxford: Oxford University Press, 2000); Robert J. Shiller, "From Efficient Market Theory to Behavioral Finance," Cowles Foundation Discussion Paper No. 1385 (October 2002).

자는 처음 투자액을 크게 초과하는 손실을 입을 수 있다(주가가 매우 크게 상승하면 이러한 손실은 무제한으로 커질 수 있다). 따라서 손실회피(loss aversion) 성향은 실제로 매우 적은 공매도가 이루어진다는 중요한 현상을 설명할 수 있다. 또한 공매도는 다른 사람의 불행으로부터 돈을 버는 것이 도덕적으로 불미스러운 일처럼 보이기 때문에 공매도를 금지하는 규정에 의해 제한될 수 있다. 매우 적은 공매도가 존재한다는 사실은 주가가 왜 종종 과대평가 되는지를 설명할 수 있다. 공매도가 충분히 이루어지지 않는다는 것은 스마트 머니가 주가를 내재가치 수준으로 다시 하락하게 만들지 못한다는 것을 의미한다.

또한 심리학자들은 사람들이 자신의 판단에 대해 과신하는 경향이 있음을 발견했다('워비곤 호수(Lake Wobegon)' 효과처럼, 모든 사람들은 그들이 평균보다 더 낫다고 믿는다). 그 결과 투자자는 다른 투자자보다 자신이 더 현명하다고 믿는 경향이 있다. 이러한 '스마트' 투자자들은 선불리 시장이 종종 올바르게 작동하지 않는다고 가정할 뿐만 아니라 그들의 신념에 기초해 기꺼이 거래한다. 이는 증권시장에서 왜 효율시장가설이 예측하지 못하는 큰 규모의 거래량이 발생하는지를 설명할 수 있다.

과신(overconfidence)과 사회적 전염(social contagion)현상은 주식시장 버블의 존재에 대한 설명을 제공한다. 주가가 상승할 때 투자자들은 그들의 이윤을 그들의 지적 능력에 의해 얻은 것이라고 여기고 주식시장에 대해 큰 소리로 떠들어 댄다. 이러한 열정적 구전과 언론은 더 많은 투자자들이 주가가 미래에 계속해서 상승할 것이라고 생각하게 하는 분위기를 만들어 낼 수 있다. 그 결과 주가가 계속해서 상승하여 투기적 버블을 만들어 내는 소위 확장적 순환고리(positive feedback loop)가 발생할 수 있다. 이러한 투기적 버블은 주가가 내재가치로부터 너무 벗어날 때 결국 붕괴된다.[16]

행태금융론은 새로운 학문분야이지만 효율시장가설에 의해 잘 설명되지 않는 증권시장 행태의 일부 특성들을 설명할 수 있을 것이다.

> 요약

1. 효율시장가설은 효율시장에서 모든 남아있는 기회는 제거되기 때문에 현재의 증권가격은 모든 이용가능한 정보를 완전히 반영한다고 말한다. 금융시장이 효율적이기 위해 남아있는 이윤기회가 제거되어야 한다는 것이 모든 시장참여자들이 정보를 잘 알아야 함을 의미하지는 않는다.

2. 효율시장가설의 증거는 매우 혼재되어 있다. 투자자문사와 뮤추얼펀드의 성과, 주가의 공시된 이용가능한 정보 반영, 주가의 랜덤워크 행태, 기술적 분석에 대한 초기 증거는 효율시장가설을 적극 지지했다. 그러나 최근에 소기업 효과, 1월 효과, 시장의 과민반응, 과도한 변동성, 평균회귀 현상, 새로운 정보가 항상 주가에 포함되어 있지 않다는 증거는 효율시장가설이 항상 성립하는 것은 아님을 시사한다. 이러한 증거들은 효율시장가설이 금융시장의 행태를 평가하기 위한 적정한 출발점이 될 수는 있으나, 금융시장의 모든 행태에 일반적으로 적용될 수 없음을 제시한다.

---

16) Robert J. Shiller, *Irrational Exuberance* (New York: Broadway Books, 2001)를 참조하라.

3. 효율시장가설은 최신의 정보, 투자자문사의 추천, 기술적 분석은 투자자가 시장수익률보다 높은 수익률을 달성하게 하는 데 도움을 줄 수 없다고 제시한다. 효율시장가설이 제시하는 투자자를 위한 처방은 매입해서 보유하는 전략, 즉 주식을 매입해서 장기간 보유하는 전략을 추구하는 것이다. 실증적 증거는 일반적으로 주식시장에서 효율시장가설이 제시하는 시사점들을 지지한다.

4. 주식시장의 붕괴와 버블의 존재는 많은 금융경제학자들에게 증권가격이 증권의 진정한 내재가치를 반영한다고 설명하는 강형 효율시장가설이 성립하지 않음을 확신시켰다. 주식시장의 붕괴가 효율시장가설이 틀리다는 것을 보여주는지는 분명하지 않다. 주식시장이 시장 펀더멘털 이외의 요인들에 의해 영향을 받을지라도, 주식시장의 붕괴를 사전에 예측할 수 없는 한, 주식시장의 붕괴가 효율시장가설의 기본 원리가 더 이상 타당하지 않다는 것을 분명히 보여주는 것은 아니다.

5. 새로운 학문분야인 행태금융론은 증권가격의 행태를 이해하기 위해 인류학, 사회학, 심리학과 같은 다른 사회과학분야에서 사용되는 개념들을 적용한다. 손실회피 성향, 과신, 사회적 전염현상은 왜 거래량이 매우 크고 주가가 과대평가되며 투기적 버블이 발생하는지를 설명할 수 있다.

> 주요용어

공매도(short sales)
남아있는 이윤기회(unexploited profit opportunities)
랜덤워크(random walk)
버블(bubble)
시장 펀더멘털(market fundamentals)
차익거래(arbitrage)
평균회귀(mean reversion)
행태금융론(behavioral finance)
효율시장가설(efficient market hypothesis)
효율자본시장이론(theory of efficient capital market)
1월 효과(January effect)

> 연습문제

1. "경제예측가들의 인플레이션 예측은 매우 부정확하다. 따라서 그들의 인플레이션 예측은 최적일 수 없다." 이 진술은 참인가, 거짓인가, 또는 불확실한가? 설명하라.

2. "조(Joe Commuter)는 아침에 눈이 올 때마다 직장까지 걸리는 운전시간을 잘못 판단한다. 그러나 눈이 오지 않을 때 운전시간에 대한 그의 예상은 완벽하게 정확하다. 조가 사는 곳에서는 10년마다 한 번 눈이 온다는 점을 고려하면, 운전시간에 대한 그의 예상은 거의 항상 완벽하게 정확하다." 조의 예상은 최적인가? 왜 그런가, 왜 그렇지 않은가?

3. 만약 한 경제예측가가 이자율을 예측하기 위해 데이터를 연구하면서 매일 많은 시간을 보내지만 그의 예측이 내일 이자율은 오늘 이자율과 같다고 예측하는 것만큼 정확하지 않다면, 그의 예상은 최적인가?

4. "만약 주가가 랜덤워크를 따르지 않는다면, 시장에 남아있는 이윤기회가 존재할 것이다." 이 진술은 참인가, 거짓인가, 또는 불확실한가? 설명하라.

5. 통화공급의 증가가 주가를 상승시킨다고 하자. 이것은 지난주에 통화공급이 급격히 증가했을 때 여러분이 주식을 매입해야 했음을 의미하는가? 왜 그런가, 왜 그렇지 않은가?

6. 만약 여러분이 월 스트리트에 있는 '스마트 머니'가 주가가 하락할 것이라고 예측한다는 *월스트리트저널* 신문의 기사를 읽는다면, 여러분은 보유한 모든 주식을 서둘러 매도해야 하는가?

7. 만약 주식 브로커가 직전 5회의 매입과 매도 추천에서 옳았다면, 여러분은 계속해서 그의 자문에 주의 깊게 귀를 기울여야 하는가?

8. 최적 예측을 하는 사람이 구글 주가가 다음 달에 10% 상승할 것이라고 예상할 수 있는가?

9. "만약 대부분의 주식시장 참여자들이 통화량에 어떤 일이 발생하고 있는지를 추적하지 않는다면, 보통주의 주가는 통화량에 대한 정보를 충분히 반영하지 않을 것이다." 이 진술은 참인가, 거짓인가, 또는 불확실한가? 설명하라.

10. "효율시장은 어느 누구도 다른 사람들보다 좋은 정보를 가지고 있다고 해서 이윤을 얻지 못하는 시장이다." 이 진술은 참인가, 거짓인가, 또는 불확실한가? 설명하라.

11. 만약 높은 통화공급 증가율은 높은 미래 인플레이션율과 연관되어 있고, 발표된 통화공급 증가율이 매우 높았으나 여전히 시장이 예상하는 것보다 낮으면, 여러분은 장기채권의 가격에 어떤 일이 발생할 것이라고 생각하는가?

12. "환율은 주가와 마찬가지로 랜덤워크를 따른다." 이 진술은 참인가, 거짓인가, 또는 불확실한가? 설명하라.

13. 만약 여러분의 예상이 최적이면, 여러분은 다음 주에 달러 가치가 2% 상승할 것이라고 예상할 수 있는가?

14. "사람들의 두려움은 주식시장 붕괴의 원인이다. 따라서 주식시장 붕괴는 주식시장에서의 예상이 최적일 수 없음을 설명한다." 이 진술은 참인가, 거짓인가, 또는 불확실한가? 설명하라.

> 계산문제

1. 한 기업이 방금 주식 1주를 3주로 분할하고 즉각적으로 유효하다고 발표했다. 주식분할 전에 이 기업은 1억 주의 잔고를 가지고 있었고 그 시장가치는 50억 달러였다. 주식분할이 이 기업에 관한 새로운 정보를 제공하지 않는다고 가정하면, 주식분할 후에 이 기업의 가치, 주식 잔고 수, 주가는 얼마인가? 만약 주식분할 직후에 실제 주가가 17달러라면, 이는 시장효율성에 대해 무엇을 의미하는가?

2. 만약 사람들이 한 기업이 이번 분기에 주당 5달러의 손실을 보게 될 것이라고 예상하고 이 기업이 실제로 여전히 역사적으로 최대 손실 수준인 주당 4달러의 손실을 본다면, 효율시장가설은 4달러의 손실이 발표될 때 주가에 어떤 일이 발생할 것이라고 말해 주는가?

> 웹 연습문제

효율시장가설

1. http://research.stlouisfed.org/fred2/를 방문하라. 'Categories'를 클릭하고 이어서 'Financial Indicators', 'the Stock Market Indexes'를 클릭하라. DJIA, S&P 500, Wilshire 5000 Market Index의 지수들을 살펴보라. 어느 지수가 가장 변동이 심한가? 만약 현재까지 복리로 투자 성과를 계산한다면, 여러분은 1985년에 어느 지수에 투자했겠는가?

2. 인터넷은 주가와 주가 움직임을 알 수 있는 매우 중요한 정보원이다. http://finance.yahoo.com으로 가서 'Investing'과 'Market Overview'를 클릭하라. 이어서 다우존스산업평균지수에 관한 현재 데이터를 보기 위해 DOW 티커를 클릭하라. 다른 변수들을 조작하기 위해 차트 상에서 클릭하라. 시간 범위를 변화시키고 다양한 시간 구간들에서 주식 추세를 관찰하라. 주가는 어제, 지난 주, 지난 3개월 , 지난 1년 동안 하락했는가?

PART 3 _ 금융기관의 기본적 이해

CHAPTER

7

금융기관의 존재 이유

> PREVIEW

건실하고 활기찬 경제가 되기 위해서는 사람들이 저축한 자금을 생산적 투자기회를 가진 사람들에게 전달하는 금융시스템이 있어야 한다. 그러나 어떻게 금융시스템이 여러분이 어렵게 모은 저축자금을 생산적 투자기회를 지닌 사람에게 확실히 전달할 수 있을까?

이 질문에 답하기 위해, 이 장에서는 경제적 효율성을 높이기 위해 금융기관이 존재하는 이유를 이해하기 위한 이론을 제시한다. 이론적 분석은 단순하지만 중요한 몇 가지 경제적 개념에 초점을 맞추어, 왜 금융 계약이 현재와 같은 형태로 되어 있는지, 그리고 왜 차입자에게 자금을 전달하는 데 있어 금융중개기관이 증권시장보다 더 중요한지 등과 같은 금융시장의 특징을 설명한다.

전 세계 금융구조에 관한 기본적 사실

세계 어느 나라에서나 금융시스템은 그 구조와 기능이 복잡하게 얽혀 있다. 금융시스템은 은행, 보험회사, 뮤추얼펀드, 주식 및 채권시장 등 여러 유형의 금융기관을 포함하고 있으며, 이들은 모두 정부에 의해 규제를 받는다. 금융시스템은 매년 수조 달러의 돈을 저축자로부터 생산적 투자기회를 가진 사람들에게 전달한다. 전 세계의 금융구조를 세밀히 살펴보면, 금융시스템이 어떻게 작동하는지를 이해하기 위해 설명이 필요한 여덟 가지 기본 사실을 발견하게 된다. 이들 가운데 몇 가지는 상당히 놀라운 사실이다.

[그림 7.1]의 막대 도표는 1970~2000년 기간 중 미국의 기업들이 어떻게 외부 자금(external fund, 기업 자체 내에서가 아닌 외부에서 조달한 자금)을 조달했는지를 나타내고, 또한 이를 독일, 일본, 캐나다의 경우와 비교하고 있다. 도표에서 은행 대출(bank loan) 항목은 주로 예금취급기관의 대출로 구성되며, 비은행 대출(nonbank loan) 항목은 주로 여타 금융중개기관의 대출로 구성된다. 채권(bond) 항목은 회사채와 기업어음 등 시장성을 지닌 채무증권을 포함하며, 주식(stock) 항목은 주식시장에서 신규 지분(equity)의 발행분으로 구성된다.

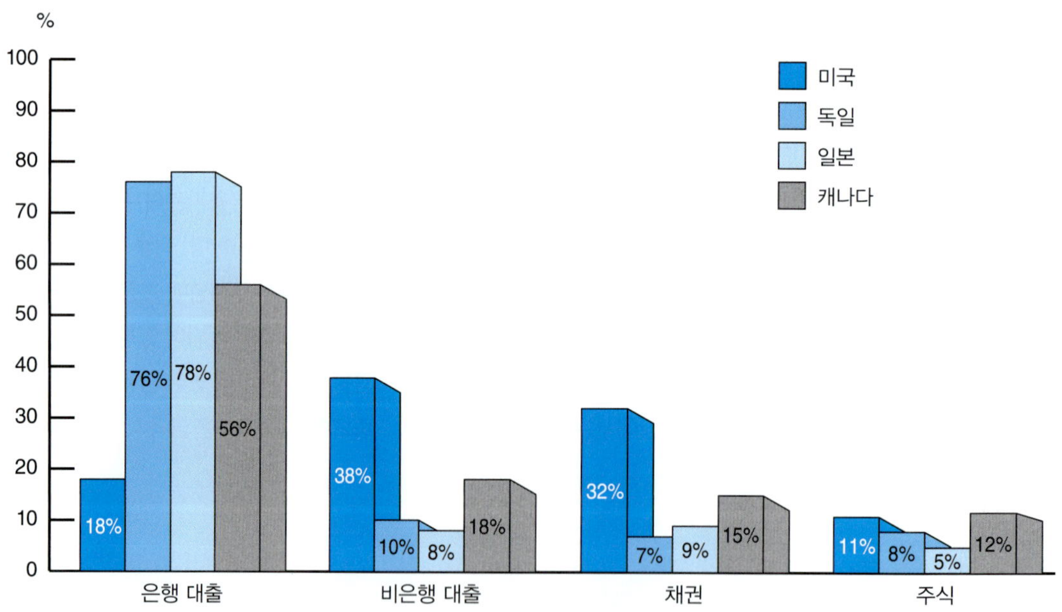

[그림 7.1] 비금융 기업의 외부 자금조달 원천: 미국, 독일, 일본, 캐나다의 비교

은행 대출 항목은 주로 예금취급기관의 대출로 구성되며, 비은행 대출 항목은 주로 여타 금융중개기관의 대출로 구성되며, 채권 항목은 회사채와 기업어음 등과 같은 시장성 채무증권을 포함하며, 주식 항목은 주식시장에서 신규 지분의 발행분으로 구성된다.

자료: Andreas Hackethal and Reinhard H. Schmidt, "Financing Patterns: Measurement Concepts and Empirical Results," Johann Wolfgang Goethe-Universitat Working Paper No. 125, January 2004. 수치는 1970~2000년 기간 중 자료 입수가 불가능한 상거래 및 기타 신용 자료를 제외한 총유량 기준으로 비중(%)을 나타냄.

이제 여덟 가지 사실을 알아보자.

1. ***주식은 기업의 가장 중요한 외부 자금조달원이 아니다.*** 언론매체가 주식시장에 대해 상당한 관심을 집중하고 있기 때문에 많은 사람들은 주식이야말로 미국 기업이 자금을 조달하는 가장 중요한 원천이라는 인상을 갖고 있다. 그러나 [그림 7.1]에서 보듯이 1970~2000년 동안 미국 기업의 외부 자금조달 가운데 주식시장의 비중은 11%에 불과하다.[1)] [그림 7.1]을 보면 다른 나라의 경우에도 역시 주식의 비중이 낮은 편이다. 그렇다면 미국 및 이들 나라에서 왜 주식시장이 다른 자금조달원보다 덜 중요한 것일까?
2. ***시장성 채무 및 지분 증권의 발행은 기업이 자금을 조달하는 가장 주된 수단이 아니다.*** [그림 7.1]을 보면, 미국에서 32% 대 11%의 비율로 채권이 주식에 비해 보다 더 중요한 자금조달원이다. 주식과 채권을 합친 시장성 증권(marketable security)의 비중은 43%인데, 이는 여전히 외부 자금조달의 절반에도 미치지 못한다. 시장성 증권의 발행이 기업 자금조달의 가장 중요한 원천이 아니라는 것은 세계 다른 나라에서도 마찬가지다. [그림 7.1]에서 보듯이, 미국에 비해 다른 나라에서는 외부 자금 중 시장성 증권에 의해 조달된 비중이 훨씬 작다. 그럼 왜 기업은 자금조달을 위해 시장성 증권을 더 널리 이용하지 않는 것일까?
3. ***금융중개기관의 활동과 관련된 간접금융(indirect finance)은 기업들이 금융시장에서 대부자들로부터 직접 자금을 조달하는 직접금융(direct finance)보다 몇 배나 더 중요하다.*** 직접금융은 주식과 채권 등 시장성 증권이 가계에 판매된 것과 관련된다. 미국 기업의 경우 외부 자금조달원 가운데 주식과 채권이 차지하는 비중 43%는 사실 금융시스템에서 직접금융이 중요성을 크게 과장한 수치이다. 1970년 이래 미국 가세에 직접 판매된 증권은 기업의 회사채와 기업어음의 경우 신규 발행액의 5% 미만에 불과하며 주식도 1/3 미만이다. 이들 증권의 나머지는 주로 보험회사, 연기금, 뮤추얼펀드 등 금융중개기관에 의해 소화되었다. 이들 수치를 감안하면 직접금융은 미국 기업의 외부 자금 가운데 10%에도 미치지 못한다. 대다수의 나라에서 시장성 증권은 미국에 비해 자금조달원으로서의 중요성이 훨씬 떨어지기 때문에, 세계 여러 나라에서 직접금융은 간접금융보다 훨씬 덜 중요한 자금조달원이다. 그렇다면 금융중개기관과 간접금융이 왜 그렇게 금융시장에서 중요한 것

---

1) 주식에 의해 조달된 외부 자금의 비율이 11%라는 수치는 기업에 대한 외부 자금을 유량(flow) 기준으로 측정한 것이다. 그러나 이러한 유량 기준의 수치는 독자를 오도할 우려가 있다. 왜냐하면 주식은 한 번 발행되면 영구적 자금조달이 되는 반면, 채권 발행은 만기가 되어 상환되기까지의 일시적 자금조달이기 때문이다. 예를 들어 어떤 기업은 주식을 발행해 1,000달러를 조달하고, 다른 기업은 1년 만기 채권을 발행해 1,000달러를 조달했다고 하자. 주식 발행의 경우에는 기업이 조달한 1,000달러를 계속 쓸 수 있지만, 채권으로 조달한 1,000달러를 계속 쓰기 위해서는 매년 새로운 채권을 1,000달러씩 발행해야 한다. [그림 7.1]에서와 같이 30년간의 자금 흐름을 보면, 기업은 단 한 번의 주식 발행으로 30년 동안 1,000달러를 조달하지만, 채권의 경우는 30년간 매년 한 번씩 30번을 발행해야만 30년 동안 1,000달러를 조달할 수 있다. 따라서 기업의 입장에서 주식과 채권이 실제로는 동일한 규모의 자금조달임에도 불구하고, 마치 채권이 주식에 비해 30배 더 중요한 것처럼 나타날 수 있다.

일까? 최근에는 왜 간접금융의 중요성이 하락하는 것일까? 왜 이런 일이 일어나고 있을까?

4. ***금융중개기관, 특히 은행은 기업의 가장 중요한 외부 자금조달원이다.*** [그림 7.1]에 나타나 있듯이, 전 세계적으로 기업의 외부 자금조달의 주된 원천은 은행의 대출과 더불어 보험회사, 연기금, 파이낸스회사 등 비은행 금융중개기관의 대출로 이루어진다. 미국의 경우 이들 대출이 차지하는 비중은 56%이며, 독일, 일본, 캐나다의 경우는 모두 70%를 상회한다. 은행 대출은 미국 이외의 선진국에서 기업의 외부 자금조달의 가장 중요한 원천으로서 독일과 일본의 경우 70% 이상, 그리고 캐나다의 경우도 50%를 초과한다. 따라서 이들 나라에서 은행은 기업 활동에 필요한 자금을 공급하는 데 있어 가장 중요한 역할을 담당한다. 더욱이 개발도상국에서 은행은 선진국에 비해 금융시스템에서 훨씬 더 막중한 역할을 수행한다. 그럼 무엇 때문에 은행이 이처럼 금융시스템에서 중요한 것일까? 은행이 여전히 중요하지만, 최근 기업의 외부 자금조달에 있어 은행이 차지하는 비중은 하락하고 있다. 그 하락의 원인은 또 무엇일까?
5. ***금융시스템은 경제에서 규제를 가장 강하게 받는 부문 중 하나이다.*** 미국과 다른 모든 선진국에서 금융시스템은 강한 규제를 받고 있다. 정부는 주로 정보의 제공을 확대하고 금융시스템의 건전성과 안정성을 확보하기 위해 금융시장을 규제한다. 그럼, 왜 세계적으로 금융시장은 규제를 그렇게 강하게 받는 것일까?
6. ***건실한 대기업만이 증권시장에 쉽게 접근해 사업자금을 조달할 수 있다.*** 개인과 사업기반이 취약한 소규모 기업은 시장성 증권을 발행해 자금을 조달하기가 쉽지 않다. 대신 그들은 은행에서 자금을 조달한다. 왜 건실한 대기업만이 증권시장에서 자금을 조달하기 쉬운 것일까?
7. ***담보는 가계나 기업의 채무계약에서 흔히 나타나는 일반적인 특징이다.*** 담보(collateral)란 차입자가 채무를 상환할 수 없는 경우 대부자에게 지급을 보증하기 위해 설정해 둔 재산이다. 담보부 채무는 **보증채무**(secured debt)라고도 알려져 있는데, 신용카드 채무와 같이 담보가 없는 **무보증채무**(unsecured debt)와는 대비되는 채무로서 가계부채의 대표적인 형태이며 기업의 차입에도 널리 이용된다. 미국에서 가계부채는 대부분 담보부 대출로 이루어진다. 자동차 대출의 경우 자동차가 담보이며, 모기지(mortgage, 주택저당대출)의 경우는 주택이 담보가 된다. 비금융업 부문의 차입 가운데 1/4을 차지하는 상업용 부동산 및 농장 모기지의 경우는 부동산이 담보로 제공된다. 회사채와 여타 은행 대출에도 종종 담보가 설정된다. 그럼 왜 담보가 채무계약(debt contract)에 있어 그리 중요한 것일까?
8. ***채무계약은 대개 차입자의 행동을 상당히 제한하는 매우 복잡한 법률 문서이다.*** 채무계약을 종이 한 장에 쓸 수 있는 단순한 차용증서라고 생각한다면 큰 오산이다. 모든 나라에서 일반적으로 채권이나 대출계약은 차입자가 취할 수 있는 행동을 제한하고 규정하는 조항인 **제한적 약관**(restrictive covenant)을 담은 장황한 법률 문서이다. 제한적 약관은 기업에만 적용되는 채무계약의 특징이 아니다. 예를 들어 개인의 자동차 대출이나 주택 모기지 계약에서도 차입자가 대출을 받아 구입한 자동차나 주택에 대해 충분한 보험 유지를 요구하

는 약관이 들어 있다. 그렇다면 왜 채무계약이 그렇게 복잡하고 제한적일까?

제2장의 내용을 상기하면, 금융시장의 중요한 특징은 상당한 거래비용과 정보비용을 수반한다는 것이다. 이들 비용이 어떻게 금융시장에 영향을 주는가를 경제적으로 분석하면 위의 여덟 가지 사실을 설명할 수 있으며 금융시스템이 어떻게 작동하는지에 대해 보다 잘 이해할 수 있다. 따라서 다음 절에서는 거래비용이 금융시스템의 구조에 미치는 영향에 관해 검토한다. 그 다음에 정보비용이 금융구조에 미치는 효과를 살펴볼 것이다.

거래비용

거래비용은 금융시장에서 매우 중요한 문제이다. 예시를 통해 이 사실을 분명히 알아보자.

거래비용이 어떻게 금융구조에 영향을 주는가?

여러분이 여윳돈 5,000달러를 갖고 있다고 가정하고, 이 돈을 주식시장에 투자한다고 생각해보자. 그런데 5,000달러로는 주식을 몇 주 못 산다. 온라인 거래를 이용하더라도 투자금액이 너무 작기 때문에 주식을 사는 데 드는 중개수수료가 주식 매수금액의 상당 부분을 차지할 수 있다. 만약 주식 대신 채권을 사기로 마음먹는다면 문제는 더 심각해진다. 왜냐하면 채권의 최저금액은 종종 1만 달러에 달하는데, 투자할 돈이 그만큼 안 되기 때문이다. 이 때문에 여러분은 어렵게 모은 돈을 이용해 금융시장에서 높은 수익을 얻어낼 수 없다는 사실을 깨닫고 실망할지도 모르겠다. 그러나 한 가지 위로가 되는 것은 높은 거래비용으로 인해 좌절하는 사람이 여러분만이 아니라는 점이다. 사실 많은 사람들이 그런 상태이다. 미국에서 어떤 종류이든 증권을 보유하고 있는 가계는 전체 가계의 약 절반에 불과하다.

거래비용으로 인한 또 다른 문제가 있다. 여윳돈이 작은 경우에는 여러 자산에 대해 소액으로 거래를 하면 거래비용이 너무 커지기 때문에 결국 소수의 제한된 투자만이 가능하다는 점이다. 즉 달걀을 모두 한 바구니에 담을 수밖에 없어 분산투자를 못한다는 커다란 위험을 안게 된다.

금융중개기관은 어떻게 거래비용을 줄이는가?

앞에서 제시한 거래비용의 문제와 제2장에서 목수인 칼에게 돈을 빌려주는 데 드는 법률비용의 문제가 예시하는 바에 의하면, 소액 저축자는 금융시장에 직접 나가 이득을 누릴 수 없다는 것이다. 그러나 다행스럽게도 금융구조를 형성하는 핵심 요소인 금융중개기관이 거래비용을 줄이기 위해 진화한 덕분에 소액 저축자와 차입자도 금융시장에서의 이득을 누릴 수 있다.

규모의 경제 높은 거래비용을 해결하는 한 가지 방법은 많은 투자자의 자금을 한데 묶어 거래 규모를 늘림으로써 단위 투자금액당 거래비용을 낮추는 효과, 즉 *규모의 경제*(economies of scale) 효과를 얻는 것이다. 투자자들의 자금을 한데 묶으면 개별 투자자의 거래비용을 크게 줄일 수 있다. 규모의 경제가 작동하는 이유는 금융시장에서 거래를 하는 데 드는 총비용은 거래금액이 증가해도 그리 크게 증가하지 않기 때문이다. 예를 들어 주식 1만주 매입을 주선하는 데 드는 비용이나 50주 매입을 주선하는 데 드는 비용이나 서로 큰 차이가 없다.

이 같은 규모의 경제로 인해 금융중개기관이 발달했고 금융구조를 형성하는 핵심 요소가 되었다. 규모의 경제로 인해 생겨난 금융중개기관의 가장 대표적인 예가 뮤추얼펀드이다. *뮤추얼펀드*(mutual fund)란 개인들에게 지분을 팔아 그 자금으로 주식이나 채권에 투자하는 금융중개기관이다. 뮤추얼펀드는 대규모로 주식이나 채권을 거래하기 때문에 거래비용을 낮출 수 있다. 이런 비용 절감분은 뮤추얼펀드가 계좌관리에 따른 운용수수료를 차감한 후 결국 개인 투자자에게 배분된다. 또한 뮤추얼펀드는 대규모 자금으로 널리 분산투자한 증권 포트폴리오를 구성함으로써 개인 투자자에게 추가적인 이득을 제공한다. 분산투자를 하면 위험이 감소해 그만큼 투자자에게 이득이 되기 때문이다.

규모의 경제는 금융기관의 업무수행에 소요되는 전산비용 등을 낮추는 데도 중요하다. 예를 들어 대형 뮤추얼펀드가 통신시스템을 갖추는 데 이미 많은 투자를 해둔 경우 그 시스템을 이용하면 거래단위당 적은 비용으로 많은 거래를 할 수 있다.

전문성 금융중개기관은 또한 우월한 전문성을 통해 거래비용을 낮출 수 있다. 전문적인 전산기술을 이용해 고객들에게 투자 성과에 관한 정보를 무료로 알려준다거나, 현금 잔고를 기초로 수표를 발행하거나 자금을 이체할 수 있게 해주는 등의 편리한 서비스를 제공할 수 있다.

금융중개기관의 낮은 거래비용으로 인해 나타난 중요한 결과 가운데 하나는 고객이 더욱 쉽게 거래하도록 해주는 *유동성 서비스*(liquidity service)의 제공이다. 예를 들면 MMF는 투자자에게 높은 이자율을 지급하면서도 편리하게 수표를 발행할 수 있게 해준다.

정보의 비대칭성: 역선택과 도덕적 위험

금융시장에서의 거래비용은 금융중개기관과 간접금융이 금융시장에서 왜 그렇게 중요한 역할을 하는가라는 앞에서 제시한 [사실 3]을 부분적으로 설명한다. 그러나 금융구조를 보다 완벽히 이해하기 위해서는 금융시장에서 정보의 역할을 살펴보아야 한다.

거래 상대방에 대한 지식이 불충분하기 때문에 거래를 성사시키기 위한 정확한 의사결정을 내릴 수 없다는 *정보의 비대칭성*(asymmetric information)은 금융시장에 나타나는 중요한 특성이다. 예를 들면 기업의 경영자는 자신이 정직한지 그리고 그 기업이 얼마나 잘되는지에 관해 주주들보다 더 잘 알고 있다. 이러한 정보의 비대칭성이 존재하면 제2장에서 소개한 역선택과 도덕적 위험이 발생한다.

역선택(adverse selection)이란 거래가 일어나기 *이전에* 발생하는 정보의 비대칭성 문제이다.

잠재적으로 신용위험이 불량한 사람들이 더 적극적으로 돈을 빌리려고 한다. 결국 좋지 않은 결과를 초래할 가능성이 큰 사람들이 거래에 참여하기를 더 원하는 것이다. 예를 들어 위험 부담이 매우 큰 사업을 선택한 사람이나 사기꾼은 자신이 돈을 상환할 가능성이 낮다는 것을 잘 알기 때문에 가장 열성적으로 대출을 받으려 한다. 이에 돈을 빌려주려는 대부자의 입장에서는 이러한 역선택으로 인해 자신의 돈이 신용위험이 불량한 사람에게 대출될 가능성이 크기 때문에 신용위험이 우량한 사람들이 시장에 존재함에도 불구하고 아예 돈을 빌려주지 않기로 마음먹을 것이다.

도덕적 위험(moral hazard, 도덕적 해이라고도 함)은 거래가 일어난 *이후에* 발생한다. 즉 자금 대부자의 관점에서 볼 때, 돈을 빌려간 차입자가 바람직하지 않은 행동을 함으로써 대출금의 상환 가능성을 낮게 만드는 위험이 있다는 것이다. 예를 들어 차입자는 일단 대출을 받고 나면 남의 돈으로 사업을 하는 것이기 때문에 위험이 큰 사업, 즉 높은 수익이 가능하지만 파산할 확률도 높은 사업을 선택할 수 있다. 이러한 도덕적 위험이 존재하면 대출금의 상환 가능성이 낮아지기 때문에 대부자는 차라리 대출하지 않기로 결정할 것이다.

정보의 비대칭성 문제가 어떻게 경제행위에 영향을 주는가를 분석한 이론이 **대리인 이론**(agency theory)이다. 이제 이 이론을 적용해 왜 금융구조가 현재와 같은 형태를 띠고 있는가를 논의하고, 앞서 제시한 여덟 가지 사실을 설명하기로 한다. 다음 장에서는 금융위기를 이해하기 위해 이 이론을 이용한다.

레몬 문제: 역선택이 어떻게 금융구조에 영향을 주는가?

온라인 정보
http://www.nobelprize.org/nobel_prizes/economic-sciences/laureates/2001/
노벨상 수상자들에게 헌정된 전용 웹사이트에서 레몬 문제에 관한 제반 논의를 알아보자.

노벨 경제학상을 수상한 애컬로프(George Akerlof)는 그의 유명한 논문에서 역선택 문제의 독특한 성격을 규명하고 이로 인해 어떻게 시장의 효율적 기능이 저해되는지를 설명했다. 역선택 문제는 중고차 시장의 형편없는 물건(lemon)에 의해 발생되는 문제와 유사하기 때문에 '레몬 문제(lemons problem)'라고도 부른다.[2] 중고차를 구매하려는 사람은 대부분 자신이 사려는 중고차의 품질을 알 수 없다. 어떤 중고차가 성능이 좋은 차, 즉 복숭아(peach)인지, 아니면 계속 걱정거리를 안겨줄 형편없는 차, 즉 레몬인지를 분간할 수 없다. 따라서 구매자가 지불하는 가격은 시장에 나온 중고차들의 *평균* 성능을 반영해 레몬의 낮은 가격과 복숭아의 높은 가격 사이 어딘가에서 결정되어야 할 것이다.

반면에 중고차의 소유자는 자신의 차가 복숭아인지 아니면 레몬인지를 더 잘 안다. 만일 자신

---

2) George Akerlof, "The Market for 'Lemons': Quality, Uncertainty and the Market Mechanism," *Quarterly Journal of Economics* 84 (1970): pp. 488~500. 레몬 문제를 금융시장에 적용해 분석한 두 개의 대표적인 논문을 들면 다음과 같다. Stewart Myers and N.S. Majluf, "Corporate Financing and Investment Decisions When Firms Have Information That Investors Do Not Have," *Journal of Financial Economics* 13 (1984): pp. 187-221, Bruce Greenwald, Joseph E. Stiglitz, and Andrew Weiss, "Information Imperfections in the Capital Market and Macroeconomic Fluctuations," *American Economic Review* 74 (1984): pp. 194-199.

의 차가 레몬이면, 자신의 차를 형편없는 차 가격과 성능 좋은 차 가격 사이에서 구매자가 지불하려는 가격에 기꺼이 팔 것이다. 그러나 만일 자신의 차가 복숭아라면, 중고차 소유자는 구매자가 지불하려는 가격이 너무 낮다고 생각하기 때문에 차를 팔지 않을 것이다. 이러한 역선택의 결과로 성능 좋은 중고차는 시장에 매물로 거의 나오지 않는다. 시장에 매물로 나오는 중고차는 결국 평균적으로 품질이 떨어질 것이며, 또한 그런 레몬을 비싸게 사길 원하는 사람도 거의 없을 것이기 때문에 결국 매매가 이루어지지 않는다. 이에 따라 중고차 시장은 제대로 작동할 수 없게 된다.

주식시장과 채권시장에서의 레몬

유사한 레몬 문제가 채무(채권)와 지분(주식)이 거래되는 증권시장에서 발생한다. 주식이라는 증권의 잠재적 구매자인 투자자 어빙은 이윤이 높고 위험이 작을 것으로 예상되는 우량기업과 이와는 반대로 낮은 이윤과 큰 위험이 예상되는 불량기업을 구별할 수 없다고 가정해보자. 이런 경우, 어빙은 증권을 발행하는 기업들의 *평균* 수준을 반영한 가격, 즉 불량기업이 발행한 증권의 가치와 우량기업이 발행한 증권의 가치 사이 어딘가에 있을 평균 가격만을 지불하려 할 것이다. 만약 우량기업의 소유자 또는 경영자가 어빙보다 더 좋은 정보를 가지고 있고 자신의 기업이 우량기업임을 *안다면*, 그들은 자신의 증권이 너무 저평가되었음을 알고 어빙이 지불하려는 가격에 자신의 증권을 팔지 않을 것이다. 따라서 어빙에게 증권을 팔려는 기업은 증권의 실제 가치보다 가격이 높게 설정된 불량기업뿐이다. 물론 어빙도 그렇게 어리석지 않다. 그는 불량기업이 발행한 증권을 보유하길 원치 않으며, 결국 시장에서 증권을 사지 않기로 결정할 것이다. 중고차 시장에서 발생한 결과와 유사하게, 증권시장에서도 기업이 자본을 조달하기 위해 증권을 거의 팔 수 없기 때문에 증권시장이 제대로 작동하지 못한다.

어빙이 주식이 아니라 채권시장에서 기업의 채권을 사려는 경우에도 이와 유사한 분석이 적용된다. 어빙은 채권의 이자율이 우량기업과 불량기업의 평균적인 채무불이행의 위험을 보상할 만큼 충분히 높은 경우에만 채권을 살 것이다. 그런데 우량기업의 현명한 소유자들은 그들이 정당하게 내야 할 이자율보다 더 높은 이자율을 내야 함을 알고, 채권시장에서 채권을 발행해 자금을 차입하기를 원치 않는다. 오직 불량기업만이 차입하려 할 것이고, 이에 어빙과 같은 투자자들은 불량기업이 발행한 채권을 사려고 하지 않을 것이다. 그 결과 채권은 시장에서 거의 판매되지 못하며, 따라서 효과적인 자금조달원으로서 기능하지 못한다.

위의 분석은 [사실 2], 즉 왜 세계 어느 나라에서도 시장성 증권이 기업의 가장 주된 자금조달원이 아닌지를 설명한다. 이 분석은 또한 부분적으로 [사실 1], 즉 왜 주식이 미국 기업의 가장 중요한 자금조달원이 아닌지도 설명한다. 레몬 문제로 인해 주식시장과 채권시장 등 증권시장은 저축자의 자금을 차입자에게 전달하는 데 있어 효과적이지 못하다.

역선택 문제의 해결수단

정보의 비대칭성이 존재하지 않으면 레몬 문제는 사라진다. 만약 구매자가 판매자만큼 중고차의 품질에 관해 잘 알고 있어서 좋은 차와 나쁜 차를 구별할 수 있다면, 구매자는 좋은 중고차에 대해 기꺼이 그 가치만큼의 가격을 지불할 것이다. 소유자는 또한 적정한 가격에 자신의 중고차를 기꺼이 팔 것이다. 이렇게 되면 시장에서 거래가 활발해지고, 원하는 사람에게 좋은 차를 판매하는 기능이 제대로 수행될 것이다.

마찬가지로 증권의 구매자들이 우량기업과 불량기업을 잘 구별할 수 있다면 우량기업이 발행한 증권에 대해 가격을 충분히 지불할 것이고, 우량기업은 시장에서 자신의 증권을 판매할 것이다. 그러면 증권시장은 가장 생산적 투자기회를 지닌 우량기업에 자금을 전달할 수 있을 것이다.

민간의 정보 생산 및 판매 금융시장에서 발생하는 역선택 문제를 해결하려면 자금을 조달하려는 개인이나 기업에 관한 보다 상세한 정보를 자금의 대부자에게 제공함으로써 정보의 비대칭성을 줄여야 한다. 저축자, 즉 대부자에게 이들 정보를 제공하는 방법으로서, 민간 회사가 우량기업과 불량기업을 판별하는 정보를 수집하고 생산해 이를 판매하는 방법이 있다. 미국의 S&P(Standard & Poor's), 무디스(Moody's), 밸류라인(Value Line)과 같은 회사는 기업의 재무상태표(대차대조표라고도 함)와 투자활동에 관한 정보를 수집하고 이들 데이터를 출판해, 이를 개인, 도서관, 증권거래에 참여하는 금융기관 등의 구독자에게 판매한다.

그러나 민간이 정보를 생산하고 판매하는 시스템에는 소위 **무임승차 문제**(free-rider problem)가 빌생하기 때문에 증권시장에서의 역선택 문제를 완전히 해결하지 못한다. 무임승차 문제는 정보에 대해 값을 지불하지 않고 다른 사람이 값을 지불한 정보를 무료로 이용할 때 발생한다. 무임승차 문제가 시사하는 바는 민간의 정보 판매가 레몬 문제에 대한 부분적 해결책에 불과하다는 것이다. 예를 들어 지금 여러분이 어떤 기업이 좋고 나쁜지를 알려주는 정보를 구입했다고 가정해보자. 여러분은 저평가된 우량기업의 증권을 구매함으로써 정보 구입에 든 비용을 보상받을 수 있기 때문에 그 정보를 구입할 만하다고 믿은 것이다. 그러나 약삭빠른(무임승차) 투자자인 어빙은 돈을 주고 그 정보를 사지 않았지만, 여러분이 어떤 증권을 사는 것을 보고는 즉각 그 증권을 매입한다. 만일 다른 많은 투자자들도 어빙처럼 행동한다면, 저평가된 우량증권에 대한 수요가 증가해 그 증권의 가격이 적정한 가치를 반영하게끔 즉각 상승해 버린다. 이들 무임승차 투자자로 인해 여러분은 더 이상 적정 가격 이하로 증권을 살 수 없게 되고 만다. 이제 여러분은 구입한 정보를 이용해 아무런 이득을 얻을 수 없으므로 애당초 그 정보를 사지 말았어야 했음을 깨달을 것이다. 만일 다른 투자자들도 모두 이런 사실을 깨닫는다면, 민간 회사나 개인은 정보를 수집하고 생산할 가치가 있을 만큼 충분히 판매할 수 없게 된다. 민간 회사가 정보를 판매해 이윤을 얻을 가능성이 줄어들면 시장에서 정보가 과소 생산되고, 이에 따라 역선택 문제(레몬 문제)가 계속 증권시장의 효율적 작동을 저해할 것이다.

정보의 확대를 위한 정부규제 무임승차 문제로 인해 민간 시장은 역선택을 초래하는 정보의 비대칭성을 모두 제거할 만큼 충분한 정보를 생산하지 못한다. 그러면 정부의 개입으로 금융시장이 이득을 얻을 수 있을까? 예를 들어 정부가 직접 우량기업과 불량기업을 구부하는 데 도움이 되는 정보를 생산해 이를 무료로 제공하는 방법이다. 그러나 이 방법은 정부가 특정 기업에 불리한 정보를 발표해야 하는 일이 생기므로 정치적인 이유로 실행되기 어렵다. 두 번째 방법은 미국과 세계 대부분의 나라가 따르는 해결책이기도 한데, 정부가 증권시장에 대한 규제를 통해 기업이 자신에 관한 정직한 정보를 공시하도록 함으로써 그 기업이 얼마나 우량한지 불량한지를 투자자들이 판단할 수 있게 해주는 것이다. 미국에서는 증권거래위원회(Securities and Exchange Commission, SEC)라는 정부기구가 증권을 발행하는 기업에 대해 독립적인 **회계감사**(audit)를 받도록 규제한다. 회계감사에서는 기업이 표준회계 원칙을 준수하고 매출, 자산, 이익에 관한 정확한 정보를 공시하는지 여부를 회계법인이 공인한다. 다른 나라에도 이와 유사한 규제가 있다. 그러나 최근 엔론(Enron)의 파산 사건과 월드컴(WorldCom), 파르말라트(Parmalat, 이탈리아 기업) 등 여러 기업의 회계부정 사건이 시사하듯이 공시 의무가 항상 잘 작동하는 것은 아니다([미니사례] '엔론의 붕괴' 참조).

금융시장에서 역선택이라는 정보의 비대칭성 문제는 [사실 5], 즉 금융시장이 경제에서 가장 강하게 규제받는 부문인 이유를 설명한다. 투자자를 위해 정보를 확대하려는 정부의 규제는 증권시장의 효율적 작동을 방해하는 역선택 문제를 줄이기 위해 필요하다.

정부의 규제는 역선택 문제를 줄이기는 하지만 이를 완전히 제거할 수는 없다. 기업은 매출, 자산, 수익에 관한 정보를 민간에 제공하더라도 여전히 투자자보다 많은 정보를 갖고 있다. 기업의 상태를 알기 위해서는 통계가 제공할 수 있는 것보다 훨씬 많은 것이 필요하다. 더욱이 불량기업들은 마치 우량기업인 것처럼 보이게 하려고 갖가지 술책을 쓴다. 이렇게 하면 기업의 증권을 보다 높은 가격에 팔 수 있기 때문이다. 불량기업은 민간에 전달해야 할 정보를 왜곡하는데, 그 결과 투자자는 우량기업과 불량기업을 구분하기가 더욱 어려워진다.

> 미니사례 *Mini-Case*

엔론의 붕괴

2001년까지 미국 에너지 시장에서의 거래를 전문적으로 취급하던 엔론은 놀라운 성공을 거둔 것처럼 보였다. 엔론은 에너지 거래시장의 1/4을 점유했고, 붕괴하기 1년여 전쯤인 2000년 8월에는 770억 달러의 가치를 지닌, 당시 미국에서 일곱 번째로 큰 기업으로 평가되었다. 그러나 엔론은 붕괴했다. 2001년 10월 엔론은 6억 1,800만 달러의 분기 손실을 발표하고 회계의 '오류'를 공시했다. 그러자 SEC는 엔론과 전임 최고 재무책임자가 이끄는 협력사와의 금융거래를 조사하기 시작했다. 그 결과 엔론이 일련의 복잡한 거래를 통해 재무상태표에서 상당한 부채와 금융계약을 누락시켰음이 드러났다. 엔론은 이런 거래를 이용해 재정적 어려움을 감추고 있었던 것이다. J.P.모건과 씨티그룹에서 15억 달러를 신규로 조달했음에도 불구하고 엔론은 2001년 12월 파산을 선언할 수밖에 없었다. 그 당시 미국 역사상 가장 큰 파산이었다.

엔론의 붕괴를 통해 정부의 규제가 정보의 비대칭성 문제를 완화할 수는 있어도 제거할 수 없음을 알 수 있다. 경영자는 기업의 문제점을 감추고 투자자들이 기업의 진정한 가치를 알기 어렵게 하려는 엄청난 인센티브를 갖고 있는 것이다.

엔론의 파산은 금융시장에서 기업이 제공하는 회계정보의 질적 수준에 대한 우려를 확대시켰을 뿐만 아니라 연금의 가치가 휴지조각이 됨에 따라 많은 종업원들의 곤경을 초래했다. 엔론 경영층의 사기 행위에 대한 분노가 치솟았으며, 몇몇 경영자들은 투옥되고 말았다.

금융중개 정보의 제공을 확대하려는 정부의 규제와 민간의 정보 생산이 금융시장의 역선택 문제를 줄이기는 하지만 제거하지는 못함을 알았다. 그러면 정보의 비대칭성이 존재하는 경우 금융구조를 통해 어떻게 생산적 투자기회를 가진 사람들에게 자금이 흐르도록 촉진할 수 있을까? 하나의 실마리를 중고차시장의 구조에서 찾을 수 있다.

중고차시장의 중요한 특징은 대부분의 중고차가 개인들 간에 직접 거래되지 않는다는 것이다. 중고차를 사려는 개인은 특정 부류의 차가 고장이 얼마나 잦은지를 알아내기 위해 *컨슈머 리포트*(Consumer Reports)와 같은 잡지를 구독함으로써 민간이 생산한 정보를 구입한다. 그런데 *컨슈머 리포트*를 읽는 것만으로 역선택 문제를 해결하지 못하는데, 이는 특정 모델의 자동차가 좋은 평판을 얻고 있을지라도 자신이 사려는 중고차는 레몬일 수 있기 때문이다. 중고차를 사려는 고객은 차를 검사하기 위해 정비사를 찾아갈 수도 있다. 그러나 그가 신뢰할 만한 정비사를 알지 못한다거나 정비사가 차를 검사해주는 데 너무 높은 요금을 부과한다면 어떻게 할까?

이런 이유들로 인해 개인은 중고차에 관한 충분한 정보를 얻기 어렵기 때문에, 대부분의 중고차는 개인들 간에 직접 거래되지 않는다. 그 대신 중개기관, 즉 개인들로부터 중고차를 사서 다른 개인에게 되파는 중고차 딜러에 의해 중고차가 거래된다. 중고차 딜러는 중고차가 성능 좋은 차인지 아니면 레몬인지를 판별하는 전문가로서 중고차시장에서 정보를 생산한다. 중고차 딜러는 일단 그 차가 좋다는 것을 알면, 책임보증 등의 명시적 보증 혹은 정직하다는 명성을 지키기 위한 암묵적 보증하에 차를 판매한다. 딜러의 이런 보증이 있기 때문에 사람들은 중고차를 더 쉽게 구매하게 되며, 딜러는 산 가격보다 높은 가격에 중고차를 판매하면서 중고차의 품질에 관한 정보를 생산하는 데 따른 이득을 얻는다. 이때 딜러는 중고차에 관한 정보를 자신이 생산하고 그 차를 자신이 사들여서 되팔기 때문에, 그가 생산한 정보를 다른 사람이 무임승차하는 문제가 없다.

중고차 딜러가 중고차시장에서 역선택 문제를 해결하는 것처럼 금융중개기관도 금융시장에서 유사한 역할을 수행한다. 은행 등 금융중개기관은 기업에 관한 정보를 생산하는 전문가여서 신용위험이 우량한 기업과 불량한 기업을 구별해낼 수 있다. 그래야만 은행은 예금자로부터 자금을 받을 수 있고, 그 자금을 우량기업에게 대출할 수 있다. 은행은 대부분 우량기업에 대출할 수 있기 때문에 예금자에게 지급하는 이자율보다 높은 수익률을 대출에서 얻을 수 있다. 그 결과 은행은 이윤을 얻게 되는데, 이는 은행의 정보생산 활동을 더욱 자극하는 인센티브가 된다.

은행이 자신이 생산한 정보로부터 이윤을 얻을 수 있는 중요한 이유는 공개된 시장에서 거래되는 증권의 매입보다는 주로 사적인 대출을 함으로써 무임승차 문제를 피할 수 있기 때문이다. 사적인 대출은 시장에서 거래되지 않기 때문에, 다른 투자자는 이 은행이 하는 일을 볼 수 없으며, 또한 이 은행이 생산한 정보에 대한 보상을 없앨 만큼 대출 가격을 상승시킬 수도 없다. 비거래성 대출 형태로 대부분의 자산을 보유한 은행의 역할은 금융시장에서 정보의 비대칭성을 줄이는 성공의 열쇠이다.

역선택에 관한 분석을 통해, 일반적으로 금융중개기관, 특히 은행은 상당 부분 비거래성 대출을 제공하기 때문에 기업에 자금을 전달하는 데 있어 증권시장보다 큰 역할을 수행함을 알 수 있다. 따라서 지금까지의 분석은 [사실 3]과 [사실 4], 즉 왜 간접금융이 직접금융보다 훨씬 더 중요한지, 그리고 왜 은행이 기업의 가장 중요한 외부 자금조달원인지를 설명한다.

여기서 제시한 분석으로 설명할 수 있는 또 하나의 중요한 사실은 개발도상국의 금융시스템에서는 은행이 더욱 중요하다는 것이다. 앞에서 살펴본 것처럼, 기업에 관한 정보의 품질이 우수할수록 정보의 비대칭성 문제는 덜 심각할 것이고 기업이 증권을 발행하기가 보다 쉬울 것이다. 개발도상국에서는 선진국에 비해 민간 기업에 관한 정보를 얻기가 더 어렵다. 따라서 증권시장의 역할은 더 작아질 수밖에 없으며, 그만큼 은행 등 금융중개기관의 역할이 커진다. 이러한 분석을 통해 기업에 관한 정보를 얻기 쉬울수록 은행의 역할이 감소한다고 추론할 수 있다. 지난 30년 동안 미국에서 일어난 획기적인 일로 정보기술의 엄청난 발달을 꼽을 수 있다. 그 결과 미국에서 은행 등 금융중개기관의 대출 기능이 위축되었으리라 추론할 수 있고, 실제로 그런 일이 발생했다(제13장 참조).

또한 역선택에 관한 분석은, 대기업의 경우 왜 은행 등의 금융중개기관을 이용한 간접적인 경로가 아니라 증권시장을 이용한 직접적인 경로를 통해 자금을 조달할 가능성이 높은가라는 [사실 6]을 설명한다. 기업이 더 잘 알려질수록 그 기업의 활동에 관한 정보를 시장에서 더 많이 얻을 수 있다. 따라서 투자자가 기업의 상태를 평가해 우량기업인지 아니면 불량기업인지를 구별하기가 더 쉬워진다. 투자자들은 이들 잘 알려진 기업에 대해서는 역선택을 별로 걱정하지 않기 때문에 기꺼이 이들 기업의 증권에 직접 투자한다. 따라서 역선택의 분석은 증권을 발행할 수 있는 기업에게 자금조달의 우선순위가 있음을 시사한다. 결국 기업이 건실하고 규모가 클수록 자금조달을 위해 증권을 발행할 가능성이 커진다. 이는 **자금조달순위가설**(pecking order hypothesis)이라 불리는 견해로서, 이 가설은 통계적으로 지지되고 있으며 바로 [사실 6]이 의미하는 바이다.

담보와 순자산 역선택은 차입자가 대출금을 상환할 수 없게 되어 채무를 불이행하면서 대부자에게 손실을 입히는 경우에 한해 금융시장의 기능을 방해한다. 채무불이행이 발생하는 경우 대부자에게 건네기로 약속한 재산인 **담보**(collateral)는 대부자의 손실을 줄여주기 때문에 역선택의 영향을 감소시킨다. 차입자가 대출금을 갚지 못하면, 대부자는 담보를 팔아 그 수익금으로 대출 손실을 벌충할 수 있는 것이다. 예를 들어 만약 차입자가 모기지를 상환하지 못하면, 대부자는 그 집을 경매 처분한 돈으로 대출금을 상환받을 수 있다. 따라서 대부자는 담보 대출을 더 선호한다. 차입자의 입장에서도 담보를 제공하면 대부자의 위험이 감소되므로 우선적으로, 그리고 보다 낮은 이자율로 대출받을 가능성이 커지기 때문에 기꺼이 담보를 제공한다. 따라서 신용시장에서 역선택의 존재는 [사실 7], 즉 왜 담보가 채무계약의 중요한 특징인지를 설명한다.

순자산(net worth)은 **자기자본**(equity capital)이라고도 불리는데, 기업의 자산(기업이 보유하고 있거나 받을 것)에서 기업의 부채(기업이 지불할 의무가 있는 것)를 뺀 것으로서, 담보와 유사한 역할을 수행한다. 만일 기업의 순자산이 많다면, 설사 손실이 발생해 채무지급을 불이행하게 만드는 투자를 하더라도 대부자는 이 기업의 순자산에 대한 권리증을 처분한 수익금으로 대출 손실의 일부를 회수할 수 있다. 애초에 기업의 순자산이 많을수록 대출금 상환에 이용할 수 있는 완충자산이 많아지기 때문에 채무불이행의 가능성은 낮아진다. 따라서 대출받으려는 기업의 순자산이 많은 경우에는 역선택의 영향이 덜 중요해지고 대부자는 기꺼이 대출을 해준다. 이런 분석을 통해 "돈이 궁하지 않은 사람만 돈을 빌릴 수 있다!"라고 종종 탄식하는 배경이 이해된다.

요약 지금까지 역선택의 개념을 이용해 금융구조에 관한 여덟 가지 사실 가운데 일곱 가지를 설명했다. 처음 네 가지 사실은 기업의 자금조달에 있어 금융중개기관이 중요하며 상대적으로 증권시장은 덜 중요함을 강조한다. 금융시장은 경제에서 가장 강하게 규제되는 부문의 하나라는 [사실 5], 건실한 대기업만이 증권시장에 접근할 수 있다는 [사실 6], 담보가 채무계약의 중요한 특징이라는 [사실 7]도 설명했다. 다음 절에서는 도덕적 위험이라는 정보의 비대칭성 개념을 통해, 기업 자금조달에 있어 금융중개기관의 중요성, 광범위한 정부규제, 채무계약에서 담보의 중요성에 관한 추가적인 분석을 제시할 것이다. 그리고 도덕적 위험이라는 개념을 이용해 왜 채무계약이 차입자의 행동을 상당히 제한하는 복잡한 법률 서류인가라는 [사실 8]을 설명할 것이다.

도덕적 위험이 어떻게 채무계약과 지분계약 간의 선택에 영향을 주는가?

도덕적 위험은 금융거래를 하고 난 후 발생하는 정보의 비대칭성 문제이다. 금융거래 후에는 증권의 판매자가 정보를 숨기고 증권의 구입자에게 손해가 되는 행동을 할 인센티브를 갖는다. 도덕적 위험으로 인해 결국 기업은 지분계약보다 채무계약의 형태로 자금을 조달하기가 더 쉽다.

지분계약의 도덕적 위험: 주인–대리인 문제

주식 등 *지분계약*(equity contract)은 기업의 이윤과 자산의 일정 몫에 대한 청구권이다. 지분계약은 소위 **주인–대리인 문제**(principal–agent problem)라는 유형의 도덕적 위험에 의해 영향을 받는다. 경영자가 자신이 일하는 기업의 매우 작은 지분만을 소유하는 경우, 기업의 (자기)자본 대부분을 소유한 *주인*(principal)인 주주는 그들의 *대리인*(agent)인 경영자와 동일한 인물이 아니다. 이러한 소유와 경영의 분리로 인해, 기업을 통제하는 경영자(대리인)는 기업의 소유자인 주주(주인)에 비해 이윤을 극대화하려는 인센티브가 크지 않기 때문에 주주의 이득보다는 자기 자신의 이득을 위해 행동하려는 도덕적 위험이 발생한다.

주인–대리인 문제를 더 잘 이해하기 위해 예를 하나 들어보자. 친구 스티브가 여러분에게 그의 아이스크림 가게에 자금을 대는 동업자가 되어줄 것을 요청한다고 하자. 이 가게를 여는 데는 10,000달러가 필요한데 스티브는 단지 1,000달러만 갖고 있다. 그래서 여러분에게 기업 소유권의 90%에 해당하는 지분(주식)을 9,000달러에 판다고 하자. 이에 스티브는 10%의 지분만을 갖는다. 만일 스티브가 맛있는 아이스크림을 만들기 위해 열심히 일하고, 가게를 청결하게 하고, 모든 고객에게 미소를 지으며 신속히 손님들 시중을 든다면, 이 가게는 스티브의 봉급을 포함해 모든 경비를 제한 후에도 연간 50,000달러의 이윤을 얻을 수 있다고 하자. 그러면 이 가운데 스티브는 10%인 5,000달러를, 여러분은 90%인 45,000달러를 받는다.

그러나 만일 스티브가 고객에게 신속하고 친절한 서비스를 제공하지 않으며, 사무실에 미술 작품을 걸기 위해 소득에서 50,000달러를 사용하고, 심지어 가게에 있어야 할 시간에 살짝 해변으로 사라지곤 한다면, 이 가게는 아무런 이윤도 내지 못할 것이다. 물론 스티브가 열심히 일하고 미술 작품과 같은 비생산적인 투자를 안 하면 스티브도 그의 봉급을 초과해 이윤의 10%인 5,000달러를 추가적으로 벌 수 있다. 그런데 스티브는 5,000달러로는 경영을 잘 하려고 열심히 노력할 만큼 그 대가가 충분치 않다고 생각할 수 있다. 적어도 10,000달러는 받아야 그렇게 열심히 일할 가치가 있다고 판단할 수 있다. 만일 스티브가 이렇게 생각한다면 그는 경영을 잘 할 충분한 인센티브가 없으며, 결국에는 우아한 사무실과 멋진 선탠을 즐길 수 있겠으나 이윤이 없는 가게로 만들고 말 것이다. 주주의 이득을 위해 행동하지 않는 스티브로 인해 여러분은 45,000달러(만약 그가 경영을 열심히 일했더라면 벌었을 이윤의 90%)를 비용으로 부담한 꼴이 된다.

만약 스티브가 매우 정직하지 않다면, 주인-대리인 문제로부터 발생하는 도덕적 위험은 더욱 심각해진다. 아이스크림 가게는 현금 장사이므로 스티브는 50,000달러를 자신의 호주머니 속에 챙기고는 이윤이 전혀 없었다고 말할 인센티브를 갖는다. 그는 50,000달러의 수익을 얻겠지만 여러분은 한 푼도 받지 못하는 것이다.

지분계약에 의해 생기는 주인-대리인 문제가 심각할 수 있다는 증거로서 최근 엔론이나 타이코 인터내셔널 등의 기업에서 발생한 스캔들을 들 수 있다. 이들 기업의 경영자들은 개인적 용도로 자금을 전용해 고소당했다. 개인적 이익을 추구하는 것 외에도, 경영자들은 기업의 수익성을 높이지는 않지만 자신의 개인적 권력을 확대시키는, 예를 들어 다른 기업을 인수하는 등의 기업 전략을 추구할 수도 있다.

만약 기업의 소유자들이 경영자가 어떤 일을 하는지에 대한 완벽한 정보를 갖고 있고 낭비나 사기를 막을 수만 있다면, 주인-대리인 문제는 발생하지 않을 것이다. 도덕적 위험의 한 예로서 주인-대리인 문제가 발생하는 이유는 정보의 비대칭성, 즉 스티브처럼 경영자가 자신의 행동에 관해 주주보다 더 많은 정보를 갖고 있다는 사실 때문이다. 만약 스티브 혼자서 가게를 다 소유해 소유와 경영이 분리되지 않는다면, 역시 주인-대리인 문제는 발생하지 않는다. 이럴 경우 스티브는 열심히 일하고 비생산적인 투자를 회피한 대가로 50,000달러의 이윤을 얻을 것이다.

주인-대리인 문제의 해결수단

정보의 생산: 감시 앞에서 주인-대리인 문제가 발생하는 이유는 경영자가 자신의 활동과 실제 이윤에 대해 주주보다 더 많은 정보를 갖고 있기 때문임을 알았다. 주주의 입장에서 이러한 도덕적 위험의 문제를 감소시키는 방법 중 하나는 그들 스스로 특정 유형의 정보생산(information production)에 참여하고 기업의 활동을 감시(monitoring)하는 것이다. 예를 들어 수시로 기업에 대해 회계감사를 하고 경영자가 무엇을 하고 있는지를 점검하는 것이다. 그런데 문제는 이런 감시를 하려면 시간과 돈이라는 비용이 많이 든다는 것이다. 이를 두고 경제학자들은 **값비싼 상태 입증**(costly state verification)이라 부른다. 상태를 입증하는 데 비용이 너무 많이 들기 때문에 지분계약이 덜 바람직해지며, 왜 주식이 현재의 금융구조에서 보다 중요한 요소가 아닌지가 부분적으로 설명된다.

역선택에서와 마찬가지로 무임승차 문제는 도덕적 위험(주인-대리인)의 문제를 줄이기 위한 정보의 생산을 감소시킨다. 여기서 무임승차 문제는 경영 감시를 덜 하게 만든다. 만일 다른 주주가 기업 활동을 감시한다는 사실을 알게 된다면, 여러분은 그들의 행동으로 인해 무임승차를 할 수 있다. 그러면 여러분은 감시하는 데 들일 돈으로 카리브 섬에 휴가를 갈 수 있다. 그런데 여러분이 그렇게 할 수 있다면 다른 주주들도 역시 마찬가지다. 당연하게도 모든 주주는 카리브 여행을 선호하지, 기업 감시를 위한 지출을 원치 않는다. 이렇게 되면 주식과 관련된 도덕적 위험의 문제가 심각해지고, 기업은 주식을 발행해 자금을 조달하기가 어려워질 것이다. 이는 [사실 1]에 대한 추가적 설명이 된다.

정보의 확대를 위한 정부규제 역선택의 경우에서와 마찬가지로 정부는 정보의 비대칭성으로 인한 도덕적 위험의 문제를 줄이려는 인센티브를 갖는다. 이는 [사실 5]로서 금융시스템이 강하게 규제받는 또 하나의 이유이기도 하다. 어느 나라의 정부이든 기업의 이윤이 얼마인지를 쉽게 입증해주는 표준회계 원칙을 준수하도록 법으로 강제한다. 또한 이윤을 숨기고 훔치는 사기 행위를 저지른 자에 대해 가혹한 형벌을 내리는 법도 시행한다. 그러나 이런 방법은 단지 부분적으로만 효과가 있을 뿐이다. 이런 사기를 잡아내는 것이 결코 쉽지 않다. 사기 행위를 하는 경영자는 정부기관이 이를 잡아내거나 입증하기 매우 어렵게 만들려고 할 것이기 때문이다.

금융중개 금융중개기관은 도덕적 위험에 직면해 무임승차 문제를 해결할 능력을 갖고 있다. 이것이 [사실 3]에서와 같이 간접금융이 중요한 이유다. 주인-대리인 문제로 인한 도덕적 위험을 줄일 수 있는 금융기관으로서 **벤처캐피털 회사**(venture capital firm)가 있다. 벤처캐피털 회사는 조합원들의 자금을 모아 젊은 기업가가 새로운 사업을 시작할 수 있게끔 자금을 지원한다. 벤처캐피털 회사는 자금을 지원한 대가로 신생 기업의 주식을 받는다. 수익이 얼마나 되는지를 입증하는 것이 도덕적 위험을 없애는 데 있어 매우 중요하기 때문에, 벤처캐피털 회사는 보통 자신의 사람을 기업의 이사회 일원으로 참여시켜 기업의 활동을 면밀히 살펴볼 수 있길 요구한다. 벤처캐피털이 신생 기업에 자금을 투자할 때는 그 기업의 주식을 벤처캐피털 회사를 제외한 다른 사람에게 팔 수 없게 한다. 따라서 다른 투자자들은 벤처캐피털 회사의 상태입증 활동에 무임승차할 수 없다. 이런 협약의 결과 벤처캐피털 회사는 자신의 상태입증 활동에 따른 모든 이득을 누릴 수 있으며 도덕적 위험의 문제를 줄일 적절한 인센티브를 갖는다. 벤처캐피털 회사는 미국에서 일자리 창출, 경제성장, 국제경쟁력 강화를 가져온 하이테크 부문의 발전에 중요한 역할을 담당했다.

채무계약 도덕적 위험은 기업이 돈을 벌든 손해를 보든 상관없이 모든 상황에서 이윤에 대한 청구권을 갖는 지분계약으로 인해 발생한다. 만일 특정 상황에서만 도덕적 위험이 존재하도록 계약이 맺어진다면, 투자자로서는 경영자를 감시할 필요성이 줄어들고 지분계약보다 더 매력적인 계약이 될 것이다. 채무계약이 바로 이런 성격을 띤다. 채무계약은 차입자가 대부자에게 정기적으로 고정된 금액을 지불하기로 약속한 계약이기 때문이다. 기업이 높은 이윤을 낼 때, 대부자는 기업의 정확한 이윤을 알 필요 없이 계약상의 금액만 받으면 그만이다. 만일 경영자가 이윤을 숨기거나 또는 개인적으로는 이익이 되지만 수익성을 높이지 못하는 활동을 추구하는 경우에도, 기업이 제때에 채무를 상환할 여력만 있다면 대부자로서는 이에 상관할 이유가 없다. 기업이 채무를 상환할 수 없어 채무불이행 상태에 처할 경우에만 대부자는 기업의 이윤 상태를 확인할 필요성이 생긴다. 이 경우에는 채무계약을 맺은 대부자가 마치 지분 보유자처럼 행동할 필요가 있으며, 정당한 몫을 받기 위해 기업에 얼마만큼의 수익이 있는지를 알아야 한다.

이와 같이 기업을 감시할 필요성이 적고, 따라서 상태를 입증하는 비용이 적게 들기 때문에 채무계약이 지분계약보다 자금을 조달하는 데 있어 더 자주 이용된다. 이런 도덕적 위험의 개념은 주식이 기업의 가장 중요한 자금조달원이 아니라는 [사실 1]을 설명한다.[3)]

도덕적 위험이 어떻게 채무시장의 금융구조에 영향을 주는가?

채무계약은 바로 앞에서 언급한 장점이 있음에도 여전히 도덕적 위험의 문제에 직면한다. 차입자는 채무계약에 따라 일정한 금액을 지불해야 하고 그 이상으로 이윤을 유지해야 하기 때문에, 대부자가 원하는 것보다 더 위험한 사업에 투자할 인센티브를 갖는다.

예를 들어 여러분이 스티브의 아이스크림 가게의 이윤을 입증하는 문제 때문에 주식을 사지 않기로 했다고 하자. 그 대신 스티브에게 사업을 하는 데 필요한 9,000달러를 빌려주고 10%의 이자를 받기로 채무계약을 맺었다고 하자. 그 동네에는 아이스크림에 대한 지속적이고도 상당히 큰 수요가 있기 때문에 이 아이스크림 가게는 확실한 투자라고 하자. 그러나 일단 여러분이 스티브에게 자금을 빌려주고 나면, 그는 여러분이 의도한 것과는 다른 목적에 자금을 전용할지도 모른다. 아이스크림 가게를 여는 대신, 10%의 성공 확률로 지방이나 칼로리가 전혀 없으면서도 최고급의 맛을 내는 다이어트 아이스크림을 개발하기 위해 여러분의 돈 9,000달러를 화학연구 장비에 투자할 수 있다.

분명히 이는 매우 위험한 투자이다. 그러나 성공한다면 스티브는 백만장자가 될 것이다. 성공하기만 하면 그 이득이 매우 크기 때문에 스티브는 이 위험천만한 투자를 감행할 강력한 인센티브를 갖는다. 그러나 스티브에게 돈을 빌려준 여러분으로서는 매우 불만일 수밖에 없다. 왜냐하면 그가 실패할 경우, 사실 그렇게 될 가능성이 매우 높은데, 이 경우 여러분이 빌려준 돈의 전부는 아니더라도 대부분을 잃을 것이기 때문이다. 비록 그가 성공한다 하더라도 여러분은 그 성공의 이득을 함께 나눌 수 없다. 대출의 원금과 이자가 고정되어 있기 때문에 대출에 대한 10%의 이자만을 받을 뿐이다. 스티브가 여러분의 돈을 매우 위험한 사업에 투자할지 모른다는 도덕적 위험의 문제로 인해, 비록 그 동네의 아이스크림 가게가 모든 사람에게 이득이 되는 유익한 투자임에도 불구하고 여러분은 스티브에게 자금을 빌려주지 않으려 할 것이다.

---

3) 미국에서 지분계약보다 채무계약을 더 많이 이용하게 만드는 또 하나의 요인은 세법이다. 기업 채무에 대한 이자지급액은 세금공제가 가능한 경비로 인정되지만, 주주에 대한 배당지급액은 그렇지 않다.

채무계약에서 도덕적 위험의 해결수단

순자산과 담보 차입자의 자산에서 부채를 차감한 순자산이 많아 차입자의 이해관계가 크게 걸린 경우나 대부자에게 제시한 담보의 가치가 큰 경우에는, 차입자가 잃을 것이 많기 때문에 대부자가 싫어하는 행동을 하려는 유혹인 도덕적 위험이 크게 감소한다. 다른 말로 표현하면, 차입자의 순자산이나 담보가 많아서 '사업에 건 내 돈(skin in the game)'이 클수록 차입자는 대부자의 손해를 초래하는 위험한 행동을 하지 않는다. 이제 아이스크림 가게나 연구 장비를 설치하는 데 드는 비용이 10,000달러가 아니라 100,000달러라고 하자. 그래서 스티브가 자신의 돈 91,000달러를 사업에 투자하고 여러분이 9,000달러를 대출해준다고 하자. 이제 스티브는 무지방, 무칼로리의 아이스크림 발명에 실패하면 잃을 게 많아졌다. 즉 100,000달러의 자산에서 9,000달러의 부채를 차감한 순자산 91,000달러를 잃을 수 있는 것이다. 그러면 그는 이 위험한 투자에 대해 다시 생각해보게 될 것이고, 결국 보다 확실한 수익을 내는 아이스크림 가게에 투자할 것이다. 따라서 스티브가 사업에 투자한 자신의 돈(순자산)이 많을수록, 여러분이 그에게 돈을 빌려줄 가능성도 커진다. 마찬가지로, 여러분도 자신의 집을 담보로 돈을 빌렸다면, 모기지를 갚아야 할 돈으로 라스베이거스에 가서 도박하지는 않을 것이다. 그랬다간 내 집을 날리고 만다.

이와 같이 순자산과 담보로 인해 도덕적 위험의 문제가 해결된 것을 두고 채무계약이 **유인부합적**(incentive-compatible)이 되었다고 말한다. 즉 차입자의 인센티브가 대부자의 인센티브와 어긋나지 않게 된 것이다. 차입자의 순자산과 담보가 클수록 대부자가 원하는 방식으로 차입자가 행동할 인센티브가 커지며, 따라서 채무계약에서 도덕적 위험의 문제가 작아지고 기업이나 가계가 차입하기 쉬워진다. 역으로, 차입자의 순자산과 담보가 작을수록 도덕적 위험의 문제가 커지고 자금을 빌리기 어려워진다.

제한적 약관의 감시와 집행 스티브의 아이스크림 가게 사례가 보여주듯이, 만약 스티브가 아이스크림 가게보다 더 위험한 투자를 하지 않을 것이라고 확신한다면 그에게 대출을 해줄 만하다. 따라서 채무계약서에 기업의 행동을 제한하는 조항인 제한적 약관을 써넣어 여러분이 원하는 대로 스티브가 돈을 사용하도록 만들 수 있다. 스티브가 제한적 약관대로 잘 따르는지를 알기 위해 그의 행동을 감시하고, 그렇지 않은 경우에는 그 약관을 집행함으로써 여러분의 돈으로 그가 위험한 선택을 못하도록 확실히 할 수 있다. 제한적 약관은 바람직하지 못한 행동을 억제하고 바람직한 행동을 권장함으로써 도덕적 위험의 문제를 줄이기 위한 것이다. 이를 위한 제한적 약관에는 크게 다음 네 가지 유형이 있다.

1. ***바람직하지 못한 행동을 억제하는 약관.*** 제한적 약관을 통해 차입자가 위험한 투자사업을 감행하지 못하도록 함으로써 도덕적 위험을 줄일 수 있다. 일부 약관은 특정 장비나 재고 구매 등 특정한 활동에만 대출 자금을 사용하도록 의무화한다. 또 약관에서 차입자가 다른 기업을 매수하는 등의 위험한 영업활동을 하지 못하도록 제한할 수도 있다.
2. ***바람직한 행동을 권장하는 약관.*** 제한적 약관은 바람직한 행동을 권장해 차입자가 대출금

을 보다 잘 상환하게 만들 수 있다. 이런 유형의 제한적 약관으로는 집안의 가장이 사망할 경우 모기지를 대납해주는 생명보험 가입을 요구하는 것을 들 수 있다. 또한 기업에 대해서는 순자산이 많을수록 도덕적 위험이 감소하고 대부자의 손실 가능성이 낮아지므로, 차입한 기업이 순자산을 높은 수준으로 유지하게끔 권장하는 데 초점을 맞춘다. 전형적으로 이들 약관은 최소한 일정 비율 이상의 특정 자산을 유지하도록 규정한다.

3. ***담보 가치의 유지를 위한 약관.*** 담보는 대부자에게 중요한 안전장치가 되기 때문에 제한적 약관에서 차입자가 담보를 양호한 상태로 유지할 것을 권장하고 차입자의 소유로 남아 있어야 함을 확실히 해둔다. 이는 대개 사람들이 가장 자주 접하는 유형의 약관이다. 예를 들어 자동차 대출계약에서는 자동차 소유자가 최소한 자기 차량의 손해보험을 들어야 하며, 대출금을 상환하지 않고 자동차를 매도하지 못하도록 한다. 마찬가지로 주택 모기지를 받은 사람은 주택에 대한 적절한 보험에 가입해야 하며, 주택을 매각할 때는 모기지를 상환해야 한다.
4. ***정보의 제공을 위한 약관.*** 또한 제한적 약관은 자금을 차입한 기업이 정기적으로 분기별 회계 및 손익 보고서 등의 형식으로 자신의 기업 활동에 관한 정보를 제공하도록 해 대부자가 기업을 쉽게 감시하고 도덕적 위험을 줄일 수 있게 한다. 이런 유형의 약관은 대부자가 기업의 회계장부를 수시로 감사하고 조사할 권리가 있음을 규정하기도 한다.

이제 채무계약이 종종 차입자의 행동에 많은 제한을 두는 복잡한 법률 문서라는 [사실 8]을 살펴보았다. 채무계약은 도덕적 위험을 줄이기 위해 복잡한 제한적 약관을 필요로 한다.

금융중개 제한적 약관이 도덕적 위험의 문제를 줄이는 데 도움이 되지만 완전히 제거하지는 못한다. 모든 위험한 행동을 배제하는 약관을 작성하기란 거의 불가능하다. 더구나 현명한 차입자들은 제한적 약관의 허점을 이용해 그 조항들을 무력화시킬 수도 있다.

제한적 약관에서 또 하나의 문제는 약관의 준수 여부를 감시하고 집행해야 한다는 것이다. 만약 대부자가 제대로 확인하지 않거나 법적 조치를 취하는 데 드는 비용을 지출할 의사가 없다는 사실을 차입자가 알고 있다면, 조항을 위반하더라도 제한적 약관은 무용지물이다. 제한적 약관의 감시와 집행에는 상당한 비용이 들기 때문에 채무증권(채권)시장에서도 주식시장과 마찬가지로 무임승차 문제가 발생한다. 만일 다른 채권 보유자들이 제한적 약관 조항을 감시하고 집행한다는 사실을 알면, 여러분은 무임승차할 수 있다. 그러나 다른 채권 보유자들도 이와 같이 생각할 것이기 때문에 결국 제한적 약관에 대한 감시와 집행에 충분한 자원이 투입되지 않는다. 따라서 시장성 채무에는 도덕적 위험의 문제가 계속 심각하게 남는다.

앞에서 살펴보았듯이 금융중개기관, 특히 은행은 주로 사적인 대출을 함으로써 무임승차 문제를 피할 수 있다. 사적인 대출은 거래되지 않기 때문에 다른 누구도 제한적 약관에 대한 금융중개기관의 감시와 집행에 무임승차할 수 없다. 따라서 사적인 대출을 하는 금융중개기관은 자신이 하는 감시와 집행의 이득을 모두 누리는 동시에 채무계약에 도사린 도덕적 위험의 문제를 막을 수 있다. 이러한 도덕적 위험의 개념을 이해하면 [사실 3]과 [사실 4]에서와 같이 저축자로부터 차입자로 자금을 전달하는 데 있어 왜 시장성 증권보다 금융중개기관이 더 중요한 역할을 담당하는지를 알 수 있다.

요약

금융시장에서는 정보의 비대칭성으로 인해 시장의 효율적 작동을 저해하는 역선택과 도덕적 위험의 문제가 발생한다. 이들 문제를 해결하는 수단으로는 민간의 정보 생산과 판매, 금융시장의 정보 확대를 위한 정부의 규제, 채무계약에서 담보와 순자산, 감시와 제한적 약관 등을 들 수 있다. 이제까지의 분석에서 발견한 핵심적인 내용은 주식, 채권 등의 시장성 증권에 내재한 무임승차 문제로 인해 금융중개기관, 특히 은행이 기업의 자금조달에 있어 증권시장보다 더 중요한 역할을 수행해야 함을 시사한다. 역선택과 도덕적 위험의 영향에 관한 경제적 분석은 금융시스템의 기본적 특징을 설명하고 이 장의 앞부분에서 제시한 금융구조의 여덟 가지 사실에 대한 해결수단을 설명했다.

정보의 비대칭성 문제를 해결하는 데 도움이 되는 각각의 수단을 더 잘 이해하도록 [표 7.1]에 정보의 비대칭성 문제와 이에 대한 해결수단을 요약했다. 또한 이들 해결수단과 정보의 비대칭성 문제가 어떻게 금융구조의 여덟 가지 사실을 설명하는지를 표시했다.

[표 7.1] 요약: 정보의 비대칭성 문제와 해결수단

정보의 비대칭성 문제	해결수단	설명되는 사실
역선택	민간의 정보 생산과 판매	1, 2
	정보의 확대를 위한 정부규제	5
	금융중개	3, 4, 6
	담보와 순자산	7
지분계약의 도덕적 위험 (주인-대리인 문제)	정보의 생산: 감시	1
	정보의 확대를 위한 정부규제	5
	금융중개	3
	채무계약	1
채무계약의 도덕적 위험	담보와 순자산	6, 7
	제한적 약관의 감시와 집행	8
	금융중개	3, 4

주: 사실 목록

1. 주식은 가장 중요한 외부 자금조달원이 아니다.
2. 시장성 증권은 가장 주된 자금조달원이 아니다.
3. 간접금융이 직접금융보다 더 중요하다.
4. 은행은 가장 중요한 외부 자금조달원이다.
5. 금융시스템은 강하게 규제받고 있다.
6. 건실한 대기업만이 증권시장을 이용할 수 있다.
7. 담보가 채무계약에서 광범위하게 이용된다.
8. 채무계약에는 많은 제한적 약관이 있다.

사례분석 금융발전과 경제성장

최근 연구에 따르면, 많은 개발도상국이 낮은 성장률을 보인 중요한 이유는 금융시스템이 발전하지 못했기 때문이라고 한다.* 금융구조의 경제적 분석을 통해, 발전되지 못한 금융시스템이 어떻게 경제발전과 경제성장의 속도를 늦추는지 설명할 수 있다.

개발도상국의 금융시스템이 효율적으로 작동하지 못하는 몇 가지 어려움이 있다. 앞에서 살펴보았듯이 신용시장에서 역선택과 도덕적 위험의 문제를 해결하는 두 가지 중요한 수단은 담보와 제한적 약관이다. 많은 개발도상국에서는 법의 원칙, 정부의 징발에 대한 제한, 부패 척결 등의 재산권 보호 시스템이 제대로 기능하지 못하기 때문에 이들 두 가지 수단이 효과적으로 사용되기 어렵다. 예를 들어 이들 나라에서는 **채권자**(creditor)가 채무불이행을 한 채무자(debtor)를 상대로 소송을 제기할 경우 그 과정이 몇 년씩이나 걸리며, 유리한 판결을 받아낸 뒤에도 채권자가 담보에 대한 권리를 얻기 위해 다시 소송을 제기해야 한다. 이 과정이 5년 이상 걸릴 수 있으며, 채권자가 담보를 획득할 즈음에는 담보가 그동안 관리되지 않아 거의 가치를 잃고 만다. 더욱이 정부는 종종 농업과 같이 정치적 영향력이 큰 부문의 차입자에 대해서는 대부자가 담보권을 행사하는 것을 가로막기도 한다. 담보를 효과적으로 사용할 수 없는 시장에서는 대부자가 우량 대출과 불량 대출을 가려내기 위한 정보를 더 많이 필요로 하기 때문에 역선택 문제가 더욱 심각해진다. 그 결과 가장 생산적 투자기회를 가진 차입자에게 대부자의 자금을 전달하는 것이 어려워지며, 결국 생산적인 투자를 위축시켜 저성장 경제를 낳는다. 마찬가지로 열악한 법제도로 인해 차입자에게 제한적 약관을 지키도록 만들기도 매우 어렵다. 이에 따라 차입자의 도덕적 위험을 방지하기가 훨씬 어려워져서 대출을 꺼리게 된다. 그 결과는 생산성이 낮은 투자와 낮은 경제성장률로 이어진다. 경제성장을 촉진하는 데 있어 효과적인 법제도의 중요성을 감안하면, 변호사들은 일반인들의 생각보다 경제에서 훨씬 더 중요한 역할을 한다([미니사례] '변호사를 모두 죽여야 할까?' 참조).

개발도상국 정부는 종종 금융시스템을 이용해 경제의 우선 부문이나 그들 자신에게 대출을 하도록 지시하기도 한다. 이 과정에서 특정 유형의 대출에 대해 이자율을 인위적으로 낮게 설정하거나, 특정 유형의 대출을 취급할 소위 개발금융기관을 설립하거나 혹은 기존 금융기관이 특정 사업체에 대출하도록 지시하기도 한다. 이미 살펴본 것처럼, 민간 금융기관은 역선택과 도덕적 위험의 문제를 해결하고 가장 생산적 투자기회를 가진 차입자에게 대출할 인센티브가 있다. 그런데 정부는 이윤 동기에 의해 움직이지 않기 때문에 그렇게 할 인센티브가 크지 않다. 따라서 정부의 지시금융으로는 경제성장을 촉진할 부문에 자금을 전달하지 못할 수가 있다. 역시 그 결과는 효율성이 낮은 투자와 낮은 성장률이다.

---

* 경제성장과 금융발전 간의 관계에 대한 문헌 연구와 참고문헌 목록을 보려면 다음 책자를 참조하라. World Bank, *Finance for Growth: Policy Choices in a Volatile World* (World Bank and Oxford University Press, 2001).

더구나 많은 개발도상국의 은행은 정부에 의해 소유되고 있다. 이들 **국유은행**(state-owned bank)은 역시 이윤추구 동기가 없기 때문에 그들의 자금을 가장 생산적으로 사용할 부문에 전달할 인센티브가 거의 없다. 놀랄 것도 없이, 종종 국유은행의 주된 대출 고객은 정부인데 정부가 항상 자금을 현명하게 이용하는 것은 아니다.

정부의 규제는 금융시장이 보다 효율적으로 작동하도록 정보의 양을 확대시킬 수 있다. 많은 개발도상국에서는 발달되지 못한 규제기구로 인해 시장에 적절한 정보를 제공하는 것이 지체된다. 예를 들면 이들 나라에서는 회계표준이 느슨해 차입자의 재무상태표를 확인하기가 매우 어렵다. 그 결과 정보의 비대칭성 문제가 더욱 심각해지고, 금융시스템이 자금을 가장 생산적인 곳으로 전달하는 것을 크게 방해한다.

부실한 법제도, 느슨한 회계표준, 부적절한 정부의 규제, 지시금융을 통한 정부의 개입과 국유은행 등의 제도적 환경은 많은 나라를 가난에서 벗어나지 못하게 만드는 원인이다. 반면 이들 장애물에 의해 방해 받지 않는 나라는 점점 부유해진다.

> 미니사례 *Mini-Case*

변호사를 모두 죽여야 할까?

변호사는 종종 코미디언 지망생의 손쉬운 놀림감이 되곤 한다. 수많은 농담이 교통사고나 쫓아다니며 하찮은 소송을 일삼는 교활한 변호사를 대상으로 한다. 변호사에 대한 적대감은 비단 최근의 현상이 아니다. 16세기 후반에 저술된 셰익스피어의 『헨리 6세』에서도 백정인 딕(Dick)은 '우리가 가장 먼저 할 일은 변호사를 모두 죽이는 것'이라고 권고한다. 과연 셰익스피어 작품에 등장하는 딕이 옳은 것일까?

실제로 대부분의 법률 사무는 교통사고를 쫓아다니거나, 형법을 다루거나, 교활한 소송을 제기하는 일이 아니다. 오히려 대부분은 재산권 확보와 관련된 계약서를 작성하고 집행하는 일이다. 재산권은 투자를 보호하기 위한 핵심요소이다. 집행되지 못하는 재산권이란 아무 의미가 없기 때문에 좋은 법제도 자체만으로는 투자의 인센티브를 제공하지 못한다. 바로 이 때문에 변호사가 필요하다. 어떤 사람이 여러분이 땅을 친번하거나 허락 없이 여러분의 소유물을 사용했다면 변호사가 이를 중지시킬 수 있다. 변호사가 없으면 사람들은 투자하려 들지 않을 것이며, 투자가 없으면 경제도 성장할 수 없다.

미국은 전 세계에서 국민 1인당 변호사 수가 가장 많은 나라이다. 또한 미국은 기술 분야 등에서 새로운 생산적 활동에 필요한 자본을 확보하는 데 있어 최적의 금융시스템을 지닌, 세계에서 가장 부유한 국가 가운데 하나이다. 이는 우연의 일치일까? 아니면, 미국의 법제도가 실제로 경제에 이득을 주는 것일까? 최근의 연구는 앵글로-색슨 법제도에 기초한 미국의 법제도를 미국 경제의 강점으로 제시한다.*

* 이에 관해 다음 논문들을 참조하라. Rafael La Porta, Florencio Lopez-de-Silanes, Andrei Shleifer, and Robert W. Vishny, "Legal Determinants of External Finance," *The Journal of Finance* 52, 3 (July 1997), 1131–1150; Rafael La Porta, Florencio Lopez-de-Silanes, Andrei Shleifer, and Robert W. Vishny, "Law and Finance," *Journal of Political Economy* 106, 6 (December 1998), 1113–1155.

사례분석 중국은 금융발전의 중요성에 대한 예외적 사례일까?

중국은 비록 경제적으로 슈퍼파워가 되고 있는 것처럼 보이지만 금융발전은 아직 초보 단계에 머물러 있다. 중국에서는 법제도가 부실해 금융계약이 집행되기 어렵고 회계표준도 느슨해 차입자에 관한 양질의 정보를 구하기가 어렵다. 은행시스템에 대한 규제는 아직 형성단계에 있고 대형 국유은행들이 은행 부문을 지배하고 있다. 그러나 중국경제는 지난 20년간 세계에서 가장 빠른 성장을 구가하고 있다. 그렇다면 중국은 어떻게 낮은 수준의 금융발전에도 불구하고 빠르게 성장할 수 있었을까?

앞에서 지적했듯이 중국은 1인당 소득이 미국의 1/5 수준인 1만 달러에도 미치지 못하는 경제발전의 초기단계에 있다. 지난 20년간 평균 40%의 극히 높은 저축률로 중국은 자본을 빠르게 축적할 수 있었고, 대규모의 유휴 노동력을 생계농업 부문에서 자본을 이용하는 생산성이 높은 산업으로 이동시킬 수 있었다. 이용가능한 저축이 비록 가장 생산적인 부문에 배분되지는 않았지만, 자본의 막대한 증가와 더불어 저생산성 생계농업 부문에서 노동력을 이전해 얻게 된 생산성 증가로 인해 빠르게 성장할 수 있었다.

그러나 중국이 부유해짐에 따라 이런 전략이 계속 먹힐 것 같지는 않다. 구소련이 생생한 예다. 1950년대와 1960년대의 소련은 높은 저축률로 인한 빠른 성장, 막대한 자본축적, 생계농업에서 공장으로 저생산성 노동력의 대규모 이동 등 현재의 중국과 많은 공통점을 지니고 있었다. 그러나 소련은 당시의 빠른 성장기에 자본을 효율적으로 배분하는 제도를 발전시킬 수 없었다. 그 결과 생계노동자 계층이 소진되자 소련의 성장은 급격히 둔화되었고 서방 경제를 따라갈 수 없게 되었다. 지금은 아무도 소련을 경제적 성공담으로 인정하지 않는다. 금융발전과 경제성장을 유지하기 위해 필요한 제도를 발전시킬 수 없었던 것이 소련이라는 슈퍼파워가 몰락한 중요한 원인이었다.

중국이 다음 발전 단계로 이행하려면 자본을 보다 효율적으로 배분할 필요가 있을 것이다. 이를 위해서는 금융시스템을 개선해야 한다. 중국 지도층은 이러한 도전을 잘 알고 있다. 그래서 정부는 국유은행을 민영화하겠다고 발표하고, 또한 금융계약이 보다 잘 집행되도록 법률 개혁을 추진하고 있다. 대부자가 채무불이행한 기업의 자산을 인수할 수 있도록 새로운 파산법을 준비하고 있다. 과연 중국이 최상급의 금융시스템을 발전시키는 데 성공해서 선진국 대열에 합류할 수 있을지는 지켜볼 일이다.

이해상충

앞에서 금융기관이 어떻게 금융시스템에서 중요한 역할을 하는지를 살펴보았다. 특히 고객의 정보를 수집하고 분석하는 금융전문가들은 정보생산에 있어 비용우위에 있다. 더군다나 금융기관은 이들이 수집, 생산, 분배하는 정보를 여러 가지 방법으로 원하는 만큼 반복해 사용함으로써 규모의 경제 효과를 얻을 수 있다. 또한 금융기관은 고객에 대해 여러 유형의 금융서비스를 제공함으로써 **범위의 경제**(economies of scope) 효과도 얻을 수 있다. 여기서 범위의 경제란 동일한 정보를 여러 다양한 금융서비스에 활용함으로써 각 금융서비스별 정보생산 비용을 낮출 수 있음을 말한다. 예를 들어 은행은 어떤 기업에 대출을 하면서 그 기업의 신용위험이 얼마나 우량한지를 알게 되는데, 이 정보를 이용하면 그 기업의 회사채 공모가 얼마나 원활하게 이루어질지도 판단할 수 있다. 또한 고객에 대해 다양한 유형의 금융서비스를 제공함으로써 금융기관은 보다 폭넓고 장기적인 고객관계를 형성할 수도 있다. 이런 고객관계는 정보생산 비용을 낮추고 또한 범위의 경제를 증대시킨다.

이해상충이란 무엇인가 그리고 왜 중요한가?

범위의 경제가 존재하면, 금융기관은 상당한 이득을 얻겠지만 **이해상충**(conflict of interest)이라는 비용을 초래할 가능성이 있다. 이해상충은 일종의 도덕적 위험의 문제로, 어떤 사람 혹은 기관이 다수의 목표(이해관계)를 추구할 때 이들 목표들이 서로 상충되면서 발생한다. 이해상충은 특히 금융기관이 다수의 금융서비스를 제공할 때 발생하기 쉽다. 이들 서비스에 대해 서로 대립되는 이해관계가 존재하면 개인이나 기업은 정보를 감추거나 잘못된 정보를 내줄 가능성이 있다. 이하에서는 정보의 비대칭성 문제에 대한 분석을 통해 이해상충이 왜 중요한지, 왜 발생하는지, 그리고 어떻게 해결할 수 있는지에 대해 살펴보기로 한다.

이해상충에 관심을 두는 이유는 금융시장에서 정보의 감소는 정보의 비대칭성 문제를 심화시키고 가장 생산적 투자기회에 자금을 전달하는 금융시장의 기능을 훼손할 것이기 때문이다. 그 결과 금융시장과 경제는 비효율적이 된다.

이해상충이 왜 발생하는가?

최근에 금융시장에서 투자은행의 인수와 조사 업무, 회계법인의 회계감사와 컨설팅 업무, 신용평가기관의 신용평가와 컨설팅 업무 등 세 가지 유형의 금융서비스 부문에서 눈에 띄는 이해상충이 발생했다. 왜 이들 업무가 결합되면 종종 이해상충이 발생하는 것일까?

투자은행의 인수와 조사 투자은행은 두 가지 업무를 수행한다. 투자은행은 증권을 발행하는 기업을 *조사*(research)하고, 또한 기업이 발행하는 증권을 *인수*(underwrite)해서 일반인에게 판매한다. 투자은행은 종종 이들 서로 다른 금융서비스를 결합해 정보면에서 시너지(synergy)를 얻는다. 즉 어떤 한 업무를 위해 생산한 정보가 다른 업무에 활용될 수 있는 것이다. 투자은행은 증권을 발행하는 기업과 증권을 매입하는 투자자라는 두 고객층에 대해 동시에 서비스를 제공하기 때문에 인수업무와 중개업무 간 이해상충이 발생한다. 이들 고객층은 서로 다른 정보를 원한다. 발행기업은 낙관적인 조사에서 이득을 얻을 수 있는 반면, 투자자는 편향되지 않은 조사를 원한다. 그러나 투자은행은 범위의 경제를 얻기 위해 두 고객층에 대해 같은 정보를 생산한다. 인수에 따른 잠재적인 수익이 증권을 판매하며 받는 중개수수료를 크게 상회하는 경우에, 투자은행은 투자자에게 제공되는 정보를 왜곡해 증권 발행 기업의 구미에 맞추려는 강력한 인센티브를 갖는다. 그렇지 않으면 경쟁관계에 있는 다른 투자은행에 기업 고객을 빼앗길 위험이 있기 때문이다. 예를 들어 1992년 7월 14일자 *월스트리트저널* 신문에 다음과 같은 모건스탠리의 내부 메모가 인용되었다: "우리의 목표는 … 건전경영 실행원칙으로서 고객에 대해 부정적이거나 논란의 소지가 있는 언급을 하지 않는다는 정책을 도입하고 이를 조사부를 포함해 전사적으로 충분히 인식하는 것이다."

이와 같은 지침 때문에 투자은행의 애널리스트는 조사결과를 왜곡해 발행기업을 만족시키려 할 가능성이 있다. 그리고 실로 이러한 일이 1990년대 주식시장에서 기술주 과열(tech boom) 기간 동안에 발생한 것 같다. 이런 행동들은 투자자들이 금융 관련 의사결정을 하는 데 이용하는 정보의 신뢰성을 떨어뜨리고 결과적으로 증권시장의 효율성을 손상시킨다.

스피닝(spinning)은 이해상충을 일으키는 투자은행의 또 다른 관행이다. 스피닝은 **기업공개**(initial public offering, IPO) 시에 관심의 열기가 뜨거운 저평가된 신규발행 주식을 다른 기업의 간부에게 배정해주고 그 대가로 추후 그 기업과 투자은행 간의 거래관계를 기약하는 것이다. 일반적으로 관심의 열기가 뜨거운 기업공개 주식은 상장 직후 곧바로 주가가 오르기 때문에 스피닝은 일종의 뇌물이다. 그 간부는 향후 자신의 기업이 주식을 발행할 때 기업공개 주식을 배정해 준 투자은행이 설령 가장 유리한 가격조건을 제시하지 않더라도 그 투자은행을 이용할 가능성이 크다. 이런 관행은 기업의 자본조달 비용을 높이고 자본시장의 효율성을 저해한다.

회계법인의 회계감사와 컨설팅 전통적으로 회계감사인은 기업의 경영자와 주주 간에 불가피하게 발생하는 정보의 비대칭성을 줄이기 위해 기업의 장부를 들여다보고 기업에 의해 생산된 정보가 양호한지를 감시한다. 그런데 회계감사에서 여러 가지 이해상충 가능성으로 인해 정확한 보고서 작성이 어려울 수 있다. 가장 언론의 주목을 받은 이해상충은 회계법인이 고객인 기업에게 회계감사뿐만 아니라 세금, 회계, 경영정보시스템, 경영전략 등에 관한 비회계감사 컨설팅(nonaudit consulting) 서비스도 해줄 경우이다. 고객에게 다수의 서비스를 제공함으로써 규모의 경제와 범위의 경제를 얻을 수 있겠으나, 다음 두 가지 이해상충 가능성을 초래한다. 첫째, 회계감사인이 고객으로부터 컨설팅 사업을 따내기 위해 편향된 감사의견과 판단을 제시할 가능성이다. 둘째, 회계감사인이 기업 내 비회계감사 부서가 제시한 세금 및 자금조달 계획 혹은 정보시스템을 회계감사하면서 이들 시스템에 대해 비판하거나 조언하기를 꺼려할 가능성이다. 어느 경우이든 왜곡된 회계감사로 인해 결국 신뢰성이 떨어지는 정보가 금융시장에 제공되고 투자자는 자본을 효율적으로 배분하기 어렵게 된다.

회계감사인이 기업의 회계감사 업무를 계속 따내기 위해 지나치게 호의적으로 감사하는 경우에도 이해상충이 발생한다. 미국에서 한때 5대 회계법인의 하나였던 아서앤더슨의 몰락을 보면 이것이 가장 위험한 이해상충인지도 모른다([미니사례] '아서앤더슨의 종말' 참조).

> 미니사례 *Mini-Case*

아서앤더슨의 종말

대출하거나 속이는 회계처리로 기업이 일반투자자를 농락하던 관행을 맹렬히 비난한 젊은 회계사인 앤더슨(Arthur Andersen)은 1913년에 자신의 기업을 설립했다. 1980년대 초반까지는 회계감사가 이 기업의 가장 중요한 수익원이었다. 그러나 1980년대 후반부터는 경쟁적 시장구조로 인해 회계감사 부문의 이익이 침체되고, 반면에 컨설팅 부문은 높은 이윤마진으로 인해 수익성이 빠르게 성장했다. 이에 따라 기업 내에서 컨설팅 파트너들의 목소리가 점점 커졌고 그 결과 내부 갈등이 발생해, 2000년에는 회계감사를 담당하는 아서앤더슨과 컨설팅을 담당하는 앤더슨 컨설팅이라는 두 개의 별도 법인으로 분리되고 말았다.

기업이 분리되기 전 갈등이 심화되던 시기에 앤더슨의 회계감사 파트너들은 회계감사 업무로부터 수익을 창출하라는 강한 압박을 받았다. 나중에 파산한 엔론, 월드컴, 퀘스트(Qwest), 글로벌크로싱(Global Crossing) 등은 아서앤더슨 지역사무소의 가장 큰 고객이었다. 회계감사에서의 수익 창출에 대한 압력과 대형 고객에 대한 의존으로 인해 지역사무소의 경영자들은 이들 대형 고객에 대해 우호적인 회계감사 태도를 취할 강한 인센티브가 있었다. 엔론이나 월드컴과 같은 고객을 잃는 날에는, 비록 이들 고객이 아서앤더슨 전체로는 총수익의 작은 부분에 해당하지만, 지역사무소와 그 파트너들은 엄청난 충격을 받을 처지였던 것이다.

예를 들어 아서앤더슨의 휴스톤 사무소는 엔론이 제시한 서류에 담긴 문제점들을 무시했다. 아서앤더슨은 2002년 3월에 기소되어 SEC의 엔론 붕괴에 대한 조사를 방해한 사법방해죄로 2002년 6월에 유죄판결을 받았다. 대형 회계법인에 대한 최초의 유죄판결인 이 판결로 인해 아서앤더슨은 상장 법인에 대한 회계감사를 더 이상 할 수 없게 되었다. 그 결과 아서앤더슨은 종말을 고했다.

신용평가기관의 신용평가와 컨설팅 투자자들은 Aaa, Baa 등으로 채무불이행의 확률을 표시해주는 신용등급을 이용해 채무증권의 신용도를 판별한다. 그 결과 신용등급은 채무증권의 가격 결정과 당국의 규제 과정에서 핵심적 역할을 한다. 그런데 적어도 단기적으로 서로 상치되는 이해관계를 지닌 다수의 이용자들이 신용등급에 의존하면서 이해상충이 발생한다. 투자자와 규제당국은 잘 조사되고 편향되지 않은 신용평가를 원하는 반면, 증권 발행자들은 유리한 신용등급이 필요한 것이다. 신용평가 업계에서는 증권 발행자들이 S&P, 무디스 등의 신용평가기관에 신용평가를 의뢰하고 이에 대한 보수를 지급한다. 증권 발행자가 신용평가기관에 보수를 지급하기 때문에 투자자와 규제당국은 신용평가기관이 증권 발행자들로부터 더 많은 사업을 따내기 위해 신용등급을 높여주는 경향이 있지 않을까 우려한다.

또한 신용평가기관이 부수적으로 컨설팅을 제공할 때도 이해상충이 발생할 수 있다. 채무증권 발행자는 종종 유리한 신용등급을 확보하기 위해 채무발행을 어떻게 설계해야 좋을지에 대해 신용평가기관에 자문을 요청한다. 이런 상황은 신용평가기관이 자신의 업무를 스스로 회계감사하는 것과 마찬가지다. 따라서 회계법인이 회계감사와 컨설팅 업무를 동시에 제공할 때와 유사한 이해상충이 신용평가기관에서 발생한다. 더군다나 신용평가기관은 부수적인 컨설팅 사업에 고객을 유치하기 위해 유리한 등급을 부여할 가능성도 있다. 그 결과 신용평가기관이 제공하는 신용평가의 품질이 하락해 금융시장에서 정보의 비대칭성이 확대되고 신용의 효율적 배분능력이 감퇴된다. 2007~2009년의 금융위기 과정에서 신용평가기관의 평판 손상으로 이러한 이해상충의 문제가 세인의 주목을 받았다([미니사례] '신용평가기관과 2007~2009년의 금융위기' 참조).

> 미니사례 *Mini-Case*

신용평가기관과 2007~2009년의 금융위기

신용평가기관이 2007~2009년의 금융위기에서 행한 역할로 인해 신랄한 비난을 받았다. 신용평가기관은 서브프라임 모기지에서 나오는 현금흐름을 기초로 하는 금융상품의 복잡한 구조를 어떻게 설계할 것인가에 관해 고객에 자문을 제공하면서, 동시에 바로 이들 상품에 대한 신용등급을 매김으로써 심각한 이해상충의 가능성을 유발했다. 특히 신용평가기관은 자신이 신용등급을 매길 상품의 구조를 어떻게 설계할 것인지에 관해 고객에 자문하면서 거액의 수수료를 받았는데, 이는 정확한 신용등급을 매길 인센티브가 없었음을 의미하는 것이다.

집값이 하락하고 서브프라임 모기지가 채무불이행 상태에 처하게 되자, 신용평가기관들은 자신이 구조 설계를 자문한 서브프라임 관련 금융상품의 위험을 평가하면서 엄청난 일을 저질렀다는 것이 명백해졌다. AAA 등급의 많은 금융상품이 계속해서 신용등급의 하락을 겪으면서 결국 정크본드 상태에 이르렀다. 다음 장에서 논의하겠지만, 그 결과 이들 상품을 자산으로 보유한 많은 금융기관들이 곤경에 처하게 되었고 경제 전반에 극도의 재앙적 결과를 가져온 원인이 되었다.

신용평가기관에 대한 비난으로 인해 SEC는 2008년에 광범위한 개혁을 제안했다. SEC는 서브프라임 금융상품의 신용등급을 평가하기 위한 신용평가기관의 모형이 충분히 발달되지 못했으며 이해상충으로 인해 부정확한 등급이 매겨졌을 것이라고 결론지었다. SEC는 이해상충을 막기 위해 신용평가기관이 자신이 등급을 매기는 금융상품의 구조를 설계해주는 것을 금지했으며, 또한 신용등급을 결정하는 데 참여한 사람이 신용평가에 따른 보수에 관해 증권 발행자와 협의하는 것을 금지하고 채권 발행자로부터 25달러가 넘는 선물을 받는 것을 금지했다. 신용평가기관의 책임성을 강화하기 위해 신용등급을 어떻게 결정하는지에 관한 공시의 확대를 요구하는 SEC 규정도 새로 만들었다. 예를 들어 신용평가기관은 신용등급의 상향 및 하향 조정일 등을 포함한 과거 등급의 성과, 금융상품을 평가하는 데 사용한 기초자산에 관한 정보, 신용등급을 결정하는 데 쓰인 조사연구를 공개해야 한다. 추가로 SEC는 구조화 금융상품에 대해서는 일반 채권과 차별화해 신용등급을 부여하도록 의무화했다. 이들 개혁은 신용평가 과정의 투명성을 높이고 서브프라임 붕괴의 주요 원인으로 작용한 이해상충을 줄일 것으로 예상된다.

이해상충을 어떻게 처리했는가?

이해상충을 처리하기 위해 사베인스-옥슬리법(Sarbanes-Oxley Act)과 포괄적 법정합의(Global Legal Settlement)라는 두 가지 주요 정책이 시행되었다.

2002년의 사베인스-옥슬리법 기업 부정과 회계 부정에 대한 사람들의 분노로 인해 2002년에 의회의 주요 입안자 두 명의 이름을 따서 사베인스-옥슬리법이라 부르는 공개기업회계개혁 및 투자자보호법(Public Company Accounting Reform and Investor Protection Act)이 통과되었다. 이 법에서 이해상충을 감시하고 방지하기 위한 감독관리가 강화되었다.

- 회계법인을 감독하고 회계감사가 독립적이고 잘 관리되도록 SEC 관할로 공개기업회계감시위원회(Public Company Accounting Oversight Board, PCAOB)를 설립함.
- 증권시장을 감독하기 위한 SEC의 예산을 증액함.

또한 사베인스-옥슬리법은 직접적으로 이해상충을 줄였다.

- 등록된 공개 회계법인이 PCAOB가 정한 허용불가 회계감사와 비회계감사 서비스를 동시에 고객에게 제공하는 것을 불법화함.

사베인스-옥슬리법은 투자은행이 이해상충을 부당하게 이용하지 않도록 인센티브를 부여했다.

- 화이트칼라 범죄와 공적 조사방해에 대한 형량을 상향 조정함.

또한 사베인스-옥슬리법은 금융시장에서 정보의 질을 개선하는 방안을 마련했다.

- 회계감사인뿐만 아니라 최고경영자(CEO), 최고재무책임자(CFO)가 정기적인 재무제표와 기업의 공시, 특히 부외 거래에 관한 공시의 정확성을 보증함(404조).
- 이사회의 하부 위원회로서 기업 회계를 감시하는 감사위원회의 위원은 '독립적(independent)'이어서, 그 기업에서 경영진이 될 수 없고 어떤 컨설팅이나 자문 수수료도 받을 수 없게 함.

2002년의 포괄적 법정합의 두 번째 주요 정책은 뉴욕 주의 법무장관인 스피처(Eliot Spitzer)가 10대 대형 투자은행(Bear Stearns, Credit Suisse First Boston, Deutsche Bank, Goldman Sachs, J. P. Morgan, Lehman Brothers, Merrill Lynch, Morgan Stanley, Salomon Smith Barney, UBS Warburg)을 상대로 제기한 소송에서 비롯되었다. 2002년 12월 20일에 이들 대형 투자은행, SEC, 뉴욕 주의 법무장관, NASD, NASAA, NYSE, 뉴욕 주의 규제당국 간에 포괄적 합의가 도출되었다. 사베인스-옥슬리법과 마찬가지로 이 합의는 직접적으로 이해상충을 줄였다.

- 투자은행의 조사와 증권인수 간의 연결고리를 절단함.
- 스피닝을 금지함.

또한 포괄적 법정합의는 투자은행이 이해상충을 부당하게 이용하지 않도록 인센티브를 부여했다.

- 고발당한 투자은행에 대해 14억 달러의 벌금을 부과함.

또한 포괄적 법정합의는 금융시장에서 정보의 질적 수준을 개선하는 방안을 마련했다.

- 투자은행은 애널리스트의 추천 내용을 공개해야 함.
- 5년 동안에 투자은행은 자신의 중개업무 고객에 대해 조사할 적어도 세 개의 독립적 연구기관과 접촉해야 함.

> **미니사례** *Mini-Case*

사베인스-옥슬리법이 미국 자본시장을 위축시켰을까?

최근 미국에서 사베인스-옥슬리법, 특히 404조가 자본시장에 미치는 영향에 관해 많은 논란이 있었다. 404조는 기업의 경영진과 회계감사인이 재무제표의 정확성을 보증하도록 규정하고 있다. 사베인스-옥슬리법은 기업의 비용을 증가시킨다. 특히 총수익이 1억 달러 미만인 소규모 기업의 경우는 준법 비용이 매출액의 1%를 상회할 것으로 추정된다. 이런 높은 비용으로 인해 소규모 기업들이 미국에서 기업공개를 하지 않고 해외에 상장함으로써 미국 자본시장을 상대적으로 위축시킬 수 있다. 그러나 회계표준을 개선하면 보다 양질의 정보로 인해 주식가치가 상승할 수 있기 때문에 주식시장 상장과 기업공개가 촉진될 수 있다.

사베인스-옥슬리법에 대한 비판론자들은 이러한 비용 문제뿐만 아니라 소송 증가와 주주권리의 약화로 인해 미국 주식시장에의 상장과 기업공개가 감소할 것이라 지적한다. 그러나 다른 면도 볼 필요가 있다. 유럽의 금융시스템은 유로화의 도입과 함께 1990년대에 큰 폭의 자유화 과정을 경험했는데, 이로 인해 금융시장이 보다 통합되고 효율적이 되었다. 그 결과 유럽의 기업들이 자국에서 상장하기가 더 쉬워졌다. 유럽 기업이 자국에 상장한 비율은 1995년의 약 60%에서 최근에는 90%를 상회한다. 여타 경제의 중요성이 확대되어 세계 경제에서 차지하는 미국의 중요성이 상대적으로 감소함에 따라 미국 자본시장은 점점 더 지배력을 잃고 있다. 회사채 시장에서는 이런 과정이 훨씬 더 두드러진다. 1995년에는 미국에서의 회사채 발행이 유럽의 2배였지만 최근에는 유럽에서의 회사채 발행이 미국을 앞지르고 있다.

사베인스-옥슬리법과 포괄적 법정합의의 효과를 평가하기에는 아직 너무 이르지만, 가장 큰 논란의 요소는 인수와 조사 업무, 회계감사와 컨설팅 업무 간의 기능 분리였다. 이런 기능 분리는 이해상충을 줄일 것이지만 한편으로는 규모의 경제와 범위의 경제를 감소시키고 금융시장에서 정보의 감소를 초래할 가능성도 있다. 더욱이 이들 정책을 실행함에 따라 특히 사베인스-옥슬리법의 경우에는 상당한 비용이 소요되어 미국 자본시장을 위축시킬 우려도 제기된다([미니사례] '사베인스-옥슬리법이 미국 자본시장을 위축시켰을까?' 참조).

> 요약

1. 금융구조에 관한 여덟 가지 사실이 있다. 처음 네 가지 사실은 기업의 자금조달에 있어 금융중개기관이 중요하며 상대적으로 증권시장은 덜 중요하다고 강조한다. 다섯 번째는 금융시장이 경제에서 가장 강하게 규제되는 부문의 하나라는 것이고, 여섯 번째는 건실한 대기업만이 증권시장에 접근할 수 있다는 것이며, 일곱 번째는 담보가 채무계약의 중요한 특징이라는 점이고, 여덟 번째는 채무계약이 차입자의 행동에 상당한 제한을 가하는 복잡한 법률 서류임을 설명한다.

2. 거래비용으로 인해 소액의 저축자와 차입자는 금융시장에 직접 참여하기 어렵다. 반면에 금융중개기관은 규모의 경제와 우월한 전문성을 갖춰 거래비용을 낮출 수 있으며, 이에 따라 저축자와 차입자가 금융거래의 이득을 누린다.

3. 정보의 비대칭성은 거래 이전에 발생하는 역선택과 거래 이후에 발생하는 도덕적 위험이라는 두 가지 문제를 일으킨다. 역선택은 신용위험이 불량한 자들이 대출받기를 가장 원한다는 것이며, 도덕적 위험은 차입자가 택하는 위험이 대부자의 입장에서는 바람직하지 못한 것임을 의미한다.

4. 역선택은 금융시장의 효율적 작동을 저해한다. 역선택 문제를 줄이는 수단으로는 민간의 정보 생산과 판매,

정보의 확대를 위한 정부규제, 금융중개기관, 담보와 순자산을 들 수 있다. 남들이 대가를 치른 정보를 무상으로 이용하려는 무임승차 문제로 인해 금융중개기관, 특히 은행이 증권시장보다 기업의 자금조달에 더 중요한 역할을 한다.

5. 지분계약에 있어 도덕적 위험은 주인–대리인 문제로 나타난다. 왜냐하면 경영자(대리인)는 주주(주인)에 비해 이윤을 극대화할 인센티브가 작기 때문이다. 주인–대리인 문제는 금융시장에서 왜 채무계약이 지분계약에 비해 더 널리 이용되는지를 설명한다. 주인–대리인 문제를 완화하는 수단으로는 감시, 정보의 확대를 위한 정부규제, 금융중개기관을 들 수 있다.

6. 채무계약에서 도덕적 위험의 문제를 줄이는 수단으로는 담보와 순자산, 제한적 약관의 감시와 집행, 금융중개기관을 들 수 있다.

7. 이해상충은 금융서비스 공급자가 다수의 이해관계자들에게 서비스를 제공하면서 금융시장의 효율적 작동에 필요한 정보를 왜곡하거나 감추려는 인센티브를 가질 때 발생한다. 이해상충이 문제가 되는 이유는 금융시장에서 신뢰성 있는 정보의 양이 크게 감소해 자금을 가장 생산적 투자기회에 전달할 수 없게 만들기 때문이다. 투자은행의 인수와 조사 업무, 회계법인의 회계감사와 컨설팅 업무, 신용평가기관의 신용평가와 컨설팅 업무 등 세 가지 유형의 금융서비스 활동에서 매우 심각한 이해상충의 가능성이 존재한다. 이해상충을 해결하기 위해 2002년의 사베인스–옥슬리법과 포괄적 법정합의라는 두 가지 주요 정책이 시행되었다. 후자는 뉴욕 주 법무장관이 10대 대형 투자은행을 상대로 제기한 소송에서 비롯되었다.

> 주요용어

값비싼 상태입증(costly state verification)
국유은행(state–owned bank)
기업공개(initial public offering, IPO)
담보(collateral)
대리인 이론(agency theory)
무보증채무(unsecured debt)
무임승차 문제(free–rider problem)
범위의 경제(economies of scope)
벤처캐피털 회사(venture capital firm)
보증채무(secured debt)
순자산(net worth) 또는 자기자본 (equity capital)
스피닝(spinning)
유인부합적(incentive–compatible)
이해상충(conflict of interest)
자금조달순위가설(pecking order hypothesis)
자기자본(equity capital)
제한적 약관(restrictive covenants)
주인–대리인 문제(principal–agent problem)
채권자(creditor)
회계감사(audit)

> 연습문제

1. 금융중개기관이 존재하는 데 있어 규모의 경제는 어떤 의미를 갖는가?

2. 금융중개기관이 경제 내에서 거래비용을 줄일 수 있는 방법 두 가지를 제시하라.

3. 정보가 비대칭적이 아니라면, 금융시장에서 도덕적 위험과 역선택이 발생할 수 있는가? 설명하라.

4. 어떻게 표준회계 원칙이 금융시장을 보다 효율적으로 작동하게 만들 수 있는가?

5. 뉴욕증권거래소와 장외시장에서 거래되는 주식 가운데 어느 주식에서 레몬 문제가 더 심각하겠는가? 설명하라.

6. 어떤 기업이 자금조달을 위해 채권이나 주식보다 은행을 더 많이 이용하겠는가? 그 이유는 무엇인가?

7. 어떻게 정보의 비대칭성이 금융시장에 대한 정부규제

의 이론적 근거일 수 있는가?

8. 만약 여러분의 친구가 자신의 기업에 모든 저축을 쏟아붓는다면, 그렇지 않은 경우에 비해 여러분은 그 친구에게 더 기꺼이 돈을 빌려주겠는가? 그 이유는 무엇인가?

9. 부자는 종종 사람들이 그의 돈만 보고 결혼하려 든다고 걱정한다. 이는 역선택 문제인가?

10. 대출을 뒷받침하는 담보가 많을수록 대부자는 역선택을 덜 걱정하게 된다. 이 진술은 참인가, 거짓인가, 또는 불확실한가? 설명하라.

11. 금융시장에서 무임승차 문제가 어떻게 역선택과 도덕적 위험의 문제를 심화시키는가?

12. 소유와 경영을 분리하는 미국식 기업제도가 어떻게 경영 성과를 악화시킬 수 있는가?

13. 왜 하나의 기업이 여러 유형의 금융서비스를 제공하면 정보생산 비용을 낮출 수 있는가?

14. 어떻게 하나의 기업이 여러 유형의 금융서비스를 제공하면 이해상충을 초래하는가?

15. 어떻게 이해상충이 금융시장을 덜 효율적으로 만들 수 있는가?

16. 투자은행이 인수와 조사 업무를 동시에 취급할 때 발생하는 두 가지 이해상충을 설명하라.

17. 어떻게 스피닝이 금융시장을 덜 효율적으로 만들 수 있는가?

18. 회계법인에서 발생하는 두 가지 이해상충을 설명하라.

19. 사베인스-옥슬리법의 어떤 조항들이 유익한가? 또한 어떤 조항들이 유익하지 않은가?

20. 2002년의 포괄적 법정합의의 어떤 조항들이 유익한가? 또한 어떤 조항들이 유익하지 않은가?

> 계산문제

1. 중고차시장을 찾아갔는데, 공정가격 명부를 보면 여러분이 원하는 종류의 자동차 가격은 2만~2만 4,000달러로 나와 있다. 당신이 사려는 자동차에 대해 중고차 딜러가 여러분과 동일한 정보를 갖고 있음을 안다면 여러분은 그 자동차를 사기 위해 얼마를 지불할 용의가 있는가? 그 이유를 설명하라. 단, 여러분은 사려는 자동차의 기대치에만 관심이 있으며 자동차의 실제 가치는 대칭적으로 분포한다고 가정하라.

2. 이제 여러분이 사려는 자동차에 대해 중고차 딜러가 여러분보다 더 많은 정보를 갖고 있음을 안다면 여러분은 자동차를 사기 위해 얼마를 지불할 용의가 있는가? 그 이유를 설명하라. 경쟁시장에서는 이 문제가 어떻게 해결될 수 있는가?

3. 댈러스 지사를 경영하기 위해 릭을 고용했다. 댈러스 지사의 이익은 릭이 얼마나 열심히 일하는가에 따라 다음 표와 같이 결정된다.

	확률	
	1만 달러의 이익	5만 달러의 이익
게으른 경우	60%	40%
열심인 경우	20%	80%

만약 릭이 게으른 경우, 온종일 인터넷을 즐기면 릭에게는 비용이 전혀 소요되지 않는다. 그러나 릭이 열심히 일하면 1,000달러의 '개인적 비용'이 소요된다. 그럼, 릭에게 이익의 몇 퍼센트를 보수로 지급하겠다고 해야 하는가? 단, 릭은 자신이 받는 보수의 기대치에서 '개인적 비용'을 차감한 값에만 관심이 있다.

4. 강가에 40만 달러짜리 집을 보유하고 있는데, 강이 어느 정도 범람하면 그 집은 완파된다. 그런데 이런 일은 50년에 한 번꼴로 발생한다. 만약 제방을 쌓는다면 200년에 한 번꼴로 발생하는 큰 홍수로 그 집이 완파된다. 전액 보상 재해보험에 가입하려면 제방이 있는 경우와 없는 경우 각각 보험료를 연간 얼마씩 내야 할까? 집값

의 75%만 보상하는 재해보험에 가입한다면 제방이 있는 경우와 없는 경우 각각 연간 예상되는 총비용의 기대치는 얼마인가? 이들 재해보험은 제방을 쌓게 할 인센티브를 제공하는가?

웹 연습문제

금융기관의 존재 이유

1. 이 장에서는 레몬 문제와 그것이 시장의 효율적 작동에 미치는 효과에 대해 살펴보았다. 이 이론은 원래 애컬로프에 의해 개발되었다. http://www.nobelprize.org/nobel_prizes/economic-sciences/laureates/2001/에 들어가보라. 이 웹사이트는 애컬로프, 스펜스(Spence), 스티글리츠(Stiglitz)가 2001년에 노벨 경제학상을 받았음을 보고한다. 애컬로프에 관한 내용을 읽고, 그의 연구 아이디어를 1페이지 분량으로 요약하라.

CHAPTER

8

금융위기의 원인과 경제에 미치는 영향

> PREVIEW

*금융위기*란 금융시장에서 자산가격이 급락하고 기업들의 도산이 발생하는 심각한 붕괴 현상이다. 열악한 신용기록을 지닌 차입자인 서브프라임 차입자(subprime borrower)에 대한 모기지 시장에서의 채무불이행 사태가 2007년 8월부터 금융시장을 공포에 질리게 하면서 미국에서 대공황 이래 최악의 금융위기를 촉발했다. 연방준비제도(Federal Reserve System, 역자 주: 미국의 중앙은행으로, 연준 혹은 Fed라 약칭함)의 전임 의장인 그린스펀(Alan Greenspan)은 2007~2009년의 금융위기를 '한 세기에 한 번쯤 발생할 신용 쓰나미'라 묘사했다. 월스트리트의 금융기관과 상업은행은 수천억 달러에 이르는 손실을 입었다. 가계와 기업은 차입금에 대해 더 많은 이자를 내야 했고, 돈을 빌리기가 훨씬 어렵게 되었다. 미국 주식시장이 2007년 10월의 고점 대비 반토막 난 것을 비롯해 전 세계의 주식시장이 폭락했다. 상업은행, 투자은행, 보험회사 등 많은 금융기관이 파산해버렸다. 2007년 12월부터 불황이 시작되어 경제는 2008년 가을까지 꼬꾸라졌다. 2009년 6월에야 마감된 이번 불황은 제2차 세계대전 이후 가장 심각한 것이었다.

왜 이런 금융위기가 발생했을까? 왜 금융위기가 미국을 위시한 많은 나라에서 이렇게 빈번히 일어나는 것일까? 과거의 위기는 최근의 위기에 대해 어떤 시사점을 제공하는 것일까? 왜 금융위기에 뒤이어 거의 언제나 경제활동의 심각한 침체가 발생하는 것일까? 이 장에서는 금융위기의 전개과정을 설명하는 분석틀을 개발함으로써 이런 의문들에 대한 답을 검토한다. 제7장에서 논의한 대리인 이론, 역선택과 도덕적 위험 등 정보의 비대칭성 문제에 대한 경제적 분석을 이용해 왜 금융위기가 일어나는지, 그리고 왜 이렇게 경제에 심각한 손실을 입히는지를 분석한다. 그러고 나서 최근의 글로벌 금융위기를 포함해 과거 전 세계에 걸친 수많은 금융위기를 설명하는 데 이들 분석을 응용한다.

금융위기란 무엇인가?

제7장을 통해 건실한 경제를 위해서는 금융시스템이 잘 작동하는 것이 중요함을 알았다. 금융시스템은 생산적 투자기회를 지닌 개인이나 기업에 자금을 전달하는 핵심적 기능을 수행한다. 만일 자본이 잘못된 사용처로 흘러가거나 전혀 흐르지 못한다면 경제가 비효율적으로 작동하거나 경제적 침체에 빠질 것이다.

대리인 이론과 금융위기의 정의

금융 분야 학술논문에서는 정보의 비대칭성 문제가 어떻게 역선택과 도덕적 위험의 문제를 일으킬 수 있는지에 대한 분석을 *대리인 이론*(agency theory)이라 부른다. 정보의 비대칭성 문제는 금융시장에서 저축자의 자금이 생산적 투자기회를 지닌 개인이나 기업에 전달되는 것을 가로막는 작용을 하는데, 경제학자들은 이를 종종 **금융마찰**(financial friction)이라 부른다. 금융마찰이 증가하면 대부자는 차입자의 신용상태를 확인하기 어렵게 된다. 이에 대부자는 차입자가 대출을 상환하지 않을 가능성으로부터 자기 자신을 보호하기 위해 더 높은 이자율을 부과할 필요가 있으며, 그 결과 확실히 상환되는 완벽히 안전한 자산에 대한 이자율과 기업에 대한 대출 이자율의 차이로 측정되는 *신용 스프레드*(credit spread)가 증가한다.

금융위기(financial crisis)는 금융시장에서 정보의 흐름이 심각한 정도로 붕괴됨으로써 금융마찰과 신용 스프레드가 급격히 증가하고 금융시장이 제 기능을 수행하지 못할 때 발생한다. 그러면 경제활동도 무너진다.

선진국에서의 금융위기 전개과정

최근의 금융위기가 지축을 뒤흔들고 언론의 헤드라인 기사를 장식했지만, 이번 위기는 미국 등 선진국들이 경험한 수많은 금융위기 가운데 하나일 뿐이다. 경제학자들은 과거의 위기들에서 얻은 교훈을 통해 현재의 경제적 혼란 현상을 통찰할 수 있다.

선진국에서의 금융위기는 2단계, 때로는 3단계의 과정을 거치며 진행되었다. 이들 위기가 어떻게 전개되는지를 이해하기 위해 선진국 금융위기의 주요 단계와 사건의 흐름을 [그림 8.1]에 제시했다.

1단계: 금융위기의 촉발

금융위기는 신용의 과열과 붕괴, 자산가격의 과열과 붕괴, 또는 주요 금융기관의 도산으로 인한 경제 전반의 불확실성 증가 등 여러 경로로 시작될 수 있다.

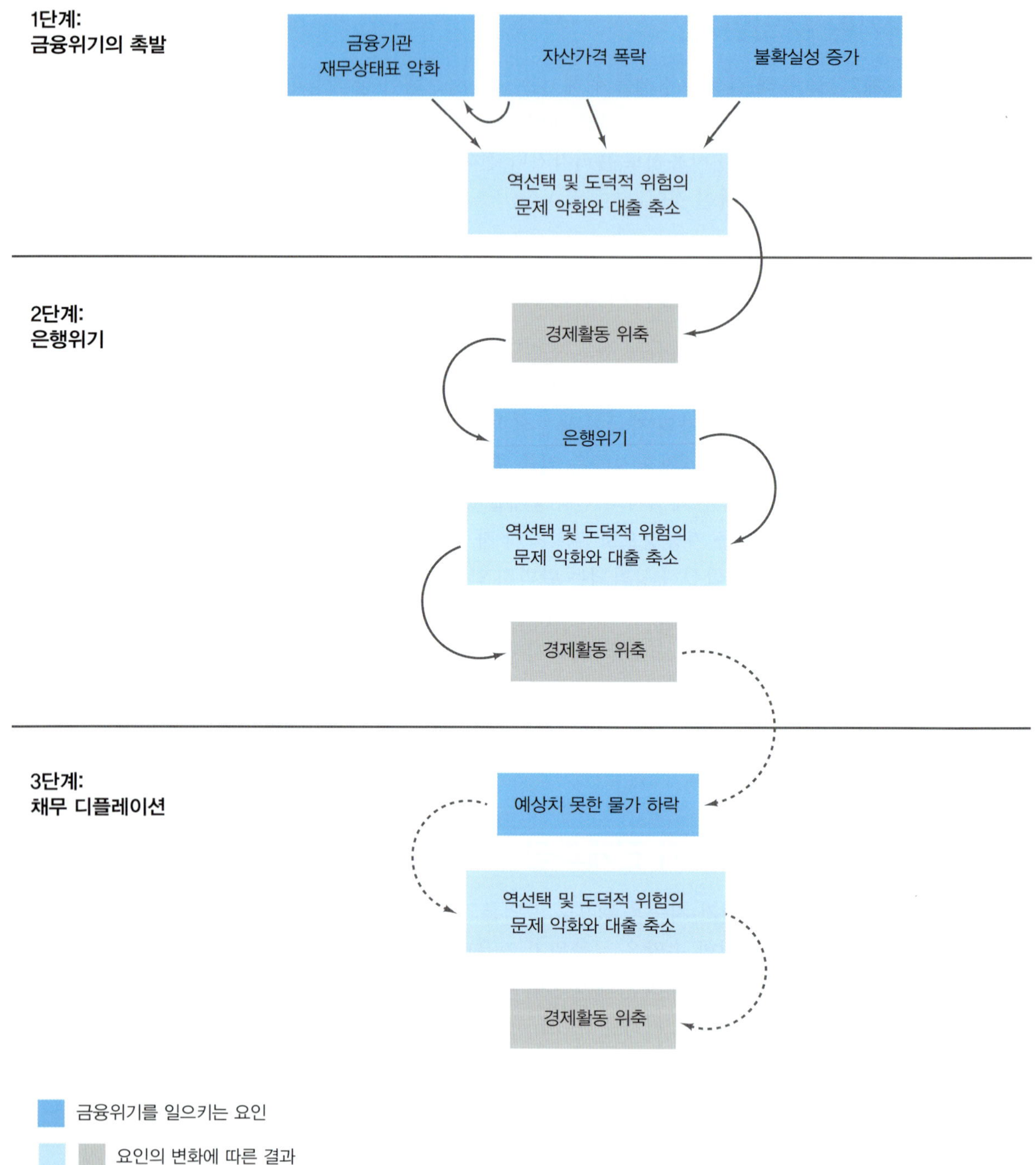

[그림 8.1] 선진국 금융위기에서 사건의 흐름도

실선의 화살표는 전형적인 금융위기에서 사건의 흐름을 추적하며, 점선의 화살표는 위기가 채무 디플레이션으로 발전할 경우에 나타나는 추가적인 사건의 흐름을 나타낸다. 점선으로 표시된 수평선은 금융위기의 각 단계를 구분한다.

신용의 과열과 붕괴 종종 금융위기의 씨앗이 뿌려지는 때는 경제 내에 새로운 유형의 대출이나 금융상품이 도입되는 **금융혁신**(financial innovation)이 일어나거나 금융시장 및 금융기관에 대한 규제를 철폐하는 **금융자유화**(financial liberalization)가 진행될 경우이다. 장기적으로 금융자유화는 금융발전을 촉진하고 자금을 효율적으로 배분하는 우수한 금융시스템을 구축한다. 그러나 금융자유화에는 어두운 면도 있다. 왜냐하면 단기적으로는 금융기관들이 흥청거리며 대출을 급격히 확대하는 **신용과열**(credit boom)을 촉발할 수 있기 때문이다. 불행하게도 금융기관의 경영진은 이런 새로운 유형의 사업에서 위험을 적절히 관리할 인센티브나 전문성을 갖고 있지 못하다. 심지어 제대로 된 경영진이 있어도 결국에는 신용과열이 신용위험을 심사하고 감시하는 금융기관 및 정부 규제당국의 능력을 능가하게 되어 과도하게 위험한 대출이 발생한다.

예금보험제도와 같은 정부의 안전망은 시장규율(market discipline)을 약화시키고 은행이 보다 큰 위험을 택할 도덕적 위험의 인센티브를 증대시킨다. 예금자들은 정부가 보장하는 예금보험으로 인해 손해를 입지 않음을 잘 알기 때문에 규율을 지키지 않는 은행에도 자신의 돈을 예금한다. 그러면 은행은 높은 이자율로 위험한 차입자들에게 대출할 수 있다. 차입자들이 제대로 상환한다면 은행은 많은 이윤을 얻을 것이고, 차입자들이 채무를 불이행하는 경우에는 국민의 세금이 투입되는 정부의 예금보험제도에 의지한다. 따라서 적절한 감시가 없으면 위험의 확대를 막을 수 없다.

결국 대출에서의 손실이 쌓이기 시작하고, 은행 및 여타 금융기관 재무상태표에서 부채에 비해 자산 항목에 있는 대출금의 가치가 상대적으로 더 하락하면서 순자산(자기자본)이 감소한다. 자기자본이 줄어들면 이들 금융기관은 대출을 줄이는 **디레버리징**(deleveraging) 과정에 들어간다. 또한 자기자본이 줄어든 금융기관의 도산 위험이 커졌기 때문에 예금자 및 이들 금융기관에 대한 여타 자금공급자들은 자신의 돈을 빼내간다. 그러면 금융기관은 자금 부족으로 인해 생산적 투자자에게 대출할 수 없고 신용이 경색된다. 대출 과열이 대출 붕괴로 전환되는 것이다.

금융기관들이 정보의 수집과 대출을 중단하면 금융마찰이 확대되어 역선택과 도덕적 위험이라는 정보의 비대칭성 문제를 해결할 금융시스템의 능력이 약화된다([그림 8.1]의 맨 위 줄에 제시한 첫 번째 요인인 '금융기관 재무상태표 악화'에서 나온 화살표 참조). 금융기관의 대출이 줄어들면 기업은 더 이상 생산적 투자기회에 소요되는 자금을 조달하지 못해 투자지출이 감소하고 경제활동이 위축된다.

자산가격의 과열과 붕괴 그린스펀 연준 의장이 재임 시절에 '비이성적 과열(irrational exuberance)'이라 불렀듯이, 투자자들의 심리적 요인에 의해서 주식시장과 부동산시장의 자산가격은 이들 자산의 미래 소득흐름에 대한 합리적 기대에 기반한 가치인 **본질적 경제가치**(fundamental economic value, 내재가치 혹은 펀더멘털이라고도 함)를 훨씬 상회할 수 있다. **자산가격 버블**(asset-price bubble)이란 이렇게 자산가격이 본질적 경제가치를 상회하는 현상이다. 자산가격 버블의 사례로는 1990년대 후반의 IT 주식 버블이나 이 장의 뒤에서 다룰 최근 주택가격 버블을 들 수 있다. 자산가격 버블은 종종 신용과열에 의해 촉진된다. 신용이 크게 증가하면 일부는 자산을 매입하는 데 쓰이고 이로 인해 자산가격이 상승하기 때문이다.

그런데 거품이 터지고 자산가격이 본질적 경제가치로 하락하면, 주식 및 부동산 가격이 가라앉음에 따라 기업이 가진 자산과 부채의 차이로 측정한 순자산이 감소하고 담보물의 가치도 하락한다. 이제 이들 기업은 가진 것이 적어졌고, 따라서 더 위험한 투자를 한다고 해서 잃을 것도 줄어들었다. 이는 바로 도덕적 위험의 문제를 의미한다. 이로 인해 금융기관은 차입자에 대한 대출 기준과 대출계약을 더 엄격하게 적용한다([그림 8.1]의 맨 윗줄에 제시한 두 번째 요인인 '자산가격 폭락'에서 나온 화살표 참조).

자산가격 폭락은 또한 금융기관이 보유한 자산의 가치도 하락시켜 금융기관의 순자산을 감소시키고 재무상태표를 악화시키며([그림 8.1]의 맨 윗줄에 제시한 두 번째 요인에서 첫 번째 요인으로 향한 화살표 참조), 그 결과 디레버리징을 초래함으로써 경제활동을 더욱 위축시킨다.

불확실성 증가 미국에서의 금융위기는 거의 언제나 불황의 시작, 주식시장의 붕괴, 혹은 유명 금융기관의 도산 등으로 인해 불확실성이 고조되는 시기에 시작했다. 1857년 오하이오 생명보험 및 신탁회사(Ohio Life Insurance and Trust Company), 1873년 제이쿠크(Jay Cooke and Company), 1884년 그란트앤드워드(Grant and Ward), 1907년 니커보커 신탁회사(Knickerbocker Trust Company), 1930년 뱅크오브더유나이티드스테이츠(Bank of the United States), 그리고 2008년 베어스턴스(Bear Stearns), 리먼브라더스(Lehman Brothers), AIG의 붕괴 직후에 위기가 발생했다. 불확실성이 큰 시기에는 정보를 획득하기 어렵기 때문에 역선택과 도덕적 위험의 문제가 증가하고, 이에 따라 대출과 경제활동이 둔화된다([그림 8.1]의 맨 윗줄에 있는 마지막 요인인 '불확실성 증가'에서 나온 화살표 참조).

2단계: 은행위기

재무상태표가 악화되고 경영 여건이 어려워짐에 따라 몇몇 금융기관의 순자산이 음이 되는 지급불능(insolvency) 상태가 나타난다. 은행이 예금자 및 여타 자금공급자들에 대해 지급할 수 없으면 그 은행은 퇴출된다. 심각한 경우에는 다수의 은행이 동시에 도산하는 **은행 패닉**(bank panic) 상태가 발생한다. 전염(contagion)이 일어나는 원인은 정보의 비대칭성 때문이다. 예금자들은 은행이 보유한 대출 포트폴리오의 건전성에 관해 알지 못하기 때문에 패닉 상태에서는(예금보험이 없거나 예금보호에 한도가 있는 경우) 자신이 맡긴 예금의 안전성을 걱정해 예금을 대량 인출하게 되고, 결국은 은행을 도산시킨다. 전반적인 은행시스템의 건전성에 대한 불확실성으로 인해 예금자들이 예금을 인출하려고 은행으로 달려가게 되면 우량한 은행이든 부실한 은행이든 자금을 마련하기 위해 자신의 자산을 급히 매도해야 한다. 그런데 자산의 **폭탄 세일**(fire sale)은 자산가격을 하락시킴으로써 은행을 지급불능 상태에 이르게 하며, 전염효과로 인해 다수의 은행이 파산하고 전면적인 은행 패닉이 발생한다.

은행 수가 줄어들면 차입자의 신용상태에 관한 정보가 사라진다. 점점 더 심각해지는 역선택과 도덕적 위험 문제는 금융위기를 심화시켜 자산가격을 하락시키고 경제 전반에 걸쳐 생산적 투자기회에 필요한 자금을 얻지 못한 기업들의 실패를 초래한다. [그림 8.1]의 2단계 부분이 이러한 전개과정을 나타낸다. 미국은 1819년, 1837년, 1857년, 1873년, 1884년, 1893년, 1907년, 그리고 1930~1933년 등 19세기와 제2차 세계대전 이전에는 거의 20년에 한 번꼴로 금융위기를 경험했는데, 은행 패닉은 이들 모든 금융위기에서 나타난 특징이었다(1933년에 미국에서 예금자의 손실을 보호하는 연방예금보험이 설치됨으로써 이후 은행 패닉을 막을 수 있었다).

궁극적으로 공공기관과 민간기관은 지급불능 상태의 기업을 도산시키고 정리하는 작업을 진행하게 된다. 이에 따라 금융시장의 불확실성이 감소하고, 주식시장이 회복되고, 재무상태표가 개선된다. 금융마찰이 감소하면서 금융위기가 진정된다. 금융시장이 다시 제대로 작동하면 경제는 회복 과정으로 접어든다.

3단계: 채무 디플레이션

그러나 만약 경제의 침체로 물가가 크게 하락한다면 회복 과정은 단락될 수 있다. [그림 8.1]의 3단계에 제시된 것처럼 예상치 못하게 물가가 크게 하락하면 **채무 디플레이션**(debt deflation)이 발생해 기업의 실질적인 채무 부담을 증가시키고 순자산을 더욱 감소시킨다.

대부분의 선진국처럼 인플레이션이 완만한 경제에서는 고정이자율로 체결된 채무계약의 만기가 대개 10년 이상으로 상당히 길다. 계약상 채무지급액은 명목금액으로 고정되어 있기 때문에 물가가 예상치 않게 하락하면 실질 기준으로 기업 채무의 가치가 상승해 채무 부담이 증가하는 반면, 기업 자산의 실질 가치는 증가하지 않는다. 그 결과 실질 기준으로 측정한 자산과 부채의 차이인 실질 순자산이 감소한다.

어떻게 실질 순자산이 감소하는지를 이해하기 위해, 2015년에 그 당시 물가를 기준으로 자산이 100만 달러, 장기 부채가 90만 달러, 따라서 자산과 부채의 차이에 해당하는 순자산이 10만 달러인 기업이 있다고 하자. 그런데 만약 2016년에 물가가 10%만큼 하락하면, 2015년 물가를 기준으로 한 부채의 실질 가치는 99만 달러로 상승하는 반면 자산의 실질 가치는 변함없이 100만 달러 그대로이다. 그 결과 2015년 물가를 기준으로 한 실질 순자산이 10만 달러에서 1만 달러(100만 달러 − 99만 달러)로 줄어든다.

물가의 급격한 하락으로 인해 차입자의 실질 순자산이 크게 감소하면 대부자가 직면한 역선택과 도덕적 위험의 문제가 증대된다. 그 결과 대출과 경제활동이 장기간 위축된다. 채무 디플레이션이 발생한 가장 심각한 금융위기는 미국 역사상 최악의 경기수축인 대공황이다.

최악의 금융위기: 대공황

금융위기를 이해하는 분석틀을 배웠으므로, 이제 대공황 시기에 어떻게 금융위기가 전개되었으며 어떻게 미국 역사상 최악의 경기하강을 초래했는가에 대해 분석할 채비를 갖추었다.

주식시장 붕괴

1928~1929년에 미국 주식시장에서는 주가가 두 배로 뛰었다. 연준 관리들은 주가폭등이 과도한 투기 때문이라 보고, 이를 막기 위해 이자율을 올리는 긴축적 통화정책을 실시했다. 그런데 연준은 기대한 것보다 너무 많이 얻었다. [그림 8.2]에서 볼 수 있듯이, 1929년 10월에 주식시장이 붕괴하면서 연말까지 주가가 40%나 떨어진 것이다.

은행 패닉

1930년 중반까지 주식시장은 손실의 절반 가까이를 만회했고 신용시장 여건도 안정되었다. 그

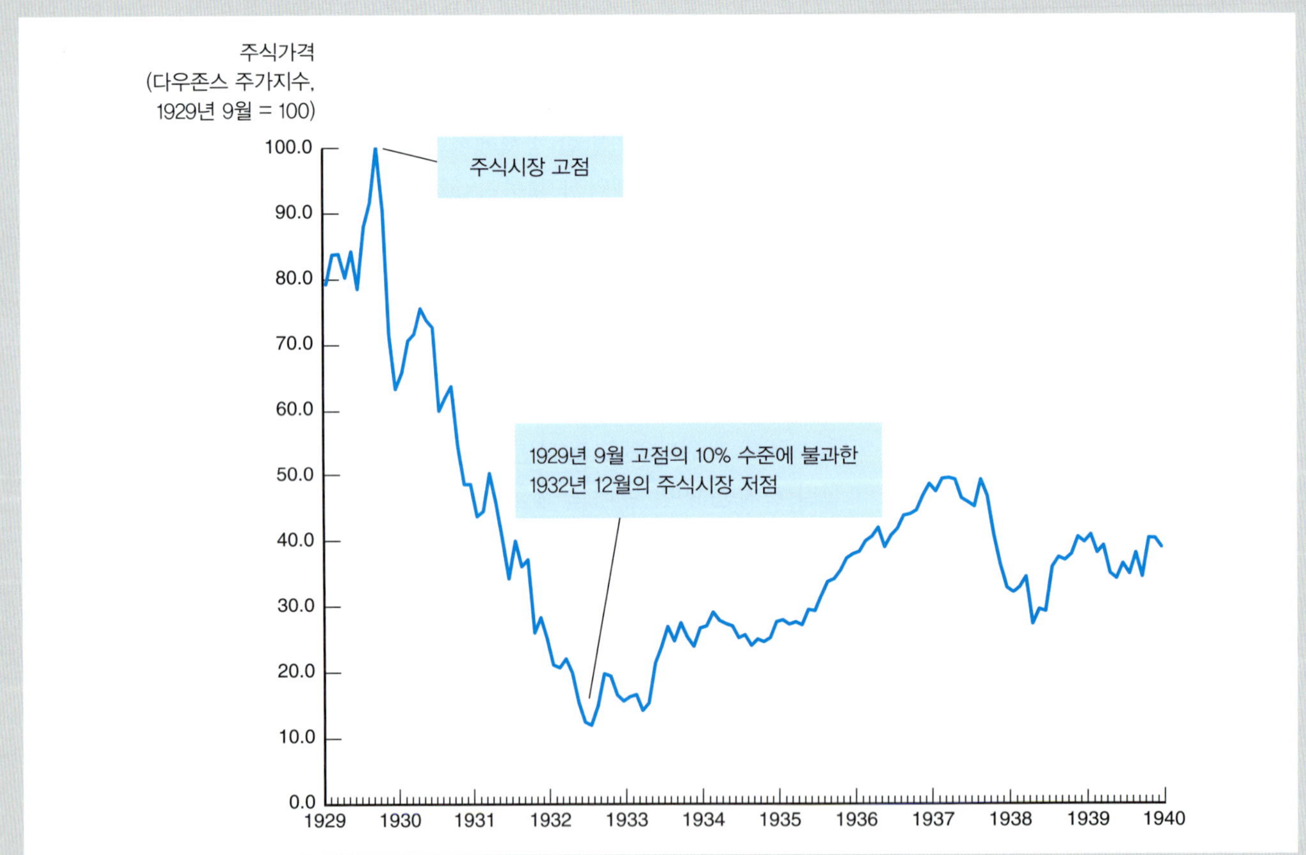

[그림 8.2] 대공황 시기의 주식가격

1929년에 주식시장이 붕괴하면서 1929년 말까지 주가가 40% 하락했으며, 그 후에도 주가가 계속 하락해 1932년에는 고점 대비 10% 수준이 되었다.

자료: Dow-Jones Industrial Average (DJIA). Global Financial Data, www.globalfinancialdata.com/index_tabs.php?action = detailedinfo&id = 1165.

러나 중서부 지역에 가뭄이 들면서 농업생산이 크게 감소했고 이에 농부들이 은행 대출을 갚을 수 없게 됨에 따라, 평범한 불황으로 그칠 수 있었던 것이 훨씬 더 나쁜 상황으로 변했다. 농장담보 모기지에 대한 채무불이행이 발생함에 따라 농업지역 소재 은행들의 재무상태표에 커다란 대출 손실이 생겼다. 농업지역의 은행과 경제가 부실화되면서 은행에서 심각한 예금인출이 일어났으며 1930년 11월과 12월에는 전면적인 패닉이 형성되어 주가가 급속히 하락했다. 2년 이상 동안 연준은 은행들이 연이어 도산하는 미국 역사상 가장 심각한 패닉 현상을 팔짱 끼고 바라만보고 있었다. 1933년 3월 당시 최후의 패닉이 발생한 다음, 루즈벨트 대통령이 은행 휴무(bank holiday)를 선언하고 임시로 모든 은행 문을 닫았다. 루즈벨트 대통령은 전국민에게 "우리가 두려워할 것은 두려움 그 자체뿐이다."라고 말했다. 그러나 이미 피해는 막대했으며, 미국 상업은행의 1/3 이상이 도산하고 말았다.

주식가격의 지속적 하락

주가는 계속 하락했다. [그림 8.2]에서 볼 수 있듯이, 1932년 중반에 주가는 1929년 고점 대비 10% 수준으로 하락했다. 경기수축에 따라 불안정해진 기업경영 여건으로 인해 불확실성이 증가했고, 그 결과 금융시장에서 역선택과 도덕적 위험의 문제가 악화되었다. 영업을 지속하는 금융중개기관의 수가 크게 감소함에 따라 역선택과 도덕적 위험의 문제가 더욱 심화되었다. 금융시장은 생산적 투자기회를 가진 기업에 제대로 자금을 전달하지 못했다. 우리가 배운 분석틀을 통해 예측할 수 있듯이 상업대출 잔액이 1929년부터 1933년까지 절반으로 줄었으며, 투자지출이 붕괴해 1929년 수준 대비 90%나 감소했다.

금융마찰이 증가했다는 징후는 대부자가 대출 손실로부터 자신을 보호하기 위해 기업에 대해 매우 높은 이자율을 부과하기 시작했다는 사실에서 알 수 있다. **신용 스프레드**(credit spread)란 가계나 기업에 대한 대출 이자율과 미국 국채와 같이 확실히 상환되는 극히 안전한 자산에 대한 이자율 간의 차이로 측정되는데, [그림 8.3]은 중급의 신용등급인 Baa등급 회사채 이자율과 유사 만기의 재무부 채권(Treasury bond, 장기 국채) 이자율 간의 차이를 보여준다.

채무 디플레이션

1930년부터 시작한 디플레이션은 결국 물가를 25%나 하락시켰다. 이러한 디플레이션으로 인해 대부분의 불황 이후 나타나는 정상적인 회복 과정이 가로막히는 단락 현상이 발생했다. 이렇게 물가가 크게 하락함에 따라 가계와 기업의 채무 부담이 증가해 순자산이 하락하는 채무 디플레이션이 촉발되었다. 순자산이 감소하고 그로 인해 신용시장에서 역선택과 도덕적 위험의 문제가 증가해 실업률이 25%에 이르는 경기수축이 지속되었다. 대공황은 미국이 경험한 최악의 금융위기였으며, 이로 인해 미국이 경험한 최악의 경기수축이 되었다.

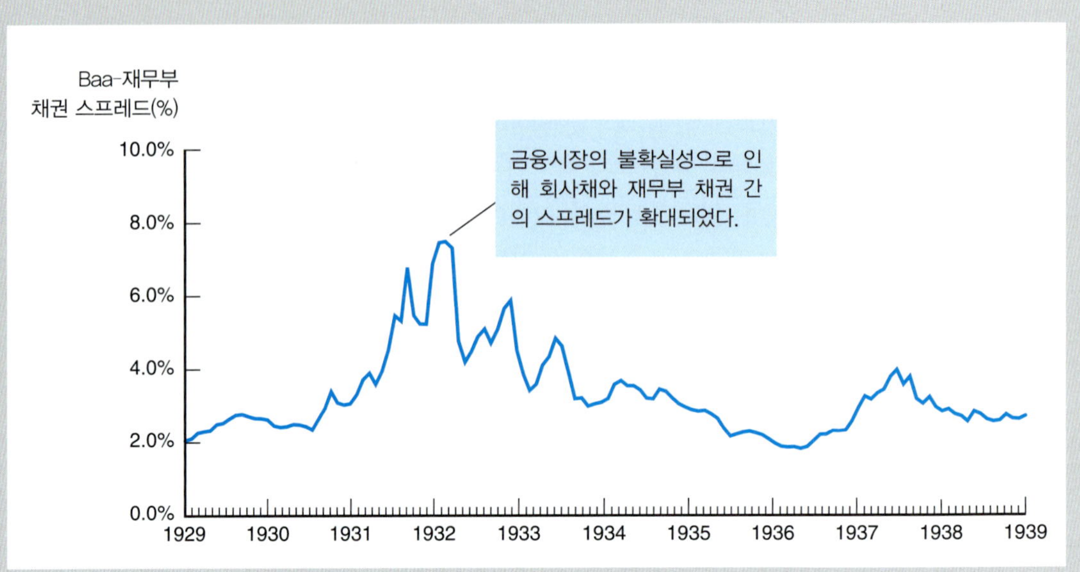

[그림 8.3] 대공황 시기의 신용 스프레드

Baa등급 회사채 이자율과 재무부 채권 이자율 간의 차이로 측정한 신용 스프레드가 대공황 시기에 크게 상승했다.

자료: Federal Reserve Bank of St. Louis FRED database, http://research.stlouisfed.org/fred2/categories/22

국제적 차원

대공황은 미국에서 시작했지만 미국만의 현상은 아니었다. 미국에서의 은행 패닉은 전 세계로 전파되었으며 미국 경제의 수축으로 인해 해외 상품에 대한 수요가 급속히 감소했다. 전 세계적 공황에 따라 연이어 수백만의 실업자가 발생하는 등 엄청난 고통이 수반되었으며, 이로 인한 불만으로 파시즘이 등장하고 제2차 세계대전이 발발했다. 대공황의 금융위기에 따른 결과는 재앙적 수준이었다.

2007~2009년의 글로벌 금융위기

대부분의 경제학자들은 대공황 기간에 경험한 유형의 금융위기는 미국과 같은 선진국에서는 과거의 일일 뿐이라고 생각했다. 불행하게도 2007~2009년에 전 세계를 집어삼킨 금융위기로 인해 이런 생각이 틀렸음이 증명되었다.

2007~2009년 금융위기의 원인

2007~2009년의 금융위기에 대한 논의를 시작하기 위해 모기지 시장의 금융혁신, 모기지 시장의 대리인 문제, 신용평가 과정에서의 정보의 비대칭성 등 세 가지 핵심 요인을 살펴보기로 한다.

모기지 시장의 금융혁신 2000년 이전에는 가장 신용도가 높은 프라임 차입자(prime borrower)만이 주택 모기지를 얻을 수 있었다. 그런데 컴퓨터 기술과 새로운 통계분석 기술의 발전에 따라 위험한 주택 모기지 등급의 신용위험에 대한 계량적 평가기법이 새로 개발되었다. 신용기록을 지닌 가계에 대해서는 FICO 평점이라 불리는 수치로 표시한 신용평점이 부여된다. FICO 평점은 이를 개발한 페어아이삭 회사(Fair Issac Corporation)의 머리글자를 딴 이름으로, 가계가 대출금을 제대로 상환하지 못할 가능성을 나타내는 지표이다. 또한 컴퓨터 기술의 발전에 따라 거래비용이 낮아짐으로써 모기지와 같은 소액 대출들을 한데 묶어 이를 기초로 표준적인 채무증권을 발행하는 **증권화**(securitization)도 가능해졌다. 이런 발전에 힘입어 은행은 그리 좋지 않은 신용기록을 지닌 차입자에게 **서브프라임 모기지**(subprime mortgage)를 제공할 수 있었다.

위험이 큰 모기지의 채무불이행 위험(default risk)을 저렴한 비용으로 계량화해 평가하고 이들 모기지를 한데 묶어 발행하는 표준화된 채무증권을 **모기지유동화증권**(mortgage-backed security, MBS)이라 하는데, MBS는 모기지 자금을 조달하는 새로운 수단이 되었다. 금융혁신은 여기서 멈추지 않았다. 새로운 형태의 복잡한 금융상품을 개발하는 **금융공학**(financial engineering)은 기초자산에서의 현금흐름을 이용해 선호가 다른 다양한 투자자를 각각 만족시키도록 특정한 위험특성을 지니게 재단된 금융상품인 **구조화 신용상품**(structured credit product)을 만들어냈다. 이 가운데 가장 악명 높았던 것은 **채무담보부 구조화증권**(collateralized debt obligation, CDO)이다([미니사례] 'CDO' 참조).

모기지 시장의 대리인 문제 모기지를 처음 제공(originate)하는 모기지 중개업자(mortgage broker)는 종종 차입자가 대출금을 상환할 수 있을지 여부를 판별하려고 굳이 애쓰지 않았다. 왜냐하면 이들은 곧바로 모기지를 MBS의 형태로 투자자에게 매각해 처분(distribute)할 수 있었기 때문이다. 실제로 어떤 경우에는 모기지 중개업자가 뻔히 알면서도 차입자의 상환능력 이상으로 큰 금액을 대출해주었다. 이러한 **대출제공 후 매각처분**(originate-to-distribute, OTD) 사업방식은 바로 제7장에서 논의한 **주인-대리인 문제**(principal-agent problem, 혹은 대리인 문제(agency problem)라고도 함)를 초래한다. 모기지 중개업자가 투자자(주인)를 위한 대리인 역할을 하면서도 투자자 이익의 극대화를 염두에 두지 않기 때문이다. 모기지 중개업자는 일단 수수료를 받고 모기지를 넘기고 나면 모기지 차입자가 원리금을 잘 상환하는지 아닌지에 대해 전혀 걱정할 이유가 없다. 중개업자는 단지 모기지를 많이 제공하면 할수록 더 많은 돈을 벌었다.

놀랄 것도 없이, 역선택이 심각한 문제로 대두되었다. 위험을 선호하는 차입자들은 집값이 오르면 큰 돈을 벌고, 만약에 집값이 내려가더라도 집에서 '나가면 그만'이라고 생각하면서 모기

> 미니사례 *Mini-Case*

CDO

CDO를 만들기 위해서는 *특수목적기구*(special purpose vehicle, SPV)라는 법인이 필요하다. SPV는 회사채, 대출채권, 상업용 부동산 채권, MBS 등의 자산들을 사들여 한데 모은다. 그 다음에 SPV는 이들 자산에서의 현금흐름을 트랜치(tranche)라 불리는 여러 집단으로 분리한다. 슈퍼 시니어 트랜치(super senior tranche)라는 가장 등급이 높은 트랜치는 가장 먼저 현금 지급이 완료되기 때문에 위험이 가장 작다. 슈퍼 시니어 CDO는 투자자들에게 이들 현금흐름을 지급하는 채권이며, 위험이 가장 작기 때문에 이자율도 가장 낮다. 그 다음 현금흐름은 시니어 트랜치(senior tranche)에 지급된다. 그리고 이에 기초한 시니어 CDO는 위험이 약간 더 크며 따라서 이자율이 약간 더 높다. 슈퍼 시니어 트랜치와 시니어 트랜치에 지급한 다음의 현금흐름은 메자닌 트랜치(mezzanine tranche)에 지급되는데, 따라서 메자닌 CDO의 위험은 훨씬 더 커지고 이자율도 더 높아진다. 가장 하위는 에쿼티 트랜치(equity tranche)이다. 에쿼티 트랜치는 기초자산에서의 현금흐름 지급이 중단되거나 채무불이행이 발생할 때 가장 먼저 돈을 떼이게 되므로 이자율이 가장 높으며 너무 위험하기 때문에 잘 거래되지 않는다.

이런 얘기들이 너무 복잡하게 들린다면, 그건 어쩔 수 없다. 심지어 CDO에서의 현금흐름을 기반으로 다시 그 위험을 쪼개고 썰어 CDO^2를 만들고, CDO^2에서 다시 CDO^3를 만들었다. 비록 금융공학이 투자자의 위험 성향에 보다 잘 부합하는 금융상품과 서비스를 창출해 이득을 줄 수 있겠지만, 역시 여기에도 어두운 면이 있는 법이다. CDO, CDO^2, CDO^3 등의 구조화 상품은 너무나 복잡하게 설계되어 증권의 기초자산에서 발생하는 현금흐름의 가치를 평가하거나 이들 자산의 실제 주인을 알아내기가 어렵게 되었다. 이에 연준 의장인 버냉키는 2007년 10월의 한 연설에서 "제기랄, 그놈의 가치가 얼마나 되는지 알기나 하면 좋겠습니다."라고 익살스레 말하기도 했다. 달리 말하면, 구조화 상품의 복잡성이 증가해 실제로는 금융시장에서 정보를 파괴하고 만 것이다. 이로 인해 금융시스템에서 정보의 비대칭성이 심화되고 역선택과 도덕적 위험의 문제가 악화되고 말았다.

지 대출을 받으려고 줄을 섰다(역자 주: 한국의 주택담보대출과는 달리 미국의 모기지 제도는 차입자가 담보 주택만 포기하면 설령 집을 처분한 대금이 모기지 대출 금액보다 작다고 하더라도 차입자가 그 부족분을 상환할 책임이 없다). 또한 주인-대리인 문제로 인해 중개업자는 집을 살 형편이 안되는 사람에게 모기지 대출을 받도록 권장하거나 모기지 자격조건을 맞추려고 모기지 지원서에 차입자 관련 정보를 거짓으로 기입하는 사기행위를 저지를 인센티브가 있다. 이런 문제를 더 가중시킨 것은 느슨한 규제 때문에 모기지 제공자는 차입자가 대출받을 형편이 되는지에 관한 정보를 그에게 알려줄 의무마저 없었다는 사실이다.

대리인 문제는 더욱 심각해졌다. CDO와 같은 구조화 신용상품과 MBS를 인수(underwriting)해 커다란 수수료를 챙기던 상업은행과 투자은행도 이들 증권의 최종 보유자가 제대로 돈을 받을지를 확실히 해둘 인센티브가 약했다. 한편 채권의 채무불이행(부도) 시 그 채권 보유자에게 대신 원리금을 지급하는 **신용부도스왑**(credit default swap, CDS)이라 불리는 금융보험 계약에서 수수료를 얻기 위해 AIG와 같은 보험회사들이 수천억 달러에 이르는 위험한 계약을 제공했다.

정보의 비대칭성과 신용평가기관 채무불이행 확률을 이용해 채무증권의 등급을 평가하는 신용평가기관이 금융시장에서 정보의 비대칭성을 악화시켰다. 이들 신용평가기관은 CDO와 같은 금융상품의 복잡한 구조를 어떻게 설계할 것인가에 대해 고객에 자문을 제공하면서 동시에 이들 상품에 대해 신용등급을 매겼다. 이에 따라 이해상충이 발생했다. 자신이 신용등급을 매기는 금융상품에 대해 그 구조를 설계하는 방법을 자문하면서 거액의 수수료를 받았기 때문에 정확한 신용등급을 매길 인센티브가 없었다. 그 결과 과다하게 높은 신용등급이 매겨짐으로써 투자자들이 인지하는 것보다 훨씬 위험한 이들 복잡한 금융상품이 쉽게 판매되었다.

2007~2009년 금융위기의 영향

가계와 기업 모두 2007~2009년 금융위기로 고통을 겪었다. 이번 위기의 영향은 미국의 주택시장, 금융기관의 재무상태표, 그림자 은행시스템, 글로벌 금융시장, 헤드라인 기사로 부각된 주요 금융기관의 도산 등 다섯 개의 주요 영역에서 가장 명백히 드러났다.

주택가격: 과열과 붕괴 중국과 인도 등의 국가에서 미국으로의 자금 유입이 엄청나게 증가하면서 생긴 유동성과 주택 모기지에 대한 낮은 이자율에 힘입어, 불황이 끝난 2001년부터 서브프라임 모기지 시장이 성장하기 시작했다. 그리고 2007년에는 그 시장 규모가 1조 달러를 넘었다. 서브프라임 모기지 시장의 발전은 '신용이 민주화(democratization of credit)'를 이끌어 미국인의 자가 보유 비율을 역사상 최고치로 높이는 데 도움이 되었기에 정치인들은 이를 권장했다.[1] 또한 2000~2001년의 불황이 끝난 후 시작된 주택가격 급등도 서브프라임 시장의 성장을 자극하는 데 일조했다([그림 8.4] 참조). 주택가격이 오른다는 것은 차입자가 자신의 집에 대해 더 많은 대출금을 재융자받을 수 있음을 의미했다. 또한 주택가격이 오르면 서브프라임 차입자는 대출금을 갚기 위해 언제든 자기 집을 팔 수 있을 것이기에 채무불이행의 우려도 없었다. 한편 서브프라임 모기지에서의 현금흐름을 기초로 만든 증권에 대한 투자자도 높은 수익률을 올릴 수 있어 행복했다. 서브프라임 모기지 시장의 성장은 다시 주택 수요를 증가시켰고, 이에 따라 주택가격의 과열을 더욱 부추겼다. 그 결과 주택가격 버블이 발생했다(과연 주택가격 버블로 연준이 비난을 받아야 하는가에 대해서는 논란의 여지가 매우 큰데, [Fed 심층분석] '주택가격 버블로 연준이 비난을 받아야 하는가?'에서 논의한다).

주택가격이 상승하고 모기지 제공자의 이윤이 커지자 서브프라임 모기지의 인수 기준이 계속 완화되었다. 고위험 차입자가 모기지를 얻을 수 있게 되었으며, 주택가격 대비 모기지 금액으로 측정되는 LTV 비율(loan-to-value ratio)이 상승했다. 차입자는 80%의 LTV 비율에 해당하는 초기 모기지에 덧붙여 추가적으로 제2, 제3의 모기지를 훨씬 쉽게 얻을 수 있었으며, 이에 따라

---

1) 주택가격의 과열을 부추긴 정부의 역할에 대한 논의에 관해서는 다음 책자를 참조하라. Thomas Sowell, *The Housing Boom and Bust*(New York, Basic Books, 2010년 개정판).

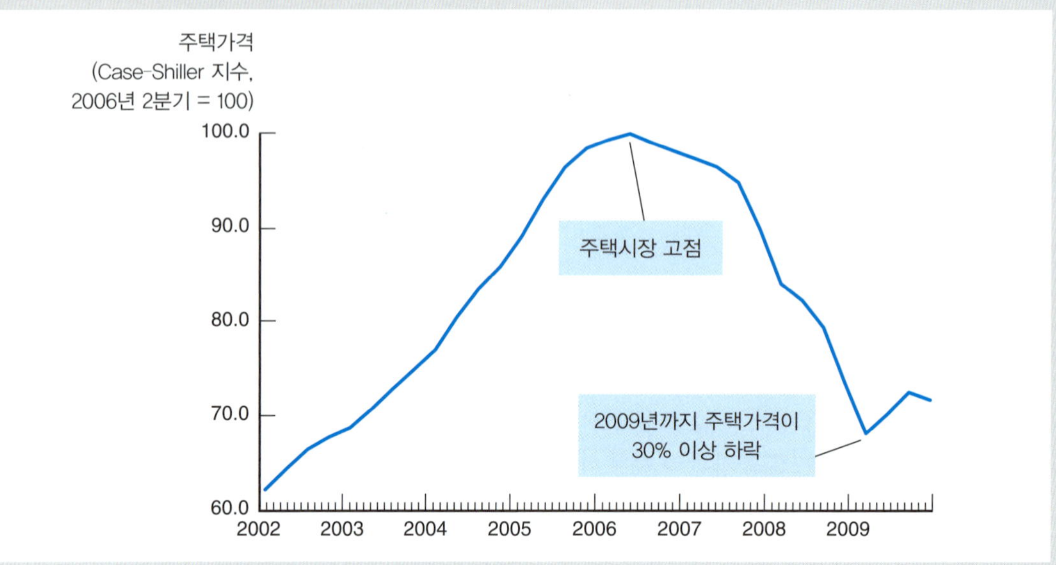

[그림 8.4] 주택가격과 2007~2009년의 금융위기

2002년부터 2006년까지 주택가격이 크게 상승하면서 서브프라임 모기지 시장을 자극하고 자산가격 버블을 초래했다. 주택가격은 2006년에 하락하기 시작해 그 후 30% 이상 떨어져 서브프라임 모기지 보유자의 채무불이행을 초래했다.

자료: Case–Shiller의 20개 도시 주택가격지수. Federal Reserve Bank of St. Louis, FRED database, http://research.stlouisfed.org/fred2/.

> Fed 심층분석 *Inside the Fed*

주택가격 버블로 연준이 비난을 받아야 하는가?

스탠퍼드대학의 테일러(John Taylor) 교수를 위시한 몇몇 경제학자들은 2003~2006년 기간 중 연준(역자 주: 당시 연준 의장은 그린스펀이었다.)의 저금리 정책이 주택가격 버블을 초래했다고 주장한다.* 이 시기에 연준은 통화정책을 완화해 페더럴펀드 이자율(federal funds rate, 역자 주: 한국의 콜금리와 유사함)을 테일러 준칙(Taylor rule)이 제시하는 적정 수준보다 더 낮게 유지했다. 테일러는 낮은 페더럴펀드 이자율로 인해 모기지 이자율이 낮아져 주택수요가 자극되고 서브프라임 모기지의 제공이 촉진되었으며 그 결과 주택가격의 상승과 버블이 발생했다고 주장한다.

버냉키 연준 의장은 2010년 1월의 한 연설에서 이에 대해 반박했다.** 그는 주택가격 버블로 통화정책이 비난받을 이유가 없다고 결론을 내렸다. 먼저 페더럴펀드 이자율이 테일러 준칙이 제시하는 수준보다 낮았다는 주장이 타당한지는 매우 불분명하다는 것이다. 테일러 준칙에서 국민생산, 인플레이션을 측정할 때 예측치가 아닌 현재 값을 이용할 경우 이자율이 낮은 것처럼 보일 뿐이며, 범인은 오히려 모기지 상환액을 낮춘 새로운 모기지 금융상품의 확산, 주택 구입을 확대시킨 대출 기준의 완화, 중국과 인도에서의 자본 유입이라는 것이다. 버냉키의 연설에 대해서는 논란의 여지가 매우 크며, 주택가격 버블로 통화정책이 비난받아야 하는가에 대한 논쟁은 현재까지 지속되고 있다.

* John Taylor, "Housing and Monetary Policy," Federal Reserve Bank of Kansas City, *Housing, Housing Finance and Monetary Policy* (Kansas City: Federal Reserve Bank of Kansas City, 2007), 463–476.

** 2010년 1월 3일 조지아 주의 애틀랜타에서 개최된 전미경제학회(American Econmic Association)에서의 연설, Ben S. Bernanke, "Monetary Policy and the Housing Bubble,", www.federalreserve.gov/newsevents/speech/bernanke20100103a.htm.

집을 사는 데 거의 자기 돈을 들일 필요가 없었다. 그러나 자산가격이 본질적 경제가치(주택의 경우 주택 임대료나 중간 계층의 가계소득 대비 주택가격)를 이탈해 너무 상승하면 반드시 하락하기 마련이다. 결국 주택가격 버블이 붕괴하고 말았다. 주택가격이 2006년의 고점에서 하락하면서 금융시스템에서 그동안 썩은 것들이 드러나기 시작했다. 주택가격이 하락하자 많은 서브프라임 차입자는 자신의 집값이 모기지 금액 이하가 된 '수면 아래(underwater)' 상태에 처했다. 이 경우에 주택 소유자는 집 열쇠를 대부자에게 주고 집에서 나가면 그만이다. 모기지에 대한 채무불이행이 급격히 증가했고 결국 수백만 호의 모기지 주택이 압류되었다.

금융기관의 재무상태표 악화 미국 주택가격의 하락으로 모기지의 채무불이행이 증가했다. 그 결과 MBS와 CDO의 가치가 폭락하고 은행 및 여타 금융기관이 보유한 자산 가치가 하락함으로써 순자산이 감소했다. 재무상태표가 악화되자 은행 및 여타 금융기관은 디레버리징을 시작했으며 자산을 매각하고 가계와 기업에 대한 신용공급을 억제했다. 신용시장에서 어느 누구도 대신 정보를 수집하고 대출을 제공할 수 없으므로 은행 대출의 감소는 금융시장에서 금융마찰의 증가를 의미했다.

그림자 은행시스템에서의 자금이탈사태 모기지 및 여타 금융자산의 가치가 급격히 하락함에 따라 은행만큼 엄격히 규제되지 않던 헤지펀드, 투자은행, 여타 비은행금융기관 등으로 이루어진 **그림자 은행시스템**(shadow banking system)에서 자금이탈사태(run)가 촉발되었다. 사실 그림자 은행에서의 자금은 금융시장을 돌아다니면서 낮은 이자율의 모기지와 자동차 대출의 제공을 수년간 지원해왔다.

이들 증권에 대한 주요 자금조달 수단은 MBS와 같은 자산을 담보로 사용해 실질적으로 단기로 차입하는 **환매조건부매매**(repurchase agreement, 역자 주: 약칭으로 RP 혹은 repo라 함) 방식이었다. 금융기관 재무상태표의 건전성에 대한 의구심이 커지면서 담보에 대한 요구 수준, 소위 **헤어컷**(haircut)이 강화되었다. 예를 들어 RP 방식으로 100만 달러의 돈을 빌리기 위해 105만 달러어치의 MBS를 담보로 제시하는 경우 헤어컷은 5%이다.

모기지의 채무불이행이 증가하면서 MBS의 가치가 하락했으며, 이에 따라 헤어컷 요구 수준이 상승했다. 거의 0에 가까운 수준이었던 헤어컷은 금융위기로 인해 결국 거의 50% 수준까지 상승했다.[2] 그 결과 금융기관은 동일한 담보를 가지고도 전에 비해 겨우 절반만큼만 차입할 수 있게 되었다. 이에 자금을 구하려는 금융기관들은 자신의 자산을 급히 팔기 위해 폭탄 세일이라도 할 수밖에 없었다. 그런데 자산을 급히 팔기 위해서는 가격을 낮춰야 했기 때문에 폭탄 세일로 인해 금융기관이 보유한 자산 가치는 더욱 하락했다. 자산가격의 하락으로 담보의 가치는 더

2) Gary Gorton and Andrew Metrick, "Securitized Banking and the Run on Repo," *Journal of Financial Economics* 104 (2012): 425–451.

욱더 하락했고 헤어컷이 상승했으며, 이에 금융기관은 유동성을 확보하기 위해 더욱 허둥지둥댔다. 이러한 결과는 대공황 시기 엄청난 디레버리징을 초래해 대출을 축소시키고 경제활동을 위축시킨 은행시스템에서의 예금인출사태와 유사하다.

그림자 은행시스템에서 발생한 자금이탈사태에 따른 폭탄 세일과 함께 2007년 10월부터 2009년 3월까지 50% 이상 하락한 주식가격([그림 8.5] 참조), 그리고 30% 이상 하락한 주택가격([그림 8.4] 참조)으로 인해 가계와 기업의 재무상태표도 모두 악화되었다. 신용 스프레드의 확대라는 사실로부터 확인할 수 있듯이 금융마찰의 악화는 가계와 기업의 차입비용을 높이고 대출 기준을 강화시켰다. 이로 인한 대출의 축소는 소비지출과 투자의 감소로 이어져 경제를 위축시키는 결과를 의미했다.

글로벌 금융시장 문제는 미국에서 시작되었지만 그 징후를 알리는 경종은 유럽에서 울렸다. 이는 금융시장이 얼마나 광범위하게 글로벌화되었는지를 시사한다. 신용평가기관인 피치(Fitch)와 S&P가 총 100억 달러 이상 규모의 CDO와 MBS에 대한 신용등급 하락을 발표하자, 2007년 8월 7일 프랑스 증권사인 BNP파리바(BNP Paribas)가 상당한 손실을 입은 일부 MMF의

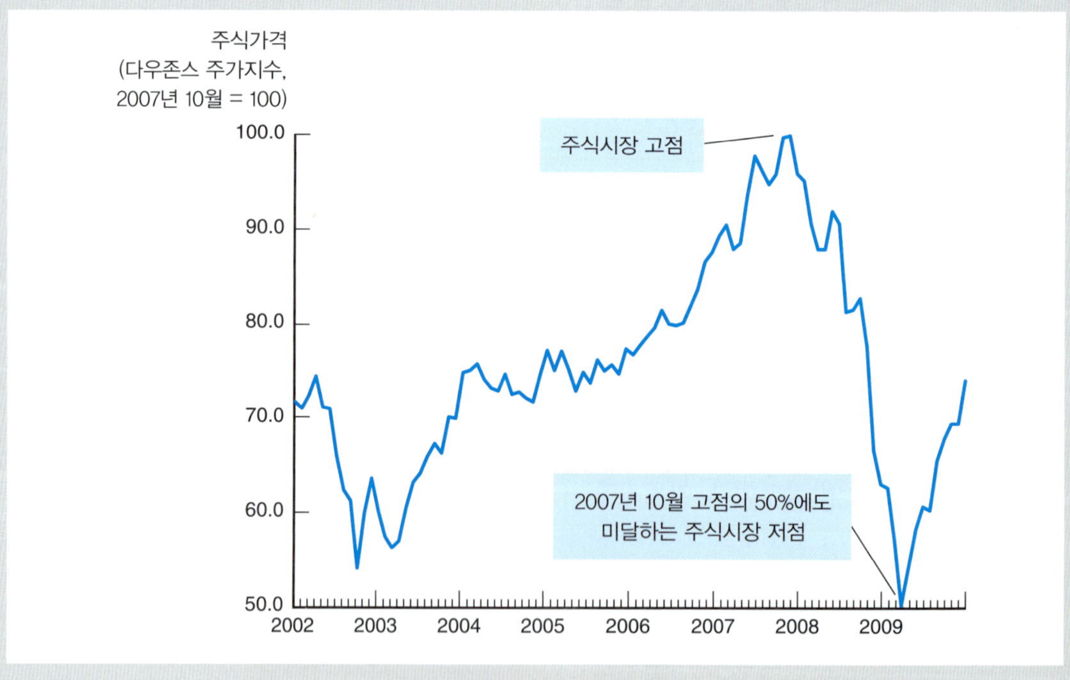

[그림 8.5] 주식가격과 2007~2009년의 금융위기

2007년 10월부터 2009년 3월까지 주식가격이 50% 이상 떨어졌다.

자료: Dow-Jones Industrial Average (DJIA). Global Financial Data, www.globalfinancialdata.com/index_tabs.php?action=detailedinfo&id = 1165.

환매를 중지했다. 이에 그림자 은행시스템에서의 자금이탈사태가 시작되어 시간이 흐를수록 점점 더 사태가 악화되었다. 유럽중앙은행과 연준이 금융시스템에 대해 엄청난 유동성을 주입했음에도 불구하고 은행들이 현금을 쌓기 시작하면서 서로 다른 은행에 돈을 빌려주려 하지 않았다. 신용 고갈로 인해 영국에서는 100여년 만에 처음으로 대형 은행이 도산했다. 예금보다는 RP 시장에서의 단기 차입으로 자금을 조달하던 노던록(Northern Rock)이 2007년 9월에 붕괴한 것이다. 그러자 줄이어 유럽의 여타 금융기관들도 도산했다. 그리스, 아일랜드, 포르투갈, 스페인, 이탈리아 등의 국가들이 특히 큰 타격을 입어 국가채무위기(sovereign debt crisis)로 이어졌다 ([글로벌] '유럽의 국가채무위기' 참조).

> 글로벌

Global

유럽의 국가채무위기

2007~2009년의 글로벌 금융위기는 전 세계적인 불황을 초래했을 뿐만 아니라 유럽을 불안정하게 만든 국가채무위기로 이어졌다. 2007년까지 유로화를 채택한 모든 국가에서 각국의 이자율은 매우 낮은 수준으로 수렴했다. 그러나 글로벌 금융위기로 이들 가운데 몇몇 국가는 경제활동의 위축으로 매우 큰 타격을 입어 조세수입이 감소했는데, 한편으론 부실화된 금융기관에 공적 구제금융을 지원하기 위해 추가적인 정부지출을 하지 않을 수 없었다. 이에 따라 재정적자가 급증해 심각한 타격을 입은 이들 국가의 정부기 채무를 불이행할 수 있다는 우려로 이어졌다. 결국 이자율 급등의 악순환이 통제할 수 없는 지경에 이르렀다.*

유럽에서 도미노 붕괴의 첫 번째 주자는 그리스였다. 경제 악화로 인해 조세수입이 감소하는데 정부지출 수요가 증가함에 따라, 그리스 정부는 2009년 9월에 그 해의 재정적자가 GDP의 6%에 이르고 GDP 대비 부채비율(debt-to-GDP ratio)이 거의 100%에 달할 것이라고 추정 발표했다. 그러나 그 해 10월에 선출된 새로운 정부는 재정적자 상황이 어느 누가 예상한 것보다 훨씬 더 심각하다는 사실을 밝혔다. 이는 전임 정부가 잘못된 수치를 제공했기 때문이며, 실제로 재정적자는 적어도 6%의 두 배이고 부채비율도 전에 발표했던 것보다 10% 포인트 이상 더 높다는 것이었다. 정부지출을 대폭 삭감하고 세금을 증액하는 긴축정책에도 불구하고 그리스 채무에 대한 이자율이 급등해 결국 거의 40% 수준으로 상승했으며 GDP 대비 부채비율이 2012년에는 160%에 달했다. 여타 유럽 국가들의 구제금융 지원과 유럽중앙은행(European Central Bank, ECB)의 유동성 제공에도 불구하고 그리스는 민간이 보유한 그리스 채무에 대한 가치를 절반 이상 상각(write down)하지 않을 수 없었으며, 국내에서 대규모 파업이 일어나고 수상이 사임하는 사회적 혼돈에 빠지고 말았다.

국가채무위기는 그리스로부터 아일랜드, 포르투갈, 스페인, 이탈리아로 번졌다. 이들 국가에서도 이자율이 두 자릿수 수준으로 오르면서, 이들 정부는 공공자금의 조달을 지탱하기 위해 긴축정책을 받아들이지 않을 수 없었다. 2012년 7월에 ECB의 총재인 드라기(Mario Draghi)가 ECB는 유로를 구하기 위해 '가능한 모든 조치(whatever it takes)'를 취할 준비가 되어 있다고 선언하는 연설이 있고 나서야 시장이 진정되기 시작했다. 그런데 이들 국가의 이자율이 급속히 하락했음에도 불구하고 실업률이 두 자릿수로 상승하는 심각한 불황을 겪었다. 특히 스페인의 실업률은 25%를 넘어섰다. 유로존(euro zone, 역자 주: 유로화를 자국 화폐로 사용하는 지역으로, 2015년 현재 독일, 이탈리아, 스페인 등 19개국을 포함함)에서 발생한 유럽의 국가채무위기로 인해 유로화의 존속 가능성에 대한 의구심이 일어났다는 점에 대해서는 제13장에서 다시 다루기로 한다.

* 국가채무위기의 전개과정과 유럽의 채무위기에 대한 사례 분석을 알아보려면 다음 연구를 참조하라. David Greenlaw, James D. Hamilton, Frederic S. Mishkin, and Peter Hooper, "Crunch Time: Fiscal Crises and the Role of Monetary Policy," *U.S. Monetary Policy Forum*(Chicago: Chicago Booth Initiative on Global Markets, 2013).

유명 기업의 도산 금융위기가 재무상태표에 미친 영향으로 인해 금융시장에서 핵심적인 금융기관들이 충격적인 행동을 취하지 않을 수 없었다. 베어스턴스는 다섯 번째로 큰 투자은행으로서 서브프라임 관련 증권에 크게 투자했었는데, 결국 RP를 통한 자금조달 과정에서 자금이탈사태를 겪으면서 2008년 3월에 1년 전 가치의 채 5%도 안 되는 가격으로 J.P.모건에 강제로 팔리고 말았다. 이 거래를 성사시키기 위해 연준은 300억 달러 규모의 시세 평가가 어려운 베어스턴스 자산을 떠맡았다. 패니메이(Fannie Mae)와 프레디맥(Freddie Mac)은 민간 소유 기업이면서 정부후원기업(government-sponsored enterprise, GSE)인데, 두 기관은 모두 5조 달러 이상의 모기지 또는 모기지를 기초로 한 자산에 보증을 섰다. 결국 2008년 7월 재무부와 연준은 서브프라임 증권의 보유로 인해 커다란 손실을 입은 패니메이와 프레디맥을 지원했다. 그 후 2008년 9월 초 이들은 실질적으로 정부의 재산관리를 받게 되었다.

리먼브라더스(Lehman Brothers)는 6,000억 달러의 자산과 2만 5,000명의 직원을 지닌 네 번째로 큰 자산규모의 대형 투자은행이었는데, 서브프라임 시장에서의 손실로 인해 2008년 9월 15일 월요일에 미국 역사상 최대의 파산신청을 했다. 그 전날에는 역시 서브프라임 증권에서의 손실로 고통을 받던 세 번째로 큰 투자은행인 메릴린치(Merrill Lynch)가 뱅크오브아메리카에 1년 전보다 60%나 낮은 가격으로 팔렸다고 발표했다. 9월 16일 화요일에는 1조 달러 이상의 자산을 가진 거대 보험회사인 AIG가 신용등급 하락으로 심각한 유동성 위기를 겪었다. AIG는 서브프라임 모기지 증권에서 손실이 발생하면 일종의 보험금을 지불해야 하는 신용부도스왑(CDS) 보험계약을 4,000억 달러 이상 보유하고 있었다. 그러자 AIG를 살리기 위해 결국 연준이 개입해 850억 달러의 대출을 제공했다. 그 후 AIG에 제공된 정부의 대출을 합하면 그 규모는 모두 1,730억 달러에 이른다.

2007~2009년 금융위기의 최고조

2008년 9월 미 하원이 월스트리트에 대해 구제금융을 지원하면 지역구 주민들이 분노할 것을 두려워해 부시 행정부가 제안한 7,000억 달러 규모의 구제금융안을 부결시키자, 금융위기는 최고조에 달했다. 비상경제안정화법(Emergency Economic Stabilization Act)은 약 1주일이 경과한 후에 결국 통과되었다. 그럼에도 불구하고 주식시장의 붕괴는 가속화되어, 2008년 10월 6일 월요일부터 약세로 시작된 주식시장은 결국 미국 역사상 최악의 주간 하락률을 기록하고 말았다. 이로부터 3주일 동안 신용 스프레드가 천장으로 치솟아, [그림 8.6]에 제시된 바와 같이 투자등급 가운데 가장 낮은 Baa등급의 회사채와 미국 재무부 채권 간의 신용 스프레드가 5.5% 포인트, 즉 550 베이시스 포인트(basis point)를 상회했다.

약화된 금융시장과 치솟은 이자율에 직면한 차입자들로 인해 소비지출과 투자가 급속히 감소했다. 실질 GDP 증가율은 연율로 2008년 3분기에 -1.3%로 하락했으며, 이어 다음 분기에는 -5.4%, 그 다음 분기에는 -6.4%를 기록했다. 실업률이 상승해 2009년 후반에는 10%를 상회했

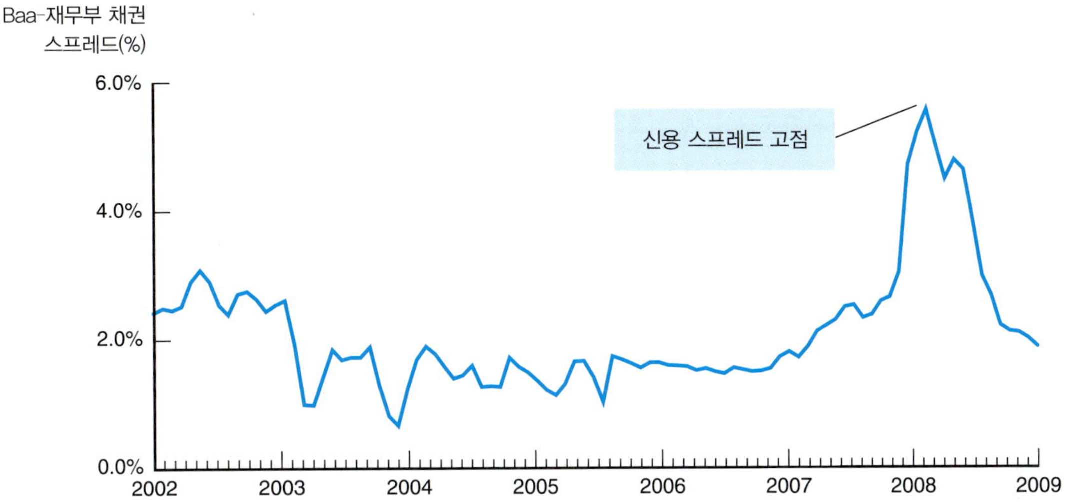

[그림 8.6] 신용 스프레드와 2007~2009년의 금융위기

금융위기 중에 Baa등급 회사채 이자율과 미국 재무부 채권 이자율 간의 차이로 측정한 신용 스프레드가 4% 포인트(400 베이시스 포인트) 이상 상승했다. 구제금융에 관한 논란과 주식시장 붕괴로 인해 2008년 12월에 신용 스프레드가 고점에 달했다.

자료: Federal Reserve Bank of St. Louis FRED database, http://research.stlouisfed.org/fred2/

나. 2007년 12월 시작한 불황은 미국에서 제2차 세계대전 이후 최악의 경제 수축을 초래했으며, 이에 따라 '대불황(Great Recession)'이라 불린다.

2009년 3월부터 주식시장이 강세로 돌아서고([그림 8.5] 참조), 신용 스프레드가 하락하기 시작했다([그림 8.6] 참조).[3] 금융시장의 회복과 함께 경제도 회복되기 시작했는데, 불행하게도 회복의 속도는 느렸다.

---

3) 19개 대형은행이 SCAP(Supervisory Capital Assessment Program)이라는 *은행 스트레스 테스트*(bank stress test)를 받아야 한다는 2009년 2월 미국 재무부의 발표는 금융시장의 회복에 도움이 되었다. 이 스트레스 테스트는 연준이 통화감독청 및 FDIC와 협력해 이들 은행이 극단적인 거시경제적 상황을 견뎌낼 만큼 충분한 자본을 갖추었는지를 확인하기 위해 재무상태표 내역을 평가하는 방식이다. 재무부는 평가 결과를 5월 초에 발표했는데, 시장 참여자들로부터 호응을 얻었기에 이들 은행은 민간 자본시장에서 많은 자본을 조달할 수 있었다. 스트레스 테스트는 시장에서 정보의 양을 증가시키고 이를 통해 정보의 비대칭성과 역선택 및 도덕적 위험의 문제를 줄이는 핵심 요소였다.

요약

1. 금융위기는 금융시장에서의 정보흐름에 있어 중대한 붕괴가 발생해 금융마찰을 급격히 증대시키고, 이로 인해 금융시장에서 생산적 투자기회를 가진 가계나 기업에 자금을 전달하지 못해 경제활동을 크게 위축시킨다.

2. 미국과 같은 선진국에서 금융위기는 신용의 과열과 붕괴, 자산가격의 과열과 붕괴, 또는 주요 금융기관의 도산으로 인한 경제 전반의 불확실성 증가 등 여러 경로를 통해 촉발된다. 그 결과 역선택과 도덕적 위험의 문제가 크게 증가하며, 이로 인해 대출이 감소하고 경제활동이 위축된다. 경영상태가 악화되고 은행의 건전성에 대한 불확실성이 증가하면 금융위기의 2단계로 넘어가는데, 이때는 동시에 많은 은행들이 도산하는 은행위기가 일어난다. 은행 도산에 따른 은행 수의 감소는 정보 자본의 감소를 초래해 대출을 더욱 축소시키고 경기하강의 악순환을 일으킨다. 일부 사례에서는 경제의 침체로 물가가 크게 하락한다. 이 경우 가계와 기업의 실질적인 채무 부담이 증가해 이들의 순자산이 감소함으로써 채무 디플레이션을 초래한다. 차입자의 순자산이 더욱 감소함으로 인해 역선택과 도덕적 위험의 문제가 더 심각해져 대출, 투자지출, 경제활동이 오랜 기간 침체된다.

3. 대공황을 초래한 미국 역사상 가장 중요한 금융위기는 주식시장의 붕괴, 은행 패닉, 정보의 비대칭성 문제 악화, 그리고 마지막으로 채무 디플레이션 등 여러 국면을 수반했다.

4. 2007~2009년의 글로벌 금융위기는 서브프라임 주택모기지 등의 금융혁신에 대한 관리 실패와 주택가격 버블의 붕괴에 의해 촉발되었다. 이번 위기는 전 세계로 퍼져나가 은행 및 여타 금융기관 재무상태표의 심각한 악화, 그림자 은행시스템에서의 자금이탈사태, 여러 유명 기업의 도산을 발생시켰다.

주요용어

구조화 신용상품(structured credit product)
그림자 은행시스템(shadow banking system)
금융공학(financial engineering)
금융마찰(financial friction)
금융위기(financial crisis)
금융자유화(financial liberalization)
금융혁신(financial innovation)
대출제공 후 매각처분(originate-to-distribute, OTD)
디레버리징(deleveraging)
모기지유동화증권(mortgage-backed security, MBS)
본질적 경제가치(fundamental economic value)
서브프라임 모기지(subprime mortgage)
신용과열(credit boom)
신용부도스왑(credit default swap, CDS)
신용 스프레드(credit spread)
은행 패닉(bank panic)
자산가격 버블(asset-price bubble)
주인-대리인 문제(principal-agent problem)
증권화(securitization)
채무담보부 구조화증권(collateralized debt obligation, CDO)
채무 디플레이션(debt deflation)
폭탄 세일(fire sale)
헤어컷(haircut)
환매조건부매매(repurchase agreement, repo, RP)

연습문제

1. 어떻게 정보의 비대칭성 개념이 금융위기를 정의하는 데 도움이 되는가?

2. 어떻게 주식시장에서 자산가격 버블의 붕괴가 금융위기를 촉발할 수 있는가?

3. 어떻게 예상치 못한 물가 하락이 대출을 감소시킬 수 있는가?

4. 어떻게 부동산 가격의 하락이 디레버리징과 대출 감소를 초래할 수 있는가?

5. 어떻게 금융기관 재무상태표의 악화가 경제활동의 위축을 초래하는가?

6. 어떻게 주요 금융기관의 도산에 따른 전반적인 불확실성 증대가 역선택과 도덕적 위험의 문제를 일으키는가?

7. 신용 스프레드란 무엇인가? 왜 금융위기 동안에 신용 스프레드가 확대되는가?

8. 은행 패닉을 일으키는 요인은 무엇인가?

9. 왜 은행 패닉이 신용시장에서 정보의 비대칭성 문제를 악화시키는가?

10. 어떻게 금융자유화가 금융위기를 초래할 수 있는가?

11. 취약한 금융규제와 감독이 금융위기를 초래하는 데 어떤 역할을 하는가?

12. 미국이 경험한 대공황과 2007~2009년 금융위기의 유사점과 차이점을 각각 두 개씩 제시하라.

13. 어떤 기술적 혁신이 서브프라임 모기지 시장의 발전을 가져왔는가?

14. 왜 OTD 사업방식에 주인-대리인 문제가 발생하는가?

15. "금융공학은 항상 금융시스템을 보다 효율적으로 만든다."라는 진술은 참인가, 거짓인가, 또는 불확실한가?

16. 어떻게 주택가격의 하락이 2007년부터의 서브프라임 금융위기를 촉발했는가?

17. 그림자 은행시스템이란 무엇인가? 왜 그림자 은행시스템이 2007~2009년 금융위기의 중요한 부분인가?

18. 왜 금융위기 동안 담보에 대한 헤어컷이 급속히 상승하는가? 어떻게 헤어컷의 상승이 자산을 폭탄 세일하도록 만드는가?

19. 금융위기의 방지를 위해 적절한 건전성 감독이 필요한데, 왜 과도한 위험추구를 줄이도록 금융시스템에 대한 건전성 감독에 더 많은 자원이 투입되지 않는가?

20. 어떻게 글로벌 금융위기가 유럽에서의 국가채무위기를 일으켰는가?

21. 어떻게 국가채무위기가 경기수축의 가능성을 더 크게 만드는가?

> 웹 연습문제

1. 역선택과 도덕적 위험을 이해하면 금융위기를 더 잘 파악할 수 있다고 배웠다. 미국이 겪은 가장 심각한 금융위기는 1929~1933년의 대공황이다. www.amatecon.com/greatdepression.html에 들어가보라. 이 웹사이트는 대공황을 유발한 요인들에 대해 간략히 소개하고 있다. 역선택과 도덕적 위험이 어떻게 대공황을 심화시켰는지를 설명하는 1쪽 분량의 요약문을 작성하라.

2. www.imf.org/external/np/exr/key/finstab.htm에서 IMF가 설명한 금융위기를 살펴보라. IMF가 금융위기에 대응해 가장 최근에 긴급 대출을 제공한 3개 국가에 대해 보고하라. IMF에 따르면 이들 각 국가에서 위기를 초래한 원인은 무엇인가?

> 참고 웹사이트

www.amatecon.com/gd/gdtimeline.html

대공황의 연대표를 볼 수 있다.

www.imf.org

IMF는 185개 회원국으로 구성된 조직으로서, 통화정책과 무역에 관한 범세계적인 정책 공조, 안정되고 지속 가능한 경제적 번영, 빈곤의 감축을 위해 일한다

PART 4 _ 금융시장

CHAPTER 9

단기금융시장

> PREVIEW

애플(Apple)의 2013년 연간보고서를 살펴보면 여러분은 이 회사가 현금 및 현금성 자산으로 110억 달러 이상 가지고 있음을 알게 될 것이다. 또한 애플은 단기증권으로 180억 달러를 가지고 있다. 애플은 투자기회를 활용하고 여타 투자들과 관련된 위험을 회피하기 위해서 고유동성 단기 자산으로 300억 달러 이상을 보유하고 있다. 애플은 이러한 자금의 대부분을 단기금융시장에 투자하고 있다. 단기금융시장의 증권은 만기가 단기이고 위험이 낮으며 유동성이 매우 높다. 이러한 증권은 안전성과 유동성이 높기 때문에 마치 화폐와 유사한 자산이고 따라서 이러한 증권이 거래되는 시장을 단기금융시장(money market), 혹은 자금시장이라고 부른다. 단기금융시장은 1800년대 초부터 활성화되었으나 이자율이 전례 없이 높게 상승했던 1970년 이후에 더욱 더 중요하게 되었다. 은행이 지급할 수 있는 예금이자율에 대한 상한 규제가 있는 상황에서 진행된 단기이자율의 상승은 1970년대 말과 1980년대 초에 금융기관으로부터의 급속한 자금유출을 발생시켰다. 이러한 급속한 자금유출 때문에 많은 은행과 저축대부조합이 도산했다. 단기금융시장의 이자율과 관련하여 은행 규제에 상당한 변화가 이루어진 후에야 은행산업의 건전성이 회복되었다.

이 장에서는 단기금융시장과 이 시장에서 거래되는 증권들을 상세하게 살펴본다. 이에 더하여 왜 단기금융시장이 금융시스템에서 중요한지에 대해 논의한다.

단기금융시장의 정의

money market이란 용어는 실제로 부적절한 명칭이다. 화폐, 즉 현금통화는 단기금융시장에서 거래되지 않는다. 그러나 이 시장에서 거래되는 증권들은 만기가 단기이고 유동성이 매우 높기 때문에 화폐와 가까운 자산이다. 이 절에서 상세하게 논의되는 단기금융시장 증권은 공통적으로 다음 세 가지 특성을 가진다.

- 일반적으로 거액 단위로 거래된다.
- 채무불이행 위험이 낮다.
- 만기는 *최초 발행일*(original issue date)로부터 1년 이내이다. 대부분의 단기금융시장 금융상품들의 만기는 120일 미만이다.

단기금융시장의 거래는 어느 특정한 장소나 빌딩에서 이루어지지 않는다. 그 대신 거래자들은 일반적으로 전화로 거래참여자들 간에 매입과 매도에 관한 사항을 합의하고 전자적으로 거래를 완결한다. 이러한 특성 때문에 단기금융시장 증권은 일반적으로 거래가 활발한 *유통시장*(secondary market)을 가지고 있다. 이것은 증권이 최초에 매각된 후에 미래에 이 증권을 구매할 매입자를 찾는 것이 상대적으로 쉽다는 것을 의미한다. 활발한 유통시장이 있기 때문에 단기금융시장 증권은 단기 자금에 대한 수요를 충족시키기 위해 사용될 수 있는 매우 신축적인 금융상품이 된다. 예를 들어 마이크로소프트(Microsoft)는 연간보고서에서 "우리는 매입 당시 3개월 이내의 만기를 가지는 모든 고유동성 이자수익 투자자산을 현금성 자산으로 간주한다."고 언급하고 있다.

단기금융시장의 또 다른 특성은 **도매시장**(wholesale market)이라는 점이다. 이것은 대부분의 거래 단위가 일반적으로 100만 달러 이상으로 매우 거액임을 의미한다. 거래 단위가 거액이기 때문에 대부분의 개인투자자는 단기금융시장에 직접 참여하지 못한다. 그 대신 대형 은행과 중개회사의 거래부서에서 일하는 딜러와 브로커가 고객들을 불러 모은다. 이러한 거래자들은 수초 안에 5,000만 달러나 1억 달러의 단기증권을 매입하거나 매도한다. 분명히 이것은 소심한 사람이 할 일은 아니다!

제2장에서 배운 것처럼, 신축성과 혁신은 모든 금융시장의 두 가지 중요한 특성이고 단기금융시장도 예외가 아니다. 단기금융시장의 도매 거래 특성에도 불구하고, 소액 투자자들이 단기금융시장 증권에 접근할 수 있도록 혁신적인 증권과 거래 방법이 개발되었다. 이 장의 뒷부분과 제17장에서 단기금융시장 증권들에 대한 논의가 보다 더 상세하게 이루어진다.

왜 단기금융시장이 필요한가?

규제가 전혀 없는 세계에서는 단기금융시장이 필요하지 않을 것이다. 은행산업은 1차적으로 단기 대출을 제공하고 단기 예금을 수취하기 위해 존재한다. 은행은 정보 수집 측면에서 효율적이

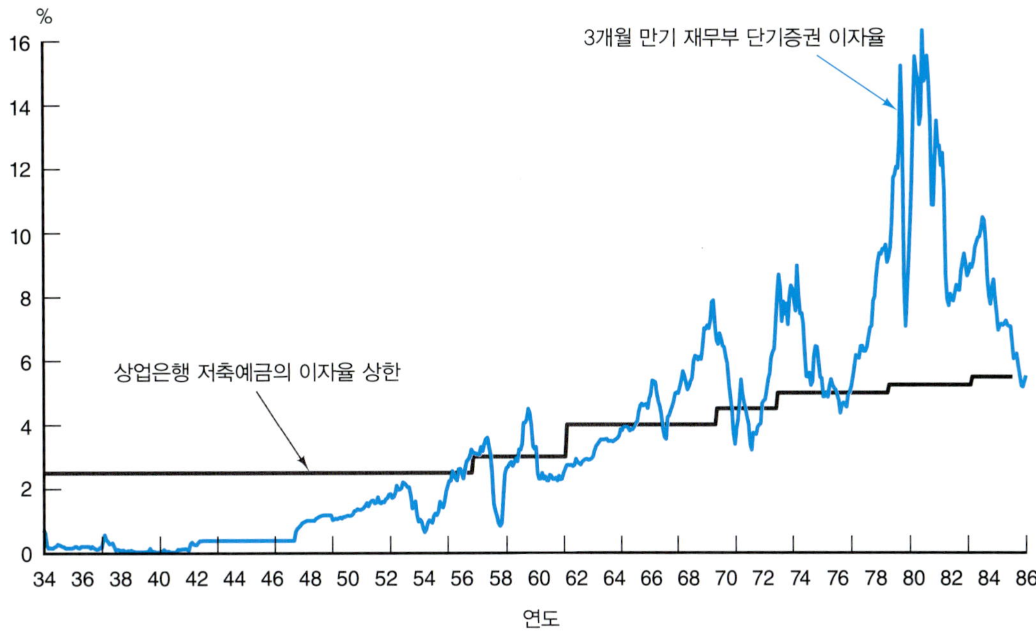

[그림 9.1] 3개월 만기 재무부 단기증권 이자율과 상업은행 저축예금의 이자율 상한, 1933~1986년

자료: http://www.stlouisfed.org/default.cfm.

라는 장점, 즉 단기금융시장의 니즈를 해소시키는 장점을 가지고 있다. 은행은 고객과 지속적인 관계를 갖기 때문에 새로운 증권이 제공될 때마다 각 차입자를 평가해야 하는 분산된 시장보다 더 적은 비용으로 대출을 제공할 수 있다. 이에 더하여 단기금융시장에서 매도하기 위해 제공되는 단기증권들은 은행과 저축기관에 있는 예금만큼 유동성이 높거나 안전하지도 않다. 은행이 이러한 장점을 가지고 있는데도 불구하고 왜 단기금융시장이 존재하는가?

은행산업은 본질적으로 저축자/대부자와 차입자/지출자 간에 존재하는 정보의 비대칭성 문제를 완화시키기 위해 존재하며 은행은 이러한 서비스를 제공하는 데 있어서 규모의 경제를 활용함으로써 이윤을 얻을 수 있다. 그러나 은행산업은 단기금융시장보다 더 많은 규제와 정부가 부과하는 비용에 영향을 받는다. 따라서 정보의 비대칭성 문제가 심각하지 않은 상황에서는 단기금융시장이 단기 자금을 제공하는 데 있어서 은행보다 명백한 비용우위를 가진다.

단기금융시장의 비용우위

은행은 예금의 일부를 중앙은행에 이자지급이 없는 지준으로 보유해야만 한다. 따라서 은행은 예금으로 조달한 금액의 100%를 투자할 수 없다.[1] 이것은 은행이 예금 전체가 투자될 수 있는

---

1) 1½년 이내의 최초 만기를 가지고 있는 비개인 저축예금의 지준율은 1990년 12월에 3%에서 0%로 인하되었다.

경우보다 예금자에게 더 낮은 이자율을 지급해야 함을 의미한다.

이자율 규제는 은행이 시장에서 경쟁하는 데 있어서 두 번째 장애물이다. 1930년대 은행 규제의 1차적 목적 중 하나는 은행 간 경쟁을 감소시키는 것이었다. 규제 당국은 경쟁이 적으면 은행이 도산할 가능성이 낮아진다고 생각했다. 자유로운 시장경쟁의 부족 때문에 은행이 벌게 되는 이윤의 증가로 인해 소비자에게 부과하는 비용은 건전한 은행시스템이 제공하는 경제적 안정성의 증가를 위해 지불할 만한 가치가 있는 것으로 여겨졌다.

은행의 이윤을 보장하는 한 가지 방법은 은행이 조달하는 자금에 대하여 지급할 수 있는 이자율의 상한을 규제하는 것이었다. 1933년 글래스-스티걸법(Glass-Steagall Act)은 당좌예금(checking accounts)에 대한 이자지급을 금지했고 정기예금에 지급할 수 있는 이자율을 제한했다. 이자율에 대한 제한은 1950년대 후반까지 문제를 일으키지 않았다. [그림 9.1]은 특히 인플레이션으로 인해 단기이자율이 은행이 합법적으로 지급할 수 있는 이자율 수준보다 더 높게 상승했던 1970년대 후반과 1980년대 초에 이자율에 대한 제한이 은행에게 골칫거리가 되었음을 보여준다. 투자자들은 은행으로부터 돈을 인출해서 중개회사들에 의해 제공되는 단기금융시장 증권계좌에 넣었다. 이러한 새로운 투자자들 때문에 단기금융시장은 급속히 성장했다. 상업은행의 이자율 상한 규제는 1986년 3월에 폐지되었으나 그 시점에 단기금융시장은 잘 발달되어 있었다.

다음의 몇 개 장들에서 살펴보는 것처럼, 은행은 계속해서 가치 있는 금융중개기능을 수행하고 있다. 그러나 일부 상황에서는 은행산업의 비용구조가 은행산업이 단기 자금시장에서 규제를 덜 받는 단기금융시장과 효과적으로 경쟁할 수 없게 만들고 있다.

단기금융시장의 목적

잘 발달된 단기금융시장 금융상품들의 유통시장은 단기금융시장을 기업이나 금융기관이 잉여자금을 필요할 때까지 '보관해 둘 수 있는' 이상적인 장소가 되게 만들어 준다. 또한 단기금융시장은 단기 자금이 필요한 기업, 정부, 금융기관에게 저비용 자금조달원이 된다.

일시적으로 자금을 보관해두기 위해 단기금융시장에 참여하는 대부분의 투자자들은 특별히 높은 수익률을 얻고자 하는 것이 아니다. 그보다는 그들은 단기금융시장을 현금이나 은행에 돈을 보유하는 것보다 약간 더 높은 수익률을 제공하는 일시적인 투자처로 이용한다. 그들은 시장상황 때문에 주식을 추가적으로 매입할 수 없다고 생각하거나 이자율의 상승이 예상되어 채권매입을 원치 않을 수 있다. 현금은 소득을 창출하지 못하기 때문에 잉여자금을 현금으로 보유하는 것은 투자자에게 값비싼 일이라는 것을 명심하는 것이 중요하다. 잉여 현금은 이자 소득의 상실이라는 *기회비용*(opportunity cost)을 지불한다. 제4장에서 자산의 기회비용은 대안 자산을 보유하지 않음으로써 희생되는 이자금액이라고 배운 것을 기억하라. 단기금융시장은 잉여자금을 투자하여 이러한 기회비용을 줄일 수 있는 수단을 제공한다.

투자자문사는 투자기회를 이용하기 위해 신속하게 행동할 수 있도록 단기금융시장에 일부

자금을 보유한다. 대부분의 투자 펀드와 금융기관도 투자나 예금 인출을 충족시키기 위해 단기금융시장 증권을 보유한다.

단기금융시장 증권의 매도자는 단기금융시장이 일시적으로 필요한 자금의 저비용 조달원이라는 것을 알고 있다. [표 9.1]은 기업들과 기관들에 의해 매도되는 다양한 단기금융시장 상품의 이자율을 보여준다. 예를 들어 은행은 단기금융시장에서 일시적인 필요지준 부족을 메꾸기 위한 자금을 조달하기 위해 페더럴펀드를 차입할 수 있다. 미국 정부는 국가 채무의 상당한 부분을 재무부 단기증권(Treasury bill)을 발행하여 조달한다. GMAC(General Motors Acceptance Company)와 같은 파이낸스회사는 자동차 대출을 위해 필요한 자금을 조달하기 위해 단기금융시장에 참여할 수 있다.[2)]

왜 기업과 미국 정부는 종종 자금을 신속하게 조달할 필요가 있는가? 가장 중요한 이유는 현금 유입과 현금 유출이 일치하지 않기 때문이다. 예를 들어 정부의 조세수입은 일반적으로 연중에 특정 시점들에서만 이루어지나 정부의 지출은 연중 내내 발생한다. 정부는 단기 자금을 차입하여 사용하고 조세수입이 이루어질 때 상환한다. 기업도 서로 다른 시점들에서 발생하는 수입과 지출로 인해 야기되는 문제에 직면한다. 단기금융시장은 이러한 문제를 해결해주는 효율적이고 비용이 적게 드는 방법을 제공해준다.

누가 단기금융시장에 참여하는가?

단기금융시장의 참여자를 논의하는 명백한 방법은 차입하는 참여자와 대출하는 참여자를 열거하는 것이다. 이러한 방법의 문제점은 대부분의 단기금융시장 참여자가 동시에 양쪽의 참여자라는 점이다. 예를 들어 대형 은행은 단기금융시장에서 거액 양도성 예금증서를 매도하여 공격

[표 9.1] 주요 단기금융시장 증권의 이자율, 2013년 5월 15일 현재

증권	이자율(%)
프라임 대출이자율	3.25
페더럴펀드	0.12
기업어음	0.15
1개월 만기 CD(유통시장)	0.17
LIBOR	0.20
Eurodollar	0.23
재무부 단기증권(4주물)	0.01

자료: *Federal Reserve Statistical Bulletin*, http://www.federalreserve.gov/releases/h15/data.htm and Libor:http://www.fedprimerate.com/libor/libor_rates_history.htm.

---

2) GMAC는 원래 GM자동차 구매자에게만 자금을 제공하는 GM(General Motors)의 자회사였다. 2008년 12월에 GMAC는 독립적인 은행지주회사가 되었다.

적으로 자금을 차입한다. 이와 동시에 대형 은행은 자신의 기업대출 부서를 통해 기업에게 단기 자금을 대출한다. 그럼에도 불구하고 미국의 경우 주요 단기금융시장 참여자는 미국 재무부, 연방준비제도, 상업은행, 기업, 투자회사 및 증권회사, 개인이다. 이제 각 참여자의 역할을 논의하도록 하자([표 9.2]에 단기금융시장의 참여자와 그 역할이 정리되어 있다).

미국 재무부

미국 재무부는 독특하게도 항상 단기금융시장 자금의 수요자이지 결코 공급자는 아니다. 미국 재무부는 전 세계 모든 단기금융시장 차입자 중에서 가장 큰 차입자이다. 미국 재무부는 재무부 단기증권(종종 T-bill이라고 부름)과 다른 단기금융시장 참여자들에게 인기 있는 여타 증권들을 발행한다. 정부는 조세수입이 이루어질 때까지 단기증권의 발행을 통해 자금을 조달할 수 있다. 또한 미국 재무부는 만기에 이른 단기증권 발행분을 대체하기 위해서 재무부 단기증권을 발행한다.

연방준비제도

연방준비제도(연준, Fed)는 모든 국채를 매각 처분하는 미국 재무부의 대행기관이다. 연준은 통화 공급이 감소되어야 한다고 믿을 때, 미국 재무부 증권을 매도한다. 마찬가지로 연준은 통화공

[표 9.2] 단기금융시장의 참여자와 그 역할

참여자	역할
미국 재무부	국가 채무에 필요한 자금을 조달하기 위해 재무부 증권을 매도한다.
연방준비제도	통화공급을 통제하기 위해 재무부 증권을 매입하고 매도한다.
상업은행	재무부 증권을 매입한다; 예금증서를 매도하고 단기 대출을 시행한다; 단기금융시장 증권에 투자하는 개인 투자자들에게 계좌를 제공한다.
기업	통상적인 현금관리를 위해 다양한 단기증권을 매입하고 매도한다.
투자회사(중개회사)	상업용 계좌(commercial account)를 대신해서 거래한다.
파이낸스회사(상업리스회사)	개인에게 자금을 대출한다.
보험회사(손해보험회사)	예상치 못한 수요를 충족시키기 위해 필요한 유동성을 보유한다.
연기금	주식과 채권 투자를 위해 단기증권에 자금을 보유한다.
개인	MMF를 매입한다.
MMF	소액투자자들의 자금을 모아서 거액 단위로 거래되는 단기금융시장 증권에 투자함으로써 소액투자자들이 단기금융시장에 참여할 수 있게 해준다.

급이 확대되어야 한다고 믿을 때, 미국 재무부 증권을 매입한다. 통화공급을 통제하는 책무를 수행하는 연준은 미국 단기금융시장에서 가장 영향력 있는 참여자이다.

상업은행

상업은행은 연기금 다음으로 미국 국채를 가장 많이 보유하고 있다. 이는 은행이 이용할 수 있는 투자기회를 제한하는 규제 때문이다. 은행은 특히 주식이나 회사채와 같은 위험 증권을 보유할 수 없다. 미국 재무부 증권은 위험이 낮고 유동성이 높기 때문에 미국 재무부 증권을 보유하는 것에 대한 제한은 없다.

또한 은행은 양도성 예금증서(negotiable certificate of deposit, CD), 은행인수어음(banker's acceptance), 페더럴펀드(federal fund), 환매조건부매매 채권(repurchase agreement)의 주요 발행자이다. 많은 은행들은 자신의 유동성을 관리하기 위해 단기금융시장 증권을 이용할 뿐만 아니라 자신의 고객들을 대신해서 단기금융시장 증권을 거래한다.

모든 상업은행이 고객을 위해 단기금융시장 증권을 유통시장에서 거래하는 것은 아니다. 미국에서 이러한 거래에 참여하는 은행들은 종종 *머니센터은행*(money center bank)이라고 부르는 대형 은행들이다. 규모가 큰 머니센터은행에는 씨티그룹(Citigroup), 뱅크오브아메리카(Bank of America), J.P.모건(J.P.Morgan), 웰스파고(Wells Fargo)가 있다.

기업

많은 기업들은 단기금융시장에서 증권을 매입하고 매도한다. 일반적으로 이러한 활동은 거액을 수반하기 때문에 단기금융시장에 참여하는 기업들은 주요 기업들로 한정된다. 앞에서 논의한 것처럼, 기업은 잉여 자금을 보관하고 단기 자금을 조달하기 위해 단기금융시장을 널리 이용한다. 이 장의 뒷부분에서 기업이 발행하는 특정한 단기금융시장 증권들에 대해 논의할 것이다.

투자회사와 증권회사

단기금융시장에 참여하는 기타 금융기관들이 [표 9.2]에 열거되어 있다.

투자회사 영업 영역이 다각화되어 있는 대형 중개회사들이 단기금융시장에서 적극적으로 활동한다. 가장 규모가 큰 중개회사로는 뱅크오브아메리카, 메릴린치(Merrill Lynch), 바클레이스 캐피탈(Barclays Capital), 크레딧스위스(Credit Suisse), 골드만삭스(Goldman Sachs)가 있다. 이러한 딜러들의 주요 기능은 단기금융시장 증권을 매입하거나 매도하기 위한 재고를 보유함으로써 단기금융시장 증권을 위한 '시장 조성(make a market)'이다. 그들은 매도자가 보유한 증권을 시장에서 용이하게 매도할 수 있도록 보장하기 때문에 단기금융시장의 유동성 확보에 있어 중요한 역할을 한다. 투자회사에 관한 논의는 제19장에서 이루어진다.

파이낸스회사 파이낸스회사는 단기금융시장에서 주로 기업어음을 매도해 자금을 조달한다. 그들은 이 자금을 자동차, 보트, 주거개선과 같은 내구재를 구매하기 원하는 소비자들에게 대출한다.

보험회사 손해보험회사는 예측할 수 없는 자금 수요 때문에 유동성을 보유해야 한다. 예를 들어 2012년에 허리케인 샌디(Sandy)가 미국 북동부를 강타했을 때, 보험회사들은 보험가입자들에게 수십억 달러를 지급했다. 손해보험회사들은 이러한 자금 수요를 충족시키는 데 필요한 현금을 확보하기 위해 그들이 보유한 단기금융시장 증권의 일부를 매도했다. 보험회사는 제19장에서 논의된다.

연기금 연기금은 주식시장이나 채권시장의 투자기회를 이용할 수 있도록 현금 일부를 단기금융시장에 투자한다. 보험회사처럼, 연기금은 그들의 채무를 충족시키는 데 충분한 유동성을 가지고 있어야 한다. 그러나 연기금의 채무는 합리적으로 예측가능하기 때문에, 대규모 단기금융시장 증권 보유는 불필요하다. 연기금은 제18장에서 논의된다.

개인

1970년대 후반에 인플레이션율이 상승했을 때, 은행이 예금에 대하여 제공하는 이자율은 개인 투자자들에게 매력적이지 못했다. 이 시점에 중개회사들이 더 높은 이자율을 지급하는 MMF(money market mutual fund)를 판매하기 시작했다.

예금에 지급할 수 있는 이자율에 대한 상한 규제 때문에 은행은 거액의 현금이 MMF로 이동하는 것을 막을 수 없었다. 이러한 은행으로부터의 자금 이동에 대처하기 위해 당국은 이자율 상한 규제를 폐지했다. 은행은 개인투자자의 돈을 다시 확보하기 위해 신속하게 예금이자율을 상승시켰다. 이것이 급속한 자금이동을 막았으나 MMF는 지속적으로 인기 있는 개인들의 투자상품이 되었다. 뮤추얼펀드의 장점은 상대적으로 소액의 현금을 가지고 있는 투자자가 거액 단위로 거래되는 증권에 접근할 수 있게 해준다는 것이다. MMF에 관한 논의는 제17장에서 더 깊이 있게 이루어진다.

단기금융시장 상품

시장참여자들의 다양한 니즈를 충족시키기 위해 다양한 단기금융시장 상품들이 존재한다. 어떤 증권은 한 투자자에게 완벽한 상품이 되나 다른 증권은 다른 투자자에게 최선의 상품이 된다. 이 절에서는 단기금융시장 증권들의 특성과 단기금융시장 참여자들이 그들의 현금을 관리하기 위해 단기금융시장 증권들의 특성을 어떻게 사용하는지에 대해 더 깊이 있게 이해하기 위한 논의가 이루어진다.

재무부 단기증권

미국 재무부는 국가 채무에 필요한 자금을 조달하기 위해 다양한 채무 증권들을 발행한다. 재무부 단기증권(Treasury bill)은 가장 광범위하게 보유되고 가장 유동성이 높은 증권이다. 재무부 단기증권은 28일물, 91일물, 182일물로 매도된다. 재무부 단기증권의 최소 거래단위는 2008년까지 최소 1,000달러였으나 그 이후 100달러 단위로도 구입할 수 있게 되었다. 연준은 개인들이 인터넷으로 미국 재무부 증권을 매입할 수 있는 직접 구매 방식을 도입했다. 1998년 9월에 처음 도입된 이러한 증권 매입 방법은 미국 재무부 증권이 더 광범위하게 거래될 수 있도록 하기 위한 노력의 일환이었다.

미국 정부는 실제로 재무부 단기증권에 대하여 이자를 지급하지 않는다. 그 대신 재무부 단기증권은 만기 가격인 액면가로부터 할인된 가격으로 발행된다. 투자자의 수익은 재무부 단기증권의 매입시점과 만기시점 간 가격 상승으로부터 발생한다.

사례분석 재무부 단기증권은 할인 방식을 통해 이자를 지급한다

대부분의 단기금융시장 증권은 이자를 지급하지 않는다. 그 대신 투자자는 증권 매입 시 만기시점의 액면가보다 더 적게 지불하고 따라서 수익은 증권가격의 상승으로부터 발생한다. 이것을 **할인**(discounting)이라고 부른다. 단기증권 발행자가 이자지급 수표를 보내기 전에 종종 만기가 도래하기 때문에 일반적으로 단기증권 발행 시에 할인이 이루어진다(할인에 관한 논의는 제3장 참조).

[표 9.3]은 미국 재무부 웹사이트에 보고되어 있는 전형적인 재무부 단기증권의 경매 결과를 보여준다. 첫 번째 행을 보면, 28일물 재무부 단기증권은 100달러당 99.999222달러로 매도되었음을 알 수 있다. 이것은 액면가 1,000달러인 재무부 단기증권이 999.99달러로 할인되었음을 의미한다. 또한 [표 9.3]은 할인율(discount rate)과 투자율(investment rate)도 보여준다. 할인율은 다음과 같이 계산된다.

$$i_{discount} = \frac{F-P}{F} \times \frac{360}{n} \qquad (1)$$

여기서 $i_{discount}$ = 연 할인율
P = 매입가
F = 액면가
n = 잔존 만기(일)

이 식이 제시하는 몇 가지 특성을 살펴보자. 첫째, 수익률은 분모에 액면가를 사용하면서 계산된다. 재무부 단기증권은 할인되어 판매되기 때문에 이 채권의 매입자는 실제로 액면가보다 적게

[표 9.3] 재무부 단기증권 경매 결과

만기	발행일	만기일	할인율	투자율	100달러당 가격	증권번호(CUSIP)
28일물	5/16/2013	6/13/2013	0.01	0.01	99.999222	912796AL3
91일물	5/16/2013	8/15/2013	0.045	0.046	99.988625	912796AX7
182일물	5/16/2013	11/14/2013	0.08	0.081	99.959556	912796AE9
28일물	5/9/2013	6/6/2013	0	0	100	912796AJ8
91일물	5/9/2013	8/8/2013	0.04	0.041	99.989889	912796AV1

자료: http://www.treasurydirect.gov/RI/OFBills.

지불한다. 이에 따라 수익률은 과소 평가된다. 둘째, 수익률을 연율로 측정할 때 연간 360일(30 × 12)이 사용된다. 이 또한 연간 365일을 사용하는 경우와 비교해서 수익률을 과소 평가한다.

투자율은 다음과 같이 계산된다.

$$i_{investment} = \frac{F - P}{P} \times \frac{365}{n} \tag{2}$$

투자율은 연간 실제 일 수(365일)와 최초 투자액을 분모로 사용하기 때문에 투자자가 버는 것에 대한 보다 정확한 수익률이다. 투자율을 계산할 때, 미국 재무부는 다음 연도의 실제 일 수를 사용한다. 이것은 윤년의 경우 366일이 사용됨을 의미한다.

예제 9.1 할인율과 투자율의 계산

여러분이 2013년 4월에 비경쟁입찰에 참여해서 액면가가 1,000달러인 28일물 재무부 단기증권을 999.99222달러에 매입했다고 하자. 할인율과 투자율은 각각 얼마인가?

> 해답

할인율

$$i_{discount} = \frac{\$1000 - \$999.99222}{\$1000} \times \frac{360}{28}$$

$$i_{discount} = .00010 = .01\%$$

투자율

$$i_{investment} = \frac{\$1000 - \$999.99222}{\$999.99222} \times \frac{365}{28}$$

$$i_{discount} = .00010 = .01\%$$

이와 같이 계산된 할인율과 투자율은 [표 9.3]에서 첫 번째 재무부 단기증권에 대하여 재무부 웹사이트에 게시된 내용과 일치한다.

www.treasurydirect.gov
미국 재무부 증권들의 경매가 어떻게 이루어지는지를 살펴보라.

위험 미국 정부는 재원이 고갈되더라도 만기에 상환하기 위해 추가적으로 화폐를 발행할 수 있기 때문에 재무부 단기증권은 실제로 채무불이행 위험이 없다. 또한 재무부 단기증권의 만기는 단기이기 때문에 예기치 않은 인플레이션 변화 위험도 낮다. 재무부 단기증권 시장은 거래량이 매우 많고 유동성이 높은 시장이다. **거래량이 많은 시장**(deep market)은 많은 매입자들과 매도자들이 거래에 참여하는 시장이다. **유동성이 높은 시장**(liquid market)은 증권이 낮은 거래비용으로 신속하게 매입되거나 매도될 수 있는 시장이다. 거래량이 많고 유동성이 높은 시장에 참여하는 투자자는 원할 때 증권을 매도할 수 없는 위험이 없다.

역사적 기록에 의하면, 미국 정부가 정부 채무를 채무불이행하는 일은 발생할 수 없다는 오랫동안 유지되었던 믿음에도 불구하고 1996년 초 예산 논란으로 인해 미국 정부가 정부 채무를 거의 채무불이행하는 지경에 이르렀다. 미국 의회는 일시적 지출안에 대한 승인을 거부함으로써 클린턴 대통령이 어쩔 수 없이 예산안에 서명하게 하려는 시도를 했다. 이러한 교착상태가 좀 더 장기화되었더라면, 미국 정부 증권이 처음으로 채무불이행하게 되는 사건을 목도하게 되었을 것이다. 이와 유사한 상황이 2013년 1월에도 발생했다. 그 당시에 미국의 대통령과 의회는 지출삭감안에 합의할 수 없었고 정부 채무의 채무불이행을 간신히 피했다. 시장이 모든 정부 증권들에 대해 채무불이행 위험프리미엄을 부과하기로 한다면 이것이 이자율에 미치는 장기 효과가 어떠할지는 단지 추측해 볼 수 있을 뿐이다.

재무부 단기증권 경매 매주 미국 재무부는 어떤 종류의 재무부 증권을 얼마나 매각할 것인지를 공표한다. 미국 재무부는 최고가를 제시하는 입찰들을 낙찰시킨다. 미국 재무부는 낙찰된 입찰이 매각 금액에 이를 때까지 수익률이 높아지는 순서로 경쟁 입찰들을 낙찰시킨다. 모든 낙찰된 입찰에 대해 최고 수익률이 적용된다.

방금 간략히 설명한 **경쟁 입찰**(competitive bidding)의 대안으로 미국 재무부는 **비경쟁 입찰**(noncompetitive bidding)도 허용한다. 경쟁 입찰에서 투자자는 매입하기 원하는 증권의 양과 기꺼이 지불할 의사가 있는 가격을 제시한다. 이와는 달리, 비경쟁 입찰에서는 투자자는 매입하기 원하는 증권의 양만 제시한다. 미국 재무부는 모든 비경쟁 입찰을 낙찰시키고 가격은 낙찰된 경쟁 입찰에 적용된 최고 수익률로 결정된다. 따라서 비경쟁 입찰자는 경쟁 입찰자가 지불하는 것과 같은 가격을 지불한다. 이러한 두 가지 방법 간의 중요한 차이점은 경쟁 입찰자는 증권을 매입하거나 매입하지 못할 수 있는 반면, 비경쟁 입찰자는 증권을 매입하는 것이 보장된다는 것이다.

1976년에 미국 재무부는 모든 시장성 연방정부 채무증권을 종이증권에서 **등록**(book entry)증권으로 전환시켰다. 이러한 등록 시스템에서 재무부 증권의 소유권은 연준의 컴퓨터에만 기록된다. 즉 본질적으로 원장 등록이 실물 증권을 대체한다. 이러한 과정은 재무부 증권이 유통시장에서 매입되고 매도될 때 재무부 증권을 이전시키는 비용뿐만 아니라 재무부 증권의 발행 비용을 감소시킨다.

재무부 증권의 경매는 매우 경쟁적이고 공정하게 이루어지도록 되어 있다. 적정한 경쟁 수준을 보장하기 위해 한 딜러가 발행분의 35% 이상 매입하는 것이 허용되지 않는다. 약 40개 국채전문딜러(primary dealer)들이 정기적으로 경매에 참여한다. 살로몬스미스바니(Salomon Smith Barney)는 한 딜러가 매입할 수 있는 한도를 위반한 것이 발각되어 그에 따른 심각한 결과에 직면하게 되었다([미니사례] '재무부 단기증권 경매의 규칙 위반 사건' 참조).

재무부 단기증권 이자율 재무부 단기증권은 거의 위험이 없다. 무위험 증권의 경우에 예상되는 것처럼, 재무부 단기증권 이자율은 가장 낮다. 재무부 단기증권 투자자들은 어떤 해에는 그들의 수익이 인플레이션 때문에 구매력 변화조차도 보상하지 못한다는 것을 알고 있다. [그림 9.2]

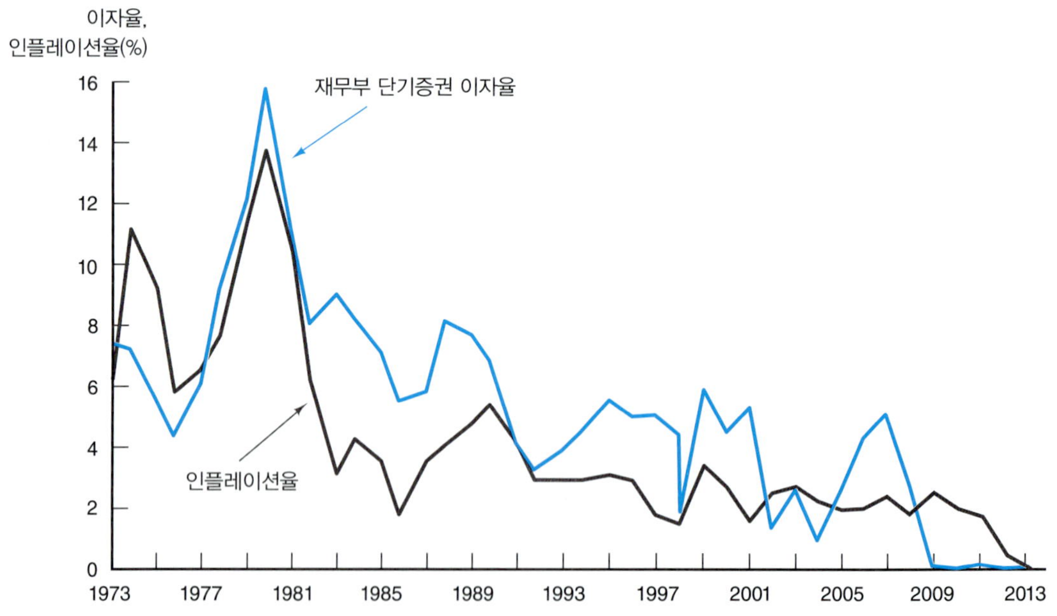

[그림 9.2] 재무부 단기증권 이자율과 인플레이션율, 1973년 1월~2013년 1월

자료: http://www.federalreserve.gov/releases and CPI: ftp://ftp.bls.gov/pub/special.requests/cpi/cpiai.txt.

> 미니사례 *Mini-Case*

재무부 단기증권 경매의 규칙 위반사건

매주 목요일 미국 재무부는 28일물, 91일물, 182일물 재무부 단기증권을 얼마나 매각할 것인지를 공표한다. 매입자들은 다음 월요일까지 입찰에 참여해야 하고 낙찰된 입찰은 화요일 아침에 결정된다. 미국 재무부는 최고가를 제시하는 입찰들을 낙찰시킨다.

미국 재무부 증권 경매는 매우 경쟁적이고 공정하게 이루어지도록 되어 있다. 적정한 경쟁 수준을 확보하기 위해 한 국채전문딜러가 발행분의 35% 이상 매입하는 것이 허용되지 않는다. 약 40개의 국채전문딜러들이 정기적으로 경매에 참여한다.

1991년에 살로몬스미스바니(Salomon Smith Barney)가 시장을 독점하기 위해 규칙을 위반했다는 사실이 알려지면서 경매의 공정성에 대한 의구심이 제기되었다. 살로몬스미스바니는 상대적으로 높은 호가를 제시하면서 자신의 이름으로 미국 재무부 증권 발행분의 35%를 매입했다. 이에 더하여 살로몬스미스바니는 고객에게 알리거나 고객으로부터 동의를 받지 않고 고객의 이름으로 추가적으로 미국 재무부 증권을 매입했다. 그리고 나서 살로몬스미스바니는 이들 고객들로부터 미국 재무부 증권을 매입했다. 이러한 결과로 살로몬스미스바니는 시장을 독점하면서 독점 프리미엄을 부과할 수 있었다. 살로몬스미스바니에 대한 조사를 통해 1991년 5월의 한 경매에서 이 회사가 110억 달러 발행분의 94%를 매입했다는 사실이 밝혀졌다. 이러한 사실의 공개에 따른 충격적인 사건이 진행되는 동안, 이 회사의 회장인 거트프로인드(John Gutfreund)와 여러 명의 고위 임원들이 사퇴했다. 그 이후 미국 재무부는 재무부 단기증권 경매시장이 경쟁적이 되도록 보장하기 위해 새로운 규칙들을 도입했다.

는 1973~2013년 기간 동안 재무부 단기증권 이자율과 인플레이션율을 보여준다. 제3장에서 논의한 것처럼, *실질이자율은 종종* 0보다 낮았다. 1973년 이후 여러 차례 인플레이션율은 재무부 단기증권 수익률과 거의 일치하거나 재무부 단기증권 수익률보다 높았다. 분명히 재무부 단기증권 수익률은 인플레이션조차 따라잡지 못할 수 있기 때문에 재무부 단기증권은 여유자금의 일시적 저장수단 이외의 다른 목적으로 사용되는 투자수단이 아니다.

페더럴펀드

페더럴펀드(federal fund)는 일반적으로 1일 동안 금융기관 간 이전되는(대출되거나 차입되는) 단기 자금이다. *페더럴펀드*(또는 *페드펀드*(fed fund))라는 용어는 오해의 소지가 있다. 페더럴펀드는 실제로 연방정부와 아무런 관련이 없다. 이 용어는 페더럴펀드가 연방준비은행(Federal Reserve Bank)에 예치된다는 사실로부터 유래한 것이다. 페더럴펀드 시장은 초과지준을 가지고 있는 은행들이 지준이 필요한 은행들에게 대출해주었던 1920년대에 개설되었다. 그 당시 이러한 자금을 차입하기 위한 이자율은 연방준비제도가 재할인대출에 부과했던 이자율과 가까웠다.

페덜럴펀드의 목적 연방준비제도는 모든 은행들이 유지해야 하는 최소 지준의무를 부과하고 있다. 이러한 지준의무를 충족시키기 위해 은행은 자신이 보유한 총예금의 일정 비율을 연방준비제도에 예치해야 한다. 페더럴펀드의 핵심적 목적은 지준이 부족한 은행에게 즉각적으로 지준을 투입하고자 하는 것이다. 은행은 연방준비제도로부터 직접 차입할 수 있으나 연방준비제도는 은행이 정기적으로 연방준비제도로부터 차입하는 것을 적극적으로 권장하지 않는다. 페더럴펀드 이자율은 다른 이자율들보다 더 낮다. 하루에 2,500억 달러의 페더럴펀드가 주인을 바꾼다는 것이 페더럴펀드의 인기를 보여주는 표시이다.

페더럴펀드의 거래조건 페더럴펀드는 일반적으로 1일물 투자수단이다. 은행은 1일 기준으로 자신의 지준포지션을 분석하고 지준이 부족하거나 초과 지준을 보유하고 있느냐에 따라 페더럴펀드를 차입하거나 대출한다. 한 은행이 초과지준으로 5,000만 달러를 보유하고 있다고 하자. 이 은행은 상호 간에 계좌를 열고 있는 코레스은행(correspondent bank)에게 전화를 걸어 그 날 지준이 필요한지를 알아본다. 이 은행은 최고 이자율을 제시하는 은행에게 초과지준을 매도한다. 은행 간 합의가 이루어지면, 초과지준을 가지고 있는 은행은 연준에 있는 자신의 예금계좌에서 자금을 인출하여 차입자의 예금계좌에 예치하도록 연준에 요청한다. 그 다음날, 이러한 자금은 원래대로 다시 이체되며 이러한 과정이 다시 시작된다.

대부분의 페더럴펀드 차입은 무담보로 이루어진다. 일반적으로 모든 합의는 매도자와 매입자 간 직접 대화로 이루어진다.

페더럴펀드 이자율 페더럴펀드의 수요와 공급이 페더럴펀드 이자율을 결정한다. 이 시장은 애널리스트들이 단기이자율에 어떤 일이 발생하고 있는지를 알기 위해 면밀하게 주시하는 경쟁시장이다. 언론이 보도하는 페더럴펀드 이자율은 뉴욕의 브로커들을 통해 이루어진 거래에 적용된 이자율들의 가중평균치로서 연준이 발행하는 *페더럴리저브불루틴*(Federal Reserve Bulletin)지에서 정의하는 *유효 이자율*(effective rate)로 알려져 있다.

연방준비제도는 직접적으로 페더럴펀드 이자율을 통제할 수 없다. 연준은 금융시스템에 있는 은행들이 이용할 수 있는 지준규모를 조정하는 방식을 통해 간접적으로 페더럴펀드 이자율에 영향을 미친다. 연준은 증권을 매입함으로써 금융시스템에 있는 통화량을 증가시킬 수 있다. 투자자들이 연준에 증권을 매도하여 받은 자금은 연준에 있는 그들의 거래은행 계좌로 입금된다. 이러한 예금의 증가는 금융시스템의 지준공급을 증가시키고 페더럴펀드 이자율을 하락시킨다. 만약 연준이 증권을 매도하여 지준을 감소시키면, 페더럴펀드 이자율은 상승한다. 연준은 종종 사전에 페더럴펀드 이자율을 상승시키거나 하락시킬 것이라는 의도를 공표한다. 페더럴펀드 이자율은 기업이나 소비자에게 직접적으로 영향을 미치지 않지만, 애널리스트들은 페더럴펀드 이자율은 연준이 원하는 경제의 방향을 알려주는 중요한 지표라고 생각한다. [그림 9.3]은 페더럴펀드 이자율과 재무부 단기증권 이자율을 비교한 것이다. 분명히, 두 이자율은 같은 방향으로 함께 움직인다.

환매조건부매매

환매조건부매매(repurchase agreement, RP/repo)는 비은행들이 참여할 수 있다는 점을 제외하고 페더럴펀드와 거의 같은 방식으로 이루어진다. 기업은 정해진 미래 시점에 미국 재무부 증권을 재매입하기로 동의하는 환매조건부매매 방식으로 미국 재무부 증권을 매도할 수 있다. 대부분

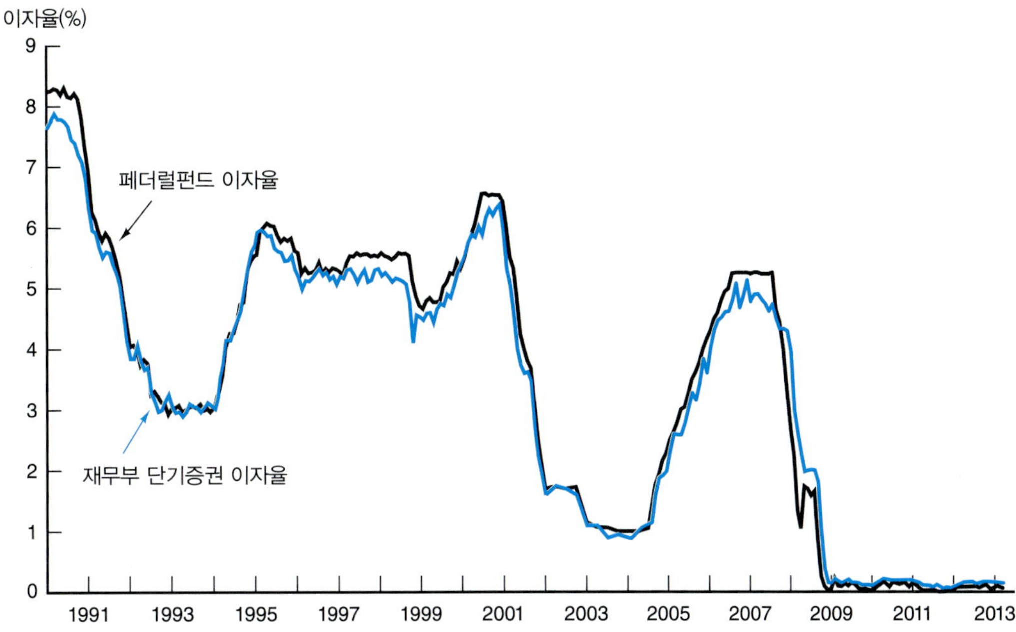

[그림 9.3] 페더럴펀드 이자율과 재무부 단기증권 이자율, 1990년 1월~2013년 1월

자료: http://www.federalreserve.gov/.

의 환매조건부매매의 만기는 초단기이며 가장 일반적으로 3~14일이다.

환매조건부매매의 이용 정부 증권 딜러들은 자주 환매조건부매매에 참여한다. 이들 딜러는 정부 증권을 다음 날 재매입한다는 약속을 하고 은행에게 매도할 수 있다. 환매조건부매매는 본질적으로 담보부 단기 대출이다. 증권 딜러들은 유동성을 관리하고 예상되는 이자율 변화를 이용하기 위해 환매조건부매매를 이용한다.

연준도 통화정책을 수행하는 데 환매조건부매매를 이용한다. 연준은 일시적으로 은행지준을 조정하기 위해 미국 재무부 증권을 환매조건부매매시장(repo market)에서 매입하거나 매도한다. 연준이 이용하는 환매조건부매매의 만기는 결코 15일을 초과하지 않는다.

환매조건부매매의 이자율 환매조건부매매는 미국 재무부 증권을 담보로 하고 있어 일반적으로 위험이 낮은 투자수단이기 때문에 환매조건부매매의 이자율은 낮다. 매우 드문 일이기는 하지만 이 시장에서도 손실이 발생한다. 예를 들어 1985년에 ESM거번먼트시큐리티스(ESM Government Securities)와 비빌브레슬러앤드슐만(Bevill, Bresler & Schulman)이 파산을 선언했다. 이 회사들은 한 개 이상의 대출을 위한 담보로 동일한 증권을 사용했다. 이에 따라 환매조건부로 채권을 매입했던 지방자치단체들의 손실이 5억 달러를 초과했다. 이러한 손실은 오하이오 주정부가 보증하는 저축기관 예금보험제도를 붕괴시켰다.

최근에 발생한 2007~2008년의 금융위기는 증권화를 위한 담보의 가치가 의문시되면서 환매조건부매매시장에 충격을 주었다. 단기 채무증권을 발행할 수 있는 차입자의 능력은 급속하게 위축되었고 환매조건부매매시장은 한동안 붕괴되었다.

양도성 예금증서

양도성 예금증서(negotiable certificate of deposit, CD)는 예금의 이자율과 만기일을 명시해 은행이 발행하는 증권이다. 만기일이 정해져 있기 때문에, CD는 **요구불예금**(demand deposit)과는 달리 **기간물 증권**(term security)이다. 기간물 증권은 특정한 만기일이 있으나 요구불예금은 어느 때든지 인출될 수 있다. 또한 CD는 **무기명 증권**(bearer instrument)이다. 이는 만기일에 CD를 소지하고 있는 사람이 원금과 이자를 받는다는 것을 의미한다. CD는 만기일 전에 사거나 팔 수 있다.

양도성 예금증서의 거래조건 양도성 예금증서의 액면가는 10만 달러부터 1,000만 달러까지에 이른다. 액면가 100만 달러 미만인 CD는 거의 없다. 이와 같이 액면가가 큰 이유는 딜러들이 거래 단위를 100만 달러로 설정했기 때문이다. 이러한 거래 단위는 정상적인 수준보다 높은 중개수수료를 발생시키지 않고 거래될 수 있는 최소 거래 규모이다.

CD의 만기는 일반적으로 1~4개월이다. 일부 CD의 만기는 6개월이나 이보다 더 장기인 CD에 대한 수요는 거의 없다.

양도성 예금증서의 역사 씨티뱅크(Citibank)는 1961년에 최초의 거액 CD를 발행했다. 이 은행은 대형 은행들의 요구불예금이 감소하는 장기적 추세에 대응하기 위해 CD를 발행했다. 이 당시 기업의 회계담당자들은 현금 잔고를 최소화하고 초과자금을 재무부 단기증권과 같은 안전하고 수입이 발생하는 단기금융시장 증권에 투자하고 있었다. CD의 매력은 시장이자율을 지급한다는 것이었다. 그러나 한 가지 문제가 있었다. 은행이 CD에 지급할 수 있는 이자율은 레귤레이션 Q(Regulation Q)에 의해 제한되었다. 단기금융시장 증권의 이자율이 낮을 때, 이러한 규제가 CD의 수요에 영향을 미치지 않았다. 그러나 단기금융시장 증권의 이자율이 레귤레이션 Q가 허용하는 수준보다 높게 상승했을 때, CD 시장은 사라져버렸다. 이에 대응하여 은행들은 레귤레이션 Q의 제한을 적용받지 않는 해외에서 CD를 발행하기 시작했다. 1970년에 미국 의회는 10만 달러 이상의 CD에 레귤레이션 Q의 적용을 면제할 수 있도록 레귤레이션 Q를 수정했다. 1972년에 CD는 총 은행예금의 약 40%에 이르게 되었다. 현재 CD는 재무부 단기증권 다음으로 가장 인기 있는 단기금융시장 증권이다.

양도성 예금증서 이자율 [그림 9.4]는 재무부 단기증권 이자율과 양도성 예금증서 이자율을 함께 그린 것이다. CD 이자율은 은행과 고객 간의 협상을 통해 결정된다. CD 이자율은 위험 수준이 상대적으로 낮기 때문에 여타 단기금융시장 증권의 이자율과 유사하다. 시장에 있는 많은 투자자들은 정부가 가장 규모가 큰 은행 중 하나가 도산하는 것을 결코 허용하지 않을 것이라고

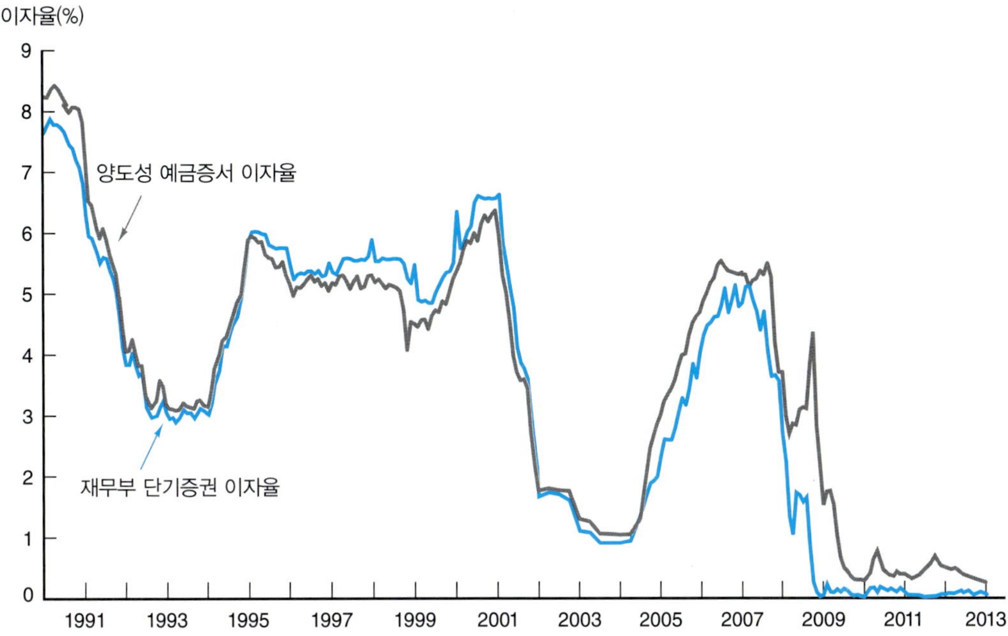

[그림 9.4] 양도성 예금증서 이자율과 재무부 단기증권 이자율, 1990년 1월~2013년 1월

자료: http://www.federalreserve.gov/releases/h15/data.htm

믿기 때문에 대형 머니센터은행들은 여타 은행들보다 약간 더 낮은 이자율을 제공할 수 있다. 이러한 믿음 때문에 대형 머니센터은행들의 채무는 덜 위험스럽다.

기업어음

www.federalreserve.gov/releases/CP/
기업어음 이자율, 발행잔액, 과거 할인율을 계산하는 기준을 포함하여 상세한 기업어음에 관한 정보를 살펴보라.

기업어음(commercial paper)은 기업이 발행하는 270일 이내의 만기를 지닌 무담보부 약속어음(unsecured promissory note)이다. 기업어음은 무담보부 증권이기 때문에 가장 신용도가 높은 대기업들만이 기업어음을 발행할 수 있다. 기업어음의 이자율은 발행 기업의 위험수준을 반영한다.

거래조건 및 발행 기업어음은 항상 270일 이내의 최초 만기를 가진다. 이것은 미국 증권거래위원회(Securities and Exchange Commission)에 증권 발행을 등록해야 하는 것을 피하기 위함이다(증권거래위원회 등록을 면제받기 위해서는 발행 증권은 270일 이내의 최초 만기를 가지고 있으며 경상거래를 위한 것이어야 한다). 대부분의 기업어음 만기는 실제로 20~45일이다. 재무부 단기증권처럼 대부분의 기업어음은 할인 방식으로 발행된다.

기업어음의 약 60%는 발행자에 의해 매입자에게 직접 판매된다. 나머지는 기업어음시장에서 딜러에 의해 판매된다. 거래가 활발한 기업어음 유통시장은 존재하지 않는다. 이런 일이 일반적으로 필수적인 것은 아니지만 매입자가 심각하게 현금이 필요한 경우 딜러는 기업어음을 상환해준다.

기업어음의 역사 기업어음은 1920년대 이후 다양한 형태로 이용되어 왔다. 1969년에 긴축적 통화정책 상황에서 은행지주회사들은 신규 대출에 필요한 자금을 조달하기 위해 기업어음을 발행했다. 이에 대응하여 1970년에 연방준비제도는 통화공급을 통제하기 위해 은행이 발행하는 기업어음에 대해 지준의무를 부과했다. 이러한 지준의무는 은행이 기업어음을 이용하는 중요한 장점을 제거시켰다. 은행지주회사들은 여전히 리스와 소비자 금융에 필요한 자금을 조달하기 위해 기업어음을 이용한다.

1980년대 초에 은행 대출의 비용이 상승하면서 기업어음의 이용이 크게 증가했다. [그림 9.5]는 1990년 1월~2013년 4월 동안 은행의 프라임 대출 이자율(prime rate)과 기업어음 이자율의 변화추이를 함께 그린 것이다. 기업어음은 낮은 자금조달비용 때문에 은행 대출에 대한 중요한 대체재가 되었다.

기업어음시장 비은행 기업은 고객에게 제공하는 대출에 필요한 자금을 조달하기 위해 기업어음을 널리 이용한다. 예를 들어 GMAC은 기업어음을 발행해 자금을 차입하고 이 자금을 고객에

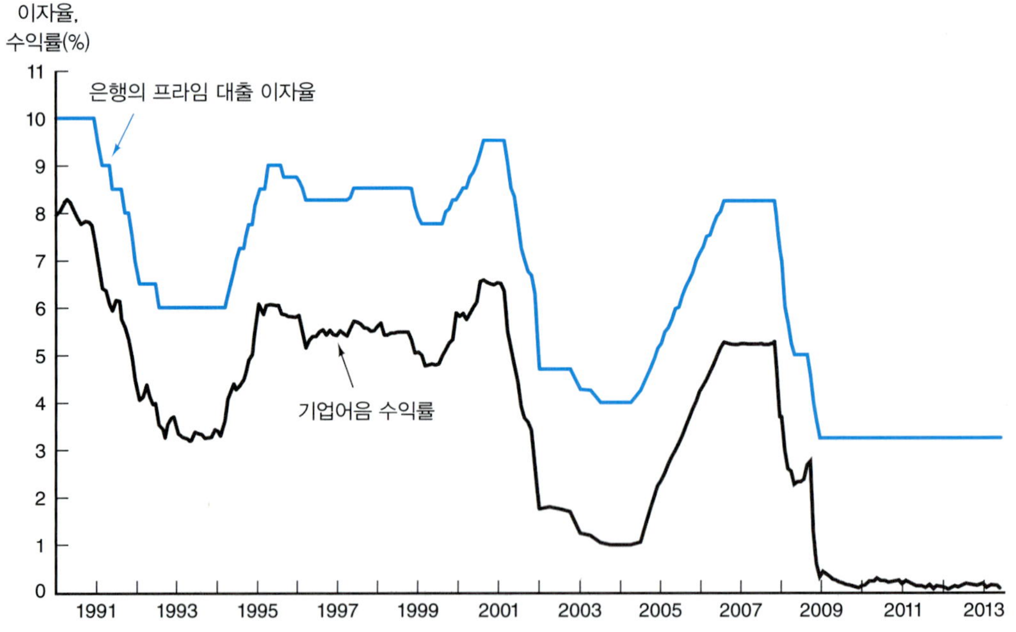

[그림 9.5] 기업어음 수익률과 은행의 프라임 대출 이자율, 1990~2013년

자료: http://www.federalreserve.gov/releases/h15/current/default.htm.

게 대출하는 데 사용한다. 이와 유사하게 GE캐피탈(GE Capital)과 크라이슬러크레딧(Chrysler Credit)도 고객에게 대출하기 위한 자금을 조달하기 위해 기업어음을 이용한다. 기업어음을 발행하는 기업의 총 수는 이자율 수준에 따라 600~800개 사이에서 변화한다. 이러한 기업들의 대부분은 매입자와 매도자를 연결시켜주는 약 30개의 기업어음 딜러들 중 하나를 이용한다. 뉴욕 머니센터은행들은 기업어음시장에서 매우 적극적으로 활동한다. 일부 대형 기업어음 발행자들은 그들의 증권을 **직접모집**(direct placement)을 통해 매도처분한다. 직접모집에서는 기업어음 발행자가 딜러를 거치지 않고 최종 투자자에게 기업어음을 직접 판매한다. 이러한 방식의 장점은 기업어음 발행자가 딜러에게 지불하는 0.125%의 수수료를 절약할 수 있다는 것이다.

대부분의 기업어음 발행자는 은행의 신용공급한도(line of credit)를 통해 그들이 발행하는 기업어음을 지원한다. 이는 기업어음 발행자가 만기가 도래한 기업어음을 상환할 수 없거나 차환 발행을 할 수 없는 경우에 은행이 기업에게 기업어음의 상환을 위한 자금을 대출해준다는 것을 의미한다. 이러한 은행의 신용공급한도는 기업어음 매입자에게 기업어음 매입에 따른 위험을 감소시키고 이에 따라 기업어음 이자율을 낮추어 준다. 신용공급한도를 제공하는 은행은 사전에 기업어음을 상환하기 위해 필요하면 기업어음 발행자에게 대출해주는 것에 동의한다. 은행은 이러한 약속을 하는 대가로 0.5~1%의 수수료를 부과한다. 기업어음 발행자는 은행의 신용공급한도를 통해 이자 비용을 낮추는 데서 더 많은 이익을 얻을 수 있기 때문에 이러한 수수료를 지불한다.

상업은행들은 처음에 기업어음의 매입자였다. 오늘날 기업어음시장은 대형 보험회사, 비금융기업, 은행신탁부서, 정부 연금이 참여할 정도로 크게 커졌다. 기업어음은 상대적으로 채무불

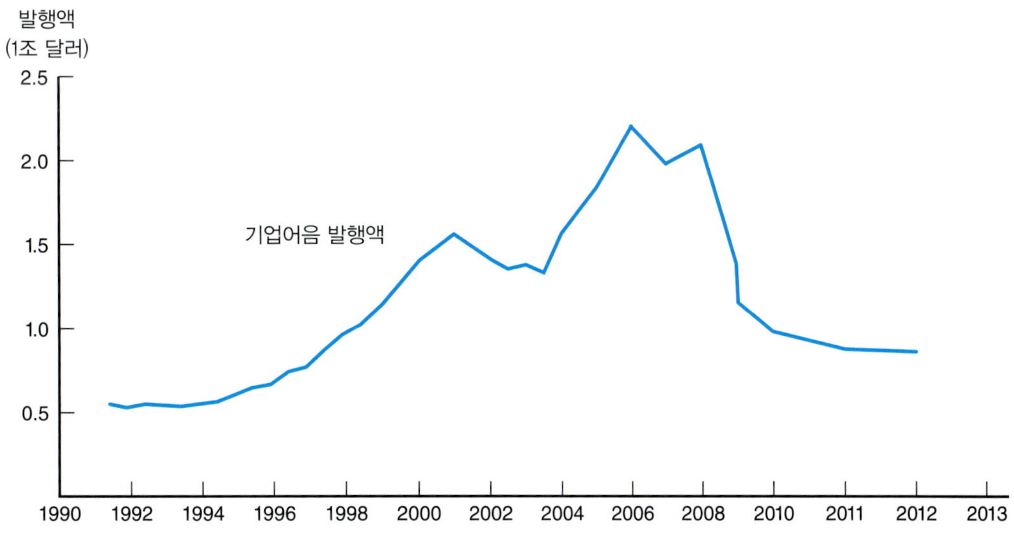

[그림 9.6] 기업어음 발행액의 변화추이

자료: http://www.federalreserve.gov/releases/cp/yrend.htm.

이행 위험이 낮고, 만기가 단기이며 수익률이 약간 더 높다는 점 때문에 이러한 기업들이 기업어음시장에 참여하게 되었다. 2013년에 기업어음 발행잔액은 약 8,500만 달러였다([그림 9.6] 참조).

금융위기와 자산유동화 기업어음의 역할 특별한 유형의 기업어음인 **자산유동화 기업어음**(asset-backed commercial paper, ABCP)은 2008년 서브프라임 모기지 위기에서 한 몫을 담당했다. ABCP는 절반 이상이 1~4일의 만기를 가지고 있는 단기증권이다. ABCP의 평균 만기는 30일이다. ABCP는 일단의 기초자산이 담보로 제공된다는 점에서 전통적인 기업어음과는 다르다. 2004~2007년 동안 이러한 기초자산은 주로 증권화된 모기지였다. 대부분의 ABCP 프로그램 후원자들은 주요 신용평가기관으로부터 부여받은 신용등급을 가지고 있었다. 그러나 담보로 제공된 기초자산의 질은 일반적으로 거의 모르는 상태였다. 증권화된 모기지 시장이 폭발적으로 확대됨에 따라 ABCP 시장의 규모도 2004년과 2007년 사이에 약 1조 달러로 거의 두 배나 커졌다.

2007~2008년에 ABCP의 담보로 제공된 서브프라임 모기지가 불량하다는 사실이 드러났을 때 ABCP에 대한 환매 사태가 시작되었다. 상업은행 예금과는 달리 ABCP를 지원하는 예금보험은 없었다. 투자자들은 매입자는 없고 매도자만 있는 시장에서 ABCP를 매도하고자 했다. ABCP 발행자들이 낮은 이자율로 만기를 연장하려는 옵션을 행사하게 됨에 따라 이러한 문제가 MMF로 확대되었다. MMF에서의 환매로 인해 MMF에 예치된 1달러가 1달러보다 더 낮게, 말하자면 90센트로 상환될 수 있는 상황(이러한 상황을 'break the buck'이라고 함)에 처했다. 2008년 9월에 미국 정부는 MMF 시장의 붕괴를 막고 MMF가 보유한 ABCP를 질서 있게 청산하기 위한 보증 프로그램을 도입해야만 했다.[3)]

은행인수어음

은행인수어음(banker's acceptance, BA)은 은행이 어음소지자에게 정해진 날에 정해진 금액을 지급할 것을 보증하는 어음이다. 은행인수어음은 12세기 이후에 사용되었다. 그러나 은행인수어음은 1960년대에 국제무역량이 갑자기 크게 증가할 때까지 주요 단기금융시장 증권은 아니었다. 은행인수어음은 판매자로부터 구매자로 아직 이전되지 않은 재화에 대한 대금을 지원하기 위해 이용된다. 예를 들어 빌트웰컨스트럭션(Builtwell Construction Company)사가 일본의 고마쯔(Komatsu)사로부터 불도저 한 대를 구매하기 원한다고 하자. 고마쯔사는 빌트웰사에 대해 들은 적이 없고 대금 지불이 이루어지지 않으면 대금을 회수하기 어려울 것임을 알기 때문에 대금을 받지 않고 불도저를 선적하는 것을 원하지 않는다. 마찬가지로 빌트웰사는 불도저를 받기 전

3) ABCP와 서브프라임 위기에서 ABCP의 역할에 대한 더 상세한 논의를 위해서는 Daniel Covitz, Nellie Liang, and Gustavo Suarez, "The Evolution of a Financial Crisis: Panic in the Asset-Backed Commercial Paper Market," Working Paper, Federal Reserve Board를 참조하라.

에 일본으로 대금을 보내는 데 주저한다. 한 은행이 은행인수어음을 발행하여 이러한 막막한 상태에 개입할 수 있다. 이 은행은 본질적으로 구매자의 신용을 자신의 신용으로 대체한다.

은행인수어음은 어음소지자에게 지급되기 때문에 만기일까지 사고 팔 수 있다. 은행인수어음은 기업어음과 재무부 단기증권처럼 할인되어 판매된다. 이 시장의 딜러들은 은행인수어음을 할인하기 원하는(즉각적인 지급을 받기 위해 은행인수어음을 팔기 원하는) 기업들과 은행인수어음에 투자하기 원하는 기업들을 연결한다. 은행인수어음의 채무불이행 위험이 매우 낮기 때문에 은행인수어음의 이자율은 낮다.

유로달러

전 세계의 많은 계약은 미국 달러의 안정성 때문에 미국 달러로 지급할 것을 요구한다. 이러한 이유 때문에 많은 기업과 정부는 달러를 보유하고자 한다. 제2차 세계대전 이전에는 뉴욕 머니센터은행들이 이러한 달러 예금의 대부분을 보유하고 있었다. 그러나 그 이후 냉전의 결과로 미국 내에 보유하고 있었던 달러 예금이 몰수될 수 있다는 두려움이 있었다. 이러한 상황에 반응하여 일부 대형 런던 은행들은 미국 내 달러 예금을 영국의 은행에 달러 표시 예금으로 보유할 것을 제안했다. 이러한 예금을 **유로달러**(Eurodollar)라고 부른다([글로벌] '유로달러 시장의 역설적 탄생' 참조).

유로달러 시장은 계속해서 급속하게 성장했다. 가장 주된 이유는 예금자들이 미국 시장보다 유로달러 시장에서 달러 예금에 대하여 더 높은 수익률을 얻을 수 있었기 때문이었다. 동시에 차입자들은 미국 시장보다 유로달러 시장에서 더 낮은 이자율로 대출을 받을 수 있었다. 이것은 다국적 은행이 미국 은행에 적용되는 것과 같은 규제를 받지 않기 때문에 예금 이자율과 대출 이자율 간 더 작은 스프레드를 기꺼이 수용할 수 있었기 때문이었다.

런던 은행간 시장 일부 대형 런던 은행들은 은행간 유로달러 시장에서 브로커로 활동한다. 페더럴펀드는 일시적인 지준 부족을 채우기 위해 은행들에 의해 사용된다. 유로달러는 페더럴펀드에 대한 대안수단이다. 전 세계 은행들은 이 시장에서 1일물 자금을 매입하고 매도한다. 이러한 자금을 매입하는 은행들이 지급하겠다는 이자율이 **런던 은행간 매입이자율**(London interbank bid rate, LIBID)이다. 이 시장에서 이러한 자금은 **런던 은행간 매도이자율**(London interbank offer rate, LIBOR)에 매도하겠다고 제시된다. 많은 은행들이 이 시장에 참여하기 때문에, 이 시장은 매우 경쟁적인 시장이다. 매입이자율과 매도이자율 간 스프레드는 결코 0.125%를 초과하지 않는다. 유로달러 예금은 정기예금이다. 이것은 유로달러 예금이 정해진 기간 동안 인출될 수 없음을 의미한다. 대부분의 일반적인 기간은 1일이지만 다른 만기도 이용할 수 있다. 각 만기마다 서로 다른 이자율이 적용된다.

1일물 LIBOR와 페더럴펀드 이자율은 서로 매우 가까운 경향이 있다. 이것은 유로달러와 페더럴펀드가 거의 완전한 대체재이기 때문이다. 페더럴펀드 이자율이 1일물 LIBOR보다 높다고 하자. 자금을 차입할 필요가 있는 은행들은 1일물 유로달러를 차입할 것이고 이것이 1일물

LIBOR를 상승시킬 것이다. 대출할 자금을 가지고 있는 은행들은 페더럴펀드를 대출할 것이고 이것이 페더럴펀드 이자율을 낮출 것이다. 이러한 수요와 공급 압력이 두 이자율의 급속한 조정을 발생시킨다.

한동안 대부분의 변동이자율 단기 대출은 미국 재무부 증권 이자율에 연동되어 있었다. 그러나 유로달러 시장이 매우 크고 거래량이 많아서 최근에 LIBOR는 다른 이자율들을 비교하는 표준이자율이 되었다. 예를 들어 현재 미국 기업어음시장에서 기업어음 이자율은 재무부 단기증권 이자율이 아닌 LIBOR에 스프레드를 더한 이자율로 제시된다.

유로달러 시장은 더 이상 런던에 있는 은행들로 제한되지 않는다. 이 시장의 주요 브로커들은 전 세계의 주요 금융센터 모두에 사무소를 두고 있다.

유로달러 양도성 예금증서 유로달러는 고정된 만기의 정기예금이기 때문에 유동성이 다소 낮다. 늘 그렇듯이 금융시장은 이러한 문제를 해결하기 위해 새로운 유형의 증권을 창안해냈다. 이러한 새로운 증권이 양도가 가능한 유로달러 예금증서이다. 대부분의 유로달러 예금 만기는 상대적으로 단기이기 때문에, 유로달러 양도성 예금증서(Eurodollar negotiable certificate of deposit) 시장은 상대적으로 제한되어 있으며 그 규모는 유로달러 예금액의 10% 미만에 불과하다. 이 시장의 거래량은 여전히 적다.

기타 유로커런시 유로달러 시장은 전 세계에서 단연 최대의 단기증권 시장이다. 이것은 무역거래에서 미국 달러가 가지고 있는 국제적인 인기 때문이다. 그러나 이 시장은 달러로 제한되지 않는다. 런던 은행이나 뉴욕 은행에 일본 엔 표시 계좌를 보유하는 것이 가능하다. 이러한 계좌를 유로엔(Euroyen) 계좌라고 부른다. 물론 기타 유로커런시도 가능하다. 만약 시장참여자가 한 특정한 증권에 대한 수요를 가지고 있고 그것에 대해 기꺼이 지불할 용의가 있다면, 금융시장은 언제라도 그러한 증권을 창안할 준비가 되어 있고 기꺼이 그러한 증권을 창안할 것이다.

> 글로벌 *Global*

유로달러 시장의 역설적 탄생

자본주의의 중대한 뜻밖의 결과를 발생시킨 사건 중 하나는 자본주의자들에 의해 사용되는 가장 중요한 금융시장 중 하나인 유로달러 시장이 소련 연방에 의해 창시되었다는 점이다. 냉전이 최고조에 달했던 1950년대 초, 소련인들은 미국에 있는 은행들에 상당한 달러 예금 잔고를 보유하고 있었다. 소련인들은 미국 정부가 미국에 있는 그들의 자산을 동결할 수 있다는 것을 두려워했기 때문에 그들의 예금을 안전한 유럽으로 이전시키길 원했다(미국이 1979년에 이란 자산과 1990년에 이라크 자산을 동결한 것을 고려해보면, 이러한 두려움은 당연한 일이다). 그러나 그들은 국제 거래에 사용될 수 있도록 그들의 예금을 달러로 보유하길 원했다. 그 해답은 그들의 예금을 유럽 은행들로 이전시키면서 달러 표시 예금으로 보유하는 것이었다. 소련인들이 이렇게 하자 유로달러 시장이 탄생되었다.

단기금융시장 증권의 비교

단기금융시장 증권들은 유동성, 안전성, 짧은 만기 등 많은 특성들을 공유하지만 일부 측면에서는 서로 다르다.

이자율

[그림 9.7]은 지금까지 논의한 단기금융시장 증권들의 이자율을 비교한 것이다. 이 그림의 가장 주목할 만한 특성은 단기금융시장 증권들의 이자율이 시간이 흐름에 따라 매우 밀접하게 함께 변화한다는 점이다. 이것은 모든 단기금융시장 증권들이 낮은 위험과 짧은 만기를 가지고 있기 때문이다. 대부분의 단기금융시장 증권들은 거래량이 많은 시장을 가지고 있고 이에 따라 가격은 경쟁적으로 결정된다. 이에 더하여 이러한 증권들은 동일한 위험과 만기 특성을 가지고 있기 때문에 서로 가까운 대체재들이다. 따라서 한 이자율이 여타 이자율들로부터 일시적으로 이탈하면, 수요와 공급으로 나타나는 시장의 힘이 곧바로 이를 교정한다. 또한 이러한 이자율들이 2007~2008년 금융위기 이후에 나타난 글로벌 경기후퇴에 얼마나 신속하게 반응했는지를 주목해볼 만하다. 단기금융시장 증권 이자율들은 5년이 지난 후에도 여전히 역사적으로 낮은 수준에 머물러 있다.

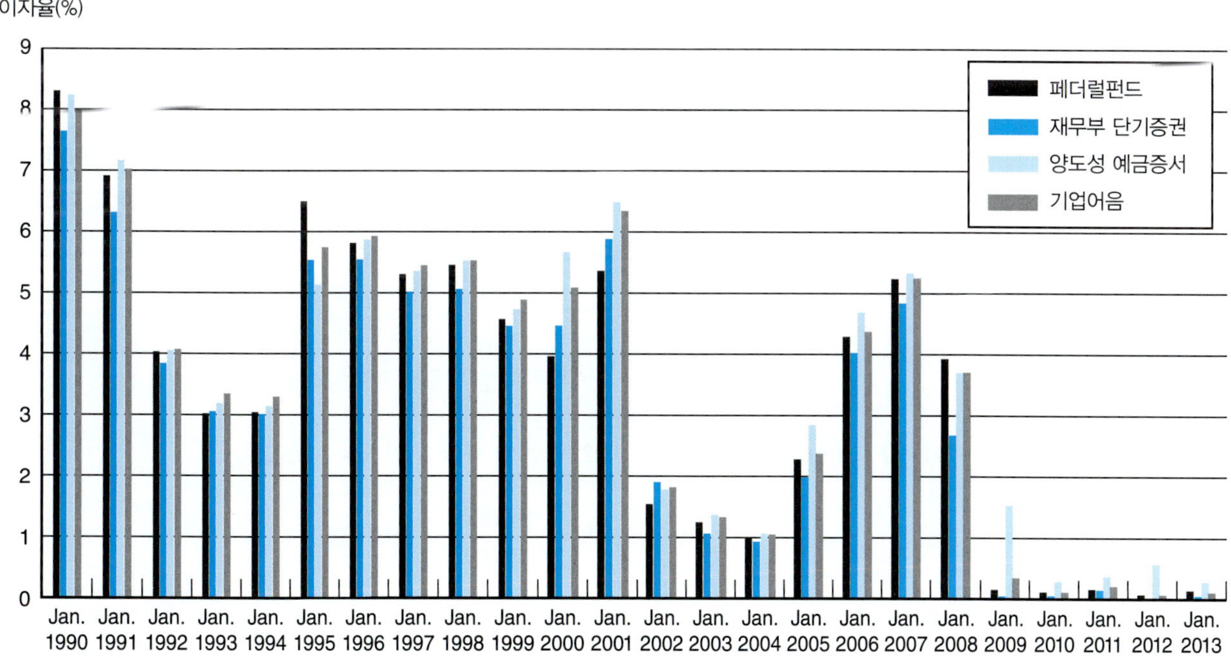

[그림 9.7] 단기금융시장 증권 이자율의 변화추이, 1990~2013년

자료: http://www.federalreserve.gov/releases/h15/data.htm.

유동성

제4장에서 논의한 것처럼, 증권의 *유동성*(liquidity)은 증권이 얼마나 신속하게 쉽게, 값싸게 현금으로 전환될 수 있는 정도를 의미한다. 전형적으로 증권이 재매각될 수 있는 유통시장의 거래량이 증권의 유동성 정도를 결정한다. 예를 들어 재무부 단기증권의 유통시장은 광범위하고 잘 발달되어 있다. 그 결과로 재무부 단기증권은 신속하고 거의 비용을 지불하지 않고 현금으로 전환될 수 있다. 이와는 달리 기업어음의 유통시장은 잘 발달되어 있지 않다. 대부분의 기업어음 보유자는 기업어음을 만기까지 보유한다. 기업어음 투자자가 현금을 조달하기 위해 기업어음을 매도할 필요가 있는 경우에 브로커들이 상대적으로 높은 수수료를 부과할 가능성이 있다.

어떤 점에서 보면, 유통시장의 거래량은 주식과 채권과 같은 장기증권만큼 단기금융시장 증권의 경우에는 중요하지 않다. 이는 단기금융시장 증권의 최초 만기가 단기이기 때문이다. 그럼에도 불구하고, 많은 투자자들은 *유동성 개입*(liquidity intervention)을 원한다. 그들은 유동성을 공급해줄 수 있는 새로운 금융중개기관을 찾는다. 이것이 제17장에서 논의되는 MMF의 기능 중 하나이다.

[표 9.4]는 단기금융시장 증권의 종류와 유통시장의 발달정도를 요약한 것이다.

단기금융시장 증권의 가치는 어떻게 결정되는가?

여러분이 메릴린치(Merrill Lynch)에서 일하고 이번 주에 재무부 단기증권 입찰에 참여해 수익률을 제시해야 한다고 하자. 여러분은 어떤 가격을 제시할 것인지를 어떻게 알 수 있는가? 첫 번째 할 일은 요구수익률을 결정하는 것이다. 제3장과 제4장에서 배운 이자율에 대한 이해에 기초하여 요구수익률을 2%로 결정한다고 가정하자. 또한 계산을 간단하게 하기 위해 1년 만기 증권의 가격을 제시한다고 가정하자. 입찰 대상인 1년 만기 재무부 단기증권은 만기일에 1,000달러를 지급하기 때문에 오늘 이 증권을 매입하기 위해 얼마를 지불할 것인지를 계산하기 위해서는 1,000달러의 현재가치를 계산해야 한다. 현재가치를 계산하는 과정은 제3장의 [예제 1]에서 이미 논의되었다. 그 공식은 다음과 같다.

$$PV = \frac{FV}{(1+i)^n}$$

이 예에서 $FV = \$1{,}000$, 이자율 $i = 0.02$, 만기까지의 기간 $n = 1$이므로,

$$PV(=\text{가격}) = \frac{\$1{,}000}{(1+0.02)} = \$980.39$$

이자율이 상승할 때 이 증권의 가격은 어떻게 되는지를 살펴보자. 1,000달러를 더 큰 수로 나누기 때문에 가격은 하락할 것이다. 예를 들어 이자율이 3%로 상승하면, 이 증권의 가격은 970.87달러[$1,000/(1.03) = $970.87]로 하락한다.

[표 9.4] 단기금융시장 증권의 종류와 유통시장

단기금융시장 증권	발행자	매입자	통상 만기	유통시장
재무부 단기증권	미국 정부	소비자와 기업	4, 13, 26주	매우 양호
페더럴펀드	은행	은행	1~7일	없음
환매조건부매매 채권	기업과 은행	기업과 은행	1~15일	양호
양도성 예금증서	대형 머니센터은행	기업	14~120일	양호
기업어음	파이낸스회사와 기업	기업	1~270일	미발달
은행인수어음	은행	기업	30~180일	양호
유로달러예금	비미국은행	기업, 정부와 은행	1일~1년	미발달

이러한 미래 만기가치를 현재가치로 할인하는 방법이 대부분의 단기금융시장 증권들의 가격을 결정하는 데 사용되는 방법이다.

요약

1. 단기금융시장 증권은 1년 이내의 최초 만기를 가지는 단기 금융상품이다. 이 증권들로는 재무부 단기증권, 기업어음, 페더럴펀드, 환매조건부매매, 양도성 예금증서, 은행인수어음, 유로달러 예금이 있다.
2. 단기금융시장 증권은 필요할 때까지 자금을 일시적으로 '보관하기' 위해 이용된다. 단기금융시장 증권은 낮은 위험과 높은 유동성을 가지고 있기 때문에 단기금융시장 증권에 투자해 얻는 수익률은 낮다.
3. 단기금융시장의 많은 참여자들은 단기금융시장 증권을 매입하고 매도한다. 미국 재무부, 상업은행, 기업, 개인 모두 저위험 단기 투자 상품을 이용함으로써 이익을 얻는다.
4. 모든 단기금융시장 증권의 이자율들은 시간이 흐름에 따라 서로 밀접하게 함께 움직이는 경향이 있다. 재무부 단기증권의 수익률은 실제로 채무불이행 위험이 없기 때문에 가장 낮다. 은행인수어음과 양도성 예금증서는 대형 머니센터은행들의 신용에 의해 지원 받기 때문에 이 증권들의 수익률은 그 다음으로 낮다.

주요용어

거래량이 많은 시장(deep market)
경쟁 입찰(competitive bidding)
기간물 증권(term security)
도매시장(wholesale market)
등록(book entry)
런던 은행간 매도이자율(London interbank offer rate, LIBOR)
런던 은행간 매입이자율(London interbank bid rate, LIBID)
무기명 증권(bearer instrument)
비경쟁 입찰(noncompetitive bidding)
요구불예금(demand deposit)
유동성이 높은 시장(liquid market)
자산유동화 기업어음(asset backed commercial paper)
직접모집(direct placement)
할인(discounting)

연습문제

1. 단기금융시장을 정의하는 특성들은 무엇인가?
2. 잔여만기가 6개월이고 29년 전에 발행된 재무부 장기채권(Treasury bond)은 단기금융시장 증권인가?
3. 왜 은행에게 단기금융시장이 필요한가?
4. 기간물 증권(term security)과 요구불 증권(demand security)은 어떻게 다른가?
5. 규제당국이 은행예금에 대한 이자율 상한을 부과한 동기는 무엇이었는가? 이것이 궁극적으로 단기금융시장에 어떤 영향을 미쳤는가?
6. 왜 미국 정부는 단기금융시장을 이용하는가?
7. 왜 기업은 단기금융시장을 이용하는가?
8. 메릴린치가 처음에 어떤 목적으로 고객들에게 MMF를 제공하게 되었는가?
9. 왜 손해보험회사가 생명보험회사보다 단기금융시장에 더 많이 투자하는가?
10. 단기금융시장 증권들 중 어느 증권이 가장 유동성이 높고 가장 위험이 없는가? 그 이유는?
11. 미국 재무부 증권에 대한 경쟁 입찰과 비경쟁 입찰은 어떻게 다른가?
12. 누가 페더럴펀드를 발행하고 페더럴펀드의 통상적인 목적은 무엇인가?
13. 연방준비제도가 *직접적*으로 페더럴펀드 이자율을 결정하는가? 연방준비제도는 페더럴펀드 이자율에 어떻게 영향을 미치는가?
14. 누가 기업어음을 발행하고 어떤 목적으로 발행하는가?
15. 왜 은행인수어음이 국제거래에서 널리 이용되는가?

계산문제

1. 만기일에 5,000달러를 지급하는 182일물 재무부 단기증권을 4,925달러에 매입하는 경우 연율로 계산한 할인율과 투자율은 각각 얼마인가?
2. 만기가 91일이고 만기일에 10,000달러를 지급하는 재무부 단기증권을 9,940달러에 매입하는 경우 연율로 계산된 할인율과 투자율은 각각 얼마인가?
3. 여러분이 연율로 3.5%의 할인율을 벌기 원한다면 만기일에 5,000달러를 지급하는 91일물 재무부 단기증권을 매입하기 위해 지불할 수 있는 최고 가격은 얼마인가?
4. 만기가 91일이고 만기일에 1만 달러를 지급하는 재무부 단기증권을 9,900달러에 매입하는 경우 연율로 계산된 할인율과 투자율은 각각 얼마인가?
5. 182일물 기업어음의 가격이 7,840달러이다. 만약 연율로 계산된 투자율이 4.093%이면, 이 기업어음은 만기일에 얼마를 지급하는가?
6. 여러분이 1.8%의 할인율을 요구한다면 만기가 182일이고 만기일에 1만 달러를 지급하는 재무부 단기증권에 대해 얼마를 지불하겠는가?
7. 액면가가 8,000달러인 기업어음의 가격이 7,930달러이다. 만약 연율로 계산된 할인율이 4%이면, 이 증권의 만기는 얼마인가? 만약 연율로 계산된 투자율이 4%이면, 이 증권의 만기는 얼마인가?
8. 여러분은 3%의 할인율을 요구한다면 만기가 1년이고 만기일에 1만 달러를 지급하는 재무부 단기증권에 대해 얼마를 지불하겠는가?
9. 특정 단기금융시장 증권의 할인율이 연율로 3.75%이다. 이 증권의 액면가는 20만 달러이고 만기는 51일이다. 이 증권의 가격은 얼마인가? 만약 만기가 71일이라면, 이 증권의 가격은 얼마인가?
10. 연율로 계산된 수익률이 91일물 기업어음의 경우 3%이고 182일물 기업어음의 경우 3.5%이다. 현재부터 91일 후에 기대되는 91일물 기업어음의 수익률은 얼마인가?

11. 액면가가 21억 달러인 91일물 재무부 단기증권에 대한 미국 재무부 경매에서 다음과 같은 입찰들이 제시되었다.

입찰자	입찰금액(100만 달러)	가격(달러)
1	500	0.9940
2	750	0.9901
3	1.5	0.9925
4	1	0.9936
5	600	0.9939

만약 경쟁 입찰이 이루어진다면, 누가, 얼마나, 어떤 가격에 재무부 단기증권을 낙찰받는가?

12. 만약 미국 재무부가 7,500만 달러의 비경쟁 입찰도 받았다면, 누가, 얼마나, 어떤 가격에 재무부 단기증권을 낙찰받는가? (위의 11번 문제의 표를 참조하라.)

> 웹 연습문제

단기금융시장

1. http://www.federalreserve.gov/releases에 들어가면 연방준비제도가 보고하는 최근의 이자율들을 알 수 있다. 다음 증권들의 현재 이자율을 찾아보라.

   a. 프라임 이자율
   b. 페더럴펀드 이자율
   c. 기업어음(금융)
   d. 양도성 예금증서
   e. 할인율
   f. 1개월 만기 유로달러 예금

   a–c의 이자율들과 [표 9.1]에 제시된 이자율들을 비교해보라. 단기이자율들은 일반적으로 상승했는가, 하락했는가?

2. 미국 재무부는 정기적으로 단기금융시장 증권 경매를 시행한다. http://www.treasurydirect.gov/RI/OFAnnce.htm으로 들어가서 경매 일정을 찾아보라. 4주물 재무부 단기증권의 다음 경매는 언제 시행되는가? 13주물과 26주물 재무부 단기증권의 다음 경매는 언제 시행되는가? 이러한 증권들의 경매는 얼마나 자주 시행되는가?

CHAPTER

10

채권시장

> PREVIEW

제9장에서는 단기금융시장이라고 부르는 시장에서 거래되는 단기증권에 관한 논의가 이루어졌다. 이 장에서는 자본시장(capital market)이라고 부르는 시장에서 거래되는 장기증권 중 첫 번째로 채권에 대한 논의가 이루어진다. 자본시장은 최초 만기가 1년 이상인 증권이 거래되는 시장이다. 이러한 증권에는 채권, 주식, 모기지가 있다. 이들 장기증권은 투자자, 기업, 경제에 중요하기 때문에 각 장기증권에 대해 각 장 전체가 할애된다. 이 장에서는 채권에 대한 논의를 시작하기 전에 먼저 자본시장이 어떻게 작동하는지 간략히 소개한다. 제11장에서는 주식과 주식시장을 살펴본다. 제12장에서는 모기지에 대해 살펴보고 자본시장에 대한 논의를 마무리한다.

자본시장의 목적

자본시장 증권을 발행하는 기업과 이러한 증권을 매입하는 투자자는 단기금융시장의 참여자와는 매우 다른 동기를 가지고 있다. 기업과 개인은 자금에 대한 더 중요한 필요성이 생기거나 자금을 더 생산적으로 사용할 기회가 발생할 때까지 짧은 기간 동안 자금을 보관해두기 위해 단기금융시장을 이용한다. 이와는 달리 기업과 개인은 장기 투자를 위해 자본시장을 이용한다.

한 기업이 면밀한 재무 분석을 한 후 자신이 생산한 제품에 대한 수요의 증가에 대응하기 위해 새로운 공장이 필요하다고 결정한다고 하자. 이러한 분석은 이 기업에 대한 *현재* 장기 자금비용을 반영하는 이자율을 사용해 이루어진다. 이제 이 기업이 기업어음과 같은 단기금융시장 증권을 발행해 공장을 짓는 데 필요한 자금을 조달하기로 한다고 하자. 이자율이 상승하지 않는 한 모든 일이 잘 될 것이다. 단기증권의 만기가 되면, 단기증권을 이전과 동일한 이자율로 재발행할 수 있다. 그러나 1980년에 이자율이 극적으로 상승한 것처럼 이자율이 상승하면, 이 기업은 더 높은 이자율로 단기증권을 재발행해야만 한다. 이 기업은 이렇게 상승한 이자율로는 공장을 짓는 데 필요한 현금흐름이나 수입을 맞추지 못할 수 있다. 만약 채권이나 주식과 같은 장기증권이 사용되었다면, 이자율 상승은 중요하지 않았을 것이다. 개인과 기업이 장기로 차입하려는 주된 이유는 채무를 상환하기 전에 이자율이 상승하는 위험을 감소시키기 위한 것이다. 그러나 이러한 이자율위험의 감소는 비용 지불을 통해 이루어진다. 제5장에서 배운 것처럼, 대부분의 장기이자율은 위험프리미엄 때문에 단기이자율보다 더 높다. 자본시장에서 차입하기 위해서는 더 높은 이자율을 지불해야 함에도 불구하고 자본시장은 매우 활발하게 작동한다.

자본시장 참여자

자본시장 증권의 주요 발행자는 연방정부, 지방정부, 기업이다. 연방정부는 국가채무를 상환하는 데 필요한 자금을 조달하기 위해 중기채권과 장기채권을 발행한다. 주정부와 지방정부도 학교와 감옥 건축과 같은 프로젝트를 수행하는 데 필요한 자금을 조달하기 위해 중기채권과 장기채권을 발행한다. 연방정부와 지방정부는 소유권에 대한 청구권(ownership claims)을 매도할 수 없기 때문에 결코 주식을 발행하지 않는다.

기업은 채권과 주식을 발행한다. 기업이 직면하는 가장 어려운 결정 중 하나는 기업의 성장에 필요한 자금을 채무로 조달해야 할지 지분으로 조달해야 할지를 결정하는 문제일 수 있다. 기업의 채무와 지분 간 자본배분을 자본구조(capital structure)라고 부른다. 기업은 투자기회에 필요한 자본을 충분히 가지고 있지 않기 때문에 자본시장에 참여할 수 있다. 다른 한편 기업은 예상치 못한 니즈에 대비하기 위한 자본을 확보하기 위해 자본시장에 참여할 수 있다. 어느 경우든 효율적으로 기능하는 자본시장의 존재는 기업부문의 지속적인 건전성 유지에 중요하다. 이것이 2008~2009년 금융위기 동안에 극명하게 나타났다. 채권시장과 주식시장이 거의 붕괴되면서 기업 확장을 위한 자금이 고갈되었다. 이것이 기업활동 위축, 높은 실업률, 저성장을 발생시켰다.

시장의 신뢰가 복구된 후에서야 경제의 회복이 시작되었다.

자본시장 증권의 최대 매입자는 가계이다. 개인과 가계는 자금을 금융기관에 예금하는데 금융기관은 채권이나 주식과 같은 자본시장 증권을 매입하기 위해 그 자금을 사용한다.

자본시장의 거래

자본시장의 거래는 *발행시장*(primary market)이나 *유통시장*(secondary market)에서 이루어진다. 발행시장은 주식과 채권의 신규 발행이 이루어지는 시장이다. 투자펀드, 기업, 개인 투자자는 모두 발행시장에서 제공되는 증권을 매입할 수 있다. 발행시장의 거래는 증권의 발행자가 실제로 증권 매각대금을 받는 거래라고 생각할 수 있다. 기업이 최초로 주식을 발행해 매각하는 것을 **기업공개**(initial public offering, IPO)라고 한다. 기업의 신규 주식이나 채권을 민간에게 매각하는 것이 발행시장의 거래이다.

자본시장은 잘 발달된 유통시장을 갖추고 있다. 유통시장은 이미 발행된 증권의 매매가 이루어지는 시장이다. 대부분의 투자자는 어느 시점에 장기채권을 매도하려는 계획을 가지고 있기 때문에 유통시장은 자본시장에서 중요하다. 자본시장 증권의 유통시장에는 두 가지 유형의 시장, 즉 *거래소*(organized exchange)와 *장외시장*(over-the-counter market)이 있다. 대부분의 단기 금융시장 거래는 전화로 이루어지는 반면, 거래량 기준으로 보면 대부분의 자본시장 거래는 거래소에서 이루어진다. 거래소는 주식, 채권, 옵션, 선물을 포함한 증권들이 거래되는 건물을 가지고 있다. 거래소 규정은 거래소의 효율적이고 합법적인 작동을 보장하기 위해 거래를 규율하고 거래소 이사회는 경쟁적 거래가 이루어지는 것을 보장하기 위해 거래소 규정을 지속적으로 검토한다.

채권의 종류

채권(bond)은 발행자가 투자자에게 갚아야 할 채무를 나타내는 증권이다. 채권은 일반적으로 발행자에게 정기적인 이자지급과 함께 정해진 날에 정해진 금액을 지급해야 할 의무를 부과한다. 채권의 액면가, 즉 채권의 만기가치는 발행자가 만기일에 지급해야 하는 금액이다. **이표율**(coupon rate)은 발행자가 지급해야 하는 이자율이고 정기적인 이자지급을 종종 이표지급(coupon payment)이라고 부른다. 이표율은 일반적으로 채권의 수명 동안 고정되어 있고 시장이자율에 따라 변하지 않는다. 만약 채권의 상환 조건이 충족되지 않으면, 채권 보유자는 발행자의 자산에 대한 청구권을 가진다. [그림 10.1]을 살펴보라. 채권의 액면가가 오른쪽 위에 위치해 있다. 만기일과 함께 8⅝% 이자율이 채권의 전면에 여러 차례 표시되어 있다.

자본시장에서 거래되는 장기채권에는 중장기 국채, 지방채, 회사채가 있다.

[그림 10.1] Hamilton/BP의 회사채

재무부 중기채권과 장기채권

미국 재무부는 국가 재무에 필요한 자금을 조달하기 위해 중기채권과 장기채권을 발행한다. 재무부 중기채권과 장기채권의 차이점은 재무부 중기채권(Treasury note)은 1~10년의 최초 만기를 가지는 반면, 재무부 장기채권(Treasury bond)은 10~30년의 최초 만기를 가진다는 것이다(제9장에서 살펴본 것처럼, *재무부 단기증권*(Treasury bill)의 만기는 1년 미만이다.) 재무부는 현재 2년, 3년, 5년, 7년, 10년 만기의 중기채권을 발행한다. 재무부는 20년 만기 장기채권에 추가하여 2006년 2월에 30년 만기 장기채권의 발행을 재개했다. [표 10.1]은 재무부 증권들의 만기 차이를 요약한 것이다. 재무부 중기채권, 장기채권, 단기증권의 가격은 액면가 100달러의 퍼센트로 호가된다.

연방정부는 채무를 상환하기 위해 필요하다면 언제나 화폐를 발행할 수 있기 때문에, 연방정부의 중기채권과 장기채권은 채무불이행 위험이 없다.[1] 그러나 이들 증권의 위험이 전혀 없음을 의미하지는 않는다. 이 장의 뒷부분에서 채권에 적용되는 이자율위험을 논의된다.

---

1) 제9장에서 논의한 것처럼, 1996년, 2011년, 2013년의 예산안 교착상태가 거의 채무불이행 지경에 이르게 했던 경우를 제외하고 재무부 단기증권도 채무불이행 위험이 없는 것으로 여겨진다. 이와 같은 매우 작은 채무불이행 가능성은 재무부 장기채권에도 적용된다.

[표 10.1] 재무부 증권의 종류와 만기

종류	만기
재무부 단기증권	1년 미만
재무부 중기채권	1~10년
재무부 장기채권	10~30년

재무부 채권의 이자율

재무부 채권은 채무불이행 위험이 없기 때문에 매우 낮은 이자율을 가진다. 재무부 채권의 투자자들은 일부 연도에는 인플레이션율보다 더 낮은 수익률을 얻게 된다는 것을 알고 있지만([그림 10.2] 참조), 대부분의 경우 재무부 중기채권과 장기채권의 이자율은 이자율위험 때문에 단기금융시장 증권의 이자율보다는 높다.

[그림 10.3]은 90일물 재무부 단기증권 수익률과 함께 20년 만기 재무부 장기채권 이자율을 그린 것이다. 이 그래프에서 두 가지 사실을 주목할 만하다. 첫째, 대부분의 연도에서 재무부 단기증권 수익률이 20년 만기 재무부 장기채권 수익률보다 낮다. 둘째, 단기이자율은 장기이자율보다 더 심하게 변동한다. 단기이자율은 현재 인플레이션율에 더 영향을 받는다. 장기증권 투자자는 매우 높거나 낮은 인플레이션율이 정상적인 수준으로 복귀할 것이라고 기대하기 때문에 장기이자율은 일반적으로 단기이자율만큼 변동하지 않는다.

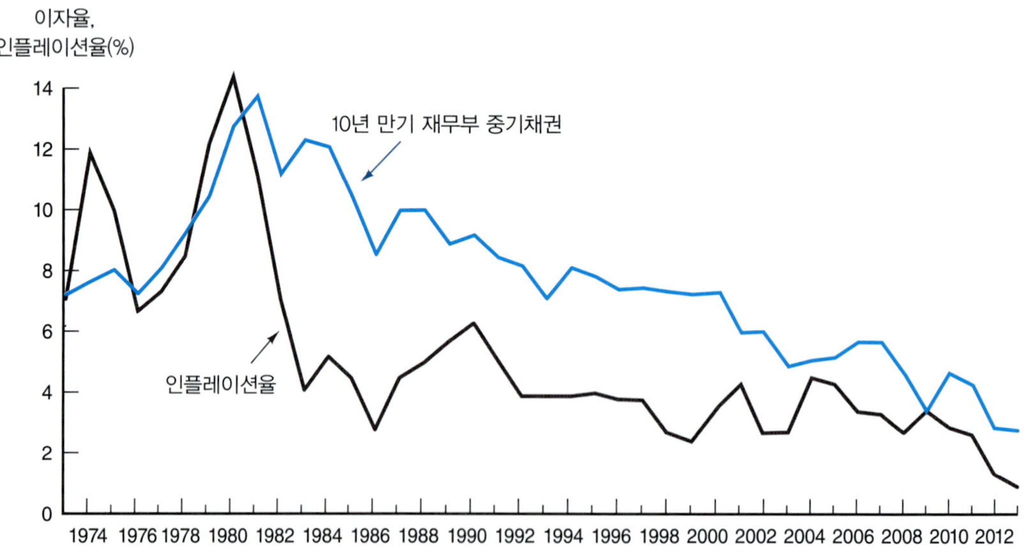

[그림 10.2] 재무부 중기채권 이자율과 인플레이션율, 1973~2013년(각 연도의 1월)

자료: http://www.federalreserve.gov/releases and ftp://ftp.bls.gov/pub/special.requests/cpi/cpiai.txt.

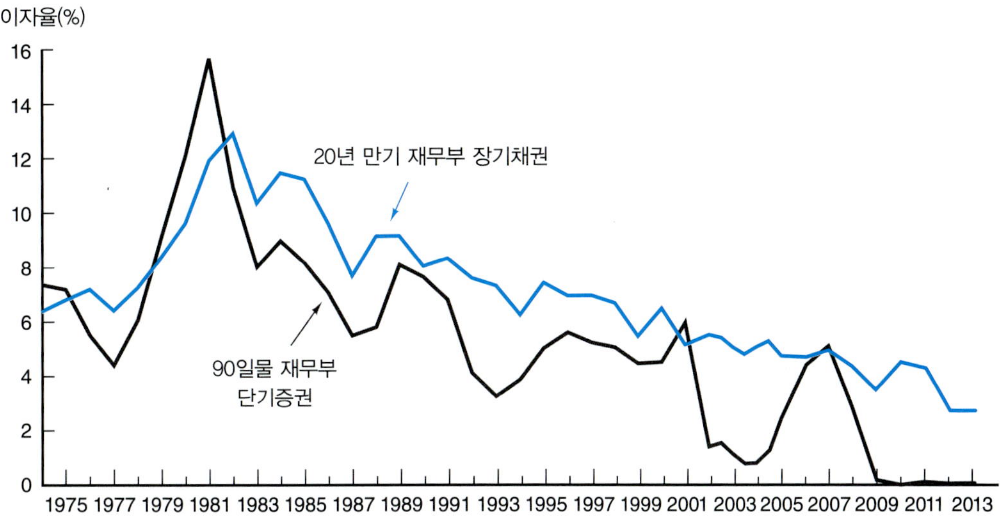

[그림 10.3] 재무부 단기증권 이자율과 재무부 장기채권 이자율, 1974~2013년(각 연도의 1월)

자료: http://www.federalreserve.gov/releases.

TIPS(Treasury Inflation-Protected Security)

1997년에 미국 재무부는 재무부 증권 보유로부터 인플레이션 위험을 제거하기 위해 고안된 혁신적인 채권을 제공하기 시작했다. 물가연동채권(inflation-indexed bond)의 이자율은 증권의 수명 동안 변하지 않는다. 그러나 이자지급액을 계산하기 위해 사용되는 원금은 소비자물가지수에 기초해 변한다. 만기에 물가연동채권은 인플레이션 조정 원금과 최초 발행 시 액면가 중 더 큰 금액을 상환한다.

물가연동채권의 장점은 개인투자자와 기관투자자 모두에게 증권 가치가 인플레이션에 의해 잠식되지 않는 증권을 매입할 기회를 제공한다는 것이다. 물가연동채권은 위험이 매우 낮은 포트폴리오를 보유하기 원하는 은퇴자들에 의해 이용될 수 있다.

재무부의 STRIPS

1985년에 미국 재무부는 단기증권, 중기채권, 장기채권에 추가하여 등록(book entry) 형태로 STRIPS(Separate Trading of Registered Interest and Principal Security)라고 부르는 증권을 예금취급기관들에게 발행하기 시작했다. 제9장에서 논의한 것처럼, 등록 형태로 증권을 판다는 것은 실물 증권이 존재하지 않고 그 대신 증권이 전자적으로 발행되고 회계처리된다는 것을 의미한다. STRIPS는 정기적인 이자지급과 마지막 원금상환을 분리한다. 재무부 고정 원금 채권이나 물가연동채권이 '분리될(stripped)' 때, 각 이자지급과 원금지급은 각각의 독립된 무이표 증권이 된다. 이렇게 분리된 각 무이표 증권은 고유의 식별번호를 갖고 있으며 독립적으로 보유되거나 거래될 수 있다. 예를 들어 잔존 만기가 5년인 재무부 중기채권은 한 번의 원금지급과 5년 동안 6개월마다 이루어지는 10번의 이자지급으로 구성되어 있다. 이 채권이 분리될 때, 10번의 각 이자지급과 원금지급은 각각의 독립된 증권이 된다. 따라서 하나의 재무부 중기채권이 개별적으로 거래될 수 있는 열한 개 증권이 된다. STRIPS는 투자자가 STRIPS의 수명 동안 한번 지급받는 유일한 시점이 만기 시점이기 때문에 **무이표증권**(zero-coupon security)이라고도 부른다.

미국 정부가 이러한 증권을 도입하기 전에 민간부문은 이미 이러한 증권을 간접적으로 창안했었다. 1980년대 초에 메릴린치는 Treasury Investment Growth Fund(TIGRs, 'tigers'라고 발음됨)를 만들고 재무부 증권을 매입하여 원금증권(principal-only security)과 이자증권(interest-only security)으로 분리했다. 현재 STRIPS 발행잔액은 500억 달러 이상이다.

정부기관채

미국 의회는 정부후원기업(government-sponsored enterprise, GSE)이라고도 알려져 있는 많은 정부기관들이 채권을 발행하는 것을 인가했다. 대부분의 투자자는 미국 정부가 정부기관의 채무불이행을 허용하지 않을 것이라고 생각하지만, 미국 정부는 명시적으로 정부기관채를 보증하지 않는다. 정부기관채(agency bond)의 발행자에는 학자금대출마케팅협회(Student Loan Marketing Association, Sallie Mae), 농가관리청(Farmers Home Administration), 연방주택청(Federal Housing Administration), 재향군인청(Veterans Administration), 연방토지은행(Federal Land Bank) 등이 있다. 이러한 정부기관들은 미국 의회가 국가적 이해에 부합한다고 여기는 목적에 사용될 자금을 조달하기 위해 채권을 발행한다. 예를 들어 샐리메이(Sallie Mae)는 대학교육에 대한 접근성을 증가시키기 위한 학자금 대출을 제공한다.

정부기관채의 위험은 실제로 매우 낮다. 정부기관채는 일반적으로 채권 발행을 통해 조달된 자금으로 이루어진 대출에 의해 보증된다. 이에 더하여, 정부기관들은 채무를 변제하는 데 어려움을 겪을 경우 재무부의 신용공급한도를 사용할 수 있다. 마지막으로 연방정부가 정부기관들이 그들의 채무에 대해 채무불이행하도록 허용할 가능성은 거의 없다. 이러한 사실은 2008년에 FNMA(Federal National Mortgage Association, Fannie Mae)와 FHLMC(Federal Home Loan Mortgage Corporation, Freddie Mac)에 대한 구제금융에 의해 증명되었다. 두 기관이 서브프라임 모기지 대출 포트폴리오 때문에 그들의 채권에 대해 채무불이행할 위험에 처하게 되었을 때 미국 정부가 지급을 보증하기 위해 개입했다. 이러한 구제금융은 다음의 사례분석에서 논의된다.

사례분석 2007~2009년 금융위기와 패니메이와 프레디맥에 대한 구제금융

미국 정부가 후원하는 민간기업인 패니메이와 프레디맥의 특별한 구조가 과도한 위험선택을 조장했기 때문에 이에 따른 사고가 발생할 것으로 예견되었다. 많은 경제학자들은 어떤 일이 발생할 것인지, 즉 미국 납세자들에게 막대한 잠재적 손실을 발생시키는 두 기업에 대한 미국 정부의 구제금융조치가 이루어질 것임을 정확하게 예측했다.

제15장에서 논의하겠지만, 금융기관들을 위한 정부의 안정망이 존재할 때, 금융기관들이 과도한 위험을 선택하지 못하게 하는 적정한 정부 규제와 감독이 필요하다. 1992년의 법에 의해 연방주택기관감독청(Office of Housing Enterprise Oversight, OFHEO)은 패니메이(Fannie Mae)와 프레디맥(Freddie Mac)의 연방 규제감독당국이 되었으나 패니메이와 프레디맥을 통제하는 데 제한적인 능력만을 가지고 있어서 매우 약했다. 이러한 결과는 놀라운 일이 아니었다. 두 기관은 그들의 이윤을 감소시키지 못하도록 OFHEO의 유효한 규제와 감독에 저항해야할 인센티브를 가지고 있었다. 이것이 정확히 두 기관이 한 일이었다. 패니메이와 프레디맥은 미국 의회에서 전설적인 로비기관이었고 그에 대해 변명하지 않았다. 1999년에 패니메이의 CEO였던 레이니스(Franklin Raines)는 다음과 같이 말했다. "우리는 우리의 신용위험과 이자율위험을 관리하는 것과 같은 정도로 우리의 정치적 위험을 관리한다."* 1998~2008년 동안 패니메이와 프레디맥은 로비스트들에게 모두 1억 7,000만 달러 이상 지출했고 2000~2008년 동안 그들과 그들의 종업원들은 선거운동에 1,400만 달러 이상을 기부했다.

이러한 로비 노력은 보상을 받았다. 클린턴과 부시 정부 모두에서 규제감독당국인 OFHEO를 강화시키려는 시도들은 수포로 돌아갔고 놀랍게도 이러한 일은 2003년과 2004년에 그들이 수익을 분산시키기 위해 장부를 분식했던 중대한 회계부정사건이 밝혀진 후에도 여전히 그러했다(비밀이 새어나가 패니메이와 프레디맥이 심각한 어려움에 처한 후인 2008년 7월에야 OFHEO를 대체하는 강력한 규제당국인 연방주택금융기관(Federal Housing Finance Agency)을 설립하기 위한 법이 통과되었다).

약한 규제감독당국과 강한 위험선택 인센티브 덕분에 패니메이와 프레디맥은 미친듯이 성장했고 2008년에 이르러 모기지(mortgage)나 모기지유동화증권(mortgage-backed security, MBS)을 5조 달러 이상 매입하거나 보증하고 있었다. 회계부정사건이 더 많은 위험을 선택하도록 몰아붙였을 수 있다. 1992년의 법은 패니메이와 프레디맥에게 적정가 주택을 증가시킬 책무를 부여했다. 서브프라임 모기지와 Alt-A 모기지[역자 주: 신용수준이 프라임 모기지와 서브프라임 모기지 사이에 있는 모기지]나 모기지유동화증권을 매입하는 것보다 이 책무를 수행하기 위한 더 좋은 방법은 무엇이겠는가? 회계부정사건으로 인해 패니메이와 프레디맥에 대한 정치적 지원이 약화되었기 때문에 그들은 이러한 자산들을 매입하여 미국 의회를 기쁘게 하고 적정가 주

* Nile Stephen Campbell, "Fannie Mae Officials Try to Assuage Worried Investors," *Real Estate Finance Today*, May 10, 1999 에서 인용.

택을 지원해야 할 더욱 강한 인센티브가 있다. 서브프라임 금융위기가 강타한 시점에 그들은 장부상에 1조 달러 이상의 서브프라임 모기지와 Alt-A 모기지 자산을 보유하고 있었다. 더욱이 그들은 자산에 비해 상대적으로 매우 낮은 자기자본을 가지고 있었다. 실제로 그들의 자기자본비율은 상업은행 등 여타 금융기관들보다 훨씬 낮았다.

2008년에 이르러 많은 서브프라임 모기지들이 채무불이행된 후에 패니메이와 프레디맥은 회계장부에 큰 손실을 기입했다. 그들의 적은 완충자본은 손실을 감당할 여력이 없음을 의미했고 투자자들은 돈을 빼내기 시작했다. 패니메이와 프레디맥은 모기지 시장에서 지배적인 역할을 담당하고 있었기 때문에, 미국 정부는 그들의 영업을 정지시킬 수가 없었다. 그들의 영업 정지는 모기지 신용의 이용가능성에 재앙적인 영향을 미치고 이것이 주택시장에 더 재앙적인 영향을 미칠 것이기 때문이었다. 그들의 파산이 임박함에 따라 재무부는 필요하다면 납세자 돈 2,000억 달러까지 제공할 것이라는 약속을 하면서 개입했다. 이렇게 거대한 금액이 공짜로 투입된 것은 아니다. CEO들이 사퇴할 것을 요구하면서 연방정부는 그들을 파산관리상태로 밀어넣고 규제감독당국인 FHFA가 일일 영업을 감독하게 함으로써 실제적으로 그들을 인수했다. 이에 더하여, 연방정부는 약 10억 달러의 선순위 우선주와 두 기관이 회생되면 보통주의 80%를 매입할 권리를 받았다. 구제금융조치가 이루어진 후 두 기관의 보통주 가격은 1년 전 가격의 2%보다도 더 낮았다.

패니메이와 프레디맥의 슬픈 사건은 두 주인을 섬기도록 되어 있기 때문에 발생하는 이해상충문제에 노출되어 있는 정부후원기업(GSE)을 설립하는 것이 얼마나 위험스러운 일인가를 보여준다. 그들은 상장기업으로서 주주를 위해 이윤을 극대화해야 하나 정부기관으로서 공공의 이익을 충족시키기 위해 일해야 할 책무도 있다. 결국, 일반인도 주주도 섬김을 잘 받지 못한다. 주택시장 회복으로 전국적으로 부동산 가격이 개선되면서 두 기관은 2013년에 이윤을 기록했다. 패니메이는 2013년 3월에 구제금융으로 받은 1,170억 달러 중 594억 달러를 상환했고 배당을 포함해 미국 정부에 총 950억 달러를 지급했다. 프레디맥은 구제금융으로 받은 720억 달러 중 약 370억 달러를 상환했다.

지방채

www.bloomberg.com/markets/rates/index.html
가장 최근 지방채 관련 사건, 전문가의 견해와 분석, 지방채 수익률 표에 관한 상세한 내용을 살펴보라.

지방채(municipal bond)는 지역정부, 카운티정부, 주정부에 의해 발행되는 증권이다. 이들 채권의 매각대금은 학교, 기반시설, 교통시스템과 같은 공공 프로젝트에 필요한 자금으로 사용된다. 필수적인 공공 프로젝트 대금을 지급하기 위해 발행되는 지방채는 연방세를 면제받는다. 제5장에서 살펴본 것처럼, 투자자들은 세금 면제 채권의 낮은 이자율에 만족하기 때문에, 지방자치당국은 더 낮은 비용으로 차입할 수 있다. 어떤 면세 이자율이 과세대상 이자율과 등가인지를 결정하기 위해 다음과 같은 식이 사용될 수 있다.

$$\text{면세 이자율 등가} = \text{과세 이자율} \times (1 - \text{한계 세율})$$

예제 10.1 지방채

회사채의 과세대상 이자율이 5%이고 한계 세율이 28%라고 하자. 지방채의 면세 이자율은 3.5%라고 하자. 여러분은 어느 증권을 선택하겠는가?

> 해답

회사채의 면세 이자율 등가는 3.36%이다.

$$\text{면세 이자율 등가} = \text{과세대상 이자율} \times (1 - \text{한계 세율})$$

여기서 과세대상 이자율 = 0.05

한계 세율 = 0.28

따라서

$$\text{면세 이자율 등가} = 0.05 \times (1 - 0.28) = 0.0336 = 3.36\%$$

지방채의 면세 이자율(3.5%)이 회사채의 면세 이자율 등가(3.36%)보다 높기 때문에 지방채가 선택된다.

지방채에는 두 종류가 있다. 일반보증채권과 수익채권이다. **일반보증채권**(general obligation bond)은 채권의 보증을 위해 담보로 제공되는 특정 자산이나 채권의 상환을 위해 할당된 특정 수입원이 없다. 그 대신 일반보증채권은 발행자의 '완전한 믿음과 신용(full faith and credit)'에 의해 지원된다. 이는 채권 발행자가 채권을 약정된 대로 상환하기 위해 이용가능한 모든 자원을 사용할 것이라고 약속함을 의미한다. 대부분의 일반보증채권 발행은 정부의 세무당국이 상환을 약속하고 있기 때문에 납세자의 동의를 받아야만 한다.

이와는 달리, **수익채권**(revenue bond)은 특정 프로젝트로부터 창출되는 현금흐름에 의해 지원된다. 예를 들어 수익채권은 유료도로를 건설하기 위해 발행될 수 있다. 이 경우 통행료가 상환을 위한 담보로 제공된다. 만약 이러한 수입이 채권을 상환하기에 충분하지 않으면, 수익채권은 채무불이행될 수 있고 투자자들은 손실을 볼 수 있다. 1983년에 워싱턴퍼블릭파워써플라이시스템(Washington Public Power Supply System, 'WHOOPS'라고 부름)이 두 개의 원자력 발전소를 건설하기 위한 자금을 조달하기 위해 수익채권을 발행했으나 대규모의 손실이 발생했다. 에너지 비용 하락과 막대한 비용 초과 때문에, 두 원자력 발전소는 전혀 가동되지 못했고 수익채권의 매입자들은 2,250억 달러의 손실을 보았다. 이것이 최대 공공 채무 부도사건으로 기록되어 있다. 수익채권은 일반보증채권보다 더 자주 발행되는 경향이 있다([그림 10.4] 참조). 최근의 낮

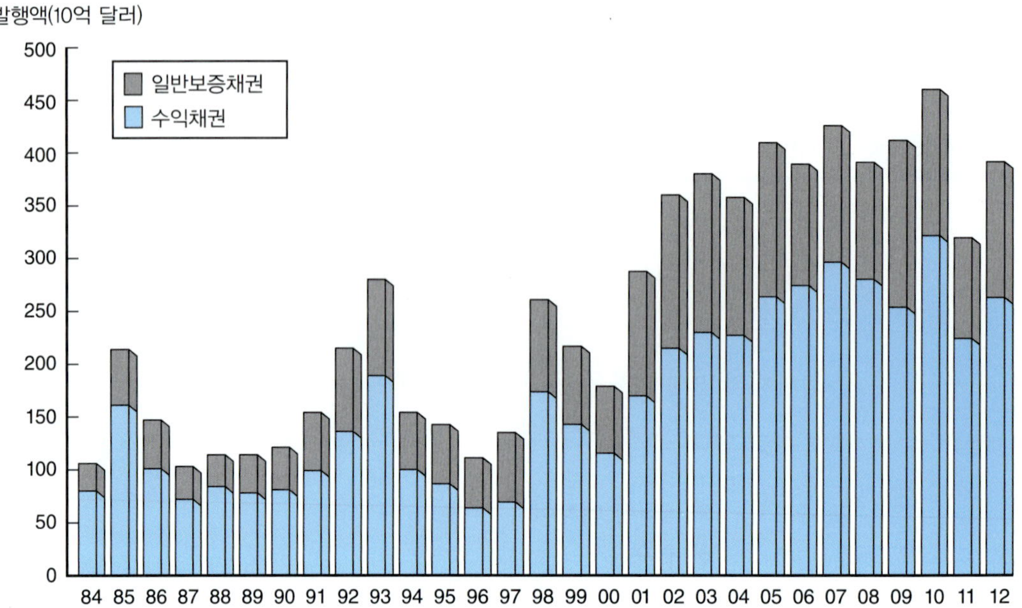

[그림 10.4] 수익채권과 일반보증채권의 발행액, 1984~2012년(연말 기준)

자료: http://www.federalreserve.gov/econresdata/releases/govsecure/current.htm.

은 이자율이 지방자치당국들의 기록적인 채권 발행을 촉발시켰다는 사실에 주목하라.

지방채 시장의 위험

지방채는 무위험채권이 아니다. 예를 들어 신용평가기관인 피치(Fitch Ratings)에 의해 수행된 한 연구에 의하면 지방채의 부도율은 0.63%이다. 지방채의 부도율은 경제가 취약한 기간 동안에 더 높다. 분명히 지방정부는 금융적 어려움으로부터 자유롭지 못하다. 연방정부와 달리 지방정부는 화폐를 발행할 수 없는 데다 사람들을 떠나지 않게 하면서 추가적으로 걷을 수 있는 세금에 현실적인 한계가 있다.

회사채

대기업은 장기 자금을 차입할 필요가 있을 때 채권을 발행할 수 있다. 대부분의 회사채는 1,000 달러의 액면가이고 반년마다 이자를 지급한다. 또한 대부분의 회사채는 콜 옵션을 가지고 있어 발행자가 특정일 이후에 채권을 중도상환할 수 있다.

채권계약서(bond indenture)는 대부자의 권리 및 특권과 차입자의 의무를 기술한 계약서이다. 채권보유자에게 보증수단으로 제공된 담보도 채권계약서에 기술된다.

온라인 정보

http://bonds.yahoo.com
재무부 장기채권, 지방채, 회사채의 종합 채권 이자율인 10년 만기 재무부 수익률에 관한 정보를 살펴보라.

채권의 채무불이행 위험은 많은 변수들에 의해 영향을 받을 수 있는 회사의 건전성에 의존하기 때문에 채권의 위험 정도는 채권에 따라 매우 다르다. 제5장에서 논의한 것처럼, 회사채의 이자율은 위험 수준에 따라 다르다. 위험이 낮고 신용등급이 높은 채권(AAA가 최고 신용등급임)은 위험이 높고 신용등급이 낮은 채권(BBB등급)보다 낮은 이자율을 가진다. 서로 다른 신용등급의 채권들 간 스프레드는 시간이 흐름에 따라 변한다. AAA등급 채권과 BBB등급 채권 간 평균 스프레드는 역사적으로 1%보다 약간 높다. 금융위기가 전개되면서, 투자자들이 안전성을 추구함에 따라 이 스프레드는 2008년 12월에 기록적으로 3.38%까지 이르렀다. 또한 채권의 이자율은 다음 절들에서 설명되는 채권의 특징과 특성에 의해서도 영향을 받는다.

회사채의 특성

예전에 채권은 채권 소유자가 이자를 받기 위해 발행기업에게 우편으로 보냈던 이표(coupon)가 붙어있는 상태로 매도되었다. 이자가 채권 실물 소유자에게 지급되었기 때문에 이러한 채권을 *무기명 채권*(bearer bond)이라고 불렀다. 그러나 이자소득의 추적이 어려웠기 때문에 미국 국세청은 이러한 이자지급방식을 좋아하지 않았다. 현재 무기명 채권은 이표가 붙어있지 않은 **기명채권**(registered bond)으로 대체되었다. 그 대신, 채권 소유자는 이자지급을 받기 위해 발행기업에 등록해야 한다. 발행기업은 이자소득을 받는 사람의 이름을 미국 국세청에 보고해야 한다.

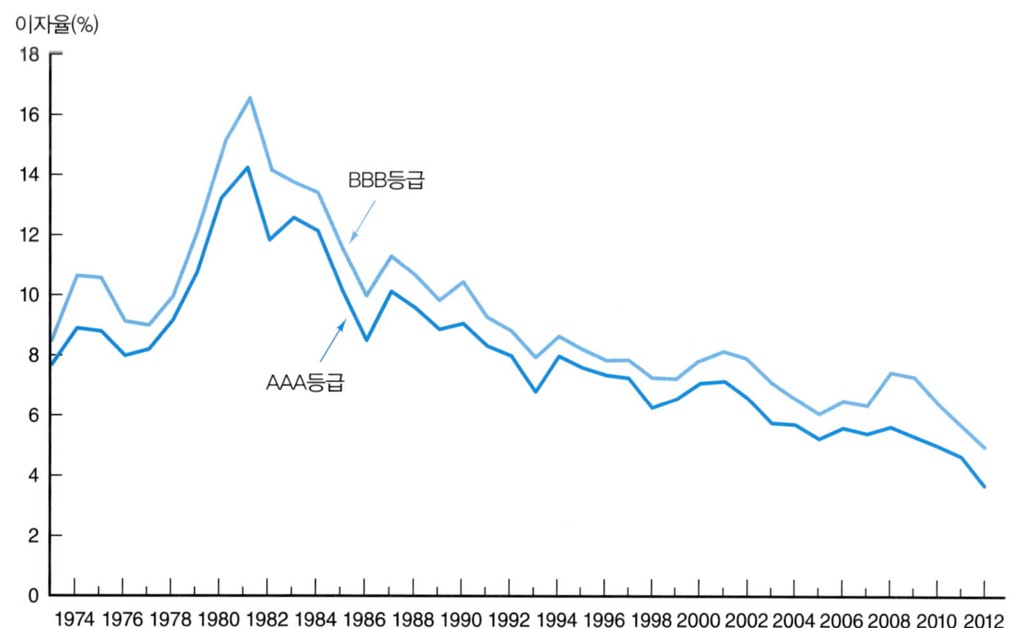

[그림 10.5] 회사채 이자율의 변화추이, 1973~2012년(연말 기준)

자료: http://www.federalreserve.gov/releases/h15/data.htm.

이표가 첨부된 무기명 채권이 사라졌음에도 불구하고, 여전히 채권의 이자지급을 '이표이자지급(coupon interest payment)'이라고 부르고 채권에 명시된 이자율을 '이표이자율(coupon interest rate, 이표율(coupon rate)'이라고도 부름)이라 부른다.

제한적 약관 기업의 재무경영자는 기업의 주주(stockholder)를 대표하는 이사회의 결정에 따라 고용되고 해고되며 보상받는다. 이러한 제도는 경영자가 채권보유자(bondholder) 보호보다 주주 보호에 더 관심을 가진다는 것을 의미한다. 여러분은 이것이 제2장에서 소개되고 제7장에서 추가적으로 논의되었던 도덕적 위험 문제의 예라는 것을 알아야 한다. 경영자는 채권을 발행해 조달된 자금을 채권보유자가 원하는 대로 사용하지 않을 수 있다. 기업이 어려움에 처했을 때, 채권보유자는 경영자에 기대를 걸 수 없기 때문에 자신의 이해를 보호하기 위해 경영자가 준수해야 할 규칙과 제한사항을 채권계약서에 포함시켜야 한다. 이러한 규칙과 제한사항을 **제한적 약관**(restrictive covenant)이라고 한다. 제한적 약관은 일반적으로(채권보유자에 대한 이자지급에 필요한 현금을 보전하기 위해) 기업이 지급할 수 있는 배당액과 추가적인 채무를 발행할 수 있는 기업의 능력을 제한한다. 기업의 합병 참여와 같은 여타 재무정책들도 제한될 수 있다. 제한적 약관은 채권계약서에 포함된다. 일반적으로 더 많은 제한들이 제한적 약관을 통해 경영자에게 부과될수록 이자율이 낮아지는데, 이는 투자자들이 그러한 채권을 더 안전하다고 간주하기 때문이다.

콜 조항 대부분의 회사채 계약서에는 발행자가 채권보유자에게 채권을 환매하도록 강요할 수 있는 권리를 기술한 **콜 조항**(call provision)이 포함되어 있다. 일반적으로 콜 조항은 채권이 최초에 발행된 시점과 콜 옵션이 행사될 수 있는 시점 사이의 대기기간(waiting period)을 요구한다. 채권보유자에게 지급되는 가격은 일반적으로 채권의 액면가나 액면가보다 약간 높게(일반적으로 1년 이자 만큼) 설정된다. 예를 들어 이표율이 10%이고 액면가가 1,000달러인 채권의 콜 가격(call price)은 1,100 달러이다.

만약 이자율이 하락하면 채권가격은 상승할 것이다. 이자율이 충분히 하락하면 채권가격은 콜 가격 이상으로 상승하게 되고 기업은 채권에 대해 콜 옵션을 행사한다. 콜 조항은 채권보유자가 채권가격의 상승으로부터 벌 수 있는 금액을 제한하기 때문에 투자자들은 콜 조항을 좋아하지 않는다.

채권 발행자가 콜 조항을 포함시키는 두 번째 이유는 **감채기금**(sinking fund) 조항에 따라 채권의 환매를 가능하도록 하기 위한 것이다. 감채기금(채권의 상환자금을 확보하기 위해 적립하는 기금)은 기업이 매년 채권 발행분의 일부를 상환해야 한다는 채권계약서의 요구조건이다. 이 조항은 채권 만기가 되었을 때 채무불이행 확률을 감소시키기 때문에 채권보유자에게 매력적이다. 감채기금 조항은 채권 발행을 더 매력적으로 만들기 때문에 기업은 감채기금 조항을 통해 채권의 이자율을 낮출 수 있다.

기업이 일반적으로 콜 채권(callable bond, 수의상환채라고도 함)을 발행하는 세 번째 이유는 제한적 약관이 주주의 최대 이익에 부합하는 일부 활동을 제한하게 된다면 기업이 채권 발행분을 회수해야 하는 상황이 발생할 수 있기 때문이다. 한 기업이 저장시설을 확장하기 위해 추가적인 자금을 차입할 필요가 있다고 하자. 만약 이 기업의 기존 채권이 추가적인 채무를 제한하고 있다면, 이 기업은 새로운 창고를 건설하기 위해 신규 채권을 발행하거나 대출을 받기 전에 기존 채권을 회수해야만 할 것이다.

마지막으로 기업은 자본구조를 바꾸기 원할 때 콜 채권을 선택할 수 있다. 초과 현금흐름을 가진 성숙 기업은 매력적인 투자기회가 없다면 자신의 채무 부담 감소를 원할 수 있다.

채권보유자는 일반적으로 콜 조항을 좋아하지 않기 때문에, 콜 채권은 콜 행사를 할 수 없는 채권보다 더 높은 수익률을 제시해야만 한다. 이렇게 비용이 더 드는 데도 불구하고 기업은 여전히 콜 채권의 특성이 기업에 부여하는 신축성 때문에 콜 채권을 발행한다.

주식전환 일부 채권은 보통주로 전환될 수 있다. 이러한 특성은 주가가 상승할 때 채권보유자에게 기업의 행운을 공유할 수 있게 해준다. 대부분의 전환사채(convertible bond)는 채권보유자가 원하는 경우 채권이 몇 주의 보통주로 전환될 수 있는지를 명시한다. 전환비율은 전환이 이루어지기 전에 주가가 얼마나 상승해야 하느냐에 따라 결정된다.

전환사채를 발행하는 것은 기업이 시장에 부정적인 신호를 보내는 것을 피하기 위한 한 가지 방법이다. 기업내부자와 투자자 간에 정보의 비대칭성이 존재하는 경우, 기업이 주식을 발행하기로 할 때 시장은 일반적으로 이러한 행동을 주가가 상대적으로 높거나 미래에 하락할 것임을 제시한다고 해석한다. 시장이 이렇게 해석하는 것은 경영자가 기존 주주들의 이해를 구하는 것에 가장 큰 관심을 두고 있고 주가가 과소평가되어 있을 때는 주식을 발행하지 않을 것이라고 믿기 때문이다. 만약 경영자가 기업이 미래에 성과가 좋을 것이라고 믿는다면, 그는 전환사채를 발행할 수 있다. 만약 경영자가 옳았고 주가가 상승하면, 채권보유자는 경영자가 공정하다고 믿는 상대적으로 높은 주가에 채권을 주식으로 전환할 것이다. 이와는 달리, 만약 경영자가 기업의 미래에 대해 잘못 생각했던 것으로 판명되면, 채권보유자는 채권을 주식으로 전환하지 않을 선택권을 가진다.

채권보유자는 주식전환특성을 좋아한다. 이것은 채권만 매입하지만 채권과 스톡옵션 모두를 받는 것과 매우 유사하다(스톡옵션은 제21장에서 상세하게 논의된다). 전환사채의 가격은 이러한 옵션가치를 반영할 것이고 이에 따라 주식전환특성이 없는 채권의 가격보다 더 높을 것이다. 채권의 가격이 더 높다는 것은 채권의 이자율이 더 낮다는 것을 의미한다.

회사채의 종류

다양한 종류의 회사채들이 존재한다. 회사채는 일반적으로 채권을 보증하는 담보의 유형과 기업이 부도가 나는 경우 채권이 상환되는 순위에 의해 구별된다.

담보부 채권 담보부 채권(secured bond)은 담보를 가지고 있는 채권이다. *모기지 채권*(mortgage bond)은 특정한 프로젝트에 필요한 자금을 조달하기 위해 사용된다. 예를 들어 빌딩은 그 빌딩의 건설을 위해 발행되는 채권의 담보가 될 수 있다. 기업이 약속한 대로 지급하지 못하는 경우, 모기지 채권보유자는 약속한 지급을 받기 위해 담보로 제공된 재산을 청산할 권리를 가진다. 이 채권은 특정한 재산을 담보로 가지고 있기 때문에 무담보부 채권보다 덜 위험하다. 그 결과 담보부 채권의 이자율은 무담보부 채권의 이자율보다 더 낮다.

설비신탁증서(equipment trust certificate)는 중장비와 비행기 등 유형의 비부동산 재산에 의해 보증되는 채권이다. 전형적으로 이러한 채권을 지원하는 담보는 모기지 채권을 지원하는 부동산보다 더 쉽게 시장에서 매각될 수 있다. 모기지 채권의 경우와 마찬가지로 이러한 담보의 존재는 채권의 위험을 감소시키고 이에 따라 채권의 이자율을 낮추어 준다.

무담보부 채권 *무담보부 사채*(debenture)는 발행자의 일반적인 신용에 의해서만 지원되는 장기 무담보부 채권이다. 특정한 담보가 채무의 상환을 보증하기 위해 제공되지 않는다. 채무불이행이 발생하는 경우, 채권보유자는 자산을 압류하기 위해 법원에 가야만 한다. 다른 채무자들에게 채무를 보증하기 위해 제공되어 있는 담보는 무담보부 사채 보유자가 이용할 수 없다. 무담보부 사채는 일반적으로 채권의 조건과 경영자의 책임을 상세히 규정한 첨부된 계약서를 가진다. 무담보부 사채에 첨부된 계약서는 *채권계약서*(indenture)라고 부른다(*무담보부 사채*(debenture)와 *채권계약서*(indenture)를 혼돈하지 않도록 주의하라). 기업이 부도나면 무담보부 사채는 담보부 채권보다 더 낮은 청구권 순위를 가진다. 따라서 무담보부 사채는 담보부 채권보다 더 높은 이자율을 가진다.

후순위 무담보부 사채(subordinated debenture)는 더 낮은 청구권 순위를 가진다는 점을 제외하고 무담보부 사채와 유사하다. 기업이 부도나는 경우 후순위 무담보부 사채 보유자는 선순위 채권보유자들이 완전히 지급받은 후에만 지급받는다. 따라서 후순위 무담보부 사채 보유자는 더 높은 손실위험에 직면한다.

변동이자율 채권(variable-rate bond)은 담보부이거나 무담보부 채권일 수 있는데, 1980년대와 1990년대의 이자율 변동성 증가에 의해 촉발된 금융혁신상품이다. 이러한 변동이자율 증권의 이자율은 재무부 장기채권의 이자율과 같은 다른 시장이자율에 연동되어 정기적으로 조정된다. 변동이자율 채권의 이자율은 시간이 흐르면서 시장이자율이 변함에 따라 변한다.

정크본드 제5장에서 논의한 것처럼, 모든 채권은 채무불이행의 위험 정도에 기초해 신용평가기관으로부터 신용등급을 부여받는다. 신용평가기관은 채권발행자의 재무적 특성을 연구하고 발행자의 부도가능성을 판단한다. AAA등급 채권은 최고 신용등급을 가진 채권이다. 무디스의 Baa등급이나 S&P의 BBB등급 *이상인* 채권은 투자등급(investment grade) 채권으로 간주된다. 신용등급이 이 수준보다 낮은 채권은 일반적으로 투기등급(speculative grade) 채권으로 간주된다([표 10.2] 참조). 투기등급 채권을 종종 **정크본드**(junk bond)라고 부른다. 1970년대 후반 이전에 투기등급 채권의 발행은 매우 드물었다. 거의 모든 신규발행 채권은 투자등급 채권이었다. 기업이 금융적 어려움에 처하면, 기업이 발행한 채권의 신용등급은 하락한다. 신용등급이 하락한 채권의 보유자는 잘 발달된 유통시장이 존재하지 않기 때문에 이러한 채권을 매도하는 것이 어렵다는 것을 알게 되었다. 이러한 채권은 일반적으로 무담보부 채권이기 때문에 왜 투자자가 이러한 투기등급 증권에 대해 미심쩍어 하는지는 쉽게 이해된다.

1977년에 투자은행인 드렉셀번햄램버트(Drexel Burnham Lambert)에서 일했던 밀켄(Michael Milken)은 더 높은 수익률로 보상받는다면 더 큰 위험을 기꺼이 선택할 용의가 있는 투자자들이 많다는 것을 알게 되었다. 그러나 밀켄은 저신용등급 채권시장의 발전을 저해했던 두 가지 문제

[표 10.2] 채무 증권의 신용등급에 대한 설명

Standard & Poor's	Moody's	정의
AAA	Aaa	최고의 질과 최고 신용등급. 이자를 지급하고 원금을 상환할 능력이 극히 강하다. 최소의 투자위험.
AA	Aa	높은 질. 이자를 지급하고 원금을 상환할 능력이 매우 강하나 AAA/Aaa와 약간 다르다.
A	A	이자를 지급하고 원금을 상환할 능력이 강하다. 많은 우호적인 투자 특성을 가지고 있고 중간등급 이상의 채권으로 간주된다. 환경과 경제상황의 변화에 의한 불리한 영향에 다소 취약하다.
BBB	Baa	중간등급 채권. 중간 정도로 보호된다. 이자를 지급하고 원금을 상환할 능력이 적정하다. 이자와 원금지급을 보장하기 위한 장기 신뢰성과 보호 요소들이 부족할 수 있다.
BB	Ba	이자를 지급하고 원금을 상환할 능력이 보통이다. 투기적 요소를 가지고 있으며 미래가 잘 보장된다고 간주할 수 없다. 불리한 기업, 경제, 재무 상황이 재무적 채무를 이행하지 못하게 할 수 있다.
B	B	바람직한 투자 특성이 결여되어 있다. 장기간 동안 이자와 원금 지급의 보장이 적을 수 있다. 불리한 상황이 금융 채무를 이행할 능력을 손상시킬 수 있다.
CCC	Caa	불량한 신용등급. 부도에 대한 현저한 취약성을 가지고 있고 이자의 적시 지급과 원금 상환을 이행하는 데 있어 유리한 기업, 경제, 재무 상황에 의존적이다.
CC	Ca	투기 정도가 높은 채무이다. 채권이 종종 부도나고 기타 현저한 단점들을 가진다.
C	C	최저 신용등급 채권. 실질적인 투자기준을 충족시킬 전망이 극히 불량하다. 파산신청이 이루어졌으나 채무상환이 지속되는 상황을 감추기 위해 사용될 수 있다.
CI		이자지급이 이루어지지 않는 수익사채(income bond)에 부여된다.
D		지급 부도상태
NR		신용등급이 부여되지 않는다(무등급).
(+) 또는 (-)		AA로부터 CCC까지의 등급은 등급 범주 안에서 상대적인 위치를 나타내기 위해 플러스나 마이너스 표시를 추가하여 수정될 수 있다.

자료: Federal Reserve Bulletin.

를 해결해야만 했다. 첫 번째 문제는 저신용등급 채권은 유동성이 낮다는 것이었다. 투자등급 채권의 인수자들은 채권이 발행된 후에 계속해서 시장을 조성했던 반면, 정크본드를 위한 시장조성자는 없었다. 드렉셀은 정크본드를 위한 시장조성자의 역할을 담당하기로 동의했다. 이에 따라 정크본드를 만기까지 보유하길 원치 않는 투자자들에게 중요한 고려사항인 유통시장이 존재한다는 것을 확신시켰다.

정크본드와 관련된 두 번째 문제는 발행기업이 채무불이행하는 매우 실질적인 가능성이 존재한다는 것이었다. 이와 비교하여 투자등급 채권의 채무불이행 위험은 무시할 수 있었다. 밀켄은 손실 확률을 감소시키기 위해 정크본드 발행자를 위해 마치 상업은행과 같은 역할을 했다. 그는 기업의 채무에 대해 재협상하거나 기업이 부도나는 것을 막기 위해 필요하다면 추가적인 자금을 빌려주고자 했다. 밀켄의 노력은 정크본드의 채무불이행 위험을 크게 감소시켰고 이에 따라 정크본드에 대한 수요가 급증했다.

1980년대 초반과 중반 동안 많은 기업들은 다른 기업들을 인수하는 데 필요한 자금을 조달하기 위해 정크본드를 이용했다. 기업이 다른 기업의 주식을 매입하기 위한 자금을 조달하기 위해 정크본드를 발행해 채무 규모가 크게 증가할 때, 이러한 레버리지의 증가는 정크본드의 위험을 증가시킨다. 종종 정크본드의 발행으로 인한 채무를 상환하기 위해 피인수기업들의 일부가 궁극적으로 매각된다. 1980년대 동안 약 1,800개 기업들이 정크본드 시장을 이용했다.

밀켄과 그의 중개회사는 그들의 노력에 대해 크게 보상받았다. 밀켄은 각 정크본드 발행액의 2~3%를 수수료로 받았고 1987년에 드렉셀은 월스트리트에서 가장 수익성이 높은 기업이 되었다. 1983년과 1987년 사이에 밀켄의 개인소득은 10억 달러를 초과했다.

정크본드 보유자에게는 불행하게도, 밀켄과 드렉셀은 내부자 거래가 발각되어 유죄선고를 받았다. 드렉셀이 정크본드 시장을 지원할 수 없게 되면서 1989년과 1991년 사이에 250개 기업이 부도처리되었다. 드렉셀 자신도 정크본드의 보유에 따른 손실 때문에 1990년에 파산신청을 했다. 밀켄은 이 사건에서 그가 저지른 일로 3년 감옥 형을 선고받았다. 포춘(Fortune)지는 밀켄의 재산이 여전히 4억 달러를 초과한다고 보도했다.[2)]

정크본드 시장은 1990년에 저점에 이른 이후에 대체로 회복되었으나 2008년 금융위기는 다시 위험 증권에 대한 수요를 감소시켰다. 이러한 시장 행태는 2008년에 투기등급 채권의 부도율이 투자등급 채권 부도율의 3배였다는 사실을 감안하면 합리적인 것이었다.

채권의 재정보증

재무적으로 취약한 증권 발행자는 종종 채권의 위험을 낮추기 위해 **재정보증**(financial guarantee)을 매입한다. 재정보증은 채권 발행자가 부도날 경우에 대부자(채권 매입자)에게 원금과 이자의 지급을 보증한다. 대형 보험회사들은 채권 발행을 지원하기 위한 보험증권을 인수한다. 이러한

2) 밀켄에 관한 완전한 기사가 *Fortune*(September 30, 1996): 80-105에 보도되었다.

재정보증 때문에 채권 매입자는 채권 발행자의 재무건전성을 우려할 필요가 없다. 그 대신, 채권 매입자는 보험회사의 건전성에만 관심을 가진다. 본질적으로 보험회사의 신용등급이 발행자의 신용등급을 대체한다. 이에 따른 위험의 감소가 채권 매입자가 요구하는 이자율을 낮춘다. 물론 채권 발행자는 재정보증을 매입하는 대가로 보험회사에 수수료를 지불해야 한다. 재정보증은 보험비용이 이자 절약분보다 적을 때에만 의미가 있다.

1995년에 J.P.모건(J. P. Morgan)은 소위 **신용부도스왑**(credit default swap, CDS)이라고 부르는 채권에 대한 보험을 제공하는 새로운 수단을 소개했다. 가장 간단한 형태의 CDS는 신용상품의 원금과 이자지급의 채무불이행에 대비한 보험을 제공한다. 여러분이 GE 회사채를 매입하기로 결정하고 GE가 어려움에 처할 때 발생할 수 있는 손실에 대비하기 위해 보험을 들기 원한다고 하자. 여러분은 이러한 보장을 제공하는 CDS를 매입할 수 있다.

2000년에 미국 의회는 규제감독 대상에서 CDS와 같은 파생증권을 제외시키는 상품선물현대화법(Commodity Futures Modernization Act)을 통과시켰다. 추가적으로 이 법은 주정부들이 파생증권에 대해 도박법을 적용하지 못하게 했다. 이러한 규제의 효과는 투자자가 보유하고 있지 않은 증권의 부도 가능성에 대해 투기할 수 있도록 하는 것이었다. 여러분이 생각하기에 건강하지 않게 보이는 사람에 대한 생명보험을 여러분이 매입할 수 있다는 아이디어를 고려해보자. 보험법은 여러분이 보험을 매입하기 전에 손실을 볼 수 있는 상황에 있어야 한다고 요구함으로써 이러한 방식의 투기를 하지 못하게 한다. 상품선물현대화법은 파생증권에 대해 이러한 요구를 제거시켰다. 이에 따라 본질적으로 투기꾼들은 기업이나 증권이 미래에 부도날 것인지에 대해 합법적으로 내기를 걸 수 있게 되었다.

2000년과 2008년 사이에 주요 CDS 매도자로 AIG, 리먼브라더스(Lehman Brothers), 베어스턴스(Bear Sterns)가 있었다. CDS 발행잔액은 2008년에 최고 수준인 62조 달러 이상으로 급증했다. 이 수치가 얼마나 큰지를 가름해 보면, 그 당시 전 세계의 국내총생산은 약 50조 달러였다. 2008년에 리먼브라더스는 파산했고 베어스턴스는 J.P.모건에 의해 헐값으로 인수되었으며 AIG는 1,820억 달러의 정부 구제금융을 받았다. 이 주제는 제18장 보험회사와 연기금에서 더 상세하게 논의된다.

경상수익률의 계산

제3장에서 이자율이 소개되었고 만기수익률 개념이 설명되었다. 만약 여러분이 채권을 매입해서 만기까지 보유하면, 여러분은 만기수익률을 벌게 된다. 만기수익률은 채권 보유에 따른 수익률을 측정하는 가장 정확한 척도이다.

경상수익률

경상수익률(current yield)은 쉽게 계산되기 때문에 종종 이표채의 만기수익률에 대한 근사치로 보고된다. 경상수익률은 연간 이표지급액을 증권가격으로 나눈 것으로 정의된다.

$$i_c = \frac{C}{P} \tag{1}$$

여기서 i_c = 경상수익률
P = 이표채의 가격
C = 연간 이표지급액

이 공식은 영구채의 만기수익률을 계산하는 제3장의 식(5)와 같다. 따라서 영구채의 경우 경상수익률은 정확히 만기수익률이다. 이표채는 장기(말하자면, 20년 이상)의 만기를 가질 때 이표지급을 영구히 하는 영구채와 매우 유사하다. 따라서 경상수익률은 장기 이표채의 만기수익률에 대한 매우 가까운 근사치이기 때문에 여러분은 채권표에서 만기수익률을 찾아보는 대신에 경상수익률을 사용할 수 있다. 그러나 이표채의 만기가 짧아짐(말하자면, 5년 미만으로)에 따라, 이표채는 영구채와 점점 다르게 되고 이에 따라 경상수익률에 의한 만기수익률 근사는 점점 더 나빠지게 된다.

채권가격이 액면가와 같을 때, 만기수익률은 이표율(이표지급액을 액면가로 나눈 것)과 일치한다. 경상수익률은 이표지급액을 채권가격으로 나눈 것이기 때문에, 채권가격이 액면가일 때 경상수익률은 이표율과 같다. 따라서 채권가격이 액면가일 때 경상수익률은 만기수익률과 같다는 결론이 도출된다. 이것은 채권가격이 액면가에 더 가까울수록 경상수익률은 만기수익률을 더 양호하게 근사한다는 것을 의미한다.

경상수익률은 채권가격과 음의 관계에 있다. 이표율이 10%인 채권의 경우 채권가격이 1,000달러에서 1,100달러로 상승할 때, 경상수익률은 10%(= 100달러/1,000달러)에서 9.09%(= 100달러/1,100달러)로 하락한다. 제3장의 [표 3.1]에서 제시하는 것처럼, 만기수익률도 채권가격과 음의 관계에 있다. 채권가격이 1,000달러에서 1,100달러로 상승할 때, 만기수익률은 10%에서 8.48%로 하락한다. 여기에서 한 가지 중요한 사실이 제시된다. 즉 경상수익률과 만기수익률은 항상 같은 방향으로 움직이고 경상수익률이 상승하면 항상 만기수익률도 상승한다.

예제 10.2 경상수익률

액면가가 1,000달러이고 이표율이 10.95%인 채권의 경상수익률은 얼마인가? 이 채권의 현재 시장가격은 921.01달러이다.

> 해답

경상수익률은 11.89%이다.

$$i_c = \frac{C}{P}$$

여기서 C = 연간 이표지급액 $= 0.1095 \times \$1{,}000 = \$109.50$

P = 채권가격 $= \$921.01$

따라서

$$i_c = \frac{\$109.50}{\$921.01} = 0.1189 = 11.89\%$$

경상수익률의 일반적인 특성을 다음과 같이 요약할 수 있다. 채권가격이 액면가에 더 가깝고 채권의 만기가 장기일수록, 경상수익률은 만기수익률을 더 양호하게 근사한다. 채권가격이 액면가로부터 더 멀어지고 채권의 만기가 단기일수록, 경상수익률은 만기수익률을 더 나쁘게 근사한다. 경상수익률이 만기수익률의 좋은 근사치인가와 관계없이, 경상수익률의 변화는 항상 같은 방향의 만기수익률 변화를 의미한다.

이표채의 가치 결정

채권가격이 어떻게 결정되는지를 살펴보기 전에 먼저 기업 자산의 가격을 계산하는 배후에 있는 일반이론을 살펴보자. 운이 좋게도 모든 금융자산의 가치는 같은 방식으로 계산된다. 현재 가격은 모든 미래 현금흐름들의 현재가치이다. 제3장에서 이루어진 현재가치에 관한 논의를 기억해보라. 만약 여러분이 어떤 미래 현금흐름의 현재가치만큼을 가지고 있다면, 여러분은 그 현재가치 금액을 할인율로 투자함으로써 그 미래 현금흐름을 정확하게 복제해낼 수 있다. 예를 들어 할인율이 10%이면, 1년 후에 받을 100달러의 현재가치는 90.90달러이다. 투자자는 오늘 90.90달러를 가지는 것과 1년 후에 100달러를 가지는 것 간에 완전히 무차별하다. 90.90달러를 10%의 이자율로 투자하면 미래에 100달러를 얻을 수 있기 때문이다(90.90달러 × 1.10 = 100달러). 이것은 가치의 본질을 나타낸다. 자산에 의해 제공되는 일련의 현금흐름을 계속해서 받는 것과 자산의 매각대금을 받는 것이 서로 무차별해지도록 자산의 현재가격이 설정된다.

여기서 우리가 궁금해 할 수 있는 한 가지 질문은 모든 사람이 가치가 어떻게 결정되는지를 안다면 왜 가격이 변동하는가이다. 그것은 모든 사람이 미래 현금흐름이 어떻게 될 것인지에 대해 의견이 일치하지 않기 때문이다. 증권의 가치를 결정하는 방법을 요약해보도록 하자.

1. 증권의 보유로부터 발생하는 일련의 현금흐름들을 식별하라.
2. 증권의 보유에 대해 투자자를 보상하기 위해 요구되는 할인율을 결정하라.
3. 2단계에서 결정된 할인율을 사용해 1단계에서 추정된 일련의 현금흐름들의 현재가치를 계산하라.

이 장의 나머지 부분은 중요한 자산인 채권의 가치가 어떻게 결정되는지에 초점을 맞춘다.

다음 장에서는 주식의 가치 결정에 대한 논의가 이루어진다.

반년마다 이표를 지급하는 채권의 가격 결정

채권은 일반적으로 이표율과 액면가를 곱한 금액을 1년마다 이자로 지급한다. 채권이 만기에 이르면 채권보유자는 액면가에 해당하는 금액도 지급받는다. 대부분의 회사채는 1,000달러의 액면가를 가지고 있다. 채권과 관련된 기본 용어가 [표 10.3]에 정리되어 있다.

채권 발행기업은 일반적으로 채권을 매각하는 시점에 있어 다른 유사한 기존 채권에 적용되는 이자율에 가까운 이표율을 책정한다. 채권이 변동이자율을 갖지 않는 한, 이표 이자지급액은 채권의 수명 동안 변하지 않는다.

채권의 가치를 계산하는 첫 번째 단계는 채권의 보유자가 받게 되는 일련의 현금흐름들을 식별하는 것이다. 채권의 가치는 이러한 현금흐름들의 현재가치이다. 현금흐름들은 이자지급들과 마지막 원금상환으로 구성된다.

두 번째 단계에서 이러한 현금흐름들이 유사한 위험과 만기를 갖는 다른 채권의 수익률을 나타내는 이자율을 이용해 현재가치로 할인된다.

연간 한 번씩의 현금흐름들을 지급하는 단순한 채권의 가격을 계산하는 방법이 제3장에서 상세히 논의되었다. 이제 더 현실적인 예를 살펴보도록 하자. 대부분의 채권은 반년마다 이자를 지급한다. 반년마다 이루어지는 이자지급액을 구하기 위해 연간 이표지급액을 2로 나누어야 할

[표 10.3] 주요 채권 용어

이표이자율(coupon interest rate)	채권에 명시된 연 이자율. 이표이자율은 일반적으로 채권의 수명 동안에 고정된다.
경상수익률(current yield)	이표이자지급액을 채권의 현재 시장가격으로 나눈 것
액면금액(face amount)	채권의 만기 가치. 채권보유자는 채권이 만기에 이르면 채권 발행자로부터 액면금액을 받는다. *액면금액*(face amount)은 *액면가*(par value or face value와 동의어이다.
채권계약서(indenture)	채권에 첨부되어 있고 대부에 관한 합의조건을 규정한 계약서. 채권계약서는 제한적 약관이라고 부르는 경영에 관한 제한사항들을 포함한다.
시장이자율(market rate)	위험과 만기처럼 증권시장에서 현재 유효한 이자율. 시장이자율은 채권의 가치를 결정하기 위해 사용된다.
만기(maturity)	채권이 만기에 이르고 채권보유자가 액면가를 지급받을 때까지의 연수나 기간
액면가(par value or face value)	*액면금액*과 같다.
만기수익률(yield to maturity)	투자자가 채권을 현재 시장가격으로 매입하고 만기까지 보유하면 벌게 되는 수익률

것이다. 이와 유사하게 반년 동안에 해당하는 이자율을 구하기 위해 시장이자율도 2로 나누어야 한다. 마지막 조정은 1년에 두 개의 기간이 존재하기 때문에 기간의 수를 두 배로 만드는 것이다. 식(2)는 반년마다 이표를 지급하는 채권의 가격을 계산하는 방법을 보여준다.[3)]

$$P_{semi} = \frac{C/2}{1+i} + \frac{C/2}{(1+i)^2} + \frac{C/2}{(1+i)^3} + \cdots + \frac{C/2}{(1+i)^{2n}} + \frac{F}{(1+i)^{2n}} \qquad (2)$$

여기서 P_{semi} = 반년마다 이표를 지급하는 이표채의 가격
C = 연간 이표지급액
F = 채권의 액면가
n = 만기까지의 연수
$i = \frac{1}{2}$(연간 시장이자율)

예제 10.3 반년마다 이표를 지급하는 채권의 가치 계산

이표율이 10%이고 액면가는 1,000달러이며 만기가 2년이면서 반년마다 이표를 지급하는 채권을 고려해보자. 반년마다의 복리를 가정하고 시장이자율은 12%라고 하자. 이 채권의 가격을 계산하라.

> 해답

1. 먼저 이 채권의 현금흐름들을 식별하라. 연간 이표지급액은 0.10과 1,000달러를 곱한 100달러이다. 이표가 매 6개월마다 지급되기 때문에, 반년마다 이표지급액은 100달러의 1/2인 50달러이다. 마지막 현금흐름은 채권의 액면가인 1,000달러를 상환받는 것이다. 이것은 반년마다 지급되는 이표 때문에 변하지 않는다.
2. 채권의 현재가치를 계산하기 위해 어떤 시장이자율이 적정한지를 알 필요가 있다. 유사한 위험을 가지고 오늘 발행되는 채권들이 12%의 이자율을 가진다고 하자. 반년 이자율은 12%를 2로 나누어 6%이다.
3. 현금흐름들의 현재가치를 구하라. 반년마다의 복리 하에서 기간의 수는 2배가 되어야 한다는 점에 주목하라. 이것은 4기간 동안 채권에서 지급되는 현금흐름들을 함을 의미한다.

---

3) 원래의 기간 수와 연 이자율을 사용하면서 마지막 현금흐름을 할인하는 것을 지지하는 이론적 논거가 존재한다. 원금과 이자의 현금흐름들이 분리되어 서로 다른 투자자들에게 매각되는 파생증권이 있다. 이때 일부 투자자가 반년마다 이자지급을 받는다는 사실로 인해 이자는 없고 원금만 있는 증권에서의 현금흐름의 현재가치가 영향을 받아서는 안될 것이다. 그러나 실제로 모든 교재, 계산기, 스프레드시트는 이자지급의 현재가치를 계산하기 위해 사용되는 것과 동일한 이자율과 기간 수를 사용해 마지막 현금흐름을 할인하면서 채권가치를 계산한다. 이러한 일관성을 유지하기 위해 이 책에서도 같은 방법이 사용된다.

해답: 계산식

$$P = \frac{\$100/2}{(1+.06)} + \frac{\$100/2}{(1+.06)^2} + \frac{\$100/2}{(1+.06)^3} + \frac{\$100/2}{(1+.06)^4} + \frac{\$1,000}{(1+.06)^4}$$

$$P = \$47.17 + \$44.50 + \$41.98 + \$39.60 + \$792.10 = \$965.35$$

해답: 금융계산기 사용

$N = 4$

$FV = \$1,000$

$I = 6\%$

$PMT = \$50$

금융계산기를 사용해 계산하면, PV = 채권가격 = $965.35

[예제 10.3]에서 채권의 시장가격이 채권의 액면가인 1,000달러보다 낮다는 점에 주목하라. 이와 같이 채권이 액면가보다 낮게 매도될 때, 채권은 **할인**(discount)되어 팔린다. 채권의 가격이 액면가보다 높을 때, 채권은 **할증**(premium)되어 팔린다.

채권이 할인되어 팔릴 것인지 할증되어 팔릴 것인지를 결정하는 요인은 무엇인가? 여러분이 이표율이 10%이고 액면가가 1,000달러인 기존 채권에 투자할 것을 요청받는다고 하자. 수익률이 12%인 유사한 위험을 가진 신규발행 채권이 있다면, 여러분은 기존 채권에 대해 1,000달러를 지불하려 하지 않을 것이다. 기존 채권의 매도자는 기존 채권을 매력적인 투자가 되도록 만들기 위해 이표율이 10%인 채권의 가격을 낮추어야만 할 것이다. 실제로 채권 매도자는 기존 채권의 매입자가 버는 수익률이 이와 유사한 신규발행 채권의 수익률과 같아질 때까지 기존 채권의 가격을 낮추어야 할 것이다. 이것은 시장이자율이 상승함에 따라 고정이자율을 가진 채권의 가치가 하락한다는 것을 의미한다. 이와 유사하게 신규발행 채권에 적용되는 시장이자율이 하락하면, 기존 고정이자율 채권의 가치는 상승한다.

채권 투자

채권은 주식 투자에 대한 가장 인기 있는 장기 투자 대안이다([그림 10.6] 참조). 채권의 지급순위가 주식보다 선순위이기 때문에 채권의 위험은 주식보다 낮다. 이것은 기업이 채무를 상환하는 데 어려움에 처할 때 채권보유자는 주주보다 먼저 지급받는다는 것을 의미한다. 이에 더하여 기업이 청산되어야 한다면, 채권보유자는 주주보다 먼저 지급받도록 되어 있다.

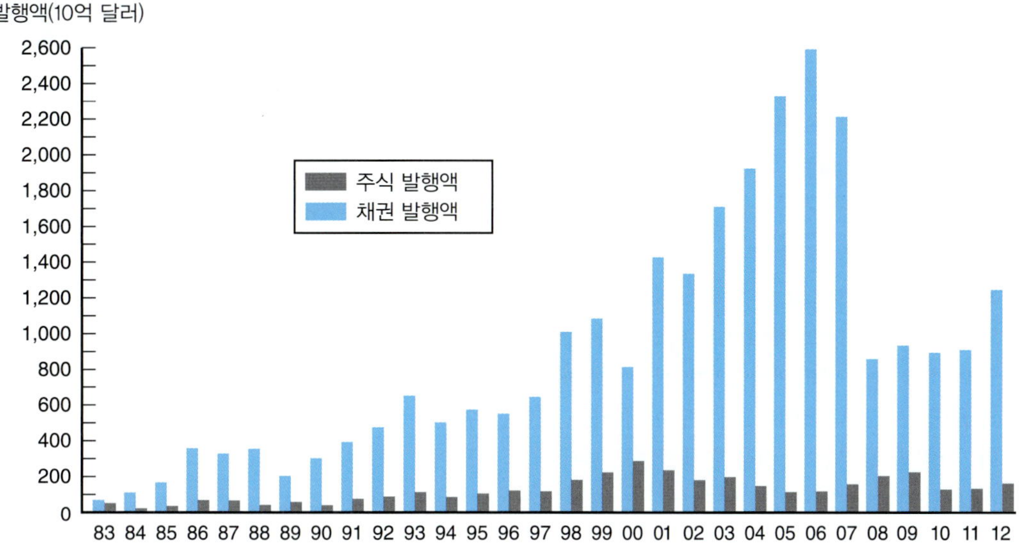

[그림 10.6] 채권과 주식 발행액, 1983~2012년

자료: http://www.federalreserve.gov/econresdata/releases/corpsecure/current.htm.

채권보유자와 주주에게 지급할 충분한 현금흐름을 가지고 있는 건전한 기업의 경우에도 종종 그 주식가격은 매우 심하게 변동한다. 이러한 주가의 변동성은 많은 투자자들을 겁먹게 해서 주식시장을 떠나게 만든다. 채권은 가장 인기 있는 대안이다. 채권은 상대적으로 안정성과 신뢰할 수 있는 현금지급을 제공하기 때문에 은퇴한 투자자들과 투자에 의지해 살기 원하는 사람들에게 이상적인 투자수단이다.

많은 투자자들은 현금흐름들이 상대적으로 확실하기 때문에 채권은 매우 낮은 위험을 가진 투자수단이라고 생각한다. 사실 신용등급이 높은 채권은 좀처럼 채무불이행되지 않는다. 그러나 채권투자자는 시장이자율의 변화로 인한 가격변동에 직면한다. 이자율이 상승하고 하락함에 따라 채권의 가치는 반대 방향으로 변화한다. 제3장에서 논의한 것처럼, 이자율 변화 때문에 손실이 발생할 가능성을 **이자율위험**(interest-rate risk)이라 부른다. 채권의 만기가 장기일수록 채권가격은 더 크게 변동할 것이다. 채권을 매도하지 않는 투자자들에게는 손실이 발생하지 않는다. 그러나 많은 투자자들은 채권을 만기까지 보유하지 않는다. 만약 그들이 이자율이 상승한 후에 채권을 매도하고자 하면, 지불했던 것보다 더 적게 받을 것이다. 이자율위험은 채권에 투자할 것인지를 결정할 때 중요한 고려사항이다.

요약

1. 자본시장은 장기 자본 자산을 매입하는 데 필요한 자금을 제공하기 위해 존재한다. 가계는 종종 연금과 뮤추얼펀드 투자를 통해 자본시장의 순 투자자가 된다. 기업, 중앙정부, 지방정부는 이러한 자금의 순 사용자이다.

2. 세 가지 주요 자본시장 증권은 채권, 주식, 모기지이다. 채권은 발행기업의 차입액을 나타낸다. 주식은 발행기업의 소유권을 나타낸다. 모기지는 실물 재산이 담보로 제공되는 장기대출이다. 기업만이 주식을 발행할 수 있다. 기업과 정부는 채권을 발행할 수 있다. 어느 연도에서 보든, 더 많은 자금이 주식보다는 채권을 통해 조달된다.

3. 기업경영자는 주주의 재산을 보호하고 증식시키기 위해 주주에 의해 고용된다. 채권보유자는 자신의 이해를 보호하기 위해 채권계약서(bond indenture)에 의존해야 한다. 채권계약서는 기업이 위험을 증가시켜서 결과적으로 채권에 대한 채무불이행 가능성을 높이는 활동들을 하지 못하도록 제한하는 제한적 약관을 포함한다. 또한 채권계약서는 채권을 투자자들에게 더 혹은 덜 매력적이게 만드는 콜 옵션, 주식전환, 감채기금과 같은 많은 조항들을 포함한다.

4. 기업 자산의 가치는 자산보유자에게 지급되는 현금흐름들의 현재가치를 계산하는 방식으로 구해진다. 예를 들어 상업빌딩의 가치는 소유주가 받게 될 순 현금흐름들의 현재가치를 계산함으로써 구해진다. 채권의 가치는 정기적인 이자지급들과 마지막 원금상환으로 구성되는 현금흐름들의 현재가치를 계산함으로써 구해진다.

5. 채권의 가치는 시장이자율에 따라 변동한다. 신규발행 채권이 8%의 이표율에 기초한 이자지급을 하면서 액면가에 매입할 수 있으면, 투자자는 5%의 이표율에 기초한 이자지급을 하는 채권을 액면가에 매입하지 않을 것이다. 이 채권을 매도하기 위해 채권보유자는 채권의 수익률이 8%가 될 때까지 채권가격을 할인해야만 할 것이다. 만기가 장기일수록 할인액은 더 커진다.

주요용어

감채기금(sinking fund)
경상수익률(current yield)
기명채권(registered bond)
기업공개(initial public offering)
무이표증권(zero coupon security)
수익채권(revenue bond)
신용부도스왑(credit default swap, CDS)
이자율위험(interest-rate risk)
이표율(coupon rate)
일반보증채권(general obligation bond)
재정보증(financial guarantee)
정크본드(junk bond)
제한적 약관(restrictive covenants)
채권계약서(bond indenture)
콜 조항(call provision)
할인(discount)
할증(premium)
STRIPS(Separate Trading of Registered Interest and Principal Security)

연습문제

1. 투자자가 단기금융시장을 이용하는 것과 자본시장을 이용하는 것을 대비해서 설명하라.

2. 주요 자본시장 증권은 무엇이며 누가 이러한 증권의 주요 매입자들인가?

3. 증권의 발행시장과 유통시장은 어떻게 다른가?

4. 채권은 액면가, 이표이자율, 만기일에 관한 정보를 제공한다. 각각을 정의하라.

5. 미국 재무부는 단기증권, 중기채권, 장기채권을 발행한다. 이러한 세 가지 증권들은 어떻게 다른가?

6. 시간이 흐르면서 시장이자율이 변화함에 따라 채권의 시장가격은 상승하고 하락한다. 이자율의 변화 때문에 발생되는 채권의 시장가격 변화가 채권투자자들에게 발생되는 위험이다. 이 위험을 무엇이라고 부르는가?

7. 재무부 증권들에 추가하여 일부 정부기관들도 채권을 발행한다. 이러한 기관 세 개를 열거하고 채권 발행으로 조달된 자금은 어떤 용도로 사용되는지 설명하라.

8. 채권의 콜 조항은 채권 발행자가 재량으로 채권을 상환할 수 있게 해준다. 투자자들은 콜 조항을 좋아하지 않고 이에 따라 콜 채권에 대해 더 높은 이자율을 요구한다. 그런데 왜 채권 발행자는 계속해서 콜 채권을 발행하는가?

9. 감채기금은 무엇인가? 투자자들은 이러한 특성을 가진 채권을 좋아하는가? 그 이유는 무엇인가?

10. 채권의 조건을 열거한 문서를 무엇이라고 부르는가?

11. 자본시장 증권이 발행자로부터 민간에게 전달되는 두 가지 방법을 설명하라.

계산문제

1. 어떤 채권이 연간 80달러의 이자(8% 이표)를 지급한다. 이 채권은 만기가 5년이고 만기에 1,000달러를 지급한다. 10% 할인율을 가정하면, 이 채권의 가격은 얼마인가? (제3장과 제10장을 복습하라.)

2. 한 무이표채가 1,000달러 액면가와 20년 만기를 가지고 있다. 투자자들은 이 채권에 대해 연 10% 수익률을 요구한다. 이 채권은 얼마에 매도되어야 하는가? (주: 무이표채는 이자를 지급하지 않는다. 제3장을 복습하라.)

3. 다음과 같은 특성을 지닌 두 채권을 고려해보라.

	채권 A	채권 B
만기(연)	15	20
이표율(%) (반년마다 이자지급)	10	6
액면가	\$1,000	\$1,000

a. 두 채권 모두 8%의 수익률을 요구한다면, 두 채권의 가격은 각각 얼마인가?
b. 채권이 할인되어 매도된다, 할증되어 매도된다, 액면가에 매도된다는 것은 각각 무엇을 의미하는가? 위의 두 채권은 할인되어 매도되는가, 할증되어 매도되는가, 액면가에 매도되는가?
c. 요구수익률이 10%로 상승하면 두 채권의 가격은 각각 얼마인가?

4. 만기가 2년이고 액면가가 1,000달러인 무이표채의 가격은 현재 819.00달러이다. 만기가 2년인 1,000달러 연금의 가격은 현재 1,712.52달러이다. 만약 두 증권 중 하나에 5만 달러를 투자하기 원하면, 어떤 증권이 더 좋은가? (힌트: 각 증권의 수익률을 계산하라.)

5. 다음과 같은 현금흐름을 고려해보라. 모든 시장이자율은 12%이다.

연도	0	1	2	3	4
현금흐름		160	170	180	230

a. 여러분은 이들 현금흐름에 대해 어떤 가격을 지불할 것인가? 만약 여러분이 2.5년 이후에 나머지 현금흐름에 대한 권리를 매도한다면, 총재산이 얼마가 되리라고 예상하는가? 이자율은 변화하지 않는다고 가정하라.
b. 이들 현금흐름의 듀레이션은 얼마인가?
c. 이들 현금흐름을 매입한 직후에 모든 시장이자율이 11%로 하락했다. 이것이 2.5년 이후에 여러분의 총재산에 어떤 영향을 미치는가?

6. 어떤 회사채 수익률이 10%이고 현재 액면가에 매도되고 있다. 한계세율은 20%이다. 한편 이표율이 8.50%이

고 액면가에 매도되는 지방채가 존재한다. 어느 증권을 매입하는 것이 더 좋은가?

7. 지방채 이자율이 4.25%이고 회사채 이자율이 6.25%라고 하자. 투자자들이 두 채권 간에 무차별하다면, 한계세율은 얼마인가?

8. M&E사는 전환사채를 가지고 있다. 이 채권은 (현재 1주당 52달러에 거래되는) 보통주 20주로 전환될 수 있다. 이 채권은 잔여만기 5년, 액면가 1,000달러, 연 이표율 6%이다. 이 채권의 최소 가격은 얼마인가?

9. 8번 문제의 전환사채가 1,035달러에 거래되고 있다고 가정하라. 여러분은 이 상황으로부터 무위험 이윤을 어떻게 벌 수 있는가?

10. 만기가 10년, 액면가가 1,000달러, 연 이표율이 5%인 채권이 6%의 수익률로 거래되고 있다. 이 채권의 경상수익률은 얼마인가?

11. 연 5%의 이표가 지급되고 액면가가 1,000달러인 채권이 1년의 잔여만기를 가지고 있다. 이 채권의 경상수익률은 6.713%이고 만기수익률은 10%이다. 이 채권의 가격은 얼마인가?

12. 만기가 1년이고 액면가가 1,000달러인 할인채가 900달러에 매입되었다. 이 채권의 만기수익률은 얼마인가? 할인기준 수익률은 얼마인가? (제3장과 제10장 참조.)

13. 만기가 7년이고 액면가가 1,000달러인 채권이 8%의 연 이표율을 가지고 있고 현재 수익률은 7.5%이다. 이 채권은 2년 후에 1,010달러의 콜 가격에 콜 옵션이 행사될 수 있다. 이 채권에 대해 콜 옵션이 행사될 것이라고 가정하면, 이 채권의 수익률(콜 수익률(yield to call))은 얼마인가?

14. 만기가 20년이고 액면가가 1,000달러인 채권이 7%의 연 이표율을 가지고 있다. 이 채권은 10년 후에 1,025달러의 콜 프리미엄으로 콜 옵션이 행사될 수 있다. 만약 이 채권이 6.25%의 콜 수익률로 거래되고 있다면, 이 채권의 만기수익률은 얼마인가?

15. 만기가 10년이고 액면가가 1,000달러인 채권이 9%의 연 이표율과 8.8%의 만기수익률을 가지고 있다. 이 채권의 가격은 얼마인가?

16. 여러분의 회사는 다음과 같은 채권들을 보유하고 있다.

채권	시장 가치	듀레이션
A	1,300만 달러	2
B	1,800만 달러	4
C	2,000만 달러	3

만약 전반적인 이자율이 8%로부터 8.5%로 상승하면, 이 포트폴리오의 가치는 근사적으로 얼마나 변화하는가? (제3장을 복습하라.)

웹 연습문제

채권시장

1. 주식은 채권보다 더 많이 알려져 있는 경향이 있지만, 특히 은퇴에 가깝거나 이미 은퇴한 많은 투자자들은 채권이 그들의 위험선호에 더 맞는다는 것을 알고 있다. http://finance.yahoo.com/calculator/index로 들어가라. 은퇴한 상태에서 "나는 나의 자산을 어떻게 배분해야 하는가?"라는 계산표를 찾아보라. 질문지에 답한 후에 추천된 자산배분에 동의하는지 논의하라.

주식시장

> PREVIEW

제10장에서 자본시장은 장기증권이 거래되는 시장이라는 것을 확인했다. 이어서 채권시장을 살펴보고 채권가격이 어떻게 결정되는지를 논의했다. 이 장에서는 주식시장을 면밀하게 살펴보면서 계속해서 자본시장에 대해 논의한다. 주식시장은 의심할 여지없이 가장 많이 주목과 감시를 받는 시장이다. 주식시장의 부침에 대한 투자자의 예상에 따라 엄청난 재산이 만들어지고 사라진다. 지난 10년 동안은 전례 없이 주가의 변동성이 심한 시기였다. 주가지수는 기술 기업들의 주도로 1990년대 후반에 기록적으로 높게 상승했고 2000년에 가파르게 하락했다. 주가지수는 2007년에 기록적으로 높은 수준으로 복귀했고 2009년에 1997년 수준으로 하락했다. 그 이후 주식시장은 완전히 회복되었고 주가지수는 기록적인 수준에 도달했다. 이 장에서는 이렇게 중요한 주식시장이 어떻게 작동하는지를 살펴본다.

먼저 주식이 거래되는 시장을 논의한다. 이어서 주식의 가치 결정에 기반이 되는 기본 이론들을 살펴본다. 이 이론들은 주식가치를 분 단위와 일 단위로 상승시키고 하락시키는 요인들을 이해하는 데 매우 중요하다. 보통주의 가치를 결정하는 일은 매우 어렵고 또한 이런 어려움 때문에 주식시장의 변동성이 매우 심하다는 사실을 배우게 될 것이다.

주식투자

기업의 주식은 기업에 대한 소유권을 나타낸다. 주주는 보유한 주식 비율에 상응하는 기업에 대한 권리를 소유한다.

주식 투자자는 다음 두 가지 경로 중 하나를 통해 주식으로부터 수익을 얻을 수 있다. 주가가 시간이 흐름에 따라 상승하거나, 기업이 주주에게 배당을 지급한다. 종종 투자자는 두 가지 경로 모두로부터 수익을 얻는다. 기업이 어려움에 처하고 배당에 대한 보장이 약해지고 주가 상승이 보장되지 않을 때, 주식보유자는 채권보유자보다 더 낮은 청구권 순위를 가지고 있기 때문에 주식은 채권보다 더 위험하다. 이러한 위험에도 불구하고, 주식에 투자하면 상당한 돈을 버는 것이 가능한 반면 채권에 투자해 상당한 돈을 벌 가능성은 거의 없다. 주식과 채권의 또 다른 차이점은 주식은 만기가 없다는 것이다.

주식을 소유한 주주는 기업에 대한 일정 권리를 갖는다. 이러한 권리 중 하나가 *잔여청구권자*(residual claimant)의 권리이다. 주주는 모든 여타 청구권자들의 채무가 상환된 후에 남아있는 자산과 수익에 대한 청구권을 가진다. 만일 아무것도 남아있지 않으면, 주주는 아무것도 받지 못한다. 그러나 이미 지적한 것처럼, 기업이 잘 되면 주주는 부유해질 수 있다.

대부분의 주주는 이사 선임, 회사 정관의 수정과 신규 주식의 발행 여부 등 주요 안건에 대한 *투표권*(right to vote)을 가진다.

[그림 11.1]에 제시된 주식 증서는 제10장에 제시된 채권에 표기되어 있는 만기일, 액면가, 이자율을 표기하지 않고 있다는 점에 주목하라.

NUMBER SCU25865

SHARES *****15*

Sapir Consolidated Airlines, Inc.

INCORPORATED UNDER THE LAWS OF THE TERRITORY OF ALASKA

THIS CERTIFICATE IS TRANSFERABLE EITHER IN SEATTLE, WASHINGTON OR DALLAS, TEXAS

THIS CERTIFIES THAT MIRIAN S. EAKINS, CUST FOR STANLEY J. EAKINS UNDER THE ALASKA UNIF GIFT TO MIN ACT

2095500

SEE REVERSE FOR CERTAIN DEFINITIONS

CUSIP 967630 10 4

is the owner of *FIFTEEN*

fully paid and nonassessable shares of Common Stock of

Sapir Consolidated Airlines, Inc.

of the par value of $1.00 per share, transferable on the books of the corporation in person or by duly authorized attorney, upon surrender of this certificate properly endorsed.

COMMON

The Articles of Incorporation of the corporation, as amended, provide that stockholders have preemptive rights.

This certificate is not valid until countersigned by a Transfer Agent of the corporation.

WITNESS the seal of the corporation and the signatures of its duly authorized officers.

Dated: 03-22-72

COUNTERSIGNED: SEATTLE-FIRST NATIONAL BANK, TRANSFER AGENT AND REGISTRAR

BY AUTHORIZED OFFICER

SAPIR CONSOLIDATED AIRLINES, INC. TERRITORY OF ALASKA CORPORATE SEAL 1945

Sapir Consolidated Airlines, Inc.

PRESIDENT

SECRETARY

[그림 11.1] Sapir Consolidated Airlines 주식

보통주와 우선주

두 종류의 주식, 즉 보통주와 우선주가 있다. 기업의 보통주는 기업의 소유권을 나타낸다. **보통주 주주**(common stockholders)는 투표권을 행사하고 배당을 받으며 보통주 가격이 상승하길 바란다. 통상적으로 유형 A, 유형 B 등으로 표시되는 다양한 범주의 보통주가 존재한다. 불행하게도 이러한 유형은 모든 기업들에게 적용되는 표준이라는 의미를 가지고 있지 않다. 보통주 유형들 간의 차이점은 일반적으로 배당의 배분이나 투표권에 있다. 주식 투자자는 투자를 고려하고 있는 주식에 어떤 권리들이 부여되어 있는지를 정확하게 아는 것이 중요하다.

우선주(preferred stock)는 법과 세금 관점에서 지분의 한 형태로 인정된다. 그러나 우선주는 몇 가지 중요한 점에서 보통주와 다르다. 첫째, 우선주 보유자는 결코 변하지 않는 고정 배당을 지급받기 때문에 우선주는 보통주보다 훨씬 더 채권에 가깝다. 둘째, 배당이 변하지 않기 때문에 우선주 가격은 상대적으로 안정적이다. 셋째, 기업이 약속된 배당을 지급하는 한, 우선주 보유자는 투표권을 행사하지 못한다. 마지막으로 우선주 주주는 채권보유자 등 신용공여자의 청구권보다는 후순위이지만 보통주 주주보다 선순위의 청구권을 가진다.

신규발행 주식의 25% 미만이 우선주이고 총자본의 약 5%만이 우선주를 통해 조달된다. 이는 우선주 배당이 채권의 이자지급처럼 기업의 세금공제항목이 아니기 때문일 수 있다. 따라서 우선주가 채권의 많은 특성을 공유하고 있더라도, 우선주 발행은 일반적으로 채무증권 발행보다 기업에게 더 많은 비용을 부과한다.

주식은 어떻게 거래되는가?

미국에서는 문자 그대로 수십억 주의 주식이 매 영업일마다 거래된다. 주식시장을 통한 정보, 주식 소유권, 자금의 질서 있는 흐름은 잘 발달되고 효율적인 시장의 중요한 특성이다. 이러한 효율성은 투자자들이 주식을 매입하여 가치 있는 성장기회를 가지고 있는 기업들에게 자기자본을 공급하는 것을 촉진시킨다. 전통적으로 주식은 조직화된 거래소나 혹은 창구에서 거래된다고 여겨졌다. 최근에는 전자 거래의 거래량과 영향력이 증가하고 있기 때문에 이러한 구분도 무너지고 있다.

거래소 역사적으로 보면, 뉴욕증권거래소(New York Stock Exchange, NYSE)가 가장 잘 알려진 거래소이다. NYSE는 24명의 브로커들이 월스트리트에서 소수의 주식을 거래하기 시작했던 1792년에 처음으로 거래를 시작했다. NYSE는 현재에도 여전히 전 세계에서 가장 규모가 크고 가장 유동성이 높은 거래소이다. 전통적으로 거래소는 매수자들과 매도자들이 호가하는 경매방식(open-outcry auction)을 사용해 주식을 거래하기 위해 정기적으로 만나는 특정한 장소로 정의된다. 보다 더 정교한 기술이 주식거래에 도입됨에 따라, 이러한 거래방식은 더 적게 사용되고 있다. 현재 NYSE는 자기 자신을 전자 거래와 전통적인 경매시장 거래의 특성을 결합한 하이브리드 시장이라고 광고한다. 2006년 3월에 NYSE는 장외전자거래시장(electronic communication

www.nyse.com
상장회사 명단, 실시간 시장지수, 현재 주가를 살펴보라.

network, ECN) 회사인 아키펠라고(Archipelago)와 합병했다. 2007년 4월 4일에 NYSE 그룹(NYSE Group)과 유로넥스트엔브이(Euronext N.V.)의 결합에 의해 NYSE Euronext가 탄생되었다. NYSE Euronext는 2009년에 아메리칸증권거래소(American Stock Exchange, AMEX)를 인수했다.

세계 도처에 주요 거래소들이 있다. 세계에서 가장 활동적인 거래소는 일본 도쿄에 있는 니케이(Nikkei)이다. 기타 주요 거래소로는 영국의 런던증권거래소(London Stock Exchange), 독일의 닥스(DAX), 캐나다의 토론토증권거래소(Toronto Stock Exchange)가 있다.

거래소에 주식을 상장시키려면 기업은 주식 상장 신청을 하고 거래량을 증가시키기 위해 거래소에 의해 설정된 기준을 충족시켜야 한다. 예를 들어 NYSE는 거래량을 증가시키기 위해 대기업들만 상장할 것을 권장한다. 최소 상장 요건을 충족시키기 위한 몇 가지의 방법이 존재한다. 일반적으로 기업은 상당한 수익과 시장가치(연 1,000만 달러 이상의 수익과 1억 달러 이상의 시장가치)를 가져야만 한다.

전 세계 8,000개 이상의 기업들이 자신의 주식을 NYSE Euronext에 상장하고 있다. 이 거래소의 상장 기업은 평균 196억 달러의 시장가치를 가지고 있다. 1998년 10월 28일에 NYSE 거래량이 처음으로 10억 주를 넘어섰다.[1] 2013년에 1일 거래량은 통상 40억 주 이상이었고 거래가 가장 많았던 1일 거래량은 70억 주였다.

필라델피아증권거래소와 같은 지역거래소에 상장하는 것은 더 쉽다. 일부 기업들은 그들의 주식에 대한 수요를 증가시키고 주가도 상승시킬 것이라고 믿으면서 한 개 이상의 거래소에 상장한다. 또한 많은 기업들은 주요 거래소 중 하나에 상장시키는 것에 따른 상당한 특권이 존재한다고 믿는다. 그들은 이러한 사실을 광고에 포함시킬 수도 있다. 그러나 이러한 믿음을 지지하는 결정적인 연구는 존재하지 않는다. 예를 들어 마이크로소프트(Microsoft)는 어느 거래소에도 상장되어 있지 않지만, 이 기업의 주식은 2013년에 2,500억 달러 이상의 시장가치를 가지고 있었다.

장외시장 마이크로소프트 주식이 어느 증권거래소에서도 거래되지 않는다면, 마이크로소프트는 자신의 주식을 어디서 매도하는가? 거래소에 상장되어 있지 않은 주식은 장외시장(over-the-counter(OTC) market)에서 거래된다. 이 시장은 거래가 이루어지는 빌딩을 가지고 있지 않다는 점에서 거래소와 구별된다. 그 대신 이 시장에서 거래는 정교한 통신망을 통해 이루어진다. 이러한 통신망 중 하나가 **NASDAQ**(National Association of Securities Dealers Automated Quotation System)이다. 1971년에 도입된 이 시스템은 활발하게 거래되는 약 3,000개 주식들에 대한 현재 매수호가와 매도호가를 제공한다. 딜러들은 투자자들이 주식을 매도하기 원할 때 재고를 보유하기 위해 매입하고 투자자들이 주식을 매입하기 원할 때 재고로부터 매도함으로써 이러한 주식들의 '시장을 조성한다(make a market)'. 이러한 딜러들은 소형 주식들이 시장에서 거래되는데 필수적인 유동성을 제공한다. NASDAQ의 총 거래량은 통상 NYSE보다 약간 적다. 그러나

1) *NYSE Fact Book*, www.nyse.com.

NASDAQ 거래량은 증가하고 있고 종종 NYSE 거래량을 능가한다.

모든 공개적으로 거래되는 주식들이 거래소나 NASDAQ에 상장되는 것은 아니다. 매우 드물게 거래되거나 특정 지역에서 주로 거래되는 주식들은 일반적으로 다양한 중개회사의 지역사무소들에 의해 관리된다. 이러한 지역사무소들은 종종 지역적으로 인기 있는 증권의 재고를 보유한다. 거래량이 적은 주식을 위한 시장을 조성하는 딜러들의 존재는 장외시장의 성공에 매우 중요하다. 주식을 매입하거나 매도할 준비가 되어 있는 이러한 딜러들이 없다면, 투자자들은 지역 기업이나 알려져 있지 않은 기업의 주식을 매입하는 데 주저할 것이고 신생기업은 필요한 자금을 조달하는 것이 매우 어려울 것이다. 제4장으로부터 자산의 유동성이 높을수록 자산에 대한 수요량도 증가한다는 것을 기억하라. 유동성 개입(liquidity intervention)을 제공함으로써 딜러들은 거래량이 적은 증권에 대한 수요를 증가시킨다.

거래소 거래와 장외시장 거래 거래소와 장외시장이 운영되는 방법 간에는 중요한 차이점이 있다. 거래소는 특정 주식에 전문화된 장내 거래자들(floor traders)이 참여하는 경매시장의 특성을 가지고 있다. 이들 스페셜리스트(specialist)는 일단의 주식들에 관한 거래를 감시하고 촉진시킨다. 다양한 중개회사들을 대표하는 장내 거래자들은 매수주문과 매도주문을 내면서 거래소의 거래상에서 만나고 현재 매수호가들과 매도호가들을 알게 된다. 이러한 호가들은 큰 소리로 제시된다. 약 90%의 거래에서 이러한 스페셜리스트들이 매입자들과 매도자들을 연결시킨다. 기타 10%의 거래에서, 이러한 스페셜리스트 자신들이 주식의 소유권을 매입하거나 재고로 보유하고 있는 주식을 매도함으로써 개입할 수 있다. 이러한 방식으로 인해 하락장에서 주식을 매입하는 결과가 되더라도, 질서 있는 주식시장을 유지하는 것이 스페셜리스트들의 책무이다.

NYSE에서 이루어지는 네 개 주문 중 하나 정도가 이러한 스페셜리스트들에게 개인적으로 접근하는 장내 거래자들에 의해 성사된다. 나머지 3/4의 거래는 수퍼도트시스템(SuperDOT system, Super Designated Order Turnaround system)에 의해 수행된다. 수퍼도트시스템은 주식을 거래하는 스페셜리스트에게 주문을 직접 전송하는 전자주문전송시스템이다. 이 시스템은 장내 거래자들을 통해 거래하는 것보다 훨씬 더 빠른 거래와 의사소통을 할 수 있게 해준다. 수퍼도트시스템은 10만 주 이하의 거래를 위한 시스템이고 2,100주 이하의 거래에 우선권을 부여한다. NYSE에서 매입하거나 매도하기 위한 주문의 약 75%는 이 시스템을 사용해 수행된다.

거래소에는 거래를 촉진시키는 스페셜리스트가 있는 반면, 장외시장에는 시장조성자(market maker)가 있다. 시장조성자들은 경매시장 방식으로 주식을 거래하기보다는 그들에 의해 매수호가와 매도호가가 설정되는 장외전자거래시장에서 거래한다. 일반적으로 하나의 주식에 대해 다수의 시장조성자들이 존재한다. 그들은 각각 자신의 매수호가와 매도호가를 입력한다. 이 일이 이루어지면, 그들은 입력한 가격에 적어도 1,000주를 매입하거나 매도할 의무를 가진다. 한 거래가 수행되면, 그들은 새로운 매수호가와 매도호가를 입력한다. 시장조성자들은 거래량이 매우 적은 주식이더라도 각 주식의 유동성이 지속적으로 존재한다는 것을 보장한다는 점에서 경제에 중요하다. 시장조성자들은 **매수가격**(bid price; 주식을 매수하기 위해 지불하는 가격)과 **매도가격**(ask price; 주식을 매도하는 가격) 간 스프레드에 의해 보상받는다. 그들은 또한 거래수수료를 받는다.

NASDAQ과 NYSE 및 여타 거래소들은 규제를 강하게 받고 있지만 여전히 영리추구 기업들이다. 그들은 주주들, 이사들, 시장점유와 이윤창출에 관심이 있는 직원들을 가지고 있다. 이것은 NYSE가 거래량이 많아 많은 수수료를 창출할 수 있는 주식들을 확보하기 위해 NASDAQ과 치열하게 경쟁한다는 것을 의미한다. 예를 들어 NYSE는 수년 동안 마이크로소프트가 NASDAQ을 떠나 NYSE에 상장하도록 유인하는 시도를 하고 있다.

장외전자거래시장(ECN) 최근에 ECN은 NASDAQ과 거래소들에게 도전하고 있다. ECN은 중간인(middle man)을 거치지 않고 거래할 수 있도록 주요 브로커들과 거래자들을 함께 불러들인 장외전자거래시장이다. ECN은 급속한 성장을 초래한 많은 장점을 가지고 있다.

- *투명성*(transparency): 모든 체결되지 못한 주문들이 ECN 거래자들이 재검토하는 데 이용될 수 있다. 이것은 거래자들이 전략을 세우는 데 사용할 수 있는 수요와 공급에 관한 가치 있는 정보를 제공한다. 일부 거래소들도 이러한 정보가 이용가능하도록 하고 있지만, ECN이 제공하는 것처럼 항상 현재 상황이 아니거나 완전하지 않다.
- *비용감소*(cost reduction): 거래에서 중간인과 수수료가 배제되기 때문에, ECN을 통해 이루어지는 거래의 비용이 더 낮을 수 있다. 일반적으로 스프레드가 감소되고 종종 제거된다.
- *신속한 집행*(faster execution): ECN은 완전히 자동화되어 있기 때문에 사람이 개입하는 경우보다 더 빠르게 거래가 성사되고 확인된다. 많은 거래자들의 경우 이것이 크게 중요한 것은 아니나 작은 가격변동을 이용하고자 하는 거래자들에게는 중요하다.
- *영업시간 종료 후 거래*(after-hours trading): ECN이 도입되기 전에 기관거래자들만이 거래소의 영업이 종료된 후에 증권거래를 할 수 있었다. 주요 거래소들이 문을 닫은 후에 많은 뉴스와 정보가 이용될 수 있으나 소액 투자자들은 이러한 자료에 기초한 거래로부터 배제되었다. ECN은 결코 문을 닫지 않기 때문에, 거래가 24시간 내내 계속될 수 있다.

ECN의 장점이 많이 있지만 단점도 존재한다. 가장 중요한 단점은 ECN이 상당한 거래량을 가지고 있는 주식들을 위해서만 잘 작동된다는 것이다. ECN은 각 매입자와 매치되는 매도자가 존재할 것과 각 매도자와 매치되는 매입자가 존재할 것을 요구하기 때문에, 거래량이 적은 주식은 거래 없이 장시간을 그대로 보낼 수 있다. 가장 대형인 ECN 중 하나가 인스티네트(Instinet)이다. 인스티네트는 주로 기관거래자들을 위한 것이다. 또한 인스티네트는 활발한 개인 거래를 위한 아일랜드(Island)도 소유하고 있다.

주요 거래소들은 자신의 자동거래시스템을 확장함으로써 ECN에 대항하고 있다. 예를 들어 NYSE는 최근 자신의 다이렉트플러스(Direct+) 주문전송시스템의 변경을 공표했고 이 시장에서 확고한 위치를 점하기 위해 아키펠라고와 합병했다. NYSE는 주식 수와 거래금액에 있어 현재 미국 주식시장을 지배하고 있지만, NYSE의 실시간 경매방식은 앞으로 수년간 기술적 도전에 살아남지 못할 수 있다.

상장지수펀드 상장지수펀드(exchange traded fund, ETF)는 투자자의 관심을 붙잡은 가장 최근의 시장혁신이다. 상장지수펀드는 1990년에 처음 도입되었고 2010년에 이르러 거의 1,000개의 독립된 상장지수펀드가 거래되었다. 일단의 증권들로 구성된 바스켓이 매입되고 이 바스켓에 기초해 거래소에서 거래되는 하나의 주식이 만들어질 때 가장 단순한 형태의 ETF가 만들어진다. ETF의 구성과 구조는 계속해서 진화하고 있는데 ETF는 다음과 같은 특성을 공유한다.

1. ETF는 증권거래소에 상장되어 개별 주식처럼 거래된다.
2. ETF는 지수화되어 있다.
3. ETF의 가치는 ETF를 구성하는 바스켓에 포함되어 있는 기초 주식들의 순자산 가치에 기반해 결정된다. 일중 차익거래가 ETF 가격을 내재가치에 가깝게 유지시키게 하기 위해 ETF를 구성하는 바스켓의 정확한 내용이 공개된다.

많은 측면에서 ETF는 S&P 500이나 다우존스산업평균지수처럼 지수의 성과를 추적한다는 점에서 주가지수 뮤추얼펀드와 유사하다. ETF는 주식처럼 거래되기 때문에 지정가 주문(limit orders), 공매도(short sales), 손절매(stop-loss order), 신용매수(buy on margin)가 허용된다는 점에서 S&P 500이나 다우존스산업평균 지수와 다르다(역자 주: 지정가 주문은 증권업자에게 유가증권의 매매를 위탁할 때 최고 매도가격과 최저 매수가격을 지정하는 주문방법, 공매도는 주가하락에서 생기는 차익을 실현하기 위해 주식을 빌려서 매도하는 것, 손절매는 더 큰 손실을 막기 위해 일정 가격에서 손실을 감수하고 주식을 매도하는 것, 신용매수는 신용융자를 이용해 주식을 매수하는 것을 말함). ETF는 지수 뮤추얼펀드보다 더 낮은 관리수수료를 부과하는 경향이 있다. 예를 들어 뱅가드 확장시장 지수 뮤추얼펀드의 경비율이 0.25%인데 비해 뱅가드 확장시장 ETF의 경비율은 0.08%이다. ETF의 또 다른 장점은 뮤추얼펀드가 종종 최소 3,000~5,000달러의 투자금액을 요구하는 반면, ETF에는 일반적으로 최소 투자금액이 없다는 것이다.

ETF의 가장 중요한 단점은 ETF가 주식처럼 거래되기 때문에 투자자는 ETF를 매입하거나 매도할 때마다 중개수수료를 지불해야 한다는 것이다. 이것이 401K를 통해 소액을 계속해서 투자하기 원하는 사람들을 위한 뮤추얼펀드와 비교해 ETF를 비용 측면에서 불리하게 만든다(역자 주: 401K는 근로자에게 세제혜택이 부여된 과세대상 소득의 일정부분을 적립하는 퇴직연금제도임).

ETF는 바이퍼스(Vipers), 다이아몬즈(Diamonds), 스파이더스(Spiders), 큐브스(Qubes)와 같은 매우 이국적인 이름을 가지고 있다. 이러한 이름들은 추적되는 지수나 발행기업의 이름으로부터 유래한 것이다. 예를 들어 다이아몬즈는 다우존스산업평균지수에 연동되어 있고, 스파이더스는 S&P 500지수를 추적하며, 큐브스는 NASDAQ 지수(티커 심볼 QQQQ)를 추적한다. 바이퍼스는 뱅가드의 ETF들이다. ETF 매입에 의해 추적될 수 있는 지수들은 실제로 모든 부문, 상품, 투자스타일(가치, 성장, 시총 규모 등)을 포함하면서 급속히 확장되고 있다. 보다 더 많은 투자자들이 ETF가 저비용으로 포트폴리오를 분산시키는 데 어떻게 효과적으로 사용될 수 있는지를 알아가게 됨에 따라 ETF의 인기는 증가할 것이다.

보통주 가격의 계산

금융의 한 가지 기본적 원리는 투자의 가치는 그 투자가 자신의 수명 동안 창출하는 모든 현금흐름들의 현재가치로 계산된다는 것이다. 예를 들어 상업용 빌딩은 그 빌딩의 이용가능한 수명 동안 창출될 것으로 예상되는 순현금흐름(임대료 - 지출)들을 반영하는 가격에 매각될 것이다. 이와 유사하게 보통주의 가치는 모든 현금흐름들의 현재가치로 구해진다. 주주가 주식보유로부터 벌 수 있는 현금흐름들은 배당, 매도가격, 또는 배당과 매도가격 모두이다.

주식가치평가 이론을 개발하기 위해 가장 단순한 시나리오를 통해 논의를 시작하도록 하자. 이 시나리오는 주식을 매입해서 1기간 동안 보유해 배당을 받고 매도한다고 가정한다. 이러한 경우의 주식가치평가 모형을 *1기간 가치평가 모형*(one-period valuation model)이라 부른다.

1기간 가치평가 모형

온라인 정보

http://stockcharts.com/freecharts/historical

상세한 주가, 차트, 과거 주식 데이터를 살펴보라.

여러분이 1년 동안 약간의 여윳돈을 가지고 있다고 하자. 1년 후에는 수업료를 내기 위해 투자한 돈을 회수해야 한다. TV에서 *월스트리트위크*(Wall Street Week) 프로그램을 시청한 후에 인텔 주식을 매수하기로 결정했다. 주식 브로커에게 전화를 걸어 인텔이 현재 주당 50달러에 매도되고 있고 연 0.16달러의 배당을 지급한다는 것을 알았다. *월스트리트위크* 프로그램의 애널리스트는 인텔 주식이 1년 후에 주당 60달러에 매도될 것이라고 예측했다. 여러분은 이 주식을 매입해야 하는가?

이 질문에 답하기 위해 현재 가격이 애널리스트의 예측을 정확히 반영하고 있는지를 알아볼 필요가 있다. 현재의 주식가치를 결정하기 위해 제3장의 식(1)을 사용해 예상되는 현금흐름들(미래 지급액들)의 현재할인가치를 계산해야 한다. 이 식에서 현금흐름들을 할인하기 위해 사용되는 할인율은 주식투자의 요구수익률이다. 현금흐름들은 한 번의 배당지급액과 한 번의 최종 매도가격이다. 아래의 식과 같이 이러한 현금흐름들이 현재가치로 할인되어 주식의 현재가격이 계산된다.

$$P_0 = \frac{Div_1}{(1+k_e)} + \frac{P_1}{(1+k_e)} \tag{1}$$

여기서 P_0 = 주식의 현재가격. 아래 첨자 0은 0기, 즉 현재를 나타낸다.

Div_1 = 1년 후에 지급되는 배당지급액

k_e = 주식투자의 요구수익률

P_1 = 1년 후의 주식가격. 주식의 예상 매도가격

예제 11.1 **주식가치평가: 1기간 가치평가 모형**

본문에서 제시된 수치를 사용하여 인텔 주식의 가치를 결정해보자. 여러분은 현금흐름들의 현재가치를 계산하기 위해 주식투자의 요구수익률을 알아야 한다. 주식은 채권보다 더 위험하기 때문에, 여러분은 채권시장에서 제시되는 것보다 더 높은 수익률을 요구할 것이다. 세심하게 검토한 후에 여러분은 인텔 주식 투자에서 12%의 수익률을 벌어야 만족할 것이라고 결정한다.

> 해답

식(1)에 수치들을 투입하면 다음과 같은 결과가 구해진다.

$$P_0 = \frac{\$.16}{1+0.12} + \frac{\$60}{1+0.12} = \$.14 + \$53.57 = \$53.71$$

여러분은 이러한 분석에 기초해 인텔 주식은 현재 53.71달러의 가치가 있다는 것을 알게 된다. 인텔 주식을 현재 주당 50달러에 매입할 수 있기 때문에, 여러분은 인텔 주식을 매입하기로 결정할 것이다. 왜 인텔 주식이 53.71달러보다 낮게 매도되고 있을까? 그것은 다른 투자자들이 주어진 현금흐름들에 대해 다른 위험을 매기거나 여러분보다 더 적게 현금흐름들을 추정하기 때문이다.

일반배당모형

1기간 가치평가 모형은 다기간으로 확장될 수 있다. 기본적인 개념은 동일하다. 주식의 가치는 모든 미래 현금흐름들의 현재가치이다. 투자자들이 받는 현금흐름들은 배당과 주식이 궁극적으로 매도될 때 받는 최종 매도가격이다. 주식의 현재가치를 계산하기 위한 일반 공식을 식(2)와 같이 나타낼 수 있다.

$$P_0 = \frac{D_1}{(1+k_e)^1} + \frac{D_2}{(1+k_e)^2} + \cdots + \frac{D_n}{(1+k_e)^n} + \frac{P_n}{(1+k_e)^n} \quad (2)$$

만일 주식의 현재가치를 계산하기 위해 식(2)를 사용하고자 하면, 주식의 현재가치를 추정하기 전에 먼저 미래 시점의 주식가치를 추정해야 한다. 달리 말하면, P_0를 계산하기 위해서는 P_n을 알아야만 한다. 그러나 만일 P_n이 매우 먼 미래의 주가라면, P_n은 P_0에 영향을 미치지 않을 것이다. 예를 들어 75년 후에 50달러에 매도되는 미래 주식가치의 현재가치는 12%의 할인율을 사용하면 1센트이다($\$50/1.12)^{75} = \$0.01$). 이것은 주식의 현재가치가 단순히 미래 배당흐름들의 현재가치만으로 계산될 수 있음을 의미한다. **일반배당모형**(generalized dividend model)은 마지막 시점의 매도가격 없이 식(3)으로 다시 나타낼 수 있다.

$$P_0 = \sum_{t=1}^{\infty} \frac{D_t}{(1+k_e)^t} \quad (3)$$

잠시 식(3)의 의미를 생각해보자. 일반배당모형은 주가는 배당들의 현재가치에 의해서만 결정되고 그 밖에는 아무것도 중요한 것이 없다고 제시한다. 많은 주식들은 배당을 지급하지 않는다. 그런데 이러한 주식들이 가치를 가진다는 것은 어찌된 일인가? *주식 매입자들은 기업이 미래에 배당을 지급할 것이라고 예상한다.* 기업은 자신의 라이프 사이클 중 급속한 성장을 달성한 이후 대부분의 기간 동안에 배당을 한다. 주가는 배당흐름이 시작되는 시점이 가까워지면서 상승한다.

일반배당모형은 무한대의 배당흐름들에 대한 현재가치를 계산할 것을 요구하나 이러한 계산과정은 어려울 수 있다. 따라서 계산을 보다 쉽게 하기 위해 단순화된 모형들이 개발되었다. 이러한 모형들 중 하나가 배당성장률이 일정하다고 가정하는 **고든의 배당성장률모형**(Gordon growth model)이다.

고든의 배당성장률모형

많은 기업들은 매년 일정한 성장률로 배당을 증가시키려고 노력한다. 식(4)는 이러한 일정한 배당성장률을 반영하기 위해 식(3)을 다시 나타낸 것이다.

$$P_0 = \frac{D_0 \times (1+g)^1}{(1+k_e)^1} + \frac{D_0 \times (1+g)^2}{(1+k_e)^2} + \cdots + \frac{D_0 \times (1+g)^\infty}{(1+k_e)^\infty} \qquad \textbf{(4)}$$

여기서 D_0 = 가장 최근에 지급된 배당

g = 예상되는 일정한 배당성장률

k_e = 주식투자의 요구수익률

식(4)를 간단히 정리하면 식(5)가 도출된다.[2)]

2) 식(4)로부터 식(5)를 도출하기 위해 먼저 식(4)의 양변에 $(1+k_e)/(1+g)$를 곱하고 식(4)를 빼주면 다음 식이 구해진다.

$$\frac{P_0 \times (1+k_e)}{(1+g)} - P_0 = D_0 - \frac{D_0 \times (1+g)^\infty}{(1+k_e)^\infty}$$

k_e가 g보다 크다고 가정하면, 가장 오른쪽 항은 0에 접근하기 때문에 제거될 수 있다. 따라서 왼쪽 변에서 P_0를 공통인수로 분해하면, 다음과 같은 식이 구해진다.

$$P_0 \times \left[\frac{1+k_e}{1+g} - 1\right] = D_0$$

이어서 항들을 정리하면, 다음 식이 구해진다.

$$P_0 \times \frac{(1+k_e)-(1+g)}{(1+g)} = D_0$$

$$P_0 = \frac{D_0 \times (1+g)}{k_e - g} = \frac{D_1}{k_e - g}$$

$$P_0 = \frac{D_0 \times (1+g)}{(k_e - g)} = \frac{D_1}{(k_e - g)} \tag{5}$$

이 모형은 다음과 같은 가정 하에서 주식의 가치를 구하는 데 유용하다.

1. *배당은 일정한 성장률로 영구히 증가한다고 가정한다.* 실제로, 배당이 (영구히는 아닐지라도) 상당한 기간 동안 일정한 성장률로 증가할 것이라고 예상되는 한, 이 모형은 타당한 결과를 제시한다. 이것은 먼 미래의 현금흐름들에 대한 오차는 현재가치로 할인될 때 작기 때문이다.
2. *배당성장률은 주식투자의 요구수익률 k_e보다 작다고 가정한다.* 고든(Myron Gordon)은 이 모형을 개발하면서 이 가정이 타당함을 보였다. 이론적으로 말하면, 배당성장률이 주식보유자가 요구하는 수익률보다 크면 장기적으로 기업은 불가능할 정도로 크게 성장하게 될 것이다.

예제 11.2 주식가치평가: 고든의 배당성장률모형

배당성장률이 10.95%로 일정하고, D_0 = 1달러이며 요구수익률이 13%라고 가정할 때 코카콜라 주식의 현재 시장가격을 구하라.

> 해답

$$P_0 = \frac{D_0 \times (1+g)}{k_e - g}$$

$$P_0 = \frac{\$1.00 \times (1.1095)}{.13 - .1095}$$

$$P_0 = \frac{\$1.1095}{0.0205} = \$54.12$$

일정한 배당성장률과 요구수익률에 관한 가정이 옳다면, 코카콜라 주식은 54.12달러에 매도되어야 한다.

주가수익비율 방법

이론적으로 말하면, 주식의 가치를 평가하기 위한 가장 좋은 방법은 배당가치 접근법이다. 그러나 이러한 배당가치 접근법은 종종 적용하기 어렵다. 만일 기업이 배당을 지급하지 않거나 매우 잘못된 배당성장률을 보이고 있으면, 그 결과는 만족스럽지 못할 수 있다. 이에 따라 주식의 가치를 평가하기 위해 다른 방법들이 적용된다. 보다 인기 있는 것 가운데 하나가 주가/수익 배수이다.

주가수익비율(price earnings ratio, PER)은 기업의 수익 1달러에 대해 시장이 얼마를 기꺼이 지불할 용의가 있는지를 나타내는 척도로서 널리 사용되고 있다. 주가수익비율이 높다는 것은 두 가지 시사점을 제시한다.

1. PER이 평균보다 높다는 것은 기업의 수익이 미래에 증가할 것이라고 시장이 예상한다는 의미일 수 있다. 이것이 PER을 정상수준으로 복귀시킬 것이다.
2. PER이 높다는 것은 이와는 달리 기업의 수익이 매우 낮은 위험을 가지고 있고 이에 따라 시장이 이에 대해 프리미엄을 기꺼이 지불할 용의가 있다는 의미일 수 있다.

주가수익비율은 주식의 가치를 추정하기 위해 사용될 수 있다. PER과 주당 기대수익 E를 곱하면 주가가 구해진다는 점에 주목하라.

$$\frac{P}{E} \times E = P \qquad (6)$$

동일한 산업에 속한 기업들은 장기적으로 유사한 PER을 가질 것으로 기대된다. 이때 주식의 가치는 산업 평균 PER과 주당 기대수익을 곱해 구해질 수 있다.

예제 11.3 주식가치평가: 주가수익비율 방법

식음료 레스토랑 체인인 애플비스(Applebee's)와 유사한 레스토랑들의 산업 평균 PER은 23이다. 애플비스의 주당 수익이 1.13달러로 예상된다면, 애플비스 주식의 현재 가격은 얼마인가?

> 해답

식(6)과 주어진 데이터를 사용하면,

$$P_0 = P/E \times E$$
$$P_0 = 23 \times \$1.13 = \$26$$

PER 방법은 본질적으로 개인 소유 기업과 배당을 지급하지 않는 기업의 주식가치를 평가하는 데 유용하다. 주식가치의 평가를 위한 PER방법의 약점은 산업 평균 PER을 사용함으로써 기업의 장기 PER에 기여해 산업 평균 PER보다 더 크거나 작게 만들 수 있는 기업 고유요인들이 분석에서 무시된다는 것이다. 경험이 풍부한 애널리스트는 주가를 추정할 때 이러한 기업의 고유한 특성들을 반영하기 위해 PER을 높이거나 낮추는 조정을 한다.

시장은 주가를 어떻게 결정하는가?

여러분이 자동차 경매시장에 간다고 하자. 경매가 시작되기 전에 자동차들을 검사하던 중 여러분은 자신이 좋아하는 소형차인 마즈다 미아타(Mazda Miata)를 발견한다. 여러분은 주차장에서 이 차를 시험주행해 보고 약간의 이상한 소음이 있다는 것을 발견하나 여전히 이 차를 원한다고 결정한다. 여러분은 소음이 심각한 것이라면 소음을 수리할 비용을 고려해 5,000달러가 적정가격이라고 결정한다. 여러분은 경매가 시작되기 직전에 경매장 안에 들어가서 여러분이 원하는 미아타가 경매장에 들어오기를 기다린다.

이 차를 마음에 두고 있는 다른 매수자가 있다고 하자. 그도 이 차를 시험주행해 보고 소음은 단순히 브레이크 패드가 닳아서 나는 것이어서 적은 돈으로 그 자신이 수리할 수 있다고 생각한다. 그는 이 차가 7,000달러의 가치가 있다고 결정한다. 그도 경매장 안에 들어가 미아타가 경매장에 들어오기를 기다린다.

누가 이 차를 얼마에 사겠는가? 두 사람만이 미아타에 관심을 가지고 있다고 하자. 여러분은 4,000달러에 매수호가를 시작한다. 그는 여러분의 매수호가를 4,500달러로 올린다. 여러분은 자신의 최고 가격인 5,000달러로 매수호가를 제시한다. 그는 5,100달러로 받아친다. 이제 이 가격은 여러분이 기꺼이 지불할 용의가 있는 가격보다 높기 때문에 여러분은 입찰에 참여하는 것을 중단한다. 이 차는 더 많은 정보를 가지고 있는 매수자에게 5,100달러에 매도된다.

이러한 간단한 예는 몇 가지 요점들을 제시해준다. 첫째, 가격은 최고 가격을 지불할 용의가 있는 매수자에 의해 결정된다. 이 가격은 반드시 해당 자산이 매도될 수 있는 최고 가격은 아니나 다른 매수자가 기꺼이 지불할 용의가 있는 가격보다 높다.

둘째, 시장가격은 해당 자산을 가장 잘 이용할 수 있는 매수자에 의해 결정된다. 미아타를 구매한 매수자는 소음을 쉽고 싸게 수리할 수 있다는 것을 알았다. 이 때문에 그는 이 차에 대해 여러분보다 더 높은 가격을 기꺼이 지불할 용의가 있었다. 동일한 개념이 여타 자산들에 대해서도 적용된다. 예를 들어 한 필지의 부동산이나 빌딩은 이 자산을 가장 생산적으로 사용할 수 있는 매수자에게 팔릴 것이다. 왜 기업이 종종 다른 기업을 인수하기 위해 현재 시장가격에 더하여 상당한 프리미엄을 지불하는지를 생각해보라. 인수기업은 피인수기업의 자산을 현재보다 더 잘 활용할 수 있고 이것이 프리미엄 가격을 정당화한다고 믿는다.

마지막으로, 앞에서 살펴본 예는 자산가격의 결정에서 정보의 역할을 보여준다. 자산에 대한 더 우월한 정보는 자산의 위험을 감소시킴으로써 자산의 가치를 증가시킬 수 있다. 여러분이 주식을 매입하려할 때, 미래의 현금흐름에 대해 잘 모른다. 이러한 현금흐름에 대해 최선의 정보를 가지고 있는 매입자는 이러한 현금흐름에 대해 매우 불확실한 매입자보다 더 낮은 이자율로 현금흐름을 할인할 것이다.

이제 이러한 개념들을 주식가치의 평가에 적용해보자. 여러분이 내년에 2달러의 배당(D_1 = \$2)을 지급할 것으로 예상되는 주식을 매입하려 한다고 하자. 이 기업은 3%씩 영구히 성장할 것으로 기대된다. 여러분은 배당흐름의 불변성과 예상 성장률의 정확성 모두에 대해 매우 *불확실하다*. 이러한 위험에 보상받기 위해 여러분은 15%의 수익률을 요구한다.

이제 다른 투자자인 제니퍼가 기업의 내부자와 대화하고 예측된 현금흐름에 대해 더 확신한다고 하자. 제니퍼는 그녀가 인지하고 있는 위험이 여러분보다 적기 때문에 단지 12%의 수익률을 요구한다. 다른 한편, 버드는 이 회사의 CEO와 사귀고 있다. 그는 이 기업의 미래가 실제로 어떻게 될지에 대해 거의 확실하게 안다. 그는 추정된 성장률과 현금흐름 모두 미래에 *실제*로 실현되는 것보다 낮다고 생각한다. 그는 이 기업에 대한 투자에 거의 위험이 없다고 생각하기 때문에 단지 7%의 수익률만을 요구한다.

각 투자자가 이 주식에 부여하는 가치는 얼마인가? 고든의 배당성장률모형을 적용하면 다음과 같은 주가가 구해진다.

투자자	할인율	주가
여러분	15%	$16.67
제니퍼	12%	$22.22
버드	7%	$50.00

여러분은 이 주식에 16.67달러까지 기꺼이 지불할 것이다. 제니퍼는 22.22달러까지 기꺼이 지불할 것이고 버드는 50달러까지 지불할 것이다. 가장 낮은 인지 위험을 가지고 있는 투자자는 이 주식에 대해 최대 가격을 기꺼이 지불할 것이다. 만일 다른 거래자들이 없다면, 주가는 22.22달러보다 약간 높을 것이다. 만일 여러분이 이 주식을 보유하고 있다면, 여러분은 보유하고 있는 주식을 버드에게 매도할 것이다.

이 절의 요점은 시장참여자들은 서로에 대항하여 매수호가를 제시하면서 시장가격을 결정한다는 것이다. 기업에 대한 새로운 정보가 발표될 때, 예상은 변하고 이에 따라 가격도 변한다. 새로운 정보는 미래 배당들의 수준이나 이러한 배당들의 위험에 대한 예상을 변화시킬 수 있다. 시장참여자들은 지속적으로 새로운 정보를 얻고 그들의 예상을 수정하기 때문에, 주가는 계속해서 변할 수밖에 없다.

가치평가의 오류

이 장에서 몇 가지의 자산가치평가 모형들에 대해 배웠다. 이 모형들을 실제 기업에 적용해보면 흥미로운 연습이 될 것이다. 이러한 연습을 해본 학생들은 이 모형들을 사용해 계산된 주가가 대부분 시장가격과 일치하지 않는다는 것을 발견하게 된다. 학생들은 종종 자산가치평가 모형들이 잘못되었거나 불완전한 것인지, 단순히 이 모형들이 잘못 사용되고 있는 것인지를 질문한다. 이 모형들을 적용하는 데 있어 오류가 발생할 여지가 많이 존재한다. 이러한 오류에는 기업의 성장률 추정, 위험의 추정, 배당 예측의 문제가 있다.

[표 11.1] D_0 = \$2, k_e = 15%, 서로 다른 일정한 성장률을 가진 경우의 주가

성장률(%)	주가(달러)
1	14.43
3	17.17
5	21.00
10	44.00
11	55.50
12	74.67
13	113.00
14	228.00

성장률 추정의 문제

일정한 성장률 모형(constant growth model)은 애널리스트가 기업이 경험하게 될 일정한 성장률을 추정할 것을 요구한다. 여러분은 배당, 매출, 순이익의 과거 성장률을 계산해봄으로써 기업의 미래 성장률을 추정할 수 있다. 이 방법은 성장률에 영향을 줄 수 있는 기업이나 경제의 변화를 고려하지 못한다. 캘리포니아대학의 재무학 교수인 하우겐(Robert Haugen)은 그의 서서인 *새로운 금융*(The New Finance)에서 경쟁 때문에 고성장 기업들이 과거의 성장률을 유지하지 못한다고 기술하고 있다. 이러한 사실에도 불구하고 그는 과거 고성장 기업들의 주가는 고성장률의 지속을 반영하는 경향이 있다는 것을 보이고 있다. 그 결과 과거 고성장 기업들에 투자하는 투자자들은 성숙한 기업들에 투자하는 투자자들보다 더 낮은 수익률을 벌게 된다는 것이다. 이것은 바로 전문가들조차도 미래 성장률을 추정하는 데 어려움이 있음을 제시한다. [표 11.1]은 15%의 요구수익률과 현재 달러의 배당은 동일하나, 서로 다른 성장률 하에서 추정되는 주가를 보여준다. 주가는 1% 성장률의 경우 14.43달러에서 14% 성장률의 경우 228달러까지 크게 다르다. 성장률을 12% 대신 13%로 추정하면 주가에 38.33달러의 차이가 발생된다.

위험 추정의 문제

배당 모형을 사용하려면 애널리스트는 기업 주식에 대한 요구수익률을 추정해야 한다. [표 11.2]는 2달러의 배당과 5%의 성장률을 가진 주가가 서로 다른 요구수익률 하에서 어떻게 변화하는지를 보여준다. 분명히 요구수익률이 어떻게 구해지는가에 대한 불확실성이 있음에도 불구하고 주가는 요구수익률에 크게 영향을 받는다.

배당 예측의 문제

기업의 성장률과 주식투자의 요구수익률을 정확하게 추정할 수 있다고 하더라도, 기업 수익의

[표 11.2] D_0 = $2, g = 5%, 서로 다른 요구수익률을 가진 경우의 주가

요구수익률(%)	주가
10	42.00
11	35.00
12	30.00
13	26.25
14	23.33
15	21.00

얼마만큼이 배당으로 지급될 것인지를 알아내는 문제에 직면하게 된다. 분명히 많은 요인들이 배당성향(당기순이익에 대한 현금배당액 비율로 배당지급률이라고도 함)에 영향을 미칠 수 있다. 이러한 요인들에는 기업의 미래 성장기회와 미래 현금흐름에 대한 경영진의 우려가 있다.

이러한 모든 요인들을 고려하면, 애널리스트들은 그들의 주가 예측이 정확하다고 결코 크게 확신하지 못한다. 이것이 주가가 뉴스 보도에 따라 매우 크게 변동하는 이유이다. 예를 들어 경기가 둔화되고 있다는 정보는 애널리스트들이 그들의 성장률 예측을 수정하게 만든다. 이러한 일이 많은 주식들에서 광범위하게 발생하면, 주요 주가지수도 변화할 수 있다.

이러한 모든 사실은 우리가 주식시장에 투자해서는 안 된다는 것을 의미하는가? 아니다, 그것은 단지 주가의 단기 변동은 예상되는 일이고 자연스러운 일이라는 것을 의미한다. 장기적으로 보면, 주가는 기업의 진정한 수익을 반영하면서 조정된다. 만일 여러분의 포트폴리오에 매우 우량한 기업들을 선택하면, 이 기업들은 시간이 흐름에 따라 공정한 수익률을 제공할 것이다.

2007~2009년 금융위기와 주식시장

2007년 8월에 시작된 서브프라임 금융위기는 과거 50년 동안에 가장 최악의 불황장세를 발생시켰다. 고든의 배당성장률모형을 사용하는 주식가치평가 분석은 이 사건이 주가에 어떻게 영향을 미쳤는지를 이해하는 데 도움을 줄 수 있다.

서브프라임 금융위기는 경제에 매우 부정적인 영향을 미쳐 미국 기업들의 성장률 전망을 하향 조정하게 만들었고, 이것이 고든의 배당성장률모형에서 배당성장률(g)을 하락시켰다. 이에 따른 식(5)의 분모 증가는 P_0를 하락시켰고 이에 따라 주가를 전반적으로 하락시켰다.

서브프라임 금융위기에 의해 발생된 미국 경제의 불확실성 증가와 신용 스프레드의 확대는 주식투자의 요구수익률을 상승시켰을 것이다. k_e의 상승도 식(5)의 분모 증가, P_0의 하락, 일반적인 주가 하락을 발생시켰다.

금융위기의 초기단계에서, 성장률 전망의 하향 조정과 신용 스프레드의 확대는 완만했고, 이에 따라 고든의 배당성장률모형이 예측하는 것처럼 주가 하락도 완만했다. 그러나 금융위기가

악화되는 단계로 접어들면서, 신용 스프레드가 치솟았고, 미국 경제는 둔화되었으며 고든의 배당성장률모형이 예측하는 것처럼 주식시장은 붕괴되었다. 2009년 1월 6일과 2009년 3월 6일 사이에 다우존스산업평균지수는 9,015로부터 6,547로 하락했다. 2007년 10월(다우존스산업평균지수는 14,066으로 높았음)과 2009년 3월 사이에 주식시장은 시가총액의 53%를 날려 버렸다. 그 이후 1년 내에 다우존스산업평균지수는 10,000 이상으로 회복되었다.

사례분석 9.11 테러리스트 공격, 엔론 회계부정사건과 주식시장

2001년과 2002년에 두 가지의 매우 충격적인 사건, 즉 9.11 테러리스트 공격과 엔론(Enron)의 회계부정사건이 주식시장을 강타했다. 고든의 배당성장률모형을 사용하는 주식가치평가 분석은 이 사건들이 주가에 어떻게 영향을 미쳤는지를 이해하는 데 도움을 줄 수 있다.

9.11 테러리스트 공격은 미국에 대한 테러리즘이 미국을 마비시킬 가능성을 제기했다. 이러한 두려움은 미국 기업들의 성장률 전망을 하향 조정하게 만들었고 이것이 고든의 배당성장률모형에서 배당성장률(g)을 하락시켰다. 이에 따른 식(5)의 분모 증가는 P_0의 하락과 전반적인 주가 하락을 발생시켰다.

미국 경제에 대한 불확실성 증가도 주식투자의 요구수익률을 상승시켰을 것이다. k_e의 상승도 식(5)의 분모 증가, P_0의 하락, 일반적인 주가 하락을 발생시켰다. 고든의 배당성장률모형이 예측하는 것처럼 주가는 9.11 사태 직후에 10% 이상 하락했다.

그 이후에 미국이 아프가니스탄에서 탈레반에 대항하는 데 성공하고 추가적인 테러리스트 공격이 사라짐에 따라 시장의 두려움과 불확실성은 감소되었고, 이에 따라 g가 회복되고 k_e가 하락했다. 이에 따라 식(5)의 분모가 감소했고 2001년 10월과 11월에 P_0와 주식시장이 회복되었다. 그러나 2002년 초에 엔론의 회계부정사건과 많은 기업들이 그들의 수익을 과대 계상했다는 사실의 폭로로 인해 많은 투자자들은 기업 수익과 배당성장률에 대한 이전의 장밋빛 예측을 의심하게 되었다. 이에 따른 회계 정보의 질에 대한 불확실성 증가로 인한 g의 하향 조정과 k_e의 상승은 고든의 배당성장률모형을 나타내는 식(5)의 분모를 증가시키고 이에 따른 많은 기업들의 주가 하락과 전반적인 주가 하락을 발생시켰다. 고든의 배당성장률모형을 사용한 분석이 예측한 대로 주가의 하락이 발생했다. 주식시장의 회복은 좌절되었고 주식시장은 급속한 불황장세로 진입했다.

주가지수

주가지수는 일단의 주식들에 대한 주가 움직임을 살펴보기 위해 사용된다. 일단의 주식들의 평균적인 주가 움직임을 검토함으로써, 투자자들은 일단의 주식들이 어떠한 성과를 냈는지에 대한 약간의 통찰을 얻을 수 있다. 투자자들에게 서로 다른 일단의 주식들의 성과에 대한 정보를 제공하기 위해 다양한 주가지수들이 발표된다. 가장 일반적으로 언급되는 주가지수는 30개 대기업 주식들의 성과에 기초해 산정되는 다우존스산업평균지수(Dow Jones Industrial Average, DJIA)이다. 다음의 미니사례는 이 유명한 지수의 배경에 대한 추가적인 논의를 제공한다. [표 11.3]은 2013년 6월에 다우존스산업평균지수를 구성하는 30개 주식들을 열거한 것이다.

S&P 500지수(Standard & Poor's 500 Index), NASDAQ 종합지수, NYSE 종합지수와 같은 여타 주가지수들이 서로 다른 일단의 주식들의 성과를 추적하는 데 더 유용할 수 있다. [그림 11.2]는 1980년 이후 DJIA지수의 변화추이를 보여준다.

www.djindexes.com
현재와 과거 DJIA에 관한 정보를 살펴보라.

> 미니사례 Mini-Case

다우존스산업평균지수의 역사

다우존스산업평균지수(DJIA)는 30개 '블루칩' 기업 주식들로 구성된 지수이다. 1896년 5월 26일에 다우(Charles H. Dow)는 가장 잘 알려진 열두 개 주식의 주가들을 합해서 주식 수로 나누어 평균을 계산했다. 1916년에 8개 주식이 추가되었고 1928년에 30개 주식의 평균 주가가 등장했다.

현재 *월스트리스트저널* 신문의 편집인들이 DJIA지수를 구성하는 기업들을 선정한다. 그들은 '산업(industrial)'이라고 여겨지는 기업의 종류에 대해 광의의 견해를 가지고 있다. 본질적으로 '산업'이라고 여겨지는 기업은 (운송이나 유틸리티 산업에 속하는 기업들의 주가와 관련된 다우존스평균지수도 존재하기 때문에) 운송이나 유틸리티 산업에 속하지 않는 기업이다. DJIA지수의 신규 기업을 선정하기 위해 그들은 성공적인 성장의 역사와 투자자들의 광범위한 관심을 받고 있는 대형 기업들 중에서 신규 기업을 찾는다. DJIA지수의 구성 기업들은 정기적으로 변경된다. 예를 들어 2009년에 GM(General Motors)과 씨티그룹(Citigroup)은 트래블러즈(The Travelers Companies)와 시스코시스템스(Cisco Systems)로 대체되었다. 2012년에 크래프트푸드(Kraft Foods)가 유나이티드헬스그룹(United Health Group)으로 대체되었다.

대부분의 시장감시자들은 DJIA지수가 시장의 전반적인 1일 성과를 나타내는 가장 좋은 지표가 아니라는 데 대해 동의한다. 실제로 DJIA는 더 많은 주식들로 구성된 지수들과 단기적으로 상당히 다르게 변화한다. DJIA지수가 계속해서 매우 면밀하게 추적되고 있는 것은 주로 이 지수가 가장 오래된 지수이고 다른 출판물들에서 인용된 최초의 지수였기 때문이다. 그러나 DJIA지수는 장기적으로는 주식시장의 성과를 상당히 양호하게 추적한다.

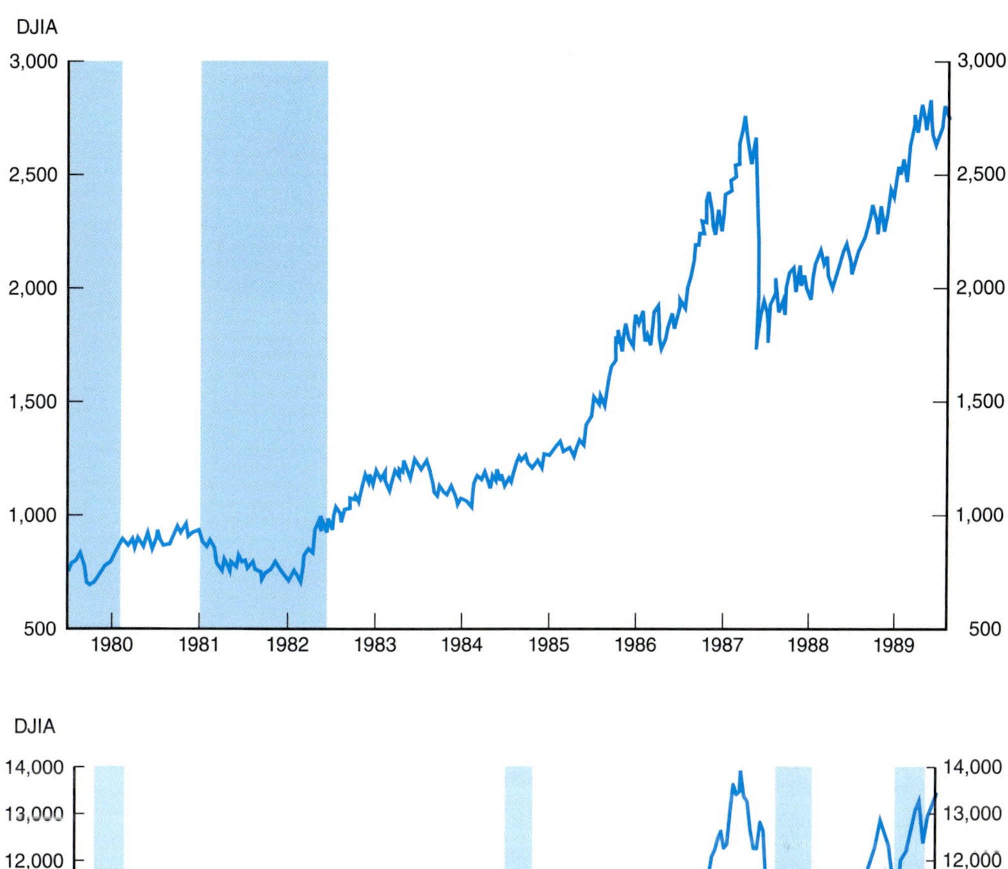

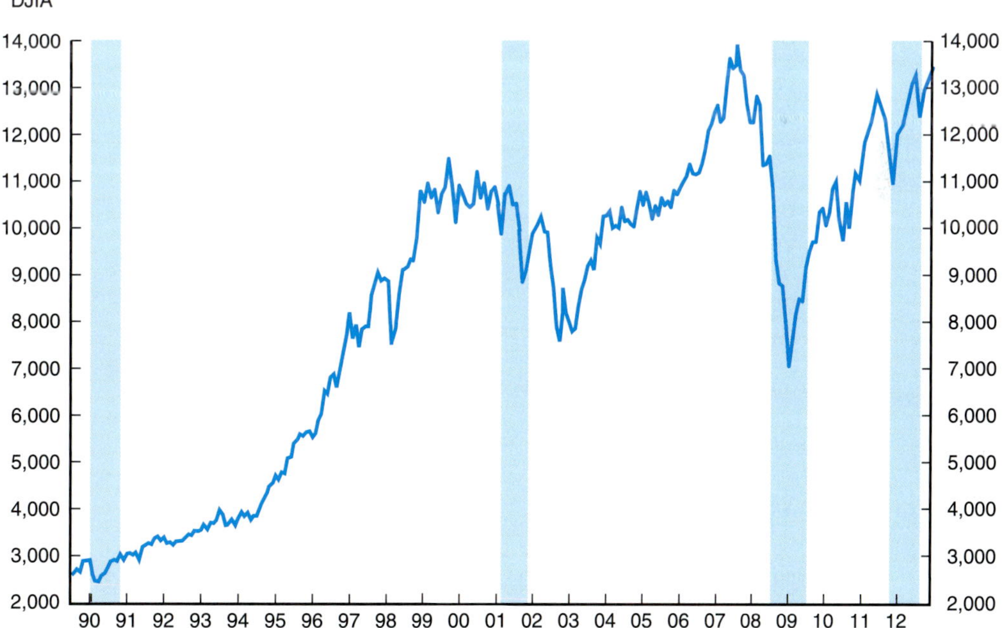

[그림 11.2] 다우존스산업평균지수의 변화추이, 1980~2013년

자료: http://finance.yahoo.com/q/hp?s=%5EDJI&a=09&b=1&c=2007&d=03&e=13&f=2010&g=m.

[표 11.3] 다우존스산업평균지수를 구성하는 30대 기업

기업명	주식 심볼
3M Co.	MMM
American Express Co.	AXP
AT&T	T
Boeing Co.	BA
Caterpillar Inc.	CAT
Chevron	CVX
Cisco Systems	CSCO
Coca-Cola Co.	KO
E.I. DuPont de Nemours	DD
Exxon Mobil Corp.	XOM
General Electric Co.	GE
Goldman Sachs	GS
Home Depot Inc.	HD
Intel Corp.	INTC
International Business Machines Corp.	IBM
Johnson & Johnson	JNJ
J.P. Morgan Chase & Co.	JPM
McDonald's Corp.	MCD
Merck & Co. Inc.	MRK
Microsoft Corp.	MSFT
Nike	NKE
Pfizer Inc.	PFE
Procter & Gamble Co.	PG
Travelers Corp.	TRV
United Health Group	UNH
United Technologies Corp.	UTX
Verizon Communications Inc.	VZ
Visa	V
Walmart Stores Inc.	WMT
Walt Disney Co.	DIS

외국 주식의 매입

제4장에서 포트폴리오의 분산투자는 위험을 감소시킨다는 것을 배웠다. 최근에 투자자들은 서로 다른 국가들로 포트폴리오를 분산시킴으로써 일부 위험을 제거할 수 있음을 인식하게 되었다. 한 국가가 경기후퇴를 겪을 때, 다른 국가들은 경기호황을 누릴 수 있다. 만일 미국에서 인플레이션에 대한 우려가 주가를 하락시킨다면, 일본에서 인플레이션율 하락은 일본 주식들의 주가를 상승시킬 수 있다.

외국 주식을 사는 데 제기되는 문제점은 대부분의 외국 기업들이 미국의 증권거래소에 상장되어 있지 않기 때문에 외국 주식을 매수하는 것이 어렵다는 것이다. 금융기관들은 **미국주식예탁증서**(American depository receipt, ADR)를 매도함으로써 이 문제를 해결하는 방법을 발견했다. 미국의 한 은행이 외국 기업의 주식을 매입해 자신의 금고에 보관한다. 이 은행은 매입한 주식에 근거해서 주식예탁증서를 발행하고 이 주식예탁증서가 일반적으로 NASDAQ을 통해 미국에서 거래될 수 있다. 미국주식예탁증서의 거래는 전적으로 미국 달러로 이루어지고 은행은 주식 배당을 미국 달러로 전환시킨다. 미국주식예탁증서의 한 가지 장점은 외국 기업이 미국 증권거래위원회(SEC)가 요구하는 공시 규정을 충족시킬 필요 없이 외국 기업의 주식이 미국에서 거래될 수 있게 해준다는 것이다.

외국 주식의 거래가 급속히 증가하고 있다. 1979년 이후 외국 주식의 국제 거래는 연 28%로 증가했고 현재 연 2조 달러를 넘어서고 있다. 특히 멕시코, 브라질, 한국과 같은 신흥경제국 기업들의 주식에 대한 관심이 많다.

2008년에 전 세계적으로 경기후퇴가 나타남에 따라, 특정 국가의 주가 변동성이 분산투자에 의해 감소될 수 있지만 국가 간 경제의 상호연계 정도가 강화되고 있다는 사실은 일부 위험이 항상 존재함을 의미한다.

주식시장의 규제

자본시장이 적절하게 기능하는 것은 선진국 경제의 징표이다. 경제가 번영하기 위해 기업은 성장기회가 있을 때 그 기회를 이용하는 데 필요한 자금을 조달할 수 있어야 한다. 기업이 자본시장에서 자금을 조달하고 자본시장이 적절하게 기능하기 위해서는 투자자가 기업에 대해 발표되는 정보를 신뢰할 수 있어야 한다. 이러한 신뢰가 없으면 시장은 붕괴될 수 있다. 미국에서 이러한 현상이 발생했던 가장 유명한 예는 대공황이다. 1920년대 동안, 약 500억 달러의 신규발행 증권이 매각을 위해 제공되었다. 1932년에 이르러서 이 중의 절반이 가치가 없는 것이 되었다. 자본시장에 대한 민간의 신뢰는 곤두박칠치듯 무너졌고 의회 의원들은 경제를 회복시키기 위해 민간의 신뢰가 회복되어야 한다는 데 동의했다. 일련의 청문회를 진행한 후에 미국 의회는 1933년 증권법(Securities Act of 1933)과 곧이어 1934년 증권법(Securities Act of 1934)을 통과시켰다. 이러한 법들의 주요 목적은 (1) 기업은 사업에 관한 진실을 민간에게 알릴 것과 (2)브로커, 딜러, 거래소는 투자자를 공정하게 취급할 것을 요구하는 것이었다. 미국 의회는 이러한 법들을 집행하기 위해 미국증권거래위원회(Securities and Exchange Commission, SEC)를 설립했다.

증권거래위원회

미국 증권거래위원회의 웹사이트는 다음과 같이 기술하고 있다.

> 미국 증권거래위원회의 주요 책무는 투자자들을 보호하고 증권시장의 완결성(integrity)을 유지하는 것이다.[3)]

미국 증권거래위원회는 주로 기업의 증권이 양호한 투자수단인지를 스스로 판단할 수 있는 투자자들에게 항상 적시에 정확하게 정보가 흐르게 함으로써 이 어려운 책무를 수행한다. 따라서 미국 증권거래위원회는 특정 기업의 건전성이나 복지 수준을 결정하기보다 주로 정보의 공개를 촉진하고 정보의 비대칭성을 감소시키는 데 초점을 맞추고 있다. 미국 증권거래위원회는 투자자들에게 제공되는 정보의 질을 유지하기 위한 노력의 일환으로 매년 개인들과 기업들을 대상으로 400개에서 500개에 이르는 민사소송을 제기한다.

미국 증권거래위원회는 네 개의 부서와 18개의 사무소로 조직되어 있고 약 3,100명을 고용하고 있다. SEC가 자신의 목표를 어떻게 완수하는지를 이해하기 위한 한 가지 방법은 각 부서에 부여된 임무들을 검토해보는 것이다.

- 기업재무부서(Division of Corporate Finance)는 민간기업이 보고해야 하는 많은 문서를 수집하는 책임을 지고 있다. 이러한 문서에는 연차보고서, 등록신고서(registration statements), 분기보고(quarterly filings), 기타 많은 것들이 있다. 이 부서는 규제의 준수 여부를 확인하기 위해 이러한 보고 자료들을 검토한다. 그렇다고 제출된 보고 자료의 진실성이나 정확성을 증명하는 것은 아니다. 또한 이 부서의 직원들은 기업들에게 규제 조항을 해석하는 데 도움을 주고 새로운 규칙의 도입을 권고한다.
- 시장규제부서(Division of Market Regulation)는 주요 증권시장 참여자들을 규제함으로써 질서있고 효율적인 시장을 위한 기준을 확립하고 유지한다. 이 부서는 새로운 규칙과 기존 규칙의 변경을 검토하고 승인한다.
- 투자관리부서(Division of Investment Management)는 투자관리산업(investment management industry)을 감독하고 규제한다. 이에는 뮤추얼펀드산업에 대한 감독이 포함된다. 시장규제부서가 시장을 규율하는 규칙들을 확립하는 것과 마찬가지로 투자관리부서는 투자회사들을 규율하는 규칙들을 확립한다.
- 집행부서(Division of Investment)는 다른 부서들에 의해 확립된 규칙과 규제의 위반을 조사한다. 집행부서는 다양한 형태의 증권사기사건들에 대한 자체조사를 수행하고 SEC의 다른 부서들에 의해 제공된 정보에 기초하여 행동한다. SEC 자신은 민사소송만 제기할 수 있다. 그러나 SEC는 적정하다고 판단될 때 형사소송을 제기하기 위해 다양한 사법당국들과 긴밀하게 협조한다.

나중에 제17장에서 증권거래위원회가 제기한 사기사건과 윤리기준 위반 사건의 특정한 예들이 논의된다.

---

3) 자료: www.sec.gov/about/whatwedo.shtml.

요약

1. 주식은 거래소와 장외시장에서 거래된다. 거래소는 거래가 이루어지는 빌딩을 가지고 있다는 점에서 장외시장과 구별된다. 장외시장은 주로 전화와 컴퓨터 연결을 통해 작동된다. 많은 예외가 있기는 하지만, 일반적으로 대기업들은 거래소에서 거래하고 소기업들은 장외시장에서 거래한다. 최근에 장외전자거래시장(ECN)이 전통적으로 증권거래소에 속한 사업들의 상당 부분을 장악하기 시작했다. 이러한 장외전자거래시장이 미래에 점차 더 중요한 시장참여자가 될 가능성이 있다.

2. 주식의 가치는 배당의 현재가치로 결정된다. 불행하게도, 이러한 배당들이 얼마가 될 것인지를 정확하게 모른다. 이것이 주식가치의 결정에서 많은 오류를 발생시킨다. 고든의 배당성장률모형은 배당들이 영구히 일정한 성장률로 증가한다는 가정에 기초해 주식의 가치를 결정하는 간단한 방법이다. 미래 배당들에 관한 불확실성을 고려하면, 이러한 가정은 종종 우리가 할 수 있는 최선의 가정이다.

3. 주가를 추정하는 다른 방법은 기업의 주당 수익과 산업의 주가수익비율을 곱하는 것이다. 기업의 고유한 특성을 반영하기 위해 산업의 평균 주가수익비율을 높이거나 낮추는 방식으로 조정할 수 있다.

4. 시장 거래자들 간 상호작용이 매일 매일 실제로 가격을 결정한다. 현금흐름에 관한 불확실성이 낮거나 추정된 현금흐름이 크기 때문에 증권의 가치를 가장 높게 평가하는 거래자는 증권 매입을 위해 기꺼이 가장 높은 가격을 제시할 용의가 있을 것이다. 새로운 정보가 발표됨에 따라, 투자자는 증권의 진정한 가치에 대한 추정치를 수정하고 증권의 시장가격과 추정가치를 비교해 증권을 매입하거나 매도할 것이다. 배당성장률이나 요구수익률의 작은 변화가 주가의 큰 변화를 발생시키기 때문에, 주가가 종종 심하게 변동한다는 것은 놀라운 일이 아니다.

주요용어

고든의 배당성장률모형(Gordon growth model)
나스닥(NASDAQ)
매도가격(bid price)
매수가격(ask price)
미국주식예탁증서(American depository receipt, ADR)
보통주 주주(common stockholder)
우선주(preferred stock)
일반배당모형(generalized dividend model)
주가수익비율(price earnings ratio, PER)

연습문제

1. 어떤 금융의 기본 원칙이 투자자산의 가치를 구하기 위해 적용될 수 있는가?

2. 주식 투자자가 받을 수 있는 현금흐름은 무엇인가? 이러한 현금흐름은 얼마나 신뢰할 수 있게 추정될 수 있는가? 주식의 현금흐름을 추정하는 문제와 채권의 현금흐름을 추정하는 문제를 비교해보라. 여러분은 어떤 증권의 가격이 더 심하게 변동한다고 예측하는가?

3. 거래소와 장외시장을 구별하는 특성들을 논의하라.

4. NASDAQ은 무엇인가?

5. 주식과 채권은 어떻게 다른가?

6. [표 11.3]에 열거되어 있는 현재 다우존스산업평균지수에 포함되어 있는 기업들을 살펴보라. 얼마나 많은 기업들이 기술관련 기업인가? 이것이 다우존스산업평균지수의 위험에 무엇을 의미하는지 논의하라.

계산문제

이베이(eBay, Inc.)는 1998년 9월에 기업공개를 했다. 다음의 정보는 미국 증권거래위원회에 보고된 최종 사업설명서(prospectus)에 열거되어 있다.[1)]

기업공개 시에 이베이는 350만 주의 신주를 발행했다. 민간에게 제시된 최초 가격(공모가격)은 주당 18.00달러였다. 기업공개 첫날 종가는 주당 44.88달러였다.

1. 만일 투자은행이 주당 1.26달러를 수수료로 수취한다면, 이베이가 조달한 순자금(net proceeds)은 얼마인가? 신규 발행된 이베이 주식의 시가총액(market capitalization)은 얼마인가?

2. 기업공개와 관련된 두 가지 공통적인 통계는 *저가책정정도*(underpricing)와 *가치평가차익*(money left on the table)이다. 저가책정정도는 공모가격과 공개 첫날 종가 간의 퍼센트 변화로 정의된다. 가치평가차익은 공모가격과 공개 첫날 종가 간 차이와 발행주식 수를 곱한 금액이다. 이베이의 저가책정정도와 가치평가차익을 계산하라. 이것은 기업공개 과정의 효율성에 관해 무엇을 제시하는가?

3. 미쉬크(Misheak, Inc.) 주식은 앞으로 12개월 동안에 다음과 같은 수익률을 창출할 것으로 예상된다.

수익률(%)	확률
-5	.10
5	.25
10	.30
15	.25
25	.10

   만일 이 주식이 현재 주당 25달러에 거래되고 있다면, 1년 후에 기대되는 주가는 얼마인가? 이 주식은 배당을 지급하지 않는다고 가정하라.

4. 소프트피플(SoftPeaple, Inc.)은 주당 19.00달러에 주식을 매도하고 있고 현재 연간 0.65달러의 배당을 지급하고 있다고 하자. 애널리스트들은 이 주가가 1년 후에 약 23.00달러가 될 것이라고 예상한다. 이 주식의 기대수익률은 얼마인가?

5. 마이크로소프트(Microsoft, Inc.) 주식이 주당 27.29달러에 거래되고 있다고 하자. 마이크로소프트는 1년에 주당 0.32달러의 배당을 지급하고 애널리스트들은 1년 후 목표주가를 주당 약 33.30달러로 설정했다. 이 주식의 기대수익률은 얼마인가?

6. 레이저에이스(LaserAce) 주식이 주당 22.00달러에 매도되고 있다. 가장 최근에 지급된 연간 배당은 주당 0.80달러였다. 만일 시장이 11%의 수익률을 요구하면, 고든의 배당성장률모형을 사용해 레이저에이스의 기대 배당성장률은 얼마인지 구하라.

7. 허스키모터스(Huskie Motors)는 주당 1.00달러의 배당을 방금 지급했다. 이 기업의 경영진은 주주에게 배당을 매년 5%의 일정한 성장률로 증가시키겠다고 약속했다. 만일 이 주식에 대한 요구수익률이 12%이면, 주당 현재가격은 얼마인가?

8. 마이크로소프트 주식이 주당 27.29달러에 거래되고 있다. 마이크로소프트는 작년에 지급한 배당인 주당 0.16달러의 2배가 되는 주당 0.32달러의 배당을 지급한다. 만일 이러한 추세가 계속될 것으로 예상되면, 마이크로소프트 주식의 요구수익률은 얼마인가?

9. 고든앤코(Gordon & Co.)는 방금 주당 1.10달러의 배당을 지급했다. 애널리스트들은 고든앤코가 3%의 과거 배당성장률을 유지할 것이라고 믿는다. 만일 요구수익률이 8%이면, 내년에 이 주식의 기대가격은 얼마인가?

10. 매크로시스템즈(Macro Systems)는 방금 주당 0.32달러의 배당을 지급했다. 매크로시스템즈사의 배당은 앞으로 4년 동안(D_1에서 D_4까지) 두 배로 증가하고, 그 이후에 연 1%의 완만한 속도로 증가할 것이라고 예상된다. 만일 요구수익률이 13%이면, 매크로시스템즈사의 현재 주가는 얼마인가?

11. 냇티캣인더스트리스(Nat-T-Cat Industries)는 방금 기업공개를 했다. 성장기업인 이 회사는 처음 5년 동안

---

1) 이 정보는 http://www.sec.gov/Archives/edgar/data/1065088/0001012870-98-002475.txt로부터 발췌한 것이다.

배당을 지급하지 않을 것으로 예상된다. 그 이후에 투자자들은 냇티캣인더스트리스사가 주당 1.00달러의 연간 배당을 증가시키지 않고 지급할 것으로 예상한다. 만일 요구수익률이 10%이면, 냇티캣인더스트리스사의 현재 주가는 얼마인가?

12. 애널리스트들은 시비레일웨이즈(CB Railways)의 주당 수익이 3.90달러가 될 것이라고 예상한다. 만일 산업 평균 주가수익비율이 약 25이면, 시비레일웨이즈사의 현재 주가는 얼마인가?

13. 마이크로소프트가 약 0.75달러의 주당 수익을 보고한다고 하자. 만일 마이크로소프트의 PER이 30에서 40 사이인 산업에 속한다면, 마이크로소프트의 적정 주가 범위는 얼마인가?

14. 다음과 같은 주가지수를 구성하는 네 개 주식에 관한 정보를 고려해보라.

주식	가격 ($T = 0$)	가격 ($T = 1$)	주식 수 (100만 주)
1	8	13	20
2	22	25	50
3	35	30	120
4	50	55	75

만일 주가지수가 가치가중 산술평균으로 계산되면, $T = 0$으로부터 $T = 1$까지 주가지수는 얼마나 변화하는가?

15. 어떤 주가지수가 20년 동안 3.8861%의 (기하)평균을 기대 수익률로 가지고 있다. 만일 최초 주가지수가 100이면, 20년 후 최종 주가지수는 얼마인가?

16. 요구수익률이 15%라고 가정하면서, 매년 1달러의 배당을 지급하고 1년 후에 주당 20달러에 매도할 수 있을 것으로 예상되는 주가를 계산하라.

17. 리스키벤처스(Risky Ventures, Inc.)의 주당 기대수익은 3.50달러이다. 가장 가까운 리스키벤처스의 경쟁자들로 구성되어 있는 산업의 평균 주가수익비율은 21이다. 면밀하게 분석한 후에 여러분은 리스키벤처스는 평균보다 약간 더 위험하기 때문에 23의 주가수익비율이 이 회사에 대한 시장의 인지를 보다 더 잘 반영한다고 결정한다. 이 회사의 현재 주가를 추정하라.

웹 연습문제

주식시장

1. http://www.forecasts.org/data/index.htm을 방문하라. 페이지의 최상단에 있는 'Stock Index Data'를 클릭하고 이어서 'U.S. Stock Indices-monthly'를 클릭하라. DJIA 지수, S&P 500지수, NASDAQ 종합지수를 살펴보라. 어느 지수가 가장 변동이 심한가? 만일 투자수익을 현재까지 복리로 계산한다면, 여러분은 1985년에 어느 지수에 투자했겠는가?

2. 주식시장의 성과를 추적하는 수많은 지수들이 있다. 이러한 지수들이 주식시장의 성과를 얼마나 잘 추적하는지를 검토하는 것은 흥미로운 일이다. http://bloomberg.com으로 들어가라. 스크린의 상단에 있는 'Charts'를 클릭하라. DJIA지수, S&P 500지수, NASDAQ지수, Russell 2000지수의 변화추이 그리기를 선택하라. 시간의 길이를 5년으로 설정하라. 'Get Chart'를 클릭하라.

   a. 어느 지수가 과거 5년 동안 가장 변동이 심했는가?
   b. 어느 지수가 과거 5년 동안 가장 크게 증가했는가?
   c. 이제 시간 길이를 일중으로 조정하라. 어느 지수가 오늘 최고의 성과를 보였는가? 어느 지수가 오늘 가장 변동이 심했는가?

CHAPTER

12

모기지 시장

> PREVIEW

전통적인 아메리칸 드림 중 하나는 내 집을 마련하는 것이다. 현재 평균 주택가격이 208,000달러 이상이기 때문에, 주택가격의 대부분을 차입할 수 없으면 생애의 말년까지 이러한 꿈이 이루어지길 바랄 수 없다. 또한 기업들은 성장에 필요한 자금을 조달하기 위해 주식보다는 차입에 훨씬 더 많이 의존한다. 많은 중소기업들은 채권시장에 접근할 수 없기 때문에 다른 자금조달원을 찾아야만 한다. 100년 전 모기지 대출시장의 상황을 생각해보자. 모기지 시장은 대개 기업들과 매우 부유한 사람들의 니즈를 수용하기 위해 조직되었다. 그 이후에 많은 변화가 있었다. 이 장의 목적은 이러한 모기지 시장의 변화를 논의하는 것이다.

제9장에서는 단기 자금시장인 *단기금융시장*을 논의했다. 제10장과 제11장에서는 *채권시장*과 *주식시장*을 논의했다. 이 장에서는 개인, 기업, 정부와 같은 차입자들이 장기 담보부 대출을 받을 수 있는 *모기지 시장*을 논의한다. 한 가지 관점에서 보면, 모기지는 장기 자금을 수반하기 때문에 모기지 시장은 자본시장에 속한다. 그러나 모기지 시장은 몇 가지 중요한 측면에서 주식시장이나 채권시장과는 다르다. 첫째, 자본시장의 통상적인 차입자는 정부기관과 기업인 반면 모기지 시장의 통상적인 차입자는 개인이다. 둘째, 차입자들의 니즈에 따라 모기지 대출은 다양한 금액과 만기로 이루어지는데, 이는 유통시장을 개발하는 데 문제가 될 수 있는 특성이다.

이 장에서는 전형적인 주택모기지(residential mortgage)의 특성들을 파악해보고, 이용가능한 모기지의 일반적인 조건과 종류를 논의하며, 누가 모기지 대출을 공급하고 이와 관련된 서비스를 제공하는지를 살펴본다. 또한 모기지유동화증권 시장과 제8장에서부터 다루기 시작한 최근 서브프라임 모기지 시장의 붕괴에 관한 논의를 계속한다.

모기지란 무엇인가?

모기지(mortgage)는 부동산이 담보로 제공되는 장기 대출이다. 부동산 개발업자가 오피스 빌딩의 건축에 필요한 자금을 조달하거나 가계가 주택구입에 필요한 자금을 조달하기 위해 모기지 대출을 받을 수 있다. 이 경우 모두 모기지 대출은 **분할상환**(amortization)된다. 즉, 차입자는 만기까지 채무의 완전 상환이 이루어지도록 원금과 이자로 구성된 월 상환액을 장기간에 걸쳐 납부한다. [표 12.1]은 모기지 차입자들의 분포를 보여준다. 모기지 대출의 81% 이상은 주택구입에 필요한 자금을 지원하기 때문에, 이 장의 논의는 주로 주택구입을 위한 모기지 대출에 초점을 맞춘다.

오늘날의 모기지를 이해하기 위한 한 가지 방법은 모기지 역사를 살펴보는 것이다. 원래, 미국의 많은 주들은 은행들이 그들의 자금이 장기 대출에 묶이지 않도록 모기지 대출을 금지하는 법을 가지고 있었다. 1863년 국법은행법(National Banking Act of 1863)은 모기지 대출을 더욱 제한했다. 그 결과 과거에 대부분의 모기지 계약은 계약당사자들을 불러서 서류를 작성해 주는 변호사의 도움을 받아서 개인들 간에 체결되었다. 일반적으로 부유하고 사회적으로 명망이 있는 사람들만이 모기지 대출을 이용할 수 있었다. 그러나 장기 자금에 대한 수요가 증가함에 따라 많은 모기지 브로커들이 등장했다. 그들은 급속하게 발전하는 미국 서부에서 모기지 대출을 제공했고 이러한 모기지 대출을 미국 동부에 있는 저축은행과 보험회사에게 매각했다.

1880년에 이르러서 모기지 은행가들은 대출에 필요한 장기 자금을 조달하기 위해 채권을 매도함으로써 그들의 영업을 효과적으로 수행하는 방법을 알게 되었다. 그들은 모기지 계약 포트폴리오를 모아서 공개적으로 매각되는 채권 발행을 위한 담보로 사용했다. 많은 모기지 대출들이 미국 중서부에서 농업부문 확장에 필요한 자금을 조달하기 위해 사용되었다. 불행하게도 1890년대의 농업 불황은 많은 채무불이행 사태를 발생시켰다. 토지가격은 하락했고 수많은 모기지 은행가들이 파산했다. 제1차 세계대전까지 장기 대출을 받는 것은 매우 어려웠다. 그 이후에 국법은행이 모기지 대출을 시행할 수 있도록 인가받았다. 이러한 규제 변화는 엄청난 부동산 과열을 발생시켰고 모기지 대출이 급속히 증가했다.

모기지 시장은 1930년대 대공황 때문에 다시 황폐화되었다. 수백만의 차입자들이 실직했고 대출상환금을 낼 수 없었다. 이것이 주택 압류와 토지 매각을 발생시켜 재산가치를 폭락시켰다. 모기지 대출 금융기관들은 다시 심하게 타격을 입었고 많은 모기지 대출 금융기관들이 파산했다.

많은 차입자들이 대출 상환금을 제대로 갚지 못했던 한 가지 이유는 그들이 보유한 모기지 대출의 유형 때문이었다. 이 시기에 대부분의 모기지는 **벌룬론**(balloon loan)이었다. 차입자는 3~5년 동안 이자만 상환하다가 만기에 대출금 전체를 일시에 상환했다. 대부자는 일반적으로 원금을 일부 줄여주고 만기를 기꺼이 연장해주었다. 그러나 만약 차입자가 실직한 상태라면, 대부자는 만기를 연장해주지 않을 것이고 이에 따라 차입자는 채무불이행하게 된다.

[표 12.1] 모기지 대출액(2012년)

부동산 유형	모기지 대출액(100만 달러)	비중(%)
1~4인 주택	9,920	75.41
다가구 주택	859	6.53
상업용 건물	2,223	16.90
농장	152	1.16

자료: http://www.federalreserve.gov/econresdata/releases/mortoutstand/current.htm.

대공황으로부터의 회복을 위한 프로그램의 일환으로 연방정부가 개입해서 모기지 시장의 구조를 재조정했다. 연방정부는 연체된 벌룬론들을 인수했고 차입자들이 장기간에 걸쳐 상환할 수 있게 해주었다. 이러한 새로운 유형의 대출이 매우 인기가 있었다는 것은 놀라운 일이 아니다. 생존한 저축대부조합들은 주택구입자에게 이와 유사한 대출을 제공하기 시작했고 이러한 대출에 대한 높은 수요는 모기지 산업의 건전성을 회복시키는 데 기여했다.

주택모기지의 특성

www.interest.com
모기지 이자율의 변화추이와 서로 다른 지역의 모기지 이자율을 살펴보라.

오늘날 모기지 대부자들은 장기 대출을 차입자에게 더 바람직하도록 계속해서 개선시켜왔다. 과거 20년 동안에도 대부자의 특성과 대출상품은 상당한 변화를 겪었다. 가장 큰 변화 중 하나는 모기지 계약이 활발하게 거래되는 유통시장(secondary market)의 발전이다. 이제 모기지 대출계약의 특성을 알아보고 이어서 모기지 대출계약을 위한 유통시장을 살펴보도록 하자.

20년 전에는 저축대부조합과 대형 은행의 모기지 부서가 대부분의 모기지 대출을 제공했다. 일부 모기지 대출은 대출 제공자가 내부에 보유하고 있었던 반면, 일부 모기지 대출은 모기지 대출을 매입하는 소수의 기업들에게 매각되었다. 이러한 기업들은 연체율을 면밀하게 추적했고 연체율이 매우 높은 은행으로부터는 모기지 대출을 계속 매입하는 것을 거부했다. 최근 부동산 자금조달 영역에서 경쟁하는 많은 대출제공업체들이 등장했다. 이러한 업체들 중 일부는 은행의 자회사였고 여타 업체들은 독립적인 회사였다. 모기지 대출의 경쟁 결과로 차입자들은 모기지 대출을 받을 때 다양한 조건과 옵션을 선택할 수 있었다. 많은 모기지 영업은 브로커가 대출을 제공하고 그것을 가능한 한 신속하게 투자자에게 매각하는 대출제공 후 매각처분(originate-to-distribute) 모형의 형태로 조직되었다. 이 모형에서는 대출 제공자가 모기지 대출이 실제로 상환되느냐 여부에는 별 관심이 없기 때문에 주인-대리인 문제가 증가되었다.

모기지 이자율

차입자들이 모기지를 상환하는 데 적용되는 이자율은 아마도 누구로부터 얼마나 차입할 것인지를 결정하는 데 있어 가장 중요한 요소이다. 모기지 대출 이자율은 세 가지 요소, 즉 현재의 장기 시장이자율, 모기지의 수명(대출기간), 할인포인트의 수에 의해 결정된다.

1. *시장이자율*(market rate). 장기 시장이자율은 수많은 글로벌, 전국적, 지역적 요인들에 의해 영향을 받는 장기 자금에 대한 수요와 공급에 의해서 결정된다. [그림 12.1]에서 보는 것처럼, 모기지 이자율은 대부분의 기간 동안 위험이 낮은 재무부 장기채권 이자율보다 높게 유지되면서 재무부 장기채권 이자율과 함께 변동하는 경향이 있다.
2. *대출기간*(term). 대출기간이 장기인 모기지의 이자율은 대출기간이 단기인 모기지의 이자율보다 더 높다. 통상적인 모기지 수명은 15년이거나 30년이다. 또한 대부자들은 인기가 있는 것은 아니지만 20년 만기 대출도 제공한다. 만기가 짧아질수록 이자율위험이 낮아지기 때문에, 15년 만기 대출의 이자율은 30년 만기 대출의 이자율보다 상당히 낮다. 예를 들어 2013년 7월에 30년 만기 모기지의 평균 이자율은 3.5%였고 15년 만기 모기지의 평균 이자율은 2.62%였다.
3. *할인포인트*(discount point). **할인포인트**(discount point, 단순히 *포인트*(point)라고도 부름)는 대출 시작 시점에 납부하는 이자금액이다. 1 할인포인트를 가진 대출은 차입자가 대출서류에 서명하고 대출금을 받는 대출계약 완결 시점에 대출금의 1%를 이자로 납부한다

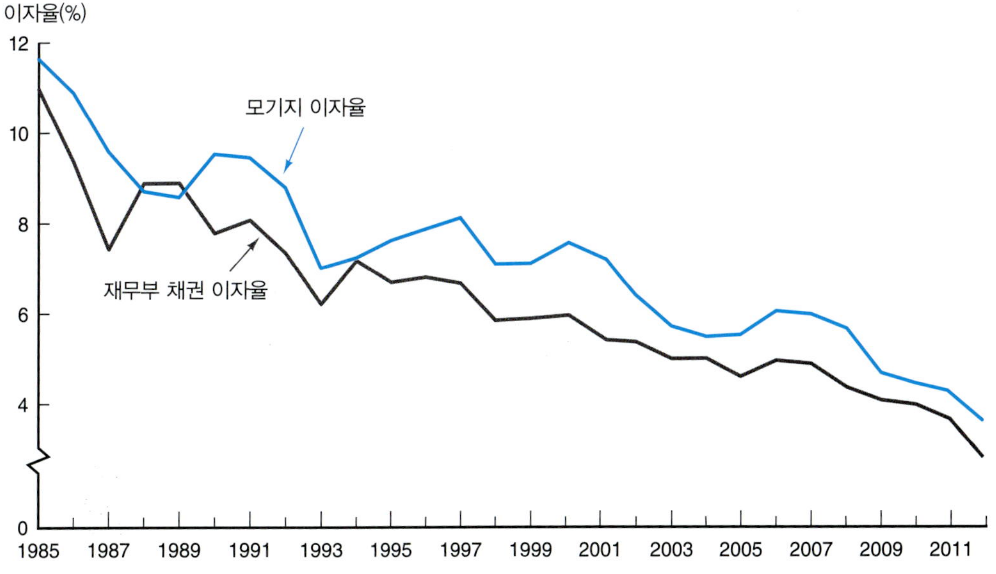

[그림 12.1] 모기지 이자율과 재무부 장기채권 이자율, 1985~2012년

자료: http://www.federalreserve.gov/releases/h15/data.htm.

는 것을 의미한다. 대부자는 할인포인트와 교환해서 대출이자율을 낮춘다. 포인트를 납부할 것인지를 고려할 때, 차입자는 대출의 수명 동안 낮아지는 이자율이 미리 납부하는 이자의 증가를 충분히 보상하는지를 확인해야 한다. 이러한 결정을 하기 위해 차입자는 대출을 얼마 동안 보유할 것인지를 고려해야 한다. 일반적으로 차입자가 5년 이내에 대출을 상환한다면, 할인포인트를 납부해서는 안 된다. 평균적으로 주택은 매 5년마다 매도되기 때문에 이러한 손익분기점은 놀라운 일이 아니다.

사례분석 할인포인트의 결정

여러분이 두 가지 대출안을 제안받는다고 하자. 첫 번째 대출은 할인포인트를 납부하지 않고 대출이자율은 연 12%이다. 두 번째 대출은 2 할인포인트를 납부하나 대출이자율은 연 11.5%이다. 어느 대출을 선택하겠는가?

이 질문에 답하기 위해 첫 번째 대출의 경우 먼저 할인포인트 없는 대출의 유효 연 이자율(effective annual rate)을 계산해야 한다. 여러분은 매월 1%의 이자를 상환한다. 월 복리 때문에 유효 연 이자율은 단순 연 이자율보다 더 높다. 유효 연 이자율은 $(1 + 0.01)^{12}$에서 1을 빼서 구해진다. 따라서 할인포인트가 없는 대출의 유효 연 이자율은 다음과 같다.

$$\text{유효 연 이자율} = (1.01)^{12} - 1 = 0.1268 = 12.68\%$$

월 복리 때문에 12%의 단순 연 이자율은 12.68%의 유효 연 이자율이 된다. 만기가 30년이고 대출금이 10만 달러인 모기지 대출의 경우, 금융계산기를 사용해 계산하면 월 상환액은 1,028.61달러가 된다.

이제 2 할인포인트를 납부하는 대출의 유효 연 이자율을 계산해보자. 대출 금액은 여전히 10만 달러라고 가정하자. 만약 2 포인트를 납부한다면, 10만 달러 대신 98,000달러(= 100,000달러 – 2,000달러)를 대출받는다. 월 상환액은 10만 달러에 기초해 계산되나 더 낮은 이자율인 11.5%가 적용된다. 재무계산기를 사용하면, 월 상환액은 990.29달러이고 월 이자율은 0.9804%이다.*

[표 12.2] 2 할인포인트와 11.5%의 연 이자율을 가진 모기지 대출의 유효 연 이자율

조기상환연도	유효 연 이자율(%)	조기상환연도	유효 연 이자율(%)
1	14.54	6	12.65
2	13.40	7	12.60
3	13.02	10	12.52
4	12.84	15	12.45
5	12.73	30	12.42

* 월간 상환액이 어떻게 계산되는지에 대한 논의를 위해서는 제3장을 참조하라.

월 복리 때문에 유효 연 이자율은 다음과 같이 구해진다.

$$\text{유효 연 이자율} = (1.009804)^{12} - 1 = 0.1242 = 12.42\%$$

2 할인포인트를 납부하는 결과로, 유효 연 이자율은 12.68%에서 12.42%로 낮아졌다. 언뜻 보기에는 할인포인트를 납부하는 것이 좋은 것처럼 보인다. 문제는 이러한 계산이 대출의 수명인 30년 동안 대출을 보유한다고 가정하면서 이루어졌다는 것이다. 만약 여러분이 주택을 대출의 만기 전에 매도한다면, 어떤 일이 발생할까?

만약 모기지 대출이 조기 상환되면, 차입자는 더 짧은 기간 동안 낮은 이자율의 혜택을 받을 것이고 할인포인트를 납부한 효과는 더 짧은 기간 동안에 분산된다. 이러한 두 요인의 결과로 대출의 보유기간이 짧을수록 유효 연 이자율은 상승한다. 이러한 관계가 [표 12.2]에 제시되어 있다. 만약 2 포인트 대출을 15년 동안 보유하면, 유효 연 이자율은 12.45%이다. 만약 2 포인트 대출을 10년 동안 보유하면, 유효 연 이자율은 12.52%이다. 대출을 6년간 보유하더라도 유효 연이자율이 12.65%이기 때문에 할인포인트를 납부하는 것이 차입자에게 유리하다. 그러나 만약 대출이 5년만에 상환되면, 유효 연 이자율은 할인포인트를 납부하지 않는 경우의 유효 연 이자율인 12.68%보다 높은 12.73%가 된다.**

** 예를 들어 모기지 대출이 2년 후에 조기 상환되는 경우 유효 연 이자율을 금융계산기를 사용하여 계산해보자. $PV = 100{,}000$, $PMT = 990.29$, $I = 11.5\%/12$, $N = 24$를 사용하면 2년 후 미래가치는 $FV = 99{,}142.26$이 된다. 이어서 $PV = 98{,}000$, $PMT = 990.29$, $N = 24$, $FV = 99{,}142.26$을 사용하면 $I = 1.0534\%$가 구해진다. 따라서 유효 연 이자율은 $(1 + 0.010534)^{12} - 1 = 0.1340$, 즉 13.40%이다.

대출조건

모기지 대출계약은 많은 법적 조건들과 금융 조건들을 포함하고 있으며, 이러한 조건들의 대부분은 대부자를 금융 손실로부터 보호하기 위한 것이다.

담보 모기지 대출의 공통적인 한 가지 특성은 일반적으로 대출금이 사용되는 부동산을 담보로 제공해야 한다는 것이다. 모기지 대출 금융기관은 담보로 제공된 부동산에 대한 **유치권**(lien)을 설정하며 이러한 유치권은 대출이 상환될 때까지 유효하다. 유치권은 담보 부동산의 권리증서에 첨부된 공문서로서 담보 부동산이 대출의 보증수단임을 알려준다. 만약 모기지 대출이 채무불이행되면, 유치권은 대부자에게 담보 부동산을 매각할 권리를 부여한다.

이러한 유치권을 정리하지 않고는 어느 누구도 부동산을 매입해 법적으로 하자가 없는 권리증서를 얻을 수 없다. 예를 들어 만약 여러분이 유치권에 의해 보증되는 대출을 받아 부동산을 매입하면, 대부자는 유치권을 공공기록 관리소에 신고할 것이다. 유치권은 대출이 채무불이행되면 대부자가 담보 부동산을 압류할 권리를 가진다는 사실을 세상 사람들에게 알려준다. 대출을 상환하지 않고 담보 부동산을 매각하더라도, 유치권은 담보 부동산의 권리증서에 여전히 첨부되어 있다. 대부자는 누가 담보 부동산을 소유하고 있든지 간에 담보 부동산을 빼앗을 수 있기 때문에 어느 누구도 대출이 상환되지 않으면 담보 부동산을 매입하려 하지 않을 것이다. 부동산에 대한 유치권의 존재는 왜 권리증서 확인이 모기지 대출 거래의 중요한 부분인지를 설명해준다. 권리증서에 대한 확인 과정에서 변호사나 권리증서 회사가 유치권에 관한 공문서를 검토한다. 이때 유치권을 포함해 부동산에 대한 권리증서의 상태에 아무런 문제가 없다는 것, 즉 모든 *저당 문제*(encumbrance)가 해결되어 있다는 것을 보증하는 권리보험(title insurance)이 부동산 매입자에게 매도되기도 한다.

선납금 대부자는 차입자에게 모기지 대출을 받기 위해 **선납금**(down payment), 즉 부동산 구입 가격의 일부분을 선납할 것을 요구한다. 부동산 구입가격의 잔액은 *대출금*(loan proceeds)으로 지불된다. 선납금은 유치권처럼 차입자가 대출에 대해 채무불이행할 가능성을 감소시키기 위한 것이다. 선납금을 납부하지 않는 차입자는 주택과 대출을 버리고 떠나면서 아무런 손실도 보지 않을 수 있다. 이에 더하여 만약 부동산 가격이 조금이라도 하락하면, 대출 잔액이 담보가치를 초과할 수 있다. 제2장과 제8장에서 논의한 것처럼, 선납금은 차입자의 *도덕적 위험*을 감소시킨다. 선납금의 크기는 모기지 대출의 유형에 따라 결정된다. 2000년대 중반부터 종종 100%의 자금을 조달하기 위해 첫 번째 모기지 대출에 이어 두 번째 모기지 대출이 추가되는 피기백론(piggyback loan)이 선납금을 대체하는 경우도 있었다. 2006년에 시작된 주택경기 침체 속에서 많은 차입자들은 그들의 부동산 가치가 그들의 채무보다 작음을 알게 되었고 모기지 대출의 채무불이행률이 크게 치솟았다.

민간 모기지보험 대부자가 대출의 채무불이행으로부터 자신을 보호하는 또 다른 방법은 차입자로 하여금 **민간 모기지보험**(private mortgage insurance, PMI)을 매입할 것을 요구하는 것이다. PMI는 대출의 채무불이행이 발생하면 부동산 가치와 대출 잔액의 차이를 보전해 줄 것을 보증하는 보험이다. 예를 들어 대출의 채무불이행이 발생할 때, 대출 잔액이 12만 달러이고 부동산 가치가 10만 달러이면, PMI는 대출 금융기관에게 2만 달러를 지급한다. 대출의 채무불이행 사실은 차입자의 신용기록에 표시되지만 대부자는 잔존 손실을 피할 수 있게 된다. PMI는 일반적으로 20% 미만의 선납금을 내는 대출에 요구된다. 만약 주택담보가치대출비율(loan-to-value ratio, LTV)이 대출금 상환이나 담보 주택가격 상승 때문에 하락하면, 차입자는 PMI 매입 의무의 면제를 요구할 수 있다. PMI는 일반적으로 10만 달러 대출의 경우에 매월 20~30달러의 비용을 발생시킨다.

PMI는 모기지 투자에서 발생되는 손실로부터 투자자들을 보호해왔고 최근까지 실제로 그러했다. 뒤에서 논의하겠지만, 대출조건의 완화로 모기지 시장의 경쟁은 격화되었고 대부자들은 고객을 유인하기 위해 문제가 많은 방법들을 찾아내었다. 이러한 방법 중 하나가 PMI를 요구하지 않도록 대출을 구조화하는 것이었다. PMI는 일반적으로 첫 번째 모기지 대출에만 요구된다.

첫 번째 모기지 대출이 LTV의 80%로 결정되고 두 번째 모기지 대출이 나머지 LTV의 20%를 부담하도록 모기지 대출을 구조화함으로써 PMI가 요구되지 않게 되었다. 물론 이러한 경우에 차입자가 채무불이행하면 대부자는 손실을 입는다.

차입자 자격 예로부터 모기지 대출을 제공하기 전에 대부자는 차입자가 모기지 대출을 받을 자격이 있는지를 확인한다. 대부분의 대부자들은 모기지 대출을 유통시장에서 소수의 연방기관들 중 하나에게 매각했기 때문에 모기지 대출을 받을 수 있는 자격은 은행 대출을 받을 수 있는 자격과는 달랐다. 이러한 연방기관들은 모기지 대출을 매입하기 전에 대부자가 준수해야 하는 매우 명확한 가이드라인을 설정했다. 만약 대부자가 이러한 가이드라인에 부합하지 않는 차입자에게 모기지 대출을 시행한다면, 대부자는 이러한 모기지 대출을 매각할 수 없다. 이 경우 대부자의 자금은 묶이게 된다.

차입자의 자격조건은 복잡하고 계속해서 변했지만, 대강의 조건은 세금과 보험을 포함한 월 상환액이 총 월소득의 25%를 초과해서는 안 된다는 것이었다. 이에 더하여 자동차 대출과 신용카드를 포함해 차입자가 가지고 있는 모든 대출의 월 상환액 합계가 총 월소득의 33%를 초과해서는 안 된다. 예를 들어 만약 연 소득이 6만 달러(월간 5,000달러)이면, 월 상환액은 5,000달러 × 0.25 = 1,250달러를 초과해서는 안 된다. 이러한 경우 여러분은 4%의 이자율에서 약 20만 달러의 대출을 받을 자격을 가지게 된다.

또한 대부자는 주요 개인신용정보기관들 중 하나로부터 신용보고서를 주문하여 열람한다. 신용평점은 신용도의 타당한 예측변수로 여겨지는 많은 변수들의 중요도를 분석한 모형에 기초하여 구해진다. 가장 일반적으로 사용되는 신용평점은 이러한 신용평점을 개발한 페어아이사(Fair Issac Company)사의 이름을 따라 붙여진 소위 FICO 평점이다. **FICO 평점**(FICO score)은 최저 300점에서 최대 850점까지의 범위를 가질 수 있다. 720점 이상의 점수는 신용이 양호한 것으로 여겨지는 반면 660점 이하의 점수는 대출을 받는 데 문제가 될 수 있다. FICO 평점은 상환이력, 채무 잔액, 신용기록 기간, 최근 신용신청 건수, 보유하고 있는 신용 유형과 대출금에 의해 결정된다. 단순히 신용카드를 신청하는 것과 많은 신용카드를 보유하고 있는 것만으로도 FICO 평점이 크게 영향을 받을 수 있다는 점은 흥미로운 일이다.

모기지 대출을 제공하기 위한 경쟁이 2000년대 중반에 격화되면서 전통적인 대출관행을 우회하는 다양한 모기지 대출이 제공되었다. 예를 들어 대출 신청에서 소득이나 자산을 요구하지 않는 무서류 대출(No Doc loans, 종종 소득, 직업, 자산이 없는 고위험 채무자에 대한 대출을 NINJA 대출(NINJA loans)이라고도 부름)이 제공되었다. 이러한 대출이 등장한 배경은 부동산 가격은 하락할 수 없고 따라서 부동산 담보는 이러한 대출을 정당화할 만큼 강력하다는 잘못된 믿음 때문이었다. 양질의 차입자들을 찾는 것이 대출규모 증가보다 중요해짐에 따라 이러한 대출관행은 전반적으로 폐기되었다.

모기지 대출의 분할상환

모기지 대출 차입자는 만기까지 대출을 완전히 균등분할상환하는 원금과 이자로 구성된 일정한 월 상환액을 납부할 것에 동의한다. '균등분할상환된다(fully amortize)'는 것은 월 상환액들이 대출 만기까지 잔존 채무 모두를 상환한다는 것을 의미한다. 대부자는 모기지 대출의 초기 연도 동안에 월 상환액의 대부분을 이자 상환에 할당하고 원금 상환에는 적은 금액을 할당한다. 많은 차입자들은 모기지 대출을 상환한지 수년이 지난 후에도 그들의 대출 잔액이 크게 감소하지 않은 것을 발견하고 놀라기도 한다.

[표 12.3]은 이자율이 8.5%이고 만기가 30년인 13만 달러 모기지 대출의 원금과 이자 상환 구조를 보여준다. 첫 번째 월 상환액 중 78.75달러만이 대출금을 감소시킨다. 2년차 말에, 대출 잔액은 여전히 127,947달러이고 5년차 말에 대출 잔액은 124,137달러이다. 달리 말하면, 처음 5년 동안 상환된 금액인 59,975.40달러 중 5,862.69달러만이 대출금 상환에 사용된다. 13만 달러 모기지 대출의 수명 동안에 이자로 총 229,850달러가 납부된다.

만약 [표 12.3]의 모기지 대출 만기가 30년 대신에 15년이라면, 월 상환액은 1,279.59달러로 약 280달러 증가하지만 모기지 대출의 수명 동안 이자 절감액은 거의 13만 달러나 된다. 왜 많은 차입자들이 만기가 더 짧은 대출을 선호하는지는 전혀 놀랄 일이 아니다.

모기지 대출의 종류

모기지 시장에는 많은 종류의 모기지 대출이 있다. 서로 다른 차입자들은 서로 다른 모기지 대출 자격을 가지고 있을 수 있다. 숙련된 모기지 대출 담당자가 각 특정한 상황에 가장 부합하는 모기지 대출 종류를 찾는 데 도움을 줄 수 있다.

보험보증부 모기지와 전통적 모기지

모기지는 *보험보증부 모기지*와 *전통적 모기지*로 구분된다. **보험보증부 모기지**(insured mortgage)

[표 12.3] 이자율 8.5%, 만기 30년, 대출금 13만 달러 모기지의 분할상환 구조

납부횟수	기초 대출 잔액	월 상환액	이자 상환액	원금 상환액	기말 대출 잔액
1	130,000.00	999.59	920.83	78.75	129,921.24
24	128,040.25	999.59	906.95	92.66	127,947.62
60	124,256.74	999.59	880.15	119.43	124,137.31
120	115,365.63	999.59	817.17	182.41	115,183.22
180	101,786.23	999.59	720.99	278.60	101,507.63
240	81,046.41	999.59	574.08	425.51	80,620.90
360	991.77	999.59	7.82	991.77	0

는 은행이나 기타 모기지 대부자에 의해 대출이 제공되나 연방주택청(Federal Housing Administration, FHA)이나 재향군인청(Veterans Administration, VA)에 의해 보증된다. FHA 대출과 VA 대출 신청자들은 군대 근무 경력이나 정해진 수준보다 낮은 소득과 같은 자격조건을 충족시켜야 하고 일정한 금액 한도까지만 차입할 수 있다. 이어서 FHA나 VA는 은행이 시행하는 모기지 대출의 손실에 대해 보증한다. 이것은 FHA나 VA가 차입자가 채무불이행하게 되면 모기지 대출의 상환을 보증한다는 것을 의미한다. FHA 대출과 VA 대출을 받을 자격이 있는 차입자에게 부여되는 한 가지 중요한 장점은 선납금이 매우 적거나 없다는 것이다.

전통적 모기지(conventional mortgage)는 보험보증부 모기지를 제공하는 은행이나 모기지 대부자에 의해 대출이 제공되나 보증되지 않는다. 현재 민간 모기지 회사들은 전통적 모기지 대출의 채무불이행에 대비하여 보험을 든다. 이미 지적한 것처럼, 대부분의 대부자들은 차입자에게 LTV 비율이 80%를 초과하는 모든 대출에 대해 민간 모기지보험의 매입을 요구한다.

고정이자율 모기지와 변동이자율 모기지

표준적인 모기지 계약에서 차입자는 대부자에게 갚아야 하는 원금과 이자를 정기적으로 상환할 것에 동의한다. 앞에서 살펴본 것처럼, 이자율은 이러한 월간 상환액의 규모에 크게 영향을 미친다. *고정이자율 모기지*(fixed-rate mortgage)에서 이자율과 월간 상환액은 모기지의 수명 동안 변하지 않는다.

변동이자율 모기지(adjustable-rate mortgage, ARM)의 이자율은 특정 시장이자율과 연동되어 있고 시간이 흐름에 따라 변한다. 변동이자율 모기지의 이자율은 일반적으로 1년 동안과 모기지 대출기간 동안에 변할 수 있는 소위 캡(caps)이라고 부르는 상한을 가지고 있다. 전형적인 ARM은 연 2%와 모기지 대출기간 동안 6%의 캡을 가지면서 이자율을 재무부 단기증권 평균이자율 + 2%에 연동시킨다. 이러한 이자율 캡은 차입자들에게 ARM을 더 매력적이게 만들어 준다.

ARM은 이자율이 상승하면 금융적 어려움을 발생시킬 수 있기 때문에, 차입자들은 ARM보다 고정이자율 대출을 선호하는 경향이 있다. 그러나 이자율이 하락하는 경우 고정이자율 대출 차입자는 모기지를 재융자받아서 기존 모기지를 상환하지 않는다면 이자율 하락의 혜택을 누리지 못한다. 개인들이 위험 회피적이라는 사실은 상황이 불리해져 금융적 어려움에 처하게 될 것이라는 두려움이 상황이 유리해져 금융적 절약이 발생할 것이라는 예상을 압도함을 의미한다.

이와는 달리, ARM은 이자율위험을 감소시키기 때문에 대부자들은 ARM을 선호한다. 제3장에서 이자율위험은 이자율 상승이 채무증권의 가치를 하락시키는 위험이라고 배운 것을 기억하라. 채무증권의 만기가 장기일수록 이자율 상승이 채무증권의 가치에 미치는 영향은 커진다. 모기지의 만기는 일반적으로 장기이기 때문에 모기지 가치는 이자율 변화에 매우 민감하다. 모기지 대출 금융기관들은 표준적인 고정이자율 대출 대신에 ARM 대출을 시행함으로써 대출 포트폴리오의 이자율 민감도를 감소시킬 수 있다.

대부자들은 변동이자율 모기지를 선호하고 차입자들은 고정이자율 모기지를 선호한다는 사실을 고려하여, 고정이자율 대출보다 더 낮은 최초 ARM 이자율을 제시함으로써 차입자들을 유인한다. 예를 들어 2013년 7월에 30년 만기 고정이자율 모기지의 이자율은 3.5%였다. 그 당시 5년 만기 변동이자율 모기지의 이자율은 1.625%였다. ARM 차입자가 고정이자율 모기지 차입자보다 더 불리한 상황에 처하게 되려면, ARM 이자율이 1.875% 포인트 이상 상승해야 할 것이다.

기타 유형의 모기지

모기지 대출시장의 경쟁이 점점 더 격화됨에 따라, 대부자들은 차입자들을 유인하기 위해 더 혁신적인 모기지 계약들을 제공했다. 이러한 모기지 중 일부를 여기서 논의하기로 하자.

상환액점증형 모기지 상환액점증형 모기지(graduated-payment mortgage, GPM)는 소득이 증가할 것으로 예상되는 주택구입자에게 유용하다. GPM의 월 상환액은 초기 수년 동안 적게 낸 후에 점차 증가된다. 이러한 초기 월 상환액은 이자를 상환하기에도 충분하지 않을 수 있어서 대출 잔액이 증가한다. 이 경우 차입자는 시간이 흐름에 따라 더 많아지는 월 상환액이 부담이 되지 않을 정도로 미래에 자신의 소득이 증가할 것이라고 예상한다.

GPM의 장점은 차입자들이 전통적 모기지 대출을 신청하는 경우보다 더 많은 금액의 대출을 받을 수 있다는 것이다. 이것은 주택구입자가 먼저 적정한 주택을 매입하고 가족 수가 증가함에 따라 더 비싼 주택으로 이사할 필요성을 피하는 데 도움을 줄 수 있다. GPM의 단점은 차입자의 소득이 증가하든 증가하지 않든 월 상환액이 점차 증가한다는 것이다.

지분증가형 모기지 대부자들은 차입자들이 더 짧은 기간 내에 모기지 대출을 상환하는 것을 돕기 위해 지분증가형 모기지(growing-equity mortgage, GEM)를 창안해냈다. GEM의 월 상환액은 초기에 전통적 모기지의 월 상환액과 같다. 그러나 시간이 흐름에 따라 월 상환액이 증가한다. 이러한 월 상환액 증가는 전통적인 모기지의 경우보다 대출금을 더 빠르게 감소시킨다. 예를 들어 전형적인 GEM은 처음 2년 동안 일정한 월 상환액 납부를 요구할 수 있다. 그 다음 5년 동안 월 상환액은 연 5%씩 증가하고 그 이후 만기까지 같은 금액으로 유지될 수 있다. 그 결과 모기지 대출의 수명은 30년에서 약 17년으로 감소된다.

GEM은 소득이 미래에 증가할 것으로 예상하는 차입자에게 인기가 있다. GEM은 차입자에게 채무를 조기에 상환하게 하면서 초기에 적은 월 상환액 납부의 혜택을 준다. GEM에서 월 상환액의 증가가 요구되지만, 대부분의 모기지 대출은 조기상환 벌과금이 없다. 이것은 30년 만기 모기지 대출을 받은 차입자가 약정된 월 상환액보다 더 많게 월 상환액을 증가시키고 약정된 월 상환액을 초과한 금액을 대출금 상환에 사용하게 하는 방식으로 GEM을 창안해 낼 수 있음을 의미한다.

GEM은 GPM과 유사하다. 그러나 두 모기지는 다음과 같은 차이가 있다. GPM의 목적은 초기 수년 동안 상환액을 줄여줌으로써 차입자가 대출자격을 가질 수 있도록 돕는다는 데 있다. 그러나 GPM의 경우 모기지 대출은 여전히 최초의 대출 수명인 30년 동안 상환된다. GEM의 목적은 차입자가 조기에 모기지 대출을 상환할 수 있도록 해주는 데 있다.

2차 모기지 2차 모기지(second mortgage, 피기백 모기지(piggyback mortgage)라고도 부름)는 첫 번째 모기지의 담보로 사용된 동일한 부동산이 다시 담보로 제공되는 두 번째 모기지 대출이다. 2차 모기지 대출은 최초 모기지 대출보다 후순위 대출이다. 이것은 채무불이행이 발생되면, 2차 모기지 보유자는 최초 모기지 대출이 상환된 후 담보 재산의 매각으로부터 충분한 자금이 남아있을 때에만 상환받는다는 것을 의미한다.

원래 2차 모기지는 두 가지 목적을 가지고 있다. 첫째 목적은 차입자에게 다른 대출을 위한 담보로 자신의 주택이 가지고 있는 잔여 지분을 사용할 수 있는 방법을 제공하는 것이다. 2차 모기지의 대안은 현재 가지고 있는 채무보다 더 많은 대출을 받기 위해 주택자금을 재융자 받는 것이다. 2차 모기지 대출을 받는 비용은 종종 재융자받는 비용보다 훨씬 더 적다.

2차 모기지의 둘째 목적은 중산층이 세금공제 항목 중 하나를 이용할 수 있도록 해주는 것이다. 주택이 담보로 제공된 대출의 이자는 세금공제를 받는다(세법은 차입자가 거주용 주택과 하나의 휴가용 주택에 대한 대출이자를 세금공제해 준다). 다른 종류의 소비자 대출은 이러한 세금공제를 받지 못한다. 현재 많은 은행들은 2차 모기지를 담보로 하는 신용공급한도를 제공한다. 대부분의 경우에 담보의 가치는 은행들에게 큰 관심대상이 아니다. 소비자들은 신용공급한도에 대한 담보를 제공함으로써 대출이자에 대한 세금공제 혜택을 선호한다는 것이다.

이미 언급한 것처럼, 모기지 시장을 붕괴시키는 데 기여한 한 가지 요인은 선납금을 감소시키거나 선납금의 필요성을 제거하기 위해 2차 모기지를 사용한 것이었다. 주택가격이 하락하거나 소득이 감소할 때, 주택의 실질 지분을 가지고 있지 않은 차입자들은 더 기꺼이 주택과 대출을 버리고 떠나려 할 것이다. 2차 모기지의 사용은 통상적인 대출관행의 변화를 보여준 것이다. 예로부터 모기지 대출 절차가 제대로 진행되기 위해서는 차입자가 필요한 선납금을 갖고 있음을 증명해야만 했다.

역모기지 역모기지(reverse annuity mortgage, RAM)는 은퇴한 사람들이 그들의 주택이 지닌 지분에 기초해 살아갈 수 있도록 해주는 혁신적인 방법이다. 역모기지 계약에서 은행이 먼저 월 단위로 일정한 금액을 지급해준다. 이때 월 지급금 잔고가 증가하면서 쌓이는 대출금은 담보로 제공된 부동산에 의해 보증된다. 차입자는 이러한 대출에 대해 어떠한 상환도 하지 않는다. 차입자가 사망할 때 차입자의 부동산이 채무를 상환하기 위해 매각된다.

역모기지의 장점은 은퇴한 사람들이 자신의 주택을 매각하지 않고 주택 지분을 사용할 수 있게 해준다는 것이다. 생계를 위한 추가적인 자금 지출이 필요한 은퇴자들에게 역모지기는 하나의 바람직한 옵션이 될 수 있다.

2004년에서 2008년 사이에 거의 모든 차입자가 모기지 대출을 받을 자격을 가질 수 있게 한 다양한 모기지 대출 옵션들이 제공되었다. 그 당시에 이렇게 한 논거는 주택가격은 일반적으로 상승하고 만약 차입자가 계속해서 모기지 대출을 상환할 수 없으면 주택을 이윤을 남기면서 매각할 수 있다는 생각이었다. 주택 버블이 꺼지고 주택가격이 하락했을 때, 이것은 옵션이 아니었

[표 12.4] 모기지 종류의 요약

전통적 모기지	대출은 보증되지 않는다. 일반적으로 민간 모기지보험 매입이 요구된다. 5~20%의 선납금을 납부한다.
보험보증부 모기지	대출은 FHA나 VA에 의해 보증된다. 적은 선납금을 납부하거나 선납금을 납부하지 않는다.
변동이자율 모기지(ARM)	이자율이 다른 증권이자율에 연동되어 있고 정기적으로 조정된다. 이자율 조정 정도는 연간 한도의 제한을 받는다.
상환액점증형 모기지(GPM)	상환액은 초기에 적으나 그 이후 매년 증가한다. 대출은 30년 동안 분할상환된다.
지분증가형 모기지(GEM)	상환액은 초기에 적으나 그 이후 매년 증가한다. 대출은 30년보다 짧은 기간에 분할상환된다.
2차 모기지(piggyback)	대출은 부동산에 대한 두 번째 유치권에 의해 보증된다. 종종 신용공급한도나 주택개량대출을 위해 사용된다.
역모기지(RAM)	대부자는 차입자에게 대출 잔액을 증가시키면서 월간 지급금을 지급한다. 부동산이 매각될 때 대출은 만기가 된다.

고 많은 대출들이 채무불이행하게 되었다. 2008년 이후 모기지 산업은 전반적으로 이러한 고위험 대출 옵션의 제공을 중단시켰다.

다양한 모기지 종류들이 [표 12.4]에 정리되어 있다.

모기지대출 금융기관

원래 저축산업(thrift industry)은 미국 의회로부터 가계에게 모기지 대출을 제공하는 책무를 부여받고 설립되었다. 미국 의회는 저축대부조합이 약간 더 높은 이자율을 지급할 수 있도록 허용함으로써 저축대부조합에게 예금자들을 유인할 수 있는 능력을 부여했다. 오랜 기간 동안 저축산업은 자신의 책무를 잘 수행했다. 저축기관들은 예금을 받아 조달한 단기 자금을 장기 모기지 대출을 위해 사용했다. 주택산업의 초기 성장은 상당 부분 저축기관들 때문에 가능했다.

1970년에 이르기까지 이자율은 상대적으로 안정적이었고 이자율의 변동이 발생할 때도 그 정도가 작고 단기에 그치는 경향이 있었다. 그러나 1970년대에 이자율은 인플레이션과 더불어 급속히 상승했고 저축기관은 이자율위험의 희생자가 되었다. 시장이자율이 상승함에 따라 저축기관의 고정이자율 모기지 대출 포트폴리오의 가치는 하락했다. 이러한 손실 때문에 저축기관은 모기지 대출의 주요 자금원 역할을 중단할 수밖에 없었다.

초기 모기지 시장에서 발생한 다른 심각한 문제는 저축기관은 연방법과 주법에 의해 전국적인 지점을 만드는 것이 제한되어 있었고 본점으로부터 약 100마일 이내에 해당되는 정상적인 대출지역 밖에서 대출하는 것이 금지되어 있었다는 것이다. 저축기관은 수천 개의 서로 다른 대출들을 보유하고 있어서 사업이 매우 다각화된 것처럼 보였을지라도, 이러한 대출들 모두는 동일한 지역에서 시행된 것이었다. 이 지역이 경제적 어려움에 직면했을 때, 이들 대출 중 많은 대출이 동시에 채무불이행하게 되었다. 예를 들어 텍사스 주와 오클라호마 주는 석유가격의 하락 때문에 1980년대 중반에 경기후퇴를 겪었다. 이 지역의 실업률이 상승하면서 부동산 가치가 동시에 하락했기 때문에, 많은 모기지 대출들이 채무불이행하게 되었다. 미국의 다른 지역들의 경기가 좋다는 것이 이 지역의 대부자들에게는 아무런 도움이 되지 못했다.

[그림 12.2]는 미국의 주요 모기지 대출 금융기관의 모기지 시장 점유율을 보여준다. 현재 가장 최대의 모기지 대출 투자자는 연방기관이다. 이는 모기지 풀과 신탁이 모기지 대출시장의 50% 이상을 점유했던 수년 전과는 달리 변화된 모습이다.

모기지 대출 서비스

모기지 대출을 시행하는 많은 금융기관들은 장기증권들로 구성된 대규모 포트폴리오를 보유하길 원치 않는다. 예를 들어 상업은행은 단기 자금원으로부터 자금을 조달한다. 장기 대출 투자는 그들이 수용할 수 없을 정도로 높은 이자율위험에 직면하게 만든다. 그러나 상업은행, 저축기관, 대부분의 기타 모기지 대출기관은 다른 투자자들이 보유할 수 있도록 모기지 대출을 묶어서 일괄 매각하면서 버는 수수료로부터 수익을 얻는다. 시장에 따라 다르지만, 대출 수수료는 일반적으로 대출금의 1%이다.

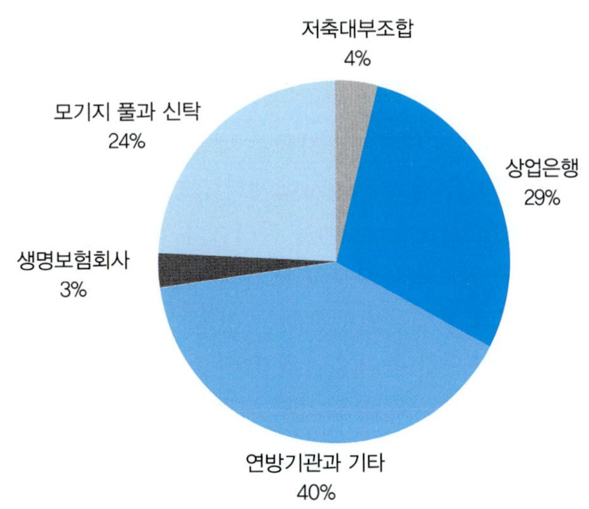

[그림 12.2] 주요 모기지 대출 금융기관의 모기지 대출시장 점유율

사료: http://www.federalreserve.gov/econresdata/releases/mortoutstand/current.htm.

> E-FINANCE

모기지 대출을 받으려고 웹 쇼핑을 하다

웹에 의해 크게 영향을 받은 사업 영역 중 하나가 모기지 은행업이다. 예로부터 차입자들은 모기지 대출을 받기 위해 지역 은행, 저축대부조합, 모기지 은행에 갔다. 이러한 금융기관들은 모기지 대출을 묶어서 일괄 매각했다. 최근에 수백 개의 새로운 웹 기반 모기지 은행들이 등장했다.

모기지 시장은 몇 가지 이유 때문에 온라인 서비스를 제공하는 데 매우 적합하다. 첫째, 모기지 시장은 정보에 기초하고 있고, 상품을 선적하거나 재고로 쌓을 필요가 없다. 둘째, 공급자들이 제공하는 상품(대출)이 동질적이다. 차입자는 자금이 효율적으로 제공되는 한 누가 자금을 공급하느냐에 실제로 관심을 갖지 않는다. 셋째, 주택 구입자는 자주 모기지 대출을 받지 않기 때문에 지역 대부자에 대한 충성도를 가지고 있지 않다. 마지막으로 온라인 대부자들은 종종 차입자들을 직접 만나야 하는 회사들보다 더 적은 경비로 운영될 수 있기 때문에 더 적은 비용으로 모기지 대출을 제공할 수 있다.

온라인 모기지 시장은 차입자가 이자율과 대출조건을 훨씬 더 쉽게 찾을 수 있게 해준다. 한 번의 대출신청서를 작성함으로써 차입자는 다수의 웹 서비스 회사들로부터 수많은 대안적 대출 옵션들을 받을 수 있다. 이어서 차입자는 자신의 요구에 가장 잘 부합하는 대출 옵션을 선택할 수 있다.

렌딩트리(Lending Tree)와 같은 온라인 모기지 회사들이 모기지 대출을 보다 더 경쟁적으로 만들고 있다. 이로 인해 더 낮은 이자율과 더 좋은 서비스가 제공될 수 있다. 그러나 대부자들은 대부분의 차입자들이 해석하기 어려운 일련의 혼돈스러운 대출 대안들을 제시했다. 이것은 단순히 이자율을 비교하는 것보다 대출상품 비교를 더 어렵게 만든다.

모기지 대출을 찾기 위해 온라인 서비스를 이용하는 차입자들은 이러한 서비스가 사기꾼들이 개인정보를 확보하는 손쉬운 방법이라는 것을 알아야 한다. 그들은 가짜 대출 사이트를 만들고 극히 매력적인 이자율을 제시한다. 일단 그들이 여러분의 당좌계좌, 저축계좌, 신용카드계좌를 초토화시키기에 필요한 모든 정보를 수집하면, 그들은 사이트를 폐쇄하고 다른 사이트를 오픈한다.

모기지 대출이 시행되면, 많은 대부자들은 즉각 모기지 대출을 다른 투자자에게 매각한다. 차입자는 최초 대부자가 모기지 대출을 이전시켰다는 것을 모를 수 있다. 모기지 대출을 매각함으로써 최초 대부자는 다른 차입자에게 대출해 추가적인 수수료 수입을 창출할 수 있는 자금을 확보하게 된다.

또한 일부의 대출제공자들은 대출관련 서비스를 제공한다. 대출 서비스 대리인은 차입자로부터 상환액을 받고 투자자에게 원금과 이자를 전달하며 거래에 요구되는 기록을 보존하고 **준비금 계정**(reserve account)을 관리한다. 준비금 계정은 대부자가 차입자를 위해 세금과 보험금을 납부할 수 있도록 대부분의 모기지 대출을 위해 설정된다. 대부자는 대출의 안전성을 확보하기 위해 세금과 보험금을 납부하는 것을 선호한다. 대출 서비스 대리인은 일반적으로 그들의 서비스에 대하여 연간 총 대출금의 0.5%를 번다.

요약하면, 대부분의 모기지 대출에는 세 가지 독특한 요소가 있다.

1. 대출제공자는 투자자를 위해 모기지 대출을 묶어 일괄 매각한다.
2. 투자자는 모기지 대출을 보유한다.
3. 대출관련 서비스 대리인은 서류작업을 처리한다.

한 금융기관이나 두 개나 세 개의 서로 다른 금융기관들이 특정한 대출을 위해 이러한 기능을 제공할 수 있다.

모기지 대출이 점차적으로 웹에서 시행되고 있다. 앞 페이지의 [E-Finance]는 이러한 새로운 모기지 대출의 공급원에 대해 논의한다.

모기지 유통시장

연방정부는 모기지 유통시장을 창설했다. 이미 지적한 것처럼, 모기지 시장은 대공황 동안에 거의 붕괴되었다. 미국의 경제활동을 부추기는 데 도움을 주기 위해 연방정부는 모기지를 매입하기 위한 몇 개의 연방기관을 설립했다.

FNMA(Federal National Mortgage Association, Fannie Mae)는 저축기관들이 더 많은 모기지 대출을 시행할 수 있도록 저축기관들로부터 모기지 대출을 매입하기 위해 설립되었다. 이 기관은 민간에게 채권을 매각해서 모기지 매입을 위한 자금을 조달했다.

거의 동시에 연방주택청(Federal Housing Administration, FHA)이 일부 모기지 계약들을 보험을 통해 보증하기 위해 설립되었다. 이에 따라 모기지 매입자가 차입자의 신용이력이나 담보의 가치에 대해 우려할 필요가 없기 때문에, 모기지 매각이 더 용이해졌다. 제2차 세계대전 이후에 재향군인들을 대상으로 시행되는 대출을 보험을 통해 보증하기 위해 이와 유사한 프로그램이 재향군인청(Veterans Administration, VA)에 의해 만들어졌다.

보험보증부 모기지 대출의 한 가지 장점은 표준 대출 계약서를 사용하도록 되어 있었다는 것이다. 이러한 대출 계약서의 표준화는 모기지 유통시장이 성장하는 데 있어 하나의 중요한 요인이 되었다.

모기지 계약의 유통시장이 틀을 갖추어 감에 따라 새로운 금융기관인 모기지 은행(mortgage bank)이 등장했다. 이 금융기관은 예금을 수취하지 않기 때문에 미국 전역에 사무소를 개설할 수 있었다. 모기지 은행은 처음에는 자신의 자본에 의해 조달된 자금으로 모기지 대출을 제공했다. 유사한 모기지 대출들을 시행한 후에 이들을 묶어 연방기관들 중 한 기관이나 보험회사나 연기금에 매각했다. 모기지 은행은 몇 가지 장점을 가지고 있었다. 모기지 은행은 대출 시행과 대출 서비스 제공에 있어서 규모의 경제를 확보할 수 있었다. 또한 모기지 은행은 서로 다른 지역에서 시행된 모기지 대출들을 묶을 수 있었고 이것이 모기지 대출의 위험을 감소시키는 데 도움을 주었다. 이들 금융기관 간 모기지 대출의 경쟁 증가에 따라 차입자들에게 부과되는 대출 이자율이 하락했다.

모기지의 증권화

금융기관들은 모기지 대출을 매각하고자 할 때 여전히 몇 가지 문제에 직면했다. 첫 번째 문제는 모기지는 일반적으로 너무 소액이어서 거액 금융증권이 될 수 없다는 것이었다. 평균적인 신규 주택모기지 대출금은 현재 약 250,000달러이다. 예를 들어 이 금액은 기업어음의 거래단위인 500만 달러보다 훨씬 작다. 많은 기관투자자들은 이렇게 작은 금액 단위로 거래하길 원치 않는다.

유통시장에서 모기지를 매각하는 데 따른 두 번째 문제는 모기지가 표준화되어 있지 않다는 것이었다. 모기지들은 서로 다른 만기, 이자율, 계약조건들을 가지고 있다. 이로 인해 수많은 모기지들을 함께 묶기가 어렵다.

세 번째 문제는 모기지 대출은 관리하는 데 상대적으로 비용이 많이 든다는 것이다. 모기지 대출을 관리하는 것과 회사채를 관리하는 것을 비교해 보라. 대부자는 월 상환액을 수집하고 종종 재산세와 보험료를 납부하며 준비금 계정을 관리해야 한다. 이러한 일의 어느 것도 채권의 경우에는 요구되지 않는다.

마지막으로 모기지는 알지 못하는 채무불이행 위험을 가지고 있다. 모기지 투자자는 차입자의 신용을 평가하는 데 에너지를 소진하길 원치 않는다. 이러한 문제점 때문에 **증권화된 모기지**(securitized mortgage)라고도 알려져 있는 **모기지유동화증권**(mortgage-backed security)이 만들어졌다.

모기지유동화증권이란 무엇인가?

1960년대 말까지 소수의 재향군인들만이 보증부 대출을 받고 있었기 때문에 모기지 유통시장은 쇠퇴하고 있었다. 미국 정부는 FNMA(Federal National Mortgage Association, Fannie Mae)를 재조직하고 두 개의 새로운 기관, 즉 GNMA(Government National Mortgage Association, Ginnie Mae)와 FHLMC(Federal Home Loan Mortgage Corporation, Freddie Mac)를 창설했다. 이러한 세 개 기관은 보험보증부 모기지(insured mortgage)와 당시 처음으로 무보험보증부 모기지(uninsured mortgage)에 의해 지원되는 새로운 증권들을 제공할 수 있게 되었다.

모기지 대출을 투자자에게 직접 매각하는 것에 대한 대안적 방법은 소위 *모기지 풀*(mortgage pool)에 모아진 수많은 모기지들을 기초로 새로운 증권을 창조하는 것이다. 은행이나 정부기관과 같은 수탁회사(trustee)는 새로운 증권의 담보 역할을 하는 모기지 풀을 보관한다. 이러한 과정을 *증권화*(securitization)라고 부른다. 가장 일반적인 모기지유동화증권(mortgage-backed security)의 유형은 **모기지 패스쓰루 증권**(mortgage pass-through)이다. 모기지 패스쓰루 증권은 모기지 패스쓰루 증권 투자자들에게 이자와 원금이 지급되기 전에 모기지 차입자들의 상환액이 수탁회사로 먼저 전달되는 증권이다. 만약 모기지 차입자들이 조기상환하면, 모기지 패스쓰루 증권 투자자들은 예상보다 빨리 원금을 지급받게 된다. 예를 들어 투자자들이 평균 이자율이 6%인 모기지유동화증권을 매입한다고 하자. 만약 이자율이 하락하고 모기지 차입자들이 더 낮은 이자율로 모기지를 재융자 받으면, 모기지유동화증권은 조기에 상환될 것이다. 모기지가 조기상환되고 투자자가 통상적으로 더 낮은 수익률의 대안 투자수단을 찾아야 할 가능성을 *조기상환위험*(prepayment risk)이라 부른다.

[그림 12.3]에서 명백한 것처럼, 1984년부터 2009년까지 모기지 풀 잔고의 금액은 지속적으

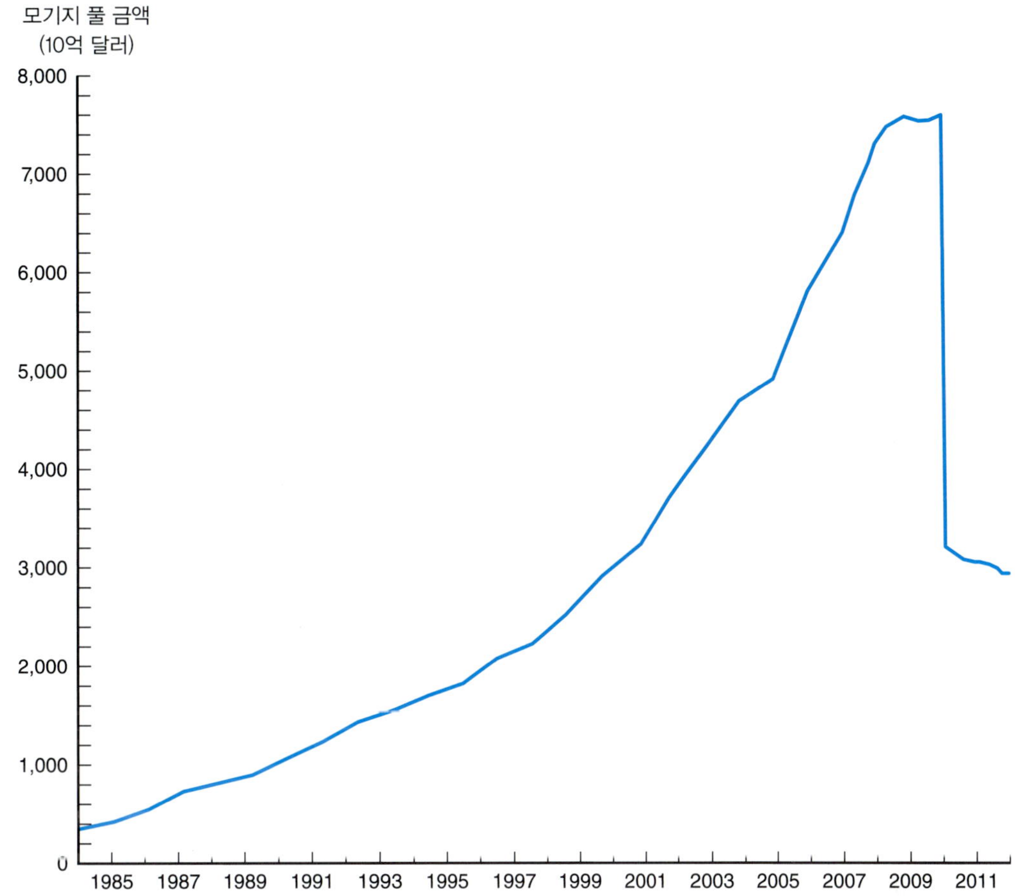

[그림 12.3] 모기지 풀 금액의 변화추이, 1984~2012년

자료: http://www.federalreserve.gov/econresdata/releases/mortoutstand/current.htm

로 증가했다. 모기지 풀이 매우 인기가 있었던 것은 모기지 풀이 모기지 대출에 대한 투자를 훨씬 더 효율적으로 만들어 주었던 모기지 패스쓰루 증권과 같은 새로운 증권을 창조할 수 있도록 해주었기 때문이었다. 예를 들어 기관투자자들은 소액이면서 이질적인 많은 모기지 계약들에 투자하기보다 모기지 풀이 담보로 제공되는 하나의 거액 모기지 패스쓰루 증권에 투자할 수 있었다. 부동산시장의 침체와 모기지 풀 투자자들의 손실이 2009년 이후 모기지유동화증권의 인기를 크게 하락시켰다.

패스쓰루 증권의 종류

모기지 패스쓰루 증권으로는 GNMA 패스쓰루 증권, FHLMC 패스쓰루 증권, 민간 패스쓰루 증권이 있다.

GNMA 패스쓰루 증권 지니메이(Ginnie Mae)는 1968년에 패스쓰루 증권을 보증하는 일을 시작했다. 그 이후 패스쓰루 증권의 인기는 극적으로 증가했다.

상업은행들과 모기지 회사들을 포함하는 다양한 금융기관들이 지니메이 모기지 대출을 제공한다. 지니메이는 이러한 모기지들을 하나의 풀로 묶어 모기지들로부터 발생되는 이자와 원금이 담보로 제공되는 패스쓰루 증권을 발행한다. 또한 지니메이는 이러한 패스쓰루 증권의 채무불이행에 대해 보증한다. 일반적인 패스쓰루 증권의 최소 거래단위는 25,000달러이다. 모기지 풀의 최소 규모는 100만 달러이다. 하나의 모기지 풀은 많은 패스쓰루 증권들을 지원할 수 있다.

FHLMC 패스쓰루 증권 프레디맥(Freddie Mac)은 지니메이 보증부 대출을 제공할 자격이 없는 저축대부조합을 돕기 위해 창설되었다. 프레디맥은 자신의 자금으로 모기지를 매입하고 지니메이에 의해 발행되는 증권과 유사한 패스쓰루 증권을 발행한다. 프레디맥에 의해서 발행되는 패스쓰루 증권을 *참가증서*(participation certificate, PC)라고 부른다. 프레디맥 모기지 풀은 전통적(무보증부) 모기지들을 포함하고 있고 연방기관에 의해 보증되지 않으며, 서로 다른 이자율을 가진 모기지들을 포함하고 있고 수백만 달러에 이를 정도로 규모가 크며, 최소 거래단위가 10만 달러라는 점에서 지니메이 모기지 풀과 구별된다.

FHLMC 패스쓰루 증권시장의 한 가지 혁신적 증권이 **모기지담보부 구조화증권**(collateralized mortgage obligation, CMO)이다. CMO는 조기상환이 언제 발생할 가능성이 있느냐에 의해 서로 다른 만기 그룹으로 분류되는 증권이다. 이 증권은 서로 다른 만기 그룹들이 제공된다는 점에서 전통적인 모기지유동화증권(MBS)과 다르다. 이 증권은 다른 유형의 패스쓰루 증권들의 문제점인 조기상환위험을 감소시키는 데 도움을 준다.

특정한 모기지 풀에 의해 지원되는 CMO는 트랜치(tranche, '조각(slice)'을 의미하는 불어)들로 분류된다. 첫 번째 트랜치에 속한 투자자들에게 제일 먼저 원금이 상환되고, 이어서 두 번째 트랜치에 속한 투자자들에게, 그 다음 트랜치에 속한 투자자들에게 원금이 상환되는 등등의 방식으로 원금이 상환된다. 투자자들은 만기 조건과 일치하는 트랜치를 선택한다. 예를 들어 만약 투자자가 수년 안에 투자를 현금화할 필요가 있으면, 그는 트랜치 1의 CMO나 트랜치 2의 CMO를 매입한다. 만약 투자자가 장기 투자를 원하면, 그는 마지막 트랜치의 CMO를 매입할 수 있다. 물론 트랜치들 간에는 명백한 위험 차이가 존재한다. 첫 번째로 원금이 상환되는 CMO는 마지막으로 원금이 상환되는 CMO보다 채무불이행이 발생할 가능성이 낮다.

투자자가 CMO를 매입할 때 투자가 얼마나 오랫동안 지속될 것인지에 대한 보증이 없다. 만약 이자율이 크게 하락하면, 많은 차입자들이 더 낮은 이자율로 재융자 받아서 그들의 모기지를 조기에 상환할 것이다.

모기지 대출 제공자가 모든 이자상환액을 세금 없이 전달할 수 있는 부동산 모기지 투자도관(real estate mortgage investment conduit, REMIC)이 1986년 조세개혁법(1986 Tax Reform Act)에 의해 인가되었다. 부동산 모기지 투자도관(REMIC)은 법적 측면과 세금 측면에서만 CMO와 다르다.

민간 패스쓰루 증권 연방정부기관 패스쓰루 증권들에 더하여 민간부문의 금융기관들이 민간 패스쓰루 증권을 제공했다. 이러한 민간 패스쓰루 증권(privately issued pass-through, PIP)은 처음으로 1977년에 뱅크아메리카(BankAmerica)에 의해 제공되었다.

민간 금융기관들이 이용할 수 있는 모기지 시장은 정부에 의해 설정된 최대 금액보다 더 큰 금액의 모기지를 위한 시장이다. 이러한 소위 *점보 모기지*(jumbo mortgage)가 종종 풀로 묶여져서 민간 패스쓰루 증권을 지원한다.

서브프라임 모기지와 채무담보부 구조화증권

서브프라임 대출(subprime loan)은 불량한 신용등급이나 소득에 비해 대출금이 크기 때문에 통상적인 시장이자율로 대출을 받을 자격이 없는 차입자에게 시행되는 대출이다. 서브프라임 자동차 대출이나 서브프라임 신용카드가 있으나, 서브프라임 모기지는 부동산 가격이 2006년에 하락하기 시작했을 때 발생한 높은 부도율 때문에 최근에 크게 알려졌다.

증권화 시장이 모기지들을 묶어 매각하는 것을 쉽게 만들어주기 전에는, 만약 여러분이 모기지를 제공하는 기관들 중 하나가 규정하는 모기지 대출 자격조건을 충족시키지 못했다면 여러분은 주택을 구입할 수 없었을 것이다. 이러한 자격조건의 충족여부는 엄격히 검토되었고 각 요건은 조건 준수 여부를 확인하기 위해 증명되어야 했다. 모기지 대출 풀을 다른 투자자들에게 매각하는 것이 가능해지면서 이와는 다른 대출 규칙들이 등장했다. 이러한 새로운 대출 규칙들이 서브프라임 모기지로 알려져 있는 일단의 새로운 모기지 대출들을 탄생시켰다.

모기지은행협회(Mortgage Bankers Association)에 의하면, 2000년에 모든 모기지 대출의 약 70%는 전통적인 프라임 대출, 20%는 FHA 보증 대출, 8%는 VA 보증 대출이었고 단지 2%만이 서브프라임 대출이었다. 2006년에 모기지 대출의 70%는 여전히 전통적인 프라임 대출이었으나 서브프라임 대출이 FHA와 VA 보증 대출을 합한 규모로 증가해 모기지 대출의 17%에 이르렀다. FICO 평점은 실제로 모든 차입자에 대해 계산된다. FICO 평점은 서로 다른 신용평가기관들에 의해 신용위험의 지수로 계산된다. 각 신용평가기관은 서로 다른 알고리즘을 사용하지만, 이들 모두는 신용도를 결정하기 위한 기준으로서 신용이력, 현재 채무수준, 신용이력 기간, 보유한 신용카드 유형, 신용사고의 수를 고려한다. 프라임 모기지 대출의 평균 FICO 평점은 742점이었으나 서브프라임 대출의 평균 FICO 평점은 624점이었다.

몇 가지 혁신적인 대출 관행이 신용도가 낮은 차입자에 대한 대출을 증가시켰다. 먼저 2/28 변동이자율 모기지 대출(종종 '티저(teaser)' 대출이라고 부름)이 인기가 있었다. 이 대출은 2년 동안 이자율을 낮게 동결시키고 그 이후에 이자율을 크게 증가시킨다. 앞 절에서 논의한 것처럼, 피기백 대출, 무서류 대출, NINJA 대출, 상환액점증형 모기지도 차입자가 현실적으로 관리할 수 있는 것보다 더 많은 금액의 대출을 받도록 부추겼다.

많은 사람들이 신용도가 낮은 차입자에 대한 모기지 대출이 증가하는 것을 보게 되었다. 이렇게 완화된 대출기준으로 인해 더 많은 가계가 내 집 마련 목표를 달성할 수 있었다. 이에 더하여, 주택에 대한 수요 증가는 경제성장을 촉진시켰고 건축 산업의 고용을 증가시켰다. 그러나 이러한 모기지 대출시장의 경쟁 격화 때문에 모기지 판매원들은 적정하게 대출상환 능력을 평가할 수 없었고 금융적 능력이 부족한 차입자를 모기지 판매를 위한 목표 대상으로 삼았다. 이에 더하여 이렇게 완화된 대출기준 때문에 투기꾼들도 대출을 받을 수 있었다.

서브프라임 모기지의 증가는 부분적으로는 채무담보부 구조화증권(collateralized debt obligation, CDO)과 같은 구조화 신용상품의 창조에 의해 촉진되었다. 이 증권은 고위험 투자를 위한 자금원을 제공하는 것으로 제8장에서 처음 소개되었다. CMO처럼 만기 기준에 의해 분류되기 보다는 CDO는 일반적으로 위험 기준에 의해 트랜치를 만든다는 점을 제외하고 앞에서 논의한 CMO와 유사하다. CDO는 회사채, 부동산투자회사 채무나 기타 자산에 기초할 수 있으나, 모기지유동화증권에 기초한 것이 일반적이다.

부동산 가격이 급속히 상승했을 때, 차입자들은 모기지 대출을 상환할 수 없게 되면 그들의 부동산을 쉽게 매각할 수 있었다. 부동산시장이 2006년과 2007년에 냉각되자 부동산을 매각하는 것이 훨씬 더 어렵게 되었고 많은 차입자들은 채무불이행하거나 파산했다. 제8장에서 충분히 논의한 것처럼, 서브프라임 모기지 대출은 궁극적으로 2007~2008년 금융위기의 주도적인 원인이었고 글로벌 경기후퇴를 발생시켰다.

부동산 버블

모기지 시장은 2000년과 2008년 사이에 부동산 과열과 침체에 의해 크게 영향을 받았다. 2000년과 2005년 사이에 주택가격은 연평균 8% 상승했다. 2005년에만 주택가격은 17%나 상승했다. 주택가격의 상승은 두 가지 요인에 의해 야기되었다. 첫째 요인은 앞에서 논의한 서브프라임 대출의 증가였다. 더 많은 사람들이 모기지 대출을 받을 자격을 가지게 됨에 따라 모기지 대출에 대한 수요가 증가했다. 2004년에 이르러서는 서브프라임 대출이 모든 신규 대출의 17%를 점유하게 되었다는 점에 주목하라. 이것은 매우 짧은 기간 동안 많은 신규 주택구매자들이 이제 주택을 매입할 자격을 가지게 되었음을 의미했다. 주택건설이 증가했지만 주택수요를 충족시킬 수 없었다.

주택가격의 버블을 촉발시킨 둘째 요인은 부동산 투기꾼들이었다. 모든 계층의 사람들이 재매각을 목적으로 부동산을 매입해 신속하고 쉽게 돈을 벌 수 있다는 것을 알아채기 시작했다. 선납금이 필요 없는 대출을 받을 수 있게 됨에 따라 그들은 자금이 없어도 부동산을 쉽게 매입할 수 있었다. 이어서 그들은 더 높은 가격에 부동산을 재매각할 수 있었다. 많은 부동산 개발 프로젝트들이 시작되기도 전에 완전 매각되었다. 부동산 매입자들은 종종 부동산을 보유할 의사가 없는 투기꾼들이었다. 콘도미니엄은 재매각이 이루어질 때까지 소유자에게 많은 유지비를 요구하지 않기 때문에 특히 인기가 있었다. 때로는 부동산 수요가 부동산 가격을 밀어 올림에 따라, 투기꾼들은 다른 투기꾼들에게 부동산을 매각했다.

대부분의 투기적 버블과 마찬가지로 그 과정은 어느 순간에 멈추기 마련이다. 서브프라임 모기지의 부도율은 증가했고 투기의 심각성이 뉴스에 등장하기 시작했다. 대출 금융기관들과 모기지유동화증권 투자자들을 포함해서 시장의 정점에서 매입한 부동산을 소유하고 있던 사람들은 손실을 입었다.

모기지 대출에 의해 촉발된 금융 붕괴의 여파로 전반적으로 대출정책은 상환능력이 있는 차입자를 선택하는 것으로 복귀했다. 이러한 사실을 보여주는 한 가지 지표가 전 세계적인 CDO 발행액의 감소이다. CDO 발행액은 2006년에 5,200억 달러로 정점에 이르렀다가 2009년에 42억 달러로 감소했다. 2012년에 이르러서 CDO 발행액은 580억 달러로 회복되었다.

모기지의 증권화는 처음 대부자가 대출 포트폴리오의 일부를 매각 처분할 수 있게 해줌으로써 대부자에게 부과되는 위험을 감소시키기 위한 방법으로 환호받았다. 대부자는 위험을 보유할 필요 없이 계속해서 대출을 시행할 수 있었다. 불행하게도, 이것이 도덕적 위험을 증가시켰다. 대부자를 대출의 위험으로부터 분리시킴으로써 모기지의 증권화 방법이 없을 때 제공된 모기지 대출보다 더 위험한 모기지 대출이 시행되었다. 이에 따라 개별 기업의 위험은 감소될 수 있었으나 시스템 위험(systemic risk)은 크게 증가했다.

요약

1. 모기지는 부동산을 담보로 제공하는 장기 대출이다. 개인과 기업은 부동산 매입에 필요한 자금을 조달하기 위해 모기지 대출을 받는다.

2. 모기지 대출을 제공하기 원하는 다양한 금융기관 간 경쟁 때문에, 모기지 이자율은 상대적으로 낮다. 이러한 경쟁 때문에 모기지 이자율이 낮게 유지되었을 뿐만 아니라 다양한 모기지 대출의 조건과 옵션이 만들어졌다. 예를 들어 차입자는 30년 만기의 고정이자율 대출이나 이자율이 재무부 단기증권 이자율에 연동된 변동이자율 대출을 선택할 수 있다.

3. 모기지 대출의 몇 가지 특성이 차입자가 채무불이행할 가능성을 감소시키기 위해 고안되었다. 예를 들어 대부자가 담보 부동산을 압류하게 될 때 차입자가 손실을 보게 하기 위해 통상적으로 선납금의 납부가 요구된다. 또한 대부분의 대부자는 LTV가 80% 이상인 차입자에게 민간 모기지보험의 매입을 요구한다.

4. 많은 차입자들의 니즈를 충족시키기 위한 다양한 모기지 유형이 있다. 상환액점증형 모기지(GPM)의 월 상환액은 초기에 적으나 시간이 흐름에 따라 증가한다. 지분증가형 모기지(GEM)는 일정한 월 상환액으로 분할상환되는 모기지 대출보다 더 짧은 기간 내에 모기지 대출이 상환될 수 있도록 월 상환액을 점차 증가시킨다. 수익공유형 모기지(shared-appreciation mortgage, SAM)는 이자율과 인플레이션율이 높을 때 이용된다. 대부자는 낮은 이자율을 부과하는 대가로 부동산 가치의 상승에 따른 수익을 차입자와 공유한다.

5. 기관투자자들이 매력적인 투자기회를 찾게 됨에 따라 증권화된 모기지는 일반적인 투자증권이 되었다. 증권화된 모기지는 모기지 풀이 담보로 제공되는 증권이다. 모기지 풀의 상환액이 투자자들에게 전달된다. 지니메이, 프레디맥, 민간 은행들은 패스쓰루 증권을 발행한다. 증권화된 모기지 증권은 대부자로부터 대출의 위험을 분리시키지만 더 위험한 대출을 증가시킨다.

6. 서브프라임 대출은 금액 기준으로 모기지 대출에서 차지하는 비중이 1990년대에는 무시할 수 있는 수준이었으나 2006년에는 17%까지 증가했다. 선납금이 없는 대출과 자격미달 차입자가 주택가격의 투기적 상승을 발생시켰고 이어서 서브프라임 대출의 부도율과 주택에 대한 실질 수요 부족이 알려지면서 주택가격이 폭락했다.

주요용어

모기지 패스쓰루 증권(moergage pass-through)
모기지(mortgage)
모기지담보부 구조화증권(collateralized mortgage obligation, CMO)
모기지유동화증권(mortgage-backed security, MBS)
민간 모기지보험(private mortgage insurance, PMI)
벌룬론(balloon loan)
보험보증부 모기지(insured mortgage)
분할상환(amortization)
서브프라임 대출(subprime loan)
선납금(down payment)
유치권(lien)
전통적 모기지(conventional mortgage)
준비금 계정(reserve accounts)
증권화된 모기지(securitized mortgage)
할인포인트(discount points)
FICO 평점(FICO score)

연습문제

1. 모기지 시장은 다른 자본시장들과 어떻게 다른가?
2. 대부분의 모기지 대출은 원래 벌룬상환(balloon payments)방식으로 상환되었으나 현재 완전 균등분할상환(full amortization)방식으로 상환된다. 벌룬론(balloon loan)과 분할상환론(amortizing loan)의 차이점은 무엇인가?
3. 어떤 특성이 장기 모기지 이자율을 낮게 유지하는 데 기여하는가?
4. 할인포인트는 무엇이고 왜 일부 모기지 차입자들은 할인포인트를 납부하는가?
5. 유치권은 무엇이고 모기지 대출에서 언제 사용되는가?
6. 모기지 대출을 받기 전에 대부자가 차입자에게 선납금 납부를 요구하는 목적은 무엇인가?
7. 대부자는 일반적으로 LTV가 80%를 초과하는 차입자에게 어떤 종류의 보험 매입을 요구하는가?
8. 대부자는 다른 종류의 은행 대출을 받을 수 있는 차입자 자격보다 모기지 대출을 받을 수 있는 차입자 자격에 대해 유연하지 않은 경향이 있다. 왜 그런가?
9. 전통적 모기지 대출과 보험보증부 모기지 대출 간의 차이점은 무엇인가?
10. 대부자가 모기지 대출조건이 "2와 6의 캡을 가지고 재무부 단기증권 + 2와 연동되어 있다."고 제시할 때 이것이 무엇을 의미하는지 설명하라.
11. 상환액점증형 대출과 지분증가형 대출 모두 월 상환액은 시간이 흐름에 따라 증가한다. 이러한 유사성에도 불구하고 두 유형의 대출은 서로 다른 목적을 가지고 있다. 각 대출 유형의 배후에 있는 동기는 무엇인가?
12. 많은 은행들은 부동산에 대한 2차 모기지(또는 유치권)에 의해 보증되는 신용공급한도를 제공한다. 2차 모기지 대출은 은행고객들에게 매우 인기가 있다. 왜 주택소유자는 이러한 신용공급한도를 위한 보증수단으로 자신의 주택을 기꺼이 담보로 제공하는가?
13. 역모기지는 은퇴자들이 그들의 주택을 매각할 필요 없이 주택이 가지고 있는 지분을 점차적으로 감소시키면서 살아갈 수 있게 해준다. 역모기지는 어떻게 작동하는지 설명하라.
14. 증권화된 모기지는 무엇인가?

계산문제

1. 이자율이 5.8%이고, 대출금이 8만 달러인 30년 만기 고정이자율 모기지의 월간 상환액을 계산하라. 첫 연도 동안 월간 상환액 중 얼마가 원금 상환액과 이자 상환액인가?

2. 이자율이 9%라고 가정하면서, 월간 상환액이 1,100달러인 30년 만기 고정이자율 모기지의 액면가를 계산하라. 만약 이 모기지가 5% 선납금을 요구하면 최대 주택 가격은 얼마인가?

3. 이자율이 9%이고 대출금이 10만 달러인 30년 만기 고정이자율 모기지가 있다. 만약 차입자가 열두 번째 월 상환액을 납부한 후에 모기지 잔액을 모두 상환하기 원한다면, 모기지 잔액은 얼마인가?

4. 이자율이 9%이고 대출금이 10만 달러인 30년 만기 고정이자율 모기지가 있다. 만약 차입자가 월 상환액에 추가하여 100달러를 더 많이 상환하면, 모기지는 얼마나 빨리 상환되는가?

5. 이자율이 9%이고 대출금이 10만 달러인 30년 만기 고정이자율 모기지가 있다. 저축대부조합은 모기지 대출을 4월 1일에 시행해 자신의 포트폴리오에 보유하고 있다. 그러나 4월 2일에 모기지 이자율이 9.5%로 상승했다. 모기지 대출의 가치는 얼마나 하락했는가?

6. 이자율이 9%이고 대출금이 10만 달러인 30년 만기 고정이자율 모기지가 있다. 모기지 대출의 듀레이션은 얼마인가? 만약 이자율이 모기지 대출이 시행된 직후에 9.5%로 상승한다면, 모기지 대출의 가치는 얼마가 되는가?

7. 대출금이 10만 달러인 5년 만기 벌룬론이 있다. 은행은 이 벌룬론에 대해 이자율이 5.5%이고 대출금이 10만 달러인 30년 만기 고정이자율 대출의 경우와 같은 월 상환액의 납부를 요구한다. 벌룬상환(balloon payment)이 종료될 때 차입자의 채무 잔액은 얼마가 되는가?

8. 30년 만기 변동이자율 모기지는 첫 해에 2%의 티저 이자율을 제공한다. 그 이후에 이자율은 4.5%부터 시작하여 실제 이자율에 기초해서 조정된다. 모기지 대출의 수명 동안 최대 이자율은 10.5%이고 모기지 대출 이자율은 연 200 베이시스 포인트 이상 증가될 수 없다. 만약 모기지 대출금이 25만 달러이면, 첫 해 동안 월 상환액은 얼마인가? 두 번째 해 동안 월 상환액은 얼마인가? 네 번째 해 동안 최대 월 상환액은 얼마인가? 가장 최대인 월간 상환액은 얼마인가?

9. 이자율이 6%이고 대출금이 50만 달러인 30년 만기 고정이자율 모기지가 있다. 월간 균등분할상환방식과 격월간 균등분할상환방식의 월 상환액 차이는 얼마인가?

10. 모기지 차입자가 이용할 수 있는 다음과 같은 옵션들이 있다. 각 옵션의 유효 연 이자율은 얼마인가?

	대출금 (달러)	이자율 (%)	모기지 종류	할인 포인트
옵션 1	100,000	6.75	30년 만기 고정이자율	없음
옵션 2	150,000	6.25	30년 만기 고정이자율	1
옵션 3	125,000	6.0	30년 만기 고정이자율	2

11. 두 가지 모기지 옵션, 즉 이자율이 6%이고 할인포인트가 없는 15년 만기 고정이자율 대출과 이자율이 5.75%이고 1 할인포인트를 납부하는 15년 만기 고정이자율 대출이 있다. 여러분이 조기에 모기지 대출을 상환하지 않을 것이라고 가정하면 어느 대안이 여러분에게 더 좋은가? 모기지 대출금은 10만 달러라고 가정하라.

12. 두 가지 모기지 옵션, 즉 이자율이 6%이고 할인포인트가 없는 30년 만기 고정이자율 대출과 이자율이 5.75%이고 1 할인포인트를 납부하는 30년 만기 고정이자율 대출이 있다. 할인포인트가 있는 모기지가 더 좋은 옵션이 되기 위해 여러분은 얼마나 오랫동안 거주해야 하는가? 모기지 대출액은 10만 달러라고 가정하라.

13. 두 가지 모기지 옵션, 즉 이자율이 6%이고 할인포인트가 없는 30년 만기 고정이자율 대출과 이자율이 5.75%이고 1 할인포인트를 납부하는 30년 만기 고정이자율 대출이 있다. 만약 여러분이 12년 동안 거주할 계획이

면, 이자율이 5.75%인 모기지 대출에 기꺼이 납부할 용의가 있는 할인포인트는 얼마인가? 모기지 대출액은 10만 달러라고 가정하라.

14. 35만 달러의 가치가 있는 주택에 대한 모기지 대출은 민간 모기지보험을 매입하지 않기 위해 얼마의 선납금을 요구하는가?

15. 연 단위로 분할상환이 이루어지고 대출금이 25만 달러인 수익공유형 모기지를 고려해보라. 현재 시장 모기지 이자율은 13%이고 연 인플레이션율은 10%이다. 수익공유형 모기지의 조건 하에서, 15년 만기 모기지가 5%의 이자율로 제공되고 있다. 15년 이후, 주택은 매각되고 은행은 주택 매각가격 중 40만 달러를 가진다. 만약 연 인플레이션율이 10%로 유지된다면, 은행에게 발생되는 현금흐름은 얼마인가? 주택소유자에게 발생되는 현금흐름은 얼마인가?

16. 연 단위로 분할상환이 이루어지고 대출금이 25만 달러인 30년 만기 상환액점증형 모기지가 있다. 모기지 이자율은 6%이나 대출 수명 동안 이자율은 3%라고 가정하면서 첫 번째 상환액이 계산된다. 그 이후 연 상환액은 3.151222%씩 증가한다. 모기지 대출의 최초 만기는 30년이나 모기지 대출이 15년에 조기 상환된다고 가정하면서 모기지 대출을 위한 분할상환 표를 작성하라.

17. 연 단위로 상환이 이루어지고 대출금이 25만 달러인 지분증가형 모기지가 있다. 모기지 이자율은 6%이나 첫 번째 상환액을 계산할 때에만 적용된다. 그 이후 연 상환액은 5.5797%씩 증가한다. 모기지 대출의 최초 만기가 30년이나 모기지 대출이 15년에 조기상환된다고 가정하면서, 모기지 대출을 위한 분할상환 표를 작성하라.

18. 네일(Rusty Nail)은 채무가 전혀 없는 자신의 주택을 소유하고 있고 이 주택은 40만 달러의 가치를 가지고 있다. 그는 은퇴자금을 조달하기 위해 은행으로부터 역모기지를 받는다. 역모기지는 5%의 이자율로 주택가치의 70%에 기초해 15년 동안 고정된 월 지급액을 제공한다. 월지급은 월 초에 이루어진다. 네일은 매월 얼마를 받는가?

19. 여러분은 1,000개 모기지들로 구성된 모기지 풀을 가지고 일하고 있다. 각 모기지는 대출금이 10만 달러이고 6%의 연 이자율을 가지고 있다. 모기지들은 모두 30년 만기 고정이자율 대출이고 균등분할상환된다. 모기지 서비스 수수료는 현재 연 0.25%이다. 다음 표를 완성하라.

월	(1) 기초 잔액	(2) 상환액	(3) 이자	(4) 원금	(5) 조기상환 예상액	(6) 서비스 수수료	(7) 기말 잔액
1	100,000,000		500,000	99,551	16,665		
2					33,322		99,750,430

웹 연습문제

모기지 시장

1. 가까운 미래에 주택구입을 고려하고 있다. 여러분이 제기할 수 있는 한 가지 일반적인 질문은 여러분이 상환할 수 있는 모기지 대출금은 얼마인가이다. http://interest.com으로 가서 'Mortgage', 이어서 'calculators'를 클릭하라. 'mortgage required income calculator'를 선택하라. 여러분의 예상되는 미래 급여 데이터를 입력하라. 이 계산기에 의하면 여러분이 상환할 수 있는 모기지 대출금은 얼마인가? 여러분의 채무 증가가 받을 수 있는 모기지 대출금에 미치는 영향을 살펴보라.

2. 주택소유자가 직면하는 더 어려운 의사결정 중 하나는 이자율이 하락했을 때 모기지 대출을 재융자 받아야 하느냐이다. http://interest.com으로 가서 'Refinance interest savings calculator'라고 표시된 계산기를 클릭하라. 모기지 대출을 재융자 받을 때 적용되는 이자율을 보상받는 데 얼마나 걸리는지를 계산하라. 여러분이 4년 전에 7%의 이자율로 30년 만기 13만 달러의 대출을 받았다고 가정하라. 이제 이자율이 하락했고 소득이 증가했다. 6.25%의 이자율로 15년 동안 신규 대출을 받으면 여러분은 얼마나 절약하게 되는지 구하라.

CHAPTER

13

외환시장

PREVIEW

1980년대 중반에 미국 기업의 경쟁력은 외국의 경쟁 기업들과 비교해 낮았다. 그 이후 1990년대와 2000년대에 미국 기업의 경쟁력은 높아졌다. 이러한 미국 기업의 경쟁력 변동은 주로 미국 경영자들이 1980년대에 경영을 못했고 그 이후 다시 경영을 잘했기 때문에 발생했는가? 그렇지 않다. 미국 기업의 경쟁력이 1980년대에 낮았던 것은 .미국 달러의 가치가 외국 통화에 비해 상대적으로 높게 상승해 미국 재화를 외국 재화에 비해 비싸게 만들었기 때문이었다. 1990년대와 2000년대에 이르러 미국 달러의 가치는 1980년대 중반의 정점에 비해 상당히 하락했으며, 이것이 미국 재화를 더 싸게 만들었고 미국 기업을 더 경쟁적이게 만들었다.

다른 국가 통화로 나타낸 한 국가 통화의 가격을 **환율**(exchange rate)이라고 부른다. [그림 13.1]에서 보는 것처럼 환율은 매우 심하게 변동한다. 미국 달러가 외국 통화에 비해 상대적으로 더 가치있게 될 때, 외국 재화는 미국인에게 더 싸지고 미국 재화는 외국인에게 더 비싸지기 때문에 환율은 경제와 일상생활에 영향을 준다. 미국 달러의 가치가 하락할 때, 외국 재화는 미국인에게 더 비싸지고 미국 재화는 외국인에게 더 싸진다.

이 장에서는 환율이 어떻게 결정되는지를 중심으로 환율이 결정되는 금융시장인 **외환시장**(foreign exchange market)을 깊이 있게 살펴본다.

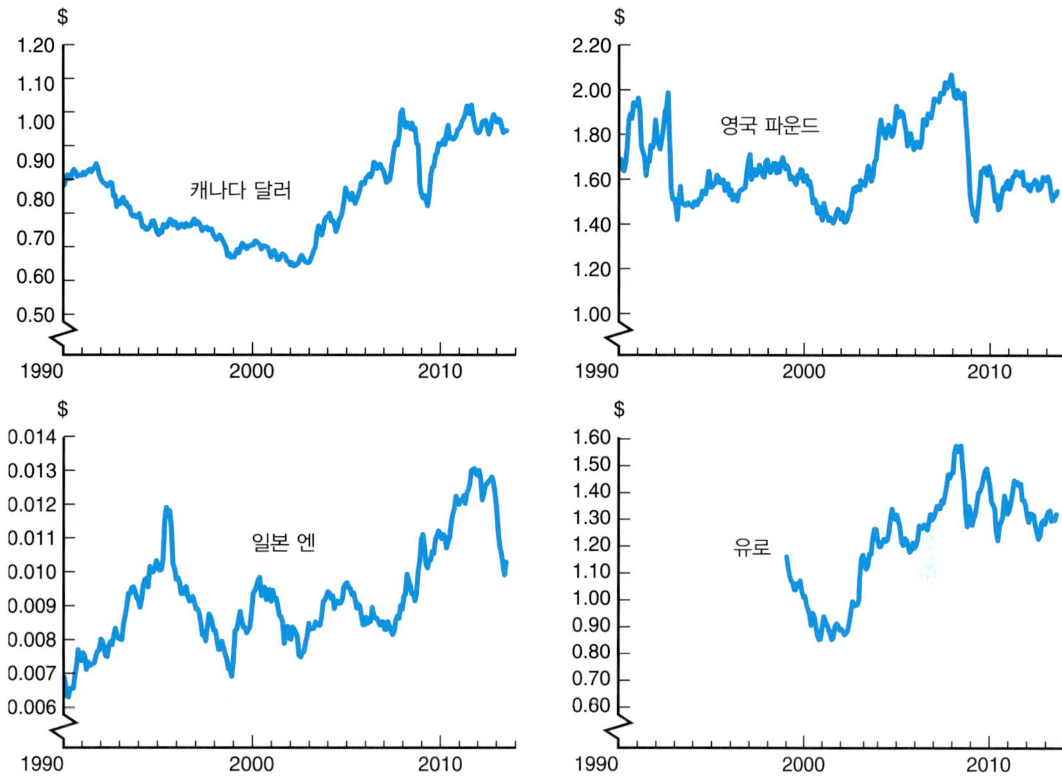

[그림 13.1] 환율의 변화추이, 1990~2013년

환율은 매우 심하게 변동한다. 환율은 외국 통화당 미국 달러로 호가되기 때문에 그림에서 그려진 선의 상승은 외국 통화의 강세(미국 달러의 약세)를 나타낸다.

자료: Federal Reserve: www.federalreserve.gov/releases/h10/hist.

외환시장

http://www.newyorkfed.org/markets/foreignex.html
상세한 미국의 외환시장에 관한 정보를 살펴보라.

세계 대부분의 국가는 자신의 통화를 가지고 있다. 미국은 달러를 가지고 있고 유럽통화동맹(European Monetary Union)은 유로를 가지고 있다. 브라질은 헤알(real)을 가지고 있고 중국은 위안(yuan)을 가지고 있다. 국가 간의 무역은 서로 다른 통화의 상호 교환을 수반한다(또는 보다 일반적으로, 다른 국가 통화로 표시된 은행예금의 상호 교환을 수반한다). 예를 들어 한 미국 기업이 외국 재화, 서비스나 금융자산을 구매할 때 미국 달러(일반적으로 미국 달러로 표시된 은행예금)가 외국 통화(외국 통화로 표시된 은행예금)와 교환되어야 한다.

현금 통화와 특정 통화로 표시된 은행예금의 거래는 외환시장에서 이루어진다. 외환시장에서 이루어지는 거래는 통화들이 교환되는 비율을 결정하고, 이것이 외국 재화와 금융자산의 구매비용을 결정한다.

환율은 무엇인가?

두 종류의 외환거래가 존재한다. 주로 이루어지는 외환거래인 **현물거래**(spot transaction)는 은행예금의 즉각적인(2영업일이 걸리는) 교환을 수반한다. **선도거래**(forward transaction)는 특정한 미래시점, 즉 일반적으로 1개월, 3개월, 6개월, 12개월 후 시점에 은행예금의 교환을 수반한다. **현물환율**(spot exchange rate)은 현물거래를 위한 환율이고 **선도환율**(forward exchange rate)은 선도거래를 위한 환율이다.

한 통화의 가치가 상승할 때, 이 통화는 **절상**(appreciation)한다고 말한다. 한 통화의 가치가 하락할 때, 이 통화는 **절하**(depreciation)한다고 말한다. 예를 들어 1999년 초에 유로의 가치는 1.18달러였고 아래의 [금융뉴스 따라잡기]에 제시되어 있는 것처럼 2013년 6월 7일에 1.32달러였다. 이 기간 동안 유로는 미국 달러에 대해 11%((1.32 − 1.18)/1.18 = 0.11 = 11%) 절상했다. 이와 반대로, 미국 달러는 0.85(= 1/1.18) 유로에서 2013년 6월 7일에 0.76(= 1/1.32) 유로로 하락하여 이 기간 동안 유로에 대해 11%((0.76 − 0.85)/0.85 = −0.11 = −11%) 절하했다.

환율은 왜 중요한가?

http://quotes.ino.com/charts
'Foreign Exchange'를 클릭하여 미국 달러와 주요 외국 통화들 간 환율과 그 변화추이를 살펴보라.

환율은 국내 재화와 외국 재화 간 상대가격에 영향을 주기 때문에 중요하다. 프랑스 재화의 달러 가격은 두 가지 요인, 즉 프랑스 재화의 유로 가격과 달러/유로 환율에 의해 결정된다.

미국인 완다(Wanda the Winetaster)가 그녀의 와인 셀러를 채우기 위해 1961년산 샤또 라휘뜨 로스칠드(Château Lafite Rothschild) 한 병을 구매하기로 결정한다고 하자. 만약 프랑스에서 이 와인의 가격이 1,000유로이고 환율이 유로당 1.32달러라면, 이 포도주는 완다에게 1,320달러(1,000유로 × 유로당 1.32달러)의 비용을 부과할 것이다. 이제 완다가 두 달 동안 이 포도주의 구매를 지연시킨다고 하자. 두 달 후에 유로는 유로당 1.40달러로 절상했다. 만약 샤또 라휘뜨 로스칠드 한 병의 국내 가격이 그대로 1,000유로라면, 이 포도주 한 병의 달러 비용은 1,320달러에서 1,400달러로 증가할 것이다.

그러나 이러한 유로의 절상은 프랑스에서 외국 재화의 가격을 더 싸게 만든다. 유로당 1.32달러의 환율에서 가격이 2,000달러인 델 컴퓨터 한 대는 삐에르(Pierre the Programmer)에게 1,515유로의 비용을 부과한다. 만약 환율이 유로당 1.40달러로 상승하면, 이 컴퓨터의 유로비용은 1,429유로가 될 것이다.

유로의 절하는 미국에서 프랑스 재화의 가격을 하락시키나 프랑스에서 미국 재화의 가격을 상승시킨다. 만약 유로의 가치가 유로당 1.00달러로 하락하면, 샤또 라휘뜨 로스칠드 한 병은 완다에게 1,320달러 대신 1,000달러의 비용을 부과할 것이고, 델 컴퓨터 한 대는 삐에르에게 1,515유로 대신 2,000유로를 부과할 것이다.

이러한 논리에 의하면 다음과 같은 결론이 얻어진다. ***한 국가의 통화가 절상할 때(한 국가의***

통화가치가 다른 국가 통화에 비해 상대적으로 상승할 때), (두 국가에서 재화의 국내 가격이 일정한 경우) 이 국가의 재화는 해외에서 더 비싸지고 외국 재화는 이 국가에서 더 싸진다. 이와 반대로, 한 국가의 통화가 절하할 때, 이 국가의 재화는 해외에서 더 싸지고 외국 재화는 이 국가에서 더 비싸진다.

국내 통화의 절하는 국내 제조업자들이 그들의 재화를 해외에서 판매하는 것을 더 쉽게 만들고 국내시장에서 외국 재화의 경쟁력을 떨어뜨린다. 2002년부터 2013년까지 달러의 절하는 미국 기업들이 더 많은 재화를 판매하는데 도움을 주었으나 외국 재화가 더 비싸졌기 때문에 미국 소비자들에게는 손해를 입혔다. 달러의 약세 결과로 프랑스 와인 및 치즈가격과 해외에서의 휴가비용은 모두 상승했다.

외환은 어떻게 거래되는가?

환율이 어떻게 결정되는지를 살펴보기 위해 거래소 같은 장소에 갈 필요는 없다. 통화들은 뉴욕증권거래소(New York Stock Exchange)와 같은 거래소에서 거래되지 않는다. 그 대신 외환시장은 수백 명의 딜러(대부분 은행)가 외국 통화로 표시된 예금을 매입하고 매도하는 장외시장(over-the-counter market)의 형태로 조직되어 있다. 이 딜러들은 항상 전화와 컴퓨터로 접속되어 있기 때문에 외환시장은 매우 경쟁적이다. 결과적으로 외환시장은 거래가 집중되는 시장과 별반 다르지 않게 기능한다.

한 가지 주목할 점은 은행, 기업, 정부가 외환시장에서 통화를 매입하고 매도한다고 말할 때, 그들은 영국 파운드 표시 단기증권을 매입하기 위해 한 묶음의 달러를 매도하지 않는다는 것이다. 대부분의 외환거래는 다른 국가 통화로 표시된 은행예금의 매입과 매도를 수반하다. 따라서 한 은행이 외환시장에서 달러를 매입한다는 것은 *달러 표시 예금*(deposits denominated in dollar)을 매입한다는 것을 의미한다. 외환시장의 거래규모는 하루에 4조 달러가 넘을 정도로 어마어마하게 크다.

외환시장에서 이루어지는 거래는 주로 100만 달러 이상의 거래들로 이루어져 있다. 아래 [금융뉴스 따라잡기]가 제시하고 있는 것처럼, 환율을 결정하는 시장은 개인들이 해외여행을 위해 외국 통화를 매입하는 시장이 아니다. 그 대신 개인들은 소매시장에서 아메리칸 익스프레스와 같은 딜러나 은행으로부터 외국통화를 매입한다. 소매 환율은 도매 환율보다 높기 때문에 개인들은 외환을 매입할 때 신문에 보도되는 환율보다 더 높은 환율로 국내통화를 지불하고 더 적은 단위의 외국통화를 받는다.

장기 환율

자유시장에서 결정되는 재화나 자산의 가격처럼, 환율은 수요와 공급의 상호작용에 의해 결정된다. 자유시장에서 결정되는 환율에 관한 분석을 단순화하기 위해 두 부분으로 나누어 살펴보

> **금융뉴스 따라잡기** *Following the Financial News*

환율은 신문들과 www.finance.yahoo.com과 같은 인터넷 사이트들에 매일 게재된다. 유로와 같은 통화의 환율은 두 가지 방식, 즉 국내 통화당 미국 달러 또는 미국 달러당 국내 통화로 호가된다. 예를 들어 2013년 6월 7일, 유로 환율은 유로당 1.3218달러와 달러당 0.7565 유로로 호가되었다. 미국인은 일반적으로 유로 환율을 유로당 1.32달러로 여기는 반면, 유럽인은 유로 환율을 달러당 0.76유로로 여긴다.

환율은 현물거래를 위한 환율(현물환율)과 1개월, 3개월, 6개월 후의 미래에 발생되는 선도거래를 위한 환율(선도환율)로 호가된다.

도록 하자. 먼저 환율이 장기적으로 어떻게 결정되는지를 살펴보고, 이어서 환율이 단기적으로 어떻게 결정되는지를 이해하는 데 도움을 주는 장기 환율의 결정 요인에 대해 살펴보도록 하자.

일물일가의 법칙

환율이 어떻게 결정되는지 이해하기 위한 출발점은 소위 **일물일가의 법칙**(law of one price)이라는 간단한 개념이다. 만약 두 국가가 하나의 동일한 재화를 생산하고 수송비용과 무역장벽이 매우 낮으면, 이 재화의 가격은 어느 국가가 이 재화를 생산하는가와 관계없이 전 세계 어느 곳에서도 같아야 한다. 미국산 철강이 톤당 100달러이고 동일한 일본산 철강이 톤당 10,000엔이라고 하자. 일물일가의 법칙이 성립하려면, 미국산 철강 1톤이 일본에서 10,000엔(일본산 철강의 톤당 가격)에 팔리고 일본산 철강 1톤이 미국에서 100달러에 팔리기 위해 엔과 달러 간의 환율은 달러당 100엔(엔당 0.01달러)이어야 한다. 만약 환율이 달러당 200엔이면, 일본산 철강은 미국에서 미국산 철강가격의 반인 톤당 50달러에 팔릴 것이고, 미국산 철강은 일본에서 일본산 철강가격의 2배인 톤당 20,000엔에 팔릴 것이다. 두 국가에서 미국산 철강은 일본산 철강보다 더 비싼데다 미국산 철강은 일본산 철강과 동일하기 때문에, 미국산 철강에 대한 수요는 0이 될 것이다. 미국산 철강의 달러 가격이 고정되어 있는 경우, 결과적으로 발생되는 미국산 철강의 초과 공급은 미국산 철강가격과 일본산 철강가격이 두 국가에서 같아지도록 환율이 달러당 100엔으로 하락할 때에만 해소될 것이다.

예제 13.1 일물일가의 법칙

최근에 일본산 철강의 엔 가격(톤당 11,000엔)이 미국산 철강의 달러 가격(톤당 100달러)에 비해 상대적으로 10% 상승했다. 일물일가의 법칙이 성립하기 위해 달러의 가치는 얼마나 상승해야 하는가, 하락해야 하는가?

> 해답

일물일가의 법칙이 성립하기 위해, 환율은 달러가 10% 절상되어 달러당 110엔으로 상승해야 한다.

환율은 일본산 철강의 달러 가격이 100달러 가격에서 변화하지 않도록 달러당 110엔으로 상승해야 한다. 달리 말하면, 엔의 10% 절하(달러의 10% 절상)가 일본산 철강의 엔 가격이 10% 상승한 것을 정확히 상쇄시킨다.

구매력평가이론

온라인 정보

http://www.oecd.org/std/prices.ppp

purchasing power parities 홈 페이지에 들어가서 PPP에 관한 프로그램, 통계, 연구, 출간물과 OECD 미팅에 관한 상세한 성보를 살펴보라.

환율이 장기적으로 어떻게 결정되는지를 설명하는 가장 유명한 이론 중 하나는 **구매력평가이론**(theory of purchasing power parity, PPP)이다. 구매력평가이론은 두 통화 간 환율은 두 국가의 물가수준 변화를 반영하여 조정된다고 설명한다. PPP이론은 단순히 일물일가의 법칙을 개별 가격이 아닌 물가수준에 적용한 것이다.

[예제 13.1]에서 살펴본 것처럼, 만약 일물일가의 법칙이 성립하면, 일본산 철강 엔 가격의 10% 상승은 달러의 10% 절상을 발생시킨다. 일물일가의 법칙을 두 국가의 물가수준에 적용한 것이 구매력평가이론이다. 구매력평가이론은 만약 일본의 물가수준이 미국의 물가수준에 비해 상대적으로 10% 상승하면, 달러는 10% 절상할 것이라고 설명한다. 미국 달러/일본 엔 환율의 예가 보여주는 것처럼, ***구매력평가이론은 만약 한 국가의 물가수준이 다른 국가의 물가수준에 비해 상대적으로 상승하면, 이 국가의 통화는 절하되어야 한다(다른 국가의 통화는 절상되어야 한다)고 제시한다.***

구매력평가이론에 대해 생각해보는 또 다른 방법은 소위 **실질환율**(real exchange rate)이라는 개념을 사용하는 것이다. 실질환율은 국내 재화가 외국 재화와 교환되는 비율을 의미한다. 실제로 실질환율은 국내 통화로 표시된 외국 재화의 가격과 비교한 상대적인 국내 재화의 가격이다. 예를 들어 뉴욕의 한 재화 바스켓 비용이 50달러인 반면 도쿄의 동일한 재화 바스켓 비용이 7,500엔이면, 환율이 달러당 100엔일 때 도쿄의 동일한 재화 바스켓 비용은 75달러이기 때문에, 실질환율은 0.66(= $50/$75)이 된다. 실질환율이 1.0 미만이라는 것은 일본에서보다 미국에서 주어진 재화 바스켓을 구매하는 것이 더 싸다는 것을 의미한다. 현재 미국 달러의 실질환율은 많은 다른 국가의 통화들에 대해 낮고 이것이 뉴욕에서 쇼핑하는 많은 외국인 관광객이 넘쳐나는 것을 보게 되는 이유이다. 실질환율은 한 국가의 통화가 상대적으로 싼지, 비싼지를 제시해준다.

PPP이론을 설명하는 또 다른 방법은 구매력평가이론은 달러의 구매력이 엔이나 유로 같은 다른 통화의 구매력과 같도록 실질환율은 항상 1.0과 같다고 예측한다고 말하는 것이다.

[그림 13.2]에서 보는 것처럼, 이러한 PPP이론의 예측은 장기적으로 어느 정도 성립하는 것처럼 보인다. 1973년부터 2013년까지 영국 물가수준은 미국 물가수준에 비해 상대적으로 102% 상승했고 PPP이론이 예측하는 것처럼 달러는 PPP이론이 예측하는 102%보다는 낮기는 하지만 60% 정도 절상했다.

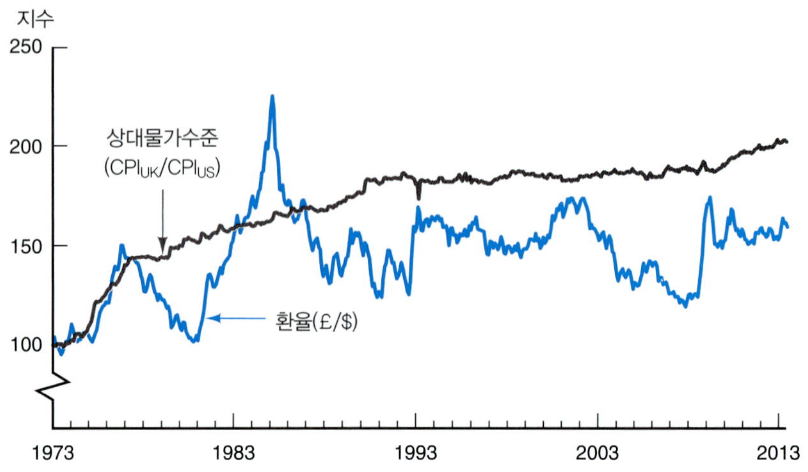

[그림 13.2] 구매력 평가, 미국/영국, 1973~2013년(지수: 1973년 = 100)

전체 기간 동안, 미국 물가수준에 비해 상대적인 영국 물가수준의 상승은 PPP이론이 예측한 대로 달러 가치의 상승을 수반하고 있다. 그러나 PPP와 환율의 관계는 단기에 성립되지 않는다.

자료: Federal Reserve Bank of St. Louis FRED database, http://research.stlouisfed.org/fred2/.

그러나 [그림 13.2]가 보여주는 것처럼, PPP이론은 종종 단기에서 예측력이 없다. 예를 들어 1985년 초부터 1987년 말까지, 영국 물가수준은 미국 물가수준에 비해 상대적으로 상승했다. 미국 달러는 PPP이론이 예측하는 것처럼 절상하는 대신 실제로 파운드에 대해 40% 절하했다. PPP이론은 환율의 장기적 변화에 대해서 약간의 정보를 제공하지만, 그것도 완전한 것이 아니고 단기에서는 특히 예측력이 없다. PPP이론은 왜 환율을 잘 예측하지 못하는가?

구매력평가이론은 왜 환율의 변화를 충분히 설명할 수 없는가?

환율이 상대물가수준의 변화에 의해서만 결정된다는 PPP이론은 모든 재화가 두 국가에서 동일하고 수송비용과 무역장벽이 매우 낮다는 가정에 의존한다. 이 가정이 성립할 때, 일물일가의 법칙은 모든 재화의 상대가격(즉, 두 국가 간 상대물가수준)이 환율을 결정한다고 설명한다. 재화가 동일하다는 가정은 미국산 철강과 일본산 철강에 대해서는 그럴듯한 가정으로 보이나, 미국산 자동차와 일본산 자동차에 대해서도 그럴듯한 가정일까? 토요타 자동차가 시보레(Chevrolet) 자동차와 같은가?

토요타 자동차와 시보레 자동차는 분명히 동일하지 않기 때문에, 두 자동차 가격이 같을 필요가 없다. 토요타 자동차는 시보레 자동차에 비해 상대적으로 비쌀 수 있으나 미국인과 일본인은 여전히 토요타 자동차를 구매할 것이다. 일물일가의 법칙이 모든 재화에 대해 성립하지 않기 때문에, 토요타 자동차 가격이 시보레 자동차 가격에 비해 상대적으로 상승한다는 것이 반드시 엔이 같은 크기만큼 절하되어야 한다는 것을 의미하지 않는다.

더욱이 PPP이론은 많은 재화와 서비스(이들 재화와 서비스 가격들은 한 국가의 물가수준을 측정하는 데 포함된다)는 국경을 넘어서 교역되지 않는다는 점을 고려하지 못한다. 주택, 토지, 식당 음식, 이발, 골프 레슨과 같은 서비스는 교역되지 않는 재화이다. 따라서 이들 재화와 서비스의 가격 상승이 다른 국가의 물가수준에 비해 상대적으로 한 국가의 물가수준을 상승시킬지라도 환율은 직접적인 영향을 받지 않는다.

장기 환율에 영향을 주는 요인

장기적으로 네 가지의 주요 요인, 즉 상대물가수준, 무역장벽, 국내 재화와 외국 재화 간 선호, 생산성이 환율에 영향을 준다. 다른 요인들이 일정하다고 가정하고 각 요인이 환율에 어떻게 영향을 주는지 살펴보자.

기본적인 추론이 다음과 같은 방식으로 이루어진다. 외국에서 생산되는 교역재에 비해 국내에서 생산되는 교역재에 대한 수요를 상대적으로 증가시키는 요인은 국내 통화의 가치가 절상되더라도 국내 재화는 계속해서 잘 판매될 것이기 때문에 국내 통화를 절상시키는 경향이 있다. 이와 유사하게 국내 교역재에 비해 외국 교역재에 대한 수요를 상대적으로 증가시키는 요인은 국내 통화의 가치가 절하될 때에만 국내 재화는 계속해서 잘 판매될 것이기 때문에 국내 통화를 절하시키는 경향이 있다. 달리 말하면, ***만약 어느 요인이 외국 재화에 비해 국내 재화에 대한 수요를 증가시키면, 국내 통화는 절상한다. 만약 어느 요인이 외국 재화에 비해 국내 재화에 대한 수요를 감소시키면, 국내 통화는 절하한다.***

상대물가수준 PPP이론에 의하면, (외국 재화의 가격은 일정하다고 가정하고) 미국 재화의 가격이 상승할 때 미국 재화에 대한 수요는 감소하고 미국 재화가 계속 잘 판매될 수 있도록 달러는 절하되는 경향이 있다. 이와는 달리, 만약 미국 재화의 상대가격이 하락하도록 일본 재화의 가격이 상승하면, 미국 재화에 대한 수요는 증가하고 달러의 가치가 상승할지라도 미국 재화가 계속해서 잘 팔릴 것이기 때문에 달러는 절상되는 경향이 있다. ***장기적으로 외국 물가수준에 비해 상대적인 한 국가의 물가수준 상승은 이 국가의 통화를 절하시키고 외국 물가수준에 비해 상대적인 한 국가의 물가수준 하락은 이 국가의 통화를 절상시킨다.***

무역장벽 **관세**(tariff)(수입재에 부과되는 세금)와 **쿼터**(quota)(수입될 수 있는 외국 재화의 양에 대한 제한) 같은 무역장벽이 환율에 영향을 줄 수 있다. 미국이 일본산 철강에 대한 관세를 인상시키거나 쿼터를 감소시킨다고 하자. 이러한 무역장벽의 증가는 미국산 철강에 대한 수요를 증가시키고 미국산 철강이 달러의 가치가 절상하더라도 계속해서 잘 팔릴 것이기 때문에 달러는 절상하는 경향이 있다. ***무역장벽의 증가는 한 국가의 통화를 장기적으로 절상시킨다.***

국내 재화와 외국 재화 간 선호 만약 일본인들이 플로리다 오렌지와 미국 영화와 같은 미국 재화를 선호하게 되면, 미국 재화에 대한 수요 증가(미국 재화의 수출 증가)는 달러가 절상되더라도 미국 재화가 계속해서 잘 팔릴 것이기 때문에 달러를 절상시키는 경향이 있다. 이와 유사하게, 만약 미국인들이 미국산 자동차보다 일본산 자동차를 선호하면, 일본 재화에 대한 수요 증가(일본 재화의 수입 증가)는 달러를 절하시키는 경향이 있다. ***한 국가 재화에 대한 수출 수요 증가는 이 국가의 통화를 절상시킨다. 이와 반대로, 외국 재화에 대한 수입 수요 증가는 이 국가의 통화를 절하시킨다.***

생산성 한 국가의 생산성이 증가할 때, 비교역재보다 교역재를 생산하는 국내 부문에서 생산성이 증가하는 경향이 있다. 따라서 생산성의 증가는 외국 교역재에 비해 상대적으로 국내에서 생산되는 교역재 가격의 하락과 연계되어 있다. 그 결과, 국내 교역재에 대한 수요는 증가하고 국내 통화는 절상하는 경향이 있다. 그러나 만약 한 국가의 생산성이 다른 국가보다 낮으면, 이 국가의 교역재는 상대적으로 더 비싸지고 이 국가의 통화는 절하되는 경향이 있다. ***장기적으로 한 국가가 다른 국가들에 비해 상대적으로 더 생산적이 되면, 이 국가의 통화는 절상한다.***[1)]

앞에서 논의한 환율의 장기 이론이 [표 13.1 요약]에 정리되어 있다. 한 통화의 절상이 환율의 상승과 일치하도록 환율 E를 나타내는 방식이 사용된다. 미국의 경우, 이것은 환율을 달러당 외국 통화 단위 수로 나타낸다는 것(말하자면 달러당 유로)을 의미한다.[2)]

[표 13.1 요약] 장기 환율에 영향을 주는 요인

요인	요인의 변화	환율 E^*의 변화
국내 물가수준[†]	↑	↓
무역장벽[†]	↑	↑
수입 수요	↑	↓
수출 수요	↑	↑
생산성[†]	↑	↑

[*] 달러당 외국 통화 단위 수: ↑는 국내 통화의 절상을 의미한다. ↓는 국내 통화의 절하를 의미한다.
[†] 다른 국가들에 비해 상대적인 변화를 나타낸다.
주: 요인들의 증가(↑)만이 표시되어 있다. 이러한 요인들의 감소가 환율에 미치는 효과는 환율의 변화에 표시된 화살표 방향과 반대 방향이다.

---

1) 규모가 작은 국가의 경우, 생산성의 변화나 국내 재화와 외국 재화 간 선호 변화가 외국 재화와 비교한 국내 재화의 상대가격에 영향을 주지 않을 수 있다. 이 경우 생산성의 변화나 국내 재화와 외국 재화 간 선호 변화는 이 국가의 소득에 영향을 주나 반드시 이 국가의 통화가치에 영향을 주지 않을 수 있다. 그러나 본문에서는 이러한 요인들이 상대가격에 영향을 줄 수 있고, 결과적으로 환율에 영향을 줄 수 있다고 가정한다.

2) 환율은 국내 통화당 외국 통화 단위 수 또는 외국 통화당 국내 통화 단위 수로 나타낼 수 있다. 전문적인 저술에서, 많은 경제학자들은 국내 통화의 절상이 환율의 하락으로 표시되도록 환율을 외국 통화당 국내 통화 단위 수로 나타낸다. 본문에서는 국내 통화의 절상을 환율의 상승으로 나타내는 것이 보다 직관적으로 이해하기 쉽기 때문에 환율을 국내 통화당 외국 통화 단위 수로 나타내는 방식이 사용된다.

단기 환율: 수요와 공급 분석

www.federalreserve.gov/releases/

연방준비제도가 많은 국가들의 현재와 과거 환율들을 어떻게 보고하고 있는지를 살펴보라.

지금까지 장기 환율 이론을 살펴보았다. 그러나 환율의 장기 변화를 발생시키는 요인들은 시간이 흐름에 따라 완만하게 변화하기 때문에, 환율이 왜 매일매일 매우 크게(종종 2~3%) 변화하는지 이해하려면 현재 환율(현물환율)이 단기에서 어떻게 결정되는지 설명해주는 수요와 공급 분석을 살펴보아야 한다.

환율의 단기 움직임을 이해하기 위한 핵심적 열쇠는 환율이 외국 자산(외국 통화로 표시된 은행예금, 채권, 주식 등)의 가격 기준으로 나타낸 국내 자산(국내 통화로 표시된 예금, 채권, 주식 등)의 가격이라는 것을 이해하는 것이다. 환율은 다른 자산의 가격으로 나타낸 한 자산의 가격이기 때문에, 단기에서 환율의 결정과정을 살펴보는 자연스러운 방법은 자산 수요의 결정요인을 개략적으로 설명했던 제4장에서 제시된 포트폴리오 선택이론에 크게 의존하는 자산시장 접근법을 사용하는 것이다. 그러나 곧 알게 되겠지만, 방금 논의한 환율의 장기적 결정요인들은 단기 자산시장 접근법에서도 중요한 역할을 한다.

과거에는 환율 결정의 수요와 공급 분석 접근법은 수입 수요와 수출 수요의 역할을 강조했다. 여기서 사용되는 최신의 자산시장 접근법은 어느 주어진 시점에 수출과 수입의 거래규모는 국내 자산과 외국 자산의 스톡에 비해 상대적으로 작기 때문에 단기 동안에 발생되는 수출과 수입의 흐름보다 자산 스톡을 강조한다. 예를 들어 매년 미국의 외환거래규모는 미국의 수출액과 수입액보다 25배 이상 크다. 따라서 단기 동안 환율을 결정하는 데 있어서 국내 자산이나 외국 자산을 보유하기 위한 의사결정이 수출 수요와 수입 수요보다 훨씬 더 중요한 역할을 한다.

국내 자산의 공급곡선

국내 자산의 공급곡선에 대한 논의부터 시작해보자. 이 분석에서 미국을 자국이라고 취급하고 이에 따라 국내 자산의 가격은 달러로 표시된다. 논의를 간단하게 하기 위해 외국 통화를 대표해 유로가 사용되며 이에 따라 외국 자산의 가격은 유로로 표시된다.

공급되는 달러 자산의 양은 주로 미국에 있는 은행예금, 채권, 주식의 양이고 전적으로 실용적인 목적을 위해 이 양은 환율 수준에 관계없이 고정되어 있다고 간주할 수 있다. 임의의 환율에서 공급되는 국내 자산의 양은 동일하다. 이에 따라 [그림 13.3]에서 보는 것처럼 국내 자산의 공급곡선은 수직선이다.

국내 자산의 수요곡선

국내 자산의 수요곡선은 특히 미래의 예상 환율을 포함해서 다른 모든 것이 일정한 경우 각 현재 환율에서 달러 자산에 대한 수요량을 나타낸다. 현재 환율(현물환율)을 E_t로 나타내고 다음 기의 예상 환율을 E^e_{t+1}로 나타내도록 하자. 포트폴리오 선택이론이 제시하는 것처럼, 국내(달러) 자산에 대한 수요량의 가장 중요한 결정요인은 국내 자산의 상대적 기대수익률이다. 현재 환율 E_t

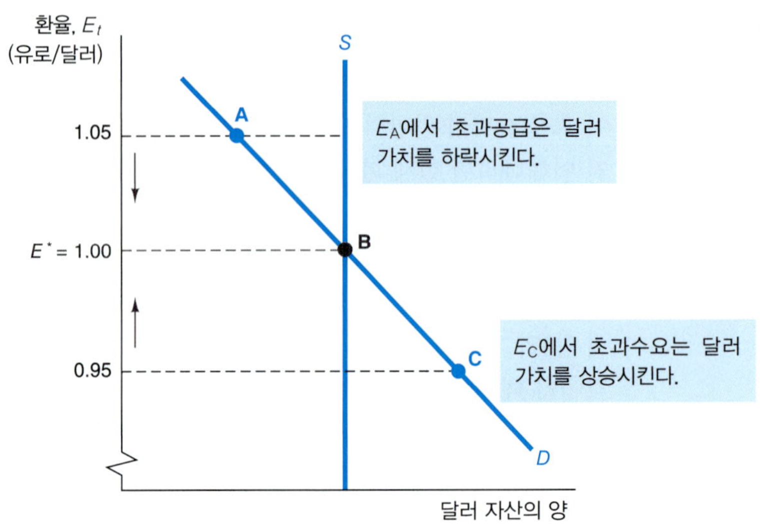

[그림 13.3] 외환시장의 균형

외환시장의 균형은 수요곡선 *D*와 공급곡선 *S*의 교차점인 점B에서 이루어진다. 이때 균형 환율은 $E^* = 1$, 즉 달러당 1 유로이다.

가 하락함에 따라 어떤 일이 발생하는지 살펴보자.

현재 환율이 달러당 1.05유로를 나타내는 [그림 13.3]의 점A에서 논의를 시작하도록 하자. 미래의 예상 환율이 E^e_{t+1}로 일정한 경우, 현재 환율이 말하자면 E^*로 낮아진다는 것은 달러 가치가 상승할 가능성이 더 커진다는 것, 즉 달러가 절상될 가능성이 더 커진다는 것을 의미한다. 예상되는 달러의 절상이 크면 클수록, 달러(국내) 자산의 상대적 기대수익률은 더 커진다. 포트폴리오 선택이론은 이제 달러 자산이 보다 더 보유할 만한 자산이 되기 때문에 [그림 13.3]의 점B로 나타낸 것처럼 달러 자산에 대한 수요량은 증가할 것이라고 제시한다. 만약 현재 환율이 달러당 0.95유로로 훨씬 더 하락하면, 예상되는 달러의 절상은 더욱 커질 것이고 달러 자산의 기대수익률은 더욱 커질 것이며 이에 따라 달러 자산에 대한 수요량도 더욱 증가할 것이다. 이 결과가 [그림 13.3]의 점C로 표시되어 있다. 이러한 점들을 연결하는 수요곡선은 우하향의 기울기를 가지며, 이는 다른 모든 것들이 일정한 경우, 달러의 현재가치가 하락하면 달러 자산에 대한 수요량이 증가한다는 것을 의미한다.

외환시장의 균형

통상적인 수요와 공급분석에서처럼, 달러 자산의 수요량이 달러 자산의 공급량과 일치할 때 외환시장의 균형이 이루어진다. [그림 13.3]에서 외환시장의 균형은 수요곡선과 공급곡선의 교차점인 점B에서 이루어진다. 점B에서 환율은 $E^* = 1$, 즉 달러당 1유로이다.

환율이 균형 환율인 달러당 1유로보다 높은 수준인 달러당 1.05유로라고 하자. [그림 13.3]에서 보는 것처럼, 달러 자산의 공급량이 달러 자산의 수요량보다 더 큰 상황, 즉 초과공급 상황이 발생한다. 많은 사람들이 달러 자산을 매입하기보다 더 많이 매도하기 원하면, 달러의 가치는 하락할 것이다. 환율이 균형 환율보다 높은 수준에 있는 한 계속해서 달러 자산의 초과공급이 존재할 것이고 달러의 가치는 환율이 균형 환율인 달러당 1유로에 이를 때까지 하락할 것이다.

이와 유사하게, 환율이 균형 환율보다 낮은 달러당 0.95유로이면, 달러 자산의 수요량이 달러 자산의 공급량을 초과하는 상황, 즉 초과수요 상황이 발생한다. 많은 사람들이 달러 자산을 매도하기보다 더 많이 매입하기 원하면, 달러의 가치는 초과수요가 사라질 때까지 상승할 것이고 달러의 가치는 다시 균형 환율인 달러당 1유로가 된다.

환율의 변동 설명하기

외환시장의 수요와 공급 분석은 환율이 어떻게 변화하고 왜 변화하는지를 설명해준다. 달러 자산의 양이 고정되어 있다고 가정하면서 외환시장의 수요와 공급 분석을 단순화시킬 수 있다. 달러 자산의 공급곡선은 주어진 달러 자산의 양에서 수직선이고 이동하지 않는다. 이러한 가정 하에서, 환율이 시간이 흐름에 따라 어떻게 변동하는지 설명하기 위해 달러 자산의 수요량을 이동시키는 요인들을 살펴볼 필요가 있다.

국내 자산에 대한 수요의 이동

http://fx.sauder.ubc.ca

브리티시 컬럼비아 대학의 사우더 경영대학원에 있는 Pacific Exchange Rate Services는 시장 상황이 환율에 어떻게 영향을 미치는지에 관한 정보를 제공하고 환율 데이터를 이용하여 그림을 쉽게 그릴 수 있게 해준다.

이미 살펴본 것처럼, 국내(달러) 자산의 수요량은 국내 자산의 상대적 기대수익률에 의해 결정된다. 국내 자산의 수요곡선이 어떻게 이동하는지 이해하기 위해, 현재 환율 E_t가 일정한 상태에서 다른 요인이 변화할 때 국내 자산에 대한 수요량이 어떻게 변화하는지 살펴볼 필요가 있다.

국내 자산의 수요곡선이 어느 방향으로 이동하는지 직관적으로 이해하기 위해, 여러분이 자금을 국내(달러) 자산에 투입하기를 고려하는 투자자라고 하자. 다른 모든 것이 일정한 경우, 한 요인이 변화할 때 주어진 현재 환율 수준에서 외국 자산에 대한 국내 자산의 상대적 기대수익률이 더 높아지는지 더 낮아지는지 결정해보라. 이러한 결정은 여러분이 더 많은 달러 자산을 보유하기 원하는지, 더 적은 달러 자산을 보유하기 원하는지와 이에 따라 달러 자산에 대한 수요량이 각 환율 수준에서 증가하는지, 감소하는지 말해준다. 각 환율 수준에서 달러 자산의 수요량이 변화하는 방향을 아는 것은 달러 자산의 수요곡선이 어느 방향으로 이동하는지를 말해준다. 달리 말하면, 만약 현재 환율이 일정한 상태에서 달러 자산의 상대적 기대수익률이 상승하면, 달러 자산의 수요곡선은 오른쪽으로 이동한다. 만약 달러 자산의 상대적 기대수익률이 하락하면, 달러 자산의 수요곡선은 왼쪽으로 이동한다.

국내 이자율 i^D의 변화 달러 자산의 국내 이자율이 i^D라고 하자. 달러 자산에 대한 국내 이자율 i^D가 상승할 때, 현재 환율 E_t와 다른 모든 것이 일정하다면, 달러 자산의 수익률은 외국 자산의 수익률과 비교해 상대적으로 높아지고 이에 따라 사람들은 더 많은 달러 자산을 보유하기 원할 것이다. [그림 13.4]에서 보는 것처럼, 수요곡선은 D_1으로부터 D_2로 오른쪽으로 이동하고 달러 자산에 대한 수요량은 모든 환율 수준에서 증가한다. 새로운 균형은 D_2와 S의 교차점인 점2에서 이루어지고 균형 환율은 E_1에서 E_2로 상승한다. ***국내 이자율 i^D의 상승은 국내 자산의 수요곡선 D를 오른쪽으로 이동시키고 국내 통화를 절상시킨다(E↑).***

이와 반대로, 만약 i^D가 하락하면, 달러 자산의 상대적 기대수익률은 하락하고 달러 자산의 수요곡선은 왼쪽으로 이동하며 환율은 하락한다. ***국내 이자율 i^D의 하락은 국내 자산에 대한 수요곡선 D를 왼쪽으로 이동시키고 국내 통화를 절하시킨다(E↓).***

외국 이자율 i^F의 변화 외국 자산에 대한 이자율이 i^F라고 하자. 외국 이자율 i^F가 상승할 때, 현재 환율과 다른 모든 것이 일정하다면, 외국 자산에 대한 수익률은 달러 자산의 수익률과 비교해 상대적으로 상승한다. 이제 사람들은 더 적은 달러 자산을 보유하기 원하고 이에 따라 달러 자산에 대한 수요량은 모든 환율 수준에서 감소한다. 이러한 시나리오는 [그림 13.5]에서 달러 자산의 수요곡선이 D_1에서 D_2로 이동하는 것으로 표시된다. 달러의 가치는 하락하고 새로운 균형은 점2에서 달성된다. 이와 반대로, i^F의 하락은 달러 자산의 상대적 기대수익률을 상승시키고 환율을 상승시킨다. 요약하면, ***외국 이자율 i^F의 상승은 달러 자산의 수요곡선 D를 왼쪽으로 이동시키고 국내 통화를 절하시킨다. 외국 이자율 i^F의 하락은 달러 자산의 수요곡선 D를 오른쪽으로 이동시키고 국내 통화를 절상시킨다.***

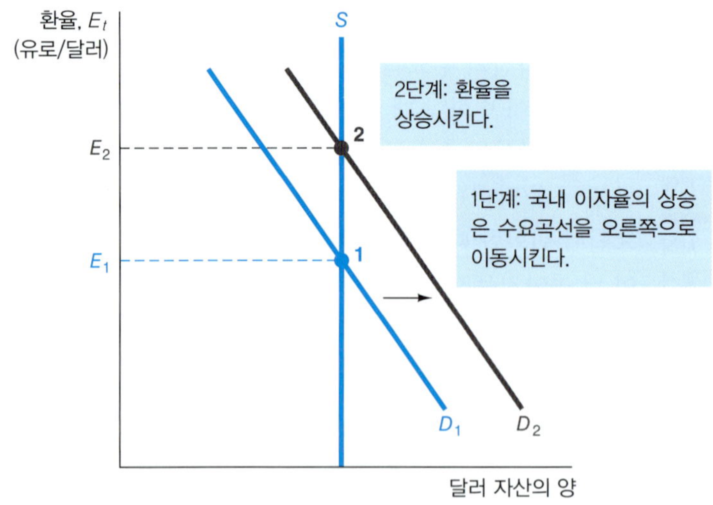

[그림 13.4] 국내 이자율 i^D의 상승에 대한 환율의 반응

국내 이자율 i^D가 상승할 때, 국내(달러) 자산의 상대적 기대수익률은 상승하고 국내 자산의 수요곡선은 오른쪽으로 이동한다. 균형 환율은 E_1에서 E_2로 상승한다.

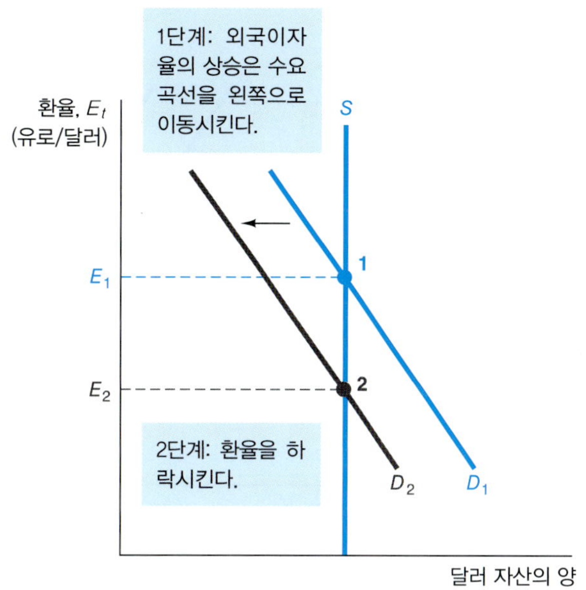

[그림 13.5] 외국 이자율 i^F의 상승에 대한 환율의 반응

외국 이자율 i^F가 상승할 때, 국내(달러) 자산의 상대적 기대수익률은 하락하고 국내 자산의 수요곡선은 왼쪽으로 이동한다. 균형 환율은 E_1에서 E_2로 하락한다.

미래 예상 환율 E^e_{t+1}의 변화 내구재에 대한 수요처럼, 국내 자산에 대한 수요는 미래의 재매도 가격에 의해 결정되기 때문에, 미래 환율에 대한 예상은 달러 자산의 수요곡선을 이동시키는 데 중요한 역할을 한다. 미래 예상 환율 E^e_{t+1}를 상승시키는 요인은 예상되는 달러의 절상을 증가시킨다. 그 결과로 달러 자산의 상대적 기대수익률은 상승하고 모든 환율 수준에서 달러 자산에 대한 수요량은 증가하며 [그림 13.6]에서 보는 것처럼 달러 자산의 수요곡선은 D_1에서 D_2로 오른쪽으로 이동한다. 균형 환율은 D_2와 S의 교차점인 점2로 상승한다. ***미래 예상 환율 E^e_{t+1}의 상승은 달러 자산의 수요곡선을 오른쪽으로 이동시키고 국내 통화를 절상시킨다. 동일한 논리를 적용하면, 미래 예상 환율 E^e_{t+1}의 하락은 달러 자산의 수요곡선을 왼쪽으로 이동시키고 국내 통화를 절하시킨다.***

이 장의 앞부분에서 장기 환율의 결정 요인, 즉 상대물가수준, 무역장벽, 수입과 수출 수요, 생산성에 대해 논의했다([표 13.1] 참조). 이러한 네 가지 요인은 미래 예상 환율에 영향을 미친다. 구매력평가이론은 만약 외국 물가수준과 비교해 상대적으로 미국 물가수준이 계속해서 더 높게 유지될 것으로 예상되면, 달러는 장기적으로 절하할 것이라고 제시한다. 따라서 이러한 미국의 상대물가수준은 E^e_{t+1}를 하락시키고 달러 자산에 대한 상대적 기대수익률을 하락시키며 달러 자산의 수요곡선을 왼쪽으로 이동시키고 현재 환율을 하락시킨다.

이와 유사하게, 기타 장기 환율의 결정요인도 달러 자산의 기대수익률과 현재 환율에 영향을 미칠 수 있다. 간략히 정리하면, 다음과 같은 변화는 미래 예상 환율 E^e_{t+1}를 상승시킴으로써 모

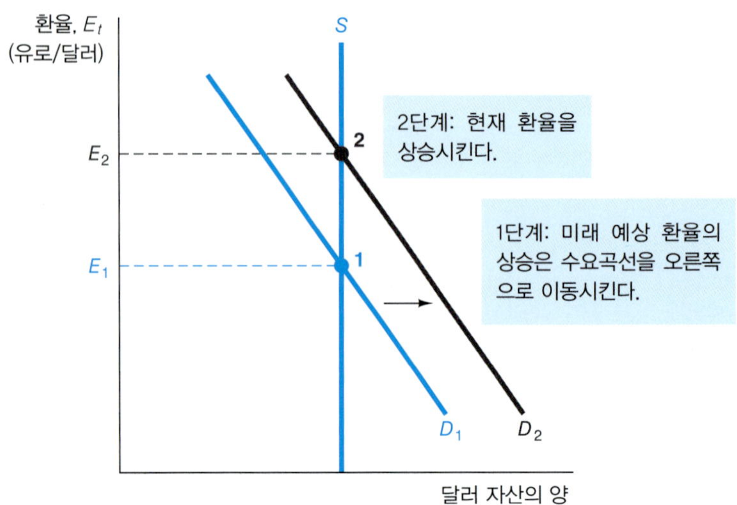

[그림 13.6] 미래 예상 환율 E^e_{t+1}의 상승에 대한 환율의 반응

미래 예상 환율이 상승할 때, 국내(달러) 자산의 상대적 기대수익률은 상승하고 국내 자산의 수요곡선은 오른쪽으로 이동한다. 균형 환율은 E_1에서 E_2로 상승한다.

두 외국 자산과 비교해 상대적으로 국내 자산에 대한 수요를 증가시킨다. (1) 예상되는 외국 물가수준과 비교해 상대적인 미국 물가수준의 하락, (2) 예상되는 외국 무역장벽과 비교해 상대적인 미국 무역장벽의 강화, (3) 예상되는 미국의 수입수요 감소, (4) 예상되는 미국 수출재에 대한 외국 수요의 증가, (5) 예상되는 외국 생산성과 비교해 상대적인 미국 생산성의 증가는 모두 E^e_{t+1}를 상승시킴으로써 달러 자산의 상대적 기대수익률을 상승시키고 달러 자산의 수요곡선을 오른쪽으로 이동시키며 국내 통화를 절상시킨다.

요약: 환율을 변화시키는 요인

[표 13.2 요약]은 국내 자산의 수요곡선을 이동시키고 이에 따라 환율을 변화시키는 모든 요인들을 정리한 것이다. 현재 환율을 포함해서 다른 모든 것이 일정하면, 한 요인이 변화할 때 국내 자산에 대한 수요곡선이 이동한다. 포트폴리오 선택이론은 예상되는 달러 자산의 상대적 기대수익률이 국내 자산의 수요곡선을 이동시키는 원천이라고 제시한다.

[표 13.2 요약]에서 제시되어 있는 일곱 가지 요인 중 각 요인이 변화할 때 어떤 일이 발생하는지를 복습해보자. 국내 자산의 수요곡선이 어느 방향으로 이동하는지 이해하기 위해 주어진 요인이 변화할 때 국내(달러) 자산의 상대적 기대수익률에 어떤 일이 발생하는지 생각해보라. 만약 국내 자산의 상대적 기대수익률이 상승하면, 현재 환율이 일정한 경우 국내 자산의 수요곡선은 오른쪽으로 이동한다. 만약 국내 자산의 상대적 기대수익률이 하락하면, 현재 환율이 일정한 경우 국내 자산의 수요곡선은 왼쪽으로 이동한다.

[표 13.2 요약] 국내 자산의 수요곡선을 이동시켜 환율에 영향을 미치는 요인

요인	요인의 변화	각 환율수준에서 국내 자산의 수요량 변화	환율 E^t의 변화	
국내 이자율 i^D	↑	↑	↑	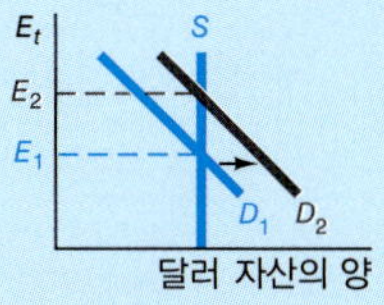
외국 이자율 i^F	↑	↓	↓	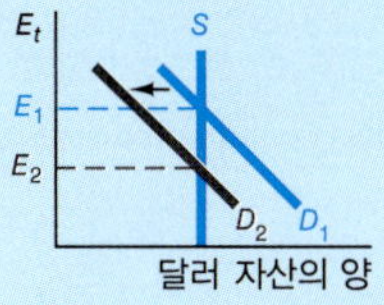
예상되는 국내 물가수준*	↑	↓	↓	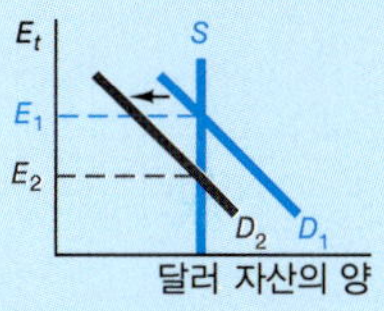
예상되는 무역장벽*	↑	↑	↑	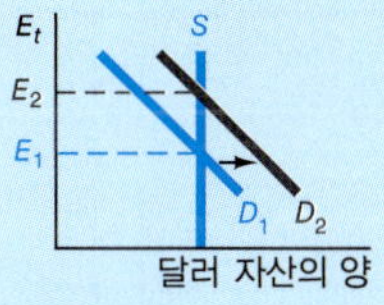
예상되는 수입 수요	↑	↓	↓	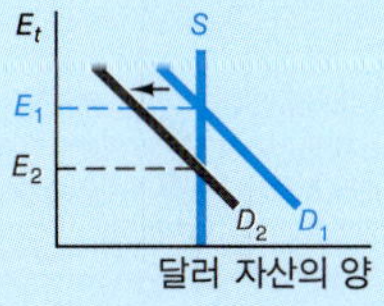
예상되는 수출 수요	↑	↑	↑	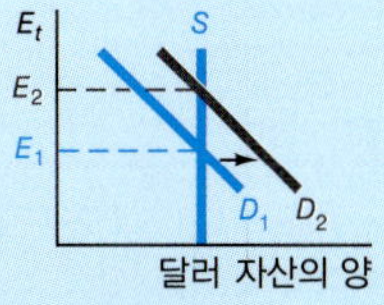
예상되는 생산성*	↑	↑	↑	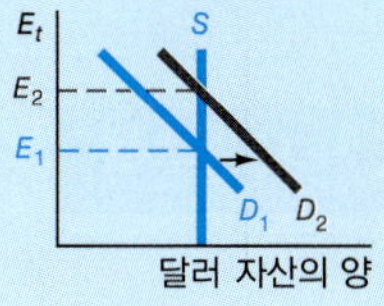

* 다른 국가들과 비교한 상대적 변화를 나타냄.

주: 요인들의 증가(↑)만이 표시되어 있다. 이러한 요인들의 감소가 환율에 미치는 효과는 환율의 변화에 표시되어 있는 화살표 방향과 반대 방향이다.

1. 국내 자산의 이자율 i^D가 상승할 때, 각 환율 수준에서 달러 자산의 상대적 기대수익률은 상승하고 이에 따라 국내 자산의 수요량은 증가한다. 따라서 [표 13.2 요약]의 첫 번째 행에서 보는 것처럼, 국내 자산의 수요곡선은 오른쪽으로 이동하고 균형 환율은 상승한다.
2. 외국 이자율 i^F가 상승할 때, 외국 자산의 상대적 기대수익률은 상승하고 이에 따라 달러 자산의 상대적 기대수익률은 하락한다. 따라서 [표 13.2 요약]의 두 번째 행에서 보는 것처럼, 국내 자산의 수요량은 감소하고 국내 자산의 수요곡선은 왼쪽으로 이동하며 균형 환율은 하락한다.
3. 예상되는 상대 국내 물가수준이 상승할 때, 장기 환율의 결정요인에 대한 분석은 달러의 가치는 미래에 하락할 것이라고 제시한다. [표 13.2 요약]의 세 번째 행에서 보는 것처럼, 달러 자산의 상대적 기대수익률은 하락하고 이에 따라 국내 자산의 수요량은 감소하며 국내 자산의 수요곡선은 왼쪽으로 이동하고 균형 환율은 하락한다.
4. 국내 무역장벽의 강화가 예상되면, 달러의 가치는 장기적으로 더 높아지고 달러 자산의 상대적 기대수익률은 더 높아진다. [표 13.2 요약]의 네 번째 행에서 보는 것처럼, 달러 자산의 수요량은 증가하고 이에 따라 국내 자산의 수요곡선은 오른쪽으로 이동하며 균형 환율은 상승한다.
5. 수입 수요의 증가가 예상될 때, 환율은 장기적으로 절하될 것이라고 예상되고 달러 자산의 상대적 기대수익률은 하락한다. [표 13.2 요약]의 다섯 번째 행에서 보는 것처럼, 각 환율 수준에서 달러 자산의 수요량은 감소하고 이에 따라 국내 자산의 수요곡선은 왼쪽으로 이동하며 균형 환율은 하락한다.
6. 수출 수요의 증가가 예상될 때, 환율은 장기적으로 절상될 것으로 예상된다. [표 13.2 요약]의 여섯 번째 행에서 보는 것처럼, 달러 자산의 상대적 기대수익률은 증가하고 이에 따라 국내 자산의 수요곡선은 오른쪽으로 이동하며 균형 환율은 상승한다.
7. 국내 생산성의 증가가 예상될 때, 환율은 장기적으로 절상될 것으로 예상되고 이에 따라 국내 자산의 상대적 기대수익률은 상승한다. [표 13.2 요약]의 일곱 번째 행에서 보는 것처럼, 각 환율 수준에서 달러 자산의 수요량은 증가하고 이에 따라 국내 자산의 수요곡선은 오른쪽으로 이동하며 균형 환율은 상승한다.

이자율의 변화가 균형 환율에 미치는 효과

앞의 분석에서 균형 환율에 영향을 미치는 요인들을 살펴보았다. 이제 이자율의 변화에 대한 환율의 반응을 자세히 살펴보기 위해 앞에서 배운 환율에 대한 분석방법을 사용해보자.

국내 이자율 i^D의 변화는 종종 환율에 영향을 미치는 요인으로 여겨진다. 예를 들어 금융신문에서 '이자율이 상승함에 따라 달러의 가치가 회복되고 있다.'와 같은 기사 제목을 보곤 한다. 그러나 이러한 기사 제목이 제시하는 견해가 항상 옳은가?

이자율 변화의 효과를 분석할 때 이자율 변화의 원천을 주의 깊게 구별해야 하기 때문에 이러한 기사 제목이 반드시 옳은 것은 아니다. 피셔 방정식(제3장 참조)은 i^D와 같은 명목 이자율은 실질 이자율과 기대 인플레이션의 합과 같다, 즉 $i = i_r + \pi^e$라고 설명한다. 따라서 피셔 방정식은 이자율 i^D는 두 가지 이유로 변화할 수 있다고 제시한다. 실질 이자율이나 기대 인플레이션이 변화할 때, 이자율 i^D는 변화할 수 있다. 이러한 두 가지 요인 중 어느 것이 명목 이자율을 변화시켰는가에 따라서 환율에 미치는 효과는 매우 다르다.

기대 인플레이션은 변화하지 않으나 국내 실질 이자율이 상승해 명목 이자율 i^D가 상승한다고 하자. 이 경우 기대 인플레이션이 변화하지 않기 때문에 달러의 예상 절상률은 변화하지 않는다고 가정하는 것이 합리적이다. 이 경우 i^D의 상승은 달러 자산의 상대적 기대수익률을 증가시키고 각 환율 수준에서 달러 자산에 대한 수요량을 증가시키며 달러 자산의 수요곡선을 오른쪽으로 이동시킨다. 다른 모든 것이 일정하다고 가정하면, i^D의 상승은 [그림 13.4]에서 그래프로 나타낸 상황으로 마무리된다. 환율시장 모형은 다음과 같은 결과를 제시한다. ***국내 실질 이자율이 상승할 때, 국내 통화는 절상한다.***

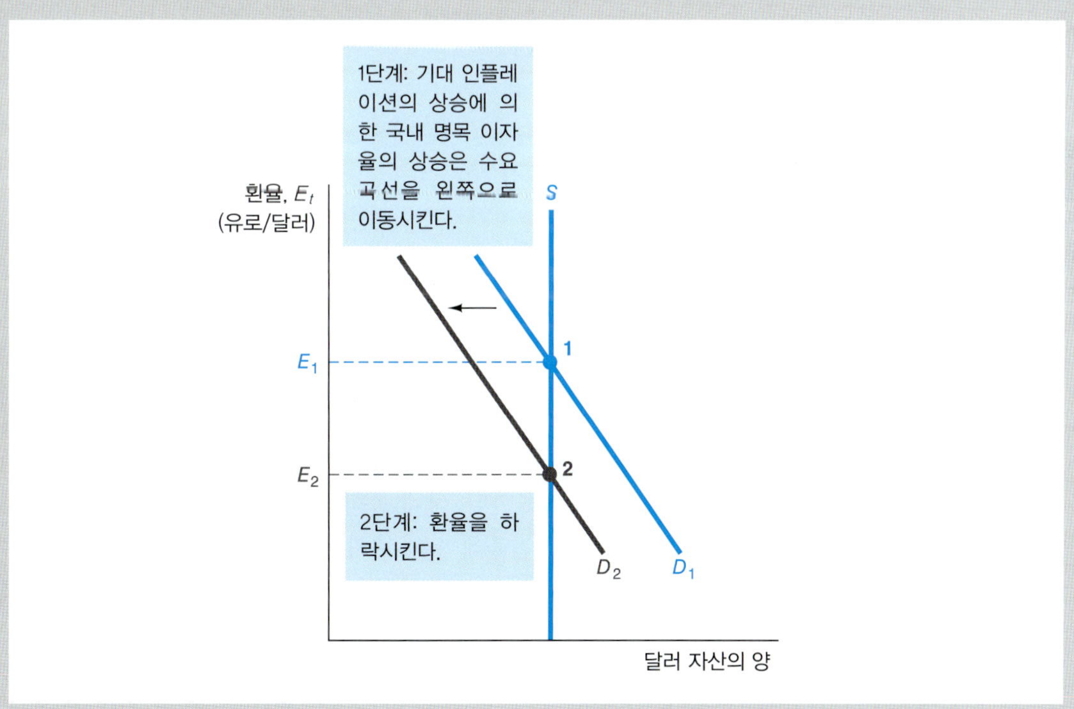

[그림 13.7] 기대 인플레이션의 상승에 의한 국내 이자율의 상승이 환율에 미치는 효과

국내 기대 인플레이션의 상승은 국내 이자율을 상승시키는 것보다 더 크게 달러의 예상 절상률을 감소시키기 때문에, 국내 자산의 상대적 기대수익률은 하락한다. 국내 자산의 수요곡선은 왼쪽으로 이동하고 균형 환율은 E_1에서 E_2로 하락한다.

기대 인플레이션의 상승 때문에 명목 이자율이 상승하면, [그림 13.4]에서 제시된 것과 다른 결과가 얻어진다. 국내 기대 인플레이션의 상승은 달러의 예상 절상률을 감소시키고, 이 경우 달러의 예상 절상률은 일반적으로 국내 이자율 i^D의 상승보다 더 크게 감소한다.* 그 결과 주어진 환율 수준에서 국내 자산의 상대적 기대수익률은 하락하고, 국내 자산의 수요곡선은 왼쪽으로 이동하며 환율은 [그림 13.7]에서 보는 것처럼 E_1에서 E_2로 하락한다. 이러한 분석으로부터 다음과 같은 결론이 얻어진다. ***기대 인플레이션의 상승 때문에 국내 이자율이 상승하면, 국내 통화는 절하한다.***

이러한 결론은 실질 이자율의 상승으로 국내 이자율이 상승할 때 얻어지는 결론과 완전히 다르기 때문에, 이자율이 환율에 미치는 효과를 분석할 때 항상 *실질* 변수의 변화와 *명목* 변수의 변화를 구별해야 한다.

* 이러한 결론은 환율 결정의 자산시장 모형들에서 표준적인 것이다. Rudiger Dornbusch, "Expectations and Exchange Rate Dynamics," *Journal of Political Economy* 84(1976): 1061-1076을 참조하라. 또한 이러한 결론은 명목 이자율은 기대 인플레이션의 증가와 같은 크기로 증가하지 않는다는 실증적 증거와 일치한다. Frederic S. Mishkin, "The Real Interest Rate: An Empirical Investigation," *Carnegie-Rochester Conference Series on Public Policy* 15(1981); Lawrence Summers, "The Nonadjustment of Nominal Interest Rates: A Study of the Fisher Effect," in *Macroeconomics, Prices and Quantities*, ed. James Tobin(Washington, DC: Brookings Institution, 1983), pp. 201~240을 참조하라.

사례분석 환율은 왜 크게 변동하는가?

환율의 심한 변동성은 많은 사람들을 놀라게 한다. 40년 전, 경제학자들은 일반적으로 환율은 자유시장에서 결정되도록 허용되면 크게 변동하지 않을 것이라고 믿었다. 최근 경험은 그들의 생각이 틀렸다는 것을 보여주었다. [그림 13.1]로 돌아가보면, 1990~2013년 기간 동안 환율은 크게 변동했다는 것을 알 수 있다.

이 장에서 간략하게 살펴본 환율 결정에 관한 자산시장 접근법은 환율이 심하게 변동하는 이유에 대한 간단한 설명을 제공한다. 국내 통화의 예상 절상률은 국내 자산의 기대수익률에 영향을 미치기 때문에 물가수준, 인플레이션, 무역장벽, 생산성, 수입 수요, 수출 수요, 통화공급에 대한 예상은 환율을 결정하는 데 중요한 역할을 한다. 이러한 변수들 중 어느 한 변수에 대한 예상이 변화할 때, 앞에서 논의했던 환율시장 모형은 국내 자산의 기대수익률과 결과적으로 환율이 즉각적으로 영향을 받는다고 제시한다. 이러한 변수들 모두에 대한 예상은 이와 관련된 뉴스들 하나하나에 반응하면서 변화하기 때문에, 환율이 크게 변동하는 것은 놀라운 일이 아니다.

초기의 환율결정 모형들은 자산시장보다는 재화시장에 초점을 맞추었기 때문에 환율 변화의 원천으로서 예상의 변화를 강조하지 않았고 이에 따라 환율의 심한 변동을 예측할 수 없었다. 초기의 환율결정 모형들이 환율의 변동성을 설명하지 못한 것이 이 모형들이 더 이상 널리 활용되지 못한 한 가지 이유이다. 이 장에서 제시된 최신의 환율결정 접근법은 환율시장은 미래에 대한 예상이 중요한 역할을 하는 여타 자산시장과 같다는 점을 강조한다. 주식시장과 같은 여타 자산시장처럼 환율시장은 심한 가격 변동성을 보여주고 이에 따라 환율은 예측하기 정말로 어렵다.

사례분석 달러와 이자율

이 장의 PREVIEW에서 달러 가치는 1970년대 말에 약했으나 1980년부터 1985년까지 크게 상승했으며 그 이후에 하락했다고 언급했다. 환율의 변화추이를 이해하고 1980년대 초의 달러 가치 상승과 그 이후 달러 가치 하락을 설명하는 데 도움을 주기 위해 앞에서 살펴본 외환시장의 분석을 사용할 수 있다.

달러 가치의 변화에 관한 약간의 중요한 정보는 실질 이자율, 명목 이자율, 외국 통화 바스켓에 대해 나타낸 달러 가치(**실효환율지수**(effective exchange rate index)라고 부름)의 변화추이를 그린 [그림 13.8]에 제시되어 있다. 달러 가치와 실질 이자율은 함께 상승하고 하락하는 경향이 있다는 것을 살펴볼 수 있다. 1970년대 말에 실질 이자율은 낮은 수준이었고 달러 가치도 낮았다. 그러나 1980년이 시작되면서 미국의 실질 이자율은 급속히 상승하기 시작했고 동시에 달러 가치도 급속히 상승했다. 1984년 이후 실질 이자율은 크게 하락했고 달러 가치도 크게 하락했다.

앞에서 살펴본 환율결정 모형은 달러 가치가 1980년대 초에 상승하고 그 이후에 하락한 것을 설명하는 데 도움을 준다. [그림 13.4]에서 보는 것처럼, 미국의 실질 이자율 상승은 달러 자산의 상대적 기대수익률을 증가시키고 이에 따라 달러 자산의 매입을 증가시키며 환율(달러 가치)을 상승시킨다. 이것이 정확하게 1980~1984년 기간 동안에 발생했던 일이다. 그 이후 미국의 실질 이자율 하락은 달러 자산의 상대적 기대수익률을 감소시켰고 이에 따라 달러 자산에 대한 수요를 감소시켰으며 환율(달러 가치)을 하락시켰다.

[그림 13.8]에서 *명목* 이자율의 변화추이는 명목 이자율 변화와 환율 변화 간 관계가 *실질* 이자율 변화와 환율 변화 간 관계만큼 밀접하지 않다는 것을 보여준다. 이것도 정확하게 앞에서 살펴본 환율결정 모형에 의한 분석이 예측하는 것과 같다. 1970년대 말 명목 이자율의 상승은 이에 상응한 달러 가치의 상승으로 반영되지 않았다. 실제로 달러 가치는 1970년대 말에 하락했다. [그림 13.8]은 1970년대 말 명목 이자율의 상승이 달러 가치를 상승시키지 못했던 이유를 설명해준다. 1970년대 말에 실질 이자율과 명목 이자율을 비교해보면, 명목 이자율의 상승은 실질 이자율의 상승이 아니라 기대 인플레이션의 상승을 반영한 것이었다. [그림 13.7]에서 보는 것처럼, 기대 인플레이션의 상승에 기인해 이루어진 명목 이자율의 상승은 달러 가치를 하락시켜야 하며 이것이 정확하게 발생했던 일이다.

만약 이것이 제시하는 교훈이 있다면, 그것은 실질 이자율과 명목 이자율을 구분하지 못하는 것이 환율 변화에 대한 잘못된 예측을 발생시킬 수 있다는 점이다. 1970년대 말의 달러 약세와 1980년 초의 달러 강세는 명목 이자율의 변화가 아니라 실질 이자율의 변화에 의해서 설명될 수 있다.

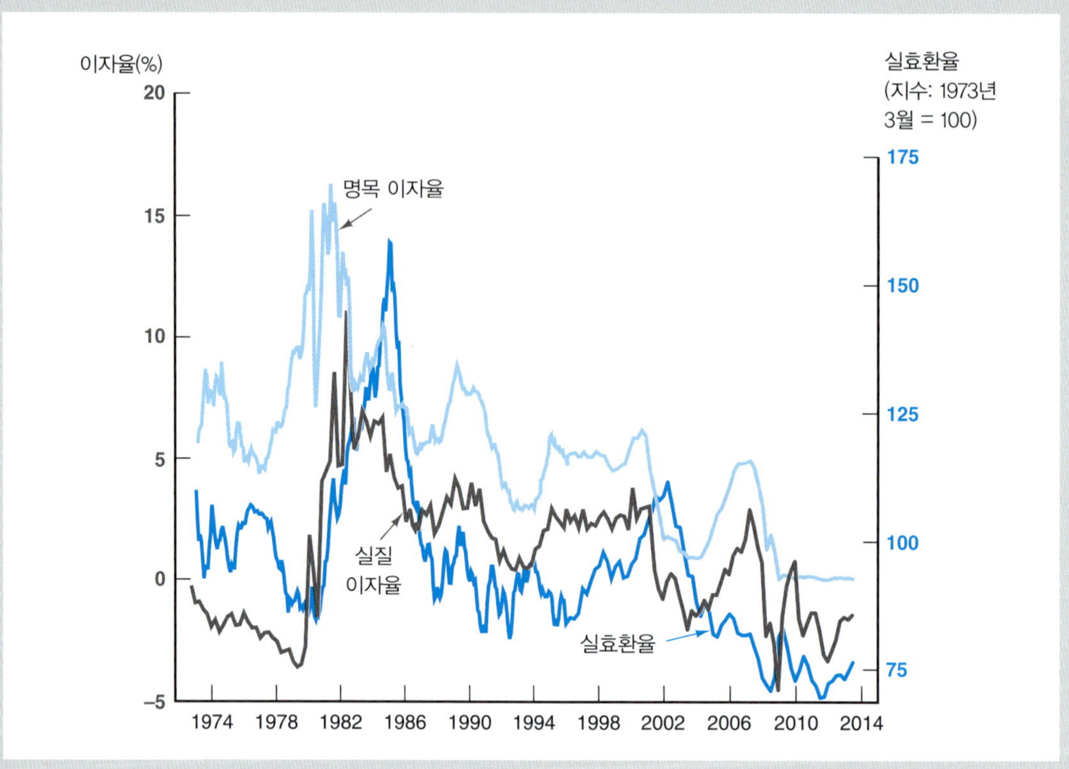

[그림 13.8] 달러 가치와 이자율의 변화추이, 1973~2013년

명목 이자율 변화와 환율 변화 간 관계는 실질 이자율 변화와 환율 변화 간 관계만큼 밀접하지 않다.

자료: Federal Reserve Bank of St. Louis FRED database, http://research.stlouisfed.org/fred2/:www.federalreserve.gov/releases/h10/summary/indexn_m.txt; 실질 이자율은 제3장의 [그림 3.1]에서 사용된 것임.

사례분석 글로벌 금융위기와 달러

2007년 8월에 글로벌 금융위기가 시작되면서, 달러 가치는 가속적으로 하락하기 시작했고 2008년 7월 중순까지 유로에 대해 9%, 더 넓은 통화 바스켓에 대해 6% 하락했다. 달러 가치는 2008년 7월 11일에 유로에 대해 최저 수준으로 하락한 후에 2008년 10월 말까지 갑자기 유로에 대해 20% 이상, 더 넓은 통화 바스켓에 대해 15%나 상승했다. 글로벌 금융위기와 이러한 달러 가치의

심한 변동 간에 어떤 관계가 있는가?

2007년 동안에 글로벌 금융위기가 경제활동에 미친 부정적 효과는 대부분 미국에 한정되어 있었다. 연방준비제도(Fed)는 이러한 글로벌 금융위기에 의한 경기위축 효과에 대응하기 위해 2007년 9월부터 2008년 4월까지 페더럴펀드 이자율 목표를 325 베이시스 포인트 인하시키면서 공격적으로 이자율을 하락시켰다. 이와는 달리, 유럽중앙은행(ECB)과 같은 다른 중앙은행들은 특히 에너지 가격의 상승이 인플레이션을 크게 상승시켰기 때문에 이자율을 인하시켜야 할 필요성을 느끼지 못했다. 따라서 달러 자산의 상대적 기대수익률은 하락했고 [그림 13.5]에서 보는 것처럼, 달러 자산의 수요곡선은 왼쪽으로 이동했으며 이에 따라 균형 환율은 하락했다. 앞에서 살펴본 환율시장의 분석은 글로벌 금융위기의 초기 단계에서 달러 가치가 하락했던 이유를 설명해준다.

이제 달러 가치의 상승에 대해 살펴보도록 하자. 2008년 여름부터 글로벌 금융위기가 경제활동에 미친 효과가 전 세계적으로 더 광범위하게 확산되기 시작했다. 해외 중앙은행들은 실제로 그랬던 것처럼 추가적인 인하가 있을 것이라고 예상하면서 이자율을 인하시키기 시작했다. 예상되는 외국 이자율의 인하는 달러 자산의 기대수익률을 증가시켰고, [그림 13.4]에서 보는 것처럼 달러 자산의 수요곡선은 오른쪽으로 이동했으며 이에 따라 달러 가치가 상승했다. 달러 가치를 상승시킨 또 다른 요인은 글로벌 금융위기가 2008년 9월과 10월에 악화되는 단계에서 발생했던 '안전자산 선호현상(flight to quality)'이었다. 미국인과 외국인 모두는 그들의 돈을 가능한 한 가장 안전한 자산인 미국 재무부 증권에 투자하기를 원했다. 이러한 결과로 발생된 달러 자산에 대한 수요의 증가가 달러 자산의 수요곡선을 오른쪽으로 이동시키고 이에 따라 달러의 급속한 절상을 발생시켰다.

금융실무 환율 예측을 통한 이윤 창출

금융기관 경영자는 환율이 재무상태표 상에 있는 외국 통화로 표시된 자산의 가치에 영향을 미치기 때문에 환율이 미래에 어떻게 될 것인지에 대해서 상당한 관심을 갖고 있다. 이에 더하여, 금융기관은 종종 자신의 계정과 그들의 고객을 위해 외환 거래에 참여한다. 따라서 환율 예측은 금융기관이 외환 거래로부터 얻는 이윤에 큰 영향을 미칠 수 있다.

금융기관 경영자는 환율 예측을 하는 이코노미스트들을 고용하거나 다른 금융기관이나 경제예측기업으로부터 환율 예측치를 구매한다. 환율의 변화를 예측하는 데 있어서 예측담당자들은 이 장에서 언급한 요인들을 살펴본다. 예를 들어 만약 예측담당자들이 국내 실질 이자율이 상승할 것이라고 예상하면, 앞에서 살펴본 분석에 기초하여 그들은 국내 통화는 절상할 것이라고 예측할 것이다. 이와는 달리, 만약 그들이 국내 인플레이션이 상승할 것이라고 예상하면, 그들은 국내 통화는 절하할 것이라고 예측할 것이다.

특히 국제은행업에 참여하는 금융기관 경영자는 어떤 외국 통화 표시 자산을 보유해야 하는지에 관한 결정을 하기 위해 환율 예측치에 의존한다. 예를 들어 만약 금융기관 경영자가 미래에 유로는 절상할 것이나 엔은 절하할 것이라는 믿을 만한 예측을 가지고 있으면, 그는 엔 표시 자산을 매도하고 그 대신 유로 표시 자산을 매입하기 원할 것이다. 또한 그는 대출담당자들에게 유로 표시 대출을 더 많이 시행하고 엔 표시 대출을 덜 시행하도록 지시할 수 있다. 이와 유사하게 만약 엔이 절상될 것이고 유로가 절하될 것이라고 예측되면, 그는 유로 표시 자산을 엔 표시 자산으로 전환시키기 원하고 엔 표시 대출을 더 많이 시행하고 유로 표시 대출을 덜 시행하길 원할 것이다.

만약 금융기관이 외환트레이딩 영업을 한다면, 엔이 절상할 것이라는 예측은 금융기관 경영자가 외환거래자에게 엔을 매입하도록 말해야만 한다는 점을 제시한다. 만약 이러한 예측이 정확한 것으로 판명되면, 엔의 절상은 외환트레이더가 미래에 엔을 매도해서 적정한 이윤을 챙길 수 있다는 것을 의미한다. 만약 유로가 절하할 것이라고 예측되고 이러한 예측이 정확한 것으로 판명되면, 외환트레이더가 유로를 매도하고 미래에 더 낮은 가격에 유로를 다시 매입함으로써 금융기관은 이윤을 얻을 것이다.

따라서 정확한 환율 예측은 금융기관이 상당한 이윤을 창출하는데 도움을 줄 수 있다. 불행하게도, 환율 예측은 기타 경제변수 예측보다 정확하지 않고 종종 큰 오차를 발생시킨다. 환율 예측치와 환율 예측자들이 얼마나 잘 예측하고 있는지에 관한 보도가 종종 *월스트리트저널*(Wall Street Journal) 신문과 외환거래 관련 잡지인 *유로머니*(Euromoney)에 등장한다.

요약

1. 환율(다른 국가 통화기준으로 나타낸 한 국가 통화의 가격)은 외국에서 판매되는 국내 재화의 가격과 국내에서 구매되는 외국 재화의 가격에 영향을 주기 때문에 중요하다.

2. 구매력평가이론은 두 국가 통화 간 환율의 장기적 변화는 두 국가의 상대물가수준에 의해 결정된다고 제시한다. 장기 환율에 영향을 미치는 다른 요인들은 관세와 쿼터, 수입 수요, 수출 수요, 생산성이다.

3. 환율은 단기적으로 국내 자산의 수요곡선을 이동시키는 국내 자산의 상대적 기대수익률 변화에 의해서 결정된다. 국내 자산의 상대적 기대수익률을 변화시키는 요인은 환율의 변화를 발생시킨다. 이러한 요인은 장기 환율과 이에 따라 미래 예상 환율에 영향을 미치는 요인들의 변화뿐만 아니라 국내 이자율과 외국 이자율의 변화이다.

4. 환율 결정에 대한 자산시장 접근법은 환율의 변동성과 1980~1984년 기간 동안의 달러 가치 상승과 그 이후 달러 가치 하락 모두를 설명할 수 있다.

5. 환율 예측치는 금융기관이 어떤 외국 통화 표시 자산을 보유해야 하고 외환트레이더가 외환시장에서 어떤 거래를 해야 하는지에 관한 결정을 하는 데 영향을 미치기 때문에 금융기관 경영자에게 매우 가치가 있다.

주요용어

관세(tariff)
구매력평가이론(theory of purchasing power parity, PPP)
선도거래(forward transaction)
선도환율(forward exchange rate)
실질환율(real exchange rate)
실효환율지수(effective exchange rate index)
외환시장(foreign exchange market)
일물일가의 법칙(law of one price)
절상(appreciation)
절하(depreciation)
쿼터(quota)
현물거래(spot transaction)
현물환율(spot exchange rate)
환율(exchange rate)

연습문제

1. 유로가 절상할 때, 여러분은 캘리포니아산 와인과 프랑스산 와인 중에서 어느 것을 더 많이 마실 가능성이 있는가?
2. "한 국가의 통화가 약세일 때(한 국가의 통화가치가 하락할 때), 이 국가는 항상 더 나빠진다." 이 진술은 참인가, 거짓인가, 또는 불확실한가? 설명하라.
3. 미국 달러가 절하할 때, 미국의 수출과 수입에 어떤 일이 발생하는가?
4. 만약 일본의 물가수준이 미국의 물가수준에 비해 상대적으로 5% 상승하면, 구매력평가이론은 달러 기준으로 나타낸 일본 엔의 가치에 어떤 일이 발생할 것이라고 예측하는가?
5. 만약 수입 관세가 인상되는 동시에 수출 수요가 하락하면, 이 국가의 통화는 장기적으로 절상하는 경향이 있는가, 절하하는 경향이 있는가?
6. 1970년대 중반에서 말까지의 기간 동안에 일본의 인플레이션율이 미국의 인플레이션율보다 높았음에도 일본 엔은 미국 달러에 비해 상대적으로 절상했다. 이것이 미국 산업의 생산성에 비해 상대적으로 일본 산업의 생산성이 증가한 것에 의해 어떻게 설명될 수 있는가?

미래 예측하기

적정한 외환시장 그래프를 그리면서 다음의 질문에 답하라.

7. 미국 대통령이 인플레이션에 대항하기 위한 프로그램(anti-inflation program)을 가지고 인플레이션율을 하락시킬 것이라고 발표한다. 만약 민간이 그의 발표를 믿는다면, 미국 달러의 환율에 어떤 일이 발생하는 지 예측하라.
8. 만약 영국 중앙은행이 실업을 감소시키기 위해 화폐를 찍어낸다면, 파운드의 가치에 단기와 장기에 어떤 일이 발생하는가?
9. 만약 인도 정부가 예상치 않게 지금부터 1년간 외국 재화에 대한 관세를 더 높게 부과할 것이라고 발표한다면, 인도 루피의 가치에 오늘 어떤 일이 발생하는가?
10. 만약 미국의 명목 이자율은 상승하나 실질 이자율은 하락하면, 미국 달러의 환율에 어떤 일이 발생하는가?
11. 만약 미국의 자동차 회사들이 자동차 기술의 비약적 발전을 이룩해 휘발유 갤런당 600마일을 달리는 자동차를 생산할 수 있으면, 미국 달러의 환율에 어떤 일이 발생하는가?
12. 만약 멕시코인들이 흥청망청 돈을 쓰면서 프랑스산 향수, 한국산 TV, 영국산 스웨터, 스위스산 시계, 이탈리아산 와인을 지금보다 2배 더 산다면, 멕시코 페소의 가치에 어떤 일이 발생하는가?
13. 만약 유럽에서 기대 인플레이션이 낮아져서 이자율이 하락한다면, 미국 달러의 환율에 어떤 일이 발생할 것인지 예측하라.
14. 만약 유럽중앙은행이 인플레이션에 대항하기 위해 통화공급을 줄이기로 결정하면, 미국 달러의 가치에 어떤 일이 발생하는가?
15. 만약 프랑스에서 도로, 공항, 항만을 봉쇄하는 대규모 파업이 발생하여 프랑스산 재화를 매입하는 것이 더 어렵게 되면, 유로의 가치에 어떤 일이 발생하는가?

계산문제

1. 독일산 스포츠카가 7만 유로에 판매되고 있다. 만약 환율이 달러당 0.90유로이면 미국에서 독일산 스포츠카의 달러가격은 얼마인가?

2. 영국의 한 투자자가 987.65달러에 91일물 미국 재무부 단기증권을 매입했다. 그 당시, 환율은 파운드당 1.75달러였다. 만기일에 환율은 파운드당 1.83달러였다. 파운드 기준으로 이 투자자의 수익률은 얼마인가?

3. 캐나다의 한 투자자가 1월 1일에 주당 93달러로 IBM 주식 100주를 매입했다. IBM은 12월 31일에 0.72달러의 연 배당을 지급했다. 그날 IBM 주식은 주당 100.25달러에 매도되었다. 환율은 1월 1일에 캐나다 달러당 0.68달러였고 12월 31일에 캐나다 달러당 0.71달러였다. 캐나다 달러 기준으로 이 투자자의 총 수익률은 얼마인가?

4. 현재 환율은 달러당 0.75유로이나 여러분이 달러는 달러당 0.67유로로 하락할 것이라고 믿는다. 만약 유로 표시 채권의 수익률이 2%이면, 여러분은 미국 달러 기준으로 얼마의 수익률을 기대하는가?

5. 영국 파운드와 미국 달러 간 6개월 만기 선도환율은 파운드당 1.75달러이다. 만약 6개월 이자율이 미국에서 3%이고 영국에서 150 베이시스 포인트 더 높으면, 현재 환율은 얼마인가?

6. 만약 미국 달러당 캐나다 달러의 환율이 1.28이고 미국 달러당 영국 파운드의 환율이 0.62이면, 영국 파운드당 캐나다 달러의 환율은 얼마이어야 하는가?

7. 미국 달러당 뉴질랜드 달러의 환율이 1.36이고 미국 달러당 영국 파운드의 환율이 0.62이다. 만약 여러분이 뉴질랜드 달러당 영국 파운드의 환율이 0.49에 거래되고 있다는 것을 발견하면, 여러분은 무위험 이윤을 벌기 위해 무엇을 해야 하는가?

8. 1999년에 유로는 유로당 0.90달러로 거래되고 있었다. 만약 현재 유로가 유로당 1.16달러로 거래되고 있으면, 유로의 가치는 몇 % 변화한 것인가? 이것은 절상인가, 절하인가?

9. 브라질 헤알이 미국 달러당 0.375헤알로 거래되고 있다. 헤알당 미국 달러의 환율은 얼마인가?

10. 멕시코 페소가 달러당 10페소로 거래되고 있다. 만약 다음 해 동안 미국의 기대 인플레이션이 2%인 반면 멕시코의 기대 인플레이션이 23%이면, 1년 후에 예상되는 환율은 얼마인가?

11. 미국과 영국 간 현재 환율은 파운드당 1.825달러이다. 영국 파운드와 미국 달러 간 6개월 만기 선도환율은 파운드당 1.79달러이다. 현재 6개월 미국 이자율과 영국 이자율 간 % 차이는 얼마인가?

12. 일본 엔과 미국 달러 간 현재 환율은 달러당 120엔이다. 만약 달러가 엔에 비해 상대적으로 10% 절하할 것으로 예상되면, 예상되는 환율은 얼마인가?

13. 만약 최근에 물가수준이 영국에서 20% 상승한 반면 미국에서 5% 하락했다면, 구매력평가이론이 성립하는 경우 환율은 얼마만큼 변화해야 하는가? 현재 환율은 달러당 0.55파운드라고 가정하라.

14. 유럽에서 1년 만기 CD가 현재 5%를 지급하고 있고 환율은 현재 달러당 0.99유로이다. 만약 여러분이 환율이 1년 후에 달러당 1.04유로가 될 것이라고 믿는다면, 달러 기준으로 기대수익률은 얼마인가?

15. 단기이자율이 일본에서 2%이고 미국에서 4%이다. 현재 환율은 달러당 120엔이다. 예상되는 선도환율은 얼마인가?

16. 단기이자율이 일본에서 2%이고 미국에서 4%이다. 현재 환율은 달러당 120엔이다. 만약 여러분이 달러당 115엔의 선도환율을 사용할 수 있으면, 여러분은 어떻게 이 상황으로부터 차익거래를 할 수 있는가?

17. 미국의 이자율이 4%이고 유로는 달러당 1유로에 거래되고 있다. 유로는 달러당 1.1유로로 절하될 것으로 예상된다. 독일의 이자율을 계산하라.

> 웹 연습문제

외환시장

1. 연방준비제도는 미국 달러와 많은 다른 국가 통화들 간 환율들을 게재하는 웹사이트를 가지고 있다. http://www.newyorkfed.org/markets/foreignex.html로 가라. 2000년 이후의 환율 데이터에서 유로를 찾아라.

   a. 유로/달러 환율은 유로가 도입된 시점부터 현재까지 몇 % 변화했는가?

   b. 유로가 도입된 이후 유로/달러 환율은 연 몇 % 변화했는가?

2. 국제 여행객이나 기업인은 자주 한 국가의 통화를 다른 국가의 통화로 전환할 필요가 있다. 미국 달러를 다른 통화로 전환하기 위해 필요한 환율을 찾는 것은 쉽다. 미국 달러가 아닌 두 통화 간 환율을 찾는 것이 더 어려울 수 있다. www.oanda.com/convert/classic에 가라. 이 사이트는 여러분이 어느 한 통화를 다른 통화로 전환할 수 있게 해준다. 여러분은 현재 1 칠레 페소로 리투아니아 리타(Lithuanian lita)를 얼마나 매입할 수 있는가?

CHAPTER 14

은행과 금융기관 경영

> PREVIEW

은행은 생산적 투자기회를 가진 차입자에게 자금을 전달하는 중요한 역할을 수행하기 때문에 은행의 금융활동은 금융시스템과 경제가 원활하고 효율적으로 작동하는 데 있어 중요하다. 미국에서 은행(예금취급기관)은 연간 6조 달러 규모의 신용을 공급한다. 은행은 기업에 대출을 하고, 개인의 대학 등록금이나 자동차, 주택의 구입에 필요한 돈을 빌려주며, 당좌예금과 저축예금 등의 서비스를 제공한다.

이 장에서는 은행이 최대한의 이윤을 얻기 위해 어떻게 행동하는지, 은행이 어떻게 그리고 왜 대출을 하는지, 어떻게 자금을 획득하고 자산과 부채(채무)를 관리하는지, 어떻게 수익을 얻는지를 살펴본다. 여기서는 상업은행(commercial bank, 역자 주: 대체로 우리나라의 일반은행에 해당됨)의 업무가 가장 중요한 금융중개 활동이므로 이를 중심으로 살펴보는데, 동일한 원칙이 여타 유형의 금융중개에도 적용될 수 있다.

은행의 재무상태표

은행이 어떻게 활동하는지를 이해하기 위해서는 먼저 은행의 자산과 부채 항목들을 나열한 **재무상태표**(balance sheet, 대차대조표라고도 함)를 살펴볼 필요가 있다. 재무상태표는 그 이름이 의미하듯이 나열된 항목들이 서로 평형(balance)을 이루며 다음의 특성을 갖는다.

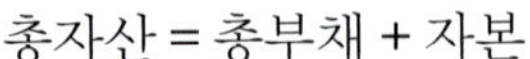

총자산 = 총부채 + 자본

온라인 정보

http://investor.bankofamerica.com/phoenix.zhtml?c=71595&p=irol-reportsannual&cm_re=EBZ-Corp_SocialResponsibility-_-About_Us-_-EI38LT000D_About_Us_Reports#fbid=0CD9gCcbS6u. 'Annual Reports'를 클릭해 재무상태표를 살펴보자.

은행의 재무상태표는 부채 항목으로서 은행 자금조달의 *원천*(source)과 자산 항목으로서 이들 자금을 투여한 *운용*(use)의 내역들을 나열한다. 은행은 차입하거나 예금과 같은 부채를 발행해 자금을 조달한다. 그러고는 이들 자금을 이용해 유가증권이나 대출 등의 자산을 취득한다. 은행은 부채에 대한 이자 및 경비보다 더 높은 이자율을 유가증권과 대출 등의 자산에서 취득함으로써 이윤을 얻는다. 2013년말 현재 미국 상업은행 전체의 재무상태표가 [표 14.1]에 나와 있다.

부채

은행은 예금 등의 부채를 발행(판매)해 자금을 얻는다. 따라서 이들 부채는 *자금의 원천*(source of funds)이다. 부채를 발행해 조달한 자금은 수익성 자산을 구입하는 데 사용된다.

수표발행 예금 수표발행 예금(checkable deposit)이란 그 예금주가 제3자에게 수표를 발행할 수 있게 허용된 은행예금이다. 수표발행 예금에는 무이자 당좌예금, 즉 요구불예금(demand deposit), 이자부 NOW(negotiable order of withdrawal) 계정, MMDA(money market deposit account) 등 수표가 발행될 수 있는 모든 예금이 포함된다. 1982년의 예금취급기관법(Depository

[표 14.1] 상업은행 전체의 재무상태표(총계에 대한 백분율, 2013년)

자산		부채	
지준 및 현금 항목	16	수표발행 예금	2
유가증권			
국채 및 정부기관 채권	14	비거래성 예금	
지방채 및 기타	8	소액 정기예금(10만 달러 이하) 및 저축예금	58
대출		거액 정기예금	11
상공업 대출	11	차입금	12
부동산 대출	26	기타 부채	6
은행간 대출	1		
소비자 대출	8	은행 자본	11
기타 대출	7		
기타 자산(물적 자본 등)	9		
합계	100	합계	100

자료: http://www.federalreserve.gov/releases/h8/Current.

Institutions Act)에 의해 도입된 MMDA는 MMF(money market mutual fund)와 유사한 특징을 갖고 있으며 수표발행 예금으로 분류된다. 그러나 MMDA는 뒤에서 논의되듯이 여타 수표발행 예금과는 달리 지준 의무가 없다. [표 14.1]을 보면 수표발행 예금은 은행 부채의 2%를 차지한다. 한때 수표발행 예금은 은행의 가장 중요한 자금 원천이어서 1960년에는 은행 부채의 60% 이상을 차지했지만, MMDA와 같은 새롭고 보다 매력적인 금융수단이 등장함에 따라 은행의 총부채 가운데 수표발행 예금의 비중은 시간이 갈수록 하락했다.

수표발행 예금과 MMDA는 고객의 요청에 따라 지급된다. 즉 예금자가 은행에 와서 예금을 인출하겠다고 지급을 요청하면 은행은 즉시 예금자에게 돈을 지급해야 한다. 마찬가지로, 은행의 계좌를 근거로 발행된 수표를 받은 사람이 그 수표를 은행에 제시하면 은행은 즉시 돈을 내주거나 또는 그 사람의 계좌에 입금해야 한다.

수표발행 예금은 예금자에게는 재산이기 때문에 자산 항목이다. 그런데 예금자가 자금 인출을 원할 때 은행은 이를 지급해야 하기 때문에 수표발행 예금은 은행에게는 부채이다. 수표발행 예금은 대개 은행에게는 저원가성 자금의 원천인데, 이는 예금자들이 물건을 구입하는 데 쓸 수 있는 유동성이 높은 자산을 보유하기 위해 약간의 이자를 기꺼이 포기하기 때문이다. 수표발행 예금을 유지하는 데 드는 은행의 비용에는 이자지급액은 물론이고 수표의 처리, 월별 명세서의 작성과 발송, 직원에 의해 직접 혹은 기타 방식으로 제공하는 효율적 창구 서비스, 훌륭한 건물과 편리한 위치의 점포 관리, 고객의 자금을 은행예금으로 유치하기 위한 광고와 마케팅 등 계좌를 서비스하는 데 드는 제반 비용을 포함한다. 최근 수표발행 예금 및 비거래성 예금에 지급된 이자는 은행 운영경비 총액의 7% 가량을 차지하는 데 비해, 종업원 임금, 건물 임대료 등 계좌를 서비스하는 데 드는 비용은 운영경비의 약 50%를 차지한다.

비거래성 예금 비거래성 예금(nontransaction deposit)은 은행의 주된 자금 원천으로, [표 14.1]에서 볼 수 있듯이 은행 부채의 69%를 차지한다. 비거래성 예금의 소유자는 이 예금을 기초로 수표를 발행할 수는 없지만 일반적으로 수표발행 예금보다 더 높은 이자율을 받는다. 비거래성 예금의 두 가지 기본 유형은 저축예금(savings account)과 양도성 예금증서(certificate of deposit, CD)라고도 불리는 정기예금(time deposit)이다.

저축예금은 한때 가장 보편적인 비거래성 예금이었다. 저축예금에는 언제든지 자금을 추가로 불입하고 인출할 수 있는데, 거래 및 이자지급액 내역이 월별 명세서나 예금 보유자의 통장에 기록된다.

정기예금에는 수개월에서 5년 이상까지의 정해진 만기가 있으며, 만기 이전에 인출하면 수개월치의 이자에 해당하는 상당한 수수료가 부과된다. 10만 달러 미만의 소액 정기예금은 통장식 저축예금보다 유동성은 떨어지지만 예금자에게 높은 이자율을 제공하는데, 은행에게는 보다 비싼 자금의 원천이 된다.

거액 CD는 10만 달러 이상의 액면가로 표시해 발행되며, 대개 기업이나 다른 은행이 사들인다. 거액 CD는 양도가 가능하며, 채권과 같이 만기 이전에 유통시장에서 되팔 수 있다. 이런 이유로 기업과 MMF 및 금융기관들은 재무부 증권(treasury bill)이나 여타 단기채권의 대체 자산으로 양도성을 갖춘 CD를 보유한다. 1961년에 양도성을 갖춘 CD가 처음 나온 이래, 이제는 은행 자금조달의 11%를 차지할 만큼 중요한 자금의 원천이 되었다([표 14.1] 참조).

차입금 은행은 연준(Federal Reserve System), 연방주택대출은행(Federal Home Loan bank), 여타 은행, 그리고 기업에서 자금을 차입할 수 있다. 연준에서의 차입은 **재할인 대출**(discount loan)이라 불리며, *선급금*(advance)이라고도 알려져 있다. 은행은 연준이 요구하는 일정액의 지준자금을 확보해야 하기 때문에 *페더럴펀드 시장*(federal funds market, 역자 주: 연방자금시장이라고도 하는데, 연방정부나 연준이 이들 자금을 대출해주는 것이 아니라 은행이 다른 은행에 대출해주는 것이기 때문에 그 명칭은 다소 혼란을 일으킬 수 있다. 이는 우리나라의 콜시장과 유사하다.)을 통해 다른 은행 및 금융기관에서 자금을 하루씩 빌리기도 한다. 차입금의 다른 원천으로는 모회사인 은행지주회사의 대출, RP 등의 차입계약, 유로달러(외국에 있는 은행이나 미국 은행 해외지점의 달러화 표시 예금) 차입이 있다. 차입금은 갈수록 점점 더 은행의 중요한 자금 원천이 되고 있다. 1960년의 차입금은 은행 부채의 2%에 불과했지만 현재는 12%에 이른다.

은행 자본 재무상태표에서 부채 측면의 마지막 항목인 은행 자본, 즉 은행의 순자산은 총자산과 부채의 차이와 같다. [표 14.1]에서 은행 자본은 은행 총자산의 11%에 이른다. 은행 자본은 신규 주식을 발행하거나 유보된 이윤으로 조성된다. 은행 자본은 자산 가치의 하락에 대한 충격완충 장치이다. 자산 가치가 하락하면 부채가 자산을 초과함으로써 은행이 청산될 수 있는 지급불능(insolvency) 상태에 처할 수도 있다.

자산

은행은 부채를 발행해서 조달한 자금으로 수익성 자산을 구입한다. 따라서 은행 자산은 *자금의 운용*(use of funds)이라 불리며, 이들 자산에서 얻는 이자 수익을 기초로 은행은 이윤을 창출할 수 있다.

지준 모든 은행은 조달한 자금의 일부분을 중앙은행의 예금계좌에 예치한다. **지준**(reserve, 혹은 지급준비금)이란 이렇게 중앙은행에 예치한 예금과 자신의 은행금고에 밤새 보유한 현금, 즉 **시재금**(vault cash)을 합한 것이다. 지준에는 낮은 이자가 지급되지만 은행은 다음 두 가지 이유로 지준을 보유한다. 첫째, **필요지준**(required reserve, 혹은 의무지준)이라 불리는 지준은 은행의 예금에 대해 일정 비율(예컨대 10%)을 반드시 지준으로 보유해야 한다는 규제인 **지준 의무**(reserve requirement) 때문에 보유된다. 이 비율(위의 예에서 10%)을 **지준율**(required reserve ratio, 필요지준율 혹은 의무지준율)이라 한다. 은행은 필요지준 외에도 이를 초과하는 지준, 즉 **초과지준**(excess reserve)을 보유한다. 초과지준은 은행의 모든 자산 가운데 가장 유동성이 높으며, 고객이 직접 현금을 인출하거나 간접적으로 수표를 발행하거나 해서 예금이 유출되는 경우에 은행은 초과지준을 이용할 수 있다.

타점권 A은행의 예금을 기초로 발행된 수표가 B은행에 입금되었는데, B은행이 아직 수표 대금을 A은행으로부터 지급받지 못하고 있다고 가정해보자. 이때 B은행은 이 수표를 타점권(cash item in process of collection)으로 분류하는데, 이는 A은행으로부터 며칠 내로 받을 자금에 대한 청구권이기 때문에 자산 항목이다.

타행 예금 소형 은행은 대형 은행으로부터 수표 회수, 외환거래, 증권 매입 등의 여러 서비스를 제공받는 대신 대형 은행에 예금을 한다. 이는 *코레스 뱅킹*(correspondent banking)이라는 제도의 한 측면이다.

지준, 타점권, 타행 예금을 합해 흔히 *현금 항목*(cash item)으로 분류한다. [표 14.1]에서 2013년말 현재 현금 항목은 총자산의 16%를 차지하는데, 그 중요성은 시간이 흐를수록 점점 감소하고 있다. 예를 들어 1960년에는 현금 항목이 총자산의 20%를 점했다.

유가증권 은행이 보유하는 유가증권(security, 혹은 증권)은 중요한 수익성 자산이다. [표 14.1]에서 유가증권(미국에서 상업은행은 주식을 보유할 수 없기 때문에 유가증권은 모두 채무수단으로만 구성되어 있음)은 은행 자산의 22%를 차지하며, 은행 총수익의 10% 정도를 창출한다. 유가증권은 정부 및 정부기관 증권, 지방정부 증권(지방채), 기타 증권의 세 개 범주로 구분된다. 미국 정부 및 정부기관 증권은 쉽게 거래되고 현금화하는 데 비용이 적게 들기 때문에 가장 유동성이 높다. 바로 이 때문에 미국 정부의 증권은 **제2지준**(secondary reserve)이라 불린다.

은행이 지방채를 보유하는 이유는 주정부와 지방정부가 자신이 발행한 증권을 보유한 은행과 거래하려는 경향이 있기 때문이다. 지방채와 기타 증권은 미국 정부가 발행한 증권에 비해 시장성(유동성)이 낮으며 채무불이행 위험(default risk)을 안고 있다. 즉 지방채 및 기타 증권의 발행기관은 이자를 지급하지 못하거나 만기 때 액면가를 상환하지 못할 가능성이 있다.

대출 은행은 주로 대출을 통해 이윤을 얻는다. [표 14.1]에서 은행 자산의 약 53%가 대출의 형태로 구성되며, 대출은 최근 은행 수익(revenue)의 절반 이상을 기여한다. 대출을 받은 개인이나 기업에게는 대출이 부채이지만, 은행에게는 수익을 가져다주는 자산이다. 일반적으로 대출은 만기 이전에 현금화될 수 없기 때문에 다른 자산에 비해 유동성이 낮다. 예컨대 은행이 1년 만기 대출을 제공하면 1년 후 만기가 되기까지는 자금을 상환받을 수 없다. 또한 대출은 다른 자산에 비해 채무불이행 위험이 높다. 이렇게 유동성이 낮고 채무불이행 위험이 높기 때문에 은행은 대출에서 가장 높은 수익률을 얻는다.

[표 14.1]에서 보듯이, 상업은행의 대출 가운데는 부동산 대출과 기업에 대출한 상공업 대출이 가장 큰 비중을 차지한다. 상업은행은 또한 소비자 대출을 하며 다른 은행에게도 자금을 대출한다. 은행 간 대출의 상당 부분은 페더럴펀드 시장에서의 1일물 대출이다. 여러 예금취급기관의 재무상태표들이 서로 차이가 나는 주요한 이유는 기본적으로 각 금융기관이 전문화하는 대출의 유형 때문이다. 예를 들어 저축대부조합(savings and loan association, S&L)과 상호저축은행(mutual savings bank)은 주택 모기지를, 신용조합(credit union)은 소비자 대출을 주로 취급하는 경향이 있다.

기타 자산 기타 자산에는 은행 건물, 컴퓨터, 기타 시설 및 장비 등 은행이 소유한 물적 자본이 포함된다.

기본적인 은행업무

은행이 최대한의 이윤을 얻기 위해 자산과 부채를 어떻게 관리하는지를 살펴보기 전에 은행의 기본적인 운영에 대해 이해할 필요가 있다.

일반적으로 은행은 유동성, 위험, 금액, 수익률 등의 측면에서 일정한 특성을 지닌 부채를 판매해 조달한 자금으로 이들 부채와는 다른 특성을 지닌 자산을 사들임으로써 이윤을 얻는다. 이 과정을 *자산변환*(asset transformation)이라 한다. 예를 들면 저축예금을 통해 조달한 자금으로 은행은 모기지 대출을 한다. 여기서 은행은 결국 저축예금이라는 개인의 자산을 모기지 대출이란 은행의 자산으로 변환시킨 셈이다. 은행은 단기의 예금을 통해 조달한 자금을 장기의 대출로 운용하기 때문에, 이런 자산변환 과정을 두고 은행이 '단기로 빌려 장기로 대출한다(borrow short and lend long)'라고 말한다.

은행이 자산을 변환하고 수표 교환, 기록 보관, 신용 분석 등의 서비스를 제공하는 과정은 기업의 생산 과정과 마찬가지다. 만약 은행이 낮은 비용으로 사람들이 원하는 서비스를 생산하고 자산에서 높은 수익을 얻으면 이윤을 얻을 수 있다. 그렇지 못하면 은행은 손실을 입는다.

제인 브라운이 퍼스트내셔널은행이 탁월한 서비스를 제공한다는 얘기를 듣고 이 은행에 수표발행 예금 계좌를 개설해 100달러를 예금한다고 가정해보자. 제인이 예금한 100달러는 퍼스트내셔널은행의 재무상태표에는 100달러의 부채로 기록된다. 은행은 예금으로 받은 현금 100달러를 금고에 넣음으로써 은행의 자산 가운데 시재금이 100달러 증가한다. 이에 퍼스트내셔널은행의 T-계정은 다음과 같이 된다.

퍼스트내셔널은행			
자산		부채	
시재금	+100	수표발행 예금	+100

시재금은 은행 지준의 일부분이므로 위의 T-계정을 다음과 같이 다시 쓸 수도 있다.

자산		부채	
지준	+100	수표발행 예금	+100

제인 브라운이 수표발행 예금을 개설했을 때, *은행 지준의 증가가 수표발행 예금의 증가와 일치한다*는 사실에 주목할 필요가 있다.

만약 제인이 현금이 아니라 세컨드내셔널은행이 지급하기로 되어 있는 100달러짜리 수표로 수표발행 예금을 개설하더라도 동일한 결과를 얻는다. 초기에 퍼스트내셔널은행의 T-계정은 다음과 같이 된다.

자산		부채	
타점권	+100	수표발행 예금	+100

수표발행 예금은 앞서와 마찬가지로 100달러만큼 증가한다. 그런데 세컨드내셔널은행은 현재 퍼스트내셔널은행에 100달러를 빚지고 있다. 퍼스트내셔널은행은 그 빚을 곧 수금하려 할 것이므로 이를 T-계정의 자산으로서 타점권이란 항목으로 기재한다. 퍼스트내셔널은행은 세컨드내셔널은행에 직접 가서 지급을 요청할 수도 있다. 하지만 두 은행이 서로 다른 주에 있다면 그 시간과 비용이 많이 들 것이다. 그래서 퍼스트내셔널은행이 그 수표를 연준의 예금계좌에 예치하면 연준이 세컨드내셔널은행에서 수금한다. 즉 연준은 100달러의 지준을 세컨드내셔널은행에서 퍼스트내셔널은행으로 이전하는 것이다. 최종적으로 두 은행의 재무상태표는 다음과 같다.

퍼스트내셔널은행				세컨드내셔널은행			
자산		부채		자산		부채	
지준	+100	수표발행 예금	+100	지준	-100	수표발행 예금	-100

제인 브라운에 의해 일어난 과정은 다음과 같이 요약된다. 한 은행의 예금 계좌를 기초로 발행된 수표가 다른 은행에 예금될 경우, 예금을 받은 은행의 지준은 수표의 금액과 동일한 금액만큼 증가하며 수표발행 은행의 지준은 그만큼 감소한다. 따라서 ***은행이 예금을 받으면 그 금액만큼 지준이 증가한다. 예금이 인출되면 그 금액만큼 지준이 감소한다.***

은행의 지준이 어떻게 증가 또는 감소하는지를 알았으므로, 이제 은행이 이윤을 얻기 위해 예금을 변환할 때 재무상태표가 어떻게 재조정되는지 살펴보자. 퍼스트내셔널은행이 이제 막 100달러의 수표발행 예금을 받은 상황으로 돌아가보자. 알다시피 이 은행은 수표발행 예금의 일정 부분을 필요지준으로 보유해야 한다. 만약 지준율이 10%라면, 퍼스트내셔널은행의 필요지준은 10달러만큼 증가한다. 이를 T-계정에 다시 쓰면 다음과 같다.

퍼스트내셔널은행			
자산		부채	
필요지준	+10	수표발행 예금	+100
초과지준	+90		

수표발행 예금이 추가로 유입됨에 따라 은행이 어떻게 행동하는지 살펴보자. 은행은 장부를 관리하고, 직원 급여를 주고, 수표를 교환해야 하기 때문에 100달러의 수표발행 예금으로 인해 추가적인 비용이 든다. 은행이 손해를 보는 것이다! NOW 계정과 같이 은행이 예금에 대해 이자를 지급해야 하는 경우라면 상황은 더 악화된다. 이윤을 얻기 위해 은행은 보유한 초과지준 90달러의 전부 혹은 일부를 생산적으로 이용해야 한다. 한 가지 방법은 유가증권에 투자하는 것이다. 다른 방법은 대출을 해주는 것이다. 앞에서 살펴보았듯이 대출은 은행 자산(자금운용)의 절반 이상을 점한다. 제7장에서 논의했듯이, 대부자는 역선택과 도덕적 위험이라는 정보의 비대칭성 문제에 직면하기 때문에 은행은 이들 문제의 발생과 심각성을 줄이려는 조치를 취한다. 대출을 승인하기 전에 은행의 대출 담당자는 대출을 신청한 차입자에 대해 소위 '5C'라는 인물(character), 상환 능력(capacity), 담보(collateral), 지역 및 국민경제 여건(condition), 순자산, 즉 자본(capital)을 평가한다(은행이 대출에 따른 위험을 줄이는 방법에 대해서는 제20장에서 보다 자세히 논의한다).

이제 은행이 초과지준을 보유하는 대신 대출을 해주기로 결정했다고 하자. 그러면 T-계정은 다음과 같이 된다.

퍼스트내셔널은행			
자산		부채	
필요지준	+10	수표발행 예금	+100
대출	+90		

이제 은행은 수표발행 예금과 같은 단기 부채를 통해 조달한 자금을 이자율이 높은 대출 등의 장기 자산으로 운용함으로써 이윤을 얻을 수 있다. 앞에서 언급했듯이, 이러한 자산변환 과정을 두고 은행이 '단기로 빌려 장기로 대출하는' 영업을 한다고 말한다. 예를 들어 대출 이자율이 연 10%라면 은행은 90달러의 대출에서 연간 9달러의 수익을 얻는다. 만약 예금 100달러가 이자율이 5%인 NOW 계정에 들어 있으며 이 계정의 서비스에 연간 3달러가 든다면, 예금에 대한 연간 비용은 8달러가 된다. 결국 이 은행은 100달러의 새로운 예금에 대해 연간 1달러의 이윤을 얻는다. 만약 지준에 대해 이자를 지급받는다면 물론 은행은 그만큼 더 추가적인 이윤을 얻을 것이다.

은행 경영의 일반 원칙

이제 은행이 기본적으로 어떻게 운영되는지를 알았으므로, 은행이 이윤을 극대화하기 위해 자산과 부채를 어떻게 관리하는지를 살펴보기로 하자. 은행의 경영자는 네 개의 주요 사항에 주목한다. 첫째는 예금자가 예금의 지급을 요구하는 **예금유출**(deposit outflow)이 있을 경우에 대비해 은행이 충분한 현금을 확보해두는 것이다. 예금자에 대한 의무를 다할 수 있을 만큼 충분한 현금을 보유하기 위해 은행은 유동성이 높은 자산을 확보하는 **유동성관리**(liquidity management)를 해야 한다. 둘째로 은행 경영자는 **자산관리**(asset management)를 통해 채무불이행의 확률이 낮은 자산을 보유하고 자산을 분산시켜 위험을 낮추어야 한다. 셋째는 **부채관리**(liability management)를 통해 자금을 저렴한 비용으로 획득하는 것이다. 마지막으로 은행의 경영자는 은행이 유지해야 할 자본의 규모를 결정하고 필요한 자본을 확보하는 **자본적정성관리**(capital adequacy management)를 해야 한다.

은행 및 여타 금융기관의 경영을 잘 이해하기 위해서는 다음에 소개할 은행의 자산 및 부채에 관한 일반적인 관리 원칙 이외에도, 금융기관의 자산을 어떻게 관리할지에 대해 보다 면밀히 살펴보아야 한다. 따라서 제20장에서는 차입자가 채무를 불이행함으로써 발생하는 위험인 **신용위험**(credit risk)을 어떻게 관리할지, 그리고 이자율의 변화에 따른 이윤 및 은행 자산 수익률의 변동 위험인 **이자율위험**(interest-rate risk)을 어떻게 관리할지를 심층적으로 논의한다.

유동성관리와 지준의 역할

퍼스트내셔널은행의 예금자가 당좌예금이나 저축예금에서 현금을 인출하거나 그가 발행한 수표가 다른 은행에 예금되었을 때, 퍼스트내셔널은행이 이러한 예금유출에 대해 어떻게 대응할 수 있는지 살펴보자. 다음 예에서 이 은행은 초과지준을 충분히 보유하고 있으며, 모든 예금에 대해 10%의 지준율이 적용된다고 가정한다. 퍼스트내셔널은행의 재무상태표가 초기에 다음과 같다고 하자.

자산		부채	
지준	20억 달러	예금	100억 달러
대출	80억 달러	은행 자본	10억 달러
증권	10억 달러		

이 은행의 필요지준은 100억 달러 예금의 10%인 10억 달러이다. 그런데 은행은 20억 달러를 지준으로 보유하고 있기에 10억 달러만큼의 초과지준을 보유한 상태이다. 10억 달러의 예금유출이 발생하면 은행의 재무상태표는 다음과 같이 된다.

자산		부채	
지준	10억 달러	예금	90억 달러
대출	80억 달러	은행 자본	10억 달러
증권	10억 달러		

은행은 10억 달러의 예금과 10억 달러의 지준을 잃었으나, 필요지준이 이제 남은 예금 90억 달러의 10%인 9억 달러가 되었기 때문에 여전히 지준이 필요지준을 1억 달러만큼 초과한다. 요약하면, ***은행이 충분한 지준을 보유하고 있으면 예금유출이 일어나더라도 재무상태표의 다른 항목에 영향을 미치지 못한다.***

그러나 은행이 초과지준을 충분히 보유하지 않으면 상황은 달라진다. 퍼스트내셔널은행이 10억 달러의 초과지준을 보유하는 대신에 10억 달러를 대출해 초과지준을 전혀 보유하지 않고 있다고 가정해보자. 그 재무상태표는 다음과 같다.

자산		부채	
지준	10억 달러	예금	100억 달러
대출	90억 달러	은행 자본	10억 달러
증권	10억 달러		

은행에서 10억 달러의 예금유출이 일어나면 재무상태표는 다음과 같이 된다.

자산		부채	
지준	0달러	예금	90억 달러
대출	90억 달러	은행 자본	10억 달러
증권	10억 달러		

예금에서 10억 달러가 인출되면 지준도 10억 달러만큼 감소해 은행에 문제가 발생한다. 90억 달러의 10%에 해당하는 9억 달러의 필요지준을 보유해야 하지만 지준이 전혀 없는 것이다. 이런 부족액을 충당하기 위해 은행은 다음 네 가지 방식을 취할 수 있다. 첫 번째는 지준을 마련하기 위해 페더럴펀드 시장에서 다른 은행으로부터 차입하거나 또는 기업으로부터 차입하는 것이다.[1)] 퍼스트내셔널은행이 다른 은행이나 기업으로부터 9억 달러를 차입해 지준을 충당한다면, 재무상태표는 다음과 같이 변한다.

---

1) 퍼스트내셔널은행이 다른 은행이나 기업으로부터 차입할 수 있는 방법은 CD를 판매하는 것이다. 이런 방식의 자금조달은 부채관리에 관한 설명에서 다루기로 한다.

자산		부채	
지준	9억 달러	예금	90억 달러
대출	90억 달러	차입금	9억 달러
증권	10억 달러	은행 자본	10억 달러

이때의 비용은 페더럴펀드 이자율 등 차입에 따른 이자율이다.

두 번째 대안은 은행이 예금유출을 충당하기 위해 유가증권을 매도하는 것이다. 예를 들어 9억 달러어치의 유가증권을 매도해 그 대금을 연준에 예치한다면, 다음의 재무상태표가 된다.

자산		부채	
지준	9억 달러	예금	90억 달러
대출	90억 달러	은행 자본	10억 달러
증권	1억 달러		

은행이 유가증권을 매도할 때는 중개비용과 거래비용이 든다. 제2지준으로 분류되는 미국 국채는 매우 유동성이 높아 이를 매도하는 데 드는 거래비용이 크지 않은 편이다. 그러나 다른 유가증권은 유동성이 그리 높지 않아 거래비용이 상당히 클 수 있다.

은행이 예금유출을 충당할 수 있는 세 번째 방법은 연준으로부터 자금을 차입해 지준을 마련하는 것이다. 위의 예에서 퍼스트내셔널은행은 유가증권과 대출을 그대로 둔 채 연준에서 재할인 대출로 9억 달러를 차입할 수 있다. 그러면 재무상태표는 다음과 같다.

자산		부채	
지준	9억 달러	예금	90억 달러
대출	90억 달러	중앙은행 차입금	9억 달러
증권	10억 달러	은행 자본	10억 달러

재할인 대출을 받은 데 따른 비용은 연준에 지급해야 할 이자율인 **재할인율**(discount rate)이다.

마지막으로 은행은 예금유출에 따른 9억 달러의 지준을 마련하기 위해 그 금액만큼 대출을 줄여 이를 연준에 예치함으로써 9억 달러의 지준을 마련할 수도 있다.

자산		부채	
지준	9억 달러	예금	90억 달러
대출	81억 달러	은행 자본	10억 달러
증권	10억 달러		

퍼스트내셔널은행은 이렇게 마련한 9억 달러의 지준으로 필요지준을 충족함으로써 다시 양호한 상태가 되었다.

그러나 예금유출이 일어났을 때 지준을 마련하기 위해 대출을 줄이는 과정은 은행에게는 가장 값비싼 방법이다. 퍼스트내셔널은행이 상당히 짧은 간격으로 갱신되는 수많은 단기 대출을 보유하고 있다면 만기가 되었을 때 일부 대출을 연장해주지 않고 *회수함으로써* 어느 정도 신속히 대출규모를 줄일 수 있다. 그러나 불행히도 이로 인해 아무런 잘못 없이 대출을 연장받지 못한 고객은 이 은행에 대해 적대감을 가질 것이다. 그 고객은 앞으로 다른 은행과 거래를 틀 것이며, 이는 퍼스트내셔널은행에게 매우 값비싼 손실이 된다.

대출을 줄이는 다른 방법은 자신의 대출을 다른 은행에 매각하는 것이다. 이 방법 역시 비용이 많이 든다. 다른 은행은 퍼스트내셔널은행의 대출 고객을 개인적으로 알지 못하며 따라서 대출금 매입에 대해 제대로 온전한 가격을 지불하지 않으려 할 것이기 때문이다. 이는 바로 제7장에서 설명한 역선택 문제이다.

전술한 논의를 통해 은행이 대출이나 유가증권에서 더 높은 수익을 얻을 수 있음에도 불구하고 왜 초과지준을 보유하는지 그 이유를 알 수 있다. 예금유출이 발생할 경우, 초과지준을 보유하고 있으면, 은행은 (1) 다른 은행이나 기업에서 차입하는 비용, (2) 유가증권을 매도하는 비용, (3) 연준으로부터 차입하는 비용, 또는 (4) 대출을 회수하는 비용을 감수할 필요가 없다. ***초과지준은 예금유출과 관련된 비용 발생을 방지해주는 보험이다. 예금유출 관련 비용이 클수록 은행은 초과지준을 더 많이 보유하려 한다.***

사람들이 자동차의 도난 등과 같은 재산 손실을 막기 위해 보험회사에 보험료를 내는 것과 마찬가지로, 은행도 예금유출로 인한 손실을 막기 위해 초과지준 보유에 따른 비용, 즉 대출이나 유가증권과 같은 수익성 자산을 보유하지 못한 데 따른 수익의 상실이라는 기회비용을 지불한다. 보험과 마찬가지로 초과지준도 비용이 들기 때문에 은행은 자신을 보호하기 위해 다른 방식을 취하기도 한다. 예를 들면 은행은 유동성이 높은 유가증권(제2지준)을 보유한다.

자산관리

은행이 왜 유동성을 필요로 하는지 이해했으므로, 이제 은행이 자산을 관리하기 위해 취하는 기본 전략을 검토하기로 한다. 이윤을 극대화하기 위해 은행은 대출과 유가증권에서 가능한 한 최대의 수익률을 추구해야 하며, 동시에 위험을 낮추어야 하고, 유동성이 높은 자산을 보유함으로써 유동성을 적절히 준비해두어야 한다. 은행은 이런 세 가지 목표를 다음 네 가지 방식으로 달성하려 한다.

첫째, 은행은 대출에 대해 높은 이자율을 내면서도 채무불이행을 하지 않을 차입자를 찾으려 한다. 은행은 대출 이자율을 광고하고 대출받을 만한 기업을 직접 방문하며 대출 영업을 한다. 차입 신청자가 제때에 이자와 원금을 갚을 수 있는, 즉 신용위험이 우량한 자인지를 판별하는 것은 은행의 대출 담당자에게 달려 있다. 대출 담당자는 역선택 문제를 줄이기 위해 심사를 한다. 전형적인 은행은 대출정책에 있어 보수적이며, 채무불이행 비율도 대개 1% 미만이다. 그러나 은행이 높은 이자율을 얻을 수 있는 매력적인 대출 기회를 놓칠 정도로 보수적이면 곤란하다.

둘째, 은행은 수익률이 높고 위험이 낮은 유가증권을 매입하려고 노력한다. 셋째, 은행은 자산을 관리하는 데 있어 분산투자를 통해 위험을 낮추어야 한다. 은행은 단기 및 장기채권, 미국 국채 및 지방채 등과 같이 다양한 유형의 자산을 구입하고 많은 고객에게 다양한 유형의 대출을 승인함으로써 이 목표를 달성할 수 있다. 분산투자를 충분히 하지 못한 은행은 종종 나중에 후회하게 된다. 예를 들어 에너지산업이나 부동산 개발업자 또는 농민에 대해 집중 대출한 은행은 1980년대에 에너지, 부동산, 농장 가격의 침체로 엄청난 손실을 입었다. 실제로 이들 중 많은 은행이 '너무 많은 달걀을 한 바구니에 담아두었기' 때문에 도산하고 말았다.

마지막으로 은행은 자산의 유동성을 잘 관리해 큰 비용을 들이지 않고 필요지준을 채울 수 있어야 한다. 이는 다른 자산에 비해 수익률이 약간 떨어지더라도 유동성이 높은 자산을 보유해야 함을 의미한다. 예를 들어 은행은 예금유출에 따른 비용부담을 피하기 위해 초과지준을 얼마나 보유할지를 정해야 한다. 게다가 은행은 예금유출이 일어나 비용이 발생하더라도 그 비용이 너무 크지 않도록 제2지준인 국채를 보유하길 원한다. 그렇다고 은행이 너무 보수적이어도 현명하지 못한 것이다. 예금유출과 관련한 모든 비용을 피하기 위해 초과지준만 보유한다면 은행 부채를 유지하는 비용이 드는데도 이자수익을 얻지 못하기 때문에 손실을 입는다. 은행은 대출처럼 유동성이 낮은 자산에서 얻을 수 있는 수익을 포기하고 유동성을 얼마나 확보할지를 균형 있게 헤아려야 한다.

부채관리

1960년대 이전까지만 해도 부채관리는 인기가 없었다. 대체로 은행은 부채를 주어진 것으로 간주하고 자산을 최적으로 구성하는 데 온 힘을 쏟았다. 자산관리를 강조한 데는 두 가지 중요한 이유가 있다. 첫째, 은행 자금조달의 60% 이상이 수표를 발행할 수 있는 요구불예금에서 나왔는데, 이들 요구불예금에 대해서는 법적으로 이자를 지급할 수 없었다. 따라서 은행은 높은 이자를 지급하면서 적극적으로 예금 유치 경쟁을 벌일 수 없었으며, 실제로 각 은행은 예금의 양을 주어진 것으로 간주했다. 둘째, 은행 간 1일물 대출시장이 발달하지 않았기 때문에 은행이 지준을 충당하기 위해 다른 은행에서 차입하는 경우가 거의 없었다.

그러나 1960년대부터 뉴욕, 시카고, 샌프란시스코 등 주요 금융중심지에 위치한 **머니센터은행**(money center bank)이라 불리는 대형 은행들이 재무상태표의 부채 항목을 통해 유동성과 지준을 확보할 수 있는 방법을 모색하기 시작했다. 그 결과 페더럴펀드 시장과 같은 1일물 대출시장이 확대되고, 머니센터은행이 자금을 손쉽게 조달하도록 양도성을 갖춘 CD(1961년에 처음 도입됨) 등의 새로운 금융수단이 개발되었다.[2)]

신축적인 부채관리 수단이 새롭게 제시됨에 따라 은행경영에 있어서도 종전과는 다른 접근방법이 취해졌다. 은행은 자금조달을 위해 더 이상 수표발행 예금에 주로 의존할 필요가 없어졌

2) 소형 은행은 머니센터은행만큼 잘 알려져 있지 않고 신용위험이 클 수 있기 때문에 CD시장에서의 자금조달이 쉽지 않다. 따라서 소형 은행은 부채관리에 그리 적극적이지 못한 편이다.

으며, 그 결과 더 이상 자금의 원천인 부채를 주어진 것으로 간주하지 않게 되었다. 그 대신 은행은 자산 증가를 목표로 공격적으로 부채를 발행해 필요한 자금을 조달했다.

예를 들어 오늘날 머니센터은행은 매력적인 대출 기회를 포착하면 CD를 판매해 자금을 조달할 수 있다. 지준이 부족한 경우에는 큰 거래비용을 들이지 않고도 페더럴펀드 시장에 나가 다른 은행의 자금을 차입할 수 있다. 페더럴펀드 시장은 대출 자금을 조달하는 데도 이용될 수 있다. 부채관리의 중요성이 높아짐에 따라 오늘날 대부분의 은행은 소위 *자산부채종합관리*(asset-liability management, ALM) 위원회에서 은행 재무상태표의 양변을 동시에 관리한다.

부채관리가 보다 강조됨에 따라 지난 30년간 은행 재무상태표의 구성에 있어 중대한 변화가 일어났다. 자금조달원으로서 양도성이 있는 CD와 은행 차입금의 중요성이 크게 높아져 이들이 은행의 부채에서 차지하는 비중이 1960년의 2%에서 2012년 말에는 23%로 크게 상승한 반면, 수표발행 예금은 중요도가 크게 하락해 은행 부채에서 차지하는 비중이 1960년의 61%에서 2012년 말에는 2%로 낮아졌다. 부채관리의 유연성이 새로 발견된 데다가 보다 높은 이윤을 추구하는 과정에서 은행의 자산 가운데 수익성이 높은 항목인 대출의 비중도 1960년의 46%에서 2012년 말에는 53%로 상승했다.

자본적정성관리

은행은 다음 세 가지 사항을 고려해 보유하려는 자본의 규모를 정해야 한다. 첫째, 은행 자본은 은행이 예금자와 기타 채권자 등에게 지급 의무를 다하지 못하고 사업을 접는 *은행도산*(bank failure)을 방지하는 데 도움이 된다. 둘째, 자본의 규모는 은행의 소유자인 주주들의 수익률에 영향을 미친다. 셋째, 규제당국은 은행에 대한 자기자본규제로서 은행 자본의 최소 한도를 설정한다.

은행 자본이 은행도산을 막는 데 어떻게 도움이 되는가? 다음 두 은행을 비교해보자. 하이캐피털은행은 자산 대비 자본의 비율이 10%이고 로우캐피털은행은 그 비율이 4%란 차이를 제외하고 두 은행은 동일한 재무상태표를 가지고 있다.

하이캐피털은행				로우캐피털은행			
자산		부채		자산		부채	
지준	10억 달러	예금	90억 달러	지준	10억 달러	예금	96억 달러
대출	90억 달러	은행 자본	10억 달러	대출	90억 달러	은행 자본	4억 달러

두 은행 모두 주택시장의 병적인 흥분 상태에 사로잡혔는데, 시간이 지나 결국 5억 달러의 부동산대출이 완전히 부실이었음을 알게 되었다. 이들 부실 대출을 상각하면 총자산의 가치가 5억 달러만큼 감소하며, 총자산에서 부채를 뺀 나머지인 은행 자본도 5억 달러만큼 감소한다. 이제 두 은행의 재무상태표는 다음과 같다.

하이캐피털은행				로우캐피털은행			
자산		부채		자산		부채	
지준	10억 달러	예금	90억 달러	지준	10억 달러	예금	96억 달러
대출	85억 달러	은행 자본	5억 달러	대출	85억 달러	은행 자본	-1억 달러

하이캐피털은행은 초기에 10억 달러의 자본을 갖고 있었기 때문에 5억 달러 손실 후에도 여전히 5억 달러의 순자산(은행 자본)이 남아 있어 순조롭게 손실을 타개한다. 하지만 로우캐피털은행은 커다란 문제에 봉착한다. 총자산의 가치가 부채 이하로 하락했기 때문에 순자산이 -1억 달러가 된다. 이 은행은 순자산이 음이기 때문에 지급불능 상태이다. 즉 부채의 보유자들에게 각각 다 지급할 만큼의 충분한 자산이 없는 것이다. 은행이 지급불능 상태가 되면 정부 규제당국은 은행 문을 닫고 자산을 처분하며 은행 경영자는 해고된다. 로우캐피털은행의 소유자들은 투자액을 모두 날려버리고 나서야 하이캐피털은행처럼 손실을 흡수하기에 충분한 은행 자본을 보유해야 했다고 뒤늦게 후회할 것이다. 여기서 은행이 충분한 자본을 보유해야 하는 근거를 알 수 있다. ***즉 은행은 지급불능 상태가 될 가능성을 줄이기 위해 은행 자본을 보유한다.***

은행 자본이 주주의 수익률에 어떻게 영향을 주는가? 은행이 잘 경영되고 있는지를 알기 위해서는 은행의 수익성을 측정하는 적절한 지표가 필요하다. 은행 수익성에 대한 기본 척도는 자산 1달러당 세후 이익(당기순이익)의 비율로 계산하는 **총자산 순이익률**(return on assets, ROA)이다.

$$\text{ROA} = \frac{\text{당기순이익}}{\text{총자산}}$$

ROA는 자산 1달러당 평균적으로 이윤을 얼마나 창출했는지를 표시하기 때문에 은행이 얼마나 효율적으로 경영되었는가에 관한 정보를 제공한다.

그러나 은행의 소유자인 주주들이 가장 관심을 두는 것은 자신이 투자한 금액에 대해 은행이 얼마나 벌었는가 하는 것이다. 이에 대한 정보를 제공하는 지표는 은행 수익성에 대한 또 다른 척도로서 은행의 자본(자기자본) 1달러당 세후 이익의 비율로 계산하는 **자기자본 순이익률**(return on equity, ROE)이다.

$$\text{ROE} = \frac{\text{당기순이익}}{\text{자기자본}}$$

은행이 얼마나 효율적으로 경영되었는가를 나타내는 ROA와 은행 소유자의 투자가 얼마나 좋은 성과를 거두었는가를 나타내는 ROE 간에는 직접적인 관계가 있다. 이 관계는 흔히 **자기자본 승수**(equity multiplier, EM)라는 자기자본 대비 총자산의 비율에 의해 결정된다.

$$EM = \frac{\text{총자산}}{\text{자기자본}}$$

$$\frac{\text{당기순이익}}{\text{자기자본}} = \frac{\text{당기순이익}}{\text{총자산}} \times \frac{\text{총자산}}{\text{자기자본}}$$

이를 앞서 정의한 용어로 나타내면,

$$ROE = ROA \times EM \tag{1}$$

식(1)을 보면 은행이 주어진 자산에 비해 (자기)자본을 적게 보유할수록 ROE에 어떤 일이 일어나는지를 알 수 있다. 앞서 살펴본 예에서 하이캐피털은행은 초기에 100억 달러의 자산과 10억 달러의 자본을 보유하고 있어 EM은 10(= $100억/$10억)이다. 이와 대조적으로 로우캐피털은행은 4억 달러의 자본만을 보유하고 있기 때문에 EM은 25(= $100억/$4억)가 된다. 이들 두 은행이 똑같이 잘 경영해 ROA가 각각 1%였다고 가정해보자. 하이캐피털은행의 ROE는 1% × 10 = 10%인 데 비해, 로우캐피털은행의 ROE는 1% × 25 = 25%가 된다. 로우캐피털은행의 주주들이 하이캐피털은행의 주주들에 비해 2배 이상 높은 수익률을 얻었으므로 훨씬 더 만족해할 것이다. 여기서 은행의 주주들이 자본을 너무 많이 보유하길 원치 않는 이유를 알 수 있다. ***동일한 ROA에서 은행 자본이 적을수록 은행 소유자는 더 높은 수익률을 얻을 수 있다.***

안전성과 수익성 간의 상충관계 앞에서의 논의를 통해 은행의 자본에는 비용과 편익이 있음을 알 수 있다. 은행 자본은 은행의 파산 가능성을 낮춤으로써 투자의 안전성을 도모해 은행 소유자에게 편익이 된다. 그러나 은행 자본은 그 규모가 클수록 동일한 ROA에서 ROE가 낮아지기 때문에 비용이 된다. 은행 자본의 규모를 결정하는 데 있어, 은행 경영자는 더 많은 자본을 보유함에 따라 얻는 안전성 증대라는 편익과 이로 인해 발생하는 ROE 하락이라는 비용 간의 상충관계를 감안해야 한다.

경제가 불확실해 대출에서 대규모 손실이 예상될 경우 은행 경영자는 주주를 보호하기 위해 더 많은 자본을 확충하려 한다. 역으로, 대출 손실이 발생하지 않을 것으로 확신하는 경우 은행 경영자는 자본의 양을 줄이고 EM을 높여 ROE를 높이려 할 것이다.

은행에 대한 자기자본규제 은행은 또한 규제당국의 요구 때문에도 자본을 보유한다. 앞서 설명한 자본 보유에 따른 높은 비용으로 인해 은행 경영자는 종종 규제당국이 요구하는 수준보다 적은 규모의 자본을 보유하길 원한다. 이럴 경우 은행 자본의 규모는 자기자본규제에 의해 정해진다. 제15장에서 자기자본규제에 관한 상세한 내용과 자기자본규제가 왜 은행규제에서 중요한 역할을 하는지에 관해 논의할 것이다.

금융실무 은행의 자본관리 전략

퍼스트내셔널은행의 경영자인 모나가 은행 자본의 적정 규모를 결정해야 한다고 상정해보자. 은행의 재무상태표를 살펴보니 하이캐피털은행과 같이 자산이 100억 달러이고 자본이 10억 달러여서 은행의 자산 대비 자본의 비율이 10%였다고 하자. 모나는 현재 은행의 자본이 과잉 상태라고 판단해 ROE을 높일 목적으로 EM을 높이기로 결정했다고 하자.

자산에 비해 자본을 상대적으로 더 줄여 EM을 높이기 위해서는 다음 세 가지 전략을 취할 수 있다. (1) 자기 은행의 주식(자사주)을 매입해 은행 자본의 양을 줄일 수 있다. (2) 주주들에게 높은 배당을 지급해 은행 내부의 유보이윤을 줄임으로써 은행 자본을 줄일 수 있다. (3) 은행 자본은 그대로 둔 채 CD의 발행 등을 통해 새로운 자금을 조달하고 이를 대출하거나 유가증권에 투자함으로써 은행의 자산을 늘릴 수 있다. 주주에 대한 자신의 입지를 강화하겠다고 생각하면 모나는 두 번째 방법을 택해 주식 배당을 늘리기로 결정할 수 있다.

이제 퍼스트내셔널은행이 로우캐피털은행과 비슷한 상황이 되어 은행은 자산 대비 자본의 비율이 4%라고 하자. 이 경우 모나는 은행의 자산에 비해 자본이 부족하며 은행 도산을 막을 만큼 완충장치가 충분하지 않다고 걱정할 것이다. 자산 대비 자본의 양을 늘리기 위해서는 다음 세 가지 전략 가운데 하나를 선택할 수 있다. (1) 주식(보통주)을 발행해 은행의 자본을 확충할 수 있다. (2) 주주에 대한 배당을 축소해 자본 항목에 포함되는 유보이윤을 늘림으로써 자본을 증가시킬 수 있다. (3) 자본은 그대로 둔 채, 대출을 줄이거나 유가증권을 매도한 자금으로 부채를 상환함으로써 은행의 자산을 줄일 수 있다. 자본시장이 경색되어 있거나 주주들이 배당 감축에 항의할 것이기 때문에 은행 자본을 늘리기가 쉬운 일이 아니라고 가정하자. 그러면 모나는 세 번째 대안을 선택해 은행의 규모를 줄이기로 결정할 수 있다.

과거에 많은 은행이 자본 부족 상태를 경험했으며, 퍼스트내셔널은행의 자본 부족에 대해 모나가 취하려던 전략처럼 자산과 대출의 증가를 억제해야 했다. 다음 [사례분석]에서 이런 전략이 신용시장에 미친 중요한 결과에 대해 논의한다.

사례분석 글로벌 금융위기에서 자본경색이 어떻게 신용경색을 초래했을까?

2007년에 시작한 금융위기 이후 신용의 증가세가 현저히 둔화되면서 신용을 구하기가 힘들어지는 '신용경색(credit crunch)' 현상이 촉발되었다. 그 결과 2008년과 2009년의 경제 성과는 매우 초라했다. 이러한 신용경색을 초래한 원인은 무엇일까?

은행 경영자가 어떻게 자본을 관리하는지에 관한 앞서의 분석을 통해 2008~2009년의 신용경색이 적어도 부분적으로는 자본경색에 의해 초래되었음을 이해할 수 있다. 은행 자본이 부족해짐에 따라 신용 증가율이 하락한 것이다.

제8장에서 논의했듯이, 주택시장에서의 과열과 뒤이은 붕괴가 발생했고, 이로 인해 은행은 자신이 보유한 주택 모기지유동화증권에서 엄청난 손실을 입었다. 더욱이 은행은 자신이 후원한 다수의 구조화 투자기구(structured investment vehicle, SIV)를 자신의 재무상태표에 도로 편입해야 했다. 이에 자신의 재무상태표에 편입된 자산에 상응하는 자본을 마련한 필요가 생겼을 뿐만 아니라 모기지 관련 손실로 인해 은행 자본이 감소함에 따라 자본 부족이 발생했다. 은행은 새로운 자본을 확보하거나, 대출을 줄여 자산 증가를 억제해야 했다. 사실 은행은 자본을 일부 늘리기도 했으나 경제의 침체로 인해 새로운 자본을 획득하기가 매우 어려웠다. 따라서 은행은 대출기준을 강화해 대출을 줄일 수밖에 없었다. 이로 인해 2008년과 2009년의 경제는 더 어려워졌다.

부외 활동

전통적으로 은행의 주요 관심사는 자산과 부채의 관리였으나, 최근에는 보다 경쟁적인 환경으로 인해 은행이 부외 활동에 치중함으로써 공격적으로 이윤을 추구하고 있다. **부외 활동**(off-balance-sheet activity, 난외 거래라고도 함)이란 은행의 이윤에는 영향을 미치지만 은행의 재무상태표에는 나타나지 않는 활동으로서, 금융자산의 트레이딩, 대출채권 매각과 수수료 수익의 창출 등을 포함한다. 이러한 은행의 부외 활동의 중요성은 점점 증대되고 있다. 실제로 자산 대비 부외 활동이 창출한 수익의 비율은 1980년 이래 거의 두 배로 상승했다.

대출채권 매각

최근 그 중요성이 더해가고 있는 은행 부외 활동의 하나로 대출채권 매각을 통한 수익 창출을 들 수 있다. **대출채권 매각**(loan sale)이란 *2차 대출채권 분할매각*(secondary loan participation)이라고도 불리는데, 특정 대출에서 나오는 전체 혹은 부분적인 현금흐름을 매각하는 계약으로서 그 결과 은행 재무상태표의 자산 항목에서 해당 대출이 삭제된다. 은행은 초기에 대출한 금액보다 약간 높은 금액으로 대출을 매각함으로써 이윤을 얻는다. 다른 기관들은 매각되는 대출에 적용되는 높은 이자율이 매력적이기 때문에 이를 사들인다. 하지만 이때 적용되는 이자율은 처음 대출의 이자율보다는 대체로 0.15% 포인트 정도 낮은 수준이다.

수수료 수익의 창출

부외 활동의 또 다른 형태로 수수료를 통한 수익 창출을 들 수 있다. 수수료는 은행이 고객 대신 외환거래를 해주거나, MBS(모기지유동화증권)의 이자와 원금을 걷어 이를 지급해주는 서비스를 제공하거나, 증권의 발행인이 원리금을 지급할 수 없는 경우 은행이 대신 지급을 약속하는 은행인수어음(banker's acceptance, BA) 등과 같이 채무증권을 지급보증하거나, 예비적 신용공여한도(backup line of credit)를 제공하는 등의 전문화된 서비스를 고객에 제공하고 받는 대가이다. 예비적 신용공여한도에는 여러 유형이 있다. 이 가운데 가장 중요한 것이 **대출약정**(loan commitment)으로서, 이는 은행이 수수료를 받고 고객의 요구에 따라 일정 금액과 기간 내에서 대출을 제공하기로 약속하는 것이다. 또한 신용공여한도에는 은행 예금자들이 예금 잔고 이상으로 수표를 발행할 수 있도록 함으로써 실제로는 대출에 해당되는 '당좌대월 특전(overdraft privilege)'이 있다. 그 밖에도 은행이 수수료를 받는 신용공여한도로는 기업어음이나 증권의 발행을 지원하는 대기성 신용장(standby letter of credit)과 중기 유로채권인 *유로노트*(Euronote)를 인수하기 위한 *NIF*(note issuance facility), *RUF*(revolving underwriting facility) 등을 들 수 있다.

증권에 대한 보증과 예비적 신용공여한도 같은 부외 활동은 은행의 위험을 증가시킨다. 보증하는 증권이 은행 재무상태표상에 나타나지 않을지라도 은행은 채무불이행의 위험을 안게 된다. 증권의 발행인이 지급을 하지 못하면 은행이 그 부담을 떠안아 증권의 소지자에게 원리금을 지급해야 한다. 또한 예비적 신용공여한도를 제공하면 은행이 충분한 유동성을 갖고 있지 못한 경우나 차입자의 신용위험이 매우 불량한 경우에도 대출을 제공해야 하기 때문에 은행에게 위험이 된다.

트레이딩 활동과 위험관리기법

제21장에서 살펴보겠지만 은행은 이자율위험을 관리하기 위해 금융선물, 채무수단에 대한 옵션, 이자율 스왑 등을 거래한다. 국제금융 업무를 하는 은행은 외환시장에서도 거래를 한다. 이들 거래는 은행의 재무상태표에 직접적인 영향을 미치지 않기 때문에 부외 활동이다. 이 시장에서 거래하는 은행은 종종 위험을 줄이거나 여타 은행업무를 원활하게 하려는 목적도 있지만, 남들보다 시장을 잘 예측해 투기에 나서려고도 한다. 그런데 이런 투기는 매우 위험한 것일 수 있다. 실제로 은행의 지급불능을 초래하기도 하는데, 가장 극적인 예가 1995년 영국의 은행인 베어링스(Barings)의 도산이다.

온라인 정보

www.federalreserve.gov/boarddocs/SupManual/default.htm#trading

연방준비은행의 'Trading and Capital Market Activities Manual'은 트레이딩 운영 과정에서 당면하는 광범위한 위험관리 문제를 깊이 있게 논의한다.

트레이딩 활동(trading activity)은 종종 수익성이 매우 높음에도 불구하고 손쉽게 엄청난 내기를 걸 수 있기 때문에 위험하다. 트레이딩 활동을 관리하는 데 있어서의 문제는 제7장에서 논의한 주인-대리인 문제다. 대규모 내기를 걸 능력이 있기 때문에 트레이더(대리인)는 그가 채권시장에서 거래하든 외환시장 혹은 금융파생상품 시장에서 거래하든 과도한 위험을 택할 인센티브가 있다. 그가 트레이딩 전략으로 거대한 이윤을 얻으면 높은 봉급과 보너스를 챙길 것이다. 그러나 거대한 손실을 입으면 금융기관(주인)이 손실을 처리해야 한다. 1995년 베어링스의 도산이 여실히 증명하듯이, 주인-대리인 문제에 직면한 트레이더는 꽤 건실한 금융기관을 순식간에 지급불능 상태에 빠뜨릴 수 있다([이해상충] 참조).

주인-대리인 문제를 완화하기 위해 금융기관의 경영자들은 내부통제를 확립해 베어링스와 같은 붕괴를 막아야 한다. 이러한 내부통제의 하나는 트레이딩 활동을 담당하는 일선 직원을 트

> 이해상충

Conflicts of Interest 

베어링스, 다이와, 스미토모, 소시에테제네랄, J.P.모건체이스: 사기꾼 트레이더와 주인-대리인 문제

100년 이상의 전통을 자랑하는 영국의 베어링스 은행의 붕괴는 사기꾼 트레이더에 의한 주인-대리인 문제가 어떻게 한 달 만에 건실한 재무상태표를 가진 금융기관을 지급불능의 비극으로 몰아넣는지를 일깨우는 슬픈 교훈담이다.

1992년 7월, 베어링스 싱가포르 지점의 새로운 책임자인 리슨(Nick Leeson)은 일본판 다우존스 지수라 할 수 있는 닛케이에 대한 투기를 시작했다. 1992년 후반까지 리슨은 300만 달러의 손실을 입었는데, 그 손실을 비밀장부에 간수해두는 방식으로 상관에게 숨겼다. 심지어 그는 상관에게 마치 커다란 이윤을 벌어들이는 것처럼 속이기까지 했다. 이는 회사의 내부통제가 실패한 경우인데, 리슨은 싱가포르 증권거래소에서 거래를 하면서 또한 이들 거래의 장부기록을 감독할 수 있었다. 커피숍과 같이 현금 장사를 하는 사람은 두 사람 이상이 현금을 다루면 항상 사기의 가능성이 작아진다는 것을 알고 있다. 이와 유사하게 트레이딩 운영에서는 일선의 관리자와 후선의 관리자를 섞어서는 절대 안 된다. 그런데 이 원칙이 베어링스에서는 전혀 지켜지지 않았다.

리슨은 1994년 후반까지 2억 5,000만 달러 이상의 손실을 냈다. 1995년 1월과 2월에 그는 은행을 내기에 걸었다. 일본에서 고베 지진이 일어난 1995년 1월 17일 리슨은 7,500만 달러를 잃었으며, 그 주말까지 1억 5,000만 달러 이상을 잃었다. 그는 2억 5,000만 달러를 더 잃고 나서 2월 23일 주식시장이 하락하자 결국 싱가포르를 탈출했다. 3일 후 그는 프랑크푸르트 공항에 나타났다. 난폭 운전의 결과 리슨은 모두 13억 달러를 잃었으며, 베어링스의 자본을 모두 잠식시켜 은행을 도산시켰다. 리슨은 곧이어 유죄판결을 받아 감옥에 보내졌고, 1999년 석방되었을 때는 자신의 행동을 깊이 반성했다.

정보의 비대칭성으로 인한 주인-대리인 문제로 리슨의 행동과 베어링스의 경영 실패를 설명할 수 있다. 리슨은 자신의 트레이딩과 후선 업무를 모두 통제한 결과, 리슨의 트레이딩 활동에 대해 주인(베어링스)이 잘 알지 못했고, 이로 인해 정보의 비대칭성이 증가했다. 이 같은 내부통제의 실패로 인해 리슨은 은행이 부담하는 비용으로 위험을 택하는 도덕적 위험의 인센티브가 커졌다. 왜냐하면 내기가 제대로 통하면 손실을 만회하고 회사에서 좋은 자리를 차지할 수 있으며, 만약 내기에 지더라도 어쨌든 직장에서 나오게 될 것이었으므로 추가로 더 잃을 것이 없었기 때문이다. 손실이 커질수록 그는 더 큰 내기를 걸어야만 했다. 손실이 계속 쌓이자 그의 거래량도 확대되었다. 만약 베어링스의 경영자가 주인-대리인 문제를 이해했더라면, 리슨을 좀더 주의 깊게 경계했을 것이고, 그랬다면 베어링스도 오늘날까지 건재했을 것이다.

불행하게도 리슨은 10억 달러 이상을 날린 사기꾼 트레이더들의 억만장자 클럽에서 더 이상 희귀한 존재가 아니다. 다이와 은행(Daiwa Bank)의 뉴욕지점 직원이던 토시히데 이구치도 역시 11년 이상 채권 트레이딩 운영과 후선 업무를 모두 통제했으며, 그동안 11억 달러의 손실을 입었다. 1995년 7월 이구치는 그의 손실을 상관에게 알렸으나 상관은 이를 규제당국에 보고하지 않았다. 결국 다이와는 미국의 은행 규제당국에 의해 3억 4,000만 달러의 벌금을 추징당하고 미국에서 쫓겨났다.

야스오 하마나카도 억만장자 클럽의 회원이다. 1996년 7월 그는 리슨과 이구치의 기록을 깨고 일본의 대표적 무역회사인 스미토모에 26억 달러의 손실을 입혔다. 2008년 1월 케르비엘(Jerome Kerviel)은 자신이 다니던 소시에테제네랄(Société Générale) 은행에 전대미문의 사기꾼 트레이더 기록을 남겼다. 그는 독단적인 거래를 통해 이 프랑스 은행에 72억 달러의 손실을 입혔다. 심지어 매우 성공적인 J.P.모건체이스 은행도 '런던의 고래(the London Whale)'라는 멋진 별명을 가진 익실(Bruno Iksill)에 의해 2012년에 20억 달러 이상의 트레이딩 손실을 입었다.

이들 사례의 교훈은 트레이딩 활동을 하는 기업의 경영자라면 트레이더의 활동을 주의 깊게 감시해 반드시 주인-대리인 문제를 줄여야 한다는 것이다. 그렇지 않으면 사기꾼들의 갤러리는 계속 번성할 것이다.

레이딩에 관한 장부 기록을 담당하는 후선 직원으로부터 철저히 분리하는 것이다. 더욱이 경영자는 트레이더의 거래 총량과 위험 노출의 한도를 설정해야 한다. 경영자는 또한 최근의 컴퓨터 기술을 이용해 위험평가 과정을 면밀히 살펴보아야 한다. 이러한 방법으로서 VaR(value-at-risk) 접근법이 있다. 이 접근법을 통해 금융기관은 자신의 포트폴리오가 일정 기간 동안에 입을 수 있는 최대 손실의 크기인 VaR을 계산하는 통계적 모형을 갖춘다. 예를 들어 은행은 1%의 확률로 하루 동안에 입을 수 있는 최대 손실이 100만 달러라고 추정할 수 있는데, 이 100만 달러의 수치가 은행이 계산한 VaR이다. 또 다른 접근법으로 '스트레스 테스트(stress test)'가 있다. 이는 모형을 통해 불운한 시나리오가 발생한다면 어떻게 될지를 분석하는 것이다. 즉 나쁜 사건이 겹쳐 일어날 경우 금융기관이 입게 될 손실을 알아보는 것이다. VaR과 스트레스 테스트 접근법을 이용해 금융기관은 위험노출액(risk exposure)을 평가하고 이를 감축하는 방안을 선택할 수 있다.

제15장에서 살펴보겠지만, 미국의 은행 규제당국은 은행의 부외 활동으로 인한 위험에 각별한 관심을 보이며 은행이 위험관리에 좀 더 주의를 기울일 것을 촉구하고 있다. 이와 더불어 국제결제은행(BIS)은 VaR 계산에 기초해 은행의 트레이딩 활동에 대한 추가적인 자기자본규제를 개발하고 있다.

은행 성과의 측정

은행의 경영성과가 얼마나 우수한지를 알기 위해서는 이익에 영향을 미치는 수익(income)과 비용(expense)의 내역을 나타내는 손익계산서(income statement)를 들여다볼 필요가 있다.

은행의 손익계산서

2012년 현재 미국 연방예금보험에 가입한 상업은행 전체의 손익계산서가 [표 14.2]에 제시되어 있다.

영업수익 **영업수익**(operating income)은 은행의 통상적인 영업(ongoing operation)에서 나온 수익이다. 은행 영업수익의 대부분은 자산, 특히 대출에서 수취한 이자에 의해 형성된다. [표 14.2]에서 보듯이 2012년에 상업은행의 이자수익은 영업수익의 66.2%를 차지한다. 이자수익은 이자율 수준에 따라 변동하며 따라서 영업수익에서 차지하는 이자수익의 비중은 이자율이 최고 수준에 달할 때 가장 높아진다. 이는 바로 이자율이 15%를 상회해 은행의 이자수익이 총 영업수익의 93%에 달했던 1981년에 일어난 일이다.

2012년에 영업수익의 33.8%를 점하는 비이자수익(noninterest income)은 부분적으로 예금계정에 대한 수수료로 형성되지만 상당 부분은 앞서 논의한 부외 활동에서의 수수료 및 트레이딩 관련 이익에 의해 발생한다. 최근 은행의 이익에 있어 이들 부외 활동의 중요성이 점증하고 있다. 부외 활동에서의 기타 비이자수익은 1980년에 영업수익의 5%에 불과했지만 2012년에는

[표 14.2] 연방예금보험 가입 상업은행 전체의 손익계산서, 2012년

	금액 (10억 달러)		영업수익 혹은 영업비용 대비 구성비(%)	
영업수익				
이자수익		445.4		66.2
대출이자	352.3		52.4	
유가증권이자	65.1		9.7	
기타 이자	28.0		4.2	
비이자수익		227.4		33.8
예금관련수수료	32.5		4.8	
기타 비이자수익	194.9		29.0	
총영업수익		672.8		100.0
영업비용				
이자비용		57.1		11.5
예금이자	36.5		7.3	
콜론 및 RP 이자	2.2		0.4	
기타	18.4		3.7	
비이자비용		388.5		77.9
인건비	173.4		34.8	
물건비	41.6		8.3	
기타	173.5		34.8	
대손상각비		52.8		10.6
총영업비용		498.4		100.0
영업이익		174.4		
유가증권관련이익(손실)		8.9		
특별이익(손실)		-0.1		
법인세		-52.6		
당기순이익		130.7		

자료: http://www2.fdic.gov/SDI/main..asp.

29.0%에 달했다.

영업비용 **영업비용**(operating expense)은 은행의 통상적인 영업을 수행하는 데 들어간 비용이다. 은행 영업비용의 중요한 항목은 은행의 부채, 특히 예금에 대해 지급하는 이자지급액이다. 이자수익과 마찬가지로 이자비용도 이자율 수준에 따라 변동한다. 총영업비용 가운데 이자비용이 차지하는 비중은 이자율이 가장 높았던 1981년에 74%라는 최고치에 달했는데, 2012년에는 이자율이 하락함에 따라 11.5%로 하락했다. 비이자비용(noninterest expense)은 은행의 영업활동에 들어간 비용으로서, 은행 직원에 대한 봉급, 임대료, 은행 건물의 유지비용 및 공과금, 책상과 금고 등 장비 구입, 컴퓨터 등 장비의 서비스 비용을 포함한다.

영업비용의 하나로 열거된 마지막 항목은 대손상각비(provisions for loan loss)이다. 은행은 부실 채권을 보유하고 있거나 대출이 부실화될 것으로 예상하는 경우 손익계산서의 '대손상각비'라는 항목에서 현재의 비용으로 손실을 상각할 수 있다. 대손상각비는 재무상태표의 대손충당금(loan loss reserve)과 직접 연결되어 있다. 은행이 자신의 대손충당금을 예컨대 100만 달러만큼 증가시키고자 하면 대손상각비를 100만 달러만큼 더하면 된다. 이렇게 하면 대손충당금이 증가하는데, 그 이유는 손실이 아직 발생하지 않았는데 비용을 계상함으로써 미래의 손실을 처리하기 위해 이익의 일부를 따로 떼어두었기 때문이다.

대손상각비는 최근 은행의 이익을 변동시킨 주요 요인이다. 1980년대에는 제3세계 채무위기(third-world debt crisis)가 발생했으며, 1986년에는 에너지 가격이 크게 하락해 이로 인해 에너지 생산 기업에 대한 대출에서 상당한 규모의 손실을 입었으며, 최근 부동산시장의 폭락도 있었다. 그 결과 1980년대 후반에는 대손상각비가 매우 큰 규모여서, 1987년에는 영업비용 가운데 대손상각비가 차지하는 비중이 최고치인 13%에 달했다. 그 이후 대출에서의 손실이 가라앉기 시작했는데, 2007~2009년의 금융위기 동안 다시 급격히 증가했다. 2009년에는 대손상각비가 영업비용의 32.7%라는 새로운 최고치를 기록했다.

이익 2012년에 6,728억 달러의 영업수익에서 4,984억 달러의 영업비용을 빼면 영업이익(net operating income, 혹은 순영업수익)은 1,744억 달러가 된다. 영업이익은 통상적인 기준에서 은행이 얼마나 영업을 잘했는지를 나타내기 때문에 은행의 경영진, 주주, 은행 규제당국은 영업이익을 면밀히 주시한다.

은행이 매도한 유가증권에서의 이익(손실) 항목과 일상적이지 않으면서 흔치 않은 사건이나 거래로 인한 특별이익(-1억 달러) 항목이라는 두 개의 항목을 영업이익에 더하면 1,832억 달러 규모의 세전 순수익(net income before tax)이 된다. 세전 순수익은 흔히 세전 이익(profit before tax)이라고 더 잘 알려져 있다. 여기서 526억 달러의 법인소득세를 빼면 1,307억 달러 규모의 순수익(net income)이 된다. 순수익은 세후 이익(profit after tax, 또는 당기순이익)이라고 더 잘 알려져 있는데, 이는 은행이 유보이윤(retained earning)으로 보유하거나 주주에게 배당으로 지급할 수 있는 금액으로 은행이 얼마나 영업을 잘했는지를 가장 직접적으로 말해주는 수치이다.

은행 성과의 측정지표

당기순이익은 은행이 경영을 얼마나 잘했는지를 알려주지만, 여기에는 커다란 결함이 있다. 즉 은행의 규모를 감안하지 않기 때문에 한 은행이 다른 은행에 비해 상대적으로 얼마나 잘 했는지를 비교하기 힘들다. 은행의 규모를 조정한 은행 수익성의 기본적인 측정지표는 앞에서 논의했듯이 은행의 당기순이익을 총자산으로 나눈 ROA이다. ROA는 은행의 자산이 이익을 창출하는데 얼마나 잘 사용되었는지를 나타내기 때문에 은행의 경영진이 직무를 얼마나 잘 수행했는지를 측정하는 유용한 지표이다. 2013년 초에 연방예금보험에 가입한 모든 상업은행의 자산은 13조 3,626억 달러이고 [표 14.2]에서 당기순이익이 96억 달러였으므로, ROA는

$$\text{ROA} = \frac{\text{당기순이익}}{\text{총자산}} = \frac{1{,}307}{133{,}626} = 0.0098 = 0.98\%$$

ROA가 은행의 수익성에 관해 유용한 정보를 제공하지만, 앞에서 살펴보았듯이 이는 은행의 소유자(주주)들이 가장 신경 쓰는 지표가 아니다. 이들은 자신들의 주식투자에 대해 은행이 얼마나 벌고 있는지를 나타내는 ROE 지표에 보다 더 관심을 둔다. ROE는 자기자본 1달러당 순이익을 측정한다. 2013년 초에 연방예금보험에 가입한 전체 상업은행의 자기자본은 1조 5,143억 달러였으므로, ROE는

$$\text{ROE} = \frac{\text{당기순이익}}{\text{자기자본}} = \frac{1{,}307}{15{,}143} = 0.0863 = 8.63\%$$

은행 성과를 측정하는 데 흔히 사용되는 또 다른 지표는 이자수익과 이자비용 간의 차이를 총자산으로 나눈 **순이자마진**(net interest margin, NIM)이다.

$$\text{NIM} = \frac{\text{이자수익} - \text{이자비용}}{\text{총자산}}$$

앞에서 배웠듯이, 은행의 주요 금융중개기능 가운데 하나는 부채를 발행하고 그 자금을 수익이 나는 자산을 매입하는 데 운용하는 것이다. 만약 은행의 경영진이 자산과 부채를 잘 관리해서 자산에서 상당한 수익을 얻고 부채에 대해 적은 비용을 들인다면 이익이 크게 날 것이다. 은행 경영진이 자산과 부채를 얼마나 잘 관리하는지는 은행의 자산에서 벌어들인 이자수익과 부채에 지급한 이자비용 간의 차이에 의해 영향을 받는다. NIM은 바로 이 차이를 측정한다. 만일 은행이 낮은 이자율을 지급하는 부채로 자금을 조달해 높은 이자수익을 내는 자산을 획득할 수 있으면 NIM이 크고 은행의 수익성이 높을 것이다. 만약 자산에서 버는 이자에 비해 상대적으로 부채에 대한 이자비용이 상승하면 NIM이 하락하고 은행의 수익성이 떨어질 것이다.

은행 성과지표의 최근 추세

[표 14.3]은 1980~2012년 기간 중 연방예금보험에 가입한 전체 상업은행의 ROA, ROE, NIM 지표의 수치를 제시한다. 1980년대에는 모든 상업은행의 자기자본과 총자산 간의 관계가 상당히 안정적이었기 때문에 은행의 성과를 측정하는 ROA와 ROE가 서로 밀접하게 함께 움직였는데, 1980년대 초반에서 후반까지 은행의 수익성이 크게 하락했다. 가장 오른쪽 열에 표시된 NIM을 보면, 1980년대에 걸쳐 이자수익과 이자비용 간의 차이는 꽤 안정적이었으며 1980년대 후반과 1990년대 초반에는 개선됨으로써 은행의 이익에 도움이 되었음을 시사한다. 따라서 NIM 지표에서 알 수 있듯이 1980년대 후반에 은행의 성과가 열악한 것은 이자율 움직임 때문이 아니었다.

1980년대 후반에 상업은행의 성과가 저조한 이유는 1980년대 초에 은행이 위험한 대출을 많이 했으며 이들 대출이 부실화되었기 때문이다. 이에 따른 대손상각비의 엄청난 증가가 직접적

[표 14.3] 은행 성과의 측정지표, 1980~2012년

연도	ROA(%)	ROE(%)	NIM(%)
1980	0.77	13.38	3.33
1981	0.79	13.68	3.31
1982	0.73	12.55	3.39
1983	0.68	11.60	3.34
1984	0.66	11.04	3.47
1985	0.72	11.67	3.62
1986	0.64	10.30	3.48
1987	0.09	1.54	3.40
1988	0.82	13.74	3.57
1989	0.50	7.92	3.58
1990	0.49	7.81	3.50
1991	0.53	8.25	3.60
1992	0.94	13.86	3.89
1993	1.23	16.30	3.97
1994	1.20	15.00	3.95
1995	1.17	14.66	4.29
1996	1.19	14.45	4.27
1997	1.23	14.69	4.21
1998	1.18	13.30	3.47
1999	1.31	15.31	4.07
2000	1.19	14.02	3.95
2001	1.15	13.09	3.90
2002	1.30	14.08	3.96
2003	1.38	15.05	3.73
2004	1.28	13.20	3.54
2005	1.30	12.73	3.50
2006	1.28	12.31	3.31
2007	0.81	7.75	3.29
2008	0.03	0.35	3.16
2009	0.08	0.73	3.49
2010	0.65	5.85	3.76
2011	0.88	7.79	3.60
2012	1.00	8.92	3.42

자료: http://www2.fdic.gov/qbp/2012dec/all1a.html.

으로 순이익을 감소시켰고 따라서 ROA와 ROE가 하락했다(은행의 수익성이 악화된 원인과 이로 인한 경제적 효과에 대해서는 제15장과 제16장에서 논의한다).

1992년부터 은행의 성과가 상당히 개선되었다. 1992년에는 ROE가 거의 14%로 상승했으며 1993~2006년 동안 12% 이상을 유지했다. 이와 유사하게 ROA도 1990~1991년 동안의 0.5% 수준에서 1993~2006년 동안에는 1%를 상당히 상회하는 수준으로 상승했다. [표 14.3]의 성과 측정지표를 통해 은행산업이 건실한 상태로 회복되었음을 알 수 있다. 그런데 2007~2009년 금

융위기의 발발로 인해 은행의 수익성이 극적으로 악화되어 2008년에 ROE가 0.35%, ROA가 0.03%로 하락했다. 최근에는 은행의 수익성이 개선되었으나 2012년에 ROE가 8.9%, ROA가 1.0%의 수준으로 여전히 금융위기 이전만큼 건실하지는 못하다.

요약

1. 상업은행의 재무상태표는 은행 자금의 원천과 운용을 나열한 목록이라 할 수 있다. 은행의 부채는 자금의 원천으로서 수표발행 예금, 정기예금, 중앙은행에서의 차입금, 다른 은행과 기업에서의 차입금, 은행 자본을 포함한다. 은행의 자산은 자금의 운용을 나타내며 지준, 타점권, 타행 예금, 유가증권, 대출, 기타 자산(주로 물적 자본)을 포함한다.

2. 은행은 자산변환 과정을 통해 이윤을 얻는다. 은행은 예금 등의 형태로 단기로 차입해 대출 등의 형태로 장기로 빌려준다. 은행이 예금을 추가로 받으면 그만큼의 지준이 증가한다. 예금을 내주면 그만큼 지준을 잃게 된다.

3. 유동성이 높은 자산은 수익률이 낮은 경향이 있지만, 은행은 여전히 이런 자산을 보유하길 원한다. 특히 은행은 초과지준과 제2지준을 보유하는데, 이는 예금유출 비용에 대한 보험의 기능을 하기 때문이다. 은행은 대출과 유가증권에서 최고의 수익률을 추구하는 동시에 한편으로는 위험을 낮추고 적절한 유동성을 보유하면서 이윤이 극대화되도록 자산을 관리한다. 부채관리는 과거에는 인기 없는 일이었으나 이제 대형 머니센터 은행은 양도성 예금증서를 발행하거나 다른 은행과 기업에서 차입하는 등 적극적인 자금조달을 모색하고 있다. 은행은 도산을 방지하고 규제당국에 의해 설정된 자기자본비율 규제를 준수하기 위해 자본을 관리한다. 그러나 은행은 지분에 대한 수익률이 낮아질 우려 때문에 너무 많은 자본을 보유하길 원치 않는다.

4. 부외 활동은 금융자산의 트레이딩, 대출채권 매각과 수수료 수익의 창출 등으로 구성되는데, 이들은 모두 은행의 이윤에 영향을 미치지만 재무상태표에는 나타나지 않는다. 이들 부외 활동은 은행의 위험 노출을 증가시키기 때문에 은행 경영자는 직원들이 지나친 위험을 추구하지 않도록 위험평가 과정과 내부통제에 각별한 주의를 기울여야 한다.

5. 은행의 영업이익은 영업수익에서 영업비용을 뺀 것이다. 영업이익에 유가증권관련이익(손실)과 특별이익(손실)을 더하고 세금을 빼면 순수익(당기순이익)이 된다. 은행의 성과를 측정하는 지표에는 총자산 순이익률(ROA), 자기자본 순이익률(ROE), 순이자마진(NIM) 등이 있다.

주요용어

대출채권 매각(loan sale)
대출약정(loan commitment)
머니센터은행(money center bank)
부외 활동(off-balance-sheet activity)
부채관리(liability management)
순이자마진(net interest margin, NIM)
시재금(vault cash)
신용위험(credit risk)
영업수익(operating income)
영업비용(operating expense)
예금유출(deposit outflow)
유동성관리(liquidity management)
이자율위험(interest-rate risk)
자기자본 순이익률(return on equity, ROE)
자기자본 승수(equity multiplier, EM)
자본적정성관리(capital adequacy management)
자산관리(asset management)
재무상태표(balance sheet)
재할인 대출(discount loan)
재할인율(discount rate)
제2지준(secondary reserve)
지준(reserve)

지준율(required reserve ratio)
지준 의무(reserve requirement)
초과지준(excess reserve)
총자산 순이익률(return on assets, ROA)
필요지준(required reserve)

연습문제

1. 다음 은행 자산을 유동성이 가장 높은 것부터 순서대로 나열하라.

   a. 상업대출
   b. 유가증권
   c. 지준
   d. 물적 자본

2. 은행장이 자신의 은행이 매우 잘 돌아가고 있어 예금유출이 있다고 해도 대출을 회수하거나 유가증권을 팔거나 차입할 필요가 없다고 말했다면, 당신은 이 은행의 주식을 사겠는가? 그 이유는 무엇인가?

3. 만약 여러분이 경영하는 은행이 초과지준을 전혀 보유하지 않은 상태에서 어떤 건실한 고객이 찾아와 대출을 신청한다면, 여러분은 대출해줄 초과지준이 없다고 설명하면서 그 고객을 돌려보내야 하는가? 그 이유는 무엇인가? 고객이 원하는 자금을 제공하기 위해 여러분이 취할 수 있는 대안들은 무엇인가?

4. 왜 1일물 대출시장의 발달로 인해 은행들이 초과지준을 적게 보유하게 되었는가?

5. 만약 여러분이 은행 경영자인데 장차 이자율이 상승할 것으로 예상한다면, 단기 대출과 장기 대출 가운데 어느 쪽을 더 선호하겠는가?

6. "은행 경영자는 항상 자신의 자산에서 가능한 한 최대의 수익률을 추구해야 한다." 이 진술은 참인가, 거짓인가, 또는 불확실한가?

7. "보다 적극적인 부채관리로 인해 은행산업이 점점 더 역동적으로 변모하고 있다." 이 진술은 참인가, 거짓인가, 또는 불확실한가?

8. 왜 비이자수익이 은행 영업수익의 점점 더 중요한 원천이 되고 있는가?

9. 비이자비용의 어떤 항목이 가장 큰 변동성을 나타내는가? 그 이유는 무엇인가?

10. 왜 지분 보유자들은 ROA보다 ROE에 더 관심을 갖는가?

11. NIM은 무엇을 측정하는가? 왜 NIM이 은행경영진에게 중요한가?

12. 만약 은행이 자본을 두 배로 증가시켰는데 ROA가 그대로라면, ROE는 어떻게 되겠는가?

13. 은행이 너무 많은 자본을 보유하고 있기 때문에 ROE가 너무 낮다는 것을 알았다면, ROE를 높이기 위해 어떤 조치를 취할 수 있겠는가?

14. 은행 자본을 증가시키기로 결정했을 때 그 편익과 비용은 각각 무엇인가?

15. 만약 은행이 자기자본규제를 준수하는 데 100만 달러가 부족한 상태라면, 이 상황을 타개하기 위해 취할 수 있는 세 가지 전략을 제시하라.

계산문제

1. 작년말 트라이은행의 재무상태표에는 133만 달러의 대손충당금이 있었다. 금년에 트라이은행은 가치를 잃은 84만 달러의 대출을 상각했고, 과거에 상각한 대출에서 22만 달러를 회수했고, 현재의 수익에서 148만 달러를 대손상각비로 책정했다. 금년말의 대손충당금 규모를 계산하라.

2. 엑스은행의 ROE가 15%, ROA가 1%라고 발표되었다. 이 은행의 총자산 대비 자기자본의 비율은 얼마인가?

3. 위글리저축대부조합이 15만 달러의 모기지를 30년 만

기 7.8%의 고정이자율로 제공했다. 36개월 후에 모기지 이자율이 13%로 급등했다. 만약 이 저축은행이 모기지를 매각한다면 그 손실은 얼마인가?

4. 위 문제와 관련해 답하라. 1981년에 의회는 저축대부조합이 손실을 입은 모기지를 매각하면서 그 손실을 모기지 만기까지 매년 일정액씩 분할해 처리하도록 허용했다. 이를 위 문제에 적용하면 그 거래가 어떻게 장부에 기록되겠는가? 연간 조정액은 얼마인가? 언제 그 조정이 마무리되는가?

5. 다음 주에 노벨내셔널 은행은 2,500만 달러어치 모기지를 제공하고 31일 만기의 재무부 증권을 1억 달러어치 사기로 계획했다. 이 은행의 신규 예금은 3,500만 달러로 예상되며 여타 방식으로 1,500만 달러 규모의 현금이 조달될 것이다. 이 은행에 필요한 자금의 추정치는 얼마인가?

6. 어떤 은행에서 요구불예금은 평균적으로 1억 달러이고 그 표준편차는 500만 달러라고 추정된다. 이 은행은 항상 예금의 최소 8%를 지준으로 보유하길 원한다. 이 은행에서 예금의 최대 예상치는 얼마인가? 이 은행은 얼마나 지준을 보유할 필요가 있는가? 99%의 신뢰수준을 이용해 답하라.

이하는 뉴뱅크의 첫 달 영업과 관련된 문제이다.

7. 뉴뱅크는 600만 달러의 자본으로 영업을 시작했다. 수표발행 예금으로 1억 달러를 받았는데, 다음 조건으로 상업대출을 2,500만 달러어치, 모기지를 2,500만 달러어치 제공했다. 지준율이 8%일 때 이 은행의 재무상태표를 표시하라. 단, 대손충당금은 무시하라.
   - 모기지: 30년 만기, 5.25%의 고정이자율로 개별 모기지당 25만 달러
   - 상업대출: 3년 만기, 매달 0.75%씩의 단리 지급

8. 뉴뱅크는 30일 만기 재무부 증권을 4,500만 달러어치 사기로 결정했다. 액면가 5,000달러짜리 재무부 증권은 현재 수수료를 포함해 4,986.70달러에 거래된다. 재무부 증권을 몇 단위 살 수 있는가? 이때 은행의 재무상태표를 표시하라.

9. 영업 3일째에 예금이 500만 달러 감소했다. 재무상태표는 어떻게 되는가? 이로 인해 어려움이 발생하는가?

10. 위 문제에서의 어려움을 해결하기 위해 뉴뱅크는 페더럴펀드 시장에서 현금을 차입하기로 했다. 경영진은 필요한 자금을 이달 말까지 29일간 빌리기로 했다. 이때 적용되는 할인수익률은 2.9%이다. 이 거래 이후 재무상태표는 어떻게 되는가?

11. 이달 말에 뉴뱅크는 모기지, 상업대출, 재무부 증권에서 예정된 지급액을 모두 받았다. 받은 현금은 얼마인가? 이들 거래는 어떻게 장부에 기록되는가?

12. 또한 뉴뱅크는 페더럴펀드 시장에서 차입한 돈을 상환하려 한다. 얼마나 현금을 지급해야 하는가? 이 거래는 어떻게 장부에 기록되는가?

13. 뉴뱅크의 이달 말 재무상태표는 어떻게 되는가? 법인세 이전 기준으로 계산하라.

14. 뉴뱅크의 첫 달 기준 ROA와 NIM을 계산하라. 이자이익을 세전 이익이라 간주하며, 적용되는 세율은 34%라 가정한다.

15. 뉴뱅크의 ROE와 세금 부담을 포함한 최종 재무상태표를 구하라.

16. 만약 뉴뱅크가 상업대출액의 0.25%에 해당하는 대손상각비를 쌓아야 한다면, 이는 어떻게 장부에 기록되는가? 이때 세금을 포함한 뉴뱅크의 ROA와 최종 재무상태표를 다시 구하라.

17. 만약 뉴뱅크의 ROE 목표치가 4.5%라면 이 목표를 달성하기 위해 수수료 당기순이익을 얼마나 창출해야 하는가?

18. 한 명의 모기지 차입자가 3년간 지급액을 낸 후에 채무를 불이행했다. 뉴뱅크는 즉각 그 주택을 인수한 후 경매에 붙여 175,000달러에 매각했다. 이때 들어간 법정 수수료는 25,000달러였다. 만약 모기지 대출에 대해 대손상각비를 전혀 쌓지 않았다면, 이 사건은 어떻게 장부에 기록되는가?

> 웹 연습문제

은행과 금융기관 경영

1. [표 14.1]은 미국 연준 Bulletin에서 모든 상업은행의 자료를 합산해 작성한 재무상태표이다. http://www.bbt.com/bbt/about/investorrelations/default.html에 들어가 BB&T의 최근 연차보고서에 제시된 재무상태표와 [표 14.1]의 재무상태표를 비교하라. BB&T의 포토폴리오는 평균적인 은행보다 대출에 더 많은 비중을 두고 있는가? 어떤 유형의 대출이 가장 일반적인가?

2. 상세한 보고 의무 때문에 은행에 관한 최신 자료를 구하기가 상대적으로 쉬운 편이다. www2.fdic.gov/qbp/에 들어가라. 이 사이트는 연방예금보험공사(FDIC)가 후원하고 있다. 여기서 금융기관에 관한 요약 자료를 찾을 수 있다. 가장 최근의 'Quarterly Banking Profile'을 찾아 들어가보라. 화면의 밑으로 내려가 'Table 1-A'를 열어라.

   a. 최근 몇 년간 은행의 ROA가 증가했는가 또는 감소했는가?
   b. 기본 자본(core capital)이 증가하고 있는가? 본문의 [표 14.1]에 제시된 자본 비율과 비교하면 어떤가?
   c. 얼마나 많은 금융기관이 현재 FDIC에 보고하고 있는가?

CHAPTER

15

금융규제

> PREVIEW

앞에서 살펴보았듯이 금융시스템은 경제 내에서 가장 강하게 규제를 받는 분야 중 하나이며, 그 가운데 은행은 규제를 가장 강하게 받는 금융기관 중 하나이다. 이 장에서는 왜 금융시스템에 대한 규제가 현재와 같은 형태를 취하게 되었는지를 이해하기 위한 분석모형을 전개한다.

불행하게도 미국뿐만 아니라 세계 여러 나라에서 발생한 최근의 글로벌 금융위기 및 여타 금융위기에서 증명되었듯이 규제 과정이 항상 제대로 잘 작동하는 것은 아니다. 이 장에서는 금융규제에 대한 경제적 분석을 통해 세계의 은행위기를 설명하고, 미래의 재앙을 막기 위해 규제 시스템이 어떻게 개혁될 수 있는지를 검토한다.

정보의 비대칭성과 금융규제

온라인 정보
http://www.newyorkfed.org/banking/supervisionregulate.html
은행규제에 관한 정보를 살펴보자.

이전의 논의에서 어떻게 금융계약의 당사자들이 서로 동일한 정보를 갖고 있지 못한 정보의 비대칭성으로 인해 금융시스템에 중대한 영향을 미치는 역선택과 도덕적 위험의 문제가 발생하는지를 살펴보았다. 역선택과 도덕적 위험이라는 정보의 비대칭성 개념은 각국의 정부가 왜 현재와 같은 금융규제 형태를 취하게 되었는지를 이해하는 데 특히 유용하다. 금융규제에는 정부의 안전망, 자산 보유에 대한 제한, 자기자본규제, 적기시정조치, 인가와 검사, 위험관리에 대한 평가, 공시 의무, 소비자 보호, 경쟁 제한, 거시건전성 감독 등 열 가지 기본 유형이 있다.

정부의 안전망: 예금보험과 FDIC

온라인 정보
http://www.federalreserve.gov/bankinforeg/
연준 이사회의 규제 관련 출판물을 알아보자.

제7장에서 논의했듯이, 은행과 같은 금융중개기관은 무임승차 문제를 방지할 수 있는 사적인 대출을 제공하기 때문에 역선택과 도덕적 위험의 문제를 해결하는 데 특히 적합한 금융기관이다. 그러나 무임승차 문제의 이러한 해결은 금융기관이 제공한 사적인 대출들이 건실한지에 관한 정보를 예금자가 알지 못하기 때문에 또 다른 정보의 비대칭성 문제를 일으킨다. 이렇게 정보의 비대칭성 문제로 인해 발생하는 다음 몇 가지 이유로 금융시스템이 제대로 작동하지 않을 수 있다.

은행 패닉과 예금보험의 필요성 1934년에 연방예금보험공사(Federal Deposit Insurance Corporation, FDIC)가 설립되기 이전에는 은행이 예금자와 여타 채권자 등에게 지급 의무를 이행하지 못하고 문을 닫는 **은행도산**(bank failure)이 일어나면 예금자는 그 은행이 청산될 때까지, 즉 자산이 매각되어 현금화될 때까지 예금을 찾지 못하고 기다려야 했다. 또 나중에 현금화되더라도 예금액의 일부만을 지급받았다. 이때 예금자는 은행 경영자가 지나치게 큰 위험을 택하고 있는지 혹은 철저한 사기꾼인지를 알 수 없기 때문에 은행에 돈을 맡기기를 꺼렸고, 그 결과 은행은 살아남기가 더 어려웠다. 또한 제8장에서 살펴보았듯이 은행 자산의 상태에 관한 예금자의 정보 부족으로 인해 은행 패닉(bank panic) 현상이 발생해 경제에 심각하게 해로운 결과를 초래할 수 있다.

이를 이해하기 위해 다음 상황을 고려해보자. 예금보험이 없는 어떤 경제에 역경이 닥쳤다. 그 결과 전체의 5%에 해당하는 은행들이 대출에서 커다란 손실을 입고 순자산이 음이 된 지급불능의 상태가 되었다. 예금자는 정보의 비대칭성 때문에 자신이 거래하는 은행이 건실한 은행인지, 아니면 지급불능상태인 5%의 은행 가운데 하나인지 알 수가 없다. 이 경우 예금자는 부실한 은행의 예금자이든, 건실한 은행의 예금자이든 자신의 예금 전액을 돌려받지 못할 가능성이 있음을 인식하고 무조건 예금을 인출하길 원하게 된다. 사실 은행은 먼저 온 사람에게 먼저 서비스를 제공한다는 '순차적 서비스제약(sequential service constraint)'에 따라 운영되기 때문에 각 예금자는 남보다 먼저 은행에 가려고 하는 매우 강한 인센티브를 갖는다. 왜냐하면 줄의 맨 뒤에 서면 은행의 돈이 바닥나 아무것도 받지 못할 수 있기 때문이다. 일반적으로 은행시스템의 건실함에 대한 불확실성으로 인해 건실한 은행에서든 부실한 은행에서든 예금인출이 일어나며, 한 은행의 도산이 다른 은행의 도산을 재촉하는 *전염효과*(contagion effect)가 나타날 수 있다. 일반인의 신뢰를 회복할 방법이 없다면 은행 패닉이 일어날 수 있다.

실제로 미국에서 은행 패닉은 1819년, 1837년, 1857년, 1873년, 1884년, 1893년, 1907년, 1930~1933년 등 19세기와 20세기 초에 걸쳐 거의 20년마다 한 번씩 일어났다. 심지어 1920년대의 호황기에도 연평균 600개의 은행이 도산하는 등 은행도산은 심각한 문제였다.

예금자를 위한 정부의 안전망은 은행에서 예금인출사태를 막고 예금자를 보호함으로써 은행시스템에 돈을 맡기기 꺼리는 것을 막을 수 있다. 이러한 안전망의 한 형태가 일종의 보증인 예금보험(deposit insurance)이다. 한 예로 미국의 FDIC가 제공하는 예금보험은 은행이 도산하더라도 25만 달러까지는 전액 보장해준다. 보장한도 이하의 예금을 갖고 있는 예금자는 어떤 일이 있어도 자신이 맡긴 예금 전액을 다 돌려받을 수 있으므로, 설사 은행의 건실함에 대해 의구심이 들더라도 은행으로 달려가 예금을 인출할 필요가 없다. FDIC가 설립되기 직전인 1930년부터 1933년까지 연평균 2,000개 이상의 은행이 도산했는데, 1934년에 FDIC가 설립된 이후에는 1981년까지 은행도산이 연평균 15개 미만이었다.

온라인 정보

http://www.fdic.gov/bank/individual/failed/

연도별 은행도산 관련 정보를 알아보자.

FDIC는 도산한 은행을 처리하기 위해 주로 다음 두 가지 방식을 사용한다. 첫째, *대지급 방식*(payoff method)이다. FDIC는 은행을 도산시키고 25만 달러 한도까지 예금을 대신 지급한다. 이때의 자금은 FDIC에 가입한 은행들이 내는 보험료로 조달된다. 은행이 청산된 이후 FDIC는 은행에 대한 여타의 채권자들과 함께 청산된 자산에서의 수익금을 배분받는다. 대개 대지급 방식이 사용되면 25만 달러 이상의 예금자들은 그 과정이 완료되는 데 수년이 걸리기는 하지만 예금액의 90% 이상을 돌려받는다.

둘째, *자산부채이전 방식*(purchase and assumption method, P&A 방식)이다. 이는 FDIC가 도산한 은행을 구조조정해 이 은행의 부채를 모두 인수할 합병 당사자를 찾는 것이다. 이 경우 예금자와 여타 채권자는 한 푼도 잃지 않는다. FDIC는 합병 당사자에게 대출을 해주거나 도산한 은행의 부실대출을 사주는 방식으로 지원하기도 한다. P&A 방식의 순효과는 결국 FDIC가 25만 달러 이하의 예금만이 아니라 모든 예금과 부채를 보증한 셈이 된다. 따라서 P&A 방식은 대지급 방식에 비해 FDIC의 비용이 더 소요된다. 그럼에도 불구하고 P&A 방식은 1991년의 새로운 은행법이 제정되기 이전까지 FDIC가 도산한 은행을 처리하기 위해 주로 활용한 부실은행 처리방식이었다.

최근에는 정부의 예금보험이 인기를 끌게 되어 전 세계의 많은 나라로 전파되었다. 이러한 추세가 과연 바람직한지에 대해서는 [글로벌] '전 세계적으로 확산된 정부의 예금보험: 과연 바람직한가?'에서 논의한다.

여타 정부의 안전망 예금보험이 정부 안전망의 유일한 형태는 아니다. 어떤 나라에서는 정부가 종종 명시적인 예금보험 없이도 예금인출사태에 직면한 국내 은행을 지원할 각오가 되어 있다. 더구나 제8장의 금융위기에 관한 논의에서 지적했듯이, 은행만이 유일하게 금융시스템에 위협을 가하는 금융중개기관이 아니다. 규모가 매우 크거나 여타 금융기관 혹은 금융시장과의 상호 연계성이 높은 금융기관이 도산하면 금융시스템 전반이 붕괴할 가능성이 있다. 제8장에서 살

> 글로벌

Global 

전 세계적으로 확산된 정부의 예금보험: 과연 바람직한가?

미국에서 연방예금보험제도가 설립된 이래 처음 30년 동안에는 단지 여섯 개 나라만이 미국을 모방해 예금보험제도를 채택했다. 그러나 1960년대 후반부터 변화하기 시작했고, 1990년대에는 그 추세가 가속화되어 예금보험제도를 채택한 나라가 70여 개국에 이르렀다. 은행시스템의 건실함에 대한 관심이 고조되고, 특히 최근 은행위기의 발생이 증가함에 따라 정부의 예금보험이 전 세계에 걸쳐 확산되었다. 과연 이와 같은 현상이 바람직한 것일까? 예금보험이 금융시스템의 성과를 개선하고 은행위기를 방지하는 데 도움이 될까?

그 대답은 많은 경우에 부정적인 것 같다. 세계은행의 연구 결과에 따르면, 정부의 명시적인 예금보험에 따라 평균적으로 은행부문의 안정성이 저하되고 은행위기의 발생 빈도가 상승한 것으로 조사되었다.* 더욱이 평균적으로 볼 때, 정부의 예금보험은 금융발전을 저해하는 듯하다. 그러나 이러한 예금보험의 부정적 효과는 법 원칙의 부재, 금융부문에 대한 비효과적인 규제와 감독, 심각한 부패 등 취약한 제도적 환경을 지닌 나라에서만 나타난다. 이는 정확히 예상되었던 결과이다. 왜냐하면 예금보험으로 인해 은행이 과도하게 위험한 행동을 취하려는 도덕적 위험의 인센티브를 제한하기 위해서는 건실한 제도적 환경이 필요하기 때문이다. 문제는 많은 신흥시장국에서 건실한 제도적 환경을 발전시키기가 매우 어렵다는 점이다. 이에 따라 다음과 같은 결론을 얻을 수 있다. 예금보험의 채택은 신흥시장국에서 은행시스템의 효율성과 안정성을 촉진하는 데 오히려 잘못된 처방일 수 있다.

* World Bank, *Finance for Growth: Policy Choices in a Volatile World* (Oxford: World Bank and Oxford University Press, 2001) 참조.

펴보았듯이 이는 실제로 2008년의 글로벌 금융위기 동안 투자은행인 베어스턴스와 리먼브라더스, 그리고 보험회사인 AIG로 인해 일어난 사건이다.

정부의 지원방법 가운데 하나는 미국의 연준이 글로벌 금융위기 동안에 했듯이 중앙은행이 곤경에 처한 금융기관에 대출해주는 것이다. 이런 형태의 지원을 흔히 중앙은행의 '최종대부자(lender of last resort)' 기능이라 일컫는다. 또 다른 방법으로는 2007~2009년의 글로벌 금융위기가 특히 심각한 국면이었던 2008년에 미국 재무부 및 여타 국가들의 사례에서처럼 정부가 직접적으로 곤경에 처한 금융기관에 자금을 제공하는 것이다. 정부는 곤경에 처한 금융기관을 인수해 국유화하고 모든 채권자에게 전액 상환을 보장할 수도 있다.

도덕적 위험과 정부의 안전망 정부의 안전망은 예금자와 채권자를 보호하고 금융위기를 방지하거나 완화하는 데 도움이 되지만 그 부작용도 만만치 않다. 정부의 안전망이 지닌 가장 심각한 결점은 거래의 한 당사자가 다른 당사자에게 손해를 끼치는 행동을 취할 인센티브인 도덕적 위험에 기인한다. 도덕적 위험은 일반적인 보험계약에서도 중대한 걱정거리이다. 왜냐하면 보험이 있으면 보험금 지급을 초래할 위험을 택하려는 인센티브가 증가하기 때문이다. 예를 들어 운전자가 자동차 사고 시 자기부담금(deductible)이 적은 자기차량 손해보험을 들었다면 그는 사고가 나더라도 보험회사가 피해 및 수리비용을 대부분 부담할 것이므로 운전을 더 난폭하게 할 가능성이 있다.

도덕적 위험은 안전망을 제공하는 정부 제도에 있어 대표적인 걱정거리이다. 안전망이 있으면 예금자와 채권자는 금융기관이 도산하더라도 자신은 손해를 보지 않으므로, 금융기관이 과도한 위험을 택한다는 의심이 들어도 그 금융기관에서 자금을 회수하는 등의 시장규율(market discipline)을 적용하지 않는다. 결과적으로 정부의 안전망이 있는 경우에 금융기관은 그렇지 않은 경우보다 더 큰 위험을 택할 인센티브를 지닌다. 그러고는 금융기관이 망하면 납세자인 국민이 그 부담을 떠안는다. 즉 금융기관은 '앞면이 나오면 내가 돈을 벌고, 뒷면이 나오면 납세자가 돈을 잃는' 내기를 하는 셈이다.

역선택과 정부의 안전망 예금보험과 같은 정부 안전망의 또 다른 문제는 보험 제공자에게 해로운 결과(은행도산)를 초래할 가능성이 가장 큰 사람이 보험에 가입하기를 가장 원한다는 역선택으로 인해 발생한다. 예를 들어 난폭하게 운전하는 사람은 운전 습관이 좋은 사람에 비해 자기부담금이 적은 자기차량 손해보험에 가입할 확률이 높다. 정부의 안전망에 의해 보호되는 예금자 및 채권자는 금융기관에 대해 시장규율을 적용할 아무런 이유가 없기 때문에, 위험을 선호하는 기업인은 매우 위험한 행동을 할 수 있는 금융산업에의 진입을 특별히 선호할 가능성이 있다. 더욱 심각한 문제는 보호를 받는 예금자 및 채권자가 금융기관의 활동을 감시할 아무런 이유가 없기 때문에, 정부의 개입이 없기만 하면 노골적인 사기꾼들은 무사히 사기와 횡령을 저지르기 손쉬운 금융산업이야말로 그들이 활동하기에 매력적인 분야로 여길 수도 있다.

대마불사 정부의 안전망에 의해 발생한 도덕적 위험과 금융기관의 도산을 막으려는 의욕으로 인해 금융규제당국은 **대마불사 문제**(too-big-to-fail problem)라는 특별한 곤경에 처한다. 대마불사 문제란 규제당국이 대형 금융기관의 도산과 이로 인한 예금자 및 채권자의 손실 발생을 꺼리는 것인데, 그 이유는 대형 금융기관이 도산하면 금융위기에 빠질 가능성이 크기 때문이다. 실제로 대마불사 문제는 미국 10대 대형 은행의 하나로 1984년 5월에 지급불능 상태에 처한 콘티넨털일리노이(Continental Illinois) 은행의 경우에 발생했다. FDIC는 당시 10만 달러의 보험한도 이내는 물론 10만 달러를 초과하는 예금에 대해서도 지급을 보장했고, 심지어 콘티넨털일리노이의 채권 보유자에 대해서도 손실을 막아주었다. 그 직후 국법은행(national bank)의 감독기관인 통화감독청(Office of the Comptroller of the Currency, OCC)은 의회에서 11개 대형 은행들은 콘티넬털일리노이와 유사한 처우를 받았을 것이라고 증언했다. OCC가 '대마불사(too big to fail)'란 용어를 사용한 것은 아니고 실제로는 동 청문회에서 맥키니(Stewart McKinney) 의원이 사용한 용어이지만, 오늘날 대마불사라는 용어는 정부가 대형 은행의 예금보험 대상이 아닌 거액 채권자들에게도 상환을 보증함으로써 어떤 예금자나 채권자도 손실을 입지 않게 해주는 정책을 지칭한다. FDIC는 P&A 방식을 이용해 지급불능 상태가 된 은행에 대규모 자본을 투입한 후 은행과 예금을 인수하려는 합병 당사자를 찾음으로써 대마불사 정책을 실행할 수 있다. 대마불사 정책은 심지어 11대 은행에 들지 못하는 여타 대형 은행으로도 확대되었다(여기서 '대마불사'라는 용어는 다소 오해의 소지가 있다. 금융기관이 문을 닫고 다른 금융기관에 합병되면, 문 닫은 금융기관의 경영자는 대개 해고되고 주식보유자들은 투자 손실을 입기 때문이다).

대마불사 정책의 문제점은 대형 은행에 대해 도덕적 위험의 인센티브를 조장한다는 것이다. 은행이 도산하는 경우 FDIC가 대지급 방식을 적용해 은행 문을 닫고 예금자에게 25만 달러 한도 내에서 예금을 대지급한다면, 25만 달러 이상을 예치한 거액 예금자는 손실을 입는다. 따라서 거액 예금자들은 은행의 사업을 면밀히 관찰하고 은행이 지나치게 큰 위험을 택하면 예금을 인출할 인센티브를 지닌다. 그러면 은행은 예금이 빠져나가는 것을 방지하기 위해 위험이 더 적은 사업을 선택하게 될 것이다. 그러나 일단 거액 예금자가 그 은행이 대마불사임을 알면 은행을 감시하면서 은행의 위험이 클 경우 예금을 인출할 인센티브가 없다. 은행이 어떤 사업을 하던 상관없이 거액 예금자는 아무런 손실을 입지 않기 때문이다. 대마불사 정책의 결과, 대형 금융기관은 더욱 큰 위험을 택하게 되고 이에 따라 은행도산의 가능성이 높아진다. 이와 유사하게, 대마불사 정책은 정부의 안전망이 적용되는 비은행 금융기관에서의 도덕적 위험도 증가시킨다. 금융기관이 구제될 것을 알면 채권자들은 금융기관을 감시할 인센티브를 거의 갖지 않으며 금융기관이 과도한 위험을 택하더라도 자금을 회수하지 않게 된다. 그 결과 대형 금융기관이나 상호 연계성이 높은 금융기관은 매우 위험한 영업을 함으로써 금융위기의 발생 가능성을 증대시킨다.

실제로 베어스턴스, 리먼브라더스, AIG를 포함해 대마불사로 간주되던 금융기관들은 글로벌 금융위기 과정에서 과도한 위험을 택했으며 뒤이은 이들의 몰락은 대공황 이후 최악의 금융위기를 촉발하는 데 일조했다.

금융통합과 정부의 안전망 금융혁신과 1994년의 리글-닐 주간 은행업 및 지점 설치 효율성법(Riegle-Neal Interstate Banking and Branching Efficiency Act), 1999년의 그램-리치-블라일리 금융서비스 현대화법(Gramm-Leach-Bliley Financial Services Modernization Act)으로 금융통합이 빠른 속도로 진행되면서 더욱 대형화되고 복합적인 금융기구가 나타나고 있다. 정부의 안전망으로 인해 금융통합은 금융규제에 관한 두 개의 과제를 제기하고 있다. 첫째, 금융통합으로 금융기관의 규모가 확대됨에 따라, 이제 도산하는 경우 금융시스템 전반에 대한 위험인 시스템위험(systemic risk)을 초래할 대형 금융기관의 수가 늘어났기 때문에 대마불사의 문제가 더욱 커졌다. 더 많은 금융기관이 대마불사로 간주되고, 이들 대형 금융기관이 보다 큰 위험을 택하려는 도덕적 위험의 인센티브가 커져 금융시스템의 불안정성이 증가할 수 있다. 둘째, 글로벌 금융위기에서 나타났듯이 은행과 타 금융기관 간의 금융통합으로 인해 정부의 안전망이 증권의 인수, 보험, 부동산 사업 등과 같은 새로운 업무로 확대될 수 있다. 이런 상황에서는 이들 업무에서 더 큰 위험을 택하려는 인센티브가 증가해 금융시스템을 취약하게 만들 가능성이 있다. 최근의 법 개정 결과로 나타난 더욱 대형화되고 복합적인 금융기구에서의 도덕적 위험의 인센티브를 차단하는 것이 글로벌 금융위기 이후 금융규제당국이 당면한 핵심 쟁점 가운데 하나이다.

자산 보유에 대한 제한

앞에서 살펴보았듯이, 정부의 안전망과 관련된 도덕적 위험으로 인해 금융기관은 지나치게 큰 위험을 택할 수 있다. 은행의 자산 보유를 제한하는 규제는 납세자에게 값비싼 비용을 치르게 만드는 도덕적 위험을 줄인다.

금융기관은 정부의 안전망 없이도 여전히 과도한 위험을 택할 인센티브를 갖고 있다. 위험한 자산에서 원리금을 제대로 받기만 하면 금융기관은 높은 수익을 얻는다. 그러나 원리금을 제대로 받지 못해 금융기관이 도산하면 예금자와 채권자가 나머지 부담을 지게 된다. 만약 예금자와 채권자가 금융기관의 위험이 큰 사업에 관한 정보를 수집해 쉽게 감시할 능력이 있다면, 이들은 금융기관이 과도한 위험을 택하는 경우 즉시 자금을 회수할 것이다. 그리고 금융기관은 자금의 이탈을 방지하기 위해 위험이 큰 사업을 자제할 것이다. 그러나 불행하게도 대부분의 예금자와 상당수의 채권자는 금융기관이 하려는 사업에 관한 정보를 수집해 금융기관이 얼마나 큰 위험을 택하고 있는지를 알아내기가 어렵다. 따라서 금융기관이 위험한 사업에 종사하지 못하도록 규율할 능력이 없는 것이다. 그러므로 연방예금보험과 같은 정부의 안전망이 있기 이전에도 금융기관이 택하는 위험을 줄이기 위해서는 정부의 규제가 필요하다는 유력한 근거가 있었다.

은행은 패닉 사태에 매우 취약하기 때문에 주식과 같이 위험한 자산의 보유를 제한받는다. 또한 은행 규제는 분산투자를 촉진하도록 특정 영역이나 개인 차입자에 대한 대출 상한을 설정해 위험을 줄이게 한다. 2007~2009년의 글로벌 금융위기 동안 정부의 안전망이 확장됨에 따라 비은행 금융기관도 위험한 자산의 보유에 대해 보다 큰 제약을 받을 것이다. 그러나 자산 보유에 대한 제한에는 상당한 번거로움이 따르기 때문에 금융시스템의 효율성이 저해될 수 있다.

자기자본규제

정부가 부과하는 자기자본규제는 금융기관의 도덕적 위험을 최소화하는 또 다른 방법이다. 금융기관이 자기자본을 많이 보유하도록 강제하면, 도산할 경우 잃을 것이 많아지기 때문에 덜 위험한 사업을 추구할 가능성이 커진다. 또한 제14장에서 살펴보았듯이 자기자본은 부정적 충격이 발생했을 때 충격완충 역할을 해 금융기관의 도산 가능성을 낮춰주며 이에 따라 금융기관의 안전성 및 건전성을 높인다.

은행에 대한 자기자본규제에는 두 가지 유형이 있다. 첫째 유형은 은행의 총자산 대비 자기자본의 비율을 나타내는 **레버리지 비율**(leverage ratio, 역자 주: 단순 자기자본비율(capital ratio)이라고도 함. 일부 문헌에서는 레버리지 비율을 그 역수에 해당되는 자기자본 대비 총자산(혹은 총부채)의 비율로 정의하기도 함)에 근거한 것이다. 은행이 충분한 자본을 갖고 있다고 분류되기 위해서는 레버리지 비율이 5%를 상회해야 한다. 그보다 레버리지 비율이 낮으면, 특히 그 비율이 3% 미만이면 규제당국의 강화된 제재 조치가 발동된다. 1980년대 대부분의 기간 동안 미국에서는 레버리지 비율만으로 은행 자기자본의 최소 규모를 규제했다.

콘티넨털일리노이와 저축대부조합에 대한 구제금융 조치를 지켜보면서 미국 및 각국의 규제당국은 은행의 위험한 자산 보유와 함께 금융자산의 트레이딩, 수수료 수익의 창출 등 재무상태표에 나타나지는 않지만 은행을 위험에 노출시키는 **부외 활동**(off-balance-sheet activity)의 확대에 대해 점점 더 우려하게 되었다. 그리하여 선진국들의 은행 규제당국 간의 합의에 따라 **바젤 은행감독위원회**(Basel Committee on Banking Supervision, BCBS)가 설립되었다(스위스의 바젤에 위치한 국제결제은행(Bank for International Settlements, BIS)의 후원 하에 회의를 했기 때문에 이런 이름이 붙었다). BCBS는 자기자본규제의 둘째 유형으로, 위험기준 자기자본규제(risk

-based capital requirement) 수단을 마련한 **바젤협약**(Basel Accord)을 도출했다. 미국에서 초대형 은행을 제외한 모든 은행에 아직까지 적용되고 있는 초기의 바젤협약은 위험가중자산(risk-weighted asset)의 최소 8% 이상을 자기자본으로 보유하도록 규정한다. 이 협약은 미국을 포함해 전 세계 100개 이상의 국가에서 채택되었다. 자산과 부외 활동은 네 개의 영역으로 구분되는데, 신용위험의 크기를 반영해 각각 다른 위험가중치가 부여된다. 첫째 영역에 대해서는 위험가중치가 0인데, 여기에는 위험이 거의 없는 지준, OECD 선진국의 국채 등이 포함된다. 둘째 영역에는 20%의 위험가중치가 적용되는데, OECD 국가의 은행에 대한 청구권이 포함된다. 셋째 영역에는 50%의 위험가중치가 적용되는데, 지방채와 주택 모기지가 포함된다. 넷째 영역에 대해서는 최고치인 100%의 위험가중치가 적용되는데, 소비자 대출, 기업 대출이 이에 해당된다. 이와 유사한 방식으로 부외 활동에 대해서는 이들 활동을 재무상태표 상의 항목으로 전환시키는 신용환산율을 부여한 후 해당 위험가중치를 적용해 계산된다.

시간이 지남에 따라 위험가중치로 규정한 은행 위험의 크기가 은행이 직면한 실제의 위험과 상당히 달랐기 때문에 바젤협약의 한계가 명백히 드러났다. 그 결과 자기자본규제에 적용되는 위험가중치는 동일하지만, 신용도가 매우 높은 기업에 대한 대출과 같이 위험이 낮은 자산을 줄이고 신용도가 매우 낮은 기업에 대한 대출과 같이 상대적으로 위험이 큰 고수익 자산을 더 보유하려는 관행인 **규제차익**(regulatory arbitrage) 현상이 발생했다. 따라서 바젤협약은 원래 의도와는 반대로 위험의 증가를 초래했다. BCBS는 이런 한계를 인식하고 새로운 자기자본규제 협약에 대한 제안서를 발표했다. 이를 일명 '바젤 II'(혹은 신BIS협약)라 한다. 그러나 글로벌 금융위기의 여파로 다시 새로운 협약이 도출되었는데, 언론에서는 이를 '바젤 III'라 부른다. [글로벌] '글로벌 금융위기 이후 바젤협약은 어디로 가는가?'에서 이들 협약에 대해 살펴본다.

적기시정조치

금융기관의 자기자본이 낮은 수준으로 감소하면 두 가지 심각한 문제가 발생한다. 첫째, 대출 손실이나 여타 자산 가치의 하락으로 인해 은행의 자기자본이 줄어들면 자본의 완충 역할이 약화되어 은행의 도산 가능성이 증대된다. 둘째, 자기자본이 줄어들면 금융기관은 내기에서 잃을 돈이 줄어들어 과도한 위험을 택할 가능성이 커진다. 달리 말하면, 도덕적 위험의 문제가 더욱 증대되어 금융기관이 도산하고 납세자가 대신 짐을 떠안게 될 가능성이 커진다. 이를 방지하기 위해 1991년의 연방예금보험공사 개선법(Federal Deposit Insurance Corporation Improvement Act, FDICIA)은 은행이 곤경에 처하면 FDIC가 보다 초기에 그리고 보다 과감하게 개입할 것을 요구하는 적기시정조치(prompt corrective action, PCA) 규정을 도입했다.

이제 은행은 자기자본에 따라 다섯 개의 그룹으로 분류된다. '우량 자본(well capitalized)' 등급의 제1그룹은 최소 자기자본비율을 상당히 초과하는 은행들로 구성되며, 이들에 대해서는 증권의 인수 업무에 참여할 수 있는 자격 등이 부여된다. 제2그룹의 은행들은 '적정 자본(adequately capitalized)' 등급으로 분류되는데, 최소 자기자본비율을 충족하는 은행들로 구성된다. 이 그룹의 은행들은 적기시정조치 대상은 아니지만, 제1그룹의 은행에 허용되는 특권을

> 글로벌

Global 

글로벌 금융위기 이후 바젤협약은 어디로 가는가?

1999년 6월부터 BCBS는 1988년의 바젤협약을 개혁하는 몇몇 제안을 발표했다. 이런 노력으로 인해 마침내 은행 감독당국이 바젤 II라 부르는 협약이 나왔다. 바젤 II는 다음 세 개의 축(pillar)에 기반하고 있다.

1. 첫 번째 축(Pillar 1)은 국제적으로 활동하는 대형 은행에 대한 자기자본규제를 시장위험, 신용위험, 운영위험 등 세 가지 유형의 실제 위험과 좀 더 긴밀히 연결시키는 것이다. 이를 위해 표준방법(standardized approach)은 위험가중치가 다르게 적용되는 보다 세분된 자산 범주를 규정한다. 한편, 고도로 발달된 은행은 표준방법 대신에 신용위험에 대한 은행의 자체적인 평가모형을 이용한 내부등급법(internal ratings-based approach)을 사용할 수 있다.
2. 두 번째 축(Pillar 2)은 감독 과정을 강화하는 데 초점을 맞춘다. 여기서는 은행의 위험관리 수준을 평가하고 은행이 필요로 하는 자기자본 규모를 정하는 적절한 절차를 갖추고 있는지를 강조한다.
3. 세 번째 축(Pillar 3)은 시장규율을 강화하는 데 초점을 맞춘다. 이를 위해 은행의 신용위험 노출액, 지준액과 자기자본, 은행을 지배하는 경영층, 내부등급 시스템의 실효성 등에 관한 세부 정보의 공개를 보다 확대하도록 한다.

바젤 II는 국제적으로 활동하는 은행이 과도한 위험을 택하는 것을 방지하는 데는 진일보한 것이지만, 바젤협약의 복잡성을 크게 증가시켰다. 원래의 바젤협약을 설명하는 문서는 26쪽 분량이었으나, 바젤 II의 최종안은 500쪽이 넘는 분량이다. 처음의 계획에 따르면 2001년 말까지 최종 협의을 완료하고, 2004년까지 새로운 규정을 적용할 방침이었다. 그러나 은행, 무역협회, 각국 규제당국의 비판으로 인해 여러 차례 연기되었다. 2004년 6월에야 최종안이 공표되었고, 2008년 초부터 유럽의 은행들에 대해 적용되기 시작했다. 미국의 은행들은 2008년에 바젤 II를 실행하기 위한 계획을 제출했으나, 2009년까지도 완전한 실행이 이루어지지 않고 있다. 미국에서는 단지 10여 개의 대형 은행만이 바젤 II를 따르고 있으며, 나머지 은행들은 단순화된 표준방법을 사용할 방침이다.

그러나 글로벌 금융위기로 인해 새로운 협약에도 많은 한계가 있음이 밝혀졌다. 첫째, 바젤 II가 은행에 대해 위기시의 금융붕괴를 견뎌낼 만큼 충분한 자본을 쌓도록 요구하고 있지 못했다는 점이다. 둘째, 표준방법에서의 위험가중치가 신용등급에 크게 의존하고 있다는 점이다. 최근의 금융위기 과정에서 서브프라임 모기지 상품에 대한 신용등급이 거의 신뢰를 얻지 못했기 때문에 신용등급을 이용한 표준방법이 신뢰할만한 위험가중치를 생성할 것인지에 대해 심각한 의문이 제기되었다. 셋째, 바젤 II는 대단히 경기순응적(procyclical)이라는 점이다. 즉, 경기가 좋을 때는 자기자본을 적게 요구하고 반면에 경기가 나쁠 때는 자기자본을 많이 요구하는데, 이에 따라 신용의 변동성이 악화된다. 경기가 나쁠 때는 각종 자산 범주에서 채무불이행의 확률과 예상 손실이 증가하기 때문에 바젤 II는 바로 자본이 부족한 시기에 더 많은 자기자본을 보유할 것을 요구한다. 이는 특히 2007~2009년 금융위기의 여파로 대두된 심각한 걱정거리였다. 이번 위기의 결과 은행의 자본이 잠식되었고 이로 인한 대출 축소는 경제의 큰 짐이 되었다. 바젤 II는 대출 축소를 더욱 악화시키고 경제에 보다 심각한 해를 미칠 수 있다. 넷째, 바젤 II가 금융위기 시에 금융기관을 쓰러뜨렸던 유동성 고갈의 위험에 대해 충분히 주목하고 있지 못했다는 것이다.

이런 한계로 인해 2010년 BCBS는 바젤 III라는 새로운 협약을 도출했다. 바젤 III는 자기자본규제 비율을 높이고 동시에 자기자본의 질을 개선하도록 자기자본 요건을 강화하고 있다. 또한 호황기에 자기자본의 요구 수준을 높이고 불황기에는 그 수준을 낮추는 방식으로 경기순응성의 문제를 개선하고, 신용평가등급의 사용에 있어 새로운 규칙을 제정하고, 금융기관이 유동성 충격을 견뎌낼 수 있도록 보다 안정적인 자금조달을 하도록 요구하고 있다. 그런데 이들 목적을 달성하기 위한 조치들에 대해서는 상당한 논란이 있다. 왜냐하면 자기자본 기준을 강화하면 은행이 대출을 줄일 것이고, 이로 인해 전 세계 경제가 최근의 심각한 불황으로부터 회복하는 것이 더 어려워질 것이기 때문이다. 바젤 III는 2019년 말까지 완전한 실행을 목표로 시간을 두고 단계적으로 이행되고 있다. 과연 바젤 III가 그때까지 완전히 정착해서 위험을 줄이는 데 성공할지는 매우 불확실하다.

누릴 수 없다. '자본 미달(undercapitalized)'로 분류되는 제3그룹에는 자기자본규제를 준수하지 못한 은행들이 포함된다. 제4그룹과 제5그룹의 은행들은 각각 '상당한 자본 미달(significantly undercapitalized)'과 '심각한 자본 미달(critically undercapitalized)' 등급으로 분류되는데, 이들 그룹의 은행은 예금에 대해 시장 평균 이자율 이상을 지급하지 못한다. 또한 FDIC는 제3그룹에 속한 은행에 대해서는 자본확충 계획을 제출하게 하고 자산의 확대를 제한하며 새로운 지점이나 새로운 사업을 하려고 할 때 규제당국의 승인을 받도록 요구하는 등의 적기시정조치를 취해야 한다. 자기자본비율이 2% 미만으로 떨어진 은행은 제5그룹으로 분류되는데, FDIC는 이런 은행을 폐쇄하기 위한 절차를 밟아야 한다.

금융감독: 인가와 검사

금융기관을 누가 운영하고 어떻게 운영하는지를 감시하는 것을 **금융감독**(financial supervision) 혹은 **건전성 감독**(prudential supervision)이라 하는데, 이는 금융산업에서 역선택과 도덕적 위험을 낮추는 중요한 수단이다. 금융기관은 투기적 사업을 감행할 수 있기 때문에, 사기꾼이나 지나치게 의욕적인 기업가들은 금융기관을 갖길 원한다. 금융기관의 인가(chartering)는 이런 역선택 문제를 막기 위한 수단이다. 바람직하지 못한 사람이 금융기관을 지배하지 못하도록 인가 과정을 통해 신규 금융기관 설립에 관한 제안서를 심사한다.

금융기관이 자기자본규제와 자산 보유에 대한 제한 규정을 제대로 준수하는지를 감시하는 감독당국의 정기적인 임점검사(on-site examination)도 도덕적 위험을 억제하는 역할을 한다. 은행 감독당국은 은행에 대해 여섯 개 분야에서의 경영실태를 평가해 *CAMELS 등급*을 부여한다. CAMELS란 명칭은 자본적정성(capital adequacy), 자산건전성(asset quality), 경영관리능력(management), 수익성(earnings), 유동성(liquidity), 시장위험에 대한 민감도(sensitivity to market risk)의 영문 첫 글자를 딴 것이다. 규제당국은 은행경영에 관한 이들 정보를 이용해 은행의 행태를 바꾸기 위해 *영업정지명령*(cease and desist order)과 같은 공식적인 조치를 통해 규제를 집행하거나 CAMELS 등급이 너무 낮은 경우에는 심지어 은행을 폐쇄할 수도 있다. 도덕적 위험을 막기 위해 은행이 과도한 위험을 택하는 것을 제한하는 조치는 역선택 문제를 줄이는 데도 도움이 된다. 왜냐하면 위험을 택할 기회가 줄어든다면 위험을 선호하는 기업가가 은행산업에 진입할 매력이 떨어지기 때문이다. 규제당국이 역선택과 도덕적 위험에 대처하기 위해 사용하는 방법은 민간 금융시장과 서로 대응되는 측면이 있다(제7장과 제14장 참조). 인가는 차입 신청자를 심사하는 것과 유사하며, 위험자산의 보유를 제한하는 규제는 차입자가 위험한 투자활동에 종사하는 것을 방지하는 제한적 약관과 유사하고, 은행의 자기자본규제는 차입자에 대해 최소한의 순자산 보유를 요구하는 제한적 약관과 같은 역할을 하며, 정기적인 은행 검사는 대출기관이 차입자를 감시하는 활동과 유사하다.

미국 상업은행의 경우 국법은행(national bank)은 통화감독청(OCC)에서, 주법은행(state bank)은 주정부의 은행당국(state banking authority)에서 인가를 받는다. 은행을 설립하려는 사람은 인가를 받기 위해 은행 운영계획을 담은 신청서를 제출해야 한다. 은행당국은 신청서를 평가하는 과정에서 경영진의 자질, 예상되는 수익성, 초기 자본금 규모 등을 조사함으로써 은행이 건실할지를 살펴본다. 1980년 이전에는 인가기관이 지역사회에 새로운 은행이 필요한지 여부에 대해서도 검토했다. 새로운 은행이 설립됨으로써 기존 은행이 피해를 보게 되는 경우에는 종종 새로운 은행의 인가를 허용하지 않았다. 그러나 오늘날의 인가기관은 종전에 은행의 도산을 막기 위함이라고 정당화되던 반경쟁적(anticompetitive) 태도를 더 이상 강하게 취하지 않는다.

은행은 일단 인가를 받으면 자산과 부채, 수익과 배당, 소유권, 외환 운용, 그리고 기타 세부사항 등을 나타내는 정기적인(대개 분기별) *업무보고서*(call report)를 제출해야 한다. 또한 적어도 1년에 한 번씩 은행의 금융상태를 확인하기 위한 은행당국의 검사를 받아야 한다. 대체로 국법은행에 대해서는 OCC가 검사하고, 연준의 회원인 주법은행에 대해서는 연준이 검사하며, 연준의 비회원으로서 예금보험에 가입한 주법은행에 대해서는 FDIC가 검사한다. 업무의 중복을 피하기 위해 이들 세 개 미국 정부기관은 함께 일하며 대개 다른 정부기관의 검사 결과를 받아들인다.

은행 검사관은 때때로 은행이 검사를 예상해 자료를 '몰래 치워버리는(sweep under the rug)' 일이 없도록 예고 없이 은행을 방문해 검사한다. 은행 검사관은 자산 보유에 대한 규정과 규제를 제대로 준수하고 있는지를 살펴보기 위해 은행의 장부를 면밀히 조사한다. 그리고 은행이 지나치게 위험한 대출이나 유가증권을 보유하고 있으면, 은행 검사관은 그런 자산을 처분하도록 강제할 수 있다. 만약 은행 검사관이 어떤 대출이 상환될 것 같지 않다고 판단하면 그 대출이 더 이상 가치가 없음을 선언하고 이를 상각하도록 강제할 수 있다. 은행을 검사한 후 은행이 충분한 자본을 갖고 있지 못하거나 정직하지 못한 행동을 한다고 느끼면 그 은행을 '문제은행(problem bank)'으로 지정할 수 있으며, 그런 후에는 더 자주 검사를 한다.

위험관리의 평가

전통적으로 임점검사는 기본적으로 일정 시점에서의 재무상태표 상태를 평가해 금융기관이 자기자본규제와 자산 보유에 대한 제한을 제대로 준수하는지에 초점을 맞췄다. 이러한 전통적인 방식은 금융기관의 과도한 위험을 줄이는 데 중요하긴 하지만, 금융혁신이 새로운 금융시장과 금융상품을 만들어내는 현재의 세계에서는 금융기관과 그 직원이 쉽고 재빠르게 엄청난 도박을 할 수 있기 때문에 그리 적절치 못하다고 여겨졌다. 1995년 베어링스의 도산에서 여실히 증명되었듯이, 새로운 금융환경에서는 얼마 전까지만 해도 꽤 건실하던 금융기관이 트레이딩에서의 손실로 급속히 지급불능 상태에 빠질 수 있다(제14장 참조). 따라서 특정 시점에서의 금융기관 상태에만 초점을 맞추는 검사는 금융기관이 실제로 가까운 장래에 과도한 위험을 택할지의 여부를 알아내는 데 효과적이지 못하다.

금융기관을 둘러싼 금융환경의 이런 변화로 인해 세계적으로 건전성 감독 방식에 일대 전환이 일어났다. 예를 들면 은행 검사관은 이제 위험의 통제와 관련된 은행경영 과정의 건실함에 대한 평가를 훨씬 더 강조한다. 이런 사고의 전환은 트레이딩과 금융파생상품 검사관에 대한 연준의 1993년 지침이 위험관리(risk management)에 새로이 초점을 맞춘 사실에 잘 반영되어 있다. 이는 1994년 초에 발간된『트레이딩 업무편람(Trading Activities Manual)』에서 확충되고 공식화되었는데, 이 책자는 은행 검사관이 위험관리 시스템을 평가하는 방법을 제시한다. 1995년 후반 연준과 OCC는 은행에서 위험관리의 과정을 평가할 것이라고 공지했다. 이제 은행 검사관은 CAMELS 시스템의 일부인 전반적인 경영상태 평가의 한 항목으로서 위험관리 등급을 별도로 1에서 5까지의 점수로 매기고 있다. 건실한 위험관리를 위한 다음 네 가지 요소를 평가해 위험관리 등급이 부여된다. (1) 이사회와 상급 경영자에 의한 감시의 수준, (2) 중대한 위험을 초래하는 모든 사업에 대한 한도 설정과 정책의 적정성, (3) 위험관리와 모니터링 시스템의 수준, (4) 직원의 사기 행각과 월권 행동을 막기 위한 내부통제의 적정성.

경영 과정으로 초점을 전환한 사실은 미국의 은행당국이 이자율위험을 다루기 위해 채택한 최근의 지침들에도 반영되어 있다. 이들 지침은 은행의 이사회가 이자율위험의 한도를 설정하고, 이런 위험을 관리할 은행의 관리인을 선임하고, 은행의 위험노출을 감시할 것을 요구한다. 또한 이들 지침은 은행의 상급 경영진이 공식적인 위험관리 정책과 집행 과정을 개발해, 이사회가 설정한 위험의 한도를 위반하지 않도록 하고 이자율위험에 대한 내부통제와 이사회 지침에 따른 준법감시(compliance)를 실시할 것을 요구한다. 특히 중요한 것은 극단적인 시나리오하에서의 손실과 이에 따라 추가적으로 필요한 자기자본 규모를 계산하는 **스트레스 테스트**(stress test) 또는 예를 들어 2주일 동안 1%의 확률로 트레이딩 포트폴리오에서 발생할 수 있는 손실 규모를 측정하는 **VaR 계산**(value-at-risk calculation)이다. 이들 지침 이외에도 은행 검사관은 은행의 자기자본 수준을 판단할 때에도 항상 이자율위험을 고려한다.

공시 의무

제7장에서 설명한 무임승차 문제로 인해 예금자와 채권자는 금융기관의 자산 상태에 관한 사적인 정보를 개별적으로 생산할 충분한 인센티브가 없다. 규제당국은 시장에 더 나은 정보가 제공되도록 금융기관이 표준회계의 원칙을 지키고 다양한 정보를 공개토록 함으로써 시장이 금융기관 포트폴리오의 상태와 위험노출 정도를 평가하는 것을 지원할 수 있다. 금융기관이 떠안은 위험과 포트폴리오의 상태에 관한 정보가 더 많이 공개되면 주주, 채권자, 예금자가 금융기관을 더 잘 평가하고 감시할 수 있어 금융기관이 과도한 위험을 택하는 것을 방지할 수 있다.

공시 의무(disclosure requirement)는 금융규제의 핵심 요소이다. 바젤 II는 세 개의 축 가운데 하나로 은행이 자신의 신용위험 노출액, 지준 금액, 자기자본 수준에 관한 공시를 확대함으로써 시장규율이 강화되도록 공시 의무에 대해 특별히 강조하고 있다. 1933년의 증권법(Securities Act)과 1934년에 설립된 증권거래위원회(Securities and Exchange Commission, SEC)도 금융기관을 포함한 모든 상장기업에 대해 공시 의무를 부과한다. 나아가 SEC는 금융기관에 대해 추가적으로 부외 활동에 관한 정보와 금융기관 자신의 포트폴리오를 어떻게 평가하는지에 관한 정보도 공시할 것을 요구한다.

정보공개를 확대하는 규제는 과도한 위험을 택하려는 인센티브를 억제하고 시장에 제공되는 정보의 품질을 개선함으로써 투자자들이 현명한 판단을 내리게 하며, 그 결과 가장 생산적인 용도에 자금이 배분되도록 하는 금융시장의 능력을 키울 수 있다. 증권회사, 뮤추얼펀드, 거래소, 신용평가기관 등에 대한 SEC의 규제뿐만 아니라 앞에서 언급한 공시 의무의 부과도 공신력 있는 정보를 제공하고 투자자들을 보호함으로써 시장의 효율성을 제고하는 데 기여한다. 제7장에서 논의한 2002년의 사베인스-옥슬리법은 기업의 손익계산서와 재무상태표에 대한 정확한 회계감사가 진행되도록 인센티브를 강화함으로써 정보공개를 보다 확대하고, 공개기업회계감시위원회(Public Company Accounting Oversight Board, PCAOB)를 설립해 회계감사산업을 감시하며, 금융산업에서의 이해상충을 억제하도록 규제하고 있다.

글로벌 금융위기를 계기로 특히 논란이 된 쟁점은 재무상태표에서 자산의 가치를 시장에서 매도 가능한 가격으로 평가하는 소위 **시가평가 회계**(mark-to-market accounting) 또는 **공정가 회계**(fair-value accounting)라는 회계 방식에 대한 문제 제기이다([미니사례] '시가평가 회계와 글로벌 금융위기' 참조).

> 미니사례 *Mini-Case*

시가평가 회계와 글로벌 금융위기

시가평가 회계에 대한 논란으로 회계제도가 뜨거운 관심의 대상이 되었다. 시가평가 회계는 1993년 미국의 회계감사산업에서 표준 관행이 되었다. 시가평가 회계를 하는 근거는 시장가격이 기업의 자산이나 자기자본의 가치를 정확히 평가해주는 가장 우수한 기준이기 때문이다. 시가평가 회계의 도입 이전에 기업은 전통적으로 취득원가(historical cost) 혹은 장부가격(book value) 기준에 따라 자산의 가치를 그 자산의 초기 구입비용으로 평가했다. 취득원가 회계의 문제점은 이자율의 변동이나 채무불이행 등에 따라 자산과 부채의 가치가 변동해도 기업의 자기자본을 계산하는 데 전혀 반영되지 않는다는 것이다. 사실 자산과 부채의 시장가치 변화, 그리고 이로 인한 자기자본의 시장가치 변화는 기업의 상태가 좋은지, 아니면 곤경에 처해 있어 도덕적 위험에 더 취약한지를 알려주는 지표이다.

그러나 시가평가 회계에는 중대한 결함이 있다. 서브프라임 금융위기에서와 같이 때때로 시장이 작동하지 않는다는 것이다. 금융적 어려움이 발생했을 때 매각하는 자산의 가격은 그 자산의 내재가치를 제대로 반영하지 못한다. 즉 자산의 폭탄 세일로 인한 청산가격은 때때로 미래에 예상되는 현금흐름의 현재가치보다 훨씬 낮게 책정된다. 많은 사람들, 특히 은행가들은 최근의 글로벌 금융위기 과정에서 시가평가 회계가 위기를 몰아가는 중요한 요인이었다고 비판했다. 금융시장이 작동하지 못해 시장가격이 내재가치보다 훨씬 낮아졌다는 것이다. 이때 시가평가 회계를 하면 금융기관이 보유한 자산의 가치를 낮게 평가해야 한다. 자산 가치가 하락해 자기자본이 감소하면 금융기관은 대출을 줄인다. 그리고 이로 인해 자산가격은 더욱 하락하고 이는 다시 대출을 더욱 위축시킨다. 이러한 악순환이 금융위기를 더욱 악화시킬 수 있다. 시가평가에 대한 이들 비판은 일정 부분 타당한 측면도 있지만, 은행가들의 일부 비판은 자기중심적이다. 이런 비판은 자산가격이 상승해 은행의 재무상태표가 건실한 것처럼 보이게 할 때는 잠잠하다가, 자산 가치가 하락해 시가평가 회계가 은행의 재무상태표를 암담하게 만들 때만 제기된다.

시가평가 회계에 대한 비판으로 인해 의회는 2008년의 비상경제안정화법(Emergency Economic Stabilization Act)의 한 조항으로 SEC가 연준 및 미국 재무부와 상의해 금융기관에 적용할 시가평가 회계에 관한 연구보고서를 제출하도록 했다. 회계제도가 심지어 정치인들마저 흥분시킬지 누가 알았겠는가!

소비자 보호

정보의 비대칭성이 존재한다는 사실은 소비자들이 자신을 보호할 충분한 정보를 갖고 있지 못함을 시사한다. 소비자 보호를 위한 규제는 여러 형태를 띤다. 먼저, 흔히 대출진상법(Truth in Lending Act)이라 불리는 1969년의 소비자보호법(Consumer Protection Act)은 은행뿐 아니라 모든 대부자가 소위 *APR*(annual percentage rate)이라는 표준화된 이자율과 대출에 따른 모든 금융수수료를 포함한 차입비용 관련 정보를 소비자에게 제공할 것을 규정한다. 1974년의 공정신용청구법(Fair Credit Billing Act)은 채권자, 특히 신용카드 회사가 금융수수료를 계산하는 방식에 관한 정보를 알려야 하고 청구서에 대한 불만을 신속히 처리할 것을 요구한다. 연준은 이들 두 개의 법을 모두 레귤레이션 Z(Regulation Z)로 관리한다.

의회는 신용시장에서의 차별을 줄이는 법안도 통과시켰다. 1974년의 동등신용기회법(Equal Credit Opportunity Act)과 이를 확장한 1976년의 법은 대부자가 인종, 성별, 결혼 여부, 나이, 출신국을 근거로 차별하는 것을 금지한다. 연준은 이를 레귤레이션 B(Regulation B)로 관리한다. 1977년의 지역사회재투자법(Community Reinvestment Act)은 대부자가 특정지역에 대해(지도상에 붉은색 선으로 표시해) 대출을 거부하는 '적선긋기(redlining)'를 막기 위해 제정되었다. 지역사회재투자법은 은행이 예금을 받는 모든 지역에서 대출을 하고 있음을 밝힐 것을 규정하며, 만약 은행이 이 법을 준수하지 않는 것이 적발되면 규제당국은 은행의 합병, 지점 설치, 신규 업무에 대한 신청을 기각할 수 있다.

글로벌 금융위기를 계기로 소비자 보호의 필요성이 증명되었다. 많은 차입자들이 자신이 이해하지 못한 조건으로 대출을 받았거나 자신의 상환능력을 훨씬 초과하는 금액의 대출을 받았기 때문이다. 그 결과 수백만 건의 압류가 발생해 많은 가계가 집을 잃고 말았다. 소비자 보호 관련 취약한 규제로 인해 이번 위기에서 심각한 문제가 발생했기 때문에 소비자 보호를 위한 규제를 강화해야 한다는 목소리가 커졌다([미니사례] '글로벌 금융위기와 소비자 보호 규제' 참조).

경쟁 제한

경쟁 심화는 금융기관이 더 큰 위험을 택하는 도덕적 위험의 인센티브를 증대시킬 수 있다. 경쟁이 심화되어 금융기관의 수익성이 감소하면 금융기관 경영자는 과거 수준의 이윤을 유지하기 위해 더 큰 위험을 택할 인센티브를 갖는다. 따라서 많은 나라의 정부는 금융기관을 경쟁으로부터 보호해주는 규제를 제도화했다. 이런 규제는 미국에서 두 가지 형태를 띤다. 첫째는 지점 설치에 대한 규제로, 제16장에서 설명하는 것처럼 이는 은행 간 경쟁을 줄인다. 그러나 이 규제는 1994년에 폐지되었다. 둘째 형태는 글래스-스티걸법(Glass-Steagall Act)으로 구체화된 것처럼 비은행 금융기관이 은행 업무에 종사함으로써 은행과 경쟁하는 것을 막는 규제이다. 이 규제도 1999년에 폐지되었다.

경쟁을 제한하면 은행의 건실함을 유지하는 데는 도움이 되지만 심각한 손실을 초래한다. 즉 경쟁의 제한은 소비자에게 더 큰 비용을 부과하며 은행의 효율성을 저하시킨다. 따라서 정보

> 미니사례 *Mini-Case*

글로벌 금융위기와 소비자 보호 규제

제8장에서 논의한 바와 같이 서브프라임 모기지의 OTD(originate-to-distribute) 방식에는 본질적으로 주인-대리인 문제가 있기 때문에, 일반적으로 거의 아무런 규제를 받지 않는 모기지 중개업자(mortgage broker)인 모기지 제공자(originator)가 서브프라임 차입자의 대출금 상환능력을 확인할 인센티브가 약했다. 결국 앞으로 언젠가는 차입자가 대출금을 갚지 못하고 집을 잃을지라도, 이에 상관없이 모기지 중개업자는 모기지를 제공하면 그만큼 많은 수수료를 챙길 수 있었다. 이런 인센티브로 인해 모기지 중개업자는 모기지 인수 기준을 완화했다. 그 결과 차입자가 자신의 소득이나 재산에 관한 서류를 작성할 필요가 없는 '무서류 대출(no-doc loan)', 좀 더 경멸적인 용어로는 '거짓말쟁이 대출(liar loan)'과 같은 서브프라임 모기지 금융상품이 등장했다. 무서류 대출 가운데 특히 악명 높은 변종은 소득도 없고 직업도 없고 재산도 없는(No Income, No Job, and no Assets) 차입자에게 모기지를 제공했기에 이를 NINJA 대출이라 불렀다. 또한 모기지 중개업자는 차입자가 이해할 수 없는 매우 복잡한 조건의 모기지 금융상품을 제공할 인센티브를 갖고 있었다. 어떤 경우에는 모기지 중개업자가 심지어 대출 자격조건을 맞추기 위해 차입자의 모기지 신청서에 기입하는 정보를 변조하는 사기 행위에 가담하기도 했다.

느슨한 소비자 보호 규제는 서브프라임 모기지 위기를 초래한 중요한 요인이었다. 모기지 제공자는 차입자에게 복잡한 모기지 상품을 잘 이해시키고 상환능력이 충분한지에 관한 정보를 알릴 의무가 없었다. 압류에 대한 분노가 폭발하자, 모기지 차입자에게 보다 정확한 정보를 제공하고 소위 '불공정하고 속이는(unfair and deceptive)' 관행을 금지하는 새로운 규제 도입의 필요성이 대두되었다. 연준은 2008년 7월 대출진상법의 레귤레이션 Z로 서브프라임 모기지 대출에 대해 다음 네 개의 요소를 포함한 최종 규정을 발표했다. (1) 주택 가치를 제외한 재산과 소득에 비추어 대출금을 상환할 수 있는 차입자의 능력을 고려하지 않은 대출을 금지함. (2) 무서류 대출을 금지함. (3) 대출 후 4년이 지나 이자지급액이 변동할 수 있는 경우 대출을 미리 갚는 데 따른 벌금, 즉 조기상환(prepayment) 수수료 부과를 금지함. (4) 대부자에게 재산세와 주택소유자의 보험료를 매달 입금할 제3자 예탁계좌(escrow account)의 설치를 의무화함. 또한 이 규정은 서브프라임 모기지뿐 아니라 모든 모기지 대출에 대해 다음 네 가지 새로운 규제를 법제화했다. (1) 모기지 중개업자가 부동산 감정평가사에게 주택 가치를 허위 진술하도록 강요하는 행위를 금지함. (2) 연체 수수료에 다시 연체 수수료를 부과하는 행위를 금지하며 소비자의 대출금 지급을 수령일 기준으로 인정함. (3) 대부자는 가계가 대출을 신청한 후 3일 내에 대출 비용에 대한 선의의 추정치를 제공해야 함. (4) 요율이나 지급액이 변동될 수 있음에도 고정되어 있다고 하는 등 일련의 허위광고 관행을 금지함.

더 많은 조치가 취해져야 한다는 견해가 지지를 받았기 때문에 오바마 행정부와 의회는 2010년 금융개혁 입법의 일환으로 새로운 소비자 보호기구를 창설하기에 이르렀다. 이 기구의 임무는 서브프라임 모기지 및 여타 금융상품과 관련한 소비자 보호 규제를 더 강화하는 것이다. 이에 대해서는 이 장의 후반부에서 논의한다.

의 비대칭성으로 인해 반경쟁적 규제의 근거가 인정된다고 하더라도, 이득이 됨을 의미하는 것은 아니다. 사실 최근 선진국의 정부들은 경쟁을 제한하려는 시도를 줄이고 있다. 또한 전자금융(electronic banking)은 규제당국이 풀어야 할 새로운 과제를 던졌다. [E-Finance]에서 이러한 도전에 관해 논의한다.

거시건전성 감독과 미시건전성 감독

글로벌 금융위기 이전에 규제당국은 개별 금융기관의 안전성과 건전성에 초점을 맞춘 **미시건전성 감독**(microprudential supervision)에 몰두했다. 미시건전성 감독은 각 *개별* 금융기관을 별개로 살펴보고 영업활동의 위험성과 공시 의무의 준수 여부를 평가한다. 특히 금융기관의 자기자본

> E-FINANCE

E-Finance 

전자금융: 은행규제의 새로운 도전

전자금융의 도래로 은행규제, 특히 보안과 사생활 보호(privacy) 관련 규제에 있어 새로운 과제가 생겼다. 전자금융과 전자화폐의 보안성에 대한 우려는 이들의 확산을 가로막는 중대한 장애물이다. 전자금융을 이용하면 범죄자가 여러분의 은행계좌에 침투해 여러분의 돈을 다른 사람의 계좌로 이체시켜 훔쳐갈지 모른다는 걱정을 하게 된다. 이와 같은 종류의 사기 행위를 막아주는 보안성이 높은 암호화 기술이 발전하면서 이 문제를 다루는 사적인 해결책이 나왔다. 그러나 은행 고객은 컴퓨터 보안 문제에 관한 지식이 부족하기 때문에, 암호화 절차가 적절히 작동하도록 전자금융을 규제해야 할 정부의 역할이 있다. 이와 유사한 암호화 문제가 전자화폐에도 적용되며, 이에 은행이 범죄자의 디지털 위조를 못하게 막도록 규제할 필요성이 이해된다. 이런 도전에 직면해 미국의 은행 검사관은 은행이 전자금융에 의해 제기되는 특별 보안 문제를 어떻게 처리하는지를 평가하고 전자금융 처리시스템을 제공하는 제3자를 감시한다. 또한 소비자들은 전자금융 거래가 정확히 실행되는지를 알기 원하기 때문에 은행 검사관은 전자금융 서비스를 제공하는 은행의 전문기술과 문제해결 능력을 평가한다. 보안과 관련해 은행 고객의 또 다른 걱정거리는 디지털 서명의 유효성 문제이다. 2000년의 전자서명법(Electronic Signatures in Global and National Commerce Act)은 대부분의 상황에서 전자서명이 손으로 서명한 것과 같은 법적 효력을 갖도록 규정했다.

또한 전자금융은 심각한 사생활 보호 과제를 제기한다. 전자거래는 데이터베이스에 저장될 수 있기 때문에 은행은 고객의 자산, 신용도, 구매액 등 어마어마한 분량의 고객관련 정보를 수집할 수 있으며, 이는 여타 금융기관이나 사업체에 판매될 수 있다. 우리가 이와 같은 사생활에 대한 잠재적인 침해 가능성을 매우 우려하는 것은 당연하다. 소비자의 사생활을 보호하기 위해 1999년의 그램-리치-블라일리법(Gramm-Leach-Bliley Act)은 이들 자료의 유포를 제한했다. 그러나 온라인 거래에 관한 정보의 이전을 금지하는 유럽의 자료보호지침(European Data Protection Directive)만큼 나아가지는 못했다. 전자시대에서 소비자의 사생활을 어떻게 보호할 것인가는 우리 사회가 직면한 커다란 도전 가운데 하나이며 전자금융에 관한 사생활 보호 규제는 시간이 흐름에 따라 진화할 것이다.

비율 준수 여부에 대한 점검을 매우 중시하면서, 만약 준수하지 못하면 해당 금융기관에 대해 자기자본비율을 높이도록 적기 시정조치를 취하거나 앞에서 설명한 절차에 따라 감독당국이 금융기관을 폐쇄한다.

제8장에서 논의한 글로벌 금융위기에서 밝혀졌듯이, 미시건전성 감독만으로는 금융위기를 막을 수 없다. 그림자 은행시스템에서의 대규모 자금이탈사태는 한 금융기관에서 발생한 문제가 여타 건실한 금융기관들을 해칠 수 있음을 시사한다. 곤경에 처한 금융기관이 자기자본비율이나 헤어컷 요구조건을 맞추기 위해 자산을 팔아치우는 폭탄 세일을 하게 되면 자산가격이 하락한다. 이러한 자산가격 하락으로 인해 여타 금융기관들도 폭탄 세일에 가담하게 되어 급격한 디레버리징 과정과 시스템 위기를 초래한다. 이런 상황에서는 자기자본비율이 높아서 보통 때라면 건실했을 금융기관마저도 곤경에 처할 수 있다.

그러므로 글로벌 금융위기의 경험을 통해 금융시스템 *전체*의 안전성과 건실함에 초점을 맞춘 **거시건전성 감독**(macroprudential supervision)의 필요성이 분명해졌다. 거시건전성 감독은 개별 금융기관의 안전성과 건실함에 중점을 두기보다는 금융시스템 전반의 여력을 평가해 폭탄 세일이나 디레버리징을 완화하려 한다. 이와 함께 위기 동안에 자기자본이 충실한 금융기관들도 단기 자금조달줄이 끊겨 유동성 부족에 직면했기 때문에 거시건전성 감독은 총체적 자본적정성뿐만 아니라 금융시스템 내의 유동성이 충분한지 여부에도 초점을 맞춘다.

거시건전성 정책에는 여러 유형이 있다. 금융위기에 이르는 과정에서는 소위 **레버리지 순환변동**(leverage cycle)이 일어난다. 신용공급의 과열에서부터 피드백 순환고리(feedback loop)가 발생해 자산가격이 상승하고, 이에 따라 금융기관의 자본이 보다 확충되어 고정된 자기자본비율 규제 하에서 대출이 더욱 증가하고, 이는 다시 자산가격을 더욱 상승시키는 식으로 진행된다. 그러나 버블이 붕괴될 때는 자본의 가치가 급속히 하락해 대출 축소로 이어진다. 이러한 레버리지 순환변동을 끊기 위해 거시건전성 정책은 자기자본비율 규제가 경기역행적(countercyclical)이 되게끔 한다. 즉 신용과열이 일어나면 규제하는 자기자본비율을 높이고 반대로 신용이 붕괴되면 자기자본비율을 낮게 조정하는 것이다. 이와 더불어 레버리지의 확대 시기에는 거시건전성 정책을 통해 금융기관이 신용심사 기준을 강화하도록 하거나 심지어 신용의 확대에 대해 직접적인 제한을 가할 수 있다. 반대로 레버리지의 축소 시기에는 거시건전성 감독을 통해 은행들이 자산 감축을 통해 자기자본비율을 높이려는 목적에서 대출을 축소시키는 일이 발생하지 않도록 은행시스템 전반적으로 신규 자본의 총량을 확충시켜 줄 수 있다. 또한 금융기관이 충분한 유동성을 확보하도록 하기 위해 거시건전성 정책은 금융기관들에 대해 총 자금조달액 가운데 단기 자금조달액이 차지하는 비율이 충분히 낮은 수준이 되도록 *순안정자금조달비율*(net stable funding ratio, NSFR)을 규제할 수 있다. 지금까지 논의한 유형의 거시건전성 정책들이 바젤 III의 근간을 이루는 요소로 고려되고 있는데, 아직 완결된 것은 아니다.

요약

정보의 비대칭성 분석은 금융시스템에서 도덕적 위험과 역선택의 문제를 줄이기 위해 어떤 유형의 금융규제가 필요한지를 설명한다. 그러나 규제의 배경에 있는 이론을 이해했다고 해서 금융시스템에 대한 규제와 감독의 실행이 쉬운 일은 아니다. 규제당국과 감독당국이 자신의 임무를 적절히 수행하는 것은 몇 가지 이유로 쉽지 않다. 첫째, 금융혁신에 관한 제16장의 논의에서 살펴보겠지만, 이윤을 추구하는 과정에서 금융기관은 빠져나갈 허점을 찾아내어 현존하는 규제를 피해가려는 강력한 인센티브가 있다. 따라서 규제는 움직이는 과녁을 조준하는 것이며 규제당국은 끊임없이 금융기관과 술래잡기를 한다. 금융기관은 규제를 피해가는 영리한 방법을 생각해내고, 규제당국은 규제를 수정해간다. 규제당국은 역동적으로 변화하는 금융시스템에서 계속 새로운 도전에 직면한다. 만일 변화에 신속하게 대응할 수 없다면 금융기관이 과도한 위험을 택하는 것을 막을 수 없다. 규제당국과 감독당국이 규제를 회피하는 방법을 찾아내는 영리한 금융기관 사람들에게 뒤지지 않을 만한 자원과 전문가를 확보하지 못하면 이 문제는 악화될 수 있다.

금융규제와 감독은 또 다른 두 가지 이유로 쉽지가 않다. 규제와 감독의 게임에서 문제는 세부 항목에 있다. 세부 항목의 미묘한 차이가 의도하지 않은 결과를 초래할 수 있다. 당국이 규제와 감독을 올바르게 하지 못하면 과도한 위험추구 행위를 막을 수 없다. 또한 규제받는 기업은 정치인에게 로비를 해 규제당국과 감독당국이 너그러이 관용하도록 압력을 넣기도 한다. 이런 온갖 이유들로 인해 금융규제당국과 감독당국이 건실한 금융시스템을 구축하는 데 성공하리란

> 글로벌

Global 

국제적 금융규제

금융산업에서 정보의 비대칭성 문제는 모든 나라에 엄연히 존재하는 현상이기 때문에 다른 나라의 금융규제도 미국과 유사하다. 미국에서와 마찬가지로 각국의 정부 규제당국은 금융기관에 대해 인가하고 감독한다. 증권을 발행하는 기업과 금융기관에 대한 공시 의무도 서로 유사하다. 또한 예금보험도 종종 미국에 비해 보장한도가 작고 의도적으로 광고하지 않는다는 점이 다르긴 하지만, 대부분의 나라에서 시행되는 규제 시스템의 한 측면이다. 또한 은행에 대한 자기자본규제는 바젤협약과 같은 합의에 의해 국제적으로 표준화되는 과정에 있다.

금융기관이 여러 국가에서 영업을 하면서 자신의 사업을 한 국가에서 다른 국가로 쉽게 이전할 수 있는 경우에는 금융규제에 있어 특별한 문제가 발생한다. 금융규제당국은 금융기관의 국내 영업에 대해서는 면밀히 검사하지만 국내 금융기관의 해외 현지법인이나 국내 지점을 보유한 외국 금융기관의 해외 영업을 세밀히 관찰할 능력이나 지식을 갖지 못한다. 더구나 한 금융기관이 여러 국가에서 영업할 경우, 과연 어느 국가의 규제당국이 금융기관의 지나치게 위험한 영업을 막을 주된 책임을 질 것인가가 항상 분명한 것은 아니다.

국제적 금융규제에 내재한 어려움은 BCCI(Bank of Credit and Commerce International)의 붕괴로 인해 명백해졌다. BCCI는 미국과 영국을 포함해 세계 70여 개국에서 영업했는데, 감독기능을 제대로 수행할 수 없는 소국인 룩셈부르크가 감독했다. 대규모 사기 행위가 발견되자 영국의 중앙은행은 BCCI의 문을 닫게 했지만, 이미 예금자와 주주는 엄청난 손실을 입은 후였다. 여러 나라 규제당국들의 협력과 규제의 표준화가 국제적 금융규제 문제에 대한 잠재적 해결책이다. 세계는 바젤협약과 같은 합의와 1992년 7월 바젤위원회(BCBS)가 발표한 감독 절차를 통해 이런 방향으로 나아가고 있다. BCBS의 감독 절차는 세계 여러 나라에 걸친 은행 영업에 대해 모국의 규제당국이 강화된 권한으로 은행 영업에 관한 정보를 수집해 검사할 것을 의무화했다. 또한 BCBS는 다른 나라의 규제당국은 모국의 감독이 효과적이지 못하다고 느끼면 외국은행의 영업을 제한할 수 있도록 규정했다. 그러나 이러한 합의가 미래에 국제적 금융규제의 문제를 해결할 것인지는 여전히 남겨진 숙제이다.

보장이 없는 것이다. 이와 동일한 문제가 미국 이외의 국가들에서도 금융규제당국을 괴롭힌다([글로벌] '국제적 금융규제' 참조). 앞으로 보겠지만, 사실 금융규제와 금융감독이 항상 제대로 작동했던 것은 아니며 때로는 미국을 비롯한 세계 여러 나라에서 은행위기로 이어졌다.

미국에서는 금융기관을 규제하는 수많은 법들이 통과되었기 때문에 이들을 모두 따라가기가 쉽지 않다. 학습에 도움이 되도록 [표 15.1]에 20세기 이후의 대표적인 금융법과 주요 내용을 열거했다.

1980년대 저축대부조합과 은행위기

1980년대 이전에는 미국의 금융규제가 안전하고 건실한 은행시스템을 조성하는 데 상당히 효과적인 것처럼 보였다. 은행도산이 빈번히 일어나고 예금자가 종종 손실을 입던 1934년 이전에 비해 1934~1980년에는 연평균 상업은행의 도산이 15건, 저축대부조합(savings and loan association, S&L)의 도산은 5건 이하에 불과할 정도로 은행도산이 드물었다. 1981년 이후 이런 장밋빛 사진은 급격히 변했다. [그림 15.1]에서 볼 수 있듯이 상업은행과 저축대부조합의 도산이 그 이전 기간에 비해 10배 이상 증가했다. 왜 이런 일이 일어났을까? 반세기 동안 잘 작동하는 것

[표 15.1] 미국의 주요 금융법

Federal Reserve Act(1913)
연준을 창설함.

McFadden Act of 1927
타 주에서의 은행 지점 설치를 실질적으로 금지함.
지점 설치에 있어 국법은행과 주법은행을 동일하게 대우함.

Banking Act of 1933(Glass-Steagall) and 1935
FDIC를 창설함.
상업은행산업과 증권산업을 분리함.
당좌예금에 대한 이자지급을 금지하고 당좌예금의 취급을 상업은행으로 제한함.
여타 예금에 대한 이자율 상한을 설정함.

Securities Act of 1933 and Securities Exchange Act of 1934
공모 유가증권에 대한 금융정보를 투자자에게 제공하도록 의무화함.
유가증권의 판매 시 허위 설명과 사기 행위를 금지함.
SEC를 창설함.

Investment Company Act of 1940 and Investment Advisers Act of 1940
뮤추얼펀드를 포함한 투자회사를 규제함.
투자자문사를 규제함.

Bank Holding Company Act and Douglas Amendment(1956)
은행지주회사의 법적 지위를 규정함.
은행지주회사에 대한 규제의 책임을 연준에 부여함.

Depository Institutions Deregulation and Monetary Control Act of 1980
저축기관의 업무 범위를 확대함.
NOW 계정과 일소계정을 전국적으로 인정함.
예금에 대한 이자율 상한을 폐지함.
예금취급기관에 단일 지준의무를 부과함.
대출에 대한 이자율 상한을 폐지함.
예금보험을 계좌당 10만 달러로 상향 조정함.

Depository Institutions Act of 1982(Garn-St. Germain)
FDIC와 FSLIC(Federal Savings and Loan Insurance Corporation)에게 서로 다른 주의 은행과 저축기관을 합병시키는 비상권한을 부여함.
예금취급기관에 MMDA를 허용함.
저축기관에 대해 상업대출과 소비자 대출의 허용 범위를 확대함.

Competitive Equality in Banking Act of 1987
FSLIC에 108억 달러를 제공함.
침체된 지역에서의 규제관용에 관한 규정을 제정함.

Financial Institutions Reform, Recovery, and Enforcement Act of 1989
저축대부조합의 도산 문제를 해결하기 위한 자금을 제공함.
FSLIC와 FHLBB(Federal Home Loan Bank Board)를 폐쇄함.
저축기관을 규제하기 위한 OTS(Office of Thrift Supervision)를 창설함.
지급불능 상태의 저축기관 문제를 해결하기 위해 RTC(Resolution Trust Corporation)를 창설함.
예금보험료를 인상함.
저축대부조합의 업무에 대한 제한을 다시 부과함.

[표 15.1] 미국의 주요 금융법(계속)

Federal Deposit Insurance Corporation Improvement Act of 1991
FDIC의 자본금을 확충함.
중개예금(brokered deposit)과 대마불사 정책을 제한함.
적기시정조치에 대한 규정을 제정함.
FDIC가 위험기준 차등보험료를 부과하게 함.
검사, 자기자본규제, 보고 의무를 강화함.
외국은행에 대한 연준의 감독 권한을 강화하는 FBSEA(Foreign Bank Supervision Enhancement Act)를 포함함.

Reigle-Neal Interstate Banking and Branching Efficiency Act of 1994
주간 은행업에 대한 제한을 폐지함.
타 주에서의 지점 설치를 허용함.

Gramm-Leach-Bliley Financial Services Modernization Act of 1999
글래스-스티걸법을 폐지해 은행산업과 증권산업 간의 분리를 제거함.

Sarbanes-Oxley Act of 2002
PCAOB를 창설함.
특정한 이해상충을 금지함.
CEO와 CFO가 재무제표와 회계감사위원회의 독립성을 인증하도록 의무화함.

Federal Deposit Insurance Reform Act of 2005
은행보험기금과 저축기관보험기금을 통합함.
개인퇴직연금 계정에 대한 예금보험을 25만 달러로 상향 조정함.
FDIC에게 위험기준 차등보험료 체계를 수정할 권한을 부여함.

Dodd-Frank Wall Street Reform and Consumer Protection Act of 2010
소비자금융보호청을 창설해 모기지와 여타 금융상품을 규제함.
중앙청산소(central clearinghouse, CCP)와 거래소를 통해 일상적인 금융파생상품을 정산하도록 함.
정부의 금융지주회사 인수를 허용하는 새로운 부실정리 권한을 부여함.
금융안정감시위원회를 설치해 시스템적으로 중요한 금융기관(SIFI)을 규제함.
은행의 자기계정 거래와 일정 비율 이상의 헤지펀드 소유를 금지함.

처럼 보이던 규제체계가 어떻게 이런 심각한 곤경에 빠졌을까?[1)]

이야기는 1960년대, 1970년대, 그리고 1980년대 초반 금융혁신의 분출로부터 시작된다. 제16장에서 살펴보겠지만, 금융혁신으로 인해 상업은행은 전통적인 방식의 영업부서에서 수익성 하락을 경험했다. 은행은 자금조달에 있어 MMF 등 새로운 금융기관과의 경쟁이 심화되었으며, 상업대출에 있어서도 기업어음시장과 증권화로 인해 시장을 잠식당했다.

전통적인 영업에서의 수익성이 하락하자, 1980년대 중반까지 상업은행은 이윤을 높이기 위해 잠재적인 위험이 큰 새로운 사업을 추구했다. 이들은 특히 부동산 대출과 기업 인

1) 1980년대 저축대부조합과 은행위기에 관한 이야기에는 심지어 2008년 대통령 선거 후보였던 맥케인(John McCain) 상원의원까지 연루된 흥미진진한 스캔들을 포함해 매우 놀라운 내용이 많다. 웹사이트에 제시한 제26장에는 이와 같은 은행위기가 발생한 원인과 이를 처리하기 위한 1989년과 1991년의 입법에 관해 논의한다.

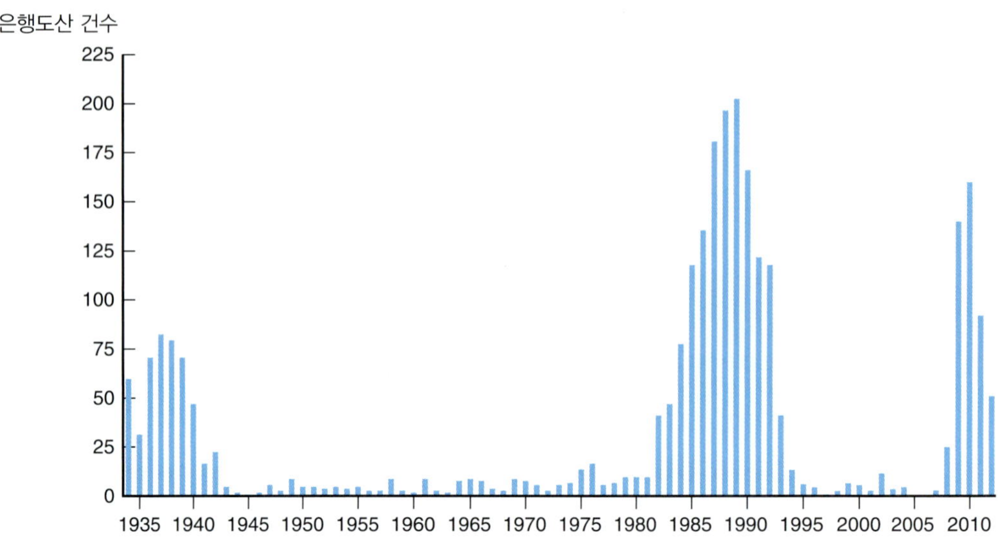

[그림 15.1] 미국에서의 은행도산, 1934~2012년

은행도산이 1934~1980년 기간에는 매우 드문 편이어서 연평균 15개 미만이었으나, 1982~1993년과 2009~2010년 기간에는 10배 이상의 수준으로 증가했다.

자료: www.fdic.gov/bank/historical/bank/index.html.

수(takeover), 그리고 *고차입 거래성 대출*(highly leveraged transaction loan)이라 불리는 LBO(leveraged buyout, 차입매수) 대출의 비중을 높였다. 예금보험의 존재로 인해 예금자는 은행이 지나친 위험을 택하는 것을 막을 인센티브가 거의 없었기 때문에 은행의 도덕적 위험이 커졌다. 은행이 얼마나 큰 위험을 택하든 상관없이 예금보험은 예금자가 아무런 손실을 입지 않을 것임을 보증했던 것이다.

불난 데 기름을 붓듯이, 금융혁신은 은행이 택할 수 있는 위험의 영역을 넓혀주는 새로운 금융수단을 제공했다. 금융선물, 정크본드(junk bond), 스왑, 그리고 여타 금융수단에 대한 새로운 시장이 형성되어 은행은 더 쉽게 위험을 추가할 수 있었으며, 도덕적 위험의 문제가 더욱 심각해졌다. 1980년의 예금취급기관 규제완화 및 통화관리법(Depository Institutions Deregulation and Monetary Control Act, DIDMCA)과 1982년의 예금취급기관법(Depository Institutions Act, 일명 Garn-St. Germain Act) 등 1980년대 초에 은행산업에 대한 규제를 완화한 법은 저축대부조합과 상호저축은행이 위험이 큰 새로운 사업을 추구할 수 있는 권한을 확대시켰다. 이들 저축기관은 과거에는 거의 전적으로 주택 모기지에만 대출하도록 제한받았는데 이제는 자산의 40%까지를 상업용 부동산 대출로, 30%까지를 소비자 대출로, 그리고 10%까지를 상업대출과 리스로 운용할 수 있게 되었다. 이들 법에 따라 저축대부조합에 대한 규제당국은 자산의 10%까지를 정크본드나 직접투자(주식, 부동산, 서비스 기업, 운영 자회사)로 운용할 수 있게 허용했다.

더욱이 1980년의 DIDMCA는 연방예금보험의 한도액을 계좌당 4만 달러에서 10만 달러로 높였으며 레귤레이션 Q(Regulation Q)에 의한 예금이자율 상한을 폐지했다. 급속한 성장을 추구하며 위험한 사업을 수행하기를 원하던 은행과 저축대부조합은 이제 예금보험이 적용되는 거액 CD를 경쟁자들보다 더 높은 이자율로 발행해 필요한 자금을 마련할 수 있었다. 만약 예금보험이 없었더라면, 예금자는 돈을 돌려받지 못할 가능성 때문에 턱없는 내기를 하는 은행에는 높은 이자율이라 하더라도 예금하지 않았을 것이다. 그러나 예금보험이 있었고 FDIC가 주로 P&A 방식(purchase-and-assumption method)으로 도산은행을 처리함으로써 예금 전액을 보증했기 때문에, 예금자는 가장 높은 이자율을 주는 은행에 기꺼이 예금했다.

그 결과 상업은행과 저축대부조합은 과도한 위험을 택했고, 마침내 심각한 손실을 입기 시작했다. 결국 1980년대 후반에는 연간 200건 수준의 은행도산이 발생했다. 이에 따라 FDIC가 입은 손실로 인해 1992년까지 은행보험기금(Bank Insurance Fund)이 바닥나 이를 메우기 위해 자본을 확충하지 않을 수 없었다. 이에 1989년의 금융기관 개혁, 회생 및 강화법(Financial Institutions Reform, Recovery, and Enforcement Act, FIRREA)에 의해 납세자의 비용부담으로 저축대부조합에 대해 GDP의 4%에 달하는 2,000억 달러 규모의 구제금융을 제공했다. 이 법은 예금보험에 의해 유발된 역선택과 도덕적 위험이라는 근본 문제에 초점을 맞추지 않았다. 그러나 이 법은 미국 재무부에게 연방예금보험 제도의 개혁을 위한 포괄적인 연구와 계획안을 제시하도록 지시했다. 1991년에 연구 결과가 나온 후 의회는 연방예금보험공사 개선법(FDICIA)을 통과시켜 은행규제 시스템의 주요 개혁을 불러일으켰다.

1991년의 연방예금보험공사 개선법

연방예금보험공사 개선법(Federal Deposit Insurance Corporation Improvement Act, FDICIA)의 조항은 FDIC의 은행보험기금을 다시 확충하고 납세자의 손실이 최소화되도록 예금보험과 규제 시스템을 개혁한다는 두 가지 목적을 달성하도록 고안되었다.

FDICIA는 재무부에서 차입할 수 있는 FDIC의 능력을 확대해 자본을 다시 확충하는 한편 그 차입금을 상환하고 보험기금의 준비금이 예금보험 대상 예금의 1.25%에 이를 때까지 예금보험료를 높일 것을 규정했다.

이 법은 여러 방법으로 예금보험의 대상 범위를 줄였는데, 가장 중요한 것은 대마불사 방식의 처리를 상당히 제한했다는 것이다. 이제 FDIC는 가장 비용이 적게 드는 방식으로 도산한 은행을 폐쇄해야 하며, 따라서 예금보험이 적용되지 않는 예금자가 손실을 입게 될 가능성이 훨씬 더 높아졌다. 이 조항에 대한 예외로 대마불사의 원칙을 적용해 예금보험 대상이건 아니건 관계없이 예금을 모두 보호하는 것은, 그렇게 하지 않으면 '경제여건이나 금융안정에 심각한 부정적 효과를 줄 경우'에 한해서만 허용했다. 나아가 대마불사 정책을 실시하기 위해서는 연준 이사회와 FDIC 이사회에서 각각 2/3 이상의 찬성을 받아야 하며 또한 재무부 장관의 동의를 받도록 하는 요건을 마련했다. 또한 FDICIA는 도산한 은행에 대한 연준의 대출이 FDIC의 손실을 증가시킬 경우 연준이 FDIC의 손실을 분담하도록 정했다.

FDICIA의 가장 중요한 특징은 은행이 어려움을 겪기 시작할 경우 FDIC가 보다 과감한 방식으로 초기단계에 개입하도록 규정한 적기시정조치 조항일 것이다.

또한 FDICIA는 위험기준 차등보험료율 제도를 도입하도록 FDIC에 지시했다. 그러나 FDIC가 시행한 이 제도는 90% 이상의 은행, 그리고 95% 이상의 예금이 동일한 보험료를 내는 결과가 되어 매우 잘 작동하지 못했다. 이에 대한 처방으로써 2005년의 연방예금보험 개혁법(Federal Deposit Insurance Reform Act)은 은행시스템의 전반적인 건전성이나 예금 대비 예금보험 적립금 수준에 관계없이 더 큰 위험을 택하는 은행이 더 많은 보험료를 내도록 했다. 이 법에 따라 가장 위험한 은행이 내는 보험료는 가장 덜 위험한 은행이 내는 보험료보다 10~20배 더 커졌다([표 15.1]에 FDICIA와 2005년의 연방예금보험 개혁법의 여타 조항들이 제시되어 있다).

FDICIA로 인해 은행이 자기자본을 확대하고 과도한 위험을 택할 인센티브를 감소시켰다는 점에서 FDICIA는 올바른 방향으로의 중요한 진일보이다. FDICIA가 위험기준 차등보험료율을 제대로 다루지 못했다는 문제도 처리되었다. 그러나 아직 대마불사 문제 및 예금보험 관련 여타 쟁점에 관해 남은 과제가 있기에 경제학자와 규제당국은 은행시스템의 안전성과 건전성 향상을 위한 추가적인 개혁을 계속 모색해야 할 것이다.[2)]

최근 세계의 은행위기

불행은 동반자를 찾기 때문에, 심지어 2007~2009년의 글로벌 금융위기 이전을 보더라도 자국만이 유일하게 은행위기를 겪은 나라가 아니라는 사실은 위안이 될 수도 있다. [그림 15.2]와 [표 15.2]에서 보여주듯이, 사실 은행위기는 1980년대 이래 전 세계 수많은 나라들을 강타했으며, 그 중 상당수는 미국이 경험한 위기보다 더 심각했다.

위기의 재발

여러 나라의 은행위기에서 알 수 있는 것은 역사는 스스로를 되풀이한다는 사실이다. 이들 모든 나라에서 일어난 은행위기 에피소드는 서로 상당히 유사하며 이미 어디서 본 것 같은 느낌(déjà vu)마저 준다. 이들 위기는 금융자유화 혹은 금융혁신, 취약한 은행규제 시스템과 정부의 안전망에서 비롯되었다. 금융자유화는 경쟁을 촉진하고 금융시스템을 보다 효율적으로 만드는 이점이 있지만, 규제 및 감독이 느슨한 경우 은행이 더 큰 위험을 택하는 도덕적 위험을 증가시킬 수 있다. 그리고 그 결과는 은행위기이다.[3)]

그러나 [표 15.2]에 열거된 은행위기의 에피소드들을 보면 은행위기에 있어 예금보험이 중요

---

2) FDICIA가 얼마나 잘 작동했는지에 대한 추가적인 논의와 은행규제 시스템에 대한 여타 개혁안이 이 책의 웹사이트 www.pearsonhighered.com/mishkin_eakins에 있는 제18장의 부록에 나와 있다.

3) 이 책의 웹사이트 www.pearsonhighered.com/mishkin_eakins에 제시된 제18장의 두 번째 웹 부록은 [표 15.2]에 열거된 각국 은행위기의 세부적인 에피소드에 대해 논의한다.

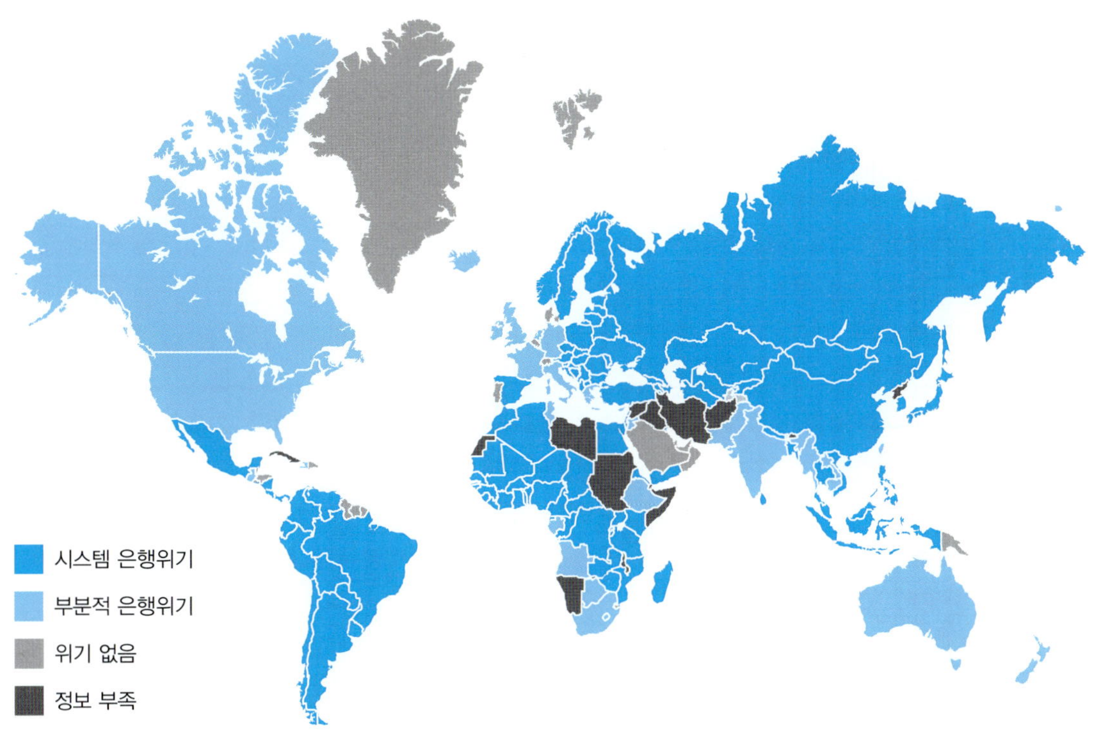

[그림 15.2] 1970년 이후 세계의 은행위기

은행위기는 전 세계에 걸쳐 매우 흔한 현상이다.

자료: Luc Laeven and Fabian Valencia, "Systemic Banking Crises Database: An Update," IMF Working Paper No. WP/12/163(June 2012).

한 역할을 하지 않은 사례가 많다. 예를 들어 일본 예금보험공사의 규모는 미국의 FDIC에 비해 매우 작아서 은행시스템에서 눈에 띄는 역할을 하지 못했으며, 거의 첫 번째 은행도산이 발생하자마자 재원이 고갈되었다. 이는 일부 은행위기의 경우에 그 책임이 예금보험에 있는 것이 아님을 의미한다. 그러나 예금보험이 규제환경의 중요한 특징이건 아니건 관계없이 여기서 논의된 모든 나라에 있어 공통된 것은 은행을 언제든지 구제하려는 정부의 안전망이 존재했다는 사실이다. 은행이 과도한 위험을 택하려는 도덕적 위험의 인센티브를 증가시킨 것은 예금보험 그 자체가 아니라 정부 안전망의 존재이다.

2010년의 도드-프랭크 월스트리트 개혁 및 소비자 보호법

글로벌 금융위기를 계기로 이러한 위기의 반복을 막을 새로운 규제체계가 필요해졌다. 그 결과는 1년 이상의 논의를 거쳐 2010년 7월에 통과된 도드-프랭크 법안(Dodd-Frank bill)이다. 이는 대공황 이후 제정된 가장 광범위한 금융개혁법이다. 이 법은 다음 다섯 개 영역의 규제를 담고 있다.

[표 15.2] 국가별 은행 구제비용

국가	시기	GDP 대비 정부재정 비용(%)
인도네시아	1997~2001	57
아르헨티나	1980~1982	55
아이슬란드	2008	44
자메이카	1996~1998	44
태국	1997~2000	44
칠레	1981~1985	43
아일랜드	2008~	41*
마케도니아	1993~1995	32
터키	2000~2001	32
한국	1997~1998	31
이스라엘	1977	30
에콰도르	1998~2002	22
멕시코	1994~1996	19
중국	1998	18
말레이시아	1997~1999	16
필리핀	1997~2001	13
브라질	1994~1998	13
핀란드	1991~1995	13
아르헨티나	2001~2003	10
요르단	1989~1991	10
헝가리	1991~1995	10
체코	1996~2000	7
스웨덴	1991~1995	4
미국	1988	4
노르웨이	1991~1993	
룩셈부르크	2008~	8*
네덜란드	2008~	13*
벨기에	2008~	6*
영국	2008~	8*
미국	2007	4
독일	2008~	1*

자료: Luc Laeven and Fabian Valencia, "Systemic Banking Crises Database: An Update," IMF Working Paper No. WP/12/163(June 2012).
주: *는 2012년까지 추정된 정부재정 비용을 나타낸다.

소비자 보호 도드-프랭크법에 의해 소비자금융보호청(Consumer Financial Protection Bureau, CFPB)이 새로 설립되었다. 소비자금융보호청은 연준에서 예산을 받고 연준 내에 사무실을 두지만 전적으로 독립적인 기구이다. 소비자금융보호청은 저소득층을 대상으로 한 금융상품의 공급자뿐만 아니라 100억 달러 이상의 주택 모기지 상품을 공급하는 모든 사업체에 대해 감시하고 규제를 집행할 권한을 갖는다. 이 법에 의하면, 대부자는 차입자의 소득, 신용 기록, 직업 상태를 검증함으로써 주택 모기지를 상환할 능력이 있는지를 확인해야 한다. 또한 이 법은 대출을 도와준 대가로 중개업자에게 수수료를 지급하는 것을 금지한다. 이 법에 따라 각 주정부는 국법은행에 대해 보다 엄격한 소비자 보호법을 부과할 수 있으며, 주정부의 법무장관은 소비자금융보호청이 제정한 규정을 집행할 권한을 갖는다. 이 법은 또한 연방예금보험 한도를 영구적으로 25만 달러로 상향조정했다.

부실정리 권한 도드-프랭크법 이전에는, 망해 가는 은행에 대해서는 FDIC의 권한으로 문을 닫게 만들 수 있었으나 지주회사 체계를 갖춘 초대형 금융기관에 대해서는 정부의 부실정리 권한이 없었다. 사실 미국 재무부와 연준은 자신들이 리먼브라더스를 구제하지 못하고 도산하게끔 놔둘 수밖에 없었던 이유 가운데 하나는 리먼브라더스를 인수하고 정리할 법적 권한이 없었기 때문이라고 주장했다. 이제 도드-프랭크법은 **시스템적**(systemic)이라 여겨지는 중요한 금융기관에 대한 정리 권한을 정부에 부여했다. 왜냐하면 이들 금융기관이 도산하는 경우 광범위한 피해를 끼쳐 금융시스템 전반에 위험을 초래할 수 있기 때문이다. 또한 이 법은 손실이 발생할 경우 이를 메우기 위해 규제당국이 500억 달러 이상의 자산을 지닌 금융기관에 대해 수수료를 부과할 수 있는 권한을 부여했다.

시스템위험 규제 도드-프랭크법에 의거해 금융안정감시위원회(Financial Stability Oversight Council, FSOC)가 창설되었다. 이 위원회는 재무부 장관을 의장으로 하며, 시장에서 자산가격 버블이나 시스템위험의 발생을 감시한다. 또한 이 위원회는 시스템적으로 중요하다고 인정되는 금융기관을 공식적으로 SIFI(systemically important financial institution)로 지정한다. 이들 SIFI는 자신이 금융적 곤경에 처할 경우 질서정연한 정리를 위한 계획을 담은 '정리의향서(living will)'를 작성해야 할 뿐만 아니라 보다 높은 자기자본비율과 보다 엄격한 유동성 기준 등 연준의 추가적인 규제를 받는다.

볼커룰(Volcker rule) 은행에 대해 자신의 돈으로 거래하는 소위 **자기계정 거래**(proprietary trading, 프롭 트레이딩이라고도 함)의 규모를 제한하고 은행의 헤지펀드와 사모펀드(private equity fund, PEF) 보유 한도를 매우 낮은 비율로 규제했다. 이들 조항은 연준 이사회의 의장이었던 볼커(Paul Volcker)의 이름을 따온 것이다. 볼커는 은행이 연방예금보험의 혜택을 입으면서 대규모의 트레이딩 위험을 택하도록 허용되어서는 안 된다고 주장했다.

금융파생상품 기존에 발행된 증권에 연계되어 지급액이 정해지는 금융수단을 **금융파생상품**(financial derivatives)이라 한다. 제8장에서 논의했듯이, AIG가 신용부도스왑(credit-default swap, CDS)과 같은 금융파생상품을 과도하게 사용한 후 구제금융이 불가피하게 되자 금융파생상품은 금융붕괴를 일으킬 수 있는 '대량살상무기(weapon of mass destruction, WMD)'임이 드러났다. 다시는 이런 일이 발생하지 않도록 도드-프랭크법은 다수의 표준화된 금융파생상품들이 거래소에서 거래되고 청산소(clearinghouse)를 통해 청산되도록 규제함으로써 금융파생상품의 거래 상대방이 파산하더라도 손실 위험이 축소되도록 했다. 또한 여러 맞춤형 금융파생상품에 대해 보다 높은 자기자본비율 규제를 적용하고 은행에 대해서는 위험한 스왑을 포함해 일부 금융파생상품의 취급을 금지했다. 이와 함께 도드-프랭크법은 금융파생상품을 취급하는 기업에 대해 자기자본규제를 부과하고 영업활동에 대해 보다 많은 정보를 공시하도록 했다.

대마불사와 미래의 규제

도드-프랭크법에서는 미래의 규제와 관련된 여러 세부사항이 빠져 있으며 글로벌 금융위기를 일으킨 중요한 요인이라고 간주되는 대마불사 문제가 충분히 다루어졌는지에 대한 의구심이 있다. 여기서는 대마불사 문제를 줄이고 미래에 규제가 가해질 몇몇 영역에 대해 살펴보기로 한다.

대마불사 문제에 대해 어떤 대책이 가능할까?

대마불사 문제를 해결하기 위한 세 가지 접근방식이 활발히 논의되었다.

대형 SIFI의 분할 대마불사 문제를 없앨 하나의 방법은 어떤 금융기관도 금융시스템을 붕괴시킬 정도로 너무 규모가 크지 못하게 만드는 것이다. 그러면 규제당국은 이들 금융기관을 시장규율에 맡기면 되기 때문에 구제금융을 제공할 필요가 없다. 이들 금융기관의 규모를 줄이는 하나의 방법은 글래스-스티걸법이 폐지되기 이전 상태로 다시 규제해 이들 대형 SIFI를 업무별로 응집력 있는 작은 기업으로 분할하는 것이다. 또는 어떤 금융기관도 일정 한도 이상의 자산을 갖지 못하도록 규제해 SIFI를 작게 쪼개는 것이다.

당연히 초대형 금융기관들은 이들 접근방식에 대해 격렬히 반대했다. SIFI를 쪼개면 대마불사 문제가 해결되겠지만, 만약 대형 금융기관이 위험을 더 잘 관리하거나 낮은 비용으로 금융서비스를 제공할 수 있는 시너지가 있다면 이는 금융시스템의 효율성을 떨어뜨릴 것이다.

자기자본규제의 강화 대마불사 금융기관은 과도한 위험을 택할 인센티브를 갖기 때문에 이들의 위험을 줄이는 또 다른 방법은 보다 높은 자기자본비율 규제를 부과하는 것이다. 자기자본의 확대는 금융기관에 손실이 발생했을 때 이를 감당할 수 있는 충격완충 역할을 보다 강화할 뿐만 아니라 이들이 '사업에 건 내 돈'을 더 크게 만들어 잃을 것이 많아지도록 하기 때문에 과도한 위험을 택할 인센티브를 줄인다. 이런 접근방식을 다른 말로 표현하면, 자기자본규제의 강화는 대마불사 금융기관의 위험추구에 대한 보조금을 감소시키는 것이다. 이에 더해 SIFI의 위험추구는 호황기에 훨씬 더 커지기 때문에 신용이 빠르게 팽창할 때는 자기자본규제를 강화하고 반대로 신용이 위축될 때는 자기자본규제를 완화할 수 있다. 이렇게 하면 자기자본규제가 보다 경기역행적으로 되어 신용의 과열-붕괴라는 순환변동을 억제할 수 있다.

스위스의 중앙은행은 이런 종류의 접근방식에 있어 선두주자이다. 선진국 가운데 스위스는 자신의 초대형 은행에 대해 가장 높은 자기자본비율을 요구하고 있으며 특히 신용시장에 거품이 끼면 자기자본규제를 더 강화한다. 미국 의회에서 대형 금융기관에 대해 자기자본비율을 2배로 높이자는 제안이 있었으나 역시 대형 금융기관들이 강하게 반대했다.

도드-프랭크법으로 해결 또 다른 견해는 도드-프랭크법이 금융기관에 대한 연준의 구제금융 제공을 더 어렵게 하고, SIFI에 대한 규제를 강화하고, 볼커룰을 적용함으로써 효과적으로 대마불사 문제를 없앴다는 것이다. 실로 이 법안의 제안자들은 도드-프랭크법이 "알다시피 대마불사를 종식시킬 것"이라고 선언했다. 도드-프랭크법의 조항들이 대형 SIFI에 의한 과도한 위험추구의 인센티브를 일부 없애주겠지만 과연 대마불사 문제를 완벽히 제거할지는 의문이다.

미래 규제의 여타 쟁점

도드-프랭크 법안은 미래 규제의 여러 세부사항들을 빠뜨렸으며 몇몇 중요한 쟁점들을 다루지 못했다. 여기서는 장차 규제로 부각될만한 세 개 영역에 대해 살펴보기로 한다.

금융기관의 보상제도 제8장에서 살펴보았듯이, 국민을 분노시킬 만큼의 높은 수수료와 거액의 경영진 보수로 인해 금융산업에서는 알려진 것보다 실제로는 훨씬 더 위험한 증권을 판매하려는 인센티브가 있었고, 결국 재앙이 일어나고 말았다. 규제당국, 특히 연준은 위험추구를 줄이기 위해 금융서비스 산업에서의 보상제도를 수정하는 규제에 대해 면밀히 연구하고 있다. 예를 들어 규제당국은 기업이 건실한 상태로 남아있다는 전제 하에 보너스를 여러 해에 걸쳐 나눠 지급하도록 하는 규제의 도입을 검토하고 있다. 이런 '환수장치(clawback)'는 종업원들이 미래에 보너스를 더 잘 지급받기 위해 자신의 업무에서의 위험을 줄이게끔 유도할 것이다.

정부후원기업 도드-프랭크법에서는 패니메이와 프레디맥과 같은 민간이 소유한 정부후원기관(government-sponsored enterprise, GSE) 문제에 대해 언급하지 않았다. 그러나 제8장에서 살펴보았듯이, 이들 두 기업은 심각한 금융적 어려움에 처해 정부에 의해 인수되었다. 그 결과 납세자가 이에 엮여 아마도 수천억 달러를 물어낼 지경이 되었다. 다시는 이런 일이 발생하지 않도록 하기 위해 정부는 다음 네 가지 방안 가운데 하나를 선택할 것이다.

1. 완전 민영화해 정부의 후원을 중단하고 채무에 대한 암묵적 보증을 철회하는 방안
2. 완전 국유화해 민간기업으로서의 지위를 종료시키고 정부기관으로 만드는 방안
3. 민간 소유의 정부후원기업으로 유지하되, 택할 수 있는 위험의 크기를 제한하는 규제를 강화하고 자기자본규제를 상향조정하는 방안
4. 민간 소유의 정부후원기업으로 유지하되, 규모를 대폭 축소해 더 이상 납세자에게 엄청난 손실을 입히거나 금융부문에 시스템위험을 초래하지 못하게 하는 방안

신용평가기관 글로벌 금융위기의 여파로 신용평가기관들의 이해상충 문제를 완화하고 이들이

신뢰할 만한 신용등급을 제공하도록 인센티브를 확충하기 위한 규제가 이미 강화되었는데, 앞으로 더 많은 규제가 도입될 것이다. 신용평가기관이 부정확한 신용등급을 제공하면 금융시스템 전반에 걸쳐 위험추구가 확대되고 투자자는 현명한 선택을 하는 데 필요한 정보를 얻지 못한다. 최근 신용평가기관의 형편없는 성과를 감안해 볼 때 신용등급에 의존하는 바젤 II의 자기자본규제를 재검토할 필요도 있다.

과도한 규제의 위험성 글로벌 금융위기의 결과, 금융규제는 더 이상 예전과 같지 않을 것이다. 이러한 위기가 다시는 발생하지 않도록 하기 위해 더 많은 규제가 필요한 것이 분명하지만, 그렇다고 과도하게 혹은 엉성하게 설계된 규제는 금융시스템의 효율성을 저해할 위험성이 상당히 있다. 새로운 규제가 가계와 기업에 이득을 주는 금융혁신을 못하게 방해한다면 미래의 경제성장도 위축될 것이다.

요약

1. 역선택과 도덕적 위험이라는 정보의 비대칭성 개념은 각국에서 볼 수 있는 금융규제의 열 가지 유형을 설명해준다. 그 열 가지 유형은 정부의 안전망, 금융기관의 자산 보유에 대한 제한, 자기자본규제, 적기시정조치, 인가와 검사, 위험관리에 대한 평가, 공시 의무, 소비자 보호, 경쟁 제한, 거시건전성 정책이다.

2. 금융혁신과 규제완화로 1980년대에 역선택과 도덕적 위험의 문제가 증가했고, 미국에서 저축대부조합과 은행, 그리고 납세자에게 엄청난 손실을 초래했다. 비슷한 위기들이 다른 나라에서도 발생했다.

3. 1991년의 연방예금보험공사 개선법(FDICIA)은 FDIC의 은행보험기금을 확충하고 예금보험 및 규제 시스템을 개혁해 납세자의 손실이 최소화되게 했다. 이 법은 중개예금과 대마불사 정책의 사용을 제한하고, 어려움에 처한 은행을 다루기 위한 적기시정조치 권한을 부여했으며, 위험기준 차등보험료를 제도화했다. 이들 조항은 은행이 과도한 위험을 택할 인센티브를 줄였으며 이에 납세자의 부담이 경감될 것이다.

4. 전 세계의 많은 나라에서 발생한 은행위기의 에피소드가 서로 유사하다는 사실은 놀라운 일이며, 이는 유사한 힘이 작용하고 있음을 시사한다.

5. 2010년의 도드-프랭크법은 대공황 이후 제정된 가장 광범위한 금융개혁법이다. 이 법은 다음 다섯 개 영역의 규제 조항을 담고 있다: (1) 소비자 보호, (2) 부실정리 권한, (3) 시스템위험 규제, (4) 볼커룰, (5) 금융파생상품. 한편 미래의 규제는 다음 다섯 개의 쟁점을 다룰 필요가 있다: (1) 대형 금융기관의 분할이나 자기자본규제의 강화를 통한 대마불사 문제, (2) 금융기관의 보상, (3) 정부후원기업, (4) 신용평가기관, (5) 과도한 규제의 위험성.

주요용어

거시건전성 감독(macroprudential supervision)
건전성 감독(prudential supervision)
공정가 회계(fair-value accounting)
규제차익(regulatory arbitrage)
금융감독(financial supervision)
금융파생상품(financial derivatives)
대마불사 문제(too-big-to-fail problem)
레버리지 비율(leverage ratio)

레버리지 순환변동(leverage cycle)
미시건전성 감독(microprudential supervision)
바젤은행감독위원회(Basel Committee on Banking Supervision, BCBS)
바젤협약(Basel Accord)
부외 활동(off-balance-sheet activity)
스트레스 테스트(stress test)
시가평가 회계(mark-to-market accounting)
시스템적(systemic)
은행도산(bank failure)
자기계정 거래(proprietary trading)
SIFI(systemically important financial institution)
VaR 계산(value-at-risk calculation)

연습문제

1. 민간의 보험계약에서 도덕적 위험과 역선택의 예를 각각 하나씩 제시하라.
2. 만약 손해보험회사가 아무런 제약조건 없이 화재보험을 제공한다면 어떤 종류의 역선택과 도덕적 위험의 문제가 일어나겠는가?
3. 어떤 은행 규제가 예금보험의 역선택 문제를 줄이기 위해 고안되었는가? 이 규제는 항상 작동하는가?
4. 어떤 은행 규제들이 도덕적 위험의 문제를 줄이기 위해 고안되었는가? 이들 규제는 도덕적 위험의 문제를 제거할 수 있는가?
5. 대마불사 정책의 비용과 편익은 무엇인가?
6. 은행 규제당국은 부외 활동에 있어 어떤 특별한 문제가 있음을 알았는가? 그리고 이에 관해 어떤 조치를 취했는가?
7. 왜 은행에 대한 자기자본규제가 위험추구를 억제하는데 도움이 되는가?
8. 은행감독은 어떤 형태로 이루어지며, 또한 어떻게 안전하고 건실한 은행시스템을 촉진하는가?
9. 1991년의 FDICIA 입법에서 연방예금보험의 기능을 개선하기 위해 어떤 조치를 취했는가?
10. 왜 은행감독의 추세에 있어 그 초점이 자기자본규제에서 위험관리로 이동했는가?
11. 어떻게 공시 의무가 은행의 과도한 위험추구를 줄일 수 있는가?
12. 예금보험의 금액을 제한하거나 예금보험을 아예 폐지하는 것이 좋은 아이디어라고 생각하는가? 설명하라.
13. 전국은행업 시스템에 대한 장애요소를 제거하는 것이 경제에 도움이 된다고 생각하는가? 설명하라.
14. 위험한 자산을 보유한 은행에 대해 예금보험료를 더 많이 부과하는 것이 어떻게 경제에 유익할 수 있는가?
15. 은행 자기자본비율 규제에 있어 시가평가 회계를 적용하는 것이 어떻게 경제에 유익할 수 있는가? 이를 실행하는 것은 얼마나 어려운가?

계산문제

1. 도산하는 은행에 35만 달러의 예금이 있다고 하자. 만약 FDIC가 *대지급* 방식으로 처리하면 이 예금의 가치는 얼마나 되는가? 반면 *P&A* 방식으로 처리하면 그 가치는 어떻게 되는가? 어느 방식이 납세자에게 더 많은 비용을 초래하는가?
2. 어떤 은행의 재무상태표가 다음과 같다.

자산		부채	
필요지준	800만 달러	수표발행 예금	1억 달러
초과지준	300만 달러	은행 자본	600만 달러
국채	4,500만 달러		
모기지	4,000만 달러		
상업대출	1,000만 달러		

이 은행의 위험가중자산을 계산하라.

3. 어떤 은행의 재무상태표가 다음과 같다.

자산		부채	
필요지준	800만 달러	수표발행 예금	1억 달러
초과지준	300만 달러	은행 자본	600만 달러
국채	4,500만 달러		
상업대출	5,000만 달러		

이 은행이 기업 고객에 대해 1,000만 달러의 대출약정을 체결했다. 이 약정 이전과 이후의 단순 자기자본비율을 각각 계산하라. 또한 이 약정 이전과 이후의 위험가중자산의 크기를 각각 계산하라.

문제 4~11은 올드햇은행에서 일어난 일련의 거래이다.

4. 첫날 올드햇은행은 900만 달러의 자본을 가지고 영업을 개시했는데 1억 3,000만 달러의 수표발행 예금이 들어왔다. 이에 2,500만 달러의 상업대출과 5,000만 달러의 모기지를 제공했다.
   - 모기지: 30년 만기, 5.25%의 고정이자율로 개별 모기지당 25만 달러씩 200건
   - 상업대출: 3년 만기, 매달 0.75%씩의 단리 지급

   a. 지준율이 8%일 때 이 은행의 재무상태표를 제시하라. 여기서 대손충당금은 무시한다.
   b. 이 은행의 자본은 양호한 상태인가?

5. 올드햇은행의 첫날 영업 후 위험가중자산의 크기와 위험가중 자기자본비율을 계산하라.

6. 그날 늦게 충격적인 뉴스가 모기지 시장을 강타해 모기지 이자율이 13%로 급등했다. 이에 따라 올드햇은행이 보유한 모기지의 시장가치는 얼마가 되겠는가? '시장가치'로 평가한 단순 자기자본비율은 얼마인가?

7. 은행 규제당국이 모기지의 공정한 시장가치를 인지하기 위해 올드햇은행에게 모기지를 모두 내다팔도록 지시했다. 이에 따른 올드햇은행의 재무상태표를 제시하라. 이는 올드햇은행의 자본에 어떤 영향을 주는가?

8. 의회는 올드햇은행이 입은 손실을 모기지 만기까지 매년말 일정액씩 분할해 상각하도록 허용했다. 모기지를 매각하면서 이런 기법을 이용하면 그 거래는 어떻게 장부에 기록되겠는가? 연간 조정액은 얼마인가? 올드햇은행의 재무상태표는 현재 어떤 상태인가? 단순 자기자본비율은 얼마인가?

9. 올드햇은행은 초과지준 가운데 7,700만 달러를 상업대출에 투자하기로 결정했다. 이에 따라 단순 자기자본비율과 위험가중 자기자본비율은 각각 어떤 영향을 받는가?

10. 모기지 관련 나쁜 소식이 지방신문에 대서특필되면서 올드햇은행에서 소규모의 예금인출사태가 발생해 600만 달러의 예금이 빠져나갔다. 이 사건 후 올드햇은행의 상태를 점검하라.

11. 올드햇은행은 지준 의무를 충족하기 위해 1일물 페더럴펀드 시장에서 550만 달러를 차입했다. 이에 따라 올드햇은행의 새로운 재무상태표는 어떤 모습이 되는가? 은행의 자본은 양호한 상태인가?

> 웹 연습문제

은행규제

1. http://www.fdic.gov/regulations/laws/에 들어가라. 이 사이트는 1800년대 이후 은행에 영향을 준 가장 중요한 법령들에 대해 설명한다. 이 사이트에 열거된 규제 가운데 최근에 제정된 은행규제를 요약하라.

2. OCC는 은행경영에 영향을 주는 많은 규제를 책임진다. www.occ.treas.gov/에 들어가 'Legal & Licensing' 항목 아래의 가장 오른쪽 열에 있는 'Law and Regulations'를 클릭한 다음 '12 CFR Parts 1 to 199'를 클릭하라. 'Part 1'은 무엇을 다루는가? '12 CFR'은 몇 부로 구성되어 있는가? 'Part 18'을 열어보라. 여기서는 어떤 주제를 다루는가? 그 의도를 요약하라.

웹 부록

웹사이트 www.pearsonhighered.com/mishkin_eakins에 제시된 제18장의 다음 웹 부록을 읽어라.

- Appendix 1: Evaluating FDICIA and Other Proposed Reforms of the Banking Regulatory System
- Appendix 2: Banking Crises Throughout the World

CHAPTER

16

은행산업: 구조와 경쟁

> PREVIEW

개별 은행이 이윤을 얻기 위해 자금을 조달, 운용, 관리하는 영업 방식은 대체로 세계 모든 나라에서 서로 비슷하다. 어느 나라에서나 은행은 이윤을 추구하는 금융중개기관이다. 그러나 은행산업 전체의 구조와 운용방식을 보면 미국은 그 자체로 별도의 부류를 형성한다. 대다수의 나라에서는 4~5개의 대형 은행이 은행산업을 지배하고 있으나, 미국에는 약 6,200개의 상업은행이 있다.

많을수록 좋은 것일까? 이런 다양성을 통해 미국의 은행시스템이 다른 나라에 비해 보다 더 경쟁적이고, 따라서 경제적으로 보다 더 효율적이고 건실함을 의미하는 것일까? 미국의 정치·경제시스템의 어떤 요인으로 인해 이렇게 많은 은행이 존재하는 것일까? 이 장에서는 은행산업의 역사적 추세와 전반적인 구조를 살펴봄으로써 이들 의문에 답하려 한다.

이 장에서는 먼저 미국 은행시스템의 역사적 발전 과정을 검토한다. 그리고 상업은행산업을 자세히 알아볼 것이다. 국내 은행시스템을 살펴본 후에 국제 은행업의 성장 배경을 검토하고 이것이 미국에 어떤 영향을 미쳤는지에 대해서도 알아본다. 마지막으로 금융혁신이 어떻게 은행산업의 경쟁적 환경을 조성하고 근본적 변화를 초래했는지에 관해 논의하기로 한다.

은행시스템의 역사적 발전

미국에서 근대적 상업은행산업은 1782년 필라델피아에서 뱅크오브노스아메리카(Bank of North America)가 설립인가를 받으면서 시작되었다. 이 은행의 성공으로 다른 은행들도 영업을 시작했으며, 미국의 은행산업이 출발해 내닫기 시작했다(학습 보조자료로 [그림 16.1]은 제2차 세계대전 이전까지 미국의 은행 역사에서 가장 중요한 사건들의 연대표를 제시한다).

초기에 은행산업과 관련된 주요 논쟁은 은행의 설립을 인가하는 주체가 연방정부여야 할지 아니면 주정부여야 할지에 관한 것이었다. 특히 해밀턴(Alexander Hamilton) 등의 연방주의자들은 은행에 대한 보다 강력한 중앙 통제와 연방정부에 의한 은행 인가를 옹호했다. 이들의 노력으로 1791년 뱅크오브더유나이티드스테이츠(Bank of the United States)가 설립되었다. 이 은행은 경제 전체에 공급되는 화폐와 신용의 양을 책임지는 정부기관으로서 **중앙은행**(central bank)과 민간은행의 양면성을 지니고 있었다. 그러나 농민과 여타 이해관계자들은 중앙집권적 권력을 의심해 주정부에 의한 은행 인가를 옹호했다. 더구나 그들은 대도시의 금융업자를 불신했기에 중앙은행을 폐지하라는 정치적 압력을 행사했다. 결국 그들의 노력이 성과를 거둬 1811년에 뱅크오브더유나이티드스테이츠의 인가가 갱신되지 못했다. 그러나 주법은행의 악폐와 1812년 전쟁 기간 중 연방정부의 자금조달을 도와줄 중앙은행의 필요성으로 인해 의회는 1816년에 세컨드뱅크오브더유나이티드스테이츠(Second Bank of the United States)를 설립하게끔 되었다. 미

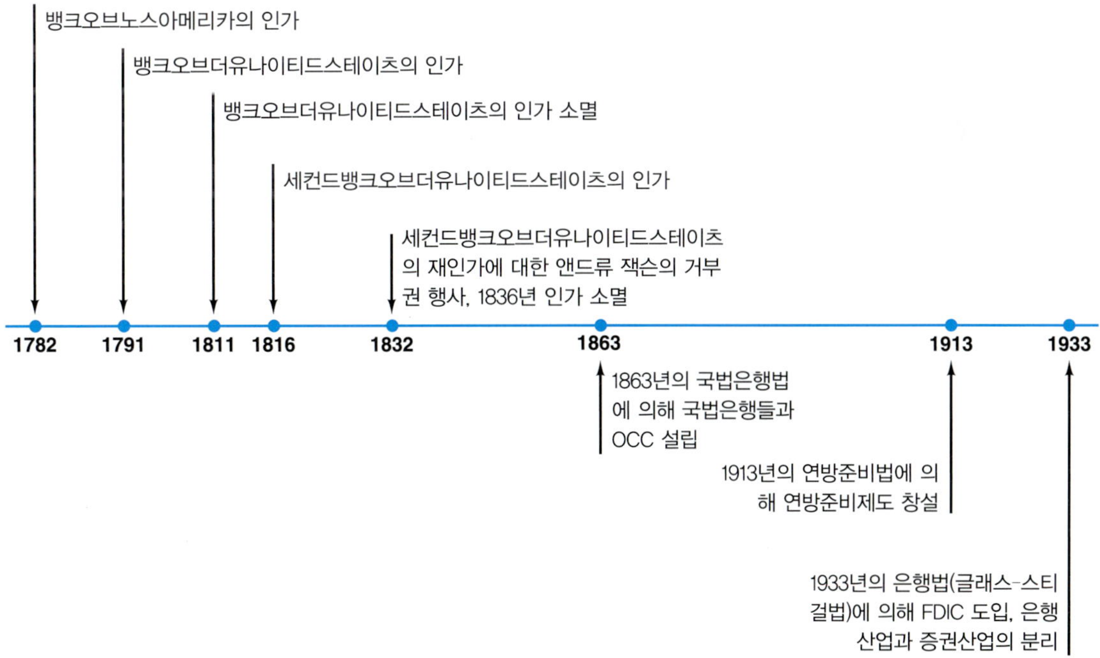

[그림 16.1] 미국 상업은행의 초기 역사 연대표

제2차 세계대전 이전 미국의 은행 역사에서 가장 중요한 사건들이 일어난 시점

국에서 중앙은행 설립의 두 번째 시도 과정에서도 중앙집권적 은행 세력에 대한 옹호와 반대의 알력이 반복해 나타났는데, 각 주(state)의 권리를 강력하게 옹호하던 잭슨(Andrew Jackson) 대통령의 당선으로 두 번째 중앙은행의 운명이 결정되었다. 잭슨은 1832년에 당선된 후 세컨드뱅크오브더유나이티드스테이츠를 재인가하는 것에 대해 거부권을 행사했으며, 결국 1836년에 그 인가가 소멸되었다.

1863년까지 미국의 모든 상업은행은 주별로 운영되는 은행위원회에서 인가되었다. 전국적으로 유통되는 화폐는 존재하지 않았으며, 은행은 금으로의 태환을 약속하며 발행한 화폐인 은*행권*(banknote)에 의해 주요 자금을 조달했다. 그런데 많은 주의 은행 규제당국은 매우 느슨했기 때문에 사기나 불충분한 은행 자본으로 인해 은행들이 주기적으로 도산했고, 그때마다 이들 은행이 발행한 은행권은 휴짓조각이 되고 말았다.

주법은행(state bank)이라 불리는 각 주가 인가한 은행의 악폐를 막기 위해, 1863년의 국법은행법(National Bank Act)과 곧 이은 수정법이 제정되었다. 그 결과 연방정부의 인가에 의해 설립되고 재무부 산하 통화감독청(OCC)의 감독을 받는 **국법은행**(national bank)이라는 새로운 은행시스템이 도입되었다. 이 법은 원래 주법은행이 발행한 은행권에 대해 세금을 부과하고 국법은행이 발행한 은행권에 대해서는 세금을 면제함으로써 주법은행의 자금조달 원천을 고갈시키려는 의도가 있었다. 그러나 주법은행은 은행권이 아니라 예금을 통해 자금을 조달함으로써 소멸되지 않고 살아남을 수 있었다. 그 결과 현재 미국은 연방정부의 감독을 받는 은행과 주정부의 감독을 받는 은행이 공존하는 **이원적 은행시스템**(dual banking system)을 갖게 되었다.

미국에서 중앙은행은 1913년에 이르러서야 보다 안전한 은행시스템을 도모하기 위한 연방준비제도(Federal Reserve System, 연준)가 도입되면서 재등장했다. 모든 국법은행은 연준의 회원이 되도록 의무화되었으며 연준이 규정한 새로운 규제를 받아야 했다. 그런데 주법은행의 경우는 연준의 회원 가입이 의무적인 것이 아니어서 이를 선택할 수 있었는데, 연준의 규제로 인한 비용이 컸기 때문에 대부분의 주법은행은 회원으로 가입하지 않았다.

www.fdic.gov/bank/
FDIC가 어떻게 개별 금융기관과 은행산업에 관한 자료를 입수하는지 알아보자.

1930~1933년의 대공황 기간에는 약 9,000개에 이르는 은행이 도산해 상업은행에 예치한 수많은 예금자의 저축이 사라져버렸다. 은행도산으로 인한 예금자의 손실을 막기 위해 1933년에 법을 제정해 연방예금보험공사(FDIC)를 설립하고 은행예금에 대해 연방정부의 보험을 제공했다. 연준의 회원 은행은 예금자 보호를 위해 FDIC의 예금보험에 의무적으로 가입하도록 규정되었다. 비회원 상업은행은 이 예금보험을 선택할 수 있었는데, 그들도 대부분 예금보험에 가입했다. 이제 FDIC의 예금보험에 가입한 은행은 FDIC가 부과하는 또 다른 규제를 받게 되었다.

상업은행의 투자은행 업무가 은행도산의 원인으로 비난받았기 때문에, 글래스-스티걸법(Glass-Steagall Act)으로 알려진 1933년의 은행법은 상업은행이 기업의 유가증권을 인수하거나 중개하는 것을 금지(단, 신규 발행된 정부증권을 판매하는 것은 허용)하고 은행 규제당국의 승인 한도 내에서 채무증권의 매입을 허용했다. 마찬가지로 투자은행에 대해서도 상업은행 업무에 종사하는 것을 금지했다. 실제로 글래스-스티걸법은 상업은행의 업무와 증권산업의 업무를 서로 분리시켰다.

1999년에 폐지되긴 했지만, 글래스-스티걸법에 따라 당시의 상업은행은 투자은행 사업부서를 매각해야 했다. 예를 들어 퍼스트내셔널뱅크오브보스턴(First National Bank of Boston)은 투자은행 사업부서를 떼어내어 퍼스트보스턴(First Boston Corporation)을 신설했는데, 현재 퍼스트보스턴은 미국에서 가장 중요한 투자은행의 하나인 크레딧스위스퍼스트보스턴(Credit Suisse First Boston)의 일부가 되었다. 투자은행은 일반적으로 자신의 예금업무를 중단했다. 다만 J.P.모건(J.P. Morgan)은 투자은행 영업을 중단하고 상업은행으로 재조직했다. 그러나 J.P.모건의 몇몇 고위 간부들이 나와 모건스탠리(Morgan Stanley)를 조직했는데, 모건스탠리는 가장 큰 투자은행의 하나가 되었다.

복수의 규제기관

미국에서 상업은행에 대한 규제는 여러 규제기관의 관할 영역 중첩으로 인해 엉망의 짜집기가 되었다. OCC는 상업은행 전체 자산의 절반 이상을 차지하는 약 1,200개의 국법은행에 대한 주된 감독책임을 진다. 연준과 각 주의 은행 규제당국은 연준 회원으로 가입한 약 800개의 주법은행에 대해 공동의 책임을 진다. 또한 연준은 하나 혹은 그 이상의 은행을 소유하고 있는 회사, 즉 **은행지주회사**(bank holding company)를 규제하며 국법은행에 대해 부수적인 책임을 진다. FDIC와 각 주의 은행 규제당국은 FDIC의 예금보험에는 가입했으나 연준 회원이 아닌 약 4,000개의 주법은행을 공동으로 감독한다. 각 주의 은행 규제당국은 FDIC 예금보험이 없는 주법은행에 대한 관할권을 갖는다(이런 은행은 미국 상업은행 전체 예금의 0.2% 미만을 점유한다).

http://www.fdic.gov/bank/statistical/
상업은행과 저축기관의 직원 수와 수익성에 관해 알아보자.

여러분에게 미국의 은행규제 시스템이 혼란스럽다면, 여러 규제기관으로부터 감독을 받아야 하는 은행에게는 얼마나 더 혼란스럽겠는가? 재무부는 이 상황을 타개하기 위해 모든 예금취급기관에 대한 규제를 독립적인 기관 한곳에 집중하자는 제안들을 냈다. 그러나 이들 제안은 보누의회를 통과하지 못했으며, 앞으로 규제기관의 통합이 이루어질지도 매우 불확실하다.

금융혁신과 그림자 은행시스템의 성장

은행은 아직 미국 경제에서 가장 중요한 금융기관이지만, 최근 예금으로 자금을 조달해 대출을 제공하는 식의 전통적인 은행의 영업이 위축되어 왔다. 이들 영업의 일부는 **그림자 은행시스템**(shadow banking system)에 의해 대체되었다. 즉 증권시장에서의 대출에 의해 은행 대출이 대체된 것이다.

시간이 흐름에 따라 미국의 은행산업이 어떻게 진화했는지를 알아보려면, 금융시스템 전반을 변화시켜온 금융혁신의 과정을 이해해야 한다. 다른 산업과 마찬가지로 금융산업도 상품을 팔아 이윤을 얻으려는 비즈니스이다. 만약 비누회사가 시장에서 섬유유연제를 첨가한 세제에 대한 니즈(needs)가 있음을 알게 된다면, 이를 충족시키는 제품을 개발할 것이다. 마찬가지로 금융기관도 이윤을 극대화하기 위해 고객의 니즈는 물론 자신의 니즈를 충족시키는 새로운 상품을 개발한다. 달리 말하면, 경제에 매우 유익한 혁신은 사람들이 부자가 되려는 욕망에 의해 추진된다. 혁신 과정에 대한 이러한 견해는 다음과 같은 단순한 분석 결과를 도출한다. ***금융환경의 변화는 금융기관에 이윤을 가져다줄 금융혁신을 추구하도록 자극한다.***

금융시장에서 활동하던 금융기관과 개인은 1960년대부터 경제 환경의 극적인 변화에 직면했다. 인플레이션과 이자율이 급격히 오르고 미래를 예측하기가 더욱 어려워지면서 금융시장에서의 수요조건이 변화했다. 컴퓨터 기술의 급격한 진보로 인해 공급조건도 변화했다. 더구나 금융규제는 더욱 부담스러운 존재가 되었다. 금융기관들은 과거와 같은 방식으로 영업해서는 더 이상 높은 이윤을 얻을 수 없음을 깨달았다. 일반인에게 제공해 온 과거의 금융상품과 서비스가 잘 팔리지 않았던 것이다. 금융중개기관들은 전통적인 금융수단으로는 더이상 자금을 조달할 수 없으며, 자금조달 없이는 곧 사업을 포기해야 한다는 것을 깨달았다. 새로운 경제환경에서 살아남기 위해 금융기관은 고객의 니즈를 충족시키고 높은 이윤을 얻을 수 있는 새로운 금융상품과 서비스를 연구 · 개발해야 했다. 이런 과정을 **금융공학**(financial engineering)이라 부른다. 이 경우 필요는 혁신의 어머니였다.

금융혁신이 일어난 이유에 관한 논의를 통해 금융혁신에는 세 가지 기본 유형이 있음을 알 수 있다. 즉 수요조건의 변화에 대한 대응, 공급조건의 변화에 대한 대응, 규제의 회피이다. 이들 세 가지 동인은 종종 서로 상호작용을 하면서 금융혁신을 만들어낸다. 이제 금융기관이 왜 혁신을 하는지를 이해하기 위한 분석의 틀을 제시했으므로, 이윤을 추구하는 금융기관이 어떻게 이들 세 가지 유형의 금융혁신을 이루어냈는지 사례를 들어 살펴보자.

수요조건의 변화에 대한 대응: 이자율 변동성

최근 금융상품에 대한 수요를 변화시킨 경제환경의 가장 중요한 변화는 이자율 변동성의 급격한 증가이다. 1950년대에는 3개월 만기 재무부 증권의 이자율이 1.0~3.5% 사이에서 움직였다. 그런데 1970년대에는 그 이자율이 4.0~11.5% 사이에서 변동했으며, 1980년대에는 5~15%를 상회하기도 했다. 이자율의 급변으로 인해 상당한 규모의 자본이득 혹은 자본손실이 발생했으며 투자수익률에 대한 불확실성이 더욱 커졌다. *이자율위험*(interest-rate risk)이란 이자율 변화와 수익률의 불확실성과 관련된 위험임을 상기하자. 1970년대와 1980년대에 이자율의 변동성이 증가하면서 이자율위험은 더욱 커졌다.

예상할 수 있듯이, 이자율위험의 확대로 인해 그 위험을 줄여주는 금융상품과 서비스에 대한 수요가 증가했다. 이런 금융환경의 변화에 자극되어 금융기관들은 높은 이윤을 얻기 위해 새로운 수요를 충족시키는 금융혁신을 추구했으며, 그 결과 이자율위험을 줄여주는 새로운 금융수단이 창출되기에 이르렀다. 이러한 추론을 확인해주는 사례로 1970년대에 등장한 금융혁신인 변동이자율 모기지(adjustable-rate mortgage)와 금융파생상품을 들 수 있다.

변동이자율 모기지 다른 투자자와 마찬가지로 금융기관도 이자율위험이 작으면 대출하기에 유리하다는 것을 알고 있다. 금융기관들은 10%의 이자율로 모기지 대출을 했는데 두 달 후 똑같은 모기지에 대해 12%의 이자율이 적용되는 상황이 발생하길 원치 않는다. 이자율위험을 줄이기 위해 1975년 캘리포니아의 저축대부조합은 변동이자율 모기지란 대출상품을 판매하기 시작했다. 이는 시장이자율(대개 재무부 단기증권의 이자율)이 변하면 모기지의 이자율도 함께 변하는 대출이다. 초기에는 변동이자율 모기지의 이자율이 5%일 수 있다. 그런데 이 이자율은 고정된 것이 아니라, 예컨대 6개월 후에는 모기지의 이자율이 6개월 만기 재무부 증권의 이자율 변동폭만큼 따라 변동해 모기지 상환액이 조정되는 것이다. 변동이자율 모기지는 시장이자율이 오를 때 모기지 발행 금융기관에게 더 높은 이자율을 지급하기 때문에 이자율이 상승해도 높은 이윤을 유지해주는 이점이 있다.

변동이자율 모기지의 이러한 매력으로 인해 모기지 금융기관은 변동이자율 모기지에 대해서는 전통적인 고정이자율 모기지에 비해 초기에 더 낮은 이자율을 제시할 수 있었으며, 많은 고객의 인기를 끌었다. 그러나 한편으로는 변동이자율 모기지에 대한 모기지 상환액이 증가할 수 있기 때문에 여타 고객들은 고정이자율 모기지를 계속 선호했다. 결국 두 가지 유형의 모기지가 함께 널리 이용되었다.

금융파생상품 이자율위험을 줄이려는 수요가 크게 존재했기 때문에 시카고상품거래소(Chicago Board of Trade, CBOT)와 같은 상품거래소는 투자자와 금융기관들을 이자율위험에서 보호해줄, 즉 **헤지**(hedge)해줄 상품을 개발한다면 이런 새로운 금융수단을 판매해 이윤을 얻을 수 있음을 알았다. 표준화된 상품을 일정 시점에 약정한 가격으로 거래할 것을 합의하는 **선물계약**(futures contract)은 오래 전부터 존재하고 있었다. 시카고상품거래소의 관리자들은 금융자산에 대한 선물계약을 만든다면 위험을 헤지하는 데 이용할 수 있음을 깨달았다. 이때 그 지급액이 기존에 발행된 증권에 연계되어 파생적으로 정해지기 때문에 이를 *금융파생상품*(financial derivatives)이라 한다. 그리하여 1975년에 금융파생상품이 탄생했다.

공급조건의 변화에 대한 대응: 정보기술

금융혁신을 자극한 공급조건의 변화 가운데 가장 중요한 변화의 원천은 컴퓨터와 통신기술의 발달이다. 이들 기술을 *정보기술*(information technology, IT)이라 하는데, 다음 두 가지 영향을 미쳤다. 첫째, 정보기술은 금융거래를 수행하는 비용을 낮추었으며, 이로 인해 금융기관이 새로운 금융상품과 서비스를 제공해 이윤을 얻는 것이 가능해졌다. 둘째, 정보기술로 인해 투자자들이 정보를 얻기 쉬워졌고, 그 결과 기업은 증권을 발행하기가 더욱 용이해졌다. 정보기술의 급속한 발전은 다음에 살펴볼 여러 가지 새로운 금융상품과 서비스를 만들어냈다.

은행 신용카드와 직불카드 신용카드(credit card)는 제2차 세계대전 훨씬 전부터 존재했다. 시어스(Sears), 메이시스(Macy's), 골드워터스(Goldwater's) 등의 상점은 고객에게 현금 없이도 자신의 매장에서 물건을 살 수 있는 신용카드를 제공하는 방식으로 외상계좌를 제도화했다. 전국적인 신용카드는 제2차 세계대전 이후 다이너스클럽(Diners Club)이 미국 전역과 해외에서도 사용할 수 있는 신용카드를 개발하면서 시작되었다. 유사한 신용카드 사업이 아메리칸익스프레스

(American Express)와 까르뜨블랑슈(Carte Blanche)에 의해 시작되었다. 그러나 이 사업을 운영하는 데 드는 높은 비용 때문에 카드는 값비싼 구매를 할 능력이 있는 사람과 기업에게만 선별적으로 발급되었다.

신용카드를 발급하는 회사는 신용카드 소지자에게 제공한 대출과 신용카드 구매 시 가맹점이 지불하는 수수료(물건 가격의 일정 비율, 예컨대 5%)에서 수익을 얻는다. 신용카드 사업의 비용은 대출 채무의 불이행, 도난 카드, 신용카드 거래를 처리하는 데 드는 경비에서 발생한다.

다이너스클럽, 아메리칸익스프레스, 까르뜨블랑슈의 성공을 보고 은행들도 수익성이 높은 신용카드 사업에 끼어들기 시작했다. 1950년대에 몇몇 상업은행이 신용카드 사업을 보다 넓은 시장으로 확대하려고 시도했는데, 사업을 운영하는 데 드는 거래 건당 단가가 너무 높아 초기의 시도는 실패하고 말았다.

1960년대 후반 컴퓨터 기술의 발전으로 신용카드 서비스를 제공하는 데 드는 거래비용이 낮아짐에 따라 은행의 신용카드 사업이 수익을 낼 것처럼 보였다. 은행들은 다시 카드 사업에 뛰어들었고, 이번에는 뱅크아메리카드(BankAmericard)와 마스터차지(MasterCharge)라는 두 개의 성공적인 은행 신용카드가 탄생했다. 뱅크아메리카드는 원래 뱅크오브아메리카에 의해 시작되었으나 지금은 비자(Visa)라는 독립적 회사가 되었으며, 마스터차지는 지금의 마스터카드(MasterCard)로 은행간카드협회(Interbank Card Association)에 의해 운영되고 있다. 이들 사업은 경이적인 성공을 거두었으며, 약 5억 장의 카드가 사용되고 있다. 실로 은행 신용카드 사업은 수익성이 매우 높았기 때문에 디스커버(Discover) 카드를 출시한 시어스, 그리고 GM, AT&T 등의 비금융 회사들도 신용카드 사업에 진출했다. 소비자의 입장에서도 물건 구입 시 신용카드가 수표보다 널리 쓰이고 대출받기도 쉬워 이득이었다.

은행 신용카드의 성공으로 이들은 새로운 금융혁신인 *직불카드*(debit card)를 만들어냈다. 직불카드는 종종 신용카드와 똑같이 생겼으며, 물건 구입 시에도 신용카드와 똑같은 방식으로 사용할 수 있다. 그러나 신용카드와 달리 직불카드는 물건 구입 시 카드 소지자의 은행계좌에서 물건 대금이 즉시 인출된다. 직불카드의 이윤은 전적으로 물건을 판 가게가 지불하는 수수료에서 나오기 때문에 직불카드의 성공은 거래를 처리하는 낮은 비용에 달려 있다. 최근 직불카드의 사용이 급속히 증가하고 있다.

전자금융 현대의 놀라운 컴퓨터 기술로 인해 은행 고객들이 직원을 만나지 않고 전자금융(electronic banking, 혹은 e-banking) 설비를 이용함에 따라 은행은 거래비용을 더욱 낮출 수 있게 되었다. 전자금융 설비의 중요한 형태로는 고객이 현금을 인출하고, 예금을 하며, 다른 계좌로 송금하고, 잔고를 확인할 수 있는 **자동입출금기**(automated teller machine, ATM)를 들 수 있다. ATM은 초과근무수당이 필요 없이 하루 24시간 잠들지 않고 이용가능하다는 장점이 있다. ATM은 보다 저렴한 비용으로 은행 거래를 가능하게 할 뿐 아니라 고객에게 편리함을 제공한다. 더구나 ATM은 은행 이외의 장소에 놓일 수 있어 고객의 편리함을 더욱 높였다. 낮은 비용으로 인해 ATM은 곳곳에서 눈에 띄며, 현재 미국에만 25만 대 이상이 있다. 더욱이 이제는 유럽여행 시에도 마치 자기 나라의 은행에서 돈을 찾는 것처럼 ATM에서 쉽게 현지의 외국 화폐를 인출할 수 있다.

통신비용의 하락에 따라 은행은 *홈뱅킹*(home banking)이라는 또 다른 금융혁신을 이루어냈다. 이제 은행은 전자금융 장비를 설치해 고객이 전화나 PC를 통해 은행 컴퓨터에 접속해서 거래를 수행하게 함으로써 비용을 절감할 수 있다. 오늘날 은행 고객은 안락한 집을 나서지 않고도 많은 은행 거래를 할 수 있다. 고객의 이득은 홈뱅킹의 편리함이고, 은행은 고객을 은행으로 불러들여 거래하는 것보다 비용을 훨씬 낮출 수 있다. ATM과 홈뱅킹의 성공은 **자동은행업무기**(automated banking machine, ABM)라는 또 하나의 금융혁신을 가져왔다. ABM은 ATM, 은행 웹사이트에의 인터넷 연결, 고객서비스 전화 연결을 한자리에 결합한 것이다.

PC 가격이 하락해 가정에의 보급이 확대됨에 따라 홈뱅킹 영역에서 또 하나의 금융혁신이 진전되었다. 이는 **가상은행**(virtual bank)이라는 새로운 유형의 금융기관으로서, 사이버 공간에서만 존재하는 은행이다. 1995년에 애틀란타에 설립된, 그러나 지금은 로열뱅크오브캐나다(Royal Bank of Canada)가 소유하게 된 시큐리티퍼스트네트워크뱅크(Security First Network Bank)는 최초의 가상은행으로, 당좌예금과 저축예금을 받고, CD(양도성 예금증서)를 팔며, ATM 카드를 발급하고, 고지서 납부 편의를 제공하는 등 인터넷상에서 일련의 은행서비스를 제공한다. 따라서 가상은행은 홈뱅킹을 한 단계 더 진전시킨 것으로, 고객이 모든 은행서비스를 24시간 집에서 처리할 수 있게 해준다. 1996년에는 뱅크오브아메리카와 웰스파고(Wells Fargo)가 가상은행 시장에 진입했으며 많은 은행이 이를 뒤따르고 있다. 현재 뱅크오브아메리카는 미국에서 가장 큰 인터넷 은행이다. 그럼 가상은행이 미래의 중심적인 은행 형태가 될 것인가?([E-Finance] '은행

> E-FINANCE

E-Finance 

은행산업에서 '클릭(click)'이 '벽돌(brick)'을 압도하게 될까?

가상은행(클릭)의 등장과 그 편리함으로 인해 제기되는 주요 질문은 '과연 가상은행이 은행의 기능을 수행하는 주된 형태가 되고, 따라서 은행서비스의 주요 전달기구로서 물리적인 은행 지점(벽돌)의 필요성은 사라질 것인가'라는 것이다. 정말, 독립형 인터넷 은행이 미래의 물결일까?

그 대답은 '아니오'인 것 같다. 뱅크원(Bank One)이 소유한 윙스팬(Wingspan), 더블린에 근거한 퍼스트이(First-e), 프루덴셜(Prudential)이 소유한 영국의 인터넷 은행 에그(Egg) 등과 같이 인터넷만으로 운영되는 은행들은 실망스런 수익 증가율과 이윤을 나타내고 있다. 순수 온라인 뱅킹은 그 지지자들이 원했던 것만큼 성공적이지 못하다. 그럼, 왜 인터넷 은행이 실망스러운 걸까?

인터넷 은행은 몇 가지 점에서 불리하다. 첫째, 은행 예금자들은 자신의 예금이 안전한지 알고 싶어하며, 따라서 자신의 돈을 잘 알지 못하는 신생 금융기관에 맡기기를 꺼린다. 둘째, 고객들은 온라인 거래가 안전한지, 그리고 그 거래가 정말 개인정보를 보호해줄지 의심한다. 전통적인 은행이 개인정보를 보호하는 데 더 안전하고 믿을 만하다고 보는 것이다. 셋째, 고객들은 물리적인 지점에서 제공하는 서비스를 선호하는 것 같다. 예를 들어 고객은 은행 직원과 얼굴을 마주보며 장기 저축상품을 구입하길 원한다. 넷째, 인터넷 은행은 서버 장애, 느린 전화선 연결, 거래의 오류 등 기술적 문제(물론 이런 문제는 기술이 진보함에 따라 감소하겠지만)에 부딪힌다.

따라서 미래의 물결은 순수 인터넷 은행일 것 같지는 않다. 대신 '클릭과 벽돌'이 중심적인 은행 형태가 되어, 온라인 뱅킹은 전통적인 은행이 제공하는 서비스를 보완하는 데 이용될 것 같다. 그럼에도 불구하고 은행서비스의 전달방식은 엄청난 변화를 겪고 있다. 더 많은 은행서비스가 인터넷으로 전달될 것이며, 미래에 물리적인 은행 지점의 수는 감소할 것이다.

산업에서 '클릭(click)'이 '벽돌(brick)'을 압도하게 될까?' 참조)

전자지급 값싼 컴퓨터의 개발과 인터넷의 확산에 따라 이제 은행의 고객이 청구서 대금을 전자적으로 납부하는 데 드는 비용이 매우 저렴해졌다. 과거에는 청구서 대금을 납부하기 위해 수표를 우편으로 보내야 했지만, 이제 은행은 웹사이트를 제공함으로써 고객은 단지 로그온 해서 몇 번만 클릭하면 전자적으로 대금을 전송할 수 있다. 고객은 우표값을 절약할 뿐만 아니라 힘들이지 않고 (거의) 즐겁게 대금을 납부할 수 있게 되었다. 심지어 최근 은행이 제공하는 전자지급 시스템은 대금을 납부하기 위해 로그온 하는 단계조차 필요 없다. 반복적으로 내는 대금은 손가락을 까딱하지 않아도 자동적으로 은행계좌에서 빠져나간다. 이런 서비스를 제공하면 은행은 두 가지 측면에서 수익성을 높일 수 있다. 첫째, 전자적으로 대금을 지급하면 은행은 기존에 종이를 이용한 거래를 처리하던 사람들이 필요 없게 된다. 수표 대신 전자적으로 대금이 지급될 경우 1달러 이상의 비용이 절감된다고 추정된다. 둘째, 고객의 편리함이 증대되면 은행에 계좌를 개설할 가능성이 높아진다. 따라서 미국에서 전자지급(electronic payment)은 훨씬 더 보편화되고 있는데, 그럼에도 전자지급의 이용에 있어 미국은 유럽, 특히 스칸디나비아보다는 상당히 뒤처져 있다([E-Finance] '왜 스칸디나비아가 전자지급과 온라인 뱅킹 이용에 있어 미국보다 훨씬 앞서 있을까?' 참조).

> E-FINANCE

E-Finance 

왜 스칸디나비아가 전자지급과 온라인 뱅킹의 이용에 있어 미국보다 훨씬 앞서 있을까?

미국인들은 세계에서 수표를 가장 많이 사용한다. 미국에서는 매년 1,000억 장이 넘는 수표가 발행되며 비현금성 거래의 3/4 이상이 종이를 사용해 처리된다. 이와는 대조적으로 대부분의 유럽 국가에서는 비현금성 거래의 2/3 이상이 전자적으로 처리되며, 특히 핀란드와 스웨덴은 전 세계 어떤 나라보다도 온라인 뱅킹 고객의 비율이 높다. 실제로 핀란드나 스웨덴 사람이라면 수표를 쓰는 대신 훨씬 더 자주 퍼스널 컴퓨터(PC)나 이동전화를 사용해 온라인으로 대금을 지급할 것이다. 왜 유럽인, 특히 스칸디나비아인들은 전자지급의 이용에 있어 미국인들보다 훨씬 앞서 나갈까? 첫째, 유럽인은 PC가 출현하기 전에도 수표를 사용하지 않는 지급수단에 익숙했다. 오랜 동안 유럽인은 은행과 우체국이 고객의 대금 지급을 위해 자금을 이체해주는 지로(giro) 지급을 이용해 왔다. 둘째, 유럽인, 특히 스칸디나비아인은 미국인보다 이동전화와 인터넷을 훨씬 더 많이 사용한다. 핀란드는 세계에서 1인당 이동전화 사용량이 가장 많은 나라이며, 핀란드와 스웨덴은 인터넷에 접속하는 인구의 비율이 세계에서 가장 높은 나라이다. 아마도 이런 사용자 패턴은 이들 나라의 낮은 인구밀도와 실내에서 PC를 사용하게끔 만드는 춥고 어두운 겨울 때문일지도 모른다. 이에 대해 스칸디나비아인들은 자신들의 하이테크 문화가 훌륭한 교육시스템과 이에 따른 높은 수준의 컴퓨터 사용능력, 핀란드의 노키아(Nokia)와 스웨덴의 에릭슨(Ericsson)과 같은 첨단기술을 가진 기업의 존재, 그리고 기업이 직원들에게 가정용 컴퓨터를 제공하도록 하는 스웨덴의 세금 유인책처럼 PC 사용을 촉진하는 정부정책의 산물이라는 견해를 취한다. 컴퓨터 시스템에 연결된 핀란드와 스웨덴 사람들은 그 비율로 볼 때 세계에서 온라인 뱅킹을 가장 많이 이용하는 사람들이다. 분명히 미국인은 전자지급수단의 사용 추세에 있어 뒤처져 있으며 이로 인해 미국 경제는 높은 비용을 부담하고 있다. 추정치에 의하면 미국 경제에서 수표를 전자지급수단으로 대체하면 연간 수백억 달러가 절약될 것이라 한다. 실제로 비용을 줄이기 위해 미국 연방정부는 정부의 모든 지급을 은행 계좌에 직접 입금함으로써 전자지급 방식으로 전환하고자 노력하고 있다. 과연 미국인들이 종이 수표를 벗어나 하이테크의 전자지급 세계를 전면적으로 받아들일 수 있을까?

전자화폐 전자지급기술의 발달은 수표를 대체할 수 있을 뿐만 아니라 전자적인 형태로만 존재하는 화폐인 **전자화폐**(electronic money 또는 e-money)를 이용해 현금도 대체할 수 있다. 전자화폐의 첫 번째 형태는 가치저장 카드(stored-value card)이다. 가장 단순한 형태의 가치저장 카드는 소비자가 장차 구매하려는 일정액의 금액 단위로 판매된다. 보다 복잡한 형태의 가치저장 카드는 **스마트 카드**(smart card)라 알려져 있다. 스마트 카드에는 컴퓨터 칩이 내장되어 있어 필요할 때마다 디지털 현금을 소유자의 은행 계좌로부터 전자적으로 충전할 수 있다. 스마트 카드는 ATM 기기, 스마트 카드 판독기를 가진 PC, 또는 특수장치가 부착된 전화기에서 충전될 수 있다.

전자화폐의 두 번째 형태는 종종 **전자현금**(e-cash)이라고 불리는데, 인터넷 상에서 재화와 용역을 구입하는 데 이용된다. 소비자는 은행에 인터넷으로 연결된 계좌를 설정한 다음 자신의 PC로 전자현금을 이체한다. 그러고 나서 전자현금으로 뭔가를 구매하길 원할 때 웹상의 상점에서 물건을 골라 '구매하기' 아이콘을 클릭한다. 그러면 동시에 전자현금이 자동적으로 자신의 컴퓨터에서 판매자의 컴퓨터로 이체된다. 그러면 판매자는 물건이 배송되기 전에 소비자의 은행 계좌에서 자신의 컴퓨터로 이체된 자금을 가질 수 있다.

이렇듯 전자화폐가 편리하기 때문에 모든 지급이 전자적으로 이루어지는 현금 없는 사회(cashless society)가 곧바로 도래할 것이라 생각할 수도 있겠다. 그러나 다음 [E-Finance]의 논의에서 볼 수 있듯이 이런 현상은 발생하지 않았다.

> E-FINANCE

E-Finance 

현금 없는 사회가 도래하는가?

현금 없는 사회에 대한 예측이 수십 년간 있어 왔으나 실현되지 못하고 있다. 예를 들어 1975년에 *비즈니스 위크*(Business Week) 잡지는 전자지급수단이 조만간 화폐란 개념 자체에 일대 혁명을 가져올 것이라고 예측하였는데, 불과 몇 년 후에 이 예측을 번복했다. 소비자가 전자화폐를 사용하도록 하는 최근의 스마트 카드 시범사업은 성공하지 못했다. 1995년 영국에서 시범적으로 착수해 널리 알려진 초창기 가치저장 카드의 일종인 몬덱스(Mondex)는 단지 몇몇 영국의 대학 캠퍼스에서만 사용되고 말았다. 독일과 벨기에에서는 수백만 명의 사람들이 컴퓨터 칩이 내장되어 있어 전자화폐로 사용이 가능한 은행 카드를 갖고 있으나 거의 아무도 이를 이용하지 않는다. 현금 없는 사회의 도래가 왜 이렇게 느릴까?

전자화폐는 종이를 기반으로 하는 지급시스템보다 더 편리하고 효율적이겠지만 이런 종이가 사라지는 것을 막는 몇 가지 요인이 있다. 첫째, 전자화폐가 지배적인 지급 형태가 되는 데 필요한 컴퓨터, 카드 판독기, 통신망의 설치에 많은 비용이 소요된다. 둘째, 전자지급수단은 보안과 사생활 침해의 우려가 있다. 우리는 종종 불법 해커가 컴퓨터의 데이터베이스에 접근해 저장된 정보를 변경할 수 있었다는 언론 보도를 접한다. 이는 드문 일이 아니기 때문에 비양심적인 사람이 전자지급 시스템에서 은행 계좌에 접근해 타인의 계좌로부터 자신의 계좌로 자금을 이전시켜 절취할 가능성이 있다. 이런 유형의 사기를 방지하는 것은 쉬운 일이 아니며, 컴퓨터 과학의 완전히 새로운 영역이 보안 문제를 해결하기 위해 발전했다. 더 큰 우려는 전자지급수단을 사용하면 구매 습관에 관한 대규모 개인정보가 담긴 전산상의 흔적이 남는다는 것이다. 정부, 고용주, 마케팅 담당자가 이들 정보에 접근해 우리의 사생활을 침해할 우려가 있다.

이런 논의에서 얻은 결론은 다음과 같다. 미래에 전자화폐의 사용이 확실히 증가하겠지만 마크 트웨인(Mark Twain)의 글을 환언하면 "현금의 종언을 알리는 보고는 매우 과장된 것이다."

정크본드 컴퓨터와 진보된 통신수단이 등장하기 전에는 증권을 발행하려는 기업의 재무상황에 관한 정보를 얻기가 어려웠다. 신용위험이 우량한 자와 불량한 자를 가려내기가 어려웠기 때문에 채권을 발행할 수 있는 기업은 신용등급이 높은 매우 건실한 기업뿐이었다.[1] 1980년대 이전에는 Baa 이상의 신용등급으로 채권을 발행할 수 있는 기업만이 신규로 채권을 발행해 자금을 조달할 수 있었다. 이들 기업이 어려운 시기에 처하면 *추락한 천사*(fallen angel)라 불리는데, 과거 좋은 시절에 발행한 장기 회사채의 신용등급이 이제 Baa등급 아래로 떨어지면 이를 경멸해 '정크본드(junk bond)'라 한다.

1970년대부터 정보기술의 진보에 따라 투자자가 기업의 재무정보를 쉽게 얻을 수 있어 신용위험이 우량한 기업과 불량한 기업을 구별하기 쉬워졌다. 이들의 구별이 쉬워짐에 따라 투자자는 잘 알려지지 않은 기업이 발행한 신용등급이 낮은 장기 채무증권을 보다 기꺼이 사려고 했다. 이러한 공급조건의 변화로 어떤 똑똑한 사람이 나타나, 추락한 천사가 아니라 아직 투자등급 지위를 얻지 못한 기업이 발행한 신규 정크본드를 판매한다는 아이디어를 선구적으로 개발했다. 바로 드렉셀번햄램버트(Drexel Burnham Lambert)라는 투자은행의 밀켄(Michael Milken)이 1977년에 시작한 일이다. 정크본드는 1980년대 후반까지 그 잔고가 2,000억 달러를 상회할 만큼 회사채시장에서 중요한 요소가 되었다. 1989년에 밀켄이 증권법 위반으로 기소된 후 정크본드 시장이 크게 냉각되기도 했지만, 이 시장은 1990년대와 2000년대에 다시 가열되었다.

기업어음시장 *기업어음*(commercial paper, CP)은 대형 은행과 기업에 의해 발행되는 단기 채무증권이다. 기업어음시장은 1970년 이후 엄청난 성장을 거듭해, 1970년에 330억 달러이던 시장규모가 2012년 말에는 1조 달러 이상으로 확대되었다. 실로 기업어음은 가장 빠르게 성장한 단기금융시장의 금융상품 가운데 하나이다.

기업어음시장이 급속히 성장할 수 있었던 것은 역시 정보기술의 발달 덕분이다. 정보기술의 발달로 인해 투자자들은 신용위험이 우량한 기업과 불량한 기업을 가려낼 수 있었고, 그 결과 기업은 채무증권을 쉽게 발행할 수 있었다. 기업은 정크본드 시장에서 장기 채무증권을 발행할 수 있었을 뿐만 아니라, 기업어음과 같은 단기 채무증권을 발행해 보다 쉽게 자금을 조달할 수 있었다. 은행에서 단기 자금을 차입하던 많은 기업이 이제는 종종 기업어음시장에서 단기 자금을 조달한다. MMF의 발전도 기업어음시장의 급속한 성장을 촉진했다. MMF는 기업어음과 같이 유동성이 높은 우량한 단기 자산을 보유할 필요가 있기 때문에, MMF가 2조 6,000억 달러 규모로 성장함에 따라 기업어음시장이 곧바로 성장했다. 기업어음에 투자하는 연금과 여타 대형 펀드들의 성장도 기업어음시장의 확대를 촉진했다.

증권화 거래 기법과 정보기술의 발달로 인한 금융혁신의 중요한 예로 증권화를 들 수 있다. 증권화는 지난 20년 동안 일어난 가장 중요한 금융혁신 중 하나이며, 2000년대 중반 서브프라임 모

---

1) 제7장의 역선택 문제에 대한 논의에서 왜 신용등급이 높은 매우 건실한 기업만이 채권을 발행할 수 있는지에 대한 보다 자세한 분석을 볼 수 있다.

기지의 발전에 특히 큰 역할을 했다. **증권화**(securitization)란 주택 모기지, 자동차 대출, 신용카드 매출채권 등과 같이 전통적으로 은행의 주 수익원이던 유동성이 낮은 금융자산을 시장에서 거래될 수 있는 자본시장의 증권으로 변환시키는 과정이다. 앞에서 살펴본 것처럼 정보를 획득하는 능력이 발달함에 따라 자본시장 증권을 판매하기가 쉬워졌다. 더욱이 컴퓨터 기술의 발달로 인해 거래비용을 낮출 수 있기 때문에, 금융기관은 저렴한 비용으로 모기지와 같은 다양한 소액(종종 10만 달러 이하) 대출을 한데 묶은 포트폴리오를 구성한 후 여기서 나오는 원리금을 수취해 제3자에게 넘길 수 있다. 금융기관은 이 포트폴리오를 표준화된 금액으로 쪼개 원리금 지급에 대한 청구권을 증권의 형태로 만들어 제3자에게 매각할 수 있다. 이때 대출을 증권화하면서 발행하는 증권을 표준화해 유동성을 높이고, 여러 대출을 한데 모아 포트폴리오를 구성하면서 위험을 분산시킬 수 있기 때문에 이 증권은 보다 매력적인 금융상품이 된다. 한편, 대출을 증권화해 매각하는 금융기관은 대출의 원리금을 징수하고 이를 증권 소유자에게 지급해주는 서비스를 제공하면서 그 대가로 수수료를 받아 이윤을 얻는다.

규제의 회피

지금까지 논의한 금융혁신 과정은 여타 경제 분야에서의 혁신과 거의 유사하다. 즉 혁신은 수요와 공급 조건의 변화에 반응해 일어난다. 그러나 금융산업은 다른 산업에 비해 더 많은 규제를 받기 때문에 정부의 규제가 금융산업에서의 혁신을 더욱 자극했다. 금융기관은 이윤을 제약하는 정부의 규제를 우회할 인센티브가 있었고, 그 결과 금융혁신이 일어났다. 보스턴 칼리지(Boston College)의 경제학자 케인(Edward Kane)은 이렇게 규제를 회피하는 과정을 '허점 찾아내기(loophole mining)'라 불렀다. 혁신에 대한 경제적 분석이 시사하는 바는, 경제 환경의 변화로 인해 규제의 제약이 너무 부담스러워지면 규제를 회피함으로써 많은 이윤을 얻을 수 있기 때문에, 허점 찾아내기와 금융혁신이 더욱 일어난다는 것이다.

미국에서 은행산업은 가장 강하게 규제되는 산업의 하나이기 때문에 허점 찾아내기가 특히 일어나기 쉽다. 1960년대 후반에서 1980년까지 인플레이션과 이자율의 상승으로 인해 은행산업에 대한 규제가 더욱 부담스럽게 됨에 따라 금융혁신이 일어났다.

두 종류의 규제가 은행의 이윤창출 능력을 심각하게 제약했다. 즉 은행이 예금의 일정 부분을 지준(시재금과 중앙은행 예치금)으로 보관하도록 규정한 지준 의무와 예금에 대한 이자율 규제가 그것이다. 다음과 같은 이유로 이들 규제는 금융혁신의 주요 동력이 되었다.

1. *지준 의무*. 지준 의무가 왜 금융혁신을 가져왔는지를 이해하기 위해서는 지준 의무가 실질적으로 예금에 대한 세금과 같음을 알아야 한다. 2008년 이전까지 연준은 지준에 대해 이자를 지급하지 않았기 때문에 은행이 지준을 보유하는 기회비용은 지준을 대출함으로써 얻게 되는 이자수익이다. 따라서 지준 의무는 예금 1달러에 대해 지준으로 보유해야 하는 부분인 지준율 r에 대해 대출해서 받을 수 있는 이자율 i를 곱한 것만큼의 비용을 은행에 부과하는 셈이다. 이렇게 은행에 부과된 $r \times i$만큼의 비용은 은행예금 1달러당 $r \times i$만

큼의 세금을 부과한 것과 똑같다.

가능하다면 절세가 상책이다. 은행도 마찬가지이다. 세금을 내야 할 사람이 세금을 줄일 수 있는 허점을 찾듯이, 은행도 허점을 찾아내 예금에 대한 지준 의무로 부과된 세금을 회피하는 금융혁신을 함으로써 이윤을 증가시킬 방법을 찾는다.

2. *예금이자율에 대한 규제.* 1980년 이전까지 미국의 대다수 주에서는 은행이 당좌예금에 대해 이자를 지급하는 것을 금지했으며, 연준은 레귤레이션 Q(Regulation Q)를 통해 정기예금에 지급할 수 있는 이자율 상한을 설정했다. 오늘날까지 은행은 기업의 당좌예금에 대해 이자를 지급하는 것이 금지되어 있다. 바로 이러한 **예금이자율 상한**(deposit rate ceiling)을 회피하려는 욕구로 인해 금융혁신이 일어났다.

   레귤레이션 Q가 적용되는 정기예금에 대한 이자율 상한보다 시장이자율이 더 높아지면, 예금자는 은행에서 돈을 인출해 수익률이 더 높은 증권으로 옮겨간다. 은행시스템에서 예금의 인출이 일어나면 은행이 대출할 수 있는 자금의 양이 줄어드는 **탈중개화**(disintermediation, 혹은 탈은행화) 현상이 발생하고 이에 따라 은행의 이윤이 감소한다. 따라서 은행은 예금이자율 상한을 우회할 인센티브가 있다. 왜냐하면 이렇게 함으로써 대출할 자금을 더 많이 조달해 더 큰 이윤을 얻을 수 있기 때문이다.

이자율에 대한 규제와 세금 효과를 지닌 지준 의무를 피하려는 은행의 욕구로 인해 다음 두 가지 중요한 금융혁신이 일어났다.

MMF MMF(money market mutual fund)는 수표를 발행해 고정된 가격(대개 1달러)으로 상환할 수 있는 지분을 발행한다. 예를 들어 여러분이 5,000달러를 내고 MMF 지분 5,000주를 샀다면, MMF는 이 돈을 단기국채, CD, CP 등 단기금융시장의 증권에 투자하고 그 이자를 여러분에게 지급한다. 게다가 여러분은 MMF의 지분으로 보유하고 있는 5,000달러까지 수표를 발행할 수 있다. 이렇게 MMF 지분은 실질적으로 이자를 지급하는 당좌예금과 같은 기능을 하지만 법적으로는 예금이 아니며, 따라서 지준 의무나 이자율 규제를 받지 않는다. 이런 이유로 MMF는 은행예금보다 높은 이자율을 지급할 수 있다.

최초의 MMF는 1970년 벤트(Bruce Bent)와 브라운(Henry Brown)이라는 월스트리트의 이단자에 의해 창출되었다. 1970~1977년 동안 시장이자율은 5.25~5.5%인 레귤레이션 Q의 예금이자율 상한보다 약간 높은 수준이었기 때문에 은행예금에 비해 특별히 유리하지 않았다. 그런데 1978년 초 상황이 급변해 인플레이션이 높아지고 시장이자율이 레귤레이션 Q의 이자율 상한인 5.5%보다 훨씬 높은 10% 이상으로 상승했다. 이에 MMF의 자산규모가 1977년에는 40억 달러에도 미치지 못했으나, 1978년에는 100억 달러 가까이로 증가했고, 1979년에는 400억 달러를 넘었으며, 1982년에는 2,300억 달러에 이르렀다. 현재는 MMF 자산규모가 약 2조 6,000억 달러이다. 적어도 MMF는 성공적인 금융혁신이었다. 이는 바로 시장이자율이 레귤레이션 Q의 이자율 상한을 크게 상회한 1970년대 후반과 1980년대 초에 일어나리라 예견된 바이기도 하다.

그러나 전혀 뜻밖의 결과는, 브루스 벤트에 의해 설립된 MMF가 위험한 투자로 인해 2008년

> 미니사례 Mini-Case

브루스 벤트와 2008년의 MMF 패닉

MMF 창시자의 한 사람인 브루스 벤트는 2008년 가을 글로벌 금융위기 동안에 MMF 산업을 거의 몰락시키고 말았다. 2008년 7월 벤트는 지분 소유자들에게 보낸 편지에서 자신의 MMF가 '원금 보존이라는 확고한 원칙' 하에 관리된다고 말했다. 그는 또한 2007년 9월 SEC에 보낸 편지에서 "1970년에 MMF를 창립할 때 안전성과 유동성의 신조 하에 MMF를 설계했다."라고 밝혔다. 그런데 이들 원칙을 "포트폴리오 관리자들이 최대한의 수익률을 추구하고 완결성을 손상시킴에 따라 중도에서 포기했다."라고 덧붙였다. 아! 벤트는 자기 자신의 충고를 따르지 않았고 그가 만든 MMF인 리저브프라이머리펀드(Reserve Primary Fund)는 MMF 산업의 평균수익률보다 높은 수익률을 얻기 위해 위험한 자산을 사들였던 것이다.

2008년 9월 15일에 리먼브라더스가 파산했을 때, 리저브 프라이머리펀드는 600억 달러 이상의 자산을 보유하고 있었는데 리먼브라더스 채권에 7.85억 달러가 물렸고 이 금액은 장부상 가치가 영(0)으로 되었다. 이에 따른 손실로 인해 9월 16일 벤트의 MMF는 지분에 대해 1달러의 액면가 미만으로 환매할 수밖에 없는 'breaking the buck' 상태에 처했다. 이에 대규모 자금 인출이 일어나 벤트의 MMF는 자산의 90%를 잃고 말았다.

이런 일이 다른 MMF에서도 일어날 수 있다는 공포감으로 인해 사람들이 MMF에서 급속히 자신의 돈을 인출하는 고전적인 패닉 상황이 발생했다. MMF 산업 전체가 몰락할 수 있을 것처럼 보였다. 이를 막기 위해 9월 19일 연준과 미국 재무부가 구조에 나섰다. 연준은 MMF가 투자자들로부터의 환매 요구를 들어줄 수 있도록 MMF가 보유한 기업어음을 매입할 자금을 대출해주는 비상조치를 취했다(제8장 참조). 그리고 재무부는 모든 MMF의 환매를 한시적으로 보증했다. 이에 따라 패닉은 가라앉았다.

정부의 안전망이 MMF 산업에로 확대되었기에 당연히 MMF 산업을 보다 강하게 규제해야 한다는 요구가 있다. 이제 MMF 산업은 더 이상 예전과 같지 않을 것이다.

글로벌 금융위기 동안 거의 몰락했다는 것이다([미니사례] '브루스 벤트와 2008년의 MMF 패닉' 참조).

일소계정 일소계정은 지준 의무로 인한 '세금'을 피하는 또 다른 혁신이다. **일소계정**(sweep account)은 기업의 당좌예금에 일정액 이상의 자금이 있으면 그 자금을 영업 마감시간에 모두 인출('일소')해 이자가 지급되는 증권에 하룻밤 동안 투자함으로써 이자를 지급하는 예금이다. 일소된 자금은 더 이상 당좌예금으로 간주되지 않기 때문에 지준 의무가 없으며, 따라서 '세금'도 없다. 일소계정은 또한 당좌예금에 대해서는 은행이 이자를 지급할 수 없음에도 실질적으로는 이자를 지급하는 이점이 있다. 일소계정이 널리 보급됨에 따라 필요지준의 양이 줄어들어 대다수 은행에게 지준 의무가 더이상 제약으로 작용하지 않게 되었다. 달리 말하면, 은행은 자발적으로 필요지준보다 더 많은 지준을 보유한다.

일소계정과 MMF의 금융혁신은 비용을 초래하는 규제를 회피하기 위해서 뿐만 아니라 정보기술이라는 공급조건의 변화에 의해 촉발되었다는 점에서 특히 흥미롭다. 금융혁신에 필요한 추가적인 거래가 컴퓨터를 이용해 저렴한 비용으로 처리될 수 없었다면, 이런 혁신은 수익성을 낼 수 없었으며 따라서 개발되지도 못했을 것이다. 기술적 요인은 종종 규제를 우회하려는 인센티브와 결합해 혁신을 만들어낸다.

금융실무 새로운 금융상품에서의 이윤: 재무부 채권 스트립스에 대한 사례 연구

금융거래의 처리비용을 낮춘 초고속 컴퓨터의 도래가 은행 신용카드와 직불카드 등의 금융혁신을 이끌었음을 살펴보았다. 금융혁신을 통해 돈을 벌 수 있기 때문에 금융기관 경영자들은 컴퓨터 기술을 활용해 수익성이 높은 새로운 금융상품을 만들어내는 데 담긴 생각을 이해하는 것이 중요하다. 어떻게 금융기관 경영자들이 금융혁신을 통한 이윤 증대 방법을 알아낼 수 있는지를 예시하기 위해 1982년 살로몬브라더스와 메릴린치에 의해 개발된 금융상품인 재무부 채권 스트립스(Treasury strips)를 살펴보자(사실 이 금융혁신은 매우 성공적이어서 제10장에서 논의된 바와 같이 1985년에 미국 재무부가 이를 복제해 STRIPS를 발행했다).

장기 이표채 투자자들이 당면한 문제는, 심지어 투자자들의 채권 보유기간이 장기이더라도 소위 *재투자 위험*으로 인해 발생하는 수익률의 불확실성이 존재한다는 것이다. 10년 만기 이표채를 보유한 투자자의 보유기간이 10년이라 하더라도 채권의 수익률은 확정적이 아니다. 이표지급이 10년 만기 이전에 발생해 이 이표지급액을 재투자해야 한다는 문제가 있다. 이표지급액이 재투자될 때의 이자율이 변동할 것이기 때문에 이 채권의 최종 수익률도 변동할 수밖에 없다. 이와는 대조적으로 10년 만기 무이표채는 만기 이전에 아무런 현금 지급이 없기 때문에 재투자 위험이 없다. 만기까지 보유하는 무이표채의 수익률은 채권의 구입 시점에 확정된다. 재투자 위험이 없기 때문에 무이표채는 매력적인 특성을 갖게 되며, 그 결과 투자자들은 재투자 위험을 지닌 이표채와 비교해 무이표채에 대해서는 약간 더 낮은 이자율을 기꺼이 받아들인다.

무이표채의 이자율이 더 낮다는 사실과 함께 다른 기초 증권(underlying security)에서 파생된 증권인 소위 하이브리드 증권(hybrid security)을 창출하는 데 컴퓨터를 활용하는 능력을 결합함으로써 살로몬브라더스와 메릴린치의 직원들은 돈을 벌 수 있는 기막힌 아이디어를 찾아냈다. 이들은 컴퓨터를 이용해 재무부 장기 이표채를 무이표채들의 조합으로 분할해 '떼어낼(strip)' 수 있었다. 예를 들어 100만 달러어치 10년 만기 재무부 채권(treasury bond)에서 *재무부 채권 스트립스*라고 불리는 열 개의 10만 달러짜리 무이표채를 떼어내는 것이다. 보다 매력적인 특성을 지닌 재무부 채권 스트립스 무이표채에 대해서는 보다 낮은 이자율이 적용되기 때문에 이들 무이표채의 가치가 그 기초 증권인 장기 재무부 채권의 가격을 상회했고, 이로 인해 살로몬브라더스와 메릴린치는 장기 재무부 채권을 매수하면서 이를 재무부 채권 스트립스로 분할해 무이표채의 형태로 매도함으로써 돈을 벌 수 있었다.

이들의 아이디어가 어떻게 작동했는지를 보다 구체적으로 알아보기 위해, 만기가 10년이고 이표율이 10%인 재무부 채권 100만 달러어치가 있는데 만기수익률이 10%여서 액면가에 거래되고 있다고 하자. 이 채권에서의 현금 지급액이 [표 16.1]의 두 번째 열에 제시되어 있다. 문제를 간단하게 만들기 위해 수익률 곡선(yield curve)이 완전히 수평이어서 미래 각 현금 지급액을 할인하는 데 사용되는 이자율이 모두 같다고 가정하자. 재투자 위험이 없는 무이표채는 재무부의 10년 만기 이표채보다 더 매력적이기 때문에 무이표채의 이자율은 이표채의 이자율 10%보다 약간 낮은 9.75%라고 하자.

세련된 금융기관 경영자인 프랜은 재무부 채권 스트립스를 창출해 판매함으로써 돈을 벌 수 있음을 어떻게 알아냈을까? 프랜이 취한 첫 번째 단계는 무이표채인 재무부 채권 스트립스가 얼마에 팔리는지를 알아보는 것이다. 그녀가 이자율의 개념에 관한 이 책의 제3장을 읽었다면 이는 쉬운 문제다. 그녀는 제3장에서 배운 현재가치 방정식을 이용한다.

$$PV = \frac{CF}{(1+i)^n} \tag{1}$$

그녀는 각각의 재무부 채권 스트립스 무이표채가 다음과 같이 현재(할인)가치로 팔린다는 사실을 알아낼 것이다.

$$PV = \frac{n\text{년 후 현금지급액}}{(1+0.09752)^n}$$

각 기간별 이 계산의 결과가 [표 16.1]의 네 번째 열에 나와 있다. 프랜이 재무부 채권 스트립스 무이표채들을 모두 합하면 1,015,528달러라는 금액을 얻는데, 이는 재무부 채권의 구입가격인 100만 달러보다 더 큰 금액이다. 재무부 채권에서 이자를 수취하고 이를 무이표채 스트립스의 소유자에게 전달하는 데 드는 비용이 15,528달러보다 작기만 하다면 무이표채 스트립스는 그녀가 경영하는 금융기관에 이익이 될 것이다. 사실 컴퓨터 기술이 이들 금융거래를 수행하는 데 드는 비용을 낮추었기 때문에 실제로도 그랬다. 따라서 프랜은 그녀의 금융기관이 선도적으로 새로운 금융상품을 마케팅하기로 추천한다. 이제 이 금융기관은 상당한 규모의 재무부 채권 스트립스를 판매함으로써 훨씬 많은 이윤을 얻을 수 있기 때문에 프랜에게 그 보상으로 멋진 빨간색 BMW 새 차와 10만 달러의 보너스를 준다!

[표 16.1] 액면가에 거래되는 10년 만기, 10% 이표율의 100만 달러어치 재무부 채권에서 파생된 재무부 채권 스트립스 무이표채의 시장가치

(1) 기간(년)	(2) 현금지급액($)	(3) 무이표채 이자율(%)	(4) 무이표채의 현재할인가치($)
1	100,000	9.75	91,116
2	100,000	9.75	83,022
3	100,000	9.75	75,646
4	100,000	9.75	68,926
5	100,000	9.75	62,802
6	100,000	9.75	57,223
7	100,000	9.75	52,140
8	100,000	9.75	47,508
9	100,000	9.75	43,287
10	100,000	9.75	39,442
10	1,000,000	9.75	394,416
합계			$1,015,528

금융혁신과 전통적 은행업의 쇠퇴

은행의 전통적인 금융중개 기능은 단기 예금으로 자금을 조달해 장기로 대출하는, 흔히 '단기로 차입해 장기로 대출한다'고 일컫는 자산변환(asset transformation)의 과정이다. 여기서는 어떻게 금융혁신이 은행산업에서 더욱 경쟁적인 환경을 창출했으며, 전통적인 은행업무가 쇠퇴하면서 은행산업이 얼마나 급격히 변모했는지를 살펴보자.

미국에서 비금융 부문의 차입자에 대한 자금조달원으로서 상업은행의 중요성은 급속히 위축되었다. [그림 16.2]에서 볼 수 있듯이, 1974년에는 상업은행이 이들 자금의 40% 가까이를 제공했다. 그러나 2013년에 이르러 시장점유율이 22%로 하락했다. 저축기관의 시장점유율은 훨씬 심각하게 하락해, 1970년대 후반에는 20% 이상이었으나 최근에는 2% 내외로 떨어졌다.

전통적인 은행업무의 규모가 감소한 원인을 이해하기 위해, 앞에서 설명한 금융혁신으로 인해 어떻게 은행의 자금조달 측면, 즉 부채 측면에서 비용우위가 약화되었고, 동시에 자산 측면에서 수익우위가 사라지게 되었는지를 살펴볼 필요가 있다. 비용과 수익의 우위가 동시에 약화됨에 따라 전통적인 은행업무에서의 이윤이 감소했고, 은행은 전통적인 업무에서 벗어나 보다 이윤이 높은 새로운 사업을 추구했다.

자금조달(부채)에 있어 비용우위 약화 1980년까지 미국의 은행은 당좌예금에 대해 이자를 지급하는 것이 금지되었고 레귤레이션 Q로 인해 정기예금에 대해서는 5%를 약간 상회하는 이자

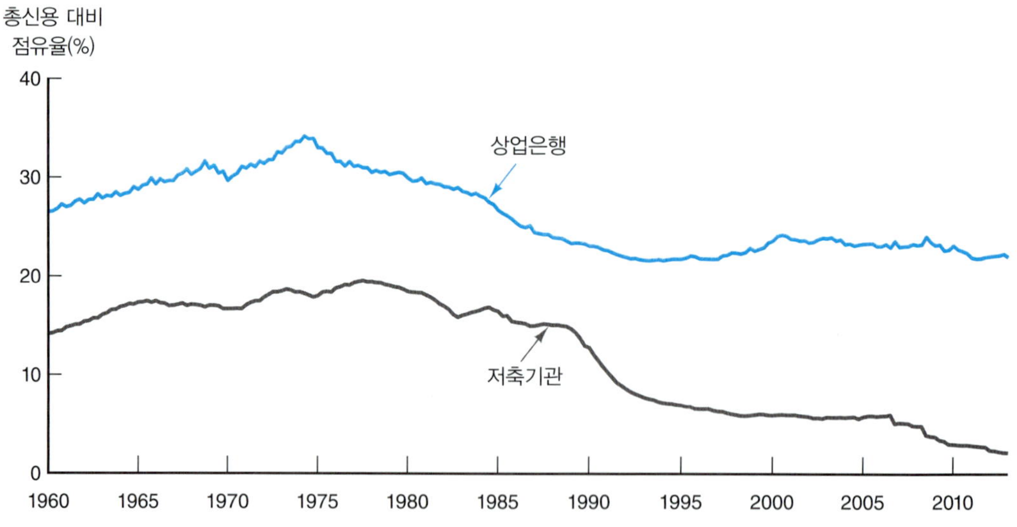

[그림 16.2] 비금융 부문의 차입금 가운데 은행의 점유율, 1960~2013년

1974년에는 상업은행이 이들 자금의 40% 가까이를 제공했는데, 2013년에 이르러서는 시장점유율이 22%로 하락했다. 저축기관들의 시장점유율은 훨씬 심각하게 하락해, 1970년대 후반에는 20% 이상이었으나 최근에는 2%로 떨어졌다.

자료: Federal Reserve Flow of Funds Accounts; *Federal Reserve Bulletin*.

율 상한이 적용되었다. 1960년대까지는 이러한 규제가 은행에게 유리한 것이었다. 왜냐하면 은행은 자금조달의 60% 이상을 당좌예금에 의존했으며, 이들 예금에 대한 무이자로 인해 은행 입장에서는 매우 저렴한 비용으로 자금을 조달했기 때문이다. 불행하게도 은행에게 이런 비용우위(cost advantage)는 지속되지 못했다. 1960년대 후반부터 인플레이션의 상승으로 이자율이 상승했고 이로 인해 투자자들은 자산 간의 수익률 차이에 더욱 민감해졌다. 그 결과는 소위 *탈중개화*(disintermediation)의 진행이다. 사람들은 이자율이 낮은 정기예금과 당좌예금에서 돈을 꺼내 더 높은 수익을 가져다주는 투자처를 찾기 시작했다. 동시에 앞에서 살펴보았듯이 예금이자율 상한과 지준 의무를 우회하려는 시도가 단기금융시장에서의 금융혁신을 일으키면서 MMF가 등장했다. MMF는 높은 이자를 지급하면서도 당좌예금과 같은 서비스를 제공했기 때문에 은행은 더욱 불리해졌다. 금융시스템의 이런 변화로 인해 저비용 자금조달원인 당좌예금의 비중이 과거 은행 부채의 60% 이상에서 현재는 5% 미만 수준으로 급속히 하락했다.

은행의 자금조달이 어려워짐에 따라 1980년대에는 정기예금에 대한 이자율 상한 규제를 폐지하고 수표발행 예금에 대한 이자지급을 허용하는 법이 만들어졌다. 이에 따라 은행은 자금을 끌어오는 데 있어 경쟁력을 높일 수 있었다. 그러나 자금조달 비용이 크게 상승했고, 이로 인해 과거에 누리던 여타 금융기관 대비 비용우위가 약화되었다.

자금운용(자산)에 있어 수익우위 약화 은행은 재무상태표의 부채 측면에서 비용우위 상실로 인해 경쟁력이 약화되었을 뿐만 아니라, 정크본드, 증권화, 기업어음시장의 성장으로 인해 자산 측면에서 수익우위(income advantage)도 약화되는 타격을 입었다. 이러한 수익우위 약화로 은행은 시장점유율을 잃게 되었으며, 반면 이들 금융혁신을 이용해 은행을 통하지 않고 자금 차입이 가능하게 됨에 따라 그림자 은행시스템이 성장했다.

앞에서 살펴보았듯이, 정보기술의 발전으로 기업이 직접 증권을 발행하는 것이 보다 용이해졌다. 이는 은행의 최우량 기업들이 단기 자금을 얻기 위해 은행을 찾아가는 대신 기업어음시장에서 더 저렴한 비용으로 자금을 조달할 수 있게 되었음을 의미한다. 더구나 기업어음시장의 성장에 따라 주로 기업어음 발행을 통해 자금을 조달하는 파이낸스회사(finance company)가 은행을 잠식하면서 사업을 확장할 수 있었다. 은행에서 차입하는 기업에 역시 자금을 빌려주는 파이낸스회사는 은행에 비해 상대적으로 시장점유율을 그대로 유지했다(은행 상공업 대출의 30% 정도). 정크본드 시장의 등장도 은행의 대출영업을 잠식했다. 정보기술의 발달로 인해 기업은 채권을 대중에게 직접 판매할 수 있었고 이로 인해 은행을 덜 이용하게 되었다. 1970년대에는 포춘(Fortune) 잡지가 선정한 500대 대기업이 이런 경로를 이용하기 시작했으나, 현재는 신용도가 낮은 기업들도 정크본드 시장에 접근할 수 있기 때문에 은행을 덜 이용한다.

또한 컴퓨터 기술의 발달로 인해 증권화가 촉진되고 은행 대출, 모기지 등 유동성이 낮은 금융자산이 시장성이 있는 증권으로 변환되었다. 컴퓨터 덕분에 여타 금융기관들도 통계적 방법으로 신용위험을 정확히 평가할 수 있게 되었기 때문에 대출을 제공하는 것이 가능해졌다. 컴퓨터로 인해 거래비용이 낮아짐에 따라 이들 대출을 한데 묶어 증권으로 판매할 수도 있었다. 채무불이행의 위험이 컴퓨터로 쉽게 평가되면 은행은 대출을 제공하는 데 있어서의 우위를 유지하지 못한다. 이렇게 전에 누리던 우위를 유지하지 못하면 비록 은행이 증권화 과정에 직접 참여한다고 하더라도 여타 금융기관에게 대출 기회를 빼앗기고 만다. 현재 주택 모기지는 대부분 증권화되기 때문에, 특히 저축대부조합과 같이 모기지를 주로 제공하는 금융기관에 있어 증권화는 큰 문제이다.

은행의 대응 어떤 산업이든 수익성이 하락하면 종종 기업의 파산이 확산되면서 그 산업에서의 퇴출이 발생하고 시장점유율이 줄어든다. 이런 일이 1980년대 미국 은행산업에서 은행의 합병과 도산을 거쳐 나타났다(제15장 참조).

미국의 많은 은행들은 적절한 이윤을 확보해 살아남으려고 시도하는 과정에서 두 가지 대안에 직면했다. 첫째, 전통적인 대출 업무를 유지하면서 좀 더 위험한 새로운 대출 영역으로 확장하는 것이다. 예를 들어 미국의 은행은 전통적으로 위험한 대출 유형인 상업용 부동산 대출에 좀 더 많은 비중을 할당함으로써 더 큰 위험을 택했다. 게다가 기업의 인수와 LBO(leveraged buyout)에 대한 대출을 확대했다. 전통적인 은행 업무의 수익성 하락이 결국 제8장에서 논의한 2007년에 시작된 글로벌 금융위기뿐만 아니라 앞 장에서 논의한 1980년대와 1990년대 초의 은행위기를 발생시키는 데에도 일조했다.

은행이 과거의 이윤 수준을 유지하기 위해 찾아낸 두 번째 대안은 실질적으로 그림자 은행시스템을 받아들여 수익성이 높은 새로운 부외 활동을 추구하는 것이었다. 미국의 상업은행은 1980년대 초에 이들 부외 활동을 추구했으며, 그 결과 부외 활동에서 얻은 비이자 수익이 전체 수익에서 차지하는 비중이 2배 이상 늘어났다. 그러나 이러한 전략은 은행에 적합한 업무가 무엇인지, 비전통적인 은행 업무가 더 위험한 것은 아닌지, 그리하여 결국 은행에 과도한 위험을 초래하는 것은 아닌지에 대한 우려를 낳았다.

결국 전통적인 은행 업무의 위축으로 은행산업은 새로운 유형의 비즈니스를 추구했다. 새로운 사업기회를 찾으려는 노력을 통해 은행이 계속 활기차고 건실한 상태를 유지할 수 있었기에 유익한 면도 있었다. 실제로 은행의 수익성은 2007년까지 높은 상태였으며, 비전통적인 부외 활동이 은행의 이윤을 높이는 데 중요한 역할을 했다. 그러나 이들 새로운 방향의 은행업은 은행의 위험을 증대시켰으며, 전통적인 은행업의 쇠퇴로 인해 규제당국은 더욱 경계할 필요성이 생겼다. 이는 규제당국에게 새로운 도전이며, 제15장에서 살펴보았듯이 규제당국은 이제 은행의 부외 활동에 대해 훨씬 더 관심을 기울여야 한다.

여타 선진국에서 전통적인 은행업의 쇠퇴 여타 선진국에서도 미국에서와 유사한 이유로 전통적인 은행업이 쇠퇴했다. 예금자에 대한 은행의 독점적 지배력 상실은 다른 나라에서도 마찬가지로 나타났다. 금융혁신과 규제완화가 전 세계적으로 일어났으며 예금자와 차입자에게 매력적인 대체수단들이 창출되었다. 예를 들어 일본에서는 규제완화로 다양한 형태의 새로운 금융기관들이 문을 열었으며, 미국의 경우와 유사한 탈중개화 현상이 발생했다. 유럽에서는 금융혁신으로 인해 전통적으로 은행을 경쟁에서 보호해주던 장벽이 점점 허물어졌다.

다른 나라에서는 증권시장의 확대와 그림자 은행시스템의 성장에 따라 은행이 경쟁의 심화를 경험하기도 했다. 금융규제 완화와 경제의 근본적인 힘에 의해 증권시장에서 이용가능한 정보가 확대되었으며, 기업은 은행 문을 두드리기보다 증권을 발행해 필요한 자금을 더 쉽고 저렴하게 조달할 수 있게 되었다. 나아가 증권시장이 성장하지 못한 나라에서도 최우량 기업들이 유로본드 시장과 같이 외국 및 역외 자본시장(offshore capital market)을 점점 더 많이 이용함에 따라 은행의 대출 영업이 위축되었다. 잘 발달된 회사채시장이나 기업어음시장을 갖고 있지 못한 호주와 같은 소규모 경제에서는 국제 증권시장이 은행의 대출을 잠식했다. 나아가 미국에서의 증권화 과정을 촉발한 동일한 힘이 다른 나라에서도 작동했으며, 이로 인해 전통적인 은행업의 수익성이 둔화되었다. 미국의 은행만이 더욱 어려워진 경쟁환경에 처한 것이 아니다. 다른 나라에 비해 미국에서 먼저 시작했지만 동일한 힘이 해외에서도 전통적인 은행업의 쇠퇴를 초래하고 있다.

미국 상업은행산업의 구조

미국에는 약 6,000개의 상업은행이 있는데, 이는 다른 나라에 비해 굉장히 많은 숫자이다. [표 16.2]에서 볼 수 있듯이, 미국에서 소형 은행의 수는 기형적이다. 놀랍게도 전체 은행의 32.1%가 1억 달러 미만의 자산을 보유하고 있다. 캐나다나 영국의 은행 분포가 훨씬 전형적인 모습인데, 이들 나라에서는 다섯 개 이하의 은행이 그 나라 은행산업을 지배하고 있다. 이와는 대조적으로 미국에서는 [표 16.3]에 열거되어 있듯이 10대 대형 은행이 은행산업 전체 자산의 60%도 점유하지 못하고 있다.

미국의 대다수 산업을 보면, 상업은행산업보다 훨씬 적은 수의 기업이 존재하며 상업은행산업에 비해 대기업의 산업 지배력이 더 높은 편이다(컴퓨터 소프트웨어산업의 경우 마이크로소프트가 지배하고 있으며, 자동차산업의 경우 GM, 포드, 토요타, 혼다가 지배하고 있다). 상업은행산업 내에 소수의 지배적인 은행 없이 많은 수의 은행이 존재한다는 사실은 과연 상업은행산업이 다른 산업에 비해 보다 경쟁적임을 의미하는 것일까?

[표 16.2] 예금보험에 가입한 상업은행의 규모별 분포(2013년 3월 31일)

자산	은행 수	은행 수의 점유율(%)	자산의 점유율(%)
1억 달러 미만	1,954	32.1	0.9
1~10억 달러	3,607	59.2	7.9
10억 달러 이상	535	8.8	91.2
합계	6,096	100.0	100.0

자료: http://www2.fdic.gov/sdi/main.asp.

[표 16.3] 미국의 10대 대형 은행(2013년)

은행	자산(100만 달러)	전체 상업은행 자산 중 점유율(%)
1. J.P. Morgan Chase & Co	1,947.8	14.58
2. Bank of America	1,429.7	10.70
3. Citigroup	1,319.4	9.87
4. Wells Fargo & Company	1,284.5	9.61
5. U.S. Bank National Association	349.3	2.61
6. PNC Bank, National Association	294.5	2.20
7. Bank of New York Mellon	281.3	2.11
8. Capital One, National Association	235.2	1.76
9. State Street Bank and Trust Company	223.2	1.67
10. TD Bank, National Association	212.2	1.59
합계	7,577.3	56.70

자료: http://www2.fdic.gov/IDASP/main.asp?formname=inst.

지점 설치 규제

실제로 미국에 수많은 상업은행이 존재하는 이유는 과거 은행의 **지점**(branch) 설치를 제한한 규제 때문이다. 미국의 각 주는 은행이 설치할 수 있는 지점의 유형과 수를 독자적으로 규제해 왔다. 예를 들어 미국 동부와 서부 해안의 주들은 은행이 주 전체에 지점을 설치하는 것을 허용했다. 그러나 중부에서는 지점 설치에 대한 규제가 더 제한적이었다. 국법은행과 주법은행을 대등한 경쟁 여건 하에 놓으려는 취지에서 제정된 1927년의 맥패든법(McFadden Act)과 이 법의 허점을 보완한 1956년의 더글러스 수정법(Douglas Amendment)은 은행이 타 주에 지점을 설치하는 것을 실질적으로 제한했으며, 모든 국법은행은 자신의 본점이 위치한 주의 지점 설치 규제를 준수하도록 했다.

맥패든법과 각 주의 지점 설치 규제는 상업은행산업에서 반경쟁적인 힘으로 강력히 작용했으며, 대형 은행들이 추가로 지점을 설립하는 것을 막아 많은 소형 은행들이 생존할 수 있게 해주었다. 경쟁이 사회적으로 바람직한 것이라면, 왜 지점 설치를 제한하는 규제가 나타났을까? 이에 대한 가장 간단한 설명은, 미국인들이 역사적으로 대형 은행에 대해 적대적이었기 때문이다. 가장 제한적인 지점 설치 규제를 실시한 주들은 대체로 19세기에 대중 영합적인 반은행(antibank) 정서가 가장 강한 주들이었다(은행이 채무를 갚지 못한 농민의 담보를 압류하면 농민과 은행 간의 관계가 험악해지는데, 이들 주는 대개 농업 인구가 많은 곳이었다). 지점 설치 규제와 이로 인해 터무니없이 많은 소형 은행이 존재하는 은행시스템은 19세기 정치의 유산이다. 그러나 이 장의 뒷부분에서 볼 수 있듯이 지점 설치 규제는 폐지되었으며 현재 미국은 전국적 영업망을 가진 은행업을 향해 가고 있다.

지점 설치 규제에 대한 대응

미국 은행산업의 중요한 특성은 규제가 경쟁을 억압할 수는 있어도 완전히 제압하지는 못한다는 것이다. 이 장의 앞에서 살펴보았듯이, 규제가 존재하면 은행은 이윤을 추구하는 과정에서 규제를 우회하는 금융혁신을 만들어낸다. 지점 설치를 제한하는 규제도 비슷한 경제적 힘을 자극해 은행지주회사와 ATM이라는 두 개의 금융혁신을 촉진했다.

은행지주회사 지주회사란 여러 개의 서로 다른 기업을 소유한 법인이다. 이런 형태의 법인 소유권은 은행에게 중요한 이점이 있다. 지점의 설치가 허용되지 않는다고 하더라도 지주회사는 여러 개의 은행에 대한 지배력을 가질 수 있기 때문에 지점 설치 규제를 우회할 수 있다. 더욱이 은행지주회사는 투자자문, 정보 처리 및 전달 서비스, 리스, 신용카드, 타 주에서의 대출 서비스 등과 같이 은행업과 관련된 여타 업무에 종사할 수 있다.

지난 30년간 은행지주회사는 엄청난 성장을 했다. 현재 은행지주회사는 거의 모든 대형 은행을 소유하고 있으며, 지주회사에 의해 소유된 은행이 전체 상업은행 예금의 90% 이상을 점유한다.

ATM 지점 설치 규제를 회피하는 또 다른 금융혁신은 자동입출금기(automated teller machine, ATM)이다. 만약 은행이 ATM을 소유하지 않고 빌려 쓰면서 대신 이를 다른 사람이 소유하도록 해 거래마다 수수료를 지불한다면, 이 ATM은 은행의 지점으로 간주되지 않기 때문에 지점 설치 규제를 받지 않을 가능성이 있다. 그리고 이는 바로 대다수 주에서 규제당국과 법원이 결정한 사실이다. ATM으로 인해 은행은 시장을 넓힐 수 있었기 때문에 사이러스(Cirrus), 나이스(NYCE) 등의 많은 공동이용 기기가 전국에 설치되었다. 더욱이 ATM이 하나의 은행에 의해 소유되는 경우에도, 대다수 주당국은 ATM에 대해서는 '벽돌과 모르타르(brick and mortar)'로 만든 전통적인 지점보다 더 많은 설치를 허용하는 특례조항을 두었다.

이 장의 앞에서 살펴보았듯이, 규제 회피가 ATM 확산의 유일한 이유는 아니다. 값싼 컴퓨터의 보급과 통신기술의 발달 덕분에 저렴한 비용으로 은행이 ATM을 설치할 수 있었기 때문에 이윤이 남는 혁신이 되었던 것이다. 이 예는 종종 기술적 요인이 지점 설치 규제와 같이 제한적 규제를 피하려는 인센티브와 결합해 금융혁신을 만들어냄을 시사한다.

은행통합과 전국 은행업

[그림 16.3]을 보면, 1934년부터 1980년대 중반까지 놀라울 만큼 안정적인 시기를 누리다가 그 이후 상업은행의 수가 급격히 줄기 시작한다. 도대체 왜 이렇게 갑자기 줄었을까?

미국의 은행산업은 1980년대와 1990년대 초에 어려움을 겪었다(이에 대해서는 이 장의 뒷부분과 제15장 참조). 1985~1992년에는 연간 100개 이상의 은행이 도산했다. 그러나 은행도산은 그 얽힌 이야기의 일부분에 불과하다. 1985~1992년 동안에 은행의 수는 3,000개 정도 줄었다. 이

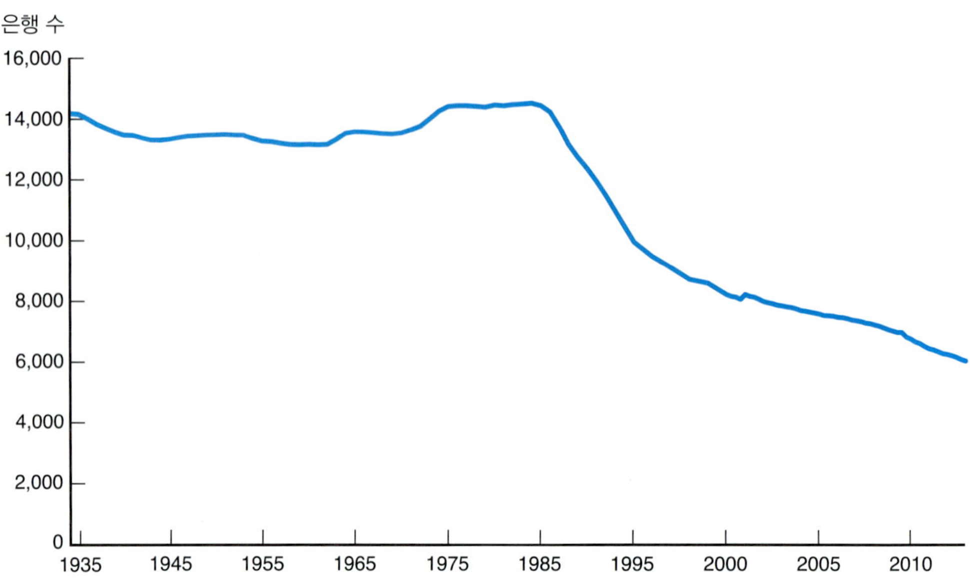

[그림 16.3] 예금보험에 가입한 미국 상업은행의 수, 1934~2013년

1934년부터 1980년대 중반까지의 안정기 이후, 상업은행 수가 급속히 감소하기 시작했다.

자료: www2.fdic.gov/qbp/qbpSelect.asp?menuitem=STAT.

는 도산으로 인해 줄어든 수치의 2배 이상이다. 은행산업이 체력을 회복한 1992~2007년에는 상업은행의 수가 3,800여 개나 감소했다. 이 가운데 5% 미만만이 은행도산으로 인한 것이며, 도산한 은행의 대다수는 소형 은행이었다. 따라서 1985~1992년에 은행이 감소한 데는 은행도산이 지배적 역할은 아닐지라도 중요한 역할을 했는데, 그 이후 2007년까지 은행이 감소한 데는 은행도산이 거의 무시할 만큼 미미한 역할만을 했음을 알 수 있다. 다만 글로벌 금융위기로 인해 은행 수가 은행도산에 따라 추가적으로 감소했다.

그렇다면 이 이야기의 나머지는 무엇으로 설명될 수 있을까? 그 답은 은행통합(bank consolidation)이다. 은행들이 더 큰 은행을 만들기 위해 합병하거나 다른 은행을 매입했던 것이다. 그런데 이는 다시 새로운 의문을 낳는다. 그렇다면 왜 최근에 은행통합이 일어났을까?

앞에서 살펴보았듯이 은행에 의한 허점 찾아내기가 지점 설치 규제의 실효성을 약화시켰으며, 이에 따라 많은 주에서는 주 경계선을 넘어 은행 소유권을 허용하는 것이 자신에게 더 이익임을 깨달았다. 그 결과 상호 역내 협약을 맺어 어느 한 주의 은행이 역내 타 주의 은행을 소유하는 것을 허용했다. 1975년에 메인 주가 최초로 주간 은행업(interstate banking)에 관한 법률을 제정해 타 주의 은행지주회사가 메인 주의 은행을 매입하는 것을 허용했다. 1982년 매사추세츠 주는 뉴잉글랜드 지역의 주들과 협약을 맺어 주간 은행업을 허용하는 법을 제정했다. 그후 많은 역내 협약이 채택되면서 1990년대 초반까지 거의 모든 주가 일정 형태의 주간 은행업을 허용하기에 이르렀다.

www2.fdic.gov/SDI/SOB
은행산업에 관한 통계자료를 수집하라.

1980년대 초에 주간 은행업을 제한하던 장벽이 무너짐에 따라, 은행들은 이제 자신의 주뿐만 아니라 타 주에서도 대출이 가능해져 분산투자의 이득을 얻을 수 있음을 깨달았다. 어느 한 주의 경제가 취약하더라도 다른 주의 경제는 건실할 수 있으므로 여러 주에 걸쳐 대출을 하면 동시에 채무불이행이 일어날 확률이 낮아져 은행의 이득이 된다. 더구나 타 주의 은행을 소유하도록 허용되면 은행은 타 주의 은행을 매입하거나 타 주의 은행과 합병해 은행의 규모를 키울 수 있다. 따라서 1985년 이래 은행 수의 감소에 매우 중대한 역할을 했던 M&A(merger and acquisition, 기업 합병과 인수)가 은행통합의 첫 번째 국면을 설명한다. 주간 지점 설치에 대한 규제 완화가 초래한 또 다른 결과는 **초지역적 은행**(superregional bank)이라 불리는 새로운 유형의 은행이 발전한 것이다. 초지역적 은행은 은행지주회사로서, 규모 면에서 머니센터은행과 경쟁하기 시작했지만 본점이 뉴욕, 시카고, 샌프란시스코 등의 금융중심지에 있지 않은 은행이다. 이런 초지역적 은행의 예는 노스캐롤라이나 주의 샬럿(Charlotte)에 위치한 뱅크오브아메리카, 오하이오 주의 컬럼버스(Columbus)에 위치한 뱅크원(Banc One)이다.

웹과 발달된 컴퓨터 기술의 등장도 역시 은행통합을 촉진한 요인이다. 금융기관에 필요한 많은 정보기술 플랫폼을 설치하기 위해 대규모 초기 투자가 필요했고 이를 통해 규모의 경제가 창출되었다([E-Finance] '정보기술과 은행통합' 참조). 규모의 경제에 따른 이득을 얻기 위해 은행은 더 커질 필요가 있었으며, 이런 발전이 추가적인 통합을 이끌었다. 정보기술은 **범위의 경제**(economies of scope)도 증대시켰다. 범위의 경제란 하나의 자원을 이용해 여러 다른 생산물과 서비스를 제공할 수 있는 능력을 말한다. 예를 들어 어떤 기업의 신용상태에 관한 정보는 그 기업에 대출을 할 것인지를 판단할 때뿐만 아니라, 그 기업의 주식이 얼마에 거래되어야 하는지를 판

> **E-FINANCE**

정보기술과 은행통합

은행의 비용을 낮추기 위해서는 정보기술에 대한 막대한 투자가 필요하다. 그런데 이렇게 엄청난 투자를 하려면 매우 큰 규모의 영업 라인이 필요하다. 이는 특히 최근의 신용카드 사업에 해당되는 사실이다. 신용카드 사업에서는 고객에게 편리한 웹사이트를 제공하고 신용위험과 사기 가능성에 대한 위험분석과 처리를 위한 보다 나은 시스템을 개발하기 위해 대규모 기술 투자가 이루어져야 한다. 이에 따른 결과로서 상당한 통합이 일어났다. 1995년까지는 신용카드를 발급하는 5대 대형 은행이 신용카드 총채무의 40% 미만을 점유하고 있었으나, 현재는 그 수치가 60%를 상회한다. 또한 정보기술은 은행의 수탁업(custody business)에 있어서의 통합을 촉진했다. 은행은 투자자들이 주식이나 채권을 구입하면 투자자들을 위해 실물 증서를 보관하고 이들 증권의 가치와 투자자가 직면한 위험의 크기에 관한 자료를 제공한다. 이런 영업도 역시 컴퓨터를 집중적으로 사용하기 때문에 은행이 이들 서비스를 경쟁력 있는 가격에 제공하기 위해서는 컴퓨터 기술에 대규모 투자를 해야 한다. 따라서 10대 수탁은행이 보유한 총수탁고의 비중이 1990년의 40%에서 최근에는 90%로 상승했다.

금융서비스를 제공하는 데 있어 컴퓨터가 보다 중심적인 역할을 하는 전자금융의 중요성이 증대됨에 따라 은행산업의 구조에 엄청난 변화가 발생했다. 은행은 자신의 고객에 대해 모든 종류의 금융상품을 제공하길 원하겠지만 이들 금융상품 모두를 제공하는 것이 더 이상 수익성이 없음을 알게 되었다. 대신에 은행은 이들 영업을 떼어내는 하청 계약을 맺는다. 이런 관행은 미래에 기술집약적 은행영업의 통합을 더욱 진전시킬 것이다.

단할 때도 유용하게 이용될 수 있다. 이와 비슷하게, 일단 어떤 금융상품을 투자자에게 팔아보면 다른 상품도 어떻게 팔아야 할지 알 수 있다. 사업하는 사람들은 범위의 경제를 여러 사업 간의 '시너지(synergy)'라 부르는데, 정보기술이 이런 시너지를 더욱 가능하게 해준다. 그 결과 금융기관을 더 크게 만들고 자신이 생산하는 금융상품과 서비스의 조합을 확대하기 위한 통합이 일어났다. 이런 통합은 두 가지 결과를 가져왔다. 첫째, 서로 다른 유형의 금융중개기관이 상대방의 영역을 침범함에 따라 업무 영역의 구분이 모호해졌다. 둘째, 이런 통합으로 인해 대형복합은행기구(large complex banking organization)가 발달하게 되었다. 이러한 발달은 은행과 여타 금융서비스 산업의 결합에 대한 글래스-스티걸 규제의 폐지로 인해 용이해졌다.

1994년의 리글-닐 주간 은행업 및 지점 설치 효율성법

1994년의 리글-닐 주간 은행업 및 지점 설치 효율성법(Riegle-Neal Interstate Banking and Branching Efficiency Act)이 통과됨에 따라 은행통합은 더욱 촉진되었다. 이 법은 역내 협약을 전국으로 확대하고 주간 영업을 금지하는 맥패든법과 더글러스 수정법을 뒤엎었다. 이 법은 주법과 관계없이 은행지주회사가 타 주의 은행을 인수하는 것을 허용했을 뿐만 아니라, 은행지주회사가 자신이 소유하는 은행들을 합병해 여러 주에 지점을 가진 하나의 은행으로 통합하는 것을 가능케 했다. 각 주는 주간 지점 설치를 배제할 수 있는 선택권을 가졌는데 텍사스 주만 이를 선택했다.

리글-닐법은 마침내 진정한 전국 은행업(nationwide banking) 체제를 위한 기초를 확립했다. 전에는 은행지주회사가 타 주의 은행을 매입함으로써 주간 은행업이 이루어졌지만, 1994년 이전까지는 주간 지점 설치법을 제정한 주가 거의 없었기 때문에 사실상 전국 은행업이란 불가능했다. 은행이 지점 설치를 통해 주간 은행업을 수행할 수 있게 된 것은 특별한 중요성을 갖는다. 왜냐하면 많은 은행 경영자들은 은행지주회사 구조를 통해서는 규모의 경제를 완전히 누릴 수 없으며, 모든 은행 업무가 완전히 조율되는 지점망을 통해서만 규모의 경제를 완전히 누릴 수 있다고 여기기 때문이다.

이제 미국 전역에 영업망을 가진 은행이 출현했다. 1998년 뱅크오브아메리카와 네이션스뱅크(NationsBank)의 합병을 시작으로 동부와 서부 해안에 지점을 가진 은행이 처음으로 탄생했으며, 은행산업에서의 통합으로 50개 주 모두에서 영업을 하는 은행들이 등장했다.

미래에 미국 은행산업의 구조는 어떻게 될까?

이제 미국에서 진정한 의미의 전국 은행업이 현실화되면서 은행통합의 이득이 상당히 증가했다. 이에 따라 M&A의 다음 국면이 전개되면서 상업은행의 수가 빠른 속도로 감소하고 있다. 은행산업의 구조에 커다란 변화가 일어나면서 자연스레 다음과 같은 질문이 나온다. 10년 후에는 은행산업이 어떤 모습일까?

미국의 은행산업도 다른 많은 나라와 유사한 모습이 되어 몇 백 개의 은행만이 존재하게 될 것이라는 견해가 있다. 캐나다나 영국과 같은 모습이 되어 몇 개의 대형 은행이 은행산업을 지배할 것이라는 극단적인 견해도 있다. 그러나 대부분의 전문가들은 이와는 다른 대답을 한다. 미국 은행산업의 구조는 여전히 독특할 것이며, 다만 과거와 그 정도가 다를 것이라는 것이다. 통합의 물결에 따라 미국 은행산업에는 수백 개가 아니라 수천 개의 은행이 남을 것 같다.

은행통합은 더 적은 수의 은행으로 귀결될 뿐만 아니라, 체이스맨해튼뱅크(Chase Manhattan Bank)와 케미컬뱅크(Chemical Bank)의 합병, 뱅크오브아메리카와 네이션스뱅크의 합병이 시사하듯이, 작은 은행에서 큰 은행으로의 자산 이동도 나타날 것이다. 실제로 미국에는 이제 씨티뱅크, J.P.모건, 뱅크오브아메리카 등 수조 달러의 자산을 지닌 은행이 있다.

은행통합과 전국 은행업이 바람직한가?

전국 은행업에 대한 옹호자들은 전국 은행업이 은행을 보다 효율적으로 만들고 은행도산이 덜 일어나는 보다 건실한 은행시스템을 만들 것이라 믿는다. 그러나 비판가들은 **지역사회 은행**(community bank)이라 할 수 있는 소형 은행이 제거되어 결국 소규모 기업에 대한 대출이 줄어들 것이라 걱정한다. 더구나 소수 은행이 은행산업을 지배하게 되어 결국 덜 경쟁적인 은행산업이 될 것이라 우려한다.

대다수 경제학자들은 은행통합에 대한 이러한 비판에 회의적이다. 앞에서 살펴보았듯이, 연구 결과 은행통합이 완결된 후에도 미국에는 여전히 많은 은행이 존재할 것이다. 따라서 은행산업은 여전히 경쟁적인 상태로 남을 것이며, 과거에 타 주 은행과의 경쟁으로부터 보호받던 은행이 이제는 살아남기 위해 격하게 경쟁해야 할 것이라는 사실을 고려하면 아마 지금보다 더 경쟁적이 될 것이다.

지역사회 은행이 사라질 것 같지도 않다. 뉴욕 주가 1962년에 지점 설치법을 자유화했을 때 북부의 지역사회 은행이 뉴욕 시의 거대한 은행에 의해 시장에서 구축될 것이라고 걱정을 했다. 그런데 그런 일은 발생하지 않았을 뿐만 아니라, 지역 시장에서 소형 은행들이 대형 은행 주변에서 영업할 수 있음을 발견했다. 마찬가지로 오랜 기간 주 전역에 지점 설치를 허용한 캘리포니아 주에서도 지역사회 은행은 계속 번성하고 있다.

경제학자는 은행통합과 전국 은행업의 중요한 이득을 알고 있다. 은행업에 대한 지리적 제한을 없애면 경쟁이 심해지고 비효율적인 은행이 퇴출됨으로써 은행산업의 효율성이 높아진다. 더 큰 은행기구로의 움직임도 규모의 경제와 범위의 경제의 이득을 취할 수 있기 때문에 효율성을 일부 증가시킬 것이다. 은행 대출 포트폴리오의 분산투자(diversification)가 확대되어 미래에 은행위기의 가능성이 낮아질 수도 있다. 1980년대와 1990년대 초에는 종종 경제가 취약한 주에 은행도산이 집중되었다. 예를 들면 1986년 유가가 하락한 후에 텍사스 주에서는 그 전까지 매우 수익성이 높았던 주요 상업은행 모두가 어려움을 겪었다. 1990~1991년의 불황 때는 뉴잉글랜드 지역이 심각한 타격을 받았으며 이 지역의 몇몇 은행들이 도산하기 시작했다. 만약에 전국적으로 영업하는 은행이라면 뉴잉글랜드와 텍사스 양쪽에 대출을 해 어느 한 지역의 대출이 부실해져도 다른 지역에서는 문제가 없을 것이기 때문에 도산할 위험이 낮아진다. 따라서 전국 은행업은 은행위기가 일어날 가능성이 더 낮은 은행시스템을 창출하는 중요한 발걸음이라 간주된다.

은행통합의 효과에 관해 두 가지 걱정이 남아 있다. 즉 소규모 기업에 대한 대출이 줄어들 수 있다는 것과, 지리적으로 새로운 시장으로 급속히 확장하려는 은행이 큰 위험을 택해 은행도산을 초래할 수 있다는 것이다. 배심원들은 아직 이러한 걱정에 대해 갈팡질팡하고 있지만, 대다수 경제학자들은 은행통합과 전국 은행업의 이득이 비용을 능가한다고 본다.

은행산업과 여타 금융서비스 산업의 분리

얼마 전까지 미국의 은행산업 구조에 있어 또 하나의 중요한 특징은 1933년의 글래스-스티걸법에 의해 은행산업이 증권, 보험, 부동산 등 여타 금융산업과 분리되었다는 것이다. 이 장의 앞부분에서 지적한 것처럼, 글래스-스티걸법은 상업은행에 대해 신규 발행된 정부증권의 판매 업무는 허용했지만 기업이 발행한 증권의 인수(underwriting)나 중개(brokerage) 업무는 금지했다. 이 법은 또 은행이 보험과 부동산 업무를 하는 것을 금지했고, 투자은행과 보험회사가 상업은행 업무에 종사하지 못하게 함으로써 은행을 경쟁에서 보호했다.

글래스-스티걸법의 퇴색

글래스-스티걸법의 제한에도 불구하고 은행과 타 금융기관들은 이윤 추구와 금융혁신으로 글래스-스티걸법의 의도를 우회하며 서로 상대편 금융기관의 전통적인 업무 영역으로 침투해갔다. 증권회사는 MMF와 현금관리계좌(cash management account, CMA)를 개발해 예금 수단을 제공하는 전통적인 은행 업무에 가담했다. 1987년에는 연준이 글래스-스티걸법 제20조의 허점을 이용해 은행지주회사가 과거에는 금지되었던 부류의 증권을 인수할 수 있게 허용함에 따라 은행도 인수 업무에 진출하기 시작했다. 그 허점으로 인해 승인받은 상업은행의 자회사가 인수 업무를 하는 것이 허용되었다. 다만 인수 업무로 얻은 수익이 자회사 총수익의 일정 비율을 초과하지 않는 범위 내에서 허용되었는데, 처음에는 그 비율이 10%에서 시작했으나 25%로 확대되었다. 1988년 7월 미국의 대법원이 연준의 조치가 타당했다고 판결한 이후, 1989년 1월 연준은 상업은행 지주회사인 J.P.모건에게 기업이 발행한 채무증권의 인수를 허용했으며, 1990년 9월에는 주식의 인수를 허용하면서 이러한 특권이 그 후 여타 은행지주회사로 확대되었다. 규제당국은 은행이 일부 부동산과 보험 업무에 종사하는 것도 허용했다.

1999년의 그램-리치-블라일리 금융서비스 현대화법: 글래스-스티걸법의 폐지

미국의 상업은행은 증권과 보험 업무를 취급하는 것이 제한되었기 때문에 그렇지 않은 외국의 은행에 비해 경쟁상 불리했다. 이에 1990년대에는 글래스-스티걸법을 뒤엎으려는 법안이 회기마다 의회에 상정되었다. 1998년 당시 미국에서 두 번째로 큰 은행인 씨티코프(Citicorp)와 세 번째로 큰 증권사인 살로먼스미스바니(Salomon Smith Barney)를 소유한 보험회사인 트래블러스그룹(Travelers Group)의 합병으로 인해 글래스-스티걸법을 폐지해야 한다는 압력이 커졌다. 1999년, 마침내 글래스-스티걸법의 폐지가 결실을 맺었다. 1999년의 그램-리치-블라일리 금융서비스 현대화법(Gramn-Leach-Bliley Financial Services Modernization Act)은 증권회사와 보험회사가 은행을 매입하는 것과 은행이 보험과 증권을 인수하고 부동산 업무에 종사하는 것을 허용했다. 이 법 하에서 각 주는 보험 업무에 관한 규제 권한을 유지하고, SEC는 증권 업무에 대한 감독권을 계속 갖는다. 또한 OCC는 증권 인수 업무를 하는 은행 자회사를 규제할 권한을 보유하지만, 부동산 및 보험 업무와 대규모 증권 업무를 총괄하는 은행지주회사에 대해서는 연준의 감독 권한이 계속 유지된다.

금융통합의 시사점

앞에서 살펴보았듯이, 1994년의 리글-닐 주간 은행업 및 지점 설치 효율성법은 은행산업에서의 통합을 자극했다. 그런데 1999년의 그램-리치-블라일리법으로 인해 이제는 은행끼리의 통합뿐만 아니라 서로 다른 금융서비스 업무 간 통합의 길이 열렸기 때문에 금융통합 과정에 더욱 박차가 가해졌다. 정보기술이 범위의 경제를 증대시키기 때문에 씨티코프와 트래블러스의 경우와 같이 은행과 여타 금융서비스 기관 간의 합병이 점점 일반화되었고, 앞으로 거대한 규모의 합병이 더 나타날 것이다. 은행은 규모가 더욱 커지고 있을 뿐 아니라 금융서비스 업무의 모든 영역에 종사하는 점점 더 복잡한 기구가 되고 있다. 대형복합은행기구를 향한 이런 추세는 2007~2009년의 글로벌 금융위기에 의해 더욱 가속화되었다([미니사례] '글로벌 금융위기와 독

> 미니사례 *Mini-Case*

글로벌 금융위기와 독립적인 대형 투자은행의 소멸

글래스-스티걸법이 종말을 고한 후 금융서비스 활동이 대형복합은행기구로 향하는 추세는 불가피했겠지만 2008년에 일어난 것처럼 빨리 진행될 줄은 아무도 몰랐다. 2008년 3월부터 9월까지 6개월 남짓 동안에 독립적인 5대 투자은행 모두가 더 이상 예전의 형태로 남아있지 못하게 되었다. 다섯 번째 대형 투자은행인 베어스턴스가 서브프라임 모기지 증권에서 거액의 손실을 입은 것이 밝혀지자, 2008년 3월 연준의 구제금융이 제공되었다. 그리고는 어쩔 수 없이 J.P.모건에 1년여 전 기업가치의 10%도 채 안 되는 가격에 팔리고 말았다. 베어스턴스에 대한 구제금융으로 정부의 안전망이 투자은행에까지 확대되었다는 것이 분명해졌다. 하지만 그 대가로 투자은행은 앞으로 상업은행과 마찬가지로 더 많은 규제를 받게 될 것이다.

그 다음 차례는 9월 15일 파산을 선언한 네 번째 대형 투자은행인 리먼브라더스였다. 그리고 바로 하루 전에는 세 번째 대형 투자은행인 메릴린치가 서브프라임 증권 보유에 따른 거액의 손실로 인해 1년 전 가격의 절반 이하로 뱅크오브아메리카에 매각된다고 선언했다. 채 1주일이 지나지 않아 첫 번째와 두 번째로 큰 투자은행인 골드만삭스와 모건스탠리는 서브프라임 증권에서의 손실이 크지는 않았지만 다가오는 자신의 운명을 알았다. 이들은 조만간 은행과 같은 기준으로 규제를 받을 것을 알아채고는 보다 안정적인 자금조달원인 예금을 취급할 수 있도록 은행지주회사로 전환하겠다고 선언했다.

이는 한 시대의 종말을 의미한다. 이제 독립적인 대형 투자은행은 과거사가 되고 말았다.

립적인 대형 투자은행의 소멸' 참조).

은행산업과 여타 금융서비스 산업의 분리에 관한 세계 동향

대공황 후에 은행산업과 여타 금융서비스 산업을 분리하는 데 있어 몇몇 나라가 미국을 따랐다. 사실 과거에는 이러한 업무 영역의 분리 여부가 은행 규제에 있어 미국과 다른 나라들 간에 가장 눈에 띄는 차이였다. 세계에는 은행과 증권산업에 대한 세 가지 기본체제가 존재한다.

첫 번째는 독일, 네덜란드, 스위스의 *겸업은행*(universal banking) 체제이다. 이 체제는 은행산업과 증권산업 간에 아무런 장벽을 두지 않는다. 겸업은행 시스템에서는 상업은행이 하나의 법적 조직체 안에서 은행, 증권, 부동산, 보험 서비스를 모두 제공한다.

두 번째는 *영국식 겸업은행*(British-style universal banking) 체제로, 영국을 비롯해 영국과 긴밀한 유대를 맺고 있는 캐나다, 호주, 현재의 미국 등에서 나타난다. 영국식 겸업은행은 증권 인수에 종사하지만 독일식 겸업은행과는 세 가지가 다르다. 즉 영국식 겸업은행의 경우 독일식에 비해 법적으로 분리된 자회사가 보다 일반적이며, 은행이 일반 기업의 지분을 보유하는 경우가 흔치 않고, 은행과 보험의 결합도 흔치 않다.

세 번째는 일본의 경우처럼 은행산업과 여타 금융서비스 산업의 법적인 분리를 특징으로 한다. 미국과 일본의 은행시스템이 다른 점은, 일본의 은행은 일반 기업의 지분을 상당량 보유할 수 있도록 허용된 데 반해 미국의 은행은 그렇지 않다는 것이다. 비록 일본에서는 은행산업과 증권산업이 법적으로 분리되어 있으나, 점점 더 상업은행이 증권 업무에 종사하도록 허용되고 있다. 그 결과 미국과 같이 점점 영국식 겸업은행이 되고 있다.

저축산업: 규제와 구조

저축대부조합, 상호저축은행, 신용조합으로 구성된 저축산업(thrift industry)의 규제와 구조가 상업은행산업과 상당히 비슷하다는 사실은 그리 놀라운 일이 아니다.[2)]

저축대부조합

상업은행의 이원적 은행시스템처럼 저축대부조합(savings and loan association, S&L)도 연방정부 또는 주정부의 인가를 받을 수 있다. 어디서 인가를 받았든 저축대부조합은 대부분 연방주택대출은행제도(Federal Home Loan Bank System, FHLBS)의 회원이다. FHLBS는 연준을 모방해 1932년에 설립되었다. FHLBS에는 열두 개의 지역 연방주택대출은행이 있으며, 이들은 통화감

---

2) 저축산업에서의 규제와 구조에 관한 보다 자세한 논의는 이 책의 웹사이트 www.pearsonhighered.com/mishkin_eakins에 있는 제26장을 참조하라.

독청(Office of the Comptroller of the Currency, OCC)의 감독을 받는다.

FDIC는 저축대부조합에 대해 계좌당 25만 달러 한도의 연방예금보험을 제공한다. OCC는 연방정부의 보험에 가입한 저축대부조합에 대해 최소 자기자본비율을 설정하고, 정기적으로 보고서 제출을 요구하며, 이들 저축대부조합을 검사한다. 또한 OCC는 연방인가 저축대부조합의 인가기관이며, 이들 연방인가 저축대부조합에 대해 합병을 승인하고 지점 설치에 대한 규정을 제정한다.

저축대부조합에 대한 지점 설치 규제는 상업은행에 비해 덜 엄격했다. 과거 거의 모든 주들이 저축대부조합의 지점 설치를 허용했으며, 1980년 이후 모든 주에서 연방인가 저축대부조합은 주 전역에 걸쳐 지점을 설치할 수 있었다. 1981년 이후 재정적으로 곤란한 저축대부조합의 주간 합병이 허용되었으며, 현재 전국적 지점망을 갖춘 저축대부조합도 있다.

FHLBS는 연준과 같이 회원들에게 대출을 제공한다. 이를 위해 FHLBS는 채권을 발행해 자금을 조달한다. 연준의 재할인 대출은 대개 짧은 기간 내에 상환되어야 하지만, FHLBS의 대출은 종종 오랜 기간 동안 제공된다. 더욱이 이들 대출에 있어 저축대부조합에 부과되는 이자율이 종종 저축대부조합이 공개시장에서 차입할 경우 지불해야 할 이자율보다 낮은 경우도 있다. 이런 방식으로 FHLBS 대출 프로그램은 저축대부조합산업에 보조금을 제공한다. 그런데 저축대부조합의 대출은 대부분 주택 모기지이므로 이는 결국 주택산업에 대한 보조금이 된다.

제15장에서 논의했듯이, 미국의 저축대부조합은 1980년대에 심각한 어려움을 겪었다. 현재 저축대부조합은 상업은행과 대부분 동일한 업무에 종사하고 있기 때문에, 많은 전문가들은 저축대부조합에 대한 별도의 인가와 규제 장치는 시대착오적인 것이라 생각한다.

상호저축은행

상호저축은행(mutual savings bank)은 저축대부조합과 비슷하지만 예금자에 의해 공동으로 소유되는데, 약 400개의 상호저축은행 가운데 절반 정도는 주정부의 인가를 받았다. 이들 상호저축은행은 주로 주정부의 규제를 받지만, 계좌당 25만 달러 한도의 FDIC 예금보험에 가입한 경우가 대부분이다. 따라서 이들 상호저축은행에게도 주법은행에 대한 FDIC의 많은 규제가 동일하게 적용된다. 원칙적으로 FDIC의 예금보험에 가입하지 않은 상호저축은행의 예금은 각 주의 보험기금에 의해 보호받는다.

상호저축은행에 대한 지점 설치 규제는 주정부에 의해 결정된다. 그런데 지점 설치 규제가 특별히 제한적이지 않기 때문에 자산규모가 2,500만 달러 이하인 상호저축은행은 거의 없다.

신용조합

신용조합(credit union)은 조합원이나 특정 기업의 종업원 등과 같이 공동의 유대관계를 지닌 개인들로 조직된 소규모의 협동조합 대출기관이다. 신용조합은 세금이 면제되는 유일한 예금취급기관이다. 신용조합은 주정부나 연방정부에 의해 인가될 수 있는데, 절반 이상이 연방정부의 인가를 받았다. 전국신용조합관리청(National Credit Union Administration, NCUA)은 연방인가를 내주며, 연방인가 신용조합에 대해 최소 자기자본비율을 설정하고 정기적으로 보고서의 제출을 요구하며 이들 신용조합을 검사하는 등 규제를 담당한다. 계좌당 25만 달러 한도의 연방예금보험이 NCUA의 자회사인 전국신용조합지분보험기금(National Credit Union Share Insurance Fund, NCUSIF)에 의해 연방인가 및 주인가 신용조합에 제공된다. 신용조합 대출은 대부분 상당히 만기가 짧은 소비자 대출이기 때문에 저축대부조합이나 상호저축은행과 같은 금융 어려움을 겪지 않았다.

신용조합은 회원들이 공동의 유대관계를 나누기 때문에 규모가 매우 작은 것이 일반적이다. 신용조합은 대부분 자산규모가 1,000만 달러 이하이다. 더구나 특정 산업이나 기업에 연결되어 있기 때문에, 그 산업이나 기업의 많은 근로자들이 해고되면 도산하기 쉬우며 원리금 상환이 어려워진다. 최근에는 규제의 변화로 공동 유대관계를 덜 엄격히 해석해 개별 신용조합이 다양한 계층의 사람들에게 금융서비스를 제공할 수 있게 되었다. 이로 인해 장차 신용조합의 규모가 확대되고 신용조합의 파산 가능성을 낮출 수도 있을 것이다.

신용조합의 지분 보유자들은 여러 주에 걸쳐 퍼져 있으며, 때로는 전 세계에 퍼져 있기도 하다. 따라서 연방인가 신용조합에 대해 주간 지점 설치와 해외 지점 설치가 허용되었다. 예를 들어 네이비페더럴크레딧유니언(Navy Federal Credit Union)은 미국의 해군과 해병들이 지분을 소유하며, 전 세계에 걸쳐 지점이 있다.

국제 은행업

1960년에는 불과 여덟 개의 미국 은행이 해외에 지점을 운영하고 있었으며, 이들 지점의 총자산은 40억 달러 미만이었다. 현재는 약 100개의 미국 은행이 해외 지점을 갖고 있으며, 이들의 총자산은 3조 8,000억 달러가 넘는다. 국제 은행업(international banking)의 이런 놀라운 성장은 다음 세 가지 요인으로 설명할 수 있다.

첫째, 1960년 이래 나타난 (전 세계에서 영업하는) 다국적 기업과 국제교역의 급속한 증가이다. 미국의 기업은 해외에서 영업할 때 국제교역 자금의 조달을 도와줄 은행서비스가 필요하다. 예를 들어 기업은 해외에서 공장을 운영하기 위해 그 나라 화폐 단위로 표시된 대출이 필요할 수 있다. 그리고 해외에서 물건을 판매하면서 받은 외국 화폐를 달러로 환전할 은행이 필요하다. 미국 기업은 이러한 국제 은행서비스를 제공해주는 외국의 은행을 이용할 수도 있겠지만, 많은 기업은 이미 장기 고객관계를 형성하고 있으며 미국의 기업 방식과 관행을 이해하는 은행과 거래하기를 원한다. 따라서 국제교역이 증가함에 따라 국제 은행업도 확대된다.

둘째, 미국의 은행은 외국의 증권을 인수하는 국제 투자은행업에 적극적으로 참여함으로써 상당한 이윤을 얻을 수 있었다. 또한 미국의 은행은 해외에서 보험을 판매하면서 상당한 이윤을 얻는다.

셋째, 미국의 은행은 유로달러(Eurodollar)라 알려진 외국에서의 달러 표시 예금에 접근하기를 원했다. 해외에서의 미국 은행업의 구조를 이해하기 위해서는 먼저 국제 은행업이 성장하게 된 주요 근원인 유로달러 시장을 살펴볼 필요가 있다.

유로달러 시장

유로달러의 창출은 미국에 있는 계좌의 예금이 미국 이외의 지역에 소재한 은행으로 이전되어 달러의 형태를 유지하는 경우에 일어난다. 예를 들어 롤스로이스 사가 달러로 입금하고 나중에 달러로 인출할 수 있는 예금 계좌를 영국 런던의 은행에 보유하고 있는데, 미국 은행의 계좌를 기초로 발행된 100만 달러의 수표를 받아 런던의 이 은행에 예금한다면, 100만 유로달러가 창출된다.[3] 유로달러 예금의 90% 이상은 정기예금이며, 그 가운데 절반 이상이 30일 이상의 만기를 가진 CD이다. 유로달러 시장의 전체 규모는 약 4.9조 달러에 달하며 세계 경제에서 가장 중요한 금융시장 중 하나가 되었다.

롤스로이스 같은 기업이 미국 밖에서 달러 예금을 보유하려는 이유는 무엇일까? 첫째, 달러는 국제교역에서 가장 널리 이용되는 화폐이기 때문이다. 둘째, 유로달러는 미국 밖에서 예금을 취급하는 것에 대한 *자본통제*(capital control)나 지준 의무 등이 없는 나라에 보관되는 '역외(offshore)' 예금이기 때문이다.[4]

유로달러 시장의 중심지는 수백 년간 대표적인 국제 금융중심지로 자리 잡은 런던이다. 유로달러는 싱가포르, 바하마, 케이맨 제도 등 지리적으로 유럽 이외의 나라에서도 보유될 수 있다.

유로달러 시장에서는 최소 거래단위가 보통 100만 달러이며, 은행이 대략 75%의 유로달러 예금을 보유하고 있다. 일반인은 직접 유로달러에 접근할 수 없다. 그러나 유로달러 시장은 미국 은행의 주요 자금조달원이어서 이 예금으로부터 미국 은행의 차입 규모가 7,000억 달러를 상회한다. 미국의 은행은 중개기관을 이용해 외국의 은행들로부터 이들 예금을 차입하는 대신에 직접 자신의 지점을 해외에 개설해 이들 예금을 유치하면 더 높은 이윤을 얻을 수 있다고 판단했다. 그 결과 유로달러 시장은 미국의 해외 은행업을 촉진하는 중요한 자극제가 되었다.

미국의 해외 은행업 구조

미국의 은행은 해외 지점을 대부분 남미, 극동, 카리브, 런던에 두고 있다. 이 가운데 런던 지점이 가장 큰 자산을 보유한다. 왜냐하면 런던은 대표적인 국제 금융중심지이며, 유로달러 시장의 중심지이기 때문이다. 남미와 극동에는 이들 지역과의 무역 때문에 많은 지점이 있다. 바하마, 케

3) 런던의 은행은 미국의 은행에 100만 달러의 예금을 보유하기 때문에 유로달러의 창출로 인해 미국에서의 은행예금 규모가 감소하는 것은 아니다.

4) 대부분의 역외예금은 달러로 표시되어 있으나 일부는 달러 이외의 통화로도 표시된다. 이런 역외예금을 총칭해 유로커런시(Eurocurrency)라 한다. 예를 들어 런던에 있는 일본 엔화로 표시된 예금은 유로엔(Euroyen)이라 부른다.

이맨 제도 등의 카리브 지역은 세금이 최소 수준이며 규제가 거의 없는 조세피난처이다. 실제로 바하마와 케이맨 제도에 있는 은행 지점은 주로 장부기장 중심지로서 기능하고 정상적인 은행 서비스는 제공하지 않는 '껍데기 영업(shell operation)'에 불과하다.

해외에서 영업하는 미국 은행의 또 다른 기업 형태는 **에지법 회사**(Edge Act corporation)이다. 에지법 회사는 국제 은행업에 주로 종사하는 특별 자회사이다. 또한 미국의 은행은 (지주회사를 통해) 외국은행 또는 금융서비스를 제공하는 파이낸스회사와 같은 외국기업의 경영권을 소유할 수도 있다. 미국 은행기구의 국제영업은 주로 연준의 레귤레이션 K(Regulation K)에 의해 규제된다.

1981년 후반에 연준은 미국 내에서 외국인으로부터 정기예금을 받으면서 지준 의무나 이자율 규제를 받지 않는 **국제은행업기구**(international banking facility, IBF)의 설립을 승인했다. IBF에게는 외국인에 대한 대출이 허용되지만, 국내 거주자에 대한 대출은 금지된다. 주정부는 주 및 지방세를 면제해줌으로써 IBF의 설립을 장려했다. 본질적으로 IBF는 미국 은행의 해외지점과 같이 취급되며, 국내에서의 규제나 세금이 부과되지 않는다. IBF를 설립한 목적은 미국과 외국의 은행이 해외가 아니라 미국 내에서 더 많은 은행 업무를 하도록 장려하려는 것이다. 이런 관점에서 IBF는 성공적이었다. IBF의 자산은 처음 2년 만에 거의 2,000억 달러로 증가했으며 2012년 말에는 1조 3,000억 달러가 되었다.

미국 내의 외국은행

국제교역의 증가로 미국 은행의 해외 지점은 물론 외국은행의 미국 내 지점도 증가했다. 외국은행은 미국에서 매우 성공적이었다. 현재 외국은행은 미국 전체 은행 자산의 28% 이상을 보유하고 있으며, 미국 기업에 대한 대출시장 점유율이 거의 20%에 달할 정도로 미국 전체 은행 대출의 상당 부분을 차지한다.

미국에서 외국은행은 사무소, 현지법인(미국 내 자회사 은행), 지점의 형태로 은행 업무에 종사한다. 사무소는 미국 내에서 대출과 자금이체 업무를 할 수 있지만 국내 거주자로부터 예금을 받을 수는 없다. 사무소는 모든 은행서비스를 제공하는 은행에 비해 FDIC 예금보험 가입의무와 같은 규제를 받지 않는다는 장점이 있다. 현지법인은 외국은행이 소유한 은행이지만, 미국의 여타 은행과 똑같고(미국식 은행 이름을 가질 수도 있음), 동일한 규제를 받는다. 한편 외국은행의 지점은 외국은행의 이름을 그대로 유지하면서 대개 모든 은행서비스를 제공한다. 외국은행은 에지법 회사와 IBF를 설립할 수도 있다.

1978년 이전에 외국은행은 국내은행에 적용되는 많은 규제를 받지 않았다. 예를 들면 외국은행은 여러 주에 지점을 설치할 수 있었으며 지준 의무도 없었다. 그러나 1978년의 국제은행업법(International Banking Act)은 외국은행과 국내은행을 보다 대등한 경쟁여건하에 놓았다. 이제 외국은행은 자신의 근거지로 지정한 주나 타 주 은행의 진입을 허용하는 주에서만 모든 은행서비스를 제공하는 새로운 지점을 설치할 수 있다. 그러나 타 주에서 제한된 서비스만을 제공하는 지점이나 사무소는 허용되며, 모든 은행서비스를 제공하는 지점이라도 이 법이 비준되기 이전

[표 16.4] 세계 10대 대형 은행(2012년)

은행	자산(100만 달러)
1. Industrial & Commercial Bank of China, China(ICBC)	2,811,340
2. HSBC Holdings, UK	2,692,540
3. Deutsche Bank, Germany	2,665,400
4. Credit Agricole Group, France	2,660,860
5. Mitsubishi UFJ Financial Group, Japan	2,594,820
6. BNP Paribas, France	2,527,220
7. Credit Agricole SA, France	2,441,180
8. Barclays PLC, UK	2,401,810
9. J.P. Morgan Chase & Co, US	2,359,140
10. Japan Post Bank, Japan	2,291,350

자료: http://www.relbanks.com/worlds-top-banks/assets.

에 개설된 경우는 그대로 유지 가능하다.

해외로 진출하는 미국 은행과 미국으로 진입하는 외국은행에 의한 은행업의 국제화는 전 세계 금융시장이 점차 통합되고 있음을 의미한다. 그 결과 은행규제에 대한 국제 협력의 추세가 확대되고 있다. 한 예가 선진국에서 은행의 최소 자기자본비율 규제를 표준화한 1988년의 바젤협약이다(제15장 참조). 금융시장 통합(financial market integration)은 해외에서의 은행통합도 촉진했다. 대표적인 예로 1999년 8월에 일본산업은행, 다이이치간교은행, 후지은행의 합병 선언에 따라 최초로 1조 달러가 넘는 은행이 탄생했다. 또 다른 진전은 국제 은행업에 있어 외국은행의 중요성이 높아졌다는 것이다. [표 16.4]에서 볼 수 있듯이, 2012년의 세계 10대 대형 은행 가운데 9개가 외국의 은행이다.

> 요약

1. 미국의 은행 역사에서 연방정부가 인가한 은행과 주정부가 인가한 은행이 공존하는 이원적 은행시스템이 형성되었다. 그리고 OCC, 연준, FDIC, 주정부 은행 당국 등 여러 기관이 은행을 규제한다.

2. 경제환경의 변화에 따라 금융기관은 금융혁신을 추구한다. 이자율위험의 증가와 같은 수요조건의 변화, 정보기술의 발달과 같은 공급조건의 변화, 비용을 초래하는 규제의 회피 등이 금융혁신을 추진하는 주요한 힘이다. 금융혁신으로 인해 은행은 자금을 조달하는 비용우위, 자산에서의 수익우위가 약화되는 어려움을 겪었다. 그 결과 전통적 은행업무에서 수익성이 낮아졌고 전통적인 은행업이 쇠퇴했다.

3. 미국에는 주간 지점 설치를 제한한 주정부의 규제와 맥패든법으로 인해 많은 수의 소형 은행이 존재한다. 미국에 소형 은행이 많다는 것은 치열하게 경쟁한다는 것이 아니라, 오히려 과거에 경쟁이 부족했음을 반영한다. 은행지주회사와 ATM은 지점 설치 규제에 대한 중대한 반응이었으며, 반경쟁적 규제의 효과를 약화시켰다.

4. 1980년대 중반 이후 은행통합이 빠른 속도로 일어났다. 은행통합의 첫 번째 국면은 지점 설치 규제의 실효성 약화와 은행도산의 결과로 나타났다. 은행통합의

두 번째 국면은 전국적인 은행시스템의 기반을 구축한 1994년의 리글-닐 주간 은행업 및 지점 설치 효율성법과 정보기술의 발달로 촉진되었다. 은행통합이 정착되면서 미국에는 수천 개의 은행이 남을 것 같다. 대다수 경제학자들은 은행통합과 전국 은행업의 이득이 그 비용을 능가한다고 믿는다.

5. 글래스-스티걸법은 상업은행산업과 증권산업을 분리시켰다. 그러나 1999년의 법 제정으로 글래스-스티걸법이 폐지되고 이들 산업 간의 장벽이 제거되었다.

6. 저축대부조합, 상호저축은행, 신용조합을 포함하는 저축산업의 규제와 구조는 상업은행산업과 거의 유사하다. 저축대부조합은 주로 OCC가 규제하며 예금보험은 FDIC가 관리한다. 상호저축은행은 주정부가 규제하며 FDIC가 연방예금보험을 제공한다. 신용조합에 대해서는 NCUA가 규제하며 NCUSIF가 예금보험을 제공한다.

7. 1960년 이후 세계 교역의 급속한 성장으로 인해 국제 은행업이 놀라울 만큼 확대되었다. 미국 은행은 해외에 지점을 개설하거나, 에지법 회사를 세우거나, 외국은행의 경영권을 소유하거나, 미국 내에 위치한 IBF를 운영함으로써 국제 은행업을 수행한다. 외국은행은 은행 자회사를 설립하거나 지점, 사무소를 운영함으로써 미국 내에서 활동한다.

주요용어

가상은행(virtual bank)
국법은행(national bank)
국제은행업기구(international banking facility, IBF)
그림자 은행시스템(shadow banking system)
금융공학(financial engineering)
범위의 경제(economies of scope)
선물계약(futures contract)
스마트 카드(smart card)
에지법 회사(Edge Act corporation)
예금이자율 상한(deposit rate ceiling)
은행지주회사(bank holding company)
이원적 은행시스템(dual banking system)
일소계정(sweep account)
자동은행업무기(automated banking machine, ABM)
자동입출금기(automated teller machine, ATM)
전자현금(e-cash)
전자화폐(electronic money, e-money)
주법은행(state bank)
증권화(securitization)
지역사회 은행(community bank)
지점(branch)
초지역적 은행(superregional bank)
탈중개화(disintermediation)
헤지(hedge)

연습문제

1. 왜 미국은 가장 나중에 중앙은행을 갖게 된 선진국 가운데 하나인가?

2. 다음의 은행을 감독하는 주된 책임이 있는 규제기관은 어디인가?

   a. 국법은행
   b. 은행지주회사
   c. 연준 비회원 주법은행
   d. 연준 회원 주법은행
   e. 연방인가 신용조합

3. "캐나다에서는 불과 몇 개의 대형 은행이 은행산업을 지배하는 반면, 미국에서는 6,500개의 은행이 있기 때문에, 캐나다의 상업은행산업은 미국에 비해 덜 경쟁적이다."라는 진술은 참인가, 거짓인가, 또는 불확실한가? 설명하라.

4. 새로운 기술로 인해 은행의 지점 설치에 대한 규제를 강제하기 힘들어진 이유는 무엇인가?

5. 은행지주회사가 급속히 증가한 이유는 무엇인가?

6. 국제 은행업을 촉진하기 위해 규제당국은 어떤 인센티브를 제공했는가? 또 왜 그렇게 했는가?

7. 어떻게 1981년 연준의 IBF 설립 허용이 유럽 은행산업의 고용을 감소시킬 수 있었는가?

8. 미국에 있는 사우디아라비아인 소유의 은행에 예금한 당좌예금은 미국인 소유의 은행에 예금한 당좌예금에 비해 덜 안전한가?

9. 만약 일부 경제학자들이 주장하는 것처럼 미래에 지준의무가 폐지된다면, 이는 MMF의 규모에 어떤 영향을 미칠 것인가?

10. 최근에 은행이 자금조달에 있어 비용우위를 상실하는 이유는 무엇인가?

11. "만약 1960년대와 1970년대에 인플레이션이 일어나지 않았더라면, 은행산업은 현재 더 건실해졌을 것이다." 이 진술은 참인가, 거짓인가, 또는 불확실한가? 설명하라.

12. 최근 은행이 자산에 있어 수익우위를 상실하는 이유는 무엇인가?

13. "컴퓨터의 발명은 은행산업 쇠퇴의 주요 요인이다."라는 진술은 참인가, 거짓인가, 또는 불확실한가? 설명하라.

14. 어떻게 경쟁의 압력이 은행업과 증권업의 분리를 규정한 글래스-스티걸법을 폐지하게 만들었는가?

15. 금융통합에 대한 그램-리치-블라일리법의 효과는 무엇이겠는가?

웹 연습문제

상업은행산업: 구조와 경쟁

1. www2.fdic.gov/SDI/SOB에 들어가보라. 'Historical Statistics on Banking'를 선택한 다음 'Commercial Bank Reports'를 선택하라. 은행 지점의 추세를 볼 때, 개인이 은행에 접근하는 것이 더 쉬워진 것인가, 아니면 더 어려워진 것인가? 1934년에는 얼마나 많은 은행이 있었으며, 지금은 얼마나 있는가? 표에서 은행통합의 추세가 계속되는 것으로 나타나는가?

2. 은행이 도산하지 않도록 보호하는 규제에도 불구하고 어떤 은행은 도산한다. www2.fdic.gov/hsob/에 들어가보라. 'Bank and Thrift Failures' 항목을 선택하라. 미국에서 가장 최근 연도의 은행도산 건수는 얼마나 되는가? 도산한 은행이 보유한 총자산은 얼마나 되는가? 1937년에는 몇 개의 은행이 도산했는가?

CHAPTER

17

뮤추얼펀드 산업

> PREVIEW

여러분이 은퇴 후를 대비한 투자를 시작하려 한다고 하자. 아마도 약간의 돈은 분산된 주식 포트폴리오에 넣어두고 채권에도 약간의 돈을 넣어두고 싶을 것이다. 또 약간은 외국 회사 주식에도 좀 넣어두고 싶을 것이다. 이제 여러분의 예산이 허용하는 투자액은 주당 25달러에 불과하다고 하자. 그러면 어떻게 이 돈으로 은퇴자금을 만들어갈 수 있을까? 아마도 개별 주식은 사기가 싫을 것이고 고작 한번에 25달러의 돈으로는 채권을 구입하기도 어려울 것이다. 이런 문제를 해결해주는 방법이 바로 뮤추얼펀드에 대한 투자이다.

뮤추얼펀드는 다수의 소액 투자자들에게 펀드 지분을 판매해 자금을 모은 후 그 자금을 증권 매수에 사용한다. 뮤추얼펀드는 소액 표시의 지분을 발행해 모은 돈으로 대규모 증권을 구매하는 자산변환 과정을 통해 증권매매 중개 수수료의 대량 거래 할인혜택을 누리고 분산된 증권 포트폴리오의 구매를 가능하게 해준다. 뮤추얼펀드는 소액 투자자들로 하여금 증권 구매에 있어 저렴한 거래 비용의 혜택을 가능하게 해주며 잘 분산된 포트폴리오로 위험 절감의 혜택 역시 누리게 해주는 것이다.

이 장에서는 최근 뮤추얼펀드가 성행하는 이유를 살펴보고 뮤추얼펀드의 규제는 어떤지, 그리고 최종적으로 뮤추얼펀드 산업의 이해상충이 어떻게 2001년 이래 자주 발생한 스캔들, 벌금, 기소 등으로 이어졌는지 살펴보기로 한다.

뮤추얼펀드의 성장

뮤추얼펀드는 이제 많은 투자자들이 선택하는 투자 도구가 되었다. 2013년 초 은퇴자금의 57%가 뮤추얼펀드에 투자되고 있다. 2013년 초까지 미국 전체 주식시장의 28%를 뮤추얼펀드가 보유하고 있고, 미국 가계의 44%가 뮤추얼펀드를 통해 주식을 보유하고 있다. 뮤추얼펀드의 이런 확산을 보면서, 우리는 뮤추얼펀드가 어떤 기능을 수행하기에 단지 지난 25년만에 자산규모가 2,920억 달러에서 14조 달러 이상으로 성장이 가능했는지 궁금하지 않을 수 없다.

온라인 정보

www.icifactbook.org
뮤추얼펀드 팩트북을 방문해보자. 여기에는 뮤추얼펀드 산업의 광대한 통계자료가 수록되어 있다.

최초의 뮤추얼펀드

뮤추얼펀드의 시초는 영국과 스코틀랜드의 1800년대 중후반까지 거슬러 올라간다. 적절한 규모의 자금을 투자자들로부터 모아 그 자금을 여러 증권에 투자하는 투자회사가 형성된 것이다. 이 투자회사는 미국의 경제성장에 대한 투자를 시작하면서 점차 성행하게 되었는데 이때 대부분 미국의 철도회사 채권에 투자가 이루어졌다.

오늘날의 지배적 구조형태인 새로운 자금이 투자되면 새로운 지분이 발행되는 형태의 첫 펀드가 1824년 보스톤에 등장했다. 이 펀드는 연속적인 지분 모집을 허용했고, 언제든지 펀드 환매가 가능했고, 투자에 일련의 제한을 가해 투자자 손실에 대한 방어벽도 구축했다.

1929년의 주식시장 붕괴는 뮤추얼펀드의 성장을 수십년 뒷걸음치게 했는데 이때 소액 투자자들의 주식투자에 대한 불신이 일반화되었고 그 여파가 뮤추얼펀드에까지 미쳤기 때문이다. 수수료와 투자정책에 관해 훨씬 더 많은 공시요건을 의무화한 1940년 투자회사법(Investment Company Act)에 의해 뮤추얼펀드 산업은 다시 활성화되었고 확실한 성장을 시작했다.

뮤추얼펀드의 장점

뮤추얼펀드가 투자자들에게 매력적인 다섯 가지 주요 장점이 있다.

1. 유동성 중개
2. 액면 중개
3. 분산투자
4. 비용우위
5. 관리 전문성

유동성 중개(liquidity intermediation)란 투자자들이 투자금을 신속하게 낮은 비용으로 현금화할 수 있음을 의미한다. 여러분이 CD나 채권을 구매하는 경우 그 증권의 만기 이전에 자금을 필요로 하게 되면 중도환매 수수료나 거래비용이 수반될 수 있다. 게다가 만일 1만 달러짜리 CD

를 구매했다면 당장 필요한 자금이 5천 달러 뿐인데도 전체 증권을 다 환매해야 하는 문제가 따른다. 뮤추얼펀드는 투자자들로 하여금 어느 때든 어느 금액이든 매입하고 환매하는 것을 가능하게 해준다. 일부 펀드의 경우 아예 단기 거래자금 요건들에 맞게 특별히 설정되어 환매에 따른 수수료가 전혀 없기도 하지만, 일부 장기 투자에 맞게 설정된 펀드의 경우에는 단기로 환매 요구가 발생하면 환매수수료가 발생하는 경우도 있다.

액면 중개(denomination intermediation)란 소액 투자자들에게 뮤추얼펀드가 아니었다면 매입이 불가능했을 증권 투자에의 기회를 허용함을 의미한다. 예를 들어 제9장에서 배웠듯이 대부분의 단기금융시장 증권은 종종 10만 달러 이상 단위의 매우 큰 규모로 거래가 이루어진다. 자금을 통합함으로써 뮤추얼펀드는 투자자들을 대신해 이런 증권들을 매입할 수 있는 것이다.

분산투자(diversification)는 뮤추얼펀드 투자의 중요한 장점이다. 제4장에서 배웠듯이, 위험은 분산 포트폴리오를 통해 낮아질 수 있다. 개별적으로 주식에 투자하는 소액 투자자들은 분산투자의 효과를 누리기에 충분할 만큼 다양하게 산업별로 분산투자를 하기가 어렵다. 게다가 뮤추얼펀드는 해외 주식으로까지 분산투자하는 저비용 수단을 제공하기도 한다. 미국 거래소에 상장되지 않은 해외 주식에의 투자는 어렵고 비용도 만만치 않기 때문이다.

상당 수준의 *비용우위*(cost advantage) 혜택이 뮤추얼펀드 투자자에게 돌아간다. 기관투자자는 개인투자자에 비해 훨씬 저렴한 거래비용으로 협상할 수 있다. 게다가 10만주 또는 그 이상의 대량 거래는 소규모 거래와는 다른 수수료 체계가 적용된다. 뮤추얼펀드를 통해 증권매매를 하면 투자자는 이런 낮은 수수료 혜택을 누릴 수 있게 된다.

뮤추얼펀드의 성장을 가져온 주요 특장점 중 하나는 *관리 전문성*(managerial expertise)의 확보가 가능했다는 점이다. 제6장에서 논의되었던 연구에서 비록 뮤추얼펀드가 시장에서 무작위 투자 성과에 비해 우월한 성과를 보이지 못했다는 일관된 증거가 있음에도 불구하고, 아직 많은 투자자들은 주식 선택에 있어 전문적인 자금관리인에 의존하기를 선호한다. 시장효율성에 대해 논의한 결과 우리는 뮤추얼펀드가 평균 이상의 수익을 올리는 데 실패한다 하더라도 전혀 놀라운 일이 아님을 알고 있다. 그럼에도 여전히 금융시장은 많은 투자자들에게 신비한 그 무엇으로 남아있다. 그래서 투자자들은 누군가로 하여금 그들의 주식 종목을 대신 선택하는 데 기꺼이 수수료를 지불하려고 하는 것이다.

또한 확정기여형 퇴직연금(defined-contribution pension plan)의 수적 증가도 뮤추얼펀드의 성장 요인이다. 과거에는 대부분의 퇴직연금은 근로자를 대신해서 수익률이 보장되게끔 투자하거나 자사 주식에 대한 투자로 이루어져 있었다. 이제 대부분의 새로운 퇴직연금은 근로자가 자신의 연금 자산을 직접 운용하도록 되어 있다. 퇴직연금 투자가 급여일마다 이루어지기 때문에 뮤추얼펀드가 바로 여기에 딱 맞는 퇴직연금의 운용수단인 것이다. 현재 약 57%의 퇴직연금 자산이 뮤추얼펀드에 투자되고 있다. 이 규모는 더 많은 퇴직연금이 확정급여형(defined-benefit, DB)에서 확정기여형(defined-contribution, DC) 구조로 바뀌면서 계속 커질 것으로 보인다.

[표 17.1]은 1970년부터 총자산, 뮤추얼펀드 수, 계좌 수를 보여준다. 현재 약 7,500개의 서로 다른 뮤추얼펀드 중에서 골라 투자할 수 있다. 흥미로운 것은 뮤추얼펀드의 수가 뉴욕증권거래소와 NASDAQ 증권거래소에서 거래되는 주식 수의 합보다도 크다는 것이다. 38년 동안 뮤추얼

[표 17.1] 뮤추얼펀드 산업의 순자산, 펀드 수, 가입자 계좌 수

연도	순자산(백만 달러)	펀드 수	계좌 수(천)
1970	47,618	361	10,690
1971	55,045	392	10,901
1972	59,830	410	10,635
1973	46,518	421	10,331
1974	35,776	431	10,074
1975	45,874	426	9,876
1976	51,276	452	9,060
1977	48,936	477	8,693
1978	55,837	505	8,658
1979	94,511	526	9,790
1980	134,760	564	12,088
1981	241,365	665	17,499
1982	296,678	857	21,448
1983	292,985	1,026	24,605
1984	370,680	1,243	27,636
1985	495,385	1,528	34,098
1986	715,667	1,835	45,374
1987	769,171	2,312	53,717
1988	809,370	2,737	54,056
1989	980,671	2,935	57,560
1990	1,065,194	3,079	61,948
1991	1,393,189	3,403	68,332
1992	1,642,543	3,824	79,931
1993	2,069,960	4,534	94,015
1994	2,155,320	5,325	114,383
1995	2,811,290	5,725	131,219
1996	3,525,800	6,248	149,933
1997	4,468,200	6,684	170,299
1998	5,525,209	7,314	194,029
1999	6,846,339	7,791	226,212
2000	6,964,630	8,155	244,705
2001	6,974,910	8,305	248,701
2002	6,383,480	8,243	251,123
2003	7,402,420	8,125	260,698
2004	8,095,080	8,040	269,468
2005	8,891,110	7,974	275,479
2006	10,396,510	8,117	288,596
2007	12,000,640	8,026	292,590
2008	9,602,600	8,022	264,597
2009	11,120,730	7,691	270,949
2010	11,831,880	7,555	291,299
2011	11,627,360	7,591	275,024
2012	13,045,220	7,596	264,131

자료: http://www.icifactbook.org/fb_data.html#section1.

펀드의 투자금액은 470억 달러에서 13조 달러 이상으로 커졌다. 이 수치는 미국의 전체 상업은행의 예금 총액과 맞먹는 규모이다.

뮤추얼펀드의 소유권

현재 44% 정도에 달하는 5,300만 가구가 뮤추얼펀드를 보유하고 있는 것으로 추산된다. 2013년 초 75%의 뮤추얼펀드 지분이 가계에 의해 소유되고 있고 나머지가 신탁 및 기업들에 의해 소유되고 있다. 이 숫자는 1980년 이래 폭발적인 성장을 보여왔는데 그때에는 5.7%에 불과한 가구만이 뮤추얼펀드 지분을 보유하고 있었다([그림 17.1] 참조). 뮤추얼펀드의 중간위치(median)의 투자자는 중산층, 51세의 결혼한 직장인으로 19만 달러의 금융자산을 보유하고 있다. 약 48%는 대학졸업자이다. 중간위치의 가계 소득은 8만 달러이고 총 93%에 달하는 응답자가 뮤추얼펀드 지분 소유의 주된 동기의 하나는 퇴직에 대비한 것이라고 답하고 있다.

뮤추얼펀드는 2013년 초 19.5조 달러의 미국연금시장에서 5.3조 달러로 27%를 차지하고 있다. 이는 전체 뮤추얼펀드 자산규모의 40%를 차지하는 것이다.

퇴직 뮤추얼펀드로의 예수금은 두 가지 원천으로부터 온다. 고용주가 납부하는 특히 401(k)라는 DC형(defined-contribution)과 개인퇴직계좌(individual retirement account, IRA)가 그것이다. [그림 17.2]에는 401(k) 뮤추얼펀드의 평균 자산배분이 나와 있다. 퇴직 자산의 가장 큰 부분이 주식형 펀드이고 그 뒤를 이어 보장형 투자계약(guranteed investment contract), 채권형 펀드, 자사주식이 뒤따르고 있다.

뮤추얼펀드의 구조

뮤추얼펀드 회사는 종종 다수의 서로 다른 뮤추얼펀드를 제공한다. 이들은 *종합계좌*(complex)라고 불리는데, 하나 또는 여러 종류의 펀드로 구성되어 상당부분 동일한 경영진에 의해 관리되는 펀드 그룹으로 정의된다. 펀드 종합계좌의 장점은 그룹 내 서로 다른 펀드 간 이체가 빠르고 간단하게 이루어질 수 있다는 것이다. 추가적으로, 종합계좌는 계좌 정보를 요약해 투자자의 자산을 일목요연하게 정리해 보여줄 수 있다.

이 절에서는 뮤추얼펀드의 구조와 투자 유형에 대해 살펴보기로 하자.

개방형 펀드와 폐쇄형 펀드

뮤추얼펀드에는 두 가지 구조가 있다. 첫째는 **폐쇄형 펀드**(closed-end fund)라고 불리는 것이다. 폐쇄형 펀드에서는 일정한 수의 환매불가 지분이 초기에 판매되고 이들 지분은 주식처럼 장외시장에서 매매가 이루어진다. 펀드의 시장가격은 그 펀드에 편입되어 있는 자산의 가치에 따라 변동한다. 이 시장가격은 펀드 매니저의 종목 선정 능력에 대한 시장의 평가를 반영해 펀드에 편

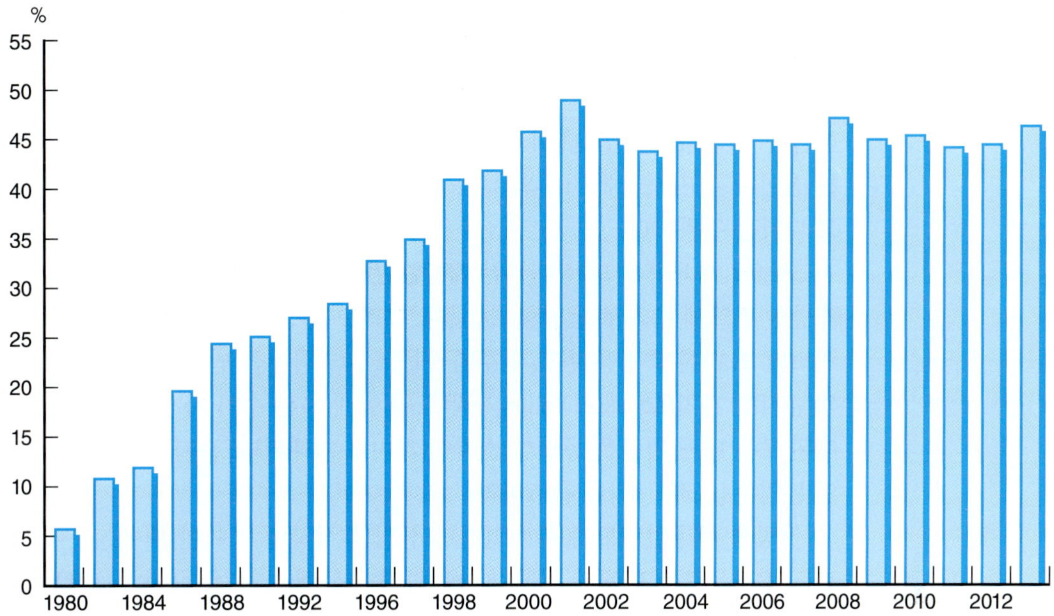

[그림 17.1] 뮤추얼펀드의 가계 소유 비중

자료: Investment Company Institute, 2012 *Investment Company Fact Book*, 53rd ed. (Washington, DC: ICI), www.icifactbook.org. Source for additional(2010–2012) data: Table 6.1 in section 6 ICI fact book.

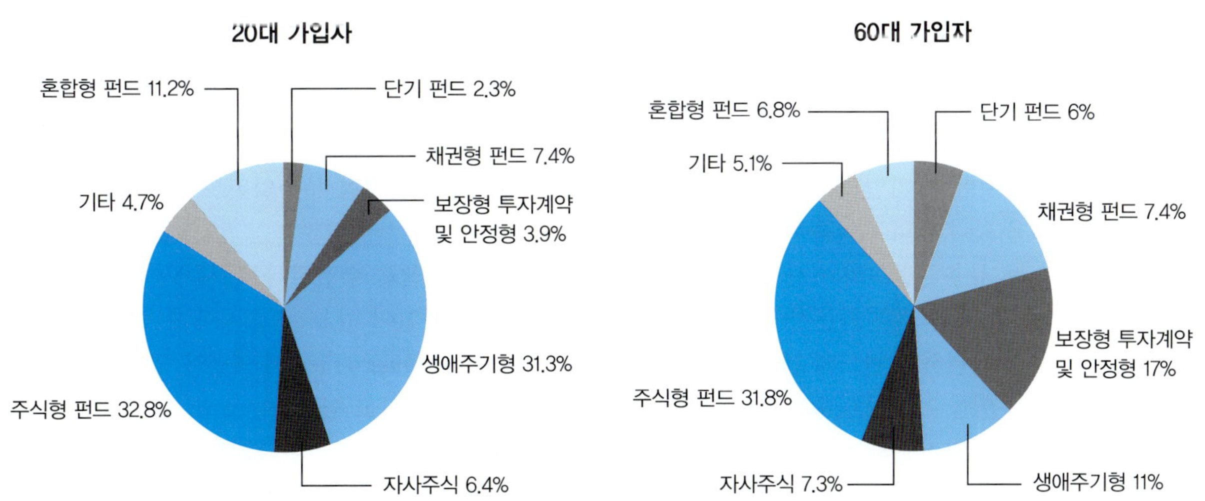

[그림 17.2] 401(k) 플랜 총 잔액의 평균 자산배분

자료: Investment Company Institute, 2012 *Investment Company Fact Book*, 53rd ed. (Washington, DC: ICI). Reprinted with permission.

입된 자산의 가치보다 높을 수도 있고 낮을 수도 있다.

폐쇄형 펀드의 문제는 한번 지분이 판매되고 나면 그 펀드에 더 이상 추가적인 자금유입이 불가능하다는 점이다. 그래서 펀드의 성장을 위해서는 펀드 매니저가 전혀 새로운 펀드를 시작하는 수밖에 없다. 펀드 매니저의 입장에서 폐쇄형 펀드의 장점은 투자자들이 환매를 할 수 없다는 점이다. 투자자들이 자신의 투자를 회수할 수 있는 유일한 방법은 지분을 다른 사람들에게 팔고 나가는 길뿐이다.

오늘날 폐쇄형 펀드는 대부분 **개방형 펀드**(open-end fund)로 대체되었다. 투자자는 언제든지 개방형 펀드에 추가로 납입할 수 있다. 그리고 펀드는 지분 수를 계속 증가시킬 수 있다. 개방형 펀드의 또 다른 특징은 펀드가 투자자들로부터 환매를 받아줄 수 있다는 점이다. 매일매일 펀드의 순자산 가치(net asset value)가 펀드의 현재 지분 수와 자산 가치에 근거해 계산된다. 그날 거래된 모든 매매 지분은 동일한 순자산 가치로 거래된다. 순자산 가치의 계산 과정에 대한 구체적인 논의는 [사례분석]을 참조하라.

개방형 뮤추얼펀드가 뮤추얼펀드 산업의 성장에 기여한 데에는 두 가지 이유가 있다. 첫째, 펀드의 자유로운 환매가 언제나 가능하기 때문에 투자 유동성이 보장된다는 점이다. 앞서 언급했듯이, 이러한 유동성 중개는 투자자들이 매우 커다란 가치를 부여하는 기능이다. 둘째, 개방형 펀드 구조는 뮤추얼펀드의 성장을 거침없이 계속될 수 있게 했다. 투자자들이 펀드에 계속 납입하는 한, 펀드는 이를 받아들여 계속 성장할 수 있게 된 것이다. 예를 들어 뱅가드 S&P 500 인덱스펀드(Vanguard S&P 500 Index Fund)의 규모는 약 1,400억 달러에 달했다. 이들 장점으로 인해 뮤추얼펀드 투자금액의 98%가 개방형 펀드에 투자되었다.

뮤추얼펀드의 조직 구조

뮤추얼펀드는 폐쇄형이든 개방형이든 기본적으로 동일한 조직 구조를 갖는다. 펀드의 투자자는 주주이다. 기업의 주주가 기업의 잔여수익을 수취하는 것처럼 뮤추얼펀드의 주주는 펀드의 비용 차감 후의 수익을 수취한다.

뮤추얼펀드의 이사회는 펀드의 업무를 감독하고 정책을 수립한다. 동시에 이사회는 보통 별개 회사인 투자자문사(investment advisor)를 선정할 책임이 있고 이 회사에게 투자 포트폴리오를 관리하며 펀드의 지분을 판매하는 주간사(principal underwriter)의 역할을 맡긴다. SEC 규제는 이들 이사의 다수가 뮤추얼펀드와 독립적일 것을 요구하고 있다.

투자자문사는 펀드의 명시된 목적과 정책에 맞게 펀드를 관리한다. 투자자문사는 펀드가 보유할 증권을 실제 선정하고 매매 의사결정을 수행한다. 펀드의 성공을 가르는 것은 바로 이들의 전문성이다.

사례분석 뮤추얼펀드 순자산 가치의 계산

여러분이 뮤추얼펀드에 투자하면 계좌 현황을 요약하는 정기적인 보고서를 받게 된다. 보고서에는 여러분의 투자 계정에 추가되는 펀드와 환매되는 펀드는 물론 경과 수익과 같은 현황이 나와 있다. 투자 성과를 이해하는 데 있어 보고서에 나타나는 한 용어가 핵심적인데, 바로 **순자산 가치**(net asset value, NAV)가 그것이다. 순자산 가치는 뮤추얼펀드의 주식, 채권, 현금, 기타 자산의 총가치에서 미지급 비용과 같은 모든 부채를 차감한 후 잔존 지분수로 나눈 값이다. 뮤추얼펀드에 다음과 같은 자산과 부채가 있다고 가정하자.

주식(현 시가 기준)	$20,000,000
채권(현 시가 기준)	$10,000,000
현금	$500,000
총자산 가치	$30,500,000
부채	−$300,000
순자산	$30,200,000

순자산 가치는 순자산을 잔존 지분수로 나누어 계산한다. 만일 현재 1천만 주가 잔존하고 있다면, 순자산 가치는 3.02달러($30,200,000/10,000,000 = $3.02)가 된다.

순자산 가치는 보유 자산의 가치가 변화하면서 부침을 거듭한다. 예를 들어 뮤추얼펀드의 보유 자산에서 1년 동안 주식 포트폴리오의 가치가 10% 상승하고 채권 포트폴리오 가치가 2% 하락했다고 하자. 현금과 부채는 변화가 없었다고 하면, 새로운 순자산 가치는 다음과 같다.

주식(현재 시가 기준)	$22,000,000
채권(현재 시가 기준)	$9,800,000
현금	$500,000
총자산 가치	$32,300,000
부채	−$300,000
순자산	$32,000,000

$$\text{NAV} = \frac{\$32{,}000{,}000}{10{,}000{,}000} = \$3.20$$

그럼 뮤추얼펀드에 대한 여러분의 투자수익률은 다음과 같다.

$$\text{수익률} = \frac{\$3.20 - \$3.02}{\$3.02} = \frac{\$0.18}{\$3.02} = 5.96\%$$

여러분이 뮤추얼펀드를 매매하고자 한다면, 현재의 순자산 가치로 매매할 수 있다.

투자자문사 이외에도 펀드는 추가적인 업무를 처리하기 위해 인수 회사, 이체 대행사, 보관회사(custodian) 등 여러 다른 회사들과도 거래 계약을 맺는다. 또한 독립적인 공인회계사와의 계약도 필요하다. 대형 펀드는 이들 기능 중 일부를 회사 자체 내에서 수행할 수도 있고, 어떤 펀드의 경우는 모두 외부 회사들을 이용하기도 한다. [그림 17.3]은 뮤추얼펀드의 조직 구조를 보여준다.

투자 목적별 분류

뮤추얼펀드는 투자자들에게 크게 다음 네 가지 종류로 제공된다. (1) 주식형 펀드(지분형 펀드라고도 함), (2) 채권형 펀드, (3) 혼합형 펀드, (4) MMF가 그것이다. [그림 17.4]에서 이들 유형의 펀드 현황을 볼 수 있다. 가장 규모가 큰 펀드는 주식형 펀드이고 그 뒤를 채권형, MMF, 혼합형이 잇고 있다.

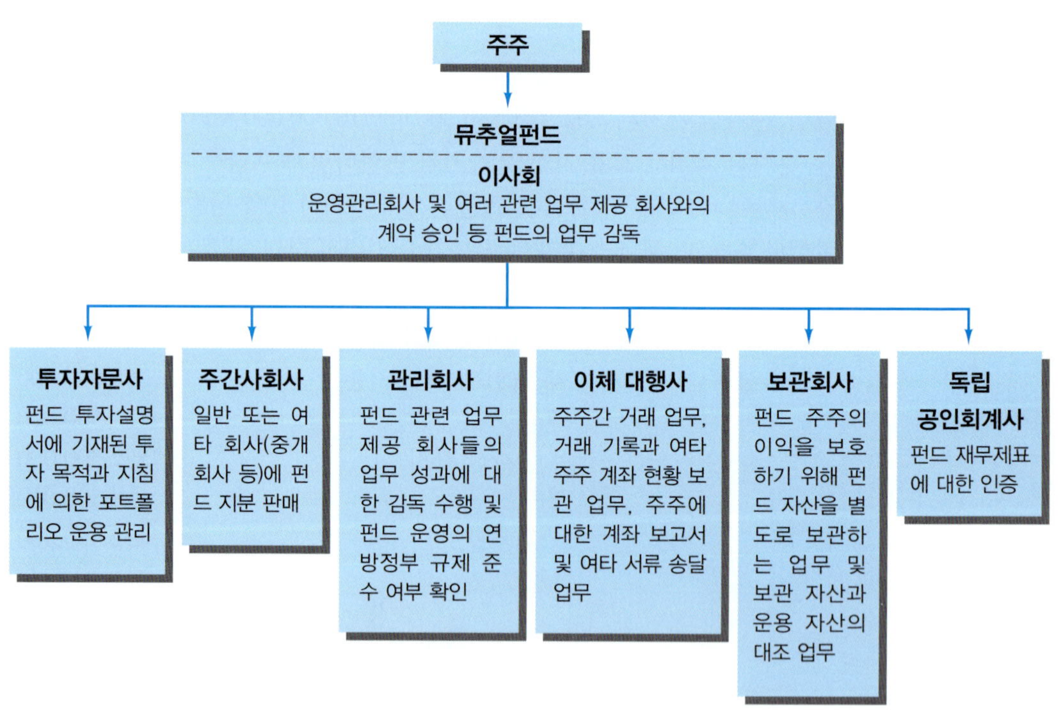

[그림 17.3] 뮤추얼펀드의 조직 구조

자료: Investment Company Institute, *2012 Investment Company Fact Book*, 53rd ed. (Washington, DC: ICI).

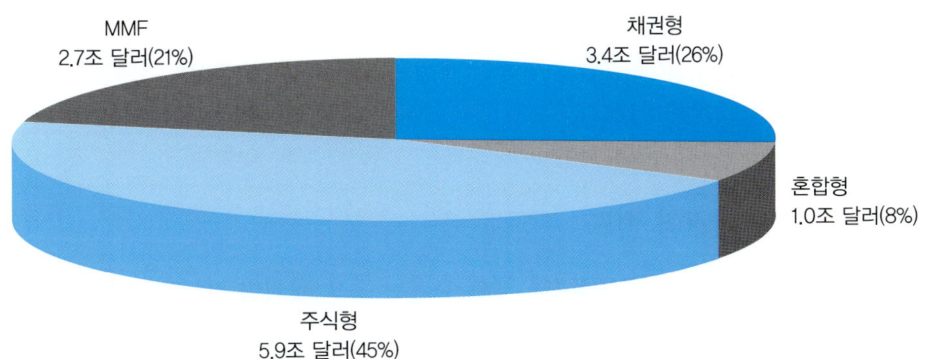

[그림 17.4] 뮤추얼펀드 유형별 자산 분포

자료: Investment Company Institute, *2012 Investment Company Fact Book*, 53rd ed. (Washington, DC: ICI), http://www.icifactbook.org/fb_data.html#section1.

주식형 펀드

주식형 펀드는 자산 모두를 주식에 투자한다는 공통된 테마를 갖고 있다. 그 외에 이들은 매우 다른 목적을 가질 수 있다. ICI(Investment Company Institute)의 보고에 의하면 성장형, 해외주식형, 가치형이라는 세 가지 유형이 있다. 성장형 펀드(captial appreciation fund)는 전체 주식형 펀드의 약 44%를 차지하는 가장 비중이 큰 펀드이다. 이 펀드는 주가 상승으로 인한 빠른 성장을 목표로 하는 펀드로 배당에는 별 관심이 없다. 이들 중 많은 펀드는 상대적으로 위험한데 펀드매니저들이 급속 성장을 도모하는 종목들을 고르려 하기 때문이다. 예를 들어 1990년대 많은 성장형 펀드들이 기술주(high technology)와 인터넷주에 집중적으로 투자한 바 있다.

가치형 펀드(total return fund)는 주식형 펀드의 약 29%를 차지한다. 이 유형의 펀드는 주가 상승과 함께 경상수익을 동시에 추구하는 유형이다. 이들은 대폭적인 주가 상승이 예상되는 성장형 종목뿐 아니라 꾸준히 배당을 지급하는 성숙 단계의 종목들도 함께 포함하는 전략을 취한다. 가치형 펀드는 성장형 펀드에 비해 덜 위험한 펀드로 간주되는데, 대체로 기존의 대형주들을 포함하기 때문이다. 이는 2000년에 특히 주효했는데, 이때 성장형 펀드가 자산 가치의 16.5%나 하락한 것에 비해 가치형 펀드는 5.7% 밖에 하락하지 않았다.

해외 주식형 펀드(world fund)는 해외 주식에 대한 투자를 주로 하는 펀드이다. 이 펀드는 주주들이 국제적 분산투자에 보다 쉽게 접근하게 해준다. 많은 자산관리 전문가들은 투자자에게 조금이라도 해외 투자 지분을 갖고 있기를 권한다. 이때 해외주식형 펀드가 그 주된 역할을 하게 된다.

여기 소개한 주식형 펀드의 세 가지 유형은 투자자들에게 제공되는 많은 주식형 펀드들의 종류 가운데 아주 대표적인 몇 가지에 지나지 않는다. 예를 들어 뱅가드(Vanguard)에서 제공하는 뮤추얼펀드 유형만 하더라도 60여 가지의 주식형 펀드가 있다. 그 각각은 지향하는 목적에서부터 서로 다르다. 어떤 펀드는 특정 업종의 종목을 편입하기도 하고, 어떤 펀드는 과거 특정 성장률을 보인 것들만 편입하기도 한다. 어떤 펀드는 주가수익비율(PE ratio)로 종목 선정을 하기도 한다. 뮤추얼펀드 회사는 개별 투자자 각각의 필요에 응할 수 있는 펀드를 개별적으로 제공하려고 노력한다.

채권형 펀드

[그림 17.5]는 ICI에 의해 수집된 주요 채권형 펀드의 자산을 보여준다. 전략적 수익형(strategic income bond)은 가장 유행하는 것으로 현재 고수익을 가져다주는 여러 미국 회사채에 투자하는 유형이다. 이 펀드에 편입된 채권의 신용도는 다른 유형보다 낮지만 수익성은 높게 나타난다. 투자자는 좀더 높은 수익성을 위해 안전성을 희생하는 것이다. 회사채형(corporate bond fund)은 그 다음 유행하는 것으로 주로 높은 신용도의 회사채에 투자가 이루어진다.

국고채형(government bond)도 역시 성행하고 있다. 이들 국고채형은 기본적으로 채무불이행 위험이 없지만 상대적으로 수익성이 낮다. 주정부와 전국 지방채형(municipal bond(muni))은 비과세 혜택을 누린다.

채권은 주식만큼 위험하진 않기 때문에 투자자들이 다수의 채권에 걸쳐 분산하는 것이 보통은 중요하지 않다. 나아가 채권은 유통시장을 통해 매매가 상대적으로 용이하다. 그 결과 채권형 뮤추얼펀드의 자산규모가 주식형 펀드에 비해 1/3에 그치고 있는 것은 놀라운 일이 아니다. 그럼에도 여전히 투자자들은 채권형 뮤추얼펀드가 제공하는 유동성 중개 기능과 자동 재투자 특성에 가치를 부여하고 있다.

혼합형 펀드

혼합형 펀드(hybrid fund)는 하나의 펀드에 주식과 채권을 혼합한 것이다. 이는 특정 유형 증권의

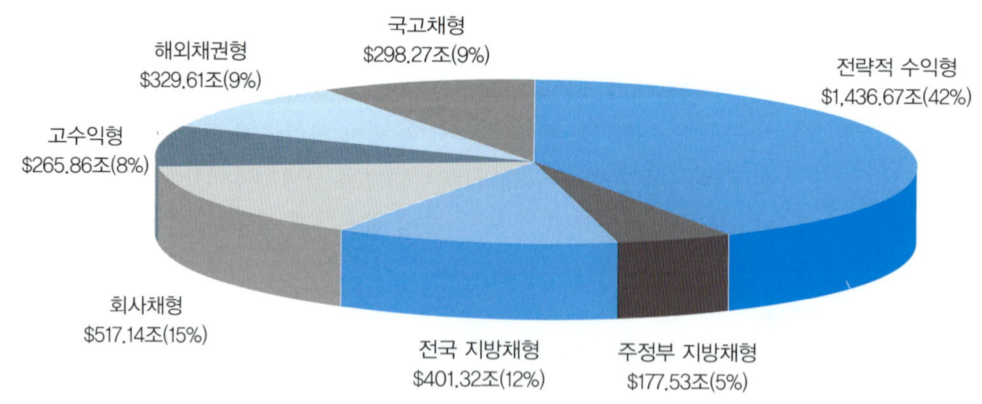

[그림 17.5] 여러 다른 채권형 뮤추얼펀드의 자산

자료: Investment Company Institute, *2012 Investment Company Fact Book*, 53rd ed. (Washington, DC: ICI).

여러 발행자에 걸친 분산투자뿐 아니라 서로 다른 유형의 증권에 대한 분산투자 효과도 함께 누리고자 하는 생각에서 나온 것이다. 따라서 만일 투자자가 원하는 만큼의 주식과 채권 비중을 보유하고 있는 혼합형 펀드를 찾았다면 여러 펀드 대신에 그냥 하나의 펀드를 보유할 수 있다. 이런 명백한 편리성에도 불구하고 대부분 투자자들은 여전히 개별 펀드들을 선호한다. 혼합형 계좌는 전체 뮤추얼펀드의 약 7%에 불과하다.

MMF

www.ici.org.
MMF의 순자산에 관한 가장 최근 통계를 볼 수 있다.

MMF(money market mutual fund)는 1970년대 초부터 존재해왔다. 그러나 1977년 이전에는 레귤레이션 Q의 상한선인 5.25~5.5%보다 낮거나 약간 상회하는 낮은 시장이자율로 인해 은행 예금에 비해 그다지 유리하다고 할 수 없었다. 1978년 메릴린치(Merrill Lynch)는 고객들이 자금을 창고처럼 단기 저장 목적으로 사용할 수 있는 계좌를 이용하게 되면 고객들에게 좀 더 좋은 서비스를 제공할 수 있다는 사실을 인식했다. MMF가 소개되기 이전 소액 투자자 계좌에서는 고객들이 투자를 원하는 경우 증권사에 가서 수표를 발행해야 했고 증권을 매도했을 때에는 수표를 수령해와야 했다. 그러나 MMF 계좌를 소유한 투자자는 주식 매수의 경우 증권사에게 이 계좌에서 자금을 직접 인출할 것을 지시하고 주식 매도의 경우에는 바로 이 계좌에 자금을 예치할 수 있게 되었다. 처음 메릴린치는 이 MMF가 수익의 중요 원천이 될 줄 몰랐다.

1980년대 초 인플레이션과 이자율이 치솟았다. 레귤레이션 Q는 은행들이 저축예금 계좌에 대해 이자율을 5.25% 이상 부과하는 것을 금지하고 있었다. 단기금융시장에서의 이자율이 15%로 상승하자 투자자들은 MMF로 옮겨갔다. [그림 17.6]은 1975년 이후 MMF의 성장을 보여준다. 지난 수년간 단기금융시장 증권의 낮은 이자율로 인해 그 규모가 상당히 감소했음에 유의하자.

모든 MMF는 개방형 펀드로 오로지 단기금융시장의 증권에만 투자한다. 대부분의 펀드는 투자자에게 지분을 매입하거나 환매하는 데 어떤 수수료도 부과하지 않는다. 보통 펀드는 500달러에서 2,000달러의 최소 초기 투자금액 요건을 갖고 있다. 펀드의 수익은 전적으로 편입된 증권의 성과에 달려있다.

MMF의 중요한 특징은 많은 경우 수표 발행 특권이 있다는 것이다. MMF는 종종 수표를 발행하는데 그 어떤 수수료도 부과하지 않거나 계좌 잔액이 사전에 정한 수준 이상을 유지하는 한 어떤 최소 발행액 요건도 갖고 있지 않다. MMF는 시장이자율 혜택과 함께 이런 편의성으로 인해 소액 투자자들에게 인기가 많았다.

투자자들은 자신의 자금을 예금보험 가입 은행이나 저축기관에서 인출해 예금보험이 적용되지 않는 MMF로 옮겨 탔다. 이들이 이런 추가적인 위험을 기꺼이 택한 이유가 무엇이었을까는 매우 중요한 의문이다. 그 이유는 역사적으로 이런 추가적인 위험이 현실화된 사례가 매우 적었기 때문으로 풀이된다. MMF에 투자된 자금은 다시 단기금융시장 상품에 투자된다. 양도성정기예금(CD), 단기국채(T-bills), 미 정부기관채(US agency issues), 환매조건부채권(RP)들이 이들 펀드의 상당 부분을 차지하고 있다. [그림 17.7]은 MMF가 보유한 자산의 분포를 보여준다. 이들

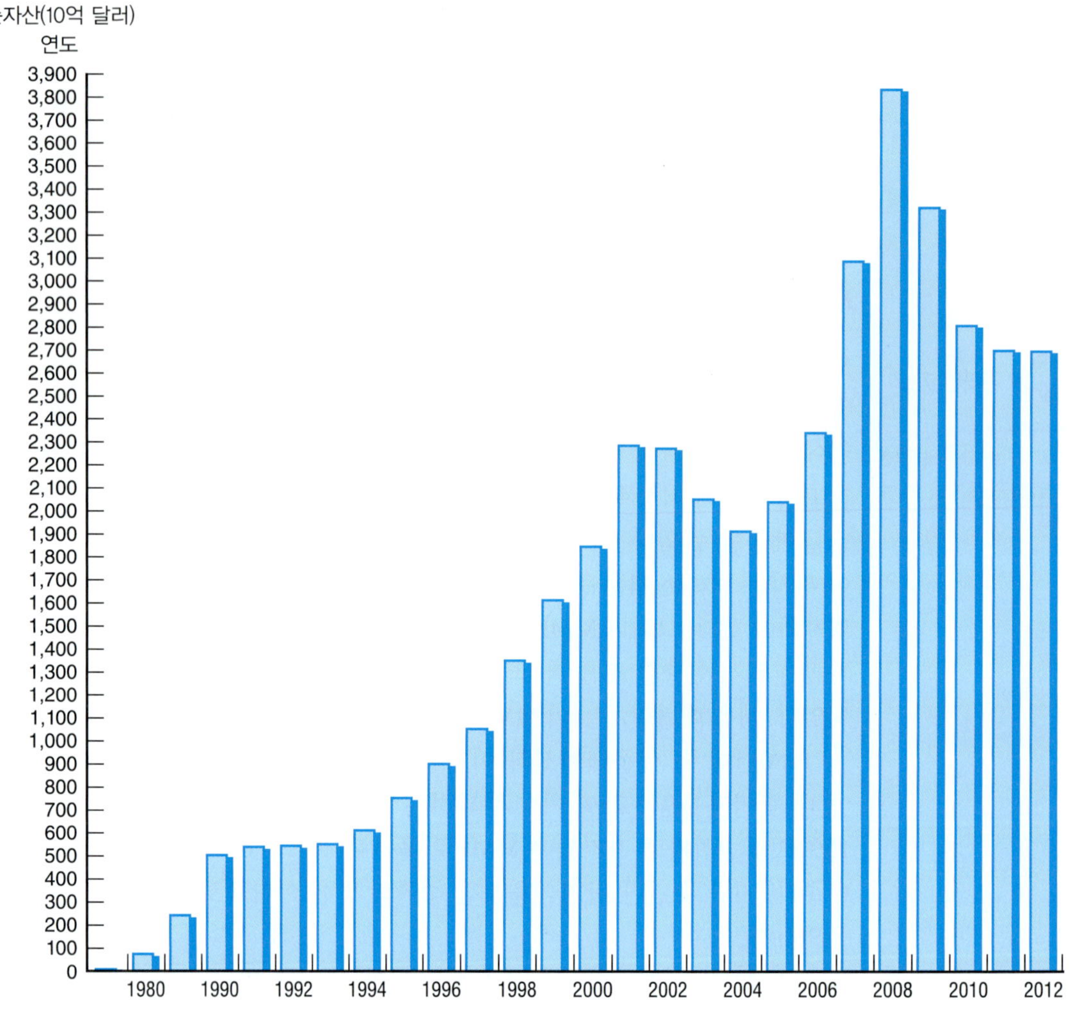

[그림 17.6] MMF의 순자산

자료: Investment Company Institute, *2012 Investment Company Fact Book*, 53rd ed. (Washington, DC: ICI), http://www.icifactbook.org/pdf/13_fb_table37.pdf.

증권의 채무불이행 위험은 매우 낮기 때문에 MMF의 위험도 매우 낮은 것으로 알려져 있다. 투자자들은 이를 알고 있고 따라서 좀더 높은 수익을 위해 은행에서의 안전성을 기꺼이 포기했던 것이다.

이런 신뢰는 뮤추얼펀드가 보유하고 있던 기업어음(CP)의 환매 불능 상태가 일어난 신용위기 동안 잠시 흔들렸다. 기업어음은 단기 금융상품이고 전형적으로 건실한 회사들에 의해 발행되었지만, 시장에서의 거의 패닉상황은 이들 증권의 시장이 아예 사라지게 만들어버렸다. 리먼브러더스(Lehman Brothers Holdings, Inc.)가 파산을 선언한 2008년 9월 15일의 다음날 리저브프라이머리펀드(Reserve Primary Fund)는 1달러의 순자산 가치에도 MMF 계좌를 상환하지 못

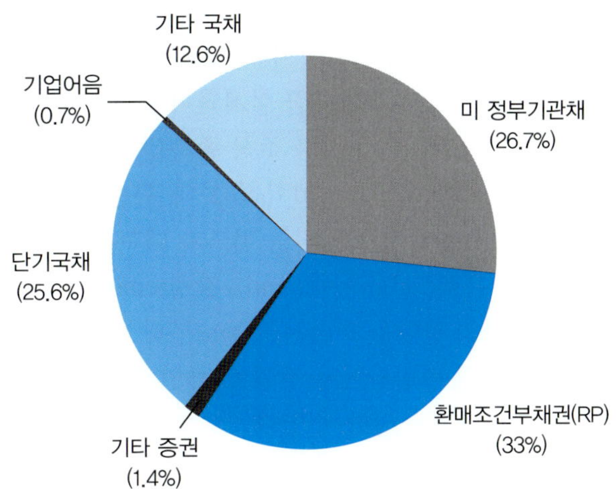

[그림 17.7] MMF 보유 자산의 평균 분포, 2012

자료:Investment Company Institute, *2012 Investment Company Fact Book*, 53rd ed. (Washington, DC: ICI), http://www.icifactbook.org/pdf/13_fb_table43.pdf.

하는 소위 '1달러 선의 붕괴(breaking the buck)' 사태에 직면했다. 이는 곧 전 세계 금융시장의 MMF에서 급격한 자금 인출을 불러일으켰고 수많은 다른 펀드들의 유동성을 위협하기에 이르렀다. 이틀 후 미국 재무부는 MMF에 대한 일시보증프로그램(Temporary Guarantee Program)을 발표했고, 연준은 MMF로부터 자산담보부 기업어음(Asset-backed CP)을 사들이는 자금 투입에 동의했다. 이런 조치의 효과로 시장에서의 신뢰가 회복되었고 2008년 10월까지 투자자들은 신규 자금 1,490억 달러를 추가로 투자했다. 이 추세는 계속되어 2009년 1월에는 MMF의 총자산 규모가 거의 2.7조 달러에 육박했다.

인덱스 펀드

인덱스 펀드(index fund)는 이제까지 논의된 어떤 유형의 뮤추얼펀드에도 속하지 않는 특수한 대체 투자 유형이다. 전통적인 펀드는 투자 매니저를 고용해 펀드 포트폴리오에 주식과 채권을 선정해 편입한다. 제6장에서 논의된 시장 효율성의 장점들에 대해 신뢰를 갖고 있다면 결론은 투자 매니저의 주식 종목 선정 능력이 *월스트리트 저널*의 주식 면에 다트를 던져서 임의로 종목을 선정하는 것에 비해 그다지 좋지 않을 거라는 데 이르게 된다. 투자 매니저가 우월한 종목 선택 능력이 없다면 우리는 어떤 추가 수익도 발생시킬 수 없는 이들의 서비스에 대해 왜 굳이 수수료를 지급하는가 하는 질문에 봉착하게 된다.

많은 투자자들은 뮤추얼펀드에서 투자 편익을 얻고자 하지만 투자 매니저의 서비스에 대해서는 비용을 지급하고 싶어 하지 않는다. 바로 이때의 답이 인덱스 펀드이다. 인덱스 펀드는 주식을 지수 형태로 갖고 있다. 예를 들어 거대한 규모의 뱅가드 S&P 500 인덱스 펀드는 S&P 500

지수에 속한 500개 종목을 모두 포함하고 있다. 이때 주식은 펀드의 가치 변동이 해당 지수의 가치 변동과 근사하게 일치될 수 있도록 비례적으로 보유된다. 이외에도 다양한 주가지수나 채권지수의 움직임을 따라가게끔 설계되어 있는 여러 가지 인덱스 펀드가 존재한다.

인덱스 펀드는 매니저가 주식 종목을 선정하지 않는다. 그 결과 이 펀드는 적극적으로 관리되는 펀드(actively managed fund)보다 훨씬 낮은 수준의 수수료를 부과하는 경향이 있다. 심지어 일부 재무 전문가들은 이들 펀드가 대부분의 펀드 매니저들보다 낫다고 주장하는데, 그 이유는 이들은 유행(fad), 추세(trend), 감정(emotion), 과잉반응(hysteria)과 같이 종종 투자자문가나 개인투자자의 판단을 흐리는 것들로부터 자유롭기 때문이라는 것이다. 흥미롭게도 최근 은퇴한 뱅가드그룹의 설립자이자 전임 CEO인 존 보글(John Bogle)은 그 자신이 '인덱스 투자자(index investor)'였다고 규정한 바 있다.[1)]

뮤추얼펀드의 수수료 구조

원래 뮤추얼펀드의 대부분 지분은 중개인(broker)들에 의해 판매가 이루어졌고 중개인들은 그들의 노력에 대한 대가로 보수(commission)를 지급받았다. 이 보수는 구매 시 바로 지급되거나 지분 상환 시 바로 차감되었기 때문에 이들 펀드를 **보수 펀드**(load fund)라 불렀다. 이때 펀드 구입 시 수수료가 부과되면 이를 선취형 보수(front-end load)라 부른다. 대부분의 선취형 보수는 1~2%인데 일부는 6%를 넘기도 한다. 만일 수수료가 나중에 펀드 환매 시 부과되면(보통은 5년에 걸쳐 하락하는 수수료 체계를 가짐) 이를 **후취형 보수**(deferred load)라고 부른다. 판매보수의 주된 목적은 판매 중개인에 대한 보상을 제공하는 데 있다. 그리고 특히 후취형 보수의 경우에는 자금의 조기 상환을 억제하는 추가적 동기가 있다.

1980년대 초에 직접적인 보수(또는 수수료)를 부과하지 않는 펀드가 출현했다. **무보수 펀드**(no-load fund)가 그것이다. 대부분의 무보수 펀드는 개인투자자들이 직접 구매할 수 있는데 이때 중개인은 전혀 필요가 없다. 현재 약 55%의 주식형 펀드와 65%의 채권형 펀드가 무보수 펀드이다. 이제 많은 투자자들은 보수 펀드에서 초기 투자금액이 바로 차감되어 투자되면, 무보수 펀드에서 얻을 수 있는 수익률을 따라잡기 위해서는 상당한 시간이 걸릴 수 있다는 사실을 인식하게 되었다. 선취형 펀드의 지분을 A형(Class A) 주식이라 부른다. 후취형 펀드의 지분은 B형(Class B) 주식이라 한다. C형(Class C) 주식은 무보수 펀드를 지칭한다.

보수 부과 여부에 상관없이 모든 뮤추얼펀드 계좌는 여러 가지 수수료를 부담한다. 그래서 개별 투자자가 뮤추얼펀드를 고르기 전에 고려해야 하는 중요한 요인 중 하나가 펀드가 부과하는 수수료 수준이다. 이 수수료는 펀드의 포트폴리오 수익이 투자자에게 넘어오기 전에 바로 차감된다. 투자자로서는 직접 수수료를 지불하는 것이 아니기 때문에 많은 사람들은 그 차감 사실

---

1) 2003년 10월 27일 콜로라도 덴버에서 열린 전미 언론인 개인재무 워크숍 총회에서 뱅가드그룹의 설립자이자 전임 CEO 존 보글의 기조연설

에 대해서조차 모를 수도 있다. 뮤추얼펀드에 부과되는 통상적인 수수료는 다음과 같다.

- *조건부 후취 판매수수료*(contingent deferred sales charge)는 환매 시 금융 전문가의 그동안의 서비스에 대한 보상으로 부과된다. 이 수수료는 보통 펀드 보유 초기 수년 동안 적용되고 그 이후는 사라진다.
- *환매 수수료*(redemption fee)는 환매 시 후취로 부과된다. 환매가격의 일정 비율 또는 일정 금액으로 표시된다.
- *이전 수수료*(exchange fee)는 한 펀드로부터 동일 펀드 집단의 다른 펀드로 자금 이전 시 부과될 수 있다.
- *계좌유지 수수료*(account maintenance fee)는 일부 펀드의 경우 계좌 잔고가 낮게 유지될 경우 부과된다.
- *12b-1 수수료*(12b-1 fees)는 적용된다면 마케팅과 광고비용의 대가로, 또는 보다 통상적으로 판매 전문가에 대한 보상의 대가로 펀드 자산으로부터 차감된다. 법에 의해 12b-1 수수료는 펀드의 연평균 순자산 가치의 1%를 초과할 수 없다.

뮤추얼펀드 매니저는 투자의 권리에 대한 대가로 투자자에게 여러 가지 방법으로 수수료를 부과할 기회가 있다. 투자자는 투자에 앞서 뮤추얼펀드의 수수료 구조에 대해 세심히 살펴보아야 하는데 수수료는 0.25%에서 최대 연 8%까지 갈 수도 있다. 그 어떤 연구 결과도 투자자가 높은 수수료를 지불하는 펀드에 투자할 때보다 좋은 수익을 얻는다는 주장을 지지하지 않는다. 대부분의 높은 수수료를 부과하는 뮤추얼펀드는 비용을 차감하고 나면 오히려 낮은 비용의 뮤추얼펀드만큼 성과가 높지 못하다.

지난 20년에 걸쳐 뮤추얼펀드 업계의 경쟁으로 인해 상당 수준의 저비용 구조가 일반화되었다. 1990~2012년 사이에 주식형 뮤추얼펀드 주주의 평균 총비용은 20% 이상 감소했다. 채권형 펀드의 수수료는 31%나 감소했다. 이 감축에 기여한 의심할 바 없는 한 가지 사실은 SEC가 뮤추얼펀드로 하여금 투자자에게 부과되는 모든 수수료와 비용을 명확하게 공시할 것을 요구한 규제이다. 추가로 SEC는 뮤추얼펀드의 투자설명서에 1만 달러를 1년, 3년, 5년, 10년에 걸쳐 투자하는 경우의 표준화된 견본 계좌를 포함할 것을 요구하고 있다. 이 분석은 투자자에게 펀드 투자를 하면 얼마의 수수료를 내는지에 대해 정확히 알려준다. 수수료 공시 의무 덕분에 투자자는 펀드를 매우 쉽게 비교할 수 있고 이에 따라 펀드 간 경쟁이 격화된 것이다.

뮤추얼펀드의 규제

뮤추얼펀드는 투자자 보호를 위해 설계된 네 가지 연방 법률에 의해 규제된다. 1933년의 증권법(Securities Act)은 펀드로 하여금 일정한 공시를 행하도록 규정하고 있다. 1934년의 증권거래소법(Securities Exchange Act)은 펀드 지분의 매매에 관한 반사기(antifraud) 규정을 정하고 있다.

1940년의 투자회사법(Investment Company Act)에서는 모든 펀드를 SEC에 등록할 것과 일정한 운영 표준을 따를 것을 요구하고 있다. 마지막으로 1940년의 투자자문법(Investment Advisers Act)은 펀드 자문사들을 규제한다.

정부 규제의 일환으로 모든 펀드는 두 가지 유형의 서류를 무료로 제공해야 하는데 투자설명서(prospectus)와 주주보고서(shareholder report)가 그것이다. 뮤추얼펀드의 투자설명서는 펀드의 운용 목표, 수수료와 비용, 투자 전략과 위험 등에 관해 서술하고, 동시에 지분 매매에 관한 정보를 제공한다. SEC는 개별 펀드로 하여금 투자 이전이나 혹은 최초 투자의 확인서가 나올 때까지는 투자설명서 전문을 제공하도록 요구한다.

연간 및 반기의 주주보고서는 펀드의 최근 성과를 논의하고 펀드의 재무제표 같은 여러 주요 정보를 제공한다. 이들 보고서를 살펴보면 투자자는 펀드가 투자설명서에 기술한대로 펀드의 목적과 투자 전략을 제대로 효과적으로 실행했는가를 파악할 수 있다.

이 외에도 투자자들에게는 펀드로부터 수령한 배분금에 대한 연방세의 세부현황에 관한 연차보고서가 제공된다. 뮤추얼펀드의 주주는 펀드에서의 수익에 대해 직접 세금을 부과받는데, 이는 주주가 그 해당 주식을 보유하는 경우에 과세되는 것과 동일하다. 마찬가지로 펀드에 비과세 소득이 발생하면 이는 그대로 주주들에게도 비과세 소득으로 이전된다.

투자 펀드는 증권사(brokerage house)나 기관투자자(institutional investor)들에 의해 운용되는데 이들은 이제 미국 주식의 50% 이상을 움직인다. 주식의 일일 총거래량의 70% 이상이 기관투자자들의 거래에서 촉발되고 있다. 많은 뮤추얼펀드는 증권사에 의해 운용되고 일부 펀드들은 독립계 투자자문사에 의해 운용되고 있다. 이들 투자자들에 의해 통제되는 주식 거래 물량 때문에 이 분야에는 엄청난 경쟁이 발생하고 있다. 이는 상당 수준의 비용 절감과 대체 매매기법의 확산으로까지 이어진다. 예를 들어 거래 계좌에서 아예 중개인을 배제시키는 컴퓨터 매매기법은 주식 매매에 있어 점차 그 비중이 커지고 있다.

뮤추얼펀드는 미국에서 법에 의해 독립적 이사들을 필수적으로 갖추어야 하는 유일한 회사이다. SEC는 독립적 이사야말로 뮤추얼펀드의 지배구조에 있어 핵심적 역할을 한다고 믿고 있다. 2001년 1월 SEC는 상당 수준의 규정 개정을 채택했는데, 이를 통해 투자회사 이사들의 독립성을 보다 증진시키고 투자자에게 이사의 독립성을 파악하는 데 필요한 정보를 제공하도록 했다. 이들 규정은 다음과 같다.

- 독립적 이사는 최소한 펀드 이사회에서 다수를 점해야 한다.
- 독립적 이사회는 다른 독립적 이사 구성원을 선정하고 지명해야 한다.
- 펀드의 독립적 이사에 대한 어떤 법적 자문도 독립적인 법적 자문이어야 한다.

이 외에도 SEC 규정은 뮤추얼펀드가 이사 구성원에 대한 광범위한 정보를 밝히도록 요구하고 있는데, 그 내용에는 이들의 경력과 보유지분 현황 등이 포함되어야 한다. 이러한 뮤추얼펀드 주주의 이해를 감독하기 위한 시스템은 업계로 하여금 구조적 문제를 방지하게 하고 뮤추얼펀드가 대중적 신뢰를 얻는 데 크게 기여했다.

헤지 펀드

헤지 펀드(hedge fund)는 롱텀캐피탈(Long Term Captial Management)이 거의 붕괴 사태로 몰림에 따라 최근 상당한 관심을 받게 된 특수 유형의 뮤추얼펀드이다. 제21장에서 금융시장이 다양한 상황에서 위험을 감축시키기 위해 어떻게 위험 헤지를 할지에 대해 논의하게 된다. 이때 위험 감축 전략으로서의 위험 헤지와 헤지 펀드를 혼돈해서는 안 된다. 비록 헤지 펀드가 종종 시장 전반의 변화로 인한 위험에 대한 방어를 의미하는 시장중립적(market-neutral) 전략을 시도하긴 하지만 이들 펀드가 무위험이라는 것은 아니다.

헤지 펀드에 의해 수행되는 전형적인 유형의 거래를 살펴보기 위해 1994년 롱텀캐피탈에 의해 수행된 거래를 살펴보자. 이 펀드의 매니저는 잔여 만기 29 1/2년 국채가 30년 국채에 비해 싸게 거래되는 것에 주목했다. 매니저는 이 두 개의 채권 가치가 시간이 경과하면서 서로 같아질 것으로 보았다. 결국에는 29 1/2년과 30년이라는 만기 위험의 차이가 사실 무의미한 것이기 때문에 이 채권들은 거의 동질의 위험을 갖고 있는 것이다. 채권가격의 일시적 차이로부터 차익을 얻기 위해 펀드는 29 1/2년 채권을 20억 달러 매수하고 30년 채권을 20억 달러 공매했다(공매란 펀드가 보유하고 있지 않은 채권을 빌려 매도하는 것을 의미한다. 후일 펀드는 그 채권을 매수해 공매 포지션을 되갚아야 하는데, 바라건대 낮은 가격에 매수하길 기대한다). 이때 롱텀캐피탈의 순투자는 1,200만 달러였다. 6개월 후 펀드는 30년 채권을 매수해 공매 포지션을 되갚고 29 1/2년 채권을 매도했다. 이 거래로 2,500만 달러의 수익을 달성했다.[2)]

이 거래에서 매니저는 전반적인 채권시장에서의 가격 부침에 대해서는 개의치 않는다. 이런 의미에서 이 거래는 시장중립적이다. 수익 달성에 오직 필요한 것은 두 개 채권의 가격이 처음 예상대로 같아진다는 사실 그 하나이나. 헤지 핀드 매니저는 유사한 증권들 사이에 있을 수 있는 가격 차이를 찾아서 전 세계를 뒤집고 다닌다. [그림 17.8]은 헤지 펀드가 투자할 수 있는 상황을 보여준다. 증권 A와 B는 일정 기간 동안 서로 묶여 움직인다. 그러다 어떤 시점에서 가격이 서로 벌어지면 이때 기회가 창출되는 것이다. 헤지 펀드는 이때 증권 B를 매수하고 A를 공매하는데 그 이유는 A에 비해 B가 상대적으로 상승할 것으로 기대되기 때문이다. 펀드매니저는 증권 B에서의 수익이 증권 A에서의 손실보다 커질 것으로 기대한다. 이런 기회를 모색하다 보면 헤지 펀드는 통상적으로는 흔치 않은, 예를 들어 때로는 구조조정 증권에의 투자와 벤처캐피탈 자금조달에의 참여와 같은, 이색적인 접근을 취하는 경우까지 이르기도 한다.

개인과 기관에 의해 불입된 투자자금 이외에도 종종 헤지 펀드는 이들 투자에 레버리지를 사용하기 위해 신용한도를 설정하기도 한다. 예를 들어 위 사례에서 롱텀캐피탈은 1,200만 달러 투자에서 2,500만 달러의 수익을 올려 108% 수익률[($2,500만 − $1,200만)/$1,200만 = 1.08 = 108%]을 거뒀다. 이때 1,200만 달러 중 절반을 차입했다고 하자. 이자비용을 무시하면 이때 자기자본 수익률은 317%[($2,500만 − $600만)/$600만 = 3.17 = 317%]에 달한다. 롱텀캐피탈은 이때 레버리지 비율이 20 대 1이라고 광고했었는데 위기발생 시 실제 비율은 50 대 1에 가까운 것으로

2) *월스트리트저널*, 1998년 11월 16일, p. A18.

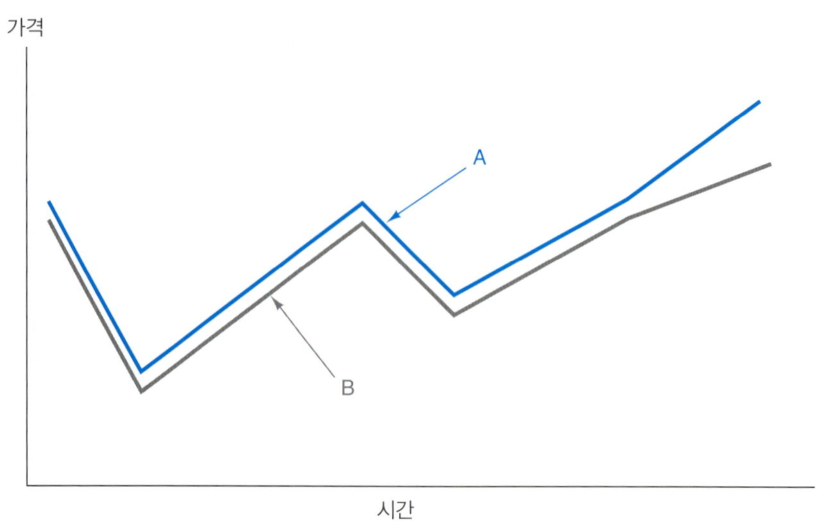

[그림 17.8] 두 개의 유사 증권의 가격

헤지 펀드는 역사적으로 같이 묶여 움직이지만 일시적으로 벗어나 있는 유사한 증권들을 찾아다닌다. 이 사례에서 헤지 펀드는 증권 A를 공매하고 증권 B를 매수할 것이다.

알려졌다. [미니사례]에서는 어쩌다 롱텀캐피탈이 파산을 모면하기 위해 결국 민간 구제금융을 필요로 하게 되었는지를 보여준다.

헤지 펀드는 다수의 사람들로부터 자금을 모아 그들을 대신해서 투자를 수행하지만, 전형적인 뮤추얼펀드와는 다른 여러 가지 특징이 있다. 첫째, 헤지 펀드는 10만~2,000만 달러의 최소 투자 요건을 갖고 있는데, 보통 100만 달러의 최소 투자금액을 요구한다. 롱텀캐피탈의 경우 1,000만 달러의 최소 투자 요건이 있었다. 대부분의 헤지 펀드는 유한책임회사(limited partnerships)로 설정된다. 연방법에서 헤지 펀드는 통상 연소득 20만 달러 이상 또는 거주부동산을 제외한 순자산 100만 달러 이상을 가진 99명 이하의 유한책임사원으로 구성하도록 투자자 수에 제한을 두고 있다. 헤지 펀드는 각 투자자의 투자자산이 5백만 달러일 때에는 499명까지 유한책임사원을 모집할 수 있다. 이런 규제는 헤지 펀드에게 대체로 규제 대상에서 예외를 허용해주고자 함에 있는데, 부자들은 스스로 그들 자신을 보호할 수 있다는 이론에 근거한 것이다. 실제 4,000개에 달하는 많은 헤지 펀드들이 모든 규제의 제약을 회피하기 위해 역외에 그 근거를 두고 있다.

둘째, 독특하게도 헤지 펀드는 보통 투자자들의 투자자금을 장기로, 종종 수년간 맡길 것을 요구한다. 이 요건의 목적은 매니저로 하여금 장기 전략을 수행할 수 있는 여유를 주기 위함이다.

헤지 펀드는 투자자에게 높은 수준의 수수료를 부과한다. 전형적인 펀드 수수료는 연 1% 자산관리 수수료에 더해 수익의 20%가 추가로 부과된다. 몇몇 펀드는 상당 수준의 수수료를 더 부과하기도 한다. 예를 들어 롱텀캐피탈은 투자자들에게 2%의 관리수수료와 수익의 25%를 부

> 미니사례 *Mini-Case*

롱텀캐피탈의 붕괴

롱텀캐피탈은 2명의 노벨상 수상자와 25명의 박사급 인력을 갖춘 그룹에 의해 운용되는 헤지 펀드였다. 1988년 9월 이 펀드는 뉴욕 연방준비은행에 의해 주도된 민간 구제금융을 받게 되어 당시 신문 지면의 머리글을 장식했다.

롱텀캐피탈의 경험은 헤지 펀드가 비록 시장중립적 전략을 취한다 하더라고 무위험일 수 없음을 보여주었다. 롱텀캐피탈은 당시 장기 국채와 장기 회사채 간 스프레드가 축소되리라 기대했다. 롱텀캐피탈이 이들 투자를 수행한 직후, 전 세계 주식시장이 폭락세를 보였고 결국 소위 안전자산으로의 도피(flight to quality)현상이 발생했다. 투자자들은 국채 가격을 높여 불렀고 동시에 회사채 가격은 하락했다. 이는 롱텀캐피탈이 예상했던 방향과는 정반대의 것이었다. 손실이 쌓이면서 롱텀캐피탈의 채권자들은 펀드에게 자기자본 포지션을 증대시킬 것을 요구하기에 이르렀다.

9월 중순까지 롱텀캐피탈은 채권자들의 요구에 응할 만큼 충분한 수준의 자본을 채울 수 없었다. 잠재적 붕괴위기에 직면한 펀드는 이미 거의 800억 달러의 자기지본과 1조 달러의 액면가에 이르는 파생상품을 포함한 고도의 레버리지 포트폴리오를 갖게 되었고, 펀드의 파산을 막기 위해 연준(Federal Reserve)이 개입하기에 이르렀다. 연준의 판단에 의하면, 롱텀캐피탈의 포트폴리오를 급격히 처분하면 도저히 용납할 수 없는 시장 시스템 위기가 일어날 수 있다는 것이었다. 수백억 달러에 달하는 유동성을 상실한 증권이 이미 얼어버린 시장에 쏟아져 나온다면 다수의 채권자들과 금융기관이 잠재적으로 심각한 손실을 입을 것이기 때문이다. 은행과 증권사로 구성된 일련의 그룹은 롱텀캐피탈 펀드의 파산을 방지하기 위한 구제금융으로 36억 달러를 투입했다.

롱텀캐피탈을 구제하려는 연준의 이런 개입에는 아무런 공적자금이 투입되지 않았음에도 불구하고 논란이 벌어졌다. 일부 비평가는 이런 개입으로 인해 시장이 펀드 매니저들에게 부과하는 규율을 약화시킴으로써 도덕적 위험이 증가했다고 비난했다. 그러나 다른 이들은 롱텀캐피탈의 실패가 야기시킬 경제적 폐해는 도저히 용납할 수 없는 것이라고 옹호했다.

헤지 펀드의 실패 사례는 롱텀캐피탈의 구제금융 이래 계속되었다. 2006년 9월에는 아마란스(Amaranth Advisors)가 천연가스 선물에 대한 투기에 실패해 1주일 만에 60억 달러를 잃었다. 이 사건이 현재 사상 최대의 헤지 펀드 실패 사례이다. 다른 펀드들도 투자자들에게 상당 손실을 끼쳤는데, 그 예로 어드밴스드(Advanced Investment Management)의 4억1,500백만 달러 손실, 베이요(Bayou Management LLC)의 4억5천만 달러 손실, 리퍼(Lipper Convertibles)의 3억1,500만 달러 손실 등을 들 수 있다. 헤지 펀드는 결국 돈 많은 투자자들을 위한 고위험 게임이다.

과했다.

헤지 펀드 투자에서 발생할 수 있는 위험으로부터 부자들을 보호하는 규제는 필요없다는 주장에도 불구하고, SEC는 2006년 헤지 펀드에 대해 등록요건을 부과하는 규제를 통과시켰다. 이때 SEC는 새로운 움직임에 대한 두 가지 우려를 언급한 바 있다. 첫째, 헤지 펀드 자문사들에 의해 행해지는 사기사건이 점점 증가하고 있음에 대해 우려를 표명했다. 둘째, 소위 헤지 펀드의 소매화(retailization) 현상을 타고 점차 많은 투자자들이 이 펀드에 동참하고 있다는 사실이 우려된다는 것이다. 따라서 헤지 펀드에 대한 감독의 증대가 정당하다는 것이다. 헤지 펀드의 등록요건을 부과함으로써 SEC는 펀드에 대한 임점검사(on-site examinations)를 실시할 수 있게 되었다. SEC는 이 검사야말로 헤지 펀드의 투자자 보호는 물론 전국적인 증권시장의 보호를 위해서도 필수적인 것이라고 주장하고 있다.

뮤추얼펀드의 이해상충

제7장에서 금융산업에서 이해상충에 관해 논의한 바 있다. 그때 기업 지배구조 실패의 최근 사례 중 많은 경우가 주인-대리인 문제에 기인한 것이었다고 결론내렸다. 여기서는 그 논의를 스캔들, 벌금, 기소 등으로 얼룩진 뮤추얼펀드로 확대하고자 한다. 뮤추얼펀드의 여러 최고 경영자와 CEO들은 징역형까지 선고받기도 했다.

뮤추얼펀드 산업의 안정성과 정직성은 투자자 신뢰에 중추적인 역할을 한다. 최근 대다수의 사람들은 퇴직 자산을 구성하는 데 스스로 책임을 져야 하고 이때 이들 투자의 대부분이 여러 펀드로 쏟아져 들어오고 있다. 이 펀드들이 투자자를 편취하거나 투자자들이 응당 받아야 할 수익을 제공하는 데 실패한다면 사람들은 은퇴를 할 수 없게 되거나 그들의 퇴직연금 규모를 대폭 줄여야 할 것이다. 물론 그 누구도 뮤추얼펀드가 어떤 특정한 수익을 보장할 수 있다거나 보장해야 한다고 주장할 수는 없다. 그러나 펀드는 적어도 모든 투자자를 공평하게 대우해야 하고 위험과 수수료를 정확하게 공시해야 한다. 동시에 펀드는 각 개별 펀드 운용을 지배하는 데 있어 발표된 정책과 지침을 반드시 따라야 한다.

이해상충의 근원

이해상충은 정보의 비대칭성이 존재하고 주인과 대리인의 이해관계가 치밀하게 조율되어 있지 못한 곳에서 발생하기 마련이다. 뮤추얼펀드의 지배구조는 바로 이런 상황을 만들어낸다. 뮤추얼펀드 투자자는 주주들이다. 그들은 이사를 선출하는데, 이사는 주주의 이해를 돌보는 것을 그 임무로 한다. 그리고 이사는 투자자문사를 선정하는데 이들이 실제 뮤추얼펀드를 운용한다. 그런데 전형적인 펀드의 경우 주주 수가 많기 때문에 불가피하게 이사나 투자자문사를 감독하는 것이 어려운 무임승차 문제(free-rider problem)가 발생한다.

주주들은 투자자문사를 감독하는 데 있어 이사에게 의존한다. 불행히도 최근 여러 사례들은 이사들의 노력이 권한 남용을 방지하는 데 충분치 못했다는 점을 보여주고 있다. 투자자문사에 보수로 지급되는 유인 구조(incentive structure)가 주주의 부의 극대화를 추구하는 데 있어 적절치 못하다는 것이다. 감독이 충분치 않은 상태에서 투자자문사는 수수료와 그들의 수익을 증대시키려 하고 때로 주주를 희생시키기도 한다. 예를 들어 한 기관투자자가 펀드에 대규모 투자를 약속하면서 그 대가로 다른 투자자들에게는 허용되지 않는 특수한 매매 특권을 요구한다고 하자. 투자자문사는 펀드 운용 규모의 비율로 보수를 지급받기 때문에 그들은 자신의 수익을 올리기 위해 특별대우를 허용하는 쪽을 선택할 수 있다. 뮤추얼펀드에 대한 최근 부정적 평판은 바로 이런 잘못 조율된 이해관계에 기인하는 것이라고 할 수 있다. [이해상충]에서 몇몇 잘 알려진 뮤추얼펀드 스캔들에 대해 살펴보기로 한다.

> 이해상충

Conflicts of Interest

윤리기준을 무시한 다수의 뮤추얼펀드가 적발되었다

뮤추얼펀드 업계의 몇몇 유명한 명사들이 뉴욕 주 검찰총장과 SEC에 의해 적발되었다. 18개 회사를 상대로 300건이 넘는 소송이 제기되어 볼티모어의 연방 법원으로 병합되었다. 뮤추얼펀드는 이 소송을 해결하는 과정에서 오명이 남게 될 것으로 보인다. 9개 회사가 투자자들에 대한 16억 달러의 손해배상과 추가 수수료 감축액 8억 5,500만 달러에 합의했다. 대규모 법정 합의 몇 가지를 들면 다음과 같다.

얼라이언스(The Alliance Capital Management Corp.)는 거래자(trader)들에게 마켓 타이밍을 허용한 혐의이다. 회사는 3억 5,000만 달러의 수수료를 깎아주고 2억 5,000만 달러 벌금과 주주에 대한 배상을 지불하기로 했다.

뱅크오브아메리카(Bank of America)는 카나리캐피탈(Canary Capital Partners)과 함께 지연 거래와 마켓 타이밍으로 제소되었는데, 1억 6,000만 달러의 수수료 감축, 벌금과 배상 3억 7,500만 달러에 합의했다.

야누스캐피탈(Janus Capital Management LLC)는 1억 2,500만 달러의 수수료 감축과 1억 달러 벌금과 배상을 지불하기로 했다.

푸트남(Putnam Investments)은 5대 대형 펀드사로 1천만 달러의 수수료 감축과 1억 달러의 벌금과 배상에 합의했다.

이와 같은 벌금, 배상, 수수료 감축 외에도 몇몇 투자 매니저들은 형사 고발까지 당했다. 프레드알저(Fred Alger & Company)의 부회장인 제임스 코넬리(James Connelly Jr.)는 차별적 대우와 뮤츄얼펀드의 자기매매 혐의로 1년에서 3년까지 징역을 언도받았다.

자료: *월스트리트 저널*, 2004년 7월 14일, p. C1.

뮤추얼펀드의 권한 남용

2001년까지 뮤추얼펀드 업계는 60년 이상 그 어떤 스캔들도 발생하지 않고 순항을 거듭해왔다. 그러던 것이 뉴욕 주 검찰총장이 뮤추얼펀드가 주주들에 대한 신의성실의무(fiduciary duty)를 수행하기 위한 여러 과정에서 스스로의 정책을 위반하고 심지어 SEC 규정 위반 행위까지 있었던 점들에 대해 수사하게 되면서 바뀌게 되었다. 대부분의 권한 남용(abuse) 사례는 두 가지 행위로 좁혀지는데 지연 거래와 마켓 타이밍이 그것이다. 이들 모두 개방형 뮤추얼펀드의 구조를 이용한 것인데 이 구조는 그날의 모든 거래는 영업 종료시점인 오후 4시 종가로 순자산 가치를 산정하는 방식으로 주주들에게 일일 유동성을 공급하고 있다.

1. *지연 거래.* 지연 거래(late trading)란 오후 4시 이후 접수되는 거래를 그 다음 날 가격으로 거래해야 함에도 불구하고 당일 오후 4시 가격으로 거래해줌으로써 거래자에게 일종의 편의를 제공하는 실무행위를 지칭한다. 가령 수요일 오후 4시 기술주 펀드의 순자산 가치가 20달러라고 하자. 이제 오후 6시경 HP, 인텔, 마이크로소프트 회사들의 전분기 수익이 50% 이상 증가했다는 뉴스가 들어왔다고 하자. 이때 이 업계 뉴스가 펀드에 가져올 영향을 잘 알고 있는 거래자는 이 펀드를 이미 마감된 20달러에 매수 주문을 내고 싶어할 것이다. 이들은 다음날인 목요일에 순자산 가치가 대폭 상승할 것이기 때문에 이로 인해 단기 수익을 올릴 수 있을 것으로 확신한다. 이 거래자는 지연 거래를 통해 이미 알려진 오후 4시 가격으로 거래를 수행해 그 다음날 펀드 매매에서 수익을 올릴 수 있게 된다.

검찰총장은 의회 청문회에서 "지연 거래는 마치 경마장에서 경주마들이 결승선을 통과한 이후에 내기를 거는 것과 같다."라고 보고했다. 이는 SEC 규정 하에서도 위법이다. 이런 현상이 수년 동안 알려지지 않았던 이유는 특정의 지연 거래가 관습적으로 수용되었고 또한 합법적이었기 때문이다. 중개인이 고객으로부터 매수 주문을 2시에 받으면 이 주문이 다른 주문들과 통합되어 펀드에 전달되는 시각이 4시를 넘어서는 경우가 있을 수 있다. 이 경우 투자자는 시장이 폐장되기 전에 주문을 넣었기 때문에 지연 거래로 인한 수익을 올릴 수는 없다. 지연 거래는 단지 주문 절차를 따라 잡기 위한 형식적 기회를 제공하는 것 뿐이었다. 그런데 문제는 대규모 투자자가 이런 합법적인 선을 넘어 다른 주주들의 희생 하에 그들만을 위한 특별대우로 이익을 취하고자 할 때 발생하는 것이다.

2. *마켓 타이밍.* 마켓 타이밍(market timing)은 비록 기술적으론 합법적이지만 비윤리적인 것으로 간주되고, 실제 모든 뮤추얼펀드의 정책표준지침서에 의하면 명백하게 금지되어 있다. 마켓 타이밍을 통해 특히 해외 주식의 경우 차익거래 기회를 제공할 수 있는 시간대 차이로 수익을 취할 수 있는 기회가 발생한다. 뮤추얼펀드는 그들의 4시 종가 순자산 가치로 가장 최근 해외주가를 사용한다. 그러나 그 가격은, 예를 들어 일본의 경우 이미 9시간 전에 종가가 나오기 때문에 진작에 알려진 과거 가격이다. 만일 일본에서 그 종가에 반영되지 않은 뉴스가 그 이후에 나온다면, 순자산 가치에 반영된 이미 알려진 과거 가격에 매수함으로써 차익거래 기회가 발생하게 된다.

대부분의 뮤추얼펀드는 이런 식의 재빠른 매수 및 매도 거래를 억제할 수 있도록 고안되어 있는 수수료 체계를 갖고 있다. 그러나 뱅크오브아메리카(Bank of America)와 같이 펀드에 대규모 투자를 할 수 있는 일부 기관투자자들에게는 이런 수수료가 면제될 수 있다. 이게 바로 에드워드 스턴(Edward J. Stern)이 그의 헤지 펀드 카나리캐피탈(Canary Capital Partners LLC)과 함께 저지른 사례이다. 2003년 9월 스턴은 뱅크오브아메리카를 통해 지연 거래와 마켓 타이밍을 허용한 혐의로 검찰에 4,000만 달러의 벌금을 납부하기로 법정 합의했다.

뮤추얼펀드의 주주가 마켓 타이밍과 지연 거래로 인해 어떻게 피해를 보는지 이해하기 위해 한 기술주 펀드가 현재 총 시장가치 350달러의 주식을 보유하고 있다고 하자. 그리고 펀드의 총 10주 중 1주를 여러분이 보유하고 있다고 하자. 펀드의 순자산 가치는 주당 35달러($350/10)이다. 이제 폐장 이후에 기술주 업계에서 기대 수준 이상의 수익이 발표되어 모든 사람이 내일 아침 개장 이후에 펀드의 주식 가치가 400달러로 상승할 것으로 보고 있다고 하자. 여러분의 순자산 가치는 이때 40달러($400/10)가 될 것이다. 그러나 한 투자자에게만 특권이 허용되어 이 펀드를 폐장 이후 35달러에 살 수 있다고 하면, 특권이 없는 여러분의 순자산 가치는 이로 인해 희석될 것이다. 특권을 가진 투자자가 펀드에 투입한 35달러는 폐장 이후에 투입되었기 때문에 이전 가격으로는 더 이상 주식을 추가 매수할 수 없으므로 현금으로 보관되어 있을 수밖에 없다. 그 결과 다음날 아침 펀드의 자산 가치는 435달러(400달러 주식과 35달러 현금)이 된다. 사실상 순자산 가치는 40달러 대신에 $435/11 = $39.54로 줄어든 것이다. 그 결과 펀드의 모든 기존 투자자들은 주당 0.46달러의 손실을 본 셈인 반면 한 특권 투자자만 4.54달러($39.54 - $35.00)의 수익을 올린다.

마켓 타이밍과 지연투자로 인한 투자자 비용은 이런 권한 남용이 얼마나 자주 실무적으로 발생하는가에 대한 믿을 만한 통계자료가 없기 때문에 그 추정이 매우 어렵다. 최근 학술 연구에 의하면 장기 투자자에게 미치는 손실규모가 최대 4.9조 달러에 이른다는 보고가 있기는 하다.[3] 뮤추얼펀드의 권한 남용 사례가 얼마나 광범위하게 퍼져 있는지에 대해서는 [이해상충]을 참조하라.

펀드의 권한 남용에 대한 정부의 대응

SEC 전임 위원장인 아서 레빗(Arthur Levitt)은 이런 스캔들에도 불구하고 당시 이를 알지 못했다고 인정한 바 있다. 사실 SEC는 뮤추얼펀드에 대한 감시를 맡고 있지만 그 권한 남용 사례를 최초로 조사한 기관이 아니었다. 뉴욕 주 검찰총장 엘리엇 스피처(Elliot Spitzer)가 뮤추얼펀드 업계의 주요 관련자들을 기소함으로써 SEC의 무관심을 깨우쳤다. 이제는 모두 이런 이슈를 인식하고 있으며 SEC와 의회가 이들 펀드의 안전성을 확보하기 위해 여러 조치들을 취했다.

- *보다 독립적인 이사진*(more independent directors). 2006년 1월까지 펀드는 독립적인 이사회 의장을 갖추어야 하고 75%의 이사는 반드시 독립적이어야 한다. 나아가 독립적 이사회의 구성원은 펀드 매니저가 없는 상태에서 매년 집행 이사회를 열어야 한다. 동시에 이사회의 독립적 이사들에게 감시활동 수행에 필요한 직원을 고용할 법적 권한이 부여되었다.

> 이해상충 *Conflicts of Interest*

SEC 조사를 통해 뮤추얼펀드의 권한 남용이 만연되어 있음을 알 수 있다

뉴욕 주 검찰총장이 2003년 9월 많은 뮤추얼펀드 매니저들을 기소할 때 그는 규제 당국의 의표를 찔렀다. 그동안 규제 당국의 관심은 주로 기업에 의한 증권 남용 사건들에 있었기 때문이다. 이때 뮤추얼펀드 산업 역시 불투명하다는 폭로는 즉각 의회 청문회로 이어졌다. 이 청문회에서 스티븐 커틀러(Stephen Cutler)는 SEC의 감독국장으로 뮤추얼펀드의 불법 거래가 상상 이상으로 퍼져 있음을 보여주는 결과를 발표했다. 업계 총자산의 90%를 대표하는 88개 대형 뮤추얼펀드 표본에서 약 25%의 중개인-딜러가 불법 지연 거래에 가담하고 있다고 SEC는 보고했다. 나아가 절반의 펀드가 특권 주주에게 마켓 타이밍 거래를 허용했다고 한다. 결국 서베이 결과를 통해 30% 이상의 펀드에서 그들 매니저가 특정 주주들과 포트폴리오 구성에 관한 민감한 정보를 공유했음을 인정했다는 사실이 밝혀졌다.

3) Eric Zitzewitz, *Journal of Law, Economics & Organization* 19, no. 2 (2003): 245–280; Jason Greene and Charles Hodges, *Journal of Financial Economics* 65 (2002): 131–158; and Goetzmann, Ivkovic, and Rouwenhorst, *Journal of Financial and Quantitative Analysis* 36, no. 3 (September 2001): 287–309.

- *오후 4시 평가 규정 고수*(hardening of the 4:00 pm valuation rule). 4시 이후 접수된 거래는 당일 순자산 가치가 아닌 익일 순자산 가치를 사용해야 한다는 규정을 더욱 엄격하게 적용함으로써 지연 거래 행위를 방지해야 한다. 그러나 이 제안은 일부 논란을 일으켰는데 그 이유는 거래 기록 등의 정리 과정에서 지연된 정상적 투자자들에게 불이익을 안길 수 있기 때문이다. 이 제안은 또한 시간대 차이에 따른 마켓 타이밍 차익거래는 방지하지 못한다.
- *환매수수료의 증가와 적용 강화*(increased and enforced redemption fees). 대부분 펀드는 이미 마켓 타이밍에 대비한 지침을 갖고 있고 이에 따라 구매 후 60일 또는 90일 이내 환매분에 대해 환매수수료를 부과하고 있다. 이 수수료는 보통 회사 판단에 따라 적용되는 것으로 권한 남용이 발생한 경우들에서 면제가 이루어지곤 했다. 강제적인 수수료에 따르는 문제는 비상 시 예기치 못한 자금 인출을 해야 하는 투자자들에게 벌칙을 가한다는 점이다. 이 벌칙으로 인해 뮤추얼펀드가 덜 매력적인 투자수단이 되고 그 유용성이 줄어든다고 일부 비평가는 주장한다. 그 결과 2005년 3월 자발적인 환매수수료 기준이 채택되었다. 그 규정에 의하면 이사회가 마켓 타이밍 남용으로부터 주주 보호를 위해 수수료 부과에 관한 사항을 심의하도록 요구했다.
- *투명성 증가*(increased transparency). 다른 규제들은 SEC가 취하는 가장 통상적인 절차를 따르는데, 운용 실무의 일반에 대한 공시 확대가 그것이다. 이사들은 펀드 소유자와 투자 매니저 간에 있을 수 있는 어떤 관계라도 보다 명확하게 공개적으로 밝혀야 한다. 투자 매니저는 보수 조건과 수수료 부과 방안에 대해 보다 명확하게 공시해야 한다. 나아가 뮤추얼펀드와 판매 중개인 간 보수 산정 등에 관해 보다 많은 정보가 공개되어야 한다. 이런 전략은 이해상충을 노리는 회사에 대한 규율을 시장에 맡기는 것이다.

> 요약

1. 뮤추얼펀드는 지난 20년간 급속하게 성장해왔다. 그 성장의 일부 원인으로는 각자의 퇴직연금 운용에 책임을 져야 하는 투자자 수의 증가를 들 수 있다. 유동성과 분산효과 증대가 여러 다른 요인들보다 역시 중요하다. 현재 약 7,500개의 서로 다른 뮤추얼펀드가 있고 순자산 규모는 13조 달러 이상에 달한다.
2. 뮤추얼펀드는 개방형과 폐쇄형으로 조직될 수 있다. 폐쇄형 펀드는 초기 판매 시 펀드 주식을 발행하고 추가 펀드는 수취하지 않는다. 대부분의 새로운 펀드는 개방형으로 조직되고 여기서는 신규 자금이 유입될 때마다 추가 주식이 발행된다. 주당 순자산 가치(NAV)는 매일 계산된다. 당일 거래되는 모든 거래는 순자산 가치로 이루어진다.
3. 뮤추얼펀드의 주된 유형은 주식형 펀드, 채권형 펀드, 혼합형 펀드와 MMF이다. 주식형과 채권형은 매니저에 의해 적극적으로 운용될 수도 있고 S&P 500과 같은 지수 종목이 들어있는 인덱스형으로 구성될 수도 있다.
4. 헤지 펀드에서는 유사 유형의 증권들이 과거와 달리 현재의 시장 상황에서 발생하는 괴리를 이용해 수익을 얻고자 노력한다.
5. 뮤추얼펀드 업계는 SEC 규제와 내부 지침을 위반하는 스캔들로 인해 널리 오명에 시달려왔다. 대부분의 권한 남용은 대규모 투자를 대가로 특권적 대우를 요구하는

투자자들에 의한 마켓 타이밍과 지연 거래에 집중되었 있다. 매니저들이 투자자들의 수익률보다는 총자산 규모에 의해 보수를 지급받는 수수료 구조가 만들어낸 이해상충 문제가 일정 부분 그 책임이 있다.

주요용어

개방형 펀드(open-end fund)
무보수 펀드(no-load fund)
보수 펀드(load fund)
분산투자(diversification)
순자산가치(net asset value, NAV)
폐쇄형 펀드(closed-end fund)
헤지 펀드(hedge fund)
후취형 보수(deferred load)

연습문제

1. 뮤추얼펀드와 투자환경의 어떤 특징이 지난 20년간 뮤추얼펀드의 급속한 성장을 이끌어왔는가?
2. 유동성 중개란 무엇을 의미하는가?
3. 제6장에서의 시장효율성 논의를 고려해 뮤추얼펀드 투자 매니저에게 고액의 수수료를 지급할지에 대해 논하라.
4. 개방형 펀드와 폐쇄형 펀드의 차이에 대해 논하라.
5. 한 뮤추얼펀드에 투자하는 것이 50 내지 60개의 서로 다른 주식형 뮤추얼펀드에 투자하는 것보다 왜 유리한지 논하라.
6. 인덱스형 펀드가 적극적으로 관리되는 펀드와 다른 점을 논하라.
7. 보수형 펀드란 무엇인가?
8. 후취형 펀드는 어떻게 구성되는가?
9. 헤지 펀드와 뮤추얼펀드의 차이는 무엇인가?
10. MMF의 성장을 촉진시킨 것은 무엇인가?
11. 12b-1 수수료는 무엇인가? 이 수수료의 최대 수준은 얼마인가?
12. 주주와 투자 매니저 간 이해상충의 주된 근원은 무엇인가?
13. 뮤추얼펀드에서 지칭하는 *지연 거래*란 무엇인가?
14. 뮤추얼펀드에서 지칭하는 *마켓 타이밍*이란 무엇인가?
15. 뮤추얼펀드 업계의 권한 남용을 둘러싸고 어떤 규제변화가 채택되어 왔고 어떤 것들이 고려되고 있는가?

계산문제

1. 1월 1일, 뮤추얼펀드 내 오후 4시의 주식 종목과 가격은 다음과 같다.

주식	수량	가격
1	1,000	$1.92
2	5,000	$51.18
3	2,800	$29.08
4	9,200	$67.19
5	3,000	$4.51
현금	n.a.	$5,353.40

주식 3이 기록적 수익을 발표했고, 그 가격은 폐장 이후에 32.44달러로 즉각 상승했다. 이때 펀드가 불법적으로 투자자에게 현재 순자산 가치로 매입을 허용하면, 25,000달러로 몇 주나 매입할 수 있겠는가? 대신 만일 펀드가 가격 조정이 이루어지기까지 기다린다면, 몇 주나 매입할 수 있겠는가? 이 불법적 거래로 인한 수익은 얼마인가? 현재 총 5,000주가 있다고 가정하라.

2. 어떤 뮤추얼펀드가 5%의 선취형 수수료를 부과하고 1.34%의 비용률(expense ratio)을 보고하고 있다. 투자

자가 30년 투자를 계획하고 있다고 할 때 이 투자자가 지급하는 연평균 비용은 몇 퍼센트인가?

3. 어떤 뮤추얼펀드가 A펀드를 5% 선취수수료와 0.76% 비용률로 제공하고 있다. 이 뮤추얼펀드는 또 B펀드를 3% 후취수수료와 0.87% 비용률로 제공하고 있다. 18년간 투자를 계획하고 있는 투자자에게 어떤 유형이 보다 적합한가?

4. 어떤 뮤추얼펀드가 연말 총자산 15억 800만 달러와 0.90%의 비용률을 보고하고 있다. 이 펀드가 매년 부과하는 총 수수료는 얼마인가?

5. 어떤 100만 달러 펀드가 1%의 후취수수료, 1%의 12b-1 수수료와 1.9%의 비용률을 부과한다고 하자. 비용차감이전에 연말 펀드 가치가 얼마가 되어야 투자자가 손익분기점(break even)에 도달할까?

6~12번 문제는 다음 뮤추얼펀드를 대상으로 일련의 거래를 한 것이다.

6. 1월 1일 뮤추얼펀드가 다음과 같은 자산과 오후 4시 가격을 보이고 있다고 하자.

주식	수량	가격
1	1,000	$1.97
2	5,000	$48.26
3	1,000	$26.44
4	10,000	$67.49
5	3,000	$2.59

펀드의 순자산 가치를 계산하라. 펀드에 8,000주가 있다고 가정하라.

7. 투자자가 펀드에 5만 달러 수표를 보낸다. 이때 무보수형 펀드로 새로 구입할 수 있는 주당 가격과 수량을 계산하라. 매니저는 주식 3을 1,800주 매수하고 나머지는 현금으로 보유한다고 가정하라.

8. 1월 2일 오후 4시의 가격은 다음과 같다.

주식	수량	가격
1	1,000	$2.03
2	5,000	$51.37
3	2,800	$29.08
4	10,000	$67.19
5	3,000	$4.42
현금	n.a.	$2,408.00

펀드의 순자산 가치를 계산하라.

9. 다른 투자자가 420주를 팔았다고 하자. 그의 수익은 얼마인가? 연 수익률은 얼마인가? 펀드는 필요자금 마련을 위해 주식 4를 400주 매각했다. 1년 거래일은 250일로 가정하라.

10. 이 자금의 단기 거래를 억제하기 위해 펀드는 5%의 선취수수료와 2%의 후취수수료를 부과하기로 했다. 동일 투자자가 5만 달러를 투입하기로 했다. 이때 새로운 주식 수를 계산하라. 이때 펀드 매니저는 현금으로 주식 4를 살 수 있는 만큼 산다고 가정하라.

11. 1월 3일 오후 4시의 가격은 다음과 같다.

주식	수량	가격
1	1,000	$1.92
2	5,000	$51.18
3	2,800	$29.08
4	9,900	$67.19
5	3,000	$4.51
현금	n.a.	$5,353.40

새로운 순자산 가치를 계산하라.

12. 투자 결과에 만족하지 못한 다른 투자자가 389.09주를 매각했다. 그의 수익은? 새로운 펀드 가치는 얼마인가?

> 웹 연습문제

투자은행, 중개회사, 뮤추얼펀드

1. 모닝스타(Morningstar)는 뮤추얼펀드의 분석과 리뷰에 특화된 가장 유명한 회사이다. 모닝스타의 결과를 수록한 여러 웹사이트가 있다. www.quicken.com/investments/mutualfunds/finder로 가보자. 여러분의 투자 취향에 따라 EasyStep search를 활용해보라. 여러분이 원하는 비용률과 수익을 가져다주는 펀드를 탐색할 수 있겠는가?

2. 뮤추얼펀드 업계는 뮤추얼펀드의 과거와 현재를 총망라하는 자료치를 수록하고 있는 팩트북(fact book)을 발행하고 있다. www.ici.org로 가서 Reserch and Statistics를 클릭한 후 Fact Books를 클릭해보자.

   a. Section 1은 뮤추얼펀드의 개관을 보여주고 있다. 이 교과서에 언급되지 않은 통계치 하나를 찾아 보고하라.
   b. Section 2는 뮤추얼펀드 산업의 동향에 대해 보고하고 있다. 주식 수익과 주식형 펀드 자금유입 간의 관계에 대해 논하라.
   c. 제4장에 의하면 몇 %의 뮤추얼펀드 자산을 현재 가계가 보유하고 있는가?
   d. 제4장에 의하면 뮤추얼펀드 투자자의 연평균 수익은 얼마인가?

CHAPTER

18

보험회사와 연기금

> PREVIEW

이 장에서 우리는 두 가지 비은행 금융기관, 즉 보험회사와 연기금(pension fund)을 살펴보면서 금융기관에 대한 논의를 계속한다. 보험은 미국에서 중요한 산업이다. 대부분 사람들은 적어도 하나 이상의 보험(건강, 생명, 주택, 자동차, 손해보험 등)을 보유하고 있고 보험사 연 수입은 9,150억 달러를 넘는다. 보험회사는 동시에 주요 고용주 중 하나인데 특히 경영학 전공 학생들에게 더욱 그렇다. [그림 18.1]은 1960~2011년 기간 중 보험산업 고용인력 수를 보여준다. 그 수는 1960년대, 1970년대 그리고 1980년대 초까지 가파르게 증가하고 있다. 현재 미국에서 200만 명이 넘는 사람들이 보험업계에서 일하고 있다. 그러나 최근 그 성장률은 주춤해졌다. 여기에는 두 가지 이유를 생각해볼 수 있다. 첫째, 기술발전으로 인해 보험청구 과정이 간소화되어 후선 업무에서의 종업원 수가 덜 필요하게 되었다. 둘째, 상업은행이나 증권업계와 같은 다른 금융기관들로부터의 경쟁이 격화되어 전통적으로 보험업무였던 영역들이 일부 떨어져나간 결과이다.

보험에 대한 한 중요한 경쟁자는 기업이 납부하는 사적 연기금이다. 고등교육을 받고 더 오래 사는 근로자들이 그 어느 때보다도 더 연기금에 자금을 투자하고 있다. 이미 6,500만 명이 넘는 개인들이 사적연금에 투자하고 있다. 이 장에서 이들 연금에 대해서도 살펴본다.

보험회사와 연기금은 여러 이유로 금융중개기관으로 간주된다. 첫째, 이들은 고객들로부터 투자자금을 수취한다. 예를 들어 어떤 사람이 종신 생명보험을 구입하면 그 사람은 생명보험 혜택을 받고 현금을 축적하는 것이다. 여러 사람들이 보험회사를 그들의 주요 투자 창구로 삼고 있다. 비슷한 방법으로 사적연금도 고객들로부터 투자자금을 수취한다. 둘째, 이들 기관은 공히 그들의 자금을 여러 수익성이 있는 투자에 투입한다. 보험회사와 연기금은 대형 상업용 모기지 대출을 제공하고 주식에 투자하며 채권을 매입한다. 그래서 이들 기관은 한 부문에서 자금을 수취해 다른 부문에 투자한다는 점에서 금융중개기관이라고 할 수 있다.

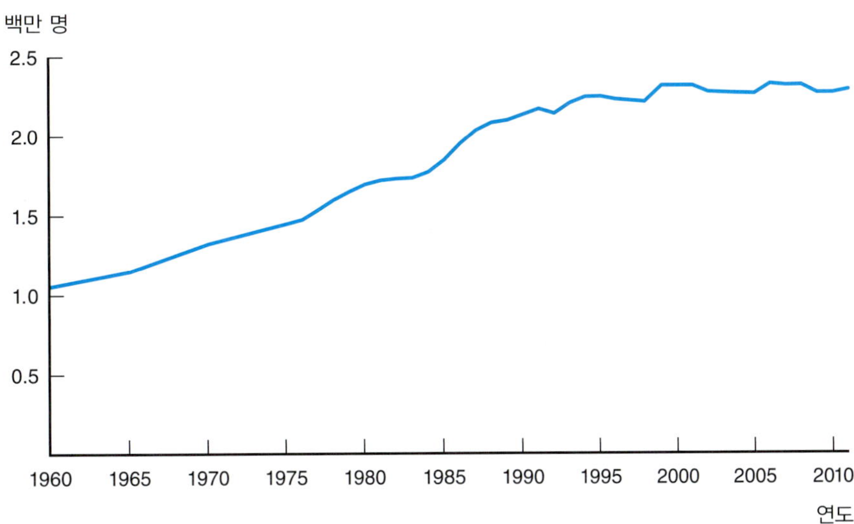

[그림 18.1] 미국 보험업계의 고용인력 수, 1960~2011년

자료: https://www.acli.com/.

보험회사

보험회사는 *보험료*(premium)라 불리는 수수료를 받고 고객들 대신 위험을 감수하는 업무를 수행한다. 보험회사는 예상되는 보험금 지급과 이윤에 중당하기에 충분한 보험료를 부과해 수익을 올린다. 왜 사람들은 보험 가입기간 동안 입을 수 있는 손실에 대한 보상으로 지급되는 예상 금액보다 그들이 지불하는 보험료가 더 크다는 것을 알면서도 보험에 가입할까? 대부분의 사람들이 위험회피적이기 때문이다. 그들은 혹시나 발생할 수 있는 주택이나 차량 손실이라는 위험한 도박보다는 차라리 **확실성 등가**(certainty equivalent), 즉 보험료를 지불하려 한다. 사람들은 위험회피적이기 때문에 보험을 구입해 이때 그들의 재산(현재 재산에서 보험료를 차감한 값)을 확실하게 아는 것을 그들의 재산이 처할 수 있는 위험에 빠지는 것보다 선호한다는 것이다.

보험이 없다면 사람들의 인생이 어떻게 변할지 생각해보자. 어떤 비상사태가 발생할 때 보험회사가 도움이 된다는 것을 알지 못하고 대신 모든 사람들은 각자 자신의 위험에 대비해 준비금을 쌓아두어야 한다. 이들 준비금은 장기로 투자될 수 없고 최고의 유동성이 확보된 상태로 유지되어야 한다. 게다가 사람들은 그들의 준비금이 주택의 화재, 차량 도난, 가장의 사망 등과 같은 재난 발생 시 적절한 규모가 될지에 대해 항상 우려를 금치 못하게 될 것이다. 보험은 이런 개별 사태가 발생했을 때 우리 인생에 재정적 영향이 오로지 제한적으로만 미칠 수 있도록 마음의 평화를 가져다준다.

보험의 기본

여러 유형의 보험과 보험회사가 있지만 모든 보험은 다음과 같은 기본 원리들을 갖고 있다.

1. *피보험인*(보험에 의해 보호되는 측)과 *수익자*(손실 발생 시 보험금을 수령하는 측)는 반드시 관계가 있어야 한다. 게다가 수익자는 잠재적으로 손실에 고통받을 수 있는 누구여야 한다. 예를 들어 여러분이 그저 이웃의 10대 운전자를 대상으로 보험을 가입할 수는 없는데 그 이유는 그 10대가 사고를 일으킨다고 해서 여러분이 당장 그 어떤 고통을 당하지는 않기 때문이다. 이 원칙의 근거는 보험회사들이 사람들로 하여금 보험을 도박의 수단으로 구입하는 것을 원치 않기 때문이다. 신용부도스왑의 경우에 이 원칙이 어떻게 위배되는지는 뒤에서 살펴보기로 하자.
2. 피보험인은 보험회사에 완전하고 정확한 정보를 제공해야 한다.
3. 피보험인은 보험 가입의 결과로 수익이 발생해서는 안 된다.
4. 제3자가 피보험인의 손실을 보상해줄 때에는 그 보상액만큼 보험회사의 책무는 감소된다.
5. 보험회사에는 수많은 여러 피보험인이 동시에 있어서 여러 보험계약 간 위험이 분산될 수 있어야 한다.
6. 손실은 수치화될 수 있어야 한다. 예를 들어 정유회사가 아직 개발되지 않은 유전을 대상으로 보험을 들 수는 없다.
7. 보험회사는 손실 발생 확률을 계산할 수 있어야 한다.

이들 원리의 목적은 보험이라는 과정에서 *진실성*(integrity)을 유지하려는 데 있다. 이들 원리가 없다면 사람들은 보험회사를 도박이나 미래에 대한 투기 목적으로 사용할 지도 모른다. 극단적으로는 이런 행태가 보험회사가 진정 필요한 사람들을 보호할 수 있는 능력을 깍아먹을 수도 있다. 추가적으로 이런 원리들은 여러 보험계약 간 위험을 분산하고 각 계약이 건전한 수익성을 내도록 하는 길을 제공한다. 이런 지침에도 불구하고 보험회사들은 제2장에서 처음 논의했던 정보의 비대칭성 문제로 인해 심각한 곤란을 겪는다.

보험에서 역선택과 도덕적 위험

역선택이란 거래에서 가장 큰 혜택을 볼 사람들이 가장 적극적으로 그 거래를 추진하기 때문에 이들이 선택될 가능성이 가장 큰 경우에 발생함을 상기하자. 제2장에서는 역선택을 가장 불량한 신용상태의 차입자들이 가장 적극적으로 대출을 받으려 하는 사람들이라고 설명했다. 같은 문제가 보험에서도 발생한다. 별로 아프지 않은 건강한 사람과 항상 건강 문제에 시달리는 사람 중 누가 더 건강보험을 필요로 할까? 산악지대에 사는 사람과 강변 계곡에 사는 사람 중 누가 더 홍수 보험을 필요로 할까? 두 경우 모두 손실을 볼 가능성이 더 큰 사람이 보험을 찾기 마련이다.

이 역선택이 암시하는 바는 전체 인구로 종합해 보면 손실 확률 통계치가 실제 보험계약을 구매하고자 하는 사람들의 잠재적 손실을 정확히 반영하지 않을 수 있다는 것이다.

역선택 문제는 보험회사가 어떤 보험계약을 수용할 것인가 하는 문제를 제기한다. 건강상태가 좋지 않아 건강한 사람들에 비해 추가로 건강보험을 더 구매하려는 사람들에 대해 보험회사는 그 보험계약을 거절할 것으로 기대된다. 이런 일이 생기지 않으려면 보험회사는 다른 방법의 해결책을 찾아야 한다. 예를 들어 대부분 보험회사는 생명보험 계약을 맺기 전에 가입자들에게 신체검사를 요구하고 과거 의료 기록을 점검하기도 한다. 보험회사는 종종 특정 회사 직원 전체와 같은 단체의 경우에는 좀더 좋은 조건의 보험료를 제시하기도 하는데 이 경우 역선택 문제를 피할 수 있기 때문이다.

역선택 문제에 더해 도적적 위험도 보험업계의 골칫거리이다. 도덕적 위험은 손실이 보험으로 보상되기 때문에 피보험자가 손실을 피하기 위해 적절한 주의를 기울이지 않을 때 발생한다. 도적적 위험의 실례로, 여러분이 만일 차량 도난 시 배상이 이루어질 것으로 예상한다면 차 문을 제대로 잠그지 않을 수 있다는 것이다. 만일 많은 요트 소유자들이 보험회사에 보상을 청구해 새 커버를 살 수 있다고 한다면, 태풍이 접근할 때 그들은 요트의 낡은 천막 커버를 내리지 않고 태풍에 날아가버리기길 바랄 것이다. 새 천막을 갖고 있는 사람들만이 주의를 기울일 것이다.

보험회사가 도덕적 위험에 대처하기 위해 사용하는 한 가지 방법이 **자기부담금**(deductible)의 요구이다. 자기부담금이란 보험회사가 배상을 하기 전에 피보험자가 먼저 발생 손실에 대해 반드시 지불해야 하는 일정 금액이다. 예를 들어 새 천막 비용이 5천 달러라면 요트 소유자의 자기부담금인 1천 달러를 미리 손실에 대해 지불하고 보험회사가 나머지 4천 달러를 지급하는 것이다. 자기부담금 이외에도 위험을 줄이기 위해 보험계약에 여러 가지 조건을 붙일 수도 있다. 예를 들어 화재보험에 가입한 사업체에 대해 화재발생 시의 손실을 줄이기 위해 보험대상물에 스프링클러 시스템을 설치하고 유지해야 하는 조건을 달 수 있다.

계약 조건이나 자기부담금이 도덕적 위험을 줄이기는 하지만 이 문제들은 보험회사에 영원한 어려움을 주고 있다. 도적적 위험과 역선택에 대한 보험업계의 대응에 관해서는 이 장 뒷부분의 [금융실무]에서 보다 상세히 살펴보기로 하자.

보험 판매

보험회사의 또 다른 공통적 문제는 사람들이 종종 실제 자신들이 필요한 만큼의 보험을 지니려고 하지 않는다는 것이다. 예를 들어 인간은 본능적으로 자신들이 결국 죽는다는 사실을 무시하는 경향이 있다. 이런 이유로 보험은 은행 서비스와는 달리 저절로 팔리지 않는다. 대신 보험회사는 보험상품을 팔기 위해 대규모 영업 인력을 투입해야만 한다. 이때 보험계약의 마케팅 비용은 일부 경우 계약비용의 20%까지 육박하기도 한다. 훌륭한 보험영업인이라면 사람들에게 실제로는 필요하지만 자기 스스로 찾아나서지는 않는 보험계약에 가입하도록 설득할 수 있어야 한다.

보험회사가 위험을 인수하는 상품을 대리인(agent)이 판다는 의미에서 보험은 매우 독특하다. 보험회사와 대리인의 관계는 여러 형태가 있다. *독립 대리인*(independent agent)은 여러 다른 보험회사의 상품을 취급한다. 그들은 어느 한 회사에 종속되지 않고 단순하게 그들의 고객에게 맞는 가장 최고의 상품을 찾기 위해 최선을 다한다. 현재 미국에서 독립 대리인은 60,000명이 넘는다. *전속 대리인*(exclusive agent)은 오직 한 보험회사의 상품을 취급한다.

대부분의 대리인은 독립이든 전속이든 간에 수당(commission)을 받는다. 대리인 자신은 보통 어느 한 보험계약의 위험 수준에 대해 상관하지 않는데 이들은 손실이 발생할 때 별로 잃을 것이 없기 때문이다(드물게 가끔 대리인의 고객이 제기한 배상요구에 따라 수당이 영향을 받는 경우도 있기는 하다). 보험회사를 대신해 대리인이 야기시킬 수 있는 위험을 통제하기 위해 보험회사는 **인수인**(underwriter)을 별도로 고용한다. 인수인은 각 대리인이 맺은 개별 계약에 대해 점검하고 추인하는 역할을 하며 만일 그 계약의 위험이 부적절하면 거절할 수 있는 권한을 갖고 있다. 인수인이 보기에 해당 고객의 자질에 의심이 가면 그들은 독립적인 조사관을 보내 피보험 물건을 점검하거나 추가적인 의료 기록을 요구할 수도 있다. 이때 보험계약 승인의 최종 결정은 조사관의 보고에 의하기도 한다(다음 [미니사례] 참조).

보험회사의 성장과 조직

[그림 18.2]는 1950~2008년 기간 중 생명보험회사 수를 보여준다. 1988년까지 그 수는 꾸준히 증가한다. 그 이후 계속해서 그 수가 감소하고 있다. [그림 18.2]에서 주목할 만한 또 다른 흥미로운 점은 보험회사가 *주식회사*의 형태도 있지만 *상호회사*(mutual firm)의 형태도 있다는 점이다. **주식회사**(stock company)는 주주들이 소유자이고 수익 추구가 그 목적이다.

상호보험회사(mutual insurance company)는 계약자들에 의해 소유된다. 상호보험회사의 목적은 피보험자에게 가장 낮은 수준의 비용으로 보험을 제공하고자 함에 있다. 계약자들은 비용을 초과하는 보험료의 잉여분을 반영해 배당을 지급받는다. 계약자들은 보험비용을 절감하는데서 오는 이득을 공유하고 있기 때문에 대부분의 보험회사들이 겪는 도덕적 위험이 덜 문제가 된다.

> 미니사례

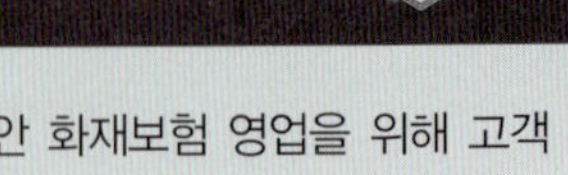

보험 대리인은 고객과 동지관계

1985년 남부 캘리포니아의 프루덴셜 보험회사(Prudential Insurance)의 한 인수인이 여러 대리인을 담당하고 있었다. 한 대리인은 대량의 화재보험 계약을 팔았는데 그는 늘 세심하게도 건물에 소화전이 있는 경우 아예 보험 청약에 그 사진을 첨부해 명확하게 관련 서류를 갖추었다. 그러나 한 계약에서 이 대리인이 실수를 했다. 그만 그 건물의 다른 방향에서의 사진에 자기 차가 나와 있었고 그 차의 열린 트렁크에 플래스틱 모조 소화전이 실려있는 것이 드러났다. 그가 그동안 화재보험 영업을 위해 고객들에게 낮은 보험료 혜택을 줄 때에는 수년간 해당 물건에 그 소화전을 끼워 넣어 왔던 것이다.

이 대리인은 해고당하지도 고소당하지도 않았다. 다만 이런 행위를 중지하도록 경고받았고, 그의 보험계약은 그 이후에도 회사에서 계속 승인되었다.

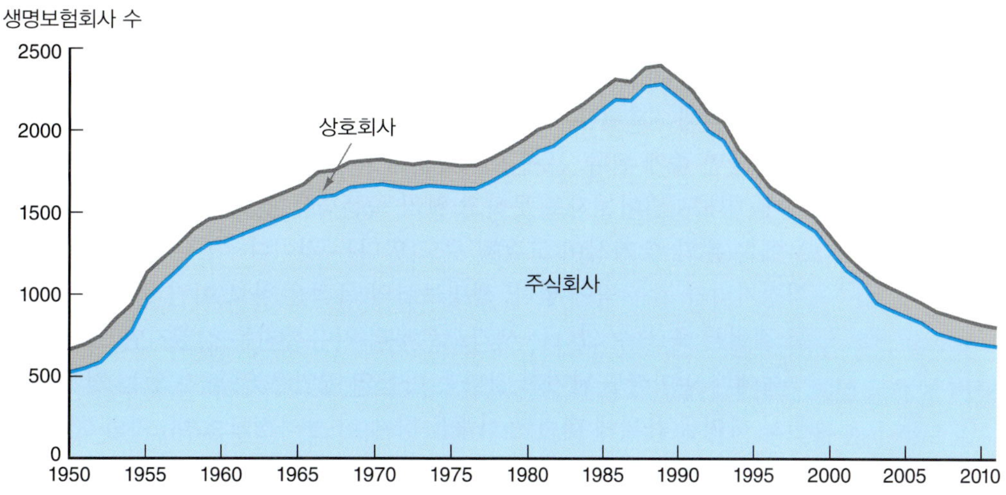

[그림 18.2] 미국의 생명보험회사 수, 1950~2011년

자료: https://www.acli.com, *Life Insurance Fact Book*.

상호보험회사 배당의 특이한 점은 다른 주식회사의 배당금과는 달리 세금이 부과되지 않는다는 것이다. 국세청은 이 배당금을 보험료의 초과 납입에 대한 반환으로 간주한다.

대부분의 새로운 보험회사는 주식회사의 형태를 띠고 있다. [그림 18.2]에서 보듯이 2011년 말 현재 804개의 보험회사 중 122개만이 상호보험회사이다.

보험의 종류

보험은 어떤 종류의 원하지 않는 재해에 대한 보험인가에 따라 그 종류가 나뉜다. 가장 흔한 것이 생명보험과 손해보험이다. 가장 간단한 형태로 생명보험은 사망인의 상속인들에게 소득을 제공한다. 많은 보험회사는 생명보험뿐 아니라 퇴직연금 혜택까지 주는 보험계약을 제공한다. 이 경우 보험료는 생명보험 비용과 저축 프로그램까지 합쳐 구성된다. 생명보험 비용은 피보험자의 연령, 평균 기대수명, 피보험자의 건강상태와 라이프스타일(피보험자가 흡연자인지, 스카이다이빙 같은 위험한 취미를 갖고 있는지 등)과 회사의 운영비용과 같은 요인들에 달려 있다.

화재보험은 재산(주택, 자동차, 보트 등)을 예기치 않은 사고, 화재, 재해, 기타 불운으로 인한 손실로부터 보호해준다. 예를 들어 해상보험은 선박과 운송 물건의 손실에 대한 보험으로 가장 오래된 보험인데 아마 생명보험 이전부터일 것이다. 화재보험은 단기 계약으로 자주 갱신해야 한다. 생명보험과 손해보험의 또 하나 중요한 차이점은 손해보험에는 저축성 성격이 없다는 것이다. 화재보험료는 단순히 그 손실이 발생할 확률에 기인한다. 이런 이유로 자동차보험료의 경우 운전자가 과속 티켓을 받았거나 사고 경력이 있다거나 범죄율이 높은 지역에 살면 높은 보험료를 내야 한다. 이런 각각의 사건들이 보험회사가 보험금을 지급해야 할 확률을 높이기 때문이다.

생명보험

인생은 예측 가능한 순서로 전개된다고 간주될 수 있다. 여러분은 여러 해에 걸쳐 노동을 하고 퇴직을 위해 저축을 한다. 은퇴하고 나면 젊은 시절의 노동으로 벌어놓은 돈으로 살고 나이가 충분히 들면 죽게 된다. 문제는 여러분이 너무 젊어서 죽을 수도 있는데 이 경우 사랑하는 사람들에게 제대로 벌어놓지도 못하고 빨리 죽는다는 것이고, 반대로 너무 오래 살 수도 있는데 이 경우에는 은퇴 후 자산이 고갈될 수도 있다는 것이다. 이 두 가지 경우 모두 대부분의 사람들에게 걱정거리가 될 수밖에 없다. 생명보험의 목적은 바로 이런 경우 근심을 덜고자 하는 데 있다. 비록 젊어서 죽을 수 있다는 생각으로부터 자유롭지는 않겠지만 보험을 통해 적어도 자신의 상속인들에게 얼마라도 남기고 간다는 마음의 평안은 얻을 수 있는 것이다. 생명보험은 동시에 사람들로 하여금 은퇴에 대비한 저축을 하게 하는 목적도 있다. 이런 방식으로 보험회사는 고객들의 전 생애를 책임지는 것이다.

생명보험회사의 기본 상품은 고유 생명보험, 장애보험, 연금보험, 그리고 건강보험이다. 생명보험(life insurance)은 여러분의 사망 시 보험금이 지급되고 이를 통해 여러분의 소득에 의존하는 이들을 보호한다. 앞서 언급한 대로 사망 후 보험금 지급을 받는 사람을 보험계약의 *수익자*(beneficiary)라고 한다. 장애보험(disability insurance)은 여러분이 질병이나 사고로 인해 일을 계속할 수 없을 때 소득의 일부분을 대신 지급해주는 것이다. **연금보험**(annuity insurance)은 여러분이 기대 이상으로 생존할 때 도움이 되는 보험상품이다. 처음에 일정 금액의 일시불 납입이나 정기적인 일정 금액의 납입 후 보험회사가 여러분이 생존해 있는 한 일정 금액을 지급하기로 약속하는 것이다. 만일 여러분이 얼마 못산다면 보험회사는 예상했던 것보다 덜 지급하게 된다. 반면 여러분이 이례적으로 오래 산다면 보험회사는 예상했던 것보다 훨씬 많이 지급하게 된다.

여러 종류의 보험상품을 둘러싸고 있는 한 가지 흥미로운 사실에 주목하자. 한 개인의 기대수명이나 장애가 될 확률을 예측한다는 건 매우 어려운 일이지만, 다수의 사람들이 보험에 가입했을 때 보험회사가 실제로 지급해야 하는 금액은 매우 정확하게 예측될 수 있다. 보험회사는 사람들의 기대수명, 건강보험 지급청구, 장애보험 지급청구, 그리고 여러 관련 사건들의 통계치를 수집하고 분석한다.

예를 들어 생명보험회사는 기대수명을 예측하는 *기대수명 통계표*(actuarial table)를 사용해 사망보상금이 지불될 때를 정확하게 예측할 수 있다. [표 18.1]은 여러 연령대에 걸쳐 사람들의 기대수명을 수록한 표이다. 25세의 여성은 향후 56.9년을 더 살 수 있고, 반면 25세 남성은 52.4년 밖에 더 살지 못하는 것으로 나타나 있다.

대수의 법칙(law of large numbers)에 의하면, 다수의 사람들이 보험에 가입했을 때 손실의 확률분포는 정규확률분포를 따르고 그 분포를 통해 정확한 예측이 가능하게 된다. 이 분포는 매우 중요한데 보험회사는 수백만 명의 보험가입자들을 갖고 있기 때문에 대수의 법칙으로 상당히 정확하게 예측을 할 수 있고 따라서 보험회사는 그들이 수익을 올릴만한 보험계약에 대해 적정하게 가격을 매길 수 있다.

생명보험 계약은 일련의 가계소득이 끊기는 상태에 대해 보호를 제공한다. 생명보험 상품의

[표 18.1] 미국의 연령대별 기대수명, 2012년

연령	남성	여성	총 인구
0	76.2	81.1	78.7
1	75.7	80.5	78.2
5	71.8	76.6	74.3
15	61.9	66.7	64.4
25	52.4	56.9	54.8
35	43.1	47.2	45.3
45	33.9	37.8	36.0
55	25.4	28.8	27.2
65	17.7	20.3	19.2
75	11.0	12.9	12.2
85	5.9	7.0	6.6
100	2.1	2.4	2.4

자료: *Life Insurance Fact Book*, 2012, Table 12.2(American Council of Life Insurers).

주요 유형으로 *기한부 보험*, *종신보험*, *유니버설 종신보험*을 들 수 있다.

기한부 보험 생명보험의 가장 간단한 형태가 *기한부 보험계약*(term insurance policy)인데, 이 보험은 피보험인이 계약 유효기간에 사망하면 보험금을 지급한다. 이 형태의 보험계약에 저축성 요소는 전혀 없다. 계약기간이 만료되면 잔여 혜택은 전혀 없다. 피보험자가 나이들수록 사망확률이 높아지므로 보험계약 비용은 올라간다. 예를 들어 [표 18.2]는 어느 주요 보험회사에서 40세 남성 비흡연자에 대한 10만 달러 기한부 생명보험의 추정 보험료를 보여준다. 첫해 보험료는 134달러이다. 그리고 피보험자가 41세가 되면 147달러로 올라가고, 그 다음도 계속 같은 식으로 올라간다. 피보험자가 60세가 되면 10만 달러 생명보험의 보험료는 810달러가 된다. 물론 보험료는 보험회사마다 다르지만 이 표의 예와 같이 기한부 보험의 연간 보험료 비용은 나이가 들수록 비슷하게 올라간다.

일부 기한부 보험 계약은 보험료를 수년간, 보통 5~10년간 고정시킨다. 또는 대안으로 *감액*

[표 18.2] 40세 남성 비흡연자의 10만 달러 기한부 생명보험 가입 시 전형적인 연간 보험료

피보험자 연령(세)	비용($)
40	134
41	147
42	153
45	192
50	286
55	461
60	810

형 *기한부 보험계약*(decreasing term policy)은 보험료를 고정시키는 대신 지급되는 보험금 규모가 매년 축소된다.

예로부터 기한부 보험계약은 판매하기가 어려운데 그 이유는 기간이 경과되면 계약자는 그 동안 낸 보험료에 대해 아무 것도 돌려받지 못하기 때문이다. 이 문제는 종신보험으로 해결된다.

종신보험 *종신보험*(whole life insurance) 계약은 계약 보유자가 사망하면 사망보험금이 지급된다. 종신보험은 보통 계약기간 동안 피보험자가 일정한 보험료를 납부한다. 계약 초기에 피보험자는 기한부 보험의 경우보다 더 높은 보험료를 납부한다. 그만큼 초과 보험료가 일정 규모로 축적되고 피보험자는 적정 수준의 이자를 지급하면서 이를 대출받을 수도 있다.

이 축적 부분에 대해서는 또한 상속 혜택도 주어진다. 피보험자가 사망하면 잔여 보험금은 상속자들에게 배분된다. 만일 보험계약자가 계약 만기가 되도록 생존해 있다면 현금이 지급될 수 있다. 이 현금 부분은 다시 연금을 구입하는 데 사용될 수도 있다. 이런 방식으로 종신보험은 일생 동안 피보험자에게 보험 혜택을 준다고 광고한다.

유니버설 생명보험 1970년대 말 종신보험은 계약 보험료의 수익률이 여타 투자수단에 비해 낮아서 열세에 처하게 되었다. 예를 들어 한 투자자가 종신보험 대신 기한부 보험을 구입하고 보험료 차이를 자신이 직접 투자한다고 하자. 이렇게 투자자가 종신보험 기간 동안 매년 기한부 보험을 구입하고 남은 돈을 투자하면 애초 종신보험을 구매했을 때보다 훨씬 더 큰 금액이 자신의 투자 잔고에 남게 될 수 있다는 것이다. 투자자문가나 보험 대리인은 이 때문에 고객들에게 종신보험을 권하지 못했다. 보험 판매 시 그들은 '기한부 보험을 사고 그 나머지를 투자한다.'라는 식으로 판매 방향을 잡았다. 대리인들은 여타 투자수단들도 같이 판매하고 있었기 때문에 그들은 이런 식의 보험 판매로 인해 그 어떤 피해도 없었다. 보험회사는 이와 같은 고객의 자금 유출에 대응하기 위해 새로운 상품인 *유니버설 생명보험*(universal life policy)을 도입했다.

유니버설 생명보험은 기한부 보험의 혜택과 종신보험의 혜택을 동시에 제공한다. 유니버설 생명보험의 주요 장점은 현금 부분이 좀더 높은 수익률로 축적된다는 것이다.

유니버설 생명보험은 두 개의 부분으로 구성되는데, 하나는 기한부 생명보험이고 또 하나는 저축성 부분이다. 유니버설 생명보험이 다른 투자수단에 비해 갖고 있는 또 하나의 중요한 장점은 이 계좌의 저축성 부분에서 발생한 수익은 인출 시까지 비과세라는 점이다. 이 세제 혜택을 유지하기 위해서는 이 계약의 현금 가치가 사망보험금보다 커질 수는 없다.

유니버설 생명보험은 1980년 초 이자율이 사상 최고 수준일 때 도입되었다. 이 상품은 즉각 성황리에 판매되었고 1984년에는 생명보험 계약 수량의 거의 1/3 수준에 도달했다.

연금 기한부 생명보험이 사망에 대비한 보험이라면, 연금(annuity)은 생존에 대비한 보험이라고 할 수 있다. 이전에 서술했듯이, 사람들이 직면하는 한 가지 위험은 은퇴 자금에 비해 더 오래 사는 것이다. 사람들이 처음 은퇴할 때 계획했던 것보다 더 오래 산다면 아마도 은퇴 자금을 모두 소진한 후 빈곤에 시달리게 될 수도 있다. 이런 위험을 회피할 수 있는 한 가지 방법이 연금을 구입하는 것이다. 고정금액의 연금을 구입하면 가입자가 생존해 있는 한 연금 지급이 이루어진다.

연금은 특히 역선택 문제에 민감하다. 은퇴 시 사람들은 보험회사보다 자신의 기대수명에 대해 더 많은 정보를 갖고 있다. 대체로 건강하거나, 장수 가족력이 있거나, 일생 동안 건강관리를 잘 해온 사람들은 훨씬 더 오래 살 확률이 높고 따라서 건강이 나쁘거나 보통인 사람들보다 더 많이 연금을 구매하려 할 것이다. 이런 문제를 회피하기 위해 보험회사는 개인 연금을 비싸게 책정하는 경향이 있다. 대부분 연금은 대규모 회사의 종업원들에게 판매되는데 이 경우 특정 연금에 적용되는 회사원들이 자동적으로 보험회사의 연금을 구입해 그 보험 혜택을 받는다. 이때 연금 가입은 자동적으로 이루어지기 때문에 역선택 문제가 없다.

생명보험회사의 자산과 부채 생명보험회사의 자금은 두 가지 원천에서 나온다. 첫째, 생명보험회사는 보험료를 수취하는데, 이는 피보험자 사망 시 지급해야 하는 미래의 부채를 의미한다. 둘째, 생명보험회사는 그들이 관리하는 연기금에 들어오는 보험료를 수취한다. 이들 자금은 본질상 장기 자금이다.

생명보험회사의 부채는 예측가능하고 장기성이기 때문에 생명보험회사는 장기 자산에 투자를 할 수 있다. [그림 18.3]은 2011년 초 생명보험회사의 평균적인 자산 배분을 보여주고 있다. 대부분의 자산이 채권과 같은 장기 자산으로 구성되어 있다.

보험회사는 동시에 수년에 걸쳐 모기지나 부동산 같은 자산에도 크게 투자하고 있다. 2012년 현재 약 6%의 생명보험 자산이 모기지 대출이나 부동산에 직접 투자되고 있다. 이 비중은 역사적으로 매우 낮은 수준이다. [그림 18.4]는 1920~2012년 기간 중 자산의 모기지 투자 비중을 보여준다. 모기지 투자의 감소는 보다 저위험 자산으로의 이동을 의미하는데, 대신 회사채와 국고채 투자 비중의 증가로 대체되었다.

저위험 증권으로의 이동은 1980년대 말 일부 보험회사들의 손실에 따른 결과이다. 보험회사들이 퇴직 자금을 놓고 뮤추얼펀드 및 단기 MMF와 경쟁하는 과정에서 보다 고수익 투자가 필요

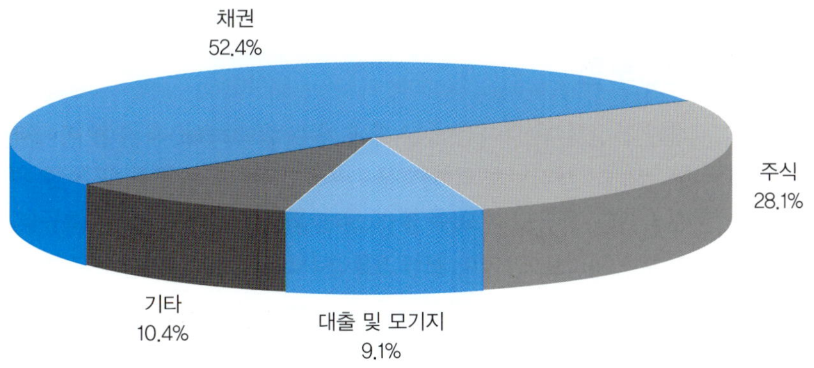

[그림 18.3] 생명보험회사의 자산 분포, 2011년

자료: *Life Insurance Company Fact Book*, 2012, Table 2.1(American Council of Life Insurers), https://www.acli.com/Tools/Industry%20Facts/Life%20Insurers%20Fact%20Book/Pages/RP12.

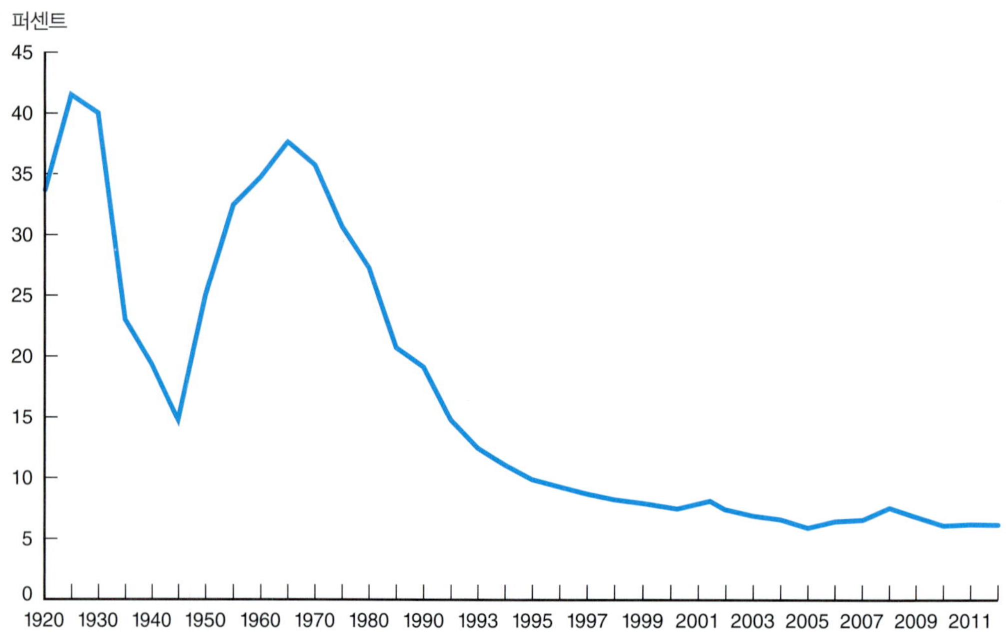

[그림 18.4] 생명보험회사의 자산 중 모기지 투자 비중, 1920~2012년

자료: Federal Reserve Flow of Funds Accounts, Table L117, http://www.federalreserve.gov/releases/z1/Current/z1.pdf

함을 인식했다. 이에 일부 보험회사는 부동산이나 고수익 채권에 대한 투자를 하지 않을 수 없었다. 그런데 1980년대의 과잉 건축으로 인한 부동산 가치의 하락은 이들 회사에게 심대한 손실을 끼쳤다. 부동산과 정크본드 투자에서의 큰 손실로 인해 1991년 자산규모 150억 달러의 이그제큐티브라이프(Executive Life)와 자산규모 140억 달러의 뮤추얼베니핏라이프(Mutual Benefit Life) 등 여러 대형 생명보험회사들이 도산하고 말았다.

건강보험

개인 건강보험은 역선택 문제에 아주 취약하다. 자신이 병에 잘 걸릴 줄 아는 사람들이야말로 가장 절실히 건강보험의 혜택을 누리려 하는 사람들이다. 이로 인해 개인 건강보험은 매우 비싸다. 대부분의 건강보험 계약은 기업후원(company-sponsored) 프로그램으로 제공되는데 이때 종업원 보험계약 보험료의 전부 또는 일부를 회사가 부담하는 것이 보통이다.

대부분의 생명보험회사들은 건강보험 상품도 취급한다. 건강보험 보험료는 보험료 수입의 약 24%를 차지한다. 생명보험회사는 블루크로스(Blue Cross)나 블루쉴드(Blue Shield) 같은 병원에 의해 운영되는 비영리 회사와 경쟁한다. 블루크로스는 보통 병원 입원에 대한 혜택을, 블루쉴드는 외래 진료에 대한 혜택을 제공한다. 하나의 전국적 기관이 73개의 블루크로스/블루쉴드 조직을 총괄하고 감독한다.

정부도 메디케어(Medicare)와 메디케이드(Medicaid)를 통해 건강보험을 관장한다. 메디케어는 노인들을 위한 의료 혜택을 제공하고 메디케이드는 복지 수혜자들과 극빈자들에 대한 혜택을 제공한다.

건강보험은 1992년 대선 때 중요한 정치적 이슈로 떠올라 계속해서 규제와 논쟁의 대상이 되었다. 의료보험에 대한 논의 확산의 한 가지 원인으로는 악순환적인 건강관리 비용을 들 수 있다. 지난 수십년 동안 대부분의 건강관리 비용은 생계비용이나 실질임금보다 훨씬 빨리 상승했다. 이런 상승의 한 원인은 보다 정교하고 비싼 치료방법이 꾸준히 제공되었기 때문이다. 예를 들어 콜레스테롤 절감 약품이 많은 사람들에게 심장혈관 문제의 발생 가능성을 낮출 수 있다는 연구가 있다. 이 약품은 하루에 3달러가 소요되는데 이런 약품은 20년 전에는 존재하지도 않았다. 보험회사는 이런 비용 상승 문제에 대해 여러 가지 방법으로 대처해왔다. 예를 들어 요즘에는 대부분의 기업후원 보험에서 기업이 이런 비용을 부담하고, 보험회사는 이 보험을 관리하고 대재난 시의 비용만을 부담한다. 이로 인해 기업들 스스로 건강한 임직원 상태를 유지하고 종업원들의 의료시설 사용에 대해 책임지도록 후원 기업의 인센티브를 증가시켰다. 예를 들어 많은 대기업은 아예 의료 보조인력을 회사 내에 고용해 의료비와 이로 인한 결근을 감소시키는 것이 오히려 비용효율적이라는 사실을 알아 차린지 오래이다. 이에 더해 체중감량, 금연, 운동과 체력단련에 대한 보상을 제공하는 기업후원 건강관리제도로 건강보험 비용을 절감하는 방법이 널리 확산되고 있다.

보험회사가 급증하는 의료비용에 대처하는 또 하나의 방법은 직접 그 비용을 통제하는 것이다. 이를 위해 보험회사가 의료서비스를 제공하는 의사 그룹과 협상을 통해 저렴한 비용으로 의료서비스를 제공하도록 계약을 맺거나 의료서비스 제공 시 사전에 승인을 받도록 하는 *관리의료*(managed care)제도를 도입하고 있다. *건강관리기구*(health maintenance organization, HMO)들은 보험회사로부터 의료서비스 제공자들에게로 위험을 이전시킨다. 보험회사는 피보험자 의료서비스의 제공 대가로 HMO에 일인당 일정 금액을 지불한다. 많은 사람들이 HMO 형태의 의료관리에 대해 지적하는 한 가지 문제는 의료서비스 제공자가 의료서비스를 제한할 유인이 있다는 것이다. 그래서 예를 들어 임산부의 경우 해산 후 적어도 48시간은 병원에 입원하고 있어야 한다는 것과 같은 규제가 도입되었다.

전국적으로 길고 치열한 논쟁을 거쳐 2010년 3월 23일 환자보호와 적정 수가에 관한 법률(Patient Protection and Affordable Care Act)이 통과되었다. 이 법안은 현재 의료보험의 혜택을 못 받고 있던 3,200만 명의 미국인들이 추가로 건강보험 혜택을 받을 수 있도록 건강보험 대상을 확대시킬 것으로 기대된다. 이 법안에서 논쟁의 여지가 큰 조항은 다음과 같다.

- 주별 거래소(state-based exchange)를 통한 보험 구매 선택권
- 저소득층의 보험 구입에 대한 보조금 지급
- 기질환 조건(preexisting condition)으로 인한 보험회사의 보험금 제공 거절에 대한 제한
- 어린이들이 26세까지는 부모의 보험 혜택을 받도록 보험회사가 허용해야 함.
- 2014년까지 모두 보험을 반드시 구입해야 하고 그렇지 않으면 수년 경과 후 벌금 부과

손해보험

손해보험(property and casualty insurance)은 보험 가운데 가장 오래된 보험이다. 이 보험은 중세 상인들이 무역을 위해 외국 항구로 배를 보내던 시절부터 시작되었다. 상인은 비록 무역거래에서 수익이 남지 않을 위험은 기꺼이 감수하지만, 종종 그 배가 좌초하거나 해적의 습격으로부터 입는 위험까지 감수하려고 하지는 않는다. 이런 위험을 줄이기 위해 상인들은 함께 뭉쳐 서로의 배의 손실에 대한 보험을 시작했다. 시간이 지나면서 이런 절차는 보다 정교화되었고 보험계약서가 작성되어 당시 주요 상업 중심지에서 이 계약서가 거래되곤 했다.

1666년 런던의 대화재로 인해 화재보험이 크게 발전했다. 1680년 런던에 최초의 화재보험회사가 창립되었다. 미국에서의 첫 화재보험회사는 1752년 벤자민프랭클린(Benjamin Franklin)을 위시한 일련의 그룹에 의해 형성되었다. 19세기 초에는 손해보험회사의 자산규모가 심지어 상업은행의 규모를 능가했고, 이들 보험회사가 금융산업에서 가장 중요한 회사가 되기에 이르렀다. 20세기에는 자동차보험이 발명되어 손해보험의 성장에 더욱 박차를 가했다.

오늘날의 손해보험 손해보험은 화재, 도난, 폭풍, 폭발, 심지어는 방심으로 인한 손실에 대해서도 보상을 제공한다. **재물보험**(property insurance)은 재산과 연관된 위험의 영향으로부터 기업과 소유주들을 보호한다. 이 보험은 수익성 재산에서의 수익의 손실이나 교체는 물론 주거용 부동산 소유자의 금전적 손실에 대한 보상도 제공한다. **사고책임보험**(casualty insurance 또는 liability insurance)은 피보험자가 어떤 제품의 불량이나 사고로 인해 다른 이들에게 끼칠 수 있는 손실에 대한 배상책임을 보상한다. 예를 들어 여러분의 자동차보험의 일부는 재물보험(여러분의 자동차가 부서진 데 대한 보상)이고 일부는 사고책임보험(여러분이 일으킨 사고에 대한 보상)이다.

손해보험은 생명보험과 다르다. 첫째, 손해보험 계약은 보통 1년 이하의 단기 계약인 경우가 많다. 둘째, 생명보험은 한 가지 사건에 대한 보험으로 제한되는 반면 손해보험회사는 여러 가지 다른 사건들에 대한 보험을 제공한다. 마지막으로 손해보험에서 잠재적 손해 발생액은 생명보험에 비해 훨씬 더 예측하기 어렵다. 이런 특징들로 인해 손해보험회사는 생명보험회사와는 달리 좀더 유동성이 높은 자산을 보유한다. 다양한 범주의 손실로 인해 손해보험회사는 충분한 유동성을 유지하고 있어야 한다.

재물보험은 **열거위험보험**(named-peril policy) 또는 **포괄위험보험**(open-peril policy)의 형태로 제공될 수 있다. 열거위험보험은 계약에서 열거된 특정 사건으로 인한 손실의 경우에 한해 보상하는 보험인 데 비해, 포괄위험보험은 반대로 그 계약에 열거된 특정 사항 중 몇 가지만 제외하고 모든 위험에 대해 보상하는 보험이다. 예를 들어 저지대에 거주하는 많은 주택보유자들은 홍수보험에 가입해야 한다. 이때 이 보험은 오직 홍수라는 특정 사건의 경우에만 보상이 이루어진다. 이에 비해 주택보유자가 화재, 태풍, 돌풍, 기타 피해로부터 보상받으려면 포괄위험보험을 들어야 한다.

사고책임보험은 방심으로 인해 발생한 금전적 손실에 대한 보상을 제공한다. 사고책임보험은 제품 불량 때문에 소송을 당할 수 있는 제조업체는 물론 의사, 변호사, 건물수리업자 등과 같은 전문직들이 구입한다. 재물보험의 위험 노출 정도는 보통 재산 가치의 범위로 한정되기 때문에 상대적으로 쉬운 데 비해, 사고책임보험의 위험 노출 한도는 정하기가 매우 어렵다.

사고책임보험의 위험 노출은 종종 '꼬리(tail)'라 불리는 긴 시차를 두고 발생할 수도 있다. 이는 배상책임 제기가 보험계약이 만료된 이후에 이루어지는 경우를 의미한다. 경비행기 제조사에 대한 배상책임 제기의 경우를 보자. 1950년대, 1960년대, 1970년대에 세스나(Cessnar)사나 파이퍼(Piper)사는 오늘날까지도 여전히 사용되고 있는 비행기를 생산했다. 이 회사들은 이들 40년에서 50년된 비행기들의 사고에 대해 종종 소송을 당한다. 1980년대에는 그 보험료가 늘어진 시차로 인해 너무나 커져서 세스나사와 파이퍼사 모두 개인용 비행기를 더 이상 생산하지 않게 되었다. 사고책임보험의 비용이 비행기 값을 너무 올려 대부분의 개인용 비행기 조종사들은 더 이상 그 비행기를 구입할 수 없게 되었다.

법원이 부과한 고액의 배상금에 대한 광범위한 여론의 비판이 있었다. 배상금 수준은 때로는 보험회사가 예상한 수준을 훨씬 뛰어넘는 것이기도 했다. 그 결과 사고책임보험의 보험료는 계속 상승했다. 일부 주에서는 이와 같은 보험료의 상승을 막기 위해 배상책임금을 제한하려는 움직임을 보이기도 했다.

재보험 보험회사가 자신의 위험 노출을 줄일 수 있는 하나의 방법이 **재보험**(reinsurance)에 가입하는 것이다. 재보험은 보험료의 일정 부분을 다른 회사에 넘겨주는 대신 해당 위험의 일정 부분을 그 회사로 이전시키는 것이다. 재보험은 보험회사로 하여금 규모가 큰 보험계약을 인수할 수 있게 해주는데 그 계약의 일정 부분을 다른 회사에게 실제로 이전시키기 때문이다.

모든 손해보험의 약 10% 정도가 재보험에 가입된다. 소형 보험회사가 대형 보험회사보다 좀 더 자주 재보험에 가입한다. 이는 마치 보험회사를 위한 보험으로 보면 된다.

원 보험회사가 재보험사보다 훨씬 더 많은 손해를 볼 수밖에 없기 때문에 도덕적 위험이나 역선택 문제는 매우 적다. 이는 재보험 대상 위험에 대한 구체적인 정보의 필요성이 적음을 의미한다. 이처럼 정보 요건이 단순하기 때문에 재보험 시장에서의 계약은 상대적으로 표준화 정도가 높다.

2002년의 테러위험보험법 2001년 9월 11일의 테러 공격으로 인해 보험업계는 아무리 거대한 자본 규모의 보험회사라도 한 번에 도산시킬 수 있을 정도의 위험까지도 다시 생각하지 않을 수 없게 되었다. 보험업계의 줄기찬 로비 노력의 결과로 새로운 법안이 2002년 11월 26일에 통과되었는데, 장차 테러 공격이 있을 시 보험회사가 부담해야 할 배상금액을 일정 한도로 정하는 것이었다. 2002년 테러위험보험법(Terrorism Risk Insurance Act)은 손실 규모가 5백만 달러를 초과하는 국제적인 테러행위의 경우 한도를 규정하고 있다. 법률이 정한 테러행위가 발생하면 정부가 90%의 손실을 지급한다. 1,000억 달러 이상의 손실은 보험 대상이 되지 않는다.

보험 규제

보험회사는 여러 다른 금융기관에 비해 연방정부의 규제를 덜 받는다. 사실 1945년의 맥카랜-퍼거슨법(McCarran-Ferguson Act)에서 명시적으로 보험업은 연방 규제로부터 면제받는다고 규정하고 있다. 이 업계의 주된 연방 규제자는 국세청(Internal Revenue Service)으로 보험에 관한 특수 세법 규정들을 관장하고 있다.

대부분의 보험 규제는 주정부 차원에서 이루어진다. 보험회사는 주정부에서 인가하는 표준 규정을 따라야 하고, 어느 주든지 영업이 행해지는 주의 규제 틀을 준수해야 한다. 뉴욕 주의 경우 주 내에서 영업행위를 하는 그 어떤 보험회사도 뉴욕 주 투자 규정을 준수해야 한다. 뉴욕은 매우 큰 시장이기 때문에 그 회사의 소속 주가 어디든 상관없이 사실상 모든 회사가 이 규정을 준수해야만 한다. 이로 인해 뉴욕 주의 규제는 전국적으로 적용되는 규제와 거의 같은 것으로 간주된다.

대부분 규제의 목적은 보험계약자들이 보험회사의 지급불능으로 인한 손실로부터 보호받도록 하는 데 있다. 이 목적을 위해 보험회사들은 그들의 자산 구성과 최소 자본비율 등에 관한 규제를 받는다. 모든 주는 보험 대리인과 중개인들이 생명보험, 손해보험, 건강보험 등 여러 종류의 보험을 취급하기 위해 주 당국의 면허(state license)를 받도록 하고 있다. 이 면허들은 모든 대리인들이 자신이 판매하는 상품에 대한 최소한의 지식을 갖추고 있음을 확인하려는 것이다.

금융실무 보험회사 경영

보험회사는 은행과 마찬가지로 일반 대중을 위해 한 자산의 형태를 다른 형태로 변환시키는 금융중개 업무를 수행한다. 보험회사는 보험계약에 따라 지불된 보험료를 수취해 채권, 주식, 모기지, 여타 대출과 같은 자산에 투자하고, 이들 자산으로부터의 수익으로 보험계약에 의한 보험금을 지급한다. 사실상 보험회사는 채권, 주식, 대출과 같은 자산을 보험계약으로 변환시켜 일련의 서비스(예를 들면 보험금 청구 조정, 저축성 보험, 친절한 보험대리)를 제공하는 것이다. 만일 보험회사의 자산변환 생산 과정이 효율적으로 돌아간다면 고객들은 저비용으로 적절한 보험 서비스 혜택을 누리게 되고, 투자에 대한 수익이 충분히 크면 수익을 공유할 수 있을 것이다. 물론 그 반대의 경우에는 손실을 감당하게 되겠지만 말이다.

제2장과 제7장에서 역선택과 도덕적 위험의 개념을 이해했다면, 왜 보험회사와 같은 금융중개기관이 경제에 중요한지를 이해할 수 있을 것이다. 여기서 우리는 보험업에 특정된 경영 실무 사례를 설명하는 데 역선택과 도덕적 위험이라는 개념을 사용한다.

보험계약의 경우, 도덕적 위험은 보험계약에서 피보험자가 보험금 지급이 발생할 가능성을 높이는 위험을 무모하게 선택할 수 있을 때 발생한다. 예를 들어 도난보험 가입자는 그 보험이 도난 발생 시 대부분 손실을 배상하기 때문에 도난 방지를 위한 여러 세심한 주의를 기울이지 않을 수 있다. 역선택은 보험으로 인해 큰 보험금을 받을 가능성이 높은 사람들이 그 보험의 주된 구매 대상 고객이 된다는 것이다. 예를 들어 불치병을 앓고 있는 사람은 최대한 거액의 생명보험과 의료보험에 가입하려 할 것이고, 이로 인해 보험회사는 큰 손실에 노출될 가능성이 커진다. 따라서 역선택과 도덕적 위험을 최소화하는 것이 보험회사에게는 지극히 중요한 목표의 하나가 될 수밖에 없고, 이런 목표가 여기서 논하려는 보험 실무를 설명한다.

심사

역선택을 줄이기 위해 보험회사는 불량한 보험위험과 양호한 보험위험을 구분하기 위해 심사(screening) 활동을 수행한다. 그러므로 효과적인 정보수집 과정이 보험회사 경영의 중요한 원칙이 된다.

여러분이 자동차보험에 가입하면 먼저 보험 대리인은 여러분의 운전 경력, 과속 티켓의 발급 횟수와 사고횟수, 가입대상 자동차 종류, 그리고 개인 신상(연령, 결혼 여부)에 관한 질문을 하게 된다. 그리고 생명보험에 가입하면 여러분은 유사한 과정을 거치지만 심지어 개인적인 질문들, 예를 들어 건강상태, 흡연 습관, 약물 또는 음주 여부 등과 같은 것들에도 답해야 한다. 생명보험회사는 심지어 신체검사(통상적으로 중립적인 의료회사에서 수행되는)까지 요구하는데 이 경우 혈액과 소변 검사를 포함하기도 한다. 보험회사는 이와 같이 여러분이 제공한 정보를 바탕으로 일정한 위험 등급을 정하는데 이는 여러분이 어느 정도의 보험금 청구를 할 것인가에 대한 통계 수치를 반영한 것이다. 이 정보를 바탕으로 보험회사는 여러분의 보험계약을 인수할 것인가 또는 여러분이 너무 큰 위험에 노출되어 있고 그래서 보험회사 수익에 별 도움이 되지 않는 고객이기 때문에 거절할 것인가를 결정할 수 있다.

위험기준 차등보험료

보험회사가 보험계약자의 위험 정도에 따라 보험료를 조정하는 것은 보험업계의 오래된 원칙이다. 역선택은 이 원칙이 보험회사의 수익에 왜 그렇게 중요한지 설명해준다.

보험회사에 위험기준 차등보험료(risk-based premium)가 왜 필요한지를 이해하기 위해 얼핏 보기에는 부당해보이는 위험기준 차등보험료의 예를 들어보기로 하자. 해리(Harry)와 샐리(Sally)는 둘 다 사고나 과속 티켓 경력이 없는 상태에서 자동차보험에 가입하려고 한다. 그러나 해리는 20살이고 샐리는 40살이다. 보통의 경우 해리는 샐리보다 더 높은 보험료를 내야 한다. 보험회사가 이러는 이유는 젊은 남성이 중년의 여성에 비해 훨씬 높은 사고율을 보이기 때문이다. 그럼에도 불구하고 한 보험회사가 이런 위험 구분에 의한 보험료 체계를 갖지 않고 피보험자들의 통합된 평균 위험에 근거한 보험료를 적용한다고 치자. 그러면 샐리는 보험료를 과다 납부하게 되고 해리는 과소 납부하게 된다. 샐리는 다른 보험회사로 가면 더 낮은 보험료로 가입할 수 있기 때문에 결국 해리만 이 보험회사에 가입할 것이다. 해리의 보험료만으로는 발생 가능한 사고에 대비한 보험금으로 충분치 않기 때문에 평균적으로 이 보험회사는 해리로 인해 손실을 보게 될 것이다. 오직 위험 구분에 의한 차등보험료 체계를 적용해야만, 즉 해리가 더 높은 보험료를 지불하게 해야만 보험회사는 수익을 낼 수 있는 것이다.[1)]

제한적 조항

보험계약의 제한적 조항(restrictive provision)들은 보험회사 경영진들이 도덕적 위험을 줄이기 위한 또 하나의 수단이다. 이 조항들은 보험계약자들로 하여금 보험금 청구가 발생할 만한 위험한 행위를 못하게 한다. 제한적 조항의 한 유형으로 계약자는 보험금 청구가 발생할 수 있는 행위로부터 혜택을 보는 것을 금지하는 내용이 있다. 예를 들어 생명보험회사는 계약상 만일 피보험자가 자살을 하면 사망급부금이 사라지게 되는 조항을 두고 있다. 제한적 조항은 피보험자로 하여금 일정 부분 보험금 청구를 줄이는 특정 행위를 하도록 하는 요건을 두는 경우도 있다. 스쿠터 렌트 회사는 사용자에게 헬멧 제공을 필수로 하고 있는데 이는 스쿠터 렌트와 관련해서 발생할 수 있는 사고배상책임에 대응하기 위한 것이다. 제한적 조항들의 역할은 제7장에 기술되었던 채무계약에서의 제한적 약관과 다르지 않다. 두 경우 모두 바람직하지 않은 행위를 배제함으로써 도덕적 위험을 감소시키고자 하는 것이다.

사기 방지

보험회사는 또 다른 도덕적 위험에 처하게 되는데 피보험자는 늘 보험회사에 거짓말을 해서 보험금 청구가 정당하지 않음에도 불구하고 보험금 청구를 시도하려는 유인이 있기 때문이다. 예를 들어 보험계약의 제한적 조항을 제대로 지키지 않은 사람이라도 여전히 보험금 청구를 시도할 수 있다. 심지어는 실제 발생하지도 않은 사고에 대해 보험금 청구를 시도하는 사람도 있을 수 있다. 따라서 보험회사의 중요한 경영원칙의 하나는 사기를 방지하고 오로지 정당한 청구를 하는 계약자들만 보험금을 수령할 수 있도록 조사활동을 수행해야 한다는 것이다.

보험 취소

보험계약 취소도 또 다른 보험경영 수단이 될 수 있다. 보험회사는 피보험자가 보험금 청구를 증가시킬만한 행위에 연관된 경우 계약 취소라는 위협으로 도덕적 위험을 제어할 수 있다. 자동차 보험회사가 만일 운전자가 과속 티켓을 과다하게 받게 되면 보험이 취소될 것이라는 사실을 명확하게 하면 그는 과속운전을 훨씬 줄일 것이다.

---

1) 여러분은 여기 이 예가 사실은 제7장에서 논의한 레몬 문제의 예라는 사실을 인식할 수 있을 것이다.

자기부담금

자기부담금(deductible)은 보험금 지급 시 피보험자의 손실에서 차감되는 고정 금액이다. 예를 들어 자동차보험 계약에서 자기부담금이 250달러라고 하면 만일 사고 발생 시 1천 달러 상당의 손실이 발생했을 때 보험회사는 여러분에게 750달러만 지급한다는 것이다. 자기부담금은 보험회사가 도덕적 위험을 감소시킬 수 있는 추가적인 경영 수단이다. 자기부담금으로 인해 여러분이 보험금을 청구하게 되면 보험회사와 함께 여러분도 일정한 손실을 보게 되는 것이다. 사고 발생 시 여러분도 손실을 보기 때문에 보다 주의깊게 운전을 해야 할 유인이 있는 것이다. 따라서 자기부담금은 보험회사의 이익과 좀 더 일치하는 방향으로 계약자들의 행위를 유인하는 결과를 가져온다. 이로써 도덕적 위험이 줄어든다. 도덕적 위험이 줄기 때문에 보험회사는 보험계약자들에게 자기부담금 부담에 대한 보상의 수준을 넘어서기에 충분한 보험료 인하효과를 줄 수 있다.

자기부담금의 또 다른 기능은 피보험자로 하여금 조그마한 손실의 경우 스스로 처리하게 함으로써 소액 손실에 대한 관리비용을 배제시킬 수 있다는 것이다.

공동보험

보험계약자가 보험회사와 함께 일정 비율의 손실 분담을 공유하는 계약을 **공동보험**(coinsurance)이라 부른다. 예를 들어 일부 의료보험 계약은 의료비의 80% 부담 혜택을 제공하고 피보험자는 일정액의 자기부담금을 초과하는 경우 의료비를 제하고 난 후 20%를 지불한다. 공동보험은 자기부담금과 정확히 같은 방법으로 도덕적 위험을 줄이는 역할을 한다. 보험계약자는 보험회사와 함께 손실을 분담하기 때문에 불필요하게 의사를 보러간다든지 하는 행위로 과다한 보험금 지급을 유발하는 행위를 할 유인이 줄어들게 된다. 따라서 공동보험은 보험회사에 유용한 또 다른 경영 수단이다.

보험금 한도

보험경영의 또 다른 중요한 원칙으로는 고객이 아무리 배상규모를 높여 보험료를 낸다 하더라고 해당 보험금에는 한도가 있어야 한다는 것이다. 보험금 규모가 커질수록 피보험자는 보험금 청구 확률을 높이는 위험한 행위로부터 얻는 수익이 더 커지고, 따라서 도적적 위험이 더 커지는 것이다. 예를 들어 젤다(Zelda)의 자동차가 그 실제 가치보다 훨씬 더 높은 금액의 보험에 가입되어 있다면, 그녀는 그 차의 도난 예방을 위해 자동차 열쇠를 항상 빼놓는다든지 또는 어떤 경보 시스템을 갖춘다든지 하는 적절한 예방 조치를 취하지 않을 수 있다. 그 차가 도난당하면 그녀는 과다한 보험금으로 인해 심지어 더 비싼 차를 새로 살 수 있기 때문에 이익을 보는 결과가 된다. 이와는 대조적으로 보험금 지급이 그녀 차의 가치보다 작을 때에는 그녀 역시 차량 도난으로 인해 손실을 보게 되고 따라서 이런 사태를 방지하기 위해 적절한 주의 예방 조치를 취할 것이다. 보험회사는 항상 보험 배상액이 높지 않도록 해서 도덕적 위험으로 인한 대규모 손실이 발생하지 않도록 주의를 기울여야 한다.

요약

효과적인 보험회사 경영은 여러 실무적 요건들을 필수로 한다. 정보 수집과 잠재적 계약자들에 대한 심사, 위험기준 차등보험료, 제한적 조항, 사기 방지, 보험 취소, 자기부담금, 공동보험, 그리고 보험금 한도 등이 그것이다. 이들 실무 요건들은 모두 도덕적 위험과 역선택을 줄이고자 함인데 이를 통해 계약자가 보험금 청구 가능성과 청구액을 늘리는 행위에 관여함으로써 혜택 받는 것을 더 어렵게 만들고자 하는 것이다. 이런 혜택이 적어진다면 잘못된 보험위험(이런 행위를 할 가능성이 높은 사람)이 보험에서 얻는 혜택이 줄고 따라서 이런 행위를 추구할 확률도 줄어들 것이다.

신용부도스왑

신용부도스왑(credit default swap, CDS)은 이 책에서 이미 여러 번 언급했지만 여기서는 보험이라는 맥락에서 논의하고자 한다. CDS는 보통 증권화된 채권과 같은 금융상품의 채무불이행에 대한 보험이다. 보통 채권보유자가 투자회사나 AIG 같은 보험회사로부터 CDS를 구입하는데 이를 통해 채무불이행 위험을 제3자에게 넘기려고 한다. 채무불이행 확률이 낮은 경우 CDS 비용도 역시 낮다. 채무불이행 보험에 가입된 이들 채권의 위험이 낮아지므로 이들 채권의 시장가격은 상승한다.

1995~2009년 기간 중 CDS 규모는 모기지 증권화와 함께 폭발적으로 성장했다. 2008년 최고조기에는 CDS 잔액이 62조 달러에 달했다(당시 전 세계의 국내총생산 규모가 약 60조 달러였다). 대형 보험회사인 AIG의 런던 자회사가 대규모로 이를 발행했다. 대부분의 시장 관계자들은 부동산이나 모기지 채권시장의 붕괴를 예상치 않았기 때문에 전 세계적으로 발행되는 CDS의 커다란 위험을 주목한 자들은 별로 없었다. CDS 성장의 한 이유로 해당 상품에 대한 실제적인 규제 제한이 없었다는 것도 들 수 있다.

이 장의 서두에서 보험의 중요한 원리 중 하나로 여러분이 보험계약을 구입할 때는 잘못될 경우 반드시 손실을 입을 수 있는 무엇이 있어야 함을 지적한 바 있다. 여러분은 여러분의 이웃이 최근 허약해 보인다는 이유로 그에 대한 보험을 구입할 수는 없다. CDS 시장은 관망자인 기업들을 대상으로 바로 이런 것을 할 수 있게 허용했다. 그들은 어떤 한 회사가 그들 자신과 전혀 이해관계를 갖고 있지 않음에도 불구하고 허약해 보인다는 이유 하나로 그 회사의 도산에 대한 보험을 구입할 수 있게 된 것이다. 여러 사람은 이를 도박에 비유하기도 했는데, 사실 의회는

2000년 상품선물현대화법(Commodity Futures Modernization Act)의 일부로 CDS를 주정부가 주관하는 도박 관련 법률에서 제외시키는 법안을 통과시켰다.

모기지 위기가 진행되면서 CDS 발행자들이 입은 진짜 위험이 드러났는데, 이로 인해 그들은 거의 파산사태에 이르렀고 결국 AIG에 대한 1,820억 달러의 공적자금 지원이 필요하게 되었다.

모노라인 보험 CDS의 신용보험 대신 보험회사가 이를 다른 보험계약과 마찬가지로 직접 공급할 수도 있다. 그러나 보험 규제는 손해보험사나 생명보험사 또는 여러 사업을 영위하는 보험회사들에게 이런 신용보험을 인수하는 것을 허용하지 않았다. 그래서 신용보험만을 단독으로 특별 취급하는 **모노라인 보험회사**(monoline insurance company)가 채권 발행기업의 도산 시 해당 원금과 이자의 적시 지급에 대해 보증하는 보험을 제공하도록 허용된 유일한 보험회사이다. 앰박(Ambac Financial Group)과 엠비아이에이(MBIA) 같은 모노라인 보험회사는 특히 지방채 시장에서 중요한 역할을 수행했는데 이들 증권에 대해 상당 부분 보증을 제공한 것이다. 지방채의 신용등급이 낮은 경우, 예를 들어 A등급이라면 모노라인 보증의 보험계약을 통해 이 증권은 모노라인 보증사의 신용등급인 AAA를 획득하게 된다. 이는 지방정부의 이자비용을 낮추었고 지방정부는 이런 보험계약을 통해 보험료의 가치를 충분히 뽑게 되었다. 물론 이런 경우 모노라인 보험사는 매우 높은 신용등급을 필요로 한다. 그런데 서브프라임 금융위기 당시 모노라인 보험사들은 신용등급 하락으로 인해 그들 자신이 고통을 겪은 것은 물론이고 지방채 시장 역시 그 고통으로부터 벗어나지 못했던 것이다([이해상충] '서브프라임 금융위기와 모노라인 보험회사' 참조).

> 이해상충

Conflicts of Interest

AIG의 붕괴

AIG(American International Group)는 1조 달러 규모의 거대 보험회사로서 2008년 이전에는 세계에서 20대 기업 중의 하나였다. 이 회사의 작은 별도 사업부서인 AIG 금융상품부(Financial Product division)에서 신용부도스왑 영업을 크게 벌였는데 4천억 달러가 넘는 증권에 보험을 제공했고 이 중 570억 달러가 서브프라임 모기지 담보 채권들에 대한 것이었다. 리먼브라더스(Lehman Brothers)의 어려움과 궁극적으로 2008년 9월 15일의 파산으로 인해 서브프라임 증권의 가치가 장부상 가격에 비해 훨씬 적은 것으로 밝혀졌고, 투자자들은 AIG의 손실을 인식하게 되었는데, 이 회사는 이미 그해 전반기에 심각한 손실을 기록하고 있었고 거의 파산상태에 이르렀다. AIG 채권자들은 이에 대한 앙갚음으로 자금을 빼냈고 AIG는 생존에 충분한 자본을 조달할 수 없게 되었다.

9월 16일 연준과 재무부는 AIG를 구제하기로 결정했는데 그 이유는 이 회사의 파산은 금융시스템의 잠재적 대재앙으로 간주되었기 때문이다. AIG 채권자들의 다수가 은행과 뮤추얼펀드였을 뿐 아니라 AIG의 파산은 이 회사가 판매한 모든 신용부도스왑을 휴지조각이 되게 함으로써 여기에 투자한 금융기관들에게 거대한 손실을 초래할 지경이었다. 연준은 AIG에게 유동성 공급을 위해 850억 달러 규모(후에 1,820억 달러까지 증가했음)의 신용을 제공했다. 그러나 이런 구제 금융의 대가는 값싼 것이 아니었다. AIG에 대해 연준은 엄청난 대출이자를 부과했고 정부는 이 회사의 생존 시 80% 지분에 대한 권리를 소유하게 되었다. AIG의 전임 CEO인 모리스 그린버그(Maurice Greenberg)는 이런 정부의 행위를 AIG의 '국유화'라고 표현했다.

보험회사가 전체적으로 금융시스템에 위험을 끼치는 것으로 간주된 바는 이제까지 없었는데 이들에 대한 규제 권한이 각 주의 보험위원회에 주어져 있던 이유도 바로 이것이었다. 그러나 AIG 사태가 미국 금융시스템을 거의 붕괴시킬 뻔 했던 때 이후로 이런 견해는 더 이상 유지될 수 없다. 이제 보험업계는 이전과는 전혀 다른 상황이 된 것이다.

연금

연금제도(pension plan)는 개인이 노동력 투입이 가능한 기간 동안 축적한 자산의 집합으로 비노동 기간 동안 급부를 받도록 하는 제도이다. 연금제도는 급성장하는 금융중개기관이라고 할 수 있다. 이런 급속한 성장에는 여러 가지 이유가 있다.

미국의 경우 점점 도시화가 이루어지면서 사람들은 퇴직 후 자신들의 부양을 더 이상 자녀에게 의존할 수 없음을 인식하게 되었다. 농경문화의 경우에는 가족들이 농장에 함께 기거하며 머무르는 경향이 있었다. 그 토지와 재산은 세대를 걸쳐 상속되면서 젊은 세대가 노년 세대에 대한 부양 의무를 갖는다는 암묵적 이해가 있었다. 그러나 가족들이 점차 흩어져 살고 농가에서 벗어나게 되면서 노년 세대에 대한 지속적인 재정적 부양의 기회는 물론 그 기대도 점차 줄어들었다.

연금제도 성장의 두 번째 요인은 사람들이 점차 더 오래 살게 되었을 뿐 아니라 점점 젊은 나이에 은퇴하게 되었다는 것이다. 다시 농경사회로 돌아가면 사람들은 은퇴 이후에도 여전히 충분한 생산활동에 종사할 수 있었다. 그러나 도시화된 미국에서는 많은 회사가 나이든 종업원들에게 은퇴를 종용하고 있다. 이들 노년 세대 근로자들은 종종 연공서열의 결과로 고임금을 받고 있을 뿐 아니라, 그럼에도 불구하고 젊은 근로자들에 비해 생산성은 떨어지는 경우가 많다. 이런 식의 은퇴연령 단축과 수명 연장의 결과 평균적으로 은퇴 후의 지출이 더 늘어날 수밖에 없다. 이 시기의 지출에 대한 자금이 어떤 식으로든 제공되어야 하는데 이때 연금제도가 종종 그 선택 대상이 된 것이다.

연금의 종류

연금제도는 여러 방식으로 분류될 수 있다. 확정급여형(defined-benefit)과 확정기여형(defined-contribution) 제도, 그리고 공적연금과 사적연금으로 분류된다.

> 이해상충 *Conflicts of Interest*

서브프라임 금융위기와 모노라인 보험회사

서브프라임 금융위기의 여파가 모노라인 보험회사들을 덮쳤고 이 여파는 지방채 시장을 쓸고 지나갔다. 모노라인 보험회사들은 불행히도 지방채에 대한 보증뿐 아니라 서브프라임 모기지 담보부 채권에 대한 보증도 제공했다. 이들 모기지의 파산이 증가하면서 모노라인 보험사도 큰 손실을 보기 시작했고 그 결과 그들의 AAA 신용등급이 영향을 받았다. 이는 이들 보험사가 서브프라임 증권뿐 아니라 지방채에 제공하는 보험의 보증 가치도 떨어뜨렸다. 서브프라임 위기가 최고조에 달하면서 시장에서는 모노라인의 보험이 별 가치가 없다는 사실을 받아들였고 이로 인해 지방채는 그 자체 신용등급 만에 근거해 떨어진 가격으로 거래되기 시작했다. 그 결과 주정부와 지역정부의 이자비용이 상승하게 되었다. 그들은 서브프라임 금융위기로 인한 차입비용의 상승과 그 주의 경제상황 악화로 인한 조세수입의 감소라는 이중의 고통에 처했다. 그 결과는 주 및 지역 재정의 약화는 물론 도로, 학교, 병원 등에 대한 지출 삭감으로 나타났다.

확정급여형 연금제도

확정급여형 제도(defined-benefit plan)는 그 제도의 후원자(역자 주: 보통 기업이 됨)가 종업원들에게 퇴직 이후의 특정 혜택을 약속하는 것이다. 그 지급금액은 보통 근속년수와 최종 퇴직 당시의 급여 수준을 사용한 산식에 의해 결정된다. 예를 들어 연금 급여의 산식을 살펴보면 다음과 같다.

매년 급부액 = 2% × 최종 3년 평균 연봉 × 근속년수

이 경우 만일 근로자가 35년간 근무했고 지난 3년간 평균 연봉 수준이 5만 달러였다면, 매년 연금 혜택은 다음과 같다.

0.02 × \$50,000 × 35 = 연 \$35,000

확정급여형 제도는 합의된 급부가 이루어도록 보장하기 위해 고용주에게 적절한 기금을 제공할 의무를 부과하고 있다. 회사가 충분한 기금을 조성했는지를 평가하기 위해서는 연금의 외부 감사가 필수적이다. 만일 이런 목적의 기금이 회사에 의해 충분히 쌓여져 있다면 이 기금은 **완전적립**(fully funded)되었다고 한다. 만일 충분한 자금 이상이 쌓여져 있다면 이 기금은 **과잉적립**(overfunded)되었다고 한다. 그러나 종종 가용 자금이 부족한 경우가 많고 이때 기금은 **과소적립**(underfunded)되었다고 한다. 예를 들어 제인 브라운(Jane Brown)이 그녀의 연기금에 매년 1백 달러를 납부하였고 이자율이 10%라고 하면, 10년 후 그 납부액과 이자수익은 1,753달러에 이를 것이다.[2] 만일 그녀 연금의 확정급여가 10년 후 1,753달러 이하라면 이 기금은 완전적립된 상태로 그녀의 납부금과 이자로 해당 급여를 충분히 감당할 수 있다. 그러나 만일 확정급여가 2천 달러라면 이 기금은 과소적립 상태가 되는데 이 경우 그녀의 납부금과 이자로 해당 급여를 감당할 수 없기 때문이다. 보통 과소적립은 고용주가 기금에 적절한 금액을 납부하지 못했을 때 발생한다. 놀랍게도 기업이 이런 과소적립 상태의 기금을 운영하는 것이 불법은 아니다.

확정기여형 연금제도

그 이름에서 알 수 있듯이, 연금이 후에 지불해야 할 금액을 확정하는 대신 **확정기여형 제도**(defined-contribution plan)에서는 기금에 기여하는 금액만 확정하도록 되어 있다. 퇴직급여는 전적으로 기금의 수익성에 달려 있다. 확정기여형 제도 하에서 기업은 보통 각 개별 종업원 임금의 일정 비율을 매 급여시기마다 연기금에 납부한다. 보험회사 또는 기금운용자가 수탁인(trustee)으로서 해당 기금의 투자를 담당한다. 종종 종업원들은 개별 계좌의 투자 방법을 지정할 수 있다. 예를 들어 어떤 종업원은 보수적 투자자로서 국채에 대한 투자를 선호할 수도 있고, 반대로 어떤 종

---

2) 1년차 납부된 100달러의 10년 후 가치는 $\$100 \times (1 + 0.10)^{10} = \$259.37$이다. 2년차 납부된 100달러의 가치는 $\$100 \times (1 + 0.10)^{9} = \$235.79$이다. 이런 방식으로 10년차 납부된 100달러의 가치는 마지막 해에 $\$100 \times (1 + 0.10) = \$110$이 된다. 이들을 모두 합산하면 이 급부 원금과 이자수익의 10년 이후의 가치는 1,753달러가 된다.

업원은 좀더 적극적인 투자자로서 주식에 대한 투자로 은퇴자금을 운용할 수도 있다. 종업원이 퇴직하면 연금계좌의 잔고는 매년 일정 금액의 연금(annuity)의 형태 또는 다른 형태의 배분방식으로 지급된다.

확정기여형 연금제도는 그 인기가 점차 상승하고 있다. 기존의 많은 확정급여형 제도가 이 형태로 바뀌고 있고 사실상 새로운 모든 기금은 확정기여형으로 설정되고 있다. 확정기여형이 이처럼 인기가 높은 한 가지 이유로 연기금의 성과를 살펴야 할 의무가 고용주가 아닌 종업원에게 부과된다는 것을 들 수 있다. 이로 인해 고용주가 그 연금의 운용 책임으로부터 벗어날 수 있기 때문이다.

한 가지 문제는 기금 참여자가 연금 재산의 분산 필요성에 대해 제대로 이해하지 못했을 때 발생한다. 예를 들어 많은 회사가 종업원들에게 자사 주식에 대해 적극적으로 투자하도록 장려하고 있다. 회사의 의도는 종업원들의 이해관계를 주주들의 그것과 좀 더 잘 맞추고자 함이다. 문제는 회사가 잘못되면 종업원들이 이중으로 고통을 받게 된다는 것이다. 먼저 종업원들은 직장이 없어질 것이고 둘째로는 그들의 퇴직자산 포트폴리오도 함께 사라지게 된다. 엔론(Enron Inc.)의 붕괴 시 이런 이슈가 여론의 도마에 확실하게 올랐다. 확정기여형 제도의 또 다른 문제는 많은 종업원들이 현명한 장기 투자를 선택할 만큼 충분한 투자 지식을 갖추지 못하고 있다는 것이다.

사적연금과 공적연금

고용주, 그룹, 또는 개인에 의해 납부가 이루어지는 **사적연금제도**(private pension plan)는 사람들이 사회보장제도(Social Security)의 생존가능성에 대해 회의를 갖게 되고 보다 정교한 은퇴 대비 방법에 대한 관심이 증대되면서 급속히 성장하고 있다. 과거 사적연금제도에서는 대부분 국채나 회사채에 대해 투자하는 것이 전부였다. 물론 아직 이런 상품들이 퇴직연금 자산에 중요한 건 사실이지만 주식, 모기지, 공개시장 어음, 그리고 정기예금 등이 점점 중요한 역할을 하게 되었다. [그림 18.5]에서 사적연금의 자산배분 상태를 볼 수 있다. 이미 이들은 주식시장에서 가장 큰 기관투자자가 되었다. 이로 인해 연기금 운용자들은 잠재적으로 강력한 힘을 갖게 되었는데 그들이 원한다면 기업경영권에 대한 관여도 가능하게 된 것이다([미니사례] '연금에 주어진 힘' 참조).

사적연금의 대안으로 공적연금이 있다. 물론 이들 두 연금에는 많은 경우에 그 차이가 별로 없다. **공적연금제도**(public pension plan)는 정부 기구가 후원하는 연금을 지칭한다.

www.ssa.gov
여러분의 사회보장혜택에 관한 상세한 내용을 찾아보자.

가장 큰 공적 연기금은 종종 단순하게 사회보장제도(Social Security)라 불리는 연방 노령 및 장애보험제도(Federal Old Age and Disability Insurance Program)이다. 이 연기 금은 1935년 미국의 노령화를 대비한 안전망을 제공하기 위해 '부과방식(pay-as-you-go)'제도로 설립되었다. '부과방식'이란 현재 근로자가 납부하는 자금으로 현재 수혜자들에게 혜택을 부여하는 제도로 적립방식과는 대비되는 개념이다. 현재 기여를 하고 있는 개인들에게 제공될 미래 혜택에 대해서는 미래 세대가 그 부담을 지게 된다. 많은 사람들은 이 기금이 미래에 자신들이 은퇴할 때에는 그 의무를 이행하지 못할 것이라는 두려움을 갖고 있다. 이 두려움은 1970년대에 기금이 봉착했던

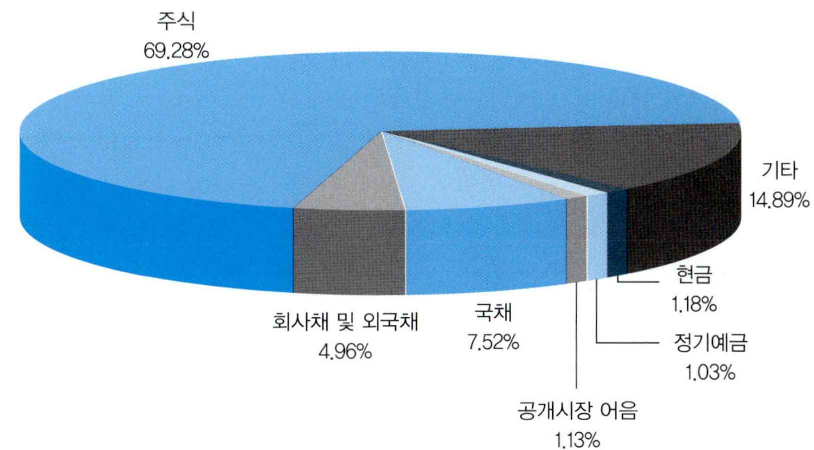

[그림 18.5] 사적연금의 자산 배분

자료: http://www.federalreserve.gov/releases/z1/current/z1.pdf, Table L116.

문제에 기인하는데, 베이비붐 세대(1946~1964년 출생 세대)의 대다수 사람들이 바로 가까운 장래에 퇴직자의 대열에 가세해 급팽창하게 된다는 사실을 인식하면서부터이다.

퇴직자가 받는 사회보장혜택 금액은 그 사람의 과거 소득 능력에 기반을 두고 있다. 근로자는 2013년 현재 113,700달러의 최대 임금 수준까지 급여의 6.2%를 납부한다. 고용주도 동일 금액을 같이 납부한다. 이 혜택에는 일정한 소득 재배분 기능이 있는데 저소득 근로자의 경우 고소득 근로자보다 상대적으로 더 높은 투자 수익을 받도록 설계되어 있다. 연기금의 급부금액을 평가하는 한 방법은 은퇴 이전 소득 대비 월 퇴직급여액이 얼마인지를 보는 것이다. 이 소득 대체

> 미니사례 *Mini-Case*

연금에 주어진 힘

연금과 여타 기관투자자들의 성장에 따른 하나의 여파는 이들 기금 운용자들이 기업경영에 대해 상당 부분 통제권을 행사할 수 있게 되었다는 것이다. 수천 주를 관리하고 있는 연기금 운용자가 기업 임원에게 전화하면 그 임원은 분명히 이들의 전화를 무시할 수 없을 것이다. 최근의 증거들에 의하면 기금 운용자들이 기업경영에 영향력을 행사하기 위해 점차 적극적으로 그 권한을 행사하고 있음을 알 수 있다. 예를 들어 연기금이 최근 하니웰(Honeywell)에서 경영진이 제시한 합병반대 위임안을 부결시킨 바 있다. 그리고 텍사코(Texaco)는 거대한 캘리포니아 공공퇴직연금(California Public Employees Retirement System)이 추천한 인사 중에서 1명의 이사를 선임하는 데 동의한 바 있다. 나아가 기관투자자 위원회(Council of Institutional Investors)의 사명(mission)에도 "수탁인들이 기업의 행위가 주주들에게 손해를 끼치지 않도록 감독하는 적극적 역할을 수행하도록 장려한다."는 문구가 있다. 이런 행동은 기업의 경영에 개별적으로는 간여할만한 충분한 영향력을 갖지 못하는 주주들에게 어느 정도는 도움이 될 수 있다. 즉 그들 지분이 기금 운용자의 손에 집결되면 영향력이 충분한 주주로서 기업경영을 상당 수준 개선시킬 수도 있는 것이다.

율(replacement ratio)은 연 15,000달러를 버는 사람에게 적용되는 49%에서부터 연 53,400달러를 버는 사람에게 적용되는 24%까지 있다.

[그림 18.6]에서 사회보장기금의 총자산 규모가 그 보험 혜택 대상자가 증가한 1970년대 말부터 1980년대 초에 감소한 것을 볼 수 있다. 이런 상황으로 인해 이 프로그램의 기여금을 높이고 그 혜택을 축소하는 방안이 포함된 구조조정안이 나오게 되었다. 일반 대중의 신뢰 구축을 위해 사회보장제도는 베이비붐 세대의 퇴직이 시작될 때를 대비한 준비금 축적을 시작했다.

사회보장자문위원회 웹사이트 www.ssab.gov

이 사이트에서는 신탁기금이 고갈되는 시기에 대해 가장 최신의 추정치를 보고하고 있다.

문제는 1946~1964년 사이 출생한 7,700만 명에 달하는 베이비붐 세대가 곧 정상적인 퇴직 연령에 도달하기 시작한다는 것이다. 동시에 이들 퇴직자를 감당하기 위한 근로자 수는 현재 3.3명에서 2035년이 되면 2.1명으로 떨어지게 된다. 정부의 예측에 의하면 2021년이 되면 비용이 수익을 초과해 자산 잔고는 떨어지게 되어 있다. 최근까지 정부는 이 신탁기금이 언제 소진되는지 예측 날짜를 발표했다. 물론 이 날짜에 영향을 미치는 여러 변수가 있기 때문에 이제는 특정 날짜 대신 날짜의 범위를 발표하고 있다. 현재 예측에 의하면 사회보장 신탁기금은 95% 확률로 2028년에서 2044년 사이 고갈될 것이라고 한다([그림 18.7] 참조). 그 이후에는 세금으로 급부 혜택의 75%만 감당할 수 있게 된다.

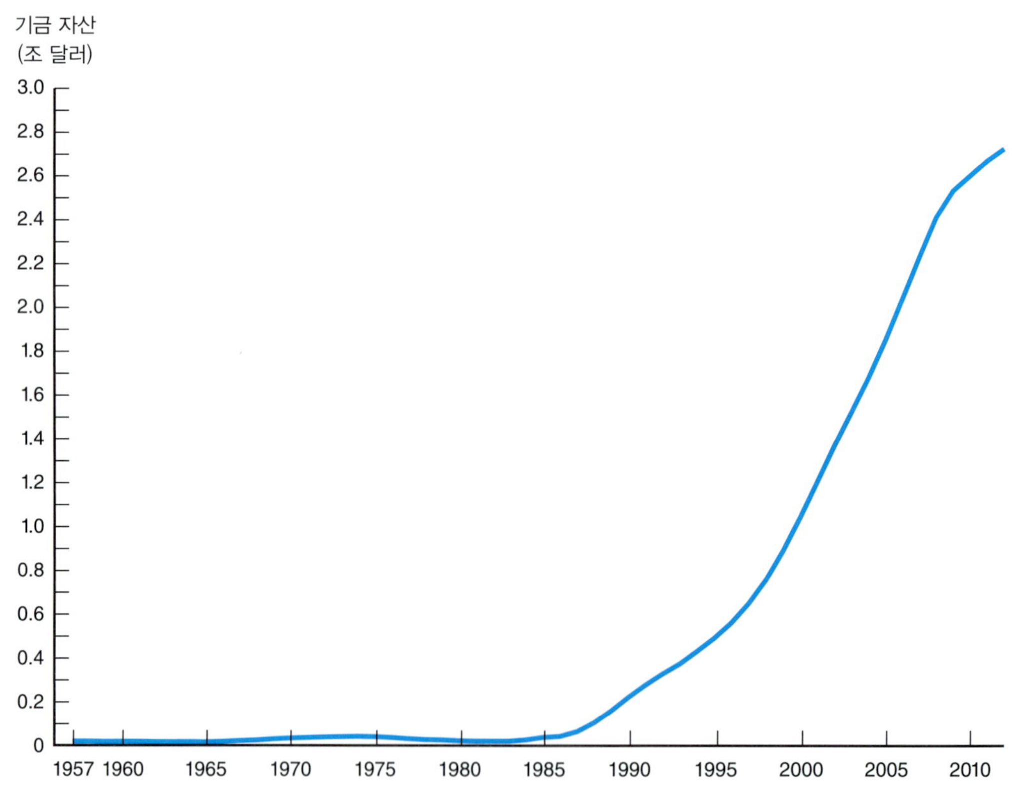

[그림 18.6] 사회보장기금의 자산규모, 1957~2013년

자료: http://www.ssa.gov/OACT/STATS/table4a3.html.

사회보장제도의 장래 생존을 위해 여러 제안들이 검토되고 있다. 전미퇴직자협회(AARP)의 조사에 의하면 가장 반대가 적은 개혁안은 근로자가 특정 해에 불입해야 하는 최대 금액 한도를 올리는 것이다. 2013년에 사회보장세가 부과되는 연봉의 최대치는 모든 소득의 85% 정도만 반영한 113,700달러이다. 이는 1983년의 90%에 비해 후퇴된 것이다. 이 부분이 아마도 가장 변경 가능성이 클 것이다.

또 다른 변경 가능성이 있는 부분으로는 수혜 혜택을 받기 시작하는 최소 연령이다. 이는 1984년에 변경되어 점차 연령이 올라갔는데 이제 1960년생 이후는 그들이 67세가 되기 전에는 완전한 수혜 대상이 될 수 없다. 원래 은퇴연령이 65세로 된 건 1874년 철도회사에서 연금제도 도입 당시에 결정된 것이었다. 65세라고 결정한 근거는 이 연령이 당시 기차를 안전하게 운행할 수 있는 최고령이라는 것이었다. 이 기준은 후일 1934년 연방철도퇴직법안(Federal Railroad Retirement Act)에 반영되었는데 이 법안이 사회보장법(Social Security Act)이 제정될 때 은퇴연령으로 쓰이게 되었다. 그 이후 열차 운행을 하는 미국인은 그다지 많지 않기 때문에 은퇴연령에 대한 재고의 필요성이 일부에서 제기되었다. 긍정적인 것은 은퇴연령의 상대적인 조그마한 변경도 사회보장 기금의 잔고에 엄청난 영향을 끼친다는 것이다.

많은 지지를 받고 있는 또 하나의 제안은 사회보장비용 계산 시 생계비용의 조정 방법을 변경하는 것이다. 현재 수혜 금액은 매년 소비자물가지수(consumer price index, CPI)에 근거해 조정된

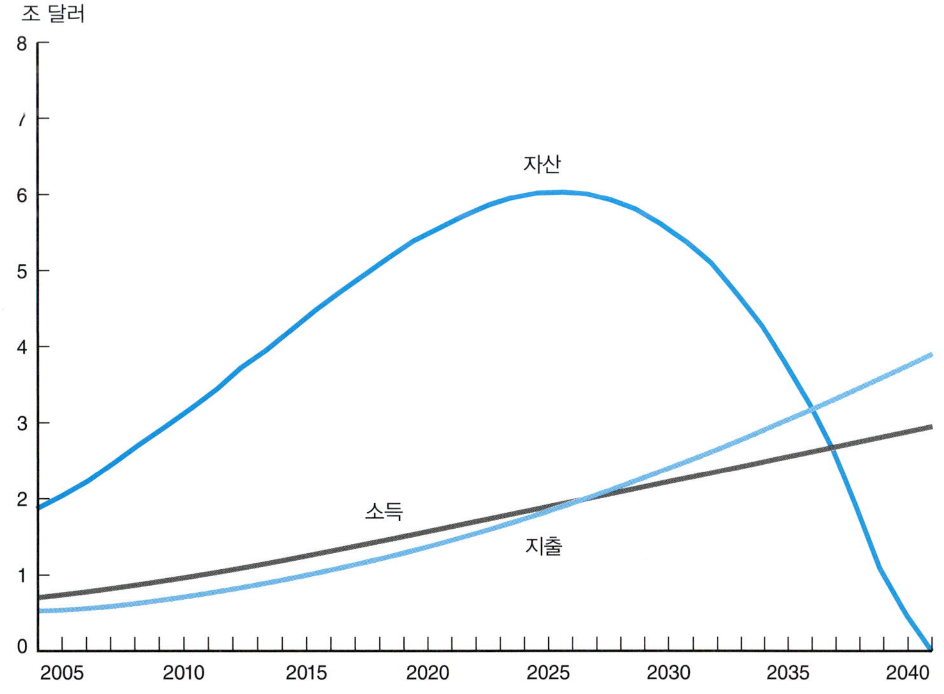

[그림 18.7] 사회보장기금의 자산규모 추정치

자료: http://www.ssab.gov/documents/whyactionshouldbetakensoon.pdf.

다. 경제학자들은 이 방법이 실제 인플레이션을 과대 포장한 것이라고 주장하는데, 그 이유는 소비자들이 이에 맞춰 덜 비싼 대체품으로 변경할 수 있다는 사실을 무시하는 것이기 때문이다. 이 논의의 일부 타당성을 인정하더라도 이에 대한 비판적 시각에서는 CPI가 실제로는 퇴직자들의 예산에서 많은 부분을 차지하는 의료비용의 상승에 비하면 저평가되어 있다고 주장한다.

그리고 또 하나의 제안은 이제는 수익자들이 과거에 비해 훨씬 더 오래 산다는 사실을 인식하고 이에 맞춰 좀 더 오랜 기간에 걸쳐 혜택을 부여하기 위해 수혜 금액을 조정해야 한다는 것이다.

2000년 주식시장의 하락 이전에 많은 투자자들은 사회보장의 민영화를 요구했다. 민영화의 가장 큰 걸림돌은 기금이 사적 계좌로 바뀌면 현재 퇴직자들이 수혜를 받을 수 없게 된다는 것이다. 이는 문제를 해결하는 것이 아니라 오히려 문제를 더 크게 만드는 것이다. 전문가들은 완전적립형 사적연금으로 변경시키는 데 드는 비용이 어마어마하게도 약 1천억 달러에 이를 것이라고 추정한다. 전문가들은 시간이 지나면서 민영화로 인해 사회보장은 점차 과소적립식 부과방식에서 실물 자산을 보유하고 있는 완전적립식 연금으로 바뀌게 될 거라고 주장한다. 그러나 2000~2002년 주가의 하락과 2007~2008년의 또 한 번의 하락으로 인해 모든 민영화 옵션에 대한 지지가 줄어들었다.

단기적으로 사회보장 개혁은 세금 증가, 수혜 축소, 수혜 혜택 시기의 지연, 또는 이 세 가지 형태 모두로 진행될 가능성이 높다. 예를 들어 수혜 시작 연령은 이미 65세에서 67세로 늦춰졌다. 몇몇 기금에서는 수혜 시기를 70세까지 지연시킬 것을 권유하기도 한다.

여기에서 사회보장의 건전성에 대한 추정은 지금 알려져 있는 현재 사실들에 의존하고 있다는 점을 기억해야 한다. 많은 요인의 변동이 추정 결과를 변화시킬 수 있다. 예를 들어 암 치료 연구가 최근 엄청나게 많은 일반의 관심을 받아왔다. 만일 사망의 중요한 원인에 대한 치료 방법이 한 가지 개발된다면 기금은 현재 생각하는 것보다 더 심각한 문제에 처할 수도 있다.

사회보장 시스템의 건전성에 관한 정확한 추정은 지극히 어려운 일이다. 예를 들어 1995년에는 사회보장관리청(Social Security Administration)에서 기금이 2029년에 고갈될 것이라 추정한 바 있는데, 현재 추정에 의하면 고갈 시기는 2041년으로 바뀌었다. 기대수명, 출산율, 심지어는 합법 또는 불법 이민율 등을 포함한 많은 요인이 기금 잔고에 영향을 미친다. 정부가 사회보장 프로그램의 실패를 방관하면 정치적 재앙이 되겠지만, 반면 현재 근로자들도 퇴직 후 주요 현금흐름을 제공하는 원천으로 사회보장에만 의존해서는 안 된다는 사실을 명심해야 한다. 미래에 사회보장 연금의 퇴직 전 소득에 대한 대체율은 계속 감소할 것이다.

연금 규제

과거 오랫동안 연금은 상대적으로 정부 규제로부터 자유로웠다. 많은 회사에서 연금 혜택은 회사의 장기 모범 근속에 대한 보상으로 제공되었고 그 혜택은 인센티브로 사용되었다. 종종 연금 혜택은 현재 소득에서 지급되었다. 회사가 파산하거나 다른 회사에 합병될 때에는 연금 혜택도

끝이났다. 대공황 기간 동안 연금 실패의 확산으로 인해 규제가 강화되었고 사회보장제도가 설립되었다.

1949년 미국 대법원의 판결은 연금 혜택이 노동조합의 근로조건 협상인 단체교섭의 합법적 대상임을 인정했다. 이 판결로 인해 노동조합이 조합원을 위한 연금을 설정하도록 고용주에게 압력을 가했고 연금의 수가 급속히 늘어났다.

근로자 퇴직급여보장법

연기금에 가장 광범위하고 중요한 영향을 미치는 법안이 1974년 통과된 **근로자 퇴직급여보장법**(Employee Retirement Income Security Act, ERISA)이다. ERISA는 모든 연금이 준수해야 하는 일정 기준을 설정했다. 이 법안의 조항을 제대로 따르지 못하면 연금의 유리한 세법상의 우위를 자칫 상실하기도 한다. 이 법안의 동기는 수많은 근로자들이 오랜 기간 기금에 기여해왔음에도 불구하고 기금 파산 시 혜택을 못 받게 되는 사실에 있었다. 법안의 주요 특징은 다음과 같다.

www.pbgc.gov
연금보증공사에 관한 추기적인 정보를 알아볼 수 있다.

- ERISA는 기금 형성의 가이드라인을 설정한다.
- 근로자의 이직 시 그들의 연금 잔고를 한 직장 기금에서 다음 직장으로 이전하도록 허용한다.
- 기금은 최소 연금혜택 수급 자격 요건이 있어야 한다. **수급 가능**(vesting)이란 근로자가 회사에서 연금혜택의 자격을 갖기 위해 근속해야 하는 기간을 의미한다. 기금에 최대로 허용된 수급가능기간은 7년이지만 실제 대부분은 이보다 짧은 기간을 허용한다. 종업원 납부분은 언제든지 즉시 수급 가능하다.
- 연기금의 공시 요건을 강화시켜 종업원들에게 연기금의 건전성과 투자현황에 관한 더 많은 정보를 제공한다.
- 규제감독 책임을 노동부(Department of Labor)에 부과한다.

온라인 정보
www.pbgc.gov/docs/2005databook.pdf
PBGC의 건전성에 관한 방대한 통계치의 세부사항을 볼 수 있다.

ERISA는 또한 **연금보증공사**(Pension Benefit Guarantee Corporation, PBGC 또는 간략하게 **페니베니**(Penny Benny)라 불림)를 설립했는데 이는 FDIC와 유사한 역할을 수행하는 정부기관이다. 페니베니는 기업이 과소적립 연기금으로 운용하다 파산을 하거나 여러 가지 이유로 연금 지급 의무를 이행하지 못할 때 연금혜택을 일정 한도(현재 일인당 연 57,000달러를 약간 상회하는 수준)까지 보증한다. 페니베니는 이런 보험에 대해 연기금에 보험료를 부과하지만 동시에 재무부로부터 1억 달러 한도 내에서 자금 차입을 할 수 있다. 현재 페니베니는 4,500개가 넘는 파산 연기금의 약 887,000명의 퇴직자들에게 혜택을 제공하고 있다.

확정급여형 연기금 자산의 66%는 주식에 투자되어 있다. 주가가 높을 때에는 대부분의 확정급여형 연기금은 적절하게 축적된다. 그러나 2009년처럼 낮은 이자율과 취약한 경제 여건 속에서 주가가 폭락하면 많은 연기금들이 위태로워진다. 그 결과 2012년에는 PBGC의 적자가 291억 달러에 이르렀다.

연기금 회계에서 기금이 과잉적립 상태인지 과소적립 상태인지를 정확하게 판단하는 것은 매우 어려운 일이다. 이런 계산의 배경에 깔려있는 가정들은 끊임없이 수정과 논쟁의 대상이 되곤 한다. 당장 현금이 딸리는 기업들은 그들 연기금에 과소적립하려는 심각한 유인을 갖게 되는데, 의회도 이들에게 적립금을 높이라고 요구하면 회사가 보다 높은 파산위험에 처할 수 있기 때문에 이를 강제하지 못하고 우물쭈물하고 있다.

연금보증공사는 급속히 기금 위기에 직면하게 되었는데 그 영향은 상당폭 확장될 수 있다. 많은 확정급여형 연기금들이 심각한 재정난에 빠져 있는데 그 원인으로는 연금수혜자들의 수명 증가, 의료비용의 상승, 기금 적립 의무를 점점 어렵게 만드는 회사의 수익상태 악화 등을 들 수 있다. 현재 항공산업과 철강산업 분야가 대규모로 PBGC에 연금지급을 요구하고 있다. 예를 들어 유나이티드 항공(Unitied Airlines)은 2005년 확정급여형 연금을 종료시켰다. 그 이후 PBGC는 수급권이 있는 122,000명의 유나이티드 수혜자들에게 760억 달러가 넘는 금액을 지급했다. [그림 18.8]은 1980년 이후 파산한 연기금 수혜자들에게 매년 지급된 금액을 보여준다.

확정급여형 제도를 채택한 많은 회사들은 보다 낮은 비용으로 운용되는 확정기여형 제도 회사들과 경쟁하기가 매우 어렵다는 사실을 인식하게 되었다. 이런 상대적 불리함으로 인해 회사의 적자 시 지급 부담으로 인해 생존하지 못할 가능성은 더 커지게 된다. 예를 들어 제네럴모터스(General Motors)의 차량 1대당 수익 마진은 약 0.5%이다. 여기에서 연금과 퇴직자 의료관리 비용만 빼면 이 마진율은 약 5.5%로 올라간다. 모건스탠리(Morgan Stanley)의 추정에 의하면

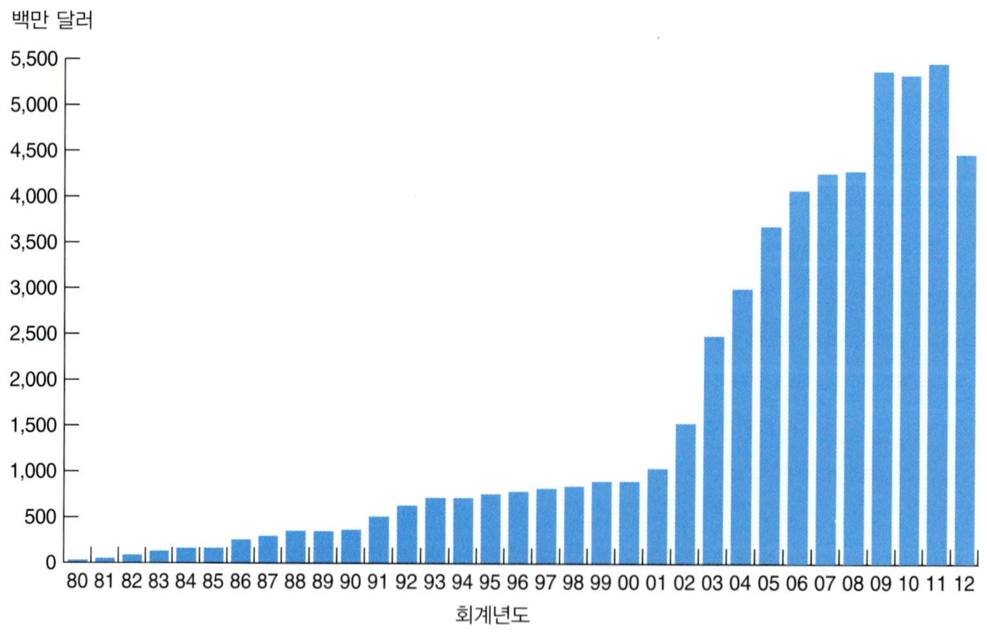

[그림 18.8] PBGC의 총 연금지급 금액

자료: http://www.pbgc.gov/documents/2012-annual-report.pdf#page=7.

토요타(Toyota)의 경우 종업원 혜택 비용이 차량 1대당 200달러에 불과한데 비해 GM은 1대당 1,784달러에 이른다.

기업은 종종 비용우위에 서지 못하면 파산에 이르곤 한다. 연금지급 의무를 포함한 높은 비용으로 인해 베들레헴 철강(Bethelem Steel), 엘티브이(LTV), 내쇼날 철강(National Steel) 등이 2002년에 파산신청을 하고 연기금을 모두 종료시켰다. PBGC는 이제 이들 철강업계의 200,000명이 넘는 근로자들에 대한 혜택을 지급하고 있다. 국제철강그룹(International Steel Group Inc., ISG)이 이들 철강회사들의 제련소를 인수했고 이제 전국 제일의 철강생산기업이 되었다. 이 회사 종업원들의 확정기여형 연금 비용은 약 4,500만 달러이다. 베들레헴 철강 한 회사만으로도 파산 이전에 연금으로 연 5억 달러의 비용을 지불하고 있었다. 확정급여형 연금의 회사들이 계속 파산한다면 PBGC는 계속해서 이들 연기금의 부채를 떠안을 수밖에 없을 것이다. 경제상태가 취약하게 계속된다면 이 부채 규모는 곧 PBGC의 가용 금융자원 규모를 초과할 수도 있다. 이 경우 그 차이를 메꾸기 위해 결국 납세자들이 감당해야할 수도 있다.

엄격한 의미에서 정부가 PBGC를 뒷받침해야 할 의무는 없다. 그러나 정부가 정치적으로 연금수혜자들이 그 혜택을 잃게 놔두지는 못할 것이라는 관측이 지배적이다. 임시 처방으로 기업들에게 연금 부채의 계산 시 보다 높은 이자율을 사용하도록 허용해 연금 부채의 가치를 줄이는 방안이 있다. 이는 경제 회복이 지속되고 주가가 상승해서 이자율도 상승하리라 기대하면 가능하다. 이와 유사한 방법(규제유예(regulatory forbearance)라 불림)이 1970년대 저축대부조합 위기 시 사용된 적이 있다. 이번에는 이 방법이 좀 더 잘 통하길 바라는 수밖에 없다.

2006년의 연금보호법(Pension Protection Act)이 통과되면서 과소적립형에서 생기는 많은 문제들과 연기금의 파산이 논의되었다. 이 법안에서 좀 더 강력한 연기금 규정, 더 높은 투명성, 더 강력한 연금보증제도늘이 제시되었다.

개인퇴직연금

1978년의 연금개혁법안(Pension Reform Act)은 1962년의 자영업자 세제적격퇴직법(Self-Employed Individuals Tax Retirement Act)을 수정해 **개인퇴직계좌**(individual retirement account, IRA)를 승인했다. IRA에서는 자영업자 등 여타 연기금 혜택에서 소외되어 있는 사람들에게 과세이연 저축계좌(tax-deferred savings account)를 허용했다. 1981년과 1982년 법안으로 이들 계좌의 적격성을 확대해 대부분의 사람들에게 이 계좌가 허용되었다. IRA는 엄청난 인기를 끌었는데 이로 인해 정부 입장에서는 상당 수준의 조세 수입이 감소되는 결과를 가져왔다. 이에 의회에서는 1986년 조세개혁법(Tax Reform Act)에 이 계좌의 적격성을 대폭 축소시키는 조항을 포함시켰다.

키오제도(Keogh plan)는 자영업자를 위한 퇴직저축 옵션이다. 자금은 저축기관, 생명보험회사, 또는 증권사에 적립될 수 있다. 키오 소유자는 종종 자금이 투자되는 방법에 대해 일정한 지시를 할 수 있다.

1996년 소기업보호법(Small Business Protection Act)이 1997년 1월 1일 발효되었다. 이 법

안에 의해 100명 또는 그 이하 종업원을 가진 기업을 위해 소위 SIMPLE IRA라 불리는 단순화된 퇴직연금과 401(k) 연금제도가 마련되었다. SIMPLE 퇴직연금은 특히 소기업에서 매우 인기를 끌었다.

연기금의 미래

인구 증가와 고령화로 인해 연기금의 성장과 인기는 계속될 것으로 기대된다. 직장 생활 초기의 젊은 근로자들의 대화에도 종종 퇴직연금 투자와 관련된 논의가 끼어들곤 한다. 미래 대비에 대한 높은 관심은 연기금 수의 증가뿐 아니라 연기금의 선택 폭도 다양하게 넓어지는 결과로 나타날 것이다. 동시에 연기금은 점차 많은 주식을 보유하게 되면서 기업에 대한 지배력도 증가할 것으로 기대된다.

> 요약

1. 보험회사는 사람들이 위험회피형이고 그들 자신으로부터 위험을 이전시키기를 선호하기 때문에 존재한다. 보험은 사람들의 생애에서 생명 또는 재산의 잠재적 손실 대비용으로 유지해야 하는 준비금 규모를 줄여주는 혜택이 있다.

2. 역선택과 도덕적 위험은 보험회사에 필연적인 문제들이다. 자기부담금, 심사, 위험기준 보험료 등과 같은 여러 보험계약 조항들이 이런 문제들의 여파를 최소화하기 위한 것들이다.

3. 보험은 보통 두 가지 중요한 유형으로 분류되는데 생명보험과 손해보험이 그것이다. 많은 생명보험 상품은 저축기구로서의 역할도 수행한다. 손해보험은 보통 대부분의 생명보험에 비해 훨씬 단기의 특성을 갖는다.

4. 생명보험의 부채는 예측가능성이 크기 때문에 이들 보험사는 장기 자산에 투자를 집행할 수 있다. 손해보험사는 이에 비해 예기치 못한 손실 보상에 대비해 그들 자산운용에 있어 좀더 높은 유동성을 유지해야 한다.

5. 연금제도가 조기 은퇴한 고령화 세대를 위한 제도로 빠르게 성장하고 있다.

6. 확정급여형과 확정기여이라고 하는 두 가지 주요 유형의 연금제도가 있다. 확정급여형 제도에서는 사전에 설정된 공식에 의거해 혜택이 지급된다. 확정기여형 제도에서는 얼마의 저축이 이루어질지에 대해서만 특정할 수 있고 그 혜택은 운용에 의해 창출되는 수익에 달려 있다.

7. 가장 큰 규모의 공적연금제도가 부과방식으로 운영되는 사회보장기금이다. 현재의 퇴직자들은 현재의 근로자들로부터 그 혜택을 받는다. 많은 사람들은 퇴직자의 숫자가 점차 증가하는 것에 우려를 표하고 있는데, 사회보장시스템의 수입 금액이 그 지출을 감당하기 위한 금액에 충분치 못하게 될 것으로 전망된다.

8. 대부분의 사적연금제도는 연금보증공사에 의해 보증되고 있는데, 후원사가 파산하거나 다른 여러 가지 이유로 연금 지급을 못하게 되면 연방보증 공사가 혜택을 지급한다.

> 주요용어

개인퇴직계좌(individual retirement account, IRA)
공동보험(coinsurance)
공적연금제도(public pension plan)
과소적립(underfunded)
과잉적립(overfunded)
근로자 퇴직급여보장법(Employee Retirement Income Security Act, ERISA)
대수의 법칙(law of large numbers)
모노라인 보험회사(monoline insurance company)
사적연금제도(private pension plan)
상호보험회사(mutual insurance company)
연금보증공사(Pension Benefit Guarantee Corporation, Penny Benny)
연금보험(annuity insurance)
연금제도(pension plan)
열거위험보험(named-peril policies)
완전적립(fully funded)
인수인(underwriter)
자기부담금(deductible)
재보험(reinsurance)
재물보험(property insurance)
주식회사(stock company)
책임보험(casualty(liability) insurance)
포괄위험보험(open-peril policies)
확실성 등가(certainty equivalent)
확정급여형 제도(defined-benefit plan)
확정기여형 제도(defined-contribution plan)

> 연습문제

1. 사람들은 그들의 기대손실이 보험회사에 지급해야 하는 금액보다 적음에도 불구하고 왜 보험을 구입하려 할까?
2. 왜 보험회사는 사람들로 하여금 개인적으로 무관한 위험에 대한 보험 구입을 허용하지 않을까?
3. 정보의 비대칭성이란 무엇인가? 이는 생명보험회사에 어떤 영향을 미치는가?
4. 역선택과 도덕적 위험의 차이를 생명보험산업에 연관시켜 구분해보자.
5. 보험회사는 역선택과 도덕적 위험으로인한 손실로부터 그들을 보호하기 위해 어떤 조치들을 취하는가?
6. 독립 대리인과 전속 대리인의 차이점을 알아보자.
7. 대부분의 보험회사는 상호회사와 주식회사 중 어느 형태로 설립되는가?
8. 보험회사가 보험계약 가격의 설정이 있어 수익성이 확보되기에 충분할 만큼 보험금 청구로부터의 손실을 정확하게 예측할 수 있는 방법은?
9. 기한부 생명보험과 종신 생명보험의 차이는 무엇인가?
10. 손해보험 계약은 어떤 위험들에 대한 보험인가?
11. 재보험의 목적은 무엇인가?
12. 확정급여형과 확정기여형 연금제도의 차이점을 알아보자.
13. 최근 사적연금제도가 급속히 성장한 이유는 무엇일까?
14. 부과형 연금제도란 무엇인가?
15. 사회보장제도가 궁극적으로 파산할 것이라는 이유는 무엇인가?

> 계산문제

1. 여러분의 동네에 1백만 대의 차가 있고 그 차들이 도난, 충돌 등으로 인해 불가피하게 매년 2억 5,000만 달러의 손실이 예상된다는 연구 보고가 있다고 하자. 이때 그 비용을 감당하기 위해 보험료의 30%가 사용된다고 하면 차량 소유자들에게 얼마의 보험료가 부과되어야 할까?

2. 미국의 기대수명이 평균 73년, 표준편차 9년의 정규분포를 따른다고 가정하자. 이때 여러분이 100세를 넘겨 생존할 확률은?

3. 부자인 친척이 돌아가시면서 여러분에게 100,000달러 가치의 생명보험을 남겼다고 하자. 보험회사가 이 대신 여러분에게 오늘부터 향후 20년 동안 매년 8,225달러를 수령할 수 있는 선택권을 주었다. 이때 여러분은 어떤 선택을 할 것인가?

4. 가정용품 제조업자가 제품의 결함으로 인해 소송을 당할 확률이 1년 동안 제조품의 1%라고 추정했다. 이 회사가 최근 20개의 제품을 제조했다면 그 해에 회사가 소송에 전혀 휘말리지 않을 확률은 얼마인가?

5. 키오사가 다음 표와 같이 과거 그들의 경험으로부터 손실과 그 발생 확률을 알고 있다고 하자.

   이때 키오사가 5,000달러 이상의 손실을 입을 확률은 얼마인가? 이때 보험회사와의 손실계약이 1,500달러 자기부담금을 갖고 있다고 하면 키오사가 부담할 최대 손실금액은 얼마인가?

손실(달러)	확률(%)
30,000	0.25
15,000	0.75
10,000	1.50
5,000	2.50
1,000	5.00
250	5.00
0	75.00

6. 퇴직연금설계에 도움을 필요로 하는 고객이 있다고 하자. 주어진 정보는 다음과 같다.

   - 고객의 이름은 데이브인데 현재 21세이다. 65세 은퇴를 희망하고 있다.
   - 데이브의 매달 가처분 소득은 2,000달러이다.
   - 데이브가 선택한 IRA의 연평균 수익률은 8%이다.

   데이브가 이 계좌에 자신의 가처분소득의 절반을 기여한다고 하면 65세가 될 때 그 가치는 얼마가 되는가? 데이브가 65세가 될 때 5백만 달러를 가지려 한다면 매년 얼마나 기여해야 하는가?

7. 투자자가 IRA 계좌를 개설할 때 다음 두 개 중 선택할 수 있다. 일반 IRA는 처음 기금 축적기간에 대해 면세 혜택이 주어지고 인출 시 과세가 이루어진다. 로스(Roth) IRA는 기금에 먼저 과세가 이루어지고 인출 시에는 면세 혜택이 주어진다. 투자자가 IRA에 세전 15,000달러를 기여한다고 하면 이 두 계좌의 30년 후 차이는 얼마일까? 이때 투자자는 25%의 세율구간에 있고 IRA의 수익률은 연 6%로 가정하라.

8. 근로자가 연금 계좌에 매년말 200달러씩 납부한다고 하자. 5년 후 총 납부금액과 그 계좌의 가치는 얼마인가? 이 연금의 불입기간 동안 연 15% 수익률을 가정하라.

9. 폴의 차량이 빙판길에서 미끌어지면서 그 차량에 대해 2,500달러의 손해가 발생했다. 그리고 본인도 조금 다쳐 1,300달러가 소요되었다. 이때 자동차보험은 손실 전액 보상 시 500달러 자기부담금이 있다. 그리고 그의 의료보험은 100달러의 자기부담금을 요구하고 총 의료비용의 75%를 부담한다. 이때 폴의 사고로 인해 자기가 내야 하는 금액은 얼마인가?

> 웹 연습문제

보험회사와 연기금

1. 웹에 가면 여러분의 은퇴 준비가 적절한지 판단하기 위한 여러 사이트가 있다. 이 중 유용한 사이트 하나가 퀴큰(Quicken)에서 제공된다. 다음 사이트 http://cgi.money.cnn.com/tools에 가면 찾을 수 있다. 'Retirement'라로 표시되어 있는 은퇴계산기를 사용하라. 여러분의 생애 동안 충분한 은퇴자금을 쌓아놓았는가? 일찍 시작할수록 그 대비가 쉬울 것이다.

   일반적으로 여러분의 은퇴자금은 다음 네 가지 원천에서 나온다.

- 퇴직연금
- 사회보장
- 과세이연 저축
- 기본(과세대상) 저축

은퇴계획기(Retirement Planner)를 사용해 먼저 위에 있는 두 가지 원천으로부터의 자금을 예측하라. 그리고 여러분의 은퇴 후 목표 자금과의 차이를 메꾸기 위해 필요한 자금을 위해 얼마나 저축해야 하는지를 결정하라.

2. 인터넷에 가면 소비자들이 여러 금융서비스의 필요 금액을 추정하는 데 도움을 주는 계산기들이 많이 있다. 이들 도구를 쓸 때 여러분이 기억해야 할 것은 이것들은 보통 여러분에게 서비스를 판매하고자 하는 금융중개기관들이 후원하는 것이라는 사실이다. 이런 사이트 중 하나인 www.finaid.org/calculators/lifeinsuranceneeds.phtml를 방문해서 여러분이 필요로 하는 생명보험은 얼마인지 계산해보라. 여러분은 다른 생명보험 계약을 갖고 있는가? 그 보험계약이 충분한지 계산기를 사용해 판단해보라.

CHAPTER

19

투자은행, 증권 브로커/딜러, 벤처캐피탈 회사

> PREVIEW

여러분이 친구로부터 방금 전해 들은 따끈따끈한 주식 이야기로 잇속을 차리기로 결정한다면 아마 여러분이 접촉할 곳은 증권회사일 것이다. 또한 여러분이 WWCF라는 사탕공장의 새로운 CFO로 임명된다면 회사의 채권 발행이나 추가적 유상증자를 위해 증권회사를 필요로 하게 된다. 여러분의 할아버지가 시장에서 회사를 매각할 때에도 여러분은 증권회사의 투자은행가를 통해 그를 도울 수 있을 것이다. 마지막으로 여러분이 작으나마 성공적인 창업을 위해 자금조달을 하려고 한다면 벤처캐피탈 회사의 도움을 필요로 할 것이다.

증권시장에서는 채권과 주식이 거래되는데 이 시장이 순조롭게 작동하기 위해서는 증권 브로커/딜러, 투자은행, 벤처캐피탈 회사와 같은 여러 금융기관들이 있어야 한다. 이들 금융기관은 우리가 제2장에서 논했던 금융중개기관 목록에 수록되어 있지 않았는데 그 이유는 이들이 부채로 자금을 동원해서 금융자산을 수취하는 중개기능을 수행하지 않기 때문이다. 그럼에도 불구하고 이들은 저축자로부터 지출자에게로 자금을 전달하는 과정에서 중요한 역할을 한다.

증권시장의 작동을 살펴보기 위해 제2장에서 논의되었던 발행시장과 유통시장의 차이를 상기해보자. **발행시장**(primary market)에서는 궁극적으로 자금을 사용하고자 하는 기업이나 정부기관이 새로 발행한 증권이 구매자들에게 판매된다. 그리고 **유통시장**(secondary market)에서는 발행시장에서 판매된 증권들이 거래된다(그래서 2차적인 거래로 볼 수 있음). 투자은행은 발행시장에서 최초 증권의 판매 시 도와주고, 증권 브로커/딜러는 유통시장에서의 증권거래를 돕는다. 마지막으로 벤처캐피탈 회사는 아직 시장에서 증권을 판매할 준비가 안 되어 있는 회사들에게 자금을 제공하는 역할을 한다.

투자은행

투자은행가는 톰 올프(Tom Wolfe)의 『허영의 불꽃』(The Bonfire of the Vanities)에서 '세상의 정복자'라고 불리던 사람들이다. 이들은 월가의 엘리트이다. 이 명성은 그들이 제공하는 금융서비스의 유형에서 유래된 것이다. 투자은행은 기업의 자금조달을 지원하는 중개기관으로 가장 잘 알려져 있다. 그러나 이 정의는 너무 협의의 것으로 이들이 제공하는 실제 유용하고 복잡한 많은 서비스들을 정확하게 설명하지는 못한다(은행이 이들 이름에 들어 있지만, 이들은 정상적인 의미의 은행은 아니다. 즉 예금을 수취하고 대출을 실행하는 의미에서의 금융중개기관이 아니라는 뜻이다). **투자은행**(investment bank)은 최초 발행시장에서의 주식, 채권, 기업어음의 인수 기능 외에 인수합병 분야의 핵심적인 거래 조성자, 그리고 기업의 매수와 매도 중개인, 부유층의 개인 브로커 등의 역할을 수행한다. 잘 알려진 몇몇 투자은행으로는 모건스탠리(Morgan Stanley), 뱅크오브아메리카(Bank of America), 메릴린치(Merrill Lynch), 크레딧스위스(Credit Suisse), 골드만삭스(Goldman Sachs) 등이 있다.

투자은행이 주식 브로커나 딜러와 다른 한 가지 특징은 주식 거래에 따른 위탁수수료(commission)가 아니라 주로 고객에게 부과하는 수수료(fee)로부터 수익을 얻는다는 것이다. 이들 수수료는 해당 거래 금액의 일정 비율로 책정되는 것이 보통이다. 이들 거래는 종종 거대한 규모이기 때문에 이 수수료 규모 또한 상당한 경우가 많다. 대형 거래의 경우 수수료 비율은 약 3%의 낮은 수준으로 책정되기도 하지만 소규모 거래의 경우는 좀더 높은 수준에서, 때로는 10% 이상 수준까지 올라가기도 한다.

투자은행의 역사

1800년대 초 대부분의 미국 증권은 유럽에서 팔아야 했다. 그 결과 대부분의 증권회사는 상인들이 주력 업종의 부수 업무로써 증권 업무를 수행하는 과정에서 발달했다. 예를 들어 모건사는 처음에 철도로 큰 돈을 벌었다. 철도 확장에 필요한 자금조달 과정에서 런던에 살고 있던 모건(J.P. Morgan)의 아버지가 유럽 투자자들을 대상으로 모건 철도 증권을 판매했다. 시간이 지나면서 증권 업무의 수익성이 확실해지면서 증권산업이 확대되었다.

대공황 이전에는 뉴욕의 여러 대형 머니센터은행(money center bank)들이 증권을 판매했고 동시에 전통적인 은행 업무도 수행했다. 대공황 기간 동안 약 10,000개에 달하는 은행이 파산했다(이 숫자는 당시 상업은행의 약 40%에 달했다). 이로 인해 **글래스-스티걸법**(Glass-Steagall Act)이 탄생해 상업은행과 투자은행을 분리시켜 버렸다.

글래스-스티걸법은 상업은행이 고객들을 대신해 증권을 사고파는 업무를 하는 것을 불법화시켰다. 이 법안의 원래 의도는 상업은행을 증권 업무의 속성인 고위험으로부터 절연시키고자 하는 것이었다. 그리고 상업은행이 위험을 증가시키는 이해상충에 관한 우려를 제기했다. 예를 들어 한 상업은행에서 일하는 투자은행가가 신규 주식의 인수 과정에서 가치 산정에 실수가 있었다고 하자. 고객에게 해당 주식을 20달러에 매각할 수 있다고 장담을 했는데 전혀 매각이 이루어지지 않았다. 이 투자은행가는 바로 상업은행의 투자부서로 쫓아내려가 이 주식을 사들이라고 종용하고 싶은 유혹에 빠지기 쉬울 것이다. 이는 결국 은행의 잘못된 투자 결정으로 손실을 발생시켜 예금자들을 위험에 빠지게 할 수 있다는 것이다.

규제당국은 또 다른 문제가 있다고 보았다. 투자은행가가 여전히 20달러 상당의 주식 발행분을 처리하지 못했다고 하자. 그는 은행 고객에게 그 주식의 일부분을 매입하는 데 필요한 자금의 100%에 해당하는 대출을 약속하면서 매수를 권할 수도 있다. 이런 행위는 후일 주가가 상승하면 아무 문제가 되지 않겠지만, 만일 주가가 하락하면 증권의 가치는 대출금액보다 떨어지게 되고 고객은 그 대출 상환에 별다른 책임을 느끼지 않을 수 있다. 많은 업계 관계자들은 바로 이런 실무적 문제가 대공황기에 발생한 일부 은행 파산의 부분적 원인이었다고 보았다. 그러나 은행계 로비스트들은 대형 은행들만 증권발행 업무를 취급했었고 오히려 실제 파산한 많은 은행들은 소규모 은행들이었다고 항변하고 있다.

글래스-스티걸법이 상업은행과 투자은행을 분리하자 새로운 증권회사가 설립되었고 이들중 많은 회사가 투자은행 업무(시장에 신규 증권을 판매하는 업무)와 위탁매매 업무(시장에 기존 증권을 판매하는 업무)를 모두 수행했다.

상업은행과 투자은행의 법적 장벽은 1980년대 이후 급속히 허물어졌다. 당시 한 가지 뚜렷한 흐름은 상업은행에 의한 투자은행의 인수였다. 예를 들어 1997년 뱅커스트러스트(Bankers Trust)가 전국에서 가장 오래된 투자은행인 알렉스브라운(Alex Brown)을 인수했다. 그 이후 도이치뱅크가 뱅커스트러스트를 인수하였고 투자은행 업무를 제대로 수행하기 위한 조직을 갖추느라 엄청난 규모의 자금을 투입했다. 뱅크오브아메리카는 로벗슨스티븐스(Robertson Stephens & Co)를 사들였고, 내이션스뱅크(NationsBank)는 몽고메리증권(Montgomery Securities)을 인수했다. 2009년 금융위기 기간에는 뱅크오브아메리카가 메릴린치를 인수했고, J.P.모건은 베어스턴스를 인수하고, 바클레이스(Barclays)는 리먼브라더스의 일부 남은 자산을 인수했다.

주식과 채권의 인수

기업이 자금을 차입하거나 조달하고자 할 경우 장기채권 또는 지분증권의 발행을 결정하게 된다. 이때 보통 증권의 발행과 후속 판매를 원활하게 하기 위해 투자은행을 고용하는 것이 일반적이다. 투자은행은 발행 증권을 인수(underwrite)한다. 채권이나 주식 발행의 인수 과정에서 증권회사는 일단 전체 발행 증권을 사전에 결정된 가격으로 *매입*(purchase)하고 이를 시장에서 되판다. 인수 과정에서 여러 업무 서비스가 지원된다.

자문 제공 대부분의 회사들은 자본시장 증권을 그렇게 자주 발행하지는 않는다. 80%가 넘는 기업 확장이 과거의 수익에서 축적된 이익으로 조달된다. 그 결과 대부분 회사의 재무 담당자는 새로운 증권발행을 어떻게 진행해야 하는지 익숙치 않은 경우가 많다. 투자은행은 시장에서 매일 이런 일을 하기 때문에 회사가 증권 매각에 대해 심사숙고하는 과정에 자문을 제공할 수 있다. 예를 들어 어떤 회사가 주식 매각과 채권 매각 중 어느 쪽을 통해 자금조달을 해야 할지 잘

모를 수 있다. 이때 투자은행은, 예를 들어 시장에서 현재 해당 기업의 업종 주식들이 고평가를 받고 있고(과거에 비해 현재 주가수익비율(PE ratio)이 높고), 반면 채권에 대해서는 현재 상대적으로 높은 이자율을 지급해야 한다는(즉 채권가격이 낮다는) 점 등을 지적함으로써 회사에 도움을 줄 수 있다.

또한 기업은 증권을 어느 시점에 발행해야 하는지에 대한 자문을 필요로 한다. 예를 들어 경쟁기업이 최근 수익성이 악화된 실적 보고서를 발표했다면 발행을 지연시키는 게 더 나을 수도 있다. 기업은 주식을 발행할 때 시점을 잘 맞춰 가능하면 가장 높은 가격을 받길 원한다. 이때에도 증권시장에서 매일 업무에 종사하고 있는 투자은행이 이들 증권의 발행 시점에 대한 자문을 줄 수 있다.

아마도 투자은행 입장에서 고객에 제공할 가장 어려운 자문은 증권의 매도가격을 얼마로 정하느냐일 것이다. 여기서 투자은행과 발행기업은 약간은 서로 다른 이해관계를 갖는다. 첫째, 기업은 주식을 가능한 한 가장 높은 가격에 팔고 싶어한다. 여러분이 회사를 설립해서 20년 동안 잘 경영해왔다고 치자. 이제 이 회사를 일반에 공개해 매각하고 여러분은 은퇴해서 타이티에서 여생을 보내려고 한다. 만일 50만 주가 제공되고 그 가격이 주당 10달러라면 여러분은 회사 매각에서 500만 달러를 받게 될 것이다. 만일 주당 12달러를 받을 수 있다면 600만 달러가 된다.

그러나 투자은행은 주식이 과대평가되는 것을 원치 않는데 그 이유는 대부분의 인수계약에서 이들은 사전에 약속된 가격으로 전체 발행 물량을 인수하고 이를 중개회사를 통해 다시 판매하기 때문이다. 발행기업에 지급한 금액보다 약간 높은 가격으로 주식을 매각할 수 있다면 투자은행에게 이익이 발생한다. 그러나 만일 가격이 너무 높게 책정되어 투자은행이 다시 판매하기가 어려워지면 손실을 보는 것이다.

시장에서 현재 거래되는 기존 주식이 있는 경우에는 증권가격의 산정이 그다지 어렵지 않은데, 이런 경우를 **유상증자**(seasoned issue)라고 한다. 그러나 기업이 주식을 처음으로 시장에서 발행할 때에는 이를 **기업공개**(initial public offering, IPO)라고 하는데 적정 가격이 얼마인지 결정하는 것은 매우 어려운 일이다. 투자은행은 회사 내의 모든 역량과 전문성을 동원해 가장 적절한 가격을 찾게 된다. 만일 발행기업과 투자은행이 그 가격에 서로 합의하면 투자은행은 그 다음 단계로 넘어가 필요한 서류들을 제출한다.

증권 신고 투자은행은 회사에 자문을 제공하는 것 외에도 **증권거래위원회**(Securities Exchange Commission, SEC)가 요구하는 서류를 신고하는 데 도움을 준다. SEC는 투자은행의 업무와 발행시장의 작동을 매우 엄정하게 규제한다. SEC는 잠재적 투자자들에게 적절한 정보 제공을 확실하게 하기 위해 1933년과 1934년의 증권거래법(Securities and Exchange Act)에 의해 설립되었다. 일반 대중에게 신규 증권을 발행하려면(금액으로는 연 150만 달러 이상이고 만기가 270일 이상인 경우) 누구든지 SEC에 **증권신고서**(registration statement)를 제출해야 한다. 증권신고서는 해당 기업의 재무상태, 경영진, 경쟁 현황, 산업, 그리고 경력 등에 관한 정보를 모두 포함해야 한다. 또한 기업은 자금을 어떻게 사용할지와 증권의 위험에 대한 경영진의 판단 등에 관해 공시해야만 한다. 그리고 발행기업은 SEC에 증권신고서를 제출하고 그 증권을 판매하기 전에 반드시

20일을 기다려야 한다. SEC에서 증권신고서를 검토하는 20일의 대기기간 동안 아무 문제도 없다면 그제서야 증권을 팔 수 있는 것이다.

SEC의 검토(review)는 결코 인증을 의미하는 것은 아니다. 그 승인은 다만 필요 요건으로서의 모든 서류가 접수되었다는 사실과 그 서류에는 공시사항이 포함되어 있다는 것만을 뜻한다. SEC의 승인은 그 정보가 정확하다는 것을 의미하지도 않는다. 증권신고서의 부정확성으로 인해 투자자들에게 손해를 끼친 경우 발행기업의 경영진은 소송에 휘말릴 수도 있다. 극단적인 경우 부정확성으로 인해 형사 고발로까지 치닫기도 한다.

증권신고서의 일부분은 투자자들도 검토할 수 있도록 요약되어 제공된다. 이것이 바로 **사업설명서**(prospectus)라고 불리는 널리 통용되는 문서이다. 법에 의해 투자자는 신규 증권에 투자하기 전에 반드시 사업설명서를 교부받아야 한다.

등록 서류가 승인 과정에 있는 동안에도 투자은행은 처리해야 할 여러 일들이 있다. 채권 발행의 경우 투자은행은 다음과 같은 일도 수행해야 한다.

- 스탠다드앤드푸어스(Standard & Poor's)나 무디스(Moody's) 같은 신용평가기관으로부터 하나 또는 그 이상의 신용등급을 확보해야 한다.
- 발행 증권의 합법성을 담보하는 증서의 발행을 위한 채권 변호사를 고용해야 한다.
- 발행기업이 증권 계약서상 표기된 의무를 수행하는지에 대한 감독 책임이 있는 수탁인을 선정해야 한다.
- 증권의 인쇄와 판매 준비를 해야 한다.

지분 증권을 발행하는 경우 투자은행은 그 증권이 거래소 중 한 군데에 상장되도록 주선을 해야 하기도 한다. 투자은행이 어떤 증권이라도 실제 판매에 제공되기 훨씬 이전부터 발행기업에 큰 도움이 될 수 있음은 명백하다.

증권 인수 이제 모든 서류 작업이 끝나면 투자은행은 발행 증권의 실제 인수 절차에 들어간다. 사전에 지정된 날짜와 시각에 발행기업은 해당 주식 또는 채권 모두를 투자은행에 협의된 가격으로 판매한다. 투자은행은 이제 이들 증권을 좀 더 높은 가격에 수수료를 받고 일반 대중에게 배분 판매한다(2013년 현재 10대 대형 인수회사가 [표 19.1]에 수록되어 있다).

발행 증권의 인수에 대한 합의로 투자은행은 시장에서 그 발행 증권의 품질을 담보하는 역할을 한다. 여기서 정보의 비대칭성이 얼마나 금융중개기관의 필요성을 정당화하는지 다시 한 번 살펴보자. 투자자들은 주식을 매입하기 전에 그 회사에 대한 어렵고 기술적인 연구 분석에 많은 시간을 할애하고 싶어하지 않는다. 그들은 또 기업의 내부자들이 회사 상태를 정확하게 보고하리라고 신뢰하지도 않는다. 대신 그들은 기업 가치를 정확하게 산정하는 데 필요한 정보를 수집하는 투자은행의 능력에 의존한다. 그들은 투자은행의 능력을 신뢰하는데, 왜냐하면 투자은행이 그 증권의 인수과정에서 해당 증권을 실제 구입함으로써 자신의 견해를 뒷받침하기 때문이다. 투자은행은 정확하고 정직하게 정보를 보고해야 할 책임감을 갖고 있기 마련인데, 왜냐하면

[표 19.1] 전 세계 채권, 주식 발행에 있어 미국의 10대 인수회사, 2013년

순위	인수회사	금액(백만 달러)
1	Goldman Sachs	$5,218.4
2	Morgan Stanley	5,036.7
3	J.P. Morgan	3,879.1
4	BofA Merrill Lynch	3,870.9
5	Barclays	3,652.9
6	Credit Suisse	2,993.4
7	Citi	2,110.6
8	UBS Investment Bank	987.2
9	Deutsche Bank	431.5
10	Baird	270.0

자료: Renaissance Capital.

단 한 번이라도 투자자의 신뢰를 잃게 되면 시장에서 거래를 계속하는 것이 불가능해지기 때문이다.

투자은행은 이런 점에서 명백하게 매우 높은 위험을 부담한다. 이 위험을 감소시키는 한 방법이 **신디케이트**(syndicate)를 형성하는 것이다. 신디케이트는 투자은행 집단을 지칭하는 것으로서 여기에서는 각 투자은행이 증권발행의 일정 부분을 매입한다. 신디케이트에 속한 각 투자은행은 자기 지분만큼의 증권을 재판매할 책임이 있다. 대부분의 증권발행은 신디케이트에 의해 판매되는데 그 이유는 이 방법이 여러 투자은행 간에 서로 위험을 나누는 효과적인 방법이기 때문이다.

투자은행은 다가오는 증권 공모를 광고하는 데 있어 경제신문의 광고를 사용한다. 전형적인 광고의 형태는 신문의 금융면에 게재하는 대형 토막광고이다. 이 광고를 그 모양 때문에 **토막광고**(tombstone)라고 부르는데, 여기에는 신디케이트에 포함된 모든 투자은행의 이름이 다 수록된다.

투자은행이 발행 증권을 일반에 재판매하기 전의 보유기간이 길면 길수록 가격 하락으로 인한 손실 발생 위험은 점점 더 커진다. 투자은행이 판매속도를 높이는 데 사용하는 한 가지 방법은 실제 투자은행이 인수하기 전에 일반 투자자들로부터의 주문을 미리 확보해두는 것이다. 그렇게 하면 증권을 인수하자마자 바로 주문을 접수하고 증권은 최종 매수자에게 곧바로 인계된다.

대부분의 투자은행은 전국적인 판매망을 갖고 있는 대형 브로커(brokerage house, 종합 증권회사)와 연결되어 있다. 이 증권회사의 각 지점에서는 증권발행 훨씬 이전부터 판매대리인들이 고객들과 접촉해 신규 증권의 사업설명서에 대한 검토를 원하는지 파악한다. 이때의 목표는 발행 물량의 **완전청약**(fully subscribe)이다. 완전청약 발행이란 판매 가능 물량 모두가 발행일 이전에 미리 모두 청약된 상태를 말한다. 증권발행은 **청약미달**(undersubscribed)될 수도 있다. 이 경우는 판매대리인들이 고객들로부터 충분한 관심을 끌지 못해 해당 증권의 발행일 이전까지 모든 물량을 판매할 수 없게 된다. 또한 증권발행은 **초과청약**(oversubscribed)되기도 하는데, 이 경우는 판매 가능한 증권 수량보다 더 많은 매수 주문이 몰렸을 때를 말한다.

여기서 가장 좋은 경우가 초과청약인 상태라고 잘못 생각할 수 있는데 사실 이 경우는 투자은행의 고객에게는 더 안좋은 경우이다. 여러분이 증권을 처음 발행하려고 투자은행과 협상한 결과 50만 주의 수량을 20달러에 팔기로 했다고 하자. 이때 여러분이 이 주식 발행이 초과청약된 걸 알았다고 하자. 여러분은 투자은행이 해당 주가를 너무 낮게 책정한 결과 여러분이 손해를 보았다고 느낄 것이다. 아마 그 주식은 25달러에도 충분히 팔려 추가로 250만 달러[(\$25 − \$20) × 500,000 = \$2,500,000]를 더 조달했을 수도 있었을 것이다. 아마 다른 발행기업들도 마찬가지겠지만 여러분은 이런 경우 앞으로 이 투자은행과 다시는 거래하지 않으려 할 것이다.

발행 물량의 청약미달도 똑같이 심각한 문제인데, 이때는 투자은행이 일반에게 증권을 모두 판매하기 위해 발행기업에 지급한 금액보다 낮은 가격으로 조정해야 하기 때문이다. 투자은행은 해당 증권의 물량 때문에 극단적인 대규모 손실에 처하기도 한다. 예를 들어 구글이 공개되었을 때 시중에 2,400만 주 이상이 판매 대상으로 나왔다. 이때 가격을 주당 정확히 0.25달러만 낮춰도 6백만 달러 이상의 손실이 발생한다. 투자은행이 처하는 높은 위험을 보면 왜 이들이 월가에서 가장 엘리트이면서 고액 연봉을 받는 직종이고, 많은 이들이 연 수백만 달러를 버는지 이해된다.

모집주선 증권 인수의 대안으로 *모집주선 계약*(best efforts agreement)에 의거해 증권발행을 하는 방법이 있다. 모집주선 계약에서 투자은행은 발행기업이 받는 가격에 대한 어떤 보증도 없이 위탁수수료만 받고 발행 증권을 판매한다. 투자은행 입장에서 모집주선 거래의 장점은 증권가격 산정의 오류에 따른 위험이 전혀 없다는 것이다. 그리고 증권의 시장가 산정과 관련해 장시간이 소요되는 업무들이 전혀 필요 없다. 투자은행은 단순히 시장에서 발행기업이 원하는 가격으로 판매해주는 역할만 수행하면 된다. 만일 증권 판매가 제대로 되지 않으면 그 발행은 취소될 수 있다.

사모 증권을 판매하는 또 하나의 대안으로 소위 *사모*(private placement) 방식을 들 수 있다. 사모 방식에서는 증권이 일반 대중이 아닌 제한된 숫자의 투자자들에게만 판매된다. 사모의 장점은 증권이 특정 제약 요건만 맞추면 SEC에 등록할 필요가 없다는 것이다. 투자은행은 종종 사모 거래에 관여하기도 한다. 사모에 투자은행이 꼭 필요하지는 않지만, 종종 발행기업들에게 발행의 적정 조건에 관한 자문을 제공하고 잠재적 매수자들을 소개해주는 방식으로 이 거래를 용이하게 해주기도 한다.

사모에서의 매수자들은 발행 증권을 한번에 큰 금액으로 구매할 만큼 거액 투자자들이어야 한다. 이런 의미에서 보통 사모의 매수자는 보험회사, 상업은행, 연기금, 그리고 뮤추얼펀드와 같은 기관들이다. 사모 방식은 주식보다는 채권 매수의 경우에 보다 일반적이다. 골드만삭스가 사모시장에서 가장 활발한 투자은행이다.

증권발행 공모절차가 [그림 19.1]에 요약되어 있다.

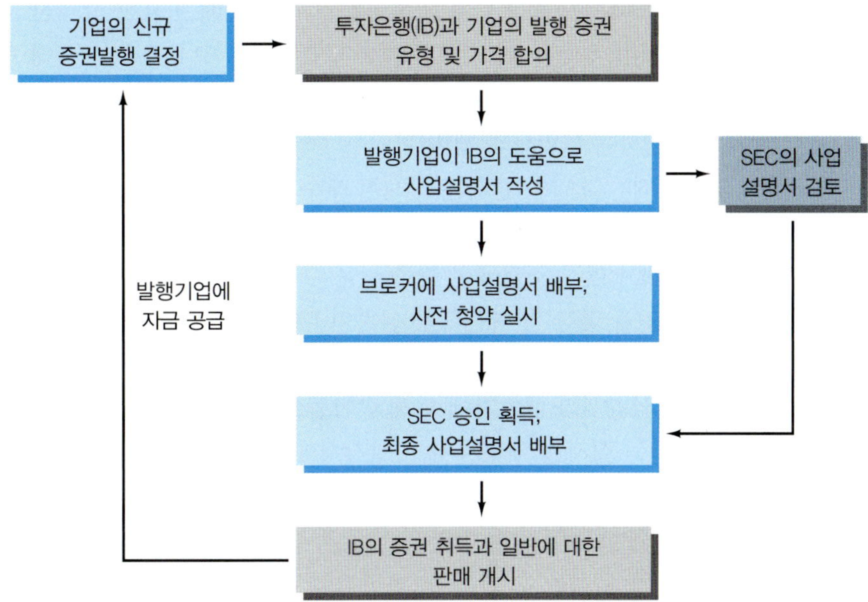

[그림 19.1] 공모 시 투자은행이 증권을 배분하는 절차

지분 매각

투자은행이 제공하는 또 다른 서비스는 기업이나 회사 사업부문의 매각을 도와주는 것이다. 예를 들어 1984년 마텔(Mattel)사는 전자사업 자회사가 심각한 손실을 입었을 때 은행 대출 상환이 요구되면서 거의 위험한 상황에 처했었다. 마텔은 투자은행인 드렉셀번햄램버트(Drexel Burnham Lambert)에 도움을 요청했다. 구조조정의 첫 단계로 완구사업을 제외한 모든 사업부문에 대한 매각을 실시했다. 마텔은 건전한 회사로 탈바꿈했으나 1999년 다시 소프트웨어 회사 매수로 인해 곤경에 빠졌다. 2000년 마텔은 이 사업부문의 매각을 위해 다시 투자은행의 서비스를 이용했다.

어떤 지분 매각이라도 첫 번째 단계는 매도자의 사업부문 가치에 관한 결정이다. 투자은행은 유사 기업들의 현재의 시장 상태를 반영한 상세 분석을 제공하고 기업 가치를 산정하기 위한 여러 복잡한 모형들을 적용한다. 세제나 사탕의 경우와는 달리 존속가치(going concern)는 전혀 가격에 반영되지 않는다. 기업 가치는 매수자가 그 기업을 어떻게 사용할지에 달려있다. 만일 매수자가 오로지 실물자산에만 관심이 있다면 그 해당 금액만큼만 가치가 있는 것이다. 매수자가 그 기업을 다른 부문과의 시너지를 활용할 기회로 본다면 전혀 다른 가격이 될 수도 있다. 이처럼 잣대가 들쭉날쭉함에도 불구하고 투자은행은 기업 소유자들에게 기업 가치의 범위를 측정해주기 위한 여러 가지 방법론을 개발해왔다.

얼마의 현금흐름이 할인될 것인가는 그 회사 매수에 응하는 사람이 누구인가에 달려있다. 이때에도 투자은행이 도움이 된다. 이들은 시장에서 관심을 가질만한 이들을 추려내기 위해 신중히 조사를 수행한다. 나아가 이들은 **비밀각서**(confidential memorandum)를 작성하는데, 여기에는 잠재적 매수자가 회사에 매수의견을 제시할 때 필요한 상세한 재무정보가 포함되어 있다. 모든 잠재적 매수자는 이 정보를 제3자와 경쟁하거나 공유하는 데 사용해서는 안 된다고 명기한 비밀유지 서약에 서명해야 한다. 투자은행은 이 정보가 적격 매수자들에게만 갈 수 있도록 제안서를 심사하는 역할도 수행한다.

지분 매각의 다음 단계는 잠재적 매수자에 의해 발행된 **의향서**(letter of intent)이다. 이 서류는 매수를 진행할 의사를 분명히 하고 그 예비적 조건들에 대한 윤곽을 제시한다. 투자은행은 매도자의 편에서 매각 조건에 관한 협상을 수행하고 경쟁적 매수 제안들에 대한 분석과 순위를 매기는 데 조언을 한다. 투자은행은 심지어 더 좋은 조건을 얻어내기 위해 자금조달의 구조화를 돕기도 한다.

매수 의향서가 매도자에 의해 받아들여지면 **실사**(due diligence)가 시작된다. 20~40일에 걸쳐 이루어지는 실사는 매수자가 비밀각서에 수록된 정보의 정확성을 확인하는 과정이다. 이 과정을 거쳐 **최종협정**(definitive agreement)의 조건들이 만들어진다. 이 과정에서 실사 기간에 수집된 정보들이 반영되고 그에 따른 협상 결과가 법적으로 유효한 계약 형태로 바뀐다.

위 논의에서 볼 수 있듯이, 전형적인 기업 매각이 진행되는 과정에서 광범위하게 여러 능력들이 요구된다. 이들 요구에 맞춰 투자은행은 종종 이런 프로젝트에서 고객과 함께 일할 다제간으로 구성된 전문가 팀을 보내곤 한다. 이들 팀에는 변호사, 재무분석사, 회계사, 산업 전문가들이 포함된다.

인수합병

투자은행은 1960년대 이래 **인수합병시장**(merger and acquisition market)의 업무를 활발히 수행해 왔다. 합병(merger)은 두 회사가 하나의 새로운 회사를 설립하기 위해 서로 합칠 때 일어난다. 두 회사가 합병을 지지하고 보통 두 회사에서 공히 회사 임원들을 대상으로 새로운 경영진을 구성한다. 두 회사의 주주들은 기존 주식을 내놓고 새로운 회사의 주식으로 바꾼다. 인수(acquisition)는 한 회사가 다른 회사의 주식을 매입함으로써 소유권을 인수하는 것이다. 보통 이 과정은 우호적이고 이때 두 회사는 서로 자원을 통합함으로써 얻을 수 있는 특정 경제성에 대해 동의한다. 때로는 기업이 재무적 곤경을 겪고 있을 때 자신을 인수할 기업을 찾아 나서는 경우도 있다. 그리고 어떤 경우에는 기업이 인수되는 것에 저항할 때도 있다. 저항이 있는 인수를 *적대적*(hostile) 인수라 부른다. 이 모든 경우 인수기업은 대상 기업의 이사회에서 다수 세력을 점하기 위해 충분한 비중만큼의 주식을 확보하려고 한다. 그래야만 이사회에서 대상 기업이 인수기업으로 합병되는 안을 통과시킬 수 있다.

투자은행은 인수기업 측과 대상 기업 측 모두를 위해 일한다. 인수기업은 대상이 될 만한 매력있는 기업을 찾는 과정이나, 주주들에게 주식을 팔도록 설득하는 과정에서 소위 *공개매수*(tender offer)를 수행할 때나, 이 거래를 완수하는 과정에서 소요되는 자본을 조달하는 과정에서 투자은행의 도움을 필요로 한다. 대상 기업 역시 바람직하지 않은 인수 시도 등에 대비하기 위한 도움을 얻으려고 투자은행을 고용하기도 한다.

인수합병시장은 매우 특별한 지식과 전문성을 필요로 한다. 이 시장에 관련된 투자은행가들은 고도의 훈련 과정을 겪는다. 그리고 우연이 아니게도 높은 보수를 받는다. 인수합병에서 가장 잘 알려진 투자은행가가 드렉셀번햄램버트에서 일했던 마이클 밀켄(Michael R. Milken)이다. 밀켄은 우리가 제10장에서 논했던 정크본드시장을 발명한 일등공신으로 인정된다. *정크본드*(junk bond)란 주로 인수 금융에 사용되는 고위험, 고수익 채권 증서를 말한다. 회사들이 이를 통해 엄청난 규모의 자금을 조달할 수 있게 됨에 따라, 비록 조그만 회사라 하더라도 큰 회사에 대한 인수를 시도하고 실행할 수 있게 되었다. 1980년대 동안 밀켄이 이 시장에서 가장 활발했고 바로 이때가 인수합병 활동의 황금기였다. 1990년 2월 13일 드렉셀번햄램버트가 파산신청을 했는데 그 원인으로는 정크 본드로 구성된 포트폴리오의 부도율 상승, 경제 침체, 그리고 정크본드 시장에서 저축대부조합을 몰아내는 규제 등을 들 수 있다. 밀켄은 증권 사기 혐의에 대해 유죄가 인정되었고 감옥에 보내졌다.

드렉셀과 정크본드 시장의 붕괴 여파로 인수합병 업무는 1990년대 초 주춤해졌다. 경제 회복과 규제 변화가 일어난 1990년대 중후반에 다시 인수합병이 살아났는데 이때 특히 상업은행 간 인수합병이 활발했다. 그리고 다시 인수합병은 2001년과 2008년의 불황기 동안 침체되었다.

대부분의 유명한 투자은행들은 2008~2009년의 모기지와 신용의 위기 동안 심각한 재무적 어려움에 처했다. 이들 문제에는 몇몇 중요한 원인들이 있다. 첫째, 일부 투자은행은 서브프라임 모기지로 증권화된 상품에 투자를 감행했고 또 이를 포트폴리오에 보유하고 있기도 했다. 시장에서 이들 증권의 상태가 그 가격을 지탱할 만한 수준이 아니라는 사실이 인식되면서 투자은행들은 이들 상품을 더 이상 팔 수 없게 되었다. 둘째, 신용시장이 원천적으로 얼어붙으면서 몇몇 투자은행이 유동성 문제에 빠져들었다. 이들은 만기가 돌아오는 증권을 상환하기 위한 자금조달이 필요했는데 더 이상 새로운 자금을 얻을 수 없었다.

베어스턴스는 2008년 4월 J.P.모건에 의해 인수되었고 이때 290억 달러의 연준 지원이 있었다. 9월에는 뱅크오브아메리카가 메릴린치를 인수하는 거래가 있었는데 이로 인해 뒤이은 수개월 동안 뱅크오브아메리카는 심각한 손실을 입을 수밖에 없었다. 같은 시기에 리먼브라더스가 파산을 선언한 최초의 주요 투자은행이 되고 말았다. 후에 이들 자산의 대부분은 바클레이스에 의해 인수되었다. 이때 공격적인 정부 개입이 없었다면 더 많은 투자은행들이 붕괴되었으리라는 것은 자명한 사실이다.

증권 브로커/딜러

증권 브로커/딜러(securities broker and dealer)는 유통시장에서의 거래를 수행한다. 증권 브로커는 증권의 매수 또는 매도 시 투자자의 대리인으로서 역할을 수행하는 순수 중개기관이라고 볼 수 있다. 이 기능은 매수자와 매도자를 연결시키는 것으로 이 과정에서 위탁매매수수료(brokerage commission)를 받는다.

브로커와는 달리 딜러는 주어진 가격에서 증권을 매수 또는 매도할 준비를 갖춤으로써 매수자와 매도자를 연결한다. 따라서 딜러는 증권 재고를 보유하고 이 과정에서 그들이 지불한 가격보다 약간 높은 가격으로 되팔아 수익을 낸다. 즉 그들은 재고를 보유하기 위해 증권의 매입 시 지불한 매수가격(bid price)과 이 증권의 매도 시 받는 매도가격(ask price)의 차이인 *스프레드*(spread)에서 수익을 낸다. 이는 매우 위험이 높은 업무인데, 왜냐하면 딜러가 보유하는 증권의 가격은 언제든지 오르기도 하고 내리기도 하기 때문이다. 최근 채권에 특화했던 여러 회사들이 붕괴된 것만 보더라도 이를 알 수 있다. 반면 브로커는 그들 업무 과정에서 직접 증권을 보유하지는 않기 때문에 위험 노출이 그다지 크지 않다.[1)]

브로커 업무

증권 브로커는 여러 유형의 서비스를 제공한다.

증권 주문 여러분이 주식 매수를 위해 증권회사에 전화를 하면 여러분의 주문을 받아줄 브로커와 통화를 하게 된다. 이때 세 가지 대표적인 유형의 거래가 있는데, 시장가 주문, 지정가 주문, 그리고 공매가 그것이다.

증권 주문에 있어 가장 통상적인 두 가지 유형이 시장가 주문과 지정가 주문이다. **시장가 주문**(market order)을 제출하면 여러분은 대리인에게 현재의 시장가격에 주식을 매수 또는 매도하도록 지시한 것이다. 시장가 주문 제출 시 위험은 여러분이 원래 투자 결정을 내릴 때의 시장가격에 비해 증권의 가격이 현저하게 변동했을 때 발생할 수 있다. 만일 주식 매수 주문이고 가격이 떨어졌다면 이때에는 아무 문제가 없다. 그러나 가격이 상승했다면 아마 여러분은 후회를 할 수도 있다. 주문이 접수되었을 때와 실행되었을 때의 가격 변화가 가장 심각했던 때가 1987년 10월 19일의 주식시장 붕괴 기간이다. 시장 붕괴에 놀란 투자자들이 브로커에게 매도 주문을 쏟아냈지만 그날 거래 물량이 엄청났기 때문에 당시 기술로는 그 많은 주문을 소화하는 데 주문이 들어온 이후 수 시간이 걸렸다. 그리고 그 주문이 실행되었을 때에는 자신이 원래 주문을 접수했던 시점의 가격보다 엄청나게 떨어진 가격에서 주문이 체결되었다.

시장가 주문에 대한 대체 수단이 **지정가 주문**(limit order)이다. 여기서는 매수 주문의 경우 *최대*(maximum) 매수가격을 지정하고, 매도 주문의 경우에는 *최소*(minimum) 매도가격을 지정한다. 예를 들어 여러분은 100주의 IBM 주식을 100달러의 지정가로 매도 주문을 낼 수 있다. 만일 IBM의 현재 시장가가 100달러보다 작으면 주문은 실행되지 않는다. 실행되지 않은 지정가 주문은 그 주식의 스페셜리스트(specialist)에게 전달되는데 이들은 거래소에서 특정 주식 종목을 관리하는 업무를 담당한다. 해당 주가가 지정가 주문이 실행되기에 적합한 상태가 되면 주식 스페셜리스트가 거래를 시작한다.

---

1) 여러분이 브로커(broker)와 딜러(dealer)의 구분을 쉽게 기억하기 위해 자동차 딜러와 부동산 브로커를 연상시켜 보자. 자동차 *딜러*는 차량을 재고로 보유해서 소유권을 갖고 있다가 이를 고객에게 되파는 업무를 수행한다. 부동산 *브로커*는 부동산 소유권을 스스로 보유하지 않고 다만 중간에서 매개 역할만 수행한다.

손실제한 주문(stop loss order)은 지정가 주문과 유사한 것으로 여러분이 이미 보유하고 있는 주식에 대해 행해진다. 이 주문은 브로커에게 해당 주식가격이 특정 가격에 이를 때 매도할 것을 요구하는 것이다. 예를 들어 어느 주식을 주당 20달러에 매수했다고 하자. 여러분은 이 주식에서 큰 손실을 입고 싶지 않다. 그때 여러분은 18달러의 손실제한 주문을 낼 수 있다. 주가가 18달러로 떨어지면 바로 브로커는 그 주식을 매도해버릴 것이다. 손실제한 주문은 여론에서 떠들썩했던 마싸 스튜워트(Martha Stewart) 재판에서 큰 관심을 불러일으킨 바 있다. 그녀는 임클론(ImClone) 주식을 둘러싸고 내부정보를 이용해 거래했다는 의심을 받고 있었다. 그녀의 주장은 해당 주식 매도가 이루어진 이유는 그녀가 임클론 주식에 대해 60달러의 손실제한 주문을 내놓았기 때문이라는 것이었다. 이때 기소 진행 과정을 보면 이런 주문이 실제 있었다고 법정에서 받아들여지지는 않았다.

장차 어떤 주식의 가격이 상승할 것으로 기대된다면 투자자는 그 주식을 매수해서 가격이 상승할 때까지 보유할 것이다. 그는 그 주식을 팔아 수익을 올리고 노력에 대한 대가를 지불받는 것이다. 그런데 만일 투자자가 어떤 주식의 가격이 장차 *하락*할 것을 확신하고 있다면 무엇을 할 수 있을까? 그 해답은 공매를 수행하는 것이다. **공매**(short sell)에서는 투자자가 증권회사로부터 주식을 빌려 오늘 매각하면서 장차 그 빌린 주식을 매수해서 갚겠다는 약속을 한다. 여러분이 방금 새로 나온 애플 노트북 컴퓨터를 사용해 봤더니 그 질이 너무 낮아 판매가 저조할 것으로 판단했다고 하자(실제 1995년 애플은 파워북 컴퓨터를 발매했을 때 그런 문제가 있었고 이때 모든 제품을 리콜해야만 했다). 여러분이 이 한심한 제품에 대한 소문이 곧 시장 전체에 퍼지고 따라서 애플 주식가격이 하락할 것으로 믿고 있다고 하자. 이런 상황에서 돈을 벌기 위해 여러분은 브로커에게 애플 주식 100주의 공매도를 지시할 수 있다. 브로커는 여러분을 대신해서 다른 투사사에세 100주를 빌려 현새 시장가격에 그 100주를 내도한나. 물론 여러분은 그 주식을 소유하고 있지 않았다. 여러분은 장차 어느 시점에서 그 빌린 주식을 돌려주기 위해 새로운 시장가격에 100주를 매수해야 한다. 만일 여러분의 예상이 맞아 애플 주식이 하락했다고 하면 여러분은 그 주식을 전에 매도했던 가격보다 낮은 가격에 매수할 수 있어 수익을 올릴 수 있다. 물론 여러분이 틀렸고 오히려 그 가격이 상승했다면 손실을 입을 수도 있다.

시장가와 지정가 주문은 주가 상승 시 활용할 수 있는 주문 방법들이고, 공매는 주가 *하락* 시 활용할 수 있는 방법이다. 분석가들은 개별 주식의 공매 포지션 숫자를 추적해 얼마나 많은 투자자들이 장차 그 주식이 하락할 것으로 예측하는가에 대한 지표로 사용하기도 한다.

기타 서비스 증권 거래 이외에도 주식 브로커는 여러 다른 서비스를 제공한다. 투자자는 보통 그들의 증권을 안전하게 보관하기 위해 브로커에게 예탁한다. 증권이 브로커에게 예탁되어 있는 경우 이들은 연방정부기구인 증권투자자보호공사(Securities Investor Protection Corporation, SIPC)에 의해 보호받는다. 이때 보호는 가치 하락에 대한 보호가 아니라 증권 자체의 멸실에 대한 보호만을 말한다.

브로커는 또 **증거금 대출**(margin credit)을 제공한다. 증거금 대출이란 브로커 회사에서 투자자들의 증권 매입을 도와주기 위해 사전에 제공하는 대출을 의미한다. 예를 들어 여러분이 인텔

(Intel Corporation)이 최근 컴퓨터 칩을 개발해서 그 주식가격이 급속히 상승할 것으로 확신한다면, 여러분은 브로커 회사에서 대출을 받아 인텔 주식 매입 물량을 늘릴 수도 있다. 여러분이 가진 5,000달러에 추가로 빌린 5,000달러를 더하면 10,000달러 상당의 주식을 매입할 수 있다. 그러면 예상한대로 주가가 상승했을 경우 대출이 없었을 때에 비해 거의 두 배의 수익을 올릴 수 있게 된다. 연준은 브로커 회사가 대출해줄 수 있는 주식 매입 금액의 비율 한도를 설정한다. 증거금 대출의 이자율은 프라임 이자율(prime rate; 대형, 신용이 우량한 기업에 적용되는 대출이자율)에 1~2% 포인트를 얹는게 보통이다.

제16장에서 살펴보았듯이, 경쟁이 심화되면서 브로커 회사들은 여러 다양한 서비스를 제공하고 전통적으로 상업은행들이 수행하던 업무 영역에까지 진출하게 되었다. 1977년 메릴린치는 현금관리계좌(cash management account, CMA)를 개발했는데, 여기서 신용카드, 즉시 대출, 수표 발행 특권, MMF 펀드의 증권 매각대금의 자동 투자 기능, 통합 계좌 기록 등 일련의 금융서비스 패키지를 제공하고 있다. 이들 계좌 대부분은 수표 발행 특권은 물론 ATM과 직불카드(debit card) 기능도 갖고 있다. 이로 인해 브로커 회사들은 은행과의 직접 경쟁에 뛰어들게 된 것이다.

증권사 현금관리 계좌의 장점은 증권매매의 용이성이다. 증권사는 투자자가 증권을 매수할 때에는 계좌에서 자금을 인출하고 증권을 매도할 때에는 매도자금을 계좌에 바로 이체할 수 있다.

종합 브로커 대 할인 브로커 1975년 5월 1일 이전에 사실상 모든 브로커 회사들은 증권 거래에 대해 똑같은 수수료를 부과하고 있었다. 브로커 회사들이 차별화를 기할 수 있는 건 주로 그들의 리서치와 고객관계에 근거한 것이 다였다. 1975년 5월 의회는 고정수수료가 반경쟁적이라고 결정했고, 고정수수료를 폐지하는 1975년의 증권법 수정안(Securities Acts Amendment)을 통과시켰다. 이제 브로커 회사들은 수수료 부과를 자유롭게 할 수 있게 되었다. 이 결과 두 가지 유형의 브로커 회사가 나왔는데 종합(full-service) 브로커 회사와 할인(discount) 브로커 회사가 바로 그것이다.

종합 브로커는 고객들에게 리서치와 투자자문을 제공한다. 종합 브로커는 종종 고객들에게 주간, 월간 시장보고서와 특정 종목에 투자를 권유하기 위한 종목 추천 서비스를 제공한다. 예를 들어 브로커 회사의 투자은행부서에서 기업공개 종목이 나오면 브로커는 그들이 보기에 흥미가 있을만한 고객을 찾아 사업설명서를 보내곤 한다. 종합 브로커는 고객들과 장기적인 관계를 맺고 각자의 재정적 필요와 위험 성향에 알맞는 포트폴리오를 구성하는 데 도움을 주려고 한다. 물론 이들 추가적인 업무는 비용이 매우 많이 들고 이 거래에 수반되는 수수료도 매우 비싸게 형성될 수밖에 없다. 뱅크오브아메리카 메릴린치가 가장 큰 종합 브로커인데 여기에는 약 17,000명에 달하는 투자자문사가 있고 고객 자산도 2.2조 달러에 달한다.

할인 브로커는 단순히 고객이 주문하는 거래만 집행한다. 여러분이 특정 증권을 매입하고자 한다면 할인 브로커에 전화를 걸어 주문을 낸다. 보통 어떤 리서치나 자문도 제공되지 않는다. 할인 브로커의 운영비용은 종합 브로커에 비해 훨씬 낮기 때문에 낮은 거래비용이 부과된다. 이들 수수료는 종합 브로커가 부과하는 수수료의 아주 적은 일부분일 수도 있다. 찰스슈왑(Charles Schwab Corp.)이 가장 유명한 할인 브로커이다. 많은 할인 브로커들은 대형 상업은행들에 속해

있는데, 역사적으로 상업은행들은 종합 브로커 업무를 제공하는 것이 금지되어 있었다.

여러분이 어떤 유형의 증권사를 선정하든간에 그 증권사는 주요 거래소의 회원이고 컴퓨터를 통해 NASDAQ(National Association of Security Dealers Automated Quotation System)에 연결되어 있다. 여러분이 동네 메릴린치 사무실을 통해 IBM 1만주 주문을 제출했다고 하자. 브로커는 이를 여러분 명의로 IBM 1만주 매수라는 전자메시지 형태로 뉴욕증권거래소(New York Stock Exchange, NYSE)의 거래장(floor)에 있는 메릴린치의 거래인에게 보낸다. NYSE의 거래장에는 거래소에서 거래되는 각 개별 종목을 전담 취급하는 스페셜리스트(specialist)들이 일하고 있는 동그란 업무 영역들이 있다. 각 스페셜리스트는 몇몇 종목의 주식을 책임지고 취급한다. 거래장의 메릴린치 거래인은 IBM 스페셜리스트가 어디 있는지 곧 파악하고 그에게 다가가 여러분의 매수 주문을 수행하게 된다. 그러면 바로 매수 확인이 여러분의 동네 브로커에게 전달되고, 그는 바로 여러분에게 거래 완료를 통보한다([미니사례] 참조). 조그만 거래들은 매수 및 매도 주문을 연결하는 컴퓨터 시스템에서 취급된다.

> 미니사례

지정가 주문 원장의 사용

뉴욕증권거래소의 거래인이 서킷시티(Circuit City)주식을 담당하는 스페셜리스트라고 하자. 이때 지정가 주문 원장이 다음과 같다고 하자.

서킷시티 지정가 주문 미체결 원장

매수 주문		매도 주문	
37.00	100		
37.12	300		
37.25	100		
		37.37	200
		37.50	500
		37.62	100

매수 주문에 올라있는 것은 투자자들이 주식 매입에 지불하려고 하는 최고 가격을 표시한 것이다. 매도 주문에 올라 있는 것은 서킷시티를 보유한 투자자들이 매도에 응할 최저 가격을 표시한 것이다. 현재 아무런 거래도 일어나지 않고 있는데 가격이 교차하거나 서로 맞는 가격이 존재하지 않기 때문이다. 달리 말하면, 현재 서킷시티를 사고자 하는 사람이 지불하려는 가격에 그 누구도 팔고자 하지 않는다는 것이다.

이제 스페셜리스트에게 새로 200주의 시장가 매수 주문, 즉 현재 시장에서 가능한 최선의 가격으로 사려는 주문이 접수되었다고 하자. 스페셜리스트는 매도 주문 쪽을 살펴보고 37.37에 주문을 체결시킬 것이다.

그 다음에 스페셜리스트가 300주의 37.12 지정가 매도 주문을 받았다고 하자. 그러면 다시 스페셜리스트는 원장을 살펴보는데 이번에는 매수 주문 쪽을 볼 것이다. 이 지정가 주문은 먼저 37.25에 100주를 체결시키고 그 다음 37.12에 200주를 체결시킬 것이다.

그 다음에 500주의 36.88 지정가 매수 주문이 접수되었다고 하자. 이 수량에 해당하는 매도 주문이 없기 때문에 이 주문은 원장에 추가되어 이 시점에서의 원장은 다음과 같이 나타날 것이다.

서킷시티 지정가 주문 미체결 원장

매수 주문		매도 주문	
36.88	500		
37	100		
37.12	100		
		37.50	500
		37.62	100

증권 딜러

증권 딜러는 증권 재고를 보유하는데 이 재고를 이용해 매수를 원하는 고객에게 매도를 한다. 또 매도를 원하는 고객들로부터 증권을 매입해 증권 재고를 쌓아놓기도 한다.

미국 금융시장의 원활한 작동에 있어 딜러의 중요성은 아무리 강조해도 지나치지 않다. 투자자가 주식을 매입하기 전에 무엇을 요구하는지 고려해보라. 적정 수익을 필요로 하지만 먼저 투자자는 그 투자가 과연 유동성을 담보하는가, 즉 그 투자가 포트폴리오에 더 이상 적합하지 않다고 판명되는 즉시 재빨리 매도가 가능한가에 대해 알고 싶어 한다. 일반 대중에게 판매하기에는 잘 알려져 있지 않은 소형주를 생각해보자. 투자자가 그 회사 주식을 매입하고 싶어 한다고 하자. 그러나 이 주식을 쉽게 다시 팔 수 없다면 아마도 투자자는 이 주식을 사려 하지 않을 것이다. 이때 딜러가 핵심적인 역할을 한다. 딜러는 어떤 증권이 언제라도 시장이 형성될 수 있도록 지탱하는, 즉 투자자로 하여금 그 증권을 항상 사고 팔 수 있도록 담보하는 역할을 수행한다. 이런 이유로 딜러는 **시장조성자**(market maker)라고 불리기도 한다. 어떤 투자자가 거래가 별로 없는(유통시장에서 활발한 거래가 없는) 종목을 매도하고자 하는 경우, 동시에 다른 투자자도 그 종목을 매입할 가능성은 크지 않다. 이런 비동시적 거래(nonsynchronous trading) 문제는 딜러가 투자자로부터 증권을 매입하고 이를 다른 투자자가 사려고 할 때까지 재고에 편입시킬 수 있다면 해결이 가능하다. 딜러가 이런 서비스를 제공한다는 사실을 알면 투자자들은 그렇지 않으면 받아들이기 어려운 증권 종목들에 대한 매입을 좀 더 수월하게 할 수 있을 것이다. 금융시장의 발전이 더딘 국가에서는 인기가 덜한 종목들에 대해 딜러의 시장 조성이 어려울 것이고, 이에 따라 신진 기업이나 중소형주, 지역 기업들이 시장에서 자금조달을 하는 것이 매우 어렵게 된다. 미국에서 중소기업의 건전성과 성장에 있어 증권시장 딜러들이 담당하는 책임은 이렇게 막중한 것이다.

증권회사에 대한 규제

많은 금융회사들은 증권시장에서 이들 세 가지 업무, 즉 브로커 업무, 딜러 업무, 투자은행 업무 모두를 수행한다. 미국에서 가장 큰 회사는 메릴린치이고 다른 유명한 회사로는 모건스탠리와 살로몬스미스바니(시티그룹의 사업부)가 있다. SEC는 이들 회사의 투자은행 업무뿐 아니라 브로커나 딜러 업무에서 증권 위탁중개 과정에서의 잘못된 행위 또는 기업 경영진만 갖고 있는 비공개 정보인 *내부자 정보*(insider information)를 이용한 거래 등에 대해 규제한다.

온라인 정보

www.sec.gov

증권거래위원회의 웹사이트에는 규제 행위, 개념 공지, 해석 공지 등 여러 관련 문건들이 공개되어 있다.

규제를 논할 때 금융시장의 정직성에 대한 일반 대중의 신뢰야말로 우리 경제의 성장과 기업들의 시장을 통한 지속적인 신규 자금조달 가능성 유지에 핵심적이라는 사실을 인식하는 것이 중요하다. 만일 대중들이 일반 소액 투자자들에게 피해를 끼칠 수 있는 우월한 정보 활용이 가능한 다른 유력한 집단이 시장에 존재한다고 믿는다면, 시장에서 이들 소액 투자자들로부터 자금을 유치하는 것은 불가능하게 된다. 궁극적으로는 시장 전체가 붕괴되고 말 것이다.

정보의 비대칭성으로 인해 투자자는 기업들이 매도하려는 증권에 대해 그 내부자들만큼 정보를 알지 못한다. 만일 이런 정보 부족을 반영해 모든 증권의 평균 가격이 책정된다면, 좋은 증권은 사라져버리고 오로지 나쁜 증권만 남아 과대평가된 상태로 시장에서의 거래를 기다리게 될 것이다. 오직 이런 증권만이 시장에 남아 있다면 평균 가격은 떨어질 것이다. 그리고 이 평균 가격보다 좋은 증권들은 다시 시장에서 사라져버릴 것이다. 결국 시장에서 남아 거래되는 평균 증권들은 그 질이 더욱 떨어질 것이고 그 결과 시장가격은 더욱 떨어지게 되어 궁극적으로 시장은 실패하고 말 것이다. 이 레몬 문제에 대한 하나의 해결책은 정부가 개입해 정보의 비대칭성을 줄일 수 있도록 완전 공시체계를 갖춰 규제하는 것이다.

증권법은 두 가지 목적을 가지고 설계되어 있다. 즉 시장의 정직성을 보호하는 것과 증권회사들의 경쟁을 제한해 그들의 파산 가능성을 감소시키고자 하는 것이 그것이다. 1933년과 1934년에 통과된 두 법률안에서 오늘날의 증권시장 규제에 관한 주요 체계가 수립되었다. 이들 법안은 대공황 직후에 통과되었는데 이들 법률은 많은 사람들이 당시 국가가 겪었던 경제적 곤경에 일부 책임이 있다고 믿었던 시장에서의 남용(abuse)에 주로 대응하기 위한 것이었다. 1933년과 1934년 법률의 주요 조항들의 내용은 다음과 같다.

- 증권거래위원회(SEC)의 설립으로 증권법 집행 책임을 부과
- 증권발행자로 하여금 증권의 신규 발행 시 공모 등록과 잠재적 투자자들에게 모든 관련 정보 공개를 의무화
- 모든 공개기업들에게 연간, 반기 보고서의 SEC 제출 의무화 및 공개기업들은 동시에 투자자들에게 '심각한 이해관계(significant interest)'에 영향을 끼칠 만한 사건 발생 시 해당 보고서 제출 의무화
- 지분의 매수 또는 매도 시 항상 내부자 관련 보고서 제출 의무화
- 어떤 형태의 시세 조작(market manipulation)도 금지

이 법안들이 통과되기 전에는 시장에서 엄청난 남용사고들이 있어 왔다. 예를 들어 1933년 조사 연구에서는 1932년 한 해만 해도 127건의 '투자단(investment pool)'이 활동했다는 증거가 제시된 바 있다. 투자단은 시세 조작을 위해 집단을 형성하는 것을 지칭한다. 일련의 투자자들이 모여서 해당 기업의 건전성에 관한 잘못된 그러나 치명적인 헛소문을 만들어 뿌리곤 했다. 이들 헛소문으로 인해 기업의 주가는 곤두박질치게 마련이다. 가격이 충분히 떨어지면 이 투자단 회원들이 다시 주식을 사 모은다. 이들이 충분히 낮은 가격에 모든 주식을 사모으고 나면, 다시 투자단 회원들은 이 회사에 대해 우호적인 정보를 풀어 그 주가가 다시 상승하게 만드는 것이다. 이를 통해 명백하게 투자단 회원들은 엄청난 이익을 거두었다. 그러나 정보 혜택에서 소외되어 있는 소액 투자자들은 많은 손해를 입었다. 이런 행위들은 1933년과 1934년 증권법에 의해 모두 불법화되었다.

사모에 관한 논의에서도 지적되었듯이 모든 증권발행이 SEC의 감독을 받는 것은 아니다. SEC 규제가 적용되지 않는 곳은 연 150만 달러 미만 발행의 경우, 270일 미만 만기의 증권발행의 경우, 또는 미국 정부나 대부분의 지방자치단체가 발행한 경우이다.

증권회사에 중요한 다른 법률로는 1933년의 글래스-스티걸법이 있는데 여기에서는 상업은행과 투자은행을 분리시킨 바 있다(이 대부분은 그램-리치-블라일리법에서 폐지되었다). 또 1940년의 투자자문사법(Investment Advisers Act)은 모든 투자자문사들의 SEC 등록을 의무화했다. 1970년의 증권투자자보호공사법에 의해 설립된 증권투자자보호공사(Securities Investor Protection Corporation)는 증권회사의 고객들에게 10만 달러까지의 현금계좌와 액면 50만 달러까지의 증권계좌 손실에 대한 보험을 제공하고 있다. 기타 은행 관련 법들 가운데 증권회사가 관심을 둘 만한 법은 제15장에서 논의되었다.

증권회사와 상업은행의 관계

오랜 세월 동안 상업은행은 증권회사와 경쟁할 수 있기 위한 법적 기반을 닦기 위해 로비를 벌여왔다. 은행 업무가 어떻게 침해되어 왔는지 생각해보라. 메릴린치가 현금관리계좌(CMA)를 소개하기 이전에 당좌계좌의 유일한 제공처는 은행이었다. 메릴린치의 현금관리계좌는 저비용으로 수표 발행을 제공했을 뿐 아니라 지급 이자도 은행에서 법상 허용되는 수준보다 훨씬 높은 이자를 지급했다. 증권회사에 대출도 허용되었고, 신용카드, 직불카드, ATM 업무도 허용되었고 무엇보다도 중요하게 그들은 증권을 판매했다. 나아가 증권회사에서는 몇몇 보험 판매도 허용되었다. 이런 과정에서 은행이 왜 좌절감을 느꼈는지 이해하는 것은 그리 어렵지 않다. 은행이 증권회사와 경쟁하는 것을 막기 위한 법률은 있었지만 증권회사가 은행과 경쟁하는 것에 대해서는 아무런 법률에서도 규제하지 않았던 것이다.

상업은행들은 의회에 몰려들어 '균등한 경기장(level playing field)'을 만들어달라고 아우성치기 시작했다. 제15장에서 언급했듯이, 1980년과 1982년의 규제 완화를 통해 어느 정도 상업은행으로부터 증권회사로의 자금 이탈의 속도를 늦출 수 있게 되었다. 그럼에도 불구하고 은행은 여전히 증권 판매가 허용되지 않았다. 이제 이것도 점차 바뀌고 있다.

사모 지분투자

투자를 말할 때 여러분은 보통 주식과 채권에 대해 논할 것이다. 이들 증권 모두 일반에 판매되고 SEC가 감독하고 있다. 이들 공모 증권들은 증권사의 브로커나 딜러 업무에서 취급되는 대부분의 물량을 차지한다. 그러나 이런 공모 지분투자의 대안으로 사모 지분투자(private equity investing)가 있다. 사모 지분 투자에서는 증권을 일반 대중에게 판매해 자본을 조달하는 대신 유한책임회사 형태로 설립해 소수의 고액 투자자들로부터 자금을 조달한다. 사모 투자 분야의 광범위한 형태 중 가장 대표적인 두 가지 형태가 벤처펀드(venture fund)와 **바이아웃캐피탈**(capital buyout)이다. 많은 경우 동일한 회사들이 이 두 분야에 모두 참여하고 있다. 이 업종에서 유력한 투자자로는 KKR(Kohlberg, Kravis, Roberts & Co), 베인(Bain Capital)과 블랙스톤(Blackstone Group)이 있다.

벤처캐피탈 회사

여러분이 생각하기에 성공 확률이 매우 높은 어떤 새로운 생산 과정을 개발하고 시장화한다고 가정해보자. 그러나 이 과정은 전혀 새로울 뿐 아니라 증명된 바가 없기 때문에 전통적인 방법을 통한 자금조달이 불가능하다. 상업은행은 대출을 상환할 만한 충분한 현금흐름이 없기 때문에 대출을 실행하지 않을 것이다. 또 그 회사는 신설 회사일 뿐 아니라 성공하리라는 어떤 증거도 없기 때문에 투자은행을 통해서 일반에게 주식을 판매하기도 매우 어려울 것이다. 이런 식으로 자금조달 대안이 전혀 없다면 여러분의 훌륭한 생각을 개발해갈 진정한 기회가 오지 않을 수도 있다. 이때 벤처캐피탈 회사가 신생회사를 설립하는 데 필요한 자금을 공급하는 역할을 수행한다.

산업 개황 벤처캐피탈은 통상 역사가 짧은 신생기업에 공급되는 자금으로 정의된다. 이 자금은 대부분 유한회사 형태로 조달되는데, 그 회사 내에서 장차 고수익을 약속하는 무한책임사원(general partner)에 의해 투자가 이루어진다.

1940년대 중반 이후 벤처캐피탈 회사는 미국의 하이테크 산업과 기업가 정신의 성장을 촉진시켜왔다. 그 결과로 일자리 창출, 경제성장, 국제 경쟁력이 확보되었다. 벤처캐피탈리스트들은 1980년대와 1990년대에 가장 성공적인 여러 하이테크 회사들을 키워왔는데 그 예로 애플(Apple Computer), 시스코(Cisco Systems), 제네테크(Genetech), 마이크로소프트(Microsoft), 넷스케이프(Netscape), 선마이크로시스템즈(Sun Microsystems) 등을 들 수 있다. 스테이플스(Staples), 스타벅스(Starbucks), 티시비와이(TCBY) 같은 많은 서비스 업종의 회사들도 벤처 자금조달의 혜택을 입고 성장했다. 실로 1980년대와 1990년대 경험한 많은 성장의 역사는 벤처캐피탈 업계에서 제공된 자금에 의해 뒷받침되었다고 할 수 있다. [표 19.2]는 1990년대의 벤처캐피탈 자금규모의 폭발적 성장과 2000년과 2009년의 급격한 하락을 잘 보여주고 있다.

벤처캐피탈과 정보의 비대칭성 감소 신생기업은 특히 하이테크 업종일수록 그 특성상 종종 불확실성과 정보의 비대칭성을 수반한다. 이들 기업들의 경영진은 과다한 사무실 운영비용과 같은 운영비의 낭비 성향을 나타낼 수 있는데, 그 이유는 경영자들이 그 비용으로부터 효용 혜택을 누릴 수 있지만 그 전적인 비용을 자신들이 부담하지는 않는다는 비대칭성이 있기 때문이다. 외부 투자자로서 초기 하이테크 회사에 일일이 감시하는 데에는 여러 유형의 비용이 발생하기 마련이다. 예를 들어 생명공학회사 창립자가 자신의 명성에 유용하지만 투자자들에게 충분한 수익을 가져다줄 확률은 낮은 연구과제에 투자할 수도 있다. 이런 정보의 비대칭성의 결과 외부 자금조달이 고비용으로 인해 어려울 뿐 아니라 거의 획득 불가능한 경우가 많다.

벤처캐피탈 회사는 이런 정보 격차를 줄일 수 있고 이를 통해 이 회사들에게 다른 곳에서는 불가능한 자금 지원이 가능하도록 한다. 첫째, 은행 대출이나 채권 발행과는 달리 벤처캐피탈 회사는 회사 지분에 직접 투자를 감행한다. 이때 회사는 보통 비공개 상태이고 따라서 주식은 시장에서 공개적으로 거래되지 않는다. 비공개 회사의 지분은 유동성이 거의 없다. 그 결과 벤처캐피탈 투자기간은 장기일 수밖에 없다. 투자자들은 보통 수년 내에 수익을 기대하기 어려운 경우가 많

[표 19.2] 벤처캐피탈 투자규모, 1990~2012년

연도	자금 지원 회사	투자액(백만 달러)
1990	1,317	3,376.21
1991	1,088	2,511.43
1992	1,294	5,177.56
1993	1,151	4,962.87
1994	1,191	5,351.18
1995	1,327	5,608.30
1996	2,078	11,278.60
1997	2,536	14,903.00
1998	2,974	21,090.60
1999	4,411	54,203.70
2000	6,342	104,986.80
2001	3,787	40,686.70
2002	2,617	21,824.00
2003	2,414	19,678.30
2004	2,571	22,117.40
2005	2,646	22,765.80
2006	3,746	26,315.36
2007	4,027	30,518.26
2008	3,985	27,992.29
2009	2,795	17,680.25
2010	3,625	23,311.33
2011	3,964	29,551.45
2012	3,770	26,874.14

자료: http://www.nvca.org/index.php?option=com_content&view=article&id=78&Itemid=102

고 종종 10년 이상을 기다리기도 한다. 이와는 대조적으로 대부분의 주식투자자들은 투자 종목의 주가 상승이나 배당을 통해 연내에 수익을 기대한다. 그래서 이들은 새로운 생각이나 프로세스, 혁신이 수익을 가져다줄 수 있는 시간을 기다릴 여유가 없는 것이다. 대부분의 채권 투자자들의 경우도 비슷한데, 이들은 이자지급이 이루어지기까지 기다려야 하는 시간이 길어지는 것을 용납하지 않는다. 그래서 벤처캐피탈 자금이 자금조달의 대안으로서 중요한 니치(niche)가 된다.

둘째로, 벤처캐피탈은 보통 정보의 비대칭성 문제를 처리하는 수단으로 투자에 따르는 부대조건을 붙이는데 그 중 가장 주목할 만한 것은 벤처캐피탈 회사의 파트너가 직접 투자회사의 이사회에 참여한다는 것이다. 벤처캐피탈 회사는 수동적 투자자가 아니다. 그들은 적극적으로 자문, 조언, 업무계약 등을 통해 기업의 가치를 증진시키고자 한다. 벤처캐피탈리스트는 각 기업의 업무를 보완하기 위해 서로 다른 두 회사의 모든 자원을 동원하기도 한다. 벤처캐피탈 회사는 투자대상 회사가 직면한 많은 재무적 문제와 성장에 필요한 문제 해결에 도움이 되도록 그들의 전문성을 최대로 발휘한다. 또한 투자회사의 이사진에 있는 벤처캐피탈 파트너는 회사의 투자비용을 철저하게 점검할 뿐 아니라 경영진의 투자자금에 대한 남용으로부터의 안전한 보호도 가능하게 한다.

벤처캐피탈리스트가 경영진을 통제하는 가장 유효한 방법 중 하나가 그 기업이 궁극적인 목표로 향해가는 데 일정한 진전을 보일 때에만 단계별로 회사에 자금이 투입되도록 하는 것이다. 만일 개발이 지연되거나 시장 상황이 변화될 때에는 자금의 손실을 차단하기 위해 자금회수에 나설 수도 있다.

벤처캐피탈 자금은 암묵적으로 고위험-고수익을 기대한다는 것이다. 벤처캐피탈 회사는 수백 개의 회사들을 놓고 주의 깊게 심사한 후 진정한 성장 가능성을 보이는 몇 개 회사로 그 대상을 좁힌다. 이런 완전한 검토 노력에도 불구하고 선정된 회사들은 보통 처음에는 독특하고 유망한 아이디어 외에는 그다지 볼만한 게 없기 마련이다. 벤처캐피탈리스트는 이런 위험을 완화하기 위해 보통 한 펀드에 여러 신생회사들을 포함하는 포트폴리오를 구성해 관리한다. 더욱이 많은 벤처캐피탈 회사들은 다수의 펀드를 동시에 관리하기도 한다. 이들 다수의 신생기업들로 위험을 분산시킴으로써 손실위험이 상당 수준 낮아진다.

벤처캐피탈의 기원 진정한 의미의 첫 벤처캐피탈 회사는 ARD(American Research & Development)인데, 이 회사는 1946년 MIT의 칼 콤프톤(Karl Compton) 총장과 지역사회 기업가들에 의해 설립되었다. 이들 성공 사례 중 하나로 신생회사인 DEC(Digital Equipment Company)에 대한 7만 달러의 투자를 들 수 있다. 이 종잣돈(seed money)은 이후 30년에 걸쳐 3억 5,500만 달러로 성장했다.[2)]

1950년대와 1960년대를 거치면서 대부분의 벤처캐피탈 자금 지원은 부동산과 유전개발에 집중되었다. 1960년대 말에는 기술 신생기업들에 대한 자금 지원으로 방향 전환이 이루어졌다. 이후 하이테크 산업이 벤처캐피탈 자금의 주력 분야로 자리잡게 되었다.

벤처캐피탈 자금의 원천은 개인 부호들로부터 연기금과 기업들로 바뀌었다. 1979년 미국 노동부에서는 해당 연기금이 위험한 자산에 투자를 금지하는 **건전성 기준**(prudent man rule)을 재해석해 명시적으로 일부 고위험 자산에 대한 투자를 허용했다. 그 결과 많은 연기금의 자금들이 벤처 프로젝트로 쏟아져 들어왔다.

벤처캐피탈 프로젝트에 대한 기업들의 투자자금도 이들 기업들이 내부에서의 자체적인 R&D를 줄이고 외부의 신생회사들에 대한 투자를 늘리면서 증가되었다. 이런 프로젝트가 성공하게 되면 회사는 이 신생회사를 인수할 수 있게 된다. 이런 변화를 더욱 가속화시킨 증거로 많은 회사 내부에서의 중앙집권적 R&D에 의한 좋은 아이디어들이 제대로 쓰여지지 않고 시들어 갔으며 오히려 퇴출된 종업원들이 시작한 신생기업에서 상용화되곤 했던 점을 들 수 있다. 임금근로자들에게는 아무래도 새로운 아이디어가 창출하는 수익의 많은 부분을 차지할 수 있는 기업가(entrepreneur)만큼의 동기가 부여되기는 어려웠던 것이다. 신생기업에 대한 투자로 기업들은 기업가 정신을 북돋우는 데 일조하는 한편 이들 새로운 발명으로부터 혜택을 누릴 수 있게 된 것이다.

---

2) 이 논의의 일부는 다음 연구에 기초한다. Paul Gompers and Josh Lerner, "The Venture Capital Revoultion," *Journal of Economic Perspectives*, no. 2(Spring 2001): 145-168.

벤처캐피탈 회사의 구조 대부분의 초기 벤처캐피탈 회사는 폐쇄형 뮤추얼펀드(closed-end mutual fund) 형태로 조직되었다. 폐쇄형 뮤추얼펀드는 고정된 수의 주식을 투자자들에게 판매했다. 일단 모든 주식이 판매되고 나면 추가적인 자금을 조달할 방법은 없었다. 그래서 새로운 벤처 펀드가 설립되었다. 이 조직구조의 장점은 벤처 투자에 필요한 장기 자금을 제공할 수 있다는 것이다. 이때 투자자들은 개방형 뮤추얼펀드(open-end mutual fund)에서 가능한 것처럼 투자금을 수시로 인출할 수는 없다.

1970년대와 1980년대에 벤처캐피탈 회사는 유한책임회사(limited partnership)의 형태로 조직되기 시작했다. 이 조직구조는 증권 규제가 면제되었는데, 특히 1940년 투자증권법(Investment Security Act)에서 필수화된 복잡한 공시 의무가 면제되었다. 이 두 가지 형태의 조직구조가 계속 사용되어왔지만, 현재 대부분 벤처캐피탈 회사는 유한책임회사의 형태이다.

투자의 생애 구조 대부분 벤처캐피탈 거래의 생애 구조는 비슷한데 우선 유한책임회사가 설립되고 자금 모집을 시작한다. 두 번째 단계에서 신생기업에 대한 투자가 이루어진다. 마지막 단계에서는 벤처 기업에 대한 투자가 회수된다.

이제 이 과정에 대해 보다 상세하게 살펴보기로 하자.

자금 모집 벤처캐피탈 회사는 우선 투자자들로부터의 투자자금 약정을 받으면서 시작한다. 앞서 논의에서처럼 이들 투자자들은 보통 연기금, 기업, 그리고 개인 부호들이다. 벤처캐피탈 회사는 보통 그들이 조달하고자 하는 포트폴리오 목표 규모가 있다. 평균적인 벤처 펀드는 약간 명의 투자자들에서부터 100명의 유한책임 사원(linited partner)에까지 이르는 경우도 있다. 보통 최소 투자 약정 규모가 크기 때문에 벤처캐피탈 투자는 일반적으로 대부분의 개인투자자들과는 거리가 멀다.

일단 벤처 펀드가 투자하기 시작하면 유한책임 사원들에게 약정한 금액의 투자에 대한 '요청(call)'이 이루어진다. 이와 같은 유한책임 사원으로부터 벤처 펀드로의 자금 요청을 때로는 '자금집행(takedown)' 또는 '자본납입(paid-in-captial)'이라 부른다. 벤처캐피탈 회사는 보통 그들이 자본을 필요로 할 때마다(as-needed basis) 자금을 요청한다.

유한책임 사원은 벤처 펀드에 대한 투자가 장기 투자임을 알고 있다. 첫 투자에 대한 성과가 나오기까지 수년이 걸릴 수도 있다. 많은 경우 자금은 7~10년까지 묶일 수도 있다. 이와 같은 투자자금의 비유동성 문제에 대해 이 부문의 잠재적 투자자는 매우 신중하게 고려해야만 한다.

투자 집행 자금 약정이 이루어지고 나면 벤처 펀드는 투자단계에 들어갈 수 있다. 벤처 펀드는 하나 또는 두 개 정도의 산업에 특화할 수도 있고 모든 가능한 기회를 모색하는 일반 펀드로 구성될 수도 있다. 통상적으로 벤처 펀드는 지역적으로 한계를 두고 투자를 집중하는데, 이는 투자기업들의 업무를 평가하고 감시하는 것이 훨씬 더 쉽기 때문이다.

벤처캐피탈리스트는 종종 기업이 실제 생산하기도 전에 또는 심지어 회사 형태가 명확해지기도 전에 투자를 감행하기도 한다. 이런 투자를 **종자 투자**(seed investing)라 한다. 기업의 생애

주기상 얼마 되지 않은 기업에 대한 투자는 **초기 투자**(early-stage investing)로 알려져 있다. 마지막으로 일부 펀드는 **후기 투자**(later-stage investing)에 집중하는데, 이 경우 기업이 공개가 가능할 정도의 임계점에 이르기까지 성장할 수 있도록 자금을 지원한다.

일반적으로 약 60%의 벤처캐피탈 펀드가 종자 투자에, 25% 정도가 초기 투자에, 그리고 나머지 15% 정도가 후기 투자에 나서는 것으로 알려져 있다.

투자 회수 벤처캐피탈 투자의 목표는 투자된 회사가 그들 스스로 대체자금을 마련할 수 있을 때까지 성장을 지원하는 데 있다. 벤처캐피탈 회사는 투자자금 회수가 적어도 7~10년 이내에 가능하기를 기대한다. 후기 투자의 경우는 단 한두 해에 회수되는 경우도 있다. 회수가 이루어지면 펀드의 사원들은 그들의 수익 지분을 나누어 갖고 펀드는 해산된다.

벤처 펀드는 투자자금의 성공적 회수를 위해 여러 가지 방법을 사용할 수 있다. 가장 매력적이고 가시적인 방법이 기업공개를 통한 방법이다. 기업공개의 공모 과정에서 벤처캐피탈 회사는 내부정보자로 간주되고 투자된 회사의 주식을 받지만 그 주식이 판매되거나 유동화되기까지 규제나 금지의 적용을 받는다. 보통 2년이 지나면 주식이 자유롭게 거래될 수 있는데, 벤처 펀드는 주식을 유한책임 사원들에게 분배할 수 있고, 그들은 주식을 보유하거나 판매할 수 있다. 지난 25년 동안 3,000개가 넘는 회사가 벤처 펀드 회수에 기업공개 방법을 사용했다. 가장 최고의 해에는 한 해 258개 기업공개가 벤처펀드 지원에 의한 것이었다.

이 정도 가시적이지는 않지만 벤처 투자의 또 다른 성공적인 자금 회수에 똑같이 사용되는 방법은 인수합병이다. 이 경우 벤처캐피탈 회사는 인수회사로부터 주식 또는 현금을 받는다. 이 수령금이 바로 유한책임 사원들에게 분배된다. 벤처 펀드 지원 인수합병 숫자는 2000년에 269건으로 절정에 달했다.

벤처 펀드의 수익성 벤처투자는 고도의 고위험을 추구한다. 대부분의 신생기업은 성공하지 못한다. 벤처캐피탈 회사가 아무리 주의 깊은 심사와 자문을 제공한다 해도 새로운 개념이나 아이디어가 수익을 가져다주기까지는 셀 수 없는 장애물을 건너뛰어야 한다. 이와 같이 벤처 투자가 고위험 투자라면 여기에는 반드시 투자자들로 하여금 계속되는 자금 지원을 할 수 있을 만한 고수익의 기회가 있어야 한다.

역사적으로 벤처캐피탈 회사는 그 위험에도 불구하고 수익성이 괜찮았다. 20년 평균 수익률이 23.4%로 나타났다. 특히 1990년대는 벤처캐피탈리스트에게 황금기였다. 10년 평균 수익률이 30%에 이르렀다. 1995~2000년 기간에는 평균 수익률이 50%까지 치솟았다.

1990년대 말에도 벤처캐피탈 수익은 계속해서 돋보였다. 예를 들어 1999년 수익률은 165%를 초과했다. 불행히도 기술주 시장이 차갑게 식으면서 벤처캐피탈 수익도 줄어들었다. 2000년 평균 수익률은 37.5%였고 2001년 벤처캐피탈 회사는 첫 분기에 8.9%의 손실을 기록했다. 벤처캐피탈 시장은 2008~2009년 불황의 영향으로부터 자유롭지 못했는데 이때 16.5%의 손실을 기록했다. 아래 [전자금융]에서 벤처캐피탈 회사가 입은 손실에 대한 설명을 들어보기로 하자.

E-FINANCE

E-Finance 

벤처캐피탈리스트의 인터넷 회사 투자에서의 초점 상실

[표 19.2]에서 벤처캐피탈 가용자금이 1990년대 후반에 엄청나게 치솟았던 것을 보았다. 이때 투자 초점은 소위 닷컴(dot-com)회사들에 대한 것이었다. 이들은 두 가지 심각한 결과를 초래했다. 첫째, 어느 특정 시점에 투자할 만한 좋은 프로젝트 숫자가 한정되어 있다는 것이다. 너무 많이 풀린 자금 때문에 얼마 되지 않는 거래기회를 찾아 헤메는 과정에서 기업들은 여느 때에는 기각될 프로젝트들에 자금을 지원할 수밖에 없게 된 것이다. 그 결과 벤처 펀드 포트폴리오의 평균 수준이 저하되었다.

벤처 펀드의 폭발적 자금규모 성장의 두 번째 문제는 벤처캐피탈 파트너들이 양질의 감시를 수행할 수 있는 능력이 감소되었다는 것이다. 인터넷 식품점, 웹밴(Webvan)에 *10억* 달러 이상의 벤처 지원이 이루어졌던 경우를 고려해보자. 이 회사의 경우 골드만삭스나 세쿼이아(Sequoia Capital)와 같은 경험 있는 자금 지원 그룹이 있었음에도 불구하고 그 사업 계획은 근본적으로 문제가 있는 것이었다. 그 짧은 기간 동안 웹밴은 10억 달러 이상의 자금을 자동화 창고시설과 값비싼 기술장비에 쏟아 부었다. 이렇게 높은 간접비로는 평균 마진율이 약 1%에 불과한 식품업계에서 경쟁한다는 것이 아예 불가능했다. 투자은행이 이런 웹밴의 투자를 좀더 적극적으로 감시했더라면 이들이 단지 손익분기점에 도달하는데만 창고 하나당 하루 4,000건 이상의 주문이 들어와야 하는 시설물 건축을 막을 수 있었을 것이다. 웹밴이 2001년 7월 파산에 이르게 된 것은 전혀 놀랄만한 일이 아니었다.

이때 사모 지분 투자의 투자자들은 성과가 저조한 회사에 대한 투자임에도 불구하고 제법 보수를 챙긴다. 보통 파트너는 그 지분 펀드 투자 관리에 대해 1.5%의 수수료 수입을 가져간다. 나아가 이들은 그 기업이 팔리거나 다시 공개가 될 경우 보통 그 수익의 20% 정도에 이르는 성과급을 가져간다. 그 외에도 추가적인 혜택이 있는데, 이때 CEO나 파트너의 수익은 15%의 세율로 세금이 계산된다. 이들 소득을 이들이 봉급으로 수령했다면 35%의 세율이 적용되었을 것이다.

사모 지분투자 바이아웃

앞 절에서 새로운 신생기업은 종종 벤처캐피탈 회사들로부터 성장에 필요한 자금을 조달한다는 것을 배웠다. 비공개기업은 점차 성장하면서 수익성이 확보되면 기업공개를 위해 지분을 일반에 매각한다. **사모 지분 바이아웃**(private equity buyout)에서는 비공개기업이 공개기업으로 가는 것과 반대로 공개기업이 비공개로 간다.

전형적인 사모 지분 바이아웃에서는 상장 시장에서 거래되던 기업 주식이 비공개로 가기 위한 목적으로 형성된 유한책임회사에 의해 매수된다. 이때 모든 공개 지분이 환매되기 때문에 이 기업은 더 이상 공개기업으로서의 통제나 감시에 시달릴 필요가 없고 주주 분산 요건 같은 것도 필요가 없게 된다.

사모 지분 바이아웃의 장점

사모 지분 펀드와 비공개기업의 경영자들은 사모 지분 소유구조로 인한 장점으로 여러 가지를 든다. 첫째, 비공개기업은 2002년 사베인스-옥슬리법(Sarbanes-Oxley Act)에 포함된 여러 논쟁의 여지를 갖고 있는 규제들로부터 자유롭다. 많은 경영자와 CEO들은 사베인스-옥슬리법의 필요 요건을 맞추는 것에 대해 힘들어하는데, 이런 활동에 들어가는 시간을 좀더 생산적이고 가치

있는 시간에 쓸 수 있으면 한다는 것이다.

둘째, 공개기업의 CEO는 종종 분기 수익을 발표하는 데 압력을 느끼곤 한다. 비공개기업이라면 CEO들은 회사 상태를 좀더 근본적으로 바꾸기 위한 여러 변화들에 필요한 시간과 유연성을 가질 수 있을 것이다. 비공개기업의 CEO는 수많은 투자자들에게 어떤 특정 조치의 과정에 대한 설명을 하고 설득을 하는 대신, 여기 투자한 사모 지분 투자회사의 관리사원 한 명만 설득하면 되는 것이다. 이런 식의 경영권의 자유 증대가 이 나라의 유명한 기업경영 리더들을 유치할 수 있게 해주는데, 이들에는 잭 웰치(Jack Welch, GE의 전 CEO), 마이클 아이스너(Michael Eisner, 디즈니의 전 CEO), 밀라드 드렉슬러(Millard Drexler, 앤 테일러(Ann Taylor)와 갭(Gap Inc.)의 전 CEO)와 같은 사람들이 있다. 최고 경영자들이 비공개기업에 매력을 느끼는 또 하나의 이유는 이들이 기업의 소유권 참여를 통해 좀더 쉽게 보상을 받을 수 있다는 것이다. 최고 경영진들을 채용하는 전형적인 방법으로 현금 급여가 적더라도 회사 지분의 투자기회를 제공하는 방법이 있다. 이때 지분 참여는 보통 20%에 이르기도 한다. 일부에서는 이런 방법이 최고 경영진의 이해관계를 사모 지분 파트너의 이해관계와 좀더 가깝게 일치시키는 것이라고 주장하고 있다.

사모 지분 바이아웃의 투자 생애 주기

전형적인 사모 지분 바이아웃은 먼저 유한회사 형태로 조직되어 사모 지분 투자자들이 참여를 확약하는 계약을 체결한다. 각 투자자는 최소 100만 달러에 달하는 자본 참여를 확약하고 그 자금을 보통 5년 또는 그 이상 기간에 걸쳐 회사 파트너의 관할 하에 두기로 합의한다.

그 회사는 이제 새로운 경영진이 투입되면 상황이 달라질 수 있다고 판단되는 문제 회사들을 선정한다. 파트너들이 납부한 자본을 이용해 이 회사는 문제에 봉착한 회사들의 공개 주식을 시장에서 매입한다. 새로운 CEO와 이사회가 회사 경영을 위해 선정되어 투입된다. 이때 이 회사의 경영 파트너는 회사의 경영에 적극적으로 참여하게 된다.

이런 과정으로 회사가 살아나고 매출과 수익에서 개선을 보이면 그 회사는 다시 다른 회사에 매각되거나 IPO를 통해 공개된다. 이를 통해 사모 바이아웃 투자자들은 수익을 얻게 된다. 왜냐하면 이제 그 회사는 건강해져서 처음에 구입해 비공개로 가던 때의 가치보다 훨씬 더 높은 가격을 받을 수 있을 것으로 기대되기 때문이다.

> 요약

1. 투자은행은 발행시장에서 증권의 최초 발행을 돕는 회사이다. 그리고 증권 브로커와 딜러는 유통시장에서의 증권거래를 돕는데, 이들 중 일부가 거래소로 조직된다. 증권거래위원회는 증권시장에서 금융기관을 규제하고 적정 수준의 정보가 잠재적 투자자들에게 제대로 전달될 수 있도록 담보하는 역할을 수행한다.
2. 인수업무는 투자은행이 주식발행기업으로부터 발행물량 전체를 사들여서 시장에서 이를 다시 재판매하는 것을 말한다. 발행 주식은 그 가격이 얼마나 제대로 산

정되었는가에 따라 초과청약, 과소청약, 또는 완전청약이 나올 수 있다.

3. 투자은행은 주식발행기업에 자문 제공, 증권신고서 제출, 발행 물량 마케팅 등의 서비스를 제공한다. 투자은행은 종종 인수합병이나 사모 발행에 대한 자문도 제공한다.

4. 증권 브로커는 중간자로서의 역할만 수행하고 보통은 그 자신이 증권을 보유하지는 않는다. 증권 딜러는 증권매매에 있어 시장을 조성한다. 매도 대상 증권을 항상 보유하거나 매입 대상 증권을 항상 매입함으로써 딜러는 시장 유동성에 대한 보증을 제공한다.

5. 투자자는 주문을 행하는데 소위 *시장가 주문*을 통해 현재 시장가로 증권을 매수할 수 있다. 또한 투자자는 주문을 할 때 증권 매도 시에는 매도 가능한 가장 낮은 가격을, 매수 시에는 매수 가능한 가장 높은 가격을 지정할 수 있다. 이런 주문을 *지정가 주문*이라 한다.

6. 일부 브로커 회사는 고객에게 거래 중개업무 서비스 외에 리서치와 투자자문 서비스를 제공한다. 이런 증권사를 *종합 브로커*라 부른다. *할인 브로커*는 이에 비해 단순하게 주문만을 받는다. 브로커 회사는 동시에 증권보관, 증권 매수 시 사전 대출 실행, 그리고 현금관리계좌 서비스를 제공하기도 한다.

7. 사모 지분투자는 벤처 펀드 투자와 공개기업의 자본 바이아웃으로 나눌 수 있다. 전형적인 벤처 펀드 투자는 투자자들로부터 자금을 모아 신생기업이 공개할 수 있을 때까지 자금지원을 한다. 자본 바이아웃에서는 투자자의 자금을 모으는 것은 같지만 여기서는 공개기업의 지배적 지분을 사 모은 후 이들을 비공개로 가져간다.

주요용어

건전성 기준(prudent man rule)
공매(short sell)
글래스-스티걸법(Glass-Steagall Act)
기업공개(initial public offering, IPO)
바이아웃캐피탈(capital buyout)
발행시장(primary market)
비밀각서(confidential memorandum)
사모지분 바이아웃(private equity buyout)
사업설명서(prospectus)
손실제한 주문(stop loss order)
시장가 주문(market order)
시장조성자(market maker)
신디케이트(syndicate)
실사(due diligence)
완전청약(fully subscribe)
유상증자(seasoned issue)
유통시장(secondary market)
의향서(letter of intent)
인수합병(merger and acquisition)
종자 투자(seed investing)
증거금 대출(margin credit)
증권거래위원회(Securities Exchange Commission, SEC)
증권신고서(registration statement)
지정가 주문(limit order)
청약미달(undersubscribed)
초과청약(oversubscribed)
초기 투자(early-stage investing)
최종 협정(definitive agreement)
토막광고(tombstone)
투자은행(investment bank)
후기 투자(later-stage investing)

연습문제

1. 상업은행과 투자은행을 분리시킨 법안에는 어떤 동기가 있었을까?

2. 어떤 법률이 투자은행과 상업은행을 분리시킨 것인가?

3. 투자은행이 증권발행 시 인수한다는 것은 무슨 의미인가? 모집주선 발행과는 어떻게 다른가?

4. 투자은행이 증권발행기업에 제공하는 서비스는 주로 어떤 것들인가?

5. 증권이 SEC의 검토를 통과했다는 사실이 투자자가 그 투자에서 손실을 볼 걱정 없이 투자해도 된다는 것을 의미하는가?

6. 투자은행들은 왜 종종 일반 대중에 증권을 매각하는 데 신디케이트를 형성하는가?
7. 증권발행시 완전청약과 초과청약 중 어떤 것이 유리한가?
8. 투자은행이 발행기업에 인수보다는 모집주선을 이용한 증권발행을 권하는 이유는 무엇인가?
9. 적대적 인수와 합병의 차이점은 무엇일까?
10. 딜러가 거래를 원활하게 하고 시장 유동성을 유지하기 위해 어떤 가치있는 서비스를 제공하는가?
11. 시장가 주문과 지정가 주문의 차이는 무엇인가?
12. 주가가 향후 *하락*할 것을 알고 있다면 이 정보로 수익을 얻는 것이 가능한가? 어떻게 가능한가?
13. 상업은행들은 왜 브로커 회사들에게 전통적으로 은행에 독점적이었던 서비스들이 허용되는 것을 반대하는가?
14. 사모 지분 바이아웃의 동인으로는 어떤 주요 장점들을 들 수 있는가?

계산문제

1997년 5월 아마존이 최초공모를 실시했다. IPO 이전에 다음과 같이 주식에 관한 정보가 최종 사업설명서에 실려 있었다.

주주명, 주소	보유 주식수	지분 비율 공개 이전	지분 비율 공개 이후
Jeffrey P. Bezos c/o Amazon.com, Inc. 1516 Second Avenue, 4th Floozr Seattle, WA 98101	9,885,000	7.5%	41.4%
L. John Doerr Kleiner Perkins Caufield & Byers 4 Embarcadero Center, Suite 3520 San Francisco, CA 94111	3,401,376	16.4	14.3
Tom A. Alberg	195,000	*	*
Scott D. Cook	75,000	*	*
Patricia Q. Stonesifer	75,000	*	*
모든 이사들과 경영진 그룹(14명)	15,688,925	72.5	63.5
총 수량	20,858,702	100.0	—.-

IPO에서 이 기업은 3백만 주의 신주를 발행했다. 최초 가격은 주당 18달러이고 투자은행은 수수료로 1.26달러를 부과했다. 최종 첫날 종가는 23.50달러로 끝났다.

1. 이 공모 과정의 총 금액은 얼마인가? 아마존으로 유입된 금액은 얼마인가? 투자은행은 얼마나 받았는가? 이 부분의 공모금액에서의 비율은?
2. 클라이너 퍼킨스의 존 도어씨는 상당 수량을 보유하고 있었다. 이 주식의 거래 첫날 종가 시장 가치는 얼마인가?

3. 공개기업으로서 아마존의 첫날 시장가치는 얼마인가?

4. 제11장의 연습문제에 나왔던 eBay의 IPO로 돌아가보자. eBay의 수수료는 조달 자금의 몇 퍼센트인가? 어떤 패턴이 나타나는가?

5. 이를 좀더 살펴보기 위해, 블루나일의 IPO를 조사해보자. 이 사례는 SEC 사이트 http://www.sec.gov/Archives/edgar/data/1091171/000089161804001024/v97093b4e424b4.htm.에서 찾을 수 있다. 공모가격은 얼마인가? 인수자가 몇 퍼센트나 부과했는가?

6. 블루나일의 경우 회사로 유입된 총 금액은 얼마인가? 이는 확실한가? 어떤 가정이 필요하지는 않는가? 이를 증명할 수 있는 방법은?

7. 현재 주당 50달러에 거래되는 주식 100주를 매수하려 한다고 하자. 여러분이 거래하는 증권회사에서는 50%의 개시증거금과 25%의 유지증거금을 증거금으로 요구하고 있다. 이 의미는 무슨 뜻인가? 만일 여러분의 포지션이 주당 53.50달러로 마감되었다면 여러분의 수익은 얼마인가?

8. 어떤 주식의 지정가 주문 원장이 다음과 같다.

지정가 주문 미체결 원장

매수 주문		매도 주문	
25.12	100	25.36	300
25.20	500	25.38	200
25.23	200	25.41	200

스페셜리스트가 다음과 같은 주문을 순서대로 받았다고 하자.

- 300주 시장가 매도 주문
- 100주 25.38달러의 지정가 매수 주문
- 500주 25.30달러의 지정가 매도 주문

이 주문들이 소화되는 과정은 어떻게 되는가? 모두 소화되는가? 이들 주문이 모두 실행된 후 지정가 주문 원장은 어떻게 될까?

> 웹 연습문제

투자은행, 증권 브로커/딜러, 벤처캐피탈 회사

1. 기업공개(IPO)에서 증권이 최초로 일반 대중에게 판매된다. 웹사이트 http://www.renaissancecapital.com/ipohome/marketwatch.aspx.로 가보라. 이 사이트는 IPO 시장에 관한 여러 가지 통계수치를 수록하고 있다.

   a. 최근 조달금액 기준으로 가장 규모가 큰 IPO는 무엇인가?
   b. 일반에 공개되는 다음 IPO는 무엇인가?
   c. 지난 4년간 매년 얼마나 많은 IPO의 가격 산정이 이루어졌는가?

2. 증권거래위원회는 증권회사 규제 책임을 지고 있다. www.sec.gov.로 가보자. 이 사이트는 SEC의 공식 홈페이지이다. 이 페이지를 보고 다음 물음에 답하라.

   a. EDGAR란 무엇인가?
   b. SEC의 명기된 목적은 무엇인가?
   c. 가장 최근 제안된 SEC의 규제를 한 문장으로 요약해 제출하라.

PART 6 _ 금융기관 경영

CHAPTER 20

금융기관의 위험관리

> PREVIEW

금융기관 경영은 결코 쉬운 일이 아니지만 최근 경제환경의 불확실성 증가로 인해 그 어려움이 더해졌다. 이자율의 변동은 더욱 심해졌고 그 결과 금융기관의 수익성과 자산, 부채의 가치는 더욱 극심한 변동에 시달리게 되었다. 여기에 더해 이미 제5장에서 살펴본 것처럼 대출과 여타 채권들의 채무불이행 사태도 대폭 증가해 금융기관들은 엄청난 손실을 보았다. 이런 사태 전개로 인해 금융기관 경영진이 증가된 이자율 변동성과 채무자들의 채무불이행 사태에 대비해 금융기관의 위험관리에 보다 많은 관심을 기울이는 것은 놀랄만한 일이 아니다.

이 장에서는 금융기관 경영자들이 채무자들의 차입금에 대한 채무불이행 사태로 야기되는 신용위험, 그리고 이자율의 변동으로 인해 발생하는 이자율위험에 어떻게 대처하는지 살펴본다. 또 이들 경영자들이 위험관리에 사용하는 도구와 위험을 감소시키기 위해 사용하는 전략들에 대해서도 살펴본다.

신용위험 관리

온라인 정보

www.rmahq.org

위험관리협회 웹사이트는 연차보고서 분석, 온라인 출판물 등 다수의 유용한 정보들이 제공되고 있다.

은행, 보험회사, 연기금, 그리고 금융회사와 같은 금융기관들의 핵심적인 사업 분야는 바로 대출이다. 금융기관이 제대로 수익을 올리기 위해서는 금융기관이 제공한 대출이 제대로 상환되어야 하는, 그래서 신용위험이 낮은 성공적인 대출이어야 한다. 제2장과 제7장에서 논의되었던 역선택과 도덕적 위험은 금융기관 경영자가 신용위험을 최소화하고 성공적인 대출을 실행하기 위해 따라야 하는 원칙을 이해하는 데 기본적인 틀을 제공한다.

대출시장에서 역선택이란 채무불이행 가능성이 높은, 즉 신용위험이 높은 사람들이 보통 대출을 받기 위해 줄서는 사람들이라는 것이다. 다시 말해 *거꾸로* 나쁜 결과를 가져올 가능성이 가장 큰 사람들이 대출 대상에 *선택될* 가능성이 크다는 것이다. 매우 위험한 투자 프로젝트를 가진 차입자가 프로젝트의 성공 시 가장 이익이 크기 때문에 대출 받기를 가장 원한다. 그러나 명백히 이들이야말로 대출 원리금 상환이 불가능할 가능성이 가장 큰 사람들이기 때문에 바람직하지 않은 채무자들이다.

차입자는 대부자의 관점에서 보기에 바람직하지 않은 행동을 할 인센티브가 있기 때문에 대출시장에는 도덕적 위험이 존재한다. 이런 상황에서 대부자는 채무불이행에 따른 *위험*에 빠질 가능성이 커진다. 차입자는 일단 대출을 받고 나면, 성공할 경우 높은 수익을 얻을 수 있는 위험이 매우 큰 투자를 감행하려 한다. 그러나 이 경우 높은 위험으로 인해 대출이 상환될 가능성은 낮아진다.

금융기관은 수익성을 담보하기 위해 대출의 채무불이행 사태를 가져올 가능성이 큰 역선택과 도덕적 위험 문제를 극복해야만 한다. 이런 문제 해결을 위해 금융기관은 신용위험을 관리하기 위한 여러 원칙을 세우고 있다. 심사와 감시, 장기적 고객관계 수립, 대출 약정, 담보, 보상예금 요구, 신용할당 등이 그것이다.

심사와 감시

대출시장에서 대부자는 차입자에 비해 차입자의 행동과 투자기회에 대한 정보를 충분히 갖고 있지 못하기 때문에 정보의 비대칭성이 존재한다. 이런 상황에서 금융기관은 정보를 생산하기 위한 두 가지 행동, 즉 심사(screening)와 감시(monitoring)를 한다.

심사 대출시장에서의 역선택 문제 때문에 대부자는 대출의 수익성을 유지하기 위해 신용위험이 우량한 자와 불량한 자를 구분해야 한다. 효과적인 심사를 위해 대부자는 차입 신청자로부터 믿을 만한 정보를 수집해야 한다. 효과적인 심사와 정보의 수집은 공히 신용위험 관리의 중요한 원칙이다.

자동차 대출이나 주택 모기지와 같은 소비자 대출을 신청할 때 금융기관은 먼저 개인 재무 상태에 관한 정보를 추출해내기 위한 신청서를 작성하도록 요구한다. 급여, 은행 계좌, 자동차, 보험계약, 비품 등의 기타 자산, 대출 잔액, 과거 대출 기록, 신용카드, 결제계좌의 상환 상황, 직장 근속연수와 과거 직장 등을 묻는다. 또 연령, 결혼 여부, 자녀 수 등과 같은 개인 신상에 관한 질문도 한다. 금융기관은 이런 정보를 바탕으로 차입 신청자가 대출금 상환에 애를 먹을지 여부를 예측해주는 통계적 지표인 '신용평점(credit score)'을 계산해 신용도를 판정한다. 신용도 판정은 완전하게 과학적일 수는 없기 때문에 대부자의 판단에 의존해야만 한다. 대출 담당자는 대출 여부를 결정하는 업무를 수행하는 사람으로서 차입자의 직장에 전화를 하든가 차입자가 제시한 참고인들과 대화를 시도할 수도 있다. 대출 담당자는 때론 차입자의 태도나 외모를 보고 판단을 내릴 수도 있다.

금융기관이 기업에 대출할 때도 심사와 정보수집 절차는 유사하다. 금융기관은 신청 기업의 손익과 자산, 부채에 대한 정보를 수집한다. 대부자는 또한 기업의 장래 성공 가능성에 대한 판단을 내려야 한다. 그래서 대출 담당자는 매출액 등에 대한 정보 외에도 회사의 장래 계획, 대출금의 용도, 업계의 경쟁 정도 등을 묻기도 한다. 대출 담당자는 기업을 방문해 기업의 운영상태를 둘러보기도 한다. 개인 대출이든 기업 대출이든 간에 그 핵심은 금융기관은 꼬치꼬치 따져봐야 할 필요가 있다는 것이다.

대출 전문화 금융기관 대출에 있어 언뜻 이해하기 힘든 점 가운데 하나는, 금융기관이 종종 특정 지역의 기업 또는 에너지와 같은 특정 산업의 기업들에 대한 대출을 전문화한다는 것이다. 이런 전문화는 그 자체로만 보면 금융기관이 충분하게 분산된 포트폴리오의 대출을 갖지 못하고 더 큰 위험에 노출될 수 있다는 점에서 일견 놀라운 일로 보인다. 그러나 다른 측면에서 보면 이런 전문화는 수긍할 만하다. 금융기관은 항상 역선택 문제에 처해 악성 신용위험을 골라내야 할 필요가 있다. 금융기관이 지역 기업들에 대한 정보를 수집해 신용도를 판단하는 것이 먼 지역의 기업들에 대한 정보를 수집하는 것보다 훨씬 쉽다. 마찬가지로 특정 산업의 기업들에 대한 대출에 집중함으로써 어느 기업이 제때 상환할 수 있는지 보다 잘 예측할 수 있다.

제한적 약관의 감시와 집행 일단 대출을 받으면 차입자는 대출금 상환을 더 어렵게 만들 위험한 행동을 할 인센티브를 갖는다. 이런 도덕적 위험을 줄이기 위해 금융기관은 차입자가 위험한 행동을 하지 못하도록 제한하는 대출 계약상의 규정인 제한적 약관(restrictive covenant)을 설정하는 신용위험 관리의 원칙을 고수해야 한다. 차입자가 제한적 약관을 제대로 준수하고 있는지 감시하고, 그렇지 못한 경우 약관을 집행함으로써 대부자에게 비용을 끼치는 위험한 행동을 하지 못하게 막아야 한다. 금융기관이 이처럼 심사와 감시 기능을 수행해야 하기 때문에 회계감사와 정보수집 업무에 막대한 돈을 지출한다.

장기 고객관계

금융기관은 장기 고객관계를 유지함으로써 차입자에 관한 정보를 추가로 습득하는데, 이는 바로 신용위험 관리에 있어 또 하나의 중요한 원칙이다.

차입 신청자가 오랜 기간 그 금융기관에서 당좌예금이나 저축예금을 거래하거나 다른 대출을 받은 적이 있다면, 대출 담당자는 계좌의 과거 활동내역을 살펴봄으로써 신청자에 대해 많은 정보를 알 수 있다. 당좌예금과 저축예금의 잔액 추이를 보면 차입 신청자가 얼마나 유동성을 갖고 있는지, 1년 중 어떤 시기에 현금 필요성이 큰지를 알 수 있다. 차입 신청자가 사용한 수표를 살펴보면 차입 신청자에 대한 거래처를 알 수도 있다. 차입자가 금융기관에서 돈을 빌린 적이 있다면 대출 상환에 대한 기록도 가지고 있을 수 있다. 이와 같이 장기 고객관계는 정보수집 비용을 줄이고 신용위험이 큰 사람을 가려내는 데 많은 도움을 준다.

장기 고객관계의 또 하나의 중요한 이점은 대부자의 감시 필요성이 감소한다는 것이다. 차입자가 과거에 금융기관으로부터 대출을 받은 적이 있다면 이미 그 고객에 대한 감시 절차가 수립되어 있다. 따라서 장기 고객을 감시하는 비용은 신규 고객에 비해 낮아진다.

장기 고객관계는 금융기관뿐 아니라 고객에게도 도움이 된다. 이전에 금융기관과 관계를 맺고 있는 기업은 보다 낮은 금리의 대출을 받기 훨씬 용이한데, 그 이유는 금융기관이 차입자가 좋은 신용상태인지를 판단하는 데 시간 절약이 될 뿐 아니라 감시비용도 적게 들기 때문이다.

장기 고객관계는 이 외에도 또 이점이 있다. 그 어떤 금융기관도 대출계약서에 모든 상황에 대비한 제한적 약관을 다 써넣을 수는 없다. 차입자의 위험한 행동을 모두 배제할 수는 없는 것이다. 그러나 만약 차입자가 장차 낮은 이자율로 쉽게 대출을 받기 위해 금융기관과 장기 고객관계를 유지하고자 한다면 어떻게 될까? 이 경우 차입자는 당연히 대출계약에 위험한 행동이 금지조항으로 들어가 있지 않더라도 금융기관을 실망시키지 않기 위해 스스로 위험한 행동을 회피하려는 인센티브를 갖는다. 실제로 금융기관은 차입자가 약관의 위반은 아니더라도 차입자의 특정 행동 방식이 마음에 들지 않는다면 차입자가 그런 행동을 단념하도록 할 힘을 갖고 있다. 즉 금융기관은 차입자에게 앞으로 대출을 않겠다고 위협을 가할 수 있는 것이다. 따라서 금융기관은 장기 고객관계를 통해 예견치 못한 도덕적 위험의 발행을 해결할 수 있다.

대출약정

은행은 장기 고객관계를 제도화할 수 있는 특정 도구를 갖고 있는데, 바로 **대출약정**(loan commitment)이다. 대출약정은 특정 미래 기간 동안 은행이 기업에게 시장 이자율에 연동된 이자율로 일정액을 대출하기로 약속하는 것이다. 은행의 상공업 대출의 대부분은 대출약정 조건으로 제공된다. 기업에게 대출약정은 필요할 때 쓸 수 있는 신용공급처를 확보한다는 이점이 있다. 은행에게는 대출약정이 장기 관계를 증진시켜 정보수집을 용이하게 해준다는 이점이 있다. 나아가 대출약정의 합의 조건에는 기업이 지속적으로 은행에게 기업의 수익, 자산 및 부채 상태, 기업 활동 등 기타 모든 정보를 제공해야 한다는 단서가 붙는다. 대출약정은 은행의 심사와 정보수집 비용을 줄이는 강력한 수단이다.

담보

대출에 대한 담보 요구는 신용위험 관리의 중요한 수단이다. 이들 담보가 요구되는 대출을 보통

담보대출(secured loans)이라 불린다. 차입자가 채무를 상환할 수 없는 경우에 대부자에게 지급을 보장하도록 설정한 재산인 담보는 채무불이행 시 대부자의 손실을 줄여주기 때문에 역선택의 영향을 완화시킨다. 또한 담보가 있으면 차입자가 채무불이행 시 잃을 것이 커지기 때문에 도덕적 위험도 줄인다. 차입자가 대출을 갚지 못하면, 대부자는 담보를 매각한 대금으로 대출 손실을 충당할 수 있다. 따라서 담보 요구는 금융기관이 대출을 실행하는 데 중요한 방어 기능을 수행하기 때문에 금융기관은 거의 모든 대출에 담보를 요구한다.

보상예금

은행이 상업대출을 실행할 때 일종의 담보로 소위 **보상예금**(compensating balances)을 요구한다. 즉 대출을 받는 기업이 은행 당좌계좌에 일정 금액 이상의 자금을 유지해야 하는 것을 말한다. 예를 들어 1,000만 달러의 대출을 받는 기업은 은행 당좌 계좌에 100만 달러 잔고를 유지해야만 한다. 보상예금 100만 달러는 차입자가 채무를 불이행하는 경우 대출에서 발생한 은행 손실을 일부 충당할 수 있다.

보상예금은 담보의 역할뿐 아니라 대출금 상환 가능성을 높이기도 한다. 보상예금은 은행이 차입자를 감시하고 그 결과 도적적 위험을 줄이는 데도 도움을 준다. 특히 차입자가 대출 은행의 당좌 계좌를 사용하게 함으로써 은행은 그 기업의 수표 지급 행태를 관찰하고 차입자의 재무상태에 대한 많은 정보를 저절로 갖게 된다. 예를 들어 차입자의 당좌계좌 잔고가 지속적으로 하락하면 차입자가 재무적 곤경에 빠져 있음을 알게 되고, 계좌 활동에서 차입자가 위험한 행동에 연루되는지도 쉽게 알아차릴 수 있다. 또 거래선 변경이 일어나게 되면 차입자가 새로운 사업을 추구하고 있다는 것을 의미할 수도 있다. 차입자의 지급 계좌에 일어나는 중요한 변화는 곧 은행이 면밀히 조사해보아야 할 신호가 된다. 따라서 보상예금은 은행으로 하여금 차입자를 보다 더 효과적으로 감시하는 것을 용이하게 하며, 신용위험관리의 또 다른 중요한 수단이 된다.

신용할당

금융기관이 역선택과 도덕적 위험에 대처하는 또 하나의 중요한 수단은 **신용할당**(credit rationing)이다. 신용할당이란 차입자는 은행이 제시한 이자율 또는 그 이상을 낼 용의가 있음에도 불구하고 은행이 대출을 거절하는 것을 말한다. 신용할당은 두 가지 형태를 띤다. 첫째는 차입자가 아무리 높은 이자율을 지급한다 하더라도 대부자가 차입자에게 *어떤 규모*(any amount)의 대출도 거절하는 경우이다. 둘째는 대부자가 대출을 실행할 때 차입자가 원하는 금액보다 적은 금액의 대출로 제한을 가하는 경우이다.

언뜻 보기에 첫 번째 형태의 신용할당은 의아하게 생각될 수 있다. 차입자의 신용위험이 크다면, 왜 대부자는 보다 높은 이자율로 대출하지 않는 것일까? 그 대답은 역선택 때문이다. 위험한 투자 프로젝트를 갖고 있는 개인과 기업이야말로 가장 높은 이자율을 지불하려고 하기 마련이다. 만일 차입자가 고위험 투자를 실행해 성공을 거둔다면 차입자는 큰 부자가 될 것이다. 그러나 대부자는 이런 경우 신용위험이 너무 크기 때문에 대출하고 싶어하지 않는다. 차입자가 성공하지 못하고 상환받지 못할 가능성이 훨씬 더 크기 때문이다. 더 높은 이자율을 부과한다는 것은 역선택 문제를 더 악화시킬 뿐이다. 즉 대부자가 이로 인해 신용위험이 더 불량한 자에게 대출해줄 가능성이 높아진다. 따라서 대부자는 높은 이자율로 대출하는 대신 신용할당의 첫째 형태처럼 대출을 거절하고 만다.

금융기관은 도덕적 위험을 막기 위해 두 번째 형태의 신용할당을 한다. 금융기관은 대출을 제공하되 차입자가 원하는 만큼 대출을 해주지 않는다. 이런 식의 신용할당이 필요한 이유는 대출금액이 클수록 도덕적 위험이 커지기 때문이다. 예를 들어 여러분이 은행에서 1,000달러를 대출받으면 장차 여러분의 신용등급이 손상되는 것을 원치 않기 때문에 그 돈을 갚을 적절한 행동을 취할 것이다. 그러나 여러분이 만약 1,000만 달러를 대출받는다면 여러분은 이를 갖고 리오 휴양지로 도망가서 만세 부를 가능성이 커진다. 대출규모가 커질수록 대출금 상환의 가능성을 떨어뜨리는 행위에 빠져들 유인이 더 커지기 마련이다. 대출금액이 적으면 보다 많은 차입자들이 대출금 상환을 잘하기 때문에 금융기관은 차입자가 원하는 규모보다 적은 대출금을 제공하는 방식으로 신용을 할당한다.

이자율위험 관리

1980년대에 발생한 이자율 변동성의 증가로 금융기관 경영자들은 이자율위험, 즉 이자율 변동과 연계된 이익과 수익률의 위험성에 대한 노출에 큰 관심을 보였다. 실제, 제15장에서 논의되었던 S&L 사태에서 이자율위험의 위협은 명백해졌는데, 이때 많은 S&L들이 이자율위험을 적절하게 관리하지 못해 파산에 빠지고 말았다. 이자율위험에 대해 알아보기 위해 퍼스트내셔널은행(First National Bank)의 재무상태표를 살펴보자.

이자율위험을 측정하는 첫째 단계는 은행 경영자가 자산과 부채의 어떤 항목들이 이자율 변동에 민감한지를 결정하는 것이다. 즉 어느 항목에서 이자율이 1년 이내에 재조정(가격 재산정)이 이루어지는가 하는 것이다. 이자율 민감 자산/부채(rate-sensitive assets or liabilities)는 1년 이내에 이자율이 재산정되는데 그 이유는 채권 만기가 1년 이내이기 때문이거나 변동금리 모기지의 경우처럼 가격 재산정이 자동적이기 때문이다.

많은 자산과 부채의 경우 그들이 이자율 민감 항목인가 아닌가를 결정하는 것은 직관적이다. 예제의 경우 명백하게 이자율 민감 자산은 만기 1년 미만의 증권(500만 달러), 변동금리 모기지(1,000만 달러), 그리고 만기 1년 미만의 상업대출(1,500만 달러)로 총 3,000만 달러이다. 그러나 고정이자율 자산처럼 보여 1년 이내에 가격 재산정이 이루어지지 않을 것처럼 보이는 일부 자산도 실제로는 이자율 민감 부분을 갖고 있다. 예를 들어 고정이자율 주택 모기지는 비록 30년 만기지만 주택 소유자들이 주택을 매도해 조기 상환을 할 수도 있고 어떤 방식으로든 모기지를 조기 상환할 수 있다. 이는 1년 이내에 고정이자율 모기지의 일정 비율은 상환이 이루어져 이 만큼의 금액에 대해서는 다시 가격 재산정이 이루어진다는 것을 의미한다. 과거 경험에 의하면 은행 경영자들은 고정이자율 주택 모기지의 20%가 1년 이내에 상환된다는 것을 알고 있고, 이는 이 모기지에서 200만 달러(1,000만 달러의 20%)가 이자율 민감 자산으로 고려되어야 함을 의미한다. 은행 경영자는 따라서 이미 계산된 3,000만 달러의 이자율 민감 자산에 이 200만 달러를 더해 총 3,200만 달러의 이자율 민감 자산을 갖게 된다.

퍼스트내셔널은행			
자산		부채	
지준 및 현금	500만 달러	당좌예금 1,500만 달러	1,500만 달러
증권		MMDA	500만 달러
1년 미만	500만 달러	저축예금	1,500만 달러
1~2년	500만 달러	CDs	
2년 이상	1,000만 달러	변동이자율	1,000만 달러
주택 모기지		1년 미만	1,500만 달러
변동이자율	1,000만 달러	1~2년	500만 달러
고정이자율(30년)	1,000만 달러	2년 이상	500만 달러
상업대출		페더럴 펀드	500만 달러
1년 미만	1,500만 달러	차입금	
1~2년	1,000만 달러	1년 미만	1,000만 달러
2년 이상	2,500만 달러	1~2년	500만 달러
고정자산	500만 달러	2년 이상	500만 달러
		자본금	500만 달러
총자산	10,000만 달러	총부채 및 자본	10,000만 달러

이제 은행 경영자는 유사한 절차를 거쳐 이자율 민감 부채를 결정해야 한다. 명백한 이자율 민감 부채는 MMDA(money market deposit account)(500만 달러), 변동이자율 CD와 만기 1년 미만 CD(2,500백만 달러), 페더럴펀드(500만 달러), 그리고 만기 1년 미만 차입금(2,500만 달러)으로 총 4,500만 달러이다. 당좌예금과 저축예금은 비록 일정 기간 동안 그 이자율을 고정시키긴 하지만 종종 은행에서 언제든지 변경시킬 수 있는 이자율을 갖고 있다. 따라서 이들 부채는 전체적으로는 아니지만 부분적으로 이자율 민감 부채라고 할 수 있다. 은행 경영자는 10%의 당좌예금(150만 달러)과 20%의 저축예금(300만 달러)이 이자율 민감 부채에 해당한다고 추정했다고 하자. 4,500만 달러의 수치에 150만 달러와 300만 달러를 더해 총 이자율 민감 부채 규모는 4,950만 달러로 계산된다.

이제 은행 경영자는 이자율이 1%, 즉 평균적으로 10%에서 11%로, 상승하면 무슨 일이 발생하는지 분석할 수 있게 된다. 자산에서의 수익은 32만 달러(= 1% × 3,200만 달러 이자율 민감 자산) 상승하는데 비해 부채의 지급 금액은 49.5만 달러(= 1% × 4,950만 달러 이자율 민감 부채)만큼 상승한다. 퍼스트내셔널은행의 수익은 이제 17.5만 달러(= 32만 달러 − 49.5만 달러)만큼 감소하게 된다. 이 상황에 대한 다른 식의 설명은 제14장에서 다루었던 순이자마진 개념, 즉 이자수익에서 이자비용을 차감한 것을 은행 자산으로 나눈 개념을 이용할 수 있다. 이 경우 이자율의 1% 상승은 순이자마진의 0.175%(= −$17.5만/$1억) 감소로 귀결된다. 역으로, 만일 이자율이 1% 하락하게 되면 유사한 방법으로 퍼스트내셔널은행의 수익은 17.5만 달러 상승하며 그 순이자마진은 0.175% 상승한다. 이 예를 통해 다음 사실을 알 수 있다. 금융기관에서 이자율 민감 부채가 이자율 민감 자산에 비해 많은 경우 이자율 상승은 순이자마진과 수익을 감소시키고, 이자율 하락은 순이자마진과 수익을 상승시킨다.

수익 갭 분석

이자율 변화에 따른 은행 수익의 민감도를 측정하는 하나의 단순하고 빠른 방법이 **갭 분석**(gap analysis, 또는 **수익 갭 분석**(income gap analysis))인데, 여기서 갭은 이자율 민감 부채 금액을 이자율 민감 자산 금액에서 차감한 값으로 계산된다. 이를 *GAP*라고 쓰고 다음과 같이 된다.

$$GAP = RSA - RSL \tag{1}$$

여기서 RSA = 이자율 민감 자산
RSL = 이자율 민감 부채

위 예제에서 은행 경영자가 *GAP*을 계산하면,

$$GAP = 3{,}200\text{만 달러} - 4{,}950\text{만 달러} = -1{,}750\text{만 달러}$$

*GAP*에 이자율 변화를 곱하면 은행 수익에 미치는 영향이 곧바로 나온다.

$$\Delta I = GAP \times \Delta i \tag{2}$$

여기서 ΔI = 은행 수익의 변화
Δi = 이자율 변화

예제 20.1 수익 갭 분석

식(1)에서 계산된 −1,750만 달러의 갭을 이용해 이자율이 1% 상승할 때 수익의 변화는 얼마인가?

> 해답

수익의 변화는 −17.5만 달러이다.

$$\Delta I = GAP \times \Delta i$$

여기서 $GAP = RSA - RSL$ = 1,750만 달러

Δi = 이자율 변화 = 0.01

따라서,

$$\Delta I = -1{,}750\text{만 달러} \times 0.01 = -17.5\text{만 달러}$$

우리가 방금 행한 분석을 *기본 갭 분석*(basic gap analysis)이라고 하는데, 여기서 이자율 민감 자산이나 부채로 분류되지 않은 많은 자산 및 부채 항목들의 만기가 각각 다르다는 문제가 여전히 남는다. 이 문제를 처리하기 위한 수정안으로 *만기 버켓 접근법*(maturity bucket approach)이 사용되는데 여기서는 만기 버켓이라 불리는 만기에 따라 여러 개로 나눈 세부 구간별로 갭을 측정해 이자율 변화의 효과를 계산한다.

예제 20.2 수익 갭 분석

퍼스트내셔널은행의 경영자가 그 은행의 재무상태표에서 자산과 부채를 좀 더 정교한 만기 버켓법을 사용해 향후 1년부터 2년 까지의 수익에 미칠 수 있는 잠재적 변화를 추정하기로 했다. 이 기간의 이자율 민감 자산은 500만 달러의 1~2년 만기 증권, 1,000만 달러의 1~2년 만기 상업대출, 은행에서 상환될 것으로 예상하는 추가적인 200만 달러(고정금리 모기지의 20%)로 구성된다. 이 기간의 이자율 민감 부채는 500만 달러의 1~2년 만기 CD, 500만 달러의 1~2년 만기 차입금, 150만 달러의 당좌예금(은행 경영자가 이 기간 이자율 민감 부분으로 추정하는 당좌예금의 10% 상당), 그리고 추가로 300만 달러의 저축예금(저축예금의 20% 상당)이 해당된다. 이자율이 1% 상승할 때 향후 1~2년에 걸쳐 수익 갭과 그 변화를 계산하라.

> 해답

1~2년 만기의 갭은 250만 달러이다.

$$GAP = RSA - RSL$$

여기서 RSA = 이자율 민감 자산 = 1,700만 달러

RSL = 이자율 민감 부채 = 1,450만 달러

따라서

$$GAP = 1{,}700\text{만 달러} - 1{,}450\text{만 달러} = 250\text{만 달러}$$

만일 이자율이 1% 상승해 유지된다면 2년차의 수익은 2.5만 달러 개선될 것이다.

$$\Delta I = GAP \times \Delta i$$

여기서 $GAP = RSA - RSL = 250$만 달러
Δi = 이자율 변화 = 0.01

따라서,

$$\Delta I = 250\text{만 달러} \times 0.01 = \$2.5\text{만 달러}$$

좀 더 정교한 만기 버켓 접근법을 사용해 은행 경영자는 이자율 변화가 있을 때 다음 수년에 걸친 은행 수익에 미치는 영향을 파악할 수 있다.

듀레이션 갭 분석

이제까지 우리가 살펴본 갭 분석은 이자율 변화가 수익에 미치는 영향만을 점검했다. 명백히 금융기관의 소유주나 경영자는 이자율 변화가 수익에 미치는 영향뿐 아니라 이자율 변화가 금융기관 순자산의 시장가치에 미치는 영향에 대해서도 알고 싶다.[1)]

이자율위험을 측정하는 또 하나의 대안이 소위 **듀레이션 갭 분석**(duration gap analysis)이라는 방법인데 여기서는 금융기관 순자산 시장가치의 이자율 변화에 대한 민감도를 측정한다. 듀레이션 분석은 매컬리(Macaulay)의 *듀레이션*(duration) 개념에 기반을 두는데, 이는 증권에서 지급되는 현금흐름의 평균 수명을 측정하는 척도이다(제3장 참조). 듀레이션은 특히 이자율 변화가 작을 때, 그 이자율 변화에 따라 증권의 시장가치가 얼마나 민감하게 변하는지를 나타내는 좋은 근사치를 제공하는 유용한 개념임을 상기하라. 이때 그 공식은

$$\%\Delta P \approx -DUR \times \frac{\Delta i}{1+i} \tag{3}$$

여기서 $\%\Delta P = (P_{t+1} - P_t)/P_t$ = 증권의 시장가치의 변화율
DUR = 듀레이션
i = 이자율

은행의 재무상태표에서 모든 자산과 부채의 듀레이션을 결정한 다음 은행 경영자는 이 공식

1) 회계상 순자산 가치는 역사적 원가(장부가치) 기준, 즉 자산 부채의 가치가 초기 가격에 근거해 계산됨을 유의하라. 그러나 장부상 순자산 가치는 회사의 진정한 가치를 보여주는 완전한 상태는 아니고 순자산 가치의 시장가치가 좀 더 정확한 숫자를 제공한다고 볼 수 있다. 이런 이유로 듀레이션 갭 분석은 이자율 변화 시 장부가치가 아닌 순자산의 시장가치에 무슨 일이 생기는지에 초점을 둔다.

을 이용해 이자율 변화에 대해 각 자산 및 부채 항목들의 시장가치 변화를 계산해 순자산 가치에 미치는 영향을 계산할 수 있다. 그러나 이 계산을 좀 더 쉽게 하는 방법이 있는데, 이는 제3장에서 배웠던 듀레이션의 기본 특징으로부터 도출되는 방법이다. 듀레이션은 가법성(additive)을 띤다. 즉 증권 포트폴리오의 듀레이션은 개별 증권들의 듀레이션의 가중평균이고 이때 가중치는 포트폴리오에서 각 개별 종목의 투자 비중을 반영한다. 이것이 의미하는 바는 은행 경영자가 자산과 부채의 평균 듀레이션을 계산하고 이를 이용해 이자율 변화 효과를 계산하면 이자율 변화가 순자산의 시장가치에 미치는 영향을 파악할 수 있다는 것이다. 은행 경영자가 듀레인션 갭을 분석하는 방식을 보기 위해 퍼스트내셔널은행의 재무상태표로 돌아가보자. 은행 경영자는 [표 20.1]에 나온 것처럼 이미 제3장에 나왔던 과정을 이용해 각 자산과 부채 항목의 듀레이션을 계산했다. 각 자산에 대해 경영자는 그 듀레이션에 각 자산 항목의 금액을 1억 달러의 총자산으로 나눈 가중치를 곱해 가중 듀레이션을 계산한다. 예를 들어 만기 1년 미만 증권의 경우, 경영자는 0.4년의 듀레이션에 500만 달러를 1억 달러로 나누어 얻은 가중치를 곱해 0.02라는 가중 듀레이션을 구할 수 있다(이때 고정자산은 현금 지급이 없기 때문에 듀레이션이 0임을 유의하라). 모든 자산 항목을 이렇게 계산한 후 더하면 은행 경영자는 자산에 대해 2.70년의 평균 듀레이션이라는 수치를 얻게 된다.

경영자는 부채에 대해서도 비슷한 과정을 적용하는데, 이때 총부채는 자본금을 제외한 9,500만 달러임을 유의하라. 예를 들어 당좌예금의 가중 듀레이션은 2.0년의 듀레이션에 1,500만 달러를 9,500만 달러로 나눈 가중치를 곱해 0.32가 된다. 이들 가중 듀레이션을 더해 경영자는 1.03년이라는 부채의 평균 듀레이션을 얻게 된다.

예제 20.3 듀레이션 갭 분석

은행 경영자가 이자율이 10%에서 11%로 상승할 때 무슨 일이 생기는지 알고 싶다고 하자. 총자산 가치는 1억 달러이고 총부채 가치는 9,500만 달러이다. 식(3)을 이용해 자산과 부채의 시장가치 변화를 계산하라.

> 해답

1억 달러의 총자산 가치에서 자산의 시장가치가 250만 달러($1억 × −0.025 = −$250만)만큼 하락한다.

$$\%\Delta P \approx -DUR \times \frac{\Delta i}{1+i}$$

여기서 DUR = 듀레이션 = 2.70

Δi = 이자율 변화 = 0.11 − 0.10 = 0.01

i = 이자율 = 0.10

따라서,

$$\%\Delta P \approx -2.70 \times \frac{0.01}{1+0.10} = -0.025 = -2.5\%$$

9,500만 달러의 총부채에서는 부채의 시장가치가 90만 달러(\$9,500만 × −0.009 = −\$90만)만큼 하락한다.

$$\%\Delta P \approx -DUR \times \frac{\Delta i}{1+i}$$

여기서 DUR = 듀레이션 = 1.03
Δi = 이자율 변화 = 0.11 − 0.10 = 0.01
i = 이자율 = 0.10

따라서,

$$\%\Delta P \approx -1.03 \times \frac{0.01}{1+0.10} = -0.009 = -0.9\%$$

그 결과 은행의 순자산 가치는 160만 달러(−250만 − (−90만) = −250만 + 90만 = −160만)만큼 하락한다.

은행 경영자는 소위 *듀레이션 갭*을 이용하면 좀 더 쉽게 이 답을 얻을 수 있다. 듀레이션 갭은

$$DUR_{gap} = DUR_a - \left(\frac{L}{A} \times DUR_l\right) \tag{4}$$

여기서 DUR_a = 자산의 평균 듀레이션
DUR_l = 부채의 평균 듀레이션
L = 부채의 시장가치
A = 자산의 시장가치

예제 20.4 갭 분석

[예제 20.3]에 제공된 정보를 바탕으로 식(4)를 이용해 퍼스트내셔널은행의 듀레이션 갭을 계산하라.

> 해답

퍼스트내셔널은행의 듀레이션 갭은 1.72년이다.

$$DUR_{gap} = DUR_a - \left(\frac{L}{A} \times DUR_l\right)$$

[표 20.1] 퍼스트내셔널은행의 자산과 부채 듀레이션

	금액(백만 달러)	듀레이션(년)	가중 듀레이션(년)
자산			
지준 및 현금	5	0.0	0.00
증권			
1년 미만	5	0.4	0.02
1~2년	5	1.6	0.08
2년 이상	10	7.0	0.70
주택 모기지			
변동금리	10	0.5	0.05
고정금리(30년)	10	6.0	0.60
상업대출			
1년 미만	15	0.7	0.11
1~2년	10	1.4	0.14
2년 이상	25	4.0	1.00
고정자산	5	0.0	0.00
평균 듀레이션			2.70
부채			
당좌예금	15	2.0	0.32
MMDA	5	0.1	0.01
저축예금	15	1.0	0.16
CD			
변동금리	10	0.5	0.05
1년 미만	15	0.2	0.03
1~2년	5	1.2	0.06
2년 이상	5	2.7	0.14
페더럴 펀드	5	0.0	0.00
차입금			
1년 미만	10	0.3	0.03
1~2년	5	1.3	0.07
2년 이상	5	3.1	0.16
평균 듀레이션			1.03

여기서 DUR_a = 자산의 평균 듀레이션 = 2.70
L = 부채의 시장가치 = 95
A = 자산의 시장가치 = 100
DUR_l = 부채의 평균 듀레이션 = 1.03

따라서,

$$DUR_{gap} = 2.70 - \left(\frac{95}{100} \times 1.03\right) = 1.72\text{년}$$

예제 20.5 듀레이션 갭 분석

이자율이 10%에서 11%로 상승할 때 자산 대비 순자산 시장가치 변화액의 비율은 얼마인가? (식 (5)를 사용하라.)

해답

10%에서 11%로 이자율이 상승하면 자산 대비 순자산 시장가치 변화액의 비율은 −1.6%이다.

$$\frac{\Delta NW}{A} = -DUR_{gap} \times \frac{\Delta i}{1+i}$$

여기서 DUR_{gap} = 듀레이션 갭 = 1.72

Δi = 이자율 변화 = 0.11 − 0.10 = 0.01

i = 이자율 = 0.10

따라서,

$$\frac{\Delta NW}{A} = -1.72 \times \frac{0.01}{1+0.10} = -0.016 = -1.6\%$$

이자율이 변화할 때 가치 변화를 추정하기 위해서 은행 경영자는 식(4)의 DUR_{gap}을 계산해 총자산 대비 순자산 시장가치 변화액의 비율을 얻을 수 있다. 달리 말하면, 자산 대비 순자산 시장가치의 변화 금액의 비율은 다음과 같이 계산된다.

$$\frac{\Delta NW}{A} \approx -DUR_{gap} \times \frac{\Delta i}{1+i} \tag{5}$$

총자산 1억 달러에서 [예제 20.5]에서 본 것처럼 순자산의 시장가치는 160만 달러만큼 하락하는데 이는 [예제 20.3]에서 본 것과 동일한 금액이다.

예제에서 명확히 본 것처럼 수익 갭 분석이나 듀레이션 갭 분석 모두 퍼스트내셔널은행이 이자율 상승으로 곤란을 겪을 것임을 시사하고 있다. 실제 이 사례에서 10%에서 11%로의 이자율 상승이 순자산의 시장가치를 160만 달러만큼 하락시키는데, 이 금액은 초기 은행 자본의 1/3에 상당하는 것이다. 그래서 은행 경영자는 이자율 상승이 초래할 수 있는 자본금 손실이 크기 때문에 상당 수준의 이자율위험에 직면해 있음을 인식하게 된다. 분명히 수익 갭 분석이나 듀레이션 갭 모두 금융기관 경영자에게 그 기관의 이자율위험 노출 정도를 알려주는 유용한 도구이다.

비은행 금융기관 사례

지금까지 우리가 초점을 맞춰본 사례는 은행으로서 단기로 자금을 차입하고 장기로 운용을 하기 때문에 이자율이 상승할 때 그 기관의 수익과 순자산이 모두 하락하는 경우였다. 수익 갭이나 듀레이션 갭 분석은 여타 금융기관에도 공히 적용될 수 있다는 사실을 인식하는 것이 중요하다. 나아가 다른 금융기관의 경우 수익 갭이나 듀레이션 갭에서 부호가 은행의 경우와 반대로 나와 이자율이 상승할 경우 수익과 순자산이 오히려 상승할 수 있다는 것을 알아차리는 것이 중요하다. 수익 갭과 듀레이션 갭 분석에 대한 보다 상세한 분석을 위해 비은행 금융기관의 경우인 소비자 대출에 특화된 프렌들리 파이낸스사(Friendly Finance Company)의 경우를 살펴보기로 하자.

프렌들리 파이낸스사는 다음의 재무상태표를 갖고 있다.

프렌들리 파이낸스사			
자산		**부채**	
현금 및 예금	300만 달러	기업어음	4,000만 달러
증권		은행 대출	
1년 미만	500만 달러	1년 미만	300만 달러
1~2년	100만 달러	1~2년	200만 달러
2년 이상	100만 달러	2년 이상	500만 달러
소비자 대출		장기 회사채 및 기타 장기채	4,000만 달러
1년 미만	5,000만 달러	자본금	1,000만 달러
1~2년	2,000만 달러		
2년 이상	1,500만 달러		
고정자산	500만 달러		
총자산	1억 달러	총부채 및 자본	1억 달러

프렌들리 파이낸스사의 경영자는 이자율 민감 자산을 계산했는데, 500만 달러의 만기 1년 미만 증권에 5,000만 달러의 만기 1년 미만 소비자 대출을 더해 총 5,500만 달러의 이자율 민감 자산이 나왔다. 경영자는 또 이자율 민감 부채도 모두 만기 1년 미만인 기업어음 4,000만 달러, 만기 1년 미만 은행 대출 300만 달러를 더해 총 4,300만 달러였다. 이때 수익 갭을 계산하면,

$$GAP = RSA - RSL = 5{,}500\text{만 달러} - 4{,}300\text{만 달러} = 1{,}200\text{만 달러}$$

이자율 1%의 상승에 따른 수익의 효과를 계산하기 위해 경영자는 1,200만 달러의 GAP에 이자율 변화를 곱해 다음과 같은 결과를 얻는다.

$$\Delta I = GAP \times \Delta i = 1{,}200\text{만 달러} \times 1\% = 12\text{만 달러}$$

따라서 경영자는 이자율이 1% 상승할 때 파이낸스사의 수익은 12만 달러 증가한다는 사실을

알았다. 이자율 상승으로 피해를 본 퍼스트내셔널은행의 경우와는 달리 프렌들리 파이낸스사가 혜택을 받는 이유는 이 회사의 경우 이자율 민감 자산이 부채보다 많은 정(+)의 수익 갭을 갖고 있기 때문이다.

은행 경영자와 마찬가지로 프렌들리 파이낸스사의 경영자도 이자율 1% 상승 시 회사의 순자산 시장가치의 변화에 대해 알고 싶어 한다. 그래서 재무상태표의 각 항목의 가중 듀레이션을 계산한 후 이들을 더해 [표 20.2]에 나온 것처럼 자산의 평균 듀레이션 1.14년, 부채의 평균 듀레이션 2.77년을 얻었다. 그러면 듀레이션 갭은 다음과 같이 계산된다.

$$DUR_{gap} = DUR_a - \left(\frac{L}{A} \times DUR_l\right) = 1.14 - \left(\frac{90}{100} \times 2.77\right) = 1.35\text{년}$$

프렌들리 파이낸스사는 음(–)의 듀레이션 갭을 보이기 때문에 경영자는 10%에서 11%로 이자율이 1% 상승하면 회사의 순자산의 시장가치는 증가될 것으로 알고 있다. 경영자는 이를 검증하기 위해 자산 대비 순자산 시장가치 변화액의 비율을 계산한다.

$$\frac{\Delta NW}{A} = -DUR_{gap} \times \frac{\Delta i}{1+i} = -(-1.35) \times \frac{0.01}{1+0.10} = 0.012 = 1.2\%$$

1억 달러의 자산에 대해 이 계산은 순자산이 시장가치로 120만 달러 상승한다는 것을 보여준다.

[표 20.2] 프렌들리 파이낸스사의 자산 및 부채의 듀레이션

	금액(백만 달러)	듀레이션(년)	가중 듀레이션(년)
자산			
현금 및 예금	3	0.0	0.00
증권			
1년 미만	5	0.5	0.03
1~2년	1	1.7	0.02
2년 이상	1	9.0	0.09
소비자대출			
1년 미만	50	0.5	0.25
1~2년	20	1.5	0.30
2년 이상	15	3.0	0.45
고정자산	5	0.0	0.00
평균 듀레이션			1.14
부채			
기업어음	40	0.2	0.09
은행 대출			
1년 미만	3	0.3	0.01
1~2년	2	1.6	0.04
2년 이상	5	3.5	0.19
장기 회사채 및 기타 장기채	40	5.5	2.44
평균 듀레이션			2.77

수익 갭과 듀레이션 갭 모두 프렌들리 파이낸스사가 이자율 상승에서 혜택을 입는다고 보여주고 있지만, 경영자는 이 이자율이 반대 방향으로 움직이면 수익과 순자산 시장가치가 모두 하락함을 알고 있어야 한다. 따라서 이 파이낸스회사의 경영자도 은행 경영자와 마찬가지로 상당 수준의 이자율위험을 안고 있다는 것을 인식해야 한다.

수익 갭과 듀레이션 갭의 몇 가지 문제점

수익 갭이나 듀레이션 갭 분석 모두 충분히 복잡해 보이지만, 금융기관 경영자의 직무를 더 어렵게 만드는 몇 가지 문제들이 있다.

지금까지 수익 갭과 듀레이션 갭 분석 논의에 사용했던 한 가지 가정은 이자율이 변화할 때 모든 만기의 이자율 변화가 정확하게 동일 수준에서 변한다는 것이었다. 이는 수익률 곡선의 기울기는 변하지 않는다는 가정 하에서 분석을 수행하는 것과 같은 설명이다. 실제 듀레이션 갭 분석에서 상황은 더욱 악화되는데 그 이유는 듀레이션 갭에서 이자율이 모든 만기에서 동일하다는 가정 하에 계산되었기 때문이다. 즉 수익률 곡선이 수평이라는 가정이다. 그러나 제5장에서 이자율 기간구조를 논할 때 언급했듯이 이자율 곡선은 평평하지 않다. 오히려 이자율 곡선의 기울기는 변동성이 심하고 이자율 수준이 변할 때 그 기울기도 변하는 경향이 있다. 따라서 진정한 이자율위험의 정확한 측정을 위해서는 금융기관 경영자는 이자율 수준이 변할 때 수익률 곡선의 기울기에 무슨 일이 생기는지에 대해서도 관심을 가져야 하고 이자율위험의 측정에 이 정보도 감안해야 한다. 나아가 듀레이션 갭 분석은 식(3)의 근사치에 근거한 것이므로 이자율 변화가 아주 적을 때에만 적용 가능하다.

수익 갭 분석의 문제는 이미 살펴본 것처럼 금융기관 경영자가 고정이자율 자산과 부채의 일정 비율이 이자율 변화에 민감하다는 가정을 사용해 추정한다는 것이다. 이는 이자율 변화 시 대출의 조기 상환 가능성 또는 고객들의 예금 전환 등에 대한 추정을 포함한다. 그런 추측은 쉽지 않은데 그 결과로 금융기관 경영자의 수익 갭 추정이 정확하지 않을 수도 있다. 유사한 문제가 자산과 부채의 듀레이션 계산에서도 발생하는데 많은 경우 현금지급이 불확실하기 때문이다. 따라서 듀레이션 갭 추정도 정확하지 않을 수 있다.

이들 모든 문제들이 은행이나 여타 금융기관 경영자들이 이자율위험 측정 도구로 갭 분석 사용을 포기해야 함을 의미할까? 금융기관은 이자율위험을 측정하는 데 좀 더 복잡한 접근법을 사용하는데 이때 사용되는 것이 시나리오 분석과 VAR(value-at-risk) 분석 기법이다. 이들 기법은 이자율이 변화할 때 자산의 가격 변화를 좀 더 정확히 추정하기 위해 컴퓨터를 더 활용한다. 그러나 수익 갭과 듀레이션 갭 분석 방법은 여전히 금융기관 경영자에게 이자율위험을 산정하는 최초의 추정 방법으로 사용하기 위한 간단한 틀을 제공하고 있으며, 따라서 금융기관 경영자의 분석도구로서 유용한 것이라고 할 수 있다.

금융실무 이자율위험의 관리 전략

금융기관 경영자가 일단 수익 갭과 듀레이션 갭 분석을 수행했다면, 이제 이들은 어떤 전략적 대안을 추구해야 할지 결정해야 한다. 만일 퍼스트내셔널은행의 경영자가 장차 이자율 하락을 예상한다면, 그는 은행에 이자율 민감 부채가 이자율 민감 자산에 비해 많고 따라서 기대되는 이자율 하락으로 인해 혜택을 볼 수 있다는 것을 알고 아무런 조치도 취하지 않을 것이다. 그러나 은행 경영자는 이때 이자율이 하락하기보다 오히려 상승할 가능성도 있기 때문에 그 결과가 은행을 파산으로 몰 수도 있어 퍼스트내셔널은행은 상당 수준의 이자율위험에 노출되어 있다는 것도 인식해야 한다. 이때 은행 경영자는 보다 단기 자산을 매입하거나 고정이자율 대출을 변동이자율 대출로 바꾸는 방법으로 은행의 이자율 민감도를 높이기 위해 은행 자산의 듀레이션을 감축하려 할 것이다. 또 다른 대안으로, 은행 경영자는 부채의 듀레이션을 늘릴 수도 있다. 은행의 자산과 부채에서 이런 조정을 통해 은행은 이자율 변동의 영향을 덜 받게 된다.

예를 들어 은행 경영자가 이자율 민감 부채의 규모 4,950만 달러에 맞추기 위해 이자율 민감 자산의 규모를 4,950만 달러로 증가시켜 수익 갭을 없애버리기로 결정할 수 있다. 또는 경영자가 이자율 민감 자산의 규모에 맞춰 이자율 민감 부채를 3,200만 달러 수준으로 줄일 수도 있다. 이 두 가지 경우 모두 수익 갭을 이제 0으로 만들고 이자율 변화가 다가오는 해의 은행 이익에 아무런 영향을 미치지 않게 된다.

또 다른 대안으로, 은행 경영자는 자산과 부채의 듀레이션 갭이 0이 되도록 조정해 은행의 순자산 시장가치를 이자율위험으로부터 완전하게 면역시키는 결정을 내릴 수도 있다. 이를 수행하기 위해 경영자는 식(4)에서 DUR_{gap}이 0이 되게 하고, 이를 DUR_a에 대해 풀면 다음과 같이 된다.

$$DUR_a = \frac{L}{A} \times DUR_l = \frac{95}{100} \times 1.03 = 0.98$$

이 계산으로 경영자는 은행 자산의 평균 듀레이션이 0.98년으로 감축되어야 한다는 사실을 알 수 있다. 이때 듀레이션 갭이 0이 되는지를 확인할 수 있다.

$$DUR_{gap} = 0.98 - \left(\frac{95}{100} \times 1.03\right) = 0$$

이 경우 식(5)를 이용해 순자산의 시장가치가 이자율 변화 시 변화되지 않음을 알 수 있다. 또는 다른 대안으로 은행 경영자는 듀레이션 갭을 0으로 만들어내기 위한 부채의 듀레이션 값을 계산해낼 수도 있다. 식(4)에서 DUR_{gap}을 0으로 놓고 DUR_l에 대해 풀면 다음과 같이 된다.

$$DUR_l = DUR_a \times \frac{A}{L} = 2.70 \times \frac{100}{95} = 2.84$$

이 계산으로 경영자는 은행 부채의 평균 듀레이션을 2.84년으로 늘려 이자율위험을 배제할 수 있다는 사실을 알 수 있다. 경영자는 이때 듀레이션 갭이 0으로 되는지를 다음과 같이 확인할 수 있다.

$$DUR_{gap} = 2.70 - \left(\frac{95}{100} \times 2.84\right) = 0$$

금융기관의 이자율위험을 배제하기 위해 재무상태표를 변경시키는 데 한 가지 문제는 단기적으로 비용이 많이 든다는 것이다. 금융기관은 그들의 전문성이 담보된 자산과 부채에 특화함에 따라 듀레이션이 특정 수준으로 정해지는 경우도 있다. 다행히도 최근 금융선물, 옵션, 이자율 스왑과 같은 금융상품의 발전으로 인해 금융기관 경영자들은 그들의 재무상태표를 재조정하지 않고도 이자율위험을 관리하도록 도움을 받을 수 있게 되었다. 이들 상품이 이자율위험 관리에 어떻게 사용되는지에 대해서는 다음 장에서 살펴보기로 하자.

요약

1. 역선택과 도덕적 위험의 개념은 대출을 둘러싼 많은 신용위험 관리 원칙의 기원을 설명한다. 여기에는 심사와 감시, 장기 고객관계의 수립, 대출약정, 담보, 보상예금, 신용할당 등이 있다.
2. 최근 이자율 변동성의 증대로 금융기관은 점차 이자율위험의 노출에 대한 관심이 커지게 되었다. 수익 갭과 듀레이션 갭 분석은 금융기관으로 하여금 이자율 민감자산이 부채보다 적은지(이 경우 이자율 상승은 수익을 감축시키고 이자율 하락은 수익을 증대시킴), 또는 이자율 민감 자산이 부채보다 많은지(이 경우 이자율 상승은 수익을 증대시키고 이자율 하락은 수익을 감축시킴)에 대해 알려준다. 금융기관은 그들의 재무상태표를 조정하거나 신종 금융상품을 활용해 이자율위험을 관리할 수 있다.

주요용어

갭 분석(수익 갭 분석)(gap analysis, income gap analysis)
대출약정(loan commitment)
담보대출(secured loans)
듀레이션 갭 분석(duration gap analysis)
보상예금(compensating balances)
신용할당(credit rationing)

연습문제

1. 금융기관은 대출약정에 명시적인 금지조항이 쓰여 있지 않더라도 차입자가 위험한 행위를 하는 것을 방지할 수 있는가?
2. 담보 대출이 금융기관 대출에 있어 왜 중요한 방법이 되는가?
3. "만일 좀 더 많은 고객이 현재의 시장이자율로 자금을 차입하길 원한다면, 금융기관은 대출에 대한 이자율을

높임으로써 이익을 증대시킬 수 있다." 이 진술은 참인가, 거짓인가, 또는 불확실한가? 그 이유를 설명하라.

4. 은행가의 바람직한 특성으로서 왜 깐깐함을 들 수 있는가?

5. 은행은 항상 대출받은 기업이 은행에 보상예금을 남겨두길 요구한다. 왜 그런가?

6. "분산투자야말로 위험 회피에 적합한 전략이기 때문에 금융기관이 특정 유형의 대출에 특화한다는 것은 말이 되지 않는다." 이 진술은 참인가, 거짓인가, 또는 불확실한가? 그 이유를 설명하라.

> 계산문제

1. 은행이 연 이자율 4.5%의 30년 만기 변동이자율 모기지 대출을 10만 달러어치 실행했다. 요구수익률이 첫 6개월 이후 4.0%로 하락했다면 첫 12개월 동안 이자 수익에 미치는 영향은 무엇인가?

2. 은행이 연 이자율 4.5%의 30년 만기 변동이자율 모기지 대출을 10만 달러어치 실행했다. 요구수익률이 모기지 실행 직후 4.0%로 하락했다면 모기지 가치에 미치는 영향은 무엇인가?

3. 연 이자율 7.0%의 30년 만기 고정이자율 모기지 10만 달러의 듀레이션을 계산하라. 모기지 발행 직후 요구수익률이 6.5%로 하락했다면 시장가치의 기대 변화율은 얼마인가?

4. 이자율이 5%에서 6%로 상승할 때 30년 만기 고정이자율 모기지 10만 달러의 가치가 89,537달러로 떨어졌다. 이 모기지의 듀레이션 근사치는 얼마인가?

5. 상업대출의 듀레이션을 계산하라. 대출의 명목 가치는 2백만 달러이다. 이때 연 단순이자율은 8%이다. 이 대출의 잔여 만기는 4년이다. 이 대출에 대한 현재 시장이자율은 8%이다.

6. 은행의 재무상태표가 이자율 민감 자산 2억 8천만 달러와 이자율 민감 부채 4억 6,500만 달러를 갖고 있다. 수익 갭을 계산하라.

7. 이자율 민감 자산 2천만 달러와 이자율 민감 부채 4,800만 달러를 가진 금융기관의 수익 갭을 계산하라. 만일 이자율이 4%에서 4.8%로 상승한다면, 수익의 기대 변화는 얼마인가?

8. 다음 주어진 정보를 바탕으로 수익 갭을 계산하라.

   - 800만 달러 준비금
   - 2,500만 달러 변동이자율 모기지
   - 400만 달러 당좌예금
   - 200만 달러 저축예금
   - 600만 달러 2년 CD

9. 다음 재무제표는 현재 연도에 대한 것이다. 과거 경험에 의하면 여러분은 매년 10%의 고정이자율 모기지가 조기 상환될 것을 알고 있다. 또 여러분은 10%의 당좌예금과 20%의 저축예금이 이자율에 민감하다는 것도 추정해서 알고 있다고 하자.

   세컨드내셔널은행의 현재 수익 갭은 얼마인가? 이자율이 75 bp만큼 떨어진다면, 은행의 순이자 수익은 어떻게 될까?

세컨드내셔널은행			
자산		부채	
지준	$1,500,000	당좌예금	$15,000,000
증권		MMDA	$5,500,000
< 1년	$6,000,000	저축예금	$8,000,000
1~2년	$8,000,000	CD	
> 2년	$12,000,000	변동이자율	$15,000,000
주택 모기지		< 1년	$22,000,000
변동이자율	$7,000,000	1~2년	$5,000,000
고정이자율	$13,000,000	> 2년	$2,500,000
상업대출		페더럴펀드	$5,000,000
< 1년	$1,500,000	차입금	
1~2년	$18,500,000	< 1년	$12,000,000
> 2년	$30,000,000	1~2년	$3,000,000
빌딩 등	$2,500,000	> 2년	$2,000,000
		은행 자본금	$5,000,000
총자산	$100,000,000	총부채 및 자본	$100,000,000

10. 시카고애비뉴은행(Chicago Avenue Bank)이 다음과 같은 자산을 갖고 있다고 하자.

자산	가치	듀레이션(년)
T-bill	$100,000,000	0.55
소비자 대출	$40,000,000	2.35
상업 대출	$15,000,000	5.90

이때 시카고애비뉴은행의 자산 포트폴리오의 듀레이션은 얼마인가?

11. 은행이 포트폴리오에 채권 한 종목을 편입했다. 채권의 듀레이션은 12.3년이고 그 가격은 1,109달러였다. 채권 매입 직후 은행은 시장 이자율이 8%에서 8.75%로 상승할 것으로 예상됨을 알았다. 이때 채권 가치의 변화는 얼마나 기대되는가?

12. 자산의 평균 듀레이션이 3.60이고 부채의 평균 듀레이션이 0.88이고 이자율이 5%에서 5.5%로 상승할 때, 자산과 부채의 시장가치 변화를 계산하라.

13. 스프링거카운티은행(Springer County Bank)은 총자산 규모가 1억 8,000만 달러이고 듀레이션은 9년이고, 총부채규모는 1억 6,000만 달러에 듀레이션은 2년이다. 만일 이자율이 9%에서 75 bp 하락한다면, 은행의 자본비율은 얼마나 변화하는가?

14. 타일러은행신탁(Tyler Bank and Trust)의 경영자가 다음과 같은 자산 부채를 관리한다고 하자.

자산	가치	듀레이션(년)
채권	$75,000,000	9.00
소비자 대출	$875,000,000	2.00
상업대출	$700,000,000	5.00

부채	가치	듀레이션(년)
요구불예금	$300,000,000	1.00
저축예금	??	0.50

경영자가 3.00의 듀레이션 갭을 원한다면 저축예금을 얼마나 유치해야 하는가? 자산과 부채의 차이는 현금(듀레이션은 0)으로 보유한다고 가정하라.

15. 다음 재무제표는 당해 연도의 것이다. 이 자료를 보고 은행의 듀레이션 갭을 계산하라.

세컨드내셔널은행					
자산		듀레이션(년)	부채		듀레이션(년)
지준	$5,000,000	0.00	당좌예금	$15,000,000	2.00
증권			MMDA	5,000,000	0.10
〈1년	5,000,000	0.40	저축예금	15,000,000	1.00
1~2년	5,000,000	1.60	CD		
〉2년	10,000,000	7.00	변동이자율	10,000,000	0.50
주택 모기지			〈1년	15,000,000	0.20
변동이자율	10,000,000	0.50	1~2년	5,000,000	1.20
고정이자율	10,000,000	6.00	〉2년	5,000,000	2.70
상업 대출			은행 간 대출	5,000,000	0.00
〈1년	15,000,000	0.70	차입금		
1~2년	10,000,000	1.40	〈1년	10,000,000	0.30
〉2년	25,000,000	4.00	1~2년	5,000,000	1.30
빌딩 등	5,000,000	0.00	〉2년	5,000,000	3.10
			은행 자본금	5,000,000	
총자산	$100,000,000		총부채 및 자본	$100,000,000	

연습문제 16-23에서는 523쪽에 나왔던 퍼스트내셔널은행의 처음 재무상태표를 사용하고 이자율이 초기에 10%였다고 가정하라.

16. 만일 퍼스트내셔널은행이 만기 2년 이상의 증권을 1,000만 달러어치 매각해서 만기 1년 미만 증권으로 교체하면, 은행의 수익 갭은 얼마가 되는가? 이자율이 3% 포인트 하락하면 그 다음 해 이익에는 어떤 일이 발생하는가?

17. 만일 퍼스트내셔널은행이 고정금리 모기지 500만 달러를 변동금리 모기지로 바꾸면, 이자율위험은 어떻게 되는가? 수익 갭과 듀레이션 갭 분석으로 설명하라.

18. 퍼스트내셔널은행의 경영자가 고정이자율 모기지에서 1년 이내에 조기 상환 비율을 20%에서 10%로 그 추정을 바꾸면, 은행이 직면하는 이자율위험의 추정은 어떻게 변하는가? 이자율이 2% 포인트 하락하면 은행 이익에는 어떤 일이 생기는가?

19. 퍼스트내셔널은행의 경영자가 당좌예금의 이자율 민감 비율을 10%에서 25%로 그 추정을 바꾸면, 은행이 직면하는 이자율위험의 추정은 어떻게 변하는가? 이자율이 5% 포인트 상승하면 은행 이익에는 어떤 일이 생기는가?

20. [표 20.1]의 듀레이션 추정치 하에서, 이자율이 10% 포인트 상승하면 은행의 순자산에는 어떤 일이 생기는가? 은행이 무사할까? 왜 그런가?

21. 퍼스트내셔널은행의 경영자가 은행 자산의 듀레이션은 4년으로 부채의 듀레이션은 2년으로 그 추정을 변경했다면, 이자율이 2% 포인트 상승할 때 순자산 가치에 미치는 영향은?

22. 문제 21의 듀레이션 추정 하에서, 은행은 순자산을 이자율위험으로부터 면역시키기 위해 그 자산의 듀레이션을 어떻게 바꿔야 하는가?

23. 문제 21의 듀레이션 추정 하에서, 은행은 순자산을 이자율위험으로부터 면역시키기 위해 그 부채의 듀레이션을 어떻게 바꿔야 하는가?

연습문제 24-29에서는 531쪽에 나왔던 프렌들리 파이낸스사의 처음 재무상태표를 사용하고 이자율이 초기에 8%였다고 가정하라.

24. 프렌들리 파이낸스사의 경영자가 회사의 소비자 대출 1,000만 달러를 매각하는데 절반은 만기 1년 미만에서, 나머지 절반은 만기 2년 이상을 대상으로 하고, 그 자

금으로 1,000만 달러어치 T-bill을 매수했다고 하자. 이때 회사의 수익 갭은 얼마인가? 이자율이 5% 포인트 하락하면 그 다음해 회사의 이익에는 어떤 일이 생기는가? 프렌들리 파이낸스사는 이런 이자율 변화로부터 수익을 면역시키기 위해 재무상태표를 어떻게 변경시킬 수 있을까?

25. 프렌들리 파이낸스사가 추가로 기업어음을 2,000만 달러 발행하고 그 자금으로 만기 1년 미만의 소비자대출 2,000만 달러를 실행했다고 하면, 이자율위험은 어떻게 될까? 이런 상황에서 수익 갭을 없애고자 한다면 재무상태표에 어떤 추가적인 변화가 있을 수 있는가?

26. [표 20.2]의 듀레이션 추정치 하에서, 이자율이 3% 포인트 상승하면 프렌들리 파이낸스사의 순자산에는 어떤 일이 생기는가? 회사는 무사할까? 왜 그런가?

27. 프렌들리 파이낸스사의 경영자가 회사 자산의 듀레이션 추정치를 2년으로, 부채의 듀레이션 추정치는 4년으로 변경했다면, 이자율이 3% 포인트 상승할 때 순자산에 미치는 영향은?

28. 문제 27의 듀레이션 추정치 하에서 프렌들리 파이낸스사는 이자율위험으로부터 순자산을 면역시키기 위해 그 자산의 듀레이션을 어떻게 바꿔야 하는가?

29. 문제 27의 듀레이션 추정치 하에서, 프렌들리 파이낸스사는 이자율위험으로부터 순자산을 면역시키기 위해 그 부채의 듀레이션을 어떻게 바꿔야 하는가?

> 웹 연습문제

금융기관의 위험관리

1. 이 장에서는 금융기관이 신용상태가 우량한 차입자에게 대출을 실행함으로써 신용위험을 통제해야 할 필요성에 대해 논의했다. 만일 여러분의 신용상태가 악화되어 간다면, 여러분은 필요한 차입이 어렵게 될지 모른다. 웹사이트 http:// quicken.intuit.com/support/help/managing-your-credit/winning-back-yourfinances-how-to-increase-your-credit-score-in-6-months-/INF24303.html.를 방문해보라. 여러분의 신용도에 영향을 미치는 요인들에는 무엇이 있는가? 여러분이 대부자들에게 매력도를 높이기 위해 할 수 있는 일들에는 어떤 것들이 있는가?

2. FDIC는 은행의 위험관리에 대해 극도의 관심을 갖고 있다. 고위험 은행들이 파산 가능성이 높고 따라서 FDIC의 자금에 비용을 유발시킬 가능성이 높다. FDIC는 정기적으로 은행을 검사하고 이들을 CAMELS라 불리우는 시스템을 사용해 등급을 매긴다. 웹사이트 http://www.frbsf.org/econrsrch/wklyltr/wklyltr99/el99-19.html.를 방문해보자. CAMELS는 어떤 용어들의 약자인가? CAMELS 등급이 은행감독 과정에 어떻게 사용되는지 논의해보라.

CHAPTER

21

금융파생상품을 이용한 헤징

> PREVIEW

1970년대를 시작으로 1980년대와 1990년대로 접어들면서 세상은 금융기관에게 점점 더 위험한 장소가 되었다. 이자율의 변동이 심해지고, 채권과 주식시장은 변동성이 대폭 증대되어 여러 사고들이 발생했다. 그 결과 금융기관의 경영자는 금융기관이 직면한 위험을 감소시키는 데 더 깊은 관심을 갖게 되었다. 위험 감축에 대한 필요가 커지면서, 제14장에서 논의한 금융혁신 과정에서 다행히 금융기관 경영자가 좀더 효율적인 위험관리를 할 수 있도록 새로운 금융상품들이 출현했다. 이 상품들이 바로 **금융파생상품**(financial derivatives)인데 그 수익이 기존에 발행된 증권들에 연계되어 있고 위험관리 수단으로 매우 유용하다.

이 장에서는 금융기관 경영자가 위험을 줄이기 위해 사용하는 가장 중요한 금융파생상품인 선도계약, 금융선물, 옵션, 스왑을 살펴본다. 이들 금융파생상품 시장이 어떻게 작동하는지는 물론 금융기관 경영자가 위험을 감소시키는 데 각 개별 상품이 어떻게 사용되는지도 살펴보기로 하자.

헤징

온라인 정보
http://www.rmahq.org/
위험관리협회(Risk Management Association)의 웹사이트로 연차보고서 연구, 온라인 출판물 등 유용한 정보들을 보고하고 있다.

금융파생상품은 금융기관이 위험을 감소 또는 소멸시키기 위한 금융거래행위인 **헤지**(hedge)를 가능케 해주기 때문에 위험을 감소시키는 데 매우 효과적으로 쓰일 수 있다. 금융기관이 어느 자산을 구입할 때를 일컬어 **롱 포지션**(long position)을 취한다고 하는데 수익률이 확실치 않기 때문에 위험에 노출된다. 반면 금융기관이 자산을 매각해서 그 자산을 장차 다른 사람에게 인도할 것을 약정할 때를 일컬어 **숏 포지션**(short position)을 취한다고 하는데 이때에도 금융기관은 위험에 노출될 수 있다. 금융파생상품은 위험을 감소시키는 데 다음과 같은 헤징의 기본 원리를 활용한다. ***위험에 대한 헤징을 위해 롱 포지션에 대해서는 추가적인 숏 포지션을 취하고, 숏 포지션에 대해서는 추가적인 롱 포지션을 취해 서로 상쇄시키는 금융거래를 한다.*** 달리 말하면, 금융기관이 만일 증권을 *매수*해 롱 포지션을 취하고 있다면, 그 증권에 대해 미래 어느 시점에 *매도*하기로 숏 포지션을 취하는 계약을 함으로써 헤지한다는 것이다. 반대로 금융기관이 어느 증권을 *매도*해 미래 어느 시점에 인도해야 할 필요가 있는 숏 포지션을 취하고 있다면, 이 금융기관은 헤지를 위해 그 미래 시점에 증권을 *매수*하기로 롱 포지션을 취하는 계약을 맺는 것이다. 먼저 선도계약을 이용할 때 이 원리가 어떻게 적용되는지 살펴보기로 하자.

선도 시장

선도계약(forward contract)은 양 당사자가 미래(future 또는 forward) 시점에 금융거래를 수행하기로 한 협약이다. 여기서는 채권과 연결된 선도계약인 **이자율 선도계약**(interest-rate forward contract)에 초점을 맞추기로 한다. 그리고 뒤에 **외환 선도계약**(forward contract for foreign currency, 선물환 계약)에 대해서도 논의한다.

이자율 선도계약

이자율 선도계약은 채무수단(debt instrument)의 미래 시점에서의 매도 또는 매수를 의미하는데 다음 몇 가지 사항이 포함된다. (1) 미래 시점에 인도될 실제 채무수단의 지정, (2) 인도될 채무수단의 수량, (3) 인도 시점의 채무수단가격(이자율), 그리고 (4) 인도가 일어날 시점이다. 이자율 선도계약의 예로 퍼스트내셔널은행이 록솔리드 보험회사에 매도한 계약을 보자. 지금부터 1년 후, 액면가 500만 달러의 2032년 만기, 6% 이표월의 재무부 채권을 오늘 수익률, 예를 들어 6%로 매도한다. 록솔리드 보험회사는 미래 시점에 그 증권을 매입하기 때문에 롱 포지션을 취했고, 반면 퍼스트내셔널은행은 증권을 매도하기 때문에 숏 포지션을 취한 것이다.

금융실무 선도계약을 활용한 이자율위험 헤징

퍼스트내셔널은행이 선도계약을 이용하는 이유를 이해하기 위해 퍼스트내셔널은행이 500만 달러 액면가의 2032년 만기, 6% 이표율의 재무부 장기채권을 예전에 구입했다고 하자. 현재 이 재무부 채권은 액면가(par value)에 팔리고 있어 만기수익률은 6%이다. 이 채권은 장기채이므로 상당한 이자율위험에 노출되어 걱정을 하고 있는데, 만일 이자율이 장차 올라가면 채권 가격이 떨어져 상당한 자본 손실을 입을 수도 있기 때문에 여러분은 이로 인해 직장을 잃게 될지도 모른다. 이 위험에 대해 여러분은 어떻게 헤지를 할까?

헤징의 기본 원리로 이 채권의 롱 포지션은 선도계약을 이용해 이 채권과 동일한 숏 포지션으로 상쇄시켜야 함을 알고 있다. 즉 이 채권을 현재 액면가로 미래 시점에 매도할 수 있는 계약이 여러분에게 필요하다는 것이다. 그 결과 여러분의 계약 상대방인 록솔리드 보험회사와 2032년 만기, 6% 이표율의 재무부 채권 500만 달러를 오늘부터 1년 후 액면가로 매도하기로 합의한다. 이 계약 이행으로 이 채권의 미래 가격 변동으로부터 보호받게 된다. 즉 퍼스트내셔널은행은 이자율 변동에 따른 가격 위험을 제거한 것이다. 다른 말로 하면, 이자율위험에 대한 성공적인 헤지를 수행했다.

그러면 록솔리드 보험회사는 왜 퍼스트내셔널은행과 선도계약을 하는 걸까? 록솔리드는 1년 후 500만 달러의 보험료가 들어올 것으로 예상하고 있고, 그때 이 돈을 2032년 만기, 6% 이표율의 재무부 채권에 투자하려고 하는데 이 채권에 대한 이자율이 지금부터 1년 동안 하락할 경우를 걱정하지 않을 수 없다. 바로 이때 퍼스트내셔널은행과의 재무부 장기채권에 대한 선도계약을 통해 롱 포지션을 취함으로써 6% 이자율을 고정시킬 수 있다.

선도계약의 장단점

선도계약의 장점은 계약 당사자들이 원하기만 하면 얼마든지 신축적일 수 있다. 이는 이미 앞의 예에서 살펴본 것처럼 퍼스트내셔널은행 같은 금융기관이 포트폴리오 내의 특정 증권에 대한 이자율위험을 완전히 헤지할 수 있음을 의미한다.

그러나 선도계약은 그 유용성을 제약하는 심각한 두 가지 문제점이 있다. 첫째, 퍼스트내셔널은행과 같은 금융기관이 계약을 맺을 당사자 또는 *상대방*(counterparty)을 찾기가 매우 어렵다는 것이다. 퍼스트내셔널은행과 록솔리드 보험회사 같은 당사자를 연결시켜줄 브로커가 있긴 하지만, 이번 경우처럼 2032년 만기, 6% 이표율의 특정된 선도계약에 참여하려는 금융기관은 거의 없을 수도 있다. 이는 퍼스트내셔널은행과 같이 특정 선도계약이 필요한 경우 상대방을 찾기가 불가능할 수도 있음을 의미한다. 게다가 퍼스트내셔널은행이 간신이 상대방을 찾는다 하더라도, 흥정할 다른 대상이 없기 때문에 가격 면에서 원하는 만큼 높은 가격을 받지 못할 수 있다. 그래서 이자율 선도계약 시장의 심각한 문제는 바로 이런 금융 거래를 찾는 것이 어렵거나 또는 불리한 가격으로 계약해야 한다는 것이다. 이를 금융계 용어로 말하면 이 시장의 *유동성이 결여*(lack of liquidity)되었다고 한다(이때 시장에 적용되는 *유동성*(liquidity)이라는 용어는 자산에 적용되었을 때에 비해 다소 넓은 의미임을 주의하라. 자산의 유동성은 그 해당 자산이 얼마나 빨리 현금화될 수 있는가 하는 정도를 의미하는 데 비해, 시장의 유동성은 금융거래를 얼마나 용이하게 할 수 있는가를 의미한다).

선도계약의 두 번째 문제는 채무불이행 위험(default risk)이다. 1년 뒤에 이자율이 상승해서 2032년 만기, 6% 이표율의 가격이 하락했다고 하자. 그러면 록솔리드 보험회사는 퍼스트내셔널은행과 맺은 선도계약에 대해 이제는 그때 약정한 가격보다 낮은 가격에 채권 매입이 가능하기 때문에 선도계약을 이행하지 않으려 할 수도 있다. 또는 록솔리드가 회사가 그 이름만큼 튼튼하지가 못해 계약기간 동안에 파산으로 치달아 선도계약의 거래 조건을 완수하지 못할 수도 있다. 어느 외부기관도 이 계약에 대해 보증을 해주는 곳이 없기 때문에, 퍼스트내셔널은행이 기댈 곳이라곤 오직 록솔리드를 법원에 제소하는 것뿐이고 이 절차는 비용이 많이 들 수밖에 없다. 게다가 록솔리드가 이미 파산했다면 퍼스트내셔널은행도 손실을 입을 수밖에 없다. 즉 은행은 더 이상 록솔리드와 계약한 가격에 2032년 만기, 6% 이표율을 더 이상 팔 수 없게 되고 대신 이 채권 가격이 하락했기 때문에 훨씬 더 낮은 가격에 이 물건을 팔 수밖에 없다.

선도계약에서는 이런 채무불이행 위험이 있기 때문에 계약 당사자들은 서로 상대방이 재무적으로 튼튼하고 믿을만 한지, 그리고 계약 이행까지 생존할지 등을 스스로 점검해야 한다. 당연히 이 과정은 매우 비용이 많이 들고 앞 장에서 논의한 역선택과 도덕적 위험의 모든 문제가 적용되기 때문에 채무불이행 위험이야말로 이자율 선도계약의 이용에 있어 중요한 장애물이다. 채무불이행 위험 문제와 유동성 결여 문제가 합해지면 이들 선도계약을 금융기관이 제대로 유용하게 사용하기가 어렵다. 비록 이자율 선도계약 시장이 특히 재무부 증권과 모기지증권 시장에 존재하긴 하지만, 다음에 다룰 금융선물시장만큼 크지는 않다.

금융선물시장

이자율 선도 시장에서의 채무불이행 위험과 유동성 문제로 인해 이자율위험을 헤징하기 위한 또 다른 해결책이 필요하다. 이 문제에 대한 해결책이 시카고상품거래소(Chicago Board of Trade)에서 1975년에 시작되어 발전된 금융선물계약이다.

금융선물계약

금융선물계약(financial futures contract)은 계약 당사자가 상대방에게 지정된 미래 시기에 금융상품을 인도해야 한다는 점에서는 이자율 선도계약과 유사하다. 그러나 선도 시장의 유동성과 채무불이행 위험 문제를 극복하기 위한 여러 가지 방안이 마련되어 있다는 점에서 금융선물은 이자율 선도계약과는 다르다.

금융선물계약을 이해하기 위해서, 가장 많이 거래되는 선물계약의 하나인 시카고상품거래소에서 거래되는 재무부 채권에 대한 선물계약을 살펴보자(이들 계약의 가격이 어떻게 고시되는지에 관한 예는 [금융뉴스 따라잡기]의 '금융선물'에 나와 있다). 계약 가격은 채권 액면 10만 달러를 기준으로 한다. 가격은 포인트 단위로 제시되는데, 1 포인트는 1,000달러 상당으로 가격의 최소 변화는 1/32 포인트(31.25달러)이다. 이 계약은 인도 대상 채권으로 인도 시점에 최소 15년 만기를 갖고 있어야 한다고 지정되어 있다(동시에 수의상환(callable)이 없어야 한다. 즉 재무부가 옵션을 행사해 상환을 결정하는 수의상환이 15년 이내에는 없어야 한다). 그리고 선물계약을 이행하기 위해 인도되는 재무부 채권이 선물계약에서 표시된 6%가 아닌 이표율인 경우, 인도 대상 채권의 가격은 그 채권과 6% 이표율 채권의 가격 차이를 반영해 조정된다. 선도계약에서 사용되었던 용어와 같은 맥락으로 선물계약을 매수한 당사자, 그리하여 채권을 매수하기로(인수하기로) 한 측은 *롱 포지션*을 취했다고 하며, 선물계약을 매도한 당사자, 그리하여 채권을 매도하기로(인도하기로) 한 측은 *숏 포지션*을 취했다고 한다.

이 계약을 좀 더 구체적으로 이해하기 위해 여러분이 이 재무부 채권 선물계약을 하나 매수하거나 매도할 때 어떻게 되는지를 살펴보자. 여러분이 2월 1일에 100,000달러 6월물 계약 하나를 115의 가격(즉 115,000달러)에 매도했다고 하자. 이 매도 계약으로 여러분은 계약 상대방에게 6월말에 100,000달러 액면가의 장기 재무부 채권을 115,000달러에 인도하기로 약속한 것이다. 그리고 매수자는 115의 가격의 매수 계약으로 6월말에 여러분이 인도하는 100,000달러 액면

> 금융뉴스 따라잡기 *Following the Financial News*

금융선물

채권상품에 대한 금융선물 가격은 일간 신문이나 finance.yahoo.com과 같은 인터넷 사이트에 매일 게재된다. 여기서는 시카고 상품거래소(Chicago Board of Trade)의 10만 달러 재무부 채권 계약물의 2013년 6월 19일자로 다음과 같이 전형적으로 나타나 있다.

	시가	고가	저가	종가	전일 대비	미결제 약정
6월	140-13	140-26	140-04	139-29	-21	10,288
9월	139-17	139-27	137-12	138-00	-1-18	554,632

가격은 숫자 오른쪽에 하이픈으로 1/32 단위로 표시된다.

시가: 시초 가격, 각 포인트는 액면가 1,000달러 상당. 6월 140 13/32는 140,375달러임.

고가: 당일 최고 거래 가격. 6월 140 26/32는 140,812달러임.

저가: 당일 최저 거래 가격. 6월 140 4/32는 140,125달러임.

종가: 결제 가격으로 당일 최종 가격. 6월 139 29/32는 139,906달러임.

전일 대비: 전일 종가 대비 변화. 6월물 −21은 −21/32로 656.25달러임.

미결제 약정: 잔존 약정 수량. 6월물 10,288은 액면 10억 3,000만 달러임(10,288 × 100,000달러).

채권을 인도받고 115,000달러를 지급하기로 약속한 것이다. 만일 장기채 이자율이 상승해서 이 계약 만기가 되는 6월말에 채권가격이 110까지 하락한다면(액면가 100,000달러당 110,000달러로), 이 계약 매수자는 해당 채권을 115,000달러에 매수하는데 시장에서는 110,000달러 밖에 받을 수 없기 때문에 5,000달러의 손실을 기록하게 된다. 그렇지만 여러분은 계약 매도자로서 해당 채권을 시장에서는 110,000달러 밖에 되지 않지만 계약 매수자에게 115,000달러에 매도할 수 있기 때문에 5,000달러의 이익(수수료와 비용차감이 약간 있지만)을 얻게 되는 것이다.

다음 사실을 이해하면 선물계약을 매수한 당사자와 매도한 당사자에게 어떤 일이 생기는지 설명하기가 훨씬 쉬워진다. 즉 ***만기일에는 선물계약의 가격이 인도될 기초자산의 시장가격으로 수렴한다.*** 왜 그런지 알아보기 위해 6월말 만기일에 기초자산인 액면가 100,000달러 재무부 채권의 가격이 110(즉 110,000달러)일 때 6월 만기 계약이 어떻게 되는지 살펴보기로 하자. 만일 선물계약이 110 이하의 가격, 예를 들어 109에 팔린다면, 거래자는 이 계약을 109,000달러에 매수해 채권을 인도받고 즉각 시장에서 11만 달러에 매도할 수 있어 1,000달러의 이익을 손쉽게 챙길 수 있다. 이 이익을 취하는 거래에는 아무런 위험도 따르지 않기 때문에 모든 사람이 하고 싶어 하는 최상의 거래기회이다. 이는 결국 모든 사람들이 이 선물계약 매수에 몰린다는 것을 의미하고, 그 결과 가격은 상승할 수밖에 없다. 그 가격이 110이 되어야만 이익기회는 더 이상 존재하지 않고 매수 압력은 사라질 것이다. 반대로, 만일 선물계약이 110 이상의 가격, 예를 들어 111에 팔리고 있다면, 모든 사람들이 계약을 매도하려고 할 것이다. 이제 매도자는 선물계약을 매도해 111,000달러를 얻을 수 있는데 비해 그 계약 이행을 위해 매수자에게 인도되는 재무부 채권은 시장에서 110,000달러에 구입할 수 있기 때문에 이 거래 과정에서 1,000달러의 이익을 챙길 수 있게 된다. 이 거래 과정 역시 아무런 위험도 없기 때문에 거래자는 선물계약 매도를 계속하게 될 것이고 이때 그 가격은 110으로 다시 떨어지고 그 가격에서는 아무런 이익도 더 이상 발생하지 않게 된다. 선물시장에서의 이런 무위험 이익기회를 **차익거래**(arbitrage)라고 하며, 이를 통해 선물계약의 가격은 만기일에 인도 대상 기초자산의 가격과 같아지게 된다.[1)]

이제 선물계약의 가격은 만기 시점에 그 기초자산의 가격과 일치한다는 사실을 활용하면, 이자율 변화에 대해 그 계약 당사자들의 이익과 손실에 대해 살펴보는 것이 더욱 쉬워진다. 이자율이 상승해 재무부 채권의 가격이 6월말 만기일에 110이 되면, 6월물 재무부 채권 선물계약 가격도 역시 110이 된다. 따라서 여러분이 2월에 115의 가격에 선물계약을 매수했다면 여러분은 5 포인트 손실 즉 5,000달러(10만 달러의 5%)의 손실을 본다. 그러나 여러분이 만일 2월에 115의 가격에 선물계약을 매도했다면, 110으로의 가격 하락으로 5 포인트 이익, 즉 5,000달러의 이익을 본다.

---

1) 실제로 선물계약은 때론 기초자산의 인도 시점과 종류에 관한 조건 설정으로 인해 만기 시점에 선물계약 가격이 기초자산의 가격과 약간 달라지기도 한다. 그러나 그 차이는 지극히 적기 때문에 여기서는 무시하기로 한다.

금융실무 금융선물을 이용한 헤징

퍼스트내셔널은행의 경영자로서 여러분은 5백만 달러 상당의 2032년 만기, 6% 이표율의 재무부 채권의 이자율위험에 대한 헤지를 위해 금융선물을 이용할 수도 있다.

이를 살펴보기 위해 2014년 3월에 2032년 만기, 6% 이표율의 재무부 채권을 대상으로 시카고상품거래소에서 거래되는 만기 1년, 즉 2015년 3월에 돌아오는 재무부 채권 선물계약이 있다고 하자. 동시에 이 채권의 이자율은 다음 해까지 6%로 유지되어 2032년 만기, 6% 이표율의 재무부 채권의 현물과 선물 모두 액면가로 거래될 수 있다고 하자(즉 채권 액면가 5백만 달러는 그대로 5백만 달러에, 10만 달러 선물계약은 그대로 10만 달러에 거래된다). 헤징의 기본 원리에 의하면, 여러분은 이 채권의 롱 포지션을 상쇄하기 위해 숏 포지션이 필요하고 따라서 선물계약의 매도가 필요하다. 그런데 도대체 얼마나 많은 계약을 매도해야 하는가? 이자율위험에 대비한 헤지를 위해 필요한 계약 수는 헤지 대상 자산금액을 선물 1계약의 금액으로 나누면 구할 수 있는데, 아래 식(1)과 같다.

$$NC = VA/VC \tag{1}$$

여기서 NC = 헤지 계약 수
VA = 자산 금액
VC = 선물 1계약의 금액

예제 21.1 이자율 선물을 이용한 헤징

2032년 만기, 6% 이표율의 재무부 채권은 장기채로 시카고상품거래소(CBT) 선물계약에서 1년 경과 후 2015년 3월에 인도된다고 하자. 이때 이자율은 그 이듬해까지 6%로 유지될 것으로 기대된다. 따라서 2032년 만기, 6% 이표율의 재무부 채권의 현물과 선물계약 모두 액면가에 거래된다. 이때 퍼스트내셔널은행은 2032년 만기, 6% 이표율의 재무부 채권의 500만 달러에서 노출된 이자율위험을 해소하기 위해 얼마나 많은 선물계약이 필요한가?*

> 해답

VA = 500만 달러
VC = 10만 달러

따라서,

$$NC = 500\text{만}/10\text{만} = 50$$

여러분은 50 계약의 재무부 채권 선물계약 매도를 통해 이자율위험을 헤지할 수 있다.

이제 1년 동안 인플레 위험이 고조되면서 이자율이 8%로 상승했다고 하자. 퍼스트내셔널은행이 보유하고 있는 2032년 만기, 6% 이표율의 재무부 채권의 가치는 2015년 3월이 되면 4,039,640달러로 하락하게 된다.** 따라서 이 채권의 롱 포지션으로부터의 손실은 다음과 같다.

2015년 3월, 8% 이자율에서의 가치	\$4,039,640
2014년 3월, 6% 이자율에서의 가치	–\$5,000,000
손실	–\$960,360

그러나 만기일인 2015년 3월 이자율이 8%로 상승한 후 2032년 만기, 6% 이표율의 재무부 채권의 500만 달러 상당을 인도해야 하는 50 계약의 숏 포지션의 가치는 500만 달러이다. 이때 그 채권의 가치는 앞서 살펴본 것처럼 4,039,640달러이다. 그런데 여러분이 이 선물계약을 매도할 때에 그 매수자는 여러분에게 만기일에 500백만 달러를 지급하기로 되어 있다. 따라서 이 선물계약의 숏 포지션으로부터의 이익은 역시 다음과 같다.

2014년 3월에 계약된 대로 2015년 3월 지급되는 금액	\$5,000,000
2015년 3월, 8% 이자율에서 인도 대상 채권의 비용	–\$4,039,640
이익	\$960,360

따라서 퍼스트내셔널은행의 순이익이 영(0)이 되어, 헤지는 성공적으로 수행되었다.

* 실제 실무에서는 헤지의 설계가 여기에서 보여진 사례보다 좀 더 복잡할 수밖에 없는데, 그 이유는 종종 인도 대상 채권이 2032년 만기, 6% 이표율의 재무부 채권이 아닌 다른 채권들이 될 수 있기 때문이다.

** 채권의 가치는 금융계산기를 사용해 다음과 같이 계산할 수 있다. FV = \$5,000,000, PMT = \$300,000, I = 8%, N = 19, PV = \$4,039,640.

이제까지 설명된 헤지는 소위 **미시적 헤지**(micro hedge)라고 불리는데 금융기관이 보유하고 있는 특정 자산의 이자율위험에 대한 헤지를 수행하기 때문이다. 금융기관이 수행하는 두 번째 유형의 헤지는 소위 **거시적 헤지**(macro hedge)라고 해서 금융기관 전체 포트폴리오에 대한 헤지를 수행하는 것을 말한다. 예를 들어 은행이 그 부채에 비해 자산의 듀레이션이 더 긴 경우 제20장에서 살펴보았듯이 이자율이 상승하면 은행의 가치는 하락한다. 이때 이자율 선물계약을 매도함으로써 이자율이 상승할 때 이익을 볼 수 있으므로 은행은 전체 보유 포토폴리오가 입을 수 있는 이자율 상승으로부터의 손실을 상쇄할 수 있고, 따라서 이자율위험에 대한 헤지를 달성할 수 있다.[2)]

2) 금융선물 헤지를 이용한 이자율위험의 보다 상세한 사례와 세부사항은 이 장의 부록을 참조하라. 이 부록은 교과서의 웹사이트 www.pearsonhighered.com/mishkin_eakins에 있다.

금융선물시장 거래를 위한 조직

미국에서 금융선물계약은 시카고상품거래소(Chicago Board of Trade), 시카고상업거래소(Chicago Mercantile Exchange), 뉴욕선물거래소(New York Futures Exchange), 미드아메리카상품거래소(MidAmerica Commodity Exchange), 캔자스시티상품거래소(Kansas City Board of Trade) 등의 거래소에서 거래된다. 이들 거래소는 서로 경쟁이 매우 심하고 각 거래소는 선물계약과 거래 기준 등을 만들 때 그 거래소의 거래 물량을 증가시키기 위해 많은 노력을 기울인다.

미국에서의 선물거래소와 금융선물 거래에 관한 모든 사항은 상품선물거래위원회(Commodity Futures Trading Commission, CFTC)에서 규제하는데, 이 기관은 1974년 설립되어 농림부(Department of Agriculture)에서 관장하던 선물시장에 관한 모든 규제업무를 이관받았다. CFTC는 선물 거래와 선물시장을 관장하며 이들 시장가격이 조작되지 않도록 감시하고, 브로커, 트레이더, 거래소에 대한 인가와 감사 업무를 통해 사기를 미연에 방지하고 거래소의 재정적 건전성을 확보할 수 있게 한다. 나아가 CFTC는 제안된 선물계약들이 동시에 공공의 이해관계에도 합당하게끔 관리한다. *월스트리트저널*(Wall Street Journal)에 보도되는 거래량이 가장 활발한 금융선물계약들과 그들 상품이 거래되는 거래소들이 (2013년 7월 현재 **미결제 약정**(open interest)이라 불리는 잔존 계약 수와 함께) [표 21.1]에 나와 있다.

[표 21.1] 활발하게 거래되는 금융선물계약의 종류

계약 유형	계약 단위	거래소	미결제약정 (2013년 7월)
이자율 선물계약			
재무부 채권(장기)	$100,000	CME	576,609
재무부 중기채권(중기)	$100,000	CME	2,342,207
5년 만기 재무부 채권	$100,000	CME	1,611,675
2년 만기 재무부 채권	$200,000	CME	840,701
페더럴펀드	$5 million	CME	311,772
유로달러	$1 million	CME	8,933,577
주가지수선물계약			
스탠다드앤드푸어스 500 지수	$250 × index	CME	165,532
다우존스 지수	$10 index	CBT	14,436
나스닥 100	$100 index	CME	405,306
통화 선물계약			
엔	¥12,500,000	CME	172,270
유로	€125,000	CME	227,631
캐나다 달러	C$100,000	CME	111,336
영국 파운드	£62,500	CME	152,076
스위스 프랑	SF 125,000	CME	36,147
멕시코 페소	MXN 500,000	CME	101,051

* 거래소 약자: CBT
자료: CME Group: www.cmegroup.com/market-data/volume-open-interest/index.html.

최근 다른 금융시장에서의 세계화 흐름과 마찬가지로 금융선물시장에서도 해외로부터의 경쟁이 치열해지고 있는 것은 전혀 놀라운 일이 아니다.

금융선물시장의 세계화

미국의 선물거래소는 금융선물을 처음으로 거래한 곳이기 때문에 1980년대 초까지 금융선물 거래면에서 지배적 지위를 차지하고 있었다. 예를 들어 1985년 선물계약의 상위 10개가 모두 미국 거래소에서 거래되었다. 그러나 금융선물시장의 급속한 발전과 그 결과로 미국 거래소들이 높은 수익을 얻게 되자, 외국 거래소들도 좋은 수익기회가 있음을 포착하고 이 사업에 뛰어들었다. 1990년대가 되면 유로달러 계약은 런던 국제금융선물거래소(London International Financial Futures Exchange)에서, 일본 재무부 채권 계약과 유로엔 계약은 도쿄 증권거래소(Tokyo Stock Exchange)에서, 프랑스 재무부 채권 계약은 프랑스 국제선물거래소(Marche a Terme International de France)에서, Nikkei 225 계약은 오사카 증권거래소(Osaka Stock Exchange)에서 거래되었다. 이 모두 세계에서 가장 거래가 활발한 선물계약들이 되었다. 1996년에는 일곱 개의 개발도상국(또는 *신흥시장국*(emerging market country)이라 불림)에서 선물거래소가 설립되기 시작했으며 이 숫자는 곧 배 이상 뛰어오를 것으로 기대된다.

해외로부터의 경쟁이 격화되면서 대부분 미국에서 시작되어 성행했던 금융선물계약들의 거래가 중단되기에 이르렀다. 해외 거래소에서 거래되는 이들 상품들은 미국에서 거래되던 것들과 사실상 같은 상품들로서 미국 거래소의 폐장 시간에도 거래가 가능한 비교우위를 갖고 있다. 나아가 글로벡스(Globex) 전자거래 플랫폼의 발전에 따라 금융선물이 하루 24시간 온종일 거래가 가능하게 됨에 따라 거래자들은 거래소가 공식 개장되어 있지 않더라도 전 세계에서 선물거래를 할 수 있게 되었다. 금융선물거래는 이와 같이 완전하게 세계화되었고, 미국과 해외 거래소 간의 경쟁은 치열하게 전개되기에 이르렀다.

선물시장의 성공 요인

재무부 채권의 금융선물시장에서의 엄청난 성공은 재무부 채권 계약의 총 미결제 약정 수량이 2013년 7월 19일 현재 576,609 계약에 달하고 그 금액으로는 총 570억 달러(576,609 × 10만 달러)에 이른다는 사실만으로도 자명하다. 금융선물과 선도계약의 차이점과 이들 시장 조직의 차이점을 여러 가지 들 수 있는데, 이들이 재무부 채권 선물시장처럼 금융선물시장이 성공을 거둔 이유를 설명할 수 있다.

선물계약의 몇몇 특징들은 선도계약에 필연적이었던 유동성 문제를 극복하도록 설계되었다. 첫 번째 특징으로는 선도계약과는 달리 선물계약에서는 인도 대상 계약의 수량과 인도일이 표준화되어, 서로 다른 당사자들이 선물시장에서 서로 연계될 가능성을 높여 시장 유동성을 증가시킨다. 재무부 채권 선물시장의 경우, 인도 대상 수량은 채권 액면가 10만 달러이고 인도일은 3, 6, 9, 12월의 마지막 영업일로 설정되어 있다. 두 번째 특징은 선물계약이 매수 또는 매도가 이루어진 후 인도일까지 언제든 다시 거래(매수 또는 매도)될 수 있다. 이와는 대조적으로 선도계약은 한 번 이루어지고 나면 보통은 이를 다시 거래할 수 없다. 선물계약의 세 번째 특징은 선도계약에서처럼 인도일에 한 가지 유형의 재무부 채권만이 인도 대상이 되지 않는다는 것이다. 대신, 어떤 재무부 채권이라도 만기 15년 이상이고 수의상환만 허용되지 않는다면 인도 대상 채권으로 가용하다는 것이다. 이와 같이 연속 거래를 통해서 뿐 아니라 재무부 채권의 한 특정 채권만이 아닌 여러 재무부 채권으로 인도 범위가 넓어짐에 따라 선물시장의 유동성이 증가된다.

선물계약에서 그 인도 대상 채권을 하나 이상의 복수로 지정하는 데에는 또 다른 이유가 있는데, 누군가 시장을 매점해 선물계약을 매도한 거래자들에게 '압박을 가할(squeeze)' 가능성을 제한하기 위함이다. 시장을 매점하기 위해 인도 가능한 증권을 누군가가 모두 매수해버려 숏 포지션 투자자들이 인도일 당일 그들의 계약 이행을 위해 증권을 매수할 수 없게 만들 수 있다. 물론 시장을 매점한 당사자는 큰 부를 챙기겠지만, 숏 포지션 투자자들은 엄청난 손실을 피할 수 없게 된다. 이런 매점 행위가 시장에서 가능하다는 사실은 사람들로 하여금 숏 포지션을 취하는 데 명백한 제약 요인이 되고 따라서 시장의 거래규모를 줄이는 요인이 된다. 이런 이유로 선물계약에서는 보다 많은 여러 종류의 증권들이 인도 대상이 되게 함으로써 제대로 시장 매점을 하기 위해서는 더 많은 금액의 증권을 매수해야만 하게끔 만들기 때문에 그 누구도 시장을 매점하기 어렵다. 시장 매점은 이론적인 가능성을 뛰어넘어 실제 [미니사례] '헌트 형제와 은 시장 붕괴(The Hunt Brothers and the Silver Crash)'에서처럼 선물계약을 만드는 거래소뿐 아니라 규제자들에게도 관심의 대상이다.

선물시장에서의 거래는 선도계약에서 발생하는 채무불이행 위험 문제를 극복하기 위해서 선도 시장에서의 거래와는 다르게 구성되어 있다. 두 유형 모두 모든 계약에는 롱 포지션을 취하는 매수자와 숏 포지션을 취하는 매도자가 있어야 한다. 그러나 선물계약에서는 선물계약의 매수자와 매도자가 그들의 계약을 당사자 간이 아니라 선물거래소에 소속되어 있는 청산소(clearinghouse)와 맺는다. 선도 시장의 경우와는 달리 이 방법은 선물계약의 매수자가 더 이상 그 계약 매도자의 재정상태나 신인도에 관해 걱정할 필요가 없음을 의미하고 그 반대의 경우도 마찬가지다. 청산소가 재정적으로 탄탄하기만 하면 선물계약의 매수자나 매도자는 채무불이행 위험에 대해 전혀 걱정할 필요가 없는 것이다.

청산소가 재정적으로 탄탄하고 그 계약 이행을 위협할 정도의 재정적 곤란에 빠지지 않게 하기 위해, 또 선물계약의 매수자와 매도자는 소위 **증거금 의무**(margin requirement)에 의해 개시 증거금(initial margin)을 납부해야만 한다. 예를 들어 재무부 채권 1 계약당 선물중개회사의 증거금 계좌에 예치해야 할 증거금 규모는 약 2,000달러이다. 선물계약은 그리고 매일 **일일정산**(marked to market)된다. 일일정산은 매 거래일 폐장 후 선물계약의 가치 변동을 반영해 증거금 계좌에 가감이 이루어지는 것을 의미한다. 재무부 채권 선물계약을 수요일 오전 115의 가격에 매수했는데 그날 폐장 가격인 종가(settlement price)가 114로 떨어졌다고 하자. 그러면 여러분은 그 계약에서 1 포인트, 즉 1,000달러 손실을 본 것이고 대신 매도자는 그 계약에서 1 포인트, 즉 1,000달러 이익을 얻는다. 이 1,000달러의 이익은 매도자의 증거금 계좌에 더해져 그의 계좌는 총 3,000달러가 되고, 여러분 계좌는 1,000달러가 차감되어 이제 1,000달러 밖에 남아 있지 않게 된다. 이때 이 증거금 계좌가 유지증거금(maintenance margin) 수준(개시증거금과 같을 수도 있지만 보통은 이보다는 적게 책정됨)에 미달하게 되면, 거래자는 계좌에 자금을 보충하도록 요구받는다. 예를 들어 이 예에서 유지증거금 수준이 2,000달러라면 여러분은 계좌 잔고를 다시 2,000달러로 복구시키기 위해 추가로 1,000달러를 예치하도록 요구받는 것이다. 증거금 제도와 일일정산을 통해 거래자는 계약의 불이행 유혹을 훨씬 적게 느끼게 되고 이런 방법으로 선물거래소는 손실로부터 보호받을 수 있다.

마지막으로 선도 시장에 비해 선물시장이 갖는 장점은 대부분의 선물계약에서는 선도계약과는 달리 만기일에 실제 기초자산의 인도가 일어나지 않는다는 것이다. 선물계약의 매도 거래자는 선물계약의 반대 매수를 통해 만기일에 인도를 이행하지 않아도 된다. 롱 포지션과 숏 포지션의 동시 보유는 사실상 거래자가 동일 채권의 인수 인도를 의미하는 것으로써 이때 거래자는 거래소 규칙에 따라 두 계약을 서로 상쇄시킬 수 있다. 거래자가 그들 계약을 이런 방법으로 상쇄함으로써 선물시장에서는 그 거래비용이 선도 시장에 비해 저렴하게 된다. 즉 선물 거래자는 실제 상품 인도 비용을 회피할 수 있는 데 비해 선도계약에서는 이것이 용이하지 않다는 것이다.

> 미니사례 *Mini-Case*

헌트 형제와 은 시장 붕괴

1979년 초 텍사스의 두 억만장자인, 허버트 헌트(W. Herbert Hunt)와 그의 동생 넬슨 헌트(Nelson Bunker Hunt)가 은 시장을 뒤흔들기로 결심했다. 허버트가 은을 구매하겠다는 이유로 다음과 같이 발표했다. "내가 보기에 미국 경제가 악화될 것이라는 확신이 든다. 이로 인해 결국 심각한 인플레이션 때문에 … 귀금속에 대한 투자가 현명한 투자일 것이라는 나의 믿음은 더욱 공고해지고 있다." 비록 헌트 형제의 은 구매에 대한 이유가 이 투자가 좋은 성과를 가져오기 때문이라고 했지만, 다른 사람들이 보기에는 이들의 진짜 은 구매 이유는 은 시장에서 시장 매점을 행하려는 것이었다. 사우디 왕족도 몇몇 포함된 여러 동료들과 함께 헌트 형제는 3억 온스에 달하는 은을 실제 은괴 형태로는 물론 은 선물계약의 형태로 매입했다. 그 결과 은 가격은 온스당 6달러에서 1980년 1월에는 온스당 50달러까지 치솟았다.

규제 당국과 선물거래소는 헌트 형제가 하려는 일을 눈치 채고 바로 개별 거래자가 보유할 수 있는 최대 계약 한도를 2,000개로 제한함으로써 시장 매점의 가능성을 없애버리기 위한 조치를 단행했다. 이 계약 보유 한도는 1,000만 온스 상당량에 해당되는 것으로 헌트 형제가 보유한 수량의 아주 작은 부분에 불과했고, 이로 인해 매도에 나설 수밖에 없게 되었다. 그 결과 은 시장은 곧 붕괴되었고 은 가격은 온스당 10달러 이하로 곤두박질쳤다. 헌트 형제가 입은 손실은 10억 달러가 넘는 것으로 추산되었고 그들은 곧 재무적 곤경 상태에 빠지고 말았다. 그들은 11억 달러에 달하는 부채를 안게 되어 그 가문이 보유해온 플래시드오일(Placid Oil Company) 지분은 물론 75,000두에 달하는 가축과 순혈종 경마 전용 마굿간, 명화, 보석, 심지어 관개 펌프, 잔디깎기와 같은 사소한 것들까지 다 저당잡힐 수밖에 없었다. 마침내 헌트 형제는 모두 개인 파산을 선고받을 수밖에 없게 되었는데, 이로 인해 이들은 미국 역사상 최대 개인 파산이라는 오명을 남기게 되었다.

넬슨과 허버트 헌트 형제는 은 시장에서 그들의 한때 외유로 엄청난 대가를 치렀는데, 이때에도 넬슨은 최소한의 유머를 발휘했다. 은 시장의 붕괴 직후 그의 손실에 대한 견해를 묻는 데 대해 그는 "10억 달러의 돈도 순식간에 날아가네요."*라고 대답했다.

* 크리스찬 힐(G. Christian Hill) 인용, "제국의 몰락: 달라스 헌트 형제와의 현 상태에 대한 문답: 그들은 어떻게 망했나?" *월스트리트저널* (1984년 11월 14일): c28.

금융실무 선도와 선물계약을 이용한 환위험 헤징

제13장에서 언급했듯이, 최근 환율은 매우 심한 변동성을 보이고 있다. 환율의 큰 변동은 금융기관 및 여타 기업들로 하여금 심각한 환위험에 빠지게 만드는데, 이로 인해 상당 수준의 이익을 볼 수도 있지만 손실에도 노출될 수 있기 때문이다. 금융기관 경영자로서는 다행히도 여기서 논의된 금융파생상품-선도계약과 금융선물 계약-을 환위험 헤지에 사용할 수 있다.

금융기관 경영자가 환위험 관리를 어떻게 하는지 이해하기 위해 퍼스트내셔널은행의 고객인 프리볼러스럭서리(Frivolous Luxuries, Inc)가 1월에 1,000만 유로 상당의 물품을 독일에서 판매하고 2개월 후 그 판매 대금 1,000만 유로를 받기로 되어 있다고 하자. 프리볼러스럭서리는 유로의 가치가 현재 1달러에 비해 현저히 떨어지면 그때 수령하는 1,000만 유로가 더 이상 1,000만 달러의 가치를 갖지 못하기 때문에 회사가 입을 수 있는 큰 손실에 대해 우려하고 있다. 그래서 프리볼러스럭서리의 CEO인 샘(Sam)이 그의 친구인 퍼스트내셔널은행의 모나(Mona)에게 전화를 걸어 회사의 이런 환위험에 대한 헤지를 도와줄 수 있는지를 물어왔다. 이때 은행 경영자가 선도계약과 금융선물계약을 어떻게 사용하는지 살펴보기로 하자.

선도계약을 이용한 환위험 헤징

외환 선도 시장(선물환 시장)은 외환 업무를 광범위하게 영위해온 상업은행과 투자은행의 업무에서 고도로 발달된 분야로 환위험을 헤지하기 위해 매우 널리 활용되어 왔다. 모나는 이 시장을 활용해서 프리볼러스럭서리의 환위험 헤지를 수행할 수 있다는 것을 알고 있다. 그녀에게 이런 헤지를 수행하는 것은 실로 간단한 작업이다. 2개월 뒤의 유로 수취는 그때가 되면 샘이 유로 롱 포지션을 갖게 된다는 것이고, 헤징의 기본 원리에 의하면 그 롱 포지션을 상쇄시키는 데에는 숏 포지션이 필요하다는 것을 그녀는 알고 있다. 따라서 그녀는 바로 지금부터 2개월 후 1,000만 유로를 매도하고 달러를 받는 유로당 1달러의 선도계약을 체결한다.*

2개월 후, 모나의 고객은 1,000만 유로를 수령하고, 이때 선도계약으로 유로당 1달러 환율로 달러를 교환할 수 있게 되어 그 결과 1,000만 달러를 확보할 수 있게 되었다. 이때 환율이 얼마가 되든지 상관없이 프리볼러스럭서리는 독일에 판매한 상품 대금으로 1,000만 달러를 확실히 수령할 수 있게 된 것이다. 모나는 그녀의 친구 샘에게 전화를 걸어 이제 그의 회사는 어떤 환율 변화에 대해

---

* 선도 환율은 아마 유로당 1달러인 현재의 현물 환율(spot rate)과 약간 다를 수도 있는데 그 이유는 유럽과 미국의 이자율이 같지 않을 수 있기 때문이다. 이 경우 제13장 부록 수식 A2에서 살펴보았듯이, 미래 기대환율은 현재 현물환율 또는 선도 환율과 서로 같지 않게 된다. 그러나 이 이자율 차이는 보통 연율로 6%(2개월에 1%) 미만이기 때문에 유로의 2개월 동안 기대가치 상승 또는 하락은 항상 1%보다 작기 마련이다. 따라서 선도환율은 항상 현재 현물환율과 거의 유사하며, 따라서 이 예제에서의 가정, 즉, 선도 환율과 현물 환율이 서로 같다는 가정은 합당한 것이다.

서도 보호받을 수 있게 되었다고 하면 그 친구는 그녀의 도움에 대해 매우 감사해 할 것이다.

선물계약을 이용한 환위험 헤징

모나는 환위험 헤지를 위해 통화선물을 대체수단으로 이용할 수도 있다. 이 경우 그녀는 시카고상업거래소(CME)에서 유로 계약이 125,000 유로 단위로 유로당 1달러에 거래되고 있음을 알 수 있다. 헤지를 위해 모나는 선도계약에서처럼 유로를 매도해야 하는데, 3월물 유로 선물에 대해 1,000만 유로 상당의 매도 계약을 해야 한다.

예제 21.2 선물계약을 이용한 환위험 헤징

모나는 3월에 돌아오는 1,000만 유로의 환위험을 헤지하기 위해 시카고상업거래소 3월물 유로 계약을 얼마나 매도해야 하는가?

> 해답

식(1)을 이용해:

VA = 1,000만 유로

VC = 125,000 유로

따라서,

$$NC = 10,000,000/125,000 = 80$$

모나는 CME 유로 계약 80개를 매도해 헤지를 수행할 수 있다.

유로당 1달러 가격의 매도 계약을 통해 80 × 125,000 유로 = 1,000만 달러를 얻을 수 있다. 따라서 선물 헤지로도 환율을 고정시켜 그녀는 프리볼러스럭서리가 원하는 바와 같이 1,000만 달러를 확보하게 해줄 수 있다.

선물시장 활용의 한 가지 장점은 125,000달러 상당의 125,000 유로라는 계약 단위가 보통 100만 달러 또는 그 이상인 선도계약에 필요한 최소 규모보다 훨씬 작다는 사실이다. 물론 이 경우 은행 경영자는 그녀가 선물계약이든 선도계약이든 어느 쪽도 사용할 수 있는 충분한 규모의 거래를 원했지만 말이다. 그녀는 거래비용에 따라 어느 한쪽 시장을 선택하게 될 것이다. 만일 퍼스트내셔널은행이 선도 시장에서 매우 활발하다면, 아마도 선도 시장에서 더 낮은 거래비용이 가능할 것이고, 만일 퍼스트내셔널은행이 선도 시장에서 별로 거래를 해보지 않았다면 은행 경영자는 아마도 선물시장에서 더 좋은 거래 조건을 찾게 될 것이다.

주가지수선물

금융선물시장은 이미 앞서 살펴본 것처럼 이자율위험의 헤지에 유용하게 쓰일 수 있다. 그런데 금융기관 경영자로서 특히 뮤추얼펀드, 연기금, 보험회사와 같은 금융기관의 경영자인 경우 주가변동으로 인한 **주식시장 위험**(stock market risk)에 대해서도 걱정이 많을 수 있다. 주가지수선물(stock index futures)은 1982년에 주식시장 위험에 대비하기 위해 만들어진 것으로 모든 선물계약 중 가장 활발하게 거래되고 있다.

주가지수선물계약

주가지수선물계약을 이해하기 위해 S&P 500 지수 선물계약(Standard and Poors 500 Index Futures contract)을 살펴보기로 하자(다음 [금융뉴스 따라잡기] '주가지수선물' 참조). 이는 미국에서 가장 활발하게 거래되는 주가지수선물계약이다(S&P 500 지수는 가장 활발하게 거래되는 500개의 주식 가치를 측정한다). 주가지수선물계약은 대부분의 다른 금융선물계약과는 달리 만기일에 증권 현물을 인도하는 대신 현금 인도로 계약이행이 결제된다. 현금 결제로 인해 이들 계약은 고도의 유동성을 갖는다는 장점이 생길 뿐 아니라 그 누구도 시장 매점의 가능성을 갖지 못

> 미니사례 *Mini-Case*

프로그램 매매와 포트폴리오 보험: 이들이 1987년 주식시장 붕괴의 주범인가?

1987년 10월 19일 단 하루 동안에 주식시장이 20% 이상 빠졌던 블랙먼데이 이후 주가지수선물시장과 연계된 거래 전략이 시장 붕괴의 중죄인으로 도마에 올랐다(특히 주식시장 연구를 위해 레이건 대통령이 임명한 브래디 위원회(Brady Commission)에서 특히 그랬다). 이때 프로그램 매매라고 불리는 전략이 논의되었는데, 여기서는 주가지수선물가격과 주가지수에 포함되어 있는 현물가격의 차이를 활용해 컴퓨터의 지시에 의해 매매가 이루어진다. 프로그램 매매는 주가지수선물과 현물 주식가격을 일치시키기 위해 수행되는 차익거래(arbitrage)의 형태로 이루어진다. 예를 들어 주가지수선물계약의 가격이 지수의 기초자산인 현물가격에 비해 현저하게 낮을 때에는 프로그램 거래자가 지수선물을 매입해 그 가격을 상승시키고, 동시에 현물을 매도해 그 가격을 하락시킨다. 프로그램 매매에 대한 비판자들의 주장에 따르면 블랙먼데이에 급격한 주가지수선물가격의 하락이 주가지수선물과 현물의 가격을 유지시키기 위해 현물시장에서의 대규모 하락을 가져왔다는 것이다.

일부 전문가들은 또 이 위기를 증폭시킨 범인으로 포트폴리오 보험을 드는데 여기에서는 이들이 주식시장의 폭락이 시작되는 시점에 불확실성이 증대되면서 그 결과 보유 주식의 헤지 수요가 늘어 주가지수선물의 대량 매도 사태로 이어졌다는 것이다. 그 결과 주가지수선물계약의 대규모 가격 폭락이 프로그램 매매자들로 하여금 이에 맞춘 대규모 현물 주식 매도로 이어졌다는 것이다.

주가지수선물의 비판자들은 프로그램 매매와 포트폴리오 보험을 1987년 시장 붕괴의 원인으로 봤기 때문에 거래의 규제를 주장했다. 이로 인해 거래소는 물론 선물 중개회사들도 프로그램 매매에 한도를 부여받게 되었다. 예를 들어 뉴욕증권거래소는 다우존스 지수 평균이 하루에 50 포인트 이상 변동하면 컴퓨터 프로그램 매매를 억제하는 조치를 취했다. 그러나 일부 저명한 금융학자들(그 중에는 노벨상 수상자인 시카고 대학의 밀러(Merton Miller)도 있음)은 프로그램 매매와 포트폴리오 보험이 시장 붕괴를 일으켰다는 가설을 받아들이지 않는다. 그들은 여전히 주가지수선물가격이 주식시장가격을 움직이는 동일한 경제적 요인 즉 주식 가치의 기본적 평가에 쓰이는 시장에서의 변화를 주로 반영한다고 믿고 있다.

하게 한다. S&P 500 지수 계약의 경우 최종 결제일의 현금 결제는 지수에 250달러를 곱해 계산된다. 즉 만일 지수가 최종 결제일에 1,000이라면 그 금액은 250,000달러가 되는 것이다. 이 계약의 주문가격도 지수 포인트 단위로 이루어지는데 1 포인트의 변화는 계약 가치가 250달러만큼 변화함을 의미하는 것이다.

이 모두를 이해하기 위해 여러분이 이 선물계약을 매수 또는 매도했을 경우에 대해 알아보기로 하자. 여러분이 2월 1일에 6월물 1계약을 1,000의 가격(즉 250,000달러)에 매도했다고 하자. 이 매도 계약으로 여러분은 6월말 만기일의 S&P 500 지수에 250달러를 곱한 금액만큼 지불하기로 약속한 것이다. 그리고 그 계약을 1,000의 가격에 매수한 매수자는 6월말 만기일에 250,000달러를 지불하고 그날의 S&P 500 지수에 250달러를 곱한 금액을 받기로 약속한 것이다. 만일 주식시장이 하락해 만기일에 S&P 500 지수가 900으로 떨어졌다면, 이 계약의 매수자는 그 계약으로 225,000달러(900 × 250달러)를 받고 대금 250,000달러를 지불하기로 약정했기 때문에 25,000달러의 손실을 보게 된다. 그러나 여러분은 이 계약 매도자로서 250,000달러의 대금을 받고 225,000달러만 지급하면 되기 때문에 25,000달러의 이익을 보게 된다. 이때 거래 대금과 잔액을 서로 상쇄시켜 단 25,000달러만 서로 교환하면 된다. 여러분이 계약 매도자로서 매수자로부터 25,000달러를 받으면 그만인 것이다.

> 금융뉴스 따라잡기 *Following the Financial News*

주가지수선물

주가지수선물계약의 가격은 일간 신문과 finance.yahoo.com 같은 웹사이트에 매일 게재된다. 여기서는 2013년 6월 19일자 시카고상업거래소(Chicago Mercantile Exchange)의 S&P 500 지수 계약으로 전형적으로 다음과 같이 나타난다.

	시가	고가	저가	종가	전일 대비	미결제 약정
6월	1650.50	1652.50	1628.00	1629.60	-21.50	168,467
9월	1646.80	1648.70	1620.60	1623.70	-21.50	130,647

각 계약의 행에 대한 정보는 다음과 같다(S&P 500 지수 6월물을 사례로 사용했다).

시가: 시초 가격, 각 포인트는 250달러 곱하기 지수—1650.50; 즉 1650.50 × 250달러 = 계약당 412,625달러

고가: 당일 최고 거래가격—1652.50, 즉 계약당 413,125달러

저가: 당일 최저 거래가격—1628, 즉 계약당 407,000달러

종가: 결제 가격으로 당일 최종 가격—1629.60, 즉 계약당 407,400달러

전일 대비: 전일 종가 대비 변화— -21.50, 즉 계약당 -5,375달러

미결제약정: 잔존 약정 수량—168,467, 또는 총 금액 686억 달러 (= 168,467 × 407,400달러)

금융실무 주가지수선물을 이용한 헤징

금융기관 경영자가 주식시장 위험을 감소시키기 위해 주가지수선물을 사용할 수 있다.

예제 21.3 주가지수선물을 이용한 헤징

2014년 3월, 록솔리드 보험회사의 포트폴리오 관리자인 모트(Mort)는 S&P 지수와 1대 1로 움직이는 1억 달러 상당의 주식 포트폴리오를 운영하고 있다. 2015년 3월물 S&P 500 지수 계약이 현재 1,000의 가격에 매도되고 있다고 하자. 모트가 내년 1년간 이 포트폴리오의 주식시장 위험을 헤지하기 위해 얼마의 계약을 매도해야 하는가?

> 해답

모트는 롱 포지션을 갖고 있기 때문에 헤징의 기본 원리에 의거해 숏 포지션, 즉 S&P 500 선물 매도를 통해 이를 상쇄시켜야 한다. 이때 매도 계약 수를 계산하기 위해 식(1)을 이용한다.

VA = 1억 달러
VC = \$250 × 1,000 = 25만 달러

따라서,

$$NC = 1\text{억 달러}/25\text{만 달러} = 400$$

여기서 모트의 헤지는 2015년 3월물 S&P 500 선물계약을 400개 매도해야 한다.

만일 S&P 500 지수가 10% 하락해서 900까지 떨어지면, 1억 달러의 포트폴리오는 1,000만 달러 손실을 보게 된다. 그러나 동시에 모트는 선물에서 계약당 100 × 250달러 = 25,000달러의 이익을 얻게 되는데, 왜냐하면 그는 1,000의 가격에 계약당 25만 달러를 받기로 약정한 반면 만기일 그가 지급해야 할 금액은 900의 가격에 225,000달러(900 × 250달러)에 그치기 때문이다. 계약 수 400개를 곱하면 계약당 25,000달러의 이익은 총 1,000만 달러의 이익을 가져온다. 선물계약에서의 1,000만 달러 이익이 록솔리드의 현물 주식 포트폴리오에서의 손실을 정확하게 상쇄시켜 모트는 주식시장에서의 헤지를 성공적으로 수행하게 되었다.

그렇다면 이 거래에서 모트는 왜 주식시장이 상승할 때 발생 가능한 이익을 고려하지 않았을까? 한 가지 이유는 그가 보기에 약세 시장이 임박해 있고 따라서 다가오는 시장 하락에 대비해 록솔리드의 포트폴리오를 보호하도록 하는 것이 그가 직장을 유지하는 데 유리하다고 판단했을 수 있다.*

---

* 주식시장 위험을 헤지하기 위해 선물을 사용하는 좀 더 상세한 내용은 이 장의 부록을 참조하라. 이 장의 부록은 이 책의 웹사이트, www.pearsonhighered.com/mishkin_eakins에서 볼 수 있다.

옵션

이자율과 주식시장 위험의 헤지를 위한 또 하나의 도구는 금융상품의 옵션이다. **옵션**(option)은 기초 금융상품을 지정된 가격, 소위 **행사가격**(exercise price 또는 strike price)에 지정된 시간(*만기*(term to expiration))까지 그 상품을 사거나 팔 수 있는 선택, 즉 *권리*(right)를 옵션 매수자에게 부여하는 계약을 말한다. 옵션 매도자(seller, 때로는 *발행자*(writer)라고도 함)는 옵션의 매수자가 그 매수 또는 매도 권리를 행사하게 되면 그 해당 금융상품을 매수자에게 매도 또는 매수해야 할 *의무*(obligation)가 주어진다. 이 옵션계약의 특징은 매우 중요하기 때문에 강조할 필요가 있다. 옵션의 *보유자*(owner) 즉, 매수자는 옵션을 행사하지 않아도 되는데, 이때 옵션이 행사되지 않고 그냥 만기가 되도록 놔둘 수 있다. 따라서 옵션의 *보유자*는 어떤 행위에 대한 *의무가 아니라* 자신이 선택하면 그 계약을 행사할 수 있는 *권리*를 갖는다. 옵션의 *매도자*는 반대로 그 상황에 대한 어떤 선택권도 없다. 옵션 보유자가 옵션을 행사하면 매도자는 그에 응해 해당 금융상품을 *반드시* 매수 또는 매도해야만 한다.

어떤 금융상품을 특정 가격에 매수 또는 매도할 수 있는 권리는 가치가 있기 때문에 옵션 보유자는 그에 대해 소위 **프리미엄**(premium)을 기꺼이 지불하려고 한다. 옵션계약에는 두 가지가 있는데 **미국식 옵션**(American option)은 계약의 만기일까지 *어느 시점에서든지* 행사를 할 수 있고, **유럽식 옵션**(European option)에서는 *만기일에만* 행사를 할 수 있다.

옵션 계약은 여러 가지 금융상품을 대상으로 발행될 수 있다. 개별 주식에 대한 옵션은 **주식옵션**(stock option)이라 불리며 이 옵션이 가장 오래된 옵션이다. 금융선물에 대한 옵션은 **금융선물옵션**(financial futures option)이라 불리거나 또는 보다 통상적으로 **선물옵션**(futures option)이라 불리는데 1982년에 시작되어 지금은 가장 활발하게 거래되는 옵션계약이 되었다.

여러분은 왜 옵션계약이 채권이나 양도성 예금증서와 같은 기초 채무수단을 직접 대상으로 하지 않고 금융선물을 대상으로 발행하는지 궁금할 것이다. 이 장의 앞에서 살펴보았듯이, 만기일에 대해 선물계약의 가격과 인도대상 채무수단의 가격은 차익거래로 인해 같아지게 된다. 그래서 투자자들은 채무수단에 대해 옵션계약을 발행하거나 선물계약에 대해 옵션을 발행하는거나 아무런 차이가 없는 것처럼 생각하는 경향이 있다. 그러나 금융선물계약이 보통은 훨씬 더 잘 구성되어 있어 그 시장이 기초 채무수단 시장보다 종종 더 유동적이기 마련이다. 투자자는 보다 더 유동적인 상품을 대상으로 옵션계약을 발행하고자 하는데, 바로 선물계약이 그 대상이 되는 것이다. 이런 이유로 대부분의 유행하는 선물옵션이 [표 21.1]에 수록된 동일한 선물계약을 대상으로 발행되는지 설명될 수 있다.

옵션 시장의 규제는 주식옵션을 규제하는 증권거래위원회(SEC)와 선물옵션을 규제하는 상품선물거래위원회(CFTC)의 두 기관에서 각각 나누어 이루어진다. 규제의 초점은 옵션 발행자가 그들의 계약 의무를 제대로 이행하는 데 충분한 자본을 보유하게끔 확약하는 것과 트레이더와 거래소를 감시해 금융사기를 방지하고 시장에서 가격 조작이 이루어지지 않게끔 보장하는 것에 맞추어진다.

옵션 계약

콜 옵션(call option)은 보유자에게 해당 금융상품을 특정 기간 내에 행사가격으로 *매수할 수 있는* 권리를 부여하는 계약이다. **풋 옵션**(put option)은 보유자에게 해당 금융상품을 특정 기간 내에 행사가격으로 *매도할 수 있는* 권리를 부여한 계약이다. 콜 옵션과 풋 옵션을 구분해서 기억하는 것은 쉬운 일은 아니다. 이를 그대로 기억하기 위해, 어떤 금융상품을 매수하기 위한 콜 옵션 계약을 갖는다는 것은 특정 가격에 인도 대상 상품의 구입을 *요구하는*(call in) 선택권을 갖는 것으로 생각하라. 어떤 금융상품을 매도하기 위한 풋 옵션 계약을 갖는다는 것은 그 상품을 상대방이 매수하도록 *제공하는*(put up) 선택권을 갖는 것으로 이해할 수 있다.

옵션계약과 선물계약의 손익

옵션계약을 좀 더 완전하게 이해하기 위해 다음 표의 2월물 재무부 채권 선물계약에 대한 옵션을 살펴보자.

재무부 채권 선물 옵션 계약
100,000달러; 포인트와 1/64 단위

	콜 - 종가			풋 - 종가		
행사가격	2월	3월	4월	2월	3월	4월
110	1-39	1-52	1-29	0-02	0-15	0-49
111	0-45	1-05	0-57	0-08	0-32	1-13
112	0-09	0-34	0-32	0-36	0-61	...
113	0-02	0-13	0-16	1-28	1-40	...
114	0-01	0-04	0-07	...	2-31	...
115	0-01	0-01	0-03	...	3-28	...

여러분이 선물계약을 115의 가격(즉 115,000달러)에 매수했다고 하면, 여러분은 2월말에 인도될 10만 달러 액면가의 재무부 채권에 대해 115,000달러를 지불하기로 약정한 것이다. 그리고 이 선물계약을 115의 가격에 매도했다고 하면, 여러분은 115,000달러를 받고 2월말에 10만 달러 액면가의 재무부 채권을 인도하기로 약정한 것이다. 재무부 채권 선물계약에 대한 옵션계약은 몇 가지 주요 특징을 갖는다. (1) 기초자산인 선물계약과 동일한 만기일을 갖는다. (2) 이 계약은 미국식 옵션으로 만기일 이전에 언제든지 행사가 가능하다. 그리고 (3) 옵션 프리미엄(가격)은 선물계약과 마찬가지로 포인트를 사용해 주문이 이루어진다. 즉 각 포인트는 1,000달러에 상당한다. 만일 2,000달러의 프리미엄을 내고 여러분이 행사가격이 115인 2월물 재무부 채권 계약에 대한 콜 옵션 1계약을 매수했다면, 여러분은 2월물 재무부 채권 선물계약을 115의 가격(계약당 115,000달러)에 이 계약의 만기일인 2월말까지 언제든지 매수(요구)할 수 있는 권리를 취득했다는 것을 의미한다. 마찬가지로 여러분이 2,000달러에 행사가격 115인 2월물 재무부 채권 계약

에 대한 풋 옵션 1계약을 매수했다면, 여러분은 2월말까지 언제든지 115의 가격(계약당 115,000달러)에 2월물 재무부 채권 선물계약을 매도(제공)할 수 있는 권리를 취득했다는 것을 의미한다.

선물옵션계약은 다소 복잡한데, 이 작동 원리와 이들이 위험 헤지에 어떻게 사용되는지 탐구해보기 위해 먼저 2월물 재무부 채권 선물계약에 대한 콜 옵션의 손익관계를 살펴보기로 하자. 11월에 우리의 옛 친구인 투자자 어빙(Irving)이 2,000달러 프리미엄에 행사가격 115의 10만 달러 2월물 재무부 채권 선물계약에 대한 콜 옵션을 1계약 구입했다고 하자(어빙이 옵션을 행사한다면, 그 행사일은 2월말 만기 이전이 아닌 만기일 당일이라고 가정하자). 2월말인 만기일에 기초자산인 재무부 채권 선물계약의 가격은 110이 되었다고 하자. 만기일에는 차익거래로 인해 선물계약 가격과 마찬가지로 기초 채권의 현물가격도 2월말 만기일에는 110으로 일치된다는 사실을 기억하자. 만일 어빙이 콜 옵션을 행사해 선물계약을 115의 행사가격에 매수한다면, 115의 가격에 매수해 그보다 낮은 110의 시장가격에 매도하게 되므로 손실을 보게 될 것이다. 어빙은 똑똑한 친구이기 때문에 이 옵션을 행사하지 않을 것이다. 그러나 물론 이미 지불한 2,000달러의 프리미엄은 빼야 할 것이다. 이런 상황, 즉 기초자산인 금융상품의 가격이 행사가격 이하인 상황에서, 콜 옵션은 '외가격(out of the money)' 상태라고 불린다. 110의 가격(행사가격보다 낮은)에서 어빙은 이 옵션계약으로 자신이 지불한 2,000달러 프리미엄의 손실을 기록하게 된다. 이 손실은 [그림 21.1]의 (a)에 점A로 표시되어 있다.

만기일에 선물계약 가격이 115라고 하면, 콜 옵션은 '등가격(at the money)' 상태라고 하며, 이때 어빙은 옵션 행사가격이 115이고 이때 시장가격도 115이기 때문에 손익은 0으로 나타나 선물계약 매수 옵션의 행사 여부에 대해 중립적이게 된다. 이때에도 그는 2,000달러의 프리미엄을 이미 지불했기 때문에 115의 가격에서도 이 계약은 2,000달러의 순손실을 기록하고, 점B로 표시된다.

만일 선물계약 가격이 만기일에 120이 되었다면, 이 옵션은 '내가격(in the money)' 상태라고 하며, 어빙은 옵션을 행사함으로써 이익을 볼 수 있다. 그는 선물계약을 115의 행사가격에 매수해 120의 시장가격에 매도함으로써 10만 달러 재무부 채권 계약에서 5%의 이익(5,000달러 이익)을 보게 된다. 그러나 이 옵션계약에 대해 어빙은 2,000달러의 프리미엄을 지불했기 때문에 그의 순수익은 3,000달러($5,000−$2,000)이다. 120의 가격에서 3,000달러의 수익은 점C로 표시된다. 마찬가지로 선물계약 가격이 125로 상승하게 되면, 옵션계약의 순수익은 8,000달러(옵션 행사로부터의 1만 달러에서 2,000달러 프리미엄을 뺀)에 이르고, 이는 점D에 표시되어 있다. 이들 점을 연결해 그림을 그리면 [그림 21.1] (a)에서 보는 것처럼 콜 옵션의 굴절된 수익곡선(kinked profit curve)을 얻게 된다.

11월에 어빙이 *선물계약 옵션*을 구매하는 대신 115의 가격에 10만 달러 2월물 재무부 채권 *선물계약*을 매수했다고 하자. 2월말인 만기일에 채권가격이 110으로 떨어지면, 즉 선물계약의 가격도 110으로 떨어지게 되고, 어빙은 5% 포인트 즉 5,000달러의 손실을 보게 된다. 110의 선물계약 가격에서의 5,000달러 손실은 [그림 21.1] (a)의 점A′로 표시된다. 만기일에 115의 가격에서 어빙은 선물계약에서 0의 손익을 보게 되고, 점B′로 표시된다. 120의 가격에서는 어빙은 5% 포인트 수익 즉 5,000달러 수익(점C′)을 기록하고, 125의 가격에서는 10% 포인트 즉 1만 달러의 수익(점D′)을 기록하게 된다. 이들 점을 연결하면 (a)에서 보는 것처럼 선물계약의 경우에는 직선, 즉 선형(linear)의 수익곡선을 얻는다.

이제 선물계약과 옵션계약의 중요한 차이를 볼 수 있다. [그림 21.1] (a)의 선물계약의 수익곡선이 보여주듯이 선물계약은 선형 수익함수를 갖는다. 수익은 기초자산인 금융상품의 가격 1 포인트 상승에 대해 정확하게 같은 금액만큼 커진다. 반면, 옵션계약의 꺾인 수익곡선은 고도의 비선형으로서, 기초자산인 금융상품의 가격 변화에 대해 같은 금액만큼의 성장이 항상 일어나지는 않는다. 이런 비선형성의 원인은 콜 옵션에서는 어빙은 지불한 2,000달러의 프리미엄보다 큰 손실로부터 방어가 가능하기 때문이다. 반면, 어빙의 선물계약으로부터의 손실은 만기일에 가격이 110으로 떨어지면 5,000달러가 되고, 가격이 더 떨어지면 어빙의 손실은 더 커진다. 옵션계약에서 이런 보험 같은 특징을 보여주는 것이 이 옵션가격을 프리미엄(역자 주: 보험료를 프리미엄이라 함)이라고 부르는 이유이기도 하다. 그러나 기초자산인 금융상품의 가격이 행사가격을 한 번 초과하고 나면, 그 후 어빙의 수익은 선형으로 상승한다. 어빙은 선물계약에 비해 옵션을 매수함으로써 무언가를 희생했다. 즉, [그림 21.1] (a)에서 보듯이 기초 금융상품의 가격이 행사가격 이상으로 올라갈 때 어빙의 수익은 선물계약에서의 경우보다 정확하게 그가 지불한 2,000달러의 프리미엄만큼 항상 적다.

[그림 21.1] (b)는 어빙이 프리미엄 2,000달러에 행사가격 115의 콜 옵션 대신 풋 옵션(매도권리)을 매수했을 때와 그가 선물계약을 매수가 아닌 매도했을 때의 수익 계산 결과를 똑같이 그림으로 보여주고 있다. 이 경우 만기일에 재무부 채권 선물가격이 115의 행사가격을 초과하면 풋 옵션은 '외가격' 상태가 된다. 이때 어빙은 이 풋 옵션을 행사하지 않는데, 왜냐하면 시장가격보다 낮은 행사가격에 풋 옵션을 행사하면 이는 자신이 보유한 선물계약을 시장가격보다 싸게 매도함으로써 손실을 보기 때문이다. 그는 이 경우 옵션을 행사하지 않고 다만 이미 지불한 2,000달러의 프리미엄만 손해를 보면 된다. 그러나 선물가격이 행사가격인 115 이하로 하락하면 어빙은 풋 옵션 행사로부터 이익을 보게 되는데, 이때에는 시장에서 행사가격 이하로 매수한 선물계약을 115의 행사가격에 매도할 수 있기 때문이다. 이와 같이 기초 상품의 가격이 행사가격 이하로 떨어지는 경우 풋 옵션이 '내가격' 상태에 있다고 하고 그 수익은 선물계약 가격이 떨어지면서 선형으로 상승한다. 이 풋 옵션에 대한 수익함수가 [그림 21.1] (b)의 꺾은 선으로 어빙은 그가 지불한 프리미엄 금액 이상의 손실로부터 방어가 가능함을 보여준다. 선물계약 매도에 따른 수익곡선은 (a)의 선물계약의 수익곡선과 정확하게 반대 부호로 나타나며 선형이다.

[그림 21.1] (b)를 보더라도 (a)에서 보았던 옵션계약의 수익곡선은 비선형인데 비해 선물계약의 수익곡선은 선형이라는 결론을 재차 확인할 수 있다.

선물과 옵션계약의 또 다른 차이점 두 가지를 언급할 필요가 있다. 첫째는 이 계약들의 초기 투자금이 서로 다르다는 것이다. 앞서 살펴보았듯이 선물계약 매수 시에는 투자자가 일정 금액을 증거금 계좌에 맡겨놓아야 한다. 그러나 옵션계약 매수 시에는 초기 투자로 그 계약에 대해 프리미엄을 지불해야 한다. 둘째로, 선물계약의 경우 계약이 일일 정산을 통해 자금이 매일 계좌 간 이전되는 반면, 옵션계약에서는 행사가 일어나는 경우에만 자금 이전이 이루어진다는 것이다.

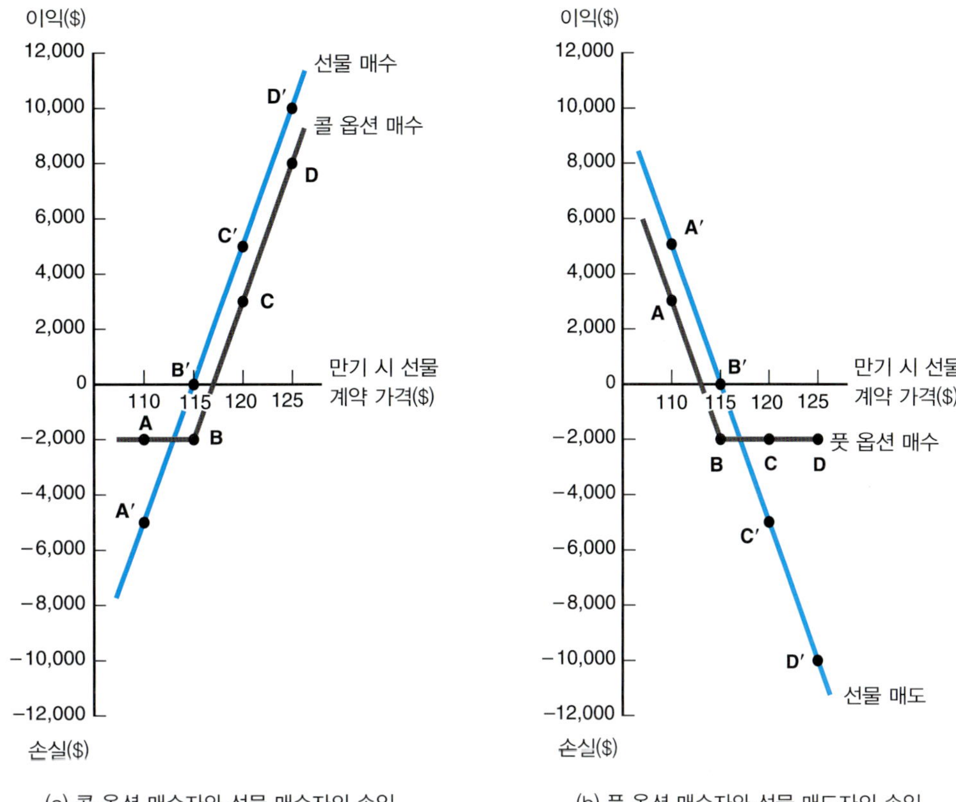

[그림 21.1] 옵션계약과 선물계약의 손익

선물계약은 10만 달러 2월물 재무부 채권에 대한 계약이고, 옵션계약은 이 선물계약을 대상으로 한 행사가격 115의 계약이다. (a)는 콜 옵션 매수자와 선물계약 매수자의 손익을 보여주고 있고, (b)는 풋 옵션 매수자와 선물계약 매도자의 손익을 보여주고 있다.

옵션 프리미엄에 영향을 미치는 요소

옵션계약 프리미엄의 가격 산정이 어떻게 이루어지는가에 관해 몇 가지 흥미로운 사실들을 주목할 필요가 있다. 첫째, 옵션계약의 행사가격이 높을수록 콜 옵션의 프리미엄은 낮아지고 풋 옵션의 프리미엄은 높아진다. 예를 들어 행사가격이 112인 계약에서 115인 계약으로 가면, 3월물 콜 옵션 프리미엄은 1과 45/64에서 16/64으로 떨어지고, 3월물 풋 옵션 프리미엄은 19/64에서 1과 54/64로 올라간다.

[그림 21.1]에서 살펴보았던 옵션계약의 수익함수를 이해하면 이 사실을 설명하는 데 도움이 된다. (a)에서 보듯이 기초 금융상품(이 경우 재무부 채권 선물계약)의 가격이 옵션 행사가격 대비 낮아질 경우 콜 옵션의 수익은 낮아진다. 따라서 행사가격이 높을수록 콜 옵션 계약의 수익은

낮아지고 어빙과 같은 투자자가 지불하고자 하는 프리미엄도 낮아질 것이다. 마찬가지 논리로 (b)에서 보듯이 기초 금융상품의 가격이 옵션 행사가격 대비 낮아질 경우 풋 옵션의 수익은 높아진다. 따라서 행사가격이 높을수록 풋 옵션의 수익은 높아지고 프리미엄은 상승하는 것이다.

둘째, 옵션이 행사될 수 있는 기간(만기 기간)이 길수록 콜 옵션과 풋 옵션 모두 프리미엄이 상승한다. 예를 들어 112의 행사가격에 콜 옵션 프리미엄은 3월물의 경우 1과 45/64에서 4월물은 1과 50/64으로, 5월물은 2와 28/64로 상승한다. 유사하게 풋 옵션 프리미엄도 3월물 19/64에서 4월물 1과 43/64, 5월물 2와 22/64로 상승한다. 만기까지 기간이 길어질수록 프리미엄이 상승한다는 사실도 옵션계약의 비선형성으로 설명될 수 있다. 만기 기간이 길어질수록 기초 금융상품의 가격이 만기까지 매우 높거나 매우 낮아질 확률은 더 커진다. 만일 그 가격이 높아져서 행사가격보다 더 커지게 되면 콜 옵션은 높은 수익을 얻게 되고, 만일 그 가격이 낮아져서 행사가격보다 더 낮아지게 되면 그 손실은 제한적이다. 왜냐하면 콜 옵션 보유자는 단순히 행사를 포기하고 말면 그만이기 때문이다. 따라서 만기까지 남은 기간이 길수록 기초 금융상품의 가격변동성이 커질 가능성이 증가하고, 이는 콜 옵션의 평균 수익을 상승시키게 된다.

유사한 이유로, 풋 옵션의 경우도 만기 기간이 길수록 그 가치가 더 커진다고 할 수 있다. 왜냐하면 만기 기간이 길수록 기초 금융상품의 가격변동성도 커질 가능성이 더 크기 때문이다. 가격이 낮아질 확률이 더 커지면서 풋 옵션으로부터의 수익이 더 커질 확률도 커지는 것이다. 또한 가격이 높아질 확률이 커진다고 해서 풋 옵션 손실이 그에 상응해 더 이상 커지지는 않는데, 왜냐하면 그런 경우 옵션 보유자는 단순히 옵션 행사를 포기하면 그만이기 때문이다.

이런 식의 생각을 달리 표현하면 옵션계약에 내포되어 있는 요소로 "앞면이 나오면 돈을 벌고, 뒷면이 나오더라도 별로 깨지진 않는다"는 속성을 들 수 있다. 만기 기간이 길어짐에 따라 가격 변동가능성이 커질수록 두 가지 옵션의 가격 모두 상승한다. 만기 기간이 길어질수록 만기까지 가격변동의 가능성이 커지기 때문에 만기 기간이 길수록 옵션계약의 가치는 커진다.

이런 이유로 옵션 프리미엄에 대한 또 다른 중요한 사실을 설명할 수 있다. 기초자산의 가격변동성이 클수록, 콜 옵션과 풋 옵션의 프리미엄이 더 커진다. 가격변동성이 크다는 것은 특정 만기일에 다시 그 가격의 변동이 크다는 것을 의미한다. 결국 옵션의 "앞면이 나오면 돈을 벌고, 뒷면이 나오더라도 별로 깨지진 않는다"는 특성은 만기일까지 가능한 가격 변동성이 클수록 옵션으로부터의 평균 수익이 커지고 이에 따라 투자자가 지불하고자 하는 프리미엄이 더 커지게 됨을 의미한다.

요약

옵션 수익이 기초 금융자산의 가격변동으로부터 어떤 영향을 받는가에 대한 분석을 통해 옵션계약의 프리미엄을 결정짓는 요인에 대한 다음과 같은 결론에 도달하게 된다.

1. 행사가격이 높을수록, 다른 모든 조건이 동일하다면, 콜(매수) 옵션의 프리미엄은 낮아지고, 풋(매도) 옵션의 프리미엄은 높아진다.

2. 만기 기간이 길수록, 다른 모든 조건이 동일하다면, 콜 옵션과 풋 옵션 모두 프리미엄이 높아진다.
3. 기초 금융자산의 가격변동성이 커질수록, 다른 모든 조건이 동일하다면, 콜 옵션과 풋 옵션 모두 프리미엄이 높아진다.

여기서 우리가 도출한 결론은 좀 더 공식적인 블랙-숄스 모형(Black-Scholes model)과 같은 모형에 나타나는데, 이들 모형은 옵션 프리미엄이 어떻게 결정되는가에 대한 분석 모형이다. 여러분은 다른 재무 관련 과목들에서 이런 모형들에 대한 공부를 하게 될 것이다.

금융실무 선물옵션을 이용한 헤징

이 장의 초반에서 우리는 모나와 같은 퍼스트내셔널은행의 금융기관 경영자가 500만 달러의 2032년 만기, 6% 이표율의 재무부 채권의 보유에 따른 이자율위험을 헤지하기 위해 500만 달러의 재무부 채권 선물(50 계약) 매도를 사용할 수 있음을 보였다. 이자율 상승과 이에 따른 채권가격과 채권 선물계약의 가격 하락은 은행의 선물 매도에 따른 이익으로 이어져 은행이 보유하고 있는 2032년 만기, 6% 이표율의 재무부 채권의 손실을 정확하게 상쇄시킬 수 있었다.

[그림 21.1]의 (b)에서 세시되었듯이, 이자율 상승과 이에 따른 채권 가격 하락에 대한 방어책으로 경영자가 취할 수 있는 또 다른 대안으로 동일한 재무부 채권 선물에 대해 발행된 풋 옵션을 500만 달러 매수하는 것이다. 옵션계약의 규모는 선물계약(채권 10만 달러)과 같기 때문에 풋 옵션 계약 매수 수량은 선물계약 매도 수량과 같이 50 계약이다. (b)에서처럼 행사가격이 현재 가격으로부터 그리 멀리 떨어져 있지 않다면, 이자율 상승과 이로 인한 채권가격 하락은 선물 이익과 선물 풋 옵션 이익으로 이어져 재무부 채권 500만 달러에서의 발생 손실을 상쇄할 수 있게 된다.

선물이 아닌 옵션을 사용할 때의 한 가지 문제는 퍼스트내셔널은행이 옵션계약에 대한 프리미엄을 지불해야 하기 때문에 이자율위험을 헤지하기 위해 은행 수익이 낮아지게 된다는 것이다. 그렇다면 은행 경영자는 헤지를 하는 데 왜 선물 대신 옵션을 사용하려 할까? 그 대답은 옵션계약의 경우 선물계약과는 달리 이자율이 하락해 채권가격이 상승할 때 퍼스트내셔널은행이 이익을 볼 수 있다는 데 있다. 선물계약을 이용한 헤지의 경우에는 퍼스트내셔널은행이 채권가격 상승으로부터 어떤 이익도 가져갈 수 없는데, 그 이유는 이 은행이 보유한 채권의 이익은 이들이 매도한 선물계약의 손실로 상쇄되기 때문이다. 그러나 [그림 21.1]의 (b)에서처럼 풋 옵션을 이용한 헤지의 경우는 완전히 다른 결과를 가져온다. 채권가격이 행사가격을 일단 상회하면 은행은 옵션계약에서 어떤 추가적인 손실도 입지 않는다. 동시에 보유하고 있는 재무부 채권의 가격은 올라가기 때문에 은행의 수익이 증가된다. 따라서 선물이 아닌 옵션을 이용한 미시적 헤지의 경우 은행은 이자율 상승에 따른 방어를 수행하면서 또한 동시에 이자율 하락에 따른 이득도 볼 수 있다(비록 그 수익은 프리미엄 금액만큼 감소하긴 하지만).

유사한 이유로 은행 경영자는 이자율위험으로부터 전체 포트폴리오를 면역시키고자 하는 거시적 헤지에도 옵션을 선호할 수 있다. 이 경우도 선물이 아닌 옵션의 사용 전략에는 이들 계약 수행에 퍼스트내셔널은행이 미리 프리미엄을 지불해야 한다는 단점이 있다. 그러나 옵션을 사용한 헤징의 경우에는 은행이 이자율 하락으로 인해 은행의 부채에 비해 자산가치가 상승하는 데 따른 수익을 유지할 수 있는데 그 이유는 이들 수익이 옵션계약에서의 대형 손실로 모두 상쇄되지는 않기 때문이다.

거시적 헤지의 경우 은행이 선물계약에 비해 옵션계약을 선호하는 데는 또 다른 이유가 있다. 선물계약으로부터의 손익은 은행 포트롤리오의 나머지 비실현 손익으로부터의 가치 변화와 서로 상쇄된다는 회계적 문제를 은행에게 야기시킬 수 있다. 이자율이 하락하는 경우를 고려해보자. 퍼스트내셔널이 거시적 헤지를 위해 선물계약을 매도하면, 이자율이 하락해 재무부 채권에 대한 선물계약 가격이 상승하는 경우 이 계약에서 대규모 손실을 보게 된다. 물론 이 손실은 나머지 은행 포트폴리오의 비실현 이익과 서로 상쇄되지만, 은행은 회계장부에서 이들 손실을 상쇄하는 것이 허용되지 않는다. 따라서 비록 거시적 헤지가 은행의 포트폴리오를 이자율 위험으로부터 면역시킨다는 본래 목적에 맞게 운영되더라도, 이자율이 하락하면 은행은 대규모 회계적 손실에 처하게 된다. 실제 은행 경영자들이 완전하고 건전한 이자율 헤지를 수행했음에도 불구하고 대규모 회계적 손실이 발생했을 때 직장에서 쫓겨난 경우가 있다. 은행 경영자가 이런 이유로 거시적 헤지에 금융선물의 사용을 주저하는 것은 그다지 놀랄 만한 일이 아니다.

이런 때 선물옵션은 은행이나 여타 금융기관 경영자들에게 구원의 손길이 될 수 있다. 퍼스트내셔널이 재무부 채권에 대한 선물 매도 대신에 풋 옵션 매수로 거시적 헤지를 수행한다고 해보자. 이제 이자율이 하락해서 채권 가격이 행사가격 이상으로 상승하면 은행은 옵션계약에서 많은 손실을 보지는 않는다. 왜냐하면 은행은 그저 그 옵션을 행사하지 않으면 그만이기 때문이다. 따라서 은행은 금융선물로 헤지할 때와 같은 회계적 문제에 빠질 걱정이 없다. 거시적 헤지의 경우 선물옵션 사용의 회계적 장점으로 인해 옵션계약은 금융기관 경영자가 이자율위험의 헤징에 사용하는 중요한 도구가 되고 있다.*

---

* 이자율위험을 헤지하기 위한 선물옵션의 활용에 대한 상세한 내용을 살펴보기 위해 이 장의 부록을 참조하라. 부록은 이 책의 웹사이트 http://www.pearsonhighered.com/mishkin_eakins에 가면 찾을 수 있다.

이자율 스왑

선도, 선물, 그리고 옵션에 더해 금융기관은 위험관리를 위해 또 다른 하나의 중요한 금융파생상품을 사용하고 있다. **스왑**(swap)이란 한 계약 당사자가 보유하고 있는 일련의 현금흐름을 다른 당사자가 보유하고 있는 일련의 현금흐름과 서로 교환하기로(맞바꾸기로) 약정하는 금융계약이다. 스왑에는 두 가지 종류가 있다. **통화 스왑**(currency swap)은 한 국가의 통화로 표시된 현금흐름을 다른 국가의 통화로 표시된 현금흐름과 교환하는 것이다. **이자율 스왑**(interest-rate swap)에는 모두 동일 통화로 표시된 일련의 이자지급 흐름과 다른 당사자의 일련의 이자지급 흐름을 교환하는 것이다. 여기서는 이자율 스왑에 초점을 맞추기로 한다.

이자율 스왑 계약

이자율 스왑은 이자율위험을 관리하는 중요한 도구이다. 이는 우리가 이미 살펴본 것처럼, 미국에서 이자율위험을 감소시키는 데 사용될 수 있는 금융상품에 대한 수요가 크게 증가했던 1982년에 처음 나왔다. 플레인 바닐라 스왑(plain vanilla swap)이라 불리는 가장 전형적인 이자율 스왑은 (1) 교환 대상 현금흐름의 이자율, (2) 이자율 지급 유형(변동 또는 고정), (3) 이자지급의 대상이 되는 원금인 **명목원금**(notional principal), (4) 현금흐름 교환이 계속되는 기간을 설정한다. 이 외에도 포워드 스왑(forward swap), 스왑 옵션(swap option)(*스왑션*(swaption)이라고 불림) 등 여러 다른 복잡한 형태의 스왑들이 있다. 여기서는 플레인 바닐라 스왑만 살펴보기로 한다. [그림 21.2]는 미드웨스트 저축은행(Midwest Savings Bank)과 프렌들리 파이낸스사의 이자율 스왑을 예시한 그림이다. 미드웨스트 저축은행은 프렌들리 파이낸스사에 100만 달러의 명목원금에 대해 5%의 고정이자율로 10년 동안 지급하기로 약정한 대신 프렌들리 파이낸스사는 동일 기간 동안 미드웨스트 저축은행에 100만 달러의 명목원금에 대해 1년 만기 T-bill 이자율에 1%를 가

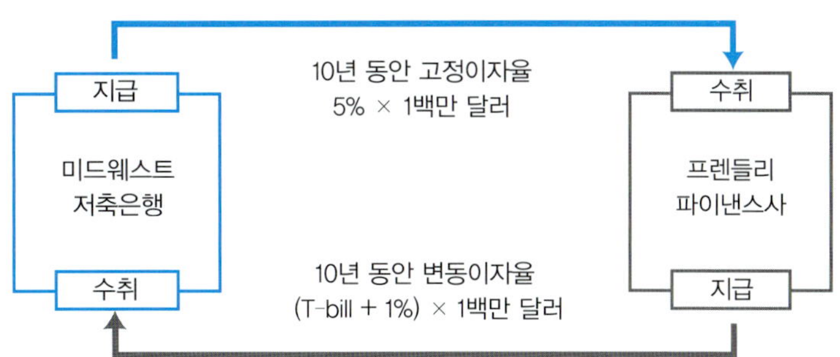

[그림 21.2] 이자율 스왑의 현금흐름

이 스왑약정에서는 명목원금 100만 달러에 대해 10년 동안 미드웨스트저축은행은 고정금리 5% × 100만 달러를 프렌들리 파이낸스사에 지불하고, 대신 프렌들리 파이낸스사는 미드웨스트저축은행에 1년 T-bill 이자율 플러스 1% × 100만 달러를 지불하기로 합의한다.

산한 이자율로 지급하기로 약정한다. 따라서 [그림 21.2]에서처럼 미드웨스트 저축은행은 매년 프렌들리 파이낸스사에 100만 달러의 5%를 지급하고, 대신 프렌들리 파이낸스사는 미드웨스트 저축은행에 100만 달러에 대해 1년 만기 T-bill 이자율 플러스 1%를 지급하게 된다.

금융실무 이자율 스왑을 이용한 헤징

여러분은 이 두 금융기관 경영자가 왜 이런 스왑 약정을 체결하는 것이 유리하다고 생각하는지 궁금할 것이다. 그 대답은 이를 통해 이들 모두 이자율위험을 헤지했다는 것이다.

미드웨스트 저축은행은 단기로 차입해 장기 모기지 시장에서 대출을 수행하는 기관으로 이자율 민감 자산의 규모가 이자율 민감 부채에 비해 100만 달러만큼 적다고 가정하자. 제20장에서 배운 것처럼, 이 상황에서는 이자율이 상승하면 자금조달(부채) 비용의 상승이 대부분 고정이자율로 구성되어 있는 자산으로부터 수취하는 이자수익의 증가보다 커지게 된다. 그 결과 이자율 상승은 미드웨스트 저축은행의 순이자마진을 줄이고 수익성을 악화시킨다. 제20장에서 이미 살펴본 것처럼, 이런 이자율위험을 회피하기 위해, 미드웨스트 저축은행 경영자는 100만 달러의 고정이자율 자산을 100만 달러의 이자율 민감 자산으로 바꾸고자 한다. 즉 이로 인해 이자율 민감 자산과 이자율 민감 부채의 규모를 일치시켜 그 갭을 없애버리려는 것이다. 이것이 이자율 스왑에 참여함으로써 얻고자 하는 정확한 상황이다. 100만 달러의 고정이자율 수익을 100만 달러의 이자율 민감형 단기 재무부 채권의 수익과 바꿈으로써 100만 달러의 고정이자율 자산을 100만 달러의 이자율 민감 자산으로 바꾼 것이다. 이제 이자율이 상승할 때 이자율 민감 자산의 수익은 이자율 민감 부채의 조달 비용과 정확하게 연계되어 순이자마진과 은행 수익성은 아무런 변화가 없게 되었다.

프렌들리 파이낸스사의 경영자는 자금조달을 위해 장기채를 발행하고 이들로 단기 대출을 실행하고 있어 미드웨스트 저축은행과 정확히 반대 입장에 처해 있다. 그는 100만 달러만큼 이자율 민감 자산을 이자율 민감 부채에 비해 더 많이 갖고 있다. 따라서 그에게는 이자율 하락이 더 걱정이 되는데 그 이유는 자산으로부터의 수익 하락이 부채로부터의 조달 비용의 하락보다 더 커서 수익성 악화가 예상되기 때문이다. 이자율 스왑을 통해 경영자는 100만 달러의 이자율 민감 자산을 고정 자산으로 바꾸어 이자율위험을 배제시킬 수 있다. 이제 프렌들리 파이낸스사 경영자는 이자율이 하락할 때 이자율 민감 자산에서의 수익 하락이 줄어들어 이자율 민감 부채로부터의 자금조달 비용 하락과 일치함으로써 수익성에 아무 변화가 없게 되었다.*

* 이자율위험 헤지에 사용되는 이자율 스왑의 좀 더 상세한 세부내용을 살펴보기 위해 이 장의 부록을 참조하라. 이 부록은 이 책의 웹사이트 www.pearsonhighered.com/mishkin_eakins에서 찾을 수 있다.

이자율 스왑의 장점

이자율위험을 배제하기 위해 미드웨스트 저축은행이나 프렌들리 파이낸스사 모두 이자율 스왑 거래를 하는 대신 고정이자율 자산을 이자율 민감 자산으로 직접 전환시키거나 또는 그 반대로 각각 재무상태표를 재구축할 수도 있다. 그러나 이 전략은 여러 가지 이유로 두 금융기관 모두에게 거래비용이 매우 비쌀 수밖에 없다. 첫째, 금융기관이 재무상태표를 재구축하기 위한 자산 및 부채 조정을 할 때에는 상당 수준의 거래비용이 수반된다. 둘째, 금융기관은 각자 그들의 특정 거래 고객이 선호하는 특정 만기 대출을 실행하는 데 정보우위를 갖고 있다. 따라서 이자율위험을 없애기 위해 재무상태표를 재조정하는 과정에서 이들 정보우위에 손상이 올 수도 있는데 이는 금융기관이 결코 포기할 수 없는 부분이기도 하다. 이자율 스왑은 금융기관들이 이런 문제에 대처하기 위해 재무상태표를 건들지 않고도 사실상 고정이자율 자산을 이자율 민감 자산으로 바꿀 수 있도록 해결책을 제시해준다. 대규모 거래비용이 절감되고, 금융기관은 그들이 정보우위를 갖고 있는 곳에서 대출 업무를 계속할 수 있게 해준다.

금융기관이 이자율위험 헤지를 위해 선물계약이나 선물옵션과 같은 금융파생상품을 아용하는 것을 볼 수 있다. 이자율 스왑을 이용한 헤지는 이들 다른 금융파생상품에 비해 한 가지 큰 장점이 있다. 이 계약은 때로는 20년 정도까지 아주 장기에 걸쳐 이루어질 수 있다. 이에 비해 금융선물이나 선물옵션은 보통 매우 짧은 기간, 보통 1년 미만에 걸쳐 이루어진다. 금융기관이 장기간에 걸쳐 이자율위험으로부터의 헤지를 원한다면, 금융선물이나 옵션 시장은 그다지 유용하지 않을 수도 있다. 이 경우 스왑 시장을 이용할 수 있을 것이다.

이자율 스왑의 단점

이자율 스왑이 금융기관에게 매우 인기 있는 상품이 될 수 있는 중요한 장점을 갖고 있음에도 불구하고 이들 역시 그 유용성에 제약이 될 단점을 갖고 있다. 스왑시장은 선도계약처럼 유동성 부족에 시달릴 수 있다. 미드웨스트 저축은행과 프렌들리 파이낸스사의 스왑계약으로 돌아가 살펴보기로 하자. 선도계약의 경우처럼 미드웨스트 저축은행이 프렌들리 파이낸스사와 특정 스왑계약을 위해 연결되는 것은 아주 어려운 일이다. 게다가 미드웨스트 저축은행이 설사 프렌들리 파이낸스사 같은 계약 상대방을 찾았다 하더라도, 이들은 서로 좋은 거래 조건을 위한 협상이 만만치 않은데 그 이유는 협상 가능한 다른 회사들이 없기 때문이다.

스왑계약은 우리가 선도계약에서 보았듯이 똑같은 채무불이행 위험에 시달릴 수밖에 없다. 이자율이 상승하면 프렌들리 파이낸스사는 스왑계약에서 벗어나고 싶어할 텐데, 그 이유는 고정이자율 이자 수령 금액이 이들이 공개시장에서 얻을 수 있는 그것보다 훨씬 적어지기 때문이다. 따라서 이 계약이 만일 채무불이행 처리되면 미드웨스트 저축은행도 연달아 손실에 처하게 된다. 또는 프렌들리 파이낸스사 자체가 파산될 수도 있는데, 이 경우 역시 스왑거래 조건의 이행이 더 이상 어려워짐을 의미한다.

스왑의 채무불이행 위험은 그 명목원금은 교환이 이루어지지 않기 때문에 명목원금 총액의 채무불이행 위험과는 다르다는 것에 유의할 필요가 있다. 만일 프렌들리 파이낸스사가 100만 달러의 1년 만기 대출이 채무불이행 처리되어 미드웨스트 저축은행에 그 이자지급을 못하게 되어 채무불이행이 발생하면, 미드웨스트 저축은행은 프렌들리 파이낸스사에 대한 이자지급을 바로 정지시킨다. 만일 이자율이 하락한다면, 이때 미드웨스트 저축은행은 오히려 5% 고정이자율 현금흐름을 유지함으로써 더 잘 되었다고 생각할 수도 있다. 즉 이들이 그 채무불이행 사태로 인해 이자율 민감 자산으로부터 받는 하락된 이자율보다 더 높은 이자율을 유지할 수 있게 되기 때문이다. 따라서 스왑계약의 채무불이행 사태는 한 계약 당사자에게 반드시 손실을 의미하지는 않는다. 미드웨스트 저축은행의 경우 채무불이행 발생 시 이자율이 상승했을 경우에만 채무불이행으로 인한 손실 위험이 발생한다. 그 경우에도 손실 금액은 명목원금 규모보다는 훨씬 작기 마련인데, 그 이자 금액은 명목원금보다 매우 작기 때문이다.[3)]

이자율 스왑 금융중개기관

앞서 살펴본 것처럼, 금융기관은 스왑의 채무불이행으로부터의 손실 가능성을 경계해야만 한다. 선도계약의 경우처럼, 스왑의 계약 당사자는 그 계약이 성사되기 위해서는 계약 상대방에 관해 많은 정보를 가지고 있어야만 한다. 스왑 시장에서 계약 상대방에 대한 정보의 필요성과 유동성 문제는 이 시장의 유용성을 제약하는 요인이 될 수도 있다. 그러나 제7장에서 살펴본 것처럼 정보 문제와 유동성 문제가 시장에서 생기기 마련이고 이때 금융중개기관이 구원투수가 될 수 있다. 이는 바로 스왑 시장에서 일어나고 있는 현상이다. 투자은행이나 대형 상업은행과 같은 중개기관들은 스왑계약에서 스왑 당사자들이 서로 연계될 수 있도록 하기 위한 당사자의 신인도와 신뢰성에 대한 정보를 값싸게 얻을 수 있다. 따라서 대형 상업은행들과 투자은행들은 그들이 중개기관으로 활동하는 스왑 시장을 형성해 활동하고 있다.

신용파생상품

최근 새로운 형태의 파생상품이 신용위험의 헤지에 사용되기 시작했다. 여타 파생상품과 마찬가지로 **신용파생상품**(credit derivatives)도 기 발행된 증권이 신용위험을 갖고 있는 경우 이들에 연계되어 현금흐름이 발생한다. 지난 10년간 신용파생상품 시장은 엄청나게 성장했는데 이들 신용파생상품의 명목금액 규모는 이제 수 조 달러에 이르고 있다. 이들 신용파생상품은 여러 형태를 띠고 있다.

3) 실제 손실은 해당 스왑이 유효할 때 은행이 수령할 수 있는 이자지급 금액과 그렇지 않은 경우의 이자지급 금액 차이의 현재가치와 같게 될 것이다.

신용옵션

신용옵션(credit option)은 이 장의 초반에서 논의된 옵션과 같이 작동한다. 매수자는 수수료를 지불하고 기초 증권의 가격이나 이자율에 연계되어 수익을 받을 수 있는 권리를 취득한다. 여러분이 100만 달러 GM 채권을 매수했는데 SUV 판매가 잠재적으로 감소될 경우 신용평가기관의 GM 채권에 대한 신용등급을 낮추는 *등급 강등*(downgrade)이 발생할 수 있다는 걱정이 있다. 이미 제5장에서 살펴본 것처럼, 이런 등급 강등은 GM 채권의 가격 하락을 초래할 수도 있다. 이때 여러분은 그 방어책으로 옵션을 구매할 수 있는데, 예를 들어 100만 달러 채권을 현재 시장가격과 동일한 행사가격에 매도할 수 있는 옵션을 15,000달러에 구매할 수 있다. 게다가 여러분은 만일 GM 채권의 가격이 상승하는 경우 발생하는 모든 이익은 다 거두어들일 수 있다.

두 번째 유형의 신용옵션은 신용스프레드(특정 신용등급 채권의 평균 이자율에서 미국 재무부 채권과 같은 무위험 채권 이자율을 차감한 것)와 같은 이자율 변동에 수익을 연계하는 것이다. 여러분의 회사가 Baa 신용등급 회사로 3개월 후에 만기 1년짜리 1,000만 달러 규모의 채권 발행 계획이 있다고 하자. 이때 신용스프레드는 1% 포인트로 기대하고 있다(즉 1년 만기 재무부 채권보다 1% 높은 이자율을 지급한다). 여러분은 이때 향후 수개월 동안 시장에서 Baa 등급 회사들의 위험성이 더 커질지도 몰라 고민하고 있다고 하자. 만일 3개월 후 여러분이 회사채를 발행하려고 할 때 이 걱정이 현실이 되면 여러분은 재무부 채권 대비 1% 포인트보다 더 높은 이자율을 지불해야 되기 때문에 채권 발행 비용은 상승하게 될 것이다. 이런 비용 상승에 대비하기 위해 신용옵션을 매수할 수 있는데, 예를 들어 1,000만 달러의 Baa 채권에 대한 신용옵션으로 시장에서 1,000만 달러에 대해 평균 Baa 신용스프레드에서 1% 신용스프레드를 차감한 금액을 지급하는 신용옵션을 2만 달러에 매수할 수 있다. 만일 신용스프레드가 2%로 뛰면, 여러분은 이 옵션에서 10만 달러(= [2% − 1%] × 1,000만 달러)를 수령하게 되므로 1,000만 달러 채권 발생 시 지급해야 하는 이자율 상승 비용인 1% 포인트 상승에 해당하는 비용 10만 달러를 정확히 상쇄시킬 수 있게 된다.

신용스왑

여러분이 휴스턴 소재 오일드릴러스은행(Oil Drillers’ Bank, ODB)의 경영자로 지역 사회에 석유시추회사 위주의 특정 업계 대출에 특화되어 있다고 하자. 또 다른 은행인 포테이토농민은행(Potato Farmers Bank, PFB)은 아이다호의 감자 농가에 대한 대출에 특화되어 있다. ODB와 PFB 모두 대출 포트폴리오가 충분히 분산되어 있지 못하다는 문제점을 갖고 있다. ODB가 석유시장의 붕괴 시 석유시추업자에 대한 대출 대부분이 채무불이행에 몰릴 수 있어 그 위기에 대비하기 위해 1억 달러 상당의 석유시추회사에 대한 대출로부터의 현금흐름을 PFB에 제공하고 그 대신 PFB로부터 1억 달러 상당의 감자 농가에 대한 대출에서의 현금흐름을 수취하는 협약을 맺기에 이르렀다. 이와 같이 서로 위험이 내재된 현금흐름을 당사자 간 맞바꾸기로 한 거래를 **신용스왑**(credit swap)이라고 부른다. 이 스왑 결과 ODB와 PFB는 대출의 분산효과를 거두게 되었고 이로 인해 각 은행의 대출 현금흐름 일부는 이제 서로 다른 유형으로부터 발생하는 것이기 때문에 그들 대출 포트폴리오의 전반적 위험을 낮출 수 있게 되었다.

또 다른 형태의 신용스왑은 좀 애매하지만 **신용부도스왑**(credit default swap)이라고 불리는데, 그 기능은 보험과 매우 흡사하다. 신용부도스왑에서는 한 계약 당사자가 신용위험을 헤지하기 위해 고정금액을 주기적으로 지급하는 대신 특정 회사가 파산하거나 신용등급이 신용평가회사에 의해 강등되는 *신용사건*(credit event)이 발생하면 그로 인한 지급이 반대로 이루어진다. 예를 들어 여러분이 보유하고 있는 100만 달러의 GM 채권에 대한 헤지를 위해 신용부도스왑을 이용할 수 있는데, 여기서 매년 수수료로 1,000달러를 내고 만일 GM 채권의 신용등급이 강등되면 대신 1만 달러를 수취할 수 있는 계약을 맺을 수 있다. 만일 신용사건이 발생하고 GM 채권의 등급이 강등된다면 GM 채권의 가격은 하락하게 되고, 이때 여러분은 낮은 가격으로 인한 손실 일부를 상쇄시킬 수 있는 금액을 수령할 수 있는 것이다.

신용연계채권

신용파생상품의 또 다른 형태로 **신용연계채권**(credit-linked note)이 있는데, 이는 채권과 신용옵션의 복합 형태이다. 일반 회사채처럼 신용연계채권에서도 주기적 이자지급과 최종 만기시 원금 상환이 이루어진다. 그러나 이 채권에 지정된 주요 재무변수가 변하면 채권 발행자는 채권의 이자를 낮출 수 있는 권리(옵션)를 갖는다. 예를 들어 GM이 5%의 이표율을 지급하는 신용연계채권을 발행했는데, 여기에는 SUV 판매 전국 지수가 10%까지 하락하면 GM은 2~3%까지 이표율을 낮출 수 있는 권리를 갖는 조항이 들어 있다. 이런 방식으로 GM은 SUV 판매가 떨어지면 손실이 예상되기 때문에 그 위험을 낮출 수 있는데, 이는 신용연계채권에 지급되는 이자 금액을 감소시킴으로써 손실의 일부를 상쇄시킬 수 있기 때문이다.

글로벌 금융위기로부터의 교훈: 금융파생상품은 언제 세계적인 시한폭탄으로 변할 것인가?

금융파생상품이 위험 헤징에 유용하게 쓰일 수 있지만, 제8장에서 거론되었던 AIG의 붕괴는 이들이 금융시스템에 실제 위협 요인이 될 수 있음을 보여주었다. 실제, 워렌 버핏(Warren Buffet)은 금융파생상품의 위험에 대해 경고하면서 이들을 '대량 살상 금융무기(financial weapons of mass destruction)'라고 명명한 바 있다. 특히 무서운 것은 파생상품 계약의 액면금액 규모인데 이 규모는 전 세계에 걸쳐 500조 달러 이상으로 알려져 있다. 최근 글로벌 금융위기는 금융파생상품이 세계 금융시스템을 붕괴시킬 수 있는 시한폭탄으로 전환되는 시점이 언제인지에 대해 무엇을 말해줄 수 있을까?

금융파생상품을 둘러싼 두 가지 우려가 존재한다. 첫째는 금융파생상품으로 인해 금융기관들은 레버리지를 증대시킬 수 있다. 즉 이들 금융기관은 사실상 그들이 보유해야 할 수준보다 훨씬 더 많은 배수의 기초자산을 보유할 수 있게 되었다. 레버리지를 증대시켜 거대한 베팅에 나설 수 있게 되었는데, 이게 잘못되면 그 기관은 파산에까지 이를 수도 있다. 이는 AIG가 바로 보여주었던 매우 유감스러운 경우인데, AIG는 신용부도스왑(CDS) 시장에 깊이 빨려들어갔던 것이다. 여기에 더해 AIG의 신용부도스왑 시장에서의 투기로 인해 전체 금융시스템이 자칫하면 붕괴될 위기에까지 몰리게 되었다. 글로벌 금융위기의 중요한 교훈은 한 당사자가 파생상품시장에서 거대 규모의 포지션을 갖는다는 것이 극도로 위험한 것이라는 것이다.

둘째 우려는 은행이 금융파생상품, 특히 이자율과 통화 스왑의 거대한 명목원금 규모를 갖고 있고, 그 규모가 은행 자본금을 훨씬 넘는 규모이고, 이들 파생상품 때문에 은행이 심각한 파산 위험에 노출된다는 것이다. 은행은 실제로 특히 이자율 스왑과 통화스왑 같은 금융파생상품 시장에의 주된 시장참가자인데, 앞서 분석에서 보여준 것처럼 이들은 자연스러운 시장조성자로 이들의 개입이 없다면 스왑이 어려운 두 당사자들 사이에서 중개기관으로서의 역할을 한다. 그러나 은행의 이자율 스왑과 통화스왑의 명목원금 숫자만 보면 이들이 처해있는 위험 노출에 대해 잘못된 인상을 받을 수 있다. 은행은 스왑 시장에서 중개기관의 역할을 담당하기 때문에 보통 한 당사자의 파산으로 인한 신용위험에만 노출된다. 게다가 이들 스왑은 대출과는 달리 명목원금 자체의 지급은 전혀 관계가 없고 명목원금의 아주 작은 부분인 이자지급으로 이루어져 있다. 예를 들어 7% 이자율인 경우 100만 달러 스왑의 지급액은 겨우 7만 달러에 불과하다. 스왑계약의 신용위험 노출 규모는 이들 계약 명목원금의 약 1%에 불과하고, 은행의 이들 파생상품에 대한 신용위험 노출 정도는 은행의 대출부문의 총 신용위험의 1/4에 못미치는 것으로 알려져 있다. 따라서 은행의 파생상품 포지션에서의 신용위험 노출은 그들이 직면하는 다른 신용위험들에 비해 얼마 되지 않는 것으로 보인다. 더구나 GAO의 분석에 의하면 실제 파생상품 계약에서 발생한 은행의 신용 손실 규모는 매우 작은 것으로 나타났는데, 총 신용위험 노출의 0.2%에 불과했다. 실제, 최근 글로벌 금융위기에서 금융시스템이 극심한 위기에 몰렸는데도 은행의 파생상품 노출은 그다지 심각한 문제는 되지 않았다.

결론적으로 최근 사태들은 금융파생상품이 금융시스템에 심각한 위험을 끼치고 있음을 시사했지만, 이들 많은 위험 중 몇몇은 과장된 것이었다. 금융기관의 거래 행위에서 가장 큰 위험이 발생하며, 이는 CDS 시장에서의 AIG의 행위에서 보여진 것처럼 특히 신용파생상품의 경우가 그렇다. 제15장에서 언급된 것처럼, 규제 당국은 이런 위험에 더욱 주의를 기울일 뿐 아니라 계속해서 새로운 공시 의무를 개발해내고 파생상품이 거래되는 규제 가이드라인을 만드는 노력도 계속하고 있다. 이 중 특히 필요하다고 생각되는 부분이 금융기관의 파생상품 계약에 대한 노출을 공시하는 것이다. 이를 통해 규제 당국은 대형 금융기관이 AIG의 경우처럼 이들 시장에서 너무 큰 역할을 하지 않게, 그리고 그들의 자본 대비 너무 큰 규모의 파생상품 거래에 대한 노출이 되지 않게 지도하고 있다. 파생상품, 특히 신용파생상품에서 또 다른 우려사항은 좀 더 우수한 청산 체계를 갖춰 한 기관의 파산이 파생상품 순 포지션이 상대적으로 작은 다른 기관들이 비록 상쇄시킬 포지션이 많이 남아있다 하더라도 문제가 되지 않도록 하는 것이다. 우수한 청산 제도는 이들 파생상품도 선물계약의 경우처럼 거래소에서 거래되거나, 거래를 차감시킬 수 있는 청산조직을 지정하는 방법 등으로 확보할 수 있다. 뉴욕 연방준비은행 같은 규제당국은 이런 맥락에서 여러 제안들을 제시하는 데 아주 적극적이다.

대조적으로, 이자율 파생상품에서 나타나는 신용위험 노출은 신용위험에 대처하는 표준적 방법에 따라 금융기관 경영자나 규제당국에 의해 적절하게 관리될 수 있는 수준으로 보인다.

파생상품 시장은 글로벌 금융위기 여파로 새로운 규제가 들어올 것이 확실하다. 동시에 관련 업계에서도 파생상품에서의 위험이 어디 존재하는지에 대해 항상 경각심을 갖고 지켜보고 있다. 그리고 이제 희망은 시장과 규제당국 양측 모두에서의 적절한 노력을 통해 파생상품으로 인한 시한폭탄을 결국은 해체시킬 수 있다는 것이다.

요약

1. 이자율 선도계약은 채권 상품을 미래 시점에 매도하기로 한 계약으로 이자율위험 헤지에 사용될 수 있다. 선도계약의 장점으로는 그 유연성을 들 수 있지만, 반면 선도계약은 채무불이행 위험과 시장의 비유동성이라는 단점을 가지고 있다.

2. 금융선물계약은 채권 상품이 한 당사자로부터 거래 상대방으로 지정된 미래 시점에 인도될 것을 약정한다는 면에서 이자율 선도계약과 유사하다. 그러나 선물계약은 선도계약과는 달리 채무불이행 위험으로부터 자유롭고 훨씬 더 유동적이다. 선도와 선물계약은 금융기관이 이자율위험에 대한 헤지(또는 방어)에 사용될 수 있다.

3. 주가지수선물은 그 기초 금융상품이 S&P 500 지수 같은 주가지수인 금융선물이다. 주가지수선물은 포트폴리오의 체계적 위험을 줄이거나 매도 가능 주가를 확정시키는 방법으로 주식시장 위험을 헤지하는 데 사용될 수 있다.

4. 옵션 계약은 구매자에게 특정 증권을 특정 기간 동안 정해진 행사가격에 매수할 권리(콜 옵션) 또는 매도할 권리(풋 옵션)를 부여한다. 옵션의 수익함수는 비선형인데, 여기서 수익은 기초 금융자산의 가격 변화와 항상 같은 금액만큼 커지지는 않는다. 옵션의 비선형 수익함수를 통해 왜 옵션 가치(옵션 프리미엄에 반영된)가 콜 옵션의 경우 행사가격과 역의 관계가 있는지, 풋옵션의 경우 행사가격과 정의 관계가 있는지, 콜과 풋 모두의 경우 만기 기간과 정의 관계가 있는지, 콜과 풋 모두의 경우 기초 금융자산 가격의 변동성과 정의 관계가 있는지에 대해 설명할 수 있다. 금융기관이 이자율위험을 헤지하기 위해 금융옵션을 사용하는 것은 금융선물이나 선도계약을 활용하는 방법과 매우 유사하다. 선물옵션이 거시적 헤지에 주로 사용되는데, 그 이유는 금융선물에 비해 선물옵션의 경우 회계적 문제가 적게 발생하기 때문이다.

5. 이자율 스왑은 한 당사자의 이자지급 현금흐름과 계약 상대방의 이자지급 현금흐름을 교환하는 것인데, 선도계약의 경우와 마찬가지로 채무불이행 위험과 유동성 문제에서 자유롭지 못하다. 그 결과 이자율 스왑에는 대형 상업은행이나 투자은행처럼 스왑 시장에서 시장조성 기능을 수행하는 중개기관들이 종종 개입된다. 금융기관에서 이자율 스왑은 이자율위험을 헤지하기 위한 유용한 도구이다. 이자율 스왑이 금융선물이나 옵션에 비해 갖는 한 가지 큰 장점은 이들이 장기간에 걸쳐 시행될 수 있다는 것이다.

6. 신용파생상품은 신용위험을 갖고 있는 기 발행된 증권으로부터 현금흐름을 지급받는 새로운 형태의 파생상품이다. 신용옵션, 신용스왑, 신용연계채권 등의 신용파생상품을 활용해 신용위험을 헤지할 수 있다.

7. 파생상품으로 인한 위험에 관해서는 세 가지의 우려할 만한 점이 지적될 수 있다. 파생상품을 활용해 금융기관은 레버리지를 손쉽게 증가시켰고, 커다란 베팅에 빠져들었다(실제 투입이 되어야 하는 자금규모보다 훨씬 큰 규모의 기초자산에의 노출을 통해 이런 거래가 가능하게 되었음). 또한 파생상품은 너무 복잡해서 금융기관의 경영자들이 이해할 수 없게 되었고, 이를 통해 금융기관들이 취급하는 파생상품 계약의 명목원금 규모가 거대해져 그들의 자본금 수준을 훨씬 능가하게 되어 대규모 신용위험에 노출되었다. 뒷부분의 두 가지 위험은 사실 과장된 측면이 있긴 하지만, 파생상품 활용으로 인한 레버리지 증대로부터의 위험은 실제로 발생하기도 했다.

주요용어

거시적 헤지(macro hedge)
금융선물계약(financial futures contract)
금융선물옵션(선물옵션)(financial futures option, futures option)
금융파생상품(financial derivatives)
롱 포지션(long position)
명목원금(notional principal)
미결제약정(open interest)
미국식 옵션(American option)
미시적 헤지(micro hedge)
선도계약(forward contract)
숏 포지션(shot position)
스왑(swap)
신용부도스왑(credit default swap)
신용스왑(credit swap)
신용연계채권(credit-linked note)
신용옵션(credit option)
신용파생상품(credit derivatives)
옵션(option)
유럽식 옵션(European option)
이자율 스왑(interest-rate swap)
이자율 선도계약(interest-rate forward contract)
일일정산(marked to market)
주식시장 위험(stock market risk)
주식옵션(stock option)
증거금 의무(margin requirement)
차익거래(arbitrage)
콜 옵션(call option)
통화스왑(currency swap)
풋 옵션(put option)
프리미엄(premium)
행사가격(exercise price, strike price)
헤지(hedge)

연습문제

1. 행사가격이 낮을 때 콜 옵션 프리미엄이 높고, 풋 옵션 프리미엄은 낮은데 왜 그러한가?

2. 여러분이 금융회사의 경영자로서 +500만 달러의 갭(이자율 민감 자산이 이자율 민감 부채보다 500만 달러 더 많음)을 가지고 있을 때, 이 회사의 수익 갭을 배제시키기 위해 이자율 스왑을 사용하려고 하는데 그 방법을 서술하라.

계산문제

1. 여러분이 연기금 경영자인데 6개월 후 1억 2,000만 달러의 현금 유입이 기대된다고 하자. 이때 이 투자 수익률을 현 이자율로 고정시키기 위해서는 어떤 선도계약을 수행해야 하는가?

2. 여러분이 현재 가격 110인 2032년 만기, 이표율 6%의 재무부 채권을 2,500만 달러어치를 보유하고 있다고 하자. 이 채권의 내년 이자율위험 헤지를 위해 여러분은 어떤 선도계약을 사용할 수 있는가?

3. 만일 만기 일에 인도 대상 재무부 채권이 101에 팔리고 있고, 재무부 채권 선물계약은 102에 팔리고 있다면, 선물가격에는 어떤 일이 발생하는가? 그 이유를 설명하라.

4. 2월물 재무부 채권 계약을 108의 가격에 10만 달러어치 매수했는데, 인도 대상 재무부 채권의 만기일에 가격이 102일 때, 이 계약으로부터의 손익은 얼마인가?

5. 연기금 경영자가 내년에 1억 달러의 자금 유입을 예상하고 있고, 이 자금을 그때 장기채에 투자할 때 현재 이자율인 8%의 수익을 확보하고자 한다. 이때 선물시장을 활용하는 방법에 대해 설명하라.

6. 5번 문제의 경우 옵션 시장을 활용하는 방법에 대해 설명하라. 선물계약에 비해 옵션계약을 활용하는 경우의 장점과 단점은 각각 무엇인가?

7. 행사가격 95의 10만 달러 재무부 채권 선물계약의 풋 옵션을 매수했다고 하자. 만기 시점의 재무부 채권가격이 120이라면, 이 계약은 내가격, 외가격, 등가격 중 어느 것인가? 그 프리미엄이 4,000달러일 때 이 계약의 손익은 얼마인가?

8. 행사가격 110의 10만 달러 재무부 채권 선물계약의 콜 옵션을 프리미엄 1,500달러에 매수했다고 하자. 만기 시점에 선물계약의 가격이 111일 때 이 계약의 손익은 얼마인가?

9. 변동성이 커지거나 만기 기간이 길어짐에 따라 콜 옵션과 풋 옵션 모두 프리미엄이 커지는데 그 이유를 설명하라.

10. 저축대부조합의 경영자로서 −4,200만 달러의 갭을 갖고 있을 때, 이자율 변동으로부터 발생할 수 있는 S&L의 수익 위험을 없애기 위해 이자율 스왑을 활용하는 방법에 대해 설명하라.

11. 지금부터 1년 후 2억 유로를 지급해야 하는 회사가 있다. 이 경우 125,000달러 유로선물계약을 활용해 환위험 헤지를 수행하라.

12. 지금부터 3개월 후인 6월에 독일 회사에 1,000만 유로를 지급해야 한다. 이 경우 125,000달러 유로선물계약을 활용해 환위험 헤지를 수행하는 방법을 설명하라.

13. 지금부터 6개월 후에 3,000만 유로를 수취하기로 예정되어 있는데 현재 유로 환율은 달러당 1유로이다. 이때 환위험 헤지를 위해 어떤 선도계약을 활용할 수 있는가?

14. 현재 가격 98 5/32인 T-bill 선물계약 다섯 개에 대해 헤지를 하기 위해 숏 포지션을 취했다. 각 계약은 원금 10만 달러 기준으로 이루어진다. 이 포지션이 상쇄되었을 때 가격은 95 12/32였다. 이 거래로부터의 손익은 얼마인가?

15. 은행에서 10만 달러 변동이자율 30년 모기지를 연 이자율 4.5%에 발행했다. 첫 6개월 경과 후 요구수익률이 4.0%로 하락했다면, 첫 12개월 후의 이자수입에 미치는 영향은 얼마인가? 이 은행은 181일 T-bill 선물 숏 포지션을 취해 이 위험에 헤지하고 있다고 하자. T-bill 선물은 10만 달러 액면 단위 계약으로 원래 가격은 97 26/32이고 최종 가격은 98 1/32이었다. 이때 헤징 목적은 달성되었는가?

16. 로라(Laura)는 채권 포트폴리오 운용자로 1,000만 달러 포트폴리오를 관리하고 있다. 이 포트폴리오의 현재 듀레이션은 8.5년이다. 로라는 T-bill 선물을 활용해 이 듀레이션을 6년으로 줄이고자 한다. T-bill 선물의 듀레이션은 0.25년이고 현재 975달러(액면가 = 1,000달러)에 거래되고 있다. 그 방법에 대해 설명하라.

17. 계약금액 100만 달러 단위인 3개월 T-bill에 대해 선물이 거래되고 있다. 여러분이 96.22 가격에 롱 포지션을 취한 후, 이 계약을 96.87에 매도했다면 이 거래로부터의 순 손익은 얼마인가?

18. 시카고신탁은행은 1억 달러의 자산과 8,300만 달러의 부채를 가지고 있다. 자산의 듀레이션은 5.9년, 부채의 듀레이션은 1.8년이다. 이 은행이 이자율위험으로부터 완전하게 헤지하고자 한다면 이때 필요한 선물계약의 숫자는 얼마인가? 이때 이용가능한 재무부 채권 선물계약의 듀레이션은 10년이고 액면 100만 달러에 현재 매도가격 979,000달러이다.

19. 은행에서 300만 달러 상업용 모기지를 연 이자율 8%에 발행했다고 하자. 이 대출은 10년에 걸쳐 월지급식으로 완전 상환될 예정이다. 은행이 이 대출을 2개월 후에 매도 계획을 세웠다. 대출 매도 시점에 요구 연 이자

율이 45 bp 상승했다면 은행이 입은 손실은 얼마인가?

20. 19번 문제에서 은행이 이 모기지에 대해 10년 만기 재무부 채권 선물계약 3 계약을 100 20/32의 가격에 매도해 부분 헤지를 수행했다고 하자. 각 계약 단위는 100만 달러이다. 2개월 후, 선물계약 가격이 98 24/32로 떨어졌다. 선물계약에서의 손익은 얼마인가?

21. 스프링거카운티은행의 자산은 1억 8,000만 달러 규모에 듀레이션은 5년이고, 부채는 1억 6,000만 달러 규모에 듀레이션은 2년이다. 은행 경영진에서는 곧 이자율이 9%에서 8.25%로 떨어질 것으로 기대하고 있다. 스프링거가 이자율 변화에 대비해 헤지를 수행하기 위해 필요한 계약 수는 얼마인가? 각 계약 단위는 액면가 1백만 달러로 가정하라.

22. 20번 문제에서 이자율이 실제 기대한 대로 떨어졌다. 재무부 채권 계약 가격은 103 5/32였다. 스프링거가 선물 포지션을 상쇄하게 되면 그 손익은 얼마인가? 이 손익 발생으로 은행 자본에서 발생한 변화를 대략 얼마나 상쇄시킬 수 있는가?

23. 은행이 10만 달러 고정이자율 30년 모기지를 연 이자율 4.5%에 발행했다. 요구수익률이 모기지 발행 직후 4.0%로 떨어졌다면, 이 모기지의 가치에 미친 영향은 얼마인가? 은행은 이 모기지 헤지를 위해 10년 만기 재무부 채권 선물 2 계약의 숏 포지션을 취했다고 하자. 원래 선물계약 가격은 10만 달러 액면 계약으로 64 12/32이고 만기 시점의 가격은 67 16/32이다. 선물계약에서의 이익은 얼마인가? 은행에 미치는 총 손익은 얼마인가?

24. 은행 고객이 6월에 새로운 재고자산 10만 파운드 매입을 위해 런던으로 가게 되어 있다. 현재 현물환율과 선물환율이 아래와 같이 나와 있다.

환율(달러/파운드)

기간	환율
현물	1.5342
3월	1.6212
6월	1.6901
9월	1.7549
12월	1.8416

이때 고객이 그녀의 포지션에 대한 완전 헤지를 위해 6월물 포지션을 취했다. 6월에 실제 환율은 파운드당 1.725달러였다. 그녀가 이 거래를 통해 얻은 수익은 얼마인가?

25. 행사가격 101 12/32인 재무부 채권 풋 옵션 계약이 있다. 계약 단위는 채권 원금 10만 달러 기준이고 프리미엄은 750달러이다. 실제 재무부 채권가격이 만기일에 98 16/32로 떨어질 때 이 포지션의 손익은 얼마인가?

26. 행사가격 101 12/32인 재무부 채권 풋 옵션 계약이 있다. 계약 단위는 채권 원금 10만 달러 기준이고 프리미엄은 750달러이다. 실제 재무부 채권이 현재 판매되는 가격은 100 1/32이다. 이때 이 상황에서 차익거래를 얻을 수 있는 방법에 대해 설명하라.

27. 은행에서 2년 만기 500만 달러 상업대출을 약정하였는데 이 계약은 30일 뒤에 실행될 것으로 기대된다. 이자율은 그때 결정된다. 이런 대출에 대한 현행 이자율은 7.5%이다. 이때 이자율 하락에 대비해 헤지를 수행하기 위해 은행에서는 30일 만기인 이자율 플로어(interest-rate floor)를 매수했는데, 이자율 플로어는 명목원금 1,000만 달러에 대해 플로어 이자율 7.5%를 보장한다. 30일 뒤에 실제 이자율이 7.2%로 떨어졌다. 이때 이 대출로부터의 기대 이자수입은 매년 얼마인가? 옵션에서는 얼마의 지급이 이루어지는가?

28. 신탁 관리자가 1억 달러의 주식 포트폴리오를 관리하는데 다우 풋 옵션을 활용해 단기적인 하방 위험을 최소화하고자 한다. 옵션 만기는 60일이고 행사가격은 9,700, 프리미엄은 50달러이다. 다우는 현재 10,100이다. 이때 옵션은 몇 개나 사용해야 하는가? 롱 또는 숏 가운데 어느 포지션인가? 이때 들어가는 비용은 얼마인가? 만일 이 포트폴리오가 다우와 완전 상관관계를 갖고 있다면, 옵션 만기일에 프리미엄을 차감한 후 포트폴리오의 가치는 얼마인가?

29. 더빈사가 스왑 계약을 통해 현재 6%인 1년 T-bill 이자율 +1.5%의 연 이자율을 지급하게 되었다. 그 대신 더빈사는 고정이자율 6%를 수취하기로 했다. 명목원금은 5만 달러이다. 이 계약으로 1년 후 더빈사의 순이자는 얼마인가?

30. NNWB(North-Northwest Bank)는 변동이자율 모기지 발행에 남다른 특장점을 갖고 있다. 그러나 이 은행은 이런 대출상품에 연계된 이자수입 위험에 더 이상 노출되고 싶어하지 않는다. 은행이 현재 갖고 있는 포트폴리오는 2,500만 달러 모기지로 APR은 매월 프라임 +150 bp이다. 현재 프라임 이자율은 4%이다. 한 투자은행이 NNWB에게 명목원금 2,500만 달러 기준으로 고정이자율 6.5% 지급에 대해 변동이자율을 수취하는 이자율 스왑을 제시했다. NNWB가 이에 합의한다면 첫 번째 달에 이들이 주고 받는 금액은 얼마인가? 프라임 이자율이 갑자기 200 bp 상승한다면 어떻게 되는가?

> 웹 연습문제

금융파생상품을 이용한 헤징

1. 다음 사이트에 가면 옵션의 특징들이 옵션 가격에 어떻게 영향을 미치는지 잘 나와 있다. http://www.hoadley.net/options/bs.htm을 가보라. 온라인 옵션 계산기를 따라 움직여보라. 다음 각각의 상황에서 옵션 가격은 어떻게 변하는가?

a. 행사가격의 증가
b. 이자율 상승
c. 변동성 증가
d. 옵션 만기까지 기간 증가

> 웹 부록

웹사이트 www.pearsonhighered.com/mishkin_eakins를 방문해 제21장의 웹 부록을 참조하라.

• **부록**: More on Hedging with Financial Derivatives

찾아보기

ㄱ

ㄴ

ㄷ

ㄹ

ㅁ

ㅇ

ㅈ

ㅍ

ㅎ

기타